CURSO DE DIREITO CIVIL BRASILEIRO

Teoria das Obrigações Contratuais e Extracontratuais

3

Sobre a autora

Detentora de inúmeros prêmios desde os tempos de seu bacharelado na PUCSP, Maria Helena Diniz tem brilhante carreira acadêmica, com cursos de especialização em Filosofia do Direito, Teoria Geral do Direito, Direito Administrativo, Tributário e Municipal.

Além de parecerista, é autora de mais de trinta títulos publicados pelo selo Saraiva Jur, tendo traduzido consagradas obras do direito italiano e escrito mais de cem artigos em importantes revistas jurídicas nacionais e internacionais. Todas as suas obras têm alcançado excelente aceitação do grande público profissional e universitário, como a prestigiada coleção *Curso de direito civil brasileiro* (8 volumes), que é maciçamente adotada nas faculdades de Direito de todo o País. Igual caminho têm seguido seus outros títulos:

- *A ciência jurídica*
- *As lacunas no direito*
- *Atualidades jurídicas* (em coordenação — 7 volumes)
- *Código Civil anotado*
- *Código Civil comentado* (em coautoria)
- *Comentários ao Código Civil v. 22*
- *Compêndio de introdução à ciência do direito*
- *Conceito de norma jurídica como problema de essência*
- *Conflito de normas*
- *Dicionário jurídico* (4 volumes)
- *Dicionário jurídico universitário*
- *Direito civil no século XXI* (em coordenação — esgotado)
- *Direito fundacional*
- *Lei de Introdução às Normas do Direito Brasileiro interpretada*
- *Lei de Locações de Imóveis Urbanos comentada*
- *Lições de direito empresarial*
- *Manual de direito civil*
- *Norma constitucional e seus efeitos*
- *O estado atual do biodireito*
- *Sistemas de registro de imóveis*
- *Sucessão do cônjuge, do companheiro e outras histórias* (em coordenação)
- *Tratado teórico e prático dos contratos* (5 volumes)

É incontestável a importância do trabalho desta autora, sem dúvida uma das maiores civilistas do nosso tempo.

A Editora

Maria Helena Diniz

Mestre e Doutora em Teoria Geral do Direito e Filosofia do Direito pela PUCSP. Livre-docente e Titular de Direito Civil da PUCSP por concurso de títulos e provas. Professora de Direito Civil no curso de graduação da PUCSP. Professora de Filosofia do Direito, de Teoria Geral do Direito e de Direito Civil Comparado nos cursos de pós-graduação (mestrado e doutorado) em Direito da PUCSP. Coordenadora do Núcleo de Pesquisa em Direito Civil Comparado nos cursos de pós-graduação em Direito da PUCSP. Professora Emérita da Faculdade de Direito de Itu. Membro benemérito do Instituto Sílvio Meira, Membro da Academia Paulista de Direito (cadeira 62 – patrono Oswaldo Aranha Bandeira de Mello), da Academia Notarial Brasileira (cadeira 16 – patrono Francisco Cavalcanti Pontes de Miranda), do Instituto dos Advogados de São Paulo e do Instituto de Direito Comparado Luso-Brasileiro. Presidente do Instituto Internacional de Direito.

CURSO DE DIREITO CIVIL BRASILEIRO

Teoria das Obrigações Contratuais e Extracontratuais

3

37ª edição
Revista e atualizada
2021

saraiva jur

ISBN 978-85-536-0769-3 obra completa

DADOS INTERNACIONAIS DE CATALOGAÇÃO NA PUBLICAÇÃO (CIP)
ANGÉLICA ILACQUA CRB-8/7057

Diniz, Maria Helena
Curso de direito civil brasileiro – volume 3 : teoria das obrigações contratuais e extracontratuais / Maria Helena Diniz. – 37. ed. – São Paulo: Saraiva Educação, 2021.
936 p.
Bibliografia
ISBN 978-65-5559-036-4 (impresso)
1. Direito civil. 2. Obrigações (Direito) – Brasil. I. Título.
CDD 340
20-0462 CDU 347

Índice para catálogo sistemático:
1. Direito civil

saraiva EDUCAÇÃO | saraiva jur

Av. Paulista, 901, 3º andar
Bela Vista – São Paulo – SP – CEP: 01311-100

SAC | sac.sets@somoseducacao.com.br

Direção executiva Flávia Alves Bravin
Direção editorial Renata Pascual Müller
Gerência de projetos e produção editoriais Fernando Penteado

Planejamento Josiane de Araujo Rodrigues

Novos projetos Sérgio Lopes de Carvalho
Dalila Costa de Oliveira

Edição Clarissa Boraschi Maria (coord.)
Deborah Caetano de Freitas Viadana

Produção editorial Daniele Debora de Souza (coord.)
Daniela Nogueira Secondo
Rosana Peroni Fazolari

Arte e digital Mônica Landi (coord.)
Camilla Felix Cianelli Chaves
Claudirene de Moura Santos Silva
Deborah Mattos
Guilherme H. M. Salvador
Tiago Dela Rosa

Projetos e serviços editoriais Kelli Priscila Pinto
Laura Paraíso Buldrini Filogônio
Marília Cordeiro
Nicoly Wasconcelos Razuk

Diagramação Markelangelo Design e Projetos Editoriais
Revisão Amélia Ward
Capa Casa de Ideias / Daniel Rampazzo
Produção gráfica Marli Rampim
Sergio Luiz Pereira Lopes
Impressão e acabamento Edições Loyola

Data de fechamento da edição: 3-11-2020

Dúvidas? Acesse www.editorasaraiva.com.br/direito

CL 606742 CAE 736334

Aos Professores

Adilson de Abreu Dallari, Carlos Alberto Ferriani,
Celso Antônio Bandeira de Mello,
Celso Antônio Pacheco Fiorillo,
Elizabeth Nazar Carrazza,
Hélio Sant'Anna e Silva,
Marcelo Figueiredo,
Marco Aurélio Greco, Michel Temer,
Nelson Nery Jr., Paulo de Barros Carvalho,
Reilda Meira Schahin, Roque Antônio Carrazza,
Sílvio Luís Ferreira da Rocha,
Tercio Sampaio Ferraz Jr. e aos saudosos Geraldo Ataliba,
Hermínio Alberto Marques Porto
e Waldemar Mariz de Oliveira Jr., pelo apoio
nunca negado nos momentos difíceis por que passamos
em nossa carreira universitária,
pela confiança em nós depositada e pelo estímulo
na conquista do ideal por nós acalentado,
a nossa sincera homenagem.

Índice

Capítulo III
Teoria das obrigações extracontratuais

Prefácio

Procuraremos delinear, didaticamente, a gênese das relações obrigacionais, traçando os contornos de uma teoria das obrigações contratuais e extracontratuais, visto que três são as fontes obrigacionais: os contratos, as declarações unilaterais de vontade e os atos ilícitos, desde que decorrentes de lei, que os disciplina, sanciona e garante.

Por isso apresentamos uma visão conjunta das normas disciplinadoras do contrato, da declaração unilateral de vontade e do ato ilícito, conservando a sistemática adotada pela ciência jurídica atual. Buscamos adaptar a interpretação dos textos normativos, de modo a harmonizá-los à evolução social, atendendo, assim, à realidade socioeconômica, sem, contudo, olvidar a doutrina e a jurisprudência, que firmam novas diretrizes ao assunto, adequando as normas à concreção ética e social da experiência jurídica, e às inovações do Código Civil, que, baseado na moderna concepção de um direito obrigacional unificado, abrange todas as obrigações, sem cogitar de seu caráter empresarial ou civil.

Maria Helena Diniz

CAPÍTULO I
Fontes das Obrigações

1. Sistematização das fontes das obrigações

A fonte das obrigações é o *fato jurídico*, uma vez que o fato jurídico *lato sensu* é o elemento que dá origem aos direitos subjetivos, dentre eles os obrigacionais, impulsionando a criação da relação jurídica e concretizando as normas de direito. Deveras, do direito objetivo não surgem diretamente os direitos subjetivos; é necessária uma *força* de propulsão ou causa, que se denomina *fato jurídico*[1]. Somente a ocorrência de um fato qualificado gera uma obrigação, ou seja, apenas o fato, estribado no direito objetivo, dá azo a que se crie a relação obrigacional, que atinge o indivíduo em sua liberdade, restringindo-a, para torná-lo vinculado ao poder de outra pessoa[2].

A obrigação encontra sua gênese na ordem jurídica, pois temos como fonte das relações obrigacionais o fato jurídico devidamente qualificado e a lei, ou melhor, a vontade humana e a lei, visto que o fato jurídico pode ser natural ou humano, conforme prescinda de ato volitivo ou dele decorra. O fato natural advém de fenômeno natural, sem intervenção da vontade humana, que produz efeito jurídico. O *fato humano* idôneo para estabelecer obrigações é o acontecimento que depende da vontade do homem, podendo ser: *a*) *voluntário*, se produzir efeitos jurídicos desejados pelo agen-

1. Orlando Gomes, *Introdução ao direito civil*, 3. ed., Rio de Janeiro, Forense, 1971, p. 226; Trabucchi, *Istituzioni di diritto civile*, p. 112; M. Helena Diniz, *Curso de direito civil brasileiro*; teoria geral do direito civil, Saraiva, 1982, v. 1, p. 175; Gorostiaga, *La causa en las obligaciones*, Buenos Aires, 1944, p. 9 e s.

2. R. Limongi França, Fato jurídico, in *Enciclopédia Saraiva do Direito*, v. 36, p. 347; Serpa Lopes, *Curso de direito civil*, 4. ed., Freitas Bastos, 1964, v. 3, p. 7.

te, como o negócio jurídico bilateral ou unilateral, que procura criar normas para regular os interesses das partes, harmonizando vontades que, na aparência, mostram-se antagônicas; e *b*) *involuntário*, se acarretar consequências jurídicas alheias à vontade do agente, hipótese em que se configura o ato ilícito, que produz efeitos previstos em norma jurídica, como a sanção, p. ex., porque viola mandamento normativo. Como se vê, o ato ilícito dá origem a deveres, que variam de conformidade com o prejuízo causado a outrem[3].

Fácil é denotar que a vontade humana e a lei exercem influência na obrigação como forças que atuam conjugadamente na determinação do vínculo obrigacional[4]. Daí as palavras de Orlando Gomes: "Quando se indaga a fonte de uma obrigação, procura-se conhecer o fato jurídico, ao qual a lei atribui o efeito de suscitá-la"[5]. Desse modo, sempre há um fato humano, isto é, um *contrato*, uma *declaração unilateral de vontade* ou um *ato ilícito*, que dá vida às obrigações, desde que decorrente de lei, que o disciplina, reconhece, sanciona e garante. Logo, as obrigações que forem originárias exclusivamente de lei, como a de prestar alimentos, a de ser eleitor, a de pagar tributos, a dos tutores de prestar contas, a de guardar segredo profissional etc., não são obrigações em sentido técnico, mas deveres fundados em lei. A obrigação propriamente dita é oriunda do fato humano e da lei, fatores que estão presentes em sua gênese, pois é a vontade estatal que, regulando o comportamento humano, permite que certo fato jurídico crie uma prestação economicamente apreciável. Assim sendo, a *fonte mediata* do liame obrigacional é a vontade humana ou o fato humano, e a *fonte imediata* é a lei, porque só ela empresta eficácia ao fato humano ou a qualquer manifestação volitiva[6].

---

3. Giorgio Giorgi, *Teoria delle obbligazioni*, 7. ed., v. 3, p. 7 e s.; Serpa Lopes, op. cit., v. 3, p. 8 e 9; M. Helena Diniz, op. cit., v. 1, p. 176; Álvaro Villaça Azevedo, Fato (Direito civil), in *Enciclopédia Saraiva do Direito*, v. 36, p. 304 e 305; R. Limongi França, op. cit., p. 348; Orlando Gomes, op. cit., p. 227.
4. Serpa Lopes, op. cit., v. 3, p. 8.
5. Orlando Gomes, *Obrigações*, 3. ed., 1972, n. 19, p. 34.
6. Antunes Varela, *Direito das obrigações*, Rio de Janeiro, Forense, 1977, p. 113; W. Barros Monteiro, *Curso de direito civil*, 17. ed., São Paulo, Saraiva, 1982, v. 5, p. 3; Bassil Dower, *Curso moderno de direito civil*, São Paulo, Nelpa, v. 3, p. 4 e 5; Silvio Rodrigues, *Direito civil*, 3. ed., São Paulo, Max Limonad, v. 3, p. 8; Caio M. S. Pereira, *Instituições de direito civil*, 4. ed., Rio de Janeiro, Forense, 1978, v. 3, p. 6; Mazeaud e Mazeaud, *Leçons de droit civil*, Paris, 1956, p. 40; J. Chabas, *De la déclaration de volonté*, Paris, 1931, p. 3; Salvat, *Fuentes de las obligaciones*, 2. ed., Buenos Aires, 1950; Julio Cesar Bonazzola, *Fuentes de las obligaciones*, Buenos Aires, 1955; Josserand, *Cours de droit positif français*, 3. ed., Paris, 1939, v. 2, n. 579 e 364; M. Helena Diniz, *Curso*, cit., v. 2, p. 40-3; Silvio Meira, *Instituições de direito romano*, São Paulo, IASP, 2017, p. 349 a 354, 373 a 383, 397 a 406 e 409 a 419.

Quadro Sinótico

SISTEMATIZAÇÃO DAS FONTES DAS OBRIGAÇÕES

1. FONTE MEDIATA	• Fato humano (contrato, declaração unilateral de vontade e ato ilícito).
2. FONTE IMEDIATA	• Lei.

2. Conteúdo deste livro

Como vimos, o fato humano e a lei encontram-se presentes em qualquer obrigação de cunho contratual ou extracontratual[7]. Dessa forma, o objeto deste livro será a teoria das obrigações contratuais (CC, arts. 421 a 853) e das obrigações extracontratuais (CC, arts. 854 a 954), abrangendo, assim, as três fontes das obrigações oriundas da lei, que lhes dá plena eficácia, ou seja, os contratos, as declarações unilaterais de vontade e os atos ilícitos.

Estudaremos as relações obrigacionais nascidas do contrato, examinando as várias figuras contratuais, tanto as tradicionais como outras figuras contratuais admitidas em direito, dando atenção especial não só aos títulos de crédito, mas também às promessas de recompensa, às gestões de negócios, ao pagamento indevido e ao enriquecimento sem causa – e as decorrentes do ato ilícito, isto é, da ação humana volitiva (ação ou omissão voluntária, negligência ou imprudência) contrária à lei, violando direito subjetivo individual, causando dano a outrem, criando, então, o dever de reparar tal prejuízo; logo, essa ação humana volitiva produz efeito jurídico, só que este não é desejado pelo agente, mas imposto pela lei[8].

Quadro Sinótico

CONTEÚDO DESTE LIVRO	• Teoria das obrigações contratuais (CC, arts. 421 a 853). • Teoria das obrigações extracontratuais (CC, arts. 854 a 954).

7. Caio M. S. Pereira, op. cit., p. 6.

8. Caio M. S. Pereira, op. cit., p. 6; Bassil Dower, op. cit., p. 6; M. Helena Diniz, op. cit., v. 1, p. 268.

CAPÍTULO II

Teoria das Obrigações Contratuais

1. Funções da teoria das obrigações contratuais

A doutrina das obrigações contratuais tem por escopo caracterizar o contrato, abrangendo nesse conceito todos os negócios jurídicos resultantes de acordo de vontades, de modo a uniformizar sua feição e excluir, assim, quaisquer controvérsias, seja qual for o tipo de contrato, desde que se tenha acordo bilateral ou plurilateral de vontades. Isto é assim porque na teoria dos negócios jurídicos estes costumam ser distinguidos, quanto à manifestação da vontade, em *unilaterais*, se o ato volitivo provier de um ou mais sujeitos, desde que estejam na mesma direção, colimando um único objetivo (promessa de recompensa, títulos ao portador etc.), subdividindo-se em recepticios, se os seus efeitos só se produzirem após o conhecimento da declaração pelo destinatário, e não recepticios, se sua efetivação independer do endereço a certo destinatário, e *bilaterais* ou *plurilaterais*, se a declaração volitiva emanar de duas ou mais pessoas, porém dirigidas em sentido contrário, podendo ser simples, quando concederem benefício a uma das partes e encargo à outra (doação, depósito gratuito etc.), e sinalagmáticos, quando conferirem vantagens e ônus a ambos os sujeitos (compra e venda, locação etc.). Os negócios jurídicos bilaterais ou plurilaterais é que constituem objeto de estudo da teoria das obrigações contratuais. Tal doutrina, além de caracterizar o contrato, terá de verificar se o vínculo obrigacional dele decorrente é resultante de lei, porque é ela que disciplina o contrato, sancionando-o e garantindo-o. Assim, não basta o mero acordo de vontades para a aquisição de um direito, como, p. ex., a compra de uma casa; para a transferência de um direito, como a cessão de um compromisso de compra e venda; para a modificação de um direito, como no caso da novação de um contrato, ou para a extinção de um direito, como na hipótese da rescisão contratual. É preciso que tal efeito, visado pelo interessado, esteja conforme à norma jurídica, pois é ela que permite a cada pessoa a prática de determinado negócio jurídico, garantindo sua eficácia[1].

Quadro Sinótico

FUNÇÕES DA TEORIA DAS OBRIGAÇÕES CONTRATUAIS	• Caracterizar o contrato, abrangendo nesse conceito todos os negócios jurídicos resultantes de acordo de vontades, de modo a uniformizar sua feição e excluir qualquer controvérsia, seja qual for o tipo de contrato, desde que se tenha acordo bilateral ou plurilateral de vontades. • Verificar se o vínculo obrigacional decorrente do contrato resulta de lei.

1. *Vide* as lições de: Serpa Lopes, *Curso de direito civil*, 4. ed., Freitas Bastos, 1964, v. 3, p. 12; Silvio Rodrigues, *Direito civil*, 3. ed., São Paulo, Max Limonad, v. 3, p. 13; M. Helena Diniz, *Curso de direito civil brasileiro*, São Paulo, Saraiva, 1982, v. 1, p. 212 e 213; W. Barros Monteiro, *Curso de direito civil*, 17. ed., São Paulo, Saraiva, 1982, v. 5, p. 3; Bassil Dower, *Curso moderno de direito civil*, Nelpa, 1976, v. 1, p. 180.

2. Contratos em geral

A. Conceito e requisitos de validade do contrato

O contrato constitui uma espécie de negócio jurídico, de natureza bilateral ou plurilateral, dependendo, para a sua formação, do encontro da vontade das partes[2], por ser ato regulamentador de interesses privados. Deveras, a essência do negócio jurídico é a autorregulamentação dos interesses particulares, reconhecida pela ordem jurídica, que lhe dá força criativa[3]. Num contrato, as partes contratantes acordam que se devem conduzir de determinado modo, uma em face da outra, combinando seus interesses, constituindo, modificando ou extinguindo obrigações[4]. O contra-

---

2. Bassil Dower, op. cit., v. 3, p. 6.
3. Santoro-Passarelli, Atto giuridico, in *Enciclopedia del Diritto*, v. 4, p. 203-13. Consulte: Giuseppe Gandolfi (coord.), *Code Europeen des contrats*, Milano, Giuffrè, 1999; Christian Larroumet, *Droit Civil*, Paris, Economica, 1998, t. 3; Roberto Senise Lisboa, *Manual Elementar de Direito Civil*, São Paulo, Ed. Juarez de Oliveira, 1999, v. 3; Sebastião José Roque, *Direito contratual civil e mercantil*, São Paulo, Ícone, 1994, p. 13-20; Francisco Amaral, O contrato e sua função institucional, *Boletim da Faculdade de Direito da Universidade de Coimbra*, STVDIA IVRIDICA, 48, Colloquia-6, p. 369-83; Messineo, *Il contratto in genere*, 1973, 2 v.; Jacques Ghestin, *Traité des contrats*, 3 v.; Ricardo Luís Lorenzetti, *Tratado de los contratos*, 2000, 3 v.; Franco Carresi, *Il contratto*, 1987, 2 v.; Atújah, *Essays on contract*, 1988; Franz Wieacker, *Zur rechtstheoretischen Präzisierung des § 242 BGB*, 1956; E. Roppo, *Il contratto*, 1997; Éric Savaux, *La théorie générale du contrat: mythe ou réalité?*, 1997; Martinho Garcez Neto, *Temas atuais de direito civil*, Rio de Janeiro, Renovar, 2000, p. 1-102; Silvio Luís Ferreira da Rocha, *Curso avançado de direito civil*, São Paulo, Revista dos Tribunais, 2002, p. 27 a 58; Luiz Guilherme Loureiro, *Teoria geral dos contratos*, São Paulo, Método, 2002; Rogério M. de C. Sampaio, *Direito civil – contratos*, São Paulo, Atlas, 2002; Fábio V. Figueiredo e Roberto Bolonhini Jr., *Direito civil – contratos*, São Paulo, Rideel, 2009; Mário A. Konrad e Sandra L. N. Konrad, *Direito civil 1*, Coleção Roteiros Jurídicos, São Paulo, Saraiva, 2008, p. 153-209; Fábio V. Figueiredo e Brunno P. Giancoli, *Direito civil*, Coleção OAB Nacional, São Paulo, Saraiva, 2009, v. 1, p. 100-141; Sílvio Luís Ferreira da Rocha, *Contratos*, São Paulo, Malheiros, 2015; Vera Jacob de Fradera, Informar ou não informar nos contratos, eis a questão!, in *Estudos em homenagem a Carlos Eduardo M. Hapner* (coord. Rodrigo X. Leonardo), Curitiba, IAP, 2019, p. 357 e s.
4. Clóvis Beviláqua, *Direito das obrigações*, 9. ed., p. 132.

to repousa na ideia de um pressuposto de fato querido pelos contraentes e reconhecido pela norma jurídica como base do efeito jurídico perseguido. Seu fundamento é a vontade humana, desde que atue conforme à ordem jurídica. Seu *habitat* é o ordenamento jurídico. Seu efeito é a criação, modificação ou extinção de direitos e obrigações, ou melhor, de vínculos jurídicos de caráter patrimonial. Portanto, o contrato, como negócio jurídico que é, é um fato criador de direito, ou melhor, de norma jurídica individual, pois as partes contratantes acordam que se devem conduzir de determinada maneira, uma em face da outra. A norma jurídica negocialmente criada, que não estatui sanção, mas uma conduta cuja conduta oposta é pressuposto da sanção imposta pela norma jurídica geral, não é norma jurídica autônoma. Ela somente será jurídica em combinação com normas gerais estatuidoras de sanções. É uma norma jurídica individual, pois mediante o contrato estabelecem-se, em regra, obrigações e direitos apenas para os contraentes, embora se possa admitir contrato em favor de terceiro, impondo deveres e conferindo direitos a pessoa que não participou na produção do negócio jurídico, porém seu conteúdo deve ser sempre querido pelos contratantes[5].

Ante o exposto, poder-se-á dizer que *contrato* é o acordo de duas ou mais vontades, na conformidade da ordem jurídica, destinado a estabelecer uma regulamentação de interesses entre as partes, com o escopo de adquirir, modificar ou extinguir relações jurídicas de natureza patrimonial[6]. Fácil é denotar que a noção de contrato contém dois *elementos*[7]: *a*) o *estrutural*, isto é, a alteridade, pois o contrato, como negócio jurídico bilateral (ou plurilateral – p. ex., sociedade com vários sócios), requer a fusão de duas ou mais vontades contrapostas. Realmente, o contrato é um negócio jurídico

---

5. Kelsen, *Teoria pura do direito*, Coimbra, Arménio Amado Ed., v. 2, p. 123 e s.; Caio M. S. Pereira, *Instituições de direito civil*, Rio de Janeiro, Forense, 1978, v. 3, p. 10; Darcy Bessone de Oliveira Andrade, *Aspectos da evolução da teoria dos contratos*, São Paulo, 1949, p. 21 e s.; Diogo Leite de Campos, *Contrato a favor de terceiro*, Coimbra, Livr. Almedina, 1980.

6. Conceito baseado em: Antunes Varela, *Direito das obrigações*, Rio de Janeiro, Forense, 1977, p. 118; W. Barros Monteiro, op. cit., p. 5; Caio M. S. Pereira, op. cit., p. 11; Colin e Capitant, *Cours élémentaire de droit civil français*, 4. ed., Paris, 1924, p. 257; R. Limongi França, Contrato, in *Enciclopédia Saraiva do Direito*, v. 19, p. 139.

7. Manuel de Andrade, *Teoria geral da relação jurídica*, Coimbra, 1960, v. 2, p. 37 e 43; Antunes Varela, op. cit., p. 119-21; W. Barros Monteiro, op. cit., p. 4 e 5; Orlando Gomes, *Contratos*, 7. ed., Rio de Janeiro, Forense, 1979, p. 4-24; Celso Antônio Bandeira de Mello, *Elementos de direito administrativo*, Revista dos Tribunais, 1980, cap. IV, p. 137.

bilateral ou plurilateral, e não a soma de dois ou mais negócios unilaterais. O efeito de direito almejado subordina-se, no espírito de cada uma das partes, ao consenso da outra, de tal maneira que nenhum dos contraentes pode alterar unilateralmente o que foi avençado. Torna-se imprescindível a intervenção de duas ou mais pessoas que se põem de acordo sobre determinado objeto, por ser o contrato negócio jurídico bilateral ou plurilateral, que vincula os contraentes à observância de comportamento idôneo à satisfação dos interesses que regularam. Entretanto, numa só hipótese poder-se-á admitir, em nosso ordenamento jurídico, o autocontrato ou *contrato consigo mesmo*, desde que uma só pessoa possa representar ambas as partes, como no caso, p. ex., do contratante que intervém por si mesmo, em seu próprio nome, e como representante, munido de poderes delimitados, de outrem, manifestando sua vontade sob dois ângulos diversos, de tal sorte que haja duas vontades jurídicas diferentes, embora expressas por uma única pessoa. É o caso da venda feita a si próprio pelo mandatário (*RT*, *117*:227, *179*:291; *RF*, *67*:331; *RTJ*, *95*:781) de um imóvel do mandante, estando por ele autorizado e desde que cumpra as condições de venda estipuladas no mandato, hipótese em que ao mandante pouco importaria que aquele bem fosse adquirido por terceira pessoa ou pelo seu mandatário, que, contudo, não poderá lesá-lo. Não haverá qualquer conflito de interesses, decorrente de abuso de poder de representação. Daí dizer Carvalho de Mendonça: "desde que uma pessoa possa agir, concomitantemente, por si e como representante de outrem, desde que é possível conceber-se que alguém atue como representante de uma pessoa jurídica e de outra física, há, na verdade, dois patrimônios colocados um defronte do outro e, desde então, é sempre possível entre estes um vínculo obrigacional, tanto e com tanta extensão como entre duas individualidades diferentes". O Código Civil, no art. 117, parágrafo único, alude à autocontratação, ou autonegociação, possibilitando ao representante, no seu interesse, ou à conta de outrem, celebrar ato negocial consigo mesmo, se isso for permitido legalmente ou pelo representado (*dominus negotii*), considerando, para esse efeito, celebrado pelo representante o ato negocial efetivado por aquele em quem os poderes houverem sido substabelecidos. Há, portanto, ausência de duas vontades para a celebração do negócio e tendência do representante de dar preferência a seus interesses em detrimento dos do representado, mas autorizada está, expressamente, tal *autocontratação*. Todavia, será preciso esclarecer que deve haver anuência prévia e específica ao contrato concluído por parte do representado, que, no mandato, deverá predeterminar o conteúdo negocial. Não se pode admitir qualquer realce exclusivo ao interesse do procurador. Na representação legal, por motivos éticos, dever-se-á repelir a autocontratação, a não ser que se demonstre uma vantagem ou benefício ao representado[8]; *b*) o *funcional*, ou seja, a composição de interesses contrapostos, mas harmonizáveis, entre as partes, constituindo, modificando e solvendo direitos e obrigações na área econômica. Isto é assim ante a função econômico-social do contrato, que constitui razão determinante de sua tutela jurídica. P. ex.: se alguém, precisando de casa para morar, celebrar contrato de locação, pagando certa retribuição pelo uso do imóvel, o locador, dono do prédio que convém à outra parte, deverá ceder temporariamente o uso do bem que lhe pertence, aceitando a retribuição que o outro se dispõe a pagar. Se alguém quiser comprar um bem que outrem está disposto a vender, o instrumento apropriado será o contrato de compra e venda. Se, por liberalidade, uma pessoa quiser transferir certos bens de seu patrimônio para o de outro indivíduo, deverá celebrar contrato de doação. Se se entender que o pagamento de um débito deva ser garantido por outrem, estipular-se-á contrato de fiança. Se for conveniente a alguém que outra pessoa lhe administre os in-

---

8. Orlando Gomes, op. cit., p. 10. *Vide*: art. 685 do Código Civil. Nesse mesmo teor de ideias, o Código Civil francês (art. 1.101: *"Le contrat est une convention par laquelle une ou plusieurs personnes, s'obligent, envers une ou plusieurs autres, à donner, à faire ou à ne pas faire quelque chose")*, a definição romana de Ulpiano (contrato *"est pactio duorum pluriumve in idem placitum consensus"*, ou, em vernáculo, o mútuo consenso de duas ou mais pessoas sobre o mesmo objeto) e o entendimento de Kelsen (op. cit., p. 127). Admitem-no também o Código Civil português, art. 261, e o Código Civil italiano, art. 1.395. Relativamente aos contratos consigo mesmo, *vide* a Súmula 60 do STJ: "É nula a obrigação cambial assumida por procurador do mutuário vinculado ao mutuante no exclusivo interesse deste"; Sílvio Venosa (*Direito civil*, cit., v. 2, p. 384) observa que no contrato bancário feito com a administradora de cartão de crédito há uma situação típica de autocontrato que não pode ser admitida por relevar a potestatividade exclusiva do representante; Bonfante e Sraffa, Il contratto con sè medesimo, *Rivista di Diritto Commerciale, 1*:369 e s., 1930; Pontes de Miranda, *Tratado de direito privado*, Rio de Janeiro, Borsoi, 1954/1955, t. 3 e 6; Serpa Lopes, op. cit., p. 218-22; W. Barros Monteiro, op. cit., p. 5; José Paulo Cavalcanti, *O contrato consigo mesmo*, Recife, 1956; Dante Caporali, Contratti con sè medesimo, in Scialoja, *Dizionario pratico del diritto privato*, v. 2, p. 240; Carvalho de Mendonça, *Contratos no direito civil brasileiro*, v. 1, p. 267; Orlando Gomes, op. cit., p. 100-2; Vallimaresco, Des actes juridiques avec soi-même, *Revue Trimestrielle de Droit Civil*, p. 973 e s., 1926; Mairan G. Maia Jr., *A representação no negócio jurídico*, São Paulo, Revista dos Tribunais, 2001, p. 173-7. Interessantes a esse respeito são as palavras de Diez-Picazo (*La representación en el derecho privado*, Madrid, Civitas, 1979, p. 204) de que: *"La hipótesis genuina de la autocontratación se da cuando el autor del negocio o del acto jurídico interviene en el con un doble papel, de manera que una de las partes del negocio es el mismo en su propio nombre y derecho y otra de ellas actua representada por el. Sin embargo, la hipótesis se puede producir también cuando el autor del negocio o acto jurídico interviene por si sólo sustituyendo a cada una de las partes con una diferente representación. Por ejemplo: actúa como vendedor en representación de A y como comprador en representación de B"*.

teresses, lançar-se-á mão do contrato de mandato. Como se vê, o contrato, em seus diferentes tipos, é instrumento jurídico que exerce função econômica específica, com o intuito de atingir fins ditados pelos interesses patrimoniais dos contratantes[9]. O contrato representa o centro da vida dos negócios, o instrumento prático que atua sob as mais variadas finalidades da vida econômica, que implica a composição de interesses inicialmente opostos, ou, quando menos, não coincidentes[10].

Sendo o contrato um negócio jurídico, requer, para a sua validade, a observância dos requisitos do art. 104 do Código Civil: agente capaz, objeto lícito, possível, determinado ou determinável, e forma prescrita ou não defesa em lei. Desse modo, será necessária a presença de *requisitos subjetivos, objetivos* e *formais*, para que o contrato seja válido.

Os *requisitos subjetivos* são[11]: *a*) existência de duas ou mais pessoas, já que o contrato é um negócio jurídico bilateral ou plurilateral; *b*) capacidade genérica das partes contratantes para praticar os atos da vida civil, as quais não devem enquadrar-se nos arts. 3º e 4º do Código Civil, sob pena de o contrato ser nulo ou anulável; *c*) aptidão específica para contratar, pois a ordem jurídica impõe certas limitações à liberdade de celebrar determinados contratos; p. ex.: o art. 496 do Código Civil proíbe, sob pena de anulabilidade, contrato de compra e venda entre ascendente e descendente, sem que haja consentimento expresso dos demais descendentes e do cônjuge do alienante; o art. 497 do Código Civil veda, sob pena de nulidade, a compra e venda entre tutor e tutelado etc. Os contratantes devem ter, portanto, legitimação para efetuar o negócio jurídico; *d*) consentimento das partes contratantes, visto que o contrato é originário do acordo de duas ou mais vontades isentas de vícios de vontade (erro, dolo, coação, lesão e es-

---

9. Este elemento está bem delineado pelo Código Civil italiano, art. 1.321, que prescreve: *"Il contratto è l'accordo di due ou più parti per costituire, regolare o estinguere tra loro un rapporto giuridico patrimoniale"*.

10. Messineo, *Doctrina general del contrato*, trad. Fontanarrosa, Sentis Melendo e Volterra, Buenos Aires, 1952, v. 1, cap. 1, n. 1, p. 19 e s.; Giselda Maria F. N. Hironaka, Contrato: estrutura milenar de fundação do direito privado, *Revista do IASP*, *12*:247-64.

11. Caio M. S. Pereira, op. cit., p. 28 e 29; W. Barros Monteiro, op. cit., p. 5 e 6; Houin, Les incapacités, *Revue Trimestrielle de Droit Civil*, p. 383, 1947; Messineo, op. cit., v. 1, cap. 2; Orlando Gomes, op. cit., p. 50-5; Bassil Dower, op. cit., p. 8 e 9; Planiol, Ripert e Boulanger, *Traité élémentaire de droit civil*, v. 2, ns. 51 e s.; Silvio Rodrigues, op. cit., p. 18 e 19; Serpa Lopes, op. cit., p. 47-53; R. Limongi França, op. cit., p. 140 e 155; Barassi, *Teoria generale delle obbligazioni*, v. 2, n. 108, p. 332 e s. "Em razão do profissionalismo com que os empresários devem exercer sua atividade, os contratos empresariais não podem ser anulados pelo vício da lesão fundada na inexperiência" (Enunciado n. 28 da I Jornada de Direito Comercial do Conselho da Justiça Federal).

tado de perigo) e sociais (simulação e fraude) sobre a existência e natureza do contrato, o seu objeto e as cláusulas que o compõem. Deve haver coincidência de vontades, porque cada contraente tem determinado interesse e porque o acordo volitivo é a força propulsora do contrato: é ele que cria a relação jurídica que vincula os contraentes sobre determinado objeto.

Os *requisitos objetivos*[12] dizem respeito ao objeto do contrato, ou seja, à obrigação constituída, modificada ou extinta. A validade e a eficácia do contrato, como um direito creditório, dependem da:

a) licitude de seu objeto, que não pode ser contrário à lei, à moral, aos princípios da ordem pública e aos bons costumes. Assim, ilícitos e inválidos serão os negócios que ajustem pagamento pelo assassinato de alguém, que favoreçam a exploração do lenocínio (p. ex., a venda de licença para uma casa de tolerância), a usura, o concubinato impuro, os jogos de azar, o exercício ilegal de uma profissão (p. ex., o empréstimo do nome profissional a outra pessoa), que excluam os direitos de família (p. ex., casamento por contrato em que homem e mulher combinem viver juntos, por tempo indeterminado, em troca de certas vantagens), ou, ainda, que estipulem a moeda estrangeira como indexador para atualização monetária, a não ser que o pagamento contratado seja feito em moeda nacional. Isto só se permite desde que a obrigação seja em moeda nacional e paga em real, tendo tão somente, p. ex., como referencial de alteração o dólar americano (STJ, 3ª T., REsp 2.597-38, rel. Min. Ari Pargendler);

b) possibilidade física ou jurídica do objeto. Se o negócio tiver objeto físico ou materialmente impossível, de modo que o agente jamais possa vencer o obstáculo à sua realização, por contrariar as leis físico-naturais (p. ex., levar o Pico do Jaraguá até Brasília), ir além das forças humanas (p. ex., empreender uma viagem de volta ao mundo em duas horas), ou por inexistir (p. ex., prometer uma sereia para um aquário), configuram-se hipóteses em que se têm a exoneração do devedor e a invalidade do contrato, pois aquele que se obriga a executar coisa insuscetível de realização a nada se obrigou. Contudo, é preciso esclarecer que a impossibilidade material deve existir no ins-

---

12. Serpa Lopes, op. cit., p. 58 e 59; Caio M. S. Pereira, op. cit., p. 30 e 31; W. Barros Monteiro, op. cit., p. 6, 7, 37 e 38; Silvio Rodrigues, op. cit., p. 84 e 85; Messineo, op. cit., p. 223-45; Planiol, Ripert e Boulanger, op. cit., n. 248; Vittorio Scialoja, Contratti in generale, in *Dizionario pratico*, cit., v. 2, p. 437; Orlando Gomes, op. cit., p. 51; M. Helena Diniz, op. cit., v. 6, p. 19; Orozimbo Nonato, *Estudos sobre sucessão testamentária*, v. 1, p. 48; Clóvis Beviláqua, *Comentários ao Código Civil*, v. 4, p. 254; Itabaiana de Oliveira, *Tratado de direito das sucessões*, São Paulo, Max Limonad, 1952, v. 1, p. 72.

tante da constituição do contrato, porque, se aparecer em momento ulterior, ter-se-á a inexecução do contrato com ou sem perdas e danos, conforme ocorra ou não a culpa do devedor (CC, arts. 234, 238, 239, 248, 393 e 399). É mister não olvidar que a falta de atualidade da existência do objeto não se confunde com a sua impossibilidade, sendo perfeitamente admissível a contratação sobre coisa futura, sob a forma da *emptio rei speratae*, em que os contraentes tomam em consideração o objeto esperado enquanto possa vir a existir; logo, a validade do contrato dependerá do fato do objeto esperado vir, realmente, a existir. P. ex.: no caso de uma colheita de café futura, se nada se colher, desfar-se-á o negócio, ou no caso da *emptio spei*, em que as partes têm por objetivo uma esperança, se esta não se realizar, não se terá a rescisão contratual, de maneira que o contraente deverá pagar a preço convencionado. Finalmente, é necessário esclarecer que a impossibilidade pode ser considerada absoluta ou relativa, porém apenas a absoluta, existente para todos os homens, que não poderão superar os obstáculos à sua realização, tem efeito liberatório, resolvendo o vínculo contratual (*RT*, *161*:127; *RSTJ*, *87*:284). A relativa, que diz respeito a circunstâncias pessoais de determinada pessoa, isto é, do devedor, não invalida o contrato (*RT*, *134*:167, *493*:196; *RF*, *85*:356), sujeitando o inadimplente a perdas e danos, juros, atualização monetária e honorários advocatícios (CC, arts. 104, II, e 389) igualmente, se for temporária e vier a cessar antes do implemento da condição pactuada (CC, art. 106). Ter-se-á impossibilidade legal ou jurídica, gerando a ineficácia do contrato, se seu objeto estiver vedado pelo direito, como, p. ex., a venda do bem de família (CC, art. 1.717); a estipulação de pacto sucessório, também chamado *pacta corvinae* ou pacto de abutres (CC, art. 426), contrariando a norma de que não pode ser objeto de contrato a herança de pessoa viva, devido à presunção de que possa eventualmente haver *votum captandae mortis*, salvo, segundo alguns autores, nos casos de doações antenupciais entre os cônjuges, dispondo a respeito da recíproca e futura sucessão, desde que não excedam a metade dos bens (CC, arts. 1.668, IV, 1.655 e 546); e na hipótese de partilha de bens feita pelo ascendente, por ato *inter vivos*, aos descendentes (CC, art. 2.018). No nosso entender, só a partilha por ato *inter vivos* pode ser considerada como exceção à norma do art. 426, por corresponder a uma sucessão antecipada. Os demais casos não podem ser tidos como exceções ao art. 426, porque o Código Civil, nos arts. 166, VI e VII, e 1.655, declara nulo o negócio jurídico quando este tiver por objetivo fraudar lei imperativa, e quando a lei, taxativamente, assim o declarar, ou proibir sua prática;

c) determinação de seu objeto, pois este deve ser certo ou, pelo menos, determinável. O contrato deverá conter, portanto, os elementos necessários e suficientes (especificação do gênero, da espécie, da quantidade ou dos caracteres individuais) para que se possa determinar o seu objeto, de modo que a obrigação do devedor tenha sobre o que incidir. Se indeterminável o objeto, o contrato será inválido e ineficaz;

d) economicidade de seu objeto, que deverá versar sobre interesse economicamente apreciável, capaz de se converter, direta ou indiretamente, em dinheiro. Assim, a venda de um só grão de arroz, por não representar nenhum valor, não interessa ao direito, pois tão irrisória quantidade jamais levaria o credor a mover uma ação judicial para reclamar do devedor o adimplemento da obrigação.

Os *requisitos formais*[13] são atinentes à forma do contrato. Entretanto, é preciso ressaltar que, atualmente, não há rigorismo de forma, pois a simples declaração volitiva tem o condão de estabelecer o liame obrigacional entre os contraentes, gerando efeitos jurídicos independentemente da forma de que se revista, seja ela oral ou escrita (por meio de instrumento particular ou público), de tal sorte que o elemento formal, na seara contratual, constitui uma exceção nos casos em que a lei exige, para a validade do negócio, a observância de certa forma. A regra é a liberdade de forma, celebrando-se o contrato pelo livre consentimento das partes contratantes, pois apenas excepcionalmente a lei requer obediência aos requisitos de forma. Deveras, o Código Civil, art. 107, prescreve que "a validade da declaração de vontade não dependerá de forma especial, senão quando a lei expressamente a exigir". Assim, certos contratos deverão ser levados a efeito pela forma prescrita em lei, sob pena de nulidade. Nulo será, p. ex., o contrato de compra e venda de imóvel, se não for celebrado por escritura pública (CC, arts. 108, 215 e 166, IV). Não havendo forma especial, o contrato pode ser celebrado por escrito, mediante escritura pública ou instrumento particular, ou, ainda, verbal e até tacitamente (CC, arts. 107 e 111). Será expressa, se dada verbalmente ou por escrito, e tácita, se decorrer de fatos que autorizem o seu reconhecimento. É preciso não confundir a forma do contrato com a sua prova. Apesar de a questão da prova estar intimamente ligada à forma, são inconfundíveis. A forma, segundo Clóvis Beviláqua, "é o conjunto de solenidades que se devem observar para que a declaração de vontade tenha eficácia jurídica", enquanto a prova "é o conjunto de meios empregados para demonstrar, legalmente, a existência de negócios jurídicos". Sem dúvida, bastante estreito é o nexo que une a prova do con-

13. Bassil Dower, op. cit., p. 10 e 11; Caio M. S. Pereira, op. cit., p. 32 e 33; Orlando Gomes, op. cit., p. 60; W. Barros Monteiro, op. cit., p. 8; Serpa Lopes, *O silêncio como manifestação de vontade nas obrigações*, 2. ed., Rio de Janeiro, 1944.

trato à forma, pois se se exigir, p. ex., a forma pública para o contrato, o instrumento público será seu único meio de prova (CPC, art. 406; *RT*, *428*:250). Se se tratar de negócio jurídico não formal, qualquer meio de prova será permitido pela ordem jurídica, desde que não seja por ela proibido ou restringido (CPC, art. 369). As normas sobre a prova do contrato são, em regra, as mesmas atinentes à prova do negócio jurídico (CC, arts. 212, 215, 216, 217, 218, 219, 220, 221, 224, 227, parágrafo único, 228, 108, 109), visto ser o contrato um tipo de ato negocial[14].

Quadro Sinótico

CONCEITO E REQUISITOS DE VALIDADE DO CONTRATO

1. CONCEITO	• Contrato é o acordo de duas ou mais vontades, na conformidade da ordem jurídica, destinado a estabelecer uma regulamentação de interesses entre as partes, com o escopo de adquirir, modificar ou extinguir relações jurídicas de natureza patrimonial.

14. R. Limongi França, op. cit., p. 159; M. Helena Diniz, op. cit., v. 1, p. 246-50; Serpa Lopes, *Curso*, cit., v. 3, p. 67-72; Salvat, *Tratado de derecho civil argentino*; fuentes de las obligaciones, 2. ed., Buenos Aires, 1950, p. 140 e s.; Clóvis Beviláqua, *Teoria geral do direito civil*, 4. ed., 1972, p. 257 e 260; Paulo Luiz Neto Lôbo, *O contrato: exigências e concepções atuais*, São Paulo, Saraiva, 1986. *Vide* Código Civil, art. 2.035 e parágrafo único. Por esse dispositivo legal os atos e negócios jurídicos constituídos antes da vigência do Código Civil, conforme as antigas normas (CC, art. 2.045), serão tidos como válidos, se atendidos os pressupostos exigidos, e por elas se regerão. O atual Código Civil vigorará para as situações jurídicas negociais *ex nunc*. Se o negócio ou ato jurídico estava em curso de formação, por ocasião da entrada em vigor do novo Código Civil, este se lhe aplicará na fase pré-contratual, por ter efeito imediato. Já os contratos sucessivos nascidos durante a vigência da lei antiga e em curso de execução, ao publicar-se a nova, reger-se-ão no que atina a forma extrínseca por aquela; mas, como não irradiou efeitos, estes se produzirão conforme a novel norma, a não ser que as partes tenham previsto, na convenção, determinada forma de execução, desde que não contrariem preceitos de ordem pública, tais como os estabelecidos pelo vigente Código Civil para assegurar a função social da propriedade e dos contratos.

Pelo Enunciado n. 300 do CJF (aprovado na IV Jornada de Direito Civil): "A lei aplicável aos efeitos atuais dos contratos celebrados antes do novo Código Civil será a vigente na época da celebração; todavia, havendo alteração legislativa que evidencie anacronismo da lei revogada, o juiz equilibrará as obrigações das partes contratantes, ponderando os interesses traduzidos pelas regras revogada e revogadora, bem como a natureza e a finalidade do negócio".

2. REQUISITOS (CC, ART. 104, I, II E III)	• Subjetivos	• Existência de duas ou mais pessoas. • Capacidade genérica para praticar os atos da vida civil. • Aptidão específica para contratar. • Consentimento das partes contratantes.
	• Objetivos	• Licitude do objeto do contrato. • Possibilidade física ou jurídica do objeto do negócio jurídico. • Determinação do objeto do contrato. • Economicidade de seu objeto.
	• Formais	• CC, arts. 107 e 108.

B. Princípios fundamentais do direito contratual

Regem as obrigações contratuais os *princípios*[15]:

15. W. Barros Monteiro, op. cit., p. 8-10; Colin e Capitant, op. cit., v. 2, n. 9; Messineo, op. cit., p. 19; Orlando Gomes, op. cit., p. 25-48; Silvio Rodrigues, op. cit., p. 16 e 20-4; Bassil Dower, op. cit., p. 11 e 12; Antunes Varela, op. cit., p. 124-33; Caio M. S. Pereira, op. cit., p. 15-27; De Page, *Traité élémentaire de droit civil belge*, t. 1, p. 100-12, t. 2, p. 425, 430 e 431; R. Limongi França, op. cit., p. 140-2; Serpa Lopes, *Curso*, cit., p. 19-24; Marcel Waline, *L'individualisme et le droit*, p. 170; Julliot de la Morandière, La notion d'ordre public en droit privé, in *Cours de droit civil approfondi*, Paris, 1950, p. 3, 31 e 298; Francisco Amaral, O contrato e sua função institucional, *Boletim da Faculdade de Direito da Universidade de Coimbra, Stvdia Ivridica, 48*:369-83; José Lourenço, *Limites à liberdade de contratar*, São Paulo, Ed. Juarez de Oliveira, 2001; Joaquim José C. de Sousa Ribeiro, *O problema do contrato – as cláusulas contratuais gerais* e o *princípio da liberdade contratual*, Coimbra, Almedina, 1999; Antonio Pinto Monteiro, Cláusulas limitativas do conteúdo contratual, *Revista Brasileira de Direito Comparado, 19*:246-68; Rogério Ferraz Donnini, A Constituição Federal e a concepção social do contrato, in *Temas atuais de direito civil na Constituição Federal*, São Paulo, Revista dos Tribunais, 2000, p. 69-80; *Responsabilidade pós-contratual*, São Paulo, Saraiva, 2004, p. 105-18; Mário Aguiar Moura, Função social do contrato, *RT, 630*:247-9; Enzo Roppo, *Il contratto*, 1977, p. 12 e s.; Philippe Malaurie, *L'ordre public et le contrat*, 1953; Silvio Luís Ferreira da Rocha, *Curso*, cit., v. 3, p. 33-43; Antonio Jeová Santos, *Função social, lesão e onerosidade excessiva nos contratos*, São Paulo, Método, 2002; Antônio Junqueira de Azevedo, Princípios do novo direito contratual e desregulamentação do mercado – direito de exclusividade nas relações contratuais de fornecimento – função social do contrato e responsabilidade aquiliana de terceiro que contribui para inadimplemento contratual, *RT, 750*:116 e s.; Gisele Leite, Mitigações dos efeitos contratuais no direito brasileiro, *Revista Síntese – Direito Civil e Processual Civil, 125*:32-62; Giovanni Cazzetta, Intervenção do Estado e liberdade contratual. *História do direito privado* (org.

1º) da *autonomia da vontade*, no qual se funda a liberdade contratual dos contratantes, consistindo no poder de estipular livremente, como melhor lhes convier, mediante acordo de vontades, a disciplina de seus interesses, suscitando efeitos tutelados pela ordem jurídica. Esse poder de autorregulamentação dos interesses das partes contratantes, condensado no princípio da autonomia da vontade, envolve liberdade contratual (*Gestaltungsfreiheit*), que é a de determinação do conteúdo da avença e a de criação de contratos atípicos, e liberdade de contratar (*Abschlussfreiheit*), alusiva à de celebrar ou não o contrato e à de escolher o outro contratante. Além da liberdade de criação do contrato, abrange, portanto: *a*) a liberdade de contratar ou não contratar, isto é, o poder de decidir, segundo seus interesses, se e quando estabelecerá com outrem uma relação jurídica contratual. Todavia, o princípio de que a pessoa pode abster-se de contratar sofre exceções, como, p. ex., quando o indivíduo tem obrigação de contratar imposta pela lei, como é o caso das companhias seguradoras relativamente aos seguros obrigatórios; *b*) a liberdade de escolher o outro contraente, embora às vezes a pessoa do outro contratante seja insuscetível de opção, como, p. ex., nas hipóteses de serviço público concedido sob regime de monopólio, ou seja, das empresas concessionárias de serviço público; e

---

Gustavo S. Siqueira e Ricardo M. Fonseca), Belo Horizonte, Arraes ed., 2015, p. 85 a 95; Rosalice F. Pinheiro, O abuso do direito e as relações contratuais: primeiras aproximações, *Cadernos da Escola de Direito e Relações Internacionais da Faculdade do Brasil, 1*:43-55; Itamar Gaino, Liberdade contratual do direito moderno, *Revista da Escola Paulista da Magistratura, 2*:173-208; Rogério Zuel Gomes, *Teoria contratual contemporânea*, Rio de Janeiro, Forense, 2004; Cláudio Luiz Bueno de Godoy, *Função social do contrato*, São Paulo, Saraiva, 2004; Álvaro Villaça Azevedo, O novo Código Civil brasileiro: tramitação; função social do contrato; boa-fé objetiva; teoria da imprevisão e, em especial, onerosidade excessiva (*laesio enormis*), in *Novo Código Civil – questões controvertidas*, São Paulo, Método, 2004, p. 9-30; Mariana Ribeiro Santiago, *O princípio da função social do contrato*, Curitiba, Juruá, 2008; Cristiano de Souza Zanetti, A respeito da leitura jurisprudencial da função social do contrato. *A outra face do Poder Judiciário* (coord. Giselda Hironaka), Belo Horizonte, Del Rey, 2005, p. 123-45; Romualdo B. dos Santos, Princípios sociais contratuais: autonomia privada, função social e boa-fé objetiva, *Direito Civil – direito patrimonial e direito existencial* – estudos em homenagem a Giselda Hironaka (coord. Tartuce e Castilho), São Paulo, Método, 2006, p. 221-48; Rafael C. Mancebo, *A função social do contrato*, São Paulo, Quartier Latin, 2005; Judith Martins-Costa, Reflexões sobre o princípio da função social dos contratos, *Revista Brasileira de Direito Comparado, 29*:63-102; Luiz F. do V. de A. Guilherme, *Função social do contrato e contrato social*, São Paulo, Saraiva, 2013; Rodrigo Toscano de Brito, *Equivalência material dos contratos*, São Paulo, Saraiva, 2007; Paulo Lôbo, *Direito civil – contratos*, São Paulo, Saraiva, 2011, p. 56-77; Ragner L. Vianna, O contrato é fonte de normas jurídicas – *Letrado, IASP, 103*:45; F. Tartuce, A "Lei da liberdade econômica" (Lei n. 13.874/2019) e os seus principais impactos para o direito civil, *Revista Síntese – Direito Civil e Processual Civil, 122*:9-28, 2019. "Com o advento do Código Civil de 2002, houve forte aproximação principiológica entre esse Código e o Código de Defesa do Consumidor, no que respeita à regulação contratual, uma vez que ambos são incorporadores de uma nova teoria geral dos contratos" (Enunciado n. 167 do Conselho da Justiça Federal, aprovado na III Jornada de Direito Civil).

Consulte Lei n. 14.010/2020 sobre Regime Jurídico Emergencial e Transitório das relações jurídicas de Direito Privado no período da pandemia do coronavírus, arts. 6º e 7º, §§ 1º e 2º.

c) a liberdade de fixar o conteúdo do contrato, escolhendo qualquer uma das modalidades contratuais reguladas por lei (contratos nominados), introduzindo alterações ou cláusulas (*RT*, *481*:120) que melhor se coadunem com seus interesses e com as peculiaridades do negócio, ampliando ou restringindo os efeitos do vínculo contratual, ou adotando novos tipos contratuais, distintos dos modelos previstos pela ordem jurídica, conforme as necessidades do negócio jurídico, dando origem, assim, aos contratos inominados. Pelo Enunciado n. 582: "Com suporte na liberdade contratual e, portanto, em concretização da autonomia privada, as partes podem pactuar garantias contratuais atípicas" (aprovado na VII Jornada de Direito Civil). O conteúdo do contrato pertence livremente à determinação das partes contratantes, embora, como logo mais veremos, alguns contratos se formem pela adesão de uma das partes às cláusulas impostas pela outra.

É preciso não olvidar que a liberdade contratual não é ilimitada ou absoluta, pois está limitada pela supremacia da ordem pública, que veda convenções que lhe sejam contrárias e aos bons costumes, de forma que a vontade dos contraentes está subordinada ao interesse coletivo. Pelo Código Civil, no art. 421 (com a redação da Lei n. 13.874/2019) "a liberdade contratual será exercida nos limites da função social do contrato" (CF, arts. 1º, IV, 5º, XXIII, e 170, III). O contrato deverá ter, portanto, por finalidade e por limite a sua função social. O Projeto de Lei n. 699/2011, por sua vez, já visava substituir a locução "liberdade de contratar", que toda pessoa tem desde que tenha capacidade negocial, por "liberdade contratual", por ser mais técnica, indicando o poder de discutir livremente as cláusulas do contrato, e também suprimir a expressão "em razão", já que a liberdade contratual está limitada pela função social do contrato, mas não é sua razão de ser. À época o Parecer Vicente Arruda rejeitou essa proposta do PL n. 6.960/2002 (atual PL n. 699/2011), argumentando que: "A mudança proposta não passa de um jogo de palavras que, ainda por cima, piora o texto, pois contrato não tem liberdade, quem tem liberdade é a pessoa, cuja liberdade de contratar está vinculada à função social do contrato, imposta pelo ordenamento jurídico".

Ante o disposto no art. 421, repelido está o individualismo, nítida é, como diz Francisco Amaral, a função institucional do contrato, visto que limitada está a autonomia da vontade pela intervenção estatal, ante a função econômico-social daquele ato negocial, que o condiciona ao atendimento do bem comum e dos fins sociais. Amputa-se, assim, os excessos do individualismo e da autonomia da vontade. Consagrado está o princípio da socialidade. O art. 421 é um princípio geral de direito, ou seja, uma norma que contém uma cláusula geral. Como a lei não define a locução "*função social do contrato*", poderá ela ser interpretada de formas diversas, conduzindo à declaração de nulidade de cláusulas ou até mesmo de toda a avença. Por isso, procuramos delinear alguns parâmetros a serem seguidos, pois com essa função social do contrato teremos o justo processo legal substantivo. O contrato deve ter alguma utilidade social, de modo que os interesses dos contratantes venham a amoldar-se ao interesse da coletividade.

E nenhuma convenção prevalecerá se contrariar preceitos de ordem pública, tais como os estabelecidos por este Código para assegurar a função social da propriedade e dos contratos (CC, art. 2.035, parágrafo único). A função social da propriedade e a dos contratos constituem limites à autonomia da vontade, na qual se funda a liberdade contratual, que deverá estar voltada à solidariedade (CF, art. 3º, I), à justiça social (CF, art. 170, *caput*), à livre-iniciativa, ao progresso social, à livre circulação de bens e serviços, à produção de riquezas, ao equilíbrio das prestações, evitando o abuso do poder econômico, a desigualdade entre os contratantes e a desproporcionalidade, aos valores jurídicos, sociais, econômicos e morais, ao respeito à dignidade da pessoa humana (CF, art. 1º, III). O parágrafo único do art. 2.035 do Código Civil retrata a incidível vinculação da convenção a princípios jurídico-constitucionais. Assim, os contratantes deverão sujeitar sua vontade: *a*) às *normas de ordem pública*, que fixam, atendendo aos interesses da coletividade, as bases jurídicas fundamentais em que repousam a ordem econômica e moral da sociedade, uma vez que são atinentes ao estado e à capacidade das pessoas; à organização da família; aos princípios básicos da ordem de vocação hereditária, da sucessão testamentária, do direito de propriedade, da responsabilidade civil, da liberdade e da igualdade dos cidadãos, da liberdade de trabalho, de comércio e de indústria; e à organização política, administrativa e econômica do Estado; e *b*) aos *bons costumes*, relativos à moralidade social, de forma que sejam proibidos, p. ex., contratos que versem sobre exploração de casas de tolerância, corretagem matrimonial, usura, por contrariarem os bons costumes. Humberto Theodoro Júnior apresenta alguns exemplos de contratos que se desviam de sua função social, não tendo interesse coletivo, não merecendo proteção jurídica, tais como locação de imóvel em zona residencial para fins empresariais; venda de produto ou serviço mediante propaganda enganosa; alienação de bens, fraudando credores; ato negocial conducente à concorrência desleal; negócio simulado para prejudicar terceiro; turismo sexual por agência de viagens etc.

A liberdade contratual é reconhecida, mas seu exercício está condicionado à função social do contrato e implica valores de boa-fé e probidade (CC, arts. 422, 113, § 1º, III e Lei n. 13.874/2019, arts. 1º, § 2º; 2º, II). Logo, a função social do contrato, dirigida à satisfação de interesses sociais, não elimina o princípio da autonomia contratual, mas atenua ou reduz seu alcance, quando estiverem presentes interesses metaindividuais ou interesse individual coletivo relativo à dignidade da pessoa humana (Enunciado do

CJF n. 23, aprovado na I Jornada de Direito Civil, promovida, em setembro de 2002, pelo Centro de Estudos Judiciários do Conselho da Justiça Federal). "A frustração do fim do contrato, como hipótese que não se confunde com a impossibilidade da prestação ou com a excessiva onerosidade, tem guarida no direito brasileiro pela aplicação do art. 421 do Código Civil" (Enunciado n. 166 do Conselho da Justiça Federal, aprovado na III Jornada de Direito Civil). A autonomia privada como autorregulamentação de interesses só se justificaria se o contrato corresponder a uma função considerada socialmente útil pelo ordenamento.

Assim, o princípio da autonomia da vontade é o poder conferido aos contratantes de estabelecer vínculo obrigacional, desde que se submetam às normas jurídicas e seus fins não contrariem o interesse geral, de tal sorte que a ordem pública e os bons costumes constituem limites à liberdade contratual[16]. O princípio da autonomia da vontade sofre, portanto, restrições, trazidas pelo *dirigismo contratual*, que é a intervenção estatal na economia do negócio jurídico contratual, por entender-se que, se se deixasse o contratante estipular li-

16. Joaquim José C. de Sousa Ribeiro, op. cit.; Nelson Nery Jr., Contratos no Código Civil – apontamentos gerais, in *O novo Código Civil; estudos em homenagem* ao Prof. Miguel Reale, São Paulo, LTr, 2003, p. 427; Humberto Theodoro Jr., *O contrato e sua função social*, Rio de Janeiro, Forense, 2003, p. 55-6; Arnoldo Wald, O contrato no Projeto do Código Civil da evolução dos interesses conflitantes do passado até a parceria do futuro, *Revista do Instituto dos Advogados de São Paulo, 1*:12-7; Gustavo Tepedino, Efeitos da crise econômica na execução dos contratos – elementos para configuração de um direito da crise econômica, *Temas de direito civil*, Rio de Janeiro, Renovar, 1999, p. 73-111; Martinho Garcez Neto, *Temas atuais de direito civil*, Rio de Janeiro, Renovar, 2000, p. 1-54; Cláudio Luiz Bueno de Godoy, *Função social do contrato*, São Paulo, Saraiva, 2004; Érica V. de O. Canuto, A fronteira da autonomia da vontade e a função social do contrato, *Novo Código Civil – questões controvertidas*, São Paulo, Método, 2005, v. 4, p. 241-56; Leonardo de F. Beraldo, *Função social do contrato*, Belo Horizonte, Del Rey, 2011. O Código Civil francês, art. 6º, estatui expressamente que: "Não se pode derrogar, por convenções particulares, as leis que interessam à ordem pública e aos bons costumes". *Vide*: *RT*, *508*:189, *478*:237, *495*:125, *512*:147, *513*:257, *532*:115, *542*:147. É preciso não olvidar da existência de *contrato coativo*, em que o dirigismo contratual é muito forte. Por exemplo, é o que se dá na relação entre concessionária de serviço público de fornecimento de água, luz, gás, esgoto etc. e o usuário. A empresa não pode negar-se a efetuar contrato com o usuário, que se submeter às condições impostas, visto que as cláusulas negociais estão predispostas. Temos aqui uma aparência de contrato, visto ser um ato negocial regido por normas de direito público, cujas pendências são, por isso, solucionadas com base em princípios juspublicísticos, apesar de parte considerável de suas cláusulas situar-se na área da contratação privada. É a lição de Guillermo Borda, *Manual de los contratos*, Buenos Aires, Abeledo Perrot, 1989, p. 19, e Sílvio Venosa, op. cit., v. 2, p. 346. "Nos contratos empresariais, o dirigismo contratual deve ser mitigado, tendo em vista a simetria natural das relações interempresariais" (Enunciado n. 21 da I Jornada de Direito Comercial do Conselho da Justiça Federal).

vremente o contrato, ajustando qualquer cláusula sem que o magistrado pudesse interferir, mesmo quando uma das partes ficasse em completa ruína, a ordem jurídica não estaria assegurando a igualdade econômica. A expressão *dirigismo contratual* é aplicável às medidas restritivas estatais que invocam a supremacia dos interesses coletivos sobre os meros interesses individuais dos contraentes, com o escopo de dar execução à política do Estado de coordenar os vários setores da vida econômica e de proteger os economicamente mais fracos, sacrificando benefícios particulares em prol da coletividade, mas sempre conciliando os interesses das partes e os da sociedade. Deveras, pelo art. 421, § único (acrescido pela Lei n. 13.874/2019) "nas relações contratuais privadas prevalecerão o princípio da intervenção mínima" e subsidiária do Estado (Lei n. 13.874/2019, art. 2º, III). O Estado intervém no contrato, não só mediante a aplicação de normas de ordem pública (*RT, 516*:150), mas também com a adoção da excepcionalidade da revisão judicial dos contratos (art. 421, § único e 421-A, III), alterando-os, estabelecendo-lhes condições de execução, ou mesmo exonerando a parte lesada, conforme as circunstâncias, fundando-se em princípios de boa-fé e de supremacia do interesse coletivo, no amparo do fraco contra o forte, hipótese em que a vontade estatal substitui a dos contratantes, valendo a sentença como se fosse declaração volitiva do interessado. Logo, é preciso ressaltar que, pelo parágrafo único do art. 421 (acrescentado pela Lei n. 13.874/2019), "nas relações contratuais privadas prevalecerá o princípio da intervenção mínima do Estado, e a excepcionalidade da revisão contratual".

Pelo art. 421-A, III (acrescentado pela Lei n. 13.874/2019) "a revisão contratual somente ocorrerá de maneira excepcional e limitada". Ante os interesses da realidade social, a lei, a moderna doutrina jurídica e os tribunais estão admitindo, em casos graves, a possibilidade de revisão judicial dos contratos, quando a superveniência de acontecimentos extraordinários e imprevisíveis, por ocasião da formação dos pactos, torna sumamente onerosa a relação contratual, gerando a impossibilidade subjetiva de se executarem esses contratos. É, portanto, imprescindível uma radical, violenta e inesperada modificação da situação econômica e social, para que se fixem indenizações, se reduzam equitativamente as prestações ou se tenha revisão do contrato, que se inspira na equidade e no princípio do justo equilíbrio entre os contraentes (*RF, 113*:92, *150*:250) e no da socialidade. Imprescindível será a justiça contratual e o princípio da equivalência objetiva da prestação e da contraprestação. Uma das aplicações da revisão judicial do contrato é a cláusula *rebus sic stantibus*, que corresponde à fórmula: *contractus qui habent tractum sucessivum et dependentium de futuro rebus sic stantibus intelliguntur*, isto é, nos contratos de trato sucessivo ou a termo, o vínculo obrigatório entende-se subordinado à continuação daquele estado de fato, vigente ao tempo da estipulação (*RT, 271*:280, *286*:767, *288*:299, *303*:694, *305*:847; *RF,*

98:97, *134*:187, *150*:248, *156*:321, *171*:240; *Ciência Jurídica*, *31*:148; *JB*, *147*:320; *AJ*, *74*:343, *112*:617; *BAASP*, *1.897*:44). Nossa lei não previa, expressamente, essa cláusula, apresentada modernamente sob o nome de teoria da imprevisão; todavia, encontrava-se algum vestígio dela no Código Civil de 1916, como nos arts. 401 e 1.058, ensejando também a aplicação analógica dessa teoria os arts. 954, III, 1.092, 1.190, 1.131, 1.383, § 1º, 1.399 e 1.750[17] do referido diploma legal. O Código Civil vigente, ante o fato de o contrato não mais representar interesses antagônicos, passando a ser uma *affectio contratus*, baseada numa relação equilibrada, veio não só a recepcionar, nos arts. 317, 478, 479 e 480, a *rebus sic stantibus*, com o escopo de manter a equação contratual, mas também a admiti-la, insitamente, nos arts. 393, 1.699, 333, III, 476, 567, 495 e 1.973.

Há, ainda, preceitos expressos que permitem a revisão judicial dos contratos, como o art. 413 do Código Civil, alusivo à cláusula penal, que autoriza a intervenção do magistrado no contrato, reduzindo proporcionalmente a pena estipulada para o caso de mora ou de inadimplemento, quando houver cumprimento parcial da obrigação e quando o valor de sua cominação exceder ao do contrato principal (*RF*, *112*:379; *RT*, *453*:141, *420*:220, *489*:60, *485*:118, *437*:160, *463*:174, *433*:169, *435*:162). Entretanto, observa R. Limongi França[18], independentemente de lei, assiste ao órgão do Poder Judiciário o

17. Sobre a revisão judicial dos contratos, *vide* Marcel Dijol, *La justice dans les contrats*, Paris, 1918, p. 30-1; W. Barros Monteiro, op. cit., p. 10 e 11; Silvio Rodrigues, op. cit., p. 24-32; M. Helena Diniz, *As lacunas no direito*, Revista dos Tribunais, 1981, p. 97; Nicola e Francesco Stolfi, *Il nuovo Codice Civile*; libro 4, t. 1, p. 293; Caio M. S. Pereira, op. cit., p. 26 e 27; Savatier, *Les métamorphoses du droit civil d'aujourd'hui*, 2. ed., Paris, 1952, n. 21; Antunes Varela, op. cit., p. 127; Arnoldo Medeiros da Fonseca, *Caso fortuito e teoria da imprevisão*, 2. ed., 1943, n. 223; Josserand, *Le contrat dirigé*, Dalloz, 1933, p. 89 e s.; Maria Lúcia Aranha Dias, Da revisão judicial dos contratos pela aplicação da teoria da imprevisão, *Revista da PUCSP*, *48*:150 e s., 1973; José de Oliveira Ascensão, Alteração das circunstâncias e justiça contratual no novo Código Civil, in *Novo Código Civil – questões controvertidas*, São Paulo, Método, 2004, v. 2, p. 167-90; *AJ*, *39*:178; *RF*, *92*:797, *40*:512, *115*:393, *139*:6, *122*:65, *141*:29; *RT*, *121*:703.

Pelos enunciados do CJF ns. 21 e 22, aprovados na I Jornada de Direito Civil, promovida em setembro de 2002 pelo Centro de Estudos Judiciários do Conselho da Justiça Federal, a função social do contrato constitui cláusula geral que impõe a revisão do princípio da relatividade dos efeitos do contrato em relação a terceiros, implicando a tutela externa do crédito e que reforça o princípio de conservação do contrato, assegurando trocas úteis e justas.

18. R. Limongi França, op. cit., p. 165; Nelson Borges, *A teoria da imprevisão no direito civil e no processo civil*, São Paulo, Malheiros Ed., 2002; Otávio Luiz Rodrigues Jr., *Revisão judicial dos contratos. Antinomia da vontade e teoria da imprevisão*, São Paulo, Atlas, 2002; Anísio José de Oliveira, *A teoria da imprevisão nos contratos*, São Paulo, LEUD, 2002; Fabiana R. Barletta, *A revisão contratual no Código Civil e no Código de Defesa do Consumidor*, São Paulo, Saraiva, 2002; Laura C. Frantz, Bases dogmáticas para interpretação dos artigos 317 e 478 do Novo Código Civil brasileiro, *Novo Código Civil – questões contro-*

direito e o dever de interferir no contrato, tendo em vista a consecução dos fins do negócio, em harmonia com o bem da sociedade, tendo-se em vista o disposto na Lei de Introdução às Normas do Direito Brasileiro, art. 5º.

Hodiernamente, há previsão legal da medida no Código Civil, arts. 478, 479 e 480, mas a Lei n. 8.078/90, ao se referir à onerosidade excessiva do contrato em razão de fato superveniente, permite sua revisão (arts. 6º, V; 51, §§ 1º e 2º); não exigindo imprevisibilidade e extraordinariedade, sendo a relação de consumo.

O princípio da autonomia da vontade está atrelado ao da *socialidade*, pois, pelo art. 421 do Código Civil, declarada está a limitação da liberdade de contratar pela *função social do contrato*. Esse dispositivo é mero corolário do princípio constitucional da função social da propriedade e da justiça (LINDB, art. 5º), norteador da ordem econômica. O art. 421 é, como já dissemos, uma norma principiológica que contém uma cláusula geral: a função social do contrato. O art. 421 institui, expressamente, a função social do contrato, revitalizando-o, para atender aos interesses sociais, limitando o arbítrio dos contratantes, para tutelá-los no seio da coletividade, criando condições para o equilíbrio econômico-contratual, facilitando o reajuste das prestações e até mesmo sua resolução. Mas é preciso ressaltar que "o princípio da função social dos contratos também pode ter eficácia interna entre as partes contratantes" (Enunciado n. 360 do Conselho da Justiça Federal, aprovado na IV Jornada de Direito Civil) e que "a violação do art. 421 conduz à invalidade ou à ineficácia do contrato ou de cláusulas contratuais" (Enunciado n. 431 do Conselho da Justiça Federal, aprovado na V Jornada de Direito Civil);

2º) do *consensualismo*, segundo o qual o simples acordo de duas ou mais vontades basta para gerar o contrato válido, pois, como apontamos alhures, não se exige, em regra, qualquer forma especial para a formação do vínculo contratual. Embora alguns contratos, por serem solenes, tenham sua validez condicionada à observância de certas formalidades estabelecidas em

---

vertidas, cit., v. 4, p. 157 e segs.; Fábio H. Podestá, Notas sobre a revisão do contrato, *Direito civil – direito patrimonial e direito existencial* – estudos em homenagem a Giselda Hironaka (coord. Tartuce e Castilho), São Paulo, Método, 2006, p. 327-46. Observou Humberto Theodoro Jr. (A correção monetária segundo a Lei n. 6.899/81, *Revista do Curso de Direito da Universidade Federal de Uberlândia*, *11*:268, 1982) que "entre nós são exemplos tímidos de adoção da teoria da imprevisão pelo legislador brasileiro o Dec. n. 24.150/34 (ora revogado pela Lei n. 8.245/91), que permitiu a renovação judicial de contrato locatício com arbitramento de novo aluguel, e ainda a ação revisional do mesmo aluguel durante a vigência da relação *ex locato*, em razão das modificações das condições econômicas. Ainda em matéria de locação, mesmo fora do regime da proteção ao Fundo de Comércio, o Decreto-Lei n. 4/66 adotou a revisão periódica de aluguéis para compensar a desvalorização da moeda".

lei, a maioria deles é consensual, já que o mero consentimento tem o condão de criá-los, sendo suficiente para sua perfeição e validade;

3º) da *obrigatoriedade da convenção*, pelo qual as estipulações feitas no contrato deverão ser fielmente cumpridas (*pacta sunt servanda*), sob pena de execução patrimonial contra o inadimplente. Isto é assim porque o contrato, uma vez concluído livremente, incorpora-se ao ordenamento jurídico, constituindo uma verdadeira norma de direito, autorizando, portanto, o contratante a pedir a intervenção estatal para assegurar a execução da obrigação porventura não cumprida segundo a vontade que a constituiu. À ideia da autorregulamentação dos interesses dos contratantes, baseada no princípio da autonomia da vontade, sucede a da necessidade social de proteger a confiança de cada um deles na observância da avença estipulada, ou melhor, na subordinação à *lex contractus*. O contrato é intangível, a menos que ambas as partes o rescindam voluntariamente ou haja a escusa por caso fortuito ou força maior (CC, art. 393, parágrafo único). Fora dessas hipóteses ter-se-á a intangibilidade ou a imutabilidade contratual. Esse princípio da força obrigatória funda-se na regra de que o contrato é lei entre as partes, desde que estipulado validamente (*RT*, *543*:243, *478*:93), com observância dos requisitos legais. Se os contratantes ajustaram os termos do negócio jurídico contratual, não se poderá alterar o seu conteúdo, nem mesmo judicialmente, qualquer que seja o motivo alegado por uma das partes, e o inadimplemento do avençado autoriza o credor a executar o patrimônio do devedor por meio do Poder Judiciário, desde que não tenha havido força maior ou caso fortuito. Tal princípio é mantido no direito atual, mas com atenuações, pois hodiernamente, para a lei, a doutrina e os tribunais, ante o dirigismo contratual, o princípio *pacta sunt servanda* não é absoluto (p. ex., arts. 317, 478, 479 e 480 do Código Civil e 49 da Lei n. 8.078/90) por estar limitado, como já dissemos, pelo *princípio do equilíbrio contratual* ou *da equivalência contratual*; a teoria da imprevisão, que deixa de ser norma consuetudinária, passando a ser norma legal, cuja expressão mais frequente é a cláusula *rebus sic stantibus*, impõe-lhe restrições e dá ao juiz, excepcionalmente, um poder de revisão por imprevisibilidade (CC, art. 317) sobre os atos negociais, havendo desigualdade superveniente das obrigações contratadas e consequente enriquecimento ilícito de um dos contraentes, podendo, ainda, decretar a resolução do contrato (CC, art. 478). Assim concluímos porque, se a norma autoriza o mais (a resolução do contrato), permitido estará o menos a revisão contratual (art. 479) e a judicial (art. 317). Aplicamos aqui o argumento *a fortiori a maiori ad minus – in eo quod plus est semper inest et minus* (àquele a quem se permite o mais, não se deve negar o menos). "Em atenção ao princípio da conservação dos negócios jurídicos, o art. 478 do Código Civil de 2002 deverá conduzir, sempre que possível, à revisão judicial dos contratos e não à resolução contratual" (Enunciado n. 176 do Conselho da Justiça Federal, aprovado na III Jornada de Direito Civil). "Em observância ao princípio da conservação do contrato, nas ações que tenham por objeto a resolução do pacto por excessiva onerosidade, pode o juiz modificá-lo equitativamente, desde que ouvida a parte autora, respeitada a sua vontade e observado o contraditório" (Enunciado n. 367 do CJF, aprovado na IV Jornada de Direito Civil).

Para dirimir tal questão o Projeto de Lei n. 699/2011 (arts. 472, §§ 1º a 3º, 473, 474 e 475) pretende modificar o Código Civil, dispondo que, nos contratos de execução sucessiva, havendo onerosidade excessiva das prestações, oriunda de acontecimento extraordinário e alheio aos contratantes à época da celebração contratual, o lesado poderá pedir revisão contratual, se aquela desproporção exceder os riscos normais do contrato. Permitirá, ainda, o referido Projeto que a parte venha a deduzir em juízo pedidos cumulados, na forma alternativa, possibilitando ao órgão judicante a averiguação do que seria mais justo no caso concreto. E acrescenta que não poderá requerer a revisão contratual aquele que, no momento da alteração da circunstância, estiver em mora, consequentemente, nem os efeitos da revisão contratual se estenderão às prestações satisfeitas, mas somente alcançarão as devidas, resguardando-se porém os direitos adquiridos por terceiros. E, continua o Projeto, aos contratos com obrigações unilaterais aplicar-se-ão o acima disposto, no que for pertinente, cabendo à parte obrigada pedido de revisão contratual para redução das prestações ou alteração do modo de executá-las com o escopo de evitar onerosidade excessiva. E, por fim, acrescenta que, requerida a revisão do contrato, a outra parte poderá opor-se ao pedido, pleiteando a sua resolução em face de graves prejuízos que lhe possa acarretar a modificação das prestações contratuais. E, além disso, os efeitos da sentença que vier a decretar a resolução do contrato deverão retroagir à data da citação. A resolução poderá ser evitada, oferecendo-se o réu a modificar equitativamente as prestações do contrato.

Contudo, a cláusula *rebus sic stantibus* é uma ressalva ao princípio da imutabilidade dos contratos, de aplicação excepcional e restrita. A força vinculante dos contratos somente poderá ser contida pela autoridade judicial em certas circunstâncias excepcionais ou extraordinárias, que impossibilitem a previsão de excessiva onerosidade no cumprimento da prestação, requerendo a alteração do conteúdo da avença, a fim de que se restaure o equilíbrio entre os contraentes. Outrora, não obstante a opinião de que o nosso direito não admitia que as partes contratantes pudessem furtar-se ao cumprimento das obrigações, em razão de desequilíbrio sofrido em consequência de fatos imprevisíveis nas relações contratuais, que até acarretassem a exploração de um sobre o outro sob o véu do contrato, a doutrina e o Poder Judiciário vinham adotando dia a dia a teoria da imprevisão, justificando o restabelecimento do *statu quo ante* pela cláusula *rebus sic stantibus*, antecipando o atual Código Civil, que dispõe: art. 478: "Nos contratos de execução continuada ou diferida, se a prestação de uma das partes se tornar excessivamente onerosa, com extrema vantagem para a outra, em virtude de acontecimentos extraordinários e imprevisíveis, poderá o devedor pedir a resolução do contrato. Os efeitos da sentença que a decretar retroagirão à data da citação"; art. 479: "A resolução poderá ser evitada, oferecendo-se o réu a modificar equitativamente as condições do contrato"; e art. 480: "Se no contrato as obrigações couberem a apenas uma das partes, poderá ela pleitear que a sua prestação seja reduzida, ou alterado o modo de executá-la, a fim de evitar onerosidade excessiva"[19]. Fato hoje incontestado ante a expressa permissão legal da revisão judicial por onerosidade excessiva, oriunda de fato superveniente extraordinário e imprevisível, nas relações particulares, previstas nos arts. 478 a 480 do Código Civil, atendendo ao *princípio da equivalência das prestações* (*RT*, *793*:406), e, também, nas relações de consumo, contidas nos arts. 6º, V, e 51 da Lei n. 8.078/90, não sendo, todavia, nesta última hipótese, necessário que tal fato seja extraordinário ou imprevisível. "O fato extraordinário e imprevisível causador de onerosidade excessiva é aque-

---

19. M. Helena Diniz, *As lacunas*, cit., p. 99; Paulo Carneiro Maia, *Da cláusula "rebus sic stantibus"*, São Paulo, 1959; Rodrigo F. Rebouças, Ensaio sobre os artigos 317 e 478 do Código Civil: uma situação de antinomia real? *Letrado* – IASP, *106*:62-3; Rogério T. Romano, O Covid-19 e a onerosidade excessiva nos contratos diante de força maior, *Revista Síntese – Direito Civil e Processual Civil, 125*:72-88; Wander de Melo Manço, Covid-19 e seus efeitos nas revisões contratuais, *Revista Síntese – Direito Civil e Processual Civil, 125*:21-25. No mesmo teor de ideias, o Código Civil italiano, art. 1.467.

Qualquer vírus é fato natural extraordinário (força maior), que, normalmente, pode causar contágio ou morte. Isso é previsível, qualquer pessoa tem conhecimento do motivo que deu origem à moléstia ou ao óbito. Por isso a força maior tem eficácia liberatória de responsabilidade civil. Já a pandemia (p. ex., a provocada pelo COVID-19), por sua vez, é um fato extraordinário e imprevisível, por não ser normal que um vírus atinja os quatro cantos do mundo ou um país inteiro, contagiando enorme número de pessoas, matando milhões de seres humanos.

Por tal razão, entendemos que se deveria aplicar, havendo pandemia, o princípio da equivalência contratual, desde que haja onerosidade excessiva (CC, art. 478) para um ou ambos os contratantes, logo o lesado poderia pedir resolução ou revisão excepcional do contrato (CC, arts. 317 e 421), por não estar coberto, objetivamente, pelos riscos próprios da contratação. Além disso, o vulnerável poderá ser tanto o credor como o devedor. Tudo deverá ser examinado, com cautela, ante a complexidade da situação, caso por caso, sendo que para escapar dos deveres contratuais cada contratante deverá comprovar a proporção em que suas finanças foram afetadas pela pandemia. Mas nada obstará a que as partes façam a renegociação do contrato.

"A extrema vantagem do art. 478 deve ser interpretada como elemento acidental da alteração de circunstâncias, que comporta a incidência da resolução ou revisão do negócio por onerosidade excessiva, independentemente de sua demonstração plena" (Enunciado n. 365 do CJF, aprovado na IV Jornada de Direito Civil).

le que não está coberto objetivamente pelos riscos próprios da contratação" (Enunciado n. 366 do CJF, aprovado na IV Jornada de Direito Civil);

4º) da *relatividade dos efeitos do negócio jurídico contratual* (*res inter alios acta*), visto que não aproveita nem prejudica terceiros, vinculando exclusivamente as partes que nele intervieram. O contrato somente produz efeitos entre os contratantes[20]. O ato negocial deriva de acordo de vontade das partes, sendo lógico que apenas as vincule, não tendo eficácia em relação a terceiros. Assim, ninguém se submeterá a uma relação contratual, a não ser que a lei o imponha ou a própria pessoa o queira. Todavia, o princípio da relatividade dos contratos sofre exceções, como, p. ex., nos casos: *a*) dos herdeiros universais (CC, art. 1.792) de um contratante que, embora não tenham participado da formação do contrato, em razão do princípio geral de direito *ubi commoda ibi incommoda*, sofrem seus efeitos; contudo, a obrigação do *de cujus* não se lhes transmitirá além das forças da herança; e *b*) da estipulação em favor de terceiros, do contrato por terceiro e do contrato com pessoa a declarar, que podem estender seus efeitos, conforme o caso, a outras pessoas, criando-lhes direitos e impondo-lhes deveres, apesar de elas serem alheias à constituição da avença[21];

5º) da *boa-fé*[22] (CC, arts. 113, 187 e 422), intimamente ligado não só à in-

---

20. O Código Civil francês proclama, no art. 1.134, que as convenções legalmente formadas valem como lei para aqueles que as fizeram. No mesmo sentido, o art. 1.372 do Código Civil italiano, que reza: "O contrato tem força de lei entre as partes".

21. R. Limongi França, op. cit., p. 142; Orlando Gomes, op. cit., p. 47 e 48.

22. A interpretação fundada no princípio da boa-fé tem caráter subsidiário, podendo ser empregada para desvendar o conteúdo substancial do negócio, mas não para ampliá-lo. Orlando Gomes, op. cit., p. 45 e 46; Antônio Menezes Cordeiro, *Da boa-fé no direito civil*, Coimbra, Almedina, 1997; Mário Júlio de Almeida Costa, Aspectos fulcrais da boa-fé contratual, *Revista Brasileira de Direito Comparado, 19*:15-27; Jean-Luc Aubert, *Le contrat*, Paris, 1966, p. 26-7; Judith Martins-Costa, *A boa-fé no direito privado: sistema e tópica no processo obrigacional*, São Paulo, Revista dos Tribunais, 1999; Flávio Alves Martins, *A boa-fé objetiva e sua formalização no direito das obrigações brasileiro*, 2000; Álvaro Villaça Azevedo, A boa-fé objetiva no novo Código Civil, *Editorial Atlas, 19*:5; Christoph Fabian, *O dever de informar no direito civil*, São Paulo, Revista dos Tribunais, 2003; João José Sady, A boa-fé objetiva no novo Código Civil e seus reflexos nas relações jurídicas trabalhistas, *Revista do Advogado, 70*:43-53; Luiz F. do V. de A. Guilherme, Uma análise da função social do contrato e da boa-fé objetiva como delimitadoras da autonomia da vontade e como estruturadoras da segurança jurídica contratual, in *Contribuições ao estudo do novo direito civil*, Campinas, Millennium, 2004, p. 29-56; Fernando H. G. Zimmermann, A introdução da boa-fé objetiva nos contratos sob a égide do novo Código Civil, *Jornal Síntese, 97*:18-9; José Augusto Delgado, A ética e a boa-fé no novo Código Civil, in *Novo Código Civil: questões controvertidas* (coord. Mário Luiz Delgado e Jones Figueirêdo Alves), São Paulo, Método, 2003, p. 169 a 204; Ronnie Preuss Duarte, A cláusula geral da boa-fé no novo Código Civil brasileiro, in *Novo Código Civil: questões*, cit., v. 2, p. 399 a 433; Nelson Nery Jr., *Contratos no Código*, cit., p. 435; Newman de Faria Debs, Algumas reflexões sobre o princípio jurídico da boa-fé no mundo contemporâneo, *Direito civil – direito patrimonial*, cit., p. 249-56. A Jornada do CJF

de Direito Civil, promovida em setembro de 2002, pelo Centro de Estudos Judiciários do Conselho da Justiça Federal, aprovou: *a*) o Enunciado n. 24, pelo qual, "em virtude do princípio da boa-fé, positivado no art. 422 do novo Código Civil, a violação dos deveres anexos (p. ex., informação sobre o uso do bem alienado; prática de atos necessários à realização da finalidade pretendida pela outra parte contratante; ato de evitar situações de perigo etc.) constitui espécie de inadimplemento, independentemente de culpa"; *b*) o Enunciado n. 25, que assim reza: "o artigo 422 do Código Civil não inviabiliza a aplicação, pelo julgador, do princípio da boa-fé nas fases pré e pós-contratual"; *c*) o Enunciado n. 26, segundo o qual "o art. 422 do novo Código Civil impõe ao juiz interpretar, suprir e corrigir o contrato segundo a boa-fé objetiva, entendida como exigência de comportamento leal dos contratantes" e *d*) o Enunciado n. 27, pelo qual, "na interpretação da cláusula geral da boa-fé, deve-se levar em conta o sistema do Código Civil e as conexões sistemáticas com outros estatutos normativos e fatores metajurídicos". E na IV Jornada de Direito Civil, o Conselho da Justiça Federal aprovou os seguintes Enunciados: *a*) n. 361 – "O adimplemento substancial decorre dos princípios gerais contratuais, de modo a fazer preponderar a função social do contrato e o princípio da boa-fé objetiva, balizando a aplicação do art. 475"; *b*) n. 362 – "A vedação do comportamento contraditório (*venire contra facium proprium*) funda-se na proteção da confiança, tal como se extrai dos arts. 187 e 422 do Código Civil"; *c*) n. 363 – "Os princípios da probidade e da confiança são de ordem pública, sendo obrigação da parte lesada apenas demonstrar a existência da violação". Na V Jornada de Direito Civil, o Conselho da Justiça Federal aprovou o Enunciado n. 432, que assim reza: "Em contratos de financiamento bancário, são abusivas cláusulas contratuais de repasse de custos administrativos (como análise do crédito, abertura de cadastro, emissão de fichas de compensação bancária etc.), seja por estarem intrinsecamente vinculadas ao exercício da atividade econômica, seja por violarem o princípio da boa-fé objetiva". "O contrato empresarial cumpre sua função social quando não acarreta prejuízo a direitos ou interesses, difusos ou coletivos, de titularidade de sujeitos não participantes da relação negocial" (Enunciado n. 26 da I Jornada de Direito Comercial do Conselho da Justiça Federal). "Não se presume violação à boa-fé objetiva se o empresário, durante as negociações do contrato empresarial, preservar segredo de empresa ou administrar a prestação de informações reservadas, confidenciais ou estratégicas, com o objetivo de não colocar em risco a competitividade de sua atividade" (Enunciado n. 27 da I Jornada de Direito Comercial do Conselho da Justiça Federal). "Aplicam-se aos negócios jurídicos entre empresários a função social do contrato e a boa-fé objetiva (arts. 421 e 422 do Código Civil), em conformidade com as especificidades dos contratos empresariais" (Enunciado n. 29 da I Jornada de Direito Comercial do Conselho da Justiça Federal). A *boa-fé subjetiva*, por sua vez, envolve entendimento errôneo, falsa crença, ignorância escusável ou o estado de consciência caracterizado pela ignorância de se estar prejudicando direitos alheios. Daí dizer Judith Martins-Costa que a ignorância reside "no próprio estado (subjetivo) da ignorância (as hipóteses de casamento putativo, da aquisição da propriedade alheia mediante a usucapião), seja numa errônea aparência de certo ato (mandato aparente, herdeiro aparente etc.)" (*A boa-fé no direito privado*, p. 411-2), salientando, na p. 439, os deveres jurídicos abrangidos pela boa-fé objetiva, ao escrever: "Entre os deveres com tais características encontram-se, *exemplificativamente*: *a*) *os deveres de cuidado, previdência e segurança*, como o dever do depositário de não apenas guardar a coisa, mas também de bem acondicionar o objeto deixado em depósito; *b*) *os deveres de aviso e esclarecimento*, como o do advogado, de aconselhar o seu cliente acerca das melhores possibilidades de cada via judicial passível de escolha para a satisfação de seu *desideratum*; o do consultor financeiro, de avisar a contraparte sobre os riscos que corre, ou o do médico, de esclarecer ao paciente sobre a relação custo/benefício do tratamento escolhido, ou dos efeitos colaterais do medicamento indicado, ou ainda, na fase pré-contratual, o do sujeito que entra em negociações, de avisar o futuro contratante sobre os fatos que podem ter relevo na formação da declaração negocial; *c*) *os deveres de informação*, de exponencial relevância no âmbito das relações jurídicas de consumo, seja por expressa disposição legal (CDC, arts. 12, *in fine*, 14, 18, 20, 30 e 31, entre outros), seja em atenção ao mandamento da boa-fé objetiva; *d*) *o dever de prestar contas*, que incumbe aos gestores e mandatários, em sentido am-

terpretação do contrato – pois, segundo ele, o sentido literal da linguagem não deverá prevalecer sobre a intenção inferida da declaração de vontade das partes – mas também ao interesse social de segurança das relações jurídicas, uma vez que as partes deverão agir com lealdade, honestidade, honradez, probidade (integridade de caráter), denodo e confiança recíprocas, isto é, proceder com boa-fé, esclarecendo os fatos e o conteúdo das cláusulas, procurando o equilíbrio nas prestações, respeitando o outro contratante, não traindo a confiança depositada, procurando cooperar, evitando o enriquecimento indevido, não divulgando informações sigilosas etc. É uma norma que requer o comportamento leal e honesto dos contratantes, sendo incompatível com quaisquer condutas abusivas, tendo por escopo gerar na relação obrigacional a confiança necessária e o equilíbrio das prestações e da distribuição dos riscos e encargos, ante a proibição do enriquecimento sem causa. Trata-se, portanto, da *boa-fé objetiva*. A esse respeito, o Código Civil, no art. 422, reza que "os contratantes são obrigados a guardar, assim na conclusão do contrato, como em sua execução, os princípios de probidade e boa-fé", impondo que haja entre as partes uma colaboração no sentido de mútuo auxílio na tratativa negocial, na formação, na execução e na extinção do contrato, impedindo que uma dificulte a ação da outra. "A boa-fé objetiva deve ser observada pelas partes na fase de negociações preliminares e após a execução do contrato, quando tal exigência decorrer da natureza do contrato" (Enunciado n. 170 do Conselho da Justiça Federal, aprovado na III Jornada de Direito Civil). A boa-fé objetiva está relacionada com o inadimplemento absoluto do contrato, ou melhor, com a violação positiva da obrigação contratual. Logo, se um dos contratantes não vier a cumprir seu dever, estará ofendendo a boa-fé objetiva, caracterizando o inadimplemento do ato negocial, independentemente de culpa (Enunciado n. 24 da Jornada de Direito Civil do Conselho da Justiça Federal). Por isso o Projeto de Lei n. 699/2011 objetiva alterar o art. 422, dispon-

---

plo; *e) os deveres de colaboração e cooperação*, como o de colaborar para o correto adimplemento da prestação principal, ao qual se liga, pela negativa, o de não dificultar o pagamento, por parte do devedor; *f) os deveres de proteção e cuidado com a pessoa e o patrimônio da contraparte*, v. g., o dever do proprietário de uma sala de espetáculos ou de um estabelecimento comercial de planejar arquitetonicamente o prédio, a fim de diminuir os riscos de acidentes; *g) os deveres de omissão e de segredo*, como o dever de guardar sigilo sobre atos ou fatos dos quais se teve conhecimento em razão do contrato ou de negociação preliminares, pagamento, por parte do devedor etc.". "O princípio da boa-fé objetiva importa no reconhecimento de um direito a cumprir em favor do titular passivo da obrigação". "O princípio da boa-fé objetiva deve levar o credor a evitar o agravamento do próprio prejuízo" (Enunciados n. 168 e 169 do Conselho da Justiça Federal, aprovados na III Jornada de Direito Civil). Interessante é o artigo de Giselle B. Alves, Cláusulas gerais, vinculatividade jurisprudencial e uniformização de decisões: amarras decisórias?, *Revista Síntese de Direito Civil e Processual Civil*, n. 89, p. 96 a 106.

do que "os contratantes são obrigados a guardar, tanto nas negociações preliminares e conclusão do contrato como na sua execução e fase pós-contratual, os princípios de probidade e boa-fé e tudo mais que resultar da natureza do contrato, da lei, dos usos e das exigências da razão e da equidade", salientando, assim, a necessidade da boa-fé objetiva tanto na fase pré-contratual como na pós-contratual. Sobre o tema, o Parecer Vicente Arruda, a respeito do PL n. 6.960/2002 (atual PL n. 699/2011), assim se manifestou: "Pela manutenção do texto, que fala em 'conclusão do contrato', que compreende a fase de negociação, elaboração, assinatura, e da sua 'execução', que compreende o cumprimento ou descumprimento das obrigações contratuais, bem como a solução dos conflitos entre as partes. Não devemos ceder à tentação de deixar tudo explícito, até mesmo o óbvio". *A função social do contrato* busca a boa-fé dos contratantes, a transparência negocial e a efetivação da justiça contratual, como nos ensina Jean-Luc Aubert. O princípio da boa-fé objetiva (*Treu und Glauben*) privilegia o respeito à lealdade. Deverão ser evitadas as cláusulas abusivas ou desleais. Pelo art. 51, incs. I a XVI, da Lei n. 8.078/90, em caso de relação de consumo, haverá nulidade, de pleno direito, das cláusulas abusivas, desleais ou leoninas, como as que: *a*) exonerarem ou atenuarem a responsabilidade do fornecedor por vícios dos produtos ou serviços, ou transferirem sua responsabilidade a terceiro; *b*) prescreverem inversão do ônus da prova em prejuízo do consumidor; *c*) deixarem ao fornecedor a opção de concluir ou não o contrato, embora obrigando o consumidor; *d*) autorizarem o fornecedor a cancelar, modificar o contrato ou variar o preço unilateralmente; *e*) possibilitarem a renúncia do direito de indenização por benfeitorias necessárias. A nulidade de cláusula, que contiver conteúdo desleal, não invalidará o contrato, nas relações de consumo, exceto quando de sua ausência houver ônus excessivo a qualquer das partes (art. 51, § 2º, da Lei n. 8.078/90). Para Miguel Reale a boa-fé é condição essencial à atividade ético-jurídica, caracterizando-se pela probidade dos seus participantes. A boa-fé, continua ele, é forma de conduta e norma de comportamento, sendo ainda, na lição de Judith Martins-Costa, um "cânone hermenêutico integrativo do contrato; como norma de criação de deveres jurídicos e como norma de limitação ao exercício de direitos subjetivos". Daí sua íntima relação com o princípio da probidade, que requer honestidade no procedimento dos contratantes e no cumprimento das obrigações contratuais.

Todos os princípios contratuais estão ligados ao do respeito e proteção à dignidade da pessoa humana (CF, art. 1º, III), dando tutela jurídica aos contratantes para que se efetivem a função social da propriedade (CC, art. 1.118), a do contrato (CC, art. 421) e a justiça social (CF, art. 170).

Quadro Sinótico

PRINCÍPIOS FUNDAMENTAIS DO DIREITO CONTRATUAL

1. PRINCÍPIO DA AUTONOMIA DA VONTADE E O DA FUNÇÃO SOCIAL DO CONTRATO	• Consiste no poder das partes de estipular livremente, como melhor lhes convier, mediante acordo de vontades, a disciplina de seus interesses, suscitando efeitos tutelados pela ordem jurídica, envolvendo, além da liberdade de criação do contrato, a liberdade de contratar ou não contratar, de escolher o outro contraente e de fixar o conteúdo do contrato, limitadas pelo *princípio da função social do contrato*, pelas normas de ordem pública, pelos bons costumes e pela revisão judicial dos contratos.
2. PRINCÍPIO DO CONSENSUALISMO	• Segundo esse princípio, o simples acordo de duas ou mais vontades basta para gerar contrato válido, pois a maioria dos negócios jurídicos bilaterais é consensual, embora alguns, por serem solenes, tenham sua validade condicionada à observância de certas formalidades legais.
3. PRINCÍPIO DA OBRIGATORIEDADE DA CONVENÇÃO	• Por esse princípio, as estipulações feitas no contrato deverão ser fielmente cumpridas, sob pena de execução patrimonial contra o inadimplente. O ato negocial, por ser uma norma jurídica, constituindo lei entre as partes, é intangível, a menos que ambas as partes o rescindam voluntariamente ou haja a escusa por caso fortuito ou força maior (CC, art. 393, parágrafo único), de tal sorte que não se poderá alterar seu conteúdo, nem mesmo judicialmente. Entretanto, tem-se admitido, ante o *princípio do equilíbrio contratual* ou da equivalência material das prestações, que a força vinculante dos contratos seja contida pelo magistrado em certas circunstâncias excepcionais ou extraordinárias que impossibilitem a previsão de excessiva onerosidade no cumprimento da prestação (Lei n. 8.078/90, arts. 6º, V, e 51; CC, arts. 317, 478, 479 e 480).
4. PRINCÍPIO DA RELATIVIDADE DOS EFEITOS DO CONTRATO	• Por esse princípio, a avença apenas vincula as partes que nela intervieram, não aproveitando nem prejudicando terceiros, salvo raras exceções.
5. PRINCÍPIO DA BOA-FÉ OBJETIVA	• Segundo esse princípio, na interpretação do contrato, é preciso ater-se mais à intenção do que ao sentido literal da linguagem, e, em prol do interesse social de segurança das relações jurídicas, as partes deverão agir com lealdade e confiança recíprocas, auxiliando-se mutuamente na formação e na execução do contrato. Daí estar ligado ao *princípio da probidade*.

C. Formação do contrato

c.1. Elementos indispensáveis à constituição do contrato

Como pudemos apontar anteriormente, da conjunção de duas ou mais declarações de vontades coincidentes ou concordantes nasce a norma convencional, pois o contrato é um negócio jurídico bilateral ou plurilateral. Todo contrato requer o acordo de vontades das partes contratantes ou o consentimento, que não constitui somente um requisito de validade, mas também um pressuposto de sua existência, de tal sorte que sem o mútuo consenso, expresso ou tácito, não haverá qualquer vínculo contratual. Se houver manifestação volitiva de apenas um dos contraentes, ter-se-á mera emissão, sem força vinculante, visto que o acordo de vontades, emitidas por duas ou mais partes, é requisito básico ou essencial à formação do contrato; só ele tem a virtude de produzir os correspectivos direitos e deveres. Logo, não é com o mero consentimento unilateral de uma das partes que surge o contrato perfeito e acabado. É indispensável o encontro de vontades que tendem ao mesmo fim. É necessário que as vontades de duas ou mais pessoas, isoladas, sejam convergentes e se encontrem para, com uma conciliação de interesses, poder atingir o objetivo a que se propõem. É preciso ressaltar que não é a vontade como expressão do querer interno, porém a já manifestada que interessa à ordem jurídica, como elemento essencial à constituição do contrato válido, idôneo a produzir efeitos jurídicos[23]. Enquanto não se exteriorizar a vontade, não terá relevância no mundo do direito.

Como a manifestação volitiva constitui a mais alta expressão do subjetivismo, será necessário verificar de que maneira atua a vontade jurígena. Na seara psíquica há três momentos: o da solicitação, o da deliberação e o da ação. Em primeiro lugar, o cérebro recebe estímulos do meio exterior, ponderando nas conveniências e resolvendo como agir, e finalmente reage a vontade à solicitação, levando ao mundo exterior o resultado deliberado. Infere-se daí que a solicitação é a atuação exógena sobre o psiquismo; a deliberação é a elaboração interior, e a ação é a exteriorização do trabalho mental. O contrato, como fenômeno volitivo, atravessa as mesmas fases,

---

23. Betti, *Teoria geral do negócio jurídico*, v. 1, p. 257, n. 1; Caio M. S. Pereira, op. cit., p. 33; Orlando Gomes, op. cit., p. 64; Elcir Castello Branco, Aceitação de proposta de contrato, in *Enciclopédia Saraiva do Direito*, v. 4, p. 31; W. Barros Monteiro, op. cit., p. 12; Serpa Lopes, *Curso*, cit., p. 81; Eduardo Espínola, *Sistema de direito civil brasileiro*, 1. ed., Francisco Alves, 1912, v. 2, t. 1, p. 594 e 621, nota 216; Sebastião José Roque, *Direito contratual*, cit., p. 21-32; Silvio Luís Ferreira da Rocha, *Curso*, cit., v. 3, p. 75 a 90.

mas o direito apenas considera a última, e é por essa razão que muitos autores identificam o ato negocial com a declaração de vontade.

Bastante pertinente é a ponderação de Planiol, Ripert e Esmein, de que no contrato devem-se ter em vista dois significados para a palavra *consentimento*: *a*) o restrito, designando a aquiescência dada por cada uma das partes ao contrato projetado, e *b*) o lato, significando o acordo de vontades, que Littré chama de *uniformidade de opinião*. É nesta última acepção que devemos considerar o consenso mútuo como elemento formador do contrato. Logo, a expressão *declaração de vontade* é empregada em sentido lato. Não é mister que o agente faça uma declaração formal, por meio da palavra escrita ou falada, pois é suficiente que se possa traduzir o seu querer por uma atitude inequívoca, evidente e certa, *de modo expresso*, quando os contraentes se utilizam de qualquer veículo para exteriorizar sua vontade, seja verbalmente, usando a palavra falada, seja por mímica, exprimindo-se por um gesto tradutor de seu querer, como, p. ex., em leilão, quando o licitante, com um sinal, revela seu intuito de oferecer ao leiloeiro maior lance, seja por escrito, utilizando-se da forma gráfica em instrumento manuscrito, datilografado, policopiado ou impresso[24].

Deveras, a declaração de vontade pode ser tácita, quando a lei não exigir que seja expressa (CC, arts. 104, III, 107 e 659; *RT*, *160*:140; *RF*, *106*:305), desde que se evidencie inequivocamente de um ato, positivo e induvidoso, do contraente a manifestação de seu querer, pois não teria sido praticado, sem o ânimo de aceitar o contrato. P. ex.: a sublocação requer autorização escrita do locador, mas se este anuir em receber os aluguéis diretamente do sublocatário, passando recibo em seu nome, está, com essa atitude, concordando tacitamente com a transferência da locação. Se o donatário de um automóvel, sem declarar que o aceita, toma posse do veículo, o licencia e utiliza, está a indicar que aceitou a doação. Assim sendo, até mesmo pelo *silêncio* pode ser feita a emissão volitiva. Porém não é, obviamente, qualquer silêncio que é hábil para traduzir uma vontade, mas apenas aquele que, contendo manifestação volitiva, permite extrair dele a ilação de uma vontade contratual (*RT*, *156*:268; *RF*, *175*:221). Por essa razão denomina-se, como nos ensina Barassi, *silêncio conclusivo*. P. ex.: quando o Código Civil, no art. 111, do silêncio induz a anuência, quando as circunstâncias ou os usos o autorizarem, e não for necessária a declaração de vontade expressa, e, no art. 539, da falta de declaração no prazo fixado conclui pela aceitação

---

24. Caio M. S. Pereira, op. cit., p. 33; Silvio Rodrigues, op. cit., p. 71; Planiol, Ripert e Esmein, *Traité pratique de droit civil français*, 2. ed., 1952, t. 6, n. 126 a 143.

da doação pura, está atribuindo efeitos de declaração de vontade ao mero silêncio do donatário[25].

Pelo Código Civil, art. 107, "a validade da declaração de vontade não dependerá de forma especial, senão quando a lei expressamente a exigir"; portanto, se a norma jurídica exigir determinada forma (CC, arts. 108 e 579; Lei n. 8.245/91, art. 13), ela deverá ser observada. Assim, se for da essência do contrato a forma escrita, enquanto o ajuste não for reduzido a escrito, não estará concluído.

Sendo o consentimento recíproco o ponto nuclear de todo negócio jurídico contratual, de relevante interesse é caracterizar o instante em que ele se verifica, porque daí decorre a existência do próprio contrato. É preciso fixar o momento em que se dá o acordo de vontades. No instante em que as vontades, manifestadas segundo a forma livre ou determinada, conforme o caso, se justaponham ou coincidam é que nasce o contrato. Todavia, é preciso ressaltar que o contrato não surge pronto; é, ao revés, o resultado de uma série de fases, que às vezes se interpenetram, mas que, em detida análise, se destacam perfeitamente: negociações preliminares, proposta e aceitação[26].

Antes de se estabelecer o acordo, há informações preliminares, mas apenas no momento em que as vontades concordarem é que se firmará o contrato. Esse acordo dependerá necessariamente de duas fases – a oferta ou proposta e a aceitação – que, apesar de serem dois fatores distintos, por emanarem de pessoas diversas, são interdependentes, por terem o mesmo conteúdo e serem coexistentes, tanto que a aceitação formulada com modificações transforma-se em proposta. Como na formação do contrato temos de considerar duas declarações de vontade sucessivas, e é sempre uma das partes que toma a iniciativa, manifestando à outra seu desejo de celebrar o contrato, sua declaração recebe o nome de proposta, enquanto a da outra parte chama-se aceitação. Portanto, a oferta e a aceitação são elementos indispensáveis à formação de qualquer contrato, visto que o consentimento de cada um dos contratantes, convergindo para um ponto, se encontra e forma o nexo contratual; assim, manifesta-se, de um lado, pela proposta, o ponto inicial do contrato, e, de outro, pela aceitação, o seu ponto final. Entre esses dois extremos gira toda a controvérsia sobre a força obrigatória do contrato e sobre o momento exato em que ambos se fundem para produzi-lo. A determinação do

---

25. W. Barros Monteiro, op. cit., p. 13; Caio M. S. Pereira, op. cit., p. 33; Barassi, op. cit., v. 2, § 124; De Page, op. cit., v. 2, parte 1, n. 546; Silvio Rodrigues, op. cit., p. 71; Código Civil, arts. 112, 432 e 659.

26. Caio M. S. Pereira, op. cit., p. 34.

momento em que se forma o contrato é de capital importância para: *a*) verificar se as partes podem retirar o consentimento, pois até aquele instante isso é possível; *b*) julgar se naquele momento os contraentes eram capazes de se obrigar; *c*) decidir quais as normas que devem reger a relação jurídica que dele deriva; *d*) determinar qual a autoridade competente para julgá-lo; e *e*) responsabilizar o adquirente, nos contratos translativos da propriedade, pelos riscos e danos da coisa alienada, assim que o contrato se tornar perfeito. E a solução desse problema, como logo mais veremos, não oferece maior dificuldade em se tratando de pessoas presentes, pois o contrato se realiza mediante uma proposta, seguida de uma aceitação, manifestada diretamente pelos contraentes ou por seus representantes; já o mesmo não acontece quando o contrato a surgir se realiza entre ausentes, pois os contratantes não podem manifestar sua oferta e consequente aceitação senão indiretamente, por meio de intermediário (mensageiro, carta ou telegrama)[27].

Realmente, considera-se *contrato entre presentes* aquele em que as partes, pessoalmente ou por meio de representante, ditam seu consentimento, que é dado pelo aceitante no mesmo ato em que é feita a proposta, mesmo que estejam até distanciadas por continentes, pois, pelo Código Civil, art. 428, I, o contrato por telefone ou por meio de comunicação semelhante se considera realizado entre presentes. Pode ocorrer que, apesar de fisicamente presentes, uma parte em face da outra, o contrato entre elas não seja entre presentes, como, p. ex., no caso em que, recebida verbalmente uma proposta, a outra parte não dá logo a resposta, mas se serve de uma carta. Para que o contrato seja entre presentes, há que se considerar três elementos: *a*) presença jurídica das partes e não física; *b*) transmissão direta da vontade e não por vias de comunicação; *c*) declaração de vontade imediata do aceitante, isto é, a aceitação deve seguir logo após a proposta. Este último elemento não escapa à exceção, contida no art. 428, I, do Código Civil: é o caso em que o proponente concede ao aceitante um prazo para responder. É bem de ver que, decorrendo o prazo marcado e voltando o aceitante para dar sua anuência antes da expiração daquele, o contrato se forma entre presentes. Constitui isso uma exceção à regra geral. O *contrato entre ausentes* é o celebrado entre duas ou mais pessoas, propondo-se, aceitando-se e concluindo-se por meio de cartas, telegramas e outros meios de comunicação semelhantes. A palavra *ausente* não é empregada no sentido técnico, mas no significado que indica a situação de uma pessoa juridicamente afastada da outra, bastando, para que se verifique a ausência jurídica, que elas ou

27. Carrara, *La formazione dei contratti*, p. 1-24; Serpa Lopes, *Curso*, cit., p. 81-2 e 84-5.

uma delas empregue, para exprimir o seu assentimento, carta, telegrama, mensageiro etc.[28].

Além de se saber *quando* ficou formado o vínculo contratual, é imprescindível verificar-se *onde* o mesmo vínculo se formou. Por isso abordar-se-á no item seguinte a formação do contrato, tendo-se a atenção voltada, em face do Código Civil, à vontade individual de cada parte contratante expressa na proposta e na aceitação, ao momento da conclusão do negócio e ao lugar em que este se reputa celebrado.

c.2. Fases da formação do vínculo contratual

c.2.1. Generalidades

Antes de examinar a questão do momento propriamente contratual e do lugar da celebração do ato negocial, analisaremos as fases de elaboração que o precedem, ou seja, as negociações preliminares, a oferta e a aceitação.

c.2.2. Negociações preliminares

O contrato pode aparecer subitamente, bastando uma proposta de negócio, seguida de uma imediata aceitação, para que se tenha a sua formação. Na maioria dos casos, porém, tal não se dá, pois sua conclusão é precedida de negociações preliminares ou tratativas, isto é, de conversações, entendimentos e reflexões sobre a oferta até se encontrar uma solução satisfatória. Os contraentes tão somente trocam impressões, formulam hipóteses, indagam sobre a mútua situação econômico-financeira, mas nada realizam. O ajuste entre as partes contratantes só se opera, portanto, após um período pré-contratual, em que os interessados chegam, paulatinamente, a um acordo final. É o que ocorre, comumente, naqueles negócios que envolvem interesses complexos, pois o proponente conversa com várias pessoas, contratando com aquela que lhe oferecer melhores condições. Embora não previstos no Código Civil, esses acordos provisórios são admitidos em direito ante o princípio da autonomia privada ou da liberdade contratual, que permite a criação de modalidades contratuais não correspondentes aos modelos legais.

---

28. Cohen, *Des contrats par correspondance*, 1921, p. 14; Jules Valéry, *Des contrats par correspondance*, Paris, Ed. Thorin et Fils, 1895, p. 1, 2 e 32; Carrara, op. cit., p. 271; Estoppey, *Les contrats entre absents*, Laval, 1926; Girault, *Contrats par correspondance*, Paris, 1890.

As negociações preliminares (*trattative, pourparlers*) nada mais são do que conversações prévias, sondagens e estudos sobre os interesses de cada contratante, tendo em vista o contrato futuro, sem que haja qualquer vinculação jurídica entre os participantes. Deveras, esta fase pré-contratual não cria direitos nem obrigações, mas tem por objeto o preparo do consentimento das partes para a conclusão do negócio jurídico contratual, não estabelecendo qualquer laço convencional. Nesses entendimentos preliminares têm-se propostas precedentes ao contrato, com as quais os participantes, sem a intenção de se obrigar, demonstram, reciprocamente, a de contratar. Tais acordos preparatórios, por serem meras ideias levadas ao conhecimento da outra parte para um estudo, estando sujeitas a debates entre ambas, e que têm por objetivo unicamente preparar as bases de um futuro contrato, sem qualquer sentido de obrigatoriedade, carecem de força vinculante. Dessas negociações não decorre, portanto, a obrigação de contratar. Logo, não se poderá imputar responsabilidade civil àquele que houver interrompido essas negociações, pois, se não há proposta concreta, se nada existe de positivo, o contrato ainda não entrou em seu processo formativo, nem se iniciou. Já que as partes têm por escopo a realização de um ato negocial que satisfaça seus mútuos interesses, se uma delas verificar que isso não será possível, por lhe ser inconveniente, assiste-lhe o direito de recuar, dando por findas as negociações, recusando-se a entabular o acordo definitivo.

Das negociações preliminares as partes podem passar à minuta (*puntuazione*, como preferem os italianos), reduzindo a escrito alguns pontos constitutivos do conteúdo do contrato (cláusulas ou condições) sobre os quais já chegaram a um acordo, para que sirva de modelo ao contrato que depois realizarão, mesmo que nem todos os detalhes tenham sido acertados. Ainda assim não se tem vínculo jurídico entre as partes. Somente quando se obtiver o completo acordo sobre todos os pontos essenciais da relação contratual é que surgirá o contrato; portanto, acordos parciais, que forem eventualmente estabelecidos, carecem de valor e de obrigatoriedade.

Todavia, é preciso deixar bem claro que, apesar de faltar obrigatoriedade aos entendimentos preliminares, pode surgir, excepcionalmente, a responsabilidade civil para os que deles participam, não no campo da culpa contratual, mas no da aquiliana. Portanto, apenas na hipótese de um dos participantes criar no outro a expectativa de que o negócio será celebrado, levando-o a despesas, a não contratar com terceiro ou a alterar planos de sua atividade imediata, e depois desistir, injustificada e arbitrariamente, causando-lhe sérios prejuízos, terá, por isso, a obrigação de ressarcir todos os danos. Na verdade, há uma responsabilidade pré-contratual, que dá certa relevância jurídica aos acordos preparatórios, fundada não só no princípio de que os interessados na celebração de um contrato deverão comportar-se de boa-fé, prestando informações claras e adequadas sobre as condições do negócio e os possíveis vícios; aconselhando; guardando com zelo bens ou documentos cedidos para análise; não divulgando fatos sigilosos, que se tornaram conhecidos em razão das tratativas etc., mas também nos arts. 186 e 927 do Código Civil, que dispõem que todo aquele que, por ação ou omissão, culposa ou dolosa, causar prejuízo a outrem fica obrigado a reparar o dano (*RT*, *104*:106; *RJTJRS*, *152*:605, *154*:378). Aplicam-se, portanto, as normas que regem a culpa extracontratual, desde que haja, convém repetir, dolo, negligência ou imprudência por parte do desistente, que autorizam o direito de exigir a reparação do dano sofrido, porém nunca o de exigir o cumprimento do futuro contrato, pois, se houve motivo justo, seu comportamento é lícito, já que a recusa de contratar constitui exercício regular de direito.

O Código Civil, por sua vez, disciplina, nos arts. 462 a 466, o *contrato preliminar*, dispondo que deve, com exceção da forma, conter todos os requisitos essenciais ao contrato a ser celebrado, e não havendo cláusula de arrependimento, para que possa ser oposto contra terceiro (Enunciado n. 30 aprovado na Jornada de Direito Civil, pelo Conselho da Justiça Federal; *RT*, *647*:102 – em contrário: Súmula 239 do STJ), deve ser levado ao registro competente, que será o Registro de Imóveis, se alusivo a bem de raiz, ou o Registro de Títulos e Documentos, se relativo a coisa móvel. Esse registro impedirá a efetivação de ulteriores atos negociais sobre o bem (objeto do contrato preliminar) e, consequentemente, evitará não só prejuízo a quem já o adquiriu, como também a fraude contra credores. Na ausência do registro, havendo venda do bem a terceiro, por haver relação de direito pessoal entre as partes, que elaboraram o contrato preliminar, o promitente vendedor responderá pelas perdas e danos. Se não houver cláusula de arrependimento (*RT*, *572*:176), qualquer das partes terá o direito de exigir a celebração do definitivo, assinando prazo à outra para que o efetive. Esgotado o prazo contratual, ou fixado pelo interessado mediante notificação judicial ou extrajudicial, o magistrado, a pedido do interessado, poderá suprir a vontade do inadimplente, conferindo caráter definitivo ao contrato preliminar, salvo se a isto se opuser a natureza da obrigação (p. ex., por ser personalíssima, como promessa de outorgar mandato, promessa de um renomado pintor de retratar "x"), hipótese em que o contrato se resolverá em perdas e danos (CC, art. 465). Se o estipulante não der execução ao contrato preliminar, poderá a outra parte, se quiser, considerá-lo desfeito e pedir perdas e danos, visto que não há impossibilidade de arrependimento. Há, portanto, uma compensação ao que foi prejudicado com o descumprimento contratual. Se, porventura, a promessa de contrato for unilateral, o credor, sob pena de ficar tal promessa sem efeito, deverá manifestar-se dentro do prazo nela previsto ou, inexistindo este, dentro do que lhe for razoavelmente assinado pelo devedor (CC, art. 466). Com isso, não havendo a manifestação do promissário-credor, dentro do lapso temporal concedido contratualmente, ou do promitente-devedor, a promessa de contrato será tida como ineficaz, consequentemente as partes voltam ao estado anterior, sem fazerem jus a qualquer indenização. Pelo CPC, art. 501, "na ação que tenha por objeto a emissão de declaração de vontade, a sentença que julgar procedente o pedido, uma vez transitada em julgado, produzirá todos os efeitos da declaração não emitida". O poder estatal, então, proferirá sentença que vem a sustituir, com o seu trânsito em julgado, a declaração de vontade não manifestada por uma das partes. Trata-se de ato de declaração da existência da vontade e ato de execução forçada, afirmam Nelson Nery Jr. e Rosa Maria de A. Nery.

Pelo Código de Processo Civil de 1973, art. 466-B, se aquele que se comprometia a concluir um contrato não cumprisse a obrigação, a outra parte, sendo isso possível e não excluído pelo título, podia obter uma sentença que produzisse o mesmo efeito do contrato a ser firmado. O atual Código de Processo Civil não faz mais menção a isso.

Como se vê, o *contrato preliminar* (*pactum de contrahendo*), por sua vez, não é uma simples negociação ou tratativa, por ser um contrato preparatório que tem por escopo delinear os contornos do contrato definitivo (*RTJ*, *114*:884 e *117*:384) que se pretende efetivar, gerando direitos e deveres para as partes, que assumem uma *obrigação de fazer* aquele contrato final. Trata-se de uma promessa de contratar pela qual uma ou ambas as partes firmatárias se comprometem a concluir, no porvir, um contrato definitivo. P. ex.: promessa de compra e venda, de cessão de direitos etc.

Poder-se-ia até dizer que compromisso de compra e venda seria uma espécie do gênero promessa de contratar, que se concretizará num pré-contrato ou contrato preliminar (*Vorvertrag*), visto que os contraentes obrigam-se a celebrar determinado contrato no momento em que lhes convier. Gera uma obrigação de fazer um contrato definitivo, ou seja, a obrigação de um futuro *contrahere*, isto é, de contrair contrato definitivo, contendo a possibilidade de arrependimento e indenização de perdas e danos.

Para bem elucidar a questão seria de bom alvitre lembrar que o *contrato preliminar* poderá ser:

a) *Unilateral*, se ambos os interessados anuíram para a sua realização, porém só gerará deveres para um deles. Trata-se da *opção*, onde se convenciona que um dos interessados terá preferência para a realização do contrato, caso resolva celebrá-lo. Como contrato unilateral gerará obrigações a uma das partes, ao passo que a outra terá a liberdade de efetuar ou não o contrato conforme suas conveniências. A opção poderá ser a prazo certo. Vencido este, o ofertante liberar-se-á, readquirindo a liberdade de contratar com quem quiser. Assim, ter-se-á contrato de promessa unilateral de compra e venda sempre que o vendedor se obrigar a vender ao titular da opção, que ficará com uma prerrogativa de lhe exigir a obrigação, mediante um termo e com caráter potestativo (CC, art. 466). Como se vê, a *opção* é um contrato preliminar, visando um *contrahere* futuro, com a única diferença de ser unilateral. P. ex.: A obriga-se para com B a vender-lhe determinado imóvel dentro de certo prazo sem que receba de B a correspectiva obrigação de adquirir. Assim sendo, tal contrato aparecerá subordinado a uma condição potestativa do estipulante: *si volet*. Poderá ser feito de dois modos: *a*) estabelecido num contrato autônomo; ou *b*) pactuado como cláusula de outro contrato, ao se conceder, p. ex., ao locatário, no contrato de locação, o direito de tornar efetiva a aquisição do imóvel dentro de determinado prazo. Na opção o direito de adquirir é potestativo, visto que o seu titular, dentro do prazo fixado, poderá exigir a venda do imóvel.

A opção não encerra, portanto, um ato translativo de propriedade, não constituindo título aquisitivo nem direito real, mas apenas direito pessoal, consubstanciando-se numa obrigação de fazer, que gerará, se não cumprida, a indenização das perdas e danos. A opção é uma fase do período pré-constitutivo ou preparatório, de um episódio das negociações, não tendo condições de ser considerada pré-contrato e muito menos contrato. Versa sobre um *contrahere*, que poderá realizar-se ou não; logo seu inadimplemento poderá ser unicamente a condenação ao pagamento das perdas e danos, visto que não há impossibilidade de arrependimento.

Na promessa unilateral apenas uma pessoa se vincula; a outra terá liberdade de efetivar ou não o contrato definitivo. A promessa unilateral de venda, conhecida como opção, é, então, aquela em que, por exemplo, o promitente-vendedor se obriga a vender certo bem dentro de determinado prazo e pelo preço estipulado, se o beneficiário quiser comprá-lo.

b) *Bilateral*, se criar obrigações para ambos os interessados, ficando desde logo programado o contrato definitivo. Cada um terá direito de exigir do outro o cumprimento contratual, sob pena de suportar as consequências decorrentes. A coisa devida é o contrato definitivo, que, se não for celebrado, o inadimplente deverá pagar indenização de perdas e danos, logo não será solução normal a conversão da *res debita* no seu equivalente pecuniário. Só com a impossibilidade de se fazer o contrato definitivo é que haverá perdas e danos.

O contrato preliminar, portanto, é aquele em que uma ou ambas as partes se comprometem a celebrar mais tarde outro contrato, gerando, portanto, o dever de concluir outro contrato. Distingue-se das negociações preliminares, que não geram obrigações para os interessados.

O contrato preliminar bilateral cria para o pré-contratante a obrigação de celebrar o contrato definitivo, gerando uma obrigação de fazer, que se resolve em perdas e danos. O contrato preliminar bilateral ou compromisso de compra e venda é um contrato autônomo pelo qual as partes se obrigam a realizar oportunamente um contrato definitivo. É o *pactum de contrahendo*, pelo qual se assume a obrigação de contratar em certo momento e em determinadas condições, criando o contrato preliminar uma ou várias obrigações de fazer, mesmo quando o contrato definitivo originar a obrigação de dar.

O compromisso de compra e venda é a compra e venda futura, e é reconhecido como um contrato preliminar pela jurisprudência e doutrina.

Para os franceses a promessa bilateral não é uma promessa, mas contrato definitivo, porque o domínio se transmite pela convenção, o que não prevalece entre nós, pois o contrato não transfere propriedade. No nosso direito por contemplar o contrato preliminar, aplica-se o art. 463 do Código Civil, visto que o compromisso gera apenas obrigação de fazer.

Bem próximo do contrato preliminar de venda está o compromisso irretratável de compra e venda por adiar a transferência da propriedade da coisa até o pagamento integral do preço. Porém dele se diferencia por admitir a adjudicação compulsória, que apenas será possível nas obrigações de dar a escritura definitiva (objeto devido), já que o contrato preliminar bilateral, por sua vez, gera tão somente uma obrigação de fazer o contrato definitivo (objeto devido), ou de celebrar contrato em data futura.

Portanto, o contrato preliminar bilateral seria um pacto em que as partes fazem acordo para a efetivação, no futuro, de um contrato definitivo, isto é, seria uma promessa de celebrar contrato futuro, e o compromisso irretratável de compra e venda seria um contrato que pretende a aquisição da propriedade, mediante a entrega da escritura definitiva, após o pagamento de todo o preço. Por isso melhor seria dizer, como o faz Luiz Machado Guimarães, que o compromisso irretratável de compra e venda seria uma espécie do gênero contrato preliminar bilateral, dependente do contrato principal, gerando apenas um direito de crédito ou uma obrigação de fazer um futuro contrato, geralmente, com possibilidade de arrependimento e solução em perdas e danos. O compromisso irretratável traz a possibilidade de substituir a entrega da escritura definitiva por uma sentença constitutiva, conferindo ao promitente-comprador um direito real sobre o bem que se comprometeu a comprar. Além disso, a escritura não é um negócio jurídico, mas o ato devido, que expressa o cumprimento da obrigação assumida contratualmente. O compromisso irretratável de compra e venda apresenta os elementos da compra e venda, mas os contratantes por qualquer razão não efetuam, imediatamente, a transferência do domínio, visando conceder, p. ex., certo tempo para que se providencie a guia para pagamento do imposto de transmissão e demais documentos que forem necessários, possibilitando firmar o negócio. Adia-se, para facilitar ao compromissário-comprador, o pagamento das despesas de escritura, imposto e registro, concedendo-se-lhe um prazo para efetivar o pagamento integral do preço. Daí ser uma venda condicional, que desempenha a função econômica de abreviar e aligeirar a realização do negócio. Somente depois de satisfeitas as condições exigidas poder-se-á substituir a entrega da escritura definitiva por uma sentença de adjudicação compulsória. Logo a sentença judicial de adjudicação não transmite a propriedade, constituindo mero substitutivo da escritura pública, sujeita às mesmas exigências para o assento no registro imobiliário. E muito menos haverá que se falar em *astreinte* ou multa pecuniária diária ou por período (CPC, arts. 814, 497 e 536), que não se destina a reparar o dano e sim a coagir o responsável ao cumprimento da obrigação de fazer, não sendo utilizada para obter a escritura definitiva de compra e venda, decorrente da obrigação de dar, assumida pelo vendedor no compromisso de compra e venda irretratável[29].

---

29. Os arts. 497 e 536 do CPC tutelam o cumprimento de obrigação de fazer ou não fazer, e o art. 498, o da obrigação de dar coisa certa. Relativamente às negociações preliminares, consulte: Espínola, op. cit., p. 622; Serpa Lopes, *Curso*, cit.; Carrara, op. cit., p. 3, 4, 12, 13 e 169; Orlando Gomes, op. cit., n. 36; Heinrich Lehmann, *Tratado de derecho civil*, Madrid, 1956, v. 1, §§ 29 a 33; Saleilles, Essai sur la responsabilité précontractuelle, *Revue Trimestrielle de Droit Civil*, p. 697 e s., 1902; Silvio Rodrigues, op. cit., p. 73-5; Antônio Chaves, *Responsabilidade pré-contratual*, São Paulo, 1959, cap. III, n. 22 e s.; Caio M. S. Pereira, op. cit., p. 34 e 35; Windscheid, *Pandette*, v. 2, §§ 310 e 2, p. 253; Coviello, Contratto preliminare, in *Enciclopedia giuridica italiana*, v. 3, n. 17; Jhering, *Oeuvres choisies*, trad. Meulenaere, Paris, 1893, v. 2, p. 1 e s.; Carlo A. Nicoletti, *Sul contratto preliminare*, 1974; Mousseron, Guibal e Mainguy, *L'avant-contrat*, 2001; Regina G. Dias, *Contrato preliminar*, 1958; Marcos J. Catalan, Considerações sobre o contrato preliminar: em busca da superação de seus aspectos polê-

micos, *Novo Código Civil – questões polêmicas*. Delgado e Figueirêdo Alves (coord.), São Paulo, Método, 2005, v. 4, p. 319-42; G. Palermo, *Contratto preliminare*, 1991; Antonio R. Garcia, *El precontrato*, 1982; Rodolfo Pamplona Filho, A disciplina do contrato preliminar no novo Código Civil brasileiro, *Revista Opinião Jurídica, 1*:40-9. *Vide* sobre contrato preliminar: *RT, 712*:169; *RJ, 149*:97. Sobre promessa de compra e venda unilateral: Colin e Capitant, *Cours élémentaire de droit civil français*, v. 2, n. 513; M. André Leconte, De la nature juridique des ventes à option, *Revue Trimestrielle de Droit Civil*, 1931, p. 551 e s.; Serpa Lopes, *Tratado dos registros públicos*, v. 3, n. 486-8, *Curso*, cit., v. 3, p. 229-41. E relativamente ao *contrato preliminar*: Caio M. S. Pereira, op. cit., v. 3, p. 70, 72-9; Jones F. Alves e Mário Luiz Delgado, *Código Civil anotado*, 2005, p. 240-1; Altino Portugal S. Pereira, *Promessa de compra e venda de imóveis no direito brasileiro*, Curitiba, 1957; Orlando Gomes, op. cit., n. 180-1; Martinho Garcez Neto, *Obrigações e contratos*, 1969, p. 135; *Temas atuais de direito civil*, Rio de Janeiro, Renovar, 2000, p. 71-102; Carlyle Popp, *Responsabilidade civil pré-negocial: rompimento das tratativas*, Curitiba, Juruá, 2002; Sérgio de Godoy Bueno, Contrato preliminar, *Revista de Direito Mercantil, 37*:74; J. Nascimento Franco, O contrato preliminar no novo Código Civil, *Tribuna do Direito*, março 2003, p. 6; Antônio Chaves, *Tratado de direito civil*, São Paulo, Revista dos Tribunais, 1984, t. 1 (Obrigações), p. 407 e s.; Arnoldo Wald, *Curso de direito civil brasileiro: obrigações e contratos*, p. 152; Ana Maria Scherer, *Rescisão da promessa de compra e venda*, 1978; José Lopes de Oliveira, *Curso de direito civil*, v. 3, p. 31-3; M. Helena Diniz, *Tratado teórico e prático dos contratos*, São Paulo, Saraiva, 1999, v. 1, p. 277-80; Agathe Elsa Schmidt da Silva, *Compromisso de compra e venda no direito brasileiro*, São Paulo, Saraiva, 1989, p. 7 e 90; Flávio Tartuce, A formação do contrato no novo Código Civil, no Código de Defesa do Consumidor e a via eletrônica, *Novo Código Civil – questões controvertidas*, São Paulo, Método, 2005, v. 4, p. 257-82; Karina N. Fritz, A responsabilidade pré-contratual por ruptura injustificada das negociações. *Revista Brasileira de Direito Civil Constitucional e Relações de Consumo, 2*:97-150; Nelson Nery Jr. Rosa Maria de A. Nery, *Cometários ao Código de Processo Civil*, Revista dos Tribunais, 2015, p. 1189 e 1190. Pondera Arnoldo Wald que "pode haver promessa unilateral e bilateral. Promessa unilateral de venda é aquela em que uma das partes, que pretende alienar, se obriga a aguardar a resposta de um pretendente à compra. Exemplo comum é o de alguém que pretende adquirir imóvel com financiamento, devendo levar compromisso escrito do proprietário de que irá vender tão logo aprovado o financiamento pela companhia financeira, num prazo fixado. Chama-se também de opção. Mais rara é promessa unilateral de compra: uma das partes se obriga a comprar, se a outra quiser vender nas condições indicadas. Ambas as modalidades são contratos preliminares (negócios bilaterais); porém, contratos unilaterais, porque geram deveres para uma das partes" (*Curso*, cit., p. 249), conferindo, assim, natureza contratual à promessa unilateral de venda, ou à opção. A promessa unilateral de venda representa obrigação de fazer, que se enquadraria no previsto pelo art. 466-B do CPC/73 (não há similar no CPC/2015). É o que se deduzia da lição de Humberto Theodoro Júnior: Do pré-contrato (promessa ou compromisso) nasce, portanto, ao credor o direito à conclusão do contrato principal. Se o devedor não cumpre a obrigação, será lícito ao credor obter uma condenação daquele a emitir a manifestação de vontade a que se obrigou, por meio de uma sentença que, uma vez transitada em julgado, produzirá os efeitos da declaração não emitida (art. 641 – ora revogado). O art. 639, ora revogado, correspondendo ao art. 466-B do CPC/73, era de mais largo alcance ainda, pois admitia que o pré-contrato, em determinadas condições, pudesse ser executado com a força do contrato definitivo, ocupando o seu lugar e gerando as consequências e obrigações que adviriam do negócio jurídico principal. Era dada, então, a eficácia que só poderia existir se houvesse sido firmado o contrato principal prometido (*Comentários ao Código*

O *contrato preliminar* (*pactum de contrahendo*) liberto do requisito formal, tem validade, gerando para o inadimplente o dever de indenizar, desde que, assentado no registro competente, contenha todos os requisitos do definitivo e seja irretratável. A forma do contrato preliminar, portanto, não precisará ser a mesma do contrato definitivo.

c.2.3. Proposta ou policitação

c.2.3.1. Conceito e caracteres

Sendo o contrato um acordo de duas ou mais vontades, estas não são emitidas ao mesmo tempo, mas sim sucessivamente, com intervalo razoável entre uma e outra. Há uma parte que toma iniciativa, dando início à formação do contrato e formulando a proposta, que constitui, portanto, uma declaração inicial de vontade cuja finalidade é a realização de um contrato. Contudo, será preciso não confundir os entendimentos preliminares com a oferta ou proposta de contrato. Realmente, as negociações preparatórias são meras proposições levadas por uma parte ao conhecimento da outra para estudo, sem intenção de se obrigar, não sendo, por isso, propriamente elemento de formação da relação contratual, mas configurando um período pré-contratual, em que ainda não se constituiu o negócio jurídico. São meras

---

de Processo Civil, v. 4, p. 322). Alcides de Mendonça Lima asseverava que, "de modo geral, toda e qualquer declaração de vontade, obrigatória em virtude de um contrato preliminar, pode ser substituída pela sentença" (*Comentários ao Código de Processo Civil*, 1974, v. 6, t. 2, p. 757-8). Seguia a mesma esteira Sydney Sanches, para quem "a ação do art. 639 (art. 466-B do CPC/73) pode ser fundada em negócio jurídico unilateral (promessa de vontade unilateral), como se o autor da ação pedisse a condenação de alguém que prometeu prêmio a quem tivesse o primeiro lugar no exame final ou no concurso" (*Execução específica*, 1978, p. 38). *Vide Ciência Jurídica*, *71*:145: Obrigação de fazer. Do pré-contrato (promessa ou compromisso) nasce ao credor o direito à conclusão do contrato principal. Se o devedor não cumpre a obrigação, será lícito ao credor obter uma condenação daquele a emitir a manifestação de vontade a que se obrigou, por meio de uma sentença que, uma vez transitada em julgado, produzirá os efeitos da declaração não emitida (art. 466-B do CPC/73). Apelo provido (TJPR). O artigo citado não tem correspondente no CPC/2015. O art. 464 do Código Civil, conjugado com o art. 501 do CPC, prevê tutela específica para o caso de inadimplemento do contrato preliminar consistente na possibilidade de se obter provimento jurisdicional que tenha os mesmos efeitos da declaração volitiva da pessoa. Pelo Enunciado n. 30 (aprovado na I Jornada de Direito Civil, promovida em setembro de 2002, pelo Centro de Estudos Judiciários do Conselho da Justiça Federal): "A disposição do parágrafo único do art. 463 do novo Código Civil deve ser interpretada como fator de eficácia perante terceiros". Cumpre observar que os arts. 639, 640 e 641 do Código de Processo Civil/73 foram revogados pela Lei n. 11.232/2005.

sondagens que visam apenas preparar as bases do futuro contrato, sem qualquer sentido de obrigatoriedade. O iniciador não seria proponente, pois aquele que provoca uma proposta de outro pode ser até mesmo o futuro aceitante do negócio; portanto, nada mais faz do que facilitar uma proposta com um convite para que ela seja redigida. Nessa fase preliminar somente estudam-se probabilidades, não havendo qualquer iniciativa propriamente dita em termos de contrato. A oferta, por sua vez, traduz uma vontade definitiva de contratar nas bases oferecidas, não estando mais sujeita a estudos ou discussões, mas dirigindo-se à outra parte para que a aceite ou não, sendo, portanto, um negócio jurídico. A proposta é elemento inicial da formação do contrato, visto que a pressupõe pelo único fato da aceitação, por ser o ato pelo qual uma das partes solicita a manifestação de vontade da outra, produzindo, portanto, efeitos jurídicos próprios, pois, enquanto não revogada, até o instante permitido por lei é obrigatória, e a parte que a receber tem a alternativa de aceitá-la ou não, sendo certo que uma aceitação com alterações importa nova policitação. Desse modo, na oferta de contrato o policitante vincular-se-á havendo aceitação do outro contraente. Sinteticamente, os acordos preliminares são meros atos preparatórios do contrato, sem força vinculante, enquanto a proposta e a aceitação constituem declarações volitivas idôneas a formar o negócio jurídico contratual[30].

Com base nessas ideias, poder-se-á dizer que proposta, oferta ou policitação é uma declaração receptícia de vontade, dirigida por uma pessoa a outra (com quem pretende celebrar um contrato), por força da qual a primeira manifesta sua intenção de se considerar vinculada, se a outra parte aceitar[31]. Ou, como prefere Von Tuhr[32], é a declaração dirigida a outrem, visando com ele contratar, de modo que basta o seu consentimento para concluir o acordo.

Embora o Código Civil não tenha arrolado os *caracteres* da proposta, tem entendido a doutrina que ela[33]:

---

30. Carrara, op. cit., p. 4; Orlando Gomes, op. cit., p. 71; Serpa Lopes, *Curso*, cit., p. 75 e 76; De Page, op. cit., v. 1, ns. 498 e 499; Papazol, *Du rôle de l'offre et de l'acceptation dans la formation des contrats consensuels*, Paris, 1907; Ribeiro da Cunha, *Da formação dos contratos no Código Civil brasileiro*, Fortaleza, 1955; Caio M. S. Pereira, op. cit., p. 37.

31. Orlando Gomes, op. cit., p. 71; Gaudemet, *Théorie générale des obligations*, p. 34.

32. Von Thur, *Tratado de las obligaciones*, t. 1, p. 143, § 23.

33. Sobre os caracteres da oferta, *vide*: Schneider e Fick, *Commentaire du Code Fédéral des Obligations*, Neuchâtel, 1915, v. 1, p. 31; Silvio Rodrigues, op. cit., p. 76; Serpa Lopes, *Curso*, cit., p. 86 e 87, 93 e 94; Caio M. S. Pereira, op. cit., p. 35 e 36; W. Barros Monteiro, op. cit., p. 14; Vivante, *Tratado de direito comercial*, n. 1.527, p. 29 e s.; Elcir Castello Branco, op. cit., p. 32-4; Planiol, Ripert e Esmein, op. cit., v. 6, n. 142; Betti, op. cit., v. 1, p. 253-61; Von Tuhr, op. cit., t. 1, p. 135 e 143; Pontes de Miranda, op. cit.,

1º) é uma declaração unilateral de vontade, por parte do proponente, que convida o aceitante a contratar, apresentando os termos em que pretende fazê-lo. A oferta deverá conter informações corretas, claras e precisas sobre os caracteres do objeto do contrato, o preço, os prazos etc. (Lei n. 8.078/90, art. 31). Circunscreve apenas os limites da vontade declarada pelo policitante, como núcleo definidor do negócio jurídico a se instaurar, para o qual devem concorrer todos os requisitos de validade;

2º) reveste-se de força vinculante em relação ao que a formula, se o contrário não resultar dos termos dela, da natureza do negócio ou das circunstâncias do caso (CC, art. 427). A proposta não produz consequências jurídicas para a outra parte, mas tão somente para o policitante, pois ainda não se tem contrato. Como a oferta cria no oblato (aquele a quem se dirige) a crença de que o contrato em perspectiva será celebrado, levando-o a despesas, à cessação de certas atividades, a dispêndio de tempo etc., o proponente responderá por perdas e danos, se injustificadamente retirar a oferta (*RT, 104*:608);

3º) é um negócio jurídico receptício, pois não é apenas uma informação, mas possui a força de um querer dependente da declaração do aceitante ou oblato. É receptícia porque é uma declaração de uma pessoa à outra (determinada ou indeterminada). É uma declaração de vontade que só produz efeitos ao ser recebida pela outra parte, já que, sendo receptícia, subordina-se ao consentimento do destinatário acerca da oferta. Reveste-se, portanto, de caráter pessoal, isto é, deve ser dirigida à pessoa a quem se destina, porque tem de ser conhecida pelo destinatário. Não perde o caráter de negócio jurídico receptício se, em vez de se dirigir a uma pessoa determinada, assumir o aspecto de *oferta ao público*, como a feita, p. ex., via *on-line* em *sites* ou em anúncio de TV, rádio ou jornal, em que o aceitante não é identificado. A oferta ao público *ad incertam personam* é uma verdadeira proposta e não simples convite ao *invitatio ad offerendum*. Em princípio, a proposta ao público é igual a quaisquer outras, delas se distinguindo porque, em regra, comporta reservas (disponibilidade de estoque, ressalva quanto à escolha da outra parte), e no tocante ao prazo moral da aceitação, em virtude da indeterminação do oblato. O Código Civil, art. 429, apresenta boa solução ao estatuir que: "A oferta ao público equivale a proposta quando encer-

---

v. 3, p. 11, § 251, p. 4; Orlando Gomes, op. cit., p. 71 e 72; Papazol, op. cit., p. 128; Durand, La contrainte légale dans la formation du rapport contractuel, *Revue Trimestrielle de Droit Civil*, (10):79, 1944; De Page, op. cit., n. 524; Carrara, op. cit., cap. III, p. 139, n. 5. *Vide*: *RT, 790*:280.

ra os requisitos essenciais ao contrato, salvo se o contrário resultar das circunstâncias ou dos usos"[34]. O anunciante poderá revogá-la usando o mesmo meio de divulgação, desde que ressalvada essa permissão na oferta realizada (CC, art. 429, parágrafo único). Se o ofertante não ressalvar o seu direito de revogar a oferta, havendo aceitação por terceiro, deverá cumprir a proposta, sob pena de responder pelo descumprimento. Seria de bom alvitre dizer que a oferta ao público vale como proposta obrigatória, quando contiver os elementos essenciais do contrato. Ante o fato de, como observa Jones Figueirêdo Alves, "o dispositivo não mais se ajustar à realidade social, diante do fenômeno das técnicas persuasivas da oferta pública", o Projeto de Lei n. 699/2011 visa alterar a redação do art. 429 do Código Civil, da seguinte forma: "A oferta ao público equivale à proposta, obrigando o proponente, quando suficientemente precisa a informação ou a publicidade, salvo se o contrário resultar das circunstâncias ou dos usos". Com isso, afirma o mencionado jurista, compatível será o referido dispositivo legal "com o moderno posicionamento doutrinário e jurisprudencial, afastando-se a formulação tradicional da oferta". O Parecer Vicente Arruda, votando, ao analisar o Projeto de Lei n. 6.960/2002 (atual PL n. 699/2011), pela manutenção do dispositivo, justificou que: "Na oferta ao público geralmente está incluída a publicidade, e ambas equivalem à proposta quando encerram elementos essenciais do contrato. Não há, pois, necessidade de alterar o texto para nele incluir a publicidade, nem declarar que elas obrigam o proponente, pois a proposta em si já o obriga. A substituição da expressão 'quando encerra os requisitos essenciais do contrato' por 'quando suficientemente precisa a informação e a publicidade', sugerida pelo PL, introduz um elemento de julgamento subjetivo que dá imprecisão ao texto". Há vários contratos que se formam mediante ofertas ao público, como, p. ex., o contrato por adesão, o realizado por licitação, a exposição de objetos em lojas, com ficha indicativa de preço, o advindo de anúncio de televisão, rádio e jornal. Constitui, ainda, tipo peculiar de oferta a que resulta do progresso técnico, com a adoção de aparelhos automáticos, nos quais a mercadoria é exposta e é fixado o preço, formando-se o contrato com a introdução de moeda numa ranhura. O aparelho automático é que representa o proponente, e o público é o oblato. O anonimato do destinatário cessa com a sua aceitação;

34. No mesmo sentido, o Código Civil italiano, art. 1.336. Há uma despersonalização do contratante, que, na oferta ao público, se apresenta como um "consumidor" anônimo, que só adquire identificação parcial quando chegar, p. ex., ao guichê de um cinema para adquirir ingresso, ou a uma máquina de vendas inserindo moeda para obter o produto. A sua identificação apenas importará se houver inadimplemento contratual.

4º) deve conter todos os elementos essenciais do negócio jurídico proposto; p. ex.: na compra e venda, o emitente da oferta deverá mencionar preço, qualidade, quantidade, tempo de entrega, forma de pagamento e documentação necessária para formalizá-lo. Deve-se, portanto, designar todos os elementos necessários ditados pela espécie de contrato visado, a fim de possibilitar a aceitação consciente e expressa, sem induzir a erros. Por outras palavras, deve trazer em seu conteúdo elementos tais que à outra parte só reste aceitar ou não;

5º) é elemento inicial do contrato, devendo ser, por isso, séria, completa, precisa ou clara, e inequívoca. Antes de tudo deve ser séria, pois a ordem jurídica não permitiria uma burla, nem seria compatível com a seriedade do direito que a proposta iniciadora de um contrato tivesse feição diversa, hipótese em que seria uma farsa ou uma brincadeira. Deve ser completa no sentido de que deve conter todos os requisitos necessários a bem esclarecer o espírito daquele a quem se dirige; p. ex.: num contrato de compra e venda, uma proposta que não mencione o preço não pode ser considerada completa. Deve ser, ainda, precisa ou clara, contendo não só linguagem simples, coerente e acessível a todos, mas também cláusulas de fácil interpretação, para evitar incômodos futuros ou soluções extravagantes. A oferta não deve conter condições potestativas ou reservas pessoais para complemento posterior. Ou revela manifestação de vontade ou se sujeita a novo consentimento, que implicará nova policitação. As reservas tiram a clareza e a força de convicção da proposta. A proposta deve ser inequívoca, traduzindo incontestavelmente a vontade do proponente. Pode ser expressa ou tácita, pois não depende, em regra, como já afirmamos, de forma especial.

c.2.3.2. Obrigatoriedade da proposta

A obrigatoriedade da proposta consiste no ônus, imposto ao proponente, de não revogá-la por um certo tempo a partir de sua existência. No que tange a essa obrigatoriedade, nosso Código Civil, na esteira do sistema germânico, adota – apesar de omisso, no entender de vários juristas – os seguintes corolários[35]:

---

35. W. Barros Monteiro, op. cit., p. 14 e 15; Orlando Gomes, op. cit., p. 72; Serpa Lopes, *Curso*, cit., p. 87, 88 e 90-2. Já Darcy Bessone de Oliveira Andrade (op. cit., ns. 30 e 31, p. 65) entende que cessa a obrigatoriedade da oferta com a superveniência de morte

1º) o policitante deve manter a sua oferta dentro de um prazo variável, em conformidade com as circunstâncias;

2º) a oferta subsiste, mesmo em face da morte ou incapacidade superveniente do proponente antes da aceitação, salvo se outra houver sido a sua intenção ou se infungível for a prestação. Assim sendo, ante o critério da obrigatoriedade da oferta, que constitui uma obrigação, com o óbito ou incapacidade do policitante, transmite-se ela aos seus herdeiros ou representantes, com todas as suas consequências jurídicas, tendo apenas o direito de exercer a retratação, pois, como logo mais veremos, permitido está ao ofertante a retratação de sua proposta, desde que esta chegue ao conhecimento da outra parte antes da oferta ou simultaneamente a ela (CC, art. 428, IV). Percebe-se que a retratação não será, propriamente, uma revogação da proposta, mas tão somente uma interrupção no seu processo formativo, pois a proposta ainda não existe juridicamente. Logo, como falar de revogação de algo inexistente? Apenas no instante em que a oferta chegar ao conhecimento do destinatário poder-se-á dizer que ela existe juridicamente e só daí nasce sua obrigatoriedade.

A obrigatoriedade da proposta, consagrada pelo Código Civil, art. 427, tem por escopo assegurar a estabilidade das relações sociais, pois, se fosse permitido ao ofertante retirar, arbitrária e injustificadamente, a oferta, ter-se-ia insegurança no direito, poder-se-ia causar prejuízo ao outro contratante, que de boa-fé estava convicto da seriedade da policitação. Daí a lei impor ao proponente o dever de manter a oferta, sob pena de ter de ressarcir as perdas e danos, se for inadimplente[36].

Entretanto, a força vinculante da proposta não é absoluta, visto que o próprio Código Civil, nos arts. 427, 2ª parte, e 428 e incisos, reconhece alguns casos em que a proposta deixa de ter obrigatoriedade.

Não será obrigatória a oferta[37]:

---

ou incapacidade do proponente. Além do direito brasileiro, obedecem ao critério germânico (art. 153) o Código Civil austríaco (art. 826, *in fine*), o grego (art. 169) e o português (art. 655). Sobre o sistema grego, *vide* as lições de Savidis (*Le nouveau Code Civil de la Grèce*, 1941, Athènes), e, sobre o suíço, Von Tuhr (*Partie générale du Code Fédéral des Obligations*, trad. Torrente e Thils, Lausanne, 1933, v. 1, § 22, nota 16, p. 146, e § 24, p. 164).

36. Silvio Rodrigues, op. cit., p. 76; Tamburrino, *I vincoli unilaterali nella formazione del contratto*, p. 254.

37. Relativamente aos casos em que a proposta não obriga o proponente, *vide*: Caio M. S.

1º) se assim resultar de seus próprios termos (CC, art. 427), ou seja, se contiver cláusula expressa que lhe retire a força vinculativa. P. ex.: se o policitante, ao dirigir a proposta ao oblato, colocar cláusula de não obrigatoriedade, o aceitante, ao recebê-la, já estará sabendo de sua precariedade, pois nenhuma responsabilidade terá o proponente que a cancelar, uma vez que estará lançando mão de um direito que a si mesmo se reservou;

2º) se a falta de obrigatoriedade fluir da natureza do negócio (CC, art. 427), visto que há atos negociais em que, em razão de sua natureza, a oferta é aberta, tendo o ofertante permissão para mantê-la ou não, de forma que ela não é obrigatória, não criando, por isso, outros efeitos senão a potencialidade do contrato, que só se formará se até a sua aceitação a policitação ainda estiver vigendo;

3º) se circunstâncias peculiares (CC, art. 427, *in fine*) a cada caso exonerarem o proponente, desobrigando-o. Tais circunstâncias estão previstas no Código Civil, art. 428. Assim sendo:

a) deixa de ser obrigatória a proposta se, feita sem prazo a uma pessoa presente, não foi imediatamente aceita. Desse modo, se o oblato não responder logo, liberar-se-á o policitante, caducando a oferta. Considera-se também presente a pessoa que contrata por meio de telefone ou de via de comunicação, direta e simultânea, similar, bem como a representada por mandatário, porque o que interessa é a forma de manifestação do consentimento e não a posição material dos contraentes. Denota-se que a lei pátria adotou a teoria de Gabba, que não dá a menor importância ao espaço que separa as pessoas, entendendo que o importante é o fato de os contraentes poderem comunicar-se diretamente, propondo e aceitando de imediato. Na proposta *inter praesentes*, o oblato deverá, se se interessar por ela, aceitá-la imediatamente, sob pena de ficar desligado do ofertante. Se não aceitar logo, presume-se que não quer efetivar o negócio, não podendo, posteriormente, reclamar a obrigatoriedade da proposta ou que se realize o con-

---

Pereira, op. cit., p. 37 e 38; R. Limongi França, op. cit., p. 156; Serpa Lopes, *Curso*, cit., p. 89 e 90; Orlando Gomes, op. cit., p. 72-4; Silvio Rodrigues, op. cit., p. 77; W. Barros Monteiro, op. cit., p. 15 e 16; Elcir Castello Branco, op. cit., p. 35-8; Colin e Capitant, op. cit., t. 2, p. 271 e 272; Brenno Fischer, *Dos contratos por correspondência*, Rio de Janeiro, José Konfino, 1937, p. 109-14; Clóvis Beviláqua, *Código Civil comentado*, 7. ed., 1946, v. 4, p. 195; Cohen, op. cit., p. 148 e s.; Carrara, op. cit., p. 201; Girault, op. cit., p. 103, 119, 154, 156 e 149; Cunha Gonçalves, *Tratado de direito civil*, v. 4, t. 2, p. 90; Gabba, *Questioni di diritto civile*, v. 2, p. 154.

trato. Eis por que há autores como Cunha Gonçalves que o designam como *contrato com declaração consecutiva*;

b) falta obrigatoriedade à oferta feita sem prazo a pessoa ausente, desde que haja decorrido tempo suficiente para que a resposta chegue ao conhecimento do policitante, por meio de cartas, *e-mail*, telegramas, fac-símile etc. Tratando-se de oblato ausente, o proponente deverá aguardar um lapso de tempo suficiente para que a oferta chegue ao destinatário, calculando-se o tempo conforme o meio de comunicação utilizado, tendo-se em vista a demora normal de entrega e retorno. Se o aceitante retardar a resposta, desobrigar-se-á o policitante. Designa-se esse espaço de tempo de *prazo moral*, que deverá ser razoável, nem longo demais, mantendo o ofertante na expectativa por um lapso exagerado de tempo, nem tão estreito que impeça o aceitante de dar uma resposta refletida. Daí Cunha Gonçalves denominá-lo *contrato com declarações intervaladas*;

c) estabelecendo-se prazo para a espera da resposta, perde a força vinculante a policitação feita a pessoa ausente, se a resposta não for expedida dentro do prazo dado. Se o policitante estipulou prazo para a aceitação, findo este sem que se tenha qualquer resposta, ele estará desligado de seu compromisso. Somente quando corre o prazo marcado é que a proposta tem obrigatoriedade;

d) não obriga a oferta se o proponente, depois de tê-la feito, se arrepender, desde que sua retratação chegue ao conhecimento do oblato antes da proposta ou ao mesmo tempo que ela, pois neste caso não se terá qualquer oferta, já que ela nem mesmo chegou a existir juridicamente, uma vez que foi retirada a tempo. P. ex.: suponha-se que A ofereça a B, por correspondência epistolar, um certo negócio; reconhecendo, logo em seguida, a inconveniência de seu ato, telegrafa a B, dando por nula a proposta. Se o despacho telegráfico chegar antes da carta ou simultaneamente, não há oferta a considerar e muito menos responsabilidade civil do ofertante, que não se sujeitará a qualquer ressarcimento de perdas e danos. Se houver recepção da oferta, isto é, se ela chegar ao conhecimento da outra parte, ter-se-á o início da irretratabilidade, tornando obrigatória a proposta, pois não mais será oportuna a retratação. Dessa forma, se a retratação não for exercida em tempo hábil, poder-se-á ter a aceitação que, se for plena, oportuna e correta, vinculará o policitante à execução do negócio, sob pena de responder por perdas e danos (*RT*, *413*:332, *250*:221).

Fora desses casos, a proposta é obrigatória ao policitante (*RTJ*, *53*:675). Por ser ela um negócio jurídico unilateral, cria para o ofertante a obrigação de cumpri-la, sob pena de indenizar o oblato por todos os prejuízos que causar com sua recusa injustificada[38].

c.2.4. Aceitação

c.2.4.1. Definição e requisitos

Havendo deliberação de contratar, a proposta dirigir-se-á a uma pessoa identificada ou a qualquer um do público que se apresente como aceitante, tendo condições de efetivar o ato negocial ofertado. A aceitação da proposta por parte do solicitado é o fecho do ciclo consensual[39], constituindo-se na segunda fase para a formação do vínculo contratual. A aceitação está intimamente ligada à oferta no *iter* da formação do contrato, pois sem ela não se terá negócio jurídico contratual e a proposta não obrigará o policitante[40]. A aceitação é o complemento da policitação. Tanto a oferta como a aceitação são necessárias para a conclusão do ato negocial, por representarem o reflexo da vontade dos contraentes[41]. Deveras, somente quando o aceitante adere a sua vontade à do ofertante é que se tem o contrato, cujo pressuposto é o consentimento de ambos os contratantes[42].

Se, por acaso, o oblato vier a falecer ou a se tornar incapaz depois de expedida a aceitação, o contrato já está formado e essas circunstâncias não exercem nenhuma influência sobre ele. Se o oblato morrer antes de pronunciar sua resposta, o contrato não se poderá formar, pouco importando que ainda reste prazo aos herdeiros para manifestar a sua vontade.

A aceitação, percebe-se, não só vincula o aceitante, mas também o ofertante, que a partir desse momento está sob a égide do liame contratual. Não só é preciso que a oferta tenha sido feita e que se lhe sobressiga a aceitação, como também que esses dois elementos se reúnam para formar o consentimento, que irá dar força e vida ao contrato, de tal modo que ofertante e aceitante tenham plena consciência de que estão notificados do mútuo acordo.

A *aceitação* vem a ser a manifestação da vontade, expressa ou tácita, da parte do destinatário de uma proposta, feita dentro do prazo, aderindo a

38. Tamburrino, op. cit., p. 254.
39. Elcir Castello Branco, op. cit., p. 38 e 39.
40. R. Limongi França, op. cit., p. 156 e 157; *vide*: *RT*, *651*:118; *RJ*, *153*:56 e *173*:82.
41. Silvio Rodrigues, op. cit., p. 77.
42. Caio M. S. Pereira, op. cit., p. 40.

esta em todos os seus termos, tornando o contrato definitivamente concluído, desde que chegue, oportunamente, ao conhecimento do ofertante[43].

Dessa definição poder-se-ão extrair os seguintes *requisitos essenciais* da aceitação[44]:

1º) Não exige obediência a determinada forma, pois, salvo nos contratos solenes, a aceitação pode ser *expressa*, se o oblato declarar sua aquiescência; ou *tácita*, se um ato, inequívoco, do aceitante permitir concluir sua anuência à oferta, como, p. ex., se o oblato enviar ao proponente a mercadoria por ele solicitada, ou se a atitude do aceitante, nos termos legais, induzir a integração de sua vontade à declaração contida na proposta. É o que se dá no caso do policitante marcar prazo ao oblato para que este declare que aceita a oferta e o tempo decorrer sem resposta negativa, e nas hipóteses previstas no Código Civil, art. 432, que estatui: "Se o negócio for daqueles em que não seja costume a aceitação expressa, ou o proponente a tiver dispensado, reputar-se-á concluído o contrato, não chegando a tempo a recusa". Esse dispositivo trata dos seguintes casos: *a*) quando não é usual a aceitação expressa. Ensina-nos Clóvis que, se um industrial costuma todos os anos enviar seus produtos a certo negociante, que os recebe e na época oportuna os paga, e num determinado ano não mais convier ao negociante tal estado de coisas, deve ele avisar o industrial, sob pena de continuar vinculado ao negócio nas mesmas bases dos anos anteriores (*RT*, *232*:227, *231*:304; *RF*, *161*:278); *b*) quando o ofertante dispensa a aceitação. Como preleciona Washington de Barros Monteiro, certo viajante telegrafa a um hotel para reservar acomodações dizendo que chegará em tal dia; se não receber aviso em contrário, se o hoteleiro não expedir a tempo a negativa, o contrato estará concluído. Salvo essas hipóteses, o proponente não poderá impor a falta de resposta como aceitação de sua proposta (*RF*, *74*:64).

---

43. Serpa Lopes, *Curso*, cit., p. 97; Silvio Rodrigues, op. cit., p. 78.

44. No que concerne aos requisitos da aceitação, consulte: Caio M. S. Pereira, op. cit., p. 40 e 41; Clóvis Beviláqua, *Código Civil*, cit., v. 4, p. 195 e 246; Silvio Rodrigues, op. cit., p. 78; W. Barros Monteiro, op. cit., p. 17 e 18; Elcir Castello Branco, op. cit., p. 39, 42 e 43; Cunha Gonçalves, op. cit., v. 4, t. 2, p. 420; Brenno Fischer, op. cit., p. 137 e 159; Von Tuhr, *Tratado*, cit., p. 140, § 23; Colin e Capitant, op. cit., v. 2, p. 271; Bassil Dower, op. cit., p. 15; Demogue, *Traité des obligations en général*, v. 2, n. 585; Vivante, op. cit., v. 4, n. 1.535; Enneccerus, Kipp e Wolff, *Tratado de derecho civil*, v. 2, t. 1, p. 163; Orlando Gomes, op. cit., p. 74-6; Serpa Lopes, *Curso*, cit., p. 96 e 157; Valéry, op. cit., p. 90; Carrara, op. cit., p. 314; Zanetti e Robert, A conclusão do contrato pelo silêncio, *Direito civil – direito patrimonial e direito existencial* – estudos em homenagem a Giselda Hironaka (coord. Tartuce e Castilho), São Paulo, Método, 2006, p. 257-96.

2º) A aceitação deve ser oportuna, pois necessário se torna que ela seja formulada dentro do prazo concedido na policitação. A oferta pode ser sem prazo, caso em que persistirá até que haja retratação, antes de se expedir a aceitação; com prazo arbitrário, fixado pelo proponente, ou moral, se for necessário um prazo de reflexão ou que seja suficiente para que a resposta chegue ao conhecimento do ofertante. A aceitação só terá força vinculante quando manifestada tempestivamente. Fixado o prazo, o aceitante deverá responder antes que ele expire, sendo imprescindível que expeça sua resposta oportunamente. Se feita sem prazo, o ofertante desligar-se-á se a resposta não chegar ao seu conhecimento após o decurso de tempo suficiente para tanto. A aceitação tardia não produz qualquer consequência jurídica, porque a proposta se extingue com o decurso de certo lapso de tempo. Se a aceitação for oportuna, porém chegar a seu destino fora do prazo, por circunstância imprevista, contra a vontade do emitente, o ofertante deverá, então, comunicar imediatamente o fato ao aceitante se não pretender levar adiante o negócio, sob pena de responder por perdas e danos (CC, art. 430). Se foi a proposta que tornou extemporânea a aceitação, o oblato deverá comunicar o fato ao proponente, principalmente nos casos de aceitação tácita, se não quiser concluir o negócio. O retardamento da proposta leva o ofertante a crer que foi tacitamente aceita; daí o dever do destinatário de comunicar imediatamente a recusa ou o fato de haver sido inoportuna a recepção, porém essa manifestação equivalerá a uma nova proposta (CC, art. 431).

3º) A aceitação deve corresponder a uma adesão integral à oferta, nos moldes em que foi manifestada, pois o contrato pressupõe a integração de duas ou mais vontades coincidentes. O aceitante, que aquiescer à proposta, preencherá com seu ato volitivo todos os termos do contrato, abrangendo não só os elementos principais, mas também os secundários da oferta, suplementando os pontos que estiverem vagos. Se porventura a oferta for alternativa, o oblato deverá indicar, na resposta, a sua opção, pois do contrário o ofertante poderá entender que consentiu em qualquer delas.

4º) A resposta deve ser conclusiva e coerente. Se for condicional, equivalerá a uma nova proposta, a não ser que o policitante já tenha anuído sobre a condição estabelecida.

Se o aceitante, ao declarar sua vontade relativamente à oferta, não se submeter a esses requisitos, não se terá aceitação, mas uma nova proposta, liberando o primeiro proponente da obrigação de contratar. Realmente, se o ofertante propõe um negócio para ser aceito dentro de determinado prazo, enquanto este não decorrer o proponente estará vinculado à proposta. Com o transcurso do prazo sem que se tenha aceitação, a policitação deixa de ser obrigatória, exonerando, então, o policitante. E, se após esgotado tal prazo o aceitante consentir no negócio proposto, sua declaração não será tida como aceitação, mas como nova proposta, que poderá ser aceita ou não pelo primeiro proponente. Igualmente, se a aceitação não aderir a todos os termos da oferta, será uma nova proposta, de iniciativa do oblato, exonerando o primeiro proponente, pois este só aceitará a oferta se esta lhe aprouver[45]. O Código Civil, art. 431, confirma essas ideias, ao estatuir que: "A aceitação fora do prazo, com adições, restrições, ou modificações, importará nova proposta". Resposta que não comunga com os requisitos essenciais não constitui aceitação; quando muito importará uma nova proposta ou contraproposta. Havendo aceitação modificativa que introduz alterações na oferta, fazendo-lhe adições ou restrições, não se tem concluído o contrato, pois a resposta do oblato se transforma em proposta ao ofertante primitivo[46]. Isto é assim porque a formação do vínculo contratual só se opera pelo acordo de duas ou mais vontades; não se poderá admitir que ele tenha ocorrido, quando as partes não convergiram seus intentos para os mesmos pontos[47]. Desse modo, antes de se acasalarem os consentimentos para estabelecer um contrato, ter-se-ão apenas duas propostas, por faltar o encontro de vontades que estabelece o liame contratual[48]. Portanto, inverter-se-ão as posições: o oblato passará a ser o proponente, e, para formação do contrato, ficará na dependência de uma resposta do primitivo ofertante, aceitando ou não a nova proposta[49].

c.2.4.2. Aceitação nos contratos "inter praesentes" e "inter absentes"

Se o negócio jurídico contratual for *entre presentes*, a policitação poderá estipular ou não prazo para a aceitação. Se a proposta não contiver prazo para a aceitação, esta deverá ser manifestada imediatamente, senão a

45. Silvio Rodrigues, op. cit., p. 78.
46. Brenno Fischer, op. cit., p. 120-2; Orlando Gomes, op. cit., p. 75; Cohen, op. cit., p. 132.
47. Josserand, *Les mobiles dans les actes juridiques du droit privé*, p. 56, n. 40.
48. Von Tuhr, *Tratado*, cit., p. 137, § 62; Brenno Fischer, op. cit., p. 118, n. 114.
49. Bassil Dower, op. cit., p. 15.

oferta deixará de ter força vinculativa (*RT*, *160*:702). Se a proposta estipulou prazo, a aceitação deverá ser pronunciada no termo concedido, sob pena de desvincular-se o policitante.

Se o contrato for *entre ausentes*, existindo prazo, este deverá ser obedecido, mas se a aceitação se atrasar – por falha do correio, p. ex. – o proponente deverá dar ciência do fato ao aceitante, sob pena de responder por perdas e danos (CC, art. 430). Se o ofertante não estipulou qualquer prazo, a aceitação deverá ser manifestada dentro de tempo suficiente para chegar a resposta ao conhecimento do proponente[50].

c.2.4.3. Retratação do aceitante

Ao aceitante é reconhecido o direito de arrepender-se, desde que sua retratação chegue ao conhecimento do ofertante antes da aceitação ou juntamente com ela (*RT*, *210*:170). A aceitação será considerada inexistente se antes dela ou com ela chegar ao proponente a retratação do aceitante (CC, art. 433). Dessa forma, tal retratação vem a ser a recusa oportuna do negócio aceito, pois, se chegar tardiamente a seu destino, o remetente continuará vinculado ao contrato. Nesse caso a aceitação deixará de gerar vínculo contratual, desligando-se o policitante de qualquer obrigação, por não se ter coincidência de vontade das partes contratantes, imprescindível para que o contrato se conclua. Operar-se-á, então, uma interrupção no *iter* formador do negócio, reconduzindo as partes ao estado em que se achavam[51].

c.3. Momento da conclusão do contrato

A fim de estabelecer a obrigatoriedade do ajuste, será preciso verificar quando se perfez o liame jurídico que une os contraentes, cessando a possibilidade de retratação, compelindo as partes a executar o negócio, sob pena de serem responsabilizadas pelas perdas e danos[52].

Para que se possa solucionar essa questão, é mister verificar se o contrato se realiza entre presentes ou entre ausentes. Realmente, pois se for *in*-

---

50. Sobre o assunto, *vide*: R. Limongi França, op. cit., p. 157; W. Barros Monteiro, op. cit., p. 16 e 17.

51. Relativamente à retratação do aceitante, consulte as lições de: Elcir Castello Branco, op. cit., p. 43 e 44; Silvio Rodrigues, op. cit., p. 80; Valéry, op. cit., p. 182, n. 189; Caio M. S. Pereira, op. cit., p. 41; Brenno Fischer, op. cit., n. 145; W. Barros Monteiro, op. cit., p. 18; R. Limongi França, op. cit., p. 158; Orlando Gomes, op. cit., p. 76 e 77.

52. Elcir Castello Branco, op. cit., p. 44.

ter praesentes nenhum problema haverá, visto que as partes se encontrarão vinculadas no mesmo instante em que o oblato aceitar a proposta, isto é, assim que se tiver o acordo recíproco. Só então o contrato começará a produzir efeitos jurídicos[53], já que apenas terá existência de direito no momento que houver união coincidente das vontades dos contraentes.

A dificuldade aparece no contrato *inter absentes*, efetivado por correspondência epistolar ou telegráfica, havendo, devido à ausência do oblato, um intervalo de tempo mais ou menos longo entre a manifestação do aceitante e o conhecimento dela pelo policitante. Por isso, vários são os critérios apresentados pela doutrina para fixar o momento inicial da obrigatoriedade do ato negocial. Para solucionar a questão, surgiram algumas teorias, tomando por referência a resposta à oferta, tais como[54]:

1ª) a *teoria da informação ou cognição*, cujos adeptos reputam perfeito o contrato no momento em que o ofertante tem ciência da aceitação do oblato, visto que não se pode dizer que exista um acordo de vontades e, portanto, um consentimento recíproco a respeito de um negócio jurídico contratual que se pretende realizar, sem que proponente e aceitante conheçam a vontade um do outro. P. ex.: se A, em Fortaleza, propõe a B, de São Paulo, uma determinada compra de mercadoria, e B responde por carta, aceitando, enquanto A não tiver conhecimento dela, não tiver lido a missiva, o contrato não estará concluído. Essa doutrina, difundida por Troplong, Wurth[55], Toullier, Gabba, Rocco, Lomonaco, Mittermaier, e adotada pelo Código Civil austríaco (art. 862), pelo italiano (art. 1.326) e pelo argentino (art. 204), apesar de ser a que melhor corresponde à lógica jurídica, encontra-se, atualmente, em franca decadência, por ter o inconveniente de deixar ao arbítrio do policitante o momento de abrir a correspondência e tomar conhecimento da resposta, positiva e geradora do vínculo obrigatório, favorecendo, assim, a fraude e a má-fé do ofertante, que, p. ex., conhecendo uma aceitação num momento que lhe seria desfavorável, em razão de alta no merca-

---

53. W. Barros Monteiro, op. cit., p. 18; R. Limongi França, op. cit., p. 158.

54. Sobre essas teorias, *vide* os ensinamentos de: Valéry, op. cit., p. 146 e 152; W. Barros Monteiro, op. cit., p. 19; Elcir Castello Branco, op. cit., p. 44-6; Orlando Gomes, op. cit., p. 78 e 79; Pacifici-Mazzoni, *Istituzioni di diritto civile italiano*, v. 4, p. 159; Silvio Rodrigues, op. cit., p. 81-3; Caio M. S. Pereira, op. cit., p. 41-3; Renato Scognamiglio, *Contratti in generale*, p. 96, n. 27; Bassil Dower, op. cit., p. 16 e 17; Barassi, op. cit., v. 2, p. 106 e 107, ns. 119 e 120; Serpa Lopes, *Curso*, cit., p. 98-102; R. Limongi França, op. cit., p. 158 e 159; Gabba, *Questioni di diritto ereditario e diritto delle obbligazioni*, Fratelli Bocca, 1898, v. 2, p. 156 e s.

55. Wurth, *Des principes de droit qui régissent les lettres missives et les télégrammes*, 1882.

do, quando propusera uma venda na baixa, poderia dar como não lida a resposta do oblato. Enorme seria a dificuldade do aceitante em provar a existência de alguma fraude, nem se poderia presumir que o proponente se cientificou da aceitação, porque só uma disposição legal poderia autorizar tal presunção. Além disso, se para a formação do contrato é necessário que o proponente tome conhecimento da aceitação, o oblato, por sua vez, também deve saber que isso aconteceu, e assim sucessivamente, de forma que essa situação iria até o infinito;

2ª) a *teoria da agnição ou declaração*, que parte do princípio de que o contrato se aperfeiçoa no instante em que o oblato manifesta sua aquiescência à proposta. Dessa teoria destacam-se três orientações, constituindo-se espécies de que ela ficou sendo o gênero, que são: *a*) subteoria da declaração propriamente dita (propugnada por Valéry, Ripert, Puchta e outros), pela qual o vínculo obrigacional se estabelece no momento em que o aceitante formula a resposta, redigindo a carta ou o telegrama. Patente é o exagero dessa concepção, pois nada mais fácil do que o declarante destruir sua resposta, rasgando, p. ex., a missiva, sem que se possa ao menos saber que foi formulada; *b*) subteoria da expedição (aceita por Serafini, Demolombe, Aubry e Rau, Lyon-Caen e Renault, Girault etc.), segundo a qual não basta a formulação da resposta pelo oblato, sendo necessário enviá-la ao proponente, postando-a ou transmitindo-a, presumindo-se, então, que o contratante fez tudo o que podia para externar a aceitação. Ter-se-á a conclusão do contrato com a expedição da resposta favorável. Logo, essa corrente não se atém somente à declaração volitiva, mas principalmente ao modo de externá-la, indo ao encontro da oferta, por meio da expedição da aceitação; *c*) subteoria da recepção (seguida por Croissant e Regelsberger), que entende que o contrato se efetiva quando a resposta favorável chegar, materialmente, ao poder do ofertante, mesmo que ele não a leia. Não é necessário, dizem seus adeptos, que o proponente tome conhecimento da aceitação, mas se faz mister que tenha recebido a carta ou o telegrama que a transmite.

Expostas as diversas concepções existentes a respeito do momento da formação dos contratos entre ausentes, resta-nos estudá-las em face de nosso direito. Tendo-se em vista os dispositivos do Código Civil que regulam o assunto, vislumbra-se que nosso estatuto civil aceitou a teoria da agnição ou da declaração na sua segunda modalidade, isto é, da expedição, por ser considerada pela maioria dos juristas e das legislações, como a alemã e a suíça, a mais correta e a que melhor atende às necessidades da vida e à natureza das coisas[56].

---

56. W. Barros Monteiro, op. cit., p. 20.

Pelo nosso Código Civil, não basta escrever a resposta favorável; é preciso remetê-la. Deveras, reza o art. 434 desse diploma legal que: "Os contratos entre ausentes tornam-se perfeitos desde que a aceitação é expedida...".

Poder-se-á dizer, como observa Washington de Barros Monteiro[57], que a teoria da expedição colide com o art. 433 do Código Civil, segundo o qual: "Considera-se inexistente a aceitação, se antes dela ou com ela chegar ao proponente a retratação do aceitante". Todavia, continua esse ilustre mestre, tal não ocorre, porque o art. 433 apenas coloca a aceitação transmitida ao policitante na mesma situação e submetida à mesma regra da proposta remetida a pessoa que se encontra ausente (CC, art. 428, III e IV). E quando se diz que, com a expedição da resposta, está formado o contrato, tem-se em vista o acordo de vontades, que se torna real na ocasião em que o aceitante transmite a sua resposta, o que não impede que o oblato se retrate, se puder dispor de um meio de comunicação mais rápido do que aquele de que se serviu para expedir a resposta. Não dispondo desse recurso, o contrato estará perfeito. Concluído estará o negócio se tal recurso existir, mas falhar no momento, por qualquer circunstância, como, p. ex., se o aceitante revogar a aceitação por meio de telégrafo que, por defeito de instalação, não fizer a mensagem chegar a tempo ao policitante. A expedição fecha o contrato, porém ainda há um período dentro do qual é permitido ao oblato sustar-lhe o efeito[58]. Além do mais, o art. 434 do Código Civil apresenta-nos mais duas exceções. No inc. II, ao asseverar que o contrato entre ausentes se torna perfeito desde que a aceitação é expedida, exceto se o proponente se houver comprometido a esperar a resposta, estabelece, indubitavelmente, que o momento consumativo do contrato será o da recepção e não o da expedição. No inc. III, apresenta uma outra exceção, ao prescrever que o contrato entre ausentes não se perfaz com a expedição da aceitação, se ela não chegar no prazo convencionado. Contudo, segundo Washington de Barros Monteiro, essa exceção é injustificável, pois, se há prazo estipulado para a resposta, o contrato estará perfeito e acabado no momento da expedição, e, se o prazo é para a chegada da resposta, reger-se-á tal hipótese pelo inc. II desse mesmo artigo[59].

---

57. W. Barros Monteiro, op. cit., p. 20.
58. Clóvis Beviláqua, *Código Civil*, cit., p. 246.
59. W. Barros Monteiro, op. cit., p. 20; Clóvis Beviláqua, *Código Civil*, cit., p. 246.

À guisa de conclusão, poder-se-á afirmar que o vínculo contratual se torna obrigatório, em nosso direito, no momento da expedição da aceitação, salvo algumas exceções, quando se aplica a teoria da recepção[60].

c.4. Lugar da celebração do negócio jurídico contratual

Tema conexo ao da formação do contrato é o relativo ao lugar em que ela se verifica.

Estudamos o contrato levando em conta o momento em que ele se forma; analisaremos, agora, o local onde se conclui. Assim como há um momento em que realmente, ou por presunção legal, as vontades se encontram e o contrato surge, há também um lugar de sua celebração.

De acordo com o disposto no art. 435 do Código Civil, o negócio jurídico contratual reputar-se-á celebrado no lugar em que foi proposto. Esse local é aquele em que a proposta é expedida ou em que é conhecida (*RT, 713*:121).

O Código Civil, apesar de ter adotado, sob o ponto de vista do tempo, a teoria da expedição da resposta, quanto ao lugar determinou que o contrato será tido como celebrado no local em que se deu a oferta.

A determinação do lugar onde se tem por concluído o contrato é de enorme importância no direito internacional privado, porque dele depende não só a apuração do foro competente, mas também a determinação da lei a ser aplicada à relação contratual. Todavia, há contratos que, embora celebrados no estrangeiro, se submetem à lei brasileira. Deveras, a Lei de Introdução às Normas do Direito Brasileiro, art. 9º, § 2º, prescreve que a "obrigação resultante do contrato reputa-se constituída no lugar em que residir o proponente". Logo, se o ofertante residir no Brasil e o oblato na Alemanha, o negócio reger-se-á pela lei brasileira. Se o proponente residir em Portugal e o solicitado no Brasil, sendo o contrato proposto naquele país, por meio de carta, ficará ele sob a égide da lei portuguesa[61], que regerá seus efeitos.

---

60. Bassil Dower, op. cit., p. 17.

61. Consulte a respeito: Silvio Rodrigues, op. cit., p. 83; Cohen, op. cit., p. 69; Clóvis Beviláqua, *Código Civil*, cit., p. 202 e 247; Valéry, op. cit., p. 371; W. Barros Monteiro, op. cit., p. 32 e 33; R. Limongi França, op. cit., p. 159; Pillet, *Traité pratique de droit international privé*, v. 7, p. 181; Bassil Dower, op. cit., p. 17 e 18; Orlando Gomes, op. cit., p. 79; Elcir Castello Branco, op. cit., p. 46; Caio M. S. Pereira, op. cit., p. 44. "A formação dos contratos realizados entre pessoas ausentes, por meio eletrônico, completa-se com a recepção da aceitação pelo proponente" (Enunciado n. 173 do Conselho da Justiça Federal, aprovado na III Jornada de Direito Civil).

QUADRO SINÓTICO

FORMAÇÃO DO CONTRATO

1. **ELEMENTOS INDISPENSÁVEIS À CONSTITUIÇÃO DO CONTRATO**	• Acordo de vontades das partes contratantes, tácito ou expresso, que se manifesta de um lado pela *oferta* e de outro pela *aceitação*. A proposta e a aceitação são elementos indispensáveis à formação do contrato, e entre elas gira toda a controvérsia sobre a força obrigatória do contrato, sobre o momento exato em que ambas se fundem para produzir a relação contratual, e sobre o lugar em que se reputará celebrado o negócio jurídico.		
2. **FASES DA FORMAÇÃO DO VÍNCULO CONTRATUAL**	• Negociações preliminares	• Consistem nas conversações prévias, sondagens e estudos sobre os interesses de cada contraente, tendo em vista o contrato futuro, sem que haja qualquer vinculação jurídica entre os participantes, embora excepcionalmente surja responsabilidade civil no campo da culpa aquiliana.	
	• Proposta	• Conceito	• A oferta ou proposta é uma declaração receptícia de vontade, dirigida por uma pessoa à outra (com quem pretende celebrar um contrato), por força da qual a primeira manifesta sua intenção de se considerar vinculada, se a outra parte aceitar.
		• Caracteres	• É declaração unilateral de vontade, por parte do proponente. • Reveste-se de força vinculante em relação ao que a formula, se o contrário não resultar dos termos dela, da natureza do negócio ou das circunstâncias do caso (CC, arts. 427 e 428).

2. FASES DA FORMAÇÃO DO VÍNCULO CONTRATUAL	• Proposta	• Caracteres	• É um negócio jurídico receptício. • Deve conter todos os elementos essenciais do negócio jurídico proposto. • É elemento inicial do contrato, devendo ser, por isso, séria, completa, precisa e inequívoca.
		• Obrigatoriedade	• A obrigatoriedade da oferta consiste no ônus, imposto ao proponente, de não a revogar por um certo tempo a partir de sua existência, sob pena de ressarcir perdas e danos, subsistindo até mesmo em face da morte ou incapacidade superveniente do proponente antes da aceitação, salvo se outra houver sido a sua intenção. Porém, essa sua força vinculante não é absoluta, pois o CC, arts. 427 e 428, I a IV, reconhece alguns casos em que deixará de ser obrigatória (*RTJ*, *53*:675).
	• Aceitação	• Definição	• A aceitação é a manifestação da vontade, expressa ou tácita, da parte do destinatário de uma proposta, feita dentro do prazo, aderindo a esta em todos os seus termos, tornando o contrato definitivamente concluído, desde que chegue, oportunamente, ao conhecimento do ofertante.
		• Requisitos	• Não exige obediência a determinada forma, salvo nos contratos solenes, podendo ser expressa ou tácita (CC, art. 432).

2. FASES DA FORMAÇÃO DO VÍNCULO CONTRATUAL	• Aceitação	• Requisitos	• Deve ser oportuna (CC, arts. 430 e 431). • Deve corresponder a uma adesão integral à oferta. • Deve ser conclusiva e coerente.
		• Aceitação nos contratos *inter praesentes*	• Se o negócio for entre presentes, a oferta poderá estipular ou não prazo para a aceitação. Se não contiver prazo, a aceitação deverá ser manifestada imediatamente, e, se houver prazo, deverá ser pronunciada no termo concedido.
		• Aceitação nos contratos *inter absentes*	• Se o contrato for entre ausentes, existindo prazo, este deverá ser observado, mas se a aceitação se atrasar, sem culpa do oblato, o proponente deverá dar ciência do fato ao aceitante, sob pena de responder por perdas e danos (CC, art. 430). Se o ofertante não estipulou qualquer prazo, a aceitação deverá ser manifestada dentro de tempo suficiente para chegar a resposta ao conhecimento do proponente.
		• Retratação do aceitante	• O aceitante poderá arrepender-se, desde que sua retratação chegue ao conhecimento do ofertante antes da aceitação ou juntamente com ela.

3. MOMENTO DA CONCLUSÃO DO CONTRATO	• Contrato entre presentes	• Neste contrato as partes encontrar-se-ão vinculadas no mesmo instante em que o oblato aceitar a oferta; só então o contrato começará a produzir efeitos jurídicos.
	• Contrato entre ausentes	• Segundo a teoria da agnição ou declaração, na sua segunda modalidade, isto é, da expedição, a que se filiou nosso CC, no art. 434, os contratos por correspondência epistolar ou telegráfica tornam-se perfeitos desde que a aceitação é expedida, desde que não se apresentem as exceções do art. 434, II e III, hipóteses em que se aplica a teoria da recepção.
4. LUGAR DA CELEBRAÇÃO DO NEGÓCIO JURÍDICO CONTRATUAL	• Pelo CC, art. 435, o contrato reputar-se-á celebrado no local em que foi proposto. • Pela LINDB, art. 9º, § 2º, aplicável no direito internacional privado, a obrigação resultante do contrato considerar-se-á constituída no lugar em que residir o proponente.	

D. Interpretação do contrato

O contrato, como todo negócio jurídico, decorre de manifestação de vontade dos contratantes e visa realizar certo objetivo, criando, com base em norma jurídica, direito subjetivo, e impondo, por outro lado, obrigações jurídicas. Dele nasce, portanto, uma situação jurídica inteiramente nova. Infere-se daí a grande semelhança entre contrato e lei: ambos decorrem de atos volitivos e ambos são normas de direito, gerando efeitos análogos, distintos apenas pela sua extensão. O contrato, por ser originário de declaração de vontade, requer, como a lei, uma interpretação, dada a possibilidade de conter cláusula duvidosa ou qualquer ponto obscuro ou controvertido. A interpretação do contrato é indiscutivelmente similar à da lei, podendo-se até afirmar que há certa coincidência entre as duas. Aplicam-se, por isso, à hermenêutica do contrato princípios concernentes à interpretação da lei, embora a tarefa do intérprete do contrato encontre certas dificuldades que o hermeneuta da lei não terá de enfrentar, pois, enquanto a hermenêutica assume feição objetiva por ter de eliminar dúvidas e ambiguidades que afetam a lei, a interpretação exerce, concomitantemente, função objetiva e subjetiva, já que, além de analisar o contrato e suas cláusulas, deverá examinar a intenção comum das partes contratantes. A atividade interpretativa do contrato é uma operação difícil, que requer saber e prudência, devendo o intérprete guiar-se pelo sentimento jurídico, que o impedirá de cair em interpretações alheias à vida jurídica. Dever-se-á buscar, na tarefa de interpretação contratual, os princípios da boa-fé objetiva (CC, art. 422) e o da conservação ou do aproveitamento do contrato, procurando presumir que os contratantes agiram com probidade e fazendo com que, havendo dúvida, prevaleça a diretriz interpretativa conducente à produção de algum efeito ou à sua exequibilidade.

A interpretação do negócio jurídico contratual situa-se no âmbito do conteúdo da declaração volitiva, fixando-se em normas empíricas, mais de lógica prática do que de normação legal, pois o Código Civil contém, unicamente, seis normas interpretativas, não tendo nenhum capítulo relativo à interpretação do contrato. Realmente, prescreve a lei pátria que:

1º) nas declarações de vontade se atenderá mais à sua intenção do que ao sentido literal da linguagem (CC, art. 112). Assim, o intérprete do sentido negocial não deverá ater-se, unicamente, à exegese do contrato, isto é, ao exame gramatical de seus termos, mas sim à fixação da vontade dos contraentes, procurando seus efeitos jurídicos, indagando sua intenção, sem se vincular, estritamente, ao teor linguístico do ato negocial. Por outras palavras, o intérprete deverá, prendendo-se ao tipo contratual, reconstituir o ato volitivo dos contratantes, pesquisando qual teria sido a sua real intenção e os fins econômicos visados por eles, corrigindo sua manifestação, escrita ou verbal, erroneamente expressa (*RT*, *518*:229, *510*:133, *115*:717, *125*:573, *146*:703; *RF*, *71*:113);

2º) os contratos benéficos ou gratuitos deverão ser interpretados restritivamente (CC, arts. 112 e 114), isto é, o juiz não poderá dar aos contratos interpretação ampliativa, devendo limitar-se, unicamente, aos contornos traçados pelos contraentes, vedada a interpretação com dados alheios ao seu texto;

3º) a fiança se dará por escrito e não admitirá interpretação extensiva (CC, art. 819; *RT*, *476*:157; *489*:240, *663*:136, *715*:217, *799*:283), de modo que o fiador só responderá pelo que estiver expresso no instrumento da fiança (*RT*, *463*:134, *525*:162 e *530*:157) e se alguma dúvida houver, deverá ser solucionada em favor dele (*AJ*, *75*:39);

4º) os negócios jurídicos deverão ser interpretados de forma que se lhes atribuam o sentido que: a) for confirmado pelo comportamento das partes posterior à celebração contratual: b) corresponder à boa fé, aos usos, costumes e práticas do mercado relativas ao tipo de negócio; c) for mais benéfico à parte que não redigiu o dispositivo, se identificável e d) corresponder a qual seria a razoável negociação das partes sobre a questão discutida, inferida das demais disposições do negócio e da racionalidade econômica das partes consideradas as informações disponíveis no momento de sua celebração (CC, art. 113, § 1º, I a V, com a redação da Lei n. 13.874/2019). Pelo Enunciado n. 409 do Conselho da Justiça Federal, aprovado na V Jornada de Direito Civil: "Os negócios jurídicos devem ser interpretados não só conforme a boa-fé e os usos do lugar de sua celebração, mas também de acordo com as práticas habitualmente adotadas entre as partes";

5º) nos contratos por adesão, com cláusulas que geram dúvida quanto à sua interpretação dever-se-á adotar a mais favorável ao aderente (CC, art. 423; *RT*, *194*:709, *144*:691, *142*:620), ou seja, ao que não redigiu o contrato, se identificável (CC, art. 113, § 1º, IV).

6º) nas relações civis e empresariais, dever-se-á presumir a paridade e simetria dos contratantes até que haja presença de elementos que justifiquem o afastamento dessa presunção, ressalvados os regimes jurídicos previstos em leis especiais, e observar a alocação de riscos por eles definida (CC, art. 421-A, II, acrescentado pela Lei n. 13.874/2019);

7º) nas relações civis e empresariais, será lícito aos contratantes estabelecer parâmetros objetivos para a interpretação de cláusulas negociais e de seus pressupostos de revisão ou de resolução (CC, art. 421-A, I, acrescentado pela Lei n. 13.874/2019).

Além disso, o art. 113, § 2º (acrescentado pela Lei n. 13.874/2019): "as partes poderão livremente pactuar regras de interpretação, de preenchimento de lacunas e de integração dos negócios jurídicos diversas daquelas previstas em lei".

E a Lei n. 8.078/90, no art. 47, dispõe que as cláusulas contratuais deverão ser interpretadas de modo mais favorável ao consumidor. A Lei n. 9.610/98, no art. 4º, prescreve que: "interpretam-se restritivamente os negócios jurídicos sobre os direitos autorais".

A doutrina e a jurisprudência, baseadas nesses dispositivos, têm entendido, em matéria interpretativa, que:

1º) em relação aos contratos, é preciso ater-se à boa-fé, às necessidades do crédito e à equidade (*RT*, *145*:652, *180*:663);

2º) nos contratos ou nas cláusulas que contiverem palavras que admitam dois sentidos, deve-se preferir o que mais convenha à sua natureza e ao seu objeto, de modo que possa produzir efeito jurídico; enfim, interpretar-se-á em atenção ao que é exequível (*RT, 144*:691);

3º) nos contratos de compra e venda, no que atina à extensão do bem alienado, deve-se interpretar em favor do comprador (*RT, 158*:194), porém todas as dúvidas deverão ser interpretadas contra o vendedor (*RT, 159*:173);

4º) no caso de ambiguidade do texto contratual, dever-se-á interpretá-lo de conformidade com o costume do país ou do lugar em que foi estipulado;

5º) no que concerne a vocábulo que se encontre no final de uma frase contida no contrato ou em qualquer de suas cláusulas, dever-se-á interpretá-lo como parte da frase toda e não somente da que a precede imediatamente, desde que compatível, em gênero e número, com toda a frase;

6º) na interpretação contratual, considerar-se-ão as normas jurídicas correspondentes;

7º) nas estipulações negociais, dever-se-á interpretar do modo menos oneroso para o devedor;

8º) em relação aos termos do contrato, considerar-se-á que, por mais genéricos que sejam, só abrangem os bens sobre os quais os interessados contrataram e não os de que não cogitaram;

9º) no conflito entre duas cláusulas contratuais, a antinomia prejudicará o outorgante e não o outorgado (*AJ, 105*:327);

10) nas cláusulas duvidosas, prevalecerá o entendimento de que se deve favorecer quem se obriga (*RT, 142*:620, *194*:709);

11) nas cláusulas contratuais que apresentarem modalidades impostas pelos usos locais ou usos do respectivo negócio, examinar-se-á se a cláusula duvidosa tem o sentido de qualquer desses usos;

12) no que concerne às cláusulas do contrato, estas deverão ser interpretadas umas pelas outras, quer sejam precedentes, quer sejam seguintes umas às outras, isto é, dever-se-á considerá-las em conjunto e não isoladamente (*RF, 86*:113; *RT, 147*:194; *AJ, 61*:253);

13) nas cláusulas inscritas nas condições gerais do contrato, formuladas por um dos contratantes, como ocorre nos contratos por adesão, interpretar-se-á, havendo dúvida, em favor do aderente (*RT, 237*:654, *546*:106; *AJ, 105*:375; *RF, 90*:681);

14) nos contratos gratuitos, a interpretação deve proceder-se no sentido de fazê-lo o menos pesado possível para o devedor, e, nos onerosos, no de alcançar um equilíbrio equitativo entre os interesses das partes;

15) na dúvida sobre gratuidade ou onerosidade do contrato, presumir-se-á esta e não aquela (*AJ, 88*:291);

16) nas convenções que tiverem por objeto uma universalidade de coisas, compreendem-se nela todos os bens particulares que a compõem, mesmo aqueles de que os contraentes não tiverem conhecimento;

17) nos contratos que contiverem expressões que de modo algum possam ter qualquer sentido, estas deverão ser rejeitadas como se nunca tivessem sido escritas;

18) nas cláusulas expressas no plural, dever-se-á entender, às vezes, que se decompõem em cláusulas singulares;

19) no contrato de locação que apresentar dúvidas, será mister resolvê-las contra o locador (*RT*, *200*:306, *204*:173);

20) na dúvida entre cláusula impressa e datilografada, prevalecerá a segunda;

21) na hermenêutica contratual, não há recurso extraordinário, apesar de o contrato produzir entre as partes efeitos idênticos aos da lei, porque a indagação da vontade dos contraentes é mera questão de fato (Súmulas 454 e 279 do STF e Súmulas 5 e 7 do STJ; *RF*, *139*:170, *141*:184; *AJ*, *110*:157, *120*:337);

22) no contrato, dever-se-á interpretar em favor do promitente e contra o estipulante que, podendo ser claro, não o foi (*RT*, *178*:277, *182*:283, *185*:839, *194*:709, *214*:436; *RF*, *147*:262);

23) no contrato, a melhor interpretação é a que atende à conduta dos contraentes, ou seja, ao modo pelo qual eles o vinham executando anteriormente, de comum acordo, pois a observância do ato negocial é uma das melhores formas de demonstrar a interpretação autêntica da vontade das partes, servindo de guia para solucionar as dúvidas levantadas por qualquer delas (*RT*, *166*:815; *RF*, *82*:138);

24) no contrato seguido de outro, que o modifica parcialmente, a interpretação deverá considerar ambos como um todo orgânico (*AJ*, *88*:455);

25) na interpretação em que o juiz possa entender como inválida certa cláusula do contrato de locação estandardizado, o contratante terá de demonstrar que ela contraria sua intenção inequívoca em sentido oposto (*RT*, *494*:143)[62];

62. M. Helena Diniz, *Curso*, cit., v. 1, p. 214-6; Serpa Lopes, *Curso*, cit., p. 24-31; Cunha Gonçalves, op. cit., v. 4, n. 542, p. 494; Betti, *Interpretazione della legge e degli atti giuridici*, Milano, 1949, §§ 69 e s.; Pothier, *Oeuvres*, v. II, n. 91 e s.; Oppo, *Profili dell'interpretazione oggettiva del negozio giuridico*, Bologna, 1943; Caio M. S. Pereira, op. cit., v. 1, p. 429-32, v. 3, p. 44-9; R. Limongi França, op. cit., p. 159-62; W. Barros Monteiro, op. cit., v. 1, p. 189-91, v. 5, p. 34-7; Bassil Dower, op. cit., p. 20 e 21; Meymal, La déclaration de volonté, *Revue Trimestrielle de Droit Civil*, p. 550-73, 1902; Espínola, op. cit., v. 3, n. 183; Danz, *A interpretação dos negócios jurídicos*, trad. Fernando de Miranda, 1942, p. 189; Wilson Melo da Silva, Considerações em torno das declarações de vontade, *Revista da Faculdade de Direito de Belo Horizonte*, p. 158, 1951; Édouard de Callatay, *Études sur l'interprétation des conventions*, n. 79; Inocêncio Galvão Telles, *Manual dos contratos em geral*, 3. ed., Lisboa, 1965, p. 354; Silvio Rodrigues, op. cit., v. 3, p. 59-65; Pothier, Oeuvres complètes, in *Traité des obligations*, v. 2, p. 91 e s.; Orlando Gomes, *Introdução ao direito civil*, 3. ed., Rio de Janeiro, Forense, 1971, p. 364-8; De Page, op. cit., v. 2, n. 566; Sebastião José Roque, *Direito contratual*, cit., p. 33-40; Corrêa Telles, *Digesto português*, Rio de Janeiro, 1909, p. 51-2; Mônica Y. Bierwagen, *Princípios e regras de interpretação dos contratos no novo Código Civil*, São Paulo, Saraiva, 2003; Carlos Roberto Gonçalves, *Direito civil brasileiro*, São Paulo, Saraiva, 2004, v. 3, p. 43-4; Darcy Bessone (*Do contrato – teoria geral*, Rio de Janeiro, Forense, 1987, p. 220) ensina-nos que as normas sobre interpretação dos

26) no contrato, havendo cláusula contendo caso expresso para esclarecer uma obrigação, este não deve ser considerado como tendo efeito de restringir o vínculo, por abranger as hipóteses não explícitas;

27) em caso de haver má-fé do contratante, contra ele dever-se-á interpretar a cláusula, cujo vício ou obscuridade teve origem em sua culpa;

28) no ato interpretativo, as expressões que, na norma contratual, se apresentarem sem sentido, deverão ser rejeitadas e tidas como não escritas;

29) relativamente aos contratos coligados eles devem ser interpretados segundo os critérios hermenêuticos do Código Civil em especial os dos arts. 112 e 113, considerada a sua conexão funcional (Enunciado n. 420 do Conselho da Justiça Federal aprovado na V Jornada de Direito Civil). E pelo Enunciado n. 621 da VIII Jornada de Direito Civil: "Os contratos coligados devem ser interpretados a partir do exame do conjunto das cláusulas contratuais, de forma a privilegiar a finalidade negocial que lhes é comum".

Quadro Sinótico

INTERPRETAÇÃO DE CONTRATO

1. FUNÇÕES DA INTERPRETAÇÃO DO CONTRATO	• A interpretação do contrato exerce, concomitantemente, função objetiva e subjetiva, pois, além de analisar o ato negocial e suas cláusulas, deverá examinar a intenção comum das partes contratantes. Situa-se na seara do conteúdo da declaração volitiva, fixando-se em normas empíricas, mais de lógica prática do que de normação legal.
2. REGRAS INTERPRETATIVAS	• O nosso CC, não tendo nenhum capítulo relativo à interpretação do contrato, contém unicamente seis normas interpretativas: arts. 112, 113, §§ 1º e 2º, 114, 421-A, 423 e 819. *Vide* Lei n. 8.078/90, art. 47, e Lei n. 9.610/98, art. 4º. • Por isso, a doutrina e a jurisprudência, com base nesses dispositivos, criaram algumas regras de hermenêutica, para facilitar a ação do intérprete, como as consignadas, dentre outras, na *RT*, *145*:652, *180*:663, *158*:194, *159*:173, *142*:620, *194*:709, *147*:194, *237*:654, *200*:306, *204*:173, *178*:277, *182*:283, *518*:229, *510*:133, *494*:143, *185*:839, *194*:709, *214*:436, *166*:815; *RF*, *86*:113, *139*:170, *141*:184, *147*:262, *82*:138; *AJ*, *105*:327, *61*:253, *88*:291, *110*:157, *120*:337; Súmula 454 do STF.

contratos podem não ser acatadas pelos contratantes, em suas cláusulas, mas os juízes têm o dever de segui-las. Judith Martins-Costa, O método da concreção e a interpretação dos contratos: primeiras notas de uma leitura suscitada pelo Código Civil, *Novo Código Civil – questões controvertidas*, Delgado e Figueirêdo Alves (coord.), São Paulo, Método, v. 4, 2005, p. 127-56; Silvio Romero Beltrão, As atuais diretrizes de interpretação dos contratos, *Novo Código Civil – questões controvertidas*, cit., p. 219-240; José Eduardo Vuolo, A nova interpretação dos negócios jurídicos – *Letrado, IASP, 103*:36; Silvio de S. Venosa e Luiza W. Ruas, Interpretação dos negócios jurídicos e a liberdade econômica, *Revista Síntese – Direito Civil e Processual Civil, 122*:29-38, 2019. *Vide*: *RSTJ*, *94*:272; Súmulas 5, 7 e 181 do STJ; *RTJ*, *95*:1390, *87*:703; *RJTJSP*, *91*:87; *RT*, *546*:106 e *706*:116. Pela Súmula 454 do STF: "Simples interpretação de cláusulas contratuais não dá lugar a recurso extraordinário".

E. Classificação dos contratos no direito civil brasileiro

e.1. Notas introdutórias atinentes à classificação dos negócios jurídicos contratuais

Ante o fato de os contratos se agruparem em várias categorias que, de modo isolado, se submetem à regulamentação de normas idênticas ou afins, há necessidade de classificá-los, a fim de que se possam verificar não só as particularidades de cada contrato, acentuando as semelhanças e as diferenças entre as inúmeras espécies, mas também os ônus e as vantagens de cada contratante, bem como os efeitos jurídicos que produz[63].

Contudo, convém não olvidar, será necessário adotar um critério, para classificar os contratos, que agrupe todas as espécies numa das categorias estabelecidas e possibilite que as espécies classificadas numa rubrica se afastem das agrupadas em outra[64].

e.2. Critérios para a classificação dos contratos

Um mesmo fenômeno pode ser classificado de diversos modos, conforme o ângulo em que se coloca o jurista. Os contratos, portanto, não fogem à regra, sendo passíveis de várias classificações, pois, apesar de sua grande variedade, há caracteres comuns a muitos deles, que possibilitam seu agrupamento em grandes categorias, pela uniformidade de seu regime[65]. Optamos pela classificação proposta por R. Limongi França[66], com apenas algumas alterações, por considerá-la a mais completa e sistematizada. Com base nas ideias desse ilustre civilista, poder-se-á afirmar que os contratos se bipartem em: *a*) considerados em si mesmos, quanto: à natureza da obrigação entabulada, à forma, à designação, ao objeto, ao tempo de execução, à pessoa do contratante, e *b*) reciprocamente considerados. Passemos, então, a

---

63. Orlando Gomes, *Contratos*, cit., p. 80; Bassil Dower, op. cit., v. 3, p. 23; Silvio Luís Ferreira da Rocha, *Curso*, cit., v. 3, p. 60 a 74.
64. Silvio Rodrigues, op. cit., p. 33. *Vide* a classificação dos contratos apresentada por Pablo Jiménez Serrano e Francisco Caseiro Neto, *Princípios básicos das obrigações e dos contratos*, São Paulo, 1998, p. 135 e s.; consulte, ainda, Sebastião José Roque, *Direito contratual*, cit., p. 91-170.
65. É o que assevera Silvio Rodrigues, op. cit., p. 34; Antunes Varela, op. cit., p. 139 e 140.
66. R. Limongi França, Contrato, cit., v. 19, p. 142-5, e *Manual de direito civil*, São Paulo, Revista dos Tribunais, 1969, v. 4, t. 2.

analisar cada um desses critérios, salientando as peculiaridades dos contratos que se agrupam nas várias categorias.

e.3. Contratos considerados em si mesmos

e.3.1. Generalidades

Ao analisar os contratos em si mesmos, sem qualquer relação com outros, procurar-se-á classificá-los quanto: *a*) à natureza da obrigação entabulada, hipótese em que se terão contratos unilaterais e bilaterais; onerosos e gratuitos; comunicativos e aleatórios; paritários e por adesão; *b*) à forma, caso em que poderão ser consensuais, formais e reais; *c*) à designação, dividindo-se eles em nominados e inominados; *d*) ao objeto, quando, em atenção ao conteúdo do direito conferido pelos contratos, haverá os de alienação de bens, os de transmissão de uso e gozo, os de prestação de serviços e os de conteúdo especial; *e*) ao tempo de execução, hipótese em que surgem os contratos de execução imediata, de execução diferida e sucessiva; e *f*) à pessoa do contratante, quando se têm contratos *intuitu personae* e impessoais, salientando todos os seus caracteres e a importância dessa classificação no direito civil brasileiro.

e.3.2. Contratos quanto à natureza da obrigação entabulada

e.3.2.1. Contratos unilaterais e bilaterais

Todo contrato decorre, como vimos, do acordo de duas ou mais vontades, mas como, em relação a seus efeitos, esse negócio jurídico bilateral ou plurilateral ora gera obrigações de natureza patrimonial para todos os contratantes, ora para um só deles, apenas sob esse prisma será possível falar-se em contrato bilateral e unilateral. Toda convenção, em sua formação, é bilateral ou plurilateral, por existirem sempre duas ou mais vontades coincidentes; nos efeitos, porém, tanto pode ser bilateral como unilateral. Logo, não se deve confundir, ensina-nos Orlando Gomes, a bilateralidade da obrigação contratual com a bilateralidade do consentimento, pois a primeira é relativa à eficácia do ato negocial, e a segunda, à sua formação[67]. Autores

67. Orlando Gomes, *Contratos*, cit., p. 81 e 82. No mesmo sentido: Caio M. S. Pereira, op. cit., p. 58.

há, dentre eles Messineo[68], que, com receio de perturbar essas noções, evitam classificar os contratos em unilaterais e bilaterais, preferindo designá-los por *contratos com prestações a cargo de uma só parte* e *contratos com prestações correspectivas.*

Quanto aos seus efeitos, os contratos poderão ser[69]:

1º) *unilaterais*, se um só dos contratantes assumir obrigações em face do outro, de tal sorte que os efeitos são ativos de um lado e passivos do outro, pois uma das partes não se obrigará, não havendo, portanto, qualquer contraprestação. É o que se dá na doação pura e simples, em que do concurso de vontade nascem obrigações somente para o doador, enquanto o donatário apenas auferirá vantagens. É o que ocorre ainda com o depósito, o comodato, o mútuo, o mandato, pois esses atos negociais criam obrigações unicamente ao depositário, ao comodatário, ao mutuário e ao mandatário. Assim sendo, os contratos unilaterais, apesar de requererem duas ou mais declarações volitivas, colocam um só dos contraentes na posição de devedor, ficando o outro como credor;

2º) *bilaterais*, em que cada um dos contraentes é simultânea e reciprocamente credor e devedor do outro, pois produz direitos e obrigações para ambos, tendo por característica principal o *sinalagma*, ou seja, a dependência recíproca de obrigações; daí serem também denominados contratos sinalagmáticos. É o que sucede, p. ex., nos contratos de compra e venda, em que o vendedor tem a obrigação de entregar a coisa vendida ao comprador, uma vez recebido o pagamento do preço, pois é credor do preço, ao passo que o comprador se obriga a pagar o preço ajustado, tendo o direito de receber o objeto que comprou (CC, art. 481). O mesmo se pode dizer do contrato de locação predial ou de prestação de serviços, da troca etc. Mas também podem ser plurilaterais se contiverem mais de dois contratantes com reciprocidade de obrigações, como p. ex. o contrato de consórcio ou o de sociedade, por pretenderem atingir um objetivo comum.

---

68. Messineo, op. cit., v. 1, p. 233.

69. Serpa Lopes, *Curso*, cit., p. 33 e 34; R. Limongi França, Contrato, cit., p. 143; Orlando Gomes, *Contratos*, cit., p. 82 e 83; Bassil Dower, op. cit., p. 23 e 24; W. Barros Monteiro, op. cit., p. 23 e 24; Pothier, op. cit., cap. 1, n. 9; Caio M. S. Pereira, op. cit., p. 59; Antunes Varela, op. cit., p. 140-2; Messineo, op. cit., v. 1, p. 411-3; Darcy Bessone de Oliveira Andrade, op. cit., n. 9, p. 27; Álvaro Villaça Azevedo, Contrato bilateral, in *Enciclopédia Saraiva do Direito*, v. 19, p. 201 e 203; Silvio Rodrigues, op. cit., p. 35 e 36.

Há certas vantagens práticas que decorrem dessa distinção, pois[70]:

1º) a *exceptio inadimpleti contractus* e a cláusula resolutiva tácita somente se prendem ao contrato bilateral. Isto é assim porque o contrato bilateral requer que as duas prestações sejam cumpridas simultaneamente, de forma que nenhum dos contratantes poderá, antes de cumprir sua obrigação, exigir o implemento da do outro (CC, art. 476, 1ª parte), devido à *exceptio non adimpleti contractus* (exceção do contrato não cumprido), que não é cabível no contrato unilateral. O contraente que não cumpre sua obrigação não tem direito, ante o princípio de equidade, de reclamar o implemento por parte do outro (*RT*, *184*:664, *188*:188, *191*:213, *178*:735, *669*:136, *674*:163, *670*:71, *640*:130; *RSTJ*, *96*:328; *JB*, *167*:153; *EJSTJ*, *7*:90, *17*:61). Assim sendo, o contratante pontual, sendo bilateral o contrato, poderá: *a*) permanecer inativo, alegando-se acionada a *exceptio non adimpleti contractus*, que é peculiar ao contrato sinalagmático; *b*) pedir a sua rescisão com perdas e danos (*RT*, *724*:309), se lesado pelo inadimplemento culposo do contrato, se não quiser exigir o cumprimento deste, pois o Código Civil, art. 475, admite o inadimplemento contratual como condição resolutiva. Se o contrato estipular a revogação do negócio pelo inadimplemento, a cláusula resolutiva será expressa, operando de pleno direito (CC, art. 474, 1ª parte); se nada estabelecer a esse respeito, ter-se-á a cláusula resolutiva tácita (CC, arts. 127, 128 e 474, 2ª parte), que só terá cabimento se o contrato for bilateral, visto que ele contém, implícita ou explicitamente, tal condição resolutiva, levada a efeito por meio de ação de resolução movida pela parte prejudicada pelo não cumprimento do pactuado, uma vez que a resolução não se processa *ipso jure*, dependendo, portanto, de interpelação judicial; ou *c*) exigir o cumprimento contratual (*RT*, *399*:233, *503*:180, *521*:265, *512*:220, *473*:59);

2º) a teoria dos riscos só é aplicável ao contrato bilateral, porque apenas se deverá apurar qual dos contraentes sofrerá as consequências da perda da coisa devida ou da impossibilidade da prestação. Conforme dispõe o Código Civil, art. 392, nos contratos unilaterais ou benéficos, responde por simples culpa o contraente a quem o contrato aproveite, e só por dolo aque-

70. Bassil Dower, op. cit., p. 24-6; Silvio Rodrigues, op. cit., p. 37; W. Barros Monteiro, op. cit., p. 25-7; Orlando Gomes, *Contratos*, cit., p. 83 e 84; Serpa Lopes, *Curso*, cit., p. 34; Caio M. S. Pereira, op. cit., p. 59; De Page, op. cit., t. 2, p. 411; Antunes Varela, op. cit., p. 142-7; Código Civil, arts. 147, 389, 491 e 495; Decreto estadual (São Paulo) n. 46.118/66; STF, Súmulas 122 e 169. *Vide*: Lei n. 11.101/2005, arts. 117 e 118.

le a quem não favoreça. Nos contratos bilaterais ou onerosos, responde cada uma das partes por culpa (*RT, 101*:624), salvo as exceções previstas legalmente. Além disso, nos contratos unilaterais, prevalece a inexigibilidade da cláusula penal, desde que vencidos em razão de falência (Lei n. 11.101/2005, art. 83, § 3º). Havendo inadimplemento por caso fortuito ou força maior, no contrato unilateral, ante o princípio *res perit creditori*, o credor sofrerá os prejuízos, pois o devedor não estará obrigado, exceto em hipóteses excepcionais, a substituir o objeto ou a indenizar o seu valor. No contrato bilateral, por estar sob a égide da norma *res perit debitori*, o devedor (isto é, ambos os contraentes) suportará o risco, de forma que, se ocorrer perecimento da coisa devida, sendo corpo certo, extinguir-se-á a obrigação de entregá-la, eliminando-se, igualmente, a contraprestação. P. ex.: A vendeu a B um quadro de Portinari, cujo preço foi pago imediatamente. O quadro, porém, vem a perder-se num incêndio causado por um relâmpago, antes de ter sido entregue a B. A ficará exonerado da obrigação, mas B poderá exigir a restituição do que pagou;

3º) o art. 477 do Código Civil, atinente aos contratos bilaterais, prescreve: "Se, depois de concluído o contrato, sobrevier a uma das partes contratantes diminuição em seu patrimônio capaz de comprometer ou tornar duvidosa a prestação pela qual se obrigou, pode a outra recusar-se à prestação que lhe incumbe, até que aquela satisfaça a que lhe compete ou dê garantia bastante de satisfazê-la". Apenas no contrato bilateral, com o escopo de evitar o perigo a que ficará exposto o contraente que se obrigar a cumprir a obrigação assumida antes do outro – como ocorre, p. ex., na venda a crédito –, é que será aplicável esse dispositivo legal, ficando a obrigação em suspenso até que seja prestada garantia real ou fidejussória suficiente, já que as circunstâncias supervenientes de modificação no patrimônio do devedor alteram os termos contratuais, permitindo ao contraente que se comprometeu a realizar a sua prestação em primeiro lugar recusar-se a cumpri-la, até que o outro satisfaça sua obrigação ou dê garantia bastante de que cumprirá o prometido. Desse modo, se não for oferecida tal caução, nem satisfeita a prestação prometida, o contrato resolver-se-á, conduzindo as partes para o estado em que antes dele se encontravam.

e.3.2.2. Contratos onerosos e gratuitos

Os contratos a título oneroso são aqueles que trazem vantagens para ambos os contraentes, pois estes sofrem um sacrifício patrimonial, correspondente a um proveito almejado. P. ex.: na locação de coisa, o locatário paga aluguel para poder usar e gozar do bem, e o locador entrega objeto que lhe pertence para receber aquele pagamento. Como se vê, cada uma das partes, em atenção a seu próprio interesse, sujeita-se a dar ou a fazer algo, sendo, portanto, um ônus, por incidir sobre ambos os contratantes. Cada contraente suporta um sacrifício de ordem patrimonial com o intuito de obter vantagem correspondente, de forma que ônus e proveito fiquem numa relação de equivalência.

Os contratos benéficos ou a título gratuito são aqueles que oneram somente uma das partes, proporcionando à outra uma vantagem, sem qualquer contraprestação. Logo, apenas um dos contratantes obtém proveito, que corresponde a um sacrifício do outro, como ocorre, p. ex., com a doação pura e simples, com o depósito ou com o mútuo sem retribuição. Em regra, esse tipo de contrato encerra uma liberalidade, em que uma das partes sofre redução no seu patrimônio em benefício da outra[71].

Geralmente, todos os contratos onerosos são bilaterais, e os gratuitos, unilaterais, porém nem sempre, pois pode haver um contrato que seja, concomitantemente, unilateral e oneroso, como, p. ex., o mútuo sujeito a pagamento de juros, em que, além da obrigação de restituir a quantia mutuada (contrato unilateral), há a de pagar juros (contrato oneroso)[72].

O interesse da distinção entre contratos onerosos e gratuitos destaca-se porque[73]:

1º) a responsabilidade do devedor pelo ilícito, nos contratos a título gratuito, deverá ser apreciada com benignidade, de tal forma que somente a determinará conduta dolosa do autor da liberalidade; deveras, reza o art. 392 do Código Civil que: "Nos contratos benéficos, responde por simples

71. Sobre contratos a título oneroso e a título gratuito, consulte: Messineo, op. cit., p. 415 e 416; R. Limongi França, Contrato, cit., p. 143; W. Barros Monteiro, op. cit., p. 28; Orlando Gomes, *Contratos*, cit., p. 85; Serpa Lopes, *Curso*, cit., p. 34-7; Silvio Rodrigues, op. cit., p. 37; Pothier, op. cit., v. 2, n. 12; Bassil Dower, op. cit., p. 27; Darcy Bessone de Oliveira Andrade, op. cit., p. 31; Antunes Varela, op. cit., p. 147-50; Dupeyroux, *Contribution à la théorie générale de l'acte à titre gratuit*, Paris, 1955, n. 15, p. 21, n. 143, p. 156-8; Mosco, *Onerosità e gratuità*, 1942.

72. Scialoja, *Dizionario pratico*, cit., v. 2, p. 434, citado por W. Barros Monteiro, op. cit., p. 28. Nesse mesmo teor de ideias, Orlando Gomes, *Contratos*, cit., p. 85; Bassil Dower, op. cit., p. 27.

73. No que se refere à importância dessa classificação, *vide*: Darcy Bessone de Oliveira Andrade, op. cit., n. 10; W. Barros Monteiro, op. cit., p. 28; Serpa Lopes, *Curso*, cit., p. 38; Silvio Rodrigues, op. cit., p. 39 e 40; Antunes Varela, op. cit., p. 150.

culpa o contratante, a quem o contrato aproveite, e por dolo aquele a quem não favoreça. Nos contratos onerosos, responde cada uma das partes por culpa, salvo as exceções previstas em lei";

2º) o doador não responderá pela evicção, nem pelos vícios redibitórios, exceto nas doações com encargo (CC, arts. 552 e 441, parágrafo único); o mesmo não se dará com aquele que pactuou contrato oneroso (CC, art. 447);

3º) o contrato a título gratuito poderá ser anulado pela ação pauliana, independentemente de má-fé (CC, art. 158), ao passo que, para se anular o contrato oneroso, além da insolvência do devedor, será mister que esse estado seja conhecido da outra parte (CC, art. 159);

4º) o contrato benéfico ou gratuito só poderá ser interpretado restritivamente (CC, art. 114), exigência que não alcança a interpretação do contrato oneroso;

5º) o erro sobre a pessoa será mais grave no contrato benéfico do que no oneroso, salvo nas prestações de serviços materiais e encomendas de obras artísticas.

e.3.2.3. Contratos comutativos e aleatórios

e.3.2.3.1. Noção de contrato comutativo

O contrato comutativo, ou pré-estimado, vem a ser aquele em que cada contraente, além de receber do outro prestação relativamente equivalente à sua, pode verificar, de imediato, essa equivalência[74]. Portanto, nesse contrato, cada contratante se obriga a dar ou a fazer algo que é considerado como equivalente àquilo que lhe dão ou que lhe fazem. Será comutativo o contrato a título oneroso e bilateral em que a extensão das prestações de ambas as partes, conhecida desde o momento da formação do vínculo contratual, é certa, determinada e definitiva, apresentando uma relativa equivalência de valores, que, por sua vez, são insuscetíveis de variação durante o implemento do contrato, embora, algumas vezes, corram riscos relativos à coisa ou à oscilação do seu valor, o que, contudo, são circunstâncias independentes do contrato[75]. Explica-nos Orlando Gomes[76] que não há uma

74. W. Barros Monteiro, op. cit., p. 29; Planiol e Ripert, *Traité pratique*, v. 6, n. 49.
75. Serpa Lopes, *Curso*, cit., p. 38; Antunes Varela, op. cit., p. 151.
76. Orlando Gomes, *Contratos*, cit., p. 86.

equivalência objetiva de prestação, mas subjetiva, visto que cada contraente é juiz de suas conveniências e interesses. Realmente, o que caracteriza esse contrato é o fato de o ônus e o proveito de qualquer dos contraentes poderem ser avaliados no próprio ato em que se celebra o ajuste[77]. Ao efetuar, p. ex., um contrato de compra e venda, o vendedor sabe que receberá o preço estipulado na medida de seu interesse, e o comprador, que lhe será transferido o domínio da coisa que pretendeu adquirir[78].

e.3.2.3.2. Contratos aleatórios

e.3.2.3.2.1. Conceituação

O vocábulo *aleatório* é originário do latim *alea*, que significa sorte, perigo, azar, incerteza de fortuna, indicando, portanto, um ato dependente do acaso. Desse modo, o *contrato aleatório* seria aquele em que a prestação de uma ou de ambas as partes dependeria de um risco futuro e incerto, não se podendo antecipar o seu montante[79]. Aleatório será o contrato se a prestação depender de um evento casual, sendo, por isso, insuscetível de estimação prévia, dotado de uma extensão incerta. Com a manifestação de vontade dos contraentes, formado estará esse contrato, apesar de se relegar a prestação para implemento posterior, dependente de algum fato incerto; logo, os efeitos do negócio submetem-se a esse acontecimento incerto. As partes colocam-se, portanto, sob a perspectiva de uma álea, que se irá refletir na existência ou na quantidade da prestação combinada, expondo-se elas à eventualidade recíproca de perda ou de ganho. No contrato de seguro, p. ex., o segurado, em troca do prêmio, poderá vir a receber a indenização, se ocorrer um sinistro, ou nada receber, se aquele não advier[80]. As vantagens do contrato subordinar-se-ão a um acontecimento futuro e incerto; assim, ensina-nos Serpa Lopes, se um dos contraentes assumiu um risco, não poderá reclamar do que lhe possa resultar, em sobrevindo aquele evento, pois será inadmissível dizer-se prejudicado por um risco que constituiu a própria essência do contrato por ele firmado[81].

---

77. Messineo, op. cit., p. 425; Caio M. S. Pereira, op. cit., p. 60 e 61.
78. Orlando Gomes, *Contratos*, cit., p. 86.
79. Messineo, op. cit., p. 243; Silvio Rodrigues, op. cit., p. 40; Boselli, Alea, in *Novissimo Digesto Italiano*, 1957, v. 1, t. 1.
80. Silvio Rodrigues, op. cit., p. 40 e 41; Elcir Castello Branco, Contrato aleatório, in *Enciclopédia Saraiva do Direito*, v. 19, p. 193.
81. Serpa Lopes, *Curso*, cit., p. 39.

O risco pode ser: *a*) total ou absoluto, quando só uma das partes cumpre sua prestação, sem nada receber em troca; e *b*) parcial ou relativo, quando, apesar de serem desproporcionados os montantes, cada um dos contraentes fornece alguma prestação[82].

Esse risco de perder ou de ganhar pode sujeitar um ou ambos os contratantes; porém, a incerteza do evento terá de ser dos dois, sob pena de não subsistir a obrigação[83], uma vez que tal lucro ou perda está na dependência do acontecimento incerto para ambos os contratantes. Cada um deles se encontra adstrito a pagar sem nada receber, ou a receber sem nada pagar, ignorando, desde o momento da formação do contrato, de quem será a vantagem ou de quem será a perda (*RT, 118*:596)[84]. Se a álea ficar a cargo exclusivo de um dos contraentes, nulo será o negócio, pois é inadmissível a celebração desse contrato por uma das partes na certeza de ganhar[85].

Percebe-se nitidamente que, no contrato aleatório, afasta-se a ideia de uma equivalência originária, pois o proveito que uma das partes terá com esse contrato se subordina a um evento incerto[86].

e.3.2.3.2.2. Distinção entre contratos comutativos e aleatórios

Os contratos aleatórios opõem-se aos comutativos, apesar de serem onerosos e bilaterais (*RT, 516*:167), porque[87]:

1º) nos comutativos, as partes podem antever o que receberão em troca das prestações que realizarem, por haver certeza quanto às prestações e cada prestação corresponder a uma contraprestação, não sendo, porém, necessário que haja uma absoluta igualdade entre tais valores, já que os bens que são objeto do contrato poderão não possuir uma valoração precisa. Nos aleatórios, com a intervenção do risco, há uma extensão indeterminada das prestações, dependente de um evento casual, incerto e desconhecido, sem o qual jamais serão exigíveis, uma vez que pode advir vantagem para uma parte e perda para a outra. O montante das prestações não pode ser previsto, e muito menos pode ser, desde logo, definido por ocasião da

---

82. Silvio Rodrigues, op. cit., p. 147.
83. Caio M. S. Pereira, op. cit., p. 61.
84. W. Barros Monteiro, op. cit., p. 74.
85. Orlando Gomes, *Contratos*, cit., p. 87.
86. M. Helena Diniz, Venda aleatória, in *Enciclopédia Saraiva do Direito*, v. 76, p. 480 e 481.
87. Caio M. S. Pereira, op. cit., p. 60 e 62; W. Barros Monteiro, op. cit., p. 71; Orlando Gomes, *Contratos*, cit., p. 86; M. Helena Diniz, Venda aleatória, cit., p. 482.

elaboração do contrato. Há incerteza para as duas partes sobre se a vantagem esperada será proporcional ao sacrifício, expondo os contratantes à alternativa de ganho ou de perda, podendo ser a contraprestação desproporcional ao valor da prestação (*RT*, *502*:218);

2º) os vícios redibitórios se referem, unicamente, aos contratos comutativos (CC, art. 441), inexistindo, assim, ação redibitória para os contratos aleatórios;

3º) as normas do Código Civil, arts. 458 a 461, são aplicáveis tão somente aos contratos aleatórios;

4º) a rescisão por lesão não tem lugar nos aleatórios, mas apenas nos comutativos, segundo as legislações que adotam essa consequência desse instituto. A lesão consiste na injusta exploração da situação econômica, jurídica ou moral de uma das partes, em razão da qual vem esta a receber contraprestação desproporcionada à que efetuara, permitindo, em alguns países, a rescisão dos contratos comutativos. Todavia, nosso legislador não considera esse efeito do referido instituto, de maneira que, se o contrato causar enorme prejuízo para um dos contraentes, tornando excessivamente oneroso o encargo assumido, não se tornará nulo, ressalvando-se a hipótese prevista na Lei n. 1.521/51, art. 4º, *b*, regulamentada pelo Decreto n. 48.450/60[88] (ora revogado pelo Decreto s/n., de 10-5-1991), mas sim anulável (CC, arts. 157, 171, II) por ser uma lesão especial.

Convém lembrar que há contratos comutativos que podem ser transformados em aleatórios, se houver cláusula explícita, que introduza o elemento incerto, dependente da sorte (*RT*, *237*:194). P. ex.: se o dono de um imóvel faz um contrato de empreitada com alguém para a abertura de um poço que deverá fornecer a quantidade mínima de 20 mil litros de água, ajustando que o empreiteiro nada receberá se o poço não produzir a quantidade desejada[89].

88. W. Barros Monteiro, op. cit., p. 71 e 72. Mas há quem ache que "teoricamente os contratos aleatórios são passíveis de lesão, porque, como é pacífico, a desproporção condenada deve existir no momento da celebração do negócio (variando as legislações sobre a exigência de dever, ou não, persistir no momento da ação). Por outro lado, o risco, isto é, a desproporção, assumida como possível pelas partes, nos contratos aleatórios, é posterior à celebração. Segue-se que não há impossibilidade de lesão; a desproporção inicial não é a mesma desproporção assumida. Basta refletir sobre o contrato de seguro e imaginar que todas as seguradoras cobrem '10 x', ou valor próximo, para garantir determinados riscos, e uma delas, aproveitando da inexperiência de um segurado, venha a cobrar '100 x', para a mesma finalidade, para se verificar que haveria lesão. Em síntese, pelos termos do art. 4º da Lei n. 1.521, de 1951, também os contratos aleatórios admitem lesão" (Antonio Junqueira de Azevedo, *Negócio Jurídico e declaração negocial*, São Paulo, Saraiva, 1986, p. 204-9).

89. W. Barros Monteiro, op. cit., p. 71.

e.3.2.3.2.3. Contratos condicionais e aleatórios

Devido ao fato de o contrato aleatório depender de evento incerto, que pode dar lucro ou perda, apresenta afinidades com o contrato condicional, embora dele se distinga, porque[90]:

1º) no condicional, a existência e a eficácia do contrato estão na dependência de evento futuro e incerto, ao passo que, no aleatório, ter-se-á o contrato perfeito desde logo, embora surja o risco de a prestação de uma das partes ser maior ou menor, de maneira que a incerteza atingirá apenas a extensão das vantagens e das perdas dos contraentes, estando o contrato, em si, perfeito e acabado;

2º) no condicional, ambas as partes poderão ter lucros, sem que o ganho de um represente, necessariamente, prejuízo do outro; no aleatório, em regra, a vantagem de um acarretará perda para o outro contratante;

3º) no condicional, o acontecimento deverá ser sempre incerto e futuro para que os contratos produzam efeitos jurídicos, e, no aleatório, a circunstância casual de que depende o lucro ou a perda não precisará ser futura, bastando que seja ignorada ou desconhecida pelas partes, embora já tenha sido realizada.

e.3.2.3.2.4. Espécies de contratos aleatórios

Alguns contratos são aleatórios devido à sua natureza, como a rifa, o bilhete de loteria, a constituição de renda vitalícia (CC, art. 806), o jogo e a aposta (CC, arts. 814 a 817), o seguro (CC, arts. 757 a 802), enquanto outros o são acidentalmente, por terem por objeto coisa incerta ou de valor incerto, como, p. ex., o contrato de garimpo ou de pesquisa, a venda de coisa esperada (colheitas futuras), os direitos de herança ignorada, a compra de peixe que vier da rede do pescador, o contrato de sociedade em que ativo e passivo fiquem para o sócio que sobreviver, o contrato de exploração de petróleo a risco etc. Ensinam Carlos Alberto Bittar Filho e Márcia S. Bittar que aos contratos aleatórios não se aplica a teoria da lesão, nem estão eles sujeitos aos efeitos de vícios redibitórios, arras e outros institutos que tutelam o equilíbrio contratual[91].

---

90. Barassi, op. cit., v. 2, § 26; W. Barros Monteiro, op. cit., p. 71; M. Helena Diniz, Venda aleatória, cit., p. 482 e 483.

91. Elcir Castello Branco, Contrato aleatório, cit., p. 193; W. Barros Monteiro, op. cit., p. 72; *RT*, *180*:749; Luiz Olavo Baptista, *Contrato de risco*, p. 10 e 68; Carlos Alberto Bittar

Nosso Código Civil refere-se a duas modalidades de contratos aleatórios[92]:

1ª) os que dizem respeito a coisas futuras, que podem ser:

a) *emptio spei*, em que um dos contratantes, na alienação de coisa futura, toma a si o risco relativo à existência da coisa, ajustando um preço, que será devido integralmente, mesmo que nada se produza (CC, art. 458), sem que haja dolo ou culpa do alienante. Vende-se, portanto, a esperança ou a probabilidade de as coisas existirem. P. ex.: se alguém comprar de um pescador, por preço certo, os peixes que este retirar de sua rede, assumindo o risco de nenhum peixe ser apanhado. Dessa forma, mesmo que nada pesque, o pescador terá direito ao preço integral, se agiu com a diligência habitual[93]. Os peixes não constituem o objeto do contrato, mas sim o próprio lanço da rede (*iactus retis*)[94]; se se vender a colheita de café do ano vindouro, o adquirente assumirá o risco de nada ser colhido. O comprador paga o preço e o vendedor vende a *spes*. O objeto do contrato é a álea ou o risco. Se a álea se verificar sem culpa do vendedor, este terá direito ao preço; porém, se não houver colheita por culpa do alienante, não haverá risco algum, sendo nulo, portanto, o contrato;

b) *emptio rei speratae*, que ocorre se a álea versar sobre quantidade maior ou menor da coisa esperada. O Código Civil prevê esse contrato aleatório no art. 459 e parágrafo único, que assim estatui: "Se for aleatório, por serem objeto dele coisas futuras, tomando o adquirente a si o risco de virem a existir em qualquer quantidade, terá também direito o alienante a todo o preço, desde que de sua parte não tiver concorrido culpa, ainda que a coisa venha a existir em quantidade inferior à esperada. Parágrafo único. Mas, se da coisa nada vier a existir, alienação não haverá, e o alienante restitui-

---

Filho e Márcia S. Bittar, *Novo Código Civil*, IOB-Thomson, 2005, p. 229. Há quem ache que a lesão seria aplicável em contrato aleatório. A Petrobras tem admitido o contrato de risco para pesquisa, prospecção e exploração de jazidas petrolíferas *off shore* e mesmo em terra firme. E como ela é, pelo Decreto-Lei n. 200/67, com alteração do Decreto-Lei n. 900/69, uma sociedade de economia mista, esse contrato sujeita-se a regime específico, quando houver qualquer litígio entre a Petrobras e a contratada, em regra, empresa estrangeira (p. ex., a NIOC, *National Iranian Oil Company*); apesar do caráter internacionalizante do contrato, quando impossível a composição amigável ou solução arbitral, estará sujeito ao tribunal brasileiro.

92. M. Helena Diniz, Venda aleatória, cit., p. 483 e 484; W. Barros Monteiro, op. cit., p. 72-4.

93. Silvio Rodrigues, op. cit., p. 148.

94. Caio M. S. Pereira, op. cit., p. 61.

rá o preço recebido". Conforme esse dispositivo legal, o risco assumido pelo adquirente concerne à maior ou menor quantidade da coisa, sendo devido o preço ao alienante, desde que este não tenha culpa, mesmo que o objeto venha a existir em quantidade mínima ou irrisória. Basta que a coisa venha a existir em qualquer quantidade. Assim, se nada existir, nula será a alienação, porque o contrato, nesse caso, estará sem objeto. P. ex.: se se comprar de um pescador o produto do lanço de sua rede, assumindo apenas a álea de ele retirar maior ou menor quantidade de pescado, o adquirente liberar-se-á da obrigação, se a rede nada contiver; da mesma forma, se alguém adquirir a safra de café do ano vindouro, seja qual for a quantidade, pelo preço de R$ 4.000,00. Se nada se colher, desfeito estará o contrato; porém, se colheita houver, ainda que ínfima, o contrato produzirá efeito e o vendedor receberá o preço estabelecido, se não tiver concorrido culposamente para esse resultado;

2ª) os que versam sobre coisas existentes, sujeitas ao risco de se perderem, danificarem, ou, ainda, sofrerem depreciação. Relativamente a essa espécie de contrato aleatório, prescreve nosso Código Civil, no art. 460, que: "Se for aleatório o contrato, por se referir a coisas existentes, mas expostas a risco assumido pelo adquirente, terá igualmente direito o alienante a todo o preço, posto que a coisa já não existisse, em parte, ou de todo, no dia do contrato". É a hipótese de mercadoria embarcada que é vendida, assumindo o comprador a álea de ela chegar ou não ao seu destino; mesmo que ela desapareça por ocasião do contrato, devido a naufrágio do navio, a venda será válida e o vendedor terá direito ao preço[95], se ignorava o sinistro; se sabia do naufrágio, anulada será a alienação, competindo ao adquirente a prova dessa ciência[96]. É o que reza o Código Civil, art. 461: "A alienação aleatória a que se refere o artigo antecedente poderá ser anulada como dolosa pelo prejudicado, se provar que o outro contratante não ignorava a consumação do risco, a que no contrato se considerava exposta a coisa".

e.3.2.4. Contratos paritários e contratos por adesão

Os *contratos paritários* são aqueles em que as partes interessadas, colocadas em pé de igualdade, ante o princípio da autonomia da vontade, discutem, na fase da *puntuazione*, os termos do ato negocial, eliminando os pontos divergentes mediante transigência mútua. Nesses contratos há manifestação livre e coincidente de duas ou mais vontades. Deveras, os inte-

95. Silvio Rodrigues, op. cit., p. 149; João Luís Alves, *Código Civil anotado*, v. 2, p. 201.
96. W. Barros Monteiro, op. cit., p. 74.

ressados livremente se vinculam, discutindo amplamente e fixando as cláusulas ou as condições que regerão a relação contratual[97].

Os *contratos por adesão* constituem uma oposição à ideia de contrato paritário, por inexistir a liberdade de convenção, visto que excluem a possibilidade de qualquer debate e transigência entre as partes, uma vez que um dos contratantes se limita a aceitar as cláusulas e condições previamente redigidas e impressas pelo outro (*RT*, *795*:234, *519*:163; *JB*, *158*:263), aderindo a uma situação contratual já definida em todos os seus termos. Esses contratos ficam, portanto, ao arbítrio exclusivo de uma das partes – o policitante –, pois o oblato não pode discutir ou modificar o teor do contrato ou as suas cláusulas. É o que ocorre com: os contratos de seguro (*RT*, *487*:181); os de venda das grandes sociedades; os de transporte; os de fornecimento de gás, eletricidade, água (estes são tidos como contratos coativos); os de diversões públicas; os de consórcio; os de financiamento bancário. Eis por que preferimos denominar o *contrato de adesão* de *contrato por adesão*, verificando que se constitui pela adesão da vontade de um oblato indeterminado à oferta permanente do proponente ostensivo. O contrato por adesão é regido pelo princípio da legitimidade da intervenção controladora, que se manifesta na interpretação das cláusulas dúbias, aplicando-se a norma da *interpretatio contra stipulatorem* (CC, art. 423) e no controle direto do conteúdo, mediante a declaração de nulidade das cláusulas que contiverem a renúncia antecipada do aderente a algum direito oriundo da natureza do negócio entabulado (CC, art. 424). Consagrada está a ideia de repúdio a quaisquer cláusulas abusivas, iníquas ou desarrazoáveis, por provocarem o desequilíbrio de direitos e deveres, conducentes àquela renúncia antecipada a direitos do aderente. Protege-se o aderente, ante a superioridade situacional do contratante, que estipula as cláusulas pré-elaboradas, dos perigos resultantes de sua simples utilização, impedindo abusos. Como pontifica R. Limongi França, o contrato por adesão é "aquele em que a manifestação de vontade de uma das partes se reduz a mera anuência a uma proposta da outra". O Projeto de Lei n. 6.960/2002 (atual PL n. 699/2011), ao pretender alterar o art. 423, assim o define: "Contrato de adesão é aquele cujas cláusulas tenham sido aprovadas pela autoridade competente ou estabelecidas unilateralmente por um dos contratantes, sem que o aderente possa discutir ou modificar substancialmente seu conteúdo". Com isso, apresenta-se como um recuo da autonomia da vontade, havendo desigualdade entre as partes, preponderando a situação do ofertante, pois a proposta não pode ser discutida.

---

97. Silvio Rodrigues, op. cit., p. 53; Bassil Dower, op. cit., p. 31.

O contrato por adesão não deverá ser impresso em letras microscópicas, com redação confusa, contendo terminologia técnica, conceitos vagos ou ambíguos, nem cláusulas desvantajosas para um dos contratantes. Eis a razão pela qual o § 1º, a ser acrescentado pelo Projeto de Lei n. 699/2011 ao art. 423, assim reza: "Os contratos de adesão escritos serão redigidos em termos claros e com caracteres ostensivos e legíveis, de modo a facilitar sua compreensão pelo aderente". Mas o Parecer Vicente Arruda, na análise do PL n. 6.960/2002 (atual PL n. 699/2011), rejeitando a proposta, por sua vez, entendeu: "É desnecessário definir contrato de adesão e estabelecer que eles devem ser redigidos em termos claros e que suas cláusulas serão interpretadas de maneira mais favorável ao aderente, pois tudo isto já foi definido pela doutrina, jurisprudência e legislação (Código de Defesa do Consumidor). Pela manutenção do texto que dispõe que as cláusulas ambíguas ou contraditórias serão interpretadas em favor do aderente"[98].

Nos contratos alusivos às relações de consumo poderá haver cláusula resolutória, desde que alternativa, cabendo a escolha ao consumidor, e a cláusula que implicar limitação ao direito do consumidor deverá ser redigida com destaque, permitindo sua imediata e fácil compreensão, mediante uso de termos claros e com caracteres ostensivos e legíveis, cujo tamanho da fonte não poderá ser inferior ao corpo doze (Lei n. 8.078/90, art. 54, § 3º).

Os contratos por adesão supõem:

1º) uniformidade, predeterminação e rigidez da oferta. A uniformidade é uma exigência imprescindível, pois, se o ofertante pretende obter número indeterminado de aderentes para que haja aceitação passiva, será preciso que o conteúdo do contrato seja invariável. A predeterminação unilateral das cláusulas contratuais e a rigidez das condições gerais caracterizam os contratos por adesão. As suas cláusulas deverão ser rígidas, porque deve-

---

98. "O princípio de interpretação contratual mais favorável ao aderente decorre de necessidade isonômica estabelecendo em seus fins uma igualdade substancial real entre os contratantes. É que, como lembra Georges Ripert, 'o único ato de vontade do aderente consiste em colocar-se em situação tal que a lei da outra parte é soberana. E, quando pratica aquele ato de vontade, o aderente é levado a isso pela imperiosa necessidade de contratar'. O dispositivo, ao preceituar a sua aplicação, todavia, em casos de cláusulas obscuras ou ambíguas, vem limitá-lo a essas hipóteses, o que contraria o avanço trazido pelo art. 47 do CDC prevendo o princípio aplicado a todas as cláusulas contratuais. O aderente como sujeito da relação contratual deve receber idêntico tratamento dado ao consumidor, diante do significado da igualdade de fato que estimula o princípio, razão pela qual se impõe a alteração do dispositivo." A proposta também pretende dar redação mais completa ao dispositivo, acrescentando a definição de contrato de adesão e compatibilizando o art. 423 com o que já dispõe o art. 54 do CDC.

rão ser uniformes; portanto, o ofertante não poderá alterar o teor da policitação senão precedendo-o de ampla divulgação ou aprovação das autoridades (nas hipóteses em que estas controlem tais contratos, como ocorre com as tarifas de transportes, de serviços de luz, telefone etc.). Esses três traços possibilitarão identificar esses contratos;

2º) proposta permanente e geral, aberta a quem se interessar pelos serviços do proponente, dirigindo-se a um grupo indeterminado de pessoas. Assim sendo, o contrato se forma com qualquer pessoa, a não ser naqueles casos em que se permitem ressalvas, como, p. ex., no da empresa de transporte, que não pode ser obrigada a admitir passageiro além da lotação do veículo;

3º) aceitação pura e simples do oblato, simplificando, desse modo, a maneira de produzir-se o consentimento;

4º) superioridade econômica de um dos contratantes, que desfruta de um monopólio de fato ou de direito;

5º) cláusulas do contrato são predispostas e fixadas unilateralmente e em bloco pelo policitante[99], visto que se dirigem a um número indeterminado de pessoas.

---

99. Relativamente aos contratos por adesão, consulte: Déreux, Nature juridique du contrat d'adhésion, *Revue Trimestrielle de Droit Civil*, p. 503, 1910; Saleilles, *De la déclaration de volonté*, Paris, 1929, p. 229; Fleury Colomban, *L'excès de pouvoir contractuel*, Lyon, 1936; Serpa Lopes, *Curso*, cit., p. 223-8; Silvio Rodrigues, op. cit., p. 52-7; Caio M. S. Pereira, op. cit., p. 65-8; W. Barros Monteiro, op. cit., p. 31; Messineo, op. cit., n. 14, p. 214; David Campista Filho, Contrato de adesão, *RT*, *119*:480-3; Orlando Gomes, *Contrato de adesão*, São Paulo, Revista dos Tribunais, 1972, e *Contratos*, cit., p. 125-50; Josserand, O desenvolvimento moderno do conceito contratual, *RF*, *72*:528; Alessandro Giordano, *I contratti per adesione*, p. 61 e s.; Bassil Dower, op. cit., p. 31 e 32; R. Limongi França, Contrato, cit., p. 143; Lucy Toledo das Dores Niess, Contrato de adesão, in *Enciclopédia Saraiva do Direito*, v. 19, p. 210-9; Gert Kummerow, *Algunos problemas fundamentales del contrato por adhesión en el derecho privado*, Universidad Central de Venezuela, Facultad de Derecho, Sección de Publicaciones, 1956, v. 16; De Page, op. cit., t. 2, p. 511; Alfred Rieg, Contrat type et contrat d'adhésion, in *Congrès International de Droit Comparé*, 8º Pedascar, 1970, p. 106 e s.; Paulo Salvador Frontini, Contratos de adesão, *Revista do Advogado*, *33*:83-7; Custódio da P. U. Miranda, *Contrato de adesão*, São Paulo, Atlas, 2002; Paulo Restiffe Neto e Paulo Sérgio Restiffe, Contratos de adesão no novo Código Civil e no Código de Defesa do Consumidor, in *Contribuições ao Estudo do Novo Direito Civil*, Campinas, Millennium, 2004, p. 57-78; Almeno de Sá, Relação bancária, cláusulas contratuais gerais e o novo Código Civil brasileiro, *Revista Brasileira de Direito Comparado*, *23*:173; Matiello, *Código Civil comentado*, São Paulo, LTr, 2003, p. 284; Stolze Gagliano e Pamplona Filho, *Novo curso de direito civil*, São Paulo, Saraiva, 2005, v. 4, t. 1, p. 139-41. *Vide*: *JSTJ*, *7*:378, *6*:199, *2*:249, *12*:121, *1*:229.
"O contrato de adesão, mencionado nos arts. 423 e 424 do novo Código Civil, não se confunde com o contrato de consumo" (Enunciado n. 171 do Conselho da Justiça Federal, aprovado na III Jornada de Direito Civil de 2004). "As cláusulas abu-

Convém lembrar, ainda, que: *a*) pelo art. 424 do Código Civil, serão nulas as cláusulas, apostas nos contratos por adesão, que estipularem a renúncia antecipada do aderente a direito resultante da natureza do negócio, pois a liberdade de contratar deverá ser exercida dentro dos princípios da função social do contrato, probidade e boa-fé objetiva e tais cláusulas, além de serem abusivas ou leoninas (*JB, 70*:247), geram insegurança e quebram o equilíbrio contratual. P. ex., se, num contrato de locação de prédio para moradia, o locatário vem a acatar cláusula de renúncia do direito de denunciar locação por prazo indeterminado, mediante aviso prévio por escrito ao locador (art. 6º da Lei n. 8.245/91), tal disposição contratual deverá ser considerada nula, pois, sendo da natureza do contrato, como diz Matiello, foi afastada por meio de cláusula inserida em contrato por adesão, *b*) pelo art. 423, resguarda-se a posição do aderente, em relação a cláusulas ambíguas ou contraditórias, adotando-se a interpretação que mais o beneficie, porque o ofertante está em situação mais vantajosa, visto que, em regra, insere cláusulas voltadas ao seu interesse. No mesmo sentido dispõe o § 2º, a ser acrescentado ao art. 423 pelo Projeto de Lei n. 699/2011. A interpretação mais favorável ao aderente visa estabelecer uma real igualdade substancial entre as partes contratantes, tendo-se em vista que o aderente é, em regra, levado a efetivar o contrato por necessidade e *c*) pelo Enunciado n. 429 do Conselho da Justiça Federal, aprovado na V Jornada de Direito Civil: "No contrato de adesão, o prejuízo comprovado do aderente que exceder ao previsto na cláusula penal compensatória poderá ser exigido pelo credor independentemente de convenção".

---

sivas não ocorrem exclusivamente nas relações jurídicas de consumo. Dessa forma, é possível a identificação de cláusulas abusivas em contratos civis comuns, como, por exemplo, aquela estampada no art. 424 do Código Civil de 2002" (Enunciado n. 172 do Conselho da Justiça Federal, aprovado na III Jornada de Direito Civil). Observa Sílvio Venosa (*Direito civil*, cit., v. 3, p. 344) que o *contrato-tipo*, por conter cláusulas predispostas, aproxima-se do contrato por adesão, mas dele se diferencia por decorrer da vontade paritária de ambas as partes. O *contrato-tipo* é conhecido como contrato por formulários ou contrato de massa, que contém cláusulas predispostas, mas cujo teor é estabelecido após discussão pelas partes, pois não há a predeterminação unilateral do contrato por adesão. Na lição de Arnoldo Wald, no *contrato evolutivo*, comum na seara do direito público, uma parte de suas cláusulas disciplina-se pela vontade dos contratantes e a outra rege-se por leis, que evoluem, mas suas alterações, ao modificar a avença, procuram manter a equação econômico-financeira do contrato (*Curso de direito civil brasileiro*, São Paulo, Revista dos Tribunais, 1995, v. 2, p. 201-2).

E pelo art. 112, parágrafo único, do CPC/73: "A nulidade da cláusula de eleição de foro, em contrato de adesão, pode ser declarada de ofício pelo juiz, que declinará de competência para o juízo de domicílio do réu".

O atual CPC não contém artigo similar ao art. 112, parágrafo único, do CPC/73.

e.3.3. Classificação dos contratos quanto à forma

e.3.3.1. Contratos consensuais

Os contratos consensuais ou não solenes são os que se perfazem pela simples anuência das partes, sem necessidade de outro ato. A ordem jurídica não exige, para que se aperfeiçoem, senão o acordo das partes (*RT*, *502*:218), não impondo, portanto, nenhuma forma especial para a sua celebração. Basta o consentimento dos contratantes para a sua formação. É o caso, p. ex., da compra e venda de bens móveis, da locação, da parceria rural, do mandato, do contrato de transporte[100].

e.3.3.2. Contratos solenes ou formais

Os contratos solenes ou formais consistem naqueles para os quais a lei prescreve, para a sua celebração, forma especial que lhes dará existência, de tal sorte que, se o negócio for levado a efeito sem a observância da forma legal, não terá validade. Ser-lhes-á, portanto, insuficiente o simples encontro de duas ou mais vontades, pois será mister que a exteriorização do acordo se processe por meio de formas estabelecidas pela lei, por serem requisitos essenciais à sua validade. Desse modo, além dos elementos gerais do negócio jurídico, dependerão, para se ultimarem, de forma especial. P. ex.: a compra e venda de um imóvel dependerá não só de escritura pública (CC, art. 108), mas também de assento no Cartório de Registro de Imóveis (CC, art. 1.245); a doação deverá ser feita por escritura pública ou instrumento particular, salvo se versar sobre bens móveis ou de pequeno valor, hipótese em que poderá ser verbal (CC, art. 541, parágrafo único); a fiança, pelo Código Civil, art. 819, deverá ser feita por escrito, o mesmo acontecendo com o contrato de seguro (CC, art. 758); o contrato de penhor feito por instrumento particular deverá ser firmado pelas partes e lavrado em duplicata, ficando um exemplar com cada um dos contraentes e podendo qualquer deles levá-lo a registro (CC, art. 1.432; Lei n. 6.015/73, art. 219)[101].

e.3.3.3. Contratos reais

Contratos reais são aqueles que apenas se ultimam com a entrega da coisa, feita por um contraente a outro, como, p. ex., o comodato, o mútuo,

100. Silvio Rodrigues, op. cit., p. 43; R. Limongi França, Contrato, cit., p. 144; Caio M. S. Pereira, op. cit., p. 54; Bassil Dower, op. cit., p. 29; W. Barros Monteiro, op. cit., p. 30.

101. Bassil Dower, op. cit., p. 29 e 30; W. Barros Monteiro, op. cit., p. 30; Serpa Lopes, *Curso*, cit., p. 41; Orlando Gomes, *Contratos*, cit., p. 90 e 91; Caio M. S. Pereira, op. cit., p. 55 e 56; Silvio Rodrigues, op. cit., p. 44; R. Limongi França, Contrato, cit., p. 144; STF, Súmula 412.

o depósito (*RT*, *531*:266), as arras, o penhor e a anticrese. O simples concurso de duas ou mais vontades não tem o condão de estabelecer o vínculo contratual, que só se forma com a tradição efetiva do objeto do ato negocial, por ser requisito essencial à sua constituição. Antes da entrega efetiva da coisa, ter-se-á mera promessa de contratar e não um contrato perfeito e acabado. Todavia, autores há, como Osti, Colin e Capitant, Josserand, Baudry-Lacantinerie, Carrara e Planiol, que rejeitam essa noção de contrato real, fundando-se na ideia de que a entrega da coisa seria mero pressuposto da exigibilidade da obrigação de restituir[102].

e.3.4. Contratos em relação à sua designação e à falta de disciplina jurídica

e.3.4.1. Contratos nominados

Os contratos nominados, ou melhor, típicos, abrangem, como leciona Antunes Varela, as espécies contratuais que têm *nomen iuris* e servem de base à fixação dos esquemas, modelos ou tipos de regulamentação específica da lei[103]. Inserem-se numa figura que tem disciplina legal, pois recebem da ordem jurídica uma regulamentação. Possuem, portanto, uma denominação legal e própria, estando previstos e regulados por norma jurídica, formando espécies definidas[104]. O Código Civil de 2002 rege e esquematiza vinte e três tipos dessa espécie de contrato: compra e venda, troca, contrato estimatório, doação, locação de coisas, empréstimo, prestação de serviço, empreitada, depósito, mandato, comissão, agência, distribuição, corretagem, transporte, constituição de renda, seguro, jogo, aposta, fiança, sociedade, transação e compromisso. O contrato de incorporação imobiliária está disciplinado pela Lei n. 4.591/64, com as alterações de diversas normas, dentre elas a Lei n. 4.864/65; os contratos bancários, pela Lei n. 4.595/64; os de edição, representação e execução, pela Lei n. 9.610/98; o de parceria rural, pela Lei n. 4.504/64, regulamentada pelo Decreto n. 59.566/66.

A locação de garagem ou a de estacionamento, p. ex., excepcionalmente, apesar de contrato nominado (Lei n. 8.245/91, art. 1º, parágrafo único), é atípica, por não haver previsão legal mínima, visto não estar regulamentada em lei. É contrato nominado, por ter *nomen juris*, é *atípico* por não possuir regulamentação normativa.

---

102. Caio M. S. Pereira, op. cit., p. 56 e 57; Silvio Rodrigues, op. cit., p. 43; Orlando Gomes, *Contratos*, cit., p. 88 e 89; R. Limongi França, Contrato, cit., p. 144; Osti, Obbligazioni, in *Nuovo Digesto Italiano*, n. 22; De Page, op. cit., t. 2, p. 416; Bassil Dower, op. cit., p. 30; W. Barros Monteiro, op. cit., p. 30.

103. Antunes Varela, op. cit., p. 152.

104. W. Barros Monteiro, op. cit., p. 29; Flávio Tartuce, *Direito civil – Teoria geral dos contratos e contratos em espécie*, São Paulo, Método, 2006, v. 3, p. 41.

e.3.4.2. Contratos inominados

Os contratos inominados, ou seja, atípicos, afastam-se dos modelos legais, pois não são disciplinados ou regulados expressamente pelo Código Civil ou por lei extravagante, porém são permitidos juridicamente, desde que não contrariem a lei e os bons costumes, ante o princípio da autonomia da vontade e a doutrina do número *apertus*, em que se desenvolvem as relações contratuais. Os particulares, dentro dos limites legais, poderão criar as figuras contratuais que necessitarem no mundo dos negócios. O Código Civil prescreve, no art. 425, que: "É lícito às partes estipular contratos atípicos, observadas as normas gerais fixadas neste Código". O Projeto de Lei n. 699/2011, com a finalidade de completar o referido artigo, dispõe: "É lícito às partes estipular contratos atípicos, resguardados a ordem pública, os bons costumes e os princípios gerais de direito, especialmente o princípio de que suas obrigações são indivisíveis, formando um só todo", pois tais contratos não poderão ser disciplinados pelas mesmas normas dos típicos, visto que podem ter conteúdo, total ou parcialmente, alheio aos tipos legais[105]. O Parecer Vicente Arruda, optando pela manutenção do texto, relativamente ao PL n. 6.960/2002 (atual PL n. 699/2011), alegou que: "Ao permitir a estipulação de contratos atípicos e determinar que os mesmos deverão observar as normas gerais fixadas no Código, que preconizam a boa-fé, os bons costumes, a preservação da ordem pública e os princípios gerais de direito, o dispositivo já impede a estipulação de contratos atípicos que não atendam aqueles pressupostos". Logo, mais conveniente seria impedir apenas que deixem de observar as normas gerais estabelecidas pelo Código Civil e não sejam contrários à ordem pública, aos bons costumes e aos princípios gerais de di-

105. Sustentou o Prof. Álvaro Villaça Azevedo que "os contratos atípicos não podem ser regidos pelas normas dos contratos típicos, principalmente, dos mistos, pois a contratação só se extingue, após cumpridas todas as obrigações contratadas. O contrato forma um todo uno e indivisível". Ele é autor de consagrada tese, na qual analisa a classificação dos contratos atípicos, cujo conteúdo, segundo Francesco Messineo, pode ser inteiramente estranho aos tipos legais (v.g., contrato de garantia) ou apenas parcialmente incomum (v.g. contrato de bolsa simples). Comprovada, como se observa, a dicção das regras pelas partes, fenômeno representativo da liberdade de contratar, e não podendo essas regras ser contrárias à ordem pública, aos bons costumes e aos princípios gerais de direito, propôs o festejado jurista paulista uma nova redação ao dispositivo, para a inclusão do reportado preceito. Arrimou-se, inclusive, na própria jurisprudência do STJ. Óbice regimental, contudo, impediu fosse a sugestão prontamente recepcionada, isto por não haver a redação primitiva sofrido qualquer emenda. Contudo significativa é a proposta, formulada pelo eminente jurista, de alteração do dispositivo em comento, por constituir oportuna melhoria do texto diante da teoria dos contratos atípicos, daí o projeto sugerir a redação por ele oferecida.

reito, como por exemplo o da função social do contrato (CC, art. 2.035, parágrafo único). Embora não contenha capítulo específico sobre os contratos inominados, indiretamente, nos arts. 421 e 422, estabelece-lhes princípios, pois afirma que a liberdade contratual será exercida em razão e nos limites da função social do contrato, e que os contratantes deverão guardar, na conclusão e na execução do contrato, os princípios de probidade e boa-fé. Isto é assim devido ao fato de a lei não poder prever todas as espécies contratuais impostas pela necessidade do comércio jurídico, proporcionando um contrato típico para regê-las. Em regra, resultam da fusão de dois ou mais contratos nominados, a que se acrescentam elementos particulares, imprevisíveis pelo legislador, criando-se, assim, novos negócios jurídicos contratuais, denominados contratos mistos, estruturados de conformidade com os interesses das partes. Regem-se não só pelas normas aplicáveis a todos os contratos, mas também pela estipulação das partes, pelas disposições atinentes ao contrato nominado com o qual venham a oferecer maior analogia e pelos princípios das modalidades contratuais que os compõem. Exemplificativamente: *a*) o contrato sobre exploração de lavoura de café é tido como um contrato atípico pelos nossos juízes e tribunais, por ser um complexo de locação de serviço, empreitada, arrendamento rural e parceria agrícola, não se ajustando a nenhum desses tipos contratuais isoladamente, embora participe um pouco de todos (*RT*, *513*:257 e 259); *b*) a cessão de clientela; *c*) a troca de uma coisa por obrigação de fazer; *d*) a constituição de servidão, mediante o pagamento de certa quantia; *e*) o contrato de locação de caixa-forte, misto de locação e de depósito; *f*) o contrato de hospedagem (locação de coisas, prestação de serviço e depósito de bagagens). Por não haver normas que os esquematizem e regulamentem especificamente, os contratantes deverão minudenciar as cláusulas contratuais o mais que puderem[106].

---

106. Sobre os contratos inominados, consulte: Silvio Rodrigues, op. cit., p. 44 e 45; R. Limongi França, Contrato, cit., p. 144; Josserand, *Cours de droit civil positif français*, v. 2, n. 19; W. Barros Monteiro, op. cit., p. 29 e 30; Bassil Dower, op. cit., p. 28 e 29; Antunes Varela, op. cit., p. 152-61; Caio M. S. Pereira, op. cit., p. 53 e 54; Scognamiglio, Collegamento negoziale, in *Enciclopédia del Diritto*, n. 1; Álvaro Villaça Azevedo, Contratos inominados ou atípicos, in *Enciclopédia Saraiva do Direito*, v. 20, p. 144-67; Planiol, Ripert e Boulanger, *Traité*, cit., t. 2, p. 448; Giorgianni, Negozi giuridici collegati, *Rivista Italiana per le Scienze Giuridiche*, v. 15, n. 2 e s., 1937; Messineo, op. cit., p. 214; Arnoldo Wald, *Curso de direito civil brasileiro*; obrigações e contratos, 3. ed., São Paulo, Sugestões Literárias, 1972, p. 199; Gennaro, *I contratti misti*, 1934; Angelo Piraino Leto, *Contratti atipici e innominati*, Torino, UTET, 1974, p. 67 e 68; Martinho Garcez Neto, Contratos; classificação, in *Repertório Enciclopédico do Direito Brasileiro*, Rio de Janeiro, Borsoi, v. 12; Sílvio Meira, Os contratos inominados e sua proteção judicial, *Revista do Curso de Direito da Universidade Federal de Uberlândia*, *12*:87 e s., 1983; Mário Figueiredo Barbosa, Contratos atípicos, *Ciência Jurídica*, *44*:43; Pedro P. Vasconcelos, *Contratos atípicos*, Coimbra, Almedina, 1995. No contrato de abastecimento ou de provisão em

É preciso esclarecer que "a qualificação jurídica de um contrato depende dos elementos que o integram e não da denominação que lhe deram os contraentes. Os elementos espúrios, contendo cláusulas secundárias, não desfiguram o contrato ou o convertem em ato atípico, para o efeito de subtraí-lo ao seu regime legal" (*RT*, *510*:209).

e.3.5. Distinção dos contratos relativamente ao objeto

Discrepam os autores quanto a essa classificação. Cimbali, p. ex., divide os contratos, relativamente ao objeto, em: *a*) *patrimoniais*, se se entendem como o patrimônio em sentido estrito; *b*) *pessoais*, se atinentes a alguma prestação do contraente ou de outrem em seu lugar; *c*) *sociais*, se visam ao interesse da coletividade. Porém, como lecionam R. Limongi França, Rotondi e Trabucchi, essa divisão é inoportuna, por criar confusão a respeito do próprio objeto do contrato, cuja natureza, em regra, é de caráter patrimonial[107]. Eis por que R. Limongi França, baseado em Larenz, propõe que se dividam os contratos conforme o conteúdo do direito que conferem, classificando-os do seguinte modo: *a*) contratos de *alienação de bens*; *b*) contratos de *transmissão de uso e gozo*; *c*) contratos de *prestação de serviços*; e *d*) contratos de *conteúdo especial*[108].

---

que alguém se obriga, mediante pagamento de preço, a executar para outrem prestações continuadas de coisas, inclui compra e venda, franquia, manutenção, assistência técnica etc. É um contrato misto (*vide* Sílvio Venosa, *Direito civil*, cit., v. 2, p. 389 e s.). *Contratos coligados* consistem numa união de contratos distintos, relacionando-se entre si, conservando individualidade própria (p. ex. venda de carro e locação de garagem; transporte aéreo e seguro de pessoa). "Os contratos empresariais coligados, concretamente formados por unidade de interesses econômicos, permitem a arguição da exceção de contrato não cumprido, salvo quando a obrigação inadimplida for de escassa importância" (Enunciado n. 24 da I Jornada de Direito Comercial do Conselho da Justiça Federal). Sobre o tema: Mário Julio Almeida Costa, *Direito das Obrigações*, Coimbra, 2000, v. 1, p. 279 e 336. O *contrato misto* decorre da combinação de um contrato com outro, dando origem a uma nova modalidade (Carlos Roberto Gonçalves, *Direito Civil brasileiro*, São Paulo, Saraiva, 2004, v. 3, p. 92).

Sobre negócios processuais atípicos interessantes são os seguintes Enunciados da ENFAM, aprovados em 2015:

36: "A regra do art. 190 do CPC/2015 não autoriza às partes a celebração de negócios jurídicos processuais atípicos que afetem poderes e deveres do juiz, tais como os que: a) limitem seus poderes de instrução ou de sanção à litigância ímproba; b) subtraiam do Estado/juiz o controle da legitimidade das partes ou do ingresso de *amicus curiae*; c) introduzam novas hipóteses de recorribilidade, de rescisória ou de sustentação oral não previstas em lei; d) estipulem o julgamento do conflito com base em lei diversa da nacional vigente; e e) estabeleçam prioridade de julgamento não prevista em lei."

38: "Somente partes absolutamente capazes podem celebrar convenção pré-processual atípica (arts. 190 e 191 do CPC/2015).

107. R. Limongi França, Contrato, cit., p. 144.

108. R. Limongi França, Contrato, cit., p. 144 e 145; Larenz, *Derecho de las obligaciones*, Madrid, 1958, v. 2.

e.3.6. Contratos quanto ao tempo de sua execução

e.3.6.1. Contratos de execução imediata

Os contratos de execução imediata são os que se esgotam num só instante, mediante uma única prestação, como, p. ex., a compra e venda de uma coisa à vista, a troca etc.[109].

e.3.6.2. Contratos de execução continuada

Os contratos de execução continuada são os que se protraem no tempo, caracterizando-se pela prática ou abstenção de atos reiterados, solvendo-se num espaço mais ou menos longo de tempo. Ocorrem quando a prestação de um ou de ambos os contraentes se dá a termo. P. ex.: no contrato de compra e venda a prazo, ante a circunstância de os contraentes terem convencionado pagamento parcelado, a prestação não poderá ser satisfeita contemporaneamente à formação do contrato, pois o comprador recebe o que comprou para pagá-lo em certo número de prestações futuras, protraindo-se, assim, a execução[110]. Os contratos de execução contínua, como pontifica Caio Mário da Silva Pereira, são os que sobrevivem com a persistência da obrigação, muito embora ocorram soluções periódicas, até que, pelo implemento de uma condição ou decurso de um prazo, cessa o próprio contrato. Os pagamentos não extinguem a obrigação, que continua, porque assim o querem os contraentes. A locação, p. ex., é um desses contratos, visto que a prestação do aluguel não libera as partes senão da dívida correspondente a certo período, continuando o vínculo contratual até que ocorra uma causa extintiva. O mesmo se diz do contrato de fornecimento de mercadoria em que o comprador paga por período, persistindo o dever do vendedor quanto a novas remessas, e o do comprador quanto à liquidação respectiva[111]. No contrato de prestação de serviço, no de locação de coisas e no de fornecimento de matéria-prima, p. ex., as prestações, como consequência da natureza do ato negocial, só poderão ser realizadas em tempo futuro e periodicamente[112].

---

109. Silvio Rodrigues, op. cit., p. 45; Serpa Lopes, *Curso*, cit., p. 42; Caio M. S. Pereira, op. cit., p. 62; Devoto, *L'obbligazione a esecuzione continuata*, CEDAM, 1943, p. 102.

110. Caio M. S. Pereira, op. cit., p. 62; Silvio Rodrigues, op. cit., p. 46; Orlando Gomes, *Contratos*, cit., p. 95.

111. Caio M. S. Pereira, op. cit., p. 62 e 63.

112. Silvio Rodrigues, op. cit., p. 46; Messineo, op. cit., p. 248; Edvaldo Brito, Aplicação da norma de conteúdo econômico aos contratos de prestações continuadas no tempo, *Revista Thesis Juris*, v. 5, n. 1, p. 15-31.

e.3.6.3. Importância dessa classificação

Na prática, reveste-se de importância essa classificação, porque[113]:

a) a nulidade do contrato de execução contínua não afeta os efeitos já produzidos;

b) a revisão do contrato em razão de onerosidade excessiva só recai sobre os contratos de execução continuada, sendo, portanto, inadmissível nos contratos de execução imediata;

c) a rescisão unilateral do contrato de execução continuada apenas será admitida em casos excepcionais, salvo se convencionado por tempo indeterminado;

d) o descumprimento de prestação vencida, no contrato de execução continuada de caráter bilateral, não anulará as prestações já realizadas, desde que sejam autônomas, operando, portanto, os seus efeitos *ex nunc*. O credor terá, como salienta Devoto, tantos direitos distintos ao ressarcimento do prejuízo quantos forem os atos não realizados pelo devedor;

e) a prescrição da ação de resolução do contrato de execução contínua, por inadimplemento, corre separadamente de cada uma das prestações, e a prescrição do direito de receber cada prestação independe das anteriores como das posteriores;

f) o cumprimento simultâneo das prestações só poderá ser exigido se o contrato for de execução imediata; portanto, não se permite ao contraente que deve produzir, em primeiro lugar, sua prestação, em contrato de execução continuada, defender-se pela *exceptio non adimpleti contractus*, recusando-se a cumprir o seu dever, alegando que a outra parte não cumpriu o dela;

g) a impossibilidade de execução dos contratos sucessivos, liberando uma das partes, importará a liberação da outra, por haver obrigações recíprocas, de modo que, se houver perda da coisa alugada, a locação não poderá sobreviver. Já nos contratos de execução imediata, poderá suceder que a exoneração de um contratante não acarrete a do outro, como na hipótese de mora do comprador.

---

113. Messineo, op. cit., p. 351; Caio M. S. Pereira, op. cit., p. 63; Silvio Rodrigues, op. cit., p. 46; Orlando Gomes, *Contratos*, cit., p. 95; Colin e Capitant, op. cit., v. 2, n. 21; Serpa Lopes, *Curso*, cit., p. 43; Devoto, op. cit., p. 102 e s.

e.3.7. Divisão dos contratos em atenção à pessoa do contratante

e.3.7.1. Contratos pessoais ou "intuitu personae" e contratos impessoais

Os contratos pessoais são aqueles em que a pessoa do contraente é considerada pelo outro como elemento determinante de sua conclusão. A pessoa do contratante, nesses contratos, tem influência decisiva no consentimento do outro, que tem interesse em que as obrigações contratuais sejam por ele cumpridas, por sua habilidade particular, competência, idoneidade etc.

Os contratos impessoais são aqueles em que a pessoa do contratante é juridicamente indiferente. Pouco importa quem execute a obrigação; o único objetivo é que a prestação seja cumprida[114].

e.3.7.2. Consequências práticas dessa distinção

A distinção entre contratos *intuitu personae* e impessoais reveste-se de grande importância, em virtude das consequências práticas decorrentes da natureza personalíssima dos negócios pertencentes à primeira categoria, que: *a*) são intransmissíveis, não podendo ser executados por outrem; assim sendo, com o óbito do devedor, extinguir-se-ão, pois os sucessores não poderão cumprir a prestação, que era personalíssima; *b*) não podem ser cedidos, de modo que, se substituído o devedor, ter-se-á a celebração de novo contrato; *c*) são anuláveis, havendo erro essencial sobre a pessoa do contratante[115].

e.4. Contratos reciprocamente considerados

e.4.1. Notas introdutórias

Esse critério, que examina objetivamente os contratos, uns em relação aos outros, estabelece uma dupla divisão, distinguindo-os em: *a*) contratos principais, e *b*) contratos acessórios.

e.4.2. Contratos principais

Os contratos principais são os que existem por si, exercendo sua função e finalidade independentemente de outro[116].

---

114. Orlando Gomes, *Contratos*, cit., p. 96 e 97.

115. Orlando Gomes, *Contratos*, cit., p. 97.

116. R. Limongi França, Contrato, cit., p. 145; Silvio Rodrigues, op. cit., p. 45; Orlando Gomes, *Contratos*, cit., p. 91; Bassil Dower, op. cit., p. 30; W. Barros Monteiro, op. cit., p. 30.

e.4.3. Contratos acessórios

Os contratos acessórios são aqueles cuja existência jurídica supõe a do principal, pois visam assegurar a sua execução. P. ex.: a fiança é contrato acessório, estabelecido para garantir a locação, que é contrato principal; logo, a fiança não poderá existir sem a locação[117].

e.4.4. Princípios fundamentais atinentes aos contratos principais e acessórios

A respeito dos contratos principais e acessórios, convém não olvidar os seguintes princípios fundamentais que os regem[118]:

1º) a nulidade da obrigação principal acarretará a das acessórias, porém a destas não implica a da principal (CC, art. 184);

2º) a prescrição da pretensão relativa à obrigação principal induzirá à alusiva às acessórias, mas a recíproca não é verdadeira; assim, a prescrição da pretensão a direitos acessórios não atinge a do direito principal (*RT*, *476*:155).

---

117. Orlando Gomes, *Contratos*, cit., p. 91; W. Barros Monteiro, op. cit., p. 30; Silvio Rodrigues, op. cit., p. 45; Bassil Dower, op. cit., p. 30; R. Limongi França, Contrato, cit., p. 145.

118. W. Barros Monteiro, op. cit., p. 30; Bassil Dower, op. cit., p. 31; Silvio Rodrigues, op. cit., p. 45; Orlando Gomes, *Contratos*, cit., p. 91. Há quem classifique os contratos reciprocamente considerados em: *contrato-base* (contrato principal); *contrato derivado* (subcontrato, como a subempreitada ou a sublocação) e *contrato acessório* (fiança) (consulte a respeito Sílvio Venosa, *Direito civil*, cit., v. 2, p. 379).

QUADRO SINÓTICO

CLASSIFICAÇÃO DOS CONTRATOS NO DIREITO CIVIL BRASILEIRO

1. CONTRATOS CONSIDERADOS EM SI MESMOS	• Quanto à natureza da obrigação entabulada	• Contratos *unilaterais* e *bilaterais*. Serão *unilaterais* se uma só das partes assumir obrigações em face da outra; p. ex.: comodato, mútuo, mandato, depósito etc. Serão *bilaterais* se cada contraente for credor e devedor do outro, produzindo direitos e obrigações para ambos (CC, arts. 476 e 477); p. ex.: compra e venda, troca, locação etc. • Contratos *onerosos* e *gratuitos*. Os *onerosos* são aqueles que trazem vantagens para ambos os contratantes, que sofrem um sacrifício patrimonial correspondente a um proveito almejado; p. ex.: locação. Os *gratuitos* oneram somente uma das partes, proporcionando à outra uma vantagem, sem qualquer contraprestação; p. ex.: doação pura e simples. • Contratos *comutativos* e *aleatórios*. Os *comutativos* são aqueles em que cada contraente, além de receber do outro prestação relativamente equivalente à sua, pode verificar, de imediato, essa equivalência; p. ex.: compra e venda. Os *aleatórios* são aqueles em que a prestação de uma ou de ambas as partes depende de um risco futuro e incerto, não se podendo antecipar o seu montante (CC, arts. 458 a 461); p. ex.: rifa, bilhete de loteria, seguro etc. • Contratos *paritários* e contratos *por adesão*. Os *paritários* são aqueles em que os interessados, colocados em pé de igualdade, ante o princípio da autonomia da vontade, discutem, na fase da *puntuazione*, os termos do ato negocial, eliminando os pontos divergentes mediante transigência mútua. Os *contratos por adesão* são aqueles em que a manifestação de vontade de uma das partes se reduz a mera anuência a uma proposta da outra, como nos ensina R. Limongi França; p. ex.: contrato de transporte, de fornecimento de gás, água etc.

1. CONTRATOS CONSIDERADOS EM SI MESMOS	• Quanto à forma	• Contratos *consensuais*, que se perfazem pela simples anuência das partes, sem necessidade de outro ato; p. ex.: locação, parceria rural etc. • Contratos *solenes*, que consistem naqueles para os quais a lei prescreve, para a sua celebração, forma especial; p. ex.: compra e venda de imóvel (CC, arts. 108 e 1.245). • Contratos *reais*, que são aqueles que se ultimam com a entrega da coisa, feita por um contraente a outro; p. ex.: comodato, mútuo, depósito, arras.
	• Quanto à sua denominação	• Contratos *nominados*, que abrangem, consoante Antunes Varela, as espécies contratuais que têm *nomen juris* e servem de base à fixação dos esquemas, modelos ou tipos de regulamentação específica da lei; p. ex.: compra e venda, permuta, doação, locação, empréstimo, parceria rural etc. • Contratos *inominados*, que se afastam dos modelos legais, pois não são disciplinados ou regulados expressamente pelo Código Civil ou por lei extravagante, porém são permitidos juridicamente, desde que não contrariem a lei e os bons costumes, ante o princípio da autonomia da vontade e a doutrina do *numerus apertus* em que se desenvolvem as relações contratuais; p. ex.: contrato sobre exploração de lavoura de café (*RT*, *513*:257-9), cessão de clientela, contrato de locação de caixa-forte etc.
	• Quanto ao objeto	• Contratos de *alienação de bens.* • Contratos de *transmissão de uso e gozo.* • Contratos de *prestação de serviços.* • Contratos de *conteúdo especial.*

1. CONTRATOS CONSIDERADOS EM SI MESMOS	• Quanto ao tempo de sua execução	• Contratos de *execução imediata*, que são os que se esgotam num só instante, mediante uma única prestação; p. ex.: troca, compra e venda à vista. • Contratos de *execução continuada*, que ocorrem quando a prestação de um ou de ambos os contraentes se dá a termo; p. ex.: compra e venda a prazo. Tais contratos, como ensina Caio Mário da Silva Pereira, são os que sobrevivem com a persistência da obrigação, muito embora ocorram soluções periódicas, até que, pelo implemento de uma condição ou decurso de um prazo, cessa o próprio contrato; p. ex.: locação de coisa, prestação de serviço e contrato de fornecimento de matéria-prima.
	• Quanto à pessoa do contratante	• Contratos *pessoais*, que são aqueles em que a pessoa do contratante é considerada pelo outro como elemento determinante de sua conclusão. • Contratos *impessoais*, que são aqueles em que a pessoa do contratante é juridicamente indiferente.
2. CONTRATOS RECIPROCAMENTE CONSIDERADOS	• Contratos principais	• São os que existem por si, exercendo sua função e finalidade independentemente de outro.
	• Contratos acessórios	• São aqueles cuja existência jurídica supõe a do principal, pois visam assegurar a sua execução; p. ex.: fiança.

F. Efeitos do contrato

f.1. Noções gerais

O principal efeito do contrato consiste em criar obrigações, estabelecendo um vínculo jurídico entre as partes contratantes. Trata-se de uma verdadeira fonte de obrigações; por isso, todos os seus efeitos são meramente obrigacionais, mesmo quando o contrato serve de título à transferência de direitos reais. Tais efeitos se manifestam não só na *força obrigatória*, mas também na *relatividade* do contrato[119].

f.2. Efeitos jurídicos decorrentes da obrigatoriedade do contrato

O contrato tem força vinculante, pois, se não tivesse obrigatoriedade em relação aos contraentes, jamais poderia desempenhar sua função jurídico-econômica. O contrato tem, portanto, força de lei entre as partes, vinculando-as ao que pactuaram, como se essa obrigação fosse oriunda de um dispositivo legal. Daí decorre que[120]:

1º) cada contratante fica ligado ao contrato, sob pena de execução ou de responsabilidade por perdas e danos;

2º) o contrato deve ser executado como se fosse lei para os que o estipularam;

3º) o contrato é irretratável e inalterável, ou melhor, ao contraente não será permitido libertar-se *ad nutum* do liame obrigacional, que apenas poderá ser desfeito com o consentimento de ambas as partes – é o chamado distrato –, a menos que haja cláusula em que o contratante se reserve o poder de exonerar-se do vínculo ou de alterar o contrato por sua exclusiva vontade, ou que esse efeito resulte da própria natureza do contrato, como ocorre com a fiança sem prazo determinado (CC, art. 835), ou, ainda, que se tenha pactuado o direito de arrependimento. Na relação de consumo, o consumidor poderá desistir do contrato, dentro de sete dias, contados de sua assinatura ou do ato de recebimento do produto ou serviço, sempre que a contratação do fornecimento se der fora do estabelecimento comercial, especialmente por telefone, reembolso postal ou a domicílio (art. 49 da Lei

119. Orlando Gomes, *Contratos*, cit., p. 193; Serpa Lopes, *Curso*, cit., p. 109.
120. Serpa Lopes, *Curso*, cit., p. 110; Orlando Gomes, *Contratos*, cit., p. 192.

n. 8.078/90). E os valores pagos serão devolvidos, monetariamente atualizados, mediante a restituição do produto. Logo, há casos em que o direito de arrependimento decorre de lei;

4º) o juiz, ante a equiparação do contrato à lei, ficará adstrito ao ato negocial, interpretando-o, esclarecendo seus pontos obscuros, como se estivesse diante de uma prescrição legal, salvo naquelas hipóteses em que se lhe permite extingui-lo ou modificá-lo, como sucede na imprevisão ou sobrevindo força maior ou caso fortuito. Portanto, sob o prisma da obrigatoriedade do contrato, seus efeitos são absolutos, de tal sorte que só em certas circunstâncias poderão ser alterados em sua força vinculativa, como no caso da imprevisão, pela cláusula *rebus sic stantibus*, ou na hipótese de força maior ou caso fortuito[121].

f.3. Efeitos do contrato quanto à sua relatividade

f.3.1. Generalidades

Quanto ao alcance das consequências contratuais, do ponto de vista subjetivo, ou seja, das pessoas atingidas pelo ato negocial, é preciso lembrar que num sentido geral: *a*) o contrato, em regra, somente obriga as partes contratantes, não alcançando terceiros, pois não lhes aproveita nem prejudica; *b*) a obrigação contratual, exceto a personalíssima, é passível de transmissão ativa e passiva aos sucessores a título universal e particular das partes; *c*) o princípio da relatividade sofre exceções, quando o contrato ultrapassa as partes que nele intervieram, atingindo terceiros que não o estipularam. Assim, pessoas alheias à formação do negócio sofrerão alguns de seus efeitos; *d*) a eficácia do contrato também é relativa ao objeto, pois dele surgem obrigações de dar, de fazer ou de não fazer. Entretanto, certos contratos, como os sinalagmáticos, produzem efeitos jurídicos particulares no que concerne ao seu adimplemento, caso em que se deverão examinar questões pertinentes ao direito de retenção, à *exceptio non adimpleti contractus*, às garantias por vício redibitório e evicção. Tudo isso será por nós tratado, pormenorizadamente, neste item[122].

---

121. Serpa Lopes, *Curso*, cit., p. 117.

122. Orlando Gomes, *Contratos*, cit., p. 193 e 196-8; Serpa Lopes, *Curso*, cit., p. 117 e 146; Lacerda de Almeida, *Obrigações*, p. 266.

f.3.2. Efeitos gerais do contrato

f.3.2.1. Efeitos do contrato em relação aos contratantes

A força vinculante do contrato restringe-se às partes contratantes, isto é, às pessoas que, em virtude de sua declaração de vontade, o estipularam direta ou indiretamente, pois, em nosso direito, não é necessária a intervenção direta do contraente, já que nada impede que se contrate por meio de representante, mesmo sob a forma de mandato ou de gestão de negócio, hipótese em que a ratificação posterior pelo *dominus negotii* produz as mesmas consequências jurídicas do mandato, equiparando-se-lhe[123].

f.3.2.2. Efeitos do contrato quanto aos sucessores a título universal e particular

O contrato – exceto se *intuitu personae*, se o direito for vitalício, ou, ainda, se os contraentes estabeleceram que a morte será causa de sua extinção – poderá atingir pessoas que não o estipularam, como, p. ex., os *sucessores a título universal*, tanto em relação ao crédito como em relação ao débito. O crédito e o débito transmitem-se *causa mortis* ao sucessor universal, que se investirá em todos os direitos creditórios e em todas as obrigações decorrentes do ato negocial, seja ele herdeiro testamentário ou *ab intestato*. Todavia, quanto ao passivo, será de bom alvitre ressaltar que a herança responderá pelo pagamento das dívidas do *de cujus*, mas, feita a partilha, cada herdeiro só se responsabilizará proporcionalmente à parte que lhe coube na herança (CC, art. 1.997). Portanto, o herdeiro não responderá por encargos superiores às forças da herança; incumbe-lhe, porém, a prova do excesso, salvo se existir inventário, que a escuse, demonstrando o valor dos bens herdados (CC, art. 1.792).

Os sucessores a título universal não são terceiros; logo, o fato de assumirem, na relação jurídica, a posição do falecido não constitui, propriamente, exceção ao princípio da relatividade dos efeitos do contrato, mas, como eles não o estipularam, na verdade estão submetidos a consequências jurídicas que não provocaram pessoalmente.

---

123. Serpa Lopes, *Curso*, cit., p. 117.

Os *sucessores a título singular*, como aquele que do cedente adquiriu um ou vários direitos determinados, ou como o legatário, a não ser em situações excepcionais, previstas em lei, são alheios ao contrato. A cessão do contrato bilateral só será possível se ambas as partes consentirem nisso; assim, nenhum contratante poderá ceder a sua parte no contrato sem o assentimento do outro, exceto se o cedente, que já cumpriu toda a prestação assumida, surgir como credor da outra, ou se se configurar hipótese em que a lei dispensa tal anuência (Dec.-Lei n. 58/37, arts. 9º e 22; Lei n. 6.766/79, arts. 25 e s.). Nada obsta, porém, que o devedor convencione com um terceiro que este assuma a responsabilidade do seu débito perante o seu credor, o que, entretanto, como pontifica Serpa Lopes, não havendo o consentimento deste, em nada modifica a situação originária entre o devedor e o credor, que nenhuma vinculação jurídica terá em relação ao terceiro que se apresentar para efetuar o pagamento. É o que ocorre se A, tendo um crédito contra B, determina que B salde a sua dívida para com C, por conta do referido crédito.

Além disso, convém salientar que, se a cessão se referir a um direito real limitado, como a servidão, devidamente registrado, esse direito transmitir-se-á ao cessionário ou adquirente do bem, ativa ou passivamente.

Quanto aos débitos do cedente, oriundos do contrato cedido, é preciso dizer que sua transmissão não se opera virtualmente, pois dependerá da anuência do cessionário e do credor, que não poderá ser obrigado a aceitar um outro devedor[124].

f.3.2.3. Efeitos do contrato relativamente a terceiros

f.3.2.3.1. Princípio geral

O princípio geral é o de que o contrato não beneficia e não prejudica a terceiros (*res inter alios acta, aliis nec pradest nec nocet)*, atingindo unicamente as partes que nele intervieram. Trata-se do princípio da relatividade do contrato, segundo o qual este não pode produzir efeito jurídico além dos contraentes que nele consentiram. Entretanto, como já afirmamos em páginas anteriores, esse princípio não é absoluto, pois se o fosse acarretaria

124. Sobre o tema, *vide* as lições de: Orlando Gomes, *Contratos*, cit., p. 196; Serpa Lopes, *Curso*, cit., p. 117-21; Huc, *Cession et transmission des créances*, Paris, 1801.

graves consequências à realidade jurídica e social. Realmente, se, de um lado, nenhum terceiro pode ser vinculado a um ato negocial no qual não anuiu, por outro lado, a existência de um contrato produz efeitos no meio social, repercutindo em face de terceiros, que deles não podem escapar por força de lei ou da vontade das partes. É o caso, p. ex., do pacto de retrovenda (CC, art. 507) que, sem ser direito real, tem eficácia direta contra terceiros; da compra e venda de bens imóveis; do pacto com reserva de domínio, que tem repercussão *erga omnes*; da estipulação em favor de terceiro etc.[125].

f.3.2.3.2. Estipulação em favor de terceiro

A estipulação em favor de terceiro opõe-se ao brocardo vigente na era do direito romano, que assim rezava: *alteri stipulari nemo potest*, não admitindo, portanto, que um acordo de vontades produzisse efeitos em relação a terceiro, por não ter consentido no contrato[126]. Contudo, o próprio direito romano, que levava a extremos a personalização do vínculo obrigacional, posteriormente veio a mitigar o rigor desse princípio, como ocorreu nas hipóteses: *a*) de constituição de dote, em que se convencionasse sua restituição a terceiro depois da dissolução da sociedade conjugal; *b*) de doação modal em favor de terceiro; e *c*) de grande interesse do estipulante. Fora desses casos, nulas seriam as estipulações em favor de terceiro. Mas a doutrina e a moderna legislação vêm admitindo, em larga escala, a realização dessas convenções. E o atual Código Civil seguiu essa orientação, ao admitir a validade e a eficácia das estipulações em favor de terceiro, disciplinando-as nos arts. 436 a 438[127].

A *estipulação em favor de terceiro* vem a ser um contrato estabelecido entre duas pessoas, em que uma (estipulante) convenciona com outra (promitente) certa vantagem patrimonial em proveito de terceiro (beneficiário), alheio à formação do vínculo contratual[128]. P. ex.: suponhamos a hi-

---

125. Serpa Lopes, *Curso*, cit., p. 121-3; Savatier, Le prétendu principe de l'effet relatif des contrats, *Revue Trimestrielle de Droit Civil*, p. 540, 1934; Demogue, *Notions fondamentales de droit privé*, p. 481 e s.; Josserand, *Cours*, cit., v. 2, n. 250.

126. Giffard, *Précis de droit romain*, 3. ed., 1951, n. 277 e s.; Girard, *Traité élémentaire de droit romain*, 3. ed., Paris, 1901. *Vide*: *RJTJSP*, *130*:316 e *154*:105.

127. W. Barros Monteiro, op. cit., p. 48 e 49; Serpa Lopes, *Curso*, cit., p. 124 e 125; Caio M. S. Pereira, op. cit., p. 96.

128. Orlando Gomes, *Contratos*, cit., p. 198; Caio M. S. Pereira, op. cit., p. 91; Clóvis Beviláqua, *Código Civil*, cit., v. 4, p. 265; Serpa Lopes, *Curso*, cit., p. 126; Silvio Rodri-

pótese de uma separação consensual ou de um divórcio, em que o marido promete à mulher doar, ao único filho do casal, uma parte dos bens que lhe couber na partilha (*RT*, *159*:202, *613*:260 e *762*:295). Surge, assim, um contrato entre marido (promitente) e mulher (estipulante), convencionando uma obrigação, cuja prestação será cumprida em favor de um terceiro (o filho, que será o beneficiário) totalmente estranho ao contrato, pois não toma parte na formação do ato negocial. É muito comum nas doações modais, quando o donatário se obriga para com o doador a executar o encargo em benefício de certa pessoa. A estipulação em favor de terceiro pode figurar ainda nos contratos de seguro (*RT*, *443*:292, *92*:103, *86*:93); se uma pessoa (estipulante), mediante pagamento de prêmios anuais, consegue da seguradora (promitente) a promessa de pagar a terceiro por ela indicado (beneficiário), por ocasião de seu falecimento, uma certa quantia em dinheiro; nos contratos de transporte de objetos para terceiro; na constituição de renda, quando há terceiro beneficiário (CC, art. 804) e o promitente recebe do estipulante um capital, obrigando-se a pagar ao beneficiário uma renda por tempo certo ou pela vida toda[129].

Para que se dê a estipulação em favor de terceiro, exige-se a presença de:

a) um *requisito subjetivo*, já que nessa relação jurídica aparecem, obrigatoriamente, três pessoas: o *estipulante*, que, sem ser representante de quem quer que seja, agindo em seu próprio nome, contrata em benefício e no interesse de terceiro, obtendo, desse modo, de outrem uma promessa em favor do beneficiário; o *promitente* ou *devedor*, que se obriga a uma prestação, perante o estipulante, em favor de terceiro, e o *beneficiário*, que é o terceiro a quem o contrato aproveitará. Porém, para que se configure a estipulação em favor de terceiro, é imprescindível que o terceiro beneficiário seja estranho ao contrato (*RT*, *444*:170, *204*:156, *207*:106; *AJ*, *110*:312). Essa terceira pessoa não precisa ter nenhuma aptidão para contratar, pois, por não intervir ou não participar no ajuste, poderá ser um menor, um herdeiro e

---

gues, op. cit., p. 113. *Vide*: Diogo Leite de Campos, Autonomia contratual e contrato a favor de terceiro, *Revista de Direito Comparado Luso-Brasileiro*, *1*:93-106, 1982; Flattet, *Les contrats pour le compte d'autrui*, 1950; Scalfi, *La promessa del fatto altrui*, 1955; João Cesar Guaspari Papaleo, *Contrato a favor de terceiro*, Rio de Janeiro, Renovar, 2000.

129. Colin e Capitant, op. cit., v. 2, p. 320; Bassil Dower, op. cit., p. 41 e 42; Serpa Lopes, *Curso*, cit., p. 135; Silvio Rodrigues, op. cit., p. 114; *RT*, *204*:156, *209*:171; Caio M. S. Pereira, op. cit., p. 95. Há uma relação contratual dupla: a entre estipulante e promitente e a entre promitente e beneficiário, sem eliminar a interferência do estipulante, que pode exigir a prestação e resolver o contrato.

até mesmo uma pessoa indeterminada no instante da celebração do contrato, desde que determinável. Não é, portanto, parte na celebração do negócio jurídico levado a efeito pelo estipulante e pelo promitente, mas apenas tira proveito da promessa (*RT*, *92*:103, *86*:93); embora seja credor, é um elemento estranho ao contrato. Entretanto, claro está que estipulante e promitente deverão ter capacidade para contratar;

b) um *requisito objetivo*, pois, além da liceidade e possibilidade de objeto, para que se configure será preciso que haja uma vantagem patrimonial, gratuita ou não, que beneficie terceira pessoa, alheia à convenção. Terá de haver um benefício em favor de outrem, porém não se exige que seja inteiramente gratuito. Assim, se A, dono de um imóvel no valor de R$ 2.000.000,00, convencionou com B a obrigação de transferi-lo a C (terceiro), mediante o pagamento que este efetuará de R$ 500.000,00, não se poderá alegar que não houve vantagem para C, apesar de não ser gratuita (*RT*, *143*:633). Todavia, é preciso ressaltar que a estipulação não poderá ser feita contra terceiro, mas sempre em seu favor, representando uma vantagem, suscetível de apreciação pecuniária;

c) um *requisito formal*, visto que sua forma será livre, por se tratar de contrato consensual[130].

Muitas controvérsias doutrinárias giram em torno da *natureza jurídica* desse ato negocial, pois sua estrutura e efeitos são muito diferentes dos demais negócios jurídicos, principalmente no que concerne à sua celebração por duas pessoas, que visam beneficiar um estranho à relação jurídica, o qual, apesar de não participar na formação do ajuste, adquire a qualidade de sujeito dessa relação[131]. Há cinco posições a respeito de sua caracterização jurídica:

a) uma, defendida por Laurent e Demolombe, pretende que seja uma *oferta*, à espera de aceitação do beneficiário, manifestando sua vontade de receber a prestação a que o promitente se obrigara; porém, tal não ocorre, visto que o promitente não é mero proponente, mas um obrigado;

b) outra, sustentada por Pothier e Labbe, a entende como uma *gestão de negócios*, empreendida pelo estipulante, que passará a ser um represen-

130. Orlando Gomes, *Contratos*, cit., p. 199; De Page, op. cit., n. 671; W. Barros Monteiro, op. cit., p. 50 e 51; Serpa Lopes, *Curso*, cit., p. 126; Bassil Dower, op. cit., p. 42; Silvio Rodrigues, op. cit., p. 114; Caio M. S. Pereira, op. cit., p. 95; Mazeaud e Mazeaud, *Leçons de droit civil*, n. 776.

131. Caio M. S. Pereira, op. cit., p. 92.

tante oficioso do terceiro; entretanto, a circunstância de estipulante e promitente agirem em seu próprio nome afasta a ideia de gestão de negócio, na qual prepondera a ação em nome alheio;

c) a aceita por Colin e Capitant e Josserand, que nela vislumbra uma *declaração unilateral da vontade*, o que não convence, pois a estipulação em favor de terceiro exige, para a sua formação, o acordo de duas vontades, e é contraída em proveito de certa pessoa, ao passo que a promessa unilateral, em regra, é indeterminada e anônima;

d) a do *direito direto*, aceita por Planiol e Ripert, que entrevê na estipulação um contrato entre estipulante e promitente, tendo como acessório a vantagem prometida a terceiro, de modo que a estipulação seria um negócio jurídico acessório;

e) a de Clóvis, que afirma sua natureza contratual, observando que se trata de uma categoria especial de contrato, não ajustável às categorias comuns, por ser um *contrato "sui generis"*, no qual a exigibilidade da prestação passa ao beneficiário, sem que o estipulante a perca. Isto é, como a prestação deverá ser realizada em benefício de terceiro, este tornar-se-á credor do promitente, aperfeiçoando-se o ajuste no instante em que ele aceitar a vantagem prometida. Esta é a melhor concepção a respeito, pois nosso legislador, ao regular a estipulação em favor de terceiro (CC, arts. 436, parágrafo único, e 437), designa-a de *contrato*[132]. Deveras, há uma relação contratual dupla que se forma com o acordo de vontades entre estipulante e promitente com o intuito de criar um vínculo jurídico, que tem a peculiaridade de estabelecer o dever de prestar um benefício a terceiro, estranho ao contrato, que se tornará credor do promitente[133].

Dever-se-ão, ainda, examinar os *efeitos* da estipulação em favor de terceiro, tendo-se em vista[134]:

---

132. Demolombe, *Cours de droit civil*, v. 24, n. 203, p. 189; Laurent, *Principes de droit civil*, t. 15, n. 559; De Page, op. cit., v. 2, parte 1, n. 664; Caio M. S. Pereira, op. cit., p. 92 e 93; Serpa Lopes, *Curso*, cit., p. 127-9; Colin e Capitant, op. cit., v. 2, p. 326 e s.; W. Barros Monteiro, op. cit., p. 49 e 50; Clóvis Beviláqua, *Código Civil*, cit., v. 4, p. 265; Silvio Rodrigues, op. cit., p. 117 e 118; Bassil Dower, op. cit., p. 41; Pacchioni, *Contratti a favore di terzi*, 3. ed., Padova.

133. Caio M. S. Pereira, op. cit., p. 93 e 94.

134. De Page, op. cit., v. 2, parte 1, n. 680 e 705; Caio M. S. Pereira, op. cit., p. 97-9; W. Barros Monteiro, op. cit., p. 51 e 52; Serpa Lopes, *Curso*, cit., p. 130-5; Orlando Gomes, *Contratos*, cit., p. 199 e 200; Demogue, *Obligations*, v. 7, n. 802 e 809; Silvio Rodrigues, op. cit., p. 118-21; Bassil Dower, op. cit., p. 42-4; *RT*, *326*:733, *209*:171, *159*:202; *RF*, *110*:134; *AJ*, *110*:286.

1º) *as relações entre estipulante e promitente*, pois: *a*) o estipulante e o promitente, na criação do vínculo contratual, agem como qualquer contratante; *b*) o promitente se obriga a beneficiar o terceiro, mas nem por isso se desobriga ante o estipulante, visto que este, pelo art. 436 do Código Civil, tem o direito de exigir o adimplemento da obrigação, e pelo art. 438, parágrafo único, pode reservar-se o direito de substituir o terceiro, independentemente da anuência do promitente, por ato *inter vivos* ou *causa mortis*; assim sendo, se não se reservou tal direito, não mais poderá fazê-lo posteriormente; *c*) o estipulante poderá exonerar o promitente, se no contrato não houver cláusula que dê ao beneficiário o direito de reclamar-lhe a execução da promessa; *d*) o estipulante pode, ainda, revogar esse contrato, hipótese em que o promitente se libera perante o terceiro, passando a ter o dever de prestar a obrigação ao estipulante, exceto se o contrário resultar da vontade das partes, da natureza do contrato ou do caráter personalíssimo da obrigação;

2º) *as relações entre promitente e terceiro*, que só aparecem na fase de execução do contrato, quando o terceiro passa a ser credor, podendo exigir o cumprimento da prestação prometida, desde que se sujeite às condições e normas do contrato por ele aceito, enquanto o estipulante não o inovar nos termos do art. 438 (CC, art. 436, parágrafo único). Percebe-se que o promitente é apenas um obrigado perante o estipulante e o beneficiário. Além disso, é mister ressaltar, como o fazem Demogue e De Page, que o promitente não poderá opor, como compensação ao terceiro, o crédito que ele tiver contra o estipulante;

3º) *as relações entre estipulante e terceiro beneficiário*, já que: *a*) o estipulante, com a formação desse contrato, terá o poder de substituir o terceiro, como vimos acima; *b*) o estipulante poderá exonerar o devedor, se o terceiro em favor de quem se fez o contrato não se reservar o direito de reclamar-lhe a execução (CC, art. 437). Se o estipulante liberar o devedor, a estipulação em favor de terceiro ficará sem efeito; por conseguinte, a fim de evitar isso, será necessário que o contrato determine, expressamente, o direito do beneficiário de reclamar a execução do contrato; caso contrário, ficará na dependência da vontade do estipulante extinguir ou não esse vínculo contratual; *c*) a aceitação do terceiro consolida o direito, tornando-o irrevogável, de forma que antes de sua aceitação o estipulante poderá revogar a estipulação, salvo na hipótese do art. 438.

f.3.2.3.3. Contrato por terceiro

O contrato produzirá efeitos em relação a terceiro se uma pessoa se comprometer com outra a obter prestação de fato de um terceiro não participante dele, caso em que se configura o contrato por terceiro (promessa de fato de terceiro), previsto no Código Civil, art. 439. Como sucede na estipulação em favor de terceiro, esse contrato requer, para a sua formação, a presença de duas pessoas capazes e aptas a criar direitos e obrigações, que ajustam um negócio tendo por objeto a prestação de um fato, que deverá ser cumprido por outra pessoa. O devedor deverá obter o consentimento do terceiro, pois este é que deverá executar a prestação final. O promitente deve obter tal anuência, mas como sua obrigação é de resultado, não se exonerará, apesar de ter envidado esforços para conseguir aquele consenso. Baseia-se no princípio cardial de que terceiro não está obrigado negocialmente, a não ser que dê seu consenso. Se o terceiro consentir em realizá-la, executa-se a obrigação do devedor primário, que se exonerará. Porém, se o terceiro não a cumprir, o devedor primário será inadimplente, sujeitando-se, então, às perdas e danos (CC, art. 439), de forma que o credor terá ação contra ele e não contra o terceiro. O promitente terá a obrigação de indenizar o outro contratante, se terceiro não vier a acatar o avençado. Fácil é denotar que essa promessa de fato de terceiro constitui uma obrigação de fazer, isto é, de conseguir o ato de terceiro. O inadimplemento dessa obrigação de fazer, que se dá quando terceiro não executa o ato prometido por outrem, sujeita o que prometeu obter tal ato à indenização de prejuízos. Mas tal responsabilidade não terá se o terceiro for seu cônjuge, dependendo da sua anuência o ato a ser praticado e desde que, pelo regime do casamento (comunhão universal ou parcial), a indenização recaia, de alguma maneira, sobre seus bens. Com isso evitar-se-á que o cônjuge, que não concedeu a outorga para a realização do ato prometido, venha a sofrer os efeitos de uma ação indenizatória, posteriormente, movida contra o consorte-promitente (CC, art. 439, parágrafo único). P. ex., se um dos cônjuges, casado sob o regime de comunhão, prometer obter anuência do outro para dar fiança. A recusa do consorte não fará com que o promitente responda pelas perdas e danos, com o patrimônio do casal, visto que a lei retira a eficácia daquela promessa, tutelando os direitos de um dos cônjuges. E, além disso, nenhuma obrigação haverá para quem se comprometer por outrem, se este, depois de se ter obrigado, faltar à prestação (CC, art. 440). Se terceiro assumir a obrigação, liberado estará o promitente. Deveras, se terceiro anuir, o promitente, por não ser seu fiador nem codevedor da prestação, exonerado está de qualquer obrigação indenizatória pelo inadimplemento da prestação por parte do terceiro. A reparação dos danos com o inadimplemento recairá sobre o terceiro. Isto é assim porque, com a anuência de terceiro, rompido está o vínculo obrigacional que ligava promitente (devedor primário), visto que aquele veio assumir a obrigação que por este lhe havia sido atribuída (*RF*, *240*:175, *109*:447; *RT*, *199*:216, *216*:157; Código Civil, arts. 439, parágrafo único, e 440). Entretanto, o promitente eximir-se-á se a prestação do terceiro não puder ser levada a efeito por impossibilidade física ou jurídica ou por iliceidade (CC, art. 166, II). Mas esse tipo de contrato não se confunde com a estipulação, visto que: *a*) na execução contratual, a terceira pessoa só se obrigará se der sua anuência, pois, se não consentir, nenhuma obrigação terá; *b*) o credor será sempre o mesmo, com direito oponível a seu contratante até o consentimento do terceiro, e contra este a partir de sua anuência; *c*) os dois devedores são sucessivos e não simultâneos; primeiramente, o credor o é daquele que se obrigou a obter a prestação de fato de terceiro, e somente quando este último der o seu consentimento é que o credor poderá obter a *solutio* contra ele; enquanto não aceitar, permanecerá estranho à relação jurídica contratual. A partir do momento da anuência do terceiro, a obrigação do devedor primário se extinguirá, desligando-o do contrato. Apenas haverá sucessividade da relação debitória se o terceiro concordar em prestar o ato; *d*) na estipulação, a prestação é criada em favor de terceiro, sem qualquer ônus para ele, ao passo que no contrato por terceiro se tem por objetivo torná-lo obrigado pela prestação assegurada por outrem.

f.3.2.3.4. Contrato com pessoa a declarar

Ao lado da estipulação a favor de terceiro e da promessa de fato de terceiro, o Código Civil, nos arts. 467 a 471, contempla o *contrato com pessoa a declarar*, que se relaciona com o mandato e com a gestão de negócios, mas sem se confundir com eles, e é similar à cessão de contrato. No contrato com pessoa a declarar, um dos contratantes tem o interesse em fazer-se substituir por pessoa cujo nome pretende ocultar, no momento da celebração do negócio (p. ex., condômino que quer adquirir outras cotas da copropriedade; vizinho que quer comprar área contígua etc.), embora tal substituição possa não ocorrer. É usual para evitar dispêndio com nova venda, em casos de aquisição de bem para revenda, em que há intermediação do adquirente. Pode ser utilizado por quem não deseja, por qualquer razão, ser identificado no início do contrato. Trata-se de cláusula *electio amici*, *pro amico eligendo* ou *pro amico electo* inserida no contrato, pela qual, no momento da conclusão deste, uma das partes (*stipulans*) reserva a si o direito de indicar a pessoa (*electus*) que deverá adquirir direitos ou que assumirá as obrigações decorrentes do ato negocial (CC, art. 467). Tal indicação, feita por escrito, deverá ser comunicada à outra parte (*promittens*) dentro de cinco dias da conclusão do contrato, se outro prazo não tiver sido estipulado contratualmente (CC, art. 468) por qualquer motivo (circunstância negocial, natureza da obrigação etc.). A aceitação do nomeado não terá eficácia se não se revestir da mesma forma usada pelas partes para efetuarem o contrato (CC, art. 468, parágrafo único). Logo, com a aceitação da pessoa nomeada (*electus*), revestida da mesma formalidade do ato negocial, esta passará a ter perante o *promittens* todos os direitos e deveres oriundos do contrato, a partir do instante de sua celebração, liberando-se, então, o indicante (*stipulans*) (CC, art. 469). Fácil é perceber que aquela aceitação produz efeito *ex tunc*, por isso o nomeado é tido como contratante originário, desaparecendo da relação contratual aquele que fez a indicação.

O contrato só terá eficácia entre os contratantes originários se: *a*) não houver indicação da pessoa a declarar (CC, art. 470, I, 1ª parte); *b*) o nomeado se recusar a aceitar sua nomeação (CC, art. 470, I, 2ª parte); *c*) a pessoa indicada for insolvente, fato este desconhecido no momento de sua indicação (CC, art. 470, II). Com isso, percebe-se que o negócio é aleatório, o indicante aceita o risco da insolvência do indicado e, diante do princípio da boa-fé, a cláusula da responsabilidade pela idoneidade do indicado está ínsita contratualmente, por isso quem nomeia terceiro responderá se este for inidôneo ou insolvente (CC, art. 471, 2ª parte – o Projeto de Lei n. 699/2011 visa suprimir essa 2ª parte por ser desnecessária, ante o inciso II do art. 470). Mas o Parecer Vicente Arruda rejeitou, ao analisar o PL n. 6.960/2002 (atual PL n. 699/2011), a proposta, por entender que: "A repetição da palavra 'insolvente' não cogita da mesma situação a que se refere o art. 470, II. No art. 471 o insolvente é equiparado ao incapaz e sua nomeação torna-se inoperante independentemente da ciência ou não"; *d*) a pessoa indicada era incapaz (CC, art. 104, I) no momento da nomeação (CC, art. 471, 1ª parte)[135]. Se tais casos ocorrerem, a *cláusula de reserva de*

135. Relativamente ao contrato por terceiro (*convention de portefort*), consulte as lições de: Serpa Lopes, *Curso*, cit., p. 135-9; Demogue, *Obligations*, cit., ns. 895 a 919; Caio M. S. Pereira, op. cit., p. 99-102; De Page, op. cit., v. 2, parte 1, ns. 729 a 751; Colin e Capitant, op. cit., v. 2, p. 137 e s. E sobre contrato com pessoa a declarar, *vide*: Sílvio Venosa, *Direito civil*, cit., v. 2, p. 436; M. Helena Diniz, *Tratado teórico e prático*, cit., v. 1, p. 116 e 117; Carresi, Funzione e estrutura del contratto per persona da nominare, *Rivista di Diritto Civile*, 1958, I, p. 591 e s.; Luiz Roldão de Freitas Gomes, *Contrato com pessoa a declarar*, 1994; Enrietti, *Il contratto per persona da nominare*, 1950; Carlos Roberto Gonçalves, *Direito Civil brasileiro*, cit., p. 146-53; Carlos Cadenas Quiros, Contrato por persona a nombrar, *Revista de Direito Civil*, *57*:7-13; Lucas A. Barroso,

nomeação tornar-se-á ineficaz e o contrato originário celebrado entre *stipulans* e *promittens* terá imediata eficácia entre eles.

f.3.2.4. Efeitos do princípio da relatividade quanto ao objeto da obrigação

Em relação ao objeto da obrigação, a eficácia do contrato é também relativa, pois somente dará origem a obrigações de dar, de fazer ou de não fazer. Portanto, seus efeitos são, a esse respeito, puramente obrigacionais, uma vez que apenas criam obrigações, ficando os contraentes adstritos ao cumprimento delas. Clara está a natureza pessoal do vínculo contratual, de tal sorte que surge para uma das partes o direito de exigir da outra a prestação prometida, que deverá ser cumprida conforme o convencionado, assegurando-se, assim, aos contratantes a utilidade que tiveram em vista ao concluir o contrato, não só garantindo, p. ex., a outra parte contra os riscos da evicção, se a prestação for a entrega de coisa certa, mas também entregando o objeto sem vícios ou defeitos ocultos, que o tornem impróprio ao uso a que se destina ou que lhe diminuam o valor. Assim sendo, em nosso direito, o contrato não produz efeitos reais, ou melhor, translativos da propriedade e dos *jura in re aliena*. Realmente, no contrato de compra e venda, como logo mais veremos, o vendedor se obriga a transferir o domínio de certo objeto, porém não o transmite por efeito do contrato, pois a transferência de propriedade só se operará por um modo de aquisição, que será a tradição, se se tratar de bem móvel, e o assento no registro imobiliário, se imóvel. Desse modo, o contrato apenas servirá de *titulus adquirendi*[136].

f.3.3. Efeitos particulares do contrato

f.3.3.1. Considerações introdutórias

As consequências jurídicas acima arroladas dizem respeito ao contrato em sentido geral, em relação aos contratantes, aos sucessores a título uni-

---

Do contrato com pessoa a declarar, *A realização do direito civil*, Curitiba, Juruá, 2011, p. 79 a 93; Jean Fréderic Reymond (*La promesse de vente pour soi ou pour son nommable*, p. 9-11) arrola alguns casos em que se pode utilizar o contrato com pessoa a declarar, como: o do proprietário de um imóvel que, por razão pessoal, não quer vendê-lo a certa pessoa; o do promitente comprador que especula sobre o valor do imóvel, retendo-o por tempo suficiente para revendê-lo a preço melhor etc. *Vide*: CC italiano, arts. 1.401 a 1.405; CC português, arts. 452º a 456º; CC peruano, arts. 1.473 a 1.476; CC boliviano, art. 472.

136. Orlando Gomes, *Contratos*, cit., p. 193 e 201.

versal e particular, a terceiros e ao objeto da obrigação. Entretanto, os contratos bilaterais ou sinalagmáticos, por suas peculiaridades, apresentam particulares efeitos jurídicos, subordinando-se a normas inaplicáveis aos unilaterais. Sob esse prisma, apreciaremos a questão concernente ao direito de retenção, à *exceptio non adimpleti contractus*, aos vícios redibitórios, à evicção e às arras, que só dizem respeito aos contratos bilaterais, em virtude do fato de existirem, para as partes contratantes, obrigações dependentes uma das outras genética e funcionalmente[137].

f.3.3.2. Direito de retenção

Seguindo a esteira de Arnoldo Medeiros da Fonseca, poder-se-á dizer que o direito de retenção seria a permissão, concedida pela norma ao credor, de conservar em seu poder coisa alheia, que já detém legitimamente, além do momento em que a deveria restituir se o seu crédito não existisse e, normalmente, até a extinção deste. Ou ainda como sucintamente o define Henri De Page, ao concebê-lo como o "direito em virtude do qual uma pessoa que detém coisa pertencente a outrem tem justo motivo para lhe diferir a restituição até o pagamento do que lhe é devido em razão desta coisa, por seu proprietário". Funda-se esse direito no princípio de equidade, que se manifesta sempre que o crédito do possuidor for conexo com a obrigação de restituição. Esse direito de retenção está assegurado: a todo possuidor de boa-fé que tem direito à indenização das benfeitorias necessárias ou úteis, podendo, pelo valor delas, exercer o direito de retenção (CC, art. 1.219); ao credor pignoratício (CC, art. 1.433, II e III); ao depositário (CC, art. 644, parágrafo único); ao mandatário (CC, art. 681); e ao cônjuge (CC, art. 1.652).

Para que se configure tal direito, será preciso que haja:

a) *detenção de coisa alheia*, originada por uma causa normal e lícita;

b) *conservação dessa detenção*, já que o direito de retenção cessará se se perder o objeto, de forma que esse direito, como uma forma de garantia, será mantido enquanto o bem permanecer sob o poder do retentor;

137. Serpa Lopes, *Curso*, cit., p. 147; Orlando Gomes, *Contratos*, cit., p. 103; Constantinesco, *La résolution des contrats synallagmatiques en droit allemand*, Paris, 1940, p. 69; Cassin, *De l'exception tirée de l'inexécution dans les rapports synallagmatiques*, Paris, 1914, p. 3; J. Nascimento Franco, Exceção do contrato não cumprido, *Tribuna do Direito*, out. 2001, p. 6.

c) crédito líquido, certo e exigível do retentor, em relação de conexidade com a coisa retida, pois o crédito constitui a justa causa do direito de retenção;

d) inexistência de exclusão legal ou convencional do direito de retenção, visto que o seu exercício se subordina ao fato de não estar impedido por qualquer exclusão convencional ou legal, como ocorre no caso do art. 578 do Código Civil, que proíbe o locatário de reter a coisa alugada, exceto na hipótese de benfeitorias necessárias ou de benfeitorias úteis, se estas foram feitas com o expresso consentimento do locador, e no caso do art. 1.220, que nega ao possuidor de má-fé o direito de retenção das benfeitorias necessárias pela sua importância[138].

f.3.3.3. "Exceptio non adimpleti contractus"

Nos contratos sinalagmáticos, como apontamos alhures, nenhum dos contratantes poderá, antes de cumprir a sua obrigação, exigir a do outro (CC, art. 476, *caput*). Isto é assim porque nesses contratos há uma dependência recíproca das prestações que, por serem simultâneas, são exigíveis no mesmo momento; p. ex.: na compra e venda à vista, o dever de pagar o preço e o de entregar a coisa estão ligados, funcionalmente, numa relação de interdependência, pois o preço será pago com a entrega do bem e esta efetuada ante o pagamento do preço estipulado; logo, cada contraente poderá recusar-se a cumprir a sua obrigação, opondo a *exceptio non adimpleti contractus*, mas se não cumpriu o dever contraído, lícito não lhe será exigir que o outro cumpra o seu. Se a venda for a crédito, cessará a possibilidade de opor a exceção de contrato não cumprido.

A *exceptio non adimpleti contractus* é uma defesa oponível pelo contratante demandado contra o cocontratante inadimplente, em que o demandado se recusa a cumprir a sua obrigação, sob a alegação de não ter, aquele que a reclama, cumprido o seu dever, dado que cada contratante está sujeito ao estrito adimplemento do contrato. Dessa forma, se um deles não o cumprir, o outro tem o direito de opor-lhe em defesa essa exceção, desde que a lei ou o próprio contrato não determine a quem competirá efetuar a

138. Sobre o assunto, *vide*: Serpa Lopes, *Curso*, cit., p. 148-59; Derruppé, *La nature juridique du droit du preneur à bail et la distinction des droits réels et des droits de créance*, Paris, 1952, p. 218; Ramos e Silva Ramos Jr., Ensaio sobre a teoria geral do direito de retenção, *Revista de Direito, 26*:425, 1912; Arnoldo Medeiros da Fonseca, *Teoria geral do direito de retenção*, n. 66, 72 e 133 a 138; Walter D'Avanzo, Diritto di ritenzione, in *Nuovo Digesto Italiano*, v. 1, p. 834; De Page, op. cit., v. 6, parte 1, n. 792 e s.; Giorgio Giorgi, *Teoria delle obbligazioni*, v. 2, n. 390 e 391; *RT*, *431*:66, *281*:409; TJRS, *Revista Jurídica*, *51*:173.

obrigação em primeiro lugar. É óbvio que, se se estabeleceu a sucessividade no cumprimento do contrato, a parte contratante que deverá satisfazer a prestação antes da outra não poderá deixar de cumpri-la, alegando que o outro contraente não satisfará a sua parte. Todavia, excepcionalmente, será permitido, a quem incumbe cumprir a prestação em primeiro lugar, recusar-se ao seu cumprimento, até que a outra satisfaça a que lhe compete ou dê alguma garantia, se depois de concluído o ato negocial sobrevier diminuição em seu patrimônio que comprometa ou torne duvidosa a prestação a que se obrigara (CC, art. 477). Pelo Enunciado n. 438 do Conselho da Justiça Federal (aprovado na V Jornada de Direito Civil): "A exceção de inseguridade, prevista no art. 477, também pode ser oposta à parte cuja conduta põe manifestamente em risco a execução do programa contratual".

Se houver cumprimento incompleto, defeituoso ou inexato da prestação por um dos contraentes, admite-se a *exceptio non rite adimpleti contractus*, em que o outro poderá recusar-se a cumprir a sua obrigação até que aquela prestação se complete ou melhore.

A *exceptio non adimpleti contractus* não poderá ser arguida se houver renúncia, impossibilidade da prestação ou se o contrato contiver a cláusula *solve et repete*, ou seja, cláusula que torne a exigibilidade da prestação imune a qualquer pretensão contrária do devedor. A cláusula *solve et repete* apresenta-se, portanto, como uma renúncia à exceção do contrato não cumprido, pois ao convencioná-la o contratante abre mão da *exceptio non adimpleti contractus*[139].

---

139. Orlando Gomes, *Contratos*, cit., p. 103-6; Cassin, *Exceptio non adimpleti contractus*, Paris, Sirey, 1914; Serpa Lopes, *Exceções substanciais – "exceptio non adimpleti contractus"*, Rio de Janeiro, 1969; *Curso*, cit., p. 160-8; Caio M. S. Pereira, op. cit., p. 135-7; Senin, La clausola solve et repete nei contratti privati, *Rivista di Diritto Civile*, p. 26 e s., 1936; Roger Pallard, *L' exception de nécessité en droit civil*, 1949; Biagio Grasso, *Eccezione d'inadempimento e risoluzione del contratto*, 1973; Giovanni Pérsico, *L'eccezione d'inadempimento*, 1955; Jean-François Pillebout, *Recherches sur l'exception d'inexécution*, 1971; Hector Masnatta, *Excepción de incumplimiento contractual*, 1967; Olímpio Ferraz, *Exceção do contrato não cumprido*, 1957; José João Abrantes, *A excepção de não cumprimento do contrato no direito civil português*, 1986. A *exceptio non adimpleti contractus* aplica-se para o caso de inadimplemento total da obrigação, incumbindo a prova ao contratante que não a cumpriu, e a *exceptio non rite adimpleti contractus*, para as hipóteses de descumprimento incompleto ou parcial da prestação. Assim, quem a invocar deverá prová-la, uma vez que há presunção de ter sido regular o pagamento aceito. Sem embargo desta diferenciação, apesar da diversidade de efeitos, em sua substância, pode-se afirmar que ambas supõem inadimplemento, visto que cumprimento defeituoso ou incompleto é equivalente ao descumprimento. Pela cláusula *solve et repete*, o contratante assume a obrigação, mesmo que o outro não a cumpra, renunciando ao direito de opor a *exceptio non adimpleti contractus*. Encontra-se tal cláusula, em regra, em contratos administrativos. *Vide*: *RT*, *788*:385, *805*:227; *JTJ*, *Lex*, *149*:15.

f.3.3.4. Vícios redibitórios

f.3.3.4.1. Conceito e fundamento jurídico

Nosso Código Civil, no art. 441, ao prescrever que "A coisa recebida em virtude de contrato comutativo pode ser enjeitada por vícios ou defeitos ocultos, que a tornem imprópria ao uso a que é destinada, ou lhe diminuam o valor", admitiu a teoria dos vícios redibitórios, a fim de aumentar as garantias do adquirente sujeito a uma contraprestação, responsabilizando o alienante pelos vícios ocultos do bem alienado, visto que o adquirente tem direito à utilidade natural da coisa. Assim, se houver defeitos ocultos que a desvalorizem ou a tornem imprestável à sua finalidade, quando descobertos, produzirão a redibição do bem, tornando sem efeito o contrato, com a restituição do objeto defeituoso a seu antigo dono. Nessas circunstâncias, o alienante responderá pela devolução do valor recebido, além das perdas e danos, e, se for o caso, pelo abatimento no preço, se o adquirente pretender conservar a coisa (CC, art. 442)[140]. Essa garantia é um dos efeitos diretos dos contratos comutativos, ou melhor, dos contratos bilaterais que servem de *titulus adquirendi* de propriedade, como os contratos de compra e venda, de permuta (*RT*, *86*:299), de sociedade, de empreitada (*RF*, *155*:181), e a doação onerosa, isto é, gravada com encargo, por terem a função econômica de possibilitar a circulação da riqueza[141]. Mas pelo Enunciado n. 583: "O art. 441 do Código Civil deve ser interpretado no sentido de abranger também os contratos aleatórios, desde que não inclua os elementos aleatórios do contrato" (aprovado na VII Jornada de Direito Civil). Assim, se a álea se circunscrever à *quantidade* da coisa contratada, não abrangendo a sua qualidade, a parte que recebeu a coisa viciada, mesmo que em virtude de contrato aleatório, poderá se valer da garantia por vícios redibitórios.

Os *vícios redibitórios*, portanto, são falhas ou defeitos ocultos existentes na coisa alienada, objeto de contrato comutativo ou doação onerosa, não comuns às congêneres, que a tornam imprópria ao uso a que se destina ou lhe diminuem sensivelmente o valor, de tal modo que o ato negocial não se realizaria se esses defeitos fossem conhecidos, dando ao adquirente ação para redibir o contrato ou para obter abatimento no preço[142]. P. ex.: o automóvel que apre-

---

140. Fubini, Nature juridique de la responsabilité du vendeur pour les vices cachés, *Revue Trimestrielle de Droit Civil*, p. 179-333, 1903; Bassil Dower, op. cit., p. 46; W. Barros Monteiro, op. cit., p. 53; Serpa Lopes, *Curso*, cit., p. 150.

141. Orlando Gomes, *Contratos*, cit., p. 106; Código Civil, arts. 138, 484, 500, 503 e 509.

142. W. Barros Monteiro, op. cit., p. 53; Bassil Dower, op. cit., p. 46; Caio M. S. Pereira, op. cit., p. 103; Silvio Rodrigues, op. cit., p. 128; Otto de Souza Lima, *Teoria dos vícios redibitórios*, São Paulo, 1965; R. Limongi França, Do vício redibitório, *RT*, *292*:60; Luiz Roldão de Freitas Gomes, Breves apontamentos sobre vícios redibitórios e sua disci-

senta aquecimento excessivo do motor, ao subir ladeiras (*RF*, *77*:116); o prédio sujeito a frequentes inundações, em virtude de chuvas (*RT*, *447*:216, *302*:255, *218*:265); os sacos, adquiridos para embalar café, com cheiro intolerável (*RT*, *157*:354); as novilhas escolhidas para reprodução de gado *vacum*, porém estéreis (*RT*, *257*:834, *167*:717; *RF*, *116*:499, *177*:255), foram consideradas pelo Tribunal de São Paulo como coisas vendidas com defeitos ocultos, não comuns aos objetos da espécie, que não podiam ser logo percebidos pelo comprador, que as adquiriu no pressuposto da inexistência desses vícios. Esses defeitos ocultos tornam o bem alienado inútil ao fim a que se destina ou lhe diminuem o valor; daí a lei conferir ao adquirente o direito de rescindir o negócio ou de pedir abatimento no preço[143].

O *fundamento* da responsabilidade do alienante pelos vícios redibitórios repousa no princípio de garantia, segundo o qual o adquirente, sujeito a uma contraprestação, tem direito à utilidade natural do bem móvel ou imóvel, e como não pode, normalmente, examiná-lo em profundidade a ponto de poder descobrir-lhe os defeitos ocultos, precisará estar garantido contra o alienante, para o caso de lhe ser entregue objeto defeituoso, que não se presta a seu uso natural ou que não guarda paralelismo com o valor de aquisição; por isso, a lei lhe possibilita rejeitar a coisa ou abater o preço[144].

f.3.3.4.2. Requisitos necessários

Vários são os requisitos necessários à configuração dos vícios redibitórios, tais como[145]:

---

plina no Projeto do Código Civil, *Cadernos de Direito Privado da Universidade Federal Fluminense*, *2*:135 e s., 1979; Caio Augusto S. Santos e Paulo Henrique S. Godoy, Dos vícios redibitórios no novo Código Civil e no Código de Defesa do Consumidor, *Novo Código Civil* (coord. Giselda Hironaka), Belo Horizonte, Del Rey, 2004, p. 69-116; *JB*, *158*:288; *RT*, *657*:102, *617*:116, *619*:116, *590*:203, *542*:106, *541*:150, *526*:206, *519*:257, *495*:188, *489*:122, *467*:133.

143. Silvio Rodrigues, op. cit., p. 124 e 126.

144. Seguem esta linha de pensamento: Orlando Gomes, *Contratos*, cit., p. 108; Caio M. S. Pereira, op. cit., p. 104; Bassil Dower, op. cit, p. 46. Sobre as várias teorias pertinentes ao fundamento jurídico da responsabilidade pelos vícios redibitórios: Fubini, op. cit., p. 179-333; De Page, op. cit., v. 4, p. 195, n. 170; W. Barros Monteiro, op. cit., p. 54 e 55; Silvio Rodrigues, op. cit., p. 128 e 129; Serpa Lopes, *Curso*, cit., p. 170-4; Giorgi, op. cit., v. 4, n. 70.

145. Serpa Lopes, *Curso*, cit., p. 174-6; Silvio Rodrigues, op. cit., p. 129-31; Bassil Dower, op. cit., p. 46-8; De Page, op. cit., v. 4, parte 1, n. 126 e 177, p. 156 e 157; W. Barros

1º) *coisa adquirida em virtude de contrato comutativo ou de doação onerosa, p. ex., gravada com encargo*, ou *remuneratória*, pois o Código Civil, no art. 441, parágrafo único, assim o exige. Restringe, portanto, o campo de ação da responsabilidade do alienante pelos vícios redibitórios do objeto alienado, pois aquele só responderá se o bem defeituoso foi adquirido em razão de contrato comutativo, isto é, de contrato em que cada um dos contraentes, além de receber da outra parte prestação igual à sua, poderá, de imediato, estimar essa equivalência, e de doação com encargo, que, apesar de não perder o caráter de liberalidade, impõe ao donatário uma prestação de serviço ou o cumprimento de uma obrigação; o mesmo se diga da doação remuneratória, por realizar-se em contraprestação a algum serviço prestado pelo donatário, sendo onerosa até o valor daquele serviço (CC, art. 540);

2º) *vício ou defeito prejudicial à utilização da coisa ou determinante da diminuição de seu valor* (CC, art. 441), de forma que a falha deve ser tal, a ponto de tornar o bem inapto ao uso a que se destina ou de diminuir sensivelmente o seu valor (*RT*, *109*:201, *110*:691, *150*:106, *173*:218, *245*:464, *448*:91). Assim, se a coisa for menos excelente, menos bela, menos agradável, estiver desfalcada em sua quantidade, em relação ao número mencionado pelo alienante (*RT*, *226*:162, *103*:672, *117*:214; *RF*, *137*:491; *AJ*, *108*:267), ou apresentar ausência de uma qualidade, não se terá vício redibitório. P. ex.: se o quadro comprado não é obra do autor cujo nome traz, não se configurará vício redibitório, mas erro;

3º) *defeito grave da coisa* (*RT*, *489*:122), que realmente a torne imprópria a seus fins ou lhe reduza o valor, por ser irremovível. Não é, portanto, qualquer falha que fundamenta o pedido que visa responsabilizar o alienante por vício redibitório. Defeitos insignificantes ou que possam ser removidos são insuficientes para justificar a invocação da garantia, visto que não tornam o bem alienado inapto a seu uso, nem diminuem a sua expressão econômica. Será improcedente, p. ex.: *a*) ação redibitória movida por comprador, que encomendara uma prensa por meio de catálogo, verificando, ao recebê-la, que continha pequena diferença do modelo exibido no anúncio, pois o vício, por sua pouca monta, não torna a coisa imprópria ao seu destino, nem lhe reduz o valor (*RT*, *109*:662); *b*) ação redibitória levada a efeito em virtude de defeitos acaso constatados no motor ou ma-

---

Monteiro, op. cit., p. 55-8; Caio M. S. Pereira, op. cit., p. 105-7; Colin e Capitant, op. cit., n. 580; Mazeaud e Mazeaud, op. cit., p. 380; Orlando Gomes, *Contratos*, cit., p. 106 e 107.

quinaria de automóvel, que possam ser removidos mediante simples consertos (*RT, 317*:186); *c*) ação redibitória proposta por desgaste de peças do maquinismo do veículo adquirido, decorrente de seu uso normal, por não constituir esse fato vício ou defeito oculto suficiente para torná-lo impróprio ao uso, uma vez que tais peças podem ser substituídas ou consertadas (*RT, 519*:257);

4º) *vício oculto* (CC, art. 441; *RT, 495*:188), que "não impressiona diretamente os sentidos ou que o comprador, sem esforço, com a vulgar diligência e atenção de um prudente adquirente, não pode descobrir com um simples e rápido exame exterior da coisa, no momento em que a recebe, posto que se revele mais tarde pela prova, pela experiência ou pela abertura dos invólucros"[146]. Deveras, "o vício só poderá ser considerado oculto quando o adquirente não o pode perceber com a diligência ordinária e segundo a natureza do contrato" (*RT, 526*:206); ser-lhe-á, portanto, impossível apurar o vício, a não ser mediante emprego da coisa alienada, análise química, perícia etc. Se o defeito for aparente, suscetível de ser descoberto por um exame atento, feito por um adquirente cuidadoso no trato dos seus negócios, não constituirá vício oculto suficiente para a propositura de ação redibitória. Desse modo, não se configurará vício redibitório se, p. ex.: *a*) a falha alegada pelo comprador de um caminhão for facilmente verificada por meio de um exame perfunctório (*RT, 172*:637); *b*) na compra e venda de um imóvel o próprio contrato prever e regular, em caso de aparecimento de defeito, a responsabilidade do vendedor (*RT, 467*:133); *c*) o tecido comprado for de péssima qualidade, e essa imperfeição ressaltar à primeira vista (*RT, 204*:278); *d*) o comprador de máquina de fazer sorvete alegar defeito de que ela é portadora, mas cuja existência não ignorava (*RT, 169*:265); *e*) o não funcionamento do bem alienado resultar do mau uso da coisa por parte do comprador (*RF, 106*:76). Portanto, o adquirente de objeto com vício visível não terá o direito de mover ação redibitória, que exige que o defeito seja oculto e não conhecido pelo adquirente;

5º) *defeito já existente no momento da celebração do ato negocial* e que perdure até o instante da reclamação. Se o vício da coisa for superveniente ao negócio, por afetar bem que se encontra incorporado ao patrimônio do adquirente, não mais se poderá invocar a garantia, não cabendo, então, qualquer responsabilidade ao alienante pelo fato, e o ônus pelo aparecimento

146. Julgado da 3ª Câmara Cível do Tribunal de São Paulo, in Carvalho Filho, *Repertório de Jurisprudência*, n. 563.

desse defeito incumbirá ao adquirente; porém, se o defeito já existia, em germe, vindo a surgir somente depois da alienação, possível será a propositura da ação redibitória. O Código Civil, art. 444, reza que "A responsabilidade do alienante subsiste ainda que a coisa pereça em poder do alienatário, se perecer por vício oculto, já existente ao tempo da tradição".

f.3.3.4.3. Consequências jurídicas

A configuração dos vícios redibitórios acarreta as seguintes consequências jurídicas[147]:

1ª) A ignorância desses vícios pelo alienante não o eximirá da responsabilidade (CC, art. 443), pois o fundamento de sua responsabilidade não é o seu comportamento, mas tão somente a aplicação do princípio da garantia. Mas, com a Lei n. 8.078/90, arts. 24 e 25, vedada estará a exoneração contratual dessa responsabilidade nas relações de consumo. O Código Civil, art. 443, prescreve que "Se o alienante conhecia o vício ou defeito da coisa, restituirá o que recebeu com perdas e danos; se o não conhecia, tão somente restituirá o valor recebido, mais as despesas do contrato". Assim, como castigo à má-fé do alienante, impõe-se que, além de restituir o que recebeu, acrescido das perdas e danos sofridos, devidamente comprovados (*RT*, *447*:216, *495*:188, *189*:170, *193*:653), pague os lucros cessantes, juros moratórios, honorários advocatícios e outras despesas (*RT*, *114*:163). Se, porém, estiver de boa-fé, restituirá apenas o valor recebido e as despesas contratuais.

2ª) Os limites da garantia, isto é, o *quantum* do ressarcimento e os prazos respectivos poderão ser ampliados, restringidos ou até mesmo suprimidos pelos contraentes; entretanto, nessa última hipótese, o adquirente assumirá o risco do defeito oculto.

3ª) A responsabilidade do alienante subsistirá, ainda que a coisa pereça em poder do alienatário, em razão de vício oculto, já existente ao tempo da tradição (CC, art. 444), devendo restituir o que recebeu, mais as despesas do contrato, embora o alienatário não mais lhe possa devolver o bem.

---

147. Silvio Rodrigues, op. cit., p. 131 e 132; Bassil Dower, op. cit., p. 48-55; Caio M. S. Pereira, op. cit., p. 106-9; Fuzier-Herman, *Code Civil annoté*, v. 5, n. 7 a 9; W. Barros Monteiro, op. cit., p. 57-60; De Page, op. cit., n. 175 e 189; Orlando Gomes, *Contratos*, cit., p. 107-10; Cunha Gonçalves, op. cit., v. 8, p. 570; Mazeaud e Mazeaud, op. cit., n. 987 e 992. *Vide* Código Civil, arts. 442 a 444 e 503; *RT*, *637*:166, *694*:159, *713*:146; *RJ*, *170*:77, *JTACSP*, *114*:24, *168*:236; *RJTJSP*, *163*:20.

4ª) O adquirente, em vez de rejeitar a coisa, redibindo o contrato, poderá reclamar o abatimento no preço (CC, art. 442). Infere-se daí que, havendo vício redibitório, terá o adquirente duas alternativas à sua escolha: *a*) ou rejeitará a coisa defeituosa, rescindindo o contrato, por meio da *ação redibitória*, reavendo o preço pago e obtendo o reembolso de suas despesas, além das perdas e danos, se o alienante conhecia o vício; *b*) ou conservará o bem, reclamando o abatimento no preço, sem acarretar a redibição do contrato, lançando mão da *ação estimatória* ou *quanti minoris* (*RT*, *490*:199, *517*:220, *519*:256; *JB*, *150*:185; *AJ*, *102*:428). Como se vê, a ação *quanti minoris* pressupõe, por parte do adquirente, o intuito de conservar a coisa, reclamando que seu preço seja reduzido proporcionalmente àquilo em que o defeito oculto a depreciou. Logo, não poderá exercer tal opção se houve perecimento do bem em consequência de vício oculto, devendo propor a redibitória. Em regra, poderá usar uma ou outra, conforme lhe for mais conveniente, porém não poderá cumulá-las. Sua escolha será irrevogável, tendo o efeito de concentrar a prestação; uma vez feita a opção, não poderá mais desistir após a citação do alienante. Pelo Código Civil de 1916, art. 1.106, se a coisa era vendida em hasta pública obrigatória ou compulsória (alienação de bens vinculados, de bens pertencentes a menores sob tutela ou a interditos), não cabia a ação redibitória, nem a de pedir abatimento no preço. Se as partes, a seu bel-prazer, recorressem a hasta pública, o art. 1.106 daquele Código Civil não seria aplicado, subsistindo a garantia, cabendo a ação competente (*RT*, *485*:169). O atual Código Civil não faz menção a isso.

Essas duas ações edilícias (a redibitória e a estimatória) devem ser propostas dentro do prazo decadencial de trinta dias, contados da tradição da coisa móvel (CC, art. 445, *caput*, 1ª parte; *RT*, *462*:247, *450*:265, *545*:126). Pela Lei n. 8.078/90 poderão ser movidas, sendo a relação de consumo, dentro do prazo decadencial de trinta dias, se se tratar de fornecimento de produtos, ou de serviços, não duráveis, ou de noventa dias, se duráveis, contado da data em que se evidenciar o defeito (art. 26). E de um ano, se se tratar de bem imóvel (CC, art. 445, *caput*, 2ª parte), porém, como imóvel é bem durável, poder-se-á entender, como alguns autores, que o prazo decadencial será também de noventa dias, sendo a relação de consumo.

Em regra, o momento da contagem do prazo decadencial é, pelo Código Civil, art. 445, de trinta dias, contados da tradição da coisa móvel (*RT*, *447*:216, *538*:231, *464*:266), e, de um ano, da entrega efetiva do imóvel; se já estava na posse do adquirente, o prazo conta-se da alienação, reduzido à metade (CC, art. 445, *caput*, 2ª parte). Mas, em certos casos, conforme a natureza da coisa ou de seu defeito, é impossível o exercício da ação dentro desse prazo contado da tradição, porque não se poderia descobrir, nesse lapso de tempo, a falha embuçada. Observava Washington de Barros Monteiro[148] que o *dies a quo* desse prazo de decadência suscitava inúmeras dúvidas: *a*) se se tratasse de máquinas, o prazo do Código Civil seria contado não da sua entrega, mas da sua experimentação, dado que deveriam ser testadas dias e dias para a verificação de seu bom funcionamento (*RT*, *134*:548, *137*:572, *161*:236, *164*:709, *179*:764, *189*:170, *489*:138; *RF*, *136*:420); *b*) se dissesse respeito a imóveis, o prazo, para uns, seria contado da transcrição (*RF*, *82*:362), e, para outros, da data de seu recebimento, anterior ou posterior à transcrição (*RF*, *74*:475); *c*) se um objeto fosse substituído por outro, porque o primeiro era defeituoso, o prazo para redibir o contrato contar-se-ia da data da entrega do segundo (*RT*, *157*:208); *d*) se houvesse várias reclamações do adquirente, tendo o alienante mandado empregados para examinar e consertar a coisa, não se verificaria a decadência (*RT*, *134*:548); *e*) se se tratasse de compra e venda com reserva de domínio, o vício deveria ser alegado nos quinze dias (CC de 1916, art. 178, § 2º) seguintes à tradição da coisa (*RT*, *145*:721); *f*) se os contratantes ampliassem, por convenção, o prazo de garantia, a ação poderia ser ajuizada além do prazo previsto na lei civil, ou melhor, até que findasse o prazo concedido (*RT*, *141*:698, *157*:208, *158*:324, *178*:218, *260*:484, *276*:609; *RF*, *152*:198). A esse rol poder-se-iam acrescentar os casos de animais que traziam o vírus de certas enfermidades, que só depois de muito tempo manifestavam seus sintomas, como sucedia com a brucelose, cuja fase de incubação varia de trinta a sessenta dias, dentro dos quais não se pode realizar um diagnóstico seguro. Cunha

---

148. W. Barros Monteiro, op. cit., p. 59; Odete N. Carneiro Queiroz, Da responsabilidade por vício do produto e do serviço – Código Brasileiro de Defesa do Consumidor (Lei n. 8.078/90), *Direito do Consumidor*, *7*:141-81. Observam, contudo, Nelson Nery Jr. e Rosa M. A. Nery, que, como a pretensão redibitória, visando rescisão contratual por vício oculto, é de natureza constitutiva negativa, o prazo legal é decadencial mesmo, mas em relação à pretensão *quanti minoris*, que pretende o abatimento do preço, por ser condenatória, o prazo previsto em lei é prescricional, apesar de o art. 445 do Código Civil dar a entender que seria de decadência. Isto porque, segundo Agnelo Amorim Filho (*RT*, *744*:736), em cuja concepção doutrinária se funda o regulamento da prescrição e decadência do Código Civil de 2002, o prazo de decadência ou de prescrição determina-se pela natureza da pretensão para o seu exercício. "Em se tratando de vício oculto, o adquirente tem os prazos do *caput* do art. 445 para obter redibição ou abatimento de preço, desde que os vícios se revelem nos prazos estabelecidos no parágrafo primeiro, fluindo, entretanto, a partir do conhecimento do defeito" (Enunciado n. 174 do Conselho da Justiça Federal, aprovado na III Jornada de Direito Civil). *Vide*: Nelson Nery Jr. e Rosa M. A. Nery, *Novo Código Civil e legislação extravagante anotados*, São Paulo, Revista dos Tribunais, 2002, p. 187.

Gonçalves[149] nos ensinava que a ação redibitória, na compra de animais, deveria ser precedida de atos preparatórios, tais como: *a*) exame realizado no prazo de dez a trinta dias a partir da entrega, ou dentro de outros prazos flexíveis, conforme a natureza da doença, cada uma com um período de latência específico; e *b*) verificação da esterilidade do gado *vacum*, que não pode ser levada a efeito no curto espaço de quinze dias da tradição do animal. Com muita propriedade lembrava-nos Castro Nunes que Philadelpho Azevedo, em votos proferidos no Supremo Tribunal Federal, considerava incompatível com as necessidades da vida atual a estreiteza dos prazos fixados no Código de 1916 para reclamação contra defeitos da coisa vendida, os quais praticamente anulariam o direito do comprador, e propugnava interpretação adequada às exigências sociais e aos ditames da boa-fé, como enunciava o art. 5º da Lei de Introdução às Normas do Direito Brasileiro (RE 5.469, Embs. 5.696 e 5.475). Assim, nossos tribunais vinham abrandando o rigor do art. 178, § 2º, do Código Civil de 1916, para que ele, em certos casos, não fosse um obstáculo ao exercício da ação prevista no art. 1.101 (*RT*, *464*:266)[150]. Dessa forma, se o defeito se fazia irrevelado e era irrevelável no instante da venda, o início do prazo decadencial só ocorreria no momento em que ficou revelado, ainda que posterior aos quinze dias da tradição (*RT*, *464*:266). Com a inovação da Lei n.

---

149. Cunha Gonçalves, op. cit., v. 8, p. 570.

150. Bassil Dower, op. cit., p. 53-5; Carlos Roberto Gonçalves, *Direito das obrigações*, São Paulo, Saraiva, 2002, p. 43. "Surgindo vícios redibitórios, o recebedor das obras não está jungido às ações estimatória e redibitória, podendo optar por outra como a de indenização por adimplemento ruim, objetivando a reparação dos defeitos. O prazo dessa ação não é o mesmo das duas outras" (*RT*, *542*:106). O Código Civil, portanto, no art. 445, eleva de 15 para 30 dias o prazo decadencial para propositura da ação, se a coisa for móvel, e de 6 meses para um ano, se imóvel, mandando contá-lo a partir da efetiva entrega da coisa, resolvendo dúvida jurisprudencial. E se o adquirente já estava na posse, tal prazo conta-se da alienação reduzido a meio. No art. 445, § 1º, acrescenta que quando o vício, por sua natureza, só puder ser conhecido mais tarde, o prazo contar-se-á do momento em que de tal vício se tiver ciência, até o prazo máximo de 180 dias em se tratando de móveis, e de um ano, se de imóveis. Procurando solucionar a questão de venda de animal, estatui, no § 2º do art. 445, que os prazos de garantia por vício oculto serão estabelecidos em lei especial, ou, na falta desta, pelos usos locais, aplicando-se o disposto no parágrafo anterior, se não houver normas disciplinando a matéria. E, no art. 446, determina que não correrão os prazos para propositura da ação pelos vícios na constância da cláusula de garantia, mas o adquirente deve denunciar o defeito ao alienante dentro de 30 dias do descobrimento. Pelo Enunciado n. 28 (aprovado na Jornada de Direito Civil, promovida, em setembro de 2002, pelo Centro de Estudos Judiciários do Conselho da Justiça Federal): "O disposto no art. 445, §§ 1º e 2º, do Código Civil reflete a consagração da doutrina e da jurisprudência quanto à natureza decadencial das ações edilícias".

8.078/90 (art. 26, § 3º) tais problemas não mais existirão, se a relação for de consumo, mas se o vício (oculto ou não) lesar a incolumidade física do consumidor, o prazo prescricional será de cinco anos, contado do conhecimento do dano e da identificação da autoria (Lei n. 8.078/90, art. 27). E o Código Civil, diante de tantos problemas gerados, passa a prescrever que: *a*) quando o vício, por sua natureza, só puder ser conhecido mais tarde em virtude, p. ex., de experimentação de uma máquina ou aparelho, o prazo do art. 445, *caput*, computar-se-á a partir do instante em que dele se tiver ciência, até o prazo máximo de 180 dias, se se tratar de móveis, e de um ano, para os imóveis (CC, art. 445, § 1º). P. ex., se "A" adquirir um automóvel em 20 de março, percebendo um defeito no motor já existente por ocasião da compra, somente no dia 20 de julho, pois tal vício apenas surge com a utilização prolongada, poderá até 20 de janeiro mover ação para redibir o contrato, ou obter abatimento no preço[151]; *b*) em caso de venda de animais, os prazos de garantia por vícios ocultos serão os estabelecidos em lei especial, ou, na falta desta, pelos usos locais, aplicando-se o art. 445, § 1º, não havendo normas regendo a matéria (CC, art. 445, § 2º). P. ex.: contar-se-á o prazo da manifestação do sintoma de moléstia do animal, até o prazo de 180 dias, pois o período de incubação do vírus é, em regra, maior do que o prazo legal computado da tradição. Mas tais prazos decadenciais do art. 445 (decadência legal) não correrão na constância de cláusula convencional de garantia (dada pelo alienante no sentido de que, por certo tempo, responderá por defeito apresentado pela coisa), obstativa da decadência, prevista no contrato (prazo de garantia – decadência convencional), porém o adquirente deverá, ante o princípio da boa-fé objetiva, denunciar o vício ao alienante nos trinta dias seguintes à sua descoberta, sob pena de decadência (CC, art. 446), abrindo, com isso, uma exceção a benefício do adquirente, visto que não exclui a garantia legal. Com o término do prazo de garantia ou não denunciando o adquirente o vício dentro do prazo de trinta dias, os prazos legais do art. 445 iniciar-se-ão.

5ª) O defeito oculto de uma coisa vendida juntamente com outras não autoriza a rejeição de todas (CC, art. 503). Mesmo que o preço da venda tenha sido global, desde que as coisas não constituam um todo inseparável, somente a defeituosa será devolvida e o seu valor deduzido do preço (*RT*, *189*:170, *193*:653). Logo, se se adquiriu um par de brincos, a rejeição de um em razão de defeito afetará o conjunto; logo ambos deverão ser restituídos com devolução do preço.

151. Matiello, *Código*, cit., p. 296 e 297.

6ª) O terceiro que veio a adquirir o bem viciado não sofrerá as consequências da redibição; logo, se o adquirente o alienar, ficará impossibilitado de propor ação redibitória.

7ª) A renúncia, expressa ou tácita, à garantia por parte do adquirente impede a propositura das ações edilícias.

f.3.3.5. Evicção

f.3.3.5.1. Definição

O alienante tem o dever não só de entregar ao adquirente o bem alienado, mas também o de garantir-lhe o uso e gozo, defendendo-o de pretensões de terceiro quanto ao seu domínio, resguardando-o dos riscos da evicção, pois pode ocorrer que o adquirente venha a perder a coisa, total ou parcialmente, em razão de sentença judicial, baseada em causa preexistente ao contrato[152]. Portanto, *evicção* vem a ser a perda da coisa, por força de decisão judicial, fundada em motivo jurídico anterior, que a confere a outrem, seu verdadeiro dono, com o reconhecimento em juízo da existência de ônus sobre a mesma coisa, não denunciado oportunamente no contrato[153] (*RT*, *446*:104, *449*:197, *615*:97, *679*:195, *672*:126, *758*:177, *772*:212; *Ciência Jurídica*, *73*:76, *74*:158; *EJSTJ*, *6*:77, *11*:72; *JB*, *162*:257, *147*:65; *BAASP*, *2700*:5746).

A garantia dos riscos da evicção, que recai sobre o alienante, ainda que a aquisição se tenha realizado em leilão público, e sempre que se não tenha excluído tal responsabilidade (CC, arts. 447 e 449, 1ª parte), tem por escopo resguardar o adquirente contra a perda da propriedade do bem ou o reconhecimento de algum ônus que o gravava por sentença judicial, assegurando-lhe, na hipótese de vir a perdê-lo, a restituição integral do preço, mais a indenização dos frutos que tiver sido obrigado a devolver, despesas con-

152. W. Barros Monteiro, op. cit., p. 61; Orlando Gomes, *Contratos*, cit., p. 110 ; José Eduardo da Costa, *Evicção nos contratos onerosos*, São Paulo, Saraiva, 2004.

153. Caio M. S. Pereira, op. cit., p. 112; W. Barros Monteiro, op. cit., p. 61; Silvio Rodrigues, op. cit., p. 133; Baudry-Lacantinerie e Saignat, *Traité théorique et pratique de droit civil*, 2. ed., Paris, 1900, v. 17, n. 350; Gabriel de Rezende Filho, *Curso de direito processual civil*, v. 1, p. 296; Roberto Senise Lisboa, *Manual*, cit., v. 3, p. 77-82. *Vide*: *RT*, *521*:110, *444*:80, *517*:68, *451*:103, *496*:57, *479*:60; *602*:241 e 282, *660*:133, *674*:236, *678*:109; *RTJE*, *83*:69; *JTJ*, *236*:55, *224*:57; *RSTJ*, *163*:309, *130*:233, *126*:269; Código Civil, arts. 359, 845, 295, 552, 1.939, III, 2.024 e 2.026.

tratuais e custas judiciais. Se a aquisição se deu em hasta pública, o arrematante ou adjudicante que vier a sofrer evicção parcial ou total poderá pleitear o valor proporcional à perda ou ao preço da coisa evicta, voltando-se contra credor que tirou proveito com o produto da arrematação ou adjudicação ou contra o proprietário do bem, que recebeu o saldo remanescente.

A garantia por evicção constitui uma obrigação de fazer do transmitente: *a*) de não turbar o adquirente, assegurando-lhe a posse pacífica da coisa alienada; *b*) de o assistir e tomar a sua defesa, no curso de uma ação reivindicatória, ao ser denunciado à lide; e *c*) de reparar os danos sofridos pelo comprador, se a evicção se consumar[154]. "A evicção não constitui direito real, que se transmita com a coisa para o domínio do adquirente. Por ela só responde quem foi parte no contrato" (*RT*, *451*:104, *111*:597).

Esse dever de responder pela evicção, ou de assegurar o comprador contra o risco de vir a ser privado da coisa, pela reivindicação promovida com êxito por terceiro, é elemento natural dos contratos comutativos, bilaterais ou onerosos (*RT*, *441*:94), que estabelecem a obrigação de transferir domínio, posse ou uso de certa coisa, principalmente nos contratos de compra e venda (CC, art. 481), embora exista na troca (CC, art. 533), nas doações modais (CC, arts. 538 e 540) que, sem perderem o caráter de liberalidade, assemelham-se aos contratos onerosos etc.[155]. A responsabilidade pela evicção da coisa alienada só poderá ser afastada se houver cláusula contratual expressa determinando a sua exclusão (CC, art. 447)[156]; portanto, não dependerá de culpa, dolo ou má-fé do alienante (*RT*, *449*:105), de modo que haverá tal responsabilidade, ainda que ele esteja de boa-fé.

Exemplificativamente, suponhamos o caso de A vender a B certo bem, e posteriormente C, dizendo-se proprietário do objeto alienado, vir a acionar B mediante ação reivindicatória. B, para exercer o direito resultante de evicção, deverá dar conhecimento da ação a A, que deverá prestar a garantia por evicção. O meio pelo qual B poderá conseguir que A o resguarde contra o risco da evicção e assuma a defesa da causa de que está sendo ví-

---

154. Orlando Gomes, *Contratos*, cit., p. 110; Serpa Lopes, *Curso*, cit., p. 179 e 180; *RT*, *538*:269. Sobre evicção de coisa adquirida em hasta pública: Pontes de Miranda, *Tratado de direito privado*, v. 38, p. 181; Sílvio Venosa, *Direito civil*, cit., v. 2, p. 573; Carlos Roberto Gonçalves, *Direito civil brasileiro*, São Paulo, Saraiva, 2004, v. 3, p. 124.

155. W. Barros Monteiro, op. cit., p. 61; Silvio Rodrigues, op. cit., p. 134; Mazeaud e Mazeaud, op. cit., v. 3, n. 952.

156. Serpa Lopes, *Curso*, cit., p. 179.

tima será a ação incidente da denunciação da lide, conforme prescreve o Código de Processo Civil, art. 125, I[157]. A denunciação da lide, como nos ensina Moacyr Amaral Santos[158], vem a ser o ato pelo qual o autor ou o réu chamam a juízo terceira pessoa, que seja garante do seu direito, a fim de resguardá-lo no caso de serem vencidos na demanda em que se encontram (CPC, arts. 125 a 129). Todavia, pelo CPC, art. 125, § 1º, e pelo Enunciado n. 434 do Conselho da Justiça Federal, aprovado na V Jornada de Direito Civil: "A ausência de denunciação da lide ao alienante, na evicção, não impede o exercício de pretensão reparatória por meio de via autônoma".

Graficamente temos:

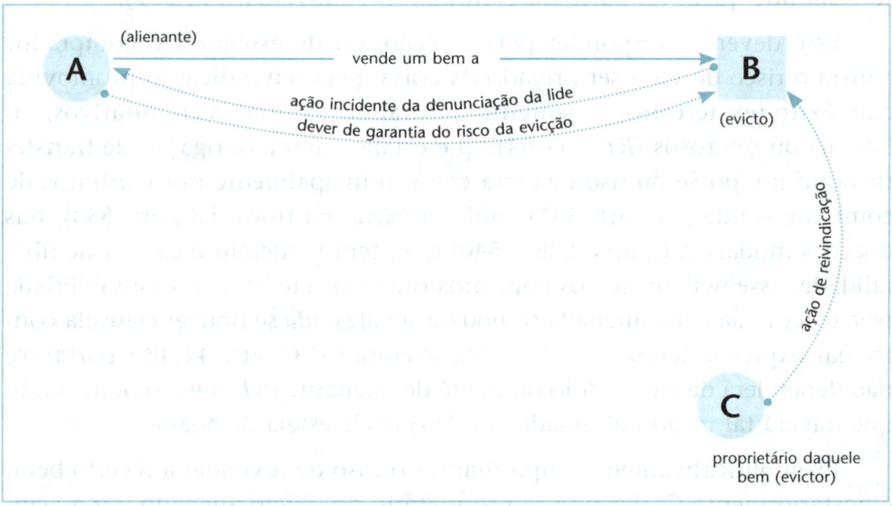

Na evicção, portanto, haverá três pessoas: *a*) o *evicto*, o adquirente que perderá a coisa adquirida ou sofrerá a evicção; *b*) o *alienante*, que transfere o bem por meio de contrato oneroso, que estabelece o dever de transferir o domínio; por isso, irá suportar as consequências da decisão judicial; e *c*) o *evictor*, que é o terceiro que move ação judicial, vindo a ganhar, total ou parcialmente, o bem objetivado no ato negocial[159].

157. Bassil Dower, op. cit., p. 60.

158. Moacyr Amaral Santos, *Primeiras linhas de direito processual civil*, v. 2, p. 22.

159. W. Barros Monteiro, op. cit., p. 61 e 62; Bassil Dower, op. cit., p. 58.

f.3.3.5.2. Condições necessárias para a configuração da responsabilidade pela evicção

A responsabilidade do alienante pela evicção configurar-se-á se se apresentarem os seguintes requisitos[160]:

1º) *Onerosidade da aquisição do bem*, pois a responsabilidade pelos riscos da evicção é inerente aos contratos onerosos (CC, art. 447, 1ª parte), visto que, se o evicto for privado de uma coisa adquirida a título gratuito, não sofrerá uma diminuição no seu patrimônio, mas tão somente deixará de experimentar um lucro. Os negócios gratuitos não poderão dar origem à garantia por evicção, já que, por não haver equivalência de prestações recíprocas, acarretam um empobrecimento para o transmitente. Nesse caso, se se exigisse do alienante a obrigação de indenizar por evicção, ele teria um prejuízo, uma vez que ao fazer a liberalidade nada recebeu em troca. Deveras, o Código Civil, art. 552, prescreve que "o doador não é obrigado a pagar juros moratórios, nem é sujeito às consequências da evicção ou do vício redibitório. Nas doações para casamento com certa e determinada pessoa, o doador ficará sujeito à evicção, salvo convenção em contrário".

2º) *Perda, total ou parcial, da propriedade ou da posse da coisa alienada pelo adquirente*; assim, se não houver perda do domínio ou da posse do bem, não se terá evicção. A *evicção* será *total*, se houver perda de toda a coisa adquirida, tendo, então, o evicto o direito de obter a restituição integral do preço, com as indenizações previstas em lei (CC, art. 450, I a III). Na *evicção parcial*, por haver perda de uma fração ou de parte material ou ideal do bem, ou de seus acessórios, ou mera limitação do direito de propriedade, o adquirente, por ter sido, p. ex., privado do gozo de uma servidão ativa ou obrigado a suportar o ônus de uma servidão passiva, poderá optar entre a rescisão contratual ou o abatimento no preço, proporcionalmente à parte subtraída a seu domínio (*RT*, *465*:212) ou à desvalorização sofrida pela existência de ônus real (CC, art. 455)[161].

---

160. Silvio Rodrigues, op. cit., p. 135-7; Orlando Gomes, *Contratos*, cit., p. 111 e 112; Caio M. S. Pereira, op. cit., p. 112-4; Bassil Dower, op. cit., p. 58-60; Colin e Capitant, op. cit., v. 2, n. 561; Serpa Lopes, *Curso*, cit., p. 180-92; De Page, op. cit., t. 4, parte 1, n. 138; Clóvis Beviláqua, *Código Civil*, cit., v. 4, p. 284 e s.

161. Orlando Gomes, *Contratos*, cit., p. 111; Silvio Rodrigues, op. cit., p. 144; Serpa Lopes, *Curso*, cit., p. 191 e 192; Caio M. S. Pereira, op. cit., p. 121 e 122; Clóvis Beviláqua, *Código Civil*, cit., v. 4, p. 281.

3º) *Sentença judicial*, transitada em julgado, declarando a evicção. Nesse caso, o evicto deverá ser condenado a restituir a coisa, uma vez que a evicção só surge com a perda judicial do bem adquirido (*RT*, *449*:197), pressupondo um pronunciamento do Poder Judiciário. Entretanto, essa regra não é absoluta, visto que a jurisprudência mais recente tem admitido, em casos excepcionais, a evicção, independentemente de sentença judicial (*RT*, *448*:96), quando, p. ex.: *a*) houver perda do domínio do bem pelo implemento de condição resolutiva[162]; *b*) houver apreensão policial da coisa, em razão de furto ou roubo ocorrido anteriormente à sua aquisição (*RT*, *479*:60, *517*:68, *451*:103, *496*:57, *521*:110, *517*:68; *696*:123, *732*:245, *754*:284: *RSTJ*, *130*:233; *RJTJRGS*, *176*:690; *Bol. AASP*, *1973*:83; *RJE*, *4*:5); *c*) o adquirente ficar privado da coisa por ato inequívoco de qualquer autoridade (*RT*, *444*:80; *EJSTJ*, *12*:71, *13*:72).

Além disso, há casos que se assemelham à evicção, produzindo as mesmas consequências jurídicas, tais como, dentre outros: *a*) o abandono do bem alienado antes de sentença judicial, desde que o direito do terceiro-reivindicante seja tão incontrovertido que o prosseguimento da demanda seria um dispêndio inútil de energia processual e financeira e haja mútuo acordo, nesse sentido, entre adquirente e alienante, ante o evidente direito do reivindicante; essa solução, porém, contrariava o art. 456 (ora revogado) do Código Civil, e também atinge o art. 128, II, do Código de Processo Civil de 2015; *b*) a remição hipotecária, em que o adquirente de uma coisa hipotecada, ante a alternativa de sofrer a excussão da hipoteca ou pagar a dívida garantida, opta por esta última, remitindo o bem. Assim, não se dá a perda da coisa, que foi evitada com o pagamento do débito realizado pelo adquirente, que por isso mesmo poderá proceder contra o alienante, como se fosse evicto[163].

4º) *Anterioridade do direito do evictor*, pois a perda da coisa só caracterizará a evicção se, além de se dar por decisão judicial, se fundar em causa preexistente ao contrato entre alienante e adquirente, mediante o qual o evicto a adquiriu. Dessa maneira, será imprescindível que o órgão judicante reconheça a existência de um vício anterior à alienação, em favor de um terceiro, responsabilizando o alienante pelos prejuízos decorrentes da evicção. Para Rubino, a desapropriação da coisa adquirida, posteriormente ao

162. Orlando Gomes, *Contratos*, cit., p. 111.
163. Caio M. S. Pereira, op. cit., p. 112 e 113.

contrato, constitui uma exceção ao princípio da anterioridade, sempre que o decreto declaratório da utilidade pública já exista no instante da transmissão e não tenha sido acusado pelo alienante, porque, apesar de a perda do bem dar-se em momento posterior ao contrato, sua causa o antecede e o adquirente não poderá evitá-la. Todavia, Mourlon entende que não cabe a garantia por evicção se a perda do objeto decorrer de desapropriação, mesmo que a indenização seja inferior ao preço pago pelo adquirente[164].

5º) *Admissibilidade de denunciação da lide*, (CPC, art. 125) visto que o adquirente, no exercício do direito que da evicção lhe resulta, poderá notificar do litígio o alienante, quando e como lhe determinarem as leis processuais (*AJ*, *109*:441). O adquirente, proposta por terceiro ação para evencer bem transmitido, poderá denunciar a lide ao alienante para que intervenha no processo, defendendo a coisa que alienou (CPC, arts. 125 a 129; *RJTJSP*, *131*:121, *74*:112; *RT*, *672*:126, *620*:134, *593*:86). Como ensinam Nelson Nery Jr. e Rosa Maria de A. Nery, na denunciação da lide tem-se, na verdade, duas lides que são processadas simultaneamente e julgadas na mesma sentença. Ter-se-á duas relações processuais num só processo. Tem por escopo o ajuizamento, pelo denunciante de pretensão indenizatória contra terceiro nos casos do art. 125, I e II, do CPC. Se o alienante deve indenizar o adquirente pelos riscos da evicção, o exercício desse direito é *admissível* por meio da denunciação da lide. Pelo CPC, art. 125, I e II, é *permitida* a denunciação da lide, promovida por qualquer das partes ao *alienante imediato*, no processo relativo à coisa cujo domínio foi transferido ao denunciante, a fim de que possa exercer os direitos que da evicção lhe resultam ou àquele que estiver obrigado, por lei ou pelo contrato, a indenizar, em ação regressiva, o prejuízo de quem foi vencido no processo. Clara está a *facultatividade* à denunciação da lide, que, com a revogação do art. 456 do Código Civil, não é mais obrigatória; assim, se não exercida no processo em que pende a ação principal, o titular da pretensão de garantia ou de regresso poderá exercê-la em ação autônoma (CPC, art. 125, §§ 1º e 2º). Deveras, pelo CPC, art. 125, § 1º: "O direito regressivo será exercido por ação autônoma quando a denunciação da lide for indeferida, deixar de ser promovida ou não for permitida". Há, portanto, possibilidade de reaver o preço da coisa por meio de ação própria, mesmo não havendo a citada intervenção de terceiro (STJ, AgRg 917.314/PR, 4ª T., rel. Min. Fernando Gonçalves, j. em 15-12-2009; Enunciado n. 433 da V Jornada de Direito Civil). Não mais se admite a denunciação *per saltum*, pois vedada

164. Mourlon, *Répétitions écrites*, v. 3, p. 273; Rubino, *La compra-vendita*, n. 170; Caio M. S. Pereira, op. cit., p. 114.

está a de qualquer dos alienantes anteriores, que estiverem na cadeia de alienações, uma vez que só é permitida a denunciação da lide ao *alienante direto*. Não se pode convocar para o processo qualquer alienante da cadeia de transmissão de propriedade que seja responsável pela evicção. Mas admitida está no art. 125, § 2º, uma única denunciação da lide sucessiva, promovida pelo denunciado contra seu antecessor imediato na cadeia dominial, ou quem seja responsável pela indenização. O denunciado sucessivo não poderá promover nova denunciação, logo seu eventual direito de regresso será exercido mediante ação autônoma. Portanto, se o adquirente não fizer uso da denunciação, não perderá os direitos decorrentes da evicção, mas o alienante precisa conhecer a pretensão do terceiro reivindicante, uma vez que irá suportar as consequências da decisão judicial e os riscos da evicção (*RT*, *534*:148, *532*:107, *525*:104, *517*:164, *516*:206, *519*:189, *506*:101, *505*:166, *502*:109, *501*:112, *498*:89, *481*:94, *499*:180, *510*:110, *519*:110, *511*:206; *RF*, *117*:177, *104*:282). Todavia, se o alienante foi também citado como parte no litígio, desnecessária será a denunciação da lide (*RT*, *202*:247; *RF*, *152*:260). Se o alienante não atender à denunciação da lide, e sendo manifesta a procedência da evicção (p. ex., se advier de título falsificado), o adquirente poderá deixar de oferecer contestação, ou usar de recursos (art. 128, II, do CPC), viabilizando a prolação de decisão fundada na revelia ou o trânsito em julgado daquela decisão pela não interposição de recursos, abreviando-se o litígio e atendendo-se à política de celeridade processual. "Feita a denunciação da lide pelo réu, se o denunciado for revel, o denunciante pode deixar de prosseguir com sua defesa, eventualmente oferecida, e abster-se de recorrer, restringido sua atuação à ação regressiva (CPC, art. 128, II). Com isso acabou confirmando o teor do art. 456, parágrafo único, do Código Civil (ora revogado). Mas não deverá correr tal risco, pois é o juiz quem verifica a procedência, ou não, da evicção. É preciso esclarecer que somente depois que o evictor ganhar a demanda é que o adquirente poderá acionar diretamente o alienante, para obrigá-lo a responder pela evicção, declarando a sentença, conforme o caso, o direito do evicto. Deveras, "se o denunciante for vencido na ação principal, o juiz passará ao julgamento da denunciação da lide. Se o denunciante for vencedor, a ação de denunciação não terá o seu pedido examinado, sem prejuízo da condenação do denunciante ao pagamento das verbas de sucumbência em favor do denunciado" (CPC, art. 129 e parágrafo único)[165].

---

165. *Vide*: CPC, arts. 125 a 129. W. Barros Monteiro, op. cit., p. 66-8; Paulo Restiffe Neto, Denunciação da lide, evicção à luz do novo Código de Processo Civil, *O Estado de S. Paulo*, 13 jan. 1974; Alexandre F. Pimentel, Evicção e denunciação da lide no novo Código Civil, in *Novo Código Civil: questões controvertidas*, cit., p. 149 a 168; Matiello,

f.3.3.5.3. Reforço, redução e exclusão da responsabilidade pela evicção

A ordem jurídica impõe ao alienante a obrigação de resguardar o adquirente contra os riscos da evicção. Tal garantia, por ser elemento natural de contrato oneroso, independe de cláusula expressa, operando-se de pleno direito; porém, o Código Civil, art. 448, confere às partes o direito de modificar a responsabilidade do alienante, reforçando, diminuindo ou excluindo a garantia, desde que o faça expressamente. Nada impede que as partes estipulem cláusulas que atenuem ou agravem o rigor dos efeitos da responsabilidade por evicção, relativos ao direito à indenização assegurada ao evicto. Para reforçá-la ou diminuí-la, poderão convencionar, p. ex., seu pagamento em dobro ou pela metade, instituir solidariedade entre os alienantes, admitir exclusão das despesas dos contratos, estabelecer caução real ou fidejussória etc.[166]. Se houver no contrato cláusula de reforço da responsabilidade pela evicção, perdendo o evicto a ação, a sentença deverá indicar esse reforço, valendo como título executivo. Se se estipular redução ou

---

Código, cit., p. 302; André Franco e Marcos Catalan, Obrigatoriedade da denunciação à lide na evicção: uma polêmica a ser superada, in *Novos direitos após seis anos de vigência do Código Civil de 2002* (coord. Inácio de Carvalho Neto), Curitiba, Juruá, 2009, p. 147 a 156; Nelson Nery Jr. e Rosa Maria de A. Nery, *comentários ao Código de Processo Civil*, Revista dos Tribunais, 2015, p. 546 a 548; Flávio Tartuce, *O novo CPC e o direito civil*, São Paulo: Método, 2015, p. 269 a 280; Felipe C. de Almeida, A evicção sobre bem adquirido em hasta pública e o posicionamento doutrinário e jurisprudencial acerca da (des)necessidade sobre denunciação da lide aos alienantes imediatos e/ou sucessórios, *Revista Síntese – Direito Civil e Processual Civil, 93*: 99 a 114; Caio César de Oliveira, O novo CPC e as mudanças no instituto da evicção, *Contencioso empresarial na vigência do novo CPC* (coord. Carlos David A. Braga e outros), Rio de Janeiro, Lumen Juris, 2017, p. 247 a 260. *Vide*: *RJTJSP, 131*:121, *94*:112; *RT, 593*:86, *656*:112; *RJ, 151*:88. Pelo Enunciado n. 29 (aprovado na Jornada de Direito Civil, promovida, em setembro de 2002, pelo Centro de Estudos Judiciários do Conselho da Justiça Federal): "A interpretação do art. 456 do novo Código Civil permite ao evicto a denunciação direta de qualquer dos responsáveis pelo vício". Tal enunciado está prejudicado com a revogação do art. 456.

Pelos Enunciados do Fórum Permanente de Processualistas Civis:

a) 120: "A ausência de denunciação da lide gera apenas a preclusão do direito de a parte promovê-la, sendo possível ação autônoma de regresso".

b) 121: "O cumprimento da sentença diretamente contra o denunciado é admissível em qualquer hipótese de denunciação de lide fundada no inciso II do art. 125 do CPC/2015".

c) 122: "Vencido o denunciante na ação principal e não tendo havido resistência à denunciação da lide, não cabe a condenação do denunciado nas verbas de sucumbência".

166. Bassil Dower, op. cit., p. 65; W. Barros Monteiro, op. cit., p. 63; Orlando Gomes, *Contratos*, cit., p. 112.

exclusão da garantia, cumprir-se-á o que se pactuou[167]. Não haverá responsabilidade do alienante se no contrato oneroso constar cláusula expressa que a exclua, isentando-o da indenização por evicção. Se o contrato nada dispuser a respeito, subentender-se-á que tal garantia da evicção estará assegurada para o adquirente, respondendo o alienante por ela. Todavia, apesar de haver cláusula que exclua a responsabilidade pela evicção, se esta se der, o evicto terá direito de recobrar o preço que pagou pela coisa evicta, se não soube do risco da evicção, ou, dele informado, não o assumiu (CC, art. 449). Ante o disposto nesse artigo, Washington de Barros Monteiro nos apresenta três fórmulas, que expressariam o pensamento legal:

a) cláusula expressa de exclusão da garantia + conhecimento do risco da evicção pelo evicto = isenção de toda e qualquer responsabilidade por parte do alienante. P. ex.: se convencionada a exclusão da garantia, tendo o adquirente ciência de que há ação reivindicatória em andamento, atinente ao objeto adquirido, havendo evicção, o evicto perderá tudo o que desembolsou, sem direito a qualquer ressarcimento, hipótese em que o contrato deixará de ser comutativo e passará a ser aleatório;

b) cláusula expressa de exclusão da garantia – ciência específica desse risco por parte do adquirente = responsabilidade do alienante apenas pelo preço pago por aquele pela coisa evicta. Assim, se a exclusão da garantia for convencionada pelas partes, sem que se informe o adquirente da reivindicatória, verificada a perda da coisa por sentença judicial, o adquirente terá direito de recobrar o preço que pagou com a aquisição da coisa evicta (*RT*, *132*:180);

c) cláusula expressa de exclusão da garantia, sem que o adquirente haja assumido o risco da evicção de que foi informado = direito deste de reaver o preço que desembolsou[168].

Como se vê, a cláusula *de non praestanda evictione* não elimina todos os efeitos da garantia, se a evicção ocorrer.

f.3.3.5.4. Direitos do evicto

Se houver perda da coisa adquirida em virtude de decisão judicial, o *evicto* terá o direito[169] de:

---

167. Bassil Dower, op. cit., p. 65.

168. W. Barros Monteiro, op. cit., p. 63 e 64. No mesmo teor de ideias: Serpa Lopes, *Curso*, cit., p. 190 e 191.

169. Relativamente aos direitos do evicto, *vide* as lições de: Orlando Gomes, *Contratos*, cit., p. 112; W. Barros Monteiro, op. cit., p. 64-6; Caio M. S. Pereira, op. cit., p. 116-

1º) *demandar pela evicção, movendo ação contra o transmitente*, exceto: *a*) se no contrato se convencionou expressamente a exclusão da responsabilidade pela evicção (CC, art. 449, 1ª parte); entretanto, não obstante haver tal cláusula excludente da garantia contra a evicção, se esta se der, como vimos anteriormente, o evicto terá direito de recobrar o preço que pagou pela coisa evicta, se não soube do risco da evicção, ou, dele informado, não o assumiu (CC, art. 449, 2ª parte); *b*) se foi privado da coisa, não pelos meios judiciais, mas por caso fortuito, força maior, roubo ou furto, esbulho ou apreensão pela autoridade administrativa (*RT*, *255*:574, *113*:713, *615*:97, *696*:123, *732*:245; *EJSTJ*, *18*:57, *13*:72, *11*:153; *RJE*, *1*:147), visto que a evicção requer perda da coisa em razão de sentença judicial, tendo, como admitem a doutrina e a jurisprudência e como dizia o Código Civil de 1916, art. 1.117, I, por condição essencial um fato anterior à sua transmissão, e na hipótese de caso fortuito, força maior, roubo ou furto, cogita-se de circunstâncias posteriores à sua aquisição, não podendo ser imputáveis ao transmitente. Todavia, convém repetir, a jurisprudência tem admitido, em hipóteses excepcionais, a evicção, independentemente de sentença judicial; *c*) se sabia que a coisa era alheia ou litigiosa (CC, art. 457), pois, se tinha ciência de que o bem pertencia a outrem, acumpliciou-se com o transmitente nesse ato ilícito, assumindo, então, o risco do bom ou mau resultado da demanda intentada contra o transmitente, sendo punido pela lei, que exclui a garantia. Se tinha conhecimento de que a coisa era litigiosa, surge a presunção de que renunciou àquela garantia, tendo tão somente o direito de reaver o preço que desembolsou, se vier a perder o bem. É mister não olvidar que pelo Código Civil, art. 199, III, pendendo ação de evicção, não correrá a prescrição do adquirente contra o alienante;

2º) *reclamar, no caso de evicção total, além da restituição integral do preço ou das quantias pagas*, tendo por base o valor da coisa ao tempo em que se evenceu (CC, art. 450, parágrafo único; *RT*, *445*:106, *202*:247, *473*:177, *207*:132, *293*:656, *303*:449, *343*:165, *496*:63, *344*:161, *371*:145, *472*:162, *489*:250, *547*:82, *521*:110; *RF*, *221*:78), incluídos os juros legais e a atualização monetária (CC, arts. 404 e 405), salvo estipulação em contrário, conforme o Código Civil, art. 450, I a III: *a*) *a indenização dos frutos que tiver sido obrigado a restituir ao reivindicante*; apesar de ter apenas o direito de receber

---

21; Serpa Lopes, *Curso*, cit., p. 190-5; Mazeaud e Mazeaud, op. cit., n. 968; Bassil Dower, op. cit., p. 62-5; Rubino, op. cit., n. 170; Silvio Rodrigues, op. cit., p. 140-4; João Luís Alves, op. cit., v. 3, p. 190; Aubry e Rau, *Cours de droit civil français*, 5. ed., v. 4, § 355, p. 378.

as despesas de custeio, o legislador confere-lhe o direito ao valor dos frutos, para não se lhe frustrar a expectativa de ganho; *b*) *o pagamento das despesas do contrato* – p. ex.: custo da escritura, emolumentos do registro, sisa, ou dispêndio com documentos que foram exigidos para a efetivação do contrato – *e de todos os prejuízos que diretamente resultarem da evicção*; *c*) *as custas judiciais* desembolsadas por ele em razão do litígio, compreendendo despesas periciais e honorários advocatícios. Acrescenta o Código Civil, art. 451, que subsistirá para o alienante a responsabilidade pela evicção, ainda que a coisa alienada esteja deteriorada, exceto havendo dolo do adquirente;

3º) *obter o valor das benfeitorias necessárias ou úteis* que não lhe foram abonadas, pois se é possuidor de boa-fé deverá receber do alienante o valor delas (CC, arts. 453, 96, §§ 2º e 3º, e 1.221), tendo inclusive o direito de reter a coisa até que seja reembolsado das despesas feitas com tais benfeitorias (CC, art. 1.219). Em regra, é o reivindicante, que venceu a ação, por se aproveitar das benfeitorias, quem deverá pagá-las ao evicto, se foi este quem as fez. Se o evicto realizou benfeitorias úteis após a propositura da ação reivindicatória, será tido, perante o evictor, como de má-fé; logo, o reivindicante não terá o dever de pagar (CC, art. 1.220). Mas, como o evicto não será considerado de má-fé, em face do alienante, já que a posse da coisa lhe fora transmitida normalmente, o alienante é quem responderá pelo valor daquelas benfeitorias, pois as necessárias serão pagas pelo evictor. Se as benfeitorias abonadas ao evicto foram feitas pelo alienante, o valor delas será, conforme o Código Civil, art. 454, levado em conta na restituição devida. Como foi o alienante quem as realizou, receberá do reivindicante a devida indenização, e, se o evicto veio a recebê-la, a importância respectiva será deduzida pelo alienante do preço ou da quantia que terá de pagar ao primeiro[170];

4º) *receber o valor das vantagens das deteriorações da coisa*, desde que não tenha sido condenado a indenizá-las (CC, art. 452). Logo, o valor das vantagens que o evicto obteve com a deterioração do bem – p. ex., se vendeu materiais resultantes da demolição do prédio – será deduzido da quantia que lhe houver de dar o alienante, a não ser que tenha sido condenado a indenizar o terceiro evincente;

5º) *haver o que o reforço ou a redução da garantia lhe assegurar, em quantia ou em coisa*, bem como demandar o terceiro fiador, se houver, e se, obviamente, a evicção estiver reforçada ou diminuída por cláusula expressa, estipulando, p. ex., restituição em dobro, fiança, exclusão de certas despesas etc.;

170. W. Barros Monteiro, op. cit., p. 66.

6º) *convocar o alienante imediato à integração da lide*, se proposta uma ação para evencer o bem adquirido, para que responda pelas consequências, assumindo a defesa, exercitando o direito que da evicção lhe resulta (CPC, art. 125, I). Todavia, o Projeto de Lei n. 699/2011 visava modificar a redação do art. 456 (ora revogado pelo CPC/2015), que passaria a ser a seguinte: "Para o direito que da evicção lhe resulta, independe o evicto da denunciação da lide ao alienante, podendo fazê-la, se lhe parecer conveniente, pelos princípios da economia e da rapidez processual". Fácil é perceber que tal Projeto procurou seguir a posição do STJ de que "o direito que o evicto tem de recobrar o preço que pagou pela coisa evicta independe, para ser exercitado, de ter ele denunciado a lide ao alienante, na ação em que terceiro reivindicara a coisa" (STJ, 3ª Turma, REsp 255.639-SP, rel. Min. Menezes Direito, *DJ*, 11-6-2001). Nilson Naves (STJ, REsp 132.258-RJ, *DJ*, 17-4-2000) salienta que a jurisprudência do STJ é no sentido de que a não denunciação da lide não acarreta a perda da pretensão regressiva, mas apenas ficará o réu, que poderia denunciar e não o fez, privado, por via regressiva, da obtenção imediata do título executivo contra o obrigado. Logo, as cautelas inseridas na lei são alusivas ao direito de regresso, não privando a parte de propor ação autônoma contra quem a lesou eventualmente. O Parecer Vicente Arruda rejeitou, relativamente ao Projeto de Lei n. 6.960/2002 (atual PL n. 699/2011), a proposta acima, votando: "Pela manutenção do texto, que trata única e exclusivamente do direito de regresso e coaduna-se com o disposto no inciso I do art. 70 do CPC/73, com a lógica jurídica e com os princípios de economia processual. De fato, se alguém é acionado por uma pessoa que reivindica coisa que houve mediante compra de terceiro, terá de chamá-lo à lide, não só para ajudá-lo na defesa, como também para assegurar o direito de regresso, que é matéria processual. Se não denunciar, perde o direito de regresso, que nada mais é que título executivo sem qualquer relação com a substância do direito. Aliás, é neste sentido a jurisprudência do STJ, trazida à colação pelo autor do Projeto de Lei".

Hoje, ante a não obrigatoriedade da denunciação da lide, mesmo se não exercida no processo em que pende a ação principal, o titular de pretensão da garantia ou de regresso poderá exercê-la em ação autônoma (CPC, art. 125, § 1º). Inadmissível será a denunciação da lide de alienantes anteriores, sendo permitida apenas a do alienante imediato (CPC, art. 125, I), embora este, se denunciado for, poderá promovê-la contra seu antecessor (denunciado sucessivo) imediato na cadeia dominial, que contudo não poderá promover nova denunciação, embora possa exercer seu direito de regresso por meio de ação autônoma (CPC, art. 125, § 2º);

7º) *citar, para usar do direito que a lei lhe concede, o seu alienante imediato, em caso de vendas sucessivas, como responsável*, e este chamará o seu antecessor para garantia, e assim sucessivamente, até alcançar aquele de onde partiu a alienação viciosa. Nada obsta, porém, que o evicto cite todos eles, resguardando-se do fato de algum deixar de fazê-lo[171];

8º) *optar, sendo parcial e considerável a evicção, entre a rescisão do contrato e a restituição da parte do preço correspondente ou proporcional ao desfalque sofrido*, calculado de acordo com o valor da coisa ao tempo da evicção (CC, arts. 450, parágrafo único, e 455), ainda que venha a receber menos do que pagou, por haver diminuído o seu valor[172]. A indenização deverá ser proporcional à perda sofrida (*RT, 150*:165), e acrescenta o Projeto de Lei n. 699/2011 ao parágrafo único do art. 450: "Salvo na hipótese de valor pago a maior ao tempo da alienação ou em valor necessário que propicie ao evicto adquirir outro bem equivalente". Com isso abranger-se-á a hipótese de o adquirente receber menos do que desembolsou, repelindo enriquecimento injusto. O Parecer Vicente Arruda entendeu, ao fazer menção ao Projeto de Lei n. 6.960/2002 (atual PL n. 699/2011), que se deve manter o texto atual porque: "O acréscimo da expressão 'salvo na hipótese de valor pago a maior ao tempo da alienação ou em valor necessário que propicie ao evicto adquirir outro bem equivalente' não se harmoniza com o início do parágrafo por introduzir, ao mesmo tempo, uma contradição e uma tautologia. De fato, no início do parágrafo, diz-se que o preço da evicção é o valor da coisa ao tempo em que se evenceu. Logo é um preço atual, que, por isto, proporciona ao evicto um valor suficiente para aquisição de bem equivalente. Daí por que, neste ponto é desnecessário o acréscimo. Por outro lado, ao ressalvar que não prevalece o valor da coisa ao tempo em que se evenceu 'na hipótese de valor pago a maior ao tempo da alienação', chega-se a um *non sequitor*, pois não se fica sabendo qual o valor a ser pago pela evicção". E, se a evicção parcial não for considerável, terá o evicto direito apenas à indenização proporcional ao desfalque econômico sofrido, não podendo, portanto, valer-se daquela opção (CC, art. 455, *in fine*);

9º) *responsabilizar os herdeiros do alienante pela evicção*, se este vier a falecer[173].

---

171. Caio M. S. Pereira, op. cit., p. 121.

172. W. Barros Monteiro, op. cit., p. 66. Já se decidiu que: "Perdida a propriedade do bem, o evicto há de ser indenizado com importância que lhe propicie adquirir outro equivalente. Não constitui reparação completa a simples devolução do que foi pago, ainda que com correção monetária" (STJ, 3ª Turma, REsp 248.423-MG, rel. Min. Eduardo Ribeiro, j. 27-4-2000).

173. Caio M. S. Pereira, op. cit, p. 121; J. Nascimento Franco, Quem responde pela evicção não pode reivindicar, *Tribuna do Direito, 89*:2; *Bol. AASP, 1.846*:149-52; *RT, 244*:242, *533*:59.

f.3.3.6. Arras

f.3.3.6.1. Conceito e caracteres

As *arras* ou sinal vêm a ser a quantia em dinheiro, ou outra coisa móvel, em regra, fungível, dada por um dos contraentes ao outro, a fim de concluir o contrato, e, excepcionalmente, assegurar o pontual cumprimento da obrigação[174]. Assim, se A pretende efetivar um contrato de compra e venda, poderá entregar a B, que é o vendedor, uma quantia em dinheiro, como prova de conclusão do contrato e como garantia de seu adimplemento. O sinal funciona, pois, não só como um reforço nos contratos bilaterais ou comutativos, indicando a realização definitiva do concurso de vontades, ao firmar a presunção de acordo final, devendo, em caso de execução, ser restituído ou computado na prestação devida, se do mesmo gênero da principal (CC, art. 417), mas também como uma garantia ao pontual cumprimento da obrigação avençada, visto que se pode convencionar a possibilidade do desfazimento do contrato por qualquer das partes, hipótese em que terá função indenizatória. Assim, aquele que o deu o perderá para outro e o que o recebeu o devolverá mais o equivalente, não havendo, em qualquer caso, direito à indenização suplementar (CC, art. 420), assegurando-se, assim, às partes o direito de arrependimento[175].

Apresentam, portanto, os seguintes *caracteres*[176]:

---

174. Orlando Gomes, *Contratos*, cit., p. 113; W. Barros Monteiro, op. cit., p. 40; Carvalho Santos, *Código Civil brasileiro interpretado*, v. 15, p. 266; Silvio Rodrigues, Arras, in *Enciclopédia Saraiva do Direito*, v. 8, p. 19; *Das arras*, São Paulo, 1955; Paulo Luiz Netto Lôbo, *Direito das obrigações*, Brasília, Brasília Jurídica, 1999, p. 102-6. Há quem as considere como um *penhor para execução da obrigação* (Scavone Jr., *Comentários ao Código Civil* – coord. Camillo, Talavera, Fujita e Scavone Jr. –, São Paulo, Revista dos Tribunais, 2006, p. 458). A esse respeito prescreve o Código das Obrigações suíço, no art. 158: *"Celui qui donne des arrhes est réputé les donner en signe de la conclusion du contrat, et non à titre de dédit"*. Luiz Antonio Scavone Jr. (*Comentários*, cit., p. 458) entende que as arras podem ser representadas por *coisa infungível*, que, sendo cumprido o contrato, será devolvida. P. ex.: "A" se compromete a entregar relógios antigos de sua coleção e ainda, como garantia, um outro, que não faz parte dessa coleção, para ser devolvido quando os relógios encomendados forem entregues. Se aquele relógio fizesse parte daquela coleção, mesmo que infungível, deveria ser imputado no pagamento, na data da entrega dos demais.

175. Serpa Lopes, *Curso*, cit., p. 206 e 207; Bassil Dower, op. cit., p. 37; Orlando Gomes, *Contratos*, cit., p. 113 e 114; W. Barros Monteiro, op. cit., p. 39; Silvio Rodrigues, Arras, cit., p. 19.

176. Pothier, *Traité du contrat de vente*, n. 500; Bassil Dower, op. cit., p. 37; W. Barros Monteiro, op. cit., p. 40; Orlando Gomes, *Contratos*, cit., p. 113; Serpa Lopes, *Curso*, cit., p. 214, n. 143; Larombière, *Théorie et pratique des obligations*, v. 2, n. 20; Silvio Rodrigues, Arras, cit., p. 21. *Vide*: *Ciência Jurídica*, *44*:161.

1º) só têm cabimento nos contratos bilaterais que servem de título translativo do domínio;

2º) pressupõem um contrato perfeito, pois hão de provir de cláusula acessória do contrato, expressamente estipulada. O sinal é um pacto acessório ao contrato então realizado, de forma que sua existência e eficácia dependerão da existência e eficácia do contrato principal. Não haverá arras sem que haja um contrato principal, cuja conclusão pretendem afirmar e cujo adimplemento visam assegurar;

3º) exigem a entrega de uma soma em dinheiro ou de outra coisa móvel, em regra, fungível e apenas se aperfeiçoam se houver efetiva entrega da coisa;

4º) requerem que tal entrega seja feita por um dos contratantes ao outro;

5º) destinam-se a confirmar o ato negocial ou a assegurar o seu cumprimento, prevenindo a possibilidade de arrependimento pelo receio da pena e a eventual indenização das perdas e danos (CC, arts. 418 e 419).

f.3.3.6.2. Espécies de arras

Poder-se-ão distinguir as *espécies* de arras em atenção às suas diferentes funções.

Sua *função principal* é provar que o contrato principal se concluiu, havendo as partes realizado um negócio jurídico, estando, por isso, vinculadas juridicamente. Nesse caso ter-se-ão as *arras confirmatórias*, previstas no Código Civil, art. 417, que reza: "Se, por ocasião da conclusão do contrato, uma parte der à outra, a título de arras, dinheiro ou outro bem móvel, deverão as arras, em caso de execução, ser restituídas ou computadas na prestação devida, se do mesmo gênero da principal".

As arras confirmatórias consistem, portanto, na entrega de uma soma em dinheiro ou outra coisa móvel fungível, feita por uma parte à outra, em sinal de firmeza do contrato e como garantia de que será cumprido, visando impedir, assim, o arrependimento de qualquer das partes. Infere-se daí o seu triplo objetivo:

a) confirmar o contrato, tornando-o obrigatório, fazendo-o lei entre as partes, não sendo mais lícito a qualquer contraente rescindir o negócio unilateralmente, pois firmaram a presunção de que o contrato se formou;

b) antecipar o pagamento do preço, de sorte que o seu *quantum* será imputado no preço convencionado. A importância entregue como sinal será tida como adiantamento do preço. A esse respeito estatui o Código Civil, no art. 417, *in fine*, que as arras, quando o contrato concluído for executado, deverão ser computadas na prestação devida, se do mesmo gênero da principal, ou restituídas, se não o forem. As arras em dinheiro constituem princípio de pagamento, mas a recíproca não é verdadeira, visto que nem todo o princípio de pagamento deve ser havido como arras (*RT*, *190*:876);

c) determinar, previamente, as perdas e danos pelo não cumprimento das obrigações a que tem direito o contraente que não deu causa ao inadimplemento. As arras confirmatórias não são incompatíveis com a indenização do dano. Deveras, o art. 418 do Código Civil preceitua que: "Se a parte que deu as arras não executar o contrato, poderá a outra tê-lo por desfeito, retendo-as; se a inexecução for de quem recebeu as arras, poderá quem as deu haver o contrato por desfeito, e exigir sua devolução mais o equivalente, com atualização monetária segundo índices oficiais regularmente estabelecidos, juros e honorários de advogado", e, no art. 419, que: "A parte inocente pode pedir indenização suplementar, se provar maior prejuízo, valendo as arras como taxa mínima. Pode, também, a parte inocente exigir a execução do contrato, com as perdas e danos, valendo as arras como o mínimo da indenização". Essa indenização de perdas e danos por inadimplemento contratual (*RT*, *516*:228; CC, art. 389) será apurada tendo por base o valor atual do desfalque patrimonial sofrido pela parte inocente. Com isso, percebe-se que as arras confirmatórias não são consideradas como estimativa da totalidade das perdas e danos. Se o contrato vier a se impossibilitar sem que haja culpa dos contraentes, restituir-se-ão as arras, por não sobreviver a causa de sua retenção.

As arras têm, ainda, uma *função secundária*, na hipótese de se permitir o arrependimento, isto é, se os contraentes se reservaram o direito de arrepender-se, pois prescreve o Código Civil, no art. 420, que: "Se no contrato for estipulado o direito de arrependimento para qualquer das partes, as arras ou sinal terão função unicamente indenizatória. Neste caso, quem as deu perdê-las-á em benefício da outra parte; e quem as recebeu devolvê-las-á, mais o equivalente. Em ambos os casos não haverá direito a indenização suplementar". Nesse caso configurar-se-ão as *arras penitenciais*, em que os contraentes, na entrega do sinal, estipulam, expressamente, o direito de arrependimento (*RT*, *470*:270, *792*:370), tornando, assim, resolúvel o contrato, atenuando-lhe a força obrigatória (*AJ*, *80*:370), mas à custa da perda do sinal dado ou de sua restituição mais o equivalente (*RF*, *92*:697, *99*:91; *RT*, *474*:183, *156*:633, *544*:236, *191*:810). As arras seriam, portanto, uma indenização das perdas e danos pré-fixada, logo, se quem as deu desistir do negócio, perdê-las-á, e, se quem as recebeu for o desistente, deverá devolvê-las em dobro. As arras penitenciais excluem a indenização suplementar. O inocente, que não deu origem à resolução contratual, fará jus às arras mas não à indenização suplementar, porém nada obsta a exigência de atualização monetária, juros, honorários advocatícios e despesas processuais (CC, arts. 389 e 395). O direito de arrependimento deverá ser exercido dentro do prazo que se estabelecer, e, se não houver tal prazo, até o início da execução do contrato (*RT*, *493*:149).

Se não se estabelecer o direito de arrependimento, verificando-se este, as arras deverão ser devolvidas singelamente, e não juntamente com o equivalente (*RT*, *44*:168), pela parte que as recebeu e que se retratou.

O arrependimento é, portanto, o direito do contratante de não executar a obrigação ou de interromper sua execução, pagando certa soma. As arras penitenciais seriam, assim, um meio de arrependimento. Exercido o direito de retratar-se, convencionado no contrato, ter-se-á a rescisão contratual, havendo arrependimento de qualquer dos contraentes, que sofrerá uma pena. Nessas circunstâncias, se for o que deu o sinal, ele o perderá, e, se for o que o recebeu, deverá restituí-lo em dobro, isto é, devolverá a quantia recebida e pagará outra igual ou equivalente. Têm as arras, nesse caso, o caráter de pena, mas não se confundem com a multa penitencial, pois esta tem por escopo garantir a efetividade do negócio, enquanto as arras têm por objetivo permitir que ele se desfaça, prevenindo a possibilidade de retratação pelo receio da pena. As arras constituir-se-ão numa pena convencional, predeterminando as perdas e danos em favor da parte inocente, tendo como pressuposto a culpa do que se arrependeu ou se retratou (*RF*, *105*:65). Equivalem a uma penalidade, funcionando como pré-avaliação das perdas e danos resultantes do arrependimento, isto é, a perda do sinal ou a sua restituição em dobro, e excluem, por si só, a indenização maior a título de perdas e danos, visto constituírem um ressarcimento de danos (Súmula 412 do STF), salvo os juros moratórios e os encargos do processo (*RT*, *541*:85). O art. 420 do Código Civil proíbe que os contratantes convencionem que, em caso de inadimplência, fiquem ambos sujeitos ao pagamento, além da multa que estipularam, das perdas e danos que ocorrerem, visto que não confere direito a indenização suplementar (*RT*, *546*:256)[177]. Entretanto, em certas circuns-

---

177. Sobre as espécies de arras, consulte: Caio M. S. Pereira, *Instituições*, cit., p. 86-9, e Arras, *RF*, *68*:476; Salvat, op. cit., v. 1, n. 281 a 298; Tito Fulgêncio, Obrigações, in *Manual do*

tâncias ter-se-á a mera restituição do sinal, reconduzindo-se as partes ao *statu quo ante*, podendo haver, quando for o caso, atualização monetária. É o

---

Código Civil de Paulo de Lacerda, n. 401, p. 393; Serpa Lopes, *Curso*, cit., p. 209-13; Carvalho de Mendonça, *Doutrina e prática das obrigações*, v. 2, n. 661; Alvino Lima, Arras, *RF, 165*:461-70; Giorgi, op. cit., n. 469; Orlando Gomes, *Contratos*, cit., p. 113-5; Clóvis Beviláqua, *Código Civil*, cit., v. 4, p. 71; João Luís Alves, op. cit., anotações ao art. 1.096; Silvio Rodrigues, Arras, cit., p. 21-4; Baudry-Lacantinerie e Saignat, op. cit., n. 81; Bassil Dower, op. cit., p. 38 e 39; Barassi, op. cit., p. 1227; Ghiron, *Codice Civile*; libro delle obbligazioni, v. 1, p. 544; Rodrigo Toscano de Brito, Função social dos contratos como princípio orientador na interpretação das arras, in *Novo Código Civil – questões controvertidas*, São Paulo, Método, 2004, v. 2, p. 369-82; Pontes de Miranda, op. cit., v. 24, § 2.928, p. 180: "As arras a serem restituídas em dobro, na conformidade dos arts. 1.088 e 1.095 do Cód. Civ. de 1916, devem ser monetariamente corrigidas" (hoje aplicável ao art. 420 do Código Civil) (TJRJ, *ADCOAS*, n. 89.896, 1983); *EJSTJ, 3*:55. Sobre desistência do contrato, *vide* os arts. 49 e 53 da Lei n. 8.078/90; CC, art. 418. E a respeito o STJ (REsp 1.056.704, 3ª T., 16-7-2009, rel. Min. Massami Uyeda) decidiu que, após desistir de imóvel, o comprador tem direito à devolução de parcelas pagas corrigidas. Sobre arras confirmatórias: *RT, 664*:155, *684*:86, *713*:203; *RJ, 141*:81, *168*:93; *RJTJRS, 136*:236, *131*:94; *RJTJSP, 131*:94; *RSTJ, 118*:285. E sobre arras penitenciais: *RJM, 48*:118; *RJ, 128*:87, *154*:89; *161*:77; *RT, 737*:394, *716*:192, *474*:183, *546*:236 e 256. "Preliminar de ilegitimidade de parte. Inocorrência. A falta de autorização assinada pelos ex-proprietários torna *nulo* o contrato de cessão. Afora isso, não há provas de que o adquirente, funcionário dos ex-proprietários, tenha restituído o valor do sinal. Circunstâncias que legitimam a apelada a ingressar com a ação monitória. Preliminar afastada. Mérito. Arras. Restituição do valor dado em pagamento do sinal do *negócio*. Admissibilidade. Determinação contida no art. 418 do CC/02 afronta o disposto no art. 884 do mesmo *Codex*, que veda o enriquecimento sem causa. Art. 884 do CC/02, que deve prevalecer, pois mais que uma norma, trata-se de um princípio a nortear todo o ordenamento *jurídico*. Além disso, necessidade de preservação do equilíbrio contratual, pois a obtenção do financiamento era condição precípua para a execução do contrato e os vendedores tinham dela plena ciência. Decisão mantida. Recurso desprovido" (TJSP, 1ª Câm. de Dir. Priv., Ap. Cív. c/ Rev. 5256094200 – rel. Paulo Alcides, j. 13-5-2008). "Em caso de penalidade, aplica-se a regra do art. 413 ao sinal, sejam as arras confirmatórias ou penitenciais" (Enunciado n. 165 do Conselho da Justiça Federal, aprovado na III Jornada de Direito Civil).

"... As arras são ditas penitenciais quando são utilizadas como pagamento de indenização pelo arrependimento e não conclusão do contrato. Esta modalidade de arras é a exceção e tem função secundária. O art. 420 do Código Civil admite que as arras tenham essa função penitencial, mas, para tanto, mister se faz a necessária estipulação expressa no sentido de poderem as partes exercer o direito de arrependimento. A ausência de culpa por parte de quem recebeu as arras penitenciais afasta sua função penitencial, excluindo, por conseguinte, o dever de devolvê-las em dobro. A devolução simples, no caso concreto, foi correta. Por ocasião da rescisão contratual, o valor dado a título de sinal (arras) deve ser restituído aos *reus debendi*, sob pena de enriquecimento ilícito (REsp 1056704)..." (TJRJ, Ap. 2009.001.55016, rel. Des. Mario Assis Gonçalves, j. 18-5-2010).

que ocorrerá: *a*) se ambos os contraentes se arrependerem do negócio (*RT*, *151*:192) ou se houver inadimplemento de ambos (*RT*, *479*:210); *b*) se não se puder verificar quem se arrependeu primeiro (*RT*, *199*:325); *c*) se o inadimplemento contratual se der por causa alheia à vontade dos contraentes (*RT*, *156*:237); p. ex.: se a sua inexequibilidade advier de caso fortuito ou força maior, não haverá que se falar em arrependimento; *d*) se o contrato for rescindido por comum acordo entre as partes (*RF*, *130*:112); *e*) se, por justo motivo, um dos contraentes se recusar a cumprir o contrato, p. ex., se o outro não exibir as certidões negativas que prometera[178] ou se o negócio estava condicionado a financiamento de parte do preço, que veio a ser negado por insuficiência de renda familiar (*RT*, *495*:147). Trata-se de casos de impossibilidade da prestação sem culpa de quem deu as arras, devendo quem as recebeu devolvê-las pura e simplesmente[179].

Graficamente temos:

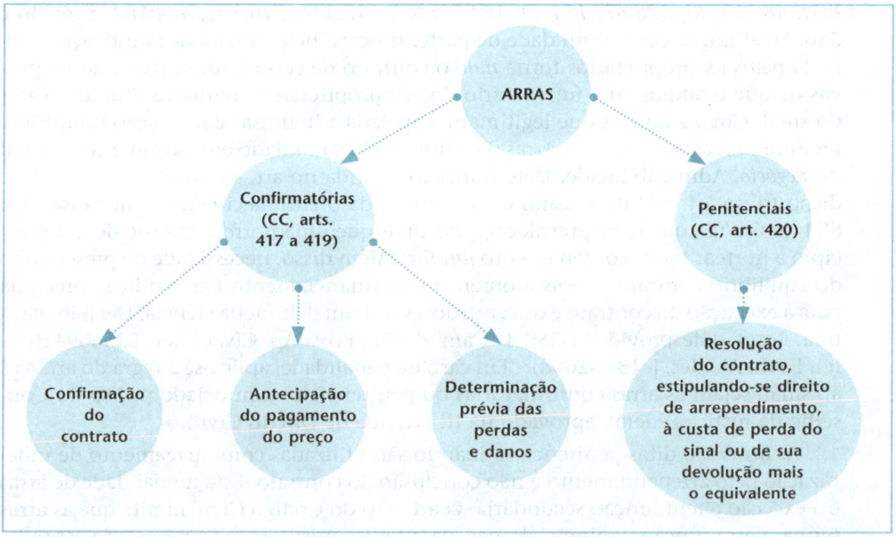

178. Esta é a lição de W. Barros Monteiro, op. cit., p. 43 e 44.

179. Bassil Dower, op. cit., p. 40; Caio M. S. Pereira, *Instituições*, cit., p. 89; Giorgi, op. cit., n. 469.

QUADRO SINÓTICO

EFEITOS DO CONTRATO

<table>
<tr><td>1. EFEITOS DECORRENTES DA OBRIGATORIEDADE DO CONTRATO</td><td colspan="4">• Cada contraente fica ligado ao contrato, sob pena de execução ou de responsabilidade por perdas e danos.
• O contrato deve ser executado como se fosse lei para os que o estipularam.
• O contrato é irretratável e inalterável, não podendo um dos contraentes dele se libertar ad nutum, pois o liame obrigacional só poderá ser desfeito com o consentimento de ambas as partes, a menos que haja cláusula que permita a uma delas a exoneração por sua exclusiva vontade, que esse efeito resulte da própria natureza do contrato ou que se tenha pactuado o direito de arrependimento.
• O juiz deverá observar estritamente o contrato, salvo naquelas hipóteses em que se poderá modificá-lo, como sucede na imprevisão, força maior ou caso fortuito.</td></tr>
<tr><td rowspan="3">2. EFEITOS DO CONTRATO QUANTO À SUA RELATIVIDADE</td><td rowspan="3">• a) Efeitos gerais do contrato</td><td>• Efeitos do contrato em relação aos contratantes</td><td colspan="2">• A força vinculante do contrato restringe-se às partes contratantes, isto é, às pessoas que o estipularam direta ou indiretamente, pois nada impede que se contrate por meio de representante, mesmo sob a forma de mandato ou de gestão de negócios.</td></tr>
<tr><td>• Efeitos do contrato quanto aos sucessores a título universal e particular</td><td colspan="2">• Se o contrato não for intuitu personae, poderá atingir os sucessores a título universal tanto em relação ao crédito como em relação ao débito, porém não responderão eles pelos encargos superiores às forças da herança (CC, arts. 1.997 e 1.792). Os sucessores a título singular (cessionário ou legatário) são alheios ao contrato, mas os efeitos deste recaem sobre eles.</td></tr>
<tr><td>• Efeitos do contrato relativamente a terceiros</td><td>• Princípio geral</td><td>• O princípio geral de que o contrato não beneficia e não prejudica a terceiros, atingindo apenas partes que nele intervieram, não é absoluto, como se pode ver no pacto de retrovenda, na estipulação em favor de terceiro, no contrato por terceiro etc.</td></tr>
</table>

2. EFEITOS DO CONTRATO QUANTO À SUA RELATIVIDADE	*a*) Efeitos gerais do contrato	Efeitos do contrato relativamente a terceiros	Estipulação em favor de terceiro	Conceito	É um contrato estabelecido entre duas pessoas, em que uma (estipulante) conveniona com outra (promitente) certa vantagem patrimonial em proveito de terceiro (beneficiário), alheio à formação do vínculo contratual.
				Requisitos	*Subjetivo* – exigência da presença de três pessoas: estipulante e promitente (que deverão ter capacidade para contratar) e beneficiário (que não precisa ter aptidão para contratar). *Objetivo* – liceidade, possibilidade de objeto e vantagem patrimonial que beneficie pessoa alheia à convenção. *Formal* – forma livre, por ser contrato consensual.
				Natureza jurídica	Trata-se de contrato *sui generis*, no qual a exigibilidade da prestação passa ao beneficiário, sem que o estipulante a perca.

2. EFEITOS DO CONTRATO QUANTO À SUA RELATIVIDADE	• *a*) Efeitos gerais do contrato	• Efeitos do contrato relativamente a terceiros	• Estipulação em favor de terceiro	• Efeitos	• *Quanto às relações entre estipulante e promitente*: *a*) o estipulante e o promitente agem como qualquer contratante; *b*) o promitente obriga-se a beneficiar terceiro, mas o estipulante tem o direito de exigir o adimplemento dessa obrigação (CC, art. 436) e de substituir o terceiro, independentemente da anuência do promitente (CC, art. 438); *c*) o estipulante pode exonerar o promitente, desde que não haja cláusula que dê ao beneficiário o direito de reclamar a execução da promessa; *d*) o estipulante pode revogar o contrato, caso em que o promitente se libera perante terceiro, passando a ter o dever de prestar a obrigação ao estipulante. • *Quanto às relações entre promitente e terceiro*: surgem na fase de execução do contrato, quando o terceiro passa a ser credor da prestação prometida (CC, art. 436, parágrafo único).

2. EFEITOS DO CONTRATO QUANTO À SUA RELATIVIDADE	• *a*) Efeitos gerais do contrato	• Efeitos do contrato relativamente a terceiros	• Estipulação em favor de terceiro	• Efeitos	• *Quanto às relações entre estipulante e terceiro*: *a*) o estipulante pode substituir o terceiro; *b*) o estipulante pode exonerar o devedor, se o terceiro não se reservar o direito de reclamar-lhe a execução (CC, art. 437); *c*) a aceitação do terceiro consolida o direito, tornando-o irrevogável.
			• Contrato por terceiro	• Se uma pessoa se comprometer com outra a obter prestação de fato de um terceiro, ter-se-á o contrato por terceiro, previsto no CC, art. 439. • Se terceiro consentir em realizá-la, executa-se a obrigação do devedor primário, que se exonerará. Mas, se terceiro não a cumprir, o devedor primário será inadimplente, sujeitando-se às perdas e danos. Entretanto, o promitente se eximirá, se a prestação do terceiro não puder ser levada a efeito por impossibilidade física ou jurídica ou por iliceidade.	
			• Contrato com pessoa a declarar	• Aquele em que uma parte se reserva o direito de indicar quem adquirirá direitos ou assumirá obrigações contratuais, dentro de 5 dias da conclusão do contrato (CC, arts. 468 a 471).	
		• Efeitos do princípio da relatividade quanto ao objeto da obrigação	• Em relação ao objeto da obrigação, a eficácia do contrato é também relativa, pois somente dará origem a obrigações de dar, de fazer e de não fazer. Clara está a natureza pessoal do vínculo contratual, pois um dos contraentes terá o direito de exigir do outro a prestação prometida. O contrato não produz efeitos reais, pois não transfere a propriedade ou os *jura in re aliena*; quando muito, servirá apenas de *titulus adquirendi*.		

2. EFEITOS DO CONTRATO QUANTO À SUA RELATIVIDADE	• *b*) Efeitos particulares do contrato	• Noção geral		• Os contratos bilaterais, por suas peculiaridades, apresentam particulares efeitos jurídicos, subordinando-se a normas inaplicáveis aos unilaterais. Sob esse prisma, consideraremos o direito de retenção, a *exceptio non adimpleti contractus*, os vícios redibitórios, a evicção e as arras, que só dizem respeito a essa espécie de contrato.
		• Direito de retenção	• Conceito	• Segundo Arnoldo Medeiros da Fonseca, é a permissão, concedida pela norma ao credor, de conservar em seu poder coisa alheia, que já detém legitimamente, além do momento em que a deveria restituir se o seu crédito não existisse e, normalmente, até a extinção deste.
			• Requisitos	• Detenção de coisa alheia. • Conservação dessa detenção. • Crédito líquido, certo e exigível do retentor, em relação de conexidade com a coisa retida. • Inexistência de exclusão legal ou convencional do direito de retenção.
		• Exceção de contrato não cumprido		• É uma defesa oponível pelo contratante demandado contra o cocontratante inadimplente, em que o demandado se recusa a cumprir sua obrigação, sob a alegação de não ter, aquele que a reclama, cumprido o seu dever, dado que cada contratante está sujeito ao estrito adimplemento do contrato.
		• Vícios redibitórios	• Conceito	• Os vícios redibitórios são falhas ou defeitos ocultos existentes na coisa alienada, objeto de contrato comutativo, não comuns às congêneres, que a tornam imprópria ao uso a que se destina ou lhe diminuem sensivelmente o valor, de tal modo que o ato negocial não se realizaria se esses defeitos fossem conhecidos, dando ao adquirente ação para redibir o contrato ou para obter abatimento no preço.

2. EFEITOS DO CONTRATO QUANTO À SUA RELATIVIDADE	• *b*) Efeitos particulares do contrato	• Vícios redibitórios	• Fundamento da responsabilidade do alienante	• O fundamento da responsabilidade do alienante repousa no princípio da garantia, segundo o qual o adquirente, sujeito a uma contraprestação, tem direito à utilidade natural do bem, e como não pode normalmente examiná-la em profundidade a ponto de poder descobrir-lhe os defeitos ocultos, precisará estar garantido contra o alienante, para o caso de lhe ser entregue objeto defeituoso; por isso, a lei lhe possibilita rejeitar a coisa ou abater o preço.
			• Requisitos necessários	• Coisa adquirida em virtude de contrato comutativo ou doação gravada com encargo (CC, art. 441, parágrafo único). • Vício ou defeito prejudicial à utilização da coisa ou determinante da diminuição de seu valor (CC, art. 441). • Defeito grave da coisa (*RT*, *489*:122). • Vício oculto (CC, art. 441; *RT*, *495*:188, *526*:206). • Defeito já existente no momento da celebração do contrato (CC, art. 444).
			• Efeitos	• A ignorância do vício pelo alienante não o eximirá da responsabilidade (CC, art. 443, e Lei n. 8.078/90, arts. 24 e 25). Pelo CC, art. 443, se o alienante conhecia o defeito, restituirá o que recebeu com perdas e danos; se não o conhecia, restituirá o valor recebido, mais as despesas contratuais.

2. **EFEITOS DO CONTRATO QUANTO À SUA RELATIVIDADE**	• *b*) Efeitos particulares do contrato	• Vícios redibitórios	• Efeitos	• Os limites de garantia, isto é, o *quantum* do ressarcimento e os prazos respectivos, poderão ser ampliados, restringidos ou suprimidos pelos contraentes, mas na última hipótese o adquirente assumirá o risco do defeito oculto. • A responsabilidade do alienante subsistirá, ainda que a coisa pereça em poder do alienatário, em razão de vício oculto, já existente ao tempo da tradição (CC, art. 444). • O adquirente poderá rejeitar a coisa defeituosa, redibindo o contrato, por meio da ação redibitória, ou reclamar o abatimento no preço, mediante ação estimatória (CC, art. 442, e Lei n. 8.078/90, art. 26). • O defeito oculto de uma coisa vendida juntamente com outras não autoriza a rejeição de todas (CC, art. 503). • O terceiro, que veio a adquirir o bem viciado, não sofrerá as consequências da redibição. • A renúncia à garantia por parte do adquirente impede a propositura das ações edilícias.
		• Evicção	• Definição	• É a perda da coisa, por força de decisão judicial, fundada em motivo jurídico anterior, que a confere a outrem, seu verdadeiro dono, e o reconhecimento em juízo da existência de ônus sobre a mesma coisa, não denunciado oportunamente no contrato.

2. EFEITOS DO CONTRATO QUANTO À SUA RELATIVIDADE	• *b*) Efeitos particulares do contrato	• Evicção	• Condições necessárias para a configuração da responsabilidade pela evicção	• Onerosidade da aquisição do bem (CC, arts. 447, 1ª parte, e 552). • Perda, total ou parcial, da propriedade ou da posse da coisa alienada pelo adquirente. • Sentença judicial, transitada em julgado, declarando a evicção. • Anterioridade do direito do evictor. • Admissibilidade de denunciação à lide (CPC, arts. 125 a 129).
			• Reforço, redução e exclusão da responsabilidade pela evicção	• O CC, art. 448, confere às partes o direito de modificar a responsabilidade do alienante, reforçando, diminuindo ou excluindo a garantia, desde que o façam expressamente. Todavia, apesar de haver cláusula que exclua a responsabilidade pela evicção, se esta se der, o evicto terá direito de recobrar o preço que pagou pela coisa evicta, se não soube do risco da evicção, ou, dele informado, não o assumiu (CC, art. 449).
			• Direitos do evicto	• Demandar pela evicção, movendo ação contra o transmitente, exceto nos casos do CC, art. 449. • Reclamar, no caso de evicção total, além da restituição integral do preço ou das garantias pagas, as verbas do CC, art. 450, I a III. • Obter o valor das benfeitorias, conforme o CC, arts. 453 e 454. • Receber o valor das vantagens das deteriorações da coisa, desde que não tenha sido condenado a indenizá-las (CC, art. 452).

2. EFEITOS DO CONTRATO QUANTO À SUA RELATIVIDADE	• *b*) Efeitos particulares do contrato	• Evicção	• Direitos do evicto	• Haver o que o reforço ou redução da garantia lhe assegurar. • Convocar o alienante à integração da lide, se proposta uma ação para evencer o bem adquirido (CPC, art. 125, I). • Citar como responsável o seu alienante imediato, em caso de vendas sucessivas, embora nada obste que cite todos os alienantes. • Optar, se parcial a evicção, entre a rescisão contratual e a restituição da parte do preço correspondente ao desfalque sofrido (CC, arts. 455 e 450, parágrafo único). • Responsabilizar os herdeiros do alienante pela evicção, se este vier a falecer.
		• Arras	• Conceito	• Arras ou sinal vem a ser a quantia em dinheiro, ou outra coisa móvel fungível, dada por um dos contraentes ao outro, a fim de concluir o contrato, e, excepcionalmente, assegurar o pontual cumprimento da obrigação.
			• Caracteres	• Só têm cabimento nos contratos bilaterais que servem de título translativo do domínio. • Pressupõem um contrato perfeito, por serem pacto acessório. • Exigem, para se aperfeiçoarem, a entrega de soma em dinheiro ou de outra coisa fungível. • Requerem que tal entrega seja feita por um dos contraentes ao outro. • Destinam-se a confirmar o contrato ou a assegurar o seu cumprimento, prevenindo a possibilidade de arrependimento pelo receio da pena e a eventual indenização das perdas e danos.

2. EFEITOS DO CONTRATO QUANTO À SUA RELATIVIDADE	• *b*) Efeitos particulares do contrato	• Arras	• Espécies	• Arras confirmatórias	• Consistem na entrega de uma soma em dinheiro ou outra coisa fungível, feita por uma parte à outra, em sinal de firmeza do contrato e como garantia de que será cumprido, visando impedir o arrependimento de qualquer das partes. Daí terem triplo objetivo: confirmar o contrato; antecipar o pagamento do preço; determinar previamente as perdas e danos pelo não cumprimento das obrigações (CC, arts. 417, 418 e 419; *RT*, *516*:228).
				• Arras penitenciais	• Configuram-se quando os contraentes, ao entregar o sinal, estipulam expressamente o direito de arrependimento, tornando resolúvel o contrato, atenuando-lhe a força obrigatória, mas à custa da perda do sinal ou de sua devolução mais o equivalente (CC, art. 420).

G. Extinção da relação contratual

g.1. Notas introdutórias

A falta de sistematização, a excessiva preocupação com minúcias inconsequentes, as divergências terminológicas apresentadas na legislação e na doutrina, e as vacilações nos conceitos e classificações dificultaram o estudo dos modos extintivos do contrato quanto à delimitação e classificação de todos os fatores suscetíveis de, num dado momento, porem fim a uma relação contratual. Não há uma teoria que ponha termo à confusão reinante sobre esse assunto[180]. Ante essa problemática, procuraremos distinguir as causas extintivas do contrato, que não a via normal, em *contemporâneas* ao nascimento do liame contratual, visto que, em certos casos, o próprio contrato já se forma com o germe que o haverá de extinguir, e em *supervenientes* à sua formação, por aparecerem no curso da vida contratual, pois hipóteses há em que o ato negocial é viável, mas, por circunstância ulterior, é aniquilado[181].

g.2. Extinção normal do contrato

O contrato, como todo e qualquer negócio jurídico, cumpre seu ciclo existencial. Nasce do mútuo consenso, sofre as vicissitudes de sua carreira, e termina normalmente com o adimplemento da prestação[182], sendo executado pelas partes contratantes em todas as suas cláusulas. A *execução* é, pois, o modo normal de extinção do vínculo contratual, não suscitando, por isso, quaisquer problemas quanto à forma e aos efeitos, já que, uma vez executado o contrato, extinguir-se-ão todos os direitos e obrigações que originou[183]. A *solutio* é o seu fim natural, liberando-se o devedor com a satisfação do credor. O credor, ou o seu representante, por sua vez, atestará o pagamento por meio da *quitação*. A quitação é o ato pelo qual se atesta o pagamento, provando-o, exonerando-se, então, o devedor da obrigação cumprida. O pagamento, em regra, só se prova com a quitação, e, sendo de valor superior à taxa legal, só se permitirá prova testemunhal se houver começo de prova por escrito (*RF, 85*:121, *132*:119). A quitação ou o recibo será a prova hábil de que o devedor se servirá quando tiver de provar o pagamento em juízo, pois

180. De Page, op. cit., v. 2, parte 1, n. 752; Serpa Lopes, *Curso*, cit., p. 197; Orlando Gomes, *Contratos*, cit., p. 202; Silvio Luís Ferreira da Rocha, *Curso*, cit., v. 3, p. 106-20.
181. Serpa Lopes, *Curso*, cit., p. 197; Silvio Luís Ferreira da Rocha, *Curso*, cit., v. 3, p. 106 a 124.
182. Caio M. S. Pereira, *Instituições*, cit., p. 126.
183. Orlando Gomes, *Contratos*, cit., p. 202 e 203.

consiste num documento escrito, no qual o credor reconhece ter recebido o que lhe era devido, liberando o devedor até o montante do que lhe foi pago.

A quitação é um direito do *solvens*, de maneira que, se esta não lhe for entregue ou se lhe for oferecida irregularmente, poderá reter o pagamento, sem que se configure mora, ou consignar a prestação devida (CC, arts. 319 e 335, I). O devedor que cumpre a obrigação tem direito à quitação, mas não poderá exigir que contenha declarações que importem o reconhecimento de direitos que exorbitem da simples quitação (*RF*, *96*:337), não podendo recusar-se a pagar pelo simples fato da quitação conter ressalva de outro crédito (*RF*, *145*:174; *RT*, *200*:254, *178*:255). Se houver uma quitação geral, presumir-se-á o pagamento de todos os débitos anteriores, exceto se houver provas convincentes do contrário (CC, art. 322; *RT*, *175*:178, *171*:189; *RF*, *99*:417). Se o pagamento for apenas *por conta*, o recibo deverá fazer menção a esse fato (*RT*, *152*:172). Sem essa ressalva, os juros também reputar-se-ão pagos, porém trata-se de uma presunção *juris tantum* (CC, art. 323; *RF*, *70*:337). A quitação não poderá conter débitos não vencidos (*RF*, *68*:592, *83*:302), se não for expressa a esse respeito. A quitação deverá conter os requisitos arrolados no Código Civil, art. 320, isto é, deverá designar o valor e a espécie da dívida quitada, o nome do devedor, ou quem por este pagou, o tempo e o lugar do pagamento, e conter a assinatura do credor, ou de seu representante, mas valerá qualquer que seja a sua forma, não precisando ater-se à mesma forma do contrato a que se reporta. Mesmo sem os requisitos acima arrolados, valerá a quitação se de seus termos ou das circunstâncias resultar haver sido pago o débito (CC, art. 320, parágrafo único). Assim, se o negócio se deu por escritura pública, nada obsta que a quitação seja feita por instrumento particular (*RT*, *169*:320, *189*:746). A quitação será tida como válida, até que seja anulada pelos meios regulares de direito (*RF*, *98*:637, *99*:417). É mister ressaltar que, apesar da quitação ser a prova mais completa do pagamento, não é exclusiva, pois o mesmo poderá ser evidenciado por presunções, confissão, testemunhas etc.[184].

g.3. Causas de dissolução do contrato anteriores ou contemporâneas à sua formação

g.3.1. Generalidades

Há certos casos em que o contrato se extingue por motivos anteriores ou contemporâneos à sua formação, como, p. ex., quando é fulminado pela

184. Caio M. S. Pereira, *Instituições*, cit., p. 126; Silvio Rodrigues, Quitação, in *Enciclopédia Saraiva do Direito*, v. 63, p. 100-3; Serpa Lopes, *Curso*, cit., n. 157; W. Barros Monteiro, op. cit., p. 45 e 46; Bassil Dower, op. cit., p. 35; João Luís Alves, op. cit., v. 2, comentário ao art. 945.

declaração de sua nulidade devido a defeito na sua formação, seja este de ordem subjetiva, objetiva ou formal, que impossibilita a produção de seus efeitos[185], pelo implemento de condição resolutiva nele pactuado, ou pelo exercício do direito de arrependimento expressamente convencionado pelas partes. Cada um desses motivos determinantes da dissolução do vínculo contratual será por nós examinado logo a seguir.

g.3.2. Nulidade

O contrato, para ter validade, precisará observar as normas jurídicas atinentes a seus requisitos subjetivos, objetivos e formais, sob pena de não produzir consequências jurídicas. A nulidade é, portanto, uma sanção, por meio da qual a lei priva de efeitos jurídicos o contrato celebrado contra os preceitos disciplinadores dos pressupostos de validade do negócio jurídico. Essa nulidade poderá ser absoluta ou relativa. A *nulidade absoluta* (CC, arts. 166, I a VII, e 167) é a sanção cominada ao contratante que transgride preceito de ordem pública, operando de pleno direito, de sorte que o contrato não poderá ser confirmado, nem convalescerá pelo decurso de tempo, da mesma forma que não produzirá efeitos desde a sua formação (CC, art. 169). Como se vê, produz efeitos *ex tunc*. A *nulidade relativa* (CC, art. 171) é uma sanção que apenas poderá ser pleiteada pela pessoa a quem a lei protege e que se dirige contra os contratos celebrados por relativamente incapazes ou por pessoas cujo consentimento se deu por erro, dolo, coação, estado de perigo, lesão e fraude contra credores. Tais contratos, porém, subsistirão até o instante de sua anulação, produzindo efeitos durante algum tempo, admitindo, ainda, confirmação e purificando-se com o decurso do tempo (CC, arts. 172 a 174). Por essa razão a nulidade relativa não deve ser incluída entre os modos de dissolução do contrato. Trata-se tão somente do reconhecimento de que o contrato é defeituoso, o que não lhe tira a relevância jurídica, visto que permanecerá eficaz enquanto não se mover ação que decrete tal nulidade, por ter a nulidade relativa efeito *ex nunc*[186].

g.3.3. Condição resolutiva

Em nosso direito estão instituídas duas modalidades de condição resolutiva: a tácita e a expressa.

185. Caio M. S. Pereira, *Instituições*, cit., p. 126; M. Helena Diniz, *Curso*, cit., v. 2, p. 197-9.

186. Orlando Gomes, *Contratos*, cit., p. 217, 218 e 228-36. *Vide* art. 2.035 e parágrafo único do Código Civil. Sobre conversão do negócio nulo: art. 170 do Código Civil.

Pelo Código Civil vigente, arts. 475 e 476, a *condição*, ou melhor, *cláusula resolutiva tácita* está subentendida em todos os contratos bilaterais ou sinalagmáticos, para o caso em que um dos contraentes não cumpra sua obrigação, autorizando, então, o lesado pela inexecução a pedir rescisão contratual, se não preferir exigir o cumprimento, e indenização das perdas e danos. Há presunção legal de que os contratantes inseriram, tacitamente, cláusula dispondo que o lesado pelo inadimplemento pode requerer, se lhe aprouver, a rescisão do ajuste com perdas e danos. Isto porque, nesses contratos, a prestação de uma das partes tem por causa a contraprestação que lhe foi prometida; daí haver prejuízo com o não cumprimento da obrigação de uma delas[187]. Todavia, o pronunciamento da rescisão da avença deverá ser judicial (CC, art. 474, *in fine*); portanto, o contrato não se rescindirá de pleno direito. Assim sendo, a condição resolutiva tácita, alegada pelo lesado, deverá ser apurada judicialmente, de modo que o magistrado só decretará a rescisão do contrato se provado o inadimplemento do devedor. Com o pronunciamento do rompimento do liame obrigacional, o faltoso deverá reparar todos os prejuízos que causou, compreendendo-se neles o dano emergente e o lucro cessante[188].

Apesar de todo contrato sinalagmático conter implicitamente cláusula resolutiva, nada obsta que os contratantes a ajustem expressamente, para reforçar o efeito da condição, de tal forma que a inexecução da prestação por qualquer um deles importe na rescisão do contrato, de pleno direito, sujeitando o faltoso às perdas e danos, sem necessidade de interpelação judicial (CC, arts. 474, 1ª parte, 127 e 128). Uma vez convencionada *condição resolutiva expressa*, o contrato rescindir-se-á automaticamente, fundando-se no princípio da obrigatoriedade dos contratos, justificando-se quando o devedor estiver em mora[189].

---

187. Silvio Rodrigues, *Direito*, cit., v. 3, p. 97; Orlando Gomes, *Contratos*, cit., p. 206. Se se pactuar cláusula *solve et repete*, ter-se-á renúncia à *exceptio non adimpleti contractus*.

188. Caio M. S. Pereira, *Instituições*, cit., p. 133; Serpa Lopes, *Curso*, cit., p. 202; Colin e Capitant, op. cit., p. 136. *Vide*: Código Civil italiano, art. 1.453. Pelo PL n. 699/2011 (art. 479), a cláusula resolutiva expressa opera de pleno direito; a tácita depende de interpelação judicial.

O adimplemento substancial decorre dos princípios gerais contratuais, de modo a fazer preponderar a função social do contrato (CC, art. 421) e o princípio da boa-fé objetiva (CC, art. 422), balizando a aplicação do art. 475 (Enunciado n. 361 aprovado na IV Jornada de Direito Civil).

Pelo Enunciado n. 586: "Para a caracterização do adimplemento substancial (tal qual reconhecido pelo Enunciado n. 361 da IV Jornada de Direito Civil – CJF), levam-se em conta tanto aspectos quantitativos quanto qualitativos" (aprovado na VII Jornada de Direito Civil).

189. Salvat, op. cit., n. 276; Silvio Rodrigues, *Direito*, cit., p. 98 e 99; Caio M. S. Pereira, *Instituições*, cit., p. 133 e 134; Orlando Gomes, *Contratos*, cit., p. 209 e 210. Pelo Enunciado n. 31 (aprovado na I Jornada de Direito Civil, promovida, em setembro de 2002, pelo Centro de Estudos Judiciários do Conselho da Justiça Federal); "As perdas e danos mencionados no art. 475 do novo Código Civil dependem da imputabilidade da causa da possível resolução". Pelo Enunciado n. 437 (aprovado na V Jornada de Direito Civil) do Conselho da Justiça Federal: "A resolução da relação jurídica contratual também pode decorrer do inadimplemento antecipado".

"A cláusula resolutiva expressa produz efeitos extintivos independentemente de pronunciamento judicial" (Enunciado n. 436 do Conselho da Justiça Federal, aprovado na V Jornada de Direito Civil).

g.3.4. Direito de arrependimento

Havendo mútuo consenso, formar-se-á o contrato e as partes ficarão vinculadas juridicamente, não mais podendo eximir-se do ajuste *ad nutum*. Todavia, a força vinculante da convenção poderá romper-se excepcionalmente, como, p. ex., se houver direito de arrependimento.

O direito de arrependimento pode estar previsto no próprio contrato, quando os contraentes estipularem, expressamente, que o ajuste será rescindido, mediante declaração unilateral de vontade, se qualquer deles se arrepender de o ter celebrado, sob pena de pagar multa penitencial, devida como uma compensação pecuniária a ser recebida pelo lesado com o arrependimento. O exercício do direito de arrependimento deverá dar-se dentro do prazo convencionado, ou, se não houve estipulação a respeito, antes da execução do contrato, uma vez que o adimplemento deste importará em renúncia tácita àquele direito. O prejudicado com o arrependimento não poderá opor-se à rescisão contratual, pois o direito de arrepender-se já estava assegurado no contrato; assim, bastará que o contratante arrependido pague a multa para exonerar-se do vínculo.

O direito de arrependimento poderá decorrer de lei, como sucede na hipótese do art. 420 do Código Civil e no caso do art. 49 da Lei n. 8.078/90, que permite, sendo a relação de consumo, ao consumidor a desistência do contrato, dentro de sete dias, contados de sua assinatura ou do ato de recebimento do produto ou do serviço, sempre que a contratação do fornecimento se der fora do estabelecimento comercial, especialmente por telefone ou a domicílio, sendo os valores pagos devolvidos monetariamente atualizados.

Nos contratos solenes, que dependem de forma estabelecida em lei, há uma permissão legal para que as partes, antes da sua assinatura, se arrependam validamente, visto que tais convenções só se aperfeiçoam com a observância de todas as formalidades legais. Embora seja permitido por lei o direito de arrepender-se, o arrependido deverá ressarcir o outro de todos os prejuízos causados pelo seu arrependimento, devido à responsabilidade do contratante pela violação da promessa. Esse artigo ressalva a hipótese das arras, dadas em sinal de firmeza do contrato, que podem coexistir com o direito de arrepender-se. Assim, os danos consistirão na guarda das arras dadas ou na sua devolução mais o equivalente, se se convencionaram arras penitenciais (CC, art. 420), ou, ainda, na guarda das arras recebidas, mesmo que não se tenha estipulado o direito de arrependimento (CC, art. 419), proibindo-se, tão somente, que se pleiteie a cumulação das arras às perdas e danos[190], na hipótese prevista no art. 420.

g.4. Causas extintivas do contrato supervenientes à sua formação

g.4.1. Noções gerais

A extinção do vínculo contratual pode operar-se por motivos supervenientes à sua formação, que impedem a sua execução. A dissolução do contrato em razão de causas posteriores à sua criação verificar-se-á por: *a*) *resolução*, que se liga ao inadimplemento contratual, caso em que se terá resolução por inexecução voluntária ou involuntária do contrato, por onerosidade excessiva etc.; *b*) *resilição*, que é o modo de extinção do ajuste por vontade de um ou dos dois contratantes, por razões que variam ao sabor de seus interesses, podendo ser, portanto, unilateral ou bilateral; e *c*) morte de uma das partes contratantes, se o contrato for *intuitu personae*[191].

g.4.2. Resolução por inexecução voluntária do contrato

Para que se opere a resolução contratual por inexecução voluntária, serão imprescindíveis o inadimplemento do contrato por culpa de um dos contratantes, o dano causado ao outro e o nexo de causalidade entre o comportamento ilícito do agente e o prejuízo.

Tal resolução por inexecução voluntária, que impossibilita a prestação por culpa do devedor, tanto na obrigação de dar como na de fazer ou de não fazer, produz os seguintes efeitos:

1º) extingue o contrato retroativamente, visto que opera *ex tunc*, se o contrato for de execução única, apagando todas as consequências jurídicas produzidas, restituindo-se as prestações cumpridas, e *ex nunc*, se o contrato for de duração ou execução continuada, caso em que não se restituirão as prestações já efetivadas, pois a resolução não terá efeito relativamente ao

---

190. A respeito do direito de arrependimento *vide* as lições de: Carvalho Santos, op. cit., v. 5, p. 127-91; Salvat, op. cit., n. 290, p. 224; Orlando Gomes, *Contratos*, cit., p. 223 e 224; Serpa Lopes, *Curso*, cit., p. 204 e 205; Silvio Rodrigues, *Direito*, cit., p. 83 e 84; W. Barros Monteiro, op. cit., p. 33; Clóvis Beviláqua, *Código Civil*, cit., v. 4, p. 252.

191. Orlando Gomes, *Contratos*, cit., p. 203-5 e 219-27. "Em contratos empresariais, é lícito às partes contratantes estabelecer parâmetros objetivos para a interpretação dos requisitos de revisão e/ou resolução do pacto contratual" (Enunciado n. 23 da I Jornada de Direito Comercial do Conselho da Justiça Federal).

passado; mas serão nulas, nas relações de consumo, as cláusulas que estabelecerem a perda total das prestações pagas em benefício do credor que, em razão do inadimplemento, pleitear a resolução contratual e a retomada da coisa alienada (Lei n. 8.078/90, art. 53);

2º) atinge os direitos creditórios de terceiros, desde que adquiridos *medio temporis*, ou seja, entre a conclusão e a resolução do ajuste. Dessa forma, se terceiro adquiriu direito real, este não será atingido pela resolução, e o credor poderá tão somente reclamar indenização do dano sofrido. Porém, autores há que não admitem essa solução, por entenderem que, ante o princípio de que ninguém pode transferir mais direitos do que os que tem, os efeitos da resolução deverão ser idênticos em relação às partes e a terceiros;

3º) sujeita o inadimplente ao ressarcimento das perdas e danos, abrangendo o dano emergente e o lucro cessante; assim, o lesado pelo inadimplemento culposo da obrigação poderá exigir indenização pelos prejuízos causados, cumulativamente com a resolução. Se os contraentes convencionaram cláusula penal para a hipótese de total descumprimento da obrigação, esta se converterá em alternativa a benefício do credor. Se, no entanto, for estipulada para o caso de mora, o credor terá o direito de exigir a satisfação da pena cominada, juntamente com o adimplemento da obrigação principal[192].

g.4.3. Resolução por inexecução contratual involuntária

A total inexecução contratual pode advir, algumas vezes, de fatos alheios à vontade dos contratantes, que impossibilitam o cumprimento da obrigação que incumbe a um deles, operando-se de pleno direito, então, a resolução do contrato, sem ressarcimento das perdas e danos, por ser esta uma sanção aplicada a quem agiu culposamente, e sem intervenção judicial, exonerando-se o devedor do liame obrigacional. Entretanto, caberá intervenção judicial apenas para compelir o contratante a restituir o que recebeu. Isto é assim por se

192. É o que nos ensinam: Orlando Gomes, *Contratos*, cit., p. 210 e 211; Aubry e Rau, op. cit., § 302, nota 89; Caio M. S. Pereira, *Instituições*, cit., p. 127; Ruy Rosado de Aguiar Jr., *Extinção dos contratos por incumprimento do devedor*, 1991; Rogério Ferraz Donnini, *Responsabilidade pós-contratual*, São Paulo, Saraiva, 2004.

O art. 480, pelo PL n. 699/2011, deverá ser assim redigido: “A parte lesada pelo inadimplemento pode pedir a resolução do contrato, se não preferir exigir-lhe o cumprimento, cabendo, em qualquer dos casos, indenização por perdas e danos”.

Pelo Enunciado 548 do CJF (aprovado na VI Jornada de Direito Civil): “Caracterizada a violação de dever contratual, incumbe ao devedor o ônus de demonstrar que o fato causador do dano não lhe pode ser imputado”.

tratar de impossibilidade superveniente, total, objetiva e definitiva, proveniente de caso fortuito ou força maior, cujos efeitos não podem ser evitados pelo devedor. Apesar de tudo isso, o credor estará autorizado a responsabilizar o devedor pelos danos oriundos de força maior ou caso fortuito, se ele estiver em mora. Se o contrato for unilateral, o credor suportará os riscos, uma vez que é totalmente impossível a satisfação da prestação. Se o contrato for bilateral, havendo impossibilidade do cumprimento da obrigação contraída por um dos contraentes em virtude de força maior, exonerar-se-á ele da obrigação e consequentemente o outro da sua própria, embora a contraprestação por este último devida possa ser satisfeita. Deveras, com a extinção da obrigação de um não se pode exigir a contraprestação do outro, uma vez que a obrigação perdeu a sua causa, rompendo-se o vínculo de conexão entre as obrigações. Se porventura a outra parte já havia cumprido o seu dever, o contraente exonerado será obrigado a restituir o que recebeu.

Se a impossibilidade for temporária, como se verifica com frequência nos contratos de execução continuada, não se terá resolução, mas apenas suspensão do contrato, exceto se essa impossibilidade persistir por largo espaço de tempo, a ponto de o credor se desinteressar da obrigação. E se for parcial essa impossibilidade, a resolução do ajuste não se imporá, pois o credor poderá ter interesse em que o contrato se execute assim mesmo[193].

g.4.4. Resolução por onerosidade excessiva

Como afirmamos no início deste livro, o princípio da autonomia da vontade não é onímodo, mas sofre limitações, oriundas do dirigismo contratual, que, ao invocar a supremacia do interesse público, ínsita no princípio da socialidade do direito, intervém na economia do contrato, aplicando normas de ordem pública e impondo a adoção de sua revisão judicial. Isso acontece quando da superveniência de casos extraordinários e imprevisíveis por ocasião da formação do contrato, que o tornam, de um lado, excessivamente oneroso para um dos contraentes, gerando a impossibilidade subjetiva de sua execução, e acarretam, de outro, lucro desarrazoado para a outra parte. Isso é assim porque impera o entendimento de que, se se permitisse aos contratantes convencionar, a seu bel-prazer, o ato negocial, estipulando quaisquer cláusulas sem que o juiz pudesse intervir, mesmo quando se arruinasse uma das partes, a ordem jurídica não cumpriria o seu objetivo de assegurar a igualdade econômica, ou melhor, o equilíbrio econômico-financeiro do contrato. Por isso,

193. Orlando Gomes, *Contratos*, cit., p. 211-4; Caio M. S. Pereira, *Instituições*, cit., p. 127; Messineo, op. cit., p. 496.

nos arts. 478 a 480 do Código Civil operou-se a revivescência da *rebus sic stantibus* em termos mais adequados à realidade econômico-social.

Assim, a onerosidade excessiva, oriunda de evento extraordinário e imprevisível, que dificulta extremamente o adimplemento da obrigação de uma das partes, é motivo de resolução contratual, por se considerar subentendida a cláusula *rebus sic stantibus*, que corresponde à fórmula de que, nos contratos de trato sucessivo ou a termo, o vínculo obrigatório ficará subordinado, a todo tempo, ao estado de fato vigente à época de sua estipulação. A parte lesada no contrato por esses acontecimentos supervenientes, extraordinários e imprevisíveis, que alteram profundamente a economia contratual, desequilibrando as prestações recíprocas, poderá, para evitar enriquecimento sem causa ou abuso de direito por desvio de finalidade econômico-social, sob a falsa aparência de legalidade, desligar-se de sua obrigação, pedindo a rescisão do contrato ou o reajustamento das prestações recíprocas, por estar na iminência de se tornar inadimplente tendo em vista a dificuldade de cumprir o seu dever, ingressando em juízo no curso da produção dos efeitos do contrato, pois se este já foi executado não haverá intervenção judicial. A onerosidade excessiva está adstrita à resolução e não à revisão contratual, mas nada obsta a que o interessado (réu da ação de resolução do contrato) se ofereça, ante o princípio da conservação do negócio jurídico, na contestação ou na transação judicial, para modificar a prestação, evitando a rescisão do contrato (CC, art. 317 c/c o art. 479) e restabelecendo o equilíbrio contratual.

O órgão judicante deverá, para lhe dar ganho de causa, apurar rigorosamente a ocorrência dos seguintes requisitos: *a*) vigência de um contrato comutativo de execução continuada que não poderá ser aleatório, porque o risco é de sua própria natureza, e, em regra, uma só das partes assume deveres. Mas, pelo Enunciado n. 440 do Conselho da Justiça Federal (aprovado na V Jornada de Direito Civil): "É possível a revisão ou resolução por excessiva onerosidade em contratos aleatórios, desde que o evento superveniente, extraordinário e imprevisível não se relacione com a álea assumida no contrato"; *b*) alteração radical das condições econômicas no momento da execução do contrato, em confronto com as do instante de sua formação; *c*) onerosidade excessiva para um dos contraentes e benefício exagerado para o outro; *d*) imprevisibilidade e extraordinariedade daquela modificação, pois é necessário que as partes, quando celebraram o contrato, não possam ter previsto esse evento anormal, isto é, que está fora do curso habitual das coisas, pois não se poderá admitir a *rebus sic stantibus* se o risco advindo for normal ao contrato. "A menção à imprevisibilidade e à extraordinariedade, insertas no art. 478 do Código Civil, deve ser interpretada não somente em relação ao fato que gere o desequilíbrio, mas também em relação às consequências que ele produz" (Enunciado n. 175 do Conselho da Justiça Federal, aprovado na III Jornada de Direito Civil). Além disso, "a revisão do contrato por onerosidade excessiva fundada no Código Civil deve levar em conta a natureza do objeto do contrato. Nas relações empresariais, observar-se-á a sofisticação dos contratantes e a alocação de riscos por eles assumidas com o contrato" (Enunciado n. 439 da V Jornada de Direito Civil).

Se o magistrado conceder ganho de causa, ter-se-á a liberação do devedor ou a redução da importância, ou melhor, das prestações ajustadas, e as que porventura foram dadas ou recebidas na pendência da lide estarão sujeitas a modificação na execução da sentença. A sentença produzirá entre as partes efeito retroativo[194], desde a data da citação (CC, art. 478). Pelo art. 1º,

194. A cláusula *rebus sic stantibus* entrou no direito moderno como teoria da imprevisão (Arnoldo Medeiros da Fonseca), base do negócio jurídico (Karl Larenz) ou da superveniência (Osti), tendo por inspiração o texto de Neratius. *Vide*: Caio M. S. Pereira, *Instituições*, cit., p. 137-44, e Cláusula "rebus sic stantibus", *RF*, *92*:797; Serpa Lopes, *Curso*, cit., p. 111-7; De Page, op. cit., v. 2, parte 1, n. 573, p. 489 e s.; Niboyet, La révision des contrats par le juge, in *Travaux de la Semaine Internationale de Droit*, 1937, v. 2, p. 1 e s.; Julien Bonnecase, *Traité théorique et pratique de droit civil*, Paris, Sirey, 1926, t. 3, n. 302; Noé de Azevedo, A cláusula "rebus sic stantibus", *RF*, *99*:301; Messineo, op. cit, p. 503; Colin e Capitant, op. cit., v. 2, n. 83; Giuseppe Osti, La cosiddetta clausola "rebus sic stantibus" nel suo sviluppo storico, *Rivista di Diritto Civile*, v. 4, 1922; Virgile Eniámin, *Essais sur les données économiques dans l'obligation civile*, p. 373 e s.; Clóvis Beviláqua, *Soluções práticas do direito*, Rio de Janeiro, Freitas Bastos, 1930, v. 3, p. 183-6; Mazeaud e Mazeaud, op. cit., v. 2, n. 734 e 735; Orlando Gomes, *Contratos*, cit., p. 214-5; J. M. Othon Sidou, *A cláusula "rebus sic stantibus" no direito brasileiro*, Rio de Janeiro, Freitas Bastos, 1962, p. 57 e 58; Jair Lins, A cláusula "rebus sic stantibus", *RF*, *11*:512; Paulo Carneiro Maia, "Rebus sic stantibus", in *Enciclopédia Saraiva do Direito*, v. 63, p. 281-91; Arnoldo Medeiros da Fonseca, *Caso fortuito*, cit., n. 4 e 242; Anísio José de Oliveira, *A cláusula "rebus sic stantibus" através dos tempos*, Belo Horizonte, 1968; Juan Terraza Martorell, *Modificación y resolución de los contratos por excesiva onerosidad o imposibilidad en su ejecución*, Barcelona, Bosch, 1951; Antônio F. Costa, Revisão contratual – cláusula *rebus sic stantibus* – conceito – admissibilidade na relação processual – repercussão de seus efeitos, *Ciência Jurídica*, *54*:19 e s.; Rogério Ferraz Donnini, *A revisão dos contratos no Código Civil e no Código de Defesa do Consumidor*, São Paulo, Saraiva, 1999; Nelson Nery Junior, Base do negócio jurídico e a revisão do contrato, in *Questões de direito civil e o novo Código*, São Paulo, Imprensa Oficial, 2004, p. 46-75; Carlos Alberto Bittar Filho, *Teoria da imprevisão dos poderes do juiz*, São Paulo, Revista dos Tribunais, 1994; Gustavo Tepedino, Efeitos da crise econômica na execução dos contratos, *Temas de direito civil*, Rio de Janeiro, Renovar, 1999, p. 73-111; Renato José de Moraes, *Cláusula "rebus sic stantibus"*, São Paulo, Saraiva, 2001; Sílvio Venosa, *Direito civil*, cit., v. 2, p. 413; Otavio Luiz Rodrigues Junior, *Revisão judicial dos contratos*, São Paulo, Atlas, 2002; Matheus T. da Silva, A (in)aplicabilidade da teoria da imprevisão nos contratos empresariais, *Revista Síntese – Direito Empresarial*, *50*:78 a 87; *RF*, *144*:383, *100*:178, *150*:248, *113*:92, *95*:334, *156*:321, *98*:97, *171*:240, *134*:187, *97*:111, *104*:269, *92*:722; *RT*, *191*:169, *254*:213, *502*:113, *516*:150, *271*:280, *286*:767, *288*:299, *303*:694, *305*:847, *387*:177, *631*:137, *707*:102, *788*:270, *792*:391, *785*:335; *RTJ*, *51*:187; *AJ*, *74*:343, *112*:617; *EJSTJ*, *11*:75 e *21*:253. *Vide*: art. 1.467 do Código Civil italiano e art. 437 do Código Civil português. "Não haverá revisão ou resolução dos contratos de derivativos por im-

II, da Medida Provisória n. 2.172-32/2001, "nos negócios jurídicos não disciplinados pelas legislações comercial e de defesa do consumidor, lucros ou vantagens patrimoniais excessivos, estipulados em situação de vulnerabilidade da parte, caso em que deverá o juiz, se requerido, restabelecer o equilíbrio da relação contratual, ajustando-os ao valor corrente, ou, na hipótese de cumprimento da obrigação, ordenar a restituição, em dobro, da quantia recebida em excesso, com juros legais a contar da data do pagamento indevido". E seu parágrafo único dispõe que "para a configuração do lucro ou vantagem excessivos, considerar-se-ão a vontade das partes, as circunstâncias da celebração do contrato, o seu conteúdo e natureza, a origem das correspondentes obrigações, as práticas de mercado e as taxas de juros legalmente permitidas".

g.4.5. Resilição bilateral ou distrato

A resilição bilateral ou distrato vem a ser a dissolução do vínculo contratual, deliberada por ambos os contraentes. O distrato, portanto, é um negócio jurídico que rompe o vínculo contratual, mediante a declaração de vontade de ambos os contraentes de pôr fim ao contrato que firmaram. É um contrato que extingue outro, que ainda não foi executado, isto é, cujos efeitos não se exauriram e cujo prazo de vigência não expirou. Pressupõe, portanto, contrato anterior e novo consentimento dos contratantes, no sentido de extinguir o elo obrigacional anteriormente estabelecido por eles, por ser de seu interesse. É um acordo liberatório, tendo em vista as obrigações ainda não cumpridas, desatando o laço que prendia as partes. Percebe-se, então, que a relação jurídica contratual poderá, a qualquer tempo, extinguir-se pela vontade comum daqueles que a celebraram. Pelo distrato, portanto, as partes desfazem a relação contratual que estabeleceram anteriormente.

O distrato submete-se às normas e formas relativas aos contratos (CC, art. 472). Desse modo, se o contrato, que se pretende resolver, foi constituído por escritura pública por exigência legal, o distrato, para ter plena validade, deverá respeitar essa forma. Assim, só por escritura pública se haverá de distratar. Se a lei exigir que certo contrato seja feito por instrumento particular, o distrato não poderá ser verbal, devendo realizar-se por instrumento particular (*RT*, *201*:296).

---

previsibilidade e onerosidade excessiva (arts. 317 e 478 a 480 do Código Civil)" (Enunciado n. 35 da I Jornada de Direito Comercial do Conselho da Justiça Federal). "A revisão do contrato por onerosidade excessiva fundada no Código Civil deve levar em conta a natureza do objeto do contrato. Nas relações empresariais, deve-se presumir a sofisticação dos contratantes e observar a alocação de riscos por eles acordada" (Enunciado n. 25 da I Jornada de Direito Comercial do Conselho da Justiça Federal).

O art. 472 só se aplica ao caso de distrato de contratos cuja forma é prescrita em lei, por ser de sua substância. Dessa maneira, se o negócio não depende de forma solene, mas as partes a ela recorreram porque assim o quiseram, poderá ser distratado por qualquer outro meio, como, p. ex., por instrumento particular. A locação, por ser contrato consensual, não tem forma obrigatória; assim, se convencionada por escrito, o distrato poderá dar-se verbalmente ou até pela simples entrega da coisa alugada (*RT*, *180*:297). Se a lei não exige forma especial, a preferência manifestada pelas partes não as obriga a observá-la no distrato.

O distrato, em regra, produz efeitos *ex nunc*, ou seja, a ruptura do vínculo contratual só produzirá efeitos a partir do instante de sua celebração, não atingindo as consequências pretéritas, nem os direitos adquiridos por terceiros, que serão respeitados[195].

g.4.6. Resilição unilateral

Embora um dos efeitos do princípio da obrigatoriedade da convenção seja a impossibilidade de um contraente romper o laço contratual sem o consentimento do outro, tem-se admitido, em hipóteses excepcionais, a resilição unilateral do contrato. O art. 473 e parágrafo único do Código Civil prescrevem: "A resilição unilateral, nos casos em que a lei expressa ou implicitamente o permita, opera mediante denúncia notificada à outra parte. Se, porém, dada a natureza do contrato, uma das partes houver feito investimentos consideráveis para a sua execução, a *denúncia unilateral* só produzirá efeito depois de transcorrido prazo compatível com a natureza e o vulto dos investimentos". Deveras, há contratos que, por sua própria natureza, comportam dissolução pela simples declaração de vontade de uma só das partes, como o mandato, o comodato e o depósito. Presume, ainda, a lei que contratos de execução contínua, convencionados por prazo indeterminado, como, p. ex., o de fornecimento continuado de mercadorias, são passíveis de cessação mediante denúncia, acompanhada ou não de aviso prévio de um dos contraentes, por entender que as partes não se quiseram obrigar perpetuamente, reservando-se, por isso, o direito de resilir a parte a

---

195. No que concerne ao distrato, consulte: Colin e Capitant, op. cit., v. 2, n. 144; Silvio Rodrigues, *Direito*, cit., v. 3, p. 99 e 100; De Page, op. cit., n. 759; Orlando Gomes, *Contratos*, cit., p. 220 e 221; W. Barros Monteiro, op. cit., p. 45; Lacerda de Almeida, op. cit., § 91, p. 355; Bassil Dower, op. cit., p. 33 e 34; Serpa Lopes, *Curso*, cit., p. 199 e 200; Caio M. S. Pereira, *Instituições*, cit., p. 128 e 129; Código Civil, art. 320; Lei n. 6.015/73, art. 251; *Ciência Jurídica*, *41*:132; *RJ*, *118*:192; *RJM*, *32*:76; *RT*, *691*:94. *Vide* PL n. 699/2011, art. 478.

quem o contrato não mais interessar. Tal denúncia notificada (declaração receptícia da vontade e só produz efeito quando a outra parte dela tiver ciência), que normalmente não precisará ser justificada, constitui meio lícito de pôr fim a um contrato por tempo indeterminado e é a manifestação da vontade que visa dar ciência da *intentio* de rescindir o negócio; por isso, os contraentes sabem que a qualquer momento ele poderá ser desfeito por mera declaração unilateral de vontade; a parte, porém, que injustamente o resilir ficará obrigada a pagar à outra indenização por perdas e danos, desde que esta tenha feito investimentos para executar o contrato. Se uma das partes fez consideráveis gastos para a execução contratual, a denúncia terá efeito postergado, pois apenas gerará consequências depois de transcorrido prazo compatível com a natureza e o vulto dos investimentos.

Em certos casos, a resilição unilateral assume a feição especial de: *a*) *revogação*, que se opera quando a lei concede tal direito, como no mandato e nas doações, que podem ser resilidos mediante simples declaração de vontade, independentemente de aviso prévio, mas condicionada a certas causas, desde que manifestada pela própria pessoa que praticou o ato negocial que se revoga. Assim, no mandato, o mandante pode liberar-se do contrato, revogando os poderes que outorgou ao mandatário; *b*) *renúncia*, que é o ato pelo qual um contratante notifica o outro de que não mais pretende exercer o seu direito. Assim, o mandatário, p. ex., poderá notificar o mandante de que não continuará exercendo o mandato (CC, art. 682, I), e este, então, cessará com a exoneração do mandatário. A renúncia do mandato, pelo Código Civil, art. 688, deverá ser comunicada ao mandante, que, se sofrer prejuízo pela sua inoportunidade, ou pela falta de tempo, a fim de prover à substituição do procurador, será indenizado pelo mandatário, salvo se este provar que não podia continuar no mandato sem prejuízo considerável e que não lhe era dado substabelecer; *c*) *resgate*, que é o ato de libertar alguma coisa de uma obrigação, ônus ou encargo a que estava vinculada, ou de cumprir uma obrigação de caráter pessoal, aplicável, p. ex., à enfiteuse e à hipoteca. O enfiteuta poderá resgatar o foro, após dez anos, mediante o pagamento, ao senhorio direto, de um laudêmio, que será de dois e meio por cento sobre o valor atual da propriedade plena e de dez pensões anuais (CC de 1916, art. 693, vigente por força do art. 2.038 do atual CC), extinguindo-se, assim, a enfiteuse, com a consolidação, no enfiteuta, da plenitude do domínio. Todavia, não terá esse direito, se se tratar de bens enfitêuticos pertencentes à União, em virtude do art. 1º do Decreto n. 22.785/33, embora o Decreto-Lei n. 9.760/46, nos arts. 103, § 2º, e 122, permita, excepcionalmente, a remição dos aforamentos.

A resilição unilateral dos contratos não requer, para a sua eficácia, pronunciamento judicial. Produz tão somente efeitos *ex nunc*, não operando retroativamente, de sorte que não haverá restituição das prestações cumpridas, uma vez que as consequências jurídicas já produzidas permanecerão inalteráveis[196].

196. Caio M. S. Pereira, *Instituições*, cit., p. 127, 129 e 130; Orlando Gomes, *Contratos*, cit., p. 221-5; Rodrigo X. Leonardo, O poder de desligamento contratual mediante a denúncia e a resilição: propostas hermenêuticas ao art. 473 do Código Civil brasileiro, in *Estudos em homenagem a Carlos Eduardo M. Hapner* (coord. Rodrigo X. Leonardo), Curitiba, IAP, 2019, p. 319-356; Mazeaud e Mazeaud, op. cit., n. 739; Serpa Lopes, *Curso*, cit., p. 199; Cesar Santolim, A proteção dos investimentos específicos na resilição unilateral do contrato e o risco moral: uma análise do art. 473, parágrafo único do Código Civil, *Revista Síntese – Direito Empresarial, 35*:9-13, 2013. A respeito das alterações pretendidas pelo Projeto n. 6.960/2002 (atual n. 699/2011) aos arts. 472, 473, 474, 475, 478, 479 e 480, a atual redação dada ao art. 478 do NCC torna-se impertinente, inclusive por eleger a resolução do contrato como regra; convindo reconhecer, ainda, albergar o reportado dispositivo um sério equívoco doutrinário. A onerosidade excessiva da prestação de uma das partes acha-se vinculada, *ratio legis*, ao resultado de extrema vantagem para a outra, para tipificar o desequilíbrio contratual. Regina Beatriz Tavares da Silva, com elevada atenção ao tema, discorda: "casos há em que a onerosidade excessiva para uma das partes não implica em lucro excessivo para a outra, mas, sim, até em algum prejuízo, por sofrer também as consequências da alteração das circunstâncias", enfatizando preponderar a finalidade principal da teoria da imprevisão, a de socorrer o contratante que será lesado pelo desequilíbrio contratual. Sua discordância é escorreita. De fato, não se deve configurar a onerosidade excessiva, na dependência do contraponto de um grau de extrema vantagem. Isto significaria atenuar o instituto, sopesado por uma compreensão menor. Desinfluente ao tema, quando já fora de propósito, o atual art. 478 deve ser redirecionado ao tratamento da revisão dos contratos, em presença da teoria da imprevisão. Assim como o atual art. 480 do NCC, por se referir à revisão contratual, deve ser deslocado para a seção adequada, figurando como § 2º do dispositivo matriz de revisão do contrato. Em razão dessas considerações e sopesando também a necessidade de se reposicionar alguns dispositivos, proponho a alteração dos arts. 472, 473, 474, 475, 478, 479 e 480, bem como a renomeação do título e das Seções do Capítulo II do Título V do Livro I da Parte Especial do Código Civil, dada a impropriedade da nominação dada ao Capítulo II do Título V do Livro I da Parte Especial: "Da Extinção do Contrato", já que contém dispositivos acerca da revisão contratual (arts. 479 e 480), cumprindo-se-lhe renominá-lo: "Da Revisão e da Extinção do Contrato". Torna-se, ainda, indispensável incluir seção própria acerca da Revisão, para melhor disciplinar o emprego da teoria da imprevisão. O Parecer Vicente Arruda, assim, fundamentou sua rejeição: "Os dispositivos em questão estão inseridos no Capítulo II, do Título V do Livro I, que trata 'Da extinção do contrato'. O capítulo está dividido em quatro seções. A Seção I dispõe sobre o 'Distrato', que pode ser de comum acordo (art. 472) ou unilateral, nos casos em que a lei expressa ou implicitamente o permite, mediante notificação da outra parte (art. 473). A Seção II trata 'Da cláusula resolutiva', que pode ser expressa, operando de pleno direito, ou tácita, mediante interpelação judicial (art. 474). Está prevista, também, na Seção, a faculdade de a parte lesada pelo inadimplemento pedir a resolução do contrato ou exigir o seu cumprimento, cabendo em qualquer caso perdas e danos (art. 475). A Seção III trata 'Da exceção de contrato não cumprido', que impede uma parte de exigir da outra o implemento da obrigação sem antes cumprir a sua (art. 476), permitindo, por outro lado, que uma parte se recuse a cumprir a sua obrigação, quando, após concluído o contrato a outra parte sofre perdas em seu patrimônio capaz de comprometer a sua prestação (art. 477). Finalmente, a Seção IV que

g.4.7. Morte de um dos contratantes

A morte de um dos contratantes só acarretará a dissolução do contrato, se este for *intuitu personae*, ante a impossibilidade de sua execução pelo falecimento da parte cujas qualidades pessoais foram o motivo determinante de sua formação; p. ex.: extinguir-se-á automaticamente o contrato em que se estipula um concerto a ser executado por famoso pianista, se ele vier a falecer. Contudo, será preciso lembrar que, se a extinção do contrato se der por morte de uma das partes, seus efeitos operam-se *ex nunc*, subsistindo as prestações que tiverem sido cumpridas.

Infere-se daí que o princípio *mors omnia solvit* não é aplicável na seara contratual, visto que, exceto nos contratos *intuitu personae*, as obrigações contratuais transmitem-se aos herdeiros do finado[197].

---

trata 'Da resolução por onerosidade excessiva', que introduz no CC a teoria da imprevisão, que permite, nos contratos de prestação continuada ou diferida, a sua resolução, desde que a prestação de uma das partes se torne excessivamente onerosa, com extrema vantagem para a outra, em virtude de acontecimento extraordinário e imprevisível (art. 478). Admite-se também que a resolução pode ser evitada se o réu concordar em alterar equitativamente as condições do contrato (art. 479). O último dispositivo da Seção IV e do Capítulo em que está inserta (art. 480) faculta a parte, quando só a ela cumpre as obrigações do contrato, pleitear a redução ou modificação de sua prestação, a fim de evitar a onerosidade excessiva. Como se viu da expressão acima, o capítulo sobre a extinção do contrato prevê todas as hipóteses em que as partes poderão pleitear sua resolução, modificação ou revisão, como prefere o autor do PL, não havendo razão para alterar-se o nome do capítulo nem a inversão de seus dispositivos, que se acham alinhados em sequência lógica, partindo do geral para o particular, da regra para exceção. Aliás, o autor do PL só faz duas restrições substantivas ao texto do capítulo e elas se concentram no artigo 478 que, segundo ele, deveria ser renumerado para 472 e seu texto alterado para limitar a parte prejudicada com a onerosidade da prestação a pedir a revisão contratual, e não sua resolução como está no Código, e para retirar a expressão 'com extrema vantagem para a outra'. Examinemos as duas alterações sugeridas. Quanto à primeira, ela não procede porque retira da parte prejudicada o direito de pedir a resilição do contrato que lhe é extremamente oneroso, impondo-lhe uma revisão, que deveria ser apenas opcional, como, de resto, lhe faculta o Código no art. 480, e de transformar o pedido de resolução em revisão se o réu concordar em reduzir equitativamente a prestação contratual. Quanto à segunda, está ela inspirada no Código do Consumidor que no inciso V do seu art. 6º, e no inciso IV do art. 51, bem como do inciso III do seu § 1º, preveem revisão e a nulidade de cláusulas excessivamente onerosas para o consumidor. Mas, está previsto no art. 480 que se trata de contrato em que a uma só parte, como é o caso do Código do Consumidor, cabe a prestação onerosa. A hipótese prevista no art. 478 refere-se ao enriquecimento ilícito de uma parte em detrimento da outra. Se o acontecimento imprevisto prejudica por igual as duas partes não há que se falar em resolução ou revisão do contrato senão por mútuo acordo ou segundo as disposições contratuais".

197. Serpa Lopes, *Curso*, cit., p. 200; Orlando Gomes, *Contratos*, cit., p. 226 e 227; Caio M. S. Pereira, *Instituições*, cit., p. 130. *Vide* CPC, art. 487, II.

Quadro Sinótico

EXTINÇÃO DA RELAÇÃO CONTRATUAL

1. EXTINÇÃO NORMAL DO CONTRATO	• Extingue-se normalmente o contrato pela sua execução e o credor atestará o pagamento por meio de quitação regular (CC, arts. 319, 320, 322 e 323).	
2. CAUSAS DE DISSOLUÇÃO DO CONTRATO ANTERIORES OU CONTEMPORÂNEAS À SUA FORMAÇÃO	• Nulidade	• É a sanção por meio da qual a lei priva de efeitos jurídicos o contrato celebrado contra os preceitos disciplinadores dos pressupostos de validade do negócio jurídico.
	• Condição resolutiva	• A condição resolutiva pode ser tácita ou expressa. A tácita está prevista no CC, art. 475, que a subentende em todos os contratos sinalagmáticos, para o caso em que um dos contraentes não cumpra sua obrigação, autorizando o lesado pela inexecução a pedir judicialmente a rescisão contratual e a indenização das perdas e danos. Todavia, nada obsta que os contratantes ajustem, expressamente, a condição resolutiva, caso em que a rescisão contratual operar-se-á de pleno direito, sem necessidade de interpelação judicial, sujeitando o faltoso às perdas e danos, desde que o devedor esteja em mora (CC, arts. 474, 1ª parte, 127 e 128).
	• Direito de arrependimento	• O direito de arrependimento pode estar previsto no próprio contrato, quando os contraentes estipulam, expressamente, que o ajuste será rescindido, mediante declaração unilateral de vontade, se qualquer deles se arrepender de o ter celebrado, sob pena de pagar multa penitencial. Mas esse direito poderá decorrer de lei, como sucede nos casos do art. 49 da Lei n. 8.078/90 e do art. 420 do Código Civil.

3. **CAUSAS EXTINTIVAS DO CONTRATO SUPERVENIENTES À SUA FORMAÇÃO**	• Resolução por inexecução voluntária do contrato	• Operar-se-á se houver: inadimplemento culposo do contrato por parte de um dos contraentes, dano causado ao outro e nexo de causalidade entre o comportamento ilícito do agente e o prejuízo. Essa resolução produzirá efeitos *ex tunc*, se se tratar de contrato de execução única, e *ex nunc*, se o contrato for de duração continuada; não atingirá os direitos creditórios de terceiros, adquiridos *medio temporis*; sujeitará o inadimplente ao ressarcimento das perdas e danos, abrangendo o dano emergente e o lucro cessante.
	• Resolução por inexecução contratual involuntária	• Se a total inexecução contratual se der por força maior ou caso fortuito, a resolução do contrato operar-se-á de pleno direito, sem ressarcimento das perdas e danos, porém haverá intervenção judicial para compelir o contratante a restituir o que recebeu e responsabilidade do devedor pelos danos causados, se estiver em mora.
	• Resolução por onerosidade excessiva	• Se houver onerosidade excessiva, oriunda de evento extraordinário e imprevisível, que dificulte extremamente o adimplemento do contrato por uma das partes, ter-se-á a resolução contratual, por se considerar subentendida a cláusula *rebus sic stantibus*, de modo que o lesado poderá desligar-se da obrigação, pedindo ao juiz a rescisão do contrato ou o reajustamento das prestações recíprocas. Para tanto, é mister a ocorrência dos seguintes *requisitos*: *a*) vigência de um contrato comutativo de execução continuada; *b*) alteração radical das condições econômicas no momento da execução do contrato, em confronto com as do instante de sua celebração; *c*) onerosidade excessiva para um dos contratantes e benefício exagerado para o outro; *d*) imprevisibilidade e extraordinariedade daquela modificação.

3. CAUSAS EXTINTIVAS DO CONTRATO SUPERVENIENTES À SUA FORMAÇÃO	• Resilição bilateral ou distrato	• O distrato é um negócio jurídico que rompe o vínculo contratual, mediante a declaração de vontade de ambos os contraentes de pôr fim ao contrato que firmaram. Submete-se às mesmas normas e formas relativas aos contratos. O art. 472 só é aplicável, porém, ao caso de distrato de contratos cuja forma é prescrita em lei. O distrato produz efeitos *ex nunc.*
	• Resilição unilateral	• É a dissolução do contrato pela simples declaração de uma das partes; muito comum no mandato, no comodato, no depósito e em contratos de execução continuada, opera-se mediante denúncia notificada à outra parte (CC, art. 473 e parágrafo único). Assume, em certos casos, a feição especial de revogação, renúncia e resgate. Produz efeitos *ex nunc.*
	• Morte de um dos contraentes	• A morte de um dos contraentes só é causa extintiva de contrato se este for *intuitu personae.* Se ocorrer essa hipótese o contrato extinguir-se-á de pleno direito, produzindo efeitos *ex nunc.*

3. Modalidades contratuais previstas no Código Civil

A. Notas introdutórias

Após a análise das normas atinentes aos contratos em geral, procuraremos estudar as várias modalidades contratuais previstas no Código Civil, demonstrando não só suas diferenças, mas também seus caracteres peculiares e os efeitos que acarretam no campo do Direito.

B. Compra e venda

b.1. Conceito e caracteres

Com fundamento no art. 481 do Código Civil, a *compra e venda* vem a ser, como nos ensina Caio Mário da Silva Pereira, o contrato em que uma pessoa (vendedor) se obriga a transferir a outra (comprador) a propriedade de uma coisa corpórea ou incorpórea, mediante o pagamento de certo preço em dinheiro ou valor fiduciário correspondente[198].

O contrato de compra e venda dá aos contraentes tão somente (*RF*, *111*:469) um direito pessoal, gerando para o vendedor apenas uma obriga-

198. Caio M. S. Pereira, *Instituições*, cit., p. 147. No mesmo sentido: Orlando Gomes, *Contratos*, cit., p. 263; Sebastião José Roque, *Dos contratos civis-mercantis em espécie*, São Paulo, Ícone, 1997, p. 123-50; Silvio Luís Ferreira da Rocha, *Curso*, cit., v. 3, p. 125 a 153; *EJSTJ*, *10*:67-9; STF, Súmula 413; *RT*, *720*:137, *716*:246, *713*:101.

Vide MP n. 958/2020 sobre facilitação do acesso ao crédito e mitigação dos impactos econômicos oriundos do Covid-10.

ção de transferir o domínio: consequentemente, produz efeitos meramente obrigacionais, não conferindo poderes de proprietário àquele que não obteve a entrega do bem adquirido. Não opera, portanto, de per si, a transferência da propriedade, que só se perfaz pela tradição, se a coisa for móvel (*RT*, *398*:339, *431*:66; STF, Súmula 489; CC, art. 1.267), ou pelo registro do título aquisitivo no cartório competente, se o bem for imóvel (CC, arts. 1.227, 1.245 a 1.247; Dec. n. 92.592/86, ora revogado, no entendimento de alguns autores, pelo Dec. s/n. de 25-4-1991, arts. 2º e 3º, se compra e venda de imóvel não abrangido pelo Sistema Financeiro da Habitação; *RT*, *489*:93; *RJTJSP*, *41*:390). Se houve contrato e pagamento do preço sem entrega do bem, o comprador não é proprietário, de modo que, se o vendedor o alienar novamente a terceira pessoa, o primitivo comprador não terá direito de reivindicá-lo, mas apenas de exigir que o vendedor lhe pague as perdas e danos (*RF*, *142*:293)[199]. Todavia, esse princípio não é absoluto, pois há casos em que o nosso direito permite a transferência do domínio pelo contrato. Deveras: *a*) o art. 8º do Decreto-Lei n. 3.545/41, alusivo à compra e venda de títulos da dívida pública da União, dos Estados e dos Municípios, prescreve que "a celebração do contrato transfere imediatamente ao comprador a propriedade do título"; *b*) o art. 1.361 do Código Civil dispõe que a alienação fiduciária transfere a propriedade independentemente da tradição (*RT*, *486*:136, *512*:160, *522*:113, *524*:153, *511*:240, *501*:191, *525*:136, *471*:170, *504*:150, *531*:234, *528*:259, *529*:119, *536*:120)[200].

---

199. Sobre o assunto, *vide*: Bassil Dower, op. cit., p. 70 e 71; Silvio Rodrigues, *Direito*, cit., p. 154-7; Guillouard, *De la vente et l'échéance*, 3. ed., 1902, v. 1, p. 10; Orlando Gomes, *Contratos*, cit., p. 263 e 267-9; Serpa Lopes, *Curso*, cit., p. 253-7; Planiol e Ripert, *Traité*, cit., v. 10, parte 1, n. 9; W. Barros Monteiro, op. cit., p. 76-8; Darcy Bessone de Oliveira Andrade, *Da compra e venda*, Belo Horizonte, 1960, n. 18, nota 42; Caio M. S. Pereira, *Instituições*, cit., p. 148; De Page, op. cit., v. 2, n. 442, p. 775 e 776; De Francisci, *Il trasferimento della proprietà*, Padova, 1924; Mario Sarfatti, *Considerazioni sulla compra-vendita nel diritto comparato*, Torino, 1936; Pothier, *Oeuvres*, cit., v. 3, p. 2 e s.; Ramella, *La vendita nel moderno diritto*, Milano, 1920, 2 v.

200. Paulo Luiz Netto Lôbo, *Comentários ao Código Civil* (coord. Antônio A. Junqueira), São Paulo, Saraiva, 2003, v. 6, p. 1 a 225; Marcus Cláudio Acquaviva, *Contratos de compra e venda*, São Paulo, 2002; Bruno Mattos e Silva, *Compra de imóveis*, São Paulo, Atlas, 1999. Pelo art. 1.470 do Código Civil italiano percebe-se que o contrato de venda transfere a propriedade da coisa. A *compra e venda comercial* está regulada pelo Código Civil, arts. 1.143 a 1.148, se incidir sobre o estabelecimento, mas pode recair sobre coisas móveis ou semoventes e sobre coisa incerta, p. ex., lucro futuro, caso em que se regerá pelos arts. 481 e s. do Código Civil. Será mercantil se for um negócio de especulação, por visar a revenda *em grosso* (por atacado), relativa a mercadorias negociadas entre empresas, ou *a retalho* (a varejo), se feita ao consumidor, em pequenas porções. A comercialidade do contrato de compra e venda decorrerá de três elemen-

Afirmam os civilistas, ao procederem à sua *caracterização jurídica*, que esse contrato é[201]:

1º) *bilateral* ou *sinalagmático*, porque cria obrigações para ambos os contratantes, que serão ao mesmo tempo credores e devedores. A bilateralidade está no fato de estabelecer para o vendedor a obrigação de transferir a propriedade da coisa alienada e de impor ao comprador o dever de pagar o preço avençado. Se não houvesse essa reciprocidade de obrigações, ter-se-ia, p. ex., uma doação. É muito importante essa característica, pois a execução da prestação por um dos contraentes será causa do cumprimento da do outro, e, havendo inadimplemento de qualquer uma das obrigações, romper-se-á o equilíbrio contratual;

2º) *oneroso*, porque ambas as partes contratantes auferem vantagens patrimoniais de suas prestações, pois, de um lado, o sacrifício da perda da coisa corresponderá ao proveito do recebimento do preço avençado, e, de outro, o sacrifício do pagamento do preço ajustado corresponderá ao proveito do recebimento da coisa. Há, pois, uma equivalência entre os ônus e as vantagens;

3º) *comutativo* ou *aleatório*, conforme seu objeto seja certo e seguro ou dependa de um evento incerto. Em regra será comutativo porque, havendo objeto determinado, ter-se-á equivalência das prestações e contraprestações, e certeza quanto ao seu valor no ato da celebração do negócio. Mas excepcionalmente será aleatório, nas hipóteses previstas no Código Civil, arts. 458 e 459: a *emptio spei* e a *emptio rei speratae*;

---

tos: participação de um empresário ou sociedade, no exercício de sua atividade econômica, como comprador ou vendedor; referência à coisa móvel ou semovente, ou a estabelecimento, sendo a atividade empresarial; intenção de revenda ou de aluguel do uso. Sobre isso: Maria Helena Diniz, *Tratado teórico e prático dos contratos*, São Paulo, Saraiva, 2002, v. 1, p. 378 a 380; W. Barros Monteiro, op. cit., p. 78; Serpa Lopes, *Curso*, cit., p. 257. No mesmo sentido, o Decreto-Lei n. 911/69.

Vide: Leis n. 11.314/2006, 9.636/98, (alterada pelas Leis n. 13.465/2017 e n. 14.011/2020); 8.666/93 (art. 17, I, *i*, §2º, II, com a redação da Lei n. 13.465/2017). A Lei n. 14.011/2020 aprimora os procedimentos de gestão e alienação dos imóveis da União e altera as Leis n. 6.015/73, 13.240/2015, 13.259/2016 e, ainda, revoga os §§ 1º a 7º do art. 1º do Decreto-Lei n. 2.398/87; arts. 4º, § 2º, I e II, 11-B, I e II e §§ 1º a 3º, 24, § 1º e 24-A, parágrafo único da Lei n. 9.636/98; 22 §§ 1º e 2º da Lei n. 13.240/2015; 6º, 10 e 11 da Lei n. 9.702/98; 14, 20 e 21 da Lei n. 11.481/2007, 3º, § 4º da Lei 13.874/2019. Consulte também o Decreto n. 9.760/66.

201. Sebastião de Souza, *Da compra e venda*, 2. ed., Rio de Janeiro, Forense, 1956; Bassil Dower, op. cit., p. 71 e 72; Orlando Gomes, *Contratos*, cit., p. 264 e 265; Silvio Rodrigues, *Direito*, cit., p. 153, 157 e 158; Enneccerus, Kipp e Wolff, *Tratado*, cit., v. 2, p. 29; Caio M. S. Pereira, *Instituições*, cit., p. 148; Cunha Gonçalves, *Compra e venda no direito comercial brasileiro*, 2. ed., 1950; Serpa Lopes, *Curso*, cit., p. 257 e 258; Roberto Senise Lisboa, *Manual*, cit., v. 3, p. 83-96.

4º) *consensual* ou *solene*, se a lei o exigir. Comumente é consensual, formando-se pelo mútuo consenso dos contraentes; em certos casos, porém, é solene, quando além do consentimento a lei exige uma forma para a sua manifestação, como ocorre na compra de imóveis, em que a lei reclama a forma da escritura pública (CC, arts. 108 e 215); mas o contrato de compra e venda com financiamento e alienação fiduciária ou aqueles que visem à constituição, transferência, modificação ou renúncia de direitos reais sobre imóveis, poderão ser celebrados por escritura pública ou instrumento particular com efeitos de escritura pública, para todos os fins de direito (Lei n. 9.514/97, art. 38, com a alteração da Lei n. 11.076/2004);

5º) *translativo do domínio*, não no sentido de operar sua transferência, mas de servir como *titulus adquirendi*, isto é, de ser o ato causal da transmissão da propriedade gerador de uma obrigação de entregar a coisa alienada e o fundamento da tradição ou do registro. O contrato de compra e venda vem a ser um título hábil à aquisição do domínio, que só se dá com a tradição e o registro imobiliário, conforme a coisa adquirida seja móvel ou imóvel.

b.2. Elementos constitutivos

A doutrina, procedendo à análise da compra e venda, vislumbra a presença de três elementos constitutivos, que são essenciais à sua existência: a coisa, o preço e o consentimento. Esses elementos integrantes do contrato de compra e venda são comuns a todos eles; todavia, há casos em que se pode acrescentar um quarto elemento: a forma, que seria essencial apenas àqueles contratos de compra e venda de bens imóveis que requeiram forma especial, isto é, escritura pública, para serem válidos e eficazes (CC, arts. 108 e 215). Determinados bens móveis só poderão ser transferidos por escritura pública, como as licenças ou contratos para explorar a distribuição e venda de jornais (Dec.-Lei n. 4.826/42, art. 5º). A compra e venda estará perfeita e acabada quando estiverem presentes a coisa, o preço e o consentimento. Bastará o acordo de vontades sobre a coisa e sobre o preço para que o contrato tenha obrigatoriedade (CC, art. 482)[202]. Tornando mais clara essa disposição legal, o Projeto de Lei n. 699/2011 pretende modificar sua redação da seguinte maneira: "A compra e venda, quando pura, considerar-se-á obrigatória e perfeita a partir do momento em que as partes contratantes se tenham acordado no objeto e no preço".

---

202. De Page, op. cit., v. 4, parte 1, n. 15 e 16; Orlando Gomes, *Contratos*, cit., p. 270; Silvio Rodrigues, *Direito*, cit., p. 158; W. Barros Monteiro, op. cit., p. 84; Código Civil, arts. 419 e 420; *RT*, *508*:205; STF, Súmula 228 (cuja eficácia foi declarada prejudicada).

Examinaremos tão somente os elementos essenciais, comuns a todo e qualquer contrato dessa espécie, que são[203]:

1º) *a coisa*, que deverá:

a) ter *existência*, ainda que potencial, no momento da realização do contrato, seja ela corpórea (como imóveis, móveis e semoventes), seja ela incorpórea (como valores cotados em Bolsa, direitos de invenção, créditos, direitos de propriedade literária, científica ou artística); apesar de o contrato que objetiva à transmissão de bem incorpóreo ser comumente designado de cessão, esta reger-se-á pelas normas da compra e venda. Os direitos sucessórios também poderão ser objeto desse contrato (cessão de herança), desde que se trate de sucessão aberta, uma vez que, pelo Código Civil, art. 426, herança de pessoa viva não pode ser objeto de contrato, e desde que se faça por escritura pública, visto que a herança indivisa é considerada imóvel por deter-

203. Caio M. S. Pereira, *Instituições*, cit., p. 150-63; Serpa Lopes, *Curso*, cit., p. 280-325; Carvalho Santos, op. cit., v. 16, p. 9; João Luís Alves, op. cit., v. 2, p. 205, 215 e 216; Orlando Gomes, *Contratos*, cit., p. 270-5; Silvio Rodrigues, *Direito*, cit., p. 158, 159 e 166-79; Mazeaud e Mazeaud, op. cit., n. 765, 842 e 868; Tartufari-Soprano, *Della vendita e riporto*, 6. ed., Torino, 1936, p. 120; Bassil Dower, op. cit., p. 72-5, 79-83 e 86-9; Verdier, *Les droits éventuels*, Paris, 1955, n. 36 a 41; Enneccerus, Kipp e Wolff, op. cit., v. 2, § 101; Coelho da Rocha, *Instituições de direito civil*, v. 2, § 805; Lino Salis, *La compra-vendita di cosa futura*, CEDAM, 1935, p. 12; W. Barros Monteiro, op. cit., p. 79-84, 88-93, 97 e 98; Ramella, op. cit., v. 1, p. 73; Bruno Mattos e Silva, *Compra de imóveis*, São Paulo, Atlas, 2003; Degni, *Compra-vendita*, 1930, n. 27 e 28; Sebastião de Souza, op. cit., p. 260, 125 e 126; Rubino, op. cit., n. 76 e 32; Aureliano Guimarães, *Compra e venda civil*, São Paulo, 1927, n. 91; Colin e Capitant, op. cit., v. 2, n. 256 e 533; Carvalho de Mendonça, *Contratos no direito civil brasileiro*, Rio de Janeiro, 1911, n. 143; Mário Aguiar Moura, Compra e venda: transmissão do contrato de promessa de compra e venda, *RJ, 158*:5; Reinaldo Ribeiro Daiuto, Compra e venda com pagamento do preço através de cartão de crédito – operação à vista ou a prazo?, *RDC, 64*:60; Walter Cruz Swensson, Registro de escritura de compra e venda após a morte do alienante, *RDC, 3*:93; M. Helena Diniz, *Tratado teórico e prático dos contratos*, São Paulo, Saraiva, 2002, v. 1, p. 378-80 (sobre compra e venda mercantil, também regida pelo CC, arts. 1.142 a 1.149). *Vide* Enunciado n. 393 do CJF, aprovado na IV Jornada de Direito Civil, sobre alienação de estabelecimento empresarial. Súmula 1 do TRF (4ª Região), sobre compra de veículos; STJ, Súmula 49, sobre exportação de café em grão. O Decreto n. 647/92 altera dispositivos do Decreto n. 99.266/90 sobre venda de imóveis residenciais da União, situados no Distrito Federal. A Lei n. n. 13.755/2018 estabelece requisições obrigatórias para comercialização de veículos no Brasil. Consulte: *RJTJRGS, 185*:280. *Vide* Lei n. 9.636/98, com alterações da Lei n. 13.240/2015: sobre venda de imóveis da União; IN do INCRA n. 94/2018 sobre aquisição e arrendamento de imóvel rural por pessoa física estrangeira domiciliada no Brasil e pessoa jurídica brasileira equiparada à estrangeira.

Lei n. 10.826/2003 regulamentada pelos Decretos n. 5.123/2004 e 9.685/2019 sobre comercialização de armas de fogo e munição.

minação legal (CC, art. 80, II). A coisa alienada deverá ser existente, sob pena de nulidade da compra e venda. Todavia, nem sempre o contrato terá de incidir sobre objeto já conhecido e perfeitamente caracterizado no momento de sua formação, visto que nosso direito permite que verse sobre coisa futura (CC, art. 483), como, p. ex., os frutos de uma colheita esperada ou os produtos a serem fabricados, hipótese em que se configurará o contrato aleatório, em que o objeto da venda é a *spes* e não a coisa ou sua transferência. Logo, no caso de coisa futura, ficará sem efeito o contrato se esta não vier a existir, fazendo com que os contratantes voltem ao *statu quo ante*, a não ser que a *intentio* das partes era a conclusão de um contrato aleatório (CC, art. 483). Suficiente será, portanto, para a perfeição desse contrato, a existência potencial da coisa no momento de sua celebração, mas na data avençada para a sua entrega precisará integrar o patrimônio do vendedor, para que ele possa dela dispor, transferindo sua propriedade pela tradição (se móvel) ou pelo registro (se imóvel) ao adquirente. Se porventura o objeto existia antes da celebração do negócio, vindo a perecer ao tempo de sua formação, nulo será o ato negocial por falta de objeto; se a destruição for parcial, o comprador não poderá pedir a decretação da nulidade do contrato, mas apenas optar entre a rescisão contratual ou o abatimento no preço, e, se o vendedor estava de má-fé, terá, ainda, direito à indenização por perdas e danos;

b) ser *individuada*, pois o contrato de compra e venda, por criar obrigação de dar, deverá recair sobre coisa perfeitamente determinada, ou pelo menos determinável, ou melhor, suscetível de individuação no momento de sua execução, pois já foi indicada pelo gênero e quantidade (CC, art. 243). Deveras, se efetivado o contrato, o vendedor terá a obrigação de entregar ao comprador a coisa alienada, uma vez pago o preço (*RT*, *540*:200); se não a cumprir, sofrerá ação ordinária que, uma vez julgada procedente, condená-lo-á a entregar o bem. Se, citado para a execução (CPC, art. 806), não a entregar ou depositar, expedir-se-á mandado de imissão na posse, ou de busca e apreensão, conforme se trate de bem móvel ou imóvel (CPC, art. 806, § 2º). Se o alienante retardar injustificadamente essa entrega, deverá indenizar o comprador pelas perdas e danos resultantes da demora (*AJ*, *95*:120)[204] ou pagar, se o juiz fixar, na sentença, multa por dia de atraso no cumprimento da obrigação (CPC, art. 806, § 1º);

c) ser *disponível* ou estar *in commercio*, uma vez que sua inalienabilida-

204. W. Barros Monteiro, op. cit., p. 80.

de natural, legal ou voluntária impossibilitaria a sua transmissão ao comprador. A indisponibilidade da coisa será natural, quando ela for insuscetível de apropriação pelo homem, pela sua própria natureza, como o ar, o mar, a luz solar; legal, quando ela, apesar de poder ser apropriada por sua natureza, estiver fora do comércio em virtude de lei (CC, arts. 100 e 1.717); e voluntária, quando sua inalienabilidade for oriunda de declaração de vontade por ato *inter vivos* (doação) ou *causa mortis* (testamento) (*RT*, *480*:107);

d) ter *possibilidade de ser transferida ao comprador*, isto é, não poderá pertencer ao próprio comprador, nem o vendedor poderá aliená-la se for da propriedade de terceiro, pois a compra e venda motiva a transmissão do domínio; por isso, ninguém pode transferir a outrem direito de que não seja titular (*RT*, *484*:176, *527*:62, *534*:194; *JB*, *160*:311). Entretanto, nessa última hipótese, o contrato de compra a *non domino* será passível de anulação, porque a lei admite seu convalescimento. Assim, se o vendedor estiver de boa-fé e vier a adquirir, posteriormente, o domínio do bem alienado, revalidar-se-á a transferência, e o efeito da tradição retroagirá ao momento em que se efetivou (CC, art. 1.268; *RT*, *113*:731, *341*:172). É preciso lembrar que coisa litigiosa pode ser alienada (CPC, art. 240), visto que o Código Civil, art. 457, ao se referir à evicção, prescreve que o adquirente não pode demandar os direitos que dela decorrem se tinha ciência de que a coisa era litigiosa;

2º) *o preço*, que deverá apresentar os seguintes caracteres:

a) *pecuniariedade*, por constituir uma *soma em dinheiro* (CC, art. 481; Lei n. 10.192/2001; Dec.-Lei n. 857/1969, art. 2º) que o comprador paga ao vendedor em troca da coisa adquirida. Porém, nada obsta que seja pago por coisas representativas de dinheiro ou a ele redutíveis (*RT*, *317*:481, *453*:147), como cheque, duplicata, letra de câmbio, nota promissória (*RT*, *141*:631, *487*:170), títulos da dívida pública (apólices) (*RF*, *100*:502). Se consistir numa outra coisa, ter-se-á permuta (*RT*, *502*:176). Como a pecuniariedade é seu elemento essencial, o preço não poderá ser convencionado mediante prestação de serviço, hipótese em que se configurará um contrato inominado e não compra e venda;

b) *seriedade*, pois deverá ser sério, real e verdadeiro, indicando firme objetivo de se constituir numa contraprestação relativamente ao dever do alienante de entregar a coisa vendida, de modo que não denuncie qualquer simulação absoluta ou relativa. Se for fictício, não se terá venda alguma, porém uma doação dissimulada, suscetível de ser anulada. Se for irrisório, não haverá venda, ante a grande diferença entre o valor da coisa e o preço estipulado. Todavia, não se exige justo preço, ou uma perfeita equivalência objetiva entre a coisa e o preço, mas apenas que este não seja tão irrelevante a ponto de significar uma liberalidade do alienante ou o seu intuito de não o exigir, embora, às vezes, o contrato contenha cláusula que o exija, caso em que os juristas o interpretam como sendo o preço normal ou corrente no mercado ou na Bolsa;

c) *certeza*, isto é, deverá ser certo ou determinado para que o comprador possa efetuar o pagamento devidamente. Logo, nula será a venda subordinada à cláusula *pague o que quiser*. O preço, em regra, é fixado pelos contraentes (CC, art. 482; *RT*, *443*:200) no ato de contratar, não podendo, portanto, ser estipulado arbitrariamente por um deles, sob pena de nulidade do ato negocial (CC, art. 489).

Se o objeto a ser vendido estiver exposto numa vitrina com a determinação do preço, não se deverá interpretar que este foi estipulado pelo arbítrio exclusivo de uma das partes, mas que integra a proposta, considerando-se estabelecido pelos contraentes no instante em que o comprador o aceita. O mesmo se diga do leilão, em que o maior lanço parece indicar que o preço é fixado arbitrariamente pelo comprador; porém, tal não ocorre, visto que aparece, como condição da oferta, que o adquirente seja aquele que mais alto preço oferecer, sendo até lícito estipular-se preço mínimo, dispondo que, se ele não for alcançado, não se terá contrato[205].

Casos há em que o preço não é conhecido desde logo, sendo determinável *a posteriori*, pelos critérios avençados pelos contraentes. Assim, a taxação do preço poderá, ante o princípio da autonomia da vontade, ser deixada a um terceiro (CC, art. 485, 1ª parte), que não será um avaliador da coisa, mas um mandatário escolhido pelos contratantes, que não quiseram ou não puderam determinar o preço, de tal sorte que sua estimação equivalerá à determinação

---

205. Caio M. S. Pereira, *Instituições*, cit., p. 158 e 159; Planiol, Ripert e Boulanger, *Traité*, cit., v. 2, n. 2.377. *Vide*: *RT*, *786*:324; *JTJ*, *Lex*, *209*:228.

Pelo Projeto de Lei n. 699/2011, o art. 482 passará a ter a seguinte redação: "A compra e venda, quando pura, considerar-se-á obrigatória e perfeita a partir do momento em que as partes contratantes se tenham acordado no objeto e no preço". O art. 482 incorre em erro de gramática, como corretamente apontou Sergio Niemeyer. De acordo com a estrutura hipotético-condicional da norma jurídica (dado "f" deve ser "c"), e sendo a oração principal examinada: "considerar-se-á obrigatória e perfeita a compra e venda quando pura", a oração "desde que as partes acordarem no objeto e no preço", embora subordinada, exprime-se com o verbo no tempo errado, o futuro do subjuntivo simples. A disposição estará mais bem redigida, com a melhor manipulação do vernáculo, substituindo-se a expressão "desde que as partes acordarem" por "a partir do momento em que as partes acordem". Aqui o verbo é empregado no presente do subjuntivo. Anote-se que o subjuntivo denota que uma ação, ainda não realizada, concebida como dependente de outra, expressa ou subentendida. O uso da mencionada locução prepositiva "desde que" com o verbo "acordar" na terceira pessoa do plural do futuro do subjuntivo simples, a par de errôneo causa estranheza ao ouvido.

Decreto n. 9.685/2019 altera o Decreto n. 5.123/2004, que regulamenta a Lei n. 10.826/2003 sobre comercialização de armas de fogo e munição.

do preço pelos próprios contratantes, tornando-o, por isso, obrigatório. O terceiro, ao fixar o preço, deverá considerar os elementos contemporâneos da estimativa, e as partes contratantes não poderão repudiar sua deliberação, que é irrevogável, exceto se houver erro, dolo, ou se terceiro ultrapassar os limites de sua incumbência. Se porventura o terceiro, designado na celebração do contrato ou em momento ulterior, não aceitar tal incumbência, o contrato ficará sem efeito, a não ser que os contraentes tenham previsto sua substituição por outro (CC, art. 485, 2ª parte). Se terceiro designado estipular o preço, as partes deverão acatá-lo, salvo se comprovarem que houve desvio das instruções dadas no contrato ou algum vício de consentimento. Mas nada impede que haja cláusula contratual estabelecendo que a fixação do preço por terceiro fique sujeita à apreciação do Poder Judiciário ou que só terá força vinculante depois de conferida pelos contratantes.

O preço também poderá ser determinável, se se deixar, p. ex., a sua fixação à taxa de mercado, ou de Bolsa, em tal dia e lugar certo e determinado (CC, art. 486). Se a taxa do mercado ou bolsa variar no dia marcado para fixar o preço, este terá por base a média da oscilação naquela data.

As partes podem fixar o preço baseadas em índices (indicadores de cálculo da variação de preços e valores de determinados conjuntos de bens) ou parâmetros (indicadores de variação de preço de determinado objeto, p. ex., petróleo, no mercado), suscetíveis de determinação objetiva (CC, art. 487), isto é, idôneos a uma efetiva fixação do seu *quantum*. O preço poderá ser fixado por tarifamento, realizado por intervenção da autoridade pública, que impõe o preço do objeto ou estabelece o limite máximo, como ocorre nos casos de fornecimento de serviços de utilidade pública (gás, eletricidade etc.) ou de abastecimento de gêneros de primeira necessidade. Se a venda for convencionada sem fixação de preço ou de critérios para sua determinação e se não houver tabelamento oficial, dever-se-á entender que as partes se sujeitaram ao preço corrente nas vendas habituais do vendedor, não podendo reduzi-lo, nem aumentá-lo, atendendo-se sempre aos princípios da função social do contrato, da probidade e da boa-fé (CC, art. 422) e, ainda, aos preceitos de ordem pública (CC, art. 2.035, parágrafo único). Havendo diversidade ou oscilação de preço e ausência de acordo sobre ele, prevalecerá o termo médio dos valores habitualmente usados pelo vendedor na ocasião da efetivação do negócio (CC, art. 488 e parágrafo único). Pelo Enunciado n. 441 do Conselho da Justiça Federal (aprovado na V Jornada de Direito Civil: "Na falta de acordo sobre o preço, não se presume concluída a compra e venda. O parágrafo único do art. 488 somente se aplica se houverem diversos preços habitualmente praticados pelo vendedor, caso em que prevalecerá o termo médio". Tal diferença de preços já deve existir no momento da conclusão do negócio, não podendo ser ulterior, pois o comprador faz jus à coisa pelo seu preço no instante em que realizou o contrato.

Fácil é perceber que a fixação do preço não poderá ficar ao bel-prazer do vendedor. É mister ressaltar que constituem acessórios do preço as despesas feitas com a realização e execução do ato negocial, que caberão a quem se convencionar. Na falta de convenção dos interessados, as despesas com a escritura ficarão a cargo do comprador e as da tradição competirão ao vendedor (CC, art. 490). Há praxe de que, na compra e venda de imóveis, ao comprador caberá pagar as despesas com o registro, por ser de seu interesse[206];

3º) o *consentimento dos contratantes* sobre a coisa, o preço e demais condições do negócio, e como o contrato de compra e venda gera a obrigação de transferir a propriedade do bem alienado, pressupondo o poder de disposição do vendedor, será necessário que ele tenha capacidade de alienar, bastando ao adquirente a capacidade de obrigar-se. Assim, os absoluta e relativamente incapazes só poderão contratar se representados ou assistidos por seus representantes legais, sob pena de se tornarem nulos ou anuláveis os contratos. As pessoas jurídicas também poderão, através de seus órgãos, ser compradoras ou vendedoras; o mesmo se diga dos entes não personificados (massa falida, consórcio, condomínio de edifício de apartamentos, espólio, sociedade em comum, sociedade em conta de participação – CC, arts. 986 a 996). Será imprescindível que tenham os contratantes legitimação para contratar, visto haver pessoas que não podem comprar ou vender, em razão de sua peculiar condição ante o negócio que se pretende realizar[207]. Daí ser preciso verificar se há *restrições legais à liberdade de comprar e vender*, pois:

a) pessoa casada, exceto no regime de separação absoluta de bens, e, em razão de convenção antenupcial, no de participação final nos aquestos, não poderá alienar ou gravar de ônus os bens imóveis do seu domínio sem a autorização do outro cônjuge (CC, arts. 1.647, I, e 1.656; *RT*, *538*:135, *597*:171, *614*:164);

b) os consortes não poderão, em regra, efetivar contrato entre si, pois a compra e venda entre marido e mulher está proibida; se o regime matrimonial for o da comunhão universal, ter-se-á uma venda fictícia, pois os bens

---

206. Caio M. S. Pereira, *Instituições*, cit., p. 159; Matiello, *Código*, cit., p. 322 e 323. A Lei n. 8.178/91 estabelece normas sobre preço de bens. *Vide* Lei n. 8.979/95, que altera a redação do art. 1º da Lei n. 6.463/77. Sobre compra e venda por telefone e telex: *Ciência Jurídica*, *65*:139. Sobre preço: *RT*, *717*:173; *RJ*, *123*:74; *RJTJSP*, *136*:320.

207. Orlando Gomes, *Contratos*, cit., p. 270; Silvio Rodrigues, *Direito*, cit., p. 166; Tatiana B. Peres (org.), *Defeitos da compra e venda*, Rio de Janeiro: Lumen Juris, 2013. Sobre a questão do vício de consentimento na compra e venda, *vide RT*, *481*:182. Se a compra e venda apresentar erro, dolo, coação, lesão, estado de perigo e fraude contra credores, será suscetível de nulidade relativa, e havendo simulação, ter-se-á nulidade absoluta.

do casal são comuns e ninguém pode comprar o que já lhe pertence. Todavia, mesmo nesse regime, ou se outro for o regime matrimonial, tal venda, desde que efetiva e real e que não venha a ferir direitos de terceiros, será lícita, relativamente aos bens particulares, ou seja, excluídos da comunhão (CC, arts. 499, 1.659 e 1.668), já que foi adotado o princípio da mutabilidade justificada, previsto no Código Civil, art. 1.639, § 2º. Além do mais, essa venda deveria ser condenável sob o prisma moral, ante o fato de um dos cônjuges poder influenciar o outro[208];

c) os ascendentes têm o direito de, a qualquer tempo, alienar seus bens a quem quiserem, mas não podem vender ao descendente (filho, neto, bisneto etc.), sem que os demais descendentes e o cônjuge do alienante (salvo se casado sob o regime de separação obrigatória – CC, art. 1.641; *RT*, *789*:180) expressamente consintam por meio de escritura pública ou no mesmo instrumento (público ou particular) do negócio principal ou, ainda, por meio de mandato com poder especial (CC, arts. 220, 496 e parágrafo único; *RT*, *701*:68, *631*:116, *715*:134, *713*:127, *704*:183, *604*:220, *593*:258, *519*:92, *520*:273, *444*:103, *543*:246, *489*:71, *526*:182, *514*:242, *539*:52, *518*:182, *509*:90, *524*:163, *492*:222, *482*:152, *460*:129, *474*:221, *585*:177, *592*:219, *600*:213, *607*:166, *613*:188, *626*:71; *BAASP*, *1.963*:63; *1.925*:117, *1.941*:20; *EJSTJ*, *5*:86, *12*:97, *13*:87 e 89, *21*:167; *Ciência Jurídica*, *33*:107, *39*:164, *66*:43, *83*:49; *RSTJ*, *83*:151; *JB*, *59*:349; *RF*, *214*:155, *232*:201, *322*:221, *331*:236; *RJTJRS*, *110*:410, *157*:265; *RJTJSP*, *136*:302, *42*:178), porque essa venda de bens móveis ou imóveis (*RT*, *193*:270) poderia acobertar uma doação em prejuízo dos demais herdeiros necessários; por isso, é mister resguardar a igualdade das legítimas contra defraudações. E se entre os descendentes houver menor de idade, será preciso a intervenção de curador especial (*JTJ*, *179*:328). Urge evitar qualquer dissimulação de doação inoficiosa em favor de um dos descendentes. Os descendentes, cuja anuência se exige, são os herdeiros necessários do alienante ao tempo da celebração do contrato; logo, se a venda se deu antes do reconhecimento da filiação, o reconhecido não poderá invalidá-la (*RT*, *606*:231), por não ter consentido naquele negócio. A doação de pai a filho ou de um cônjuge a outro é permitida em direito e constitui um adiantamento da legítima ou do que lhes cabe por herança (CC, art. 544), e o donatário será obrigado a trazer o bem doado – ou o seu equivalente, se tal bem foi alienado – à colação, a fim de igualar as legítimas dos herdeiros (CC, arts. 2.002 e 2.003 e parágrafo único; *RT*, *510*:75, *470*:103).

---

208. Caio M. S. Pereira, *Instituições*, cit., p. 163; De Page, op. cit., v. 4, n. 59 e s. Se a venda e compra entre cônjuges for celebrada havendo simulação, nula será; e se configurada a fraude contra credores, será anulável.

Assim, pode ocorrer que certo pai pretenda beneficiar um dos seus filhos, mas, se fizer uma doação, prejudicá-lo-á na herança legítima; simula, então, uma venda a esse filho, que não está sujeita à colação, caso em que invalidada deverá ser a referida venda simulada (CC, art. 167), usando-se interposta pessoa. Por essa razão, a fim de impedir doações inoficiosas ou simulações lesivas aos interesses dos demais herdeiros, desfalcando suas legítimas (*AJ*, *107*:98), o Código Civil proíbe essa venda, quer direta, quer por interposta pessoa, a não ser que os demais descendentes expressamente nela consintam, pois a lei não permite anuência tácita (*RF*, *93*:548). Se os demais descendentes do vendedor não consentirem expressamente, essa venda será passível de anulação (*AJ*, *119*:90, *107*:135; *RT*, *193*:327, *262*:510, *789*:180; *RF*, *98*:387, *173*:265, *331*:236), por ser suscetível de confirmação, bastando que haja anuência *a posteriori* desses descendentes (CC, art. 496). O prazo decadencial de dois anos para propor essa ação está previsto no Código Civil, art. 179 (no mesmo sentido o Enunciado n. 368 do CJF, aprovado na IV Jornada de Direito Civil), contado da data da conclusão do negócio, mas, pelo Enunciado 545 do CJF (aprovado na VI Jornada de Direito Civil), o prazo para pleitear a anulação de venda de ascendente a descendente sem anuência dos demais descendentes e/ou do cônjuge do alienante é de 2 (dois) anos, contados da ciência do ato, que se presume absolutamente, em se tratando de transferência imobiliária, a partir da data do registro de imóveis". Entretanto, pela Súmula 494 do STF, "a ação para anular venda de ascendente a descendente, sem consentimento dos demais, prescreve em vinte anos, contados da data do ato" (*RT*, *522*:105, *513*:107, *470*:94, *502*:66, *443*:320). Deve esta última ser afastada, por sua incompatibilidade com o Código Civil, que reduz todos os prazos, inclusive os prescricionais. Tal ação não poderá, segundo alguns autores, ser proposta em vida do ascendente, pois isso seria litigar sobre herança de pessoa viva. Realmente, apesar dessa nossa opinião, há quem ache, como Matiello, que o ajuizamento da demanda sujeita-se ao prazo geral de dez anos de prescrição, prevista no art. 205 do Código Civil, contado a partir do óbito do ascendente, pois antes disso o descendente não tem legitimidade *ad causam*, por inexistir o direito à herança. Outros entendem que nada obstaria a propositura dessa ação, porque se estaria litigando não contra a legítima, mas pleiteando uma garantia contra um eventual dano. Deveras, a ação para anular venda de ascendente a descendente sem o consenso dos demais funda-se em direito atual, nada tendo que ver com o direito sucessório, mas sim com o obrigacional, podendo ser, portanto, proposta mesmo em vida do ascendente vendedor (*RT*, *585*:177; *RTJ*, *52*:829). A lei só permite a propositura dessa ação aos descendentes que sejam herdeiros. Se um deles for incapaz ou menor (*RT*, *476*:114), o magistrado, mediante petição dos interessados, poderá suprir o seu consentimento, após ouvir o Ministério Público, autorizando o negócio em nome do incapaz, nomeando curador especial (CC, art. 1.692), que comparecerá ao ato para anuir em nome do menor. É possível, ainda, segundo alguns julgados, o suprimento judicial do consentimento do descendente ou do cônjuge para a alienação de bens do ascendente a um dos descendentes, desde que a recusa seja imotivada, uma vez provada a seriedade do negócio e a idoneidade das partes (*RT*, *607*:166, *520*:259, *354*:506; *RF*, *121*:187, *126*:450, *145*:110 e 119). Todavia, há decisões em contrário que não o admitem, porque a lei não confere esse direito ao magistrado (*RF*, *142*:263; *RT*, *193*:747).

Pela redação proposta no Projeto de Lei n. 699/2011, alterando o art. 496: "É anulável a venda de ascendente a descendente, salvo se os outros descendentes e o cônjuge do alienante expressamente houverem consentido. É igualmente anulável a venda feita a cônjuge, sem o consentimento expresso dos descendentes do vendedor", acrescentando no parágrafo único: "Dispensa-se o consentimento do cônjuge se o regime de bens for o da separação obrigatória". Com isso o direito projetado visa proteger a legítima dos demais herdeiros contra venda que desfalque o patrimônio do *de cujus*, impedindo negócio simulado que venha a beneficiar um descendente. E como o cônjuge, preenchendo certos requisitos, é herdeiro necessário, vem o referido Projeto proibir venda realizada a ele sem anuência dos descendentes do vendedor, com o escopo de resguardar a reserva legitimária.

Convém lembrar que, no caso do art. 496 do Código Civil, o descendente casado precisará, conforme já se decidiu, da anuência do seu cônjuge para manifestar seu assentimento (*RT*, *534*:82), apesar de ser ato pessoal, mas há quem ache que não haverá necessidade de autorização expressa do consorte do descendente, pois a lei só requer a do cônjuge do ascendente alienante. Essas normas serão aplicadas à permuta desigual (CC, art. 533, II), à dação em pagamento (*RT*, *283*:849; *AJ*, *81*:125), à cessão de direitos hereditários a um dos filhos sem o consenso dos outros (*RF*, *108*:478; *RT*, *170*:161), por fraudar as legítimas[209];

---

209. W. Barros Monteiro, op. cit., p. 90; Débora Gozzo, *Ação de nulidade de venda a descendente*, Coleção Saraiva de Prática do Direito, n. 35, 1988; Geraldo Sobral Ferreira, Venda de ascendente a descendente: natureza jurídica da proibição legal, *Ciência Jurídica*, *37*:28 e s.; João Batista A. Vilhena Nunes, *Venda de ascendente a descendente*, São Paulo, Juarez de Oliveira, 2001; Júlio Cesar Viseu Jr., Venda a descendente e a jurisprudência, *RDC*, *58*:203; Natal Nader, Venda de ascendente a descendente, *RDC*, *21*:2; Inácio de Carvalho Neto, A venda de ascendente a descendente no novo Código Civil, *Novo Código Civil – questões controvertidas*, cit., v. 4, p. 393-404; Flávio Tartuce, A venda de ascendente para descendente. Tratamento legal à luz do novo Código Civil, evolução da jurisprudência e revogação da Súmula 494 do STF, *A outra face do Poder Judiciário* (coord. Giselda Hironaka), Belo Horizonte, Del Rey, 2005, p. 173-93; STF, Súmulas 152 e 497. Já houve julgado entendendo que a venda de ascendente a descendente sem o consenso dos demais reveste-se de nulidade absoluta:

d) os que têm, por dever de ofício ou por profissão, de zelar pelos bens alheios estão proibidos de adquiri-los, mesmo em leilão, sob pena de nulidade, pelo Código Civil, art. 497, I a IV, por razões de ordem moral, visto que, por velarem pelos interesses do alienante, poderiam desfrutar de certa posição que lhes possibilitaria obter vantagens no negócio, influenciando de alguma maneira o vendedor.

Assim, os tutores, curadores, testamenteiros e administradores (mandatários, gestores de negócio, síndicos condominiais, liquidantes e administradores judiciais de falências etc.) não poderão comprar bens confiados à sua guarda e administração (CC, arts. 497, I, e 1.749, I; CPC, art. 890, I e II; *RT*, *102*:660, *120*:622; *RF*, *86*:94).

Os mandatários não estão atualmente proibidos de adquirir bens de cuja administração ou alienação estejam encarregados (*AJ*, *99*:292, *108*:370, *89*:426; *RT*, *119*:751, *225*:572, *299*:202, *483*:158, *304*:873, *503*:82; *RF*, *100*:281, *138*:424, *155*:146, *181*:217, *109*:97; STF, Súmula 165). A proibição do Código Civil de 1916, art. 1.133, II, não incidia sobre todo e qualquer mandatário, mas tão somente sobre o mandatário a quem o dono havia delegado poderes para administrar ou vender a coisa (*RT*, *32*:40). Se o mandato tivesse por objeto outros poderes que não fossem de alienação ou administração, o mandatário não estaria proibido de adquirir do mandante qualquer propriedade de que este quisesse livremente dispor[210]. O advogado, portanto, não estaria impedido de adquirir bens do constituinte, porque não se enquadraria na disposição constante do art. 1.133, II, do Código Civil de 1916 (*RT*, *489*:76); só estaria proibido se se provasse que tinha a incumbência de administrar ou de alienar a coisa adquirida.

Os servidores públicos não podem comprar os bens ou direitos da pessoa jurídica (da União, dos Estados ou dos Municípios p. ex.) a que servi-

---

RT, *626*:71, *600*:213, *519*:92 e 79. Se o cônjuge do alienante e os descendentes deste não derem seu consenso, imotivadamente, poderá ocorrer suprimento judicial (*RT*, *520*:259 e *607*:166). Não haverá fraude se descendente readquirir bem alienado legitimamente por ascendente a terceiro (*RT*, *561*:259; no mesmo sentido: *EJSTJ*, *5*:86). "Por erro de tramitação, que retirou a segunda hipótese de anulação de venda entre parentes (venda de descendente para ascendente), deve ser desconsiderada a expressão 'em ambos os casos', no parágrafo único do art. 496" (Enunciado n. 177 do Conselho da Justiça Federal, aprovado na III Jornada de Direito Civil).

Há quem entenda que haverá necessidade, na venda de ascendente a descendente, do assentimento do companheiro do alienante, desde que não haja pacto convivencial, estipulando separação absoluta de bens. O prazo de dois anos para anular tal venda é de decadência (CC, art. 179).

210. Francisco Campos, *Direito Civil*: contratos, p. 403. *Vide*: Código Civil português, art. 877.

rem, ou que estiverem sob sua administração direta ou indireta, visto que poderão influir na deliberação de vender ou na fixação do preço da venda (CC, art. 497, II; CPC, arts. 149, 152, 154, 286, 651, 888 e 903; *RF, 81*:426; *RT, 118*:181, *124*:529).

Os juízes, secretários de tribunais, escrivães, oficiais de justiça e outros auxiliares da justiça (depositário, perito, contador, partidor, distribuidor etc.) não poderão adquirir os bens ou direitos sobre os quais se litigar em tribunal, juízo ou conselho, no lugar onde esses funcionários servirem, ou aos quais se estender a sua autoridade (CC, art. 497, III).

Pelos mesmos motivos a proibição alcança não só os leiloeiros e seus prepostos quanto aos bens de cuja venda estejam encarregados (CC, art. 497, IV; CPC, arts. 883 e 884; IN da DREI n. 17/2013 e n. 39/2017; Provimento n. 2.152/2014 do CSMSP), pois são considerados, em razão de seu *munus*, auxiliares da justiça, como observam Mario Luiz Delgado e Jones Figueirêdo Alves, mas também corretores de Bolsas, quanto aos bens a eles confiados. Os corretores de mercadorias não podem comprar coisa cuja venda lhes tenha sido incumbida (Dec. n. 18.795/29, art. 21 – ora revogado, no entendimento de alguns autores, pelo Dec. s/n. de 26-4-1991). Os leiloeiros estão proibidos (Instrução Normativa n. 17/2013, do DREI e Portaria n. 1.125/2008 da Procuradoria-Geral Federal sobre matrícula de leiloeiro e seu cadastramento e cancelamento daquela matrícula), sob pena de multa, de adquirir coisa que deverão vender em razão de seu ofício (Dec. n. 21.981/32, art. 36, *b*, que, apesar de ter sido revogado por um Decreto s/n., de 25-4-1991, emanado do Poder Executivo, ainda, parece-nos, está em vigor, por não ter tal decreto força para revogá-lo).

Só poderá adquirir propriedade rural no território nacional o brasileiro ou o estrangeiro residente no país (Ato Complementar n. 45/69; Lei n. 5.709/71; Dec. n. 74.965/74; *RT, 484*:97). Sucederá o mesmo com os militares, a respeito dos bens de seus subordinados[211].

Prescrevem, ainda, os arts. 497, parágrafo único, e 498, que esta proibição compreende a cessão de crédito, exceto nos casos de compra e venda ou cessão entre coerdeiros, ou em pagamento de dívida, ou para garantia de bens já pertencentes a pessoas designadas no art. 497, III, porque nesse caso não haverá interesses conflitantes, desaparecendo o antagonismo entre o dever e o interesse próprio (*AJ, 108*:378)[212];

211. Carvalho de Mendonça, *Contratos*, cit., n. 141; Rogério Donnini e Hernani Zanin Junior, Leilões judiciais e extrajudiciais: a responsabilidade civil do leiloeiro, *Revista da Academia Paulista de Direito*, 6:15-28. *Vide*: Lei n. 11.101/2005, art. 177.

212. W. Barros Monteiro, op. cit., p. 93.

e) o condômino, enquanto pender o estado de indivisão, não poderá vender sua parte a estranho, se o outro consorte a quiser, tanto por tanto (CC, art. 504, 1ª parte; *RT*, *478*:62, *543*:144, *545*:131, *634*:157, *640*:172, *494*:149, *726*:188, *639*:153; *RF*, *329*:223; *RJTJSP*, *138*:98, *128*:360; *JTJ*, *143*:39; *EJSTJ*, *23*:152). Dessa forma, se a coisa comum for indivisível, o condômino poderá vender sua quota-parte a estranhos, depois de tê-la oferecido, mediante comunicação judicial ou extrajudicial expressa, por igual preço aos demais comunheiros (CC, art. 504), que, por sua vez, a recusaram. Se o bem for indivisível, isto é, se não se puder partir sem alteração na sua substância (CC, art. 87) e sem que perca a possibilidade de prestar as utilidades que o todo anteriormente oferecia[213], aplicar-se-á o art. 504 do Código Civil. É preciso ressaltar, porém, que a indivisibilidade que autoriza a aplicação desse artigo legal é a natural e não a decorrente de lei (*RT*, *494*:149). Assim, se a coisa for naturalmente indivisível (um quadro de Portinari, uma casa, p. ex.) e pertencente a duas ou mais pessoas, o condômino que pretender alienar sua parte ideal deverá dar preferência aos demais (*RT*, *320*:530). Se porventura se omitir desse dever, o condômino a quem não se der conhecimento da venda poderá, depositando o preço, haver para si a parte vendida a estranhos, se o requerer no prazo decadencial de 180 dias (CC, art. 504; *RT*, *432*:229, *512*:256, *481*:191), contados da data em que ele teve ciência da alienação (*RT*, *432*:229, *543*:144). Se forem muitos os condôminos interessados, preferir-se-á o que tiver benfeitorias de maior valor e, na falta de benfeitorias, o de quinhão maior, e, se as partes forem iguais, terão a parte vendida os comproprietários, que a quiserem, depositando previamente o valor correspondente ao preço (CC, art. 504, parágrafo único). Esse preço depositado é o que o adquirente desembolsou para haver a coisa, incluindo o valor do contrato, sisa e benfeitorias acaso introduzidas no imóvel (*RT*, *333*:339, *392*:191). Desfeita a venda de parte ideal do imóvel, em face do exercício do direito de preferência por condômino, os juros e a correção monetária decorrentes do depósito feito pelo condômino pertencerão ao terceiro que havia comprado aquela parte ideal (*RT*, *517*:160). Se o condômino interessado deixar escoar o prazo de decadência, consolidar-se-á a transferência da parte ideal do bem indivisível a estranho. Não se aplica este artigo à hipótese de venda de unidade em edifício de apartamentos,

213. W. Barros Monteiro, op. cit., v. 1, p. 233; Celso Laet de Toledo Cesar, *Venda e divisão de propriedade comum*, São Paulo, Revista dos Tribunais, 2001.

que se submete ao regime da propriedade horizontal, porque há propriedade exclusiva do apartamento[214];

f) o proprietário de coisa alugada, para vendê-la, deverá dar conhecimento do fato ao inquilino, que terá direito de preferência para adquiri-la em igualdade de condições com terceiros (*RT*, *732*:286). E se esse prédio estiver sublocado em sua totalidade, a preferência caberá ao sublocatário, e, sendo vários os sublocatários, a todos em comum ou a qualquer deles, se um só for o interessado. Se muitos forem os interessados, a preferência caberá ao locatário mais antigo. O inquilino terá trinta dias subsequentes àquele em que for notificado para exercer seu direito de preferência (Lei n. 8.245/91, arts. 27 a 31 e 34). O locatário que não for notificado da venda poderá, depositando o preço e demais despesas do ato de transferência, haver para si o imóvel locado, se o requerer no prazo de seis meses contados do assento do ato competente no Cartório do Registro de Imóveis, desde que o contrato de locação esteja assentado no Registro de Imóveis pelo menos trinta dias antes da venda, na forma estabelecida em regulamento. Além disso, o inquilino preterido poderá reclamar do alienante perdas e danos (Lei n. 8.245/91, art. 33);

g) o enfiteuta só poderá alienar o imóvel enfitêutico, a título oneroso ou gratuito, no todo ou em parte, desde que comunique o fato, previamente, ao senhorio direto, para que este exerça seu direito de opção, pois a percepção do laudêmio não poderá ser exigida (CC de 1916, art. 683, e novo CC, art. 2.038, § 1º, I), com exceção da hipótese do art. 22, § 1º, I, da Lei n. 9.514/97, com a alteração da Lei n. 11.481/2007. Se a alienação for onerosa, a lei concede ao senhorio direto o direito de preferência, devido à utilidade social de se extinguir o ônus que recai sobre o domínio e à equidade que manda atribuir a totalidade do direito a quem já foi titular de parte. Realmente, o Código Civil de 1916, art. 685, dispõe que "se o enfiteuta não cumprir o disposto no art. 683, poderá o senhorio direto usar, não obstante, de seu direito de preferência, havendo do adquirente o prédio pelo preço da aquisição". Se ele exercer a preferência, extinguir-se-á a enfiteuse, pois terá em mãos o domínio direto e o útil;

h) o senhorio direto, por sua vez, deverá notificar o enfiteuta quando for alienar seu domínio direto, para que ele exerça o direito de preferência (CC de 1916, art. 684)[215];

---

214. Caio M. S. Pereira, *Instituições*, cit., p. 162 e 163; Código Civil, arts. 87, 88 e 1.314; CPC, art. 725, V; Lei n. 4.494/64, art. 16; *RT*, *640*:172. "Ainda que sejam muitos os condôminos, não há direito de preferência na venda da fração ideal de um bem entre dois coproprietários, pois a regra prevista no art. 504, parágrafo único, visa somente a resolver eventual concorrência entre condôminos na alienação da fração a estranhos ao condomínio" (Enunciado n. 623 da VIII Jornada de Direito Civil).

215. Clóvis Beviláqua, *Soluções*, cit., v. 3, p. 229; M. Helena Diniz, *Curso*, cit., v. 4, p. 243;

i) o comprador ou o vendedor, nos contratos que contiverem cláusulas de exclusividade, ajustada por prazo determinado, têm certos deveres. P. ex.: o comprador só poderá adquirir certas mercadorias de determinado produtor, e o vendedor deverá vendê-las pelo preço *x*, restringindo-se, assim, a liberdade de contratar com quem se quiser e de estabelecer preço diferente[216];

j) os menores, pois a Lei n. 8.069/90 impõe-lhes algumas limitações na aquisição de certos bens. Ser-lhes-á proibida a venda de fitas de programação em vídeo em desacordo com a classificação da faixa etária atribuída pelo órgão competente (art. 77), sob pena de multa de três a vinte salários de referência, e, se houver reincidência, o juiz poderá determinar o fechamento do estabelecimento por até quinze dias (art. 256). As revistas e publicações contendo material impróprio a menores só poderão ser comercializadas em embalagem lacrada, com advertência de seu conteúdo, e, se contiverem em suas capas imagens ou mensagens obscenas, deverão ser protegidas com embalagem opaca (art. 78 e parágrafo único), e não poderão ser vendidas a menores (art. 81, V). As revistas e publicações destinadas ao público infanto-juvenil não poderão conter ilustrações, legendas ou anúncios de bebidas alcoólicas, tabaco, armas, munições, e deverão respeitar os valores ético-sociais da pessoa e da família (Lei n. 8.069/90, art. 79; CF/88, art. 220, § 4º). Aquele que editar ou comercializar revistas e publicações violando as normas acima indicadas sofrerá pena de multa de três a vinte salários de referência, duplicada na hipótese de reincidência, sem prejuízo da apreensão das revistas ou publicações (Lei n. 8.069/90, art. 257). Além disso há proibição da venda a menor de armas, munições e explosivos; bebidas alcoólicas; produtos causadores de dependência física ou psíquica; fogos de artifícios capazes de provocar danos e bilhetes lotéricos e equivalentes (art. 81), sob pena de prisão e multa previstas nos arts. 242, 243 (com a redação da Lei n. 13.106/2015) e 244 da Lei n. 8.069/90[217].

W. Barros Monteiro, op. cit., v. 3, p. 276 e 277. Constituição Federal de 1988, art. 49, §§ 1º a 4º, do Ato das Disposições Transitórias. Os arts. 683, 684 e 685 do CC de 1916 estão em vigor por força do art. 2.038 do atual Código Civil. *Vide* CPC, art. 784, VII.

216. Mazeaud e Mazeaud, op. cit., n. 765; Caio M. S. Pereira, *Instituições*, cit., p. 163; Colin e Capitant, op. cit., v. 2, n. 853.

217. A Lei n. 12.921, de 26-12-2013, proíbe a fabricação, a comercialização, a distribuição e a propaganda de produtos nacionais e importados, de qualquer natureza, bem como embalagens, destinados ao público infantojuvenil, reproduzindo a forma de cigarros e similares.

b.3. Consequências jurídicas

O contrato de compra e venda, uma vez concluído, acarretará *consequências jurídicas*, tais como[218]:

1ª) Obrigação do vendedor de entregar a coisa com todos os seus acessórios, transferindo ao adquirente a sua propriedade, e do comprador de pagar o preço, na forma e no prazo estipulados. Não havendo estipulação expressa, a tradição da coisa vendida dar-se-á no lugar onde ela se encontrava, por ocasião da venda (CC, art. 493). O vendedor obriga-se a transferir o domínio do bem, devendo cuidar da conservação da coisa até sua entrega efetiva, tendo o direito de receber o preço, e o comprador assume o dever de pagar o preço, tendo o direito de receber a coisa. Isso se explica ante o fato do contrato, em nosso direito, não ser hábil a transferir o domínio, que só se opera pela tradição ou pelo registro do título, conforme o objeto do negócio seja móvel ou imóvel. A compra e venda, pelo Código Civil, art. 481, gera para o alienante o dever de efetuar a entrega da coisa vendida, uma vez regularmente pago o preço avençado. Portanto, se a venda não é translativa da propriedade, ao lado do ato negocial da obrigação deverá suceder-se o ato translativo do domínio. O contrato e o ato translativo, embora conexos, são autônomos.

É preciso lembrar que, não sendo a venda a crédito, o vendedor não estará obrigado a entregar a coisa antes de receber o preço (CC, art. 491), podendo retê-la, mas, por outro lado, o comprador não terá o dever de pagar o

218. Ramella, op. cit., v. 1, p. 106 e s.; Caio M. S. Pereira, *Instituições*, cit., p. 163-9; Serpa Lopes, *Curso*, cit., p. 326-38; Espínola, *Dos contratos nominados no direito civil brasileiro,* n. 42 e 46, e *Sistema*, cit., v. 2, t. 1, p. 388; João Luís Alves, op. cit., v. 1, p. 215; Rubino, op. cit., n. 43; Orlando Gomes, *Contratos*, cit., p. 277-80; Silvio Rodrigues, *Direito*, cit., p. 179-95; De Page, op. cit., v. 4, parte 1, n. 115; Aureliano Guimarães, op. cit., p. 141 e s.; Sebastião de Souza, op. cit., n. 67; Bassil Dower, op. cit., p. 75-9 e 83-5; Gasca, *Compra-vendita*, 2. ed., Torino, 1914, v. 2, p. 50 e s.; W. Barros Monteiro, op. cit., p. 84-8 e 93-6; Planiol, Ripert, Hamel, Givord e Tunc, *Traité pratique de droit civil*, 2. ed., Paris, 1956, t. 10, p. 66 e s.; Cunha Gonçalves, *Tratado*, cit., v. 8, p. 424; Gino Gorla, *Del rischio e pericolo nelle obbligazioni*, CEDAM, 1934; Enneccerus, Kipp e Wolff, op. cit., v. 2, t. 2, p. 29; Matiello, *Código*, cit., p. 333. Sobre imposto de transmissão *inter vivos* de venda de imóvel, *vide* STF, Súmulas 108, 110 e 470. Sobre compra e venda: Leis n. 8.008/90, 8.011/90, 8.025/90; Decreto n. 99.066/90 e n. 99.209/90. Quanto aos deveres do vendedor, *vide* Lei n. 8.078/90, arts. 39, I a XIII, e parágrafo único, 40, §§ 1º a 3º, 41, 7º, parágrafo único; Decreto n. 8.198/2014, que regulamenta a Lei n. 7.678/88, sobre produção, circulação e comercialização de vinho e derivados; Lei n. 10.931/2004, arts. 46 e 51.

preço (CC, arts. 476 e 477) se o vendedor não estiver em condições de lhe entregar a coisa, hipótese em que será de bom alvitre consignar o preço (*RF*, *145*:173, *93*:523, *192*:243; *RT*, *178*:223). Se a venda for a crédito ou a prazo, será ilícito ao alienante condicionar sua prestação à do outro, e o comprador poderá reclamar a entrega do bem antes do pagamento do preço; se houver recusa do vendedor, poderá pleitear a rescisão contratual, com perdas e danos. Se, porém, apesar de haver prazo ajustado para o pagamento, o comprador cair, antes da tradição, em insolvência, caracterizada pela incapacidade de solver o débito, o vendedor poderá sobrestar na entrega do bem, até que o adquirente lhe dê caução de pagar no tempo ajustado (CC, art. 495) ou efetive desde logo o pagamento (CC, art. 477, 2ª parte). Prestada a caução (garantia real ou fidejussória), levanta-se a suspensão da execução contratual e o alienante deverá entregar a coisa vendida, sob pena de responder por perdas e danos. O vendedor não será, portanto, obrigado a entregar o bem alienado a prazo, se o comprador vier a falir ou tiver título protestado por falta de pagamento (*RT*, *137*:292). Se porventura o vendedor sofrer alteração em sua situação econômica, tornando precária a tradição da coisa vendida, invertem-se as posições, pois o comprador poderá reter o pagamento até que ela lhe seja entregue ou até que seja prestada a caução. A entrega da coisa e o pagamento do preço constituem a execução do contrato.

2ª) Obrigação de garantia, imposta ao vendedor, nas relações de consumo, contra os vícios aparentes e redibitórios (Lei n. 8.078/90, arts. 26, 18, § 1º, e 19) e a evicção, por ser elemento natural do contrato de compra e venda. Assim sendo, o alienante deve garantir a qualidade e o bom funcionamento do objeto alienado e assegurar ao comprador a sua propriedade.

Os vícios aparentes poderão ser reclamados dentro do prazo decadencial de trinta dias, se se tratar de fornecimento de produtos não duráveis, ou de noventa dias, se duráveis, contado da data da entrega efetiva do produto. E se o vício for oculto, tal prazo computar-se-á ao instante em que o defeito ficar evidenciado (art. 26, § 3º, da Lei n. 8.078/90).

O fornecedor é responsável pela qualidade da mercadoria, pois a Lei n. 8.078/90 concede ao consumidor trinta dias para reclamar de um produto defeituoso, com direito à troca, à restituição do dinheiro pago ou ao abatimento proporcional do preço (arts. 19 e 18, § 1º).

O adquirente poderá reclamar a reparação pelos danos causados por fato do produto dentro do prazo prescricional de cinco anos, contado a partir do conhecimento do dano ou de sua autoria (art. 27 da Lei n. 8.078/90).

3ª) Responsabilidade pelos riscos (perda, deterioração, desvalorização, qualquer perigo que a coisa pode sofrer desde a conclusão do contrato até a sua entrega) e despesas, ante o fato de que, em nosso direito, sem tradição ou registro não se tem transferência da propriedade. Pelo Código Civil, art. 492, antes da tradição, ou registro, os riscos da coisa correrão por conta do vendedor, porque até então o domínio é seu, e, os do preço, por conta do comprador. Assim, se o bem vier a se perder ou a se deteriorar, por caso fortuito ou força maior, até o momento da tradição, o vendedor é quem sofrerá as consequências, devendo restituir o preço, se já o havia recebido; se, porém, o fato se der após a tradição, sem culpa do vendedor, este terá direito ao preço, sendo que o comprador é quem sofrerá as consequências, pois houve transferência de propriedade (*RF, 169*:117). Igualmente, se o preço se perder ou se degradar, antes da tradição, o comprador é quem sofrerá o risco; mas, se isso ocorrer após o pagamento, o vendedor é quem arcará com o prejuízo havido com sua perda ou degradação.

Considerar-se-á como tradição, acarretando ao comprador responsabilidade pelo risco, a circunstância de a coisa, que comumente se recebe, contando, medindo ou assinalando, ter sido colocada à sua disposição, mesmo que o caso fortuito ocorra no ato de contar, marcar ou assinalar (CC, art. 492, § 1º). P. ex., na compra e venda de gado, o adquirente o recebe quando o separar, contar e marcar, por haver tradição simbólica, logo, o alienante não mais será responsável pelos riscos (caso fortuito ou força maior), mesmo que os animais fiquem algum tempo em seu poder (*RT, 640*:179), pois realizadas aquelas operações, certas serão as coisas semoventes vendidas. Mas os riscos correrão por conta do vendedor se agiu fraudulenta ou negligentemente (*RF, 125*:210).

O comprador suportará os riscos da coisa adquirida, se estiver em mora de a receber, quando colocada à sua disposição no tempo, lugar e pelo modo ajustados (CC, art. 492, § 2º). Assim, se ela foi oferecida oportunamente ao adquirente, que não a quis receber, ele não poderá queixar-se do dano a que se exponha, devendo arcar com a responsabilidade pelo risco. A *mora accipiendi* acarretará a inversão do risco, mesmo que a tradição não tenha sido feita. Se a coisa foi expedida para lugar diverso do convencionado, por ordem do comprador, por sua conta correrão os riscos, uma vez entregue a quem haja de transportá-la, salvo se das instruções dele se afastar o vendedor (CC, art. 494); p. ex.: se o comprador solicitou que se despachasse a coisa por via aérea e o vendedor o faz por estrada de rodagem, deverá este suportar todos os riscos e entre eles o da responsabilidade pelos danos e o da perda da pretensão ao preço da coisa até sua efetiva entrega, porque agiu como mandatário infiel.

Se houver deterioração, o comprador terá a opção de resolver o contrato ou aceitar a coisa no estado em que se achar, com abatimento no preço; se o fato se deu por culpa do alienante (CC, art. 236), poderá pedir, ainda, indenização por perdas e danos.

Quanto às despesas para a transferência do bem, convém repetir, salvo cláusula em contrário, prescreve o Código Civil, art. 490, que ficarão as da escritura e do registro a cargo do comprador (p. ex., emolumentos cartorários, tributos etc.), e as da tradição a cargo do vendedor (p. ex. transporte, contagem, pesagem, medição etc.).

E, além disso, salvo convenção em contrário, responderá o vendedor pelas dívidas que gravarem o bem até o momento da tradição (CC, art. 502) ou do registro imobiliário. P. ex., débitos fiscais (IPVA, ITR, IPTU etc.), despesas condominiais, taxas de lixo, gás, água e luz, seguro contra incêndio; ônus reais (penhor, hipoteca etc.); contribuição de melhoria, em razão de obra pública realizada nas proximidades do prédio vendido. Na escritura pública de venda do imóvel, considerando-se o interesse do Fisco e o do adquirente, deverá ser transcrita a certidão negativa de que não há dívida fiscal com a Fazenda Federal, Estadual e Municipal e de feitos ajuizados em face do vendedor, exonerando-se o imóvel e isentando-se o adquirente da responsabilidade de pagar qualquer imposto a que o imóvel estiver sujeito (Projeto de Lei n. 699/2011, que visa acrescentar parágrafo único ao art. 502 do CC). O Parecer Vicente Arruda, assim, rejeitou, relativamente ao PL n. 6.960/2002 (atual PL n. 699/2011), tal proposta: "Em que pese o acerto da argumentação aduzida para a pretendida alteração deste dispositivo, entendemos que o Código deve dispor sobre a norma geral, reservando-se à lei especial as particularidades de cada caso. Note-se que a matéria do parágrafo ora proposto é regulada pela Lei n. 7.433/85, que dispõe sobre os requisitos para a lavratura de escrituras públicas".

Observa Matiello que o art. 502 não obsta a que credores, em determinados casos, possam pleitear pagamento das dívidas, que recaem sobre a coisa do comprador, como, p. ex., impostos sobre propriedade de veículos automotores, hipótese em que poderão reclamar o reembolso do vendedor, responsável pelo débito.

4ª) Direito aos cômodos antes da tradição, pois reza o Código Civil, art. 237, que: "Até a tradição pertence ao devedor a coisa, com os seus melhoramentos e acrescidos, pelos quais poderá exigir aumento no preço; se o credor não anuir, poderá o devedor resolver a obrigação". Os cômodos nada mais são do que os proveitos ou melhoramentos do bem, compreendendo os frutos naturais por ele produzidos e as acessões oriundas de fato do devedor. Os frutos percebidos também serão do devedor, mas os pendentes pertencerão ao credor (CC, art. 237, parágrafo único). Logo, o comprador apenas terá direito aos frutos pendentes, devendo indenizar benfeitorias, porque a compra e venda não produz direito real, que só surgirá com a tradição ou o registro imobiliário[219].

5ª) Responsabilidade do alienante por defeito oculto nas vendas de coisas conjuntas, pois, se o objeto do contrato for uma universalidade, ou melhor, um conjunto de coisas singulares não determinadas individualmente, como, p. ex., venda de um rebanho, de uma biblioteca, o alienante responderá tão somente pela existência desse complexo, não respondendo individualmente pelos objetos que o compõem. Assim sendo, o defeito oculto de um deles não autoriza a rejeição de todos pelo comprador (CC, art. 503; *RJ*, *167*:93).

6ª) Direito do comprador de recusar coisa vendida mediante amostras, protótipos ou modelos por não ter sido entregue nas condições prometidas. Pelo Código Civil, art. 484, "Se a venda se realizar à vista de amostras, protótipos ou modelos, entender-se-á que o vendedor assegura ter a coisa as qualidades que a elas correspondem", de modo que, se o vendedor não entregar o objeto em perfeita correspondência com a amostra (reprodução integral da coisa com suas qualidades e caracteres), o adquirente poderá recusá-lo no ato do recebimento, pedindo em juízo a competente vistoria *ad perpetuam rei memoriam*, em que se baseará a ação de rescisão do contrato, com indenização das perdas e danos[220]. Mas prevalecerá a amostra, o protótipo (primeiro exemplar do objeto criado) ou o modelo (desenho, ou qualquer imagem, acompanhado de informações), se houver contradição ou diferença com a maneira pela qual se descreveu a coisa no contrato (CC, art. 484, parágrafo único). Logo, o alienante não poderá alegar fato que tenha

---

219. Serpa Lopes, *Curso*, cit., p. 338.

220. W. Barros Monteiro, op. cit., p. 93 e 94; *RF*, *86*:613, *132*:413; Waldirio Bulgarelli, Venda à vista de amostras, in *Enciclopédia Saraiva do Direito*, v. 76, p. 491-3; Serpa Lopes, *Curso*, cit., p. 343-5; Ramella, op. cit., v. 2, p. 21; Código Civil, arts. 441 e 501. A não correspondência entre a amostra e o objeto vendido acarreta o *aliuvo pro aliud* (uma coisa por outra) e por isso ter-se-á inadimplemento contratual e perdas e danos; *RF*, *86*:613, *132*:413; *RT*, *633*:98.

interferido na qualidade do bem, pois ficará vinculado à descrição que fez, contratualmente, da coisa. O contrato se resolve, gerando responsabilidade civil pelas perdas e danos, por violação ao princípio da boa-fé objetiva, daquele cuja informação sobre a coisa não corresponde à sua descrição em cláusula contratual. Fácil é perceber que a amostra, o protótipo ou o modelo apresentado pelo vendedor é parte integrante do contrato.

7ª) Direito do adquirente de exigir, se o contrato tem por objeto venda de terras, o complemento da área, em caso de falta de correspondência entre a área efetivamente encontrada e as dimensões dadas, e, se isso não for possível, de reclamar a resolução do negócio ou o abatimento proporcional ao preço, desde que a venda seja *ad mensuram* (CC, art. 500). A venda *ad mensuram* vem a ser aquela em que se determina a área do imóvel vendido, estipulando-se o preço por medida de extensão. A especificação precisa da área do imóvel é elemento indispensável, pois ela é que irá determinar o preço total do negócio (*RT*, *702*:91, *614*:63, *503*:81). O preço será fixado tendo por base cada unidade ou a medida de cada alqueire, hectare, metro quadrado ou metro de frente, como, p. ex., quando o alienante diz: "vendo 200 alqueires de terra a R$ 1.800,00 o metro quadrado ou a R$ 180.000,00 o alqueire". Se o comprador constatar que o imóvel não corresponde às dimensões da escritura, pode exigir o complemento da área por meio de ação ordinária, denominada *ex empto* ou *ex vendito*. E, se porventura for impossível complementar a área, poderá optar entre a rescisão contratual (ação redibitória) e o abatimento proporcional do preço (ação *quanti minoris* ou estimatória).

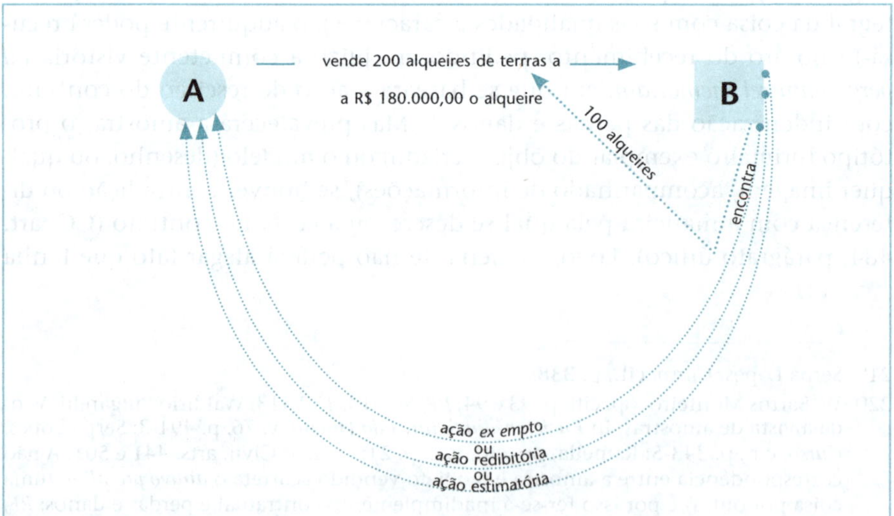

Tais ações são pessoais (*RF, 167*:242, *158*:168, *132*:146, *222*:193; *RT, 185*:708, *182*:689, *481*:94, *489*:99, *520*:165; *EJSTJ, 24*:151). Logo, a ação preferencial é a *ex empto*, que, por ser ação real, requer citação de cônjuge para a validade processual (CPC, art. 73). Somente o imóvel adquirido *ad mensuram* possibilita que o adquirente pleiteie a complementação da área ou reclame a rescisão do contrato ou o abatimento do preço.

Se a venda for *ad corpus*, isto é, se o vendedor alienar o imóvel como corpo certo e determinado, não há que se exigir o implemento da área nem devolução do excesso, pois, se o bem é individuado, o comprador o adquiriu pelo conjunto e não em atenção à área declarada, que assume caráter meramente enunciativo, mesmo que não haja menção expressa de que houve venda *ad corpus* (*RT, 190*:298, *439*:119, *515*:86, *513*:135, *527*:61, *499*:70, *484*:65, *737*:402 e *711*:112; *RJTJSP, 131*:363 e *125*:70). A expressão *mais ou menos*, empregada na escritura pública, ao fazer menção à extensão da área, indica que tal referência foi apenas enunciativa e que a venda é *ad corpus*. "Não haverá complemento de área, nem devolução de excesso, se o imóvel for vendido como coisa certa e discriminada, tendo sido apenas enunciativa a referência às suas dimensões, ainda que não conste, de modo expresso, ter sido a venda *ad corpus*" (art. 500, § 3º). Assim, pouco importará para o negócio jurídico se tem maior ou menor número de hectares, visto que não foi uma área o objeto do contrato, mas uma gleba caracterizada por suas confrontações (*RT, 279*:421, *284*:513, *278*:607, *331*:340, *523*:192, *536*:96; *RF, 115*:528, *202*:196, *184*:177, *240*:195; *AJ, 108*:284), divisas, localização, área, denominação (Lei n. 6.015/73, art. 176, § 1º, 3), como, p. ex., o Rancho Santa Maria, a Fazenda Porto Rico, a Fazenda Palmeiras Imperiais, a Granja Dourados, o Loteamento Pingo d'água, a Chácara Três Lagoas, o Recanto São João. Na venda *ad corpus* o preço é global, sendo pago pelo todo, abrangendo a totalidade do imóvel vendido, de modo que a referência às dimensões não descaracteriza esse tipo de venda, por não ter a função de condicionar o preço[221].

---

221. Justino Adriano F. da Silva, Venda *ad mensuram*, in *Enciclopédia Saraiva do Direito*, v. 76, p. 477 e 478, e Venda *ad corpus*, in *Enciclopédia Saraiva do Direito*, v. 76, p. 472-5; Carvalho Santos, op. cit., v. 16, p. 154; Caio M. S. Pereira, *Instituições*, cit., p. 166 e 167; João Luís Alves, op. cit., v. 1, p. 215; Orlando Gomes, *Contratos*, cit., p. 267 e 268; Pontes de Miranda, op. cit., t. 39, p. 139 e 140; W. Barros Monteiro, op. cit., p. 94-6; Bassil Dower, op. cit., p. 85; Wagner Barreira, Venda *ad corpus*, in *Enciclopédia Saraiva do Direito*, v. 76, p. 475 e 476; Silvio Rodrigues, *Direito*, cit., p. 180-5; Código Civil, arts. 441 e 501; Fernando Whitaker da Cunha, Vendas *ad mensuram* e *ad corpus*, *Ajuris, 29*:191-5, 1983; Eulâmpio Rodrigues Filho, *Compra e venda de imóveis e ação* ex empto, 2000; Nelson Nery Jr. e Rosa M. de A. Nery, *Novo Código Civil*, cit., p. 202; *Ciência Jurídica, 4*:79; *JSTJ, 6*:299; *RT, 702*:91. *Bol. AASP, 2.762*:9: "Procedimento.

Pelo Código Civil, art. 500, § 1º, "presume-se que a referência às dimensões foi simplesmente enunciativa, quando a diferença encontrada não exceder de um vigésimo da área total enunciada, ressalvado ao comprador o direito de provar que, em tais circunstâncias, não teria realizado o negócio". Esse artigo restringe o direito do comprador na venda *ad mensuram*, pois, se se encontrar uma diferença inferior a 1/20, haverá presunção *juris tantum* de que a menção à área foi meramente enunciativa, isto é, empregada apenas para dar uma indicação aproximativa do todo que se vende (*RF*, *100*:38; *RTJ*, *108*:815; *RT*, *202*:130). Exemplificativamente, se o adquirente comprar terreno que teria mil alqueires, segundo a escritura, e vier a descobrir, posteriormente, que contém, na verdade, 900 alqueires, poderá propor ação *ex empto*, visto que a diferença encontrada é superior à tolerância legal. Mas, se com a medição perceber que há 980 alqueires, a diferença será de menos de 1/20; não poderá, então, ingressar em juízo para obter a complementação da área[222]. Só poderá usar da ação *ex empto* se o excesso for igual ou superior a 1/20, ou se provar que venda foi *ad mensuram*, pois a presunção legal é *juris tantum*. Mas, permite a lei que se o adquirente comprovar, pelos meios admitidos em direito, que não teria celebrado o ato negocial se tivesse ciência de que a dimensão da área era menor do que a prevista na escritura, visto que tal fato não atenderia à finalidade do empreendimento que pretende realizar, poderá exigir o complemento da área, e se impossível for, poderá rescindir o contrato ou pleitear redução do preço.

O art. 500 não terá aplicação se a compra foi feita em alienação judicial ou mediante arrematação em leilão (*RT*, *232*:510; *AJ*, *102*:423)[223].

Alteração de rito para possibilitar produção das demais provas, principalmente testemunhais. Desnecessidade. Provas suficientes para o convencimento do juízo, ausentes prejuízos ao postulante. Preliminar rejeitada. Compromisso de venda e compra. Declaratória. Venda de bem imóvel com metragem menor que o prometido. Contrato *ad mensuram*. Ação intentada pelo comprador para exigir a complementação da área. Reconhecimento pelos réus pela venda de lote com metragem menor, tendo proposto, inclusive, o abatimento de preço. Existência de área remanescente. Possibilidade de complementação da área. Sentença reformada. Recurso provido" (TJSP, 7ª Câm. de Dir. Priv., Ap. 994.08.043233-1 – Sorocaba-SP, rel. Des. Élcio Trujillo, j. 9-6-2010, v.u.).

222. W. Barros Monteiro, op. cit., p. 96; Pontes de Miranda, op. cit., v. 39, p. 156 e 157; Matiello, *Código*, cit., p. 331; *RF*, *168*:241.

223. W. Barros Monteiro, op. cit., p. 96; Caio M. S. Pereira, *Instituições*, cit., p. 167. Já se decidiu que: "A referência à área do imóvel nos contratos de compra e venda de imóvel adquiridos na planta regidos pelo CDC não pode ser considerada simplesmente enunciativa, ainda que a diferença encontrada entre a área mencionada no contrato e a área real não exceda um vigésimo (5%) da extensão total anunciada, devendo a

Se, em vez de diferença, houvesse excesso de área, o adquirente, antes do Código Civil de 2002, não teria o dever de repor o preço correspondente, a não ser que houvesse convenção nesse sentido, pois o vendedor devia conhecer o que é seu e o que está alienando, e, se vendeu imóvel por certo preço, ainda que sua área fosse maior do que declarou, dever-se-ia entender que alienou corpo certo e não uma extensão superficial determinada (*RF*, *125*:310, *89*:483; *RT*, *117*:215, *130*:110, *202*:130, *275*:377). Logo, não deveria ser obrigado a repor o preço[224]. Todavia, modernamente tem havido autores, como Agostinho Alvim e Rubino, que sustentam a possibilidade de complementação do preço, se a área encontrada é maior do que a indicada no título. Esse mesmo teor de ideias apresenta o Código Civil, que, em seu art. 500, § 2º, preceitua: "Se em vez de falta houver excesso, e o vendedor provar que tinha motivos para ignorar a medida exata da área vendida, caberá ao comprador, à sua escolha, completar o valor correspondente ao preço ou devolver o excesso". Se, p. ex., o vendedor comprovar que por ocasião da sua aquisição da área não a mediu, confiando na dimensão consignada na escritura, poderá o comprador pleitear a diferença do preço ou a restituição da área excedente. Protege-se assim o direito do alienante, evitando-se o enriquecimento indevido do comprador, desde que de-

---

venda, nessa hipótese, ser caracterizada sempre como por medida, de modo a possibilitar ao consumidor o complemento da área, o abatimento proporcional do preço ou a rescisão do contrato. A disparidade entre a descrição do imóvel objeto de contrato de compra e venda e o que fisicamente existe sob titularidade do vendedor provoca instabilidade na relação contratual. O Estado deve, na coordenação da ordem econômica, exercer a repressão do abuso do poder econômico, com o objetivo de compatibilizar os objetivos das empresas com a necessidade coletiva. Basta, assim, a ameaça do desequilíbrio para ensejar a correção das cláusulas contrato, devendo sempre vigorar a interpretação mais favorável ao consumidor, que não participou da elaboração do contrato, consideradas a imperatividade e a indisponibilidade das normas do CDC. O juiz da equidade deve buscar a Justiça comutativa, analisando a qualidade do consentimento. Quando evidenciada a desvantagem do consumidor, ocasionada pelo desequilíbrio contratual gerado pelo abuso do poder econômico, restando, assim, ferido o princípio da equidade contratual, deve ele receber uma proteção compensatória. Uma disposição legal não pode ser utilizada para eximir de responsabilidade o contratante que age com notória má-fé em detrimento da coletividade, pois a ninguém é permitido valer-se da lei ou de exceção prevista em lei para obtenção de benefício próprio quando este vier em prejuízo de outrem. Somente a preponderância da boa-fé objetiva é capaz de materializar o equilíbrio ou justiça contratual" (STF, REsp 436.853/DF, rel. Min. Nancy Andrighi, Terceira Turma, j. 4-5-2006, *DJ*, 27-11-2006, p. 273).

224. Sebastião de Souza, op. cit., n. 67; W. Barros Monteiro, op. cit., p. 96; Caio M. S. Pereira, *Instituições*, cit., p. 167 e 168; Rubino, op. cit., n. 37; Agostinho Alvim, *Da compra e venda e da troca*, Forense, 1961, n. 112. A declaração de quantidade é garantia para o comprador e não para o vendedor.

monstre sua boa-fé objetiva, provando que só teve ciência da diferença da área depois da conclusão do negócio.

Por essas razões, o magistrado, para determinar se a venda se realizou *ad mensuram* ou *ad corpus*, deverá sempre, e em primeiro lugar, verificar o título, as circunstâncias que precederam o negócio (*RF*, *167*:242) e a intenção dos contraentes. A venda, segundo alguns autores, ante o art. 30 da Lei n. 8.078/90, é *ad mensuram*, pois exigem-se no contrato informações precisas; com isso superada está, atualmente, a clássica distinção entre venda *ad corpus* e *ad mensuram*, sendo a relação de consumo.

Urge lembrar que, pelo art. 501 e parágrafo único do Código Civil, o direito de exigir complemento de área, ou devolução do excesso, reclamar resolução do contrato ou abatimento proporcional ao preço deve ser exercido dentro do prazo decadencial de um ano, contado do registro do título, e, se houver atraso, por culpa do alienante, na imissão da posse do adquirente no imóvel, a partir dela computar-se-á aquele prazo. Para proteger o comprador, se o vendedor, culposamente, não entregar a posse do imóvel, na data avençada, o prazo decadencial computar-se-á a partir do instante em que se der a imissão de posse, por ser a ocasião em que se tornará possível ao adquirente averiguar a dimensão da área. Antes da imissão da posse, inviável será tal aferição e, consequentemente, o ajuizamento das ações cabíveis. Se tal atraso se der, como lembra Matiello, por culpa do próprio comprador, por força maior ou caso fortuito, nenhuma alteração haverá no marco inicial do decurso do prazo decadencial, que é o do registro do título. Bem assinalou a respeito Miguel Reale, em sua Exposição de Motivos do Anteprojeto: "Prescrição e decadência não se extremam segundo rigorosos critérios lógico-formais, dependendo sua distinção, não raro, de motivos de conveniência e utilidade social, reconhecidos pela política legislativa. Para pôr fim a uma situação deveras desconcertante, optou a Comissão por uma fórmula que espanca quaisquer dúvidas. Prazos de prescrição, no sistema do Projeto, passam a ser, apenas e exclusivamente, os taxativamente discriminados na Parte Geral... A propósito, o presente artigo, ao estabelecer o prazo decadencial de um ano, rompe o sistema antigo do Código Civil de 1916, que tratava da matéria em sede do art. 177 (prazo prescricional das ações pessoais em vinte anos)". Porém, observam Nelson Nery Jr. e Rosa Maria de Andrade Nery, ao comentar, em seu *Novo Código Civil*, o art. 501, que, na ação *ex empto* e na *quanti minoris*, por terem a qualidade de obter uma sentença condenatória por inadimplemento contratual, o prazo de um ano, previsto pela referida norma, é de prescrição, seguindo o regime jurídico dos arts. 189 a 206 do Código Civil. Para esses autores, apenas o prazo de um ano para pleitear a resolução do contrato, por meio da ação redibitória, em razão de a pretensão ter natureza constitutiva, seria decadencial, observando-se os arts. 207 a 211 do Código Civil.

8ª) Exoneração do adquirente de imóvel, que exibir certidão negativa de débito fiscal a que possa estar sujeito o bem adquirido, de qualquer responsabilidade por dívida anterior do imóvel por impostos, cabendo ao fisco exigi-las do transmitente (*RF*, *113*:425; *RTJ*, *94*:754; *RT*, *159*:122, *193*:938, *201*:441, *223*:528, *299*:690, *300*:708)[225].

9ª) Rendimento tributável de lucro imobiliário decorrente de alienação de imóvel. Ensina Andrei Pitten Velloso que "o Imposto de Renda é devido, em regra, sobre os ganhos de capital na alienação de imóveis por pessoas físicas, incidindo à alíquota de 15% (tributação definitiva). Considera-se ganho de capital a diferença positiva entre o valor de alienação e o custo de aquisição (art. 138 do Regulamento do Imposto de Renda – Decreto n. 3.000/99). Em se tratando de imóveis adquiridos após 31 de dezembro de 1995, o custo de aquisição não pode ser atualizado monetariamente para se determinar o montante do ganho de capital (art. 131 do RIR/99). Há, contudo, fatores de redução, estabelecidos pelo art. 40 da Lei n. 11.196/2005, que se destinam a neutralizar os efeitos da inflação, mas na prática apenas os atenuam, porquanto não correspondem à inflação real.

Além dos fatores de redução, há isenções específicas. São três as regras desonerativas.

A primeira é a isenção geral consagrada para as alienações de bens e direitos de pequeno valor, considerados como tais aqueles de até R$ 35.000,00 (art. 22, II, da Lei n. 9.250/95, na redação dada pela Lei n. 11.196/2005). Trata-se, contudo, de isenção de restrita aplicabilidade na seara dos imóveis, pois em regra os seus valores extrapolam tal limite.

Para os imóveis de até R$ 440.000,00, aplica-se a isenção prevista no art. 23 da Lei n. 9.250/95, desde que preenchidas estas condições: i) deve ser o único imóvel do titular; ii) não pode ter havido outra alienação nos últimos anos, com gozo do benefício.

Se o valor superar tal patamar ou o titular possuir outro imóvel, ainda pode ser invocada outra isenção, consagrada pelo art. 39 da Lei n. 11.196/2005

225. Silvio Rodrigues, *Direito*, cit., p. 185; W. Barros Monteiro, op. cit., p. 96 e 97; TRF4, Súmula 68. A Lei n. 7.989/89 dispõe sobre o critério de reajustamento do valor das obrigações relativas aos contratos de alienação de bens imóveis não abrangidos pelas normas do Sistema Financeiro de Habitação, a que se refere a Lei n. 7.774/89.

(alcunhada de 'Lei do Bem'). Esta se aplica apenas aos imóveis residenciais, também só pode ser gozada uma vez a cada cinco anos – e, além disso, está sujeita a uma restrição polêmica: a isenção dos ganhos de capital oriundos da alienação de imóveis de valor elevado *somente se aplica se o produto da venda do imóvel antigo for utilizado para a aquisição de outro imóvel, em até 180 dias, contados da data da celebração do contrato de venda do imóvel antigo.*

Dessa forma, se for vendido um imóvel de R$ 500.000,00 e a integralidade dos recursos obtidos com a venda for utilizada para comprar outro imóvel residencial, em até 180 dias da assinatura do primeiro contrato, nada será devido a título de Imposto de Renda. Se os recursos forem aplicados apenas em parte na compra, o imposto será devido sobre o ganho de capital correspondente à parcela não aplicada (art. 39, § 2º). Se for adquirido mais de um imóvel com os recursos da venda, a isenção aplicar-se-á apenas à parcela destinada à aquisição de imóveis residenciais (art. 39, § 3º).

O problema é que muitas vezes a compra precede a venda e, em tal situação, a isenção não se aplicaria, segundo a interpretação acolhida pela Receita Federal, consignada na Instrução Normativa SRF n. 599/2005. (...)

É natural que a aquisição do novo imóvel residencial preceda a alienação do antigo, pela singela razão de que, se este fosse vendido e entregue antes da compra, o proprietário e a sua família ficariam desalojados, tendo que se mudar para uma morada temporária, como um imóvel alugado. Por isso, frequentemente somente se perfectibiliza a venda do imóvel residencial após a aquisição de um novo lar, sendo o novo imóvel adquirido com o auxílio de financiamento imobiliário, que será quitado, no todo ou em parte, assim que o antigo for vendido.

A posição esposada pela Receita Federal consubstancia uma interpretação literal e restritiva do art. 39 da Lei n. 11.196/2005, assentada no fato de que o preceito condiciona a isenção à aplicação do produto da venda na aquisição de imóveis 'no prazo de 180 (cento e oitenta) dias contado da celebração do contrato'. Segundo o entendimento fazendário, para gozar da isenção, o contribuinte primeiro teria de vender o seu imóvel para em seguida adquirir o novo imóvel com os recursos obtidos, dentro do prazo de 180 dias. Se antes comprasse um imóvel financiado e após vendesse o seu para quitar o financiamento, teria de pagar o Imposto de Renda sobre o ganho de capital (art. 2º, § 11, I, da IN SRF n. 599/2005). Ademais, se a venda do imóvel antigo fosse efetuada a prazo, a isenção somente se aplicaria aos valores recebidos dentro do prazo de 180 dias da data da celebração do contrato, não à integralidade do valor da venda (art. 2º, § 7º, I). E, por outro lado, se a venda fosse à vista e a aquisição a prazo, a isenção somente abrangeria os valores utilizados nos pagamentos realizados dentro dos 180 dias (art. 2º, § 7º, II).

Essa interpretação se revela equivocada por três razões fundamentais.

Em primeiro lugar, o art. 39 da Lei n. 11.196/2005 *não condiciona* a isenção *à aquisição* de novo imóvel no prazo de 180 dias, mas *à aplicação* do produto da venda na aquisição de imóveis residenciais, dentro de tal prazo. Nesse lapso temporal, o que deve ocorrer, para a incidência da regra isentiva, é a aplicação do produto da venda, não necessariamente a aquisição do imóvel. E a quitação de financiamento imobiliário com recursos oriundos da alienação do imóvel antigo caracteriza, sem dúvida alguma, a aplicação do produto da venda na aquisição de imóvel.

Em segundo lugar, *a finalidade do preceito*, oriundo da conversão em lei da alcunhada 'MP do Bem', *é dinamizar o mercado imobiliário*, tutelando as pessoas que almejam mudar de residência, mediante o afastamento do relevante óbice econômico consistente no Imposto de Renda sobre o 'ganho de capital' verificado na alienação do imóvel antigo, que, como se sabe, pode decorrer da valorização geral dos imóveis (prejudicial para todos os que pretendem se mudar para residências mais caras) e até mesmo de ganho meramente inflacionário, ou seja, resultante da inflação verificada após a compra do imóvel antigo. Esse objetivo foi consignado de forma expressa na Exposição de Motivos da 'MP do Bem': as propostas de desoneração da venda de imóveis *'têm o objetivo de reduzir os custos tributários, de modo a dinamizar o mercado imobiliário, e estimular o financiamento de imóveis e a construção de novas unidades'*.

Em terceiro lugar, *a exegese fazendária mutila a força normativa da regra isentiva*, por inviabilizar a sua aplicação nas situações mais corriqueiras, em que a venda do imóvel residencial tem por objetivo quitar, total ou parcialmente, o débito remanescente da prévia aquisição a prazo do novo imóvel.

Manifesta, portanto, a ilegalidade da Instrução Normativa SRF n. 599/2005, por se contrapor à letra, à finalidade e à força normativa do art. 39 da Lei n. 11.196/2005.

Para gozar da isenção ampla do Imposto de Renda na venda de imóveis residenciais, basta que o contribuinte utilize, dentro de 180 dias da venda do imóvel antigo, o valor com ela obtido para quitar, total ou parcialmente, o preço da compra do novo imóvel, sem ter usufruído tal benefício nos últimos cinco anos, consoante decidiu o Tribunal Regional Federal da 4ª Região, ao reconhecer a aplicabilidade da isenção numa situação em que o contribuinte adquiriu um imóvel com valores provenientes de empréstimo, vendeu o seu imóvel antigo e, tão logo recebeu o valor da venda, utilizou tal quantia para quitar o financiamento imobiliário (2ª Turma, Apelação Cível n. 5004112-95.2012.404.7100/RS, rel. Desa. Federal Luciane Amaral Corrêa Münch, julgado em 17 de dezembro de 2013)"[226].

10ª) Nulidade de pleno direito, nos contratos de compra e venda de móveis ou imóveis mediante pagamento de prestações, sendo a relação de consumo, das cláusulas que estabelecerem a perda total das prestações pagas em benefício do credor, que, em razão de inadimplemento, pleitear a resolução contratual e a retomada do produto alienado (art. 53 da Lei n. 8.078/90).

11ª) Dever do adquirente de imóvel acautelar-se, obtendo certidões dos Cartórios distribuidores judiciais que lhe permitam verificar a existência de processos envolvendo o vendedor, dos quais possam decorrer ônus, ainda que po-

---

226. Esta é a lição de Andrei P. Velloso, Imposto de Renda na alienação de imóveis, jornal *Carta Forense*, fev. 2015, p. B-8. *Vide* Helcias Pelicano, Como serão tributados os lucros imobiliários, *Folha de S. Paulo*, 25 jul. 1982, p. 36. Sobre imposto de transmissão *inter vivos*: CF, art. 156, II, e § 2º, I. Sobre responsabilidade pelos danos causados por fato e pelo vício do produto: Lei n. 8.078/90, arts. 12 a 25. E sobre a responsabilidade do fornecedor dos produtos, consulte nosso *Curso*, cit., v. 7, n. 21, Cap. III; Lei n. 11.101/2005, arts. 117 e § 2º, 119, I a V, e 129, VII.

Vide ainda a Lei n. 13.259, de 16-3-2016, que altera a Lei n. 8.981/95 sobre incidência de IR na hipótese de ganho de capital em decorrência da alienação de bens e direitos de qualquer natureza; Lei n. 13.259, de 16 de março de 2016, altera as Leis n. 8.981, de 20 de janeiro de 1995 para dispor acerca da incidência de imposto sobre a renda na hipótese de ganho de capital em decorrência da alienação de bens e direitos de qualquer natureza. O art. 21 da Lei n. 8.981, de 20 de janeiro de 1995, passa a vigorar com as seguintes alterações: "Art. 21. O ganho de capital percebido por pessoa física em decorrência da alienação de bens e direitos de qualquer natureza sujeita-se à incidência do imposto sobre a renda, com as seguintes alíquotas: I – 15% (quinze por cento) sobre a parcela dos ganhos que não ultrapassar R$ 5.000.000,00 (cinco milhões de reais); II – 17,5% (dezessete inteiros e cinco décimos por cento) sobre a parcela dos ganhos que exceder R$ 5.000.000,00 (cinco milhões de reais) e não ultrapassar R$ 10.000.000,00 (dez milhões de reais); III – 20% (vinte por cento) sobre a parcela dos ganhos que exceder R$ 10.000.000,00 (dez milhões de reais) e não ultrapassar R$ 30.000.000,00 (trinta milhões de reais); e IV – 22,5% (vinte e dois inteiros e cinco décimos por cento) sobre a parcela dos ganhos que ultrapassar R$ 30.000.000,00 (trinta milhões de reais). § 3º Na hipótese de alienação em partes do mesmo bem ou direito, a partir da segunda operação, desde que realizada até o final do ano-calendário seguinte ao da primeira operação, o ganho de capital deve ser somado aos ganhos auferidos nas operações anteriores, para fins da apuração do imposto na forma do *caput*, deduzindo-se o montante do imposto pago nas operações anteriores. § 4º Para fins do disposto neste artigo, considera-se integrante do mesmo bem ou direito o conjunto de ações ou quotas de uma mesma pessoa jurídica. § 5º (VETADO)". O ganho de capital percebido por pessoa jurídica em decorrência da alienação de bens e direitos do ativo não circulante sujeita-se à incidência do imposto sobre a renda, com a aplicação das alíquotas previstas no *caput* do art. 21 da Lei n. 8.981, de 20 de janeiro de 1995, e do disposto nos §§ 1º, 3º e 4º do referido artigo, exceto para as pessoas jurídicas tributadas com base no lucro real, presumido ou arbitrado. (art. 2º da Lei n. 13.259/2016).

tenciais, sobre o imóvel negociado. Tal exigência é requisito de demonstração de boa-fé do comprador (STJ, Processo n. 27.358, rel. Min. Nancy Andrighi, publ. em 25-10-2010).

b.4. Cláusulas especiais à compra e venda

b.4.1. Generalidades

O contrato de compra e venda, desde que as partes o consintam, vem, muitas vezes, acompanhado de cláusulas especiais que, embora não lhe retirem seus caracteres essenciais, alteram sua fisionomia, exigindo a observância de normas particulares, visto que esses pactos subordinam os efeitos do contrato a evento futuro e incerto, tornando condicional o negócio[227].

227. Orlando Gomes, *Contratos*, cit., p. 306; Bassil Dower, op. cit., p. 91; Caio M. S. Pereira, *Instituições*, cit., p. 180. O Código Civil vigente não mais prevê o pacto de melhor comprador, mas nada impede, ante o princípio da autonomia da vontade, que os contratantes o estipulem. O pacto de melhor comprador é a estipulação em que se dispõe que a venda de imóvel ficará desfeita se se apresentar, dentro de certo prazo não superior a um ano, outro comprador oferecendo preço mais vantajoso (CC de 1916, arts. 1.158 e 1.160). A lei limitava esse prazo ao máximo de um ano, dentro do qual o vendedor poderia valer-se do avençado (CC de 1916, art. 1.158, parágrafo único). Esse prazo era improrrogável, não podendo ser interrompido nem suspenso. O pacto de melhor comprador era resolutivo, e estava sujeito ao prazo decadencial fixado em um ano. Por ser uma condição resolutiva do negócio, o direito do vendedor só surgiria a partir do instante em que encontrasse quem lhe fizesse melhor oferta que a do comprador (como melhor preço, maiores garantias, pagamento à vista etc.), rescindindo-se o negócio simplesmente porque alguém ofereceu maiores vantagens. A compra, portanto, teria eficácia desde a formação do contrato, resolvendo-se apenas se aparecesse pessoa disposta a oferecer maior preço; assim, se não aparecesse ninguém nessas condições, o negócio reputar-se-ia perfeito e definitivo. Além do mais, apesar de surgir pessoa que apresentasse melhor oferta, o comprador poderia ilidir a resolução, oferecendo igual vantagem (CC de 1916, art. 1.161), tendo preferência para conservar a coisa. Essa cláusula vigoraria apenas entre os contratantes: assim, por ser direito pessoal, seria incessível por ato *inter vivos*, e intransmissível *causa mortis* (CC de 1916, art. 1.158, parágrafo único, *in fine*). Independentemente de qualquer ato novo ou de nova manifestação de vontade, a venda reputar-se-ia definitiva e irretratável se o alienante não aceitasse, dentro do prazo convencionado, proposta mais vantajosa de terceiro (CC de 1916, art. 1.162), desaparecendo, assim, a cláusula resolutória.

Consulte: Serpa Lopes, *Curso*, cit., p. 360; Carvalho Santos, op. cit., v. 16, p. 250 e s.; Silvio Rodrigues, *Direito*, cit., p. 208 e 209; Bassil Dower, op. cit., p. 99 e 100; Molitor, *Obligations*, v. 1, n. 501 a 508; W. Barros Monteiro, op. cit., p. 106 e 107; Orlando Gomes, *Contratos*, cit., p. 314 e 315; Caio M. S. Pereira, *Instituições*, cit., p. 191-3; Bernado B. Q. de Moraes, Função econômico-social da *in diem addictio* e do pacto de melhor comprador, *Revista Juris da FAAP*, *2*:60-74.

O pacto comissório, não mais previsto no atual Código Civil, vem a ser a cláusula inserida no contrato pela qual os contraentes anuem que a venda se desfaça, caso o comprador deixe de cumprir suas obrigações no prazo estipulado. A venda está, portanto,

Cogitaremos, aqui, tão somente dos pactos adjetos à compra e venda de maior penetração, previstos no Código Civil, tais como: *a*) a retrovenda ou cláusula *de retrovendendo*; *b*) a venda a contento ou *pactum displicentiae* e a sujeita a prova; *c*) a preempção ou preferência ou *pactum protimiseos*; *d*) a reserva de domínio ou *pacto reservati dominii*; e *e*) a venda sobre documentos.

b.4.2. Retrovenda

A retrovenda ou *pactum de retrovendendo* é a cláusula adjeta à compra e venda (*RT*, *728*:257, *614*:179, *590*:231, *528*:231, *524*:100, *452*:62), pela qual o vendedor se reserva o direito de reaver, no prazo máximo de três anos, o imóvel alienado, restituindo ao comprador o preço ou o valor recebido, mais as despesas por ele realizadas mesmo durante o período de resgate, desde que autorizadas por escrito, inclusive as empregadas em benfeitorias necessárias do imóvel (CC, art. 505). P. ex.: A, não querendo perder sua propriedade, ante o fato de se encontrar em dificuldade financeira transitória, vende seu imóvel a B sob a condição de recobrá-lo no prazo pactuado ou legal, mediante restituição do preço e de todos os dispêndios feitos pelo comprador.

O pacto de retrovenda, apenas admissível nas vendas de imóveis (*RT*, *500*:108, *225*:228; *RF*, *67*:299), torna a propriedade resolúvel, já que tem o condão de reconduzir as partes contratantes ao *statu quo ante*, pois o imóvel vendido retornará ao patrimônio do alienante, que restituirá ao adquirente não só o preço recebido, atualizado monetariamente apenas se houver previsão contratual nesse sentido, mas também todas as despesas efetuadas com escritura, sisa, impostos e taxas incidentes sobre o bem alienado,

---

sob condição resolutiva, só se aperfeiçoando se, no prazo estipulado, o comprador pagar o preço ou se, no prazo de dez dias seguintes ao vencimento do prazo de pagamento, o vendedor demandar o preço (*AJ*, *107*:388); assim, se ele preferir exigir o preço, não poderá exercer ação resolutória. Com efeito, estabelecia o Código Civil de 1916, no art. 1.163, parágrafo único, que, não efetuado o pagamento no dia avençado, o vendedor terá a opção de pedir o preço ou desfazer a venda, acrescentando que, se, em dez dias após o vencimento do prazo, o alienante, em tal caso, não reclamar o preço, ficará desfeito o negócio de pleno direito (*RF*, *139*:28). Percebe-se que não será necessário um pronunciamento judicial resolutório do contrato, porque este deixará de produzir seus efeitos automaticamente, o que não afasta, porém, a possibilidade de intervenção judicial, podendo o magistrado tão somente declarar, formalmente, tal resolução contratual. Desfeita a venda, a coisa voltará a integrar o patrimônio do vendedor (*AJ*, *76*:515), que reporá ao comprador as quantias que dele recebeu.

Nada obsta que esse direito do vendedor seja exercido pelos seus sucessores e contra os sucessores do comprador, que os contratantes, apesar da omissão legal, estipulem, no contrato, tal pacto.

Vide sobre o assunto: *RT*, *217*:139, *431*:66, *514*:119, *483*:158, *559*:176, *608*:177.

emolumentos do registro, reembolsando-o, ainda, dos dispêndios realizados com benfeitorias necessárias do imóvel, até ao valor acrescentado à propriedade por esses melhoramentos. Porém, não haverá devolução de aluguéis que, porventura, o adquirente percebeu pela utilização do imóvel. A aquisição do imóvel é, portanto, condicional, caracterizando-se a retrovenda como condição resolutiva aposta ao contrato. O adquirente terá propriedade resolúvel, que se extinguirá no instante em que o alienante exercer o seu direito de reaver o bem, mediante declaração unilateral de vontade, não sujeita a nenhuma forma especial.

Pelo art. 506 e parágrafo único: "Se o comprador se recusar a receber as quantias a que faz jus, o vendedor, para exercer o direito de resgate, as depositará judicialmente. Verificada a insuficiência do depósito judicial, não será o vendedor restituído no domínio da coisa, até e enquanto não for integralmente pago o comprador". Assim, se o adquirente se recusar a devolver o prédio, negando-se a receber, dentro do prazo para o resgate do imóvel, que lhe foi alienado, o *quantum* a que tem direito (CC, art. 505), o alienante, para exercer seu direito, estipulado no contrato de readquirir o imóvel por ele vendido, deverá depositá-lo em juízo. E se, porventura, o vendedor vier a consignar em juízo quantia inferior à devida, apenas lhe será restituída a propriedade do bem quando, dentro do *prazo razoável* determinado pelo juiz, pagar integralmente o comprador, complementando o numerário que lhe é devido. O Projeto de Lei n. 699/2011, pretendendo alterar a redação do parágrafo único do art. 506 do Código Civil, dispõe: "Verificada a insuficiência do depósito judicial, a não integralização do valor, no prazo de dez dias, acarreta a improcedência do pedido, importando ao vendedor a perda do seu direito de resgate". Com isso, se aprovado for tal projeto, impor-se-á um limite temporal de dez dias para a complementação do depósito, quando sua insuficiência for arguida, em virtude de ter havido depósito de quantia inferior à devida. Assim sendo, se o resgatante não efetuar tempestivamente aquela complementação, perderá o direito de exercer o resgate e o de reaver o bem. Todavia, o Parecer Vicente Arruda votou, referindo-se ao Projeto de Lei n. 6.960/2002 (atual PL n. 699/2011), pela rejeição, alegando que: "A modificação proposta tem cunho eminentemente processual. De fato, a redação do parágrafo único não é precisa quando diz que o vendedor não será restituído no domínio 'até e enquanto não for pago integralmente o comprador'. Porém a intenção desse dispositivo é a de garantir os direitos do comprador, que, em caso de retrovenda, não perderá o direito sobre o imóvel adquirido, senão mediante o pagamento integral do preço. Como a consignação em pagamento já está regulada em sede própria, qual seja, o Código de Processo Civil 2015 (arts. 539 a 549)".

Portanto, repetimos, se o comprador se recusar, sem justa causa, a receber o valor da restituição do preço e a devolver o prédio, o vendedor poderá promover uma notificação para ressalva de direitos, consignando em juízo as importâncias exigidas pelo Código Civil, art. 505, podendo até usar ação reivindicatória para obter de volta o imóvel (CC, art. 1.359). O resgate resolve a venda, operando a reaquisição do domínio pelo vendedor.

Pelo Código Civil, art. 505, o vendedor só poderá resgatar o imóvel alienado dentro do prazo decadencial máximo e improrrogável de três anos, ininterruptos e insuscetíveis de suspensão, contado do dia em que se concluiu o contrato, sob pena de se reputar como não escrito tal pacto que ajustar período maior, tendo-se em vista a segurança das relações jurídicas, que seria afetada se se pudesse convencionar retrovenda por prazo prolongado ou indeterminado. Nada obsta que os contraentes reduzam esse prazo, visto que só lhes será vedado aumentá-lo. E, além do mais, será preciso não olvidar que, apesar da omissão do Código Civil, esse prazo decadencial do retrato prevalecerá ainda contra relativamente incapaz (*RT*, *542*:100; *RJTJSP*, *137*:253), mas não contra absolutamente incapaz (CC, arts. 3º e 198, I). O Código Civil, art. 508, dispõe que, se a duas ou mais pessoas couber direito de retrato sobre o mesmo imóvel, e só uma o exercer, poderá o comprador fazer intimar as outras, para nele acordarem, prevalecendo o pacto em favor de quem haja efetuado o depósito, contanto que seja integral. Mesmo que os vendedores originais sejam condôminos de imóvel indivisível, com o exercício do direito de retrato por um deles, com o consenso dos demais, fará com que a propriedade do imóvel resgatado pertença, por inteiro, ao que efetuou o depósito integral do montante devido ao comprador (proprietário resolúvel). Se houver resgate conjunto pelos titulares das frações ideais, cada um só poderá readquirir a sua quota alienada. Se o imóvel for divisível, livre será a venda das quotas de cada condômino, e se feita com cláusula de retrato, cada vendedor poderá resgatar o que veio a transferir resoluvelmente.

O direito de resgate é intransmissível, não sendo suscetível de cessão por ato *inter vivos*, por ser personalíssimo do vendedor, mas passa a seus herdeiros ou legatários. Logo, o exercício da retrovenda é cessível e transmissível por ato *causa mortis*. O Código Civil, art. 507, prescreve que: "O direito de retrato, que é cessível e transmissível a herdeiros e legatários, poderá ser exercido contra o terceiro adquirente". Quem adquirir o bem tem conhecimento, durante a fluência do prazo decadencial de resgate, de que se trata de venda sob condição resolutiva. Logo, se se vier a vender o imóvel, na pendência daquele prazo, o novo adquirente recebê-lo-á com o ônus, pois só terá propriedade plena se não houver exercício do direito de resgate. Esse exercício poderá dar-se, portanto, até mesmo contra terceiro, por quem estiver autorizado legalmente a tanto. O vendedor, na retrovenda, conserva sua ação contra terceiro adquirente da coisa retrovendida, mesmo que ele, eventualmente, não conheça a cláusula de retrato (CC, art. 507), pois o comprador tem a propriedade resolúvel do imóvel (CC, art. 1.359). Se o vendedor fizer uso de seu direito de retrato, resolver-se-á a posterior alienação do imóvel feita pelo adquirente a terceiro, mesmo que o pacto de retrovenda não tenha sido averbado no registro imobiliário[228].

Vencido o prazo decadencial de três anos (*RT*, *143*:205, *528*:231), sem que o vendedor exerça seu direito ao retrato, a venda tornar-se-á irretratável.

Se a coisa vier a perecer em virtude de caso fortuito ou força maior, extingue-se o direito de resgate, uma vez que houve perda do bem para o comprador, sem que ele esteja obrigado a pagar o seu valor, e do direito para o vendedor. Se o imóvel se deteriorar, o vendedor não terá direito à redução proporcional do preço, que deverá restituir ao comprador.

O comprador, enquanto detiver a propriedade sob condição resolutiva, terá direitos aos frutos e rendimentos do imóvel, não respondendo pelas deteriorações surgidas dentro do prazo reservado para o resgate, salvo se agir dolosamente. Se a cláusula de retrovenda for nula, tal nulidade não afetará a validade da obrigação principal (CC, art. 184, *in fine*; *RF*, *67*:299).

b.4.3. Venda a contento e venda sujeita a prova

A *venda a contento* (*pactum ad gustum* ou *displicentiae*) é, segundo Clóvis Beviláqua, a cláusula que subordina o contrato à condição de ficar des-

---

228. José Carlos Moreira Alves (*A retrovenda*, Rio de Janeiro, Borsoi, 1967, p. 9, 161, 212 a 214) entende que o direito de retrovenda é potestativo; seu registro não gera direito real, mas eficácia *erga omnes*. W. Barros Monteiro, op. cit., p. 99-101; Orlando Gomes, *Contratos*, cit., p. 307-9; Clóvis Beviláqua, *Código Civil*, cit., v. 4, p. 313; Bassil Dower, op. cit., p. 91-4; Pothier, *Oeuvres*, cit., v. 3, n. 387 e 388; Caio M. S. Pereira, *Instituições*, cit., p. 180-4; Sebastião de Souza, op. cit., n. 148 a 150; De Page, op. cit., n. 312; Gorla, op. cit., n. 227; Silvio Rodrigues, *Direito*, cit., p. 198-201; Espínola, *Dos contratos*, cit., n. 78; Serpa Lopes, *Curso*, cit., p. 346-9; Planiol, *Traité élémentaire de droit civil*, 12. ed., t. 2, n. 1.579, p. 492; Aubry et Rau, *Cours de droit civil français*, 1907, v. 5, § 357, p. 165, nota 3; Paulo Carneiro Maia, *Da retrovenda*, 1956; Carvalho de Mendonça, *Contratos no direito civil brasileiro*, 1911, t. 1, n. 151, p. 356; BGB, art. 497; CC francês, art. 1.169; CC italiano, art. 1.500. Paulo Luiz Netto Lôbo (*Comentários ao Código Civil* – coord. Antônio Junqueira – São Paulo, Saraiva, 2003, v. 6, p. 83) admite a cessão por ato *inter vivos* do direito de resgate.

feito se o comprador não se agradar da coisa[229]. A venda a contento é, portanto, a que se realiza sob a condição suspensiva simplesmente potestativa de só se tornar perfeita e obrigatória se o comprador declarar que a coisa adquirida lhe satisfaz. Consequentemente, o arbítrio do comprador fica restrito à circunstância do agrado e não à do mero capricho. Enquanto não se realizar a condição, o contrato existe, porém seus efeitos ficarão paralisados, até que o comprador aceite o bem alienado.

A compra e venda, qualquer que seja o seu objeto, comporta essa cláusula, inserida, geralmente, no contrato de compra de gêneros (CC, art. 510) que se costumam provar (p. ex., bebidas), medir, pesar ou experimentar (roupas, p. ex.) antes de aceitos (Dec.-Lei n. 240/67 e Dec. n. 63.233/68, ora revogado pelo Dec. n. 81.621/78).

Se a venda se sujeitar à prova, o comprador recebe a coisa e deverá prová-la, averiguando se apresenta as qualidades indicadas na oferta pelo vendedor e se pode ser utilizada para atender à sua destinação. "Também a venda sujeita a prova presume-se feita sob a condição suspensiva de que a coisa tenha as qualidades asseguradas pelo vendedor e seja idônea para o fim a que se destina" (CC, art. 510). Trata-se, indubitavelmente, de uma *venda sob experimentação ou ensaio*, que se realiza sob condição suspensiva. Tal presunção é *juris et de jure*, não admitindo prova em contrário, pois visa tutelar interesse do adquirente. Se, porventura, o comprador não quiser tornar o negócio definitivo, tendo a coisa a qualidade enunciada e a idoneidade para atingir sua finalidade, viabilizará a execução judicial do contrato e responderá pelas perdas e danos.

Pelo Código Civil, art. 509, a venda a contento reputar-se-á feita sob condição suspensiva, ainda que a coisa tenha sido entregue ao comprador, não se aperfeiçoando o negócio enquanto ele não se declarar satisfeito. A tradição tão somente gera a transferência da posse direta e não a do domínio. Não se permite que as partes lhe atribuam o caráter resolutivo, hipótese em que o contrato seria considerado desde logo concluído, com os efeitos de um negócio perfeito, suscetível de resolver-se se o comprador proclamar seu desagrado em relação à coisa. O comprador seria, portanto, proprietário, embora titular de propriedade resolúvel.

Em razão da natureza suspensiva do pacto, o adquirente assumirá obrigações equivalentes às de mero comodatário (possuidor direto e precário), en-

229. Clóvis Beviláqua, *Código Civil*, cit., v. 4, p. 257; Jones Figueirêdo Alves, *Novo Código Civil comentado* (coord. Fiuza), São Paulo, Saraiva, 2002, p. 452; *RT*, *445*:180.

quanto não manifestar a intenção de aceitar o objeto comprado (CC, art. 511), com o dever de conservá-lo e restituí-lo, portando-se como se a coisa lhe tivesse sido emprestada, respondendo por perdas e danos, quer por negligência, quer por mora, sem ter qualquer direito de recobrar as despesas de conservação, exceto aquelas que revestirem caráter extraordinário, e, se o bem perecer por força maior ou caso fortuito, não responderá pelo preço.

O vendedor não poderá discutir a manifestação de desagrado, nem recorrer a exame pericial ou a decisão dos tribunais que comprove as boas qualidades da coisa alienada, uma vez que a venda a contento é uma estipulação em favor do comprador, subordinando-se à sua opinião pessoal e gosto, não estando, portanto, em jogo a utilidade objetiva da coisa.

Ante o fato da cláusula *ad gustum* traduzir incerteza, esse estado de coisas não poderá perdurar indefinidamente; daí ser conveniente a sua cessação e conversão do contrato em definitivo, pela declaração de vontade do comprador. Se o comprador não fizer declaração alguma dentro do prazo, reputar-se-á perfeita a venda, por ser suspensiva a condição, pois o pagamento do preço indicaria aceitação da coisa vendida. O direito do comprador deverá ser exercido dentro de certo prazo, que normalmente será estipulado pelas partes.

Como, em nosso direito, inexiste determinação legal de prazo para a aceitação, o art. 512 do Código Civil estabelece que, não havendo prazo estipulado para a declaração do comprador, o vendedor terá direito de intimá-lo extrajudicial ou judicialmente, para que o faça em prazo improrrogável. Impõe-se a improrrogabilidade do prazo para a constituição em mora, mas nada obsta a que o alienante acate a prorrogação. O prazo razoável para que o comprador manifeste sua declaração aceitando ou não o negócio pretendido deverá ser, p. ex., de trinta dias, se o bem não for perecível. Portanto, enquanto não decorrer o prazo para a declaração de aceitação, em face dos resultados da prova ou da verificação, não se poderá rescindir o contrato, competindo ao alienante, na falta de prazo, intimar o comprador para que o aceite dentro daquele prazo improrrogável (*RT*, *445*:180). E, se o adquirente se recusar a fazer a experimentação dentro do prazo contratual ou judicial, reputar-se-á aceita a coisa apenas se naquela intimação constar claúsula no sentido de que o silêncio deverá ser interpretado como aceitação presumida. Não havendo tal cláusula, o silêncio do comprador, ensina Matiello, indicará recusa à efetivação do negócio, gerando-lhe o dever de devolver o bem.

O direito resultante da venda a contento deve ser tido como personalíssimo; logo, não poderá ser cedido por ato *inter vivos* ou *causa mortis*, terminando com o falecimento do adquirente ou a alienação da coisa, pois terceiro não poderá valer-se do *pactum displicentiae*. Mas será oponível aos sucessores do vendedor; assim, se o alienante vier a falecer, o direito do comprador subsistirá relativamente aos sucessores do vendedor[230].

b.4.4. Preempção

A *preempção* ou preferência (*pactum protimiseos*) é, segundo Caio Mário da Silva Pereira[231], o pacto adjeto à compra e venda em que o comprador de coisa móvel ou imóvel fica com a obrigação de oferecê-la por meio de notificação judicial ou extrajudicial a quem lha vendeu, para que este use do seu direito de prelação em igualdade de condições com terceiro, no caso de pretender vendê-la ou dá-la em pagamento (CC, art. 513; *RT*, *184*:135, *481*:191, *488*:242). O prazo decadencial para o exercício desse direito não poderá exceder a cento e oitenta dias, se móvel o bem, ou a dois anos, se imóvel (CC, art. 513, parágrafo único), contado da data da tradição ou do registro, ou, segundo alguns autores, como Paulo Luiz Netto Lôbo, da data da ciência, pelo vendedor, da *intentio* do adquirente de alienar a coisa. O transcurso *in albis* desse prazo tornará possível a venda da coisa a outrem, desaparecendo o direito de prelação.

A venda em que aparece tal cláusula é pura e simples, pois produz todos os seus efeitos, enquanto o adquirente não tiver intenção de revender a coisa ou dá-la em pagamento; condicional será tão somente a "revenda ao vendedor, que dependerá de pretender o comprador vendê-la ou dá-la em

---

230. Orlando Gomes, *Contratos*, cit., p. 309-11; Bassil Dower, op. cit., p. 95 e 96; W. Barros Monteiro, op. cit., p. 101-3; Caio M. S. Pereira, *Instituições*, cit., p. 184-7; Larenz, op. cit., v. 2, § 40; Silvio Rodrigues, *Direito*, cit., p. 201-3; Serpa Lopes, *Curso*, cit., p. 349-54; Agostinho Alvim, op. cit., n. 210; Clóvis Beviláqua, *Código Civil*, cit., v. 4, p. 316; Enneccerus, Kipp e Wolff, op. cit., v. 2, § 115; Waldirio Bulgarelli, Venda a contento, in *Enciclopédia Saraiva do Direito*, v. 76, p. 468 e 469; Justino Adriano F. da Silva, Venda a contento, in *Enciclopédia Saraiva do Direito*, v. 76, p. 469-71; Pontes de Miranda, op. cit., t. 39, p. 118 e 119; Fabrício Z. Matiello, *Código Civil comentado*, São Paulo, LTr, 2003, p. 339; Luciano T. Telles, *Comentários ao Código Civil* (coord. Camillo, Talavera, Fujita e Scavone Jr.), São Paulo, Revista dos Tribunais, 2006, p. 514; Marcos Jorge Catalan, Do pacto de preferência no contrato de compra e venda: direito pessoal ou obrigação com eficácia real, *Introdução crítica ao Código Civil* (org. Lucas A. Barroso), Rio de Janeiro, Forense, 2006, p. 383-400. Código Civil, arts. 125, 127, 128, 234, 579 e 492, § 1º; Código Civil argentino, art. 1.377; Código Civil italiano, art. 1.521; Código Civil francês, art. 1.588.

231. Caio M. S. Pereira, *Instituições*, cit., p. 187; Paulo Luiz Netto Lôbo, *Comentários ao Código Civil* (coord. Junqueira de Azevedo), São Paulo, Saraiva, 2003, v. 6, p. 513; Código Civil de 1916, arts. 1.149 a 1.157.

pagamento"[232]. É um pacto estipulado em favor do alienante, visto que impõe ao comprador o dever de dar ciência ao vendedor de seu intuito de vender ou de dar o bem em pagamento, para que ele possa usar seu direito de preferência, readquirindo a coisa vendida em igualdade de condições com terceiro, tanto no que concerne à cifra numérica do preço, como no que atina às vantagens oferecidas. Eis por que Larenz nele vislumbra dupla condição: a recompra do vendedor depende de que o comprador queira vender a coisa e que ele próprio a deseje comprar, exercendo direito de preferência. Quem exercer a preferência está, portanto, sob pena de a perder, obrigado a pagar, em condições iguais, o preço encontrado, ou o ajustado (CC, art. 515).

Esse direito de preferência, pelo seu caráter pessoal, é intransmissível por ato *inter vivos* ou *causa mortis*, não passando aos herdeiros (CC, art. 520). Contudo, há quem ache que esse dispositivo do Código Civil não se aplica ao direito de preferência do expropriado, que, então, seria transmissível (STF, *RDA*, *73*:155).

O vendedor poderá também exercer o seu direito de prelação, se tiver conhecimento de que a coisa vai ser vendida, intimando, extrajudicial ou judicialmente, o comprador, manifestando sua *intentio* de recomprar a coisa (CC, art. 514). Trata-se da antecipação de oferta obrigatória por legitimação cruzada, porque, em princípio, cabe ao comprador oferecer o bem em igualdade de condições ao titular do direito de preferência. Tal legitimação cruzada, prevista no art. 514, possibilita que o próprio titular do direito de prelação intime o proprietário da coisa que irá exercer esse direito em caso de sua alienação. Não inibe a venda a terceiro, mas "responderá por perdas e danos o comprador, se alienar a coisa sem ter dado ao vendedor ciência do preço e das vantagens que por ela lhe oferecem. Responderá solidariamente o adquirente, se tiver procedido de má-fé" (CC, art. 518), pois sabendo do direito de preempção do ex-proprietário da coisa (preemptor), não cumpre a obrigação de dar preferência a ele (preemptor) para readquirir a coisa preempta. Logo, o preemptor poderá acionar (CC, art. 206, § 3º, V) tanto o terceiro adquirente como o vendedor, pleiteando a indenização a que faz jus por ter sido preterido.

O exercício da preferência, inexistindo prazo estipulado, subordinar-se-á a um prazo de caducidade, que variará conforme a natureza do objeto; se este for móvel, será de três dias; se imóvel, de sessenta dias, contados da

232. Carvalho Santos, op. cit., v. 16, p. 232. A preempção não é condição, pois não suspende a aquisição da propriedade pelo comprador, nem resolve a venda. Trata-se de mera promessa unilateral, feita pelo adquirente da coisa, de revendê-la ao vendedor.

data da oferta, ou seja, da data em que se der a comunicação ou notificação judicial ou extrajudicial do comprador ao vendedor (CC, art. 516). Se o direito de preempção não for exercido dentro desse prazo, caducará, visto implicar renúncia tácita àquele direito.

Pelo Código Civil, art. 517, se se estipular o direito de preferência conjunta ou uniforme em favor de dois ou mais indivíduos em comum, ele terá de ser exercido, dentro de certo prazo, em relação à coisa (móvel ou imóvel) no seu todo, por não comportar fragmentação. E, se algum dos favorecidos vier a perdê-lo ou não mais quiser exercê-lo, os demais poderão utilizá-lo, pois ficarão investidos do poder de aquisição da coisa preempta em sua totalidade e nunca na proporção de seu quinhão.

É inadmissível prelação parcial, mas, como leciona Caio Mário da Silva Pereira[233], se o adquirente recebeu a coisa mediante compra das cotas ideais de diversos condôminos, assegurando a cada um deles a preferência na reaquisição da respectiva cota-parte, a preferência poderá ser exercida *pro parte*.

Se o comprador não der ciência ao alienante do preço e das vantagens que lhe oferecem pela coisa, responderá, como vimos, por perdas e danos (CC, art. 518), se se tratar de preempção convencional. Haverá solidariedade passiva *ex lege* do terceiro adquirente, se procedeu de má-fé, se, tendo ciência do direito de preferência do vendedor, contribuir para atender a seu próprio interesse, para que houvesse violação daquela preempção. Assim, o vendedor será o credor, e o comprador e o terceiro de má-fé serão os devedores solidários pelo débito todo, e o credor poderá demandar um deles ou ambos, em litisconsórcio.

Outrora, tal não ocorria em caso de preempção legal ou retrocessão (*RT*, *229*:122), prevista no Código Civil de 1916, art. 1.150, que consistia na obrigação, imposta ao poder desapropriante, na hipótese de pretender vender o imóvel desapropriado, de oferecê-lo ao ex-proprietário pelo mesmo preço por que foi desapropriado, caso não tenha o destino previsto no decreto expropriatório (*RT*, *191*:254; *AJ*, *107*:275, *108*:44, *114*:446). A jurisprudência tem dado à retrocessão outro sentido, nela vislumbrando apenas um direito pessoal do ex-proprietário às perdas e danos e não a um direito de reaver o bem, na hipótese de o expropriante não lhe oferecer o bem pelo mesmo preço da desapropriação, quando desistir de aplicá-lo a um fim público (TJSP, *RDA*, *54*:38, *73*:162; TJDF, *RDA*, *54*:137), baseada no art. 1.156 do Código

233. Caio M. S. Pereira, *Instituições*, cit., p. 189; Luciano T. Telles, *Comentários*, cit., p. 515.

Civil de 1916, correspondente ao atual art. 518 do Código Civil, e no art. 35 do Decreto-Lei n. 3.365/41. Ante o disposto no Decreto n. 20.910/32, art. 1º, havendo violação do direito de preferência, o expropriado terá cinco anos para mover ação de retrocessão, pleiteando perdas e danos, que consistem na diferença entre o valor do bem no instante em que deveria ter sido oferecido e o valor pelo qual o expropriado o teria recebido se o desapropriante tivesse respeitado o seu direito de preferência[234]. Mas pelo art. 519 do Código Civil, baseado no princípio da moralidade, que deve nortear a administração pública (CF, art. 37) fica restabelecido o antigo sentido da preempção, visto que prescreve: "Se a coisa expropriada para fins de necessidade ou utilidade pública, ou por interesse social, não tiver o destino para que se desapropriou, ou não for utilizada em obras ou serviços públicos, caberá ao expropriado direito de preferência, pelo preço atual da coisa", para reincorporá-la ao seu patrimônio. Tal direito de preferência vem a proteger a pretensão de retomada do bem, em razão do fato de não se atender ao fim expropriatório, visto que não se deu destinação pública ao bem expropriado.

A título ilustrativo convém lembrar que a Lei n. 10.257/2001, arts. 25 a 27, dispõe que:

O direito de preempção confere ao Poder Público municipal preferência para aquisição de imóvel urbano objeto de alienação onerosa entre particulares. Lei municipal, baseada no plano diretor, delimitará as áreas em que incidirá o direito de preempção e fixará prazo de vigência, não superior a cinco anos, renovável a partir de um ano após o decurso do prazo inicial de vigência. O direito de preempção fica assegurado durante o prazo de vigência, independentemente do número de alienações referentes ao mesmo imóvel. O direito de preempção será exercido sempre que o Poder Público necessitar de áreas para: *a*) regularização fundiária; *b*) execução de programas e projetos habitacionais de interesse social; *c*) constituição de reserva fundiária; *d*) ordenamento e direcionamento da expansão urbana; *e*) implantação de equipamentos urbanos e comunitários; *f*) criação de espa-

---

234. Súmulas 488 e 111; Bassil Dower, op. cit., p. 97-9; W. Barros Monteiro, op. cit., p. 103-7; Larenz, op. cit., v. 2, § 40, p. 150; Caio M. S. Pereira, *Instituições*, cit., p. 187-94; Silvio Rodrigues, *Direito*, cit., p. 203-10; Salvat, op. cit., v. 1, ns. 583 a 593; Serpa Lopes, *Curso*, cit., p. 354-63; Visscher, *Le pacte de préférence*, Paris, 1938, p. 55, 56 e 61; Orlando Gomes, *Contratos*, cit., p. 311-6; Celso Antônio Bandeira de Mello, *Elementos de direito administrativo*, São Paulo, Revista dos Tribunais, p. 207-10. *Vide*: *RT*, *801*:310. O atual Código Civil eliminou o pacto de melhor comprador, pela sua inutilidade e por ser desaconselhável, e o pacto comissório, por ser modalidade específica de cláusula resolutiva expressa, sendo, portanto, desnecessário.

ços públicos de lazer e áreas verdes; *g*) criação de unidades de conservação ou proteção de outras áreas de interesse ambiental; *h*) proteção de áreas de interesse histórico, cultural ou paisagístico. A lei municipal deverá enquadrar cada área em que incidirá o direito de preempção em uma ou mais das finalidades enumeradas por este artigo. O proprietário deverá notificar sua intenção de alienar o imóvel, para que o Município, no prazo máximo de trinta dias, manifeste por escrito seu interesse em comprá-lo. A essa notificação será anexada proposta de compra assinada por terceiro interessado na aquisição do imóvel, da qual constarão preço, condições de pagamento e prazo de validade. O Município fará publicar, em órgão oficial e em pelo menos um jornal local ou regional de grande circulação, edital de aviso da notificação recebida e da intenção de aquisição do imóvel nas condições da proposta apresentada. Transcorrido o prazo acima mencionado sem manifestação, fica o proprietário autorizado a realizar a alienação para terceiros, nas condições da proposta apresentada. Concretizada a venda a terceiro, o proprietário fica obrigado a apresentar ao Município, no prazo de trinta dias, cópia do instrumento público de alienação do imóvel. A alienação processada em condições diversas da proposta apresentada é nula de pleno direito. Ocorrida tal hipótese o Município poderá adquirir o imóvel pelo valor da base de cálculo do IPTU ou pelo valor indicado na proposta apresentada, se este for inferior àquele.

b.4.5. Reserva de domínio

O mecanismo dos efeitos dessa cláusula deverá ser buscado no Código Civil vigente, arts. 521 a 528.

Tem-se a reserva de domínio (*pactum reservati dominii*) quando se estipula, em contrato de compra e venda, em regra de coisa móvel infungível (CC, art. 523), que o vendedor reserva para si a sua propriedade e a posse indireta até o momento em que se realize o pagamento integral do preço (CC, art. 521). Dessa forma, o comprador só adquirirá *pleno iure* o domínio da coisa se integralizar o preço, momento em que o negócio terá eficácia plena (CC, art. 524, 1ª parte). A tradição, portanto, não transfere a propriedade, mas tão somente a posse direta e precária da coisa ao comprador.

É muito comum esse pacto nas vendas a crédito ou a prestação de, p. ex., eletrodomésticos, veículos etc., com investidura do adquirente, desde logo, na posse direta e precária do objeto alienado, subordinando-se a aquisição *pleno iure* do domínio à solução da última prestação. Infere-se daí que essa entrega não é definitiva, e sim condicional. Trata-se de condição suspensiva, em que o evento incerto e futuro é o pagamento integral do preço; suspende-se a transmissão da propriedade até que se tenha o implemento da condição, isto é, o pagamento integral do preço ajustado. Efetuado o pagamento, a transferência do domínio operar-se-á automaticamente (CC, art. 524, 1ª parte). Por isso, não pode ser objeto dessa venda coisa insuscetível de caracterização perfeita, para estremá-la de outras congêneres; na dúvida, decide-se a favor do terceiro adquirente de boa-fé (CC, art. 523). O objeto da venda com reserva de domínio precisará apresentar identificação singular e caracterização perfeita e definida para que não suscite dúvida.

Esse pacto especial dá plena garantia ao vendedor, por permitir que ele retenha o domínio da coisa alienada até o pagamento total do preço, de tal sorte que, se o preço não for pago integralmente, o comprador não adquirirá o domínio, e o vendedor terá a opção de reclamar o preço ou de recuperar a própria coisa, por meio da ação de reintegração de posse.

Mas o vendedor apenas executará a cláusula de reserva de domínio após constituir o comprador em mora, mediante protesto do título ou interpelação judicial, pois a extrajudicial seria contraproducente, visto que, como observa Matiello, aquelas medidas possibilitarão ao adquirente satisfazer a dívida no prazo legal, subsequente ao protesto, ou no indicado no instrumento da interpelação. Verificada, ou melhor, constituída a mora do adquirente, o vendedor poderá acioná-lo para cobrar as prestações vencidas e vincendas e tudo que lhe for devido (despesas judiciais e contratuais, juros, multa, atualização monetária, honorários advocatícios) ou, ainda, para recuperar a posse do bem vendido (reintegração na posse), mediante apreensão liminar (CPC, arts. 536, §§ 1º e 2º, 806, § 2º), sendo incabível a ação de depósito. Todavia, o vendedor poderá, optando pela recuperação do bem, se quiser, reter as prestações já pagas até o montante suficiente para cobrir a depreciação (p. ex., desgaste pelo decurso do tempo, deterioração por ato comissivo ou omissivo do comprador ou de terceiro) do valor da coisa, as despesas, judiciais ou extrajudiciais, feitas e o mais que de direito lhe for devido (p. ex., perdas e danos), devolvendo o excedente ao comprador, e o que faltar lhe será cobrado de conformidade com a lei processual (CC, arts. 525, 526 e 527).

O comprador deverá suportar os riscos da coisa (*res perit emptoris*) (CC, art. 524, 2ª parte), pois, embora o vendedor conserve a propriedade, desde a celebração do contrato dá-se a tradição ao comprador, que usa e goza do bem, como mero possuidor, podendo não só praticar os atos apropriados à conservação de seus direitos, socorrendo-se, inclusive, se for necessário, dos interditos possessórios para defender a coisa contra turbações de terceiros ou do próprio vendedor, mas também podendo retirar dela todas as vantagens que for capaz de produzir. Está o comprador impedido de dispor ou de alienar esse bem, a não ser que haja expressa autorização do vendedor (*RF*, *165*:235; *RT*, *242*:247). Assim sendo, a cláusula de reserva de domínio, que deve ser estipulada por escrito (CC, art. 522), não impede que a coisa seja vendida pelo comprador, com permissão do alienante, uma vez que o ônus também se transferirá. Se o pacto estiver assentado no Registro de Títulos e Documentos (2º TACSP, 7ª Câm., AC 540.668-7, j. 23-3-1999; Lei n. 6.015/73, art. 129, n. 5º) do domicílio do comprador, será, ante a publicidade e certeza conferidas pelo ato registrário, oponível ao terceiro adquirente (CC, art. 522), mesmo que o contrato silencie a respeito, competindo ao vendedor a ação de apreensão (CPC, arts. 536, §§ 1º e 2º, 806, § 2º) e reintegração de posse contra ele (*RT*, *153*:656, *170*:279, *204*:259, *294*:309, *435*:133; *RF*, *94*:510). Sem tal registro, produzirá efeito apenas *inter partes*. E, acrescenta, ainda, o Código Civil, no art. 528, que: "Se o vendedor receber o pagamento à vista, ou posteriormente, mediante financiamento de instituição do mercado de capitais, a esta caberá exercer os direitos e ações decorrentes do contrato, a benefício de qualquer outro. A operação financeira e a respectiva ciência do comprador constarão do registro do contrato"[235] no Cartório de Títulos e Documentos do domi-

---

235. Cogliolo, La validità del patto retenti dominii nella vendita, in *Scritti vari di diritto privato*, 4. ed., Torino, 1917, p. 425; Abgar Soriano, *Da compra e venda com reserva de domínio*, Recife,1934, p. 114 e 115; Fortunato Azulay, *A teoria do contrato de compra e venda com reserva de domínio*, Rio de Janeiro, 1945, p. 135, 136, 173 e 187-9; Caio M. S. Pereira, *Instituições*, cit., p. 194-202; Massimo Ferrara, *La vendita con riserva di proprietà*, Napoli, 1934; W. Barros Monteiro, op. cit., p. 108-12; Waldirio Bulgarelli, Venda com reserva de domínio, in *Enciclopédia Saraiva do Direito*, v. 76, p. 497-9; Serpa Lopes, *Curso*, cit., p. 364-74; Enneccerus, Kipp e Wolff, op. cit., v. 2, § 118; Bassil Dower, *Curso moderno de direito civil*, cit., v. 1, p. 101-3, *Curso moderno de direito processual civil*, v. 3, cap. 14; Carvalho Santos, op. cit., p. 266 e 268; Agostinho Alvim, op. cit., n. 336 e s.; Orlando Gomes, *Contratos*, cit., p. 316-21; Matiello, *Código*, cit., p. 345 e s.; Sílvio Venosa, *Direito Civil*, cit., v. 2, p. 87 e s.; Darcy Bessone de O. Andrade, *Compra e venda com reserva de domínio*, 1955; Ana Maria Peralta, *A posição jurídica do comprador na compra e venda com reserva de propriedade*, 1990; Márcia R. L. C. Weber, Das vendas a crédito com reserva de domínio. *Revista Jurídica*, *328*:39-62; *RT*, *785*:392, *792*:329, *797*:311, *506*:252, *457*:118, *433*:123, *388*:243, *399*:390, *540*:173, *548*:142, *568*:105; *RF*, *77*:124, *79*:220; *AJ*, *94*:108; *JTARGS*, *85*:245; Decretos-Leis n. 869/38, 1.027/39, 1.041/39, ora revogado; Lei n. 1.521/51, art. 2º, X; Lei n. 8.979/95, que altera a redação do art. 1º da Lei n. 6.463/77; Lei n. 11.101/2005, art. 49, § 3º; Súmula 495 do STF. A reserva de domínio não tem sido muito utilizada em razão do

cílio do devedor para ter eficácia *erga omnes*. "Na interpretação do art. 528, devem ser levadas em conta, após a expressão 'a benefício de', as palavras 'seu crédito, excluída a concorrência de', que foram omitidas por manifesto erro material" (Enunciado n. 178 aprovado pelo Conselho da Justiça Federal, na III Jornada de Direito Civil). Esta norma visa, tão somente, a garantia do agente financiador (instituição financeira ou autorizada a operar no mercado de capitais ou de Bolsa de Valores, lançando títulos representativos do débito), investido nos direitos do vendedor, titular da cláusula de reserva de domínio, e de cessionário sub-rogado. Não havendo tal assento, o acordo será eficaz, tão somente, *inter partes*.

b.4.6. Venda sobre documentos

A venda sobre ou contra documentos decorrente de usos e costumes vem sendo muito utilizada nos negócios de importação e exportação, ou seja, nas vendas internacionais, ligando-se à técnica de pagamento denominada crédito documentado[236] (*trust receipt*). Tem por escopo agilizar as compras mercantis de mercadorias. O vendedor, ao remeter ou entregar o documento (título representativo da mercadoria) ao comprador, exonera-se da obrigação e tem o direito de receber o preço. O comprador ao recebê-lo poderá exigir a entrega da mercadoria nele especificada pelo transportador, e, se tal mercadoria estiver na alfândega ou no armazém, poderá levantá-la.

O nosso Código Civil, nos arts. 529 a 532, dela trata. Nela se substitui a tradição da coisa móvel pela entrega de seu título representativo e dos outros documentos exigidos pelo contrato, ou, no silêncio deste, pelos usos (art. 529). Se tal documentação estiver em ordem, o comprador não poderá recusar o pagamento, alegando defeito de qualidade ou do estado da coi-

---

leasing e de alienação fiduciária à disposição de instituições financeiras e administradoras de consórcios. *Vide*: Código Civil português, art. 409, I e II.

Ante a omissão do CPC/2015, tudo leva a crer, ante o art. 318, que se aplicará procedimento comum (CPC, arts. 319 e s.).

236. Waldirio Bulgarelli, Venda contra documentos, in *Enciclopédia Saraiva do Direito*, v. 76, p. 499 e 500; M. Helena Diniz, *Tratado teórico e prático*, cit., v. 1, p. 419, 551-4; R. Maia, Da natureza jurídica do crédito documentado confirmado e irrevogável, in *Estudos Jurídicos*, Unisinos, 1975, v. 5, n. 12, p. 49 e s.; Alejandro Borda, *El crédito documentario*, 1991; Carlos Roberto Gonçalves, *Direito das obrigações*, cit., p. 76. A venda sobre documentos é muito comum no comércio marítimo, na venda de praça a praça e entre países diferentes. E tais documentos são títulos causais de crédito, visto que são alusivos a certa mercadoria.

sa vendida, exceto se esse vício já estiver comprovado (art. 529, parágrafo único). Há presunção *juris tantum* de que a coisa não apresenta vício.

O pagamento, salvo estipulação em contrário, deverá ser efetuado na data e no local da entrega dos referidos documentos (CC, art. 530), que substitui a tradição da coisa vendida. O tempo e o local do pagamento serão, então, os previstos em lei. A norma *locus regit actum* indicará a aplicação da lei do local em que a obrigação se constituiu, considerando-se que a venda sobre documentos, em regra, se dá no comércio exterior.

Se se estipular que o pagamento deve ser feito por intermédio de banco, este deverá efetuá-lo contra a entrega da documentação, sem ter a obrigação de averiguar a coisa vendida, pois por ela não responderá. Somente se houver recusa do estabelecimento bancário a efetivar tal pagamento, o vendedor poderá reclamá-lo, diretamente do adquirente (CC, art. 532 e parágrafo único). A intermediação bancária não afasta o vendedor, pois este poderá exigir o preço do adquirente, se o banco, que se obrigou perante o comprador a pagar, não o fizer. Se, nesta hipótese, o comprador pagar o *quantum* devido, deverá investir contra o banco para obter não só a restituição das importâncias depositadas e não pagas, mas também as perdas e danos advindas da atitude culposa da instituição financeira.

Se entre os documentos entregues ao comprador houver apólice de seguro que cubra os riscos de transporte, estes correrão por sua conta, liberando-se o alienante, salvo se, ao ser concluído o ato negocial, o vendedor tivesse conhecimento da perda ou deterioração do objeto (CC, art. 531)[237], hipótese em que, então, deverá este último assumir aqueles riscos. Com isso, há prevalência do princípio da boa-fé objetiva em favor do adquirente (CC, art. 422). Logo, se inexistir seguro contra riscos de transporte, o vendedor responderá por eles até que a coisa seja, efetivamente, entregue ao comprador.

---

237. Kozolchyck, *El crédito documentario en el derecho americano*, Madrid, 1973; Sílvio Venosa, *Direito civil*, cit., v. 3, p. 87-91; Luciano T. Telles, *Comentários*, cit., p. 522.

Quadro Sinótico

COMPRA E VENDA

1. CONCEITO	• Segundo Caio Mário da Silva Pereira, a compra e venda é o contrato em que uma pessoa se obriga a transferir a outra o domínio de uma coisa corpórea ou incorpórea, mediante o pagamento de certo preço em dinheiro ou valor fiduciário correspondente.	
2. CARACTERES	• É bilateral. • É onerosa. • É comutativa ou aleatória (CC, arts. 458 e 459). • É consensual ou solene (CC, arts. 108 e 215). • É translativa do domínio por servir como *titulus adquirendi.*	
3. ELEMENTOS CONSTITUTIVOS	• Coisa	• Deverá: *a*) ter existência, ainda que potencial; *b*) ser individuada; *c*) ser disponível; *d*) ter possibilidade de ser transferida ao comprador.
	• Preço	• Deverá apresentar os seguintes caracteres: pecuniariedade (CC, art. 481); seriedade; certeza (CC, arts. 482, 489, 485, 486, 487 e 490).
	• Consentimento dos contratantes	• Requer: 1º) *capacidade genérica para praticar os atos da vida civil*; assim, os absoluta ou relativamente incapazes só poderão contratar se representados ou assistidos por seus representantes legais, sob pena de se tornarem nulos ou anuláveis os contratos; 2º) *legitimação para contratar*, daí restringir-se a liberdade de comprar e vender: *a*) às pessoas casadas, exceto no regime de separação absoluta de bens, tratando-se de imóvel, sem a anuência do outro consorte (CC, art. 1.647, I); *b*) aos consortes entre si (CC, art. 1.639, § 2º); *c*) aos ascendentes, em relação ao descendente, sem o consenso dos demais e do cônjuge do alienante (CC, art. 496 e parágrafo único); *d*) aos que têm, por dever de ofício, de zelar

3. **ELEMENTOS CONSTITUTIVOS**	• Consentimento dos contratantes	pelos bens alheios, relativamente a esses bens (CC, art. 497); *e*) aos corretores, quanto aos bens a eles confiados (Dec. n. 18.795/29, art. 21); *f*) aos leiloeiros, em relação às coisas que devem vender (Dec. n. 21.981/32, art. 36, *b*); *g*) ao estrangeiro não residente no país, quanto à propriedade rural (Ato Complementar n. 45/69; Lei n. 5.709/71; Dec. n. 74.965/74); *h*) ao condômino, no caso do CC, art. 504; *i*) ao proprietário da coisa alugada (Lei n. 8.245/91, arts. 27 a 31, 33 e 34); *j*) ao enfiteuta (CC de 1916, arts. 683 e 685); *k*) ao senhorio direto (CC de 1916, art. 684); *l*) ao comprador ou ao vendedor, nos contratos com cláusula de exclusividade; *m*) aos menores (Lei n. 8.069/90, arts. 77, 78, 79, 81, 242 a 244, 256 e 257).
4. **CONSEQUÊNCIAS JURÍDICAS**	• Obrigação do vendedor de entregar a coisa e do comprador de pagar o preço (CC, arts. 476, 477, 481, 491 e 493). • Obrigação de garantia, imposta ao vendedor, contra os vícios redibitórios e a evicção. • Responsabilidade pelos riscos e despesas (CC, arts. 492, 494, 236, 490 e 502). • Direito aos cômodos antes da tradição (CC, art. 237, parágrafo único). • Responsabilidade do alienante por defeito oculto nas vendas de coisas conjuntas (CC, art. 503). • Direito do comprador de recusar coisa vendida sob amostra, por não ter sido entregue nas condições prometidas (CC, art. 484 e parágrafo único). • Direito do adquirente de exigir, na venda *ad mensuram*, o complemento da área, ou de reclamar, se isso for impossível, a rescisão do negócio ou o abatimento do preço (CC, arts. 500 e 501). • Exoneração do adquirente de imóvel, que exibir certidão negativa de débito fiscal, de qualquer responsabilidade por dívida anterior do imóvel por impostos. • Rendimento tributável do lucro imobiliário, apurado por pessoa física em decorrência de venda de imóveis. • Nulidade contratual no caso do art. 53 da Lei n. 8.078/90.	
5. **CLÁUSULAS ESPECIAIS À COMPRA E VENDA**	• Retrovenda	• Cláusula em que o vendedor se reserva o direito de reaver, em certo prazo, o imóvel alienado, restituindo ao comprador o preço, mais as despesas por ele realizadas, inclusive as empregadas em melhoramentos do imóvel (CC, arts. 505 a 508).

5. CLÁUSULAS ESPECIAIS À COMPRA E VENDA	• Venda a contento e a sujeita a prova	• Segundo Clóvis Beviláqua, é a cláusula que subordina o contrato à condição de ficar desfeito se o comprador não se agradar da coisa (CC, arts. 509 a 512).
	• Preempção	• Conforme nos ensina Caio Mário da Silva Pereira, é o pacto em que o comprador de coisa móvel ou imóvel fica com a obrigação de oferecê-la a quem lha vendeu, para que este use do seu direito de prelação em igualdade de condições, no caso de pretender vendê-la ou dá-la em pagamento (CC, arts. 513 a 520).
	• Reserva de domínio	• Cláusula, estipulada em contrato de compra e venda de coisa móvel infungível, pela qual o vendedor reserva para si a propriedade do bem, até o momento em que se realize o pagamento integral do preço (CC, arts. 521 a 528; Lei n. 6.015/73, art. 129, n. 5).
	• Venda sobre documentos	• Cláusula que substitui a tradição da coisa pela entrega de seu título representativo (CC, arts. 529 a 532).

C. Troca ou permuta

c.1. Conceito e caracteres jurídicos

A troca ou permuta é, segundo Clóvis Beviláqua, o contrato pelo qual as partes se obrigam a dar uma coisa por outra que não seja dinheiro[238]. Apresenta os seguintes caracteres jurídicos: é contrato bilateral, oneroso, comutativo, translativo de propriedade no sentido de servir como *titulus adquirendi*, gerando, para cada contratante, a obrigação de transferir para o outro o domínio da coisa objeto de sua prestação, e, em regra, consensual, embora excepcionalmente possa ser solene; p. ex.: se uma ou as duas coisas permutadas forem imóveis, celebrar-se-á a troca por escritura pública[239].

c.2. Objeto

O objeto da permuta há de ser dois bens; se porventura um dos contraentes, em vez da coisa, prestar um serviço, não se terá troca. A coisa a permutar não precisará ser perfeitamente individuada, bastando que seja passível de determinação.

São suscetíveis de troca todas as coisas que puderem ser vendidas, não sendo necessário que os bens sejam da mesma espécie ou tenham valor igual ou equivalente (*RT*, *215*:196). Assim, poderão ser permutados: móveis por móveis; móveis por imóveis; imóveis por imóveis; coisa corpórea por coisa corpórea; coisa por direito; direito por direito[240]. P. ex.: Se "A" trocar sua motocicleta, avaliada em R$ 5.000,00, por outra pertencente a "B", cujo valor seria de R$ 6.000,00, "A" deverá pagar a "B" R$ 1.000,00. Como a di-

238. Clóvis Beviláqua, *Código Civil*, cit., v. 4, obs. ao art. 1.164 do CC de 1916. Nesse mesmo sentido: Carvalho de Mendonça, *Contratos*, cit., v. 2, p. 6; Agostinho Alvim, *Da compra e venda e da troca*, Rio de Janeiro, Forense, 1961; Antunes Varela, *Noções fundamentais de direito civil*, Coimbra, 1945, p. 487; Roberto Senise Lisboa, *Manual*, cit., v. 3, p. 114; Merino Hernández, *El contrato de permuta*, Madrid, Tecnos, 1978; Paulo Luiz Netto Lôbo, *Comentários*, cit., p. 226-46; M. Lígia C. Mathias e M. Helena M. B. Daneluzzi, *Direito civil – contratos*, São Paulo, Campus jurídico, 2008, p. 98; *JB*, *161*:124; *RJTJSP*, *125*:53, *149*:87; *RT*, *611*:163, *591*:111, *502*:176, *706*:145; *RJTJSP*, *136*:305; *Bol. AASP*, *1.840*:37.

239. Caio M. S. Pereira, *Instituições*, cit., p. 175; Silvio Rodrigues, *Direito*, cit., p. 212; Orlando Gomes, *Contratos*, cit., p. 323 e 324.

240. Orlando Gomes, *Contratos*, cit., p. 324; W. Barros Monteiro, op. cit., p. 114; Espínola, *Dos contratos*, cit., p. 139; Caio M. S. Pereira, *Instituições*, cit., p. 175. Por força dos arts. 257 e s. da Lei n. 6.404/76, não se pode disciplinar pelas normas do Código Civil a permuta ou o escambo de ações de companhia aberta.

ferença do valor a ser pago é inferior a 50%, configurada estará a troca. Mas se uma delas fosse avaliada em R$ 10.000,00 e a outra em R$ 1.000,00, ter-se-ia o pagamento de R$ 9.000,00, apresentando-se, na verdade, uma compra e venda.

c.3. Relação com a compra e venda

A troca tem a mesma natureza da compra e venda, mas dela se diferencia porque a prestação das partes é em espécie, ao passo que na compra e venda a prestação de um dos contraentes é consistente em dinheiro. Além disso, o vendedor, uma vez entregue a coisa vendida, não poderá pedir-lhe a devolução no caso de não ter recebido o preço; já o permutante terá direito de repetir o que deu, se a outra parte não lhe entregar o objeto permutado[241]. A troca encerraria uma dupla venda, pois, em vez de comportar alienação de coisa contra certo preço, como na compra e venda, compreende a alienação de uma coisa contra outra coisa[242].

Ante a grande analogia existente entre esses dois institutos, a lei prescreve que se apliquem à permuta as mesmas normas relativas à compra e venda (CC, art. 533). Desse modo, os permutantes terão os mesmos deveres do vendedor quanto à garantia de evicção, aos vícios redibitórios, aos perigos e cômodos etc.

Todavia, apesar de semelhantes, a troca e a compra e venda não são idênticas, de forma que algumas normas da compra e venda não são aplicáveis à permuta. Essas exceções estão previstas no Código Civil, art. 533, I e II: *a*) salvo convenção em contrário, cada um dos permutantes pagará por metade as despesas da troca. Já na compra e venda, as despesas da escritura ficam a cargo do comprador e as da tradição correm por conta do vendedor (CC, art. 490); *b*) anulável é a troca de valores desiguais entre ascendente e descendente, sem o expresso consentimento dos outros descendentes e do cônjuge do alienante, visto que esse fato poderia prejudicá-los (*RT*, *139*:221). Os prejudicados terão prazo decadencial de dois anos, contado da data da conclusão da permuta (CC, art. 179), para anulá-la. Reforçando essa ideia e a do art. 1.647, I, do Código Civil, o Projeto de Lei n. 699/2011 acrescentará, com sua aprovação, parágrafo único ao art. 533,

241. W. Barros Monteiro, op. cit., p. 113; Silvio Rodrigues, *Direito*, cit., p. 211; Serpa Lopes, *Curso*, cit., p. 376; Silvio Luís Ferreira da Rocha, *Curso*, cit., v. 3, p. 164 a 168.
242. De Page, op. cit., v. 4, p. 445.

com o seguinte teor: "O cônjuge necessitará do consentimento do outro, exceto no regime de separação absoluta, quando a troca envolver bem imóvel". Votando pela rejeição desta proposta, contida no PL n. 6.960/2002 (atual PL n. 699/2011), o Parecer Vicente Arruda assim se manifestou: "O acréscimo do parágrafo único é desnecessário, à luz do art. 1.647, I, do Código, que diz que nenhum cônjuge, salvo no regime da separação absoluta de bens, poderá alienar ou gravar de ônus real os bens imóveis. Uma vez que alienação é termo jurídico de caráter genérico, pelo qual se designa todo e qualquer ato que tem o efeito de transferir o domínio de uma coisa para outra pessoa, seja por venda, por troca ou por doação, voto pela rejeição".

A permuta será válida enquanto não se provar grande desigualdade de valores. Se os valores forem iguais ou inferiores a 50%, subsistirá a permuta[243].

Quadro Sinótico

TROCA OU PERMUTA

1. CONCEITO	• Permuta ou troca, segundo Clóvis Beviláqua, é o contrato pelo qual as partes se obrigam a dar uma coisa por outra que não seja dinheiro.

243. Serpa Lopes, *Curso*, cit., p. 376-8; Orlando Gomes, *Contratos*, cit., p. 324-6; W. Barros Monteiro, op. cit., p. 114 e 115; Silvio Rodrigues, *Direito*, cit., p. 213; Carvalho Santos, op. cit., v. 16, p. 280; Caio M. S. Pereira, *Instituições*, cit., p. 176-8; Carvalho de Mendonça, *Contratos*, cit., v. 2, p. 6; Espínola, *Dos contratos*, cit., n. 88; Ernesto C. Wayar, *Compraventa y permuta*, Buenos Aires, Astrea, 1984.

Observa Jones Figueirêdo Alves (*Novo Código Civil*, cit., p. 472): "A eventual desigualdade dos bens pode implicar a complementação em dinheiro, o que guarda mais similitude com a compra e venda, e como tal será havida, em sua natureza jurídica, se o complemento for maior que a coisa em permuta. Alguns entendem, todavia, a reposição feita para efetivar a equivalência de valores, como mero elemento acessório do contrato de permuta, sem descaracterizá-lo".

"Se a torna em dinheiro representar mais da metade do pagamento, o contrato se transmuda em compra e venda e os bens permutados serão considerados como complemento do preço" (Liliana M. Paesani, *Comentários ao Código Civil* – coord. Camillo, Talavera, Fujita e Scavone Jr. – São Paulo, Revista dos Tribunais, 2006, p. 523). Pelo Enunciado n. 435 do Conselho da Justiça Federal, aprovado na V Jornada de Direito Civil: "O contrato de promessa de permuta de bens imóveis é título passível de registro na matrícula imobiliária".

2. CARACTERES	• É contrato bilateral, oneroso, comutativo, e translativo de propriedade no sentido de servir como *titulus adquirendi.*
3. OBJETO	• Há de ser dois bens suscetíveis de ser vendidos, passíveis de determinação, não sendo necessário que sejam da mesma espécie ou tenham igual valor.
4. RELAÇÃO COM A COMPRA E VENDA	• Tem a mesma natureza da compra e venda; devido a essa analogia, aplicam-se à permuta as mesmas normas relativas à compra e venda (CC, art. 533). Mas como esses dois institutos não são idênticos, nosso CC, art. 533, I e II, estabelece normas peculiares à troca, somente aplicáveis a ela.

D. Contrato estimatório

O contrato estimatório ou venda em consignação, de natureza mercantil, existe em nosso direito como nominado, com regulamentação legal, encontrando-se de permeio com a compra e venda e com a permuta, e relacionando-se com o depósito e com o mandato sem representação para vender, p. ex., bens como livros, pedras preciosas, bijuterias, produtos de beleza, objetos decorativos, joias, obras de arte, automóveis etc., possibilitando a aquisição pelo público de peças valiosas, sem que o vendedor desembolse quantia vultosa ou tenha capital de giro para obtê-las, com a finalidade de revenda. Deveras, nosso Código Civil, aproveitando o trabalho do legislador italiano, que trata parcimoniosamente dessa figura contratual, veio regular o contrato estimatório nos arts. 534 a 537, que pode ser efetivado entre particulares, empresas ou empresários.

O *contrato estimatório* é o negócio jurídico em que alguém (consignatário) recebe de outrem (consignante) bens móveis, ficando autorizado a vendê-los, em nome próprio, a terceiros, obrigando-se a pagar um preço estimado previamente, se não restituir as coisas consignadas dentro do prazo ajustado (CC, art. 534). P. ex.: "A", famoso escultor, entrega três esculturas para que fiquem expostas, para fins de venda, no saguão do hotel de "B". Se o hóspede "C" se interessar por uma delas, "B" poderá vendê-la pelo preço de R$ 100.000,00, estipulado por "A", e se quiser, para obter lucro, poderá cobrar de "C" R$ 105.000,00, hipótese em que deverá entregar a "A" R$ 100.000,00, e devolver-lhe as outras duas, se não forem vendidas, dentro do prazo avençado. Se não houver prazo estabelecido, "A" deverá notificar "B", pleiteando a devolução daquelas duas esculturas, no prazo indicado na notificação.

No contrato estimatório o consignante transfere ao consignatário, temporariamente, o poder de alienação da coisa consignada com opção de pagamento do preço estimado ou sua restituição ao final do prazo ajustado (Enunciado n. 32, aprovado na Jornada de Direito Civil, promovida, em setembro de 2002, pelo Centro de Estudos Judiciários do Conselho da Justiça Federal). Transcorrido o prazo avençado, ou prazo razoável, decorrente dos usos, o consignante poderá interpelar judicialmente o consignatário para que efetive a venda ou pague o preço no prazo fixado pelo juiz, acrescido de juros moratórios, perdas e danos, cláusula penal e custas judiciais.

Nesse contrato dá-se realce à estimação do valor do bem pelo consignante (preço de estima) e à confiança por ele depositada no consignatário, ao transferir-lhe o poder de disposição daquele bem.

É um contrato típico, bilateral, oneroso e real, visto que requer a efetiva entrega da coisa móvel ao consignatário, que fica com a posse, conservando o consignante, apesar de transferir o poder de disposição, a propriedade, até que seja vendida a terceiro pelo consignatário, ou até mesmo por ele adquirida ou restituída, dentro do prazo estabelecido, salvo se o contrário resultar do contrato.

Infere-se daí que o domínio dos bens recebidos será do *consignante*, até que o consignatário os negocie com terceiros ou pague o preço preestabelecido pelo consignante, pela cotação em Bolsa ou por terceiro, mas pode ser o corrente no mercado. Todavia, o preço estimado deve ser abaixo do mercadológico para que o consignatário tenha interesse em adquiri-lo ou em vendê-lo, obtendo lucro. Pode haver cláusula estipulando a venda por certo preço, dando margem àquele lucro pretendido. Compete ao consignatário promover divulgações publicitárias, e o consignante não pode alterar negócio levado a efeito entre consignatário e terceiro adquirente.

Nada impede, portanto, que o consignatário fique com o bem, pagando o preço estipulado dentro de certo prazo, fixado contratualmente, embora tenha o dever de vendê-lo a outrem, entregando o preço estimado ao consignante, auferindo, nesta operação, um lucro no sobrepreço que obtiver na consignação. A determinação do referido prazo não é essencial ao contrato. Não tendo havido estipulação de prazo, o consignante poderá interpelar judicialmente o consignatário para que, no prazo assim fixado, restitua o bem ou pague o preço estimado. Tal interpelação, como ensina Matiello, poderá dar-se depois da fluência *in albis* de um prazo razoável para que o contrato pudesse ser cumprido.

Tem, portanto, o consignatário uma obrigação alternativa, visto que, findo o contrato, pode devolver o bem ou ficar com ele ou vendê-lo, pagando, nestas últimas hipóteses, o preço avençado ao consignante. Desse modo, as coisas consignadas não poderão ser objeto de penhora ou sequestro pelos credores do consignatário, enquanto não for pago integralmente o seu preço (CC, art. 536), já que, se não pertencem ainda ao consignatário, seus credores não poderão penhorar os bens, nem prejudicar o consignante alheio aos débitos do consignatário. Os credores do consignatário só poderão penhorar ou sequestrar aqueles bens se o consignatário, findo o prazo, adquiri-los para si, pagando o preço estimado ao consignante. Apesar do silêncio legal, os credores do consignante poderão sequestrar ou penhorar a coisa consignada, atingindo o seu direito de receber o preço pago pelo consignatário ou pelo terceiro adquirente. Assim sendo, esse contrato se diferencia da compra e venda, pois a tradição dos bens móveis não transfere a propriedade do consignatário, visto que o consignante continua sendo o titular do domínio.

Todavia, o consignante, em razão do princípio da boa-fé objetiva, não poderá dispor das coisas consignadas antes de lhe serem restituídas ou de lhe ser comunicada a restituição, pelo consignatário (CC, art. 537), sob pena de nulidade (CC, art. 166, VI).

O *consignatário* deverá, salvo disposição em contrário, pagar as despesas atinentes à custódia, à venda, e, se for o caso, à expedição e reexpedição das coisas, compensando-se, porém, com a diferença entre o preço estimado e o preço de venda a terceiro, e, obviamente, terá responsabilidade pela perda ou deterioração dos bens, mesmo que não tenha dado causa por culpa sua.

O consignatário, portanto, não se liberará da obrigação de pagar o preço, se a restituição dos bens consignados, que ficaram sob sua posse por determinado prazo, em sua integridade, ou seja, no estado em que se encontrava quando a recebeu, se tornar impossível, ainda que por fato a ele não imputável (ato de terceiro, fato de coisa ou animal, caso fortuito ou força maior) (CC, art. 535)[244]. Deverá suportar o risco da perda da coisa e de sua deterioração e pagar o preço, após o vencimento do prazo estipulado. Mas, se comprovada a culpa do próprio consignante pela perda ou deterioração da coisa, exonerado estará o consignatário, transferindo-se àquele a obrigação de arcar com o risco e com a indenização por perdas e danos.

---

244. *Vide* o verbete Contrato estimatório, in *Enciclopédia Saraiva do Direito*, v. 20, p. 57; Valdeci M. de Oliveira, Contrato estimatório. *Revista Síntese – Direito Empresarial*, *46*:48 a 52. Sebastião José Roque, *Dos contratos civis-mercantis*, cit., p. 79 a 84; Sílvio Venosa, *Direito civil*, cit., v. 2, p. 420 e s.; M. Helena Diniz, *Tratado teórico e prático*, cit., v. 2, p. 3-10; Silvio Luís Ferreira da Rocha, *Curso*, cit., v. 3, p. 153-60; Paulo Luiz Netto Lôbo, *Comentários*, cit., v. 6, p. 242-72; Do contrato estimatório e suas vicissitudes, in *Novo Código Civil – questões controvertidas*, São Paulo, Método, 2004, v. 2, p. 319-30; *Direito civil – contratos*, cit., p. 314-30; Matiello, *Código*, cit., p. 351; Visalli, *Il contratto estimatorio nella problematica del negozio fiduciario*, Milano, Giuffrè, 1974; Tania da Silva Pereira, Contrato estimatório: autonomia no direito moderno, *Estudos em homenagem a Caio Mário da Silva Pereira*, Rio de Janeiro, Forense, 1984, p. 592 e s.; Giovanni Baldi, *Il contratto estimatorio*, Torino, UTET, 1960; Biscontini e Ruggeri, *Il contratto estimatorio*, Milano, Giuffrè, 1998; Penalva dos Santos, *Contrato estimatório em doutrina*, Rio de Janeiro, 1996; M. Lígia C. Mathias e M. Helena M. B. Daneluzzi, *Direito civil – contratos*, cit., p. 100-101. *Vide*: Código Civil italiano, arts. 1.556 a 1.558. Trata-se como prefere Orlando Gomes (*Contratos*, cit., p. 237) de modalidade de venda condicionada. Há quem vislumbre no contrato estimatório uma obrigação facultativa (Arnaldo Rizzardo, Caio Mário da Silva Pereira, Messineo, Sílvio Venosa, Sylvio Capanema de Souza) ante o fato de ser constituída de uma só obrigação: a venda da coisa consignada, visto que a devolução dela seria mera faculdade concedida ao consignatário. O STJ (3ª Turma, REsp 710658/RJ-2004/01770551-1, Min. Nancy Andrighi, *DJ*, 26-9-2005, p. 373) entendeu tratar-se de obrigação alternativa ao decidir: "o que caracteriza o contrato de venda em consignação, também denominado pela doutrina e pelo atual Código Civil (arts. 534 a 537) de contrato estimatório, é que (i) a propriedade da coisa entregue para venda não é transferida ao consignatário e que, após recebida a coisa, o consignatário assume uma obrigação alternativa de restituir a coisa ou pagar o preço dela ao consignante".

Quadro Sinótico

CONTRATO ESTIMATÓRIO

1. CONCEITO	• Contrato estimatório é o negócio jurídico em que alguém (consignatário) recebe de outrem (consignante) bens móveis, ficando autorizado a vendê-los, obrigando-se a pagar um preço estimado previamente, se não restituir as coisas consignadas dentro do prazo ajustado.
2. EFEITOS	• O consignante não perderá o domínio dos bens consignados, até que o consignatário os negocie com terceiros. • O consignante não poderá dispor das coisas consignadas antes de lhe serem restituídas ou de lhe ser comunicada a restituição. • As coisas consignadas não poderão ser objeto de penhora ou sequestro pelos credores do consignatário, enquanto não for pago integralmente o seu preço. • O consignatário deverá pagar as despesas atinentes à custódia, à venda, e, se for o caso, à expedição e reexpedição das coisas, compensando-se, porém, com a diferença entre o preço estimado e o preço de venda a terceiro. • O consignatário não se liberará da obrigação de pagar o preço, se a restituição dos bens consignados, em sua integridade, se tornar impossível, ainda que por fato a ele não imputável.

E. Doação

e.1. Conceito e elementos característicos

Os arts. 538, 539 e 1.748, II, do Código Civil apresentam-nos a definição de doação, ao prescrever que é o contrato em que uma pessoa, por liberalidade, transfere do seu patrimônio bens ou vantagens para o de outra, que os aceita.

Deste conceito poder-se-ão extrair quatro elementos fundamentais, que caracterizam a doação[245]:

245. Antunes Varela, Doação, in *Enciclopédia Saraiva do Direito*, v. 29, p. 168-71; Bassil Dower, *Curso moderno de direito civil*, cit., v. 3, p. 115-9; W. Barros Monteiro, op. cit.,

1º) *Contratualidade*, pois o nosso Código Civil considerou expressamente a doação como um contrato, requerendo para a sua formação a intervenção de duas partes contratantes, o doador e o donatário, cujas vontades se entrosam para que se perfaça a liberalidade por ato *inter vivos*, distinguindo-se dessa maneira do testamento, que é a liberalidade *causa mortis*, nem excepcionalmente o atual Código Civil admite a doação *causa mortis*, isto é, a doação *propter nuptias*, pelo art. 314 do Código Civil de 1916, que só se efetivaria com a morte do doador e, como lhe faltava o caráter de irrevogabilidade, podia ser revogada *ad nutum* pelo seu autor.

Nítida é a natureza contratual da doação, visto que gera apenas direitos pessoais, não sendo idônea a transferir a propriedade do bem doado. A doação acarreta unicamente a obrigação do doador de entregar, gratuitamente, a coisa doada ao donatário. Serve de *titulus adquirendi*, pois o domínio só se transmitirá pela tradição, se móvel o bem doado, e pelo registro, se imóvel (*RT*, *534*:111). Deveras, antes da entrega da coisa doada, o donatário só terá direitos pessoais contra o doador, não podendo invocar nenhum direito contra terceiro em ação deste contra o mesmo doador (*RT*, *505*:124), por isso há quem ache que é contrato real, que se aperfeiçoa com

---

p. 116-21; Pires de Lima e Antunes Varela, *Código Civil anotado*, v. 2, p. 181; Espínola, *Dos contratos*, cit., n. 90; Clóvis Beviláqua, *Código Civil*, cit., v. 4, p. 333 e 334; Agostinho Alvim, *Da doação*, 3. ed., Saraiva, 1980, p. 5-46; Serpa Lopes, *Curso*, cit., p. 381-7 e 391; Silvio Rodrigues, *Direito*, cit., p. 215-8; Larenz, op. cit., v. 2, § 43; Carvalho de Mendonça, *Contratos*, cit., v. 1, p. 45 e 50; Dupeyroux, op. cit., p. 321, 430, 431, 433 e 435; Caio M. S. Pereira, *Instituições*, cit., p. 211-5; Carvalho Santos, op. cit., v. 16, p. 303; Orlando Gomes, *Contratos*, cit., p. 251-5; Venzi, *Manuale di diritto civile italiano*, n. 478; Salvat, op. cit., v. 6, p. 118, nota 15; R. Limongi França, Contrato de doação, in *Enciclopédia Saraiva do Direito*, v. 19, p. 291; Roberto Senise Lisboa, *Manual*, cit., v. 3, p. 116-20; Vicente Sabino Júnior, *Contrato de doação*, São Paulo, Brasilivros, 1979; Wilhelm Koeppen, *Das'negotium mixtum cum donatione nach Pandektenrecht und Reichsgesetzen*, 1901; Alfredo Ascoli, *Trattato delle donazioni*, 1935; Juan B. Vallet de Goytisolo, *Estudios sobre donaciones*, 1978; Andréa Torrente, *La donazione*, 1956; Huguette Méau-Lautour, *La donation déguisée en droit civil français*, 1985; Silvio Luís Ferreira da Rocha, *Curso*, cit., v. 3, p. 169-96; Natal Nader, Questões relativas à doação, *RDC*, *18*:60 e *19*:80; Biondo Biondi, *Le donazione*, Torino, Giuffrè, 1961; Paulo Luiz Netto Lôbo, *Comentários*, cit., v. 6, p. 272-385; Paulo Geraldo de O. Medina, A doação, in *O novo Código Civil – estudos em homenagem a Miguel Reale*, São Paulo, LTr, 2003, p. 459 e s.; Samuel Luiz Araújo, *O princípio da igualdade e sua projeção no contrato de doação*, Porto Alegre, Nuria Fabris Ed., 2009. *Vide*: Código Civil argentino, art. 1.789; Código Civil italiano, art. 769; Código Civil espanhol, art. 618, e Código Civil português, art. 940, *i*; STF, Súmula 328; *Ciência Jurídica*, *32*:112, *25*:90, *34*:111. Liberalidades habituais não são tidas, por alguns autores, como doações, não se sujeitando às exigências legais próprias destas. Tal ocorre com mimos ofertados em aniversários ou em festas natalinas; gratificações a quem prestar serviços, donativos a instituições pias ou filantrópicas.

a entrega pelo doador do bem doado ao donatário. A doação é contrato: *a*) *unilateral*, porque, apesar de reclamar duas declarações de vontade, coloca apenas uma das partes na posição de devedor, ficando a outra como credor, de modo que somente um dos contraentes assume obrigações perante o outro, de tal sorte que os seus efeitos serão ativos de um lado e passivos do outro. Apenas o doador se obrigará, não havendo para o donatário qualquer contraprestação; *b*) *formal*, pois com o acordo de vontades o contrato não estará perfeito e acabado, ante o disposto no Código Civil, art. 541, que exige escritura pública ou instrumento particular. A doação verbal apenas terá validade se versar sobre bens móveis de pequeno valor e se lhe seguir incontinenti a tradição (CC, art. 541, parágrafo único); *c*) *gratuito*, porque o donatário terá enriquecimento em seu patrimônio sem qualquer contraprestação, embora possa parecer oneroso se o doador impuser um encargo ao donatário no ato de efetuar a generosidade, ficando claro que mesmo assim a liberalidade sobreviverá.

2º) *Ânimo do doador de fazer uma liberalidade* (*"animus donandi"*), proporcionando ao donatário certa vantagem à custa do seu patrimônio. O ato do doador deverá revestir-se de espontaneidade (*AJ*, *75*:266; *RF*, *159*:289). Faltará o espírito de liberalidade se o autor do benefício agir no cumprimento de uma obrigação ou para preencher uma condição ou um encargo de disposição que lhe tenha sido imposto, ou, ainda, no cumprimento de um dever moral ou social, ditado por imperativos de justiça, hipóteses em que se terá o cumprimento de uma obrigação natural, cujo regime jurídico se afasta do da doação (CC, art. 564, III). Apesar disso, há quem entenda, como D'Abranches Ferrão, que o adimplemento de obrigação natural constitui uma doação, porque o que a cumpre não está juridicamente obrigado a isso[246]. Não se terá *animus donandi* na desistência de herança que ainda não se aceitou, na inércia do proprietário ou do credor que deixa consumar-se a usucapião ou a prescrição, pois, p. ex., se o credor tivesse a intenção de fazer uma liberalidade, poderia lançar mão da remissão de dívidas, e se alguém abandonasse propriedade própria que viesse a ser ocupada por outrem, não estaria doando, porque falta o elemento subjetivo, isto é, o *animus donandi*.

Não haverá doação na venda por baixo preço, para conquistar mercado, p. ex., por constituir mera propaganda; em certos casos, porém, poderá haver

246. Antunes Varela, Doação, cit., p. 171. Em sentido contrário: D'Abranches Ferrão, *Das doações segundo o Código Civil português*, Coimbra, 1911, v. 1, n. 7.

vontade de beneficiar, configurando-se um negócio misto, em que se terá doação na parte em que o bem for superior ao preço[247]. Igualmente, não se terá doação na emancipação, uma vez que o enriquecimento do filho, pela perda do usufruto do pai, é consequência e não objeto direto do ato[248].

O doador deverá sacrificar o seu patrimônio para beneficiar o de outrem por querer desinteressadamente melhorar a situação deste. Entretanto, esse espírito de altruísmo, de desinteresse ou de generosidade não é essencial à noção jurídica de doação, já que não deixarão de constituir doações as ofertas interesseiras de político que doa seus subsídios para angariar sufrágios, bem como a de empresário que oferece banco ao jardim público de sua cidade contendo propaganda do doador[249].

3º) *Transferência de bens ou de direitos do patrimônio do doador para o do donatário*, ainda que de valor insignificante, uma vez que o donatário deverá enriquecer na medida em que o doador empobrece. Se inexistir translação de valor econômico de um patrimônio a outro não se terá doação, visto que é um contrato que envolve um ato de alienação. Não constituirão doações aqueles casos em que o benefício proporcionado gratuitamente a alguém não assenta sobre uma perda no patrimônio da outra parte, como ocorre, p. ex., no comodato, em que o uso do comandatário não implica uma perda ou diminuição do patrimônio do comandante, já que não há transferência definitiva da coisa; no mandato gratuito; na prestação de serviços sem remuneração; no mútuo sem juros; na renúncia abdicativa, em que o direito adquirido pelo beneficiário não provém do patrimônio do renunciante; na cessão gratuita, pura e simples, de herança aos demais coerdeiros, por não envolver aceitação (CC, art. 1.805, § 2º), elemento caracte-

---

247. Tullio Ascarelli, *Contrato misto, negócio indireto, "negotium mixtum cum donatione"*, Lisboa, 1954, p. 23. Pode haver *negotium mixtum cum donatione* se o ato negocial apresentar parcialmente uma liberalidade, p. ex., o preço numa compra e venda é de duzentos reais e o comprador paga, voluntariamente, cento e cinquenta reais; esses cinquenta reais constituirão doação, regendo-se por ela, e aqueles duzentos reais, pela compra e venda. Temos, ainda, casos de doação indireta, que é ato de liberalidade, se se recorrer a um outro ato negocial, para obter reflexo de gratuidade (Trabucchi, *Istituzioni di diritto civile*, Milano, CEDAM, 1992, p. 849), como, p. ex., contrato em favor de terceiro, pagamento de dívida alheia, remissão de débito. Não se confunde com doação simulada, em que o negócio é oneroso, sob feição de doação. É o que ensina Sílvio Venosa, *Direito civil*, p. 305.

248. Agostinho Alvim, *Da doação*, cit., p. 13; Salvat, *Tratado de derecho civil argentino*, v. 3, p. 5; A. Wald, *Curso de direito civil brasileiro*; obrigações e contratos, 1972, p. 279.

249. W. Barros Monteiro, op. cit., p. 117.

rístico da doação. Também na renúncia à herança ou ao legado, ainda que com intenção de beneficiar, não haverá doação do renunciante ou do cedente a favor dos coerdeiros ou dos sucessíveis posteriormente beneficiados com tais atos, visto que, como a herança não chegou a entrar no patrimônio do renunciante ou do cedente, não houve qualquer perda patrimonial de sua parte[250]. Embora o herdeiro adquira o domínio no instante do óbito do *de cujus* (CC, art. 1.784), e a renúncia se opere posteriormente, o renunciante, por ficção, é havido como nunca tendo herdado[251].

As garantias fidejussórias ou reais prestadas por alguém em proveito de outrem não serão tidas como doação, porque o empobrecimento será meramente potencial[252].

É preciso deixar claro que o enriquecimento do donatário poderá consistir em qualquer atribuição patrimonial, como a aquisição de propriedade ou de direito real limitado, a cessão de créditos ou de qualquer vantagem patrimonial, desde que obtida à custa do patrimônio do doador. Assim, o empobrecimento do doador deverá constituir o elemento de caracterização que permita distinguir a doação de qualquer outro negócio jurídico[253].

4º) *Aceitação do donatário*, pois o contrato não se aperfeiçoará enquanto o beneficiário não manifestar sua intenção de aceitar a doação, por desconhecer nosso Código doação não aceita (CC, art. 539). Sendo a doação um contrato, requer para a sua formação o consentimento das partes; assim, de um lado, ter-se-á o *animus donandi*, isto é, a vontade do doador de beneficiar o donatário, e, de outro, a aceitação do donatário, que é a sua manifestação de vontade consentindo na liberalidade do doador. Por se tratar de contrato benéfico, o donatário não precisará ter capacidade de fato para aceitar a doação pura e simples, embora se suponha necessário o consentimento de seu representante legal. Mesmo o nascituro (*infans conceptus*) poderá receber doação, mas a aceitação deverá ser manifestada pelo seu representante legal, ou seja, por aquele a quem incumbe cuidar de seus interesses (CC, art. 542): pai, mãe ou curador. Se nascer morto, embora aceita

---

250. Antunes Varela, Doação, cit., p. 170.

251. Lacerda de Almeida, *Sucessões*, p. 91. No mesmo teor de ideias: Ricci, *Corso teorico-pratico di diritto civile*, v. 4, n. 232; Carvalho de Mendonça, *Contratos*, cit., v. 1, n. 3; Regina C. P. V. Fernandes, *Impostos sobre transmissão* causa mortis *e doação*, São Paulo, Revista dos Tribunais, 2005. *Vide*: Lei n. 11.101/2005, art. 129, VII.

252. Venzi, op. cit., n. 478.

253. Orlando Gomes, *Contratos*, cit., p. 254. Promessa de doação é contrato inexistente (*RT, 602*:269).

a liberalidade, esta caducará, por ser o nascituro titular de direito sob condição suspensiva. Se tiver um instante de vida, receberá o benefício, transmitindo-o aos seus sucessores (CC, art. 2º, 2ª parte).

Pelo Código Civil, art. 543, se o donatário for absolutamente incapaz (CC, art. 3º), dispensa-se a aceitação expressa, estando sob o poder familiar. Se, nessa hipótese, houver escritura pública de doação de imóvel, seguida de assento no Registro Imobiliário, o tabelião deverá consignar o fato sem exigir aceitação expressa de seu representante legal (CC, arts. 104, I, 166, I, 171, I, 1.634, V, e 1.690). O art. 543 do Código Civil conflita, em parte, com o art. 1.748, II. O art. 543 dispensa a aceitação de doação pura e simples se o donatário for absolutamente incapaz, com o escopo de protegê-lo, possibilitando que receba a liberalidade ao desobrigá-lo da aceitação, que deixa de ser exigida, por haver presunção *juris tantum* de benefício da doação, mas nada impede que o representante legal demonstre em juízo a desvantagem da liberalidade para o incapaz. E o art. 1.748, II, combinado com os arts. 1.767, 1.774 e 1.781, exige que o tutor ou curador aceite a doação, ainda que com encargo, pelo tutelado e curatelado, havendo autorização judicial para tanto. Vislumbramos aqui, seguindo a concepção de Alf Ross, no que atina à extensão da contradição, uma antinomia parcial-parcial, pois as duas normas têm um campo de aplicação que em parte um entra em conflito com o de outra e em parte não entra. Se o art. 543 dispensa a aceitação, que no nosso entender seria a expressa, do donatário absolutamente incapaz, que sentido teria o art. 1.748, II, combinado com os arts. 1.767, 1.774 e 1.781, ao prescrever que tutor, ou curador, pouco importando que o tutelado, ou curatelado, seja absoluta ou relativamente incapaz (CC, arts. 3º e 4º), deva aceitar por ele doação, ainda que com encargo? As pessoas, que não puderem contratar, poderão "aceitar" doações puras por serem contratos benéficos, sem intervenção do representante legal, exceto na hipótese do art. 1.748, II, combinado com os arts. 1.767, 1.774 e 1.781 (*RF*, *141*:177, *182*:215, *188*:205; *RT*, *277*:309, *286*:440), de modo que sua aceitação é tácita, daí preferir denominá-la, Caio Mário da Silva Pereira, *aceitação ficta* ou *legal*, visto que a doação se torna perfeita desde que o doador a efetue, sem que haja qualquer manifestação expressa de vontade do donatário absolutamente incapaz, que esteja sob o poder familiar. O silêncio qualificado implicaria aceitação daquela doação. De outra forma, não se poderia concluir, pois, como observa Paulo Geraldo de Oliveira Medina, se a doação é contrato, como dispensar a aceitação? Se o absolutamente incapaz pode receber doação pura sem aceitação, por que não se pode dispensar a assistência do representante legal do relativamente incapaz? Por que a doação feita a nascituro depende de aceitação de seu representante? Mas, sem embargo desta opinião, há quem ache, como Jones Figueirêdo Alves, que a aceitação, no caso em tela, não é mais ficta, nem presumida, visto que deixa de ser exigida como elemento integrante da formação do contrato.

Já para a doação com encargo a sua aceitação será expressa por meio de representante legal. Se se tratar de doação de pai a filho menor, dever-se-á nomear curador especial (CC, art. 1.692; *RT*, *493*:61, *512*:136, *449*:135, *380*:152; *RF*, *124*:499) para aceitá-la em nome do incapaz.

Normalmente a aceitação é expressa quando o donatário manifesta o desejo de receber o benefício de modo expresso, por palavra escrita ou oral, no próprio ato da liberalidade, visto que comparece à escritura para declarar que aceita a doação.

Pelo Código Civil, art. 539, o doador poderá fixar, na oferta, prazo ao donatário para declarar se aceita ou não a liberalidade, pois nem sempre a doação atende aos seus interesses, e em relação ao donatário capaz não há presunção do benefício da doação. Desde que o donatário, ciente do prazo, não declarar dentro dele que aceita a doação, entender-se-á que a aceitou, se a doação não estiver obviamente sujeita a encargo, caso em que se terá aceitação tácita. Logo, a manifestação de vontade do beneficiário poderá ser tácita, podendo resultar, convém repetir, do silêncio do interessado; p. ex.: o doador marca prazo para que o donatário aceite ou não a liberalidade; se, dentro dele, o beneficiado não se manifestar, seu silêncio será tido como aceitação, desde que o donatário tenha conhecimento desse prazo e a doação seja pura, pois, se for modal, a aceitação deverá ser expressa, por ser onerosa e por envolver um ônus, ou melhor, o cumprimento de uma obrigação de dar, de fazer ou não fazer. Na doação com encargo, imprescindível será que o donatário a aceite expressa e conscientemente. A aceitação será tácita, ainda, se o donatário, p. ex., pagar a sisa devida pela doação ou recolher imposto após a liberalidade (Súmula 328 do STF); pedir registro de escritura; fizer contrato de arrendamento relativo ao bem doado. Todos esses atos revelam firme intuito de aceitar o benefício (*RT*, *128*:182). Se o donatário, em caso de doação de um automóvel, embora silente, o licencia, o emplaca e passa a usá-lo, está claro que o aceitou tacitamente, visto que esse seu comportamento é incompatível com a deliberação de recusar[254].

254. W. Barros Monteiro, op. cit., p. 120; Silvio Rodrigues, *Direito*, cit., p. 217; Maria Helena Diniz, *Conflito de normas*, São Paulo, Saraiva, 2001, p. 29; Alf Ross, *Sobre el derecho y la justicia*, Buenos Aires, 1970, p. 124 e 125; Paulo Geraldo de O. Medina, *A doação*, cit., p. 465.

Como se vê, o consentimento do donatário poderá ser expresso ou tácito e ser manifestado concomitante ou posteriormente ao ato que institui a liberalidade.

O doador poderá revogar a doação, enquanto o donatário não a aceitar expressa ou tacitamente. Com a aceitação, tornar-se-á impossível sua revogação unilateral pelo doador, desde que observadas as formas legais (*RT*, *118*:642).

Apenas haverá obrigação de transcrever o instrumento (Lei n. 6.015/73, arts. 167, I, n. 33, e 218) se houver prova da aceitação do benefício (*RT*, *186*:338). Tal transcrição poderá ser promovida pelo próprio transferente, com prova de aceitação do beneficiado.

Se o doador porventura vier a falecer antes da aceitação do donatário, resolver-se-á a doação (*RT*, *175*:247).

As doações *propter nuptias* feitas em contemplação de casamento futuro com certa e determinada pessoa, quer pelos nubentes entre si, quer por terceiro a um deles, a ambos ou aos filhos que, de futuro, tiverem um do outro, não poderão ser impugnadas por falta de aceitação e somente ficarão sem efeito se o casamento não se efetivar (CC, art. 546; *RT*, *532*:110; *JB*, *53*:71). Só nesse caso será dispensável a aceitação, que decorrerá, simplesmente, da celebração do matrimônio[255]. São, portanto, doações sob condição suspensiva *si nuptiae sequuntur* (CC, art. 125).

---

255. João Luís Alves, *Código Civil dos Estados Unidos da República do Brasil anotado*, 1917, p. 798; W. Barros Monteiro, op. cit., p. 121; Emenda Constitucional n. 3/93, art. 155, I. Observa Sílvio Venosa (*Direito civil*, cit., v. 2, p. 119) que, na *promessa de doação*, o doador compromete-se a fazer uma liberalidade em benefício do compromissário-donatário ou de terceiro. Poderia o beneficiário exigir o prometido? Será que o doador poderia comprometer sua vontade para uma liberalidade? Como admitir doação coativa ou forçada e exigir perdas e danos se esse negócio é gratuito? A maioria da jurisprudência e da doutrina é contrária à promessa de doar, visto que ato de liberalidade não comporta execução forçada, requer espontaneidade. A promessa de doar não teria validade, pois ninguém poderá ser compelido a doar. Já Pontes de Miranda (*Tratado de direito privado*, cit., v. 42, p. 261) admite que, se houve *pacto de donando* (promessa de contratar doação), o outorgado poderá pretender seu cumprimento. A promessa de doação é contrato preliminar, que visa à efetivação do contrato definitivo (CC, arts. 462 a 466), por isso é possível sustentar sua admissibilidade jurídica, desde que decorra de vontade não viciada e não haja violação a princípio geral de direito.

Pelo CJF, Enunciado 549 (aprovado na VI Jornada de Direito Civil): "A promessa de doação no âmbito da transação constitui obrigação positiva e perde o caráter de liberalidade previsto no art. 538 do Código Civil".

e.2. Requisitos

Para que a doação seja válida, além dos requisitos gerais reclamados por qualquer negócio jurídico, será imprescindível o preenchimento de outros, especiais, que lhe são peculiares, tais como[256]:

1º) *Requisito subjetivo*, isto é, capacidade ativa e passiva dos contraentes. A *capacidade ativa* ou capacidade para doar pode faltar em razão de uma situação especial do doador ou em decorrência do direito de família. A capacidade para doar está sujeita a certas limitações, pois:

a) os absoluta ou relativamente incapazes não poderão, em regra, doar, nem mesmo por meio de representantes legais, visto que as liberalidades não são tidas como feitas no interesse do representado. O representante não poderá efetivar negócios aleatórios, nem a título gratuito. Se for caso de tutela, o art. 1.749, II, proíbe expressamente a doação, ao dispor que o tutor, ainda que com autorização judicial, não poderá, sob pena de nulidade, dispor dos bens do menor a título gratuito. Se o menor estiver sob o poder familiar, o pai, ou a mãe, não poderá efetivar doação por exercer, pelo Código Civil, art. 1.689, II, mera administração dos bens do filho que se encontra sob o seu poder. Assim sendo, o pai, ou a mãe, não poderá doar por ser somente administrador legal. Porém, o pródigo poderá doar se assistido de seu curador, que dará ou não sua anuência, conforme o caso, pois ele pratica certos atos de administração, independentemente de curador; pode, p. ex., alugar[257];

b) os cônjuges, sem a devida autorização, exceto no regime de separação absoluta, estão impedidos de fazer doação, não sendo remuneratória,

---

256. Caio M. S. Pereira, *Instituições*, cit., p. 215, 216 e 218-20; João Luís Alves, op. cit., v. 3, p. 247; Agostinho Alvim, *Da doação*, cit., p. 23-39 e 54-231; Espínola, *Dos contratos*, cit., ns. 93, 94 e 96; Serpa Lopes, *Curso*, cit., p. 392-406; Bulhões Carvalho, *Incapacidade civil e restrições de direito*, n. 473; Carvalho de Mendonça, *Contratos*, cit., v. 1, n. 10; Troplong, *Droit civil expliqué*; des donations entre-vifs et des testaments, Paris, 1855, v. 2, n. 903, p. 519; Colin e Capitant, op. cit., v. 3, n. 856; Cunha Gonçalves, *Tratado*, cit., v. 8, t. 1, n. 1.121; Baudry-Lacantinerie e Colin, *Traité théorique et pratique de droit civil*, v. 9, n. 280; W. Barros Monteiro, op. cit., p. 126 e 127; Silvio Rodrigues, *Direito*, cit., p. 222-30; Ferreira Alves, *Manual do Código Civil*, v. 19, n. 219; Natal Nader, Questões relativas a doação, *Revista do Curso de Direito da Universidade Federal de Uberlândia*, *9*:215 e s., 1980; Silvio Luís Ferreira da Rocha, *Curso*, cit., v. 3, p. 170 a 196. Sobre requisitos da doação: *RT*, *544*:236, *547*:129, *579*:157, *594*:103, *611*:90, *613*:95.

257. Agostinho Alvim, *Da doação*, cit., p. 27 e 28. Sobre doação por procuração: *RT*, *495*:44 e *472*:95.

com os bens e rendimentos comuns, ou dos que possam integrar futura meação (CC, art. 1.647, IV). Logo, não se proíbe que um consorte faça, sem anuência do outro: doações remuneratórias de bens móveis, desde que objetivem pagar um serviço recebido, não constituindo propriamente liberalidades; doações módicas ou de pequeno valor, por não prejudicarem o patrimônio da família; doações *propter nuptias* de bens feitas aos filhos e filhas por ocasião de seu casamento, ou para que possam estabelecer-se com economia própria[258] (CC, art. 1.647, parágrafo único); doações de bens próprios, exceto se imóveis, hipótese em que será indispensável o assentimento do outro consorte (CC, arts. 1.647, I e IV, e 1.642, IV);

c) o cônjuge adúltero não pode fazer doação a seu cúmplice, sob pena de anulabilidade (CC, arts. 550 – c/c art. 226, § 6º, da CF, com a redação da EC n. 66/2010 – e 1.642, IV; STF, Súmula 382; *JB*, *150*:179, *162*:272), a ser pleiteada pelo outro consorte, ou por seus herdeiros necessários, até dois anos depois de dissolvido o casamento;

d) os consortes não poderão efetivar doação entre si se o regime matrimonial for o da comunhão universal, visto ser o acervo patrimonial comum a ambos; se outro for o regime, não havendo disposição em contrário, nada obsta a doação, importando adiantamento do que lhes cabe por herança, já que são herdeiros necessários (CC, arts. 544, 2ª parte, 1.829, I a III, 1.830, 1.831, 1.832, 1.837 e 1.838)[259]. Logo, por força de aplicação analógica do art. 1.829, I, no regime de separação obrigatória de bens tal doação não se dará, pois o cônjuge não concorre na sucessão com descendentes do *de cujus*, o mesmo se diga no da separação da comunhão parcial, se não houver bens particulares do *de cujus*. Daí se infere, logicamente, que poderá haver doação de um cônjuge a outro, sendo o regime de separação convencional de bens, de comunhão parcial, havendo patrimônio particular, ou de participação final nos aquestos, no que se refere aos bens particulares;

e) o mandatário do doador não poderá nomear donatário *ad libitum*, pois só lhe será lícito efetivar doação desde que o doador nomeie, no instrumento, o donatário, ou dê ao procurador a liberdade de escolher um entre os que designar[260];

---

258. João Luís Alves, op. cit., v. 1, p. 266; M. Helena Diniz, *Curso*, cit., v. 5, p. 135; Serpa Lopes, *Curso*, cit., p. 392 e 393.

259. Serpa Lopes, *Curso*, cit., p. 393; Espínola, *Dos contratos*, cit., n. 93; Caio M. S. Pereira, *Instituições*, cit., p. 215.

260. Espínola, *Dos contratos*, cit., n. 94; Caio M. S. Pereira, *Instituições*, cit., p. 216; Agostinho Alvim, *Da doação*, cit., p. 31-6; Serpa Lopes, *Curso*, cit., p. 394.

f) as entidades (órgãos públicos sem personalidade, p. ex., Procon), sociedades não personificadas (CC, arts. 986 a 996), grupos despersonalizados, como condomínio edilício, espólio, massa falida etc., pessoas jurídicas (CC, arts. 41 e 44) podem doar e receber doações, só que as de direito público (CC, art. 41) se sujeitarão às restrições de ordem administrativa, e as de direito privado sofrerão as limitações impostas pela sua índole, pelos seus estatutos e atos constitutivos[261]; mas doação a entidade futura caducará se esta não for constituída regularmente em dois anos, contados da efetivação da liberalidade (CC, art. 554). A doação a entidade futura sujeitar-se-á, portanto, a essa condição suspensiva. O art. 554 tem por escopo evitar que o bem doado fique vinculado a entidade que nunca venha a constituir-se, com isso tutela o patrimônio do doador e os direitos de seus herdeiros;

g) o falido ou insolvente não poderá fazer doações, porque não está na administração de seus bens e porque esta doação lesaria seus credores; daí ser anulável por meio de ação pauliana (CC, art. 158);

h) os ascendentes poderão fazer doações a seus filhos, que importarão em adiantamento da legítima (CC, art. 544, 1ª parte), devendo ser por isso conferidas no inventário do doador, por meio de colação (CC, art. 2.002; CPC, art. 639; *RT*, *510*:75), embora o doador possa dispensar a conferência (*RT*, *543*:223), determinando, em tal hipótese, que saiam de sua metade disponível, calculada conforme o Código Civil, art. 1.847, contanto que não a excedam (CC, arts. 2.005 e 2.006; *RT*, *512*:116, *511*:92), porque o excesso será considerado inoficioso (CC, arts. 2.007 e 2.008) e, portanto, nulo. Todavia, nula será qualquer cláusula que possa vir a alterar as normas de direito sucessório (*RT*, *174*:158, *177*:182, *539*:66). Se avô doar bem a neto, este apenas deverá colacionar se suceder na herança de seu avô por estirpe, representando seu pai pré-morto. Mas, se seu genitor sobreviver ao seu avô, nada receberá por herança, consequentemente não terá o dever de colacionar.

Quanto à *capacidade passiva* ou capacidade para receber doação, *não há* qualquer empecilho se se tratar de doação pura e simples, ante o caráter benéfico do ato. Os absolutamente incapazes poderão receber doação, pois o Código Civil, como vimos alhures, no art. 543, estatui: "Se o donatário for

---

261. Agostinho Alvim, *Da doação*, cit., p. 37; Carlos Alberto Bittar Filho e Marcia S. Bittar, *Novo Código Civil*, IOB-Thomson, 2005, p. 269.

absolutamente incapaz, dispensa-se a aceitação, desde que se trate de doação pura". Até mesmo nascituros (CC, arts. 542, 2º, e 1.779) e pessoas jurídicas poderão receber doações, sendo, porém, necessária a intervenção dos seus representantes legais[262]. Igualmente válida será a doação feita em contemplação de casamento futuro e referente aos filhos que de futuro o casal tiver (CC, art. 546).

2º) *Requisito objetivo*, pois para ter validade a doação precisará ter por objeto coisa que esteja *in commercio*: bens móveis, imóveis, corpóreos ou incorpóreos, presentes ou futuros, direitos reais, vantagens patrimoniais de qualquer espécie. Admissível é a doação de órgãos humanos para fins científicos e terapêuticos (*Ciência Jurídica, 41*:107; *RT, 618*:66; CC, art. 14; Lei n. 9.434/97 e Dec. n. 9.175/2017, que a regulamenta; Lei n. 10.205/2001 e Portaria n. 158/2016 do Ministério da Saúde, sobre doação de sangue). Além do mais, será imprescindível a liceidade e a determinabilidade; daí a conveniência de se observarem as seguintes normas:

a) não valerá a doação de todos os bens (doação universal), sem reserva de parte do patrimônio, que possa ser transformada em renda pecuniária ou de outra renda advinda de pensão, salário, direito autoral, aplicação financeira suficiente para a subsistência do doador (CC, art. 548), a fim de se evitar excessiva liberalidade, que coloque o doador na penúria (*RT, 684*:66, *676*:95, *305*:258, *452*:70, *511*:212, *522*:159, *588*:97, *600*:72, *611*:51; *JB, 160*:295, *53*:330 e 315). Pela teoria do estatuto jurídico do patrimônio mínimo, a norma deve garantir ao doador um mínimo de bens para assegurar-lhe uma vida digna. Nula será tal doação (*RT, 456*:201, *325*:529 e 530) mesmo que haja para o donatário o encargo de prover a subsistência do doador, enquanto este viver (*RT, 515*:87, *461*:89). Deveras, a adoção da reserva de usufruto como condição de validade da doação universal visa proteger a pessoa e a dignidade do doador (CF, art. 1º, III), assegurando-lhe os meios de subsistência conforme seu padrão de vida, sua condição social, física e psíquica, uma vez que o usufruto se caracteriza por sua vinculação à pessoa, sendo

262. João Luís Alves, op. cit., v. 3, p. 247; Agostinho Alvim, *Da doação*, cit., p. 39; Espínola, *Dos contratos*, cit., n. 95; Serpa Lopes, *Curso*, cit., p. 393 e 394. *Vide*: Lei n. 7.897/89, sobre doação de bens imóveis da União ao Distrito Federal; Lei n. 9.636/98, art. 31, relativamente a doação de bens imóveis da União. A Lei n. 8.666/93 proíbe doação de imóveis públicos para particulares, salvo disposição legal em contrário, mas permitida estará doação a outro órgão da administração.

proibida sua alienação a terceiros e não se transmitindo por morte do usufrutuário a seus herdeiros; assim sendo, morto o titular, extinguir-se-á o usufruto (CC, art. 1.410, I). A proibição do art. 548 poderá ser ilidida se o doador se reservar o usufruto dos bens (*RF*, *114*:78; *RT*, *440*:76, *461*:193, *455*:197)[263];

b) se com a doação o doador ficar insolvente, os credores prejudicados poderão anulá-la, a não ser que o donatário, com o consentimento dos credores, assuma o passivo do doador, dando-se, então, uma novação subjetiva (CC, art. 360, II);

c) a doação inoficiosa está vedada por lei; portanto, nula será a doação da parte excedente do que poderia dispor o doador em testamento, no momento em que doa (CC, art. 549), pois, se houver herdeiros necessários (descendente, ascendente e cônjuge – CC, art. 1.845), o testador só poderá dispor de metade da herança (CC, arts. 1.789 e 1.846), preservando-se, assim, a legítima dos herdeiros; daí a nulidade dessa doação inoficiosa apenas na porção excedente à legítima de seus herdeiros (*Ciência Jurídica*, *27*:114); sofrerá, então, uma redução até o limite permitido por lei. O reconhecimento da inoficiosidade poderá, segundo alguns, ser pedido em vida do doador (*RT*, *547*:77, *492*:110). O herdeiro lesado com a doação inoficiosa poderá ingressar em juízo imediatamente com a competente ação pleiteando a nulidade ou redução da liberalidade na parte excedente. Trata-se, porém, de questão controvertida, sustentando outros que só se poderá ajuizar tal ação após a abertura da sucessão do doador, pois de outro modo estar-se-ia a litigar sobre herança de pessoa viva (*RT*, *280*:273, *426*:67, *415*:170, *446*:98). Procurando sanar tal dúvida, o Projeto de Lei n. 699/2011 objetiva acrescentar um parágrafo único ao art. 549, no seguinte teor: "A ação de nulidade pode ser intentada, mesmo em vida do doador", seguindo, assim, a esteira jurisprudencial (STJ, REsp 7879-SP, *DJ*, 20-6-1994) firmada e acatada por boa parte da doutrina. Todavia, o excesso será apreciado no momento da doação e não no da abertura da sucessão (*RF*, *158*:254; *RT*, *205*:212, *523*:104). Procedente a ação de redução ou a de nulidade, restituem-se os próprios bens, no que exceder, ou o seu respectivo valor, se aqueles não mais existirem (*RT*, *844*:356, *834*:192, *525*:72, *523*:104, *485*:93, *474*:189, *146*:168, *184*:761, *297*:512; *JB*, *100*:251; *Ciência Jurídica*, *62*:143; *RJ*, *215*:74; *RJTJSP*, *195*:50);

---

263. Ronaldo Cunha Campos, Considerações sobre a reserva de usufruto em doação universal, *Revista do Curso de Direito da Universidade Federal de Uberlândia*, *9*:153-67, 1980; Luiz Edson Fachin, *Estatuto jurídico do patrimônio mínimo*, Rio de Janeiro, Renovar, 2006. A doação com reserva de usufruto é denominada "usufruto deducto"! Sobre o assunto: *RT*, *450*:209, *461*:67, *436*:211, *506*:64, *492*:110, *522*:109, *481*:201, *138*:181, *435*:195, *432*:183; *RF*, *105*:295, *89*:484; *AJ*, *95*:97.

d) a doação poderá apresentar-se sob a forma de subvenção periódica ou sucessiva (CC, art. 545), extinguindo-se esta com a morte do doador, salvo se o contrário estiver disposto, mas não poderá ultrapassar a vida do donatário. Não há entrega imediata do bem ao donatário, pois o doador assume o dever de prestar, periodicamente, um auxílio monetário (dinheiro, autorização de débito em cartão de crédito ou em conta-corrente), com o escopo de ajudar o donatário. A subvenção constitui um favor pessoal, que termina com o falecimento do doador, não se transferindo a obrigação para seus herdeiros. Trata-se de uma constituição de renda vitalícia, a título gratuito, que perdura enquanto viver o donatário, por ser liberalidade *intuitu personae*;

e) a doação poderá ser feita em comum a várias pessoas, distribuída por igual entre elas, sendo uma obrigação divisível (CC, art. 551), porém, o doador poderá, se quiser, estipular divisão desigual. Se indivisível o bem doado, os codonatários serão condôminos em quotas ideais iguais. Poderá o doador dispor ao contrário, estabelecendo que a parte do codonatário que faltar acresça à do que venha a sobreviver. Se os beneficiados são marido e mulher, a regra é a do direito de acrescer: a doação subsistirá, na totalidade, para o cônjuge sobrevivente (CC, art. 551, parágrafo único; *RT*, *677*:218; *RJTJSP*, *138*:105). Todavia, na prática, esse artigo não tem aplicação, pois, embora prescreva que o bem doado deva ser excluído do acervo hereditário, devendo ser acrescida a quota do falecido à do sobrevivente, comumente vê-se o bem doado no inventário e na partilha;

f) a doação do cônjuge adúltero ao seu cúmplice poderá ser anulada pelo outro consorte, que foi enganado, na constância do matrimônio, ou por seus herdeiros necessários, até dois anos após a dissolução do casamento (CC, arts. 550 – c/c art. 226, § 6º, da CF, com a redação da EC n. 66/2010 – e 1.642, IV; *RT*, *725*:271, *719*:258, *624*:251, *607*:161, *599*:185, *466*:95, *590*:92, *509*:76; *JB*, *53*:319, 232, 208, 207, 114 e 110, *520*:311, *490*:197). Tal prazo é decadencial. Todavia, essa anulabilidade só atingirá o objeto doado e não outro em que o primeiro foi aplicado (*RT*, *172*:248, *200*:656, *269*:219, *304*:284; *Ciência Jurídica*, *25*:70; *RF*, *178*:214). P. ex.: se a doação feita pelo adúltero à concubina consistiu em dinheiro, com o qual ela adquiriu um imóvel, não será nula a aquisição da propriedade, mas apenas a versão do dinheiro (*RT*, *490*:197);

g) o doador não será obrigado a pagar juros moratórios por ser uma liberalidade, nem estará sujeito à evicção ou à responsabilidade pelo vício redibitório (CC, art. 552), por não ser justo que de um ato benéfico surjam obrigações ou deveres para quem o pratica. Já nas doações remuneratórias e com encargo, haverá responsabilidade pela mora, pelo vício redibitório (CC, art. 441, parágrafo único) e pela evicção, no que concerne à parte correspondente ao serviço prestado e à incumbência cometida. "Nas doações para casamento com certa e determinada pessoa, o doador ficará sujeito à evicção, salvo convenção em contrário" (CC, art. 552);

h) o doador poderá estipular que os bens doados voltem ao seu patrimônio, se sobreviver ao donatário (CC, art. 547; *Ciência Jurídica, 69*:131); essa cláusula de reversão deverá resultar de disposição expressa, operando, então, como uma condição resolutiva, de cujo implemento resultará a restituição do bem doado; os frutos, porém, pertencerão ao donatário[264]. Se o donatário falecer antes do doador, o bem doado não será transferido ao seu herdeiro, pois o seu sucessor em relação ao objeto doado será o doador sobrevivente. Se, porventura, houver comoriência, o bem doado irá ao herdeiro do donatário, ante a presunção *juris tantum* de morte simultânea do doador e do donatário. "Não prevalece cláusula de reversão em favor de terceiro" (CC, art. 547, parágrafo único). Como se admite negócio a termo, nada obsta a que se imponha a reversão antes da morte do donatário, mas veda efeito da cláusula de reversão em benefício de terceiro, proibindo, assim, doação sucessiva, reforçando o caráter *intuitu personae* da referida cláusula;

i) a doação de bens alheios é inadmissível, por ter ela por objeto coisas não pertencentes ao doador; no entanto, será suscetível de ratificação se o próprio doador vier a adquirir posteriormente o domínio do bem doado (*RT, 547*:129)[265].

3º) *Requisito formal*, visto ser a doação um contrato solene, pois o Código Civil, no art. 541, lhe impõe uma forma que deverá ser observada, sob pena de não valer o contrato. Realmente, esse dispositivo legal estabelece obrigatoriamente a forma escrita, ao exigir que a doação se faça por instrumento público ou particular (*RT, 512*:148), e, apenas excepcionalmente, admite, em seu parágrafo único, sua celebração por via verbal, em certos casos especiais. Dessa maneira, a doação, em nosso direito, poderá celebrar-se:

a) por *escrito particular*; p. ex.: por carta de declaração, se os móveis doados forem de valor considerável (*RF, 90*:146) ou se se tratar de imóveis (CC, art. 108);

---

264. Caio M. S. Pereira, *Instituições*, cit., p. 227. *Vide*: Lei n. 8.666/93, art. 17, § 4º.

265. Serpa Lopes, *Curso*, cit., p. 400; W. Barros Monteiro, op. cit., p. 126 e 127. Se as doações forem feitas aos fundos controlados pelos Conselhos Municipais, Estaduais e Nacional dos Direitos da Criança e do Adolescente, os contribuintes do imposto de renda poderão abater da renda bruta 100% do valor das doações, observando o disposto no art. 260 da Lei n. 8.069/90. Pela Constituição Federal, art. 201, § 8º, proibida está a subvenção ou auxílio do Poder Público às entidades de previdência privada com fins lucrativos.

b) por *escritura pública*, se se tratar de imóvel (CC, arts. 108 e 215; Lei n. 6.015/73, art. 167, I, n. 33) sujeito a assento no Registro Imobiliário, e, se o doador for casado, exceto no regime de separação absoluta, deverá obter o consentimento do outro cônjuge (CC, art. 1.647, IV);

c) *verbalmente*, seguida de tradição (doação manual), se seu objeto for bem móvel e de pequeno valor (CC, art. 541, parágrafo único) relativamente à fortuna do doador, isto é, de acordo com a situação financeira do doador ante o valor da coisa doada (*RT*, *148*:236, *544*:236, *380*:120; *AJ*, *108*:120, *80*:75, *116*:56; *RF*, *129*:212). Pelo Enunciado n. 622 da VIII Jornada de Direito Civil: "Para a análise do que seja bem de pequeno valor, nos termos do que consta do art. 541, parágrafo único do Código Civil, deve-se levar em conta o patrimônio do doador". Desse modo, seria de bom alvitre que se apreciasse caso por caso, pois o juiz deverá ter em vista não só a fortuna de quem fez a liberalidade, o seu grau de discernimento, mas também o critério objetivo, ou melhor, o valor da coisa doada. É a hipótese da doação manual ou de presentes, que se faz por ocasião de aniversários, de casamentos, como prova de estima ou homenagem[266].

e.3. Espécies

Várias são as espécies de doação. No direito brasileiro admitem-se[267]:

---

266. Caio M. S. Pereira, *Instituições*, cit., p. 213, 219 e 220; Serpa Lopes, *Curso*, cit., p. 401-6; W. Barros Monteiro, op. cit., p. 122; Silvio Rodrigues, *Direito*, cit., p. 218-20; Bassil Dower, *Curso moderno de direito civil*, cit., p. 120; Troplong, op. cit., v. 2, p. 551; Agostinho Alvim, *Da doação*, cit., p. 54-83; Salvat, op. cit., v. 6, n. 1.593 e 1.594; Demolombe, *Traité des donations entre-vifs et des testaments*, 4. ed., Paris, 1873, t. 3, n. 8; Josserand, *Cours*, cit., v. 3, n. 1.300; Ricci, op. cit., v. 4, n. 223. A respeito do imposto sobre doação: Constituição Federal de 1988, art. 155, § 1º, I, II e III, *a*, Emenda Constitucional n. 3/93; Decreto n. 4.110/2002 sobre dedução do imposto sobre a renda devido, relativa a doação em favor de projeto cultural e a incentivo de atividade audiovisual e Lei estadual paulista n. 10.705/2000, alterada pelas Leis estaduais n. 10.992/2001 e 16.050/2015 e regulamentada pelo Decreto estadual paulista n. 46.655/2002, que isenta o pagamento de imposto sobre doação na transmissão: *a*) de valor até 2.500 UFESPs (R$ 24.575,00); *b*) de imóvel para construção de moradia vinculada a programa de habitação popular; *c*) de imóvel doado por particular ao poder público. Pela Súmula 328 do STF: "É legítima a incidência do imposto de transmissão *inter vivos* sobre a doação de imóvel". Enunciado n. 2 do Colégio Notarial do Brasil de 2014: "Nas escrituras de doação não é necessário justificar a imposição de cláusulas restritivas sobre a legítima. A necessidade de indicação de justa causa (CC, art. 1.848) limita-se ao testamento, não se estendendo às doações".

267. Relativamente às espécies de doação, *vide*: Orlando Gomes, *Contratos*, cit., p. 256-9; Serpa Lopes, *Curso*, cit., p. 407-22; W. Barros Monteiro, op. cit., p. 122-5; Bassil Dower, *Curso moderno de direito civil*, cit., p. 120-2; Caio M. S. Pereira, *Instituições*, cit., p. 220-4; Silvio Rodrigues, *Direito*, cit., p. 220-3; Espínola, *Dos contratos*, cit., p. 171, nota 2; Carvalho de Mendonça, *Contratos*, cit., v. 1, n. 23; Enneccerus, Kipp e Wolff, op. cit., § 125; Agostinho Alvim, *Da doação*, cit., p. 109-61, 210-5 e 232-56; R. Limongi França, Contrato, cit., p. 292-4; Antonino d'Angelo, *La donazione rimuneratoria*, Milano,

1ª) *Doação pura e simples*, feita por mera liberalidade, sem condição presente ou futura, sem encargo, sem termo, enfim, sem quaisquer restrições ou modificações para a sua constituição ou execução. Trata-se da doação em seu estado de perfeita e plena liberalidade, sem que haja imposição de limitações ao donatário. A *doação meritória* feita em contemplação do merecimento do donatário (CC, art. 540, 1ª parte) vem a ser uma doação pura e simples, em que o doador manifesta claramente o porquê de sua liberalidade; p. ex.: doação de um objeto a B porque é caridoso, um grande cientista, estudioso etc., tendo, portanto, por escopo homenageá-lo pelos seus méritos no campo social, científico ou cultural.

2ª) *Doação modal* ou *com encargo* ou *onerosa*, ou seja, aquela em que o doador impõe ao donatário uma incumbência em seu benefício, em proveito de terceiro ou do interesse geral (CC, arts. 553, parágrafo único, 562 e 1.938; Dec. n. 98.325/89). P. ex.: doação de um terreno, impondo-se ao donatário a obrigação de nele construir uma escola; doação de um imóvel pela Prefeitura a uma sociedade esportiva beneficente, para que esta ali construa sua sede social (*RT*, *389*:154, *532*:110, *598*:73; *JB*, *79*:307; *EJSTJ*, *14*:66, *9*:84; *RF*, *238*:182). A doação gravada não perderá o caráter de liberalidade no excedente ao encargo imposto (CC, art. 540, *in fine*).

Em regra, o doador estabelece certo prazo razoável para que o encargo se efetive (*RT*, *204*:252). Se não o estipular, será necessário que o donatário seja constituído em mora (CC, art. 562), antes de proceder à sua revogação (*RT*, *119*:170) por inadimplemento, salvo se o encargo se deu em seu próprio benefício (CC, art. 553).

Como vimos, o modo poderá ser estabelecido: *a*) *em favor do próprio doador*, como, p. ex., na doação de uma casa, em que se impõe ao donatário o encargo de pagar todas as dívidas do doador; *b*) *em benefício de terceiro*: a exemplo da doação de um bem feita por A a B, com o dever de este conti-

---

Giuffrè, 1942; Arnoldo Wald, Do regime jurídico da doação de bens móveis feita por ascendente a descendente, *RDC*, *64*:160; Luciano de Camargo Penteado, *Doação com encargo e causa contratual*, São Paulo, Millennium, 2004; Paulo Luiz Netto Lôbo (*Comentários*, cit., v. 6, p. 322, 312 e 313) salienta que relativamente à doação de um cônjuge a outro, sendo o regime de separação absoluta, pode recair em seus bens, por não haver bens comuns; o de comunhão parcial, a liberalidade diz respeito a bens particulares; o mesmo se diga do de participação final dos aquestos; o de comunhão universal só alcança os excluídos da comunhão. Carlos Roberto Gonçalves (*Direito civil brasileiro*, São Paulo, Saraiva, 2004, v. 3, p. 264) aponta a *doação mista* como sendo a que contempla alguém com uma vantagem por meio de contrato oneroso, p. ex., venda de bem por preço abaixo do mercado; assim, se vale R$ 3.000,00 e é vendido por R$ 2.000,00, a liberalidade será R$ 1.000,00.

nuar a viver em companhia de uma pessoa doente; doação de um prédio com a obrigação de o donatário pagar uma pensão em favor de uma velha empregada à custa dos rendimentos do bem doado; *c*) *em prol do interesse geral*, como, p. ex., na doação de um imóvel para que nele se instale um hospital; neste caso, como os herdeiros do doador podem não ter interesse no cumprimento do encargo, o parágrafo único do art. 553 do Código Civil reconhece legitimidade ao Ministério Público para exigir sua execução, depois do óbito do doador, se este não tiver feito.

O Código Civil, no art. 553, não menciona hipóteses em que o modo é imposto no interesse do próprio onerado, como, p. ex., em caso de doação de certa quantia em dinheiro para que o donatário faça um tratamento nos Estados Unidos, para que conclua seu curso de direito ou reforme sua casa, visto que não se poderia obrigá-lo a cumprir o encargo, porque a obrigação estabelecida constituiria uma violação da liberdade individual. Isso não impede, contudo, que tal doação seja modal, devendo-se ressaltar que sua inexecução não acarretará rescisão do contrato, por falta de interesse de agir (*AJ*, *100*:231).

Se o encargo for cometido a vários donatários de modo indivisível, a nulidade quanto a um deles induz total ineficácia da liberalidade (*RT*, *175*:247).

É mister, ainda, não olvidar que doação com reserva de usufruto não é onerosa, mas pura e simples (*RT*, *124*:709, *128*:182, *178*:132; *RF*, *80*:156, *126*:491). E se o encargo for ilícito ou impossível, ignorar-se-á a cláusula que o impôs, não se invalidando a doação, que passará a ser pura e simples.

3ª) *Doação remuneratória*, que é aquela em que, sob a aparência de mera liberalidade, há firme propósito do doador de pagar serviços prestados pelo donatário ou alguma outra vantagem que haja recebido dele. São feitas pelo doador não tanto pelo espírito de liberalidade, mas pela necessidade moral de compensar serviços que, gratuitamente, lhe foram prestados (*JB*, *53*:219). É o caso, p. ex., da doação de um objeto valioso, ou seja, de uma obra de arte, a um médico, que tratou do doador sem cobrar nada. A doação remuneratória não perderá o caráter de liberalidade no excedente ao valor dos serviços remunerados; logo, a parte que corresponde à retribuição do serviço prestado é pagamento e só será doação quanto à parte que exceder o valor desse serviço (CC, art. 540, 2ª alínea).

4ª) *Doação condicional*, a que surte efeitos somente a partir de determinado momento, ou seja, depende de acontecimento futuro e incerto (*RT*, *524*:82). É o caso, p. ex., da doação de imóvel feita em contemplação de casamento futuro (CC, art. 546), que está subordinada à realização do matrimônio, isto é, a uma condição suspensiva, pois o contrato de doação só produzirá efeito se o ato nupcial se realizar. Paulo Luiz Netto Lôbo salienta que se houver doação a prole eventual do futuro casal, configurar-se-á duas condições suspensivas, por ficar na dependência dos seguintes acontecimentos futuros e incertos: a realização das núpcias e o nascimento com vida de filho do casal. Se a condição for resolutiva, a doação estará perfeita desde o momento em que as partes deem seu assentimento à condição de que, se ocorrer determinado evento, futuro e incerto, o contrato será desfeito, retornando as partes à situação em que estavam antes de contratar. É o que ocorre, p. ex., com a doação em forma de subvenção periódica ao beneficiado, que se extinguirá com a morte do doador, salvo se este outra coisa houver disposto (CC, art. 545), e com a doação com cláusula de reversão, ou doação a retorno (CC, art. 547; *ADCOAS*, n. 89.907, 1983), em que o doador estipula, expressamente, que os bens doados voltem ao seu patrimônio se sobreviver ao donatário, encerrando uma condição resolutiva. Morrendo o donatário antes do doador, resolve-se a doação, e o bem reverterá ao patrimônio do doador; se o doador falecer antes do donatário, este terá a propriedade do bem doado, que se incorporará definitivamente ao seu patrimônio. É preciso ressaltar que se o donatário veio, antes de sua morte, a alienar o bem doado, tal venda será suscetível de anulação, ante o efeito retroativo do pacto de reversibilidade do bem que, com o óbito do donatário, retornará ao patrimônio do doador. Como em nosso direito não há mais o instituto do fideicomisso, que podia ser constituído *inter vivos*, não mais se permite a reversão em favor de terceiro (CC, art. 547, parágrafo único); p. ex.: doador, em cujo favor exista pacto de reversibilidade, não poderá, na separação consensual, indicar terceiro a quem os bens deverão pertencer futuramente (*RT*, *111*:533). A cláusula de reversibilidade dos bens apenas poderá prever o retorno ao próprio doador.

Percebe-se que na doação condicional o donatário só adquirirá ou perderá o direito à coisa doada, se se verificar a condição.

5ª) *Doação a termo*, se tiver termo final ou inicial; p. ex.: doação de imóvel a duas pessoas, dando a uma delas o direito de usá-lo durante dez anos e à outra a partir dessa época.

6ª) *Doação de pais a filhos* ou *de um cônjuge a outro*, sendo, p. ex., o regime de comunhão parcial (CC, arts. 544 e 1.829, I; *EJSTJ*, *5*:64; *RT*, *510*:75, *587*:105, *599*:127, *584*:132, *603*:63, *620*:44, *613*:187, *634*:70, *640*:96, *784*:235; *JB*, *53*:228, 238, 243, 288 e 316), que é aquela que importa em adiantamento da legítima, ou seja, daquilo que por morte do doador o donatário receberia. Essa doação deverá ser conferida, como dissemos em linhas anteriores, no inventário do doador, por meio da colação (CC, art.

2.002). Mas o doador poderá dispensar a conferência, determinando, em tal hipótese, que saiam de sua metade disponível, calculada de acordo com o Código Civil, art. 1.847, contanto que não a excedam (CC, arts. 2.005 e 2.006). Se nada prescrever, impor-se-á a colação.

7ª) *Doação conjuntiva*, feita em comum a mais de uma pessoa, sendo distribuída por igual entre os diversos donatários, exceto se o contrato estipulou o contrário (CC, art. 551). E, se os donatários, em tal caso, forem marido e mulher, como vimos, subsistirá na totalidade a doação para o cônjuge sobrevivo (CC, art. 551, parágrafo único), não passando, portanto, aos herdeiros.

e.4. Invalidade

Invalidar-se-á a doação[268]:

1º) se ocorrerem casos de nulidade comuns aos contratos em geral (CC, art. 166), como, p. ex., se não houver capacidade ativa ou passiva dos contraentes, se o objeto for ilícito ou impossível ou se não houver observância da forma prescrita em lei (CC, art. 541, parágrafo único);

2º) se se apresentarem os vícios que lhe são peculiares, como, p. ex., doação universal, compreensiva de todos os bens do doador (CC, art. 548; *RT*, *436*:211); doação inoficiosa na parte excedente à quota disponível, por não resguardar a legítima dos herdeiros necessários; nesse caso, a nulidade só atingirá o excesso da legítima (CC, art. 549; *EJSTJ*, *4*:56; *RT*, *485*:93, *523*:104). Como não há prazo prescricional especial, tal pretensão poderá ser alegada em dez anos (CC, art. 205), mas esse prazo não corre entre cônjuges, na constância da sociedade conjugal, nem entre ascendentes e descendentes durante o poder familiar (art. 197, I e II); doação entre cônjuges, quando, por exemplo, o regime matrimonial for o da obrigatória separação de bens (CC, art. 1.641, c/c o art. 1.647, IV) ou o da comunhão universal, por ser impossível o seu objeto (CC, art. 1.829, I; *RT*, *167*:689, *190*:195, *168*:252). Em todas essas hipóteses, nula será a doação, enquanto a doação do cônjuge adúltero ao seu cúmplice será anulável (CC, art. 550);

268. Carvalho de Mendonça, *Contratos*, cit., v. 1, n. 16; Orlando Gomes, *Contratos*, cit., p. 260; Agostinho Alvim, *Da doação*, cit., p. 162-209; Caio M. S. Pereira, *Instituições*, cit., p. 228-31; Serpa Lopes, *Curso*, cit., p. 424 e 425; Chauveau e Chéneaux, *Traité théorique et pratique de droit civil de Baudry*, v. 3, n. 19; Carvalho Santos, op. cit., v. 16, p. 318 e 319; Bassil Dower, *Curso moderno de direito civil*, cit., p. 123-5; Pontes de Miranda, op. cit., v. 6, p. 360; W. Barros Monteiro, op. cit., p. 129; R. Limongi França, *Contrato*, cit., p. 294.

3º) se houver a presença de vícios de consentimento, como o erro, o dolo, a coação, o estado de perigo e a lesão (*RT*, *100*:528), e de vícios sociais, como a simulação e a fraude contra credores (CC, art. 106), que a invalidam (CC, arts. 167 e 171, II; *RT*, *72*:328).

e.5. Revogação

A revogação de um direito, nas palavras de Serpa Lopes, é a possibilidade de que um direito subjetivo, em dadas circunstâncias, por força de uma causa contemporânea à sua aquisição, possa ou deva retornar ao seu precedente titular[269]. A doação é um ato de liberalidade por parte do doador, que não poderá revogá-lo unilateralmente, no todo ou em parte, se já houve sua aceitação pelo donatário (*RF*, *167*:273, *172*:258), salvo[270]:

1º) Por ingratidão do donatário (CC, art. 555, 1ª alínea; *Ciência Jurídica*, *42*:120), por ter este obrigação moral de ser grato ao doador, devendo

---

269. Serpa Lopes, *Curso*, cit., p. 430; *RT*, *598*:73, *593*:86, *544*:106, *537*:106, *532*:191, *524*:65, *487*:52, *481*:74, *437*:220.

270. Bassil Dower, *Curso moderno de direito civil*, cit., p. 125-8; Serpa Lopes, *Curso*, cit., p. 427-34; Clóvis Beviláqua, *Código Civil*, cit., v. 4, p. 285 e 286; Carvalho Santos, op. cit., v. 16, p. 431; Caio M. S. Pereira, *Instituições*, cit., p. 231-5; Orlando Gomes, *Contratos*, cit., p. 261 e 262; Salvatore Romano, *La revoca degli atti giuridici privati*, CEDAM, 1936, § 16, p. 198; R. Limongi França, Contrato, cit., p. 294 e 295; Savatier, *Cours de droit civil français*, t. 3, n. 824; W. Barros Monteiro, op. cit., p. 129-34; De Page, op. cit., v. 8, n. 751; Agostinho Alvim, *Da doação*, cit., p. 259-333; Espínola, *Dos contratos*, cit., n. 100; Chironi, *Istituzioni di diritto civile italiano*, v. 1, § 68; Ricci, op. cit., v. 4, n. 363; Carvalho de Mendonça, *Contratos*, cit., v. 1, n. 14; Silvio Rodrigues, *Direito*, cit., p. 230-6; R. Limongi França, Revogação de doação por injúria e calúnia, *RDC*, *53*:159; *RT*, *524*:71, *539*:172; Código Civil, art. 1.814; Código Penal, arts. 121, 129, 138 e 140. "Indenização por danos morais cumulada com revogação de doação. Pedidos fundados em descumprimento de deveres conjugais. Promulgação da Emenda Constitucional 66/2010, que alterou o disposto no § 6º do art. 226 da Constituição Federal. Separação litigiosa abolida do sistema jurídico pátrio. Descumprimento dos deveres conjugais pelo ex-cônjuge. Questão atinente à averiguação de ilícito civil. Matéria afeta à competência das Varas Cíveis. Cumulação de pedidos que observa o disposto no inciso II do art. 292 – hoje 327, § 1º, II – do Código de Processo Civil. Indeferimento liminar da inicial que não deve prevalecer. Extinção do processo afastada. Sentença anulada. Recurso provido" (TJSP, Ap. 0208670-88.2010.8.26.0100, rel. Des. Moreira Viegas, 5ª Câmara de Direito Privado, j. em 7-11-2012)."O novo Código Civil estabeleceu um novo sistema para revogação da doação por ingratidão, pois o rol previsto no seu art. 557 deixou de ser taxativo, admitindo, excepcionalmente, outras hipóteses" (Enunciado n. 33, aprovado na Jornada de Direito Civil promovida pelo Centro de Estudos Judiciários do Conselho da Justiça Federal, em setembro de 2002).

abster-se de atos que constituam prova de ingratidão, como os arrolados no Código Civil, art. 557, I a IV: *a*) atentar contra a vida do doador, desde que este ato não seja culposo ou oriundo de legítima defesa (*RT*, *524*:65, *437*:220) ou de irresponsabilidade do donatário por demência. Apenas o homicídio doloso (CP, art. 18, I) e a tentativa de homicídio intencional (*RT*, *625*:388, *620*:336, *572*:324) caracterizam essa hipótese de revogação. Não será necessária a condenação criminal do donatário para que se legitime a revogação; basta a simples ocorrência do fato. A legitimidade da ação é dos herdeiros, salvo se o doador perdoou seu algoz (CC, art. 561); *b*) ofender fisicamente o doador, causando-lhe lesão corporal, leve ou grave, desde que tenha agido dolosamente (*RT*, *665*:70). A obtenção do *sursis*, da anistia ou do perdão não tem o poder de ilidir o caráter civil da ingratidão; *c*) injuriar (ofender a dignidade ou o decoro da pessoa, atingindo sua honra), caluniar (imputar falsa e maliciosamente a prática de um crime não cometido), ou difamar (atingir a reputação da pessoa – acrescentado pelo Projeto de Lei n. 699/2011, que pretende dar nova redação ao art. 557, III, que foi acatada pelo Parecer Vicente Arruda, ao apreciar o PL n. 6.960/2002, substituído pelo PL n. 699/2011) gravemente o doador, mesmo que não sofra condenação penal, causando-lhe humilhações, que representam um atentado contra a sua integridade moral, tais como: fazer votos para que o doador faleça brevemente (*RT*, *182*:248, *278*:821); exigir do doador vantagens superiores à doação feita (*RT*, *189*:403); falar mal dele, comentando seus defeitos; fingir que não o conhece quando o avista, excluindo-o de suas relações (*RT*, *532*:191). Contudo, não incorrerá nessa penalidade se não teve intenção de caluniar ou injuriar, mas de defender seus direitos, como no caso, p. ex., de ter chamado o doador a uma ação de prestação de contas (*RT*, *211*:246, *199*:293); *d*) deixar de ministrar, tendo meios econômicos, ao doador alimentos para a sua sobrevivência, por estar ele na penúria e não ter parentes, cônjuge ou companheiro (CC, art. 1.694) a quem reclamar prestação alimentícia (*JTJ*, *167*:82). A recusa do donatário não precisará ser formulada em juízo; bastará sua negativa, verbal ou expressa, provada por testemunhas.

Poderá também dar-se tal revogação se o ofendido for o cônjuge, ascendente, descendente, ainda que adotivo, ou irmão do doador (CC, art. 558; *RT*, *532*:191), atendendo-se ao dever de apreço que o donatário deve ter também com familiares ou pessoas com quem seu benfeitor tem relações afetivas. O Projeto de Lei n. 6.960/2002, atual PL n. 699/2011, foi acatado pelo Parecer Vicente Arruda ao pretender eliminar a expressão "ainda que adotivo" por ser supérflua ante o art. 227, § 6º, da Constituição Federal e o art. 1.596 do Código Civil e acrescentar parágrafo único ao art. 558, prescrevendo que "os atos praticados pelo cônjuge, companheiro, ascendente, descendente ou irmão do donatário, quando beneficiários diretos ou indiretos da liberalidade, ofensivos ao doador, são suscetíveis, conforme as circunstâncias, de ensejar a revogação", por estarem sujeitos a deveres éticos, devendo ter comportamento que revele comunhão de vida familiar e gratidão, apesar de a pena não poder ir além da pessoa do culpado, visto que o donatário não agiu culposamente, nem ofendeu o doador. Assim sendo, viúva do donatário, que residir no imóvel doado, deverá ser grata ao doador, sob pena de revogação da doação.

A revogação por esses motivos só terá admissibilidade nas doações puras e simples (*RT*, *49*:209; *RF*, *135*:434). Deveras, pelo Código Civil, art. 564, I a IV, não se revogam por ingratidão: *a*) as doações remuneratórias, salvo na parte que exceder ao valor do serviço prestado pelo donatário ao doador; *b*) as modais que, por exigirem contraprestação do donatário, o desobrigam do dever de gratidão; assim, as oneradas com encargo já cumprido não poderão ser revogadas; *c*) as que se fizerem por cumprimento de obrigação natural, como, p. ex., em caso de dívidas de jogo, dívidas prescritas (*RT*, *647*:101, *481*:74), por serem juridicamente inexigíveis, existindo para o doador tão somente um dever moral de solvê-las; se o fizer, não estará beneficiando o donatário, não lhe sendo, por isso, possível exigir o reconhecimento deste; *d*) as feitas para determinado casamento, pois, se apenas se perfazem com a realização do ato nupcial, a sua revogação atingiria o cônjuge inocente e os filhos do casal (CC, arts. 546 e 1.639).

Pelo Código Civil, art. 563, "A revogação por ingratidão não prejudica os direitos adquiridos por terceiros, nem obriga o donatário a restituir os frutos percebidos antes da citação válida; mas sujeita-o a pagar os posteriores, e, quando não possa restituir em espécie as coisas doadas, a indenizá-la pelo meio-termo do seu valor"[271], calculado entre o tempo da liberalidade e a data de sua revogação. Trata-se do valor médio do mercado, considerando-se a qualidade do bem doado, sua valorização ou desvalorização desde a doação e o desgaste sofrido pela ação do tempo. Revogada a doação, o bem retornará ao patrimônio do doador, acrescido dos frutos (*AJ*, *79*:309), respeitados os direitos de terceiros de boa-fé (adquirente, comodatário, mutuário, titular de direito real de fruição ou de garantia em relação ao bem

271. O PL n. 699/2011 faz aqui uma correção gramatical, pois o vocábulo "indenizá-la" refere-se "às coisas doadas", portanto, por imperativo da concordância nominal, deveria estar grafado no plural: "indenizá-las", com o fonema "s" como desinência do pronome "la" . O mesmo ocorre com a expressão "do seu valor" que deveria ser "de seus valores", anotando-se que o pronome possessivo "seu/seus" prescinde do artigo definido "o".

doado – CF, art. 5º, XXXVI). Desse modo, terceiro que tenha adquirido o bem doado continuará sendo o seu proprietário, pois o doador poderá tão somente reclamar do ingrato o seu valor (CC, art. 1.360). A sentença de revogação de doação produz efeitos *ex nunc*, visto que os atos de disposição da coisa, anteriores a ela, não serão atingidos. Mas retroagirá à data da citação, pois o donatário ficará obrigado a devolver, com o seu trânsito em julgado, os frutos percebidos depois de ser citado.

O Código Civil, no art. 556, estatui que "Não se pode renunciar antecipadamente o direito de revogar a liberalidade por ingratidão do donatário". O direito de revogar a doação por ingratidão é, portanto, irrenunciável, se manifestado antecipadamente, por se tratar de direito instituído com caráter de ordem pública. O doador poderá usar ou não desse direito, porém não poderá abrir mão dele, por antecipação, de modo que será nula a cláusula pela qual o doador se obrigue a não o exercer. Tal renúncia prévia seria uma concessão ao donatário para que vulnerasse o dever ético-jurídico de respeitar e de corresponder, com gratidão, aos benefícios recebidos. A renúncia do doador só valerá para fato pretérito, e poderá ser expressa, se ele enviar uma carta ao donatário, perdoando-o, ou tácita, se ele não usar a ação ou deixar escoar o prazo decadencial (CC, arts. 560, 1ª alínea, e 559), ou se adotar procedimento incompatível com o direito de revogar a doação, como, p. ex., se fizer nova doação ao ingrato após ter ciência do fato que permitiria a revogação da primeira. O perdão é permitido, vedada está apenas a renúncia antecipada. Convém lembrar ainda que, se após a renúncia sobrevier outro motivo que autorize a revogação, o doador terá novo direito de revogar a doação[272].

A revogação far-se-á, até edição de lei específica, por meio de juizado especial cível (LJE, art. 3º, II; CPC, art. 1.063); por qualquer um desses motivos deverá ser pleiteada judicialmente dentro do prazo decadencial de um ano, a contar do conhecimento do fato que a autorizar (CC, art. 559), pelo próprio doador, mediante ação judicial, desde que tenha sido o donatário o seu autor. Pretende o Projeto de Lei n. 699/2011, ao modificar o art. 559 do Codigo Civil, que se o cônjuge, companheiro ou descendente do donatário for o autor da ofensa ao doador, este poderá revogar a liberalidade dentro de um ano, contado da ciência daquele fato. Não poderá ele, portanto, desfazer o ato por iniciativa própria, por meio de escritura (*RF*, *118*:484; *RT*, *544*:106) ou outro ato extrajudicial. Esse direito de revogar a doação é personalíssimo, não prejudicando herdeiros do donatário e não se transmitin-

272. Agostinho Alvim, *Da doação*, cit., p. 271; Moacyr de Oliveira, Ingratidão, *Enciclopédia Saraiva do Direito*, *44*:219-21; Jones Figueirêdo Alves, *Novo Código Civil*, cit., p. 493.

do aos herdeiros do doador, que apenas poderão prosseguir na ação por ele iniciada, continuando-a, na qualidade de substitutos processuais, contra os herdeiros do donatário, se este vier a falecer depois de ajuizada a lide (CC, art. 560; *RT*, *487*:52). Isto é assim porque o dever de gratidão é pessoal, não podendo o doador exigi-lo dos herdeiros do beneficiado (*RT*, *524*:65). Havia um caso em que o preceito legal pecava pelo absolutismo, dizia Washington de Barros Monteiro[273], ou seja, quando o donatário matava o doador, pois mesmo nesse caso os herdeiros não poderiam mover ação de revogação devido ao caráter pessoal inerente ao pedido. Todavia, nossos juízes e tribunais têm admitido, no caso de homicídio, a transmissão da ação a seus herdeiros (*RT*, *524*:65), sendo que os mais próximos excluem os mais remotos (CC, art. 1.829 c/c os arts. 1.839 e 1.840), e o atual Código Civil, no art. 561, veio consagrar essa ideia ao rezar: "No caso de homicídio doloso do doador, a ação caberá aos seus herdeiros, exceto se aquele houver perdoado". Não se terá aqui substituição processual, visto que haverá, por força de lei, transmissão da titularidade da ação para os herdeiros do doador dolosamente assassinado pelo donatário. O perdão expresso do doador, comprovado pelo donatário, impedirá, portanto, que os herdeiros tenham a iniciativa de revogar a doação. Se doador e donatário falecerem, no curso da ação, seus herdeiros a continuarão.

2º) Por descumprimento do encargo, pois o Código Civil, art. 562, prescreve que a doação onerosa poderá ser revogada por inexecução do encargo, desde que o donatário incorra em mora; não havendo prazo para o cumprimento, o doador poderá notificar judicialmente o donatário, assinando-lhe prazo razoável para que cumpra a obrigação assumida, e havendo escoamento do referido prazo, sem que a obrigação se efetive, o donatário incidirá em mora, dando ensejo ao doador para revogar a liberalidade. Mas se tal prazo for exíguo, impossibilitando a execução do encargo, o donatário poderá, na contestação, alegar que a ação de revogação proposta contra ele não procede, visto que não incorreu em mora. A mora resultará da extinção do prazo, ou, não havendo prazo, da notificação judicial. Mas a caracterização da mora não dependerá de tal interpelação, se o donatário manifestar, inequivocamente, seu intuito de não cumprir o modo ou o encargo (*RT*, *204*:252). Se o donatário estiver em mora, não cumprindo o encargo que lhe foi imposto, o doador poderá reclamar a restituição da coisa doada, porém o donatário não será responsabilizado por perdas e danos (*RT*, *524*:82, *532*:110, *537*:106).

Graficamente temos:

273. W. Barros Monteiro, op. cit., p. 133.

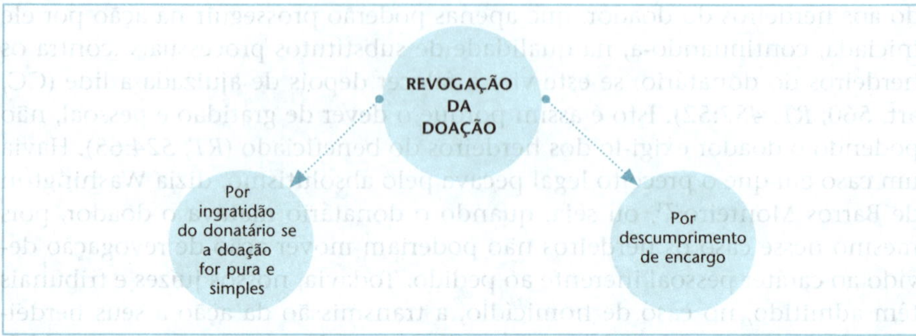

Quadro Sinótico

DOAÇÃO

1. CONCEITO	• Doação é o contrato em que uma pessoa, por liberalidade, transfere do seu patrimônio bens ou vantagens para o de outra, que os aceita (CC, art. 538).		
2. ELEMENTOS CARACTERÍSTICOS	• Contratualidade	• A doação é um contrato unilateral, formal e gratuito, que gera apenas direitos pessoais, servindo de *titulus adquirendi*.	
	• Ânimo do doador de fazer uma liberalidade (*animus donandi*). • Transferência de bens ou de direitos do patrimônio do doador para o do donatário. • Aceitação do donatário (CC, arts. 539, 542, 543 e 546).		
3. REQUISITOS	• Requisito subjetivo	• Capacidade ativa	• CC, arts. 1.749, 1.689, II, 1.647, IV e parágrafo único, 550 (c/c CF, art. 226, § 6º, com a redação da EC n. 66/2010), 544, 554 etc.
		• Capacidade passiva	• CC, arts. 2º, 543, 542, 546 e 1.779.
	• Requisito objetivo	• Coisa doada precisará estar *in commercio*. • Liceidade e determinabilidade do bem doado (CC, arts. 547, 548, 549, 545, 550, 551, 552, 1.410).	
	• Requisito formal	• CC, art. 541 e parágrafo único.	

4. ESPÉCIES	• Doação pura e simples	• É a doação feita por mera liberalidade, sem condição, sem encargo, sem termo, enfim, sem qualquer restrição ou modificação para a sua constituição ou execução; p. ex.: a doação feita em contemplação do merecimento do donatário (CC, art. 540, 1ª alínea).
	• Doação modal ou com encargo	• É aquela em que o doador impõe ao donatário uma incumbência em seu benefício, em benefício de terceiro ou do interesse geral (CC, arts. 553, parágrafo único, 562 e 1.938).
	• Doação condicional	• É a que surte efeitos somente a partir de ou ao findar certo momento, ou seja, é a que depende de acontecimento futuro e incerto (CC, arts. 546, 547 e 545).
	• Doação a termo	• É a que contém termo final ou inicial.
	• Doação remuneratória	• É aquela em que, sob a aparência de mera liberalidade, há firme propósito do doador de pagar serviços prestados pelo donatário ou alguma outra vantagem que haja recebido dele (CC, art. 540, 2ª alínea).
	• Doação de pais a filhos e de um cônjuge a outro	• Importa em adiantamento da legítima (CC, arts. 544, 1.829, I, 2.002, 1.847 e 2.005).
	• Doação conjuntiva	• É a feita em comum a mais de uma pessoa, sendo distribuída por igual entre os diversos donatários, exceto se o contrato estipulou o contrário (CC, art. 551, parágrafo único).

5. INVALIDADE	• Ocorrência de casos de nulidade comuns aos contratos em geral (CC, arts. 166 e 541, parágrafo único). • Existência de vícios que lhe são peculiares (CC, arts. 548, 549, 550). • Presença de vícios de consentimento e de vícios sociais.

6. REVOGAÇÃO	• Conceito	• Para Serpa Lopes, a revogação de um direito seria a possibilidade de que um direito subjetivo, em dadas circunstâncias, por força de uma causa contemporânea à sua aquisição, possa ou deva retornar ao seu precedente titular.
	• Admissibilidade	• Por ingratidão do donatário (CC, arts. 555, 1ª alínea, 557, I a IV, 561, 558, 564, I a IV, 546, 1.639, 563, 1.360, 556, 560, 1ª alínea, 559). • Por descumprimento do encargo (CC, art. 562).

F. Locação

f.1. Conceito e espécies

A locação é, segundo Clóvis Beviláqua, o contrato pelo qual uma das partes, mediante remuneração paga pela outra, se compromete a fornecer-lhe, durante certo lapso de tempo, o uso e gozo de uma coisa infungível, a prestação de um serviço apreciável economicamente ou a execução de alguma obra determinada[274].

Inferem-se daí as três *espécies* de locação[275]: *a*) locação de coisa (*locatio conductio rerum*), se atinente unicamente ao uso e gozo de bem infungível, pois, se for fungível, ter-se-á mútuo, dado que o mutuário deverá restituir ao mutuante outro bem da mesma espécie, quantidade ou qualidade, situação incompatível com a do locatário, que deverá, ao término da locação, restituir ao locador o mesmo objeto locado, de tal sorte que a ação humana se limite à função acessória de manter a coisa em estado de servir ao seu

---

274. Clóvis Beviláqua, *Código Civil*, cit., obs. n. 1 ao art. 1.188. Consulte: Silvio Rodrigues, Contrato de locação, in *Enciclopédia Saraiva do Direito*, v. 19, p. 395; Serpa Lopes, *Curso*, cit., p. 15; José da Silva Pacheco, *Comentários à nova Lei do Inquilinato*, Revista dos Tribunais, 1980, p. 21; Aubry e Rau, op. cit., v. 5, p. 262; Paulo Restiffe Neto e Paulo Sérgio Restiffe, *Locação – questões processuais*, São Paulo, Revista dos Tribunais, 2000; Anacleto de Oliveira Faria, Locação, in *Enciclopédia Saraiva do Direito*, v. 50, p. 296; Jaques Bushatsky, Locação de imóvel urbano: observações sobre a interpretação das mutações contratuais não formalizadas, *RIASP*, *28*:181-90; Roberto Senise Lisboa, *Manual*, cit., v. 3, p. 121-4; Gildo dos Santos, *Locação e despejo*, São Paulo, Revista dos Tribunais, 1999; Casconi e Neves Amorim, *Locações*, São Paulo, Método, 2004; 2º TACSP, Súmulas 8, 9, 13 a 21. "A locação do prédio urbano, que esteja sujeita a lei especial, por esta continua a ser regida", prescreve o art. 2.036 do Código Civil; logo, a Lei n. 8.245/91 (com as alterações da Lei n. 12.112/2009 e da Lei n. 12.744/2012) continua em vigor, devendo, contudo, ater-se à função social do contrato (CC, art. 421). E os dispositivos do Código Civil, arts. 565 a 578, sobre locação de coisas, dizem respeito a bens móveis, visto que a infungibilidade é uma de suas características (CC, art. 85), e apenas excepcionalmente, no caso do art. 576, §§ 1º e 2º, regem a de imóveis, no que atina ao registro. E, além disso, as normas gerais do Código Civil (arts. 565 a 578) poderão ser invocadas subsidiariamente para disciplinar a locação imobiliária. *Consulte*: Lei n. 11.101/2005, art. 119, VII.

275. *RT*, *500*:454, *635*:261; Serpa Lopes, *Curso*, cit., p. 14-6; Oswaldo e Silvia Opitz, *Locação predial urbana*, Saraiva, 1979, p. 2 e 3; W. Barros Monteiro, op. cit., p. 135 e 136; Andrioli, Locazione di cose, in Scialoja, *Dizionario pratico*, cit., v. 3, parte 2; Anacleto de Oliveira Faria, op. cit., p. 297; Ferrucio Pergolesi, Locazione di opere, in Scialoja, *Dizionario pratico*, cit., v. 3, parte 2, n. 3; Rogério Lauria Tucci e Álvaro Villaça Azevedo, *Tratado da locação predial urbana*, São Paulo, Saraiva, 1980, v. 1, p. 25; Orlando Gomes, *Contratos*, cit., p. 327; Caio M. S. Pereira, *Instituições*, cit., p. 238; Silvio Luís Ferreira da Rocha, *Curso*, cit., v. 3, p. 197 a 230.

destino econômico, subordinado aos fins locativos. O locador concede ao locatário tão somente o uso de um bem ou o gozo de um direito, mediante remuneração em dinheiro (CC, arts. 565 a 578); *b*) locação de serviço (*locatio conductio operarum*), se relativa a uma prestação de serviço economicamente apreciável, considerada em si mesma, independentemente do resultado (CC, arts. 593 a 609); *c*) locação de obra (*locatio conductio operis*) ou empreitada, se objetivar a execução de certa obra ou de determinado trabalho, tendo-se em vista um fim ou efeito (CC, arts. 610 a 626).

A locação abrange, portanto, os contratos de uso e gozo, de serviços e de empreitada.

f.2. Caracteres gerais

As três modalidades de locação apresentam os seguintes *caracteres gerais*[276]:

1º) *Cessão temporária do uso e gozo* da coisa, sem transferência de sua propriedade, se se tratar de locação de coisa; da prestação de serviços economicamente apreciáveis, se a locação for de serviço; ou da execução de obra determinada, se consistir em empreitada.

2º) *Remuneração*, que na locação de coisas é designada *aluguel*, na de serviço, *salário*, e, na empreitada, *preço*. Na locação de coisa e de serviço, tal remuneração será proporcional ao tempo, e na empreitada será proporcional à obra realizada.

3º) *Contratualidade*, pois tem natureza contratual, constituindo contrato: *a*) bilateral, porque tanto o locador como o locatário se obrigam reciprocamente; *b*) oneroso, visto que cada contraente busca obter para si determinada vantagem, havendo propósito especulativo; *c*) comutativo, porque as mútuas vantagens são equivalentes e conhecidas desde a celebração do ato negocial; *d*) consensual, uma vez que não depende, para a sua formação, de forma especial, exceto em casos muito particulares; p. ex.: na locação comercial, para a renovação compulsória exige-se contrato escrito pelo prazo de cinco anos (Lei n. 8.245/91, art. 51); os bens imóveis pertencentes a menores sob tutela somente poderão ser alugados pelo tutor mediante preço conveniente (CC, art. 1.747, V); a locação de imóveis da União dependerá de

276. W. Barros Monteiro, op. cit., p. 136; Silvio Rodrigues, *Contrato de locação*, cit., p. 395; Anacleto de Oliveira Faria, op. cit., p. 296 e 297; Serpa Lopes, *Curso*, cit., p. 15; Moacyr de Oliveira, A prestação pecuniária do aluguel, *RDC*, *24*:109 e *29*:144.

concorrência pelo maior preço (Dec.-Lei n. 9.760/46, art. 95, parágrafo único, e Dec.-Lei n. 200/67; Lei n. 8.666/93, arts. 126, 17, *f*, e 24, X); no caso da Lei n. 8.245/91, art. 13, exige-se a forma escrita; *e*) de execução continuada, pois sobrevive com a persistência da obrigação, apesar de ocorrerem soluções periódicas, até que, pelo decurso de certo prazo, cessa o contrato. O pagamento de aluguel, salário ou preço não libera os contraentes senão da dívida relativa a certo período, de modo que o vínculo contratual perdurará até o final do prazo avençado para o término do contrato.

4º) *Presença das partes intervenientes*, isto é, no contrato de locação, de um lado temos o locador, e de outro, o locatário.

f.3. Locação de coisas

f.3.1. Conceito e elementos essenciais

A locação de coisas, conforme dispõe o Código Civil, art. 565, é o contrato pelo qual uma das partes (locador) se obriga a ceder à outra (locatário), por tempo determinado ou não, o uso e gozo de coisa infungível, mediante certa retribuição. Daí se extraem os seguintes *elementos essenciais*[277]:

277. José da Silva Pacheco, op. cit., p. 22-32; Serpa Lopes, *Curso*, cit., v. 4, p. 21-32; Aubry e Rau, op. cit., v. 5, § 368; Espínola, *Sistema*, cit., v. 2, n. 266; W. Barros Monteiro, op. cit., p. 136-40; De Page, op. cit., v. 4, p. 504; Pontes de Miranda, *Tratado de direito predial*, Rio de Janeiro, 1956, v. 4, p. 26; Lino de Morais Leme, *Da eficácia jurídica do silêncio*, São Paulo, 1933; Lomonaco, *Istituzioni di diritto civile italiano*, v. 6, p. 346; Caio M. S. Pereira, *Instituições*, cit., p. 243-50; Fubini, *El contrato de arrendamento de cosas*, n. 149, *b*; Carvalho de Mendonça, *Contratos*, cit., v. 2, ns. 171 e 173; Luiz A. Scavone Jr., Locação de área comum nos condomínios em edifícios e *quorum* necessário para deliberação, *Revista do Curso de Direito da UNIFMU*, n. 22, p. 111-6; Bassil Dower, *Curso moderno de direito civil*, cit., p. 130-2; Orlando Gomes, *Contratos*, cit., p. 333, 334 e 344; Oswaldo e Silvia Opitz, op. cit., p. 16-28; Rogério Lauria Tucci e Álvaro Villaça Azevedo, op. cit., v. 1, p. 27-31; Régis Elias Simão, Inquilinato: questões fundamentais, *Revista do Curso de Direito da Universidade Federal de Uberlândia*, *12*:23 e s., 1983; Nilton da Silva Combre, *Comentários à nova Lei do Inquilinato*, São Paulo, 1979, p. 22 e s.; Sylvio Capanema de Souza, *A nova Lei do Inquilinato*, Rio de Janeiro, Forense, 1979, p. 22; Ruy Tourinho, Nova lei de locações diante da empresa, *Ciência Jurídica*, *42*:40; M. Helena Diniz, *Lei de Locações de Imóveis comentada*, São Paulo, Saraiva, 2008; Teresa Ancona Lopez, *Comentários ao Código Civil* (coord. Antonio Junqueira de Azevedo), São Paulo, Saraiva, 2003, v. 7, p. 1-79; Paulo Restiffe Neto, A locação, in *O novo Código Civil – estudos em homenagem a Miguel Reale*, São Paulo, LTr, 2003, p. 480 e s.; Roberto C. Miraglia, *Locação residencial*, Porto Alegre, Síntese, 2002; Pery Moreira, *Lei do Inquilinato comentada, atualizada e conforme o novo Código Civil*, Porto Alegre, Sérgio A. Fabris, Editor, 2003. Sobre locação predial urbana consulte: Lei n. 8.245/91, em vigor por força do art. 2.036 do vigente Código Civil, e Enunciados do Centro de Estudos e Debates do 2º TACSP n. 1 a 23, 27 a 31, 35

1º) *Consentimento válido*, que é a manifestação recíproca do acordo completo dos contraentes com o intuito de obrigar-se cada um a certa prestação com relação ao outro. O consenso das partes, na locação, rege-se pelos princípios gerais inerentes a todo contrato, estando sujeito a ser invalidado se apresentar os vícios de consentimento: erro, dolo, lesão, estado de perigo e coação, ou os vícios sociais: simulação e fraude contra credores. O consentimento deverá ser inequívoco, não se exigindo, porém, que seja expresso (escrito ou verbal); não se requer, obrigatoriamente, manifestação direta da vontade; será suficiente o consentimento indireto, pois nada impede que alguém, tacitamente, permita a outrem usar e gozar de imóvel que lhe pertence, desde que o ocupante lhe pague um preço correspondente a esse uso e gozo. A omissão e o silêncio podem ser tidos como manifestação de vontade. Se não houver consenso expresso ou tácito a respeito da locação e das suas condições – objeto, aluguel, prazo e demais cláusulas – não se terá contrato algum.

Será imprescindível que os contratantes – locador, senhorio ou arrendador, e locatário, inquilino ou arrendatário – deem seu assentimento, o primeiro de ceder o uso e gozo do bem locado, e o segundo de pagar o aluguel como contraprestação daquele uso e gozo temporariamente obtidos.

Em regra, reúnem-se numa só pessoa as qualidades de proprietário e locador, mas em algumas circunstâncias o locador não é o titular do domínio. Exemplificativamente, é o que ocorre: *a*) nos casos arrolados na Lei n. 8.245/91, arts. 44, III, 53, II, e 47, § 2º; *b*) com o inventariante, que pode alugar bens do espólio; *c*) com o usufrutuário; embora outra pessoa tenha a nua propriedade, poderá ele alugar o objeto que lhe foi dado em usufruto, para obter rendimentos, pois tem o direito de usar e fruir desse objeto; *d*) com o pai, relativamente aos bens do filho menor; *e*) com o tutor ou curador, no que concerne aos pertences do tutelado ou curatelado; *f*) com o administrador do condomínio que, ao celebrar contrato de locação, vincula os demais condôminos (*RF*, *68*:602); *g*) com o locatário, que poderá sublocar, na hipótese do art. 13 da Lei n. 8.245/91, desde que haja consentimento prévio e por escrito do locador (*RT*, *547*:134)[278]; *h*) com o credor an-

---

e 37. O contrato de locação não é personalíssimo. Apenas o contrato de construir para usar (*built-to-suit*) é *intuitu personae*, por visar à construção de prédio sob encomenda para ser, futuramente, alugado a certo locatário, cujas necessidades deverão ser atendidas pelo empreendedor-construtor.

278. É o que nos ensina W. Barros Monteiro, op. cit., p. 138.

ticrético, que poderá arrendar a coisa dada em garantia, pois tem o direito de reter o imóvel para perceber os seus frutos e rendimentos com o escopo de compensar o débito dos juros e amortizar o capital da dívida, embora não tenha o direito de promover a venda judicial do bem dado em garantia. Tem apenas a posse do imóvel para gozar e perceber seus frutos e rendimentos, podendo usar desse bem direta ou indiretamente, arrendando-o a terceiro, salvo pacto em contrário (CC, art. 1.507 e § 2º). O mesmo se diz do enfiteuta (CC de 1916, art. 688 – em vigor por força do art. 2.038 do CC de 2002), do mandatário ou procurador com poderes para administrar o bem locado (*RT*, *468*:127), do comodatário ou usuário[279].

Se houver mais de um locador ou locatário, entender-se-á que são solidários se o contrato não estipulou o contrário (Lei n. 8.245/91, art. 2º), não sendo exceção feita à regra contida no art. 265 do Código Civil, segundo a qual a solidariedade não se presume. Pelo art. 2º da Lei n. 8.245/91 ter-se-á solidariedade legal.

O condômino não poderá dar isoladamente em locação coisa comum, por ter apenas a parte ideal. Dessa forma, a locação de bem indivisível só será permitida se houver mútuo consenso entre os condôminos, prevalecendo a maioria em caso de divergência (CC, arts. 1.323 e 1.325). A maioria será calculada não pelo número, mas pelo valor dos quinhões, visto que a obrigatoriedade das deliberações necessitará do apoio da maioria absoluta, isto é, de votos que representem mais de meio do valor total (CC, art. 1.325, § 1º). Em igualdade de condições, terá preferência para a locação o condômino ao estranho, se a quiser alugar (CC, art. 1.323; *RT*, *521*:177). O condômino não pode alugar garagem a pessoa estranha ao condomínio, uma vez que se caracteriza como serventia da unidade, salvo autorização expressa na convenção de condomínio (CC, art. 1.331, § 1º, 2ª parte, com a redação da Lei n. 12.607/2012). Mas, se a locação for de coisa comum divisível e autônoma, como, p. ex., apartamentos, cada dono poderá locar o seu, sem ter de obter a anuência dos demais condôminos.

2º) *Capacidade dos contraentes*, que é a condição *sine qua non* da validade do consentimento dado por eles, uma vez que a intenção deliberada de contratar requer que o contratante tenha consciência de seu ato e que o pratique livre e espontaneamente. O contrato de locação envolve tão somente atos de administração, por transferir o uso e gozo da coisa e não o

279. José da Silva Pacheco, op. cit., p. 24 e 25.

domínio; logo, as restrições à capacidade dos contratantes não são tão rigorosas quanto na compra e venda. Assim sendo: *a*) pessoa casada não precisará de autorização do outro consorte para locar objeto que lhe pertença, salvo se se tratar de contrato de locação predial urbana por prazo igual ou superior a dez anos e se um dos cônjuges for o locador (Lei n. 8.245/91, art. 3º). Qualquer consorte poderá contratar como locatário, e o outro terá direito de continuar a locação após a sua morte. Presume-se que quem contratou, sendo casado, se residencial a locação, fê-lo como administrador da família; *b*) tutor e curador só poderão dar em arrendamento imóveis do incapaz sob sua guarda, mediante preço conveniente (CC, arts. 1.747, V, e 1.774); *c*) o pai e a mãe poderão, no exercício do poder familiar, arrendar bens de filho menor sem qualquer formalidade (CC, arts. 1.689, II, 1.690, parágrafo único, e 1.691); *d*) pessoa que não é proprietária do bem locado poderá efetivar a locação em certos casos (*RT*, *509*:204), acima mencionados; o locador só poderá dar coisa em locação se puder juridicamente cedê-la ao locatário para uso e gozo.

Os absoluta e relativamente incapazes só poderão alugar se representados ou assistidos pelos seus representantes legais. Para que alguém possa ceder o uso da coisa, será necessário que, além da capacidade para exercer os atos da vida civil, tenha a livre disposição do direito de dar o uso e gozo da coisa e não apenas do direito de transferi-la. Assim, todo aquele que puder administrar poderá locar[280]. O posseiro, p. ex., não poderá alugar, porque sua posse não tem legitimidade jurídica[281]. Tal capacidade deverá ser contemporânea ao contrato de locação; mas, se motivos supervenientes a causarem durante a pendência do negócio, este permanecerá válido.

3º) *Cessão de posse do objeto locado*, que deverá ser:

a) *infungível*, seja ele corpóreo ou incorpóreo (p. ex.: servidão predial pode ser locada juntamente com o prédio dominante), móvel ou imóvel, divisível ou indivisível, visto que, pela natureza do contrato, o locatário deverá restituí-lo, finda a locação, sem diminuição de sua substância. Nessas circunstâncias, tal obrigação jamais poderia ser cumprida se a coisa alugada fosse fungível. Podem ser locadas coisas *móveis infungíveis* (livros, roupas, talheres, veículos, vagões, telefones, cofres, filmes cinematográficos, adornos, animais reprodutores etc.); se fungíveis (arroz, café, vinho etc.), ter-se-á mútuo. Contudo, em certas hipóteses excepcionais, bens fungíveis

280. Vicente Sabino Jr., *A locação no direito brasileiro*, n. 80, p. 99.
281. José da Silva Pacheco, op. cit., p. 25.

poderão ser alugados, quando seu uso e gozo for concedido *ad pompam vel ostentationem*, como, p. ex., se alguém ceder ao locatário, por certo prazo e aluguel, 20 garrafas de vinho, a fim de que elas sirvam de ornamentação na inauguração de um negócio; se alguém, como sucedeu a um avarento, na Europa, que pretendia casar a filha, usar, para impressionar os convidados, grande bolo nupcial, locado a uma confeitaria, ordenando aos empregados que não o sirvam de forma nenhuma[282].

Quanto aos *imóveis* (salão de festas, sala, loja, casa, apartamento, quarto, teatro, terreno, escola, hospital, quadra de tênis, fazenda, sítio etc.), a locação poderá compreender-lhes o todo ou apenas parte, estendendo-se aos acessórios; p. ex.: se se alugar uma casa, estarão abrangidos o quintal, o jardim (*RT*, *186*:807, *193*:682, *180*:238) etc. As *locações de imóveis para fins comerciais ou industriais* reger-se-ão pelos arts. 51 a 54-A, com alteração da Lei n. 12.744/2012, 55 a 57, e 71 a 75 da Lei n. 8.245/91, no que disciplinam as condições e o processo de renovação compulsória desse tipo de contrato (*RT*, *521*:177, *507*:247, *490*:192, *541*:180, *512*:201, *464*:234, *459*:222, *458*:165, *461*:277, *485*:187, *482*:245, *509*:203, *526*:158, *545*:160, *487*:177, *424*:212, *563*:174, *581*:160, *566*:133, *564*:229, *541*:260, *573*:197, *568*:115, *579*:159, *569*:159, *537*:193, *558*:140, *575*:259; *RTJ*, *76*:265, *72*:537, *73*:815, *76*:503, *74*:223, *75*:296, *72*:244; STF, Súmulas 481, 482 e 374), que só será efetivado se: *a*) a locação do contrato a renovar for por tempo determinado; *b*) o prazo mínimo da locação do contrato a renovar for de cinco anos; e *c*) o arrendatário estiver em exploração do seu comércio e indústria, no mesmo ramo, pelo prazo mínimo ininterrupto de três anos. Assim, locatário que exerça atividade mercantil ou industrial, explorando pelo menos há três anos o mesmo ramo e tendo contratado a locação pelo prazo mínimo de cinco anos, terá direito de renovar, pelo mesmo prazo, o contrato, sem que tal renovação possa ser impedida pelo locador, tutelando-se, assim, o fundo de comércio criado pelo locatário. O direito à renovação deverá ser exercido dentro do prazo decadencial – no máximo, dentro de um ano, até os seis meses pre-

282. Pacifici-Mazzoni, *Il Codice Civile italiano commentato*; trattato delle locazioni, v. 4, p. 74; W. Barros Monteiro, op. cit., p. 136 e 137. *Vide*, sobre locação de coisa móvel, o Decreto n. 92.592/86, art. 7º, e a Lei n. 8.069/90, arts. 77 e 256, referentes a aluguel de fita de programação de vídeo a menores. A locação de bem móvel rege-se pelo Código Civil, arts. 565 a 578; a de imóvel, desde que não sujeita a lei especial (CC, art. 2.036), e apenas excepcionalmente, na hipótese do art. 576, §§ 1º e 2º, ou seja, na de alienação de imóvel locado na vigência do contrato de locação. STF, Súmula vinculante 31: "É inconstitucional a incidência do Imposto sobre Serviços de Qualquer Natureza – ISS – sobre operações de locação de bens móveis".

cedentes da data do término do contrato a prorrogar. Se o locador negar a renovação, alegando, p. ex., necessidade do prédio alugado para uso próprio, ou porque o pretende demolir para construir outro, de maior capacidade de utilização, o juiz fixará o *quantum* da indenização a que o locatário terá direito pela perda do fundo de comércio, abrangendo as despesas com a mudança. O locatário deverá, então, desocupar o imóvel dentro do prazo de seis meses, contado do dia em que houver transitado em julgado a sentença. As *locações prediais urbanas residenciais* regulam-se pela Lei n. 8.245/91 (com as alterações da Lei n. 12.112/2009 e da Lei n. 12.744/2012), que procurou evitar pactos leoninos, estabelecendo uma perfeita bilateralidade dos contratos (Súmulas 165, 410 e 483 do STF; *RTJ*, *104*:1112; *RT*, *550*:138, *542*:148, *544*:173, *583*:182, *557*:160, *574*:237, *578*:181, *570*:167, *579*:148, *569*:212, *577*:185, *554*:168, *566*:157, *568*:124, *584*:233, *579*:144, *580*:191, *574*:177, *581*:179). O Decreto n. 92.592/86, art. 7º, referia-se aos reajustes dos aluguéis, em atenção ao programa de estabilização econômica implantado pelo Decreto-Lei n. 2.284/86. Pela Lei n. 8.157/91 (revogada pela Lei n. 8.245/91), o reajuste do aluguel era feito pelo índice livremente pactuado pelas partes, dentre os editados pela Fundação Getulio Vargas (FGV), pela Fundação Instituto de Pesquisas Econômicas (FIPE) ou por órgão oficial, exceto os de variação da taxa cambial e do salário mínimo (art. 2º). O reajuste, semestral ou anual, do aluguel seguia, então, o disposto no Decreto-Lei n. 2.284/86, art. 10, § 3º, Anexos I e III, e, em seguida, foi regido pela Lei n. 8.178/91, arts. 15 e 17, se a locação for residencial. Pela Lei n. 8.245/91, arts. 17, 18 e 85, as partes poderão, na locação residencial de imóvel novo, com habite-se concedido a partir da entrada em vigor daquela Lei, estabelecer livremente o valor locativo, vedada a estipulação em moeda estrangeira e a sua vinculação à variação cambial ou ao salário mínimo, e os reajustes deverão seguir o disposto em lei específica. A Lei n. 8.494/92, atualmente em vigor, dispõe sobre a extinção do Índice de Salários Nominais Médios e o reajuste dos contratos de locação residencial. Se o prédio locado for antigo, só terão tal liberdade após cinco anos da entrada em vigor da Lei n. 8.245/91 as *locações*, ou melhor, as *concessões de uso de prédios urbanos da União*, pelo Decreto-Lei n. 9.760/46 (com alteração das Leis n. 225/48, n. 11.314/2006 e Lei n. 13.139/2015), e as *locações de prédios rústicos* (moinho de água e vento, galpão, curral, engenho, terreno destinado à lavoura, celeiro, paiol etc.), isto é, destinados à exploração agrícola ou pecuária, pela Lei n. 8.245/91, se para fins comerciais e industriais, e pelo Estatuto da Terra (Lei n. 4.504/64, arts. 92 e s., e Decreto n. 59.566/66, art. 32, IV e V; *RT*, *468*:235, *481*:213, *478*:198); as *locações de hospitais, unidades sanitárias, estabelecimentos de saúde e de ensi-*

no são regidas pela Lei n. 8.245/91, com as alterações da Lei n. 9.256/96, e os *arrendamentos de áreas aeroportuárias,* pelo Decreto n. 89.121/83. Já as *locações de vagas autônomas de garagem* ou de *espaço para estacionamento de veículos,* de *pavilhão de exposição,* de *apart-hotel,* hotel-residência ou equiparados regem-se pelo Código Civil e por leis especiais (Lei n. 8.245/91, art. 1º, parágrafo único). As locações de espaços destinados à publicidade (*outdoors*) não caem sob a égide da lei inquilinária, sendo regidas pelo Código Civil e pelas leis especiais (Lei n. 4.680/65; Decretos n. 57.690/66 e n. 271/67, arts. 7º, 8º e 9º; Lei n. 8.078/90 e Código Brasileiro de Autorregulamentação);

b) inconsumível, pois, se destinadas a serem consumidas, impossível seria a sua restituição pelo locatário no término do contrato; todavia, poderá ser objeto de locação a coisa cuja utilização pelo locatário importe em consumo de algum acessório, como na hipótese de aluguel de prédio rústico com cláusula admitindo corte de árvores;

c) suscetível de gozo, material ou juridicamente. Ou melhor, deverá ser lícito e possível, sob pena de nulidade do contrato de locação (CC, art. 166, II);

d) determinado ou *determinável;*

e) dado por quem possua título bastante para fazê-lo, como o proprietário, o mandatário, o enfiteuta, o usufrutuário, o inventariante etc.;

f) alienável ou *inalienável,* pois não será necessário que esteja no comércio; o bem público ou o gravado com cláusula de inalienabilidade poderá, apesar disso, ser locado.

4º) *Remuneração,* isto é, aluguel ou renda, que o locatário paga periodicamente pelo uso da coisa, em regra em dinheiro, embora possa ser solvida mediante entrega de frutos e produtos. O aluguel deverá ser certo e determinado ou pelo menos determinável, podendo, algumas vezes, revestir-se de cunho mais ou menos aleatório, como, p. ex., se se estipular que o locador receberá 50% da arrecadação. É normalmente estabelecido pela vontade de ambas as partes, embora sua taxação possa ser imposta por ato governamental, como no caso do aluguel dos táxis e prédios urbanos, por arbitramento administrativo ou judicial, ou por concorrência, como no caso de bens da União (Dec.-Lei n. 9.760/46, art. 95, parágrafo único, e Dec.-Lei n. 200/67). O aluguel é variável, para mais ou para menos, salvo se estiver bloqueado ou congelado por força de legislação de emergência[283]. O valor deverá ser sério; se for irrisório, ter-se-á empréstimo dissimulado, ou melhor, comodato.

---

283. W. Barros Monteiro, op. cit., p. 138.

O valor do aluguel poderá ser estipulado livremente, porém somente será passível de reajuste (Lei n. 8.245/91, arts. 17, 18 e 85; Lei n. 8.178/91, arts. 15 a 17; *JSTJ*, *1*:393; *RT*, *548*:150, *473*:164). Proíbe-se a imposição unilateral do valor do aluguel. Geralmente a dívida do aluguel é quesível, devendo o locador reclamá-la no domicílio do locatário, porém nada obsta a que se estipule a sua natureza portável, hipótese em que o locatário oferecerá o pagamento no domicílio do locador.

Se o locatário não pagar o aluguel, sua cobrança far-se-á por via executiva (CPC, art. 784, VIII) ou poder-se-á ter a resolução contratual.

5º) *Lapso de tempo determinado ou não*. Realmente, a locação poderá ser convencionada por tempo determinado ou não, sendo incompatível com a sua natureza a estipulação de sua perpetuidade, por ser um contrato temporário. Não há qualquer limite de prazo locativo, exceto no que se refere aos bens das pessoas jurídicas de direito público interno. Deveras, imóveis da União não poderão ser locados por prazo superior a vinte anos (Dec.-Lei n. 9.760/46, art. 96, parágrafo único, com a redação da Lei n. 11.314/2006; Lei n. 9.636/98, art. 21, com alteração da Lei n. 11.314/2006); os do Estado de São Paulo, por prazo superior a dois anos (Dec.-Lei estadual n. 11.800/40, art. 81 (revogado pela Lei estadual n. 12.392/2006), e Const. Est. de São Paulo/89, art. 19, V).

O contrato de locação predial urbana poderá ser estipulado por qualquer prazo, mas, se o for por igual ou superior a dez anos, dependerá de vênia conjugal, se um dos consortes for locador (Lei n. 8.245/91, art. 3º), por força do art. 2.036 do Código Civil, mas há quem ache que tal autorização apenas se impõe se não forem casados sob o regime de separação total de bens (CC, art. 1.647). Se não houver prazo, a locação será por tempo indeterminado. Havendo prazo convencionado, o locador, antes do seu vencimento, não poderá reaver o prédio alugado (*RT*, *509*:196, *547*:138, *546*:146) com exceção ao que estipula o § 2º do art. 54-A, o locatário, todavia, poderá devolvê-lo pagando a multa pactuada, proporcional ao período de cumprimento do contrato, ou, na sua falta, a que for judicialmente estipulada (art. 4º da Lei n. 8.245/91, com a redação da Lei n. 12.744/2012). "Na locação não residencial de imóvel urbano na qual o locador procede à prévia aquisição, construção ou substancial reforma, por si mesmo ou por terceiros, do imóvel então especificado pelo pretendente à locação, a fim de que seja a este locado por prazo determinado, prevalecerão as condições livremente pactuadas no contrato respectivo e as disposições procedimentais da Lei n. 8.245/91. Mas, (a) poderá ser convencionada a renúncia ao direito de revisão do valor dos aluguéis durante o prazo de vigência do contrato de locação e (b) de denúncia antecipada do vínculo locatício pelo locatário, caso em que se compromete a cumprir a multa convencionada, que não excederá, porém, a soma dos valores dos aluguéis a receber até o termo final da locação; nesta última hipótese, não se aplicará o art. 4º da Lei n. 8.245/91 (art. 54-A, §§ 1º e 2º, da Lei n. 8.245/91, acrescentado pela Lei n. 12.744/2012, c/c o art. 4º da Lei n. 8.245/91). O contrato de locação residencial por tempo determinado, por prazo igual ou superior a trinta meses, cessará de pleno direito, findo o prazo estipulado, independentemente de notificação ou aviso. Vencido o prazo contratual, não promovendo o locador a retomada do prédio locado, sob denúncia vazia ou condicionada, presumir-se-á prorrogada a locação, nas condições ajustadas, mas sem prazo determinado (Lei n. 8.245/91, art. 46, §§ 1º e 2º; *RT*, *528*:226); logo, o contrato não cessará de pleno direito. Trata-se da figura da prorrogação legal, desde que o locatário permaneça no prédio sem oposição do locador. Há tão somente uma presunção *juris tantum*, porque se houver ação de despejo, intentada pelo locador, esta será a prova que ilidirá tal presunção. Se por tempo indeterminado, o locatário poderá, mediante aviso ao locador com antecedência mínima de trinta dias, dar por findo o contrato (*RT*, *495*:145, *514*:230). Se a locação residencial for ajustada por prazo inferior a trinta meses, após seu término, a locação prorrogar-se-á, automaticamente, por tempo indeterminado, somente podendo ser retomado o imóvel mediante denúncia cheia, nos casos do art. 47, I a V. Se, durante a locação residencial, a coisa for alienada, o adquirente só poderá retomá-la nos casos legais (Lei n. 8.245/91, art. 8º), ou seja, mediante denúncia cheia ou motivada, exceto se a locação for por tempo determinado e o respectivo contrato contiver cláusula de vigência em caso de alienação e constar de Registro de Imóveis, hipóteses em que o adquirente não está obrigado a respeitá-lo, podendo haver denúncia vazia ou imotivada. Já nas locações não residenciais, excluídas as que têm finalidade comercial ou industrial, a rescisão e a retomada continuarão sendo promovidas sob denúncia vazia, e o meio legal para obter a restituição do prédio é a ação de despejo (Lei n. 8.245/91, art. 56). A ação de despejo, concedida nos casos do art. 59 da Lei n. 8.245/91 (com as alterações da Lei n. 12.112/2009), é uma consequência lógica, jurídica e legal da rescisão com vistas à retomada do prédio (*RT*, *532*:224, *519*:257, *572*:159).

Com a morte do locador, transferir-se-á aos seus herdeiros a locação por tempo determinado ou indeterminado, desde que residentes no prédio (Lei n. 8.245/91, art. 10). Com a extinção da união estável ou do casamento do locatário, ou se houver separação de fato, a locação continua com o outro companheiro ou cônjuge, se ele ficar residindo no prédio (Lei n.

8.245/91, art. 12 – com a redação da Lei n. 12.112/2009 – c/c art. 226, § 6º, da CF, com a redação da EC n. 66/2010).

Se se tratar de prédio rústico, a locação poderá ser concedida tanto a prazo certo como a prazo indeterminado; neste caso, presumir-se-á contratada pelo tempo indispensável ao locatário para uma colheita (*RT*, *525*:156, *502*:207, *490*:155). Na locação por tempo indeterminado, não querendo o locatário continuá-la, avisará o senhorio seis meses antes de a deixar. O Estatuto da Terra (arts. 92 e s.) e o Decreto n. 59.566/66 (art. 32, IV e V) regem essa modalidade de arrendamento.

6º) *Forma livre*. Realmente, o princípio comum é o da *forma livre*, pois, como a lei não exige forma especial, o contrato valerá, seja qual for a forma de que se revestir. Não será, portanto, necessário que a manifestação válida da vontade dos contraentes, formadora do contrato, seja feita por documento escrito (2º TACSP, Súmula 20; *RT*, *613*:159, *617*:131, *788*:303). A locação é um contrato consensual, que independe de forma especial para a sua celebração. Por isso, poderá ser ajustada por escrito ou verbalmente, a não ser em casos especiais, para os quais a lei requer forma escrita. P. ex.: nas hipóteses dos arts. 13 e 51, I e II, da Lei n. 8.245/91 (*RT*, *538*:231), exige-se forma escrita, isto é, instrumento público ou particular, visto que este deverá ser assinado pelas partes (CC, arts. 221 e 227, parágrafo único), e, para fins de averbação, também deverá ser subscrito por duas testemunhas (Lei n. 8.245/91, art. 33, parágrafo único, c/c o art. 2.036 do CC e art. 169, III, da Lei n. 6.015 – normas especiais que prevalecem sobre o art. 221 do CC – norma geral), sendo que, para ter eficácia perante terceiros, precisará ser assentado no Registro Público de Títulos e Documentos (CC, arts. 221, *in fine*, e 288; Lei n. 6.015/73, arts. 129, 156 e 167; Súmula 442 do STF). A Lei n. 8.245/91, art. 8º, prescreve que, para fazer valer a locação contra o adquirente, deverá constar do Registro de Imóveis e conter cláusula de vigência no caso de alienação (*RT*, *529*:103, *525*:155, *479*:211, *508*:189, *524*:287, *495*:224, *421*:205, *494*:151).

Dever-se-á acreditar na palavra do locador, até prova em contrário, em tudo que se referir à locação (*RT*, *117*:153; *RF*, *192*:218). Presumir-se-ão como verdadeiras as suas declarações, porém dever-se-á provar o contrato por qualquer meio admissível em direito, inclusive por testemunhas (CC, art. 212), se se acionar pessoa que não está ocupando o prédio (*RF*, *112*:163, *192*:218; *RT*, *540*:195). A prova exclusiva testemunhal sempre será admissível não dispondo a lei de modo diverso (CPC, art. 442).

Entretanto, será preciso que haja começo de prova escrita, isto é, documento proveniente da parte contra quem se age. Fácil é denotar que a prova escrita é de grande utilidade para provar o contrato; embora seja dispensável *ad solemnitatem*, é, muitas vezes, exigida *ad probationem* (*RT*, *119*:679).

É mister ressaltar ainda que, se houver qualquer dúvida no contrato, ela deverá ser entendida a favor do devedor e contra o locador (*RT*, *180*:238).

f.3.2. Direitos e obrigações do locador

O locador tem o *direito* de:

1º) Receber o pagamento do aluguel (CC, art. 565, *in fine*). O locador tem penhor legal, como garantia pelos aluguéis, sobre os bens móveis que o inquilino tiver no prédio (CC, art. 1.467, II, e Enunciado 14 do TJSP). E a sua pretensão relativa aos aluguéis de prédios urbanos ou rústicos prescreve em três anos (art. 206, § 3º, I, do CC).

2º) Cobrar antecipadamente o aluguel, desde que a locação não seja garantida por caução real ou fidejussória, e seja para temporada (Lei n. 8.245/91, arts. 20, 42 e 49). Fora desses casos, cobrar o aluguel antecipadamente constitui contravenção penal, punível com prisão simples de cinco dias a seis meses, ou multa entre três e doze meses correspondentes ao valor do último aluguel atualizado (Lei n. 8.245/91, art. 43, III).

3º) Exigir do locatário, na locação de prédio urbano (Lei n. 8.245/91, art. 37), uma das seguintes garantias: *a*) *caução em dinheiro*, que não poderá exceder ao valor de três meses de aluguel, efetuada mediante depósito em carteira de poupança autorizada pelo Poder Público, pelo prazo de duração da locação, cabendo ao locatário as vantagens daí decorrentes, por ocasião do levantamento da soma respectiva. Se o locador ou seu representante não agir dessa forma, sujeitar-se-á ao pagamento de uma multa equivalente às vantagens decorrentes do depósito, que o locatário poderá cobrar por via executiva. É permitida a *caução em bens móveis ou imóveis* e, se for dada caução em títulos e ações, esta deverá ser substituída, no prazo de trinta dias, em caso de falência, recuperação, judicial ou extrajudicial, ou liquidação da sociedade emissora (Lei n. 8.245/91, art. 38, §§ 1º a 3º); *b*) *garantia fidejussória* (fiança), na forma do art. 818 do Código Civil, atendendo-se, ainda, ao disposto no art. 82 da Lei n. 8.245/91 (*RT*, *440*:163, *358*:437, *368*:124, *381*:458, *387*:221, *390*:246, *457*:146). E pela Súmula 214 do STJ, "o fiador na locação não responde por obrigações resultantes de aditamento ao qual não anuiu");

c) seguro de fiança locatícia (Circulares SUSEP n. 587/2019 e 594/2019), isto é, o pagamento de uma taxa, correspondente a um prêmio mensal ou anual que se ajustar, tendo por fim garantir o pagamento de certa soma ao locador (segurado). Garante-se, mediante o prêmio, o pagamento de indenização dos prejuízos sofridos com o inadimplemento do locatário (Res. n. 202/2008 da SUSEP); e *d) cessão fiduciária de quotas de fundo de investimento* (Lei n. 8.245/91, art. 37, IV, acrescido pela Lei n. 11.196/2005), pela qual o locatário (devedor) cede, até que se dê a liquidação total da dívida *ex locato*, ao locador (credor), os seus direitos creditórios, representados em quotas (títulos de investimento) emitidas por entidade financeira, originárias de operações nos segmentos financeiro, comercial, industrial, arrendamento mercantil, prestação de serviços, sistema de distribuição de valores mobiliários destinados à aplicação em empreendimentos imobiliários (construção de imóveis, aquisição de imóveis prontos ou investimentos em projetos, visando viabilizar o acesso à habitação e serviços, inclusive em áreas rurais para posterior alienação, locação ou arrendamento). Tais quotas constituem objeto do fundo, que não poderá ser explorado comercialmente pelo mesmo, salvo através de locação ou arrendamento ou em carteira diversificada de títulos e valores mobiliários. Essa cessão fiduciária é admitida pela Lei n. 4.728/65, art. 66-B, §§ 3º a 6º (incluídos pela Lei n. 10.931/2004) e, salvo disposição em contrário, a posse direta ou indireta das quotas é atribuída ao credor (locador), que, em caso de inadimplemento ou mora da obrigação locatícia garantida, poderá vender a terceiro o bem objeto da propriedade fiduciária independentemente de leilão, hasta pública ou qualquer outra medida judicial ou extrajudicial, devendo aplicar o preço da venda no pagamento do seu crédito e das despesas decorrentes da realização da garantia, entregando ao devedor (locatário) o saldo, se houver, acompanhado do demonstrativo da operação realizada. A Instrução CVM n. 432/2006 dispõe, em detalhes, sobre a constituição, a administração, o funcionamento dos fundos de investimento destinados à garantia de locação imobiliária e a cessão fiduciária, em garantia de locação imobiliária. A lei proíbe a cumulação de mais de uma garantia (*RT*, *601*:161, *657*:135; *JTACSP*, *101*:300) e autoriza o locador a exigir novo fiador ou a substituição da modalidade de garantia na prorrogação contratual se a locação for por prazo indeterminado, sendo a fiança ajustada por prazo certo; morte, ausência, interdição, falência ou insolvência do fiador; alienação ou gravação de todos os imóveis do fiador ou sua mudança de residência sem comunicação ao locador; exoneração do fiador; desaparecimento dos bens móveis; desapropriação ou alienação do imóvel; exoneração de garantia constituída por quotas de fundo de investimento e liquidação ou encerramento do fundo de investimento, cujas quotas foram cedidas fiduciariamente como garantia locatícia (Lei n. 8.245/91, arts. 37, IV, 40, I a X, e 43, II).

4º) Mover ação de despejo (Lei n. 8.245/91, arts. 59 (com a redação da Lei n. 12.112/2009) a 66; Lei n. 9.099/95, art. 3º, III); Lei n. 14.010/2020, art. 9º - regime transitório em caso de Covid-19). A ação de despejo pode ser cumulada com o pedido de cobrança de multa e aluguéis e acessórios locatícios (Lei n. 8.245/91, art. 62, I, com redação da Lei n. 12.112/2009). Já se decidiu que o locador não tem direito de ficar com bens deixados por inquilino despejado, os quais deverão ser entregues à guarda de um depositário. Nessa situação somente seria permitido pedir autorização judicial para aliená-los em leilão público (*STJ*, 6ª T., j. 7-4-2000).

5º) Reaver a coisa locada ou o prédio alugado, após o vencimento da locação. Se for imóvel urbano, o locatário poderá devolvê-lo, pagando a multa pactuada proporcionalmente ao período de cumprimento do contrato, ou, na sua falta, a que for judicialmente estipulada (Lei n. 8.245/91, art. 4º, com a redação da Lei n. 12.744/2012). Antes de o prazo estipulado se vencer, o locador só poderá reaver o bem móvel locado ressarcindo o locatário das perdas e danos, o qual terá direito de retenção, enquanto não perceber tal indenização (CC, art. 571, 1ª parte e parágrafo único) e, em se tratando de locação predial urbana, como dissemos, poderá devolvê-lo, com exceção do art. 54-A, § 2º da Lei n. 8.245/91, pagando multa pactuada, proporcional ao período do cumprimento do contrato, ou, na sua falta, a que for judicialmente determinada.

6º) Autorizar, por escrito, a cessão de locação, a sublocação e o empréstimo do prédio (Lei n. 8.245/91, art. 13).

7º) Pedir a revisão judicial do aluguel ou a atualização dos aluguéis das locações residenciais ou não residenciais (*RT*, *547*:144, *635*:263, *643*:133; *JSTJ*, *1*:389 e 399, *10*:371, *12*:200; Lei n. 8.245/91, art. 19), após três anos de vigência do contrato.

8º) Ser comunicado, por escrito, da sub-rogação na locação não só em caso de separação de fato ou de extinção do casamento, como também do término da relação concubinária do locatário, pelo ex-cônjuge ou ex-companheiro que permanecer no prédio. Tal comunicação também deverá ser feita ao fiador, que poderá exonerar-se de suas responsabilidades no prazo de trinta dias contados do recebimento daquela comunicação oferecida pelo sub-rogado, ficando responsável pelos efeitos da fiança durante cento e vinte dias após a notificação ao locador. Se o sub-rogado for pessoa diversa da que contratou a locação, tendo, então, o direito de exigir novo fiador ou depósito em caução (Lei n. 8.245/91, arts. 12, §§ 1º e 2º, com a redação da Lei n. 12.112/2009 – c/c CF, art. 226, § 6º, com a redação da EC n. 66/2010 –, e 37).

Mas, por outro lado, terá *obrigação* de[284]:

1º) Entregar ao locatário a coisa alugada, com suas pertenças (CC, art. 93), em estado de servir ao uso a que se destina (CC, art. 566, I; Lei n. 8.245/91, art. 22, I). Deverá entregá-la com tudo o que constituir elemento para a sua fruição. Assim, o aluguel de uma casa abrange a instalação elétrica, jardim, serviço de água etc. (*RT*, *186*:709, *178*:839, *145*:733, *282*:593, *524*:167, *771*:331; *RF*, *95*:588). P. ex.: se o prédio locado estava em construção e esta se atrasa, não podendo, por isso, o locador entregá-lo no tempo aprazado, o locatário poderá pedir rescisão do contrato, com devolução das quantias pagas e pagamento de multa contratual (*RT*, *179*:196). A entrega da coisa locada é o principal dever do locador, por ser ela um meio indispensável para a fruição do uso e gozo do bem, o que constitui elemento essencial do contrato de locação. Sem tal entrega a locação não se efetiva.

2º) Manter o bem nesse estado, pelo tempo do contrato, salvo cláusula expressa em contrário (CC, art. 566, I, *in fine*; Lei n. 8.245/91, art. 22). Deverá, portanto, realizar reparações necessárias para que a coisa locada possa ser utilmente empregada (Lei n. 8.245/91, arts. 26 e 22, X). P. ex.: se o prédio alugado foi destelhado por um vendaval, o locador deverá refazer o telhado; se não o fizer, o locatário poderá rescindir o contrato, com pagamento de perdas e danos, exigir que se cumpra a obrigação ou reter o aluguel (*RT*, *193*:750, *222*:327), embora recente jurisprudência tenha entendido o contrário. Pelo Código Civil, art. 567, se, durante a locação, a coisa alugada se deteriorar, sem

---

284. Anacleto de Oliveira Faria, Locação de imóveis, in *Enciclopédia Saraiva do Direito*, v. 50, p. 323; W. Barros Monteiro, op. cit., p. 140-3; Serpa Lopes, *Curso*, cit., v. 4, p. 32-42; Orlando Gomes, *Contratos*, cit., p. 335-7; Carvalho Santos, op. cit., v. 17, p. 25; Salvat, op. cit., v. 2, n. 857, p. 112 e 113; De Page, op. cit., v. 4, parte 1, n. 591, p. 574; Caio M. S. Pereira, *Instituições*, cit., p. 250-60; Bassil Dower, *Curso moderno de direito civil*, cit., p. 137-40. Sobre as garantias dadas ao locador *vide* Circular n. 347/2007, da SUSEP, e nossos comentários no v. 2 do *Tratado teórico e prático dos contratos*, São Paulo, Saraiva, 2006, p. 120-22. Relativamente ao despejo: Sérgio Carlos Covello, *Ação de despejo*, Coleção Saraiva de Prática do Direito, n. 6, 1985. Pelo art. 192, § 5º, da Lei n. 11.101/2005 (incluído pela Lei n. 11.127/2005), o juiz poderá autorizar locação de bens móveis ou imóveis a fim de evitar a sua deterioração, cujos resultados reverterão em favor da massa.

O Projeto de Lei n. 4.457-B, de 2012, pretende acrescentar parágrafo único ao art. 566 do Código Civil, no seguinte teor: "O locador, se proceder com dolo ou culpa, responde em solidariedade com o locatário pelos danos por este causados no uso da coisa locada".

O CPC, no art. 242, § 2º, trata da citação de locador que se ausentar do Brasil sem cientificar inquilino de que deixou procurador com poderes para receber citação. Esse locador, então, será citado na pessoa do administrador do imóvel encarregado do recebimento dos aluguéis que será considerado habilitado para representar o locador em juízo.

culpa do locatário, a este caberá pedir redução proporcional do aluguel (*RT*, *162*:193, *161*:167), ou rescindir o contrato (*RF*, *75*:342; *RT*, *189*:158), somente se a coisa não mais servir para o fim a que se destinava. Se o bem perecer, resolver-se-á o contrato, com perdas e danos, se houve culpa do locador, embora os contraentes possam estipular o contrário (*RF*, *129*:143).

3º) Responder pelos defeitos ou vícios ocultos do bem locado, anteriores à locação (Lei n. 8.245/91, art. 22, IV; CC, art. 568, *in fine*; *RT*, *578*:166, *165*:668; *RF*, *75*:134).

4º) Garantir o uso pacífico da coisa locada, durante o tempo do contrato (CC, art. 566, II; Lei n. 8.245/91, art. 22, II), abstendo-se, ante os princípios da boa-fé objetiva e da probidade, da prática de qualquer ato que possa comprometer o uso e gozo da coisa locada e garantindo o locatário contra perturbações de terceiros (*RF*, *95*:369, *144*:90; *AJ*, *100*:30; *RT*, *802*:291, *164*:323, *179*:805), pois deverá resguardá-lo dos embaraços e turbações de terceiros (CC, art. 568, 1ª parte).

5º) Pagar não só os impostos que incidam sobre o imóvel locado, prêmios de seguro contra incêndio (*RSTJ*, *107*:362), taxas e quaisquer despesas de intermediação ou administração imobiliária, mas também as despesas extraordinárias de condomínio, compreensivas de todos os encargos referentes a obras que interessem à estrutura integral, à aparência interna ou externa do prédio ou a segurança, à instalação de equipamentos de comunicação, às indenizações trabalhistas e previdenciárias por dispensa de empregado anterior à locação, à constituição de fundo de reserva etc., bem como as necessárias para repor suas condições de habitabilidade e que não se incluem nas despesas ordinárias de condomínio (Lei n. 8.245/91, art. 22, VII, VIII e X). Porém, essa disposição legal não é categórica, pois a segunda parte do art. 22, VIII, da Lei n. 8.245/91 permite que os contratantes estipulem que a obrigação de pagar prêmio de seguro contra incêndio, imposto sobre a propriedade predial e territorial urbana e taxas municipais relativas ao prédio locado fique a cargo do locatário.

6º) Fornecer o recibo de aluguel ou de encargos (Lei n. 8.245/91, art. 22, VI); se se tratar de locação de habitação coletiva multifamiliar, poderá ser punido, se não der recibo, com detenção de três meses a um ano, que poderá ser substituída pela prestação de serviços à comunidade (Lei n. 8.245/91, art. 44, I) e, além disso, o lesado poderá pleitear, em processo próprio, multa equivalente a um mínimo de doze e um máximo de vinte e quatro meses do valor do último aluguel atualizado (Lei n. 8.245/91, art. 44, parágrafo único).

7º) Indenizar as benfeitorias úteis ou necessárias feitas pelo locatário de boa-fé (*RT*, *469*:150), que terá direito de reter o imóvel locado até receber tal indenização (CC, art. 1.219; *Ciência Jurídica, 42*:96 e 146). "A cláusula de renúncia antecipada ao direito de indenização e retenção por benfeitorias necessárias é nula em contrato de locação de imóvel urbano feito nos moldes do contrato de adesão" (Enunciado n. 433 do Conselho da Justiça Federal, aprovado na V Jornada de Direito Civil). Quanto às voluptuárias, o locador poderá pagá-las ou deixar que o locatário as remova, desde que sem detrimento da coisa. Já há julgados que entendem que não são indenizáveis as benfeitorias quando o contrato de locação nega esse direito (*RT, 523*:236; Lei n. 8.245/91, arts. 35 e 36).

8º) Dar preferência ao locatário ou sublocatário para adquirir o prédio locado, em igualdade de condições com terceiro, notificando-o sobre sua resolução de vender ou de ceder direitos (Lei n. 8.245/91, art. 33; *RT, 635*:262).

9º) Não exigir, por motivo de locação ou sublocação, quantia ou valor além do aluguel e dos encargos permitidos, sob pena de prisão simples de cinco dias a seis meses, ou multa entre três e doze aluguéis correspondentes ao valor do último aluguel atualizado (Lei n. 8.245/91, art. 43, I).

f.3.3. Direitos e deveres do locatário

O locatário terá o *direito* de[285]:

1º) Exigir do locador não só a entrega da coisa, o recibo do aluguel ou de encargos, a manutenção do *statu quo* da coisa locada durante o tempo do contrato, mas também a garantia do uso pacífico do bem locado e a responsabilidade pelos vícios ocultos (Lei n. 8.245/91, art. 22, I a IV e VI).

2º) Pedir ao locador, quando este lhe entregar o prédio, relação escrita do seu estado (Lei n. 8.245/91, art. 22, V); se o locador não a fornecer, não

285. Jefferson Daibert, *Interpretação da nova Lei do Inquilinato*, Rio de Janeiro, Forense, 1979, p. 46-54; Bassil Dower, *Curso moderno de direito civil*, cit., p. 138; Rogério Lauria Tucci e Álvaro Villaça Azevedo, op. cit., v. 2, p. 424-54; Régis Elias Simão, Inquilinato: ainda existe a denúncia vazia, *Revista do Curso de Direito da Universidade Federal de Uberlândia, 10*:135-44, 1981; STF, Súmula 158. Sobre direito de retenção: Arnaldo Medeiros da Fonseca, *Direito de retenção*, Rio de Janeiro, Forense, 1957. As propostas do Projeto de Lei n. 6.960/2002 (atual PL n. 699/2011) para alterar os arts. 574 e 576 do Código Civil foram rejeitadas pelo Parecer Vicente Arruda, nos seguintes termos: "As alterações sugeridas não devem prosperar, dado que o Código trata, genericamente, da locação de coisas móveis e imóveis. As alterações pretendidas são mais afeitas à locação de imóveis, e, vale lembrar, que por força do art. 2.036, a locação do prédio urbano está sujeita à lei especial (hoje, Lei n. 8.245/91) e por esta continuará a ser regida. Pela rejeição da alteração proposta para ambos os dispositivos".

poderá reclamar perdas e danos devidos a estragos por ocasião da restituição do imóvel.

3º) Reter, por ser possuidor de boa-fé, a coisa alugada enquanto não for ressarcido das perdas e danos pelo locador que pediu o bem antes do vencimento do prazo (CC, art. 571, parágrafo único) e no caso de benfeitorias necessárias ou úteis, feitas com o consentimento por escrito do locador (Lei n. 8.245/91, art. 35; CPC, art. 917, IV, § 5º), enquanto não receber indenização relativa a elas (CC, arts. 578 e 1.219; *RT*, *523*:236, *787*:293, *795*:260; *Ciência Jurídica*, *68*:83), tendo, ainda, o direito de levantar as voluptuárias. As benfeitorias úteis feitas pelo locatário sem licença do locador serão consideradas de má-fé e não lhe darão direito de receber a indenização correspondente, nem lhe será permitido levantar as voluptuárias, e, muito menos, reter o imóvel para haver a importância atinente às benfeitorias necessárias. Mas por estas terá direito à indenização correspondente, visto que objetivam conservar o bem, evitando a sua deterioração. O locatário deixará de ter direito de retenção se houver cláusula contratual admitindo renúncia de tal prerrogativa. O adquirente do bem locado não responderá pelas benfeitorias do locatário, salvo estipulação contratual averbada no Registro Imobiliário (Súmula 158 do STF).

4º) Ter preferência para a aquisição, no caso de alienação do imóvel locado (Lei n. 8.245/91, art. 27; *RT*, *469*:241; *Bol. AASP*, *1.887*:1; Súmula 488 do STF), salvo se se tratar de venda judicial, permuta, doação, integralização de capital, cisão, fusão, incorporação (Lei n. 8.245/91, art. 32; CC, arts. 1.113 e 1.122), constituição de propriedade fiduciária e de perda da propriedade ou venda por quaisquer formas de realização de garantia, inclusive mediante leilão extrajudicial (art. 32, parágrafo único, da Lei n. 8.245/91, com a alteração da Lei n. 10.931/2004). Caducará esse direito se não o exercer nos trinta dias subsequentes à notificação (Lei n. 8.245/91, art. 28). O locatário preterido na preferência poderá reclamar perdas e danos, desde que o contrato de locação esteja registrado no Cartório Imobiliário (STF, Súmula 442). Além disso, o locatário, a quem não se notificar a venda, poderá, depositando o preço e demais despesas do ato de transferência, haver para si o imóvel locado, se o requerer no prazo de seis meses a contar do assento no Cartório do Registro Imobiliário, desde que o contrato de locação, pelo menos trinta dias antes da venda, esteja averbado no Registro de Imóveis (Lei n. 8.245/91, art. 33; CC, art. 576, § 1º, 2ª parte; *RT*, *548*:152). Se o locatário não exercer o seu direito de preferência, o bem será vendido a terceiro, que não responderá pelas benfeitorias feitas pelo locatário, salvo estipulação contratual averbada no Registro Imobiliário (Súmula 158 do STF).

Se a coisa móvel ou imóvel for alienada durante a locação, o adquirente, por ato *inter vivos*, não terá o dever de respeitar o contrato, se nele não estiver consignada a cláusula de vigência no caso de alienação, e não constar de Registro no Cartório de Títulos e Documentos do domicílio do locador (quando o bem for móvel) ou do Registro de Imóveis da respectiva circunscrição (se imóvel), impedindo, portanto, a denúncia do inquilino, fazendo com que o contrato tenha eficácia *erga omnes*. Pela redação do Projeto de Lei n. 699/2011 alterando o art. 576, *caput*, ter-se-á, com sua aprovação, que: "Se a coisa for alienada durante a locação, não a preferindo o locatário, no prazo de trinta dias, o adquirente não ficará obrigado a respeitar o contrato, se nele não for consignada a cláusula da sua vigência no caso de alienação e não constar de registro". Mas se se tratar de imóvel locado, não regido pela Lei n. 8.245/91, e, ainda, no caso em que o locador não esteja obrigado a respeitar o contrato, não poderá despedir o locatário, senão observando o prazo de noventa dias após a notificação (CC, art. 576, §§ 1º e 2º). Assim, p. ex., um locatário de *apart-hotel* só poderá ser obrigado a deixá-lo dentro de noventa dias da notificação feita pelo adquirente.

5º) Purgar a mora (*RT*, *531*:178, *558*:145, *546*:179, *352*:84, *354*:397, *355*:423, *356*:339, *357*:454, *358*:165, *359*:412, *360*:419, *362*:313, *363*:263, *369*:157, *370*:237, *373*:279, *383*:274, *384*:195, *386*:179, *389*:226, *446*:260) para evitar a rescisão da locação, requerendo, durante a ação de despejo, que lhe seja permitido, dentro do prazo de quinze dias, contado da citação, o pagamento do débito atualizado, independentemente de cálculo e mediante depósito judicial, incluindo o aluguel e encargos devidos, multas, penalidades contratuais, juros de mora, honorários do advogado do locador etc. (Lei n. 8.245/91, art. 62, II – com a redação da Lei n. 12.112/2009), salvo se já se houver beneficiado dessa permissão (*RTJ*, *73*:328; *RT*, *547*:155, *548*:141) nos vinte e quatro meses imediatamente anteriores à ação de despejo (Lei n. 8.245/91, art. 62, parágrafo único – com a redação da Lei n. 12.112/2009). Entretanto, em caso de obstáculo judicial, admitia-se a purga da mora pelo locatário além do prazo legal (STF, Súmula 173). A revogada lei, ao preceituar que o débito devia ser superior a dois meses de aluguel (Lei n. 6.649/79, art. 36, § 2º), foi coerente, porque o débito por ela referido não representava apenas o valor do aluguel, mas a soma do aluguel e dos encargos contratuais ou legais que o locatário tivesse assumido. P. ex.: numa locação cujo aluguel fosse de R$ 20.000,00, o locatário assumia encargos, tributos, seguro de fiança locatícia e condomínio (cuja mensalidade era equivalente a 1/12 do total), com isso a soma de suas obrigações atingiria o valor de R$ 8.000,00; o débito mensal seria, portanto, de R$

28.000,00; se o atraso fosse de dois meses, o débito seria de R$ 56.000,00, superior, portanto, a dois meses de aluguel, cujo valor, simples, era de R$ 40.000,00. A atual Lei do Inquilinato não faz referência ao requisito legal do débito superior a dois meses para a *emendatio morae*.

6º) Ser despejado mediante denúncia vazia ou cheia.

7º) Sublocar, ceder ou emprestar o bem locado, havendo consentimento prévio e expresso do locador (STF, Súmula 411).

8º) Alegar impenhorabilidade dos bens móveis quitados que guarneçam o imóvel locado e que sejam de sua propriedade (Lei n. 8.009/90, art. 2º, parágrafo único).

Terá o *dever* de[286]:

1º) Servir-se da coisa locada exclusivamente para o uso convencionado ou presumido (CC, art. 569, I, 1ª parte; Lei n. 8.245/91, art. 23, II, 1ª parte; *Bol. AASP, 1.887*:1; *RT, 506*:184). P. ex.: se alugar prédio residencial, este deverá ser usado unicamente para moradia, e o locatário não terá o direito de transformá-lo em loja, ponto de jogo de azar, hospital, casa de tolerância etc. (*RT, 200*:500, *144*:688, *161*:719, *272*:492, *258*:414, *206*:474, *217*:449, *178*:783, *212*:554, *273*:528, *183*:704, *225*:403; *AJ, 107*:384; *RF, 116*:488). Se o locatário o empregar para outra finalidade, ou se o bem se danificar por abuso do inquilino, o locador poderá rescindir o contrato e exigir perdas e danos (CC, art. 570). Convém lembrar que não constituirá mudança de destinação o fato de: *a*) um advogado ou médico manter em sua casa escritório ou consultório[287]; *b*) se instalar consultório dentário num dos cômodos da residência (*RT, 182*:236); *c*) pessoa da família do locatário instalar, num dos cômodos da moradia, instituto de beleza (*RT, 172*:632);

---

286. Orlando Gomes, *Contratos*, cit., p. 337 e 338; Bassil Dower, *Curso moderno de direito civil*, cit., p. 138-42; Carvalho de Mendonça, *Contratos*, cit., v. 2, n. 179; Serpa Lopes, *Curso*, cit., p. 43-50; W. Barros Monteiro, op. cit., p. 143-7; Caio M. S. Pereira, *Instituições*, cit., p. 260-4; De Page, op. cit., v. 4, n. 657; Jones Figueirêdo Alves, *Novo Código*, cit., p. 506; J. Nascimento Franco (Indenização por danos a imóvel locado, *Tribuna do Direito*, maio 2003, p. 6) ensina que: o fiador pode ser condenado a indenizar locador pelos danos causados por desleixo do locatário afiançado (CC, arts. 818 e 822) ou por infração contratual no que atina às condições de habitabilidade e conservação do prédio detectadas quando da sua desocupação (2º TACSP, 2ª Câm., Apelação n. 512.605-0/2). *Vide*: *RT, 505*:154; *RTJ, 78*:946; *RF, 234*:149.

Súmula 614 do STJ: "O locatário não possui legitimidade ativa para discutir a relação jurídico-tributária de IPTU e de taxas referentes ao imóvel alugado nem para repetir indébito desses tributos".

287. Cunha Gonçalves, *Tratado*, cit., v. 9, p. 108.

d) se utilizar sala da residência para pequena escola primária (*RT*, *168*:624; *RF*, *115*:527, *112*:188; *AJ*, *95*:317)[288]. Haverá abuso ou uso anormal suscetível de pagamento das perdas e danos se utilizar animal, locado para passeio, em transporte de carga pesada, causando sua morte ou rompimento de seu tendão, p. ex. (CC, arts. 187 e 422 c/c o art. 570). Vedado está, portanto, não só o uso de coisa locada para fim diverso do avençado, mas também sua utilização abusiva, conducente à sua perda ou deterioração.

2º) Tratar do bem alugado como se fosse seu (CC, art. 569, I, 2ª parte; Lei n. 8.245/91, art. 23, II, 2ª parte), sob pena de rescisão contratual e de indenização de perdas e danos (*RT*, *526*:225, *534*:148). Não poderá alterar a forma interna e externa do imóvel, sem anuência do locador (Lei n. 8.245/91, art. 23, VI).

3º) Pagar pontualmente o aluguel nos prazos ajustados, ou, na falta de convenção, até o dia 6 do mês seguinte ao vencido (Lei n. 8.245/91, art. 23, I) ou segundo o costume do lugar (CC, art. 569, II). A dívida, na falta de convenção em contrário, é *quérable* e não *portable*, devendo ser por isso procurada pelo locador no domicílio do locatário (*RT*, *186*:751, *187*:756, *258*:580; *AJ*, *95*:159). Nas locações de prédio rústico, salvo ajuste em contrário, nem a esterilidade nem o malogro da colheita por caso fortuito autorizam o locatário a exigir o abatimento no aluguel. O pagamento não poderá ser retido a pretexto algum, sob pena de incidir o devedor em mora (*RT*, *503*:182, *518*:224, *548*:168, *543*:168). Não poderá o locatário subtrair-se ao pagamento, alegando que a coisa locada se encontra em péssimo estado não servindo às suas finalidades (*RT*, *538*:156)[289]. Havendo devolução do bem antes do termo contratual, prescreve o art. 572 do Código Civil que, "se a obrigação de pagar o aluguel pelo tempo que faltar constituir indenização excessiva, será facultado ao juiz fixá-la em bases razoáveis", fundado no valor mercadológico, no tempo de duração da locação e no já cumprido pelo inquilino, tendo em vista a função social do contrato, para evitar enriquecimento indevido do locador, visto que haverá muito rigor se se estipular o pagamento do aluguel pelo tempo que faltar do contrato desfeito. O inquilino pagará o que deve, mas dentro do limite da razoabilidade, daí a redução equitativa da penalidade, relativa ao pagamento dos aluguéis faltantes, fazendo com que o locador só receba o que for justo.

---

288. W. Barros Monteiro, op. cit., p. 144.

289. W. Barros Monteiro, op. cit., p. 146.

4º) Levar ao conhecimento do locador os danos, que a este incumbe reparar, e as turbações de terceiros, que se pretendam fundadas em direito (CC, art. 569, III; Lei n. 8.245/91, art. 23, IV; *RT*, *805*:291), o que não impede que o locatário possa valer-se dos remédios possessórios quando sua posse for turbada ou esbulhada, podendo até ir contra o locador, se este for o autor da turbação ou do esbulho.

5º) Restituir a coisa, finda a locação, no estado em que a recebeu, salvo as deteriorações decorrentes do uso regular (Lei n. 8.245/91, art. 23, III; CC, art. 569, IV; *RT*, *805*:290, *803*:404, *795*:345, *786*:414). O contrato pelo qual um dos contraentes cede ao outro a exploração de pedreira, de salina, de fonte de água mineral e de fazenda para o corte de árvore não constitui locação, mas compra e venda, porque será impossível devolver o bem no estado em que foi entregue, devido à extração daqueles produtos[290] (*RT*, *243*:425, *281*:317, *289*:839; *RF*, *183*:262; *AJ*, *100*:430, *102*:438). Não pode devolver o bem locado antes do término do prazo contratual, a não ser que pague ao locador, proporcionalmente, a multa prevista no contrato (CC, art. 571, 2ª parte). Tratando-se de locação de imóvel urbano, tal multa pactuada deverá ser paga proporcionalmente ao período de cumprimento do contrato, ou, na sua falta, a que for judicialmente estipulada (art. 54-A da Lei n. 8.245/91, acrescentado pela Lei n. 12.744/2012). A proporcionalidade dessa multa, de valor variável, resulta, como pondera Jones Figueirêdo Alves, de "uma equação diferencial que contemple o cumprimento incompleto da obrigação à vista do tempo residual ou faltante ao vencimento do prazo ajustado. Ou seja, a mutabilidade da cláusula penal, com a variação do valor da cominação, observa, com efeito, uma redução proporcional da pena estipulada, tendo em conta o período das obrigações satisfeitas" (CC, art. 413, e Lei n. 8.245/91, art. 4º, com a redação da Lei n. 12.744/2012). Se, sendo a locação por prazo indeterminado ou findo o contrato, o locatário notificado não devolver a coisa, estará constituído em mora e deverá ele pagar, enquanto a detiver, o aluguel arbitrado pelo locador e responder pelo dano que ela vier a sofrer, inclusive por caso fortuito. Se, porventura, aquele aluguel for muito excessivo (p. ex., por ultrapassar o dobro do seu valor mercadológico), o órgão judicante, para que não haja enriquecimento sem causa, poderá reduzi-lo equitativamente, sem olvidar de que constitui uma penalidade (CC, art. 575, parágrafo único), visto que o inquilino inadimplente deverá sofrer uma

290. W. Barros Monteiro, op. cit., p. 146 e 147; Carlos Roberto Gonçalves, *Direito*, cit., v. 3, p. 295.

sanção. "A regra do parágrafo único do art. 575 do novo CC, que autoriza a limitação pelo juiz do aluguel-pena arbitrado pelo locador, aplica-se também ao aluguel arbitrado pelo comodante, autorizado pelo art. 582, 2ª parte, do novo CC" (Enunciado n. 180 do Conselho da Justiça Federal, aprovado na III Jornada de Direito Civil).

Se, vencido o prazo locativo, o locatário permanecer na posse do bem locado, sem oposição do locador, ter-se-á presunção *juris tantum* de que houve prorrogação da locação por tempo indeterminado e mediante pagamento do mesmo aluguel (CC, art. 574). A locação por prazo determinado passará a ser *ope legis* por tempo indeterminado. Tal recondução tácita do contrato, no nosso entender, manterá, até prova em contrário, todas as cláusulas do contrato prorrogado. O Projeto de Lei n. 699/2011 pretende que, na locação por prazo determinado, findo o lapso temporal, o locatário continue na posse da coisa alugada, por mais de trinta dias, sem oposição do locador, para que se opere aquela presunção. E objetiva acrescentar parágrafo único ao art. 574, impondo prazo para a desocupação de um bem locado por prazo indeterminado, ao dispor: "Não convindo ao locador continuar a locação de tempo indeterminado, este notificará o locatário para entregar a coisa alugada, concedido o prazo de trinta dias".

Se o imóvel alienado fiduciariamente estiver locado, a locação poderá ser denunciada com o prazo de trinta dias para desocupação, exceto se tiver havido aquiescência por escrito do fiduciário, devendo a denúncia ser realizada no prazo de noventa dias, contado da data da consolidação da propriedade no fiduciário, devendo essa condição constar, expressamente, em cláusula contratual específica, destacando-se das demais por sua apresentação gráfica (art. 27, § 7º, da Lei n. 9.514/97, com modificação da Lei n. 10.931/2004).

6º) Pagar os encargos de limpeza, força e luz, água, saneamento e despesas ordinárias de condomínio (Lei n. 8.245/91, art. 23, VII, VIII, X e XII): salários e contribuições previdenciárias e sociais de empregados, água, luz e força utilizadas nas instalações e partes de uso comum; limpeza e conservação das instalações e dependências de uso comum; manutenção e conservação de equipamentos hidráulicos e elétricos de uso comum; manutenção e conservação de elevadores e de antenas coletivas; pequenos reparos em partes externas das instalações hidráulicas e elétricas; reposição total ou parcial de fundo de reserva, comprovada a previsão orçamentária e o rateio mensal etc.

7º) Fazer reparações locativas: colocação de fechaduras, substituição de vidros partidos, consertos de goteiras etc. Realmente, o art. 23, V e III, da Lei n. 8.245/91 prescreve que o locatário é obrigado a fazer por sua conta, no prédio, não só as reparações de estragos a que der causa, desde que não provenham do uso normal, bem como as dos danos provocados por familiares, dependentes, visitantes ou prepostos.

8º) Consentir nos reparos urgentes de que o prédio necessitar, porque o locatário tem a posse do bem, e o locador, que é o responsável por esses reparos urgentes, não poderá nele entrar sem a sua autorização. Se tais reparos durarem mais de dez dias, o locatário poderá pedir abatimento proporcional no aluguel; se durarem mais de um mês e tolherem o uso regular do prédio, o locatário poderá rescindir o contrato (Lei n. 8.245/91, art. 26, parágrafo único).

9º) Dar caução em dinheiro ou em bens móveis ou imóveis, garantia fidejussória, seguro de fiança locatícia, e cessão fiduciária de quotas de fundo de investimento, se o locador o exigir (Lei n. 8.245/91, art. 37).

10) Pedir prévio consentimento expresso do locador para poder sublocar, ceder ou emprestar o imóvel locado (Lei n. 8.245/91, art. 13).

11) Responder, p. ex., pelo incêndio ou deterioração do prédio, se não provar caso fortuito ou força maior, vício de construção ou propagação de fogo originado em outro prédio. Se o prédio tiver mais de um inquilino, todos responderão pelo dano, inclusive o locador, se nele habitar, cada um em proporção da parte que ocupe, exceto provando-se ter começado, p. ex., o incêndio na utilizada por um só morador, que será, então, o único responsável (*RT*, *460*:194, *546*:149, *600*:212, *785*:191). Isto é assim porque o locatário pelo art. 570 do Código Civil responde pelos prejuízos provocados na coisa locada por ato abusivo seu, e o locador, além das perdas e danos, poderá exigir a rescisão contratual.

f.3.4. Transferência do contrato de locação por ato "inter vivos"

f.3.4.1. Generalidades

A cessão, a sublocação e o empréstimo são modos translativos *inter vivos* do contrato de locação (Lei n. 8.245/91, art. 13).

A cessão é a forma comum de transferência de direitos pessoais e a sublocação é modo translativo especial, inerente à locação, por transmitir o uso e gozo da coisa, mediante nova locação; portanto, ambas têm a mesma função: transferir, total ou parcialmente, do locatário a um terceiro os direitos e os deveres decorrentes do contrato de locação, desde que haja consentimento prévio, por escrito, do locador. Todavia, apresentam pontos divergentes: *a*) na sublocação, o locatário continuará obrigado pelo contrato celebrado com o locador. O locatário não se exonerará do vínculo contratual, continuando, assim, responsável pela conservação do imóvel e pelo pagamento do aluguel. Portanto, a relação original locador-locatário permanecerá, enquanto na cessão desaparece a responsabilidade do cedente, que se transmite para o cessionário, com o qual se entenderá o locador. O cessionário assume a posição contratual do cedente, que desaparece, saindo da relação contratual isento de qualquer responsabilidade. Todos os direitos e deveres do cedente transmitir-se-ão ao cessionário. Desaparece a relação original, surgindo outra, agora entre locador e cessionário, que substituirá o cedente, o qual, por sua vez, se desobrigará de seus compromissos; *b*) na sublocação ter-se-á nova locação, distinta da outra, com a manutenção ou não dos mesmos direitos e obrigações da primitiva locação, desde que não se excedam os limites contidos no ativo do locatário (sublocador). O subcontrato é novo, porém não é autônomo, uma vez que nasce e permanece vinculado ao contrato básico, de cuja existência depende. Na sublocação há dois contratos superpostos; na cessão de locação haverá um ato de alienação, substituindo-se o locatário antigo por um novo, o que não suscita simultaneidade de contratos, já que seu objetivo é excluir o cedente, cuja posição será ocupada pelo cessionário, e com isso não se está formando um segundo contrato; *c*) na sublocação, a prova do contrato sujeitar-se-á ao mesmo regime probatório da locação, por representar uma nova locação, ao passo que a cessão de locação, por consistir em transferência equiparável a uma alienação, exige o instrumento público ou particular para valer contra terceiros (CC, arts. 221 e 288; Lei n. 6.015/73, art. 127, I).

O empréstimo, parcial ou total, da coisa locada envolveria a figura do comodato, a respeito do qual logo falaremos. Como preleciona Antônio Chaves, seria uma cessão, a título provisório e gratuito, pelo locatário, de parte ou da totalidade do prédio, com o dever de restituí-lo em breve tempo (*RT*, *265*:708, *270*:359; *RF*, *132*:471, *214*:168). O locatário só poderá emprestar o bem alugado se obtiver anuência prévia e por escrito do locador. Havendo empréstimo da coisa locada, o locatário continuará responsável perante o locador[291].

291. Oswaldo e Silvia Opitz, op. cit., p. 47-60; Serpa Lopes, *Curso*, cit., p. 50-4, 60 e 61; W.

f.3.4.2. Cessão de locação

A cessão locacional, como pontifica Antônio Chaves, consiste na alienação, na transferência a outrem da posição contratual do locatário; enfim, na transmissão, para outra pessoa, dos direitos e deveres que lhe competem. O locatário desliga-se da condição de locatário primitivo, vinculando o cessionário ao locador.

Nela há, como nos ensina Carlos Alberto da Mota Pinto, uma transferência *ex negotio* de uma das partes contratuais (cedente), com o assentimento da outra (cedido), para um terceiro (cessionário), do complexo de posições ativas e passivas criadas por um contrato. Desse modo, o cedente é o locatário; o cedido, o locador; e o cessionário, o terceiro. O locatário cedente desaparecerá do negócio, criando-se, então, um liame entre locador e novo locatário.

A cessão de locação, por importar em transferência de direito pessoal, reger-se-á pelas normas do Código Civil atinentes à cessão de crédito.

O *cedente* é o transmitente do direito pessoal, mas para tanto deverá estar previamente munido do consentimento do locador, responsabilizando-se, então, perante o cessionário pela existência do contrato de locação ao tempo em que lho cedeu (CC, art. 295), não respondendo, porém, pela solvência do devedor, a não ser que se tenha convencionado o contrário (CC, art. 296). Com a cessão, o cedente desliga-se do locador, pois a locação terminará, relativamente ao cedente, a partir da data da cessão.

O *cessionário*, por sua vez, terá a posição jurídica de um adquirente, obrigando-se a receber o bem locado no estado em que se encontrar, não podendo reclamar o mau estado da coisa locada, pois ele continua a situação que lhe foi transmitida pelo cedente. Nada poderá exigir do cedente quanto às reparações que se tornarem necessárias, mas sim do locador cedido. A cessão de contrato de locação estabelecerá entre cessionário e locador a mesma situação jurídica que havia entre cedente e locador. Percebe-se daí que a posição do locador não se alterará com a cessão[292].

Barros Monteiro, op. cit., p. 150; Orlando Gomes, *Contratos*, cit., p. 345; Fábio Nusdeo, Sublocação, in *Enciclopédia Saraiva do Direito*, v. 71, p. 45; Rogério Lauria Tucci e Álvaro Villaça Azevedo, op. cit., v. 1, p. 99-103; Antônio Chaves, *Lições de direito civil*, São Paulo, 1977, v. 4, p. 36.

292. Antônio Chaves, *Lições*, cit., v. 4, p. 35 e 36; Serpa Lopes, *Curso*, cit., p. 54 e 55; Carlos Alberto Mota Pinto, *Cessão da posição contratual*, Coimbra, 1970, p. 71-4; Paulo Eduardo Fucci (Cessão da locação empresarial. *Tribuna do Direito*, junho de 2005, p. 8), baseado em João Nascimento Franco, observa que a jurisprudência vem admitindo a tese da nulidade das cláusulas que condicionam a cessão da locação, conjunta

f.3.4.3. Sublocação

A sublocação será admitida se não for expressamente proibida; essa regra, porém, é inaplicável à locação de prédio urbano, para o qual a sublocação é proibida, a menos que haja prévio consentimento por escrito do locador (*RT*, *538*:231, *644*:135).

Segundo Andrea Tabet, a "sublocação consiste na concessão do gozo, parcial ou total, da coisa locada, por parte de quem é, por sua vez, locatário dela mesma"[293].

A sublocação vem a ser um contrato de locação que se efetiva entre o locatário de um bem e terceiro (o sublocatário), com a prévia permissão do locador, que, participando de uma primeira relação jurídica *ex locato* (contrato de locação), se vincula a uma segunda (contrato de sublocação), tendo-se em conta, nas duas, o mesmo objeto locado[294].

A relação sublocatícia não passa de mera permissão do locador, regida, no que couber, pelas mesmas disposições legais relativas à locação (Lei n. 8.245/91, art. 14). Equivale a uma nova locação, embora o seu prazo não possa ser superior ao da locação entre o locador e o locatário, uma vez que a sublocação segue a sorte da locação.

Daí decorre que[295]:

1º) a sublocação contém duas relações jurídicas distintas: a relação *ex locato* entre locador e locatário e entre este (sublocador) e o sublocatário. A sublocação não estabelece qualquer liame entre o locador e o sublocatário (*RT*, *542*:157); daí a inadmissibilidade de ação direta de um

---

com a do fundo de comércio, à anuência do locador. A locação mercantil poderá ser cedida pelo locatário-empresário sem o consenso do locador, desde que isso decorra da transmissão do estabelecimento instalado no imóvel, para o mesmo cessionário. Consulte: Lei n. 11.101/2005, arts. 117 e 140, § 3º; Lei n. 6.404/76, arts. 227 e 228; CC, arts. 1.116 e 1.119; *RT*, *372*:275; *RJRS*, *8*:310, *9*:392, *4*:322; Súmula 411 do STF.

293. Andrea Tabet, La locazione-conduzione, in Antonio Cicu e Francesco Messineo, *Trattato di diritto civile e commerciale*, Milano, 1972, v. 25, p. 609. Nesse mesmo sentido: Carvalho de Mendonça, *Contratos*, cit., t. 2, p. 63; *RT*, *356*:373, *358*:162, *360*:283, *362*:347, *369*:241, *378*:257, *382*:256, *384*:231, *389*:292, *537*:199, *473*:225, *514*:173; *RJRS*, *8*:310; *RF*, *213*:284.

294. Rogério Lauria Tucci e Álvaro Villaça Azevedo, op. cit., v. 1, p. 41.

295. Bassil Dower, *Curso moderno de direito civil*, cit., p. 143 e 144; Fábio Nusdeo, op. cit., p. 46 e 47; Jefferson Daibert, op. cit., p. 96-105; Orlando Gomes, *Contratos*, cit., p. 345 e 346; Serpa Lopes, *Curso*, cit., p. 55-60; W. Barros Monteiro, op. cit., p. 150 e 151; *RT*, *565*:157.

contra o outro, embora em casos excepcionais a lei autorize ao locador agir diretamente contra o sublocatário, para exigir o cumprimento de obrigações nascidas de contrato do qual não foi parte e em relação ao qual é terceiro[296];

2º) o sublocatário tem os mesmos direitos assegurados ao locatário (*RT*, *537*:197);

3º) na sublocação, o locatário transfere a terceiro o gozo da coisa locada, sem, contudo, fazer-se substituir em sua posição contratual, continuando responsável pela conservação da coisa e pelo pagamento do aluguel;

4º) a sublocação pode ser total ou parcial, abrangendo o bem locado no todo ou em parte;

5º) o sublocatário, em caso de venda do imóvel sublocado pelo proprietário, terá direito de preferência para a sua aquisição. E, se forem vários os sublocatários, exercê-lo-ão em comum ou individualmente, caso apenas um deles seja o interessado (Lei n. 8.245/91, art. 30);

6º) o sublocatário, se o sublocador for demandado por falta de pagamento, responderá subsidiariamente ao locador pelos aluguéis devidos ao sublocador e ainda pelos que se vencerem até o fim da lide (Lei n. 8.245/91, art. 16). Assim, a sublocação aparece como uma garantia adicional da própria locação;

7º) o sublocatário deverá ter ciência da ação de despejo contra o locatário, para que possa intervir como assistente do réu (Lei n. 8.245/91, art. 59, § 2º);

8º) a sublocação resolver-se-á se a locação se findar ou se rescindir, ressalvado o direito de eventual indenização cabível ao sublocatário contra o sublocador, tendo, então, o sublocatário o direito de ser indenizado pelo sublocador (Lei n. 8.245/91, art. 15);

9º) a permanência do sublocatário no imóvel, extinta a locação, celebrada com o locatário, permitirá, na ação de despejo, a concessão de liminar para desocupação em quinze dias, independentemente de audiência da parte contrária e desde que prestada caução no valor equivalente a três meses de aluguel (Lei n. 8.245/91, art. 59, § 1º, V);

10) o sublocatário terá direito de reter o prédio pela indenização das benfeitorias necessárias que realizou, por ser, como o próprio locatário, possuidor de boa-fé. Quanto às úteis, só terá direito de retenção se permitidas pelo proprietário;

---

296. Orlando Gomes, *Contratos*, cit., p. 345.

11) o sublocatário responderá por dano a que deu causa (CC, art. 570).

f.3.5. Transferência dos direitos e deveres decorrentes da locação por causa de morte do locador ou do locatário

Nas locações de prédio urbano, falecendo o *locador*, transferir-se-á aos seus herdeiros a locação por tempo determinado ou indeterminado (Lei n. 8.245/91, art. 10); assim, o falecimento do locador não extinguirá a locação, visto que seus direitos e obrigações passarão *ope legis* aos seus sucessores (herdeiros ou legatários), por não serem personalíssimos (CC, arts. 1.784 e 1.792), desde que não sejam superiores às forças da herança. Se o contrato locatício for por tempo determinado, deverão, obviamente, respeitar o prazo contratual. Mas, se o locador que faleceu era usufrutuário ou fiduciário, pelo art. 7º da Lei n. 8.245/91, não se operará qualquer transferência patrimonial a seus herdeiros, pois o nu-proprietário ou o fideicomissário não têm nenhuma obrigação de manter a locação, mesmo com prazo determinado, a não ser que expressamente tivessem consentido na contratação.

Se a locação for por tempo indeterminado, não sendo para fins residenciais, os sucessores poderão denunciar a locação, independentemente de qualquer justificativa, pois lhes estará permitida a denúncia vazia; todavia, se se tratar de rescisão de locação e de retomada de prédio urbano destinado a moradia, imperiosa será a necessidade de denúncia cheia, apenas nas hipóteses do art. 47.

Em caso de óbito do locatário, terão direito à continuidade da locação, ajustada por tempo determinado ou indeterminado (Lei n. 8.245/91, art. 11, I e II):

1º) o companheiro ou cônjuge sobrevivente e, sucessivamente, os herdeiros necessários e as pessoas que viviam na dependência econômica do locatário, desde que residentes no prédio e desde que o contrato locatício seja para fins residenciais;

2º) o espólio do inquilino falecido e, a seguir, se for o caso, seu sucessor no negócio, se se tratar de locação não residencial. Isto é assim porque nosso direito admite a impersonalidade do gozo, não cessando o contrato se o que o desfruta falecer[297].

---

297. De Ruggiero, *Instituições de direito civil*, p. 293; Rogério Lauria Tucci e Álvaro Villaça Azevedo, op. cit., v. 1, p. 110-25; Bassil Dower, *Curso moderno de direito civil*, cit., p. 145 e 146; Oswaldo e Silvia Opitz, op. cit., p. 67-71; *RT*, *532*:153, *514*:173, *267*:555, *254*:416.

f.3.6. Extinção da locação de coisas

Cessará a locação[298] se houver:

1º) *distrato ou resilição bilateral*, bastando que o locatário, de comum acordo com o locador, lhe restitua o bem locado, antes de escoar o prazo de duração do contrato (Lei n. 8.245/91, art. 9º, I; *RT*, *470*:243);

2º) *retomada do bem locado* nos casos admitidos por lei (Lei n. 8.245/91, art. 47), bastando comprovar o fato extintivo, como, p. ex., a necessidade do prédio locado para residência de familiares sem prédio próprio, para uso próprio e para edificação ou reforma que lhe dê maior capacidade de utilização (*RT*, *528*:145, *537*:193, *538*:163, *547*:145, *351*:529, *356*:348, *359*:393, *361*:319, *526*:155, *369*:286, *370*:165, *543*:178, *371*:207, *374*:245, *375*:170, *542*:229, *378*:313, *380*:262, *382*:298, *381*:217, *382*:309, *384*:230, *387*:193, *352*:312, *355*:412, *353*:152, *372*:272, *385*:172, *373*:279, *386*:225, *358*:366, *359*:373, *369*:405, *363*:223, *365*:236, *389*:259, *383*:231, *460*:193, *459*:160, *498*:214; *RF*, *219*:494; *RSTJ*, *104*:445; Súmulas 80, 175, 177, 374, 409, 410, 483, 484 e 486 do STF);

3º) *implemento de cláusula resolutória expressa*, como, p. ex., a que resolve o contrato, de pleno direito, se o locador rescindir contrato de trabalho do locatário, que é também seu empregado, se não houver fiança em certo prazo etc.;

---

298. Carvalho de Mendonça, *Contratos*, cit., v. 2, n. 182; Caio M. S. Pereira, *Instituições*, cit., p. 275 e 276; Orlando Gomes, *Contratos*, cit., p. 341-3; Bassil Dower, *Curso moderno de direito civil*, cit., p. 149-56; Serpa Lopes, *Curso*, cit., p. 61-75; Rogério Lauria Tucci e Álvaro Villaça Azevedo, op. cit., v. 1, p. 114; José da Silva Pacheco, op. cit., p. 9 e 10. *Vide*: Lei n. 6.239/75 sobre ação de despejo de hospital, unidades sanitárias oficiais, estabelecimentos de saúde e ensino (*RT*, *524*:181). E, quanto ao direito sumular das locações, são aplicáveis as seguintes Súmulas do STF: 80, 123, 173, 175, 178, 180, 181, 357, 374, 375, 376, 409, 410, 411, 442, 444, 446, 449, 481, 482, 483, 484, 485, 486,488 e 492; estando revogadas as de ns.: 65, 109, 171, 172, 174, 176, 177, 179 e 370. Consulte: M. Helena Diniz, *Lei de locações de imóveis urbanos comentada*, São Paulo, Saraiva, 1997, onde se encontram explicações detalhadas de cada artigo da novel lei.

Vide: Resolução n. 88/95 do Tribunal de Justiça de São Paulo, concernente ao Juizado Especial de Pequenas Causas de Guaianazes.

A Lei n. 11.101/2005 não se aplica aos processos de falência ou concordata ajuizados antes de sua vigência, que serão concluídos nos termos do Decreto-Lei n. 7.661/45 (art. 192 da Lei de Falências). O juiz poderá autorizar a locação ou o arrendamento de bens imóveis ou móveis a fim de evitar a sua deterioração, cujos resultados reverterão em favor da massa (art. 192, § 5º, da Lei n. 11.101/2005, acrescentado pela Lei n. 11.127/2005).

4º) *perda total* da coisa locada, como, p. ex., em caso de incêndio da casa alugada. Extingue-se o contrato pelo perecimento do bem locado, já que perece o direito, desaparecendo seu objeto (*RT*, *511*:168, *548*:154), ante a impossibilidade de uso e gozo do bem locado pelo locatário;

5º) *perda parcial* ou deterioração do bem por culpa do locador ou do locatário;

6º) *vencimento do prazo contratual* determinado, quando a lei não impõe prorrogação ou renovação. O locatário cumpriu, portanto, espontaneamente seu dever, restituindo, então, o bem locado (Lei n. 8.245/91, art. 46). Cessa, de pleno direito, a locação por tempo determinado, findo o prazo avençado, independentemente de notificação ou aviso (CC, art. 573). E, se findo tal prazo, o inquilino continuar na posse da coisa alugada, sem que haja oposição do locador, presumir-se-á prorrogada a locação pelo mesmo aluguel, mas sem prazo determinado (CC, art. 574);

7º) *desapropriação* do prédio locado, com imissão de posse (Lei n. 8.245/91, art. 5º, parágrafo único; *RT*, *495*:138, *519*:176);

8º) *morte do locatário*, se ele não tiver sucessores nem sublocatário (Lei n. 8.245/91, art. 11), o fiador poderá, se quiser, pedir exoneração. Poderia haver cláusula no contrato locatício, dispondo sua automática cessação em caso de óbito de qualquer dos contraentes; isso, porém, só será admitido se a locação não objetivar fins residenciais. Assim, para que a família do falecido locatário não fique desabrigada na locação residencial por tempo determinado, respeitar-se-á o contrato. Mas, se a locação for sem prazo determinado ou se o prazo indeterminado se deu por prorrogação (CC, art. 574), os herdeiros (legítimos ou testamentários) do locatário não poderão usar do bem. Logo, se o bem locado for móvel ou imóvel, cuja locação é regida pelo diploma civil, "morrendo o locador ou o locatário, transfere-se *ope legis* aos seus herdeiros a locação por tempo determinado" (CC, art. 577). O espólio poderá propor ações locativas, pedir imóvel locado para uso de herdeiro (*RT*, *572*:216, *613*:153; *JTACSP*, *111*:351);

9º) *nulidade ou anulabilidade* do contrato locatício (Lei n. 8.245/91, art. 45) em razão de vício que as autorize;

10) *resilição unilateral* por inexecução contratual ou por infração à lei, por parte do locador ou do locatário (Lei n. 8.245/91, art. 9º, II e III), como, p. ex., nos casos de falta de pagamento de aluguel ou de sublocação sem anuência do locador (*RT*, *377*:353, *457*:163, *458*:119, *462*:251, *461*:159, *459*:156, *460*:192, *522*:234, *532*:160, *498*:209, *547*:148, *597*:147, *602*:166, *635*:265). A resilição unilateral por iniciativa do locador denomina-se de-

núncia, consumando-se em execução de sentença proferida na ação de despejo que proporá, se o locatário violar obrigação legal ou contratual e se seu interesse tiver respaldo em lei;

11) *extinção de usufruto ou fideicomisso*, tratando-se de contrato locatício ajustado pelo usufrutuário ou fiduciário, salvo se com ele anuiu, por escrito, o nu-proprietário ou o fideicomissário, ou se a propriedade vier a consolidar-se em mãos do usufrutuário ou do fiduciário (Lei n. 8.245/91, art. 7º; *RT*, *484*:202; *RTJ*, *72*:390);

12) *falência ou recuperação judicial* de um dos contratantes, desde que as partes pactuem a rescisão contratual por essa razão (*RT*, *541*:219). Urge lembrar, contudo, que a nova Lei de Falências prevê, no seu art. 119, VII, que a falência do locador não resolve o contrato de locação e que, havendo falência do locatário, o administrador judicial pode, a qualquer tempo, denunciar o contrato.

f.4. Locação de serviço ou prestação de serviço

f.4.1. Considerações gerais

Bastante deficiente e omisso foi nosso Código de 1916 relativamente à locação de serviço, por não ter regulado: a associação profissional ou sindical; as convenções coletivas de trabalho; o salário mínimo; as participações nos lucros da empresa; o repouso semanal remunerado; as férias; a aposentadoria; a greve; a higiene e segurança do trabalho; a previdência social; o trabalho agrícola e doméstico; o trabalho dos menores e das mulheres; as profissões liberais etc.

Com isso propiciou o advento da legislação trabalhista. Regido por um estatuto original, o contrato, antes chamado *locação de serviço*, conquistou sua autonomia, tornou-se contrato de trabalho regido por normas de ordem pública, em que a autonomia da vontade se encontra cerceada pela intervenção estatal não só na celebração do negócio como no seu desenvolvimento.

Com o advento da legislação trabalhista, a *locação de serviço*, que se referia ao trabalho subordinado, foi substituída pelo contrato individual de trabalho, tanto para o trabalho urbano como para o rural, e pelo contrato de trabalho avulso. Dos três, o primeiro é regido pela Consolidação das Leis do Trabalho (CLT), o segundo, pela Lei n. 5.889/73, regulamentada pelo Decreto n. 73.626/74, e o terceiro já está incorporado à legislação do trabalho, por intermédio de várias leis, decretos e portarias que aplicam aos trabalhadores avulsos vários institutos trabalhistas, tais como férias, 13º salário, Fundo de Garantia do Tempo de Serviço (FGTS), previdência social etc.

Da locação de serviço, que abrangia toda e qualquer prestação de atividade remunerada, destacou-se, portanto, o contrato de trabalho, que pressupõe a continuidade, a dependência econômica e a subordinação, mas não aboliu a prestação civil de serviços. Em nosso direito, subsistem ambas as espécies contratuais, com vida autônoma. O contrato civil de locação de serviço sobrevive, não obstante venha sofrendo invasões do direito do trabalho. Somente onde ainda não penetrou a concepção própria do direito trabalhista é que perdura a locação de serviço.

Limitar-nos-emos, neste livro, ao estudo da *locação de serviço* consoante a fisionomia que lhe deu o Código Civil, pois suas normas são aplicáveis às relações de trabalho excluídas da seara da legislação trabalhista e da especial (CC, art. 593). O Código Civil não alcança o fornecimento de serviço em relação de consumo, que será disciplinado pelo Código de Defesa do Consumidor. Aplicar-se-ão as normas da locação de serviço a todos os modos de prestação de serviço que não se ajustem ao conceito legal de trabalho, pela falta de continuidade ou pelo fim da atividade do trabalhador. Por ser imprópria a denominação *locação de serviço*, há quem a designe de *contrato de prestação de serviço*, como o fez o Código Civil vigente nos arts. 593 a 609, mantendo quase que todos os artigos do Código de 1916, excluindo tão somente os referentes à enumeração ou aplicação das justas causas e ao trabalho agrícola[299], regido por lei especial.

---

299. W. Barros Monteiro, op. cit., p. 180 e 181; Orlando Gomes, *Contratos*, cit., p. 349-51; Espínola, *Sistema*, cit., p. 258; Serpa Lopes, *Curso*, cit., p. 101-6, 127 e 128; Caio M. S. Pereira, *Instituições*, cit., p. 329-33; Sebastião José Roque, *Dos contratos civis-mercantis*, cit., p. 73-8; Cunha Gonçalves, *Tratado*, cit., v. 7, n. 1.055; Cesarino Jr., Locação de serviço, in *Enciclopédia Saraiva do Direito*, v. 50, p. 355-7; R. Limongi França, Contrato de execução de serviços e de execução de obra, in *Enciclopédia Saraiva do Direito*, v. 19, p. 333; Octávio Bueno Magano, Locação de serviço, *Revista de Direito Civil Imobiliário, Agrário e Empresarial*, *1*:191 e s., 1977; Luciano B. Timm, *Da prestação de serviços*, Porto Alegre, Síntese, 1998; Teresa Ancona Lopes, *Comentários*, cit., v. 7, p. 189-242; Maria Cristina I. Peduzzi, A prestação de serviço, in *O novo Código Civil – estudos em homenagem a Miguel Reale*, São Paulo, LTr, 2003, p. 539 e s. *Vide*: EC n. 1/69, art. 165; Decreto-Lei n. 3.078/41; LC n. 150/2015 sobre contrato de trabalho doméstico; Decreto-Lei n. 5.452/43, com alterações, que regula as relações individuais e coletivas de trabalho; Lei n. 2.757/56, quanto aos empregados de prédios de apartamentos; Lei n. 5.889/73, art. 14-A, acrescentado pela Lei n. 11.718/2008, sobre contrato de trabalhador rural por pequeno prazo. Sobre o fornecedor de serviços (direitos, deveres e responsabilidades): Lei n. 8.078/90. O Código Civil não abrange serviços regidos por lei especial, como os bancários, os de telecomunicações etc., mas rege trabalho

f.4.2. Conceito e caracteres

Segundo Caio Mário da Silva Pereira, a prestação de serviço é o contrato em que uma das partes (prestador) se obriga para com a outra (tomador) a fornecer-lhe a prestação de uma atividade, mediante remuneração[300].

O locador (prestador) se compromete a prestar certos serviços que o locatário (tomador) se obriga a remunerar, de forma que a obrigação de fazer do primeiro se contrapõe à de dar do segundo. Para melhor compreensão, poder-se-á dizer, como R. Limongi França, que solicitante é aquele que necessita do serviço e o remunera, e executor é aquele que o leva a efeito e faz jus à remuneração[301].

Daí seus caracteres[302]:

1º) *bilateralidade*, por gerar obrigações para ambos os contraentes: a remuneração para o empregador, e a prestação de serviço para o empregado, que deverá executá-lo na forma devida, em tempo conveniente, de acordo com as normas técnicas que presidem a arte ou o ofício ou segundo os costumes, cumprindo-o, ainda, no lugar estabelecido pelo contrato ou pelas circunstâncias. É preciso lembrar que algumas categorias de serviço implicam a criação de deveres secundários de fidelidade e sigilo quanto a comunicar descobertas, invenções ou aperfeiçoamentos;

---

avulso de profissional liberal (*RT, 635*:294), de pessoa natural ou jurídica. "Nos contratos de prestação de serviços nos quais as partes contratantes são empresários e a função econômica do contrato está relacionada com a exploração de atividade empresarial, as partes podem pactuar prazo superior a quatro anos, dadas as especificidades da natureza do serviço a ser prestado, sem constituir violação do disposto no art. 598 do Código Civil" (Enunciado n. 32 da I Jornada de Direito Comercial do Conselho da Justiça Federal). "Nos contratos de prestação de serviços nos quais as partes contratantes são empresários e a função econômica do contrato está relacionada com a exploração de atividade empresarial, é lícito às partes contratantes pactuarem, para a hipótese de denúncia imotivada do contrato, multas superiores àquelas previstas no art. 603 do Código Civil (Enunciado n. 33 da I Jornada de Direito Comercial do Conselho da Justiça Federal).

300. Caio M. S. Pereira, *Instituições*, cit., p. 333. *Vide* ainda: Orlando Gomes, *Contratos*, cit., p. 353; Espínola, *Sistema*, cit., p. 278; Jorge Lages Salomo, *Contratos de prestação de serviços*, São Paulo, Juarez de Oliveira, 2001; *RT, 642*:189, *622*:138, *618*:96, *594*:104, *590*:143; *RSTJ, 106*:291.

301. R. Limongi França, Contrato de execução, cit., p. 334 e 335.

302. Caio M. S. Pereira, *Instituições*, cit., p. 333, 335 e 336; Serpa Lopes, *Curso*, cit., p. 130 e 131; W. Barros Monteiro, op. cit., p. 182 e 183; Cerruti Aicardi, *Contratos civiles*, n. 261; Matiello, *Código*, cit., p. 382.

2º) *onerosidade*, porque origina vantagens para os contratantes, mediante contraprestações recíprocas;

3º) *consensualidade*, pois se aperfeiçoa com o simples acordo de vontade das partes, independentemente de qualquer materialidade externa. Como todo contrato, requer emissão volitiva, embora não exija forma especial. É, portanto, contrato não solene, podendo ser verbal ou escrito. Trata-se, pois, de contrato de forma livre.

A prestação de serviço poderá ser provada com testemunhas (CPC, art. 442), seja qual for o seu valor, independentemente de começo de prova por escrito (*RT*, *176*:705, *189*:273, *192*:673, *193*:744; *RF*, *98*:382). Se porventura houver contrato escrito (CC, art. 595) e uma das partes não souber ler e escrever, poderá o instrumento ser assinado a rogo e subscrito por duas testemunhas, apresentando-se aí uma exceção ao princípio de que a assinatura a rogo se dá perante serventuário público. Se isso, contudo, não for observado, nenhuma consequência advirá, visto que o contrato pode ser provado por qualquer meio admitido em direito (*RT*, *111*:550). A subscrição por duas testemunhas terá utilidade para eliminar dúvidas relativas ao teor do contrato e à assinatura a rogo, dando exequibilidade judicial à avença (CPC, art. 784, III). Para a cobrança judicial da remuneração de serviços não se exige exibição de contrato escrito. A falta de contrato escrito não é razão para que alguém, que desfrutou dos serviços de outrem, se exima de pagá-los (*RF*, *85*:122; *RT*, *124*:175, *287*:480), de modo que para a cobrança judicial da remuneração de serviço não será necessário exibir contrato escrito (*RT*, *216*:290, *241*:291). Se verbal o contrato, sua prova se fará por qualquer modo (CC, art. 212) admissível juridicamente (*RT*, *174*:205).

Além disso, esse tipo de contrato é, obrigatoriamente, individual, já que o coletivo é reservado para o contrato de trabalho (CLT, arts. 611 e s.), submetendo-se às normas do Código Civil, bem como no que concerne à capacidade das partes, possibilidade material ou jurídica do objeto, forma e prova.

f.4.3. Objeto

O objeto desse contrato locatício é uma obrigação de fazer, ou seja, a prestação de atividade lícita, não vedada pela lei e pelos bons costumes, oriunda da energia humana aproveitada por outrem, e que pode ser material ou imaterial (CC, art. 594). Infere-se daí que qualquer espécie de serviço, seja qual for a sua natureza, pode ser objeto de locação: material ou imaterial, braçal ou intelectual, doméstico ou externo; apenas se exige que seja lícito, isto é, não proibido por lei e pelos bons costumes.

Perante a lei não há qualquer diferença entre o trabalho braçal ou material (p. ex., o de um técnico de TV, digitador, faxineiro, jardineiro, eletricista etc.) e o intelectual, como o desenvolvido pelos profissionais liberais (p. ex. tratamento médico ou odontológico), os quais têm os mesmos direitos (CF/88, art. 7º, XXXII). Se o executor não foi contratado para certo e determinado trabalho, entender-se-á que sua obrigação diz respeito a todo e qualquer serviço compatível com as suas forças e condições (CC, art. 601). Consequentemente, não se poderá exigir dele obrigação superior às suas limitações pessoais ou habilidades. Esclarece, ainda, o Código Civil, art. 605, que "nem aquele a quem os serviços são prestados, poderá transferir a outrem o direito aos serviços ajustados, nem o prestador de serviços, sem aprazimento da outra parte, dar substituto que os preste". Logo, por ser a prestação de serviço, em regra, um contrato pessoal *intuitu personae*, sem o consenso das partes, o solicitante não poderá ceder seus direitos a terceiro, nem o executor efetuar o serviço por intermédio de substituto ou mediante terceirização.

Para melhor esclarecer o assunto, seria de bom alvitre distinguir a prestação de serviço da empreitada, as quais têm o mesmo objeto, que é o trabalho humano, manual, intelectual ou técnico. Embora tenham idêntico objeto – uma obrigação de fazer – apresentam diferenças, pois: *a*) na locação de serviço, o trabalhador coloca sua atividade à disposição do locatário, mediante remuneração, por conta e risco deste, assumindo uma obrigação de meio (como a de um médico ao fazer uma terapia) ou de resultado (como a de um transportador de mercadoria), enquanto na empreitada, como o trabalhador se obriga a fazer determinada obra ou a realizar certo serviço, mediante preço ajustado, trabalhando por conta própria, assumindo os riscos inerentes à sua atividade (CC, art. 611; *RF*, *67*:735), há uma obrigação de resultado; *b*) na prestação de serviço, há certa subordinação entre prestador e tomador, trabalhando aquele sob as ordens e fiscalização deste; na empreitada, há independência entre os contratantes; o que importa é o resultado do serviço, competindo ao empreiteiro despedir e contratar operários; *c*) na locação de serviço, a remuneração corresponde aos dias ou horas de trabalho, ao passo que na empreitada a remuneração é proporcional ao serviço executado, sem atenção ao tempo nele empregado[303].

303. R. Limongi França, Contrato de execução, cit., p. 334 e 335; Caio M. S. Pereira, *Instituições*, cit., p. 334; W. Barros Monteiro, op. cit., p. 181 e 182; Lei n. 4.214/63, arts. 70, 71, 72, 75, 77 e 78, ora revogada pela Lei n. 5.889/73; Consolidação das Leis do Trabalho, art. 456, parágrafo único. *Vide*: Lei n. 8.078/90, sobre a responsabilidade pelos danos causados por fato do serviço e pelo vício do serviço (arts. 12 a 27) e nosso *Curso*, cit., v. 7, n. 21, Cap. III.

f.4.4. Remuneração

A remuneração constitui elemento essencial da prestação de serviço (*RT*, *178*:246, *180*:183), sujeita ao arbítrio dos contraentes, que a estipulam livremente, mas, se o não fizerem, esclarece a respeito o art. 596 do Código Civil: "Não se tendo estipulado, nem chegado a acordo as partes, fixar-se-á por arbitramento a retribuição, segundo o costume do lugar, o tempo de serviço e sua qualidade". Tal arbitramento, para fixação da quantia da retribuição a ser paga, poderá ser feito pelo órgão judicante ou por meio de peritos, averiguando fatos, usos do lugar da celebração do negócio (CC, art. 113), tempo e qualidade do serviço. Por tal razão, o Projeto de Lei n. 699/2011 visa modificar o art. 596, que, com sua aprovação, passará a ter a seguinte redação: "As partes devem fixar o preço do serviço e na hipótese de divergência, a retribuição será arbitrada judicialmente, segundo o costume do lugar, o tempo de serviço e sua qualidade". O Parecer Vicente Arruda, por ocasião do PL n. 6.960/2002, substituído, atualmente, pelo PL n. 699/2011, não acatou essa proposta, nos seguintes termos: "Não concordamos com a sugestão tal como posta. Pode ocorrer, efetivamente, que as partes, no contrato de prestação de serviços, para além de não terem chegado a um acordo sobre a retribuição, simplesmente não a tenham estipulado, apesar de sua obrigatoriedade, daí a razão de ser do dispositivo. Parece mais adequado manter a redação atual, que é a mesma do Código de 1916".

Não há como presumir a gratuidade da prestação de serviço, pois, se o contrato for omisso quanto à remuneração, executado o serviço, entender-se-á que os contraentes se sujeitaram ao costume do lugar, tendo em vista a natureza do serviço e o tempo de duração. Se houver qualquer discordância, ou ausência de estipulação do valor da remuneração, recorre-se ao arbitramento para que a fixação do *quantum* do salário seja feita por peritos, no curso da ação de cobrança, ou diretamente pelo magistrado (*RF*, *120*:433; *RT*, *136*:762; *AJ*, *113*:575, *88*:235).

A retribuição será paga após a realização do serviço, se, por convenção ou costume, não tiver de ser adiantada ou paga em prestações periódicas (CC, art. 597), hipóteses em que são frequentes os pagamentos semanais e quinzenais. Tal flexibilidade torna possível a adequação da relação entre prestador e tomador à natureza do serviço a ser prestado, ao tempo e às necessidades do prestador. Prescrevia o art. 1.234 do Código Civil de 1916 que, embora outra coisa haja sido estipulada, o locatário não poderia cobrar ao locador juros sobre o adiantamento da remuneração, nem, pelo tempo do contrato, sobre dívida alguma que o locador estivesse pagando com serviços. O atual Código não contém dispositivo dessa natureza.

Em regra, essa remuneração é em dinheiro, mas nada obsta a que parte dela seja em alimentos, vestuário, condução, moradia etc.[304].

Se o serviço for prestado por pessoa sem título de habilitação técnica (p. ex., corretor não credenciado, técnico em computação não diplomado) ou que não preencha certos requisitos legais, ela não poderá cobrar a retribuição, normalmente, correspondente ao trabalho executado. Mas se este trouxe vantagem para a outra parte, o órgão judicante, havendo boa-fé do prestador de serviço, lhe atribuirá, mesmo que não tenha habilitação técnica exigida para a execução do serviço contratado, o direito a uma compensação razoável, que apenas lhe será negada se a proibição da prestação de serviço advier de norma de ordem pública, pois algumas atividades, como as da área médica, p. ex., exigem conhecimentos específicos por poder colocar em risco a vida, a saúde e o patrimônio de alguém (CC, art. 606 e parágrafo único; CP, arts. 282, 283 e 284). Isto é assim para que o recebedor, ou tomador do serviço, não se locuplete indevidamente do trabalho útil e proveitoso que lhe foi prestado (CC, arts. 884 a 886). Daí o dever de pagar preço compatível com o serviço efetivado por prestador de boa-fé, não habilitado, ao solicitante.

Todavia, pelo Enunciado 541 do CJF (aprovado na VI Jornada de Direito Civil): "O contrato de prestação de serviço pode ser gratuito", desde que, como ponderam Paulo Luiz Netto Lôbo e Rodrigo da Cunha Pereira, haja ajuste expresso nesse sentido.

f.4.5. Tempo de duração

A prestação de serviço não poderá ser convencionada por mais de quatro anos (CC, art. 598), tendo-se em vista a inalienabilidade da liberdade humana, ainda que o contrato tenha por motivo o pagamento de débito de quem o presta, ou se destine à execução de certa e determinada obra. Nesta última hipótese, decorridos quatro anos, dar-se-á por findo o contrato, mesmo que a obra

304. Caio M. S. Pereira, *Instituições*, cit., p. 334 e 335; W. Barros Monteiro, op. cit., p. 183 e 184; Serpa Lopes, *Curso*, cit., p. 131; R. Limongi França, Contrato de execução, cit., p. 336; Consolidação das Leis do Trabalho, arts. 459 e 460. Para que o contrato de prestação de serviço seja gratuito será imprescindível que haja estipulação expressa nesse sentido. A Lei n. 9.608/98 rege a prestação de serviço não onerosa, ou seja, o trabalho voluntário, que não é objeto de contrato de trabalho, bastando que se honre o compromisso assumido, e, como não há obrigação por tempo determinado, nenhuma sanção haverá se o voluntário desligar-se do compromisso. Sobre salário mínimo: Lei n. 13.152/2015 e Decreto n. 8.618/2015. *Vide*: José Antunes de Carvalho, Lei n. 9.608/98 – Serviço voluntário – Análise de seus dispositivos e critérios para aplicação, *Revista de Direito da Associação dos Procuradores do Novo Estado do Rio de Janeiro*, 1999, p. 45.

não tenha sido concluída. Realmente, se o tempo de duração desse contrato locatício exceder a quatro anos, ter-se-á um cerceamento à liberdade humana. Assim, se se prolongar por tempo maior, ter-se-á escravidão convencional (*RT*, *104*:560, *107*:248, *126*:643), ou exploração do mais fraco pelo mais forte.

Após esse prazo, o prestador pode despedir-se ou ser despedido pelo locatário, ressalvados os casos regidos pela legislação trabalhista; porém, nada impede que, findo o lapso quatrienal, novo contrato seja ajustado pelas partes por tempo igual ou inferior. Se porventura o contrato for celebrado por mais de quatro anos, o juiz poderá, ante o princípio da conservação dos contratos, reduzir o prazo, a pedido do interessado, reajustando-o ao período legal. Logo, o excesso do prazo não acarretará nulidade desse contrato locatício (*RT*, *165*:752), mas tão somente a sua redução pelo magistrado.

Pelo art. 599 do Código Civil, se não houver prazo estipulado, nem se puder inferir da natureza do contrato ou do costume do lugar, qualquer uma das partes, a seu arbítrio, por aviso prévio (resilição sem indicação de motivos) ou denúncia imotivada, como prefere o Projeto de Lei n. 699/2011, mediante notificação judicial ou extrajudicial, poderá resolver o contrato, com antecedência de oito dias, se o salário (retribuição, na redação do Projeto de Lei n. 699/2011) foi fixado por um mês ou mais; com antecipação de quatro dias, se o salário foi ajustado por uma semana ou quinzena; de véspera, se por menos de sete dias (CC, art. 599, parágrafo único, I a III).

Esse aviso prévio, ou melhor, denúncia, é uma espécie de resilição unilateral, motivada ou não, e constitui uma garantia para ambas as partes contratantes: para o prestador, para que possa conseguir outro serviço, e para o tomador, a fim de arranjar um substituto. Assim sendo, não havendo tal aviso, ter-se-á indenização por perdas e danos.

No contrato de locação de serviço agrícola, não havendo prazo estipulado, presumir-se-á o de um ano agrário, que termina com a colheita ou safra da principal cultura explorada pelo locatário (Lei n. 5.889/73).

Não se contará no prazo do contrato o tempo em que o prestador, por culpa sua, deixou de servir (CC, art. 600), como no caso, p. ex., de não ter cumprido sua obrigação por viagem de recreio, por simulação de doença, por ausência deliberada ao trabalho para atender a um interesse pessoal etc. Mas se deixar de prestar o serviço locado sem que tenha tido culpa, como no caso, p. ex., de ter sido sorteado como jurado ou convocado para o serviço militar, de estar enfermo etc., contar-se-á o tempo no prazo contratual.

O prestador de serviço, que for contratado por tempo certo, ou por obra determinada, não poderá ausentar-se sem justa causa (ou denunciar imotivadamente, como prefere o Projeto de Lei n. 699/2011), antes do término do prazo ou da obra (CC, art. 602). O contrato de locação de serviço não poderá ser rescindido unilateralmente, pelo arbítrio exclusivo de um dos contraentes, não havendo justa causa (ato grave praticado com dolo ou culpa), antes do vencimento do prazo contratual. Acrescenta o parágrafo único desse artigo que, "se se despedir sem justa causa, terá direito à retribuição vencida, mas responderá por perdas e danos. O mesmo dar-se-á se despedido por justa causa". Se o Projeto de Lei n. 699/2011 for aprovado, esse parágrafo único passará a ter a seguinte redação: "Se denunciar imotivadamente, terá direito à retribuição vencida, mas responderá por perdas e danos, ocorrendo o mesmo se denunciado motivadamente o contrato". Trata-se da rescisão do contrato sem justa causa por exoneração do próprio prestador, que pagará as perdas e danos, e com justa causa, se o solicitante o despedir por prática dolosa ou culposa de algum ato grave devidamente comprovado, caso em que o prestador também deverá pagar perdas e danos. E, em ambas as hipóteses, terá direito à remuneração pelos serviços que prestou. Já o contrato de locação de serviço doméstico rescindir-se-á pela simples manifestação da vontade de qualquer dos contratantes (Lei n. 5.859/1972 – ora revogada pela Lei Complementar n. 150/2015 – "PEC dos Empregados Domésticos")[305].

f.4.6. Modos terminativos do contrato de locação de serviço

Extinguir-se-á o contrato de locação de serviço[306] sem justa causa, sem que haja culpa de qualquer dos contratantes, ou por justa causa, fundada em culpa de uma das partes.

Se o prestador de serviço for despedido sem justa causa ou denunciado imotivadamente, terá direito à integralidade da remuneração vencida

305. Clóvis Beviláqua, *Código Civil*, cit., v. 4, p. 406-11; Caio M. S. Pereira, *Instituições*, cit., p. 337 e 338; R. Limongi França, Contrato de execução, cit., p. 335 e 336; W. Barros Monteiro, op. cit., p. 184-7; Serpa Lopes, *Curso*, cit., p. 131 e 132; Consolidação das Leis do Trabalho, arts. 443, 445, 453, 480 e 487; Código Penal, art. 149; Decreto-Lei n. 4.037/42 e Leis n. 4.504/64, art. 95, I, e 5.889/73 – ora revogada pela Lei Complementar n. 150/2015; *RT*, *169*:250, *170*:169; *RF*, *115*:152.

306. Serpa Lopes, *Curso*, cit., p. 133-6; W. Barros Monteiro, op. cit., p. 187-91; Enneccerus, Kipp e Wolff, op. cit., § 145; Matiello, *Código*, cit., p. 389; R. Limongi França, Contrato de execução, cit., p. 336-8; Caio M. S. Pereira, *Instituições*, cit., p. 338 e 339; Larenz, op. cit., v. 2, § 48; Consolidação das Leis do Trabalho, arts. 482, 483, 477 e 478; CP, art. 207; Lei n. 9.279/96, art. 195, IV, X e XI. O Projeto de Lei n. 699/2011 visa usar a locução "denúncia imotivada", nos arts. 599, 602, 603 e 607, mas o Parecer Vicente Arruda não acatou tal proposta, também contida no PL n. 6.960/2002 (atual PL n. 699/2011), nos seguintes termos: "Não há necessidade de alterar a expressão 'aviso prévio' por denúncia imotivada nos arts. 599 e 607. Em nosso entender, não há possibilidade de confusão com a matéria trabalhista, já

e, ainda, à metade que lhe caberia ao termo legal do contrato (CC, art. 603; *RT*, *719*:275 e *635*:294), a título de indenização. Trata-se de uma prefixação legal das perdas e danos em benefício do prestador injustamente despedido. Assim, se havia assumido alguma dívida ou obrigação, contando com a quantia a que faz jus em razão do contrato, poderá cumpri-la.

Findo o contrato, o prestador de serviço poderá, então, exigir que a outra parte faça uma declaração de que aquele ato negocial terminou. Trata-se da quitação a ser fornecida pelo solicitante do serviço prestado, liberando o prestador do serviço, tornando impossível qualquer pedido de indenização. Também terá direito a essa declaração se for despedido sem justa causa ou se houver motivo justo para deixar o serviço (CC, art. 604) para provar que está liberado e apto para efetivar outro contrato com quem quer que seja.

Esse contrato termina (CC, art. 607) com: *a*) a morte de qualquer das partes; *b*) o escoamento do prazo; *c*) a conclusão da obra; *d*) a rescisão contratual mediante aviso prévio; *e*) inadimplemento de qualquer das partes; *f*) impossibilidade, motivada por força maior, de cumprir o avençado.

Todavia, será necessário lembrar que a alienação (gratuita ou onerosa) do prédio agrícola onde a prestação de serviços (p. ex., plantio de soja, preparação da terra para a lavoura etc.) se opera não importa a rescisão do contrato, ressalvada ao prestador a opção de continuá-lo com o adquirente da propriedade ou com o contratante (tomador) anterior (CC, art. 609). Assim o prestador não correrá o risco de haver rescisão unilateral do contrato pelo tomador, ao alienar o imóvel.

Em caso de aliciamento de executores, isto é, de pessoas obrigadas, em contrato escrito, a prestar serviços a outrem, quem as aliciou pagará ao locatário ou solicitante a importância que ao locador, pelo ajuste des-

---

que o art. 593 é categórico ao dizer que serão regidas pelas disposições do capítulo em questão apenas a prestação de serviço que não estiver sujeita às leis trabalhistas ou à lei especial. Contudo, se esta Comissão entender que a alteração seja necessária para marcar a diferença entre legislação civil e legislação trabalhista, sugiro a expressão 'notificação prévia' ao invés de 'denúncia imotivada', que a meu ver parece ser mais adequada. Com a mesma razão dos arts. 599 e 607, não procedem as alterações que visam substituir nos arts. 602 e 603 o verbo 'despedir' para 'denunciar imotivadamente'. Vê-se que com tais alterações tanto o aviso prévio quanto a despedida passariam a ser 'denúncia imotivada', o que geraria confusões. Se fosse o caso de proceder a alguma alteração nesses dois dispositivos, proponho o verbo 'rescindir'".

feito, houvesse de caber durante dois anos (CC, art. 608; CP, art. 207). Exemplifica Matiello: Se A (tomador) efetivar com B (prestador) contrato escrito para a prestação do serviço X por quatro anos, pactuando retribuição de 100 mil pelo tempo de duração do acordo. Se C vier a aliciar B, deverá indenizar A, pagando 50 mil (valor correspondente a dois anos de contrato). Se a prestação for acordada por um ano, com retribuição mensal de 10 mil, a indenização a ser paga pelo aliciador C seria 240 mil, ou seja, vinte e quatro vezes a retribuição mensal que seria paga ao prestador. A captação de mão de obra alheia requer que haja induzimento do prestador de serviço à mudança de vínculo contratual. Logo, se ele estiver desempregado ou vier a oferecer o seu serviço, não se poderá presumir que houve aliciamento.

Se o locador (prestador) contratado por tempo certo (p. ex., por dois meses) ou por obra determinada (p. ex., limpeza de piscina) se despedir, sem qualquer razão, antes do vencimento do prazo contratual ou da conclusão da obra, apesar de ter direito à retribuição vencida, deverá responder pelas perdas e danos (CC, art. 602, parágrafo único), o mesmo ocorrendo se for despedido por justa causa pelo tomador, em razão de prática dolosa ou culposa de algum ato grave devidamente comprovado.

Qualquer dos contraentes, não havendo prazo ajustado, nem se podendo inferi-lo do contrato ou do costume do lugar, poderá arbitrariamente rescindir o contrato, mediante aviso prévio (CC, art. 599), observando os prazos legais do parágrafo único desse artigo.

Graficamente temos:

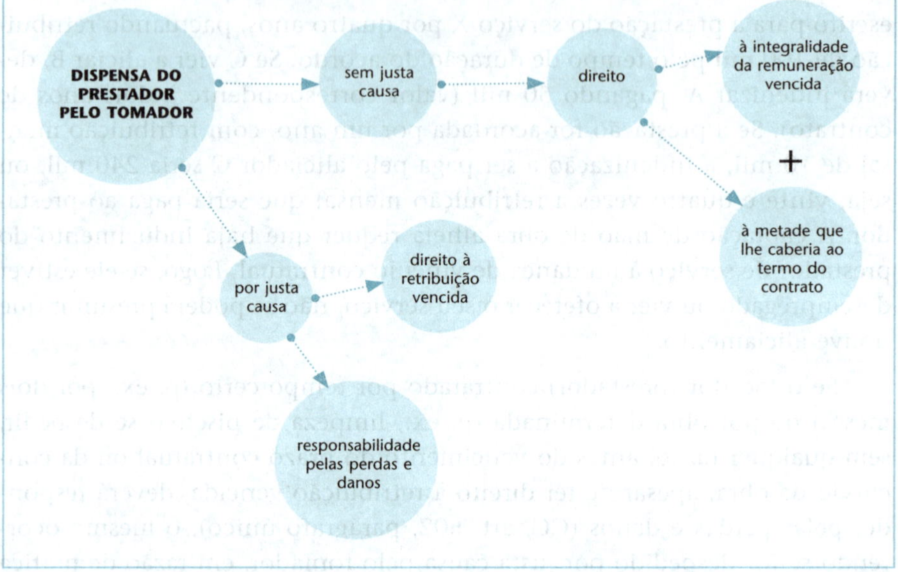

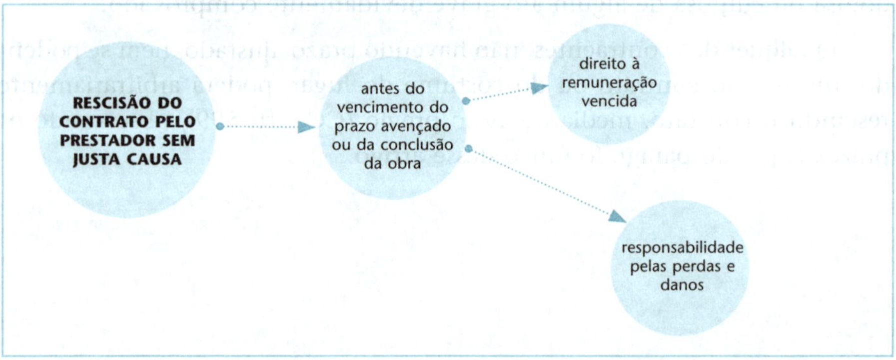

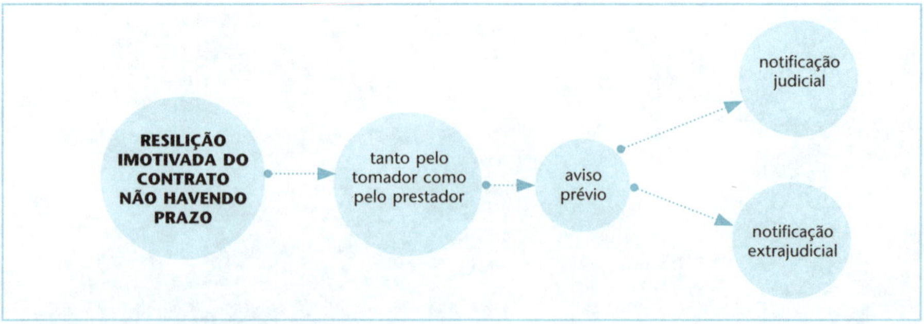

Mas normalmente a rescisão desse contrato se dá: *pela conclusão da obra, quando ajustada por tarefa precisa*, e *pelo escoamento do prazo*.

f.5. Locação de obra ou empreitada

f.5.1. Noção e caracteres

Locação de obra ou empreitada é o contrato pelo qual um dos contraentes (empreiteiro) se obriga, sem subordinação ou dependência, a realizar, pessoalmente ou por meio de terceiro, certa obra para o outro (dono da obra ou comitente), com material próprio ou por este fornecido, mediante remuneração determinada ou proporcional ao trabalho executado[307].

A empreitada se caracteriza pelo fato de considerar o resultado final – p. ex., a construção de uma obra material, a criação intelectual ou artística – e não a atividade do empreiteiro, em si, como objeto da relação contratual. Visa a realização de uma obra a ser paga por aquele que irá recebê-la. Esse contrato requer a execução de algo pelo empreiteiro somente se celebrado *intuitu personae*, o qual será remunerado por um preço convencional ou de mercado. Pode ter por escopo obra material (p. ex.: levantamento de pontes, corte de matas, plantações, conserto de veículos, loteamento de terrenos, construção de represas, serviço de dragagem ou terraplanagem) ou intelectual (p. ex.: confecção de uma ópera, comentário de certa obra jurídica, elaboração de um projeto de prédio de apartamento). É preciso lembrar que "o contrato para elaboração de um projeto não implica a obrigação de executá-lo, ou de fiscalizar-lhe a execução" (CC, art. 610, § 2º). Tal

307. Caio M. S. Pereira, *Instituições*, cit., p. 282; Contrato de empreitada, *RDTR*, *50*:42; Silvio Rodrigues, *Direito*, cit., v. 3, p. 259; Orlando Gomes, *Contratos*, cit., p. 359; Bassil Dower, *Curso moderno de direito civil*, cit., p. 159; Costa Sena, *Da empreitada no direito civil*, Rio de Janeiro, 1935, p. 17 e 18; Carvalho de Mendonça, *Contratos*, cit., v. 2, n. 213; Spota, *Tratado de locación de obra*, 2. ed., v. 1, p. 404; Clóvis Beviláqua, *Código Civil*, cit., v. 4, p. 420; W. Barros Monteiro, op. cit., p. 194; Teresa Ancona Lopes, *Comentários*, cit., v. 7, p. 242-340; Rodrigo A. Zaparoli, Aspectos polêmicos do contrato de empreitada. Análise fundamentada no direito comparado, *Revista Síntese – Direito Empresarial*, *50*: 104-125. Se a relação for de consumo, ante a vulnerabilidade do dono da obra, o Código de Defesa do Consumidor será aplicável à empreitada (arts. 14, § 3º, 18 a 25, 47, 51, X). *Vide*: *RT*, *449*:177, *492*:124. "Com exceção da garantia contida no artigo 618 do Código Civil, os demais artigos referentes, em especial, ao contrato de empreitada (arts. 610 a 626) aplicar-se-ão somente de forma subsidiária às condições contratuais acordadas pelas partes de contratos complexos de engenharia e construção, tais como EPC, EPC-M e Aliança" (Enunciado n. 34 da I Jornada de Direito Comercial do Conselho da Justiça Federal).

contrato requer, tão somente, a feitura de uma obra intelectual (CC, art. 11; Lei n. 9.610/98, arts. 7º, X, 26, parágrafo único, e 27) pelo empreiteiro, consistente, p. ex., na confecção de plantas para construção de casa, em cálculos etc. Sua ideia deverá ser levada a efeito por outrem, sem que o projetista tenha o dever de fiscalizar tal execução.

Tem em vista a obra executada; o trabalho que a gera figura tão somente como prestação mediata ou meio de consecução. Por isso, paga-se o resultado do serviço; logo, o empreiteiro se obriga a dar a obra pronta por um preço certo ou proporcional ao serviço, sem atenção ao tempo nela empregado. Se despender mais tempo do que o previsto, não terá direito a qualquer majoração. Só será devida a remuneração se a obra for realmente executada. A remuneração ou preço é elemento essencial, seja em dinheiro, seja em outra espécie, seja mesmo em uma cota-parte da própria obra a ser realizada. Além do mais, a direção e fiscalização competem ao próprio empreiteiro, que contratará e despedirá os operários, havendo independência entre os contratantes; portanto, nenhum vínculo de subordinação ou de disciplina haverá entre eles[308].

A empreitada apresenta os seguintes *traços característicos*[309]:

1º) *bilateralidade*, por criar para ambos os contraentes obrigações recíprocas: o empreiteiro deve entregar a obra, e o comitente, o preço; um é credor da obra, e o outro, do preço;

2º) *comutatividade*, porque cada parte recebe da outra prestação equivalente à sua, podendo, desde logo, apreciar tal equivalência;

---

308. Caio M. S. Pereira, *Instituições*, cit., p. 282 e 283; Larenz, op. cit., v. 2, § 49; Ruggiero e Maroi, *Istituzioni di diritto privato*, 8. ed., Milano, 1895, v. 2, § 147; W. Barros Monteiro, op. cit., p. 194, 195 e 197; Bassil Dower, *Curso moderno de direito civil*, cit., p. 157-60; Silvio Rodrigues, *Direito*, cit., p. 260; Elcir Castello Branco, Empreitada, in *Enciclopédia Saraiva do Direito*, v. 31, p. 256; Betti, *Teoria generale delle obbligazioni*, Milano, 1953, t. 1, p. 1928; Enneccerus, Kipp e Wolff, op. cit., v. 2, t. 2, p. 272; Espínola, *Sistema*, cit., n. 139.

309. Silvio Rodrigues, *Direito*, cit., p. 261 e 262; Elcir Castello Branco, Empreitada, cit., p. 257, 258 e 260; Bassil Dower, *Curso moderno de direito civil*, cit., p. 159; Serpa Lopes, *Curso*, cit., ns. 444, 452, 453 e 454; Orlando Gomes, *Contratos*, cit., p. 363; Costa Sena, op. cit., n. 24, p. 40 e 41; W. Barros Monteiro, op. cit., p. 195 e 196; Ulrico Lorizio, *Il contratto di appalto*, CEDAM, 1939, ns. 59 a 62 e 64; Caio M. S. Pereira, *Instituições*, cit., p. 283; E. V. Miranda Carvalho, *Contrato de empreitada*, Freitas Bastos, 1953, p. 8; M. R. Brugeilles, Essai sur la nature juridique de l'entreprise, *Revue Trimestrielle de Droit Civil*, p. 111 e s., 1912; Rubino, *L'appalto*, 2. ed., Torino, 1951, p. 129-32 e 196; Roberto Senise Lisboa, *Manual*, cit., v. 3, p. 1321; Silvio Luís Ferreira da Rocha, *Curso*, cit., v. 3, p. 241 a 256.

3º) *onerosidade*, pois cada um dos contratantes transfere ao outro certos direitos ou vantagens, mediante contraprestação;

4º) *consensualidade*, já que não exige, para a sua validade entre as partes, forma especial. Aperfeiçoa-se com o simples consentimento dos contraentes, desde que tenham capacidade e legitimação para tanto, decorrendo desse acordo a obrigação do empreiteiro de fazer a obra, e a do comitente de pagar o preço (*RF*, *100*:64, *235*:148; *RT*, *312*:385, *320*:222). Poderá formar-se oralmente ou por escrito, provando-se pela exteriorização da obra, demonstrando-se, porém, pelos meios permitidos por lei (CC, art. 212). A prova testemunhal sempre será aceita não dispondo a lei de modo diverso (CPC, art. 442; CC, art. 227, parágrafo único; *RF*, *99*:842, *148*:261, *149*:221; *RT*, *206*:182, *211*:195, *283*:180). Todavia, em face de terceiro, o instrumento escrito, averbado no Cartório de Notas, será necessário para provar certos deveres que repercutem sobre os contraentes, principalmente os de ordem fiscal (Lei n. 6.015/73, art. 127);

5º) *indivisibilidade*, visto que se objetiva a conclusão da obra; não se permitirá, em regra, sua exequibilidade fracionada. Ninguém poderá dizer que cumpriu contrato de empreitada se apenas realizou metade da obra. Todavia, esse seu caráter não é absoluto, pois a obra poderá ser realizada por partes, sempre que o negócio estipulado o permita. Deveras, reza o art. 614 do Código Civil que: "Se a obra constar de partes distintas, ou for de natureza das que se determinam por medida, o empreiteiro terá direito a que também se verifique por medida, ou segundo as partes em que se dividir, podendo exigir o pagamento na proporção da obra executada";

6º) *execução sucessiva ou continuada*, por necessitar de certo espaço de tempo para a sua conclusão, dada a própria estrutura do seu objeto: efetivação de um trabalho para atingir certo resultado. Realiza-se por uma série concatenada de atos, gerando o risco da exposição da coisa e o direito de retenção por descumprimento – a *exceptio non adimpleti contractus*, isto é, o problema da interrupção por inadimplemento de uma das partes no curso da obra.

f.5.2. Modalidades

O contrato de empreitada poderá assumir várias modalidades, apesar de *conservar* inalterada a sua estrutura, quanto[310]:

---

310. Serpa Lopes, *Curso*, cit., p. 153-5 e 157-9; R. Limongi França, Contrato de execução, cit., p. 338; Elcir Castello Branco, Empreitada, cit., p. 260 e 261; Silvio Rodrigues, *Direito*, cit., p. 264; De Page, op. cit., n. 865; Ulrico Lorizio, op. cit., n. 122; Bassil Dower,

1º) *Ao modo de fixação do preço ou da remuneração*, podendo ser:

a) *empreitada a preço fixo* ou *"marché à forfait"*, se a retribuição for estipulada para a obra inteira, sem considerar o fracionamento da atividade. O preço será fixado de antemão, em quantia certa e invariável. Se não admitir qualquer alteração na remuneração, seja qual for o custo da mão de obra ou dos materiais, ter-se-á *empreitada a preço fixo absoluto* (*RTJ*, *60*:774, *66*:651), e o empreiteiro não poderá exigir do comitente quantia maior do que a ajustada (CC, art. 619). Se permitir variação em decorrência do preço de algum dos componentes da obra, ou de alterações que já estejam programadas por influência de fatos previsíveis, ainda não constatados, configurar-se-á *empreitada a preço fixo relativo* (*RT*, *192*:204, *211*:195). Todavia, essa espécie de contrato de empreitada não será incompatível com o parcelamento das prestações, pois não deixará de ser global ou "forfaitário" o preço, pela circunstância de se ajustar seu pagamento escalonadamente, desde que determinado em função da obra como conjunto. Na execução desse contrato levanta-se a indagação da admissibilidade ou não da aplicação da *rebus sic stantibus*, quando houver variação decorrente de acontecimentos graves e imprevisíveis, que acarretem o enriquecimento exagerado de um contraente e o correlato empobrecimento do outro. Esta dúvida advém do princípio da imutabilidade do preço no contrato de empreitada, consagrado no art. 619 do Código Civil, que prescreve: "Salvo estipulação em contrário, o empreiteiro que se incumbir de executar uma obra, segundo plano aceito por quem a encomendou, não terá direito a exigir acréscimo no preço, ainda que sejam introduzidas modificações no projeto, a não ser que estas resultem de instruções escritas do dono da obra". Mesmo que não tenha havido autorização escrita, o dono da obra é obrigado a pagar ao empreiteiro os aumentos e acréscimos, segundo o que for arbitrado, se, sempre presente à obra, por continuadas visitas, não podia ignorar o que se passava e nunca protestou (CC, art. 619 e parágrafo único) contra a situação. Com isso, configurado está o consenso tácito de obras extras, não incluídas no contrato. Sendo a empreitada um contrato a preço certo, em que o empreiteiro assume o risco do custeio da mão de obra e dos materiais, se se obrigou a fornecê-los (CC, arts. 611 e 612), as oscilações do custo real, superiores ou inferiores ao previsto, não afetam a obrigação pecuniária do ou-

---

Curso moderno de direito civil, cit., p. 160; W. Barros Monteiro, op. cit., p. 196; Caio M. S. Pereira, *Instituições*, cit., p. 283-5; Costa Sena, op. cit., p. 24 e 25, 61 e 62; Orlando Gomes, *Contratos*, cit., p. 363 e 364; Rubino, *L'appalto*, cit., n. 49; Espínola, *Sistema*, cit., n. 139. *Vide* sobre incorporação imobiliária: Lei n. 4.591/64, arts. 55 a 58.

tro contraente, mas apenas a do empreiteiro. Sem embargo, ante a realidade social, a doutrina e a jurisprudência (*RT*, *312*:385, *320*:227; *RF*, *235*:148) admitem a possibilidade de revisão dos contratos em casos graves, quando a superveniência de acontecimentos extraordinários e imprevisíveis, por ocasião da celebração do ajuste, torna muito oneroso o contrato, gerando a impossibilidade subjetiva de sua execução. Não são alterações ou flutuações econômicas (*RT*, *346*:484, *399*:225) que justificavam a invocação da cláusula *rebus sic stantibus*, mas tão somente mutação inesperada e violenta das condições econômico-sociais. Além disso, é bom ressaltar, como o faz Caio Mário da Silva Pereira[311], que a invocação dessa cláusula não encontra obstáculo no art. 619 do Código Civil, porque a proibição nela contida atinge alterações no projeto que importem em acréscimos no preço em razão, p. ex., do custo salarial ou de materiais, ao passo que a teoria da imprevisão introduz elementos específicos, não previstos nesse dispositivo legal (*RT*, *462*:271, *399*:233, *395*:337). Em boa política legislativa, a Lei n. 8.078/90 (arts. 6º, V, e 51, §§ 1º e 2º) permite a revisão contratual por onerosidade excessiva, e o Código Civil, no art. 317, prescreve que "quando, por motivos imprevisíveis, sobreviver desproporção manifesta entre o valor da prestação devida e o do momento de sua execução, poderá o juiz corrigi-lo, a pedido da parte, de modo que assegure, quanto possível, o valor real da prestação" e no art. 478, dispõe que "nos contratos de execução continuada ou diferida, se a prestação de uma das partes se tornar excessivamente onerosa, com extrema vantagem para a outra, em virtude de acontecimentos extraordinários e imprevisíveis, poderá o devedor pedir a resolução do contrato", acrescentando, no art. 479, que tal "resolução poderá ser evitada, oferecendo-se o réu a modificar equitativamente as condições do contrato"; logo, a lei admite a revisão ou a resolução contratual para evitar locupletamento com a jactura alheia (*RF*, *569*:93-4);

b) *empreitada por medida, "ad mensuram"* ou *"marché sur dévis"*, se na fixação do preço se atender ao fracionamento da obra, considerando-se as partes em que ela se divide ou a medida. É comum em obra de terraplanagem, de colocação de asfalto, de preparação de áreas, tendo cada uma a extensão "x", para a lavoura, de construção de usina termoelétrica (CC, art. 614; *RSTJ*, *106*:249). Estipular-se-á o pagamento a tanto por unidade ou

311. Caio M. S. Pereira, *Instituições*, cit., p. 285. Ter-se-á *empreitada por administração* se o empreiteiro tiver, a título de remuneração, direito a um percentual do material usado e às compras efetivadas por ele e se o dono da obra se responsabilizar pelo fornecimento do material.

por parte concluída ou conforme as partes em que vier a dividir-se, podendo-se exigir, ainda, o pagamento na proporção da obra executada, recebendo o empreiteiro o *quantum* relativo ao que foi feito. Há presunção de que a obra paga está verificada, por ser direito do comitente averiguar, antes do pagamento, se o que foi entregue podia ser aceito. Tudo o que se pagar presumir-se-á, até prova contrária, verificado à custa do empreiteiro, exceto disposição contratual em sentido diverso, e aceito pelo comitente, e o que se mediu também se, em trinta dias, contados da medição, não forem denunciados defeitos pelo dono da obra ou por quem tiver a incumbência de sua fiscalização (CC, art. 614, §§ 1º e 2º). Há invariabilidade do preço, só que esta é relativa ao preço de cada unidade da medida ou de cada espécie de trabalho, e não atinente ao preço da obra toda. Essa espécie de empreitada favorece o comitente, possibilitando-lhe alterar o projeto primitivo, aumentando ou diminuindo os trabalhos contratados;

c) *empreitada de valor reajustável*, se contiver cláusula permissiva de variação do preço em consequência de aumento ou diminuição valorativa da mão de obra e dos materiais. Possibilita, ainda, que o preço da obra varie segundo índices oficiais, procedendo-se à revisão periódica em datas preestabelecidas. É geralmente convencionada nas épocas de instabilidade, protegendo-se, assim, o empreiteiro de súbitas oscilações do mercado e do injusto locupletamento do comitente. Evita, ainda, orçamentos elevados, de que lança mão o empreiteiro, sob a alegação de defender-se de preços instáveis, e permite que periodicamente, ou ante alterações econômicas, se reveja a remuneração ajustada, atualizando-a;

d) *empreitada por preço máximo*, se se estabelecer um limite de valor que não poderá ser ultrapassado pelo empreiteiro. O empreiteiro receberá, antecipadamente, uma lista atinente à qualidade e quantidade dos materiais e da mão de obra necessários, com os preços dos materiais e salários dos operários;

e) *empreitada por preço de custo*, se o empreiteiro se obrigar a realizar o trabalho, ficando sob sua responsabilidade o fornecimento dos materiais e o pagamento da mão de obra, mediante o reembolso do dispendido, acrescido do lucro assegurado. Essa espécie de locação é compatível com o *marché sur dévis*, no qual o pagamento é feito em razão de medidas, ou melhor, proporcionalmente ao valor de custo da obra.

2º) *À execução do trabalho pelo empreiteiro*, podendo ser (CC, art. 610):

a) *empreitada de lavor*, se o empreiteiro apenas assumir a obrigação de prestar o trabalho necessário para a confecção, a produção, a construção ou a execução da obra (*RF*, *172*:161);

b) *empreitada de materiais ou mista*, se o empreiteiro, ao se obrigar à realização de uma obra, entrar, em razão de lei ou de contrato (CC, art. 610, § 1º), com o fornecimento dos materiais necessários à sua execução e com a mão de obra, contraindo, concomitantemente, uma obrigação de fazer e de dar (*RF*, *69*:323, *89*:178).

f.5.3. Efeitos

A empreitada produz muitos *efeitos jurídicos*, pois gera[312]:

1º) *Direitos e obrigações do empreiteiro*. O empreiteiro passará a ter o *direito* de:

a) perceber a remuneração convencionada, podendo promover ação contra o comitente para recebê-la. Tem direito ao preço da obra e dos acréscimos feitos por solicitação do comitente. O empreiteiro, frustrada a execução da obra pelo comitente, fará jus à remuneração proporcional ao serviço realizado, ao pagamento das despesas feitas e a uma indenização razoável calculada em função do que teria ganho se concluísse a obra (CC, art. 623). O prazo prescricional para a ação de cobrança do preço é de dez anos (CC, art. 205; *RF*, *150*:304; *RT*, *211*:164, *207*:113, *391*:279);

b) exigir do dono da obra que a aceite, uma vez concluída nos termos contratuais (CC, art. 615);

c) requerer a medição das partes já concluídas, quando a obra se constitui por etapas, presumindo-se a seu favor a verificação de tudo o que foi pago. Portanto, poderá pedir ao comitente que verifique por medida ou se-

312. Serpa Lopes, *Curso*, cit., p. 167-90; Elcir Castello Branco, Empreitada, cit., p. 264-71; R. Limongi França, Contrato de execução, cit., p. 339 e 340; Caio M. S. Pereira, *Instituições*, cit., p. 285-90; Orlando Gomes, *Contratos*, cit., p. 364-7; Larenz, op. cit., v. 2, § 49; Bassil Dower, *Curso moderno de direito civil*, cit., p. 161-7; Clóvis Beviláqua, *Código Civil*, cit., v. 4, p. 349, 350, 426 e 429; Silvio Rodrigues, *Direito*, cit., p. 265-8; W. Barros Monteiro, op. cit., p. 197-205; Carvalho Santos, op. cit., v. 17, p. 349 e 352; Mazeaud e Mazeaud, *Traité de la responsabilité civile*, 4. ed., v. 2, n. 1.062; Rubino, *L'appalto*, cit., n. 218, p. 192; Lalou, *La responsabilité civile*, 5. ed., ns. 478 e 479; Almeida Paiva, *Aspectos do contrato de empreitada*, Forense, 1955, ns. 61 a 64 e 58. *Vide*: Instrução Normativa do INSS n. 69/2002 (revogada pela IN n. 100/2003) sobre normas e procedimentos aplicáveis à construção civil de responsabilidade da pessoa jurídica e da pessoa física; Lei municipal paulista n. 11.228/92; CC arts. 1.228, § 1º, 1.258, 1.259, 1.277 a 1.313, 1.331 a 1.358; Lei n. 4.591/64 sobre incorporação imobiliária; Lei n. 6.766/79; Lei n. 10.257/2001; Lei n. 5.194/96 e Lei n. 10.833/2003, art. 10, XX, com a redação da Lei n. 13.043/2014.

gundo as partes em que a obra se dividir, se esta constar de partes distintas ou for das que se determinam por medida. Tudo o que se lhe pagou presumir-se-á verificado (CC, art. 614, § 1º). A entrega da obra é precedida de verificação, isto é, de exame pelo dono e seus prepostos. Logo, o que for medido presume-se verificado se, dentro de trinta dias da medição, nenhum vício for denunciado pelo dono da obra ou pela pessoa por ele incumbida da fiscalização (CC, art. 614, § 2º). Se o comitente ingressar na obra antes de proceder à averiguação formal, supõe-se que a recebeu corretamente. Se não houve protesto, reputa-se que a obra estava em perfeita ordem (*RT*, *103*:520), liberando-se o empreiteiro da responsabilidade pelos defeitos aparentes, embora pelos vícios ocultos e pela segurança continue ele responsável;

d) reter a obra[313], em função do trabalho a que se obrigou, recusando-se a entregá-la até que o comitente satisfaça a sua obrigação (*RTJ*, *66*:780; *RF*, *213*:210). Tem, portanto, direito de retenção para assegurar o recebimento do preço, se cumpriu suas obrigações contratuais, permanecendo na posse da coisa até que ela seja paga, com base no art. 476 do Código Civil, que trata da *exceptio non adimpleti contractus* e prescreve que nos contratos bilaterais nenhum dos contraentes, antes de cumprida a sua obrigação, poderá exigir o implemento da do outro, e no art. 242 desse mesmo diploma legal, que se firma, por sua vez, no art. 1.219, pelo qual cabe ao possuidor de boa-fé o direito à indenização das benfeitorias necessárias e úteis, podendo exercer pelo valor delas o direito de retenção;

e) constituir o comitente em mora, consignando judicialmente a obra;

f) ceder o contrato de empreitada, desde que não seja *intuitu personae*, dando origem a *subempreitada*, parcial ou total, que se dará quando o empreiteiro contratar sob sua responsabilidade, com outra pessoa, no todo ou em parte, a execução da obra de que se encarregara, com anuência do comitente (*RF*, *89*:503). Mas em qualquer hipótese responderá o empreiteiro pela má execução, e contra ele poderá o comitente reclamar, porque suas obrigações subsistirão[314];

---

313. *RT*, *281*:409, *273*:293, *431*:66, *248*:159, *216*:315, *199*:268, *173*:795; *AJ*, *81*:257; *RF*, *42*:244, *71*:114, *176*:226; Arnoldo Medeiros da Fonseca, *Teoria*, cit., p. 153; Clóvis Beviláqua, Direito de retenção, *Revista Jurídica*, *28*:84 e s.; W. Barros Monteiro, op. cit., p. 204; Serpa Lopes, *Curso*, cit., p. 169 e 170; Casimiro Caravelli, *Teoria della compensazione e diritto di ritenzione*, Milano, Vallardi, 1940, n. 227, p. 302; Elcir Castello Branco, Empreitada, cit., p. 266 e 267; Silvio Rodrigues, *Direito*, cit., p. 267.

314. Miranda Carvalho, op. cit., p. 101; Orlando Gomes, *Contratos*, cit., p. 368 e 369; *RT*, *262*:505; *JB*, *162*:73; *EJSTJ*, *11*:69.

g) suspender a obra, vindo a rescindir unilateralmente o contrato: por culpa exclusiva do dono da obra ou comitente; por força maior (inundação da área destinada à edificação da obra); por dificuldades imprevisíveis de sua execução por causas geológicas (p. ex., rochas, tipo de solo) ou hídricas (p. ex. lençóis freáticos, poços artesianos etc.), que tornem a empreitada excessivamente onerosa; por oposição do dono da obra ao reajuste do preço inerente ao projeto elaborado; por modificações por seu vulto (construção de uma casa, alterada para realizar condomínio fechado com oito casas) e natureza (empreitada de lavor passa a ser mista) exigidas pelo dono da obra desproporcionais ao projeto aprovado, mesmo que ele venha a pagar o preço com acréscimo (CC, art. 625, I, II e III). Trata-se da rescisão por justa causa do contrato por parte do empreiteiro.

Por outro lado, terá a *obrigação* de:

a) executar a obra conforme as determinações do contrato e dentro da boa técnica, pessoalmente, sempre que a empreitada for *intuitu personae*, ou por meio de terceiro, caso em que sua obrigação de fazer será uma obrigação de fazer com que se faça; porém, os serviços feitos por outrem serão reputados como se tivessem sido realizados por ele;

b) corrigir os vícios ou defeitos que a obra apresentar, pois o comitente não é obrigado a recebê-la defeituosa, podendo resolver o contrato, enjeitando a obra, ou recebê-la com abatimento proporcional no preço, decaindo do direito de propor ação contra o empreiteiro, nos contratos que tenham por objeto edifícios ou outras construções consideráveis, o dono da obra que não o exercer em cento e oitenta dias a contar do aparecimento do vício ou defeito (CC, art. 618, parágrafo único). Todavia, Nelson Nery Jr. e Rosa Maria de A. Nery, ao comentarem, na obra *Novo Código Civil e legislação extravagante anotados*, o referido artigo, entendem que tal prazo será decadencial, se a pretensão for constitutiva, como a rescisão contratual, e prescricional, se a pretensão for da natureza condenatória, como a ação de responsabilidade civil. Sob a vigência do Código de 1916, esse prazo fora fixado em vinte anos (STJ, Súmula 194);

c) não fazer acréscimos ou mudanças que não sejam fundadas em razões de absoluta necessidade técnica, sem o assentimento do dono da obra;

d) entregar a obra concluída a seu dono, que terá o dever de recebê-la, exceto se o empreiteiro se afastou das instruções recebidas, dos planos dados, ou das regras técnicas adequadas em trabalho de tal natureza, hipótese em que terá o direito de enjeitá-la, ou, então, de recebê-la com abatimento no preço (CC, arts. 615 e 616);

e) pagar os materiais que recebeu do comitente, se por imperícia ou negligência os inutilizar (CC, art. 617), e responder por perdas e danos (CC, arts. 402 e 404) se, sem justa causa, suspender a execução da empreitada (CC, art. 624), rescindindo-a unilateralmente, tendo, porém, para que não haja enriquecimento indevido do comitente, direito à remuneração proporcional ao trabalho já realizado;

f) denunciar ao comitente os defeitos e falhas dos materiais entregues para a obra, que possam comprometer a sua execução[315];

g) fornecer, se a empreitada for mista, os materiais de acordo com a qualidade e a quantidade convencionadas (CC, art. 610, *in fine*).

2º) *Direitos e deveres do dono da obra.* O comitente ou dono da obra, por sua vez, terá *direito* de:

a) exigir do empreiteiro a observância da obrigação contratual e de suspender a obra, mesmo após o início da construção, desde que pague ao empreiteiro as despesas e lucros alusivos aos serviços já executados, e ainda uma indenização razoável, calculada em função do que ele teria ganho, se concluísse a obra (CC, art. 623). O empreiteiro, frustrada a execução da obra pelo comitente, fará jus às despesas, aos lucros e à remuneração, proporcionalmente aos serviços por ele realizados e, ainda, aos lucros cessantes. Para o Projeto de Lei n. 699/2011, o art. 623 deveria ter a seguinte redação: "Mesmo após iniciada a construção, pode o dono da obra rescindir unilateralmente o contrato, desde que pague ao empreiteiro as despesas e lucros relativos aos serviços já feitos, mais indenização razoável, calculada em função do que ele teria ganho, se concluída a obra". Tal modificação justifica-se, segundo Jones Figueirêdo Alves, porque a possibilidade de suspender a obra sugere sua paralisação temporária, quando, na verdade, se pretende dar ao comitente o direito de rescindir o contrato;

b) receber a obra concluída, de acordo com a forma de verificação final e a entrega pactuada, ou então conforme o costume do lugar, se nada se ajustou a respeito (CC, art. 615, 1ª alínea);

c) acompanhar a execução da obra em todos os seus trâmites, fiscalizando o seu andamento, ordenando alguma mudança necessária, devido a fatores imprevistos surgidos no seu desenvolvimento, exceto se a execu-

315. Antônio Chaves, *Lições*, cit., v. 4, p. 199; *RT*, *563*:228, *577*:85, *568*:71, *576*:66, *555*:202, *567*:242; *RJTJSP*, *77*:199.

ção se revestir de algum segredo especial que o empreiteiro não possa revelar em seu detrimento[316]. Enfim, poderá reclamar e acusar a existência de defeitos que possam comprometer a execução do trabalho ou seu bom acabamento;

d) rejeitar a obra ou pedir abatimento no preço, no caso do art. 616, combinado com o art. 615, 2ª parte, do Código Civil (*RT*, *482*:187), isto é, se houver descumprimento do ajuste (afastamento das instruções recebidas e dos planos dados) ou das regras técnicas da arte (*RT*, *553*:238), acarretando, p. ex., diminuição de seu valor. O abatimento consistirá num *quantum* que possibilite escoimar a obra de seus defeitos (CC, art. 442) e colocá-la de acordo com o contrato (*AJ*, *90*:151; *RT*, *130*:639), porém só terá cabimento se o comitente ainda não pagou o preço todo dela (*RT*, *166*:741)[317];

e) pedir não só o pagamento de materiais que foram entregues ao empreiteiro e por ele inutilizados devido à sua imperícia (falta de habilidade técnica) ou negligência (omissão, deixando de fazer o que se deve) (CC, art. 617), mas também se ocorrer diminuição no preço do material ou da mão de obra superior a um décimo do preço global convencionado, a sua revisão, para que lhe fique assegurada a diferença apurada (CC, art. 620), e a adequação do contrato à realidade econômico-social, evitando-se o enriquecimento sem causa do empreiteiro que poderá ter lucro, mesmo cobrando menos, e reequilibrando-se o contrato economicamente. Com a revisão contratual ter-se-á a correção do preço.

Tem, por outro lado, o *dever* de:

a) pagar ao empreiteiro, na época ajustada, a remuneração convencionada (*RT*, *453*:193), sem majoração devida a reajustamento, salvo o caso da cláusula *rebus sic stantibus* (*RT*, *481*:185, *473*:233). Não serão permitidos acréscimos sob a alegação de ter havido alteração, a não ser que isso tenha sido autorizado por escrito, mediante cláusula de reajustamento (*RT*, *395*:337). Não havendo estipulação do preço ou se as partes não chegaram a um acordo, será ele fixado por arbitramento, segundo o costume local (*RT*, *132*:138), como ocorre na locação de serviço. Se for de acordo com o andamento da obra, à medida que se concluírem as respectivas etapas, deverão ser satisfei-

---

316. Elcir Castello Branco, Empreitada, cit., p. 268.

317. Carvalho Santos, op. cit., v. 17, p. 341, apud W. Barros Monteiro, op. cit., p. 198.

tas as parcelas. A falta de pagamento poderá importar a resolução contratual, com perdas e danos, a suspensão da execução, por força da *exceptio non adimpleti contractus*, a sua cobrança executiva ou o direito de retenção;

b) verificar tudo o que foi feito, apontando as falhas, sob pena de se presumirem aceitas e verificadas as partes já pagas. Não poderá, portanto, furtar-se ao pagamento do saldo devido ao empreiteiro, alegando defeitos na obra, se a recebeu sem protesto (*RT*, *189*:720);

c) receber a obra, uma vez concluída, de acordo com o ajuste e o costume do lugar (CC, art. 615);

d) fornecer os materiais necessários, quando isso lhe competir, em razão de lei ou de contrato (CC, art. 610, § 1º). Se a empreitada for de lavor, terá, portanto, de entregar os materiais no local da obra, ou onde for conveniente à sua execução, e em tempo oportuno, exceto convenção em contrário, respondendo pelas consequências da demora e da inadequação;

e) indenizar o empreiteiro pelos trabalhos e despesas que houver feito, se rescindir ou suspender o contrato, pagando ainda as perdas e danos, ou seja, os danos emergentes, os lucros relativos ao serviço executado e o justo valor a título indenizatório pelos lucros cessantes que poderiam advir se concluísse a obra (CC, art. 623);

f) não alterar projeto da obra já aprovado, sem anuência do autor, mesmo que a execução seja confiada a terceiros, a não ser que, por motivos supervenientes (alteração do solo, em virtude de abalo sísmico) ou razões de ordem técnica (risco de deterioração da obra em razão de construção de silo em local arenoso), se comprove a inconveniência (cálculo errôneo, estrutura de sustentação insuficiente etc.) ou a onerosidade excessiva do projeto primitivo (fundação de alto custo). Pelo princípio da boa-fé objetiva, o projetista deverá ser cientificado para alterar seu projeto ou autorizar sua modificação. Reconhece a lei a autoridade técnica do projetista, respeitando e tutelando sua criação intelectual, ao vedar sua alteração pelo comitente, que poderá até mesmo, por ser leigo, comprometer a segurança da obra. Tal proibição não alcança modificações de pouca monta, ressalvando-se sempre a unidade estética da obra projetada (CC, art. 621 e parágrafo único). P. ex., substituição de piso de mármore por um de granito da mesma cor, por não atingir a estrutura do projeto inicial.

3º) *Responsabilidade do empreiteiro* quanto:

a) à solidez e segurança do trabalho nas empreitadas relativas a edifícios e outras construções de grande envergadura, como pontes e viadutos, em razão dos materiais e do solo (*RTJ*, *102*:221; *RSTJ*, *88*:117, *101*:305, *107*:265; *EJSTJ*, *24*:152; *RT*, *532*:80, *567*:242, *569*:90, *572*:181, *575*:90, *627*:123; *825*:221; Súmula STJ n. 194). Deveras, de acordo com o art. 618 do Código Civil, responderá ele, independentemente da ideia de culpa, durante o prazo mínimo de garantia de cinco anos, pela solidez e segurança do trabalho, em razão dos materiais, se os forneceu, e do solo (*RJTJSP*, *79*:77). Não se pode admitir, ante o princípio da boa-fé objetiva (CC, art. 422), que o empreiteiro não se liberará dessa responsabilidade de garantia da solidez da obra se prevenir, em tempo hábil, o comitente, expressamente, da inconsistência do solo, da deficiência ou má qualidade dos materiais por ele fornecidos e se, mesmo assim, o dono da obra exigir a continuidade de sua execução. Hipótese em que não poderá alegar vício, porque estaria agindo contra ato próprio. Diante da omissão legal, para tal conclusão, valemo-nos dos arts. 4º e 5º da Lei de Introdução às Normas do Direito Brasileiro. Se os danos forem causados por falta de solidez e segurança da obra dentro do período de responsabilidade do empreiteiro, ele deverá fazer as devidas reparações (*RT*, *148*:358). Como está em jogo o interesse privado, há quem ache que nada impede que os contraentes alterem esse prazo para mais ou para menos, todavia pelo atual Código está vedada sua redução[318]. O art.

---

318. Rubino, *L'appalto*, cit., n. 235; Carvalho Santos, op. cit., v. 17, p. 359; *Revista de Direito*, *78*:61. Em sentido contrário: *RT*, *268*:454, *235*:443, *230*:498, *204*:463, *185*:709; *RF*, *89*:502, *91*:458, *174*:185; *AJ*, *98*:376, *87*:341; Serpa Lopes, *Curso*, cit., p. 182. Se a relação for de consumo aplica-se os arts. 7º e 27 do Código de Defesa do Consumidor. Assim o incorporador imobiliário, não havendo relação de consumo, poderá demandar construtor no prazo de 6 meses do Código Civil (art. 618, parágrafo único) e não no de 5 anos do CDC (art. 27). Ensina Paulo Eduardo Fucci (Prazo para indenização por vícios da construção e o novo Código Civil, *Tribunal do Direito*, dez. 2005, p. 12) que: "Já se a empreitada, ainda na ausência de relação de consumo, for só de materiais ou só de execução, o que mais se assemelha ao caso de incorporação com construção por administração ou "a preço de custo"; ou, ainda, se outro qualquer for o contrato (nele estando a construção incluída), o prazo extintivo, para a ação indenizatória por vícios e defeitos, poderia ser o geral de prescrição, do artigo 205 do novo CC, isto é, de dez anos. Se, no entanto, o contrato for típico de empreitada, mesmo que de materiais e execução, mas o contratante da construção for o consumidor final, ficaria afastada a decadência do parágrafo único do artigo 618 do novo CC. É que, nessas hipóteses, no mínimo, o prazo deveria ser o prescricional de cinco anos, do CDC, artigo 27. Aqui, o CDC, lei especialíssima, sobrepujaria o CC, no confronto com aquele dispositivo. Mas, não, se comparado com o seu artigo 205, o qual, prevendo a prescrição de dez anos, poderia prevalecer, já que mais benéfico ao consumidor".

Pela Instrução Normativa SRP n. 3/2005 (revogada pela IN n. 971/2009) arts. 181 e 416, o dono da obra tinha responsabilidade pelas obrigações previdenciárias decorrentes de execução de obra de construção civil.

618 só é aplicável a vício decorrente da solidez e segurança do trabalho em edificação de vulto. P. ex., esse artigo não se aplicará se houver defeito relativo a componentes meramente estéticos, mesmo que o empreiteiro, em relação a eles, tenha desobedecido o memorial descritivo e o contrato (*RT*, *787*:219). Esse prazo quinquenal é de simples garantia (*RSTJ*, *107*:165; *BAASP*, *1714*:279), extracontratual portanto, mas de natureza legal, para resguardar a coletividade do risco da edificação de grande porte (*RT*, *787*:218, *535*:151; *RF*, *130*:192); logo, durante o seu curso o empreiteiro deverá responder pela *solidez e estabilidade da obra*. Se uma empresa, p. ex., se comprometer a construir casas para funcionários, e contrata, para tanto, um engenheiro (não empresário), esse contrato será regido pelo Código Civil. O construtor responde pelo prazo de garantia de cinco anos, e o dono da obra tem o prazo decadencial de cento e oitenta dias para obter redibição (resolução negocial) e reclamar do problema surgido no prazo de garantia. Se o defeito aparecer quatro anos depois da entrega, o dono da obra terá cento e oitenta dias seguintes ao seu aparecimento para reclamar da imperfeição por falta de solidez, inclusive do material e segurança da obra, visto que o vício se verificou no prazo de garantia de cinco anos, contado da entrega da obra. “O prazo referido no art. 618, parágrafo único, do CC refere-se unicamente à garantia prevista no *caput*, sem prejuízo de poder o dono da obra, com base no mau cumprimento do contrato de empreitada, demandar perdas e danos” (Enunciado n. 181 do Conselho da Justiça Federal, aprovado na III Jornada de Direito Civil). Escoado aquele prazo quinquenal de garantia da obra, extinguir-se-á tal obrigação, mas o proprietário poderá propor ação pelos prejuízos que lhe foram causados em razão do material e do solo, pela falta de solidez da obra verificada no quinquênio, mas decairá desse direito se não propuser ação (p. ex., a estimatória ou de redibição ou de rescisão contratual) contra o empreiteiro, nos cento e oitenta dias seguintes ao aparecimento do vício ou defeito (CC, art. 618, parágrafo único). Todavia, será preciso esclarecer que não terá responsabilidade pela solidez e segurança da obra, se a região vier a sofrer modificações por fenômenos sísmicos. Verificado o vício depois do prazo de cinco anos da entrega da obra, mas dentro do prazo prescricional de dez anos, o dono da obra poderá mover ação para obter a *perfeição da obra* por defeito ou vício de construção (*RT*, *760*:206, *769*:312) e não por solidez e segurança do trabalho em razão do material e do solo. Logo, mesmo depois do prazo de garantia, o dono da obra pode demandar o empreiteiro pelos prejuízos advindos da imperfeição da obra (CC, art. 205). E ao cabo de dez anos perderá o direito de propor ação para reposição da obra em perfeito estado (*RF*, *145*:30, *158*:233,

127:433, *82*:641; *AJ*, *115*:285; *RT*, *214*:429, *178*:789, *390*:234, *532*:80, *567*:242, *621*:78 e 76, *627*:123). Mas, para a pretensão de reparação civil por qualquer outro vício causando lesão a terceiros, pleiteando indenização por dano moral (indireto) e patrimonial, o prazo de prescrição será o de três anos (CC, art. 206, § 3º, V).

Mas se se tratar de vício aparente, aplicar-se-ão os arts. 615 e 616, logo o dono da obra deverá rejeitá-la desde o recebimento; se for oculto, a norma cabível é a do art. 445, hipótese em que o prazo decadencial para pleitear redibição ou abatimento no preço é de um ano.

Convém ressaltar ainda que, pelo art. 622: "Se a execução da obra for confiada a terceiros, a responsabilidade do autor do projeto respectivo, desde que não assuma a direção ou fiscalização daquela, ficará limitada aos danos resultantes de defeitos previstos no art. 618 e seu parágrafo único", responsabilizar-se-á se o vício de solidez e segurança do trabalho (em razão de material e do solo) for oriundo do seu projeto, e se der durante o prazo de garantia de cinco anos. Mas, se o projetista vier a fiscalizar e dirigir a obra, assumirá a responsabilidade por qualquer vício;

b) aos riscos da obra, se ele forneceu os materiais, até o momento de sua entrega, a contento de quem a encomendou, se este não estiver em mora de receber. Estando, correrão os riscos por sua conta (CC, arts. 611, 234, 400, 615 e 617). Tem, ante o princípio *res perit domino*, essa responsabilidade, até o momento da tradição, por ser o proprietário e porque na empreitada com fornecimento de materiais é ele quem os escolhe e prepara a obra encomendada. Se a obra apresentar defeitos ou se os materiais forem de má qualidade, o empreiteiro responderá por isso (*RT*, *515*:124, *390*:234). Se ocorrer um acidente que destrua a obra antes de ser entregue a contento do comitente, o empreiteiro suportará o prejuízo, porque ainda não cumpriu o seu dever de entregar pronta a obra encomendada. Porém, se o dono da obra estava em mora de recebê-la, por sua conta correrão os riscos da perda e deterioração. A fim de livrar-se desta consequência, o empreiteiro poderá, se quiser, depositar a obra, citando o comitente para que vá levantá-la;

c) ao preço dos materiais empregados na obra, perante os fornecedores, se a empreitada for mista, isto é, de execução e de fornecimento de materiais (*RF*, *411*:141). Se assim não fosse, o comitente pagaria duas vezes: ao empreiteiro, quando solvesse o preço ajustado, e ao fornecedor, quando, no pagamento feito ao primeiro, já estava compreendido o material. Os fornecedores não poderão reclamar o custo dos materiais do dono da obra, pois nenhum liame jurídico há entre eles[319];

d) aos danos causados a terceiros, em regra, nas construções de arranha-céus ou de obras de grande porte, por erro de plano, de cálculo, ou por defeito de construção, em que os mais atingidos são os vizinhos, em cujas propriedades aparecem trincas, fendas, ocorrem desabamentos etc., ou transeuntes, que são atingidos por objetos que se desprendem das obras. O empreiteiro seria o responsável, a não ser que o dono da obra o tivesse excepcionalmente escolhido e empregado mal, hipótese em que a responsabilidade abrangeria o comitente, tenha havido ou não culpa *in eligendo*[320] (CC, art. 932, III), pois, pelo art. 933, responderá ele pelos atos praticados por terceiro (empreiteiro) mesmo que não haja culpa de sua parte, tendo, portanto, responsabilidade civil objetiva; o mesmo se diga do empreiteiro em relação a dano causado pelas pessoas a ele subordinadas; todavia, terá ação regressiva contra o culpado para reaver o que pagou ao lesado (CC, arts. 934, 186 e 927);

e) aos impostos, perante a Fazenda, se a empreitada compreender execução e materiais, visto que o fornecimento destes assume o aspecto de venda, justificando a cobrança de tributo (*RT*, *240*:626; *RF*, *92*:94; *AJ*, *117*:64, *106*:274)[321].

4º) *Responsabilidade do comitente* quanto:

a) aos riscos de transporte da coisa confeccionada, se ela for remetida por ordem sua para lugar diverso daquele que estava ajustado no contrato, exceto se o empreiteiro se afastar de suas instruções;

---

319. W. Barros Monteiro, op. cit., p. 201. *Vide* Instrução Normativa n. 971/2009 da SRFB e do INSS 1.175/2011, sobre procedimentos aplicáveis à obra de construção civil de responsabilidade de pessoa jurídica.

320. *RT*, *535*:199, *146*:388; W. Barros Monteiro, op. cit., p. 202; Orlando Gomes, *Contratos*, cit., p. 366; Almeida Paiva, op. cit., ns. 69 e 79. Se a relação for de consumo, particular contrata um empreiteiro-empresário para construir sua casa. Se ocorrer acidente de consumo, o dono da obra tem cinco anos para obter a reparação (CDC, art. 27), pois o construtor-fornecedor tem responsabilidade pelo fato do produto ou serviço. Se houver vício do produto ou do serviço (CDC, art. 18 e s.), o dono da obra tem noventa dias para reclamar. Se o vício for aparente, tal prazo começa a correr na data da entrega da obra ou do "habite-se" (CDC, art. 26, § 1º), se oculto, contado do dia em que o defeito ficar evidenciado (CDC, art. 26, § 3º). Pelo CDC, o consumidor, em caso de empreitada de lavor, havendo vício da obra, pode valer-se do art. 20, e sendo mista a empreitada por haver necessidade de se verificar se o vício vem da qualidade do material ou da prestação de serviço, aplica-se o art. 18.

321. W. Barros Monteiro, op. cit., p. 202. *Vide* Súmula 334 do STF.

b) aos riscos da obra, se a empreitada for só de lavor. Se o empreiteiro apenas fornece a mão de obra, os riscos em que não tiver culpa correrão, em razão do princípio *res perit domino*, por conta do dono da obra (CC, art. 612), pois os materiais lhe pertencem e por sua conta correrão a perda e a degradação da coisa. Logo, o empreiteiro, na empreitada de lavor, só terá responsabilidade civil subjetiva se, culposamente, provocou perda ou deterioração de bem ao manipulá-lo indevidamente ou ao guardá-lo em local não apropriado etc. Enquanto o trabalho não se concluir, cada contratante responderá pelo que lhe pertence, o comitente pela coisa, e o empreiteiro pela mão de obra. Verificada a perda, cada um suportará o prejuízo daquilo que é seu. Sendo a empreitada de lavor, se a coisa encomendada perecer antes da entrega, sem mora do dono, nem culpa do empreiteiro, este perderá também a retribuição, se não provar que a perda foi ocasionada por defeito dos materiais, e que em tempo havia reclamado contra a sua quantidade ou qualidade (CC, art. 613). Assim, se a perda resultou da má qualidade ou falta de quantidade do material, o empreiteiro terá direito à remuneração avençada[322], até o nível em que a obra foi executada (*RT*, *254*:486), se provar que avisou, tempestivamente, o dono da obra da necessidade de substituir, qualitativa ou quantitativamente, o material. Isto é assim ante o princípio da boa-fé objetiva (CC, art. 422) que deve nortear a relação contratual;

c) à falta de recolhimento das contribuições previdenciárias do pessoal empregado na obra, se esse encargo não for atendido pelo empreiteiro, ficando, assim, com ele solidariamente responsável (Lei n. 8.212/91, arts. 30 e 31; Instrução Normativa do RFB n. 971/2009 e IN do INSS n. 1.175/2011; e Dec. n. 3.048/99). Daí ser conveniente que o comitente examine periodicamente o número dos operários em serviço e as guias de recolhimento daquelas contribuições[323];

d) ao preço dos materiais, se a empreitada for de lavor, pois os débitos ser-lhe-ão cobrados, visto que as compras foram feitas em seu nome e em seu interesse se utilizam os materiais adquiridos (*RT*, *41*:137, *426*:234)[324].

---

322. W. Barros Monteiro, op. cit., p. 199 e 200; Orlando Gomes, *Contratos*, cit., p. 367; R. Limongi França, Contrato de execução, cit., p. 341.

323. Elcir Castello Branco, Empreitada, cit., p. 270. *Vide*: Ordem de Serviço INSS/DAF n. 161/97, sobre critérios para regularização das contribuições para a seguridade social, devidas pela execução de obra de construção civil, realizada sob a responsabilidade direta do dono da obra. *Vide*: Decreto n. 3.048/99, que aprova o Regulamento da Previdência Social. Orientação Jurisprudencial SDI I n. 191 do TST: "Contrato de empreitada – Dono da obra de construção civil – Responsabilidade. Diante da inexistência de previsão legal específica, o contrato de empreitada de construção civil entre o dono da obra e o empreiteiro não enseja responsabilidade solidária ou subsidiária nas obrigações trabalhistas contraídas pelo empreiteiro, salvo sendo o dono da obra uma empresa construtora ou incorporadora".

324. Elcir Castello Branco, Empreitada, cit., p. 271; Pedro Romano Martinez, *Cumprimen-*

f.5.4. Cessação

Cessará o contrato de empreitada se houver[325]:

1º) *execução da obra ou adimplemento da obrigação*, extinguindo-se as obrigações dos contraentes, ressalvada a responsabilidade na forma da lei ou do contrato. Concluída a obra conforme o ajustado ou o costume local, o comitente paga o preço, terminando, assim, o contrato;

2º) *morte do empreiteiro*, se o ajuste for celebrado *intuitu personae*; se não o for, seus sucessores continuarão a sua obra; com o óbito do dono da obra, seus herdeiros assumirão seu lugar até as forças da herança (CC, arts. 626 e 1.792);

3º) *resilição unilateral*, por parte do comitente, que indenizará o empreiteiro das despesas por ele feitas e do valor da mão de obra, pagando, ainda, o lucro razoável que ele poderia ter tido se viesse a concluí-la (*RT*, *541*:296). Esse direito é transmissível *causa mortis* aos herdeiros do dono da obra, mas não se estende aos credores;

4º) *distrato ou resilição bilateral*, em virtude do qual ambos os contraentes desatam o vínculo obrigacional, antes do vencimento do prazo convencionado;

5º) *resolução por inexecução contratual*, caso em que o inadimplente deverá ressarcir as perdas e danos;

6º) *falência do empreiteiro*, ressalvado o disposto no art. 117 da Lei de Falências, que prevê a notificação do administrador judicial para que declare se cumprirá ou não a locação da obra;

7º) *desapropriação*, com imissão de posse do desapropriante;

8º) *impossibilidade da prestação*, em razão de *força maior* ou *caso fortuito*.

---

to defeituoso em especial na compra e venda e na empreitada, Coimbra, Almedina, 2001. Sobre responsabilidade civil na empreitada: *RT*, *584*:92, *606*:57, *614*:89, *621*:76, *620*:88, *600*:207, *611*:48, *586*:69, *563*:228, *581*:221. O Projeto de Lei n. 6.960 (atual PL n. 699/2011) não foi acatado quanto às propostas de alteração dos arts. 623, 624 e 625, pois: "O verbo *suspender* aqui não é equivalente à rescisão contratual. Admite-se a possibilidade de suspender a execução da obra a fim de que as partes possam chegar a um acordo sobre os conflitos que deram ensejo à sua suspensão. A rescisão, de plano, impediria a possibilidade de negociação entre as partes".

325. Orlando Gomes, *Contratos*, cit., p. 368; Bassil Dower, *Curso moderno de direito civil*, cit., p. 167 e 168; Rubino, *L'appalto*, cit., n. 321; Caio M. S. Pereira, *Instituições*, cit., p. 291; R. Limongi França, Contrato de execução, cit., p. 340; Cerruti Aicardi, op. cit., n. 254; De Page, op. cit., v. 4, n. 914; Serpa Lopes, *Curso*, cit., p. 190-4; Almeida Paiva, op. cit., n. 112; *RT*, *553*:238, *541*:296.

Quadro Sinótico

LOCAÇÃO

1. CONCEITO	• Segundo Clóvis Beviláqua, a locação é o contrato pelo qual uma das partes, mediante remuneração paga pela outra, se compromete a fornecer-lhe, durante certo lapso de tempo, o uso e gozo de uma coisa infungível, a prestação de um serviço apreciável economicamente ou a execução de alguma obra determinada.	
2. ESPÉCIES	• Locação de coisa. • Prestação ou locação de serviço. • Locação de obra ou empreitada.	
3. CARACTERES GERAIS	• Cessão temporária do uso e gozo da coisa, da prestação de serviço ou da execução de uma obra determinada.	
	• Remuneração	• Aluguel, na locação de coisa. • Salário, na prestação de serviço. • Preço, na locação de obra.
	• Contratualidade	• Consiste em contrato bilateral, oneroso, comutativo, consensual e de execução sucessiva.
	• Presença das partes intervenientes.	
4. LOCAÇÃO DE COISA	• Conceito	• Pelo CC, art. 565, é o contrato pelo qual uma das partes (locador) se obriga a ceder à outra (locatário), por tempo determinado ou não, o uso e gozo de coisa infungível, mediante certa retribuição.
	• Elementos essenciais	• Consentimento válido. • Capacidade dos contraentes.

4. LOCAÇÃO DE COISA	• Elementos essenciais	• Cessão de posse do objeto locado, que deverá ser infungível; inconsumível; suscetível de gozo, material ou juridicamente; determinado ou determinável; dado por quem possua título bastante para fazê-lo; alienável ou não. • Remuneração. • Lapso de tempo determinado ou não, salvo os casos do art. 96, parágrafo único, do Dec.-Lei n. 9.760/46; do art. 81 do Dec.-Lei estadual n. 11.800/40 (revogado pela Lei estadual n. 12.392/2006); do art. 3º da Lei n. 8.245/91 (Lei n. 8.245/91, arts. 4º, com alteração da Lei n. 12.744/2012, 46, 47, 8º, 10, 12). • Forma livre, salvo nas hipóteses do CC, arts. 221 e 288; da Lei n. 8.245/91, arts. 13, 51, I e II; da Lei n. 6.015/73, arts. 129, 135, 167.
	• Direitos do locador	• Receber o pagamento do aluguel (CC, art. 1.467, II). • Cobrar antecipadamente o aluguel, no caso dos arts. 20, 42 e 49 da Lei n. 8.245/91. • Exigir, na locação de prédio urbano, caução em dinheiro, garantia fidejussória, seguro de fiança locatícia ou cessão fiduciária de quotas de fundo de investimento (Lei n. 8.245/91, arts. 37 e 38). • Mover ação de despejo (Lei n. 8.245/91, arts. 59 a 66). • Reaver a coisa locada, após o vencimento da locação (Lei n. 8.245/91, art. 4º) ou antes do vencimento, ressarcindo ao locatário as perdas e danos (CC, art. 571). • Autorizar, por escrito, a cessão de locação, a sublocação e o empréstimo do prédio (Lei n. 8.245/91, art. 13). • Pedir revisão judicial do aluguel (Lei n. 8.245/91, art. 19). • Ser comunicado de sub-rogação na locação, em caso de dissolução da união estável ou do casamento do locatário, pelo ex-cônjuge ou ex-companheiro que permanecer no prédio, e se o sub-rogado for pessoa diversa da que contratou a locação, podendo, então, exigir novo fiador ou depósito em caução (Lei n. 8.245/91, arts. 12, § 1º, com a redação da Lei n. 12.112/2009, e 37).

4. LOCAÇÃO DE COISA	• Obrigações do locador	• Entregar ao locatário a coisa locada, com suas pertenças, em estado de servir ao uso a que se destina (CC, art. 566, I; Lei n. 8.245/91, art. 22, I). • Manter o bem nesse estado pelo tempo do contrato, salvo cláusula expressa em contrário (CC, arts. 566, I, e 567; Lei n. 8.245/91, art. 22, III e X). • Responder por vícios redibitórios (CC, art. 568, *in fine*; Lei n. 8.245/91, art. 22, IV). • Garantir o uso pacífico da coisa locada durante o tempo do contrato (CC, art. 566, II; Lei n. 8.245/91, art. 22, II). • Pagar impostos, prêmio de seguro contra incêndio, taxas, despesas de intermediação ou administração imobiliária e despesas extraordinárias de condomínio (Lei n. 8.245/91, art. 22, VII, VIII e X). • Fornecer recibo de aluguel ou de encargos (Lei n. 8.245/91, arts. 22, VI, e 44, I, e parágrafo único). • Indenizar benfeitorias úteis e necessárias feitas pelo locatário de boa-fé (CC, art. 1.219; Lei n. 8.245/91, arts. 35 e 36). • Dar preferência ao locatário ou sublocatário para adquirir o prédio locado (Lei n. 8.245/91, art. 33). • Não exigir quantia ou valor além do aluguel e dos encargos permitidos (Lei n. 8.245/91, art. 43, I).
	• Direitos do locatário	• Exigir do locador a entrega da coisa, o recibo do aluguel ou de encargos, a manutenção do *statu quo* da coisa locada, a garantia de seu uso pacífico e a responsabilidade pelos vícios ocultos (Lei n. 8.245/91, art. 22, I a IV, e VI). • Pedir ao locador, no ato da entrega da coisa, relação escrita do seu estado (Lei n. 8.245/91, art. 22, V). • Reter o prédio alugado enquanto não for ressarcido pelo locador que pediu o bem antes do vencimento do prazo (CC, art. 571, parágrafo único) e até ser indenizado das benfeitorias necessárias ou úteis, feitas com anuência do locador (Lei n. 8.245/91, art. 35), e levantar as voluptuárias. • De preferência para a aquisição, no caso de alienação do imóvel locado (Lei n. 8.245/91, art. 27), salvo os casos de venda judicial, permuta, doação, integralização de capital, cisão, fusão e incorporação (Lei n. 8.245/91, art. 32). Mas se não houver cláusula de vigência em caso de alienação o adquirente não tem o dever de respeitar a locação (CC, art. 576, §§ 1º e 2º).

4. **LOCAÇÃO DE COISA**	• Direitos do locatário	• Purgar a mora, para evitar rescisão da locação (Lei n. 8.245/91, art. 62, II, e parágrafo único, com a redação da Lei n. 12.112/2009). • Ser despejado apenas nos casos previstos em lei, mediante denúncia cheia ou vazia. • Sublocar, ceder ou emprestar o bem locado, com anuência do locador. • Alegar a impenhorabilidade dos móveis que lhe pertençam e que guarneçam o imóvel locado (Lei n. 8.009/90, art. 2º, parágrafo único).
	• Deveres do locatário	• Servir-se da coisa locada exclusivamente para o uso convencionado ou presumido (CC, arts. 569, I, 1ª parte, e 570; Lei n. 8.245/91, art. 23, II, 1ª parte). • Tratar do bem alugado como se fosse seu (CC, arts. 569, I, 2ª parte; Lei n. 8.245/91, art. 23, II, 2ª parte). • Pagar pontualmente o aluguel nos prazos ajustados, ou, na falta de convenção, até o dia 6 do mês seguinte ao vencido (Lei n. 8.245/91, art. 23, I; CC, arts. 569, II, e 572). • Levar ao conhecimento do locador as turbações de terceiros, que se pretendam fundadas em direito (CC, art. 569, III; Lei n. 8.245/91, art. 23, IV). • Restituir a coisa, finda a locação, no estado em que a recebeu, salvo as deteriorações decorrentes do uso normal (Lei n. 8.245/91, art. 23, III; CC, art. 569, IV). Se devolver antes do término do prazo contratual aplica-se o art. 571. E se não o restituir, findo o contrato, tendo sido notificado, arca com as consequências do art. 575 e parágrafo único do Código Civil. • Pagar os encargos de limpeza, força, luz, água, saneamento e despesas ordinárias de condomínio (Lei n. 8.245/91, art. 23, VII, VIII, X e XII). • Fazer reparações locativas (Lei n. 8.245/91, art. 23, V e III). • Consentir nos reparos urgentes de que o prédio necessitar (Lei n. 8.245/91, art. 26, parágrafo único). • Dar caução em dinheiro, garantia fidejussória, seguro de fiança locatícia, ou cessão fiduciária de quotas de fundo de investimento, se o locador o exigir (Lei n. 8.245/91, art. 37). • Pedir prévio consentimento expresso do locador para sublocar, ceder ou emprestar o imóvel locado (Lei n. 8.245/91, art. 13). • Responder por dano no prédio, se não provar caso fortuito ou força maior (CC, art. 570).

4. LOCAÇÃO DE COISA	• Transferência do contrato por ato *inter vivos*	• Cessão de locação	• Segundo Antônio Chaves, consiste na alienação, na transferência a outrem da posição contratual do locatário; enfim, na transmissão, para outra pessoa, dos direitos e deveres que lhe competem.
		• Sublocação	• Para Andrea Tabet, a sublocação consiste na concessão, do gozo, parcial ou total, da coisa locada, por parte de quem é, por sua vez, locatário dela mesma (Lei n. 8.245/91, arts. 14, 15, 16, 30, 59, § 1º, V, § 2º, e 35; CC, art. 570).
		• Empréstimo	• O empréstimo, como preleciona Antônio Chaves, é a cessão, a título provisório e gratuito, pelo locatário, de parte ou da totalidade do prédio, com o dever de restituí-lo em breve tempo. • Envolveria, portanto, a figura do comodato.
	• Transferência dos direitos e deveres decorrentes da locação por causa de morte do locador ou do locatário.		• Lei n. 8.245/91, arts. 10, 7º, 11, I e II; CC, arts. 1.784 e 1.792.
	• Extinção	• Distrato ou resilição bilateral (Lei n. 8.245/91, art. 9º, I). • Retomada do bem locado nos casos admitidos em lei (Lei n. 8.245/91, art. 47). • Implemento de cláusula resolutiva expressa. • Perda total ou parcial da coisa locada. • Vencimento do prazo contratual (Lei n. 8.245/91, art. 46; CC, arts. 573 e 574). • Desapropriação (Lei n. 8.245/91, art. 5º, parágrafo único). • Morte do locatário, se não tiver sucessores nem sublocatário (Lei n. 8.245/91, art. 11; CC, art. 577). • Nulidade absoluta ou relativa do contrato locatício (Lei n. 8.245/91, art. 45). • Resilição unilateral por inexecução contratual ou infração à lei (Lei n. 8.245/91, art. 9º, II e III). • Extinção de usufruto ou fideicomisso no caso do art. 7º da Lei n. 8.245/91. • Falência ou recuperação de um dos contraentes, desde que previsto, expressamente, no contrato (*RT*, *541*:219), tendo-se em vista o disposto no art. 119, VII, da Lei n. 11.101/2005.	

5. PRESTAÇÃO DE SERVIÇO (CC, ARTS. 593 A 609)	• Conceito	• Para Caio Mário da Silva Pereira, a locação de serviço é o contrato em que uma das partes se obriga para com a outra a fornecer-lhe a prestação de uma atividade, mediante remuneração.
	• Caracteres	• Bilateralidade. • Onerosidade. • Consensualidade.
	• Objeto	• Seu objeto é a prestação de atividade lícita, não vedada pela lei e pelos bons costumes, oriunda da energia humana aproveitada por outrem, e que pode ser material ou imaterial (CC, art. 594; CF, art. 7º, XXXII).
	• Remuneração	• A remuneração é, em regra, em dinheiro, mas nada obsta a que parte dela seja em alimentos, vestuário, condução, moradia etc. (CC, arts. 596 e 597).
	• Tempo de duração	• Esse contrato não poderá ser convencionado por mais de quatro anos (CC, art. 598), sob pena de redução pelo juiz. Porém, nada impede que, findo o lapso quatrienal, novo contrato seja ajustado pelas partes por tempo igual ou inferior (CC, arts. 599, parágrafo único, I a III, 600, 602, parágrafo único; Lei n. 5.859/72, ora revogada pela Lei Complementar n. 150/2015).
	• Modos terminativos (CC, arts. 602, 603, 604, 607, 608 e 609)	• Por justa causa, sem culpa de qualquer dos contraentes. • Por justa causa fundada em culpa de uma das partes. • Sem justa causa. • Conclusão da obra quando ajustada por tarefa precisa. • Escoamento do prazo.

6. LOCAÇÃO DE OBRA OU EMPREITADA	• Noção	• Empreitada é o contrato pelo qual um dos contraentes (empreiteiro) se obriga, sem subordinação ou dependência, a realizar, pessoalmente ou por meio de terceiro, certa obra para o outro (dono da obra ou comitente), com material próprio ou por este fornecido, mediante remuneração determinada ou proporcional ao trabalho executado.	
	• Caracteres	• Bilateralidade. • Comutatividade. • Onerosidade. • Consensualidade. • Indivisibilidade. • Execução sucessiva ou continuada.	
	• Modalidade	• Quanto ao modo de fixação do preço	• Empreitada a preço fixo absoluto ou relativo (CC, art. 619). • Empreitada por medida (CC, art. 614). • Empreitada de valor reajustável. • Empreitada por preço máximo. • Empreitada por preço de custo.
		• Quanto à execução do trabalho pelo empreiteiro (CC, art. 610)	• Empreitada de lavor. • Empreitada de materiais ou mista.

6. LOCAÇÃO DE OBRA OU EMPREITADA	• Efeitos	• Confere direitos ao empreiteiro de	• Perceber remuneração convencionada. • Exigir a aceitação da obra concluída. • Requerer medição das partes já concluídas, no caso do CC, art. 614, §§ 1º e 2º. • Reter a obra para assegurar o recebimento do preço, se cumpriu seus deveres (CC, arts. 476, 242 e 1.219). • Constituir o comitente em mora, consignando judicialmente a obra. • Ceder o contrato, desde que não seja *intuitu personae*, dando origem à subempreitada. • Suspender a obra nos casos do art. 625, I, II e III.
		• Impõe obrigações ao empreteiro de	• Executar a obra conforme as determinações contratuais. • Corrigir os vícios ou defeitos que a obra apresentar. • Não fazer acréscimos ou mudanças sem necessidade e sem consentimento do comitente. • Entregar a obra concluída ao dono. • Pagar os materiais que recebeu do comitente, se por negligência ou imperícia os inutilizar (CC, art. 617), e responder por perdas e danos se, sem justa causa, suspender a empreitada (CC, art. 624). • Denunciar ao comitente defeitos nos materiais entregues para a obra, que possam comprometer a sua execução. • Fornecer, se a empreitada for mista, os materiais de acordo com a qualidade e quantidade convencionadas.
		• Gera direitos ao comitente de	• Exigir do empreiteiro a observância do contrato e suspender a obra, observando o disposto no art. 623 do Código Civil. • Receber a obra concluída conforme o convencionado ou o costume local (CC, art. 615, 1ª parte). • Acompanhar a execução da obra em todos os seus trâmites. • Enjeitar a obra ou pedir o abatimento proporcional do preço nos casos do CC, art. 616. • Pedir o pagamento dos materiais que forneceu e que foram inutilizados por culpa do empreiteiro (CC, art. 617) e a revisão do preço se ocorrer diminuição do valor da mão de obra ou de material superior a um décimo do preço global convencionado (CC, art. 620).

6. LOCAÇÃO DE OBRA OU EMPREITADA	• Efeitos	• Impõe deveres ao comitente de	• Pagar a remuneração convencionada. • Verificar tudo o que foi feito. • Receber a obra concluída (CC, art. 615). • Fornecer materiais quando isso lhe competir (CC, art. 610, § 1º). • Indenizar o empreiteiro pelos trabalhos e despesas que houver feito, se rescindir ou suspender o contrato sem justa causa, pagando ainda os lucros que este poderia ter, se concluísse a obra (CC, art. 623). • Não alterar projeto da obra já aprovado, sem anuência de seu autor, no caso previsto no CC, art. 621 e parágrafo único.
		• Responsabiliza o empreiteiro quanto: à solidez e segurança do trabalho em empreitadas relativas a construções de grande envergadura, em razão dos materiais e do solo (CC, art. 618); aos riscos da obra, consulta de preços dos materiais e seu fornecimento perante os fornecedores, se a empreitada for mista; aos danos causados a terceiros; aos impostos, perante a Fazenda, se a empreitada for mista. • Responsabiliza o dono da obra quanto: aos riscos de transporte da coisa confeccionada, se deu ordens diversas das ajustadas; aos riscos da obra, se a empreitada for de lavor (CC, arts. 612 e 613); à falta de recolhimento das contribuições previdenciárias do pessoal empregado na obra, se esse encargo não for atendido pelo empreiteiro, ficando com ele solidariamente responsável (Lei n. 8.212/91, arts. 30 e 31, e Dec. n. 3.048/99); ao preço dos materiais, se a empreitada for de lavor.	
	• Extinção	• Execução da obra. • Morte do empreiteiro, se o ajuste foi celebrado *intuitu personae* (CC, art. 626). • Resilição unilateral. • Distrato. • Resolução por inexecução contratual. • Falência do empreiteiro, ressalvado o disposto no art. 117 da Lei n. 11.101/2005. • Desapropriação. • Impossibilidade da prestação em razão de força maior ou caso fortuito.	

G. Empréstimo

g.1. Conceito e espécies

Segundo Coelho da Rocha, o *empréstimo* é o contrato pelo qual uma pessoa entrega a outra, gratuitamente, uma coisa, para que dela se sirva, com a obrigação de a restituir[326]. Consiste na utilização de bem pertencente a outrem, acompanhada do dever de restituição[327].

Duas são as *espécies* de empréstimo[328]:

1ª) o *comodato* (*commodum datum*), que constitui o empréstimo de *uso*, em que o bem emprestado deverá ser restituído em espécie, ou melhor, em sua individualidade, razão pela qual não poderá ser fungível ou consumível;

2ª) o *mútuo*, que é o empréstimo de *consumo*, pois a coisa emprestada, sendo fungível ou consumível, não poderá ser devolvida, de modo que a restituição se fará no seu equivalente, ou seja, por outra coisa do mesmo gênero, quantidade e qualidade.

No mútuo operar-se-á uma transferência do domínio da coisa a quem a emprestou, que poderá até mesmo aliená-la, o que não ocorrerá no comodato, pois se o comodatário a alienar incorrerá nas penas do crime de estelionato (*AJ*, *78*:222; *RF*, *106*:111; CP, art. 171, § 2º, I). O comodatário apenas terá o direito de usar a coisa restituindo-a posteriormente ao co-

---

326. Coelho da Rocha, op. cit., § 769.

327. Caio M. S. Pereira, *Instituições*, cit., p. 297; Christine O. Peter da Silva, A disciplina do contrato de empréstimo no novo Código Civil, in *O novo Código Civil – estudos em homenagem a Miguel Reale*, São Paulo, LTr, 2003, p. 513 e s.

328. Serpa Lopes, *Curso*, cit., p. 310-23; Orlando Gomes, *Contratos*, cit., p. 380; Bassil Dower, *Curso moderno de direito civil*, cit., p. 170; Caressi, Il comodato, il mutuo, in Vassali, *Trattato di diritto civile*, v. 2, t. 8, p. 5; Sebastião José Roque, *Dos contratos civis-mercantis*, cit., p. 157-62; Arnaldo Marmitt, *Comodato*, Rio de Janeiro, Aide, 1991, p. 44; Teresa Ancona Lopes, *Comentários*, cit., v. 7, p. 82-189. É, para alguns, contrato *solo consensu*, porque contém o dever de restituir, sob a condição da entrega, que é a fase executória do contrato. Não é, segundo eles, obrigação real, visto que a tradição da coisa emprestada é dever do comodante e do mutuante e *conditio legis* da obrigação de restituir do comodatário e do mutuário. *Vide*: art. 50, §§ 1º a 5º, da Lei n. 10.931/2004; o art. 38 da Lei n. 9.514/97 admite que mútuo com alienação de garantia possa ser celebrado por instrumento particular. A Lei n. 10.820/2003 dispõe sobre autorização do empregado para desconto, até 30% da remuneração disponível em folha de pagamento dos valores referentes a pagamento de empréstimos concedidos por instituições financeiras (arts. 1º, 1ª alínea, 2º, § 2º, I). O art. 6º desta Lei sofreu a alteração imposta pela Lei n. 13.172/2015. *Vide*: Código Civil francês, art. 1.874.

modante. O mutuário, por se tornar proprietário da coisa emprestada, assumirá os riscos pela sua perda, o que não ocorrerá com o comodatário, de modo que, se o bem emprestado se perder por força maior ou caso fortuito, o comodante é que sofrerá com isso. O mútuo tem por objeto coisa fungível, e o comodato, infungível. Logo, no mútuo haverá obrigação de restituir não a própria coisa emprestada, destinada a ser consumida, mas outra da mesma espécie, qualidade e quantidade, enquanto no comodato deverá ser entregue o mesmo bem emprestado.

As partes, no empréstimo, são o *comodante* e o *mutuante*, que é o que empresta a coisa, e o *comodatário* e o *mutuário* o que toma emprestado.

g.2. Comodato

g.2.1. Definição e traços característicos

O *comodato*, conforme preleciona Washington de Barros Monteiro, é o contrato unilateral, a título gratuito, pelo qual alguém entrega a outrem coisa (imóvel ou móvel) infungível, para ser usada temporariamente e depois restituída (CC, art. 579)[329].

Apresenta, como se pode inferir dessa definição, os seguintes traços característicos[330]:

329. W. Barros Monteiro, op. cit., p. 206; Código Civil, art. 85; *JB*, *117*:244; *RT*, *719*:176, *668*:125, *660*:183, *653*:149, *648*:127, *620*:137, *616*:134, *611*:163 e 188, *610*:169, *607*:149, *606*:193, *603*:171, *602*:162, *597*:199, *599*:161, *594*:166, *591*:222, *590*:164, *589*:152, *570*:153, *547*:166, *542*:212, *526*:223, *512*:205; *RF*, *200*:146, *203*:160; *Bol. AASP*, *1.720*:1, *1.707*:1, *1.776*:1, *1.805*:1; *Ciência Jurídica*, *74*:112, *73*:81, *52*:68; *EJSTJ*, *11*:64. A promessa de comodato (*pactum de commodando*) é válida, mas, apesar de não ser comodato, nem vinculante, o promitente, que praticar abuso de direito, ou algum ato ilícito lesivo à outra parte, deverá responder pelo dano causado (Spota, *Instituciones de derecho civil*, v. VIII, p. 436).

330. Espínola, *Sistema*, cit., p. 238, nota 3; Orlando Gomes, *Contratos*, cit., p. 381 e 382; Serpa Lopes, *Curso*, cit., p. 323 e 324; R. Limongi França, Contrato de empréstimo, in *Enciclopédia Saraiva do Direito*, v. 19, p. 320 e 322; Silvio Rodrigues, Contrato de comodato, in *Enciclopédia Saraiva do Direito*, v. 19, p. 237; Paulo Carneiro Maia, Comodato, in *Enciclopédia Saraiva do Direito*, v. 16, p. 275 e 276; Bassil Dower, *Curso moderno de direito civil*, cit., p. 170; W. Barros Monteiro, op. cit., p. 207-10; Enneccerus, Kipp e Wolff, op. cit., v. 2, t. 2, p. 211; Caio M. S. Pereira, *Instituições*, cit., p. 298, 299 e 301; Colin e Capitant, op. cit., v. 2, n. 799; Cerruti Aicardi, op. cit., p. 448; Ney de Mello Almada, Comodato, in *Contratos Nominados* (coord. Cahali), São Paulo, Saraiva, 1995, p. 401-40; Roberto Senise Lisboa, *Manual*, cit., v. 3, p. 148-50; Silvio Luís Ferreira da Rocha, *Curso*, cit., v. 3, p. 258-267; Matiello, *Código*, cit., p. 374. Impossibilidade de compensação no comodato: CC, arts. 369 e 373, II.

1º) *Contratualidade*, visto ser um contrato (*RT*, *107*:696; *RJTJSP*, *134*:240), por decorrer de um acordo de vontades, mas é:

a) *unilateral*, porque, apesar de requerer duas declarações volitivas, coloca uma só das partes na posição de devedor, ficando a outra na de credor, uma vez que só uma delas se obriga em face da outra. Dessa forma, só o comodatário terá, em regra, obrigações, embora excepcionalmente o comodante também possa contraí-las, caso em que será bilateral;

b) *gratuito*, por ser cessão sem contraprestação, onerando um dos contraentes, proporcionando ao outro uma vantagem (*RF*, *125*:476; *Lex*, *136*:381). Constitui um favor prestado pelo comodante ao comodatário, apesar de que o comodatário possa assumir a obrigação de pagar imposto ou taxa que recaia sobre a coisa dada em comodato (*RT*, *180*:340, *260*:504). Se o empréstimo for de apartamento, o comodatário poderá pagar as despesas de administração, feitas com zelador, guarda-noturno, seguro, calefação, água, energia elétrica etc., sem que isso desnature a gratuidade do contrato; logo, o fato de o comodatário ter-se obrigado a responder por determinado encargo não desqualifica o comodato (*Bol. AASP*, *1.914*:2), pois a onerosidade é inferior à contraprestação e é imposta como encargo por se tratar de *comodato modal*;

c) *real*, porque só se completará com a tradição do objeto (CC, art. 579, *in fine*), ou seja, com a entrega do bem emprestado ao comodatário, que passará a ter a posse direta (*RT*, *494*:137), ficando a indireta com o comodante (CC, art. 1.197). Assim sendo, o comodatário poderá defender sua posse por meio dos interditos (*RT*, *132*:173, *236*:418; *JB*, *161*:176). Mas sua posse é precária, logo é insuscetível de gerar aquisição da propriedade por usucapião, visto que, pelo art. 1.208 do Código Civil, tal posse jamais se convalescerá. Contudo, o comodato é direito pessoal, não se confundindo com o direito real de uso;

d) *intuitu personae*, por estar baseado na confiança depositada pelo comodante na pessoa do comodatário, logo o objeto não poderá ser cedido pelo comodatário, sob o mesmo título, a terceiro, se traduzir um favorecimento pessoal (*RT*, *488*:116; *JTACSP*, *115*:365), nem transferido a seus herdeiros.

2º) *Infungibilidade* e *não consumibilidade do bem* dado em comodato. Desde que infungível, a coisa emprestada poderá ser móvel ou imóvel ou consistir na fruição de determinado lugar. Entretanto, o comodato poderá versar sobre bem fungível e consumível, se houver sido contratado *ad pompam vel ostentationem*, como, p. ex., se se emprestar uma cesta de frutas exóticas ou garrafas de uísque de marcas raras para ornamentação ou exibição numa exposição, hipótese em que a convenção das partes tem o condão de transformar coisa fungível por sua natureza em infungível, pois só dessa maneira será possível, findo o comodato, a restituição da mesma coisa que foi emprestada. Nesta última hipótese ter-se-á o *commodatum pompae vel ostentationis causa.*

3º) *Temporariedade* (CC, art. 581), pois o uso da coisa dada em comodato deverá ser temporário, podendo o prazo para a sua restituição ser determinado ou indeterminado, caso em que o tempo presumido (*ad usum*) do contrato será o necessário para que o comodatário possa servir-se dela para o fim a que se destinava. P. ex., se A empresta a B caminhão para retirar entulhos, apenas poderá pedir sua restituição depois de executada a tarefa. Durante o prazo convencional (*ad pactum pertinet*) ou durante o tempo suficiente ou adequado ao uso normal da coisa, o comodante não poderá exigir a restituição do bem, salvo necessidade imprevista e urgente reconhecida pelo juiz (*RT, 462*:219, *547*:166). P. ex., se A empresta a B máquina agrícola, por um mês, mas antes do término desse prazo sua fazenda, em razão de tempestade, sofre danos, obrigando-o a pleitear em juízo a devolução do objeto emprestado, para recuperar sua lavoura. Não se admite, portanto, comodato perpétuo, pois se isso fosse permitido ter-se-ia doação.

4º) *Obrigatoriedade de restituição da coisa emprestada* após o uso, pois o comodante não perdeu o domínio, e continua sendo o seu proprietário (CC, arts. 238 e s.; *RT, 157*:709). Se o comodatário se recusar a restituí-la, praticará esbulho (*RT, 461*:200, *457*:255, *478*:200), e o comodante poderá mover ação judicial de reintegração de posse (CPC, art. 560; *RF, 151*:249, *167*:212, *158*:299; *AJ, 99*:308; *RT, 181*:387, *198*:136, *200*:394, *207*:492, *226*:386, *265*:708, *270*:330, *279*:412, *283*:739, *288*:770, *512*:217, *526*:223, *458*:231, *545*:82, *542*:212). Se o comodante vier a falecer, o comodatário deverá, pelo princípio da boa-fé objetiva, vencido o prazo ou após a utilização, restituir a coisa emprestada ao inventariante ou aos herdeiros.

g.2.2. Requisitos

O comodato requer a presença de *requisito*[331]:

331. Caio M. S. Pereira, *Instituições*, cit., p. 299 e 300; W. Barros Monteiro, op. cit., p. 210, 211 e 207; Planiol e Ripert, *Traité*, cit., v. 11, n. 1.129; Bassil Dower, *Curso moderno de direito civil*, cit., p. 171; Serpa Lopes, *Curso*, cit., p. 324; Larenz, op. cit., § 46; Aubry e Rau, op. cit., v. 6, p. 97; R. Limongi França, Contrato de empréstimo, cit., p. 322; Matiello, *Código*, cit., p. 374; Código Civil, arts. 1.749, II, e 1.774.

1º) *Subjetivo*, visto que, além de exigir a capacidade genérica para praticar os atos da vida civil, o Código Civil, art. 580, com o intuito de preservar interesses de certas pessoas, estabelece incapacidades especiais para a outorga de comodato. É o que ocorre com os administradores de bens alheios, como tutores, curadores, administradores judiciais de massa falida, inventariantes, testamenteiros, depositários, em relação aos bens confiados à sua guarda. Esse artigo tem por escopo impedir que administradores de bens alheios venham retirar vantagem pessoal obtendo simuladamente algum lucro indevido, mediante empréstimo de coisas por eles administradas. Por não serem proprietários e por não se considerar como ato de administração normal a cessão gratuita de uso, já que ela diminui o patrimônio sem compensação, não havendo nenhum proveito ao administrado, não poderão dá-los em comodato, mas esse mesmo dispositivo legal abre uma exceção, permitindo que esses bens sejam dados em comodato desde que haja autorização especial do dono, se pessoa capaz, ou do magistrado, ouvido o Ministério Público, se incapaz.

2º) *Objetivo*, isto é, só podem ser dados em comodato bens infungíveis e inconsumíveis, móveis ou imóveis, que deverão ser entregues ao comodatário, que os receberá como se encontram, sem que exista para o comodante qualquer dever de repará-los. Pode consistir também no direito de usar certo local (*commodatum loci*), p. ex., para estacionamento gratuito de veículos.

3º) *Formal*, pois, se sua forma é livre, não exigindo forma solene *ad substantiam* da manifestação de vontade para seu aperfeiçoamento, é, portanto, um *contrato consensual*. Poderá ser feito até oralmente (*JTACSP*, *119*:248; *RT*, *607*:149), caso em que se terá a presunção de que seja por tempo indeterminado, e será rompido, a qualquer tempo, por iniciativa do comodante (*BAASP*, *2.741*: 2.029-04). Mas, por uma questão de cautela será conveniente que seja estipulado por escrito, pois os tribunais têm decidido que o comodato se presume (*Lex*, *136*:1949; *JTACSP*, *114*:195); havendo dúvida se contrataram locação ou comodato, prevalecerá o contrato locativo (*RT*, *465*:210, *438*:180, *512*:205, *441*:242, *438*:180, *396*:240, *230*:362, *114*:252, *117*:140, *607*:149; *JTACSP*, *114*:195; *Lex*, *136*:1949; *JB*, *79*:186).

g.2.3. Obrigações do comodatário

O comodatário terá a *obrigação* de[332]:

332. Clóvis Beviláqua, *Código Civil*, cit., v. 4, p. 438; Serpa Lopes, *Curso*, cit., p. 325-7; R. Limongi França, Contrato de empréstimo, cit., p. 321; W. Barros Monteiro, op. cit., p. 211-

1º) *Guardar e conservar a coisa emprestada como se fosse sua* (CC, art. 582, 1ª parte), procurando não desgastá-la ou desvalorizá-la, evitando qualquer procedimento que possa inferir negligência ou desídia. Deve agir diligentemente para não arcar com a responsabilidade civil pelas perdas e danos. Portanto, não poderá alugar o bem emprestado, nem emprestá-lo, pois, se o fizer, deverá responder perante o comodante pelos danos causados ao objeto por terceiro a quem o tenha confiado (*RT, 664*:120, *432*:206; *AJ, 112*:630). Nem mesmo poderá alienar objeto do contrato de comodato, pois se o fizer incorrerá nas penas do crime do estelionato (CP, art. 171, § 2º, I; *RF, 106*:111; *AJ, 78*:222).

Ficarão por conta do comodatário os ônus oriundos da guarda e manutenção do bem, não podendo recobrar do comodante as despesas ordinárias (água, luz, IPTU, consertos de fechadura, troca de torneira com defeito ou de vidro quebrado etc.) feitas com o seu uso e gozo (*RT, 481*:177; *Bol. AASP, 1914*:2; CC, arts. 584, 241 e 242). Mas o comodatário poderá cobrar despesas extraordinárias e necessárias, feitas em caso de urgência, quando o comodante não podia ser avisado oportunamente para autorizá-las, podendo reter a coisa emprestada até que tais despesas lhe sejam pagas, se se tratar de benfeitorias, visto que é possuidor de boa-fé (CC, art. 1.219; *RF, 158*:299, *38*:340, *112*:285, *95*:378; *RT, 192*:738, *198*:130, *680*:135; *RJTJSP, 130*:207). Todavia, as benfeitorias constituídas por culturas a que o comodatário se obrigará pela própria natureza do comodato, envolvendo o uso convencionado, não serão indenizadas (*AJ, 108*:607).

Os gastos extraordinários só deverão ser efetuados após prévia autorização do comodante.

4; Silvio Rodrigues, Contrato de comodato, cit., p. 238 e 239; Regina Gondim, *Natureza jurídica da solidariedade*, Rio de Janeiro, 1958; De Page, op. cit., n. 128; Bassil Dower, *Curso moderno de direito civil*, cit., p. 171-3; Orlando Gomes, *Contratos*, cit., p. 383 e 384; Caio M. S. Pereira, *Instituições*, cit., p. 301-3; Espínola, *Sistema*, cit., n. 124; Geraldo H. de Menezes, Comodato de prédio. Ações próprias para a retomada do imóvel – possessório e petitório, *Ciência Jurídica, 23*:25. Comodatário pode defender sua posse por meio dos interditos possessórios: *JB, 161*:176; *RT, 236*:418 e *132*:173. Furto de coisa emprestada: *RJTJSP, 135*:439; *RT, 718*:202. Comodato e indenização por benfeitorias: *JB, 79*:1985; *RT, 607*:149. Comodatário e o ônus de pagar tributos: *RT, 180*:340, *260*:504 e *602*:162. Notificação resilitória, com a negativa de desocupação de imóvel dado em comodato, caracteriza esbulho, levando à procedência da reintegração de posse (TARS, Ac. 193.145.141, 1ª C. Cív., rel. Juiz Luiz Ari Azambuja Ramos, j. 14-9-1993). *Vide*: Decreto municipal paulista n. 37.923/99, art. 10; Lei municipal paulista n. 15.948/2013 (art. 30); CTN, art. 34.

Se o comodatário fizer benfeitorias no bem emprestado, com o tácito consentimento do comodante ou à vista deste, deverá ser oportunamente ressarcido. P. ex.: se fizer reparos no prédio emprestado, sem protesto do comodante, terá o direito de retenção, salvo estipulação em contrário.

2º) *Limitar o uso da coisa ao estipulado no contrato ou de acordo com sua natureza* (CC, art. 582), sob pena de responder por perdas e danos. P. ex.: se o comodatário emprestou um carro para ir até o Rio de Janeiro, não poderá usá-lo para ir até Recife; se emprestou objeto para uso próprio, não poderá cedê-lo a terceiro. Se, porventura, com a utilização indevida causar dano ao bem ou vier a perdê-lo, deverá responder ao comodante pelos prejuízos (*RF*, *109*:466; *RT*, *254*:181, *274*:260), pois exerceu de modo abusivo seu direito (CC, art. 187). Mas o comodatário terá direito de reaver de terceiro, culpado pelo dano causado à coisa emprestada, aquilo que pagou ao comodante (*RT*, *487*:75).

3º) *Restituir a coisa emprestada "in natura"* no momento devido, e, se não houver prazo estipulado, findo o tempo necessário ao uso concedido. P. ex.: se alguém emprestar um barco para uma pescaria, deverá devolvê-lo assim que ultimá-la. Se o comodatário, findo o contrato, negar-se a restituir o bem, praticará esbulho, sanável pela ação de reintegração de posse (*RT*, *181*:387, *198*:136, *200*:394, *207*:492, *270*:330, *457*:255, *461*:200, *478*:200, *526*:233, *717*:193, *799*:265; *JB*, *79*:233; TJSP, Súmula 15). O comodante é obrigado a respeitar a relação jurídica e só poderá pedir a devolução do bem que emprestou antes do prazo convencionado, se provar necessidade urgente e imprevista por ocasião do empréstimo, reconhecida pelo juiz (CC, art. 581), não podendo, portanto, *ad nutum*, suspender o uso e gozo da coisa dada em comodato.

4º) *Responder pela mora* (*RF*, *155*:276; *RT*, *727*:233, *717*:193, *680*:135, *545*:82, *514*:176, *141*:113), suportando os riscos, arcando com as consequências da deterioração ou perda da coisa emprestada (CC, art. 399), e *pagar o aluguel* (CC, art. 582; *Bol. AASP*, *1.805*:1) *arbitrado, com base no valor mercadológico, pelo comodante* (*AJ*, *90*:466; CC, art. 575) *pelo tempo do atraso em restituir*, ou, como a jurisprudência tem preferido, correspondente às perdas e danos, calculados em execução e por arbitramento, desde a propositura da ação, incluindo despesas processuais e honorários advocatícios (*RT*, *166*:662, *288*:770, *303*:749). A estipulação do *quantum* indenizatório procura evitar que o comodante (autor da demanda) venha a ser prejudicado pela privação do bem, em razão de mora do comodatário. O aluguel é um meio de indenizar o comodante dos prejuízos oriundos da mora, incluindo-se, ainda, os honorários advocatícios (*RT, 413*:381). O comodatário não passa a ser locatário, visto que tal aluguel é uma penalidade pela mora na devolução do bem emprestado. Se assim não fosse, o comodante seria forçado a praticar uma liberalidade contra a sua vontade. Se o aluguel arbitrado pelo comodante gerar enriquecimento indevido, nada obstará sua redução apesar do comodato ser contrato gratuito. Se o comodatário for constituído em mora, mediante notificação, ter-se-á esbulho se houver recusa em entregar o imóvel, autorizando-se o uso da ação reintegratória (*Ciência Jurídica, 52*:68; *JB, 170*:325; *RT, 504*:183).

5º) *Responder pelos riscos* (deterioração ou perda) *da coisa* no caso do art. 583 do Código Civil, que assim estatui: "Se, correndo risco o objeto do comodato juntamente com outros do comodatário, antepuser este a salvação dos seus abandonando o do comodante, responderá pelo dano ocorrido, ainda que se possa atribuir a caso fortuito, ou força maior". Se o comodante emprestar uma mesa do século XVIII e a casa que a contiver vier a ser incendiada, o comodatário não tem obrigação de arriscar a sua vida para salvar o bem. Mas, se tiver a opção de salvar objetos de sua propriedade, ainda que mais valiosos, e a mesa dada em comodato, prescreve a lei que deverá retirar do incêndio primeiramente a coisa emprestada; se fizer o contrário, terá de pagar o prejuízo. Percebe-se que, como a propriedade permanece com o comodante, a ele caberá o ônus ante o risco de a coisa perecer por caso fortuito ou força maior, aplicando-se a regra *res perit creditori* (*RT, 660*:178, *664*:120; *TJACSP, 155*:279, *159*:396), embora o comodatário seja responsável se, correndo risco o objeto do comodato juntamente com outros que lhe pertencerem, antepuser a salvação dos seus, abandonando o do comodante, salvo se provar isenção de culpa (CC, arts. 399, 393, 238 e 240).

6º) *Responsabilizar-se solidariamente, se houver mais comodatários*, devido ao caráter benéfico do comodato e ao disposto no art. 585 do Código Civil, pelo qual a responsabilidade de cada um é solidária em face do comodante, para melhor assegurar a restituição da coisa, o recebimento do aluguel em caso de mora, ou das perdas e danos, havendo perda ou deterioração culposa da coisa, ante a gratuidade desse contrato. Trata-se da solidariedade passiva *ex lege*. Assim sendo, qualquer deles poderá ser acionado; se se provar que o dano foi causado apenas por um, o demandado terá ação regressiva contra ele. As relações entre os comodatários, em caso de *comodato conjunto*, reger-se-ão pelas normas atinentes às obrigações solidárias (CC, arts. 275 e s.).

g.2.4. Obrigações do comodante

Como o comodato é contrato unilateral, não gera obrigações contratuais ao comodante, que terá, assim, tão somente obrigações decorrentes de lei e de fatos supervenientes ao curso do negócio, que poderão ou não ocorrer, tais como[333]:

1ª) *não pedir a restituição do bem* dado em comodato, antes do prazo estipulado ou do necessário para o uso concedido, a não ser de acordo com as circunstâncias previstas no art. 581 do Código Civil, mas se o prazo for indeterminado, o bem poderá ser retomado a qualquer momento sem necessidade de qualquer justificativa (STJ, 4ª T., REsp 236454, j. 8-5-2000);

2ª) *pagar não só as despesas extraordinárias e necessárias* feitas pelo comodatário com a conservação da coisa, em caso de urgência, se não pôde ser avisado oportunamente para autorizá-las; *mas também dispêndios não relacionados com a fruição do bem dado em comodato* (p. ex., multa por edificação irregular da casa emprestada);

3ª) *responsabilizar-se*, perante o comodatário, *pela posse útil e pacífica da coisa* dada em comodato, se procedeu dolosamente. Porém, não terá nenhuma responsabilidade pela evicção ou pelos vícios redibitórios, que pressupõem contrato comutativo (CC, art. 441) ou oneroso (CC, art. 447), uma vez que o comodato é gratuito e unilateral.

g.2.5. Extinção

Ter-se-á a *extinção* do comodato com[334]:

1º) *o advento do prazo* convencionado, e, se não houver termo ajustado, o comodato cessará após o uso da coisa, de acordo com o fim para que foi emprestada. Mas já houve decisão outorgando ao comodante o direito

---

333. Serpa Lopes, *Curso*, cit., p. 327 e 329; Silvio Rodrigues, Contrato de comodato, cit., p. 237; Carvalho Santos, op. cit., v. 17, p. 425; Espínola, *Sistema*, cit., p. 246; Caio M. S. Pereira, *Instituições*, cit., p. 303 e 304; Matiello, *Código*, cit., p. 376.

334. W. Barros Monteiro, op. cit., p. 209; Silvio Rodrigues, Contrato de comodato, cit., p. 240; Bassil Dower, *Curso moderno de direito civil*, cit., p. 174; Orlando Gomes, *Contratos*, cit., p. 384 e 385. "Com a morte do comodante, seus herdeiros se investem na posse indireta do bem dado em comodato, podendo valer-se dos interditos possessórios" (*Bol. AASP, 1.819*:1). Comodato e imissão de posse: *RT, 606*:193, *594*:102.

de marcar termo final (*ad quem*) ao comodato, mediante notificação ao comodatário (*RT*, *611*:163, *610*:169, *547*:166), desde que o contrato seja sem prazo determinado ou presumido, em razão da natureza do uso;

2º) *a resolução por inexecução contratual*, pois nada obsta a que o comodante rescinda o contrato antes do termo do prazo, pleiteando perdas e danos, se o comodatário utilizar o bem de modo diverso do estipulado, como, p. ex., se, violando proibição contratual, ceder a outrem o seu uso ou o usar de forma diversa da convencionada;

3º) *a resilição unilateral* (*RT*, *538*:230), pois: *a*) o comodante, devido à gratuidade do contrato, poderá resolvê-lo, se provar a superveniência de necessidade urgente e imprevista à época do negócio, reconhecida pelo magistrado; e *b*) o comodatário poderá, a qualquer tempo, resilir tal negócio porque, se foi contraído em seu interesse, não está obrigado a conservar objeto de cujo uso se desinteressou;

4º) *o distrato*, se ambos os contraentes resolverem extinguir o contrato antes do término do prazo de sua duração;

5º) *a morte do comodatário, se se convencionou que o uso da coisa será estritamente pessoal*; tal fato extinguirá o contrato, pois as vantagens dele decorrentes não poderão ser transmitidas a seus herdeiros. P. ex.: A empresta a B uma casa em Campos do Jordão para que este se cure; se B vier a finar-se durante o tratamento, A poderá pedir a devolução do imóvel. Se não houver qualquer estipulação nesse sentido, o falecimento do comodatário não será modo terminativo do comodato. P. ex.: se A emprestou a B, sem prazo determinado, um trator para arar suas terras, o óbito de B antes do término do serviço não autoriza A (comodante) a pedir a devolução do bem que emprestou. O contrato continuará com os herdeiros até que as terras estejam preparadas para a plantação. Tal ocorre em razão dos princípios da boa-fé objetiva e da função social do contrato (CC, arts. 421 e 422). Se houver morte do comodante, seus herdeiros se investem na posse direta do bem dado em comodato, podendo valer-se dos interditos possessórios, se o prazo for indeterminado (*BAASP*, *1.819*:1). E, em face da natureza *intuitu personae* do comodato, já se decidiu sua extinção, havendo óbito do comodante (TJRS, Ap. Cível n. 70006512917, 19ª Câm. Cível, rel. Guinther Spode, j. 2-9-2003).

6º) *a alienação da coisa emprestada*, exceto se o adquirente assumir a obrigação de manter o comodato (*RT*, *490*:224).

g.3. Mútuo

g.3.1. Conceito e caracteres

O *mútuo* é o contrato pelo qual um dos contraentes transfere a propriedade de bem fungível ao outro, que se obriga a lhe restituir coisa do mesmo gênero, qualidade e quantidade (CC, art. 586)[335].

Possui os seguintes caracteres[336]:

1º) *Contratualidade*, pois, por ser um contrato, requer a manifestação de duas vontades e é: *a*) *real*, pois só se perfaz com a tradição, isto é, com a entrega do objeto emprestado; *b*) *gratuito*, porque o mutuante nada recebe do mutuário em troca do favor que lhe faz, podendo ser oneroso, se houver alguma contraprestação por parte do mutuário, como, p. ex., pagamento de juros nos empréstimos de dinheiro ou de outras coisas fungíveis. "Destinando-se o mútuo a fins econômicos, presumem-se devidos juros, os quais, sob pena de redução, não poderão exceder a taxa a que se refere o art. 406, permitida a capitalização anual" (CC, art. 591). O mutuário que porventura vier a pagar juros não estipulados ou já prescritos não poderá reavê-los, nem imputá-los no capital (CC, art. 882), casos em que se considera que cumpriu uma obrigação natural (*RT*, *108*:372); *c*) *unilateral*, já que uma vez entregue o bem emprestado apenas o mutuário contrairá, em regra, obrigações.

---

335. W. Barros Monteiro, op. cit., p. 215; Caio M. S. Pereira, *Instituições*, cit., p. 304; Orlando Gomes, *Contratos*, cit., p. 385; Serpa Lopes, *Curso*, cit., p. 330; Arnoldo Wald, Mútuo e juros mercantis, in *Enciclopédia Saraiva do Direito*, v. 53, p. 487; Roberto Senise Lisboa, *Manual*, cit., v. 3, p. 151-3; Eduardo A. Klausner, O contrato de mútuo no novo Código Civil, *Revista de Direito*, *53*:38-48; Código Civil, art. 645; STJ, Súmulas 26 e 60; *RT*, *635*:239, *630*:135, *609*:123, *588*:120, *585*:104, *515*:241, *478*:132. Promessa de mútuo acarreta perdas e danos em favor do promissário-mutuário sempre que se comprovar culpa do promitente-mutuante pelo ato lesivo causado com o não cumprimento dela.

336. De Page, op. cit., v. 5, ns. 138 e 109; Bassil Dower, *Curso moderno de direito civil*, cit., p. 175 e 177; Orlando Gomes, *Contratos*, cit., p. 386 e 387; Carvalho de Mendonça, *Contratos*, cit., § 27; Caio M. S. Pereira, *Instituições*, cit., p. 304 e 305; R. Limongi França, Contrato de empréstimo, cit., p. 322; Lomonaco, op. cit., v. 6, p. 509; Giuseppe Moscato, *Le obbligazioni naturali*, Torino, 1897; W. Barros Monteiro, op. cit., p. 216 e 217; Silvio Rodrigues, Contrato de mútuo, in *Enciclopédia Saraiva do Direito*, v. 19, p. 439 e 440; Espínola, *Sistema*, cit., n. 128; Serpa Lopes, *Curso*, cit., p. 336; Arnoldo Wald, Mútuo, cit., p. 487; Matiello, *Código*, cit., p. 381. Código Civil, arts. 882, 333, 476 e 477. Mútuo e nota promissória: *RT*, *630*:135; *JB*, *70*:161. O Código Civil, com a revogação da Primeira Parte do Código Comercial, passou a reger o mútuo tanto na seara civil como na empresarial.

2º) *Temporariedade*, pois o mútuo é, geralmente, concluído por certo prazo, visto que, se fosse perpétuo, ter-se-ia uma doação. O art. 592 prescreve que: não se tendo convencionado expressamente, o prazo de duração do mútuo será: *a*) até a colheita seguinte, se o empréstimo for de produtos agrícolas, para consumo ou para semeadura, p. ex., havendo empréstimo de 20 pacas de sementes de abóbora para plantio. Apenas na próxima colheita, o mutuário deverá restituir o produto emprestado, mesmo que a safra se frustre, salvo se houver convenção permitindo a prorrogação daquele prazo; *b*) de trinta dias, pelo menos, se for de dinheiro; *c*) do espaço de tempo que declarar o mutuante, se for de qualquer outra coisa fungível, desde que não seja empréstimo de produto agrícola, para consumo ou semeadura, ou de dinheiro. O mutuante fixará o prazo para a devolução do bem emprestado, mediante interpelação judicial feita ao mutuário, mas nada obsta, como ensina Matiello, a que o magistrado venha a aumentá-lo, se as circunstâncias fáticas demonstrarem a insuficiência do prazo estabelecido pelo mutuante.

3º) *Fungibilidade da coisa emprestada*, embora possa recair sobre coisa inconsumível pelo uso que, por convenção ou por destinação, se torne fungível, como, p. ex., o empréstimo, tomado a um livreiro, de dois exemplares de uma obra, com a obrigação de restituí-los em igual número.

4º) *Translatividade de domínio do bem emprestado* (*RT*, *495*:222), que, por ser fungível, e, em regra, consumível, possibilita a transferência de sua propriedade ao mutuário com a simples tradição. Logo, o mutuário poderá usá-lo como quiser. Poderá consumi-lo, abandoná-lo, aliená-lo, dá-lo em submútuo, sem autorização do mutuante etc. E, se o bem vier a se perder ou a se deteriorar, mesmo em razão de força maior ou caso fortuito, o mutuário arcará com as consequências, sofrendo a perda ou o prejuízo. Por conta dele é que correrão, ante o princípio *res perit domino*, os riscos desde a tradição (CC, art. 587). Somente os riscos anteriores à tradição é que serão suportados pelo mutuante.

5º) *Obrigatoriedade da restituição de outra coisa da mesma espécie, qualidade e quantidade*, pois ter-se-ia troca ou compra e venda, se se restituísse coisa diversa ou dinheiro (CC, art. 586). Não há que se falar, portanto, em devolução *in natura*, ou seja, da própria coisa emprestada. O mutuante, conforme o art. 590 do Código Civil, poderá exigir garantia dessa restituição, se, antes do vencimento do prazo, o mutuário vier a sofrer notória mudança na sua situação econômica. Se o mutuário não cumprir essa exigência, ter-se-á o vencimento antecipado da dívida (*RT*, *532*:115). Há, ainda, em caso de morte do mutuário, o dever dos seus herdeiros de restituir a coisa mutuada, nas condições estipuladas (*RF*, *93*:93).

g.3.2. Requisitos

No mútuo apresentam-se os seguintes *requisitos*[337]:

1º) *Subjetivos*: para que se possa contratá-lo, será necessária a capacidade dos contraentes, não só a comum, como também a especial. De fato, o mutuante deverá ter aptidão para dispor da coisa emprestada, por ser condição essencial do mútuo a transmissão da coisa de seu patrimônio para o do mutuário. O mutuante deverá ter, por isso, o poder de disposição sobre ela ou o poder de aliená-la; se não o tiver, não poderá emprestá-la. O mutuário, por sua vez, deverá estar habilitado a obrigar-se. Assim, pelo Código Civil, art. 588, o mútuo feito a pessoa menor, sem prévia autorização daquele sob cuja guarda estiver, não poderá ser reavido nem do mutuário, nem de seus fiadores, por ser nulo o contrato. Além disso, a lei retira a responsabilidade do fiador, pois se tal não ocorresse, o menor deveria reembolsá-lo na hipótese de ser demandado pelo mutuante, arcando, então, com o dever de devolver. Com isso, protege-se a inexperiência do menor de exploração especuladora. Porém, essa norma deixará de ser aplicada se:

a) houver ratificação posterior da pessoa responsável pelo menor, suprindo, assim, a falta de autorização e tornando o ato plenamente eficaz (CC, art. 589, I);

b) houver necessidade efetiva do menor de contrair empréstimo para seus alimentos habituais, abrangendo despesas com estudo, vestuário, medicamentos etc., estando ausente (em razão de internação hospitalar, viagem etc.) o responsável, por haver justa causa (CC, art. 589, II);

c) o menor tiver bens adquiridos com seu trabalho ou atividade profissional (CC, art. 1.693, II), caso em que a execução do credor não poderá ultrapassar as forças do patrimônio do menor. Esse artigo é ocioso porque o menor se torna capaz, ocorrendo qualquer dos fatos indicados (CC, art. 5º, parágrafo único). Valerá tal dispositivo apenas na sua parte final, que proíbe a execução do credor além das forças daqueles bens (CC, art. 589, III);

---

337. Caio M. S. Pereira, *Instituições*, cit., p. 306, 307 e 310; W. Barros Monteiro, op. cit., p. 218-21; Serpa Lopes, *Curso*, cit., p. 337-40; Arnoldo Wald, Mútuo, cit., p. 488; Orlando Gomes, *Contratos*, cit., p. 387-91; Carvalho de Mendonça, *Contratos*, cit., v. 1, n. 42; R. Limongi França, Contrato de empréstimo, cit., p. 323 e 324; Silvio Rodrigues, Contrato de mútuo, cit., p. 440-3; Trabucchi, *Istituzioni di diritto civile*, p. 741; Bassil Dower, *Curso moderno de direito civil*, cit., p. 175, 176 e 178; Enneccerus, Kipp e Wolff, op. cit., p. 140; M. Helena Diniz, *Curso*, cit., v. 2, p. 82 e 83; Silvio Luís Ferreira da Rocha, *Curso*, cit., v. 3, p. 269 a 279; Código Civil, arts. 172 e 175.

d) o empréstimo feito a menor reverteu em seu benefício, p. ex., na compra de um objeto, evitando que haja enriquecimento indevido (CC, arts. 884 a 886, 181 e 589, IV);

e) o menor obteve empréstimo maliciosamente, p. ex., se dolosamente ocultar sua idade para obter empréstimo; não poderá invocar a menoridade para eximir-se da obrigação (CC, art. 180) e para socorrer-se do benefício do art. 588, pois ninguém pode invocar a própria malícia (CC, art. 589, V). Deveras, como salienta Sílvio de Salvo Venosa, não se pode beneficiar pessoa cuja malícia indica grau de desenvolvimento capaz de levar a engodo a outra parte.

Se o empréstimo contraído pelo menor beneficiar diretamente a pessoa que deveria autorizá-lo, o mutuante poderá reaver o que emprestou, acionando o que se aproveitou, porque o direito não admite o locupletamento à custa alheia.

2º) *Objetivos*: por ser empréstimo de consumo, requer que o objeto emprestado seja *fungível*, isto é, bem móvel que possa ser substituído por outro da mesma espécie, qualidade e quantidade (CC, art. 85). Tal empréstimo é feito comumente em dinheiro. Empréstimo de mercadorias e títulos é menos frequente. No empréstimo de dinheiro vige o nominalismo, ou seja, considera-se, como valor da moeda, o valor nominal atribuído pelo Estado no ato da emissão ou cunhagem (Lei n. 12.382/2011). A moeda terá sempre o curso legal que lhe dá o Estado. No mútuo em dinheiro o devedor exonerar-se-á restituindo a mesma soma, mesmo que seu valor haja depreciado. As normas sobre o curso forçado da moeda nacional vedaram a estipulação de pagamento em moedas de ouro e prata ou em moeda estrangeira (Dec.-Lei n. 857/69, art. 1º). Mas, pelo art. 2º, IV, desse Decreto-Lei, proibido estará o mútuo em moeda estrangeira, e, se vier a ser contraído, será nulo de pleno direito, exceto se se tratar de empréstimo cujo credor ou devedor seja pessoa residente e domiciliada no exterior.

O mútuo feneratício ou oneroso é permitido em nosso direito, pois o Código Civil, art. 591 (*RT*, *504*:198), presume que, destinando-se o mútuo a fins econômicos, os juros sejam devidos e fixados segundo a taxa que estiver em vigor para a mora do pagamento de impostos devidos à Fazenda Nacional, se não houver convenção entre as partes ou disposição legal diversa; (art. 1º, II, da Medida Provisória n. 2.172-32/2001; *AJ*, *106*:44; *RT*, *474*:118, *478*:132, *473*:117), sob pena de serem reduzidos ou restituídos por meio da *condictio indebiti* (ac. do TJSP na AC 10.403). Trata-se, hoje, segundo alguns autores, da taxa Selic ou, como outros preferem, a do art. 161, § 1º, do CTN (STJ, 2ª Turma, REsp 4.137-99/RS, rel. Min. Franciulli Neto, j.

8-10-2002; REsp 356147/AL, rel. Min. Franciulli Neto, j. 11-3-2003). Está permitida a capitalização anual de juros, logo eivada de nulidade estará cláusula que vier a estabelecer período inferior para tal capitalização. São nulas de pleno direito as estipulações usurárias, assim consideradas as que estabeleçam, nos contratos civis de mútuo, taxas de juros superiores às legalmente permitidas, caso em que deverá o juiz, se requerido, ajustá-las à medida legal ou, na hipótese de já terem sido cumpridas, ordenar a restituição, em dobro, da quantia paga em excesso, com juros legais a contar da data do pagamento indevido. Isto não se aplicará: *a*) às instituições financeiras e demais instituições autorizadas a funcionar pelo Banco Central do Brasil, bem como às operações realizadas nos mercados financeiro, de capitais e de valores mobiliários, que continuam regidas pelas normas legais e regulamentares que lhes são aplicáveis; *b*) às sociedades de crédito que tenham por objeto social exclusivo a concessão de financiamentos ao microempreendedor; *c*) às organizações da sociedade civil, ou melhor, sociedades simples de interesse público de que trata a Lei n. 9.790, de 23 de março de 1999, devidamente registradas no Ministério da Justiça, que se dedicam a sistemas alternativos de crédito e não têm qualquer tipo de vinculação com o Sistema Financeiro Nacional. Poderão também ser excluídas dessa sanção, mediante deliberação do Conselho Monetário Nacional, outras modalidades de operações e negócios de natureza subsidiária, complementar ou acessória das atividades exercidas no âmbito dos mercados financeiro, de capitais e de valores mobiliários. Os juros constituem o proveito tirado do capital emprestado e podem ser compensatórios, se representarem a renda ou o fruto do dinheiro mutuado, compensando o mutuante pela indisponibilidade do dinheiro, ou seja, pelo uso que dele fez o mutuário, e moratórios, se forem pagos a título de indenização pelo atraso verificado no adimplemento do contrato. Havendo mora do devedor, tem-se admitido que seja obrigado a pagar às instituições financeiras taxa de juros contratualmente prevista para a vigência do contrato, denominada *comissão de permanência* (Súmula 596 do STF).

A capitalização de juros foi proibida pela Lei de Usura (Dec. n. 22.626/33, art. 4º, mas pela Medida Provisória n. 2.170-36/2001, art. 5º, nas operações realizadas pelas instituições integrantes do Sistema Financeiro Nacional, é admissível a capitalização de juros com periodicidade inferior a um ano, logo veda-se o anatocismo em período inferior a um ano, se o mutuante não for instituição financeira, bem como em financiamento imobiliário no âmbito do SFH; Súmula STF n. 121; *Lex*, *16*:171), exceto na hipótese do contrato de conta corrente. Ante a crescente desvalorização da moeda, no contrato de mútuo mercantil, passou-se a utilizar a correção monetária para garantir a integridade do valor, isto é, do poder aquisitivo da moeda que será restituída ao término do contrato (*RT*, *495*:181). A atualização ou correção monetária seria um ajuste do valor do débito, constituindo a própria dívida atualizada para a data do vencimento ou do efetivo pagamento da obrigação (*RTJ*, *79*:734). Tendo a jurisprudência consagrado a distinção entre juros e atualização monetária, não há mais fundamento legal que obste à livre convenção de correção monetária nos mútuos, mesmo fora do sistema financeiro[338]. A Lei da Reforma Bancária (Lei n. 4.595/64, art. 4º,

338. Arnoldo Wald, Mútuo, cit., p. 489; Munir Karam, Da correção monetária nos débitos bancários, *Jurisprudência Brasileira*, *147*:17-22; Christine O. Peter da Silva, *A disciplina do contrato de empréstimo*, cit., p. 533 e s.; Paulo Eduardo Razuk, *Dos juros*, São Paulo, ed. Juarez de Oliveira, 2005, p. 23 e s. Leis especiais que autorizam a capitalização semestral: Decreto-Lei n. 167/67, art. 5º, referente a título de crédito rural; Decreto-Lei n. 413/69, art. 5º, alusivo aos títulos de crédito industrial; Lei n. 10.820/2003 sobre autorização para desconto de prestações alusivas à solução de empréstimo em folha de pagamento; Resolução n. 421/2003 do Conselho Curador do FGTS que autoriza, excepcionalmente, o uso do FGTS para pagamento de prestações em atraso para contratos de financiamentos concedidos no âmbito do SFH, inadimplentes até 31-8-2003; Resolução n. 593/2009 do Conselho Curador do FGTS, que define taxas de 6% ao ano de juros das operações da área de Habitação Popular; Resolução n. 688/2012 do Conselho Curador do FGTS, que dispõe sobre condições para contratação de operações de financiamento no âmbito dos programas habitacionais do FGTS. *Vide* art. 9º da Lei n. 8.036/90, com a redação da Lei n. 10.931/2004. Nos contratos habitacionais vinculados ao SFH é impossível a capitalização mensal de juros por falta de autorização legal (STJ, 4ª Turma, REsp 719.259).

Já se decidiu que o Plano de Equivalência Salarial (PES), adotado em contratos do SFH, não se destina à aquisição de salas ou lojas comerciais (STJ, 4ª Turma, REsp 120.811).

A Medida Provisória n. 2.172-32, de 28 de junho de 2001, dispõe que são nulas de pleno direito as estipulações usurárias que estabeleçam em contratos civis de mútuo taxas de juros superiores às legalmente permitidas, caso em que deverá o juiz, se requerido, ajustá-las à medida legal ou, na hipótese de já terem sido cumpridas, ordenar a restituição em dobro da quantia paga em excesso, com juros legais a contar da data do pagamento indevido.

"No novo Código Civil, qualquer contrato de mútuo destinado a fins econômicos presume-se oneroso (art. 591), ficando a taxa de juros compensatórios limitada ao disposto no art. 406, com capitalização anual" (Enunciado n. 34, aprovado na Jornada de Direito Civil, promovida em setembro de 2002, pelo Centro de Estudos Judiciários do Conselho da Justiça Federal).

Pelo art. 63 da Lei n. 10.931/2004, nas operações envolvendo recursos do SFH e do Sistema Financeiro Imobiliário, relacionadas com a moradia, é vedado cobrar do mutuário a elaboração de instrumento contratual particular, ainda que com força de escritura pública.

A Lei n. 11.124/2005 (com alteração da Lei n. 11.888/2008) dispõe sobre o Sistema Nacional de Habitação de Interesse Social (SNHIS), cria o Fundo Nacional de Habitação de Interesse Social (FNHIS) e institui o Conselho Gestor do FNHIS.

A Lei n. 11.434/2006 acresce o art. 18-A à Lei n. 8.177/91, no seguinte teor: "Art. 18-A.

VI e IX) veio derrogar as determinações da Lei de Usura relativamente às operações bancárias, que passaram a sujeitar-se aos limites estabelecidos para as taxas de juros pelo Conselho Monetário Nacional, por intermédio do Banco Central (*RTJ*, *72*:916, *77*:966, *79*:620; *Lex*, *5*:124).

A prestação do Sistema Financeiro da Habitação será superior à equivalência salarial da categoria profissional do mutuário; nos contratos de financiamento do Sistema Financeiro da Habitação (Lei n. 4.380/64, art. 8º, com redação alterada pela Lei n. 8.245/91; Medida Provisória n. 2.197-43/2001, com a redação da Lei n. 11.977/2009 e a modificação da Lei n. 12.424/2011, que revogou seu art. 2º; Lei n. 11.977/2009, com a redação da Lei n. 12.424/2011, arts. 20, I e II, 79, §§ 1º a 5º, e 80; Leis n. 10.150/2000, arts. 19 – que dá nova redação ao parágrafo único do art. 1º e aos arts. 2º, 3º e 5º da Lei n. 8.004/90 –, 20 e 21; 8.036/90 e 8.692/93; *JB*, *165*:144; *RJE*,

---

Os contratos celebrados a partir de 13 de setembro de 2006 pelas entidades integrantes dos Sistemas Financeiros da Habitação e do Saneamento (SFH e SFS), com recursos de Depósitos de Poupança, poderão ter cláusula de atualização pela remuneração básica aplicável aos Depósitos de Poupança com data de aniversário no dia de assinatura dos respectivos contratos, vedada a utilização de outros indexadores. Parágrafo único. Na hipótese da celebração de contrato sem a cláusula de atualização mencionada no *caput*, ao valor máximo da taxa efetiva de juros de que trata o art. 25 da Lei n. 8.692, de 28 de julho de 1993, poderá ser acrescido, no máximo, o percentual referente à remuneração básica aplicável aos Depósitos de Poupança, atualizado conforme metodologia a ser estabelecida pelo Conselho Monetário Nacional".

O Decreto n. 5.892/2006 acrescenta o § 7º-A ao art. 4º do Decreto n. 4.840/2003, que assim reza: "§ 7º-A. Nas hipóteses de concessão, ao amparo deste Decreto, de empréstimo ou financiamento imobiliário no âmbito do Sistema Financeiro da Habitação ou de outros sistemas ou programas destinados à aquisição de imóveis residenciais, as prestações e seus reajustamentos obedecerão às disposições contratuais celebradas entre as partes, sendo permitida a estipulação de prestações variáveis".

Vide: a) sobre *mútuo*: Lei n. 9.514/97, art. 31, parágrafo único (acrescentado pela Lei n. 12.810/2013) e b) arts. 33-A a 33-E da Lei n. 9.514/97 (acrescentados pela Lei n. 12.810/2013) sobre refinanciamento com transferência de credor, sendo a dívida imobiliária com garantia real, que não se aplicam (pelo art. 33-F, acrescentado pela Lei n. 12.810/2013) às operações de transferência de dívida decorrente de cessão de crédito entre entidades que compõem o SFH, desde que a citada transferência independa de manifestação do mutuário.

Pela Súmula 327 do STJ: "Nas ações referentes ao Sistema Financeiro da Habitação, a Caixa Econômica Federal tem legitimidade como sucessora do Banco Nacional da Habitação". Pela Súmula 450 do STJ: "Nos contratos vinculados ao SFH, a atualização do saldo devedor antecede sua amortização pelo pagamento da prestação". Pela Súmula 473 do STJ: "O mutuário do SFH não pode ser compelido a contratar seguro habitacional obrigatório com a instituição financeira mutuante ou com a seguradora por ela indicada".

Sobre sistema de amortização no SFH: Lei n. 11.977/2009, arts. 33 a 39.

3:5 e 22, *2*:462 e 502) e com prazo superior a 12 meses, o mutuante podia cobrar, a partir de 1º de março de 1986, a variação cumulativa do IPC, em caso de amortização ou liquidação antecipadas (Dec.-Lei n. 2.284/86, art. 10, §§ 1º e 2º; Normas de Serviço n. 600/89 da Caixa Econômica Federal; Lei n. 8.004/90; Dec. n. 2.943/99 – ora revogado pelo Dec. n. 3.851/2001 (revogado pelo Decreto n. 4.371/2002 – matéria atualmente regulamentada pelo Decreto n. 7.973/2013); Dec. n. 1.020/93; Dec. n. 7.086/2010 (ora revogado pelo Decreto n. 7.973/2013), sobre regulamentação do Fundo de Custeio de Programas de Habitação Popular; Cartas Circulares n. 2.253/92 (revogada pela Res. n. 1.980/93), 2.395/93 (revogada pela Circular n. 3.280/2005) e 2.525/94 (revogada pela Carta Circular n. 3.081/2002) do Banco Central; Lei n. 8.177/91; Res. n. 1.980/93, 2.068/94, 2.168/95 (revogada pela Res. n. 3.706/2009) e 3.157/2003 do Banco Central; Res. n. 163/94 do Conselho Curador do Fundo de Garantia do Tempo de Serviço – ora revogada pela Res. n. 541/2007); pelo novo plano de governo haverá poupança vinculada para aquisição de imóveis, corrigida pela TBF (Taxa Básica Financeira); *RT, 690*:176; Comunicado n. 3.053/92 do Banco Central; sobre pró-moradia: Decreto n. 1.522/95; Portaria n. 114/95 e Instrução Normativa n. 2/95 do Ministério do Planejamento e Orçamento, revogada pela IN n. 12/96 e Circular n. 48/95 da Caixa Econômica Federal, ora revogada pela Circular CEF n. 70/96. Instrução Normativa n. 15/95, que altera a n. 7, de 31 de agosto de 1995, do Ministério do Planejamento e Orçamento (revogadas pela Instrução Normativa n. 2/97), que regula a Resolução do Conselho Curador do FGTS n. 184/95, revogada pela Resolução n. 248/96, que aprovou o Programa de Financiamento individual à moradia através de carta de crédito; Portaria n. 207/95 do Ministério da Fazenda; Circular n. 189/2000 da Caixa Econômica Federal, que divulga a versão atualizada de manuais operacionais do agente operador do FGTS, Resolução n. 761/2014, que aprova a Política Socioambiental do FGTS, e a Circular n. 681/2015, que define critérios e procedimentos operacionais para aplicação das diretrizes da política socioambiental do Fundo de Garantia do Tempo de Serviço – FGTS, nas áreas de habitação, saneamento e infraestrutura, Circular n. 100/97 da Caixa Econômica Federal sobre condições operacionais do Programa Carta de Crédito Associativo, destinado à produção de unidades habitacionais e execução de lotes urbanizados, através dos sindicatos, cooperativas, associações ou entidades privadas voltadas à produção habitacional – ora revogada pela Circular 142/98; Circular n. 199/2000 da Caixa Econômica Federal sobre procedimentos para movimentação dos recursos do seguro habitacional do SFH; Decreto n. 4.156/2002, ora revogado pelo Decreto n. 5.247/2004, sobre Programa de Subsídio à Habitação de Interesse Social. Pela Lei n. 9.514/97, temos o Sistema de Financiamento Imobiliário

(SFI), no qual estão autorizados a operar, além da Caixa Econômica, os bancos comerciais, os bancos de investimento, os bancos com carteira de crédito imobiliário, as sociedades de crédito imobiliário, as associações de poupança e empréstimo, as companhias hipotecárias (arts. 1º a 21). A Lei n. 10.257/2001 dispõe que, nos casos de programas e projetos habitacionais de interesse social, desenvolvidos por órgãos ou entidades da Administração Pública com atuação específica nessa área, os contratos de concessão de direito real de uso de imóveis públicos: *a*) terão, para todos os fins de direitos, caráter de escritura pública, não se aplicando o disposto no inciso II do art. 108 do Código Civil; *b*) constituirão título de aceitação obrigatória em garantia de contratos de financiamentos habitacionais[339].

3º) *Formais*: por não requerer a lei modo especial para a sua celebração, terá forma livre, exceto se for oneroso, caso em que deverá ser convencionado expressamente (CC, art. 591). A prova do mútuo será feita, p. ex., com a emissão de nota promissória, a confissão formal da dívida e o recibo da soma emprestada. Mas os tribunais têm entendido que o cheque não poderá servir para a comprovação de mútuo, por representar tão somente meio de pagamento (*RT*, *480*:199, *481*:117).

g.3.3. Efeitos jurídicos

Com a sua celebração, o mútuo passará a produzir efeitos de direito, tais como[340]:

---

339. Consulte: Medida Provisória n. 513/2010 e Resolução do CCFCVS n. 286/2010.

340. Orlando Gomes, *Contratos*, cit., p. 388; Caio M. S. Pereira, *Instituições*, cit., p. 308; Matiello, *Código*, cit., p. 378; Bassil Dower, *Curso moderno de direito civil*, cit., p. 179; De Page, op. cit., n. 143; Trabucchi, op. cit., § 140; Serpa Lopes, *Curso*, cit., p. 340 e 341. A Lei n. 10.820/2003 dispõe sobre a autorização de desconto de prestações em folha de pagamento dos valores referentes ao pagamento de empréstimos, concedidos a empregados regidos pela CLT, por instituições financeiras, desde que por eles autorizado, de forma irrevogável e irretratável. *Consulte*: art. 6º dessa lei, com a alteração da Lei n. 13.172/2015. A Lei n. 11.977/2009 (arts. 4º a 30) dispõe sobre: Programa Nacional de Habitação Urbana (PNHU) com o escopo de subsidiar a aquisição de imóvel novo para mutuários de menor renda, ou seja, de até seis salários mínimos; Programa Nacional de Habitação Rural (PNHR) para subsidiar a produção ou aquisição de moradia aos agricultores e trabalhadores rurais, proporcionalmente ao montante da renda familiar e ao valor do imóvel, além de considerar as diferenças regionais; ao Fundo Garantidor da Habitação Popular (FGHab) para participação da União com a finalidade de garantir o pagamento aos agentes financeiros de prestação mensal de financiamento habitacional, no âmbito do Sistema Financeiro da Habitação, devida por mutuário final, em caso de desemprego e redução temporária da capacidade de pagamento, para famílias com renda de até dez

1º) *gerar obrigações ao mutuário*, como as de: *a*) restituir o que recebeu em coisa de mesma espécie, qualidade e quantidade, dentro do prazo estipulado; se for impossível tal devolução, por causa que lhe é inimputável, poderá devolver a coisa devida pelo seu equivalente pecuniário. Não pode, ainda, compelir o mutuante a receber *pro parte*, se isto não tiver sido convencionado; *b*) pagar os juros, se feneratício o mútuo;

2º) *conferir direitos ao mutuante*, como os de: *a*) exigir garantia real (p. ex., hipoteca) ou fidejussória (p. ex., fiança) da restituição, se o mutuário vier a sofrer, antes do vencimento do prazo, notória mudança no seu patrimônio (CC, art. 590) ou na sua situação econômica, que dificulte o recebimento do *quantum* emprestado. Se o mutuário não cumprir tal exigência, ter-se-á, como vimos, vencimento antecipado da dívida (*RT*, *532*:115), descontando-se, porém, da importância os juros cabíveis por lei; *b*) reclamar a restituição de coisa equivalente, uma vez vencido o prazo ajustado. Se no contrato não se fixou termo para o seu vencimento, a exigência da devolução poderá ocorrer a qualquer tempo (CC, art. 592, III), desde que se notifique o mutuário, fixando-se prazo razoável para a solução do débito, excetuando-se as hipóteses do art. 592, I e II, do Código Civil; *c*) demandar a resolução do contrato se o mutuário, no mútuo feneratício, deixar de pagar os juros.

Tem o mutuante certos deveres que não constituem efeitos da obrigação contratual assumida, mas elementos imprescindíveis para a formação do contrato. Trata-se da obrigação de: *a*) entregar a coisa objeto do mútuo; *b*) abster-se de interferir no uso (ou seja, consumo) da coisa durante toda a vigência do contrato, não exigindo a sua restituição antes do término do prazo convencionado, exceto se houver algum motivo que autorize a rescisão contratual; e *c*) arcar com a responsabilidade pelo vício oculto apresentado pela coisa depois da tradição e pelos danos que, culposamente, causar.

g.3.4. Causas extintivas

Extinguir-se-á o mútuo havendo[341]:

1º) *vencimento do prazo convencionado para a sua duração;*

---

salários mínimos e de assumir o saldo devedor do financiamento imobiliário, em caso de morte e invalidez permanente, e as despesas de recuperação relativas a danos físicos ao imóvel para mutuários com renda familiar de até dez salários mínimos. *Vide*: STJ, Súmulas 26 e 327.

341. Serpa Lopes, *Curso*, cit., p. 341 e 342; Orlando Gomes, *Contratos*, cit., p. 389.

2º) *ocorrência das hipóteses do art. 592 do Código Civil;*

3º) *resolução por inadimplemento das obrigações contratuais*, como, p. ex., em caso de não pagamento dos juros convencionados no tempo e forma devidos;

4º) *distrato*, se mutuante e mutuário resolverem, de comum acordo, pôr termo ao contrato antes do seu vencimento;

5º) *resilição unilateral por parte do devedor*, visto que se presume que o prazo foi concedido em seu favor, salvo se o contrário resultar do contrato ou das circunstâncias (CC, art. 133). Logo, há presunção de que o mutuário terá direito de pôr fim ao negócio a qualquer momento, oferecendo a prestação;

6º) *efetivação de algum modo terminativo previsto no próprio contrato*, em uma de suas cláusulas.

Quadro Sinótico

EMPRÉSTIMO

1. CONCEITO	• Conforme Coelho da Rocha, empréstimo é o contrato pelo qual uma pessoa entrega a outra, gratuitamente, uma coisa, para que dela se sirva, com a obrigação de a restituir.	
2. ESPÉCIES	• Comodato (empréstimo de uso). • Mútuo (empréstimo de consumo).	
3. COMODATO	• Definição	• Para Washington de Barros Monteiro, comodato é o contrato unilateral, a título gratuito, pelo qual alguém entrega a outrem coisa infungível, para ser usada temporariamente e depois restituída (CC, art. 579).
	• Traços característicos	• Contratualidade, visto ser um contrato unilateral, gratuito, real e *intuitu personae.* • Infungibilidade e não consumibilidade do bem dado em comodato. • Temporariedade (CC, art. 581). • Obrigatoriedade da restituição da coisa emprestada (CC, art. 238; CPC, art. 560).
	• Requisitos	• Subjetivo: capacidade genérica e especial (CC, art. 580). • Objetivo: bens móveis ou imóveis, desde que infungíveis e inconsumíveis. • Formal: forma livre.
	• Obrigações do comodatário	• Guardar e conservar a coisa emprestada como se fosse sua (CC, arts. 582, 1ª parte, 584 e 1.219). • Limitar o uso da coisa ao estipulado no contrato ou de acordo com a sua natureza (CC, art. 582, 2ª alínea). • Restituir a coisa emprestada *in natura* no momento devido, se não houver prazo estipulado, findo o tempo necessário ao uso concedido.

3. COMODATO	• Obrigações do comodatário	• Responder pela mora e pagar aluguel pelo tempo do atraso em restituir (CC, art. 582). • Responder pelos riscos da coisa no caso do art. 583 do CC, salvo se provar isenção de culpa (CC, arts. 399 e 393). • Responsabilizar-se solidariamente, se houver mais comodatários (CC, art. 585).
	• Obrigações do comodante	• Não pedir a restituição do bem emprestado antes do prazo estipulado ou do necessário para o uso concedido, salvo na hipótese do CC, art. 581. • Pagar despesas extraordinárias e necessárias feitas pelo comodatário. • Responsabilizar-se, perante o comodatário, pela posse útil e pacífica da coisa emprestada.
	• Extinção	• Advento do prazo convencionado ou do necessário para o uso concedido. • Resolução por inexecução contratual. • Resilição unilateral por parte do comodante ou comodatário. • Distrato. • Morte do comodatário, se se convencionou que o uso da coisa será estritamente pessoal. • Alienação da coisa emprestada (*RT*, *490*:224).
4. MÚTUO	• Conceito	• Mútuo é o contrato pelo qual um dos contratantes transfere a propriedade de bem fungível ao outro, que se obriga a lhe restituir coisa do mesmo gênero, qualidade e quantidade (CC, art. 586).
	• Caracteres	• Contratualidade: é contrato real, gratuito, unilateral. • Temporariedade (CC, art. 592, I a III). • Fungibilidade da coisa emprestada. • Translatividade de domínio do bem emprestado. • Obrigatoriedade de restituição de outra coisa da mesma espécie, qualidade e quantidade (CC, art. 590).

4. MÚTUO			
	• Requisitos	• *Subjetivo*: capacidade comum e especial dos contraentes (CC, arts. 588, 589 e 180). • *Objetivo*: objeto emprestado deverá ser fungível, podendo consistir em dinheiro (Dec.-Lei n. 857/69, arts. 1º, 2º, IV; Dec. n. 22.626/33, arts. 1º, 2º, 13; Lei n. 1.521/51, art. 4º; Súmula 596 do STF; Lei n. 4.595/64, art. 4º, VI, IX) e em mercadorias e títulos. • *Formal*: forma livre, exceto se for oneroso, caso em que se aplica o art. 591 do CC.	
	• Efeitos jurídicos	• Gera obrigações ao mutuário	• Restituir o que recebeu em coisa da mesma espécie, qualidade e quantidade. • Pagar os juros, se o mútuo for feneratício.
		• Confere direitos ao mutuante	• Exigir garantia de restituição no caso do art. 590 do CC. • Reclamar a restituição de coisa equivalente, uma vez vencido o prazo ou observando-se as hipóteses do art. 592, I a III, do CC. • Demandar a resolução do contrato, se o mutuário deixar de pagar os juros.
	• Causas extintivas	• Vencimento do prazo convencionado. • Ocorrência das hipóteses do CC, art. 592. • Resolução por inadimplemento de obrigação contratual. • Distrato. • Resilição unilateral por parte do devedor. • Efetivação de algum modo terminativo previsto no próprio contrato.	

H. Depósito

h.1. Noção e elementos característicos

O *depósito* é o contrato pelo qual um dos contraentes (depositário) recebe do outro (depositante) um bem móvel, obrigando-se a guardá-lo, temporária e gratuitamente, para restituí-lo quando lhe for exigido (CC, art. 627)[342]. O *depositante* é a pessoa que entrega a coisa em depósito, e o *depositário*, a que a recebe. P. ex.: se A, obrigado a sair do país por algum tempo, não podendo levar consigo seus pertences e não tendo com quem deixá-los, contratar B, pessoa de sua confiança, para guardá-los e conservá-los até a sua volta, ocorrerá o depósito[343].

Daí se podem extrair os seguintes elementos característicos[344]:

1º) *Natureza contratual*, pois, por exigir mútuo consenso, é um contrato: *a*) *unilateral*, por originar obrigações apenas para o depositário, embora às vezes se converta em bilateral no curso da execução, produzindo, p. ex., a obrigação para o depositante de pagar as despesas com a conservação da coisa ou de remunerar o depositário; *b*) *gratuito*, embora a gratuidade não seja de sua essência, pois pode ser oneroso (CC, art. 628, parágrafo único);

---

342. W. Barros Monteiro, op. cit., p. 223; Orlando Gomes, *Contratos*, cit., p. 412; Caio M. S. Pereira, *Instituições*, cit., p. 313; Silvio Rodrigues, *Direito*, cit., v. 3, p. 285; CPC, art. 840, II, e §§ 2º e 3º; CC, arts. 640, 645 e 652; Súmula 185 do STJ.

343. W. Barros Monteiro, op. cit., p. 223; Pinto Ferreira, *Ação de depósito*, Coleção Saraiva de Prática do Direito, n. 33, 1988; *vide*: Instrução Normativa n. 1/95 (revogada pelas IN n. 152/2004 e 16/2005) do Departamento de Comercialização de Produtos Agropecuários do Banco do Brasil sobre depósito de produtos vinculados a empréstimos do Governo Federal; *RT*, *579*:245. Sobre depósito de produtos agropecuários para armazenagem: Lei n. 9.973/2000, regulamentada pelo Decreto n. 3.855/2001. A Lei n. 11.076/2004 (com alterações da Lei n. 13.331/2016) versa sobre Certificado de Depósito Agropecuário (CDA), *Warrant* Agropecuário (WA), Certificado de Direitos Creditórios do Agronegócio (CDCA), Letra de Crédito do Agronegócio (LCA) e Certificado de Recebíveis do Agronegócio (CRA).

344. Serpa Lopes, *Curso*, cit., p. 210-8; Orlando Gomes, *Contratos*, cit., p. 412 e 413; W. Barros Monteiro, op. cit., p. 224-9; Cunha Gonçalves, *Tratado*, cit., v. 8, p. 6; Bassil Dower, *Curso moderno de direito civil*, cit., p. 181 e 182; Planiol, Ripert e Boulanger, *Traité*, cit., v. 2, n. 2.205, nota l; Caio M. S. Pereira, *Instituições*, cit., p. 314; Carvalho de Mendonça, *Contratos*, cit., v. 1, p. 174; De Page, op. cit., t. 5, n. 183-A, p. 187 e 188; Clóvis Beviláqua, *Código Civil*, cit., v. 5, p. 6; Espínola, *Sistema*, cit., p. 304; Silvio Rodrigues, *Direito*, cit., p. 286; Roberto Senise Lisboa, *Manual*, cit., v. 3, p. 154-7; Silvio Luis Ferreira da Rocha, *Curso*, cit., v. 3, p. 280-294; Teresa Ancona Lopes, *Comentários*, cit., v. 7, p. 340-438; Fátima Nancy Andrighi, Do contrato de depósito, in *O novo Código Civil – estudos em homenagem a Miguel Reale*, São Paulo, LTr, 2003, p. 565 e s.

c) *real*, pois para que se perfaça é necessário não só o consentimento das partes, mas a efetiva entrega da coisa ao depositário (*JB*, *84*:98), exceto se já se encontrar em sua posse; *d*) *"intuitu personae"*, porque se funda nas qualidades pessoais do depositário, como honradez, honestidade etc., uma vez que ninguém entrega objeto à guarda de terceiro a não ser que este lhe inspire confiança. Todavia, hodiernamente esse caráter não tem prevalecido, por ser normal que alguém confie a guarda de bem, que lhe pertence, a depositário que mal conhece, principalmente se se tratar de uma empresa, ou empresário, que exerce atividade negocial de depositário.

2º) *Entrega da coisa móvel corpórea pelo depositante ao depositário* (*RT*, *542*:229), visto que o depósito é um contrato real que exige, para o seu aperfeiçoamento, a entrega do bem depositado, não havendo qualquer transferência de propriedade, nem permissão para o uso da coisa. Imprescindível, ainda, que a coisa depositada seja móvel, pois o depósito de imóvel dará origem à locação de serviço, porque a pessoa que o recebe para a sua guarda deverá administrá-lo, prestando serviços de conservação, vigilância, asseio etc. Será necessário que a coisa depositada seja corpórea, pois a incorpórea não tem consistência e não poderá ser manipulada.

3º) *Obrigação de custódia*, pois o depositário deverá apenas guardar a coisa que lhe foi confiada (*RF*, *116*:456, *180*:227), embora não desnature o depósito o fato do depositário realizar algum serviço destinado a conservá-la ou melhorá-la. P. ex.: entrega de café a um armazém para catação, beneficiamento e guarda (*RT*, *179*:857); entrega de um veículo a uma garagem para a sua guarda, limpeza e lubrificação (*RT*, *143*:226, *148*:234). Igualmente não o desvirtuará, se porventura o depositante autorizar o uso da coisa depositada pelo depositário, porém tal uso não poderá ser o fim precípuo do contrato, senão ter-se-á comodato (se gratuito o uso) ou locação (se remunerado o uso)[345]. O importante é que a guarda do bem depositado seja o objetivo primordial da convenção. A guarda de coisa alheia é seu corolário essencial e a principal obrigação do depositário. O escopo primordial do depósito é a guarda da coisa e não o uso dela, nem a transferência da propriedade. Desse modo, o depositário receberá o bem com a finalidade precípua de guardá-lo em nome do depositante.

345. W. Barros Monteiro, op. cit., p. 226. Pode haver contrato de guarda e custódia, com ou sem prestação de serviços (p. ex., de automóvel em garagem, de mobílias em guarda-móveis etc.).

4º) *Restituição da coisa pelo depositário na ocasião ajustada, ou quando reclamada* (*RT, 177*:351) *ad nutum* pelo depositante, sob pena de ser compelido a fazê-lo mediante prisão, não excedente a um ano, e a ressarcir os prejuízos (CC, art. 652). Se o depositário tiver razão legal para não entregá-la, como logo mais veremos, poderá retê-la, mas, para se eximir da prisão, deverá requerer que o bem seja depositado judicialmente.

5º) *Temporariedade*, já que é da essência do contrato a devolução do objeto depositado no termo prefixado ou quando o depositante o exigir. Não há perpetuidade no depósito. O depósito regular e voluntário cessará no prazo de vinte e cinco anos, podendo ser renovado, havendo anuência expressa dos contraentes (Lei n. 2.313/54, art. 1º). Extinto o contrato pelo decurso do prazo, os bens depositados serão recolhidos ao Tesouro Nacional, e, devidamente relacionados em nome de seus proprietários, aí permanecerão, se não forem reclamados no prazo de cinco anos, findo o qual se incorporarão ao patrimônio nacional (Lei n. 2.313/54, art. 1º, § 1º). Os créditos resultantes de contratos de qualquer natureza que se encontrarem em poder de estabelecimentos bancários, comerciais e industriais e nas Caixas Econômicas, e não forem reclamadas ou movimentadas as respectivas contas pelos credores por mais de vinte e cinco anos, serão recolhidos ao Tesouro Nacional e aí escriturados em conta especial, sem juros, à disposição dos seus proprietários ou de seus sucessores, durante cinco anos, em cujo termo se transferirão ao patrimônio nacional (Lei n. 2.313/54, art. 2º; *RT, 432*:103, *495*:182).

6º) *Gratuidade*, conforme estatui o Código Civil, art. 628, mas as partes poderão estipular que o depositário seja gratificado pela atividade negocial ou pelo serviço profissional prestado. Há casos em que a onerosidade do contrato advém da atividade empresarial exercida pelo depositário. Em regra, é gratuito o depósito, mas não se desnaturará se excepcionalmente se pagar uma pequena quantia ao depositário, desde que não seja equivalente ao serviço prestado, pois se o for configurar-se-á a prestação de serviço[346]. Deveras, reza o art. 628 e parágrafo único do Código Civil: "O contrato de depósito é gratuito, exceto se houver convenção em contrário, se resultante de atividade negocial ou se o depositário o praticar por profissão. Se o depósito for oneroso e a retribuição do depositário não constar de lei, nem resultar de ajuste, será determinada pelos usos do lugar, e, na fal-

346. W. Barros Monteiro, op. cit., p. 228 e 229; CC, art. 651.

ta destes, por arbitramento". Nesta última hipótese o juiz, com o auxílio de perito, estabelece o *quantum* remuneratório a ser pago ao depositário, considerando o tempo de duração do contrato, despesas com a conservação da coisa depositada, o tipo do bem dado em depósito etc.

h.2. Requisitos

O depósito exige, para a sua formação, os seguintes *requisitos*[347]:

1º) *Subjetivos*, como a capacidade genérica para praticar os atos da vida civil, e a especial, por ser imprescindível o consentimento inequívoco e comum de entregar-se uma coisa em depósito e de haver aceitação pelo outro contraente. Se houver mera permissão de A para que B deixe um bem em sua casa, sem que A assuma a obrigação de custodiá-lo, não se terá depósito. Não reclama esse tipo de contrato que o depositante seja proprietário da coisa depositada, bastando que tenha capacidade para administrar, e dá ao cônjuge ampla liberdade para depositar bens que forem fruto de seu trabalho, sem anuência do outro (CC, art. 1.642). O depositário deverá ter aptidão para obrigar-se. Se o depositário se tornar relativamente incapaz (CC, art. 4º, II, III e IV) na pendência do contrato, a pessoa que lhe assumir a administração, sendo alheia ao contrato, não poderá substituí-lo, pois nada tem que ver com o depósito voluntário, em regra, *intuitu personae*, logo deverá providenciar a imediata restituição da coisa depositada, e, não querendo ou não podendo o depositante recebê-la, deverá recolhê-la ao Depósito Público, ou então promover a nomeação de novo depositário (CC, art. 641).

2º) *Objetivos*, pois só podem ser objeto desse contrato coisas *móveis corpóreas* (p. ex., títulos de crédito, ações de uma sociedade, livros, mesa etc.), não se conciliando, porém, com a natureza fungível desses bens (*RT*, *536*:124), embora excepcionalmente haja depósito de bens imóveis, em caso de penhora, e fungíveis. A coisa depositada deverá ser individuada e, em se tratando de dinheiro, dever-se-á especificar a estampa e o número (*RF*, *137*:160).

3º) *Formais*, sendo livre a sua forma, por não estar adstrito a forma especial; a lei, porém, reclama *ad probationem* o instrumento escrito para o

347. Caio M. S. Pereira, *Instituições*, cit., p. 314 e 315; Bassil Dower, *Curso moderno de direito civil*, cit., p. 182; Espínola, *Sistema*, cit., n. 151; Orlando Gomes, *Contratos*, cit., p. 413; Serpa Lopes, *Curso*, cit., p. 217-20; De Page, op. cit., v. 5, ns. 184, 193 e 194.

depósito voluntário (CC, art. 646; *RT*, *488*:73), dispensando-se esse requisito para o depósito necessário, que se prova por todos os meios admitidos em direito (CC, art. 648, parágrafo único, *in fine*).

h.3. Modalidades

h.3.1. Notas introdutórias

O contrato de depósito divide-se nas seguintes modalidades[348]:

1ª) *depósito voluntário ou convencional*, se resultante da vontade livre das partes (CC, arts. 627 a 646);

2ª) *depósito necessário* (CC, arts. 647 a 652), que se triparte em: *a*) *depósito legal*, se decorrente de lei; *b*) *depósito miserável*, se efetuado por ocasião de alguma calamidade pública; e *c*) *depósito do hoteleiro ou do hospedeiro*;

3ª) *depósito irregular*, se incidir sobre bens fungíveis (CC, art. 645), e *regular*, se tiver por objeto coisas infungíveis;

4ª) *depósito judicial ou sequestro*, se realizado pelo juiz (CPC, art. 839), opera-se em decorrência de medida processual como busca e apreensão, penhora e arresto, podendo incidir sobre imóvel ou móvel;

5ª) *depósito civil e comercial*, ou melhor, *empresarial*, que, pelo art. 628 do Código Civil, será aquele que: *a*) provier de atividade negocial; *b*) for praticado por profissão ou durante o exercício da empresa; logo, se faltarem tais requisitos, será civil o depósito. Tais espécies de depósito são regidas pelos dispositivos do Código Civil.

h.3.2. Depósito voluntário ou convencional

O *depósito voluntário ou convencional*, regido pelos arts. 627 a 646 do Código Civil, advém de livre convenção dos contraentes, visto que o depositante escolhe espontaneamente o depositário, confiando à sua guarda coisa móvel corpórea para ser restituída quando reclamada, sem sofrer quais-

348. Álvaro Villaça Azevedo, *Prisão civil por dívida*, São Paulo, 1992, p. 71-7; Bassil Dower, *Curso moderno de direito civil*, cit., p. 183; Caio M. S. Pereira, *Instituições*, cit., p. 315 e 316; Orlando Gomes, *Contratos*, cit., p. 414; Serpa Lopes, *Curso*, cit., p. 220; Silvio Rodrigues, *Direito*, cit., p. 287; W. Barros Monteiro, op. cit., p. 229 e 230; Sebastião José Roque, *Dos contratos civis-mercantis*, cit., p. 117-22; Silvio de Salvo Venosa, *Direito civil*, cit., v. 3, p. 269.

quer pressões das circunstâncias externas. Somente se prova por escrito (CC, art. 646), podendo ser feito por instrumento particular ou público[349].

h.3.3. Depósito necessário

O depósito necessário[350], previsto no Código Civil, arts. 647 a 652, é aquele que independe da vontade das partes, por resultar de fatos imprevistos e irremovíveis, que levam o depositante a efetuá-lo, entregando a guarda de um objeto a pessoa que desconhece, a fim de subtraí-lo de uma ruína imediata, não lhe sendo permitido escolher livremente o depositário, ante a urgência da situação. É, em regra, um contrato consensual, podendo ser provado, principalmente o depósito miserável, por qualquer meio admissível em direito (CC, art. 648, parágrafo único; CPC, art. 445), ante a urgente necessidade de sua efetivação. E, além disso, não se presume gratuito (CC, art. 651, 1ª alínea), pois se o depositário não é livremente escolhido, recebendo uma remuneração, será mais cuidadoso e atento.

Subdivide-se em:

1º) *Depósito legal*, se feito em desempenho de obrigação legal (CC, art. 647, I). P. ex.: *a*) o depósito que é obrigado a fazer o descobridor de coisa perdida (CC, art. 1.233, parágrafo único); *b*) o de dívida vencida, na pendência da lide, se vários credores disputarem o montante, uns excluindo os outros (CC, art. 345); *c*) o feito pelo administrador dos bens do depositário que se tenha tornado incapaz (CC, art. 641); *d*) o do lote compromissado, no caso de recusa de recebimento da escritura definitiva (Dec.-Lei n. 58/37, art. 17, parágrafo único; Dec. n. 3.079/38, art. 17, parágrafo único; Lei n. 6.766/79); *e*) o do art. 1.435, V, do Código Civil: se o credor pignoratício receber soma que exceda ao seu crédito, deverá restituir o excesso ao caucionante e por esse excesso será tido como depositário[351].

---

349. Silvio Rodrigues, *Direito*, cit., p. 287; Bassil Dower, *Curso moderno de direito civil*, cit., p. 183; Serpa Lopes, *Curso*, cit., p. 220; *RT*, *541*:260; Leis ns. 370/37 e 2.313/54, e Decreto n. 40.395/56. *Vide*: Decreto-Lei n. 2.284/86, arts. 14 e 15. Consulte: *RT*, *798*:396.

350. Sobre o assunto, *vide*: Serpa Lopes, *Curso*, cit., p. 228-31; W. Barros Monteiro, op. cit., p. 229 e 238; De Page, op. cit., t. 5, n. 232, p. 211; Silvio Rodrigues, *Direito*, cit., p. 296-9; Caio M. S. Pereira, *Instituições*, cit., p. 323-6; Bassil Dower, *Curso moderno de direito civil*, cit., p. 188-90; Decreto-Lei n. 3.077/41; CPC, art. 840, I e II, §§ 2º e 3º.

351. W. Barros Monteiro, op. cit., p. 238.

O depósito legal regular-se-á pela disposição da respectiva lei, e, se nela houver silêncio ou deficiência, pelas normas atinentes ao depósito voluntário (CC, art. 648, *caput*).

2º) *Depósito miserável*, se efetuado por ocasião de alguma calamidade (como, p. ex., incêndio, inundação, naufrágio, saque (CC, art. 647, II), epidemia, revolução ou guerra) quando o depositante, ante tal circunstância especial, é obrigado a se socorrer da primeira pessoa que aceitar depositar os bens que conseguiu salvar.

Tal depósito, por força do art. 648, parágrafo único, reger-se-á pela respectiva disposição normativa, e, no seu silêncio ou falha, pelas leis alusivas ao depósito voluntário, provando-se por qualquer meio de prova.

3º) *Depósito do hospedeiro*, ou seja, o da bagagem dos viajantes ou hóspedes nas hospedarias onde eles estiverem (CC, art. 649), abrangendo, ainda, internatos, colégios, hospitais etc., em que se recebem pessoas para estada a troco de dinheiro[352]. O hospedeiro responderá pela bagagem não só como depositário (*RF*, *128*:117), mas também pelos furtos e roubos que perpetrarem as pessoas empregadas ou admitidas em seus estabelecimentos (CC, arts. 649, parágrafo único, 932, III, 933, 934 e 942), dispensando-se prova por escrito, seja qual for o respectivo valor. Cumpre-lhe zelar pela incolumidade dos bens dos hóspedes, enquanto permanecerem no recinto de seu estabelecimento. Tal responsabilidade é considerada como um risco do negócio, embora não haja tradição real, mas ficta, bastando que a bagagem do hóspede seja introduzida em seu estabelecimento[353]. Essa responsabilidade só diz respeito aos bens que habitualmente costumam levar consigo os que viajam, como roupas e objetos de uso pessoal (*RT*, *572*:177), não alcançando quantias vultosas ou joias, exceto se o hospedeiro proceder culposamente ou se o hóspede fizer depósito voluntário com a admi-

---

352. Caio M. S. Pereira, *Instituições*, cit., p. 324; Larenz, op. cit., § 54; Aubry e Rau, op. cit., v. 6, § 406; Código Civil, arts. 1.467, I; 932, IV, e 393. Pela Lei n. 8.069/90 (art. 82), é proibido hospedar menor em hotel, motel, pensão etc., exceto se autorizado ou acompanhado pelos pais ou responsável, sob pena de pagar multa de dez a cinquenta salários de referência, sendo que, em caso de reincidência, o magistrado poderá determinar o fechamento do estabelecimento por até quinze dias (art. 250).

353. De Page, op. cit., n. 243; Ruggiero e Maroi, op. cit., § 166; Enneccerus, Kipp e Wolff, op. cit., § 170. O hospedeiro tem um ano para fazer valer sua pretensão para receber pagamento de hospedagem (CC, art. 206, § 1º, I).

nistração da hospedaria[354] (*RT, 778*:381, *518*:110; *RJTJSP, 114*:150). Isto é assim porque o hospedeiro se oferece à confiança do público, que não tem oportunidade de verificar a idoneidade dos estabelecimentos por ele explorado. Ele tem o dever de manter a bagagem no estado em que a recebeu em seu estabelecimento; se esta se perder ou se deteriorar, há presunção *juris tantum* de sua culpabilidade. O hóspede lesado, para receber a indenização a que faz jus, só terá de comprovar o contrato de hospedagem e o dano dele resultante.

Entretanto, o hospedeiro poderá excluir tal responsabilidade se:

a) celebrar convenção com o hóspede, desde que não seja abusiva; logo, não poderá conter cláusula de não indenizar, prevendo isenção total da responsabilidade do hospedeiro por qualquer dano sofrido pelo hóspede. Logo, não bastarão simples declarações unilaterais ou regulamentos internos baixados por ele nas dependências da hospedaria (*RT, 572*:177, *215*:462, *263*:176, *267*:707, *274*:610; *RJTJSP, 114*:150; *AJ, 92*:254; *RF, 176*:214)[355];

b) provar que o prejuízo do hóspede, viajante ou freguês, não poderia ter sido evitado (CC, art. 650); por ter ocorrido força maior (incêndio provocado por raio) ou caso fortuito (CC, art. 393), como escalada, invasão da casa, bala perdida que penetra a janela do quarto do hotel, roubo a mão armada (*RT, 604*:84) ou violência semelhante (*RT, 579*:233), praticados por quem não seja empregado do estabelecimento; logo, se se tratar de furto simples, com emprego de chave falsa, ou sem outras violências, terá responsabilidade (*RF, 112*:452, *128*:117, *136*:93, *185*:212; *RT, 152*:566, *222*:537; *AJ, 96*:253);

c) houver culpa do hóspede, que: deixou, p. ex., aberta a porta de seu quarto (*RF, 103*:448; *RT, 572*:177, *282*:399; *AJ, 113*:397); recebeu no hotel pessoa estranha ou um marginal; esqueceu carteira na piscina do hotel etc.

---

354. Caio M. S. Pereira, *Instituições*, cit., p. 325; Orlando Gomes, *Contratos*, cit., p. 421. Já se decidiu que a natureza dos bens é irrelevante, podendo ser ou não de uso próprio (*RT, 632*:96).

355. José Aguiar Dias, *Cláusula de não indenizar*, 2. ed., Rio de Janeiro, 1955, n. 83. *Vide*: arts. 932, IV, 933, 934 e 942, parágrafo único, do CC. Se a relação é de consumo, ante a prestação de serviço de hotelaria ao hóspede (consumidor), nulos serão os avisos unilaterais e cláusula de não indenizar (Lei n. 8.078/90, art. 51, I) por vício de produto ou serviço. Na relação de consumo entre hóspede e hoteleiro, aplica-se o Código de Defesa do Consumidor por não envolver responsabilidade indireta do último.

Esse depósito é remunerado, sendo tal remuneração incluída no preço da hospedagem (CC, art. 651, 2ª parte), diante do dever que tem o hospedeiro de zelar pela bagagem guardada no seu estabelecimento e de responder pelos eventuais danos, exceto se inevitáveis.

Graficamente:

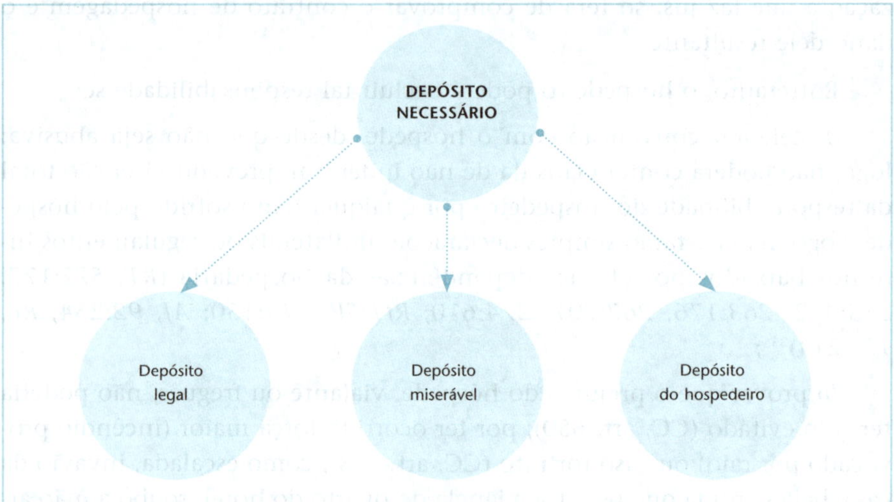

h.3.4. Depósito regular e irregular

O *depósito regular* ou *ordinário* é o atinente à coisa individuada, infungível e inconsumível, que deve ser restituída *in natura*, isto é, o depositário deverá devolver exatamente a própria coisa depositada. P. ex.: o contrato de custódia de ações ou valores mobiliários inclui-se entre os de depósito regular (*RT*, *481*:80), se identificáveis por número e se não houver estipulação de que o depositário os pode consumir.

O *depósito irregular* recai sobre bem fungível ou consumível, de modo que o dever de restituir não tem por objeto a mesma coisa depositada, mas outra do mesmo gênero, qualidade e quantidade (CC, art. 645; *EJSTJ*, *2*:47, *11*:71; *JB*, *159*:248; *RT*, *783*:313, *502*:91, *535*:230), regendo-se pelo disposto acerca do mútuo (CC, arts. 586 a 592). Tem sempre em vista o interesse do depositante, que pode exigir a restituição do bem a qualquer momento, mesmo que haja prazo convencionado para tal devolução – essa é a principal diferença entre esse depósito e o mútuo. O depósito irregular não se transforma em empréstimo, pois visa assegurar a disponibilidade da coisa;

o depositário, ao guardá-la, não aumentará o seu patrimônio, visto que do seu ativo sempre será excluído o valor representativo do *quantum* depositado, sujeito à restituição a qualquer momento, o que não ocorrerá com o empréstimo, uma vez que o bem mutuado se incorporará ao patrimônio do devedor (*RT*, *535*:230). Casos típicos são: *a*) o depósito bancário (no que atina à relação entre depositante do recurso monetário e o banco e não ao contrato de depósito bancário propriamente dito, no qual a instituição financeira passa a titularizar a propriedade dos valores depositados), em que o banco se compromete a restituir a qualquer instante em que lhe for reclamada a quantia depositada (STJ, REsp 492.956/MG, Proc. n. 2003/0012673-5, 1ª T., rel. Min. José Delgado, j. 6-3-2003), embora alguns autores, como Colin e Capitant, nele vislumbrem um empréstimo de consumo, porque o depositante tem ciência de que o banco vai utilizar-se do dinheiro depositado e de que receberá compensação por meio dos juros convencionados; *b*) o depósito de mercadorias nos armazéns-gerais (Dec. n. 1.102, de 1903, art. 12), em que a empresa depositária recebe mercadorias de igual natureza e qualidade, pertencentes a diversos donos, para guardá-las, obrigando-se a restituir outras da mesma espécie, qualidade e quantidade, emitindo o certificado de depósito sob a forma de títulos de crédito causais, isto é, o *conhecimento de depósito* e o "*warrant*" (*RT*, *556*:76; *EJSTJ*, *14*:87), transmissíveis por simples endosso. A empresa responderá perante quem se apresentar como portador desses títulos representativos do depósito[356]. Todavia, há quem entenda, como Fran Martins e Carvalho de Mendonça, que o depósito em armazéns-gerais é regular, embora de bem fungível; no mesmo sentido as decisões do STJ (REsp 331.042/MS; REsp 2001/0070111-1, *DJ*, 18-2-2002, p. 458, rel. Min. Sálvio de Figueiredo Teixeira; REsp 302.126/MG; REsp 2001/0010143-7, *DJ*, 27-8-2001, p. 346, rel. Min. Ruy Rosado de Aguiar).

---

356. Relativamente ao depósito regular e irregular, consulte: Larenz, op. cit., v. 2, § 54; Orlando Gomes, *Contratos*, cit., p. 414, 418 e 419; Serpa Lopes, *Curso*, cit., p. 231-4; Bassil Dower, *Curso moderno de direito civil*, cit., p. 184, 186 e 187; Colin e Capitant, op. cit., n. 826; Silvio Rodrigues, *Direito*, cit., p. 295; Clóvis Beviláqua, *Código Civil*, cit., v. 5, p. 19; Berto Bracco, *I depositi a risparmio*, CEDAM, 1939, n. 69, p. 111; Fábio Ulhoa Coelho, *Manual de direito comercial*, 1999, p. 432-5; Caio M. S. Pereira, *Instituições*, cit., p. 316 e 317; W. Barros Monteiro, op. cit., p. 229 e 230; *RT*, *124*:546, *179*:174, *502*:91; *AJ*, *54*:351; *RF*, *82*:653, *84*:105, *101*:462. O depósito em armazéns gerais deve ser disciplinado por lei especial, em razão da especulação e do título emitido.

Sobre corrente que entende ser regular o depósito de mercadoria em armazéns gerais: Fran Martins, *Contratos e obrigações comerciais*, 15. ed., Rio de Janeiro, Forense, p. 388; Carvalho de Mendonça, *Tratado de direito comercial brasileiro*, 6. ed., Rio de Janeiro, Freitas Bastos, 1960, v. 5, Livro III, parte 2, n. 1076, p. 569-70.

h.3.5. Depósito judicial

O depósito judicial ou sequestro[357] é o determinado por mandado do juiz, que entrega a terceiro coisa litigiosa (móvel ou imóvel), com o intuito de preservar a sua incolumidade, até que se decida a causa principal, para que não haja prejuízo aos direitos dos interessados. Esse depósito é remunerado e confere poderes de administração, necessários à conservação dos bens. Referem-se a esse depósito: o art. 635 do Código Civil; os arts. 839, 625, 641, § 1º, do Código de Processo Civil; os arts. 125 e 132 do Código de Processo Penal; o art. 23, § 3º, da Lei n. 492/37; o art. 45, §§ 1º e 2º, da Lei n. 6.024/74; o Decreto-Lei n. 3.240/41; e Lei n. 8.429/92, que revogou a Lei n. 3.502/58[358].

h.4. Consequências jurídicas

O depósito gera[359]:

---

357. Orlando Gomes, *Contratos*, cit., p. 420 e 421; W. Barros Monteiro, op. cit., p. 230; Coelho da Rocha, op. cit., § 790; Pontes de Miranda, *Comentários ao Código de Processo Civil*, v. 4, p. 43 e 44; Serpa Lopes, *Curso*, cit., p. 235 e 236; Bassil Dower, *Curso moderno de direito civil*, cit., p. 183; Caio M. S. Pereira, *Instituições*, cit., p. 326 e 327. *Vide*: *EJSTJ*, *13*:185; *Ciência Jurídica*, *61*:61. STJ, Súmula 185: "Nos depósitos judiciais não incide o imposto sobre operações financeiras".

358. W. Barros Monteiro, op. cit., p. 230; *vide*: Portaria n. 4/94 do juiz corregedor permanente do setor das Execuções Fiscais da Capital de São Paulo; *RJE*, *2*:335 e 286; *Bol. AASP*, *1.832*:6; Súmulas do STJ 185, 271 e 305. Consulte: Lei n. 11.101/2005, arts. 104, III, 108, § 1º, 173, 175, 22, III, *f*, *l*, *o*, *q*; Lei n. 11.429/2006, sobre depósito judicial de tributos no âmbito dos Estados e do Distrito Federal.

359. Clóvis Beviláqua, *Código Civil*, cit., v. 5, p. 16-8; Álvaro Villaça Azevedo, *Prisão civil*, cit., p. 79-87; Serpa Lopes, *Curso*, cit., p. 220-8, 234 e 235; Enneccerus, Kipp e Wolff, op. cit., § 167; Bassil Dower, *Curso moderno de direito civil*, cit., p. 184-6; Lomonaco, op. cit., v. 6, p. 532; De Page, op. cit., t. 5, parte 2, n. 195, 209 e 214; Caio M. S. Pereira, *Instituições*, cit., p. 318-23; Silvio Rodrigues, *Direito*, cit., p. 290-5; Orlando Gomes, *Contratos*, cit., p. 416 e 417; W. Barros Monteiro, op. cit., p. 230-7 e 241-3; Valerio de O. Mazzuoli, *Prisão civil por dívida e o Pacto de San José da Costa Rica*, Rio de Janeiro, Forense, 2002; Luiz Alberto David Araújo, A impossibilidade de prisão do depositário infiel, o Pacto de São José e a decisão do Supremo Tribunal Federal, *Revista de Direito Privado*, *4*:121-6; José Lopes de Oliveira, *Contratos*, Recife, 1978, p. 171; Joaquim Molitor, *Prisão civil do depositário*, São Paulo, Ed. Juarez de Oliveira, 2000; Cláudio José Pereira, Prisão civil – tratados internacionais de direitos humanos e o novo Código Civil, in *Estudos em homenagem a Sydney Sanches*, São Paulo, Fiuza, APM, 2003, p. 111-40; Odete N. C. Queiroz, *Prisão civil e os direitos humanos*, São Paulo, Revista dos Tribunais, 2004. O art. 644, parágrafo único, do Código Civil não se aplica à propriedade fiduciária, conforme prescreve o art. 1.364 do mesmo Código. *Vide*: CC, arts. 447, 373, 399 e 393, e Lei n. 11.101/2005, art. 108, § 1º. Observa Cassio S. Bueno (*Novo Código de Processo Civil anotado*, São Paulo, Saraiva, 2015, p. 31) que "a ação de depósito dei-

1º) *Direitos e obrigações ao depositário.*

O depositário terá o *direito* de:

a) receber do depositante as despesas necessárias feitas com a coisa e a indenização dos prejuízos oriundos do depósito (CC, art. 643; *RT*, *532*:123);

b) reter a coisa depositada até que se lhe pague a retribuição devida e o valor líquido das despesas necessárias e dos prejuízos a que se refere o art. 643 do Código Civil, provando-os imediatamente de modo suficiente (p. ex., por meio de recibos, notas fiscais etc.) (CC, art. 644). E, se essas despesas ou prejuízos não forem provados suficientemente, ou forem ilíquidos, reclamando a apuração de seu *quantum*, o depositário poderá exigir caução (real ou fidejussória) idônea do depositante (*RT*, *430*:64), ou, na falta desta, a remoção da coisa para o depósito público, até que se liquidem (CC, art. 644, parágrafo único);

c) exigir, havendo cláusula contratual expressa, a remuneração pactuada, pois estará afastada a gratuidade do depósito;

d) requerer o depósito judicial da coisa, quando por motivo plausível (viagem inadiável, inundação do local destinado ao depósito, doença grave etc.) a não puder guardar e o depositante não lhe queira receber (CC, arts. 635 e 641) e nos casos do art. 633 (*RT*, *207*:272, *240*:186, *286*:734). Com o depósito em juízo, liberar-se-á o depositário da responsabilidade com o risco da perda ou deterioração da coisa e resguardar-se-á os direitos do depositante sobre ela, uma vez que ficará a salvo sob os cuidados do Judiciário;

e) compensação, se se fundar noutro depósito (CC, art. 638, *in fine*).

Todavia, terá a *obrigação* de:

a) guardar a coisa sob seu poder, sendo-lhe permitido invocar a ajuda de auxiliares, que ficarão sob sua responsabilidade;

b) ter na custódia da coisa depositada o cuidado e a diligência que costuma com o que lhe pertence (CC, art. 629, 1ª alínea), respondendo pela sua perda ou deterioração se contribuiu dolosa ou culposamente para que isso acontecesse (*RT*, *536*:117);

---

xou de ser prevista expressamente como procedimento especial e acabou sendo absorvida, desprocedimentalizada, por uma das hipóteses que o novo Código de Processo Civil chama de tutela de evidência (art. 311, III). Pelo Enunciado n. 29 da ENFAM, aprovado em 2015: "Para a concessão da tutela de evidência prevista no art. 311, III, do CPC/2015, o pedido reipersecutório deve ser fundado em prova documental do contrato de depósito e também da mora".

c) não se utilizar da coisa depositada sem autorização expressa do depositante, sob pena de responder por perdas e danos (CC, art. 640), pois o depósito visa à custódia da coisa e não ao seu uso, nem a dar em depósito a outrem, e, se, devidamente autorizado, a confiar em depósito a terceiro, terá responsabilidade por culpa *in eligendo* e *in vigilando* (CC, art. 640, parágrafo único) pelos danos que ele causar à coisa depositada. Portanto, há punição do depositário pela má escolha da pessoa a quem confiou a guarda do bem e pela ausência de fiscalização sobre os seus atos, desde que o depositante prove sua culpa;

d) manter a coisa no estado em que lhe foi entregue; deverá respeitar o segredo da coisa sob sua guarda, pois assim prescreve o Código Civil, art. 630: "Se o depósito se entregou fechado, colado, selado, ou lacrado, nesse mesmo estado se manterá" até o momento de sua devolução. Se houver devassa da coisa, configurado está o ilícito contratual por infração do dever de zelo e guarda, suscetível de gerar pagamento de indenização ao depositante, a não ser que se comprove que o lacre se rompeu por força maior ou caso fortuito (CC, art. 642, e CPC, art. 373). Se o depositário, autorizado pelo depositante, vier a abrir o invólucro, deverá mesmo assim, como ensina Jones Figueirêdo Alves, guardar sigilo, salvo se se tratar de objeto ilícito;

e) restituir à custa do depositante (CC, art. 631), no local estipulado ou no lugar do depósito, o objeto depositado *in natura* ou seu equivalente se: *a*) se tratar de depósito irregular; *b*) a coisa depositada se perder por força maior (incêndio provocado por um raio, p. ex.), caso fortuito ou por fato inimputável ao depositário (CC, art. 642), que recebeu outra em seu lugar, em razão de indenização ou do seguro, pois nesse caso será obrigado a restituir a coisa sub-rogada ao depositante e ceder-lhe as ações que tiver contra o terceiro responsável pela restituição da primeira (CC, art. 636; *JTJ, 140*:216); *c*) o herdeiro do depositário tiver vendido de boa-fé a coisa depositada por julgar ser sua; será, então, obrigado a assistir o depositante na reivindicação (CPC, arts. 119 a 123) e a restituir ao comprador o preço recebido (CC, art. 637), a título de compensação, uma vez que está obrigado a restituir o bem ao depositante; *d*) a perda da coisa se der por culpa do depositário. O depositário deverá restituir a coisa depositada ao depositante, não podendo, salvo nos casos dos arts. 633 e 634 do Código Civil, furtar-se à restituição do bem, alegando que ele não pertence ao depositante (*RT, 207*:272), ou opondo compensação, exceto se noutro depósito se fundar (CC, art. 638). Se houver dois ou mais depositantes e for divisível a coisa, deverá entregar a cada um a respectiva parte, salvo se existir solidariedade entre eles (CC, art. 639). Caso em que o depositário poderá entregar o bem a qualquer um deles que venha a reclamar a devolução. Logo, se for indivisível, os depositantes deverão acordar quanto ao modo de recebê-la e, não havendo tal acordo, a solução deverá ser dada pelo órgão judicante. Nada obsta a que a restituição do bem seja feita a outra pessoa que não o depositante, se ele a indicar no contrato de depósito. A morte do depositário não extingue a obrigação de restituir; pois o depósito se transmite como um direito ou como um dever aos herdeiros do depositante e do depositário. O depositário deverá restituir a coisa aos herdeiros ou ao inventariante, mediante autorização judicial, se o depositante falecer.

Estatui o Código Civil, art. 633, que ainda que o contrato fixe prazo à restituição, o depositário entregará o depósito logo que se lhe exija, salvo se tiver o direito de retenção a que se refere o art. 644, se o objeto for judicialmente embargado (p. ex., em razão de arresto, sequestro), se sobre ele pender execução, notificada ao depositário, que, então, ficará obrigado a retê-lo em nome do juízo até que se resolva seu destino, ou se houver motivo razoável de suspeitar que a coisa foi dolosamente obtida, em razão de estelionato, furto ou roubo etc. praticado pelo depositante ou por terceiro. Neste último caso, o depositário terá o poder-dever de não restituí-lo, quando reclamado pelo depositante, expondo o fundamento da suspeita ao juiz, requererá que se recolha o objeto ao Depósito Público (CC, art. 634), que é o local em que ficam guardadas as coisas entregues a uma autoridade judicial ou administrativa. Tal depósito judicial liberará o depositário de qualquer sanção pela não devolução do bem e evitará que a coisa volte ao poder de quem não tenha titularidade. Mas, se a suspeita for infundada e provada a culpa do depositário, este deverá reparar pecuniariamente o dano causado ao depositante. O Projeto de Lei n. 699/2011 acrescentará, ainda, com sua aprovação, a possibilidade de o depositário recusar-se a restituir o bem depositado fundado em outro depósito. Mas, tal proposta contida no PL n. 6.960/2002 (atual PL n. 699/2011, que o substitui) não foi aprovada pelo Parecer Vicente Arruda, nos seguintes termos: "Também aqui não nos parece que o acréscimo se faça necessário para a melhor compreensão sistêmica, mesmo porque, o art. 638 faz referência expressa aos arts. 633 e 634". Pelo art. 633, 1ª parte, para que não restitua a coisa, o depositário deve ter ciência de que a coisa está embargada, em razão de alguma medida judicial (sequestro, arresto etc.) que retire do depositante a livre disposição dela, ou que está sendo executada, havendo, portanto, sua penhora em virtude de execução movida contra o depositante.

Mesmo que não se tenha estipulado prazo, o depositário será obrigado a restituir a coisa depositada com os acessórios, frutos e acrescidos (CC, art.

629, *in fine*; *JB*, *84*:45, 128, 167, 186, 253 e 255), assim que o depositante a exigir, salvo os casos previstos no Código Civil, arts. 633 e 634, sob pena de ser compelido a fazê-lo, mediante prisão (CF, art. 5º, LXVII) não excedente a um ano, decretada no curso da ação de depósito (CPC, art. 840, II, §§ 2º e 3º) e a ressarcir os danos decorrentes do seu inadimplemento (CC, art. 652; Lei n. 492/37, arts. 31 a 35, sendo que o art. 32 foi revogado pelo Dec.-Lei n. 182/38, e o art. 34 teve sua aplicação suspensa por inconstitucionalidade pela Resolução n. 48/65; Lei n. 8.866/94, sobre depositário infiel de valor pertencente à Fazenda Pública, e Lei n. 8.936/94, sobre multa aplicada a depositário infiel; CP, art. 168, § 1º, I; *RT*, *795*:149 e 148, *784*:287, *780*:184, *762*:181, *711*:119, *721*:139, *654*:191, *488*:73, *443*:258, *445*:189, *520*:165, *524*:198, *510*:156, *528*:120; *Ciência Jurídica*, *39*:137, *48*:93, *63*:67, *65*:104, *79*:99, *80*:188, *82*:162; *RTJ*, *101*:185, *115*:473; *RJE*, *1*:448 e 354; CF, art. 5º, LXVII; *RF*, *252*:275, *78*:528, *99*:641; *EJSTJ*, *12*:113, *13*:207; *RSTJ*, *39*:439; *84*:294; *JSTJ*, *4*:235, *6*:265, *7*:243, *9*:185, *10*:193 e 251, *11*:209; *JB*, *84*:71; Súmula 619 do STF, ora revogada no julgamento do HC 92.566-9, *DJE*, 12-12-2008). "De acordo com a sistemática introduzida pelo novo estatuto processual civil (de 1973), foi abolida a prisão liminar do depositário infiel, para admiti-la somente depois de julgado procedente e não cumprido o mandado para entrega da coisa ou do equivalente em dinheiro, dentro do prazo marcado, em regra 24 horas" (*RT*, *618*:188, *482*:211 e *519*:164). Além disso, já se decidiu que "a simples constatação de que o depositário se houve com incúria na guarda dos bens que lhe foram confiados, e não comprovada a alegação de furto da coisa dada em garantia, é o suficiente para a decretação da sua prisão civil, quando o juiz procede de acordo com a lei, não exorbitando de sua jurisdicionalidade. Recurso que busca a revogação da medida improvido" (STJ, 5ª T., HC 5.209-SP, rel. Min. Cid Flaquer Scartezzini, j. 5-3-1996, *Bol. AASP*, *1.973*:83). A norma constitucional (art. 5º, LXVII) e o art. 652 do Código Civil não podem sofrer interpretação conducente ao reconhecimento de que o Brasil, mediante o Pacto de São José (art. 7º, n. 7), teria interditado a prerrogativa de exercer, entre brasileiros e no plano interno, a competência institucional, visto que tratados e convenções internacionais só são aplicáveis a fatos interjurisdicionais, pois não têm o condão de restringir a eficácia do comando constitucional relativamente à questão que envolva depositante e depositário brasileiros. Já para Flávia Piovesan, por força do art. 5º, § 2º, da CF/88, o Pacto de São José seria materialmente constitucional. Logo, a prisão civil do depositário infiel, prevista no CC, art. 652, seria inconstitucional, por não ser admitida pelo referido pacto. Ora, se o art. 5º, LXVII, da CF (cláusula pétrea) prevê prisão civil para depositário infiel, isso deverá ser respeitado, mesmo que a EC n. 45/2004 tenha incluído § 3º ao art. 5º da CF, dispondo que tratado e convenção internacional sobre direitos humanos aprovados no Congresso Nacional serão equiparados à Emenda Constitucional, isso porque, por força do art. 60, § 4º, da CF, cláusula pétrea (art. 5º), é insuscetível de emenda. Assim sendo, entende-se que, se o art. 5º, LXVII, da Constituição Federal é cláusula pétrea, não sofreu revogação pelo Decreto n. 678/92, que introduziu em nosso ordenamento jurídico o Pacto de São José da Costa Rica (*JTJ*, *217*:204; *RT*, *795*:149, *762*:181). Tal pacto seria aplicável se, p. ex., o depositante pertencesse a um dos países signatários, caso em que não poderá ser detido por dívida, pois só admite a prisão civil de devedor de alimentos. Mas há quem ache, como Odete Novais C. Queiroz, que inconcebível seria a prisão civil do devedor inadimplente, sacrificando sua liberdade por afrontar o princípio da proporcionalidade, ante a desproporcionalidade da aplicação da prisão em face do inadimplemento contratual e da ausência de periculosidade do apenado civil. Assim, diante do conflito entre o art. 5º, LXVII, e o art. 1º, III, da Carta Magna, seguindo a esteira de Otto Bachof, admite a autora acima citada a inconstitucionalidade da norma constitucional contida no inciso LXVII do art. 5º, aplicando-se na solução dessa antinomia o critério do *justum*, em defesa do valor liberdade, dando prevalência ao tratado por ser mais benéfico. E pela Súmula Vinculante n. 25 do STF: "É ilícita a prisão civil de depositário infiel qualquer que seja a modalidade de depósito". E pelo STJ, Súmula 419: "Descabe a prisão civil do depositário judicial infiel".

Pelo Código de Processo Civil, art. 161, parágrafo único, o depositário infiel responde pelos prejuízos causados, por dolo ou culpa, sem prejuízo de sua responsabilidade penal e da imposição de sanção por ato atentatório à dignidade da justiça e perde a remuneração que lhe foi arbitrada, mas tem direito a haver o que legitimamente despendeu no exercício do encargo, para que não haja enriquecimento ilícito.

Se o bem foi depositado no interesse de terceiro (credor do depósito), que é seu proprietário, possuidor ou qualquer pessoa alheia ao vínculo entre depositante e depositário, e o depositário tiver sido cientificado deste fato pelo depositante, administrador daquele bem e do interesse de terceiro, não poderá ele exonerar-se devolvendo a coisa a este sem consenso daquele (CC, art. 632), em cujo benefício o depósito foi feito; salvo no caso do art. 635 do Código Civil;

f) responder pelos riscos da coisa (*RT*, *154*:3), mesmo por caso fortuito ou força maior: *a*) se houver convenção nesse sentido (*RT*, *151*:655); *b*) se estiver em mora de restituir a coisa depositada (CC, arts. 399 e 393); *c*) se o caso fortuito sobreveio quando o depositário, sem licença do depositante, se utilizava do bem depositado. Portanto, em regra, tais riscos serão suportados pelo depositante, ante o princípio *res perit domino*, não respondendo o depositário por caso fortuito (Projeto de Lei n. 699/2011, art. 642) e força maior (*JB*, *152*:247, *84*:149), mas, para que lhe valha a escusa, deverá prová-los (CC, art. 642) (*RT*, *579*:245, *477*:88, *271*:258, *135*:139); logo, o ônus da prova da ocorrência do caso fortuito ou da força maior é do depositário para que se libere da obrigação de reparar. Apesar da distinção feita entre força maior e caso fortuito, pelo Projeto de Lei n. 6.960 hoje substituído pelo PL n. 699/2011), para o Parecer Vicente Arruda: "Não procede a alteração porque de acordo com a sistemática do Código, força maior e caso fortuito são sinônimos, conforme se vê do parágrafo único do art. 393, podendo, portanto, serem usados um ou outro indistintamente";

g) não transferir o depósito sem autorização do depositante (*AJ*, *107*:324).

2º) *Direitos e deveres do depositante*, que constituem o inverso dos direitos e obrigações do depositário.

Terá o *direito* de:

a) exigir a restituição da coisa depositada, com todos os seus acessórios (frutos naturais, civis e industriais, ou acrescidos), a qualquer tempo, mesmo antes do vencimento do prazo estipulado; salvo disposição em contrário, essa restituição deverá dar-se no local em que tiver de ser guardada, correndo as despesas de restituição à conta do depositante (CC, art. 631);

b) impedir o uso da coisa depositada, se não o autorizou;

c) exigir a conservação da coisa no estado em que a entregou (*RT*, *548*:126).

O *depositante* terá o *dever* de:

a) pagar a remuneração do depositário, se convencionada;

b) reembolsar *ex lege* o depositário das despesas necessárias feitas com a coisa, indenizando-o dos prejuízos resultantes do depósito (CC, art. 643), e pagar *ex contractu* as úteis ou voluptuárias, desde que as tenha permitido. Os gastos necessários feitos com a guarda e conservação da coisa depositada aproveitam ao depositante e são feitos no seu interesse, por isso deverá pagá-los, evitando o seu locupletamento indevido à custa do depositário;

c) responder pelos riscos do contrato de depósito, por ser ele o proprietário da coisa depositada;

d) dar caução (real ou fidejussória) idônea, exigida pelo depositário, se as dívidas, as despesas ou prejuízos não forem provados suficientemente ou forem ilíquidos (CC, art. 644, parágrafo único).

h.5. Extinção

O contrato de depósito extinguir-se-á[360]:

1º) pelo vencimento do prazo;

2º) pela manifestação unilateral do depositante, que tem o direito de exigir a restituição do bem a todo tempo;

3º) por iniciativa do depositário que, se não quiser mais custodiar o bem, devolvê-lo-á ao depositante, e, se este se recusar a recebê-lo, poderá o depositário, tendo motivo plausível para não o guardar, requerer o seu depósito judicial (CC, art. 635);

4º) pelo perecimento da coisa depositada, em razão de força maior ou caso fortuito, sem sub-rogação em outro bem;

5º) pela morte ou incapacidade superveniente (interdição, falência) do depositário, se o contrato de depósito for *intuitu personae*. Com o falecimento do depositário, seu herdeiro terá o dever de restituir ao depositante a coisa depositada. Se o herdeiro alienar de boa-fé o bem depositado, por ignorar a existência do depósito, deverá, por não ter agido culposamente: *a*) assistir o depositante na reivindicatória por ele movida contra o adquirente da coisa alienada; *b*) restituir ao comprador o preço recebido, pois tem o dever de devolver a coisa ao depositante (CC, art. 637). O Projeto de Lei n. 6.960/2002 pretende que tal devolução se dê sempre que o comprador sofra os efeitos da evicção. Se aquele herdeiro, porventura, estiver de má-fé, além de assistir o depositante naquela ação, deverá devolver o preço recebido ao adquirente e pagar perdas e danos decorrentes da alienação feita (CC, art. 879, *in fine*). Daí o parágrafo único a ser acrescido pelo Projeto de Lei n. 699/2011 ao art. 637: "Se tiver agido de má-fé responderá o herdeiro pelas perdas e danos, tanto do depositante como do comprador". Tal proposta, contida no PL n. 6.960/2002 (atual n. 699/2011), foi rejeitada pelo Parecer Vicente Arruda, porque "a assistência obrigatória está prevista no art. 54 – hoje art. 124 – do CPC, que considera como litisconsorte o assistente, toda vez que a sentença houver de influir na relação jurídica entre ele e

---

360. Bassil Dower, *Curso moderno de direito civil*, cit., p. 187 e 188; Caio M. S. Pereira, *Instituições*, cit., p. 323; Orlando Gomes, *Contratos*, cit., p. 419; Silvio Rodrigues, *Direito*, cit., p. 300 e 301; Jones Figueirêdo Alves, *Novo Código*, cit., p. 574; José Lopes de Oliveira, *Contratos*, Recife, 1978, p. 172. Sobre depósito: *RF*, *157*:339, *137*:170, *180*:227; *RT*, *211*:512, *330*:726, *317*:304, *210*:225, *271*:301, *391*:373, *385*:125, *355*:373, *531*:185, *529*:119, *534*:122, *540*:130.

o adversário do assistido. É certo que o NCC não reproduziu o art. 967 do Código de 1916. Por outro lado, não parece prudente a menção à evicção, em virtude da qual poderá ficar postergada a obrigação da restituição do pagamento ao comprador, porquanto a evicção depende, sempre, de sentença judicial. Por último, a inclusão do parágrafo é despicienda porque o art. 879 do NCC (idêntico ao art. 968 do CC/16) já dispõe sobre a possibilidade de pessoa, que tendo indevidamente recebido um imóvel, aliene-o de má-fé". E, se o bem depositado não mais existir, por ter sido consumido pelo adquirente ou até mesmo pelo herdeiro do depositário, este último deverá, então, pagar uma indenização ao depositante;

6º) pelo decurso do prazo de vinte e cinco anos, quando não reclamado o bem (Lei n. 2.313/54; Dec. n. 40.395/56).

QUADRO SINÓTICO

DEPÓSITO

1. NOÇÃO	• O depósito é o contrato pelo qual um dos contraentes (depositário) recebe do outro (depositante) um bem móvel, obrigando-se a guardá-lo, temporária e gratuitamente, para restituí-lo quando lhe for exigido (CC, art. 627).	
	• Natureza contratual	• É um contrato unilateral (às vezes, bilateral), gratuito, real, e, em regra, *intuitu personae*.
2. ELEMENTOS CARACTERÍSTICOS	• Entrega de coisa móvel corpórea pelo depositante ao depositário. • Obrigação de custódia. • Restituição da coisa pelo depositário na ocasião ajustada ou quando reclamada. • Temporariedade. • Gratuidade.	
3. REQUISITOS	• Subjetivos	• Capacidade genérica para praticar os atos da vida civil e capacidade especial.
	• Objetivos	• Objetos móveis, corpóreos e infungíveis, embora excepcionalmente recaia em imóveis e em bens fungíveis.
	• Formais	• Forma livre, embora a lei reclame *ad probationem* o instrumento escrito para o depósito voluntário (CC, art. 646).
4. MODALIDADES	• Depósito voluntário ou convencional (CC, arts. 627 a 646)	• É o que advém da livre convenção dos contraentes, visto que o depositante escolhe espontaneamente o depositário, confiando à sua guarda coisa móvel corpórea para ser restituída quando reclamada, sem sofrer quaisquer pressões das circunstâncias externas.

4. MODALIDADES	• Depósito necessário (CC, arts. 647 a 652)	• Conceito	• É aquele que independe da vontade das partes, por resultar de fatos imprevistos e irremovíveis, que levam o depositante a efetuá-lo, entregando a guarda de um objeto a pessoa que desconhece, a fim de subtraí-lo de uma ruína imediata.	
		• Espécie	• Depósito legal	• Se feito em desempenho de obrigação legal (CC, arts. 647, I, 1.233, 345, 641, 1.435, V, e 648; Dec.-Lei n. 58/37, art. 17, parágrafo único; Dec. n. 3.079/38, art. 17, parágrafo único).
			• Depósito miserável	• Se efetuado por ocasião de alguma calamidade (CC, arts. 647, II, 648, parágrafo único).
			• Depósito do hospedeiro	• CC, arts. 649, parágrafo único, 650 e 651, 2ª parte; Dec. n. 7.358/73.
	• Depósito regular ou ordinário	• Se atinente a coisa individuada, infungível e inconsumível, que deve ser restituída *in natura*.		
	• Depósito irregular	• Se recai sobre bem fungível ou consumível, que deverá ser restituído por outro do mesmo gênero, qualidade e quantidade (CC, art. 645; Dec. n. 1.102, de 1903, art. 12).		
	• Depósito judicial	• Se determinado por mandado do juiz, que entrega a terceiro coisa litigiosa, móvel ou imóvel, com o intuito de preservar sua incolumidade, até que se decida a causa principal, para que não haja prejuízo aos direitos dos interessados (CC, art. 635; CPC, arts. 839, 625 e 641, § 1º).		
	• Depósito civil e comercial (empresarial)	• CC, art 628.		

5. CONSEQUÊNCIAS JURÍDICAS	• Confere ao depositário o direito de	• Receber as despesas feitas com a coisa e a indenização dos prejuízos oriundos do depósito (CC, art. 643). • Reter a coisa depositada até que se lhe pague a retribuição devida e o valor líquido das despesas e dos prejuízos a que se refere o art. 643, provando-os de modo suficiente. E, se não conseguir tal prova, poderá exigir caução idônea do depositante, ou, na falta desta, a remoção da coisa para o depósito público, até que se liquidem (CC, art. 644, parágrafo único). • Exigir a remuneração pactuada. • Requerer o depósito judicial da coisa nos casos dos arts. 635 e 641. • Compensação, se se fundar noutro depósito (CC, art. 638, *in fine*).
	• Impõe ao depositário a obrigação de	• Guardar a coisa sob seu poder. • Ter na custódia da coisa depositada o cuidado e a diligência que costuma com o que lhe pertence (CC, art. 629, 1ª alínea), respondendo pelos prejuízos a que dolosa ou culposamente der causa. • Não se utilizar do bem depositado sem autorização expressa do depositante, sob pena de responder por perdas e danos (CC, art. 640 e parágrafo único). • Manter a coisa no estado em que lhe foi entregue (CC, art. 630). • Restituir, no local estipulado ou no lugar do depósito, o objeto depositado *in natura* ou seu equivalente (CC, arts. 636, 637, 633, 634, 638, 639, 629, 652; CF, art. 5º, LXVII; CPC, art. 161, parágrafo único). • Responder pelos riscos da coisa se houver convenção nesse sentido, se estiver em mora de restituir (CC, arts. 399 e 393), se o caso fortuito sobreveio quando, sem licença do depositante, se utilizava de bem depositado (CC, art. 642). • Não transferir o depósito sem autorização do depositante.
	• Dá ao depositante o direito de	• Reclamar a restituição da coisa depositada, com todos os seus acessórios, a qualquer tempo. • Impedir o uso da coisa depositada, se não o autorizou. • Exigir a conservação da coisa no estado em que a entregou.

5. CONSEQUÊNCIAS JURÍDICAS	• Impõe ao depositante o dever de	• Pagar a remuneração do depositário, se convencionado. • Reembolsar *ex lege* o depositário das despesas necessárias, indenizando-o dos prejuízos resultantes do depósito (CC, art. 643), e pagar *ex contractu* as úteis ou voluptuárias, desde que as tenha permitido. • Responder pelo risco do contrato de depósito. • Dar caução idônea no caso do art. 644, parágrafo único.
6. EXTINÇÃO	• Vencimento do prazo. • Manifestação unilateral do depositante. • Iniciativa do depositário (CC, art. 635). • Perecimento da coisa depositada, em razão de força maior ou caso fortuito, sem sub-rogação em outro bem. • Morte ou incapacidade superveniente do depositário, se o contrato for *intuitu personae*. • Decurso do prazo de vinte e cinco anos, quando não reclamado o bem (Lei n. 2.313/54; Dec. n. 40.395/56).	

I. Mandato

i.1. Definição e caracteres jurídicos

Mandato é o contrato pelo qual alguém (mandatário ou procurador) recebe de outrem (mandante) poderes para, em seu nome, praticar atos ou administrar interesses (CC, art. 653).

É uma representação convencional, em que o representante pratica atos que dão origem a direitos e obrigações que repercutem na esfera jurídica do representado. Realmente, o mandatário, como representante do mandante, fala e age em seu nome e por conta deste. Logo, é o mandante quem contrai as obrigações e adquire os direitos como se tivesse tomado parte pessoalmente no negócio jurídico[361]. Possibilita, assim, que pessoa interessada na realização de certo ato negocial, desde que não seja personalíssimo, que não possa ou não saiba praticá-lo, o efetue por meio de outra pessoa.

O mandato apresenta os seguintes *caracteres jurídicos*[362]:

1º) *Contratualidade*, pois requer a manifestação de duas vontades. Deveras, além da outorga de poderes de representação, será preciso que o mandatário aceite o mandato expressa ou tacitamente, se resultar do começo da execução (CC, art. 659). Com efeito, se o mandatário, ao receber o mandato, iniciar a sua execução, clara está a sua aceitação. Ter-se-á aceitação tácita, por atos inequívocos, se o mandatário, a partir da recepção da procuração, praticar atos compatíveis com uma conduta de quem tomou a si a sua

---

361. W. Barros Monteiro, op. cit., p. 245; Caio M. S. Pereira, *Instituições*, cit., p. 351. Código Civil, arts. 656, 660, 662 e 663; Decreto n. 451/B, de 1890, arts. 54 e 57; Consolidação das Leis do Trabalho, arts. 513 e 791; Lei n. 1.134/50; Decreto-Lei n. 7.934/45; Decreto n. 3.048/99; Decreto-Lei n. 9.608/46, art. 15; Leis n. 1.341/51, art. 18, 8.906/94, 1.060/50 e 9.099/95, art. 3º, II.

362. De Page, op. cit., v. 5, ns. 358 e 372; Silvio Rodrigues, *Direito*, cit., p. 305-8; Caio M. S. Pereira, *Instituições*, cit., p. 352, 353 e 357; Cunha Gonçalves, *Tratado*, cit., v. 8, p. 388; Orlando Gomes, *Contratos*, cit., p. 424 e 425; W. Barros Monteiro, op. cit., p. 245-7, 256 e 257; Enneccerus, Kipp e Wolff, op. cit., p. 320; Serpa Lopes, *Curso*, cit., p. 241; Antônio Chaves, Mandato, in *Enciclopédia Saraiva do Direito*, v. 51, p. 189 e 190; Duranton, *Cours de droit civil français*, 4. ed., Bruxelles, 1841, t. 10, n. 187; Madray, *De la représentation*, Paris, 1931; Popesco Ramniceano, *De la représentation dans les actes juridiques en droit comparé*, Paris, 1927; Roberto Senise Lisboa, *Manual*, cit., v. 3, p. 171-6; Renan Lotufo, *Questões relativas ao mandato, representação e procuração*, São Paulo, Saraiva, 2001; José Paulo Cavalcanti, *A representação voluntária no direito civil*, Recife, 1965; Arnaldo Marmitt, *Mandato*, Rio de Janeiro, Aide, 1992; Silvio Luís Ferreira da Rocha, *Curso*, cit., p. 295-316; Ovídio R. Barros-Sandoval, Do mandato, in *O novo Código Civil – estudos em homenagem a Miguel Reale*, São Paulo, LTr, 2003, p. 580 e s.; *RT*, *516*:138, *703*:187.

execução. O simples silêncio não indica aceitação do encargo, pois o art. 656 do Código Civil prescreve: "O mandato pode ser expresso ou tácito, verbal ou escrito". O art. 1.293 do Código Civil de 1916, por sua vez, admitia casos em que do silêncio do mandatário se pode presumir sua aceitação, pois esse artigo estatuía: "O mandato presume-se aceito entre ausentes, quando o negócio para que foi dado é da profissão do mandatário, diz respeito à sua qualidade oficial, ou foi oferecido mediante publicidade, e o mandatário não fez constar imediatamente a sua recusa". P. ex.: presumia-se aceito o mandato, estando os contraentes em locais diferentes, quando: *a*) um advogado, que recebia procuração para tocar uma causa, ficasse em silêncio; *b*) um despachante, incumbido de dar andamento a certa pretensão, guardava silêncio; *c*) uma agência de cobrança, que anunciava publicamente sua atividade, recebia mandato e não o recusava logo. Em todas essas hipóteses, se o mandatário não quisesse aceitar o encargo, devia dar, com a maior brevidade, sua negativa, sob pena de responder pelas perdas e danos que o mandante viesse a sofrer[363].

É um contrato: *a*) *bilateral*, por gerar deveres tanto para o mandatário (CC, art. 667) quanto para o mandante (CC, art. 675) acidental e posteriormente à execução do mandato; *b*) *gratuito ou oneroso*, conforme se estipule ou não uma remuneração ao representante. Nos casos em que o mandatário o é em razão de seu ofício ou profissão lucrativa (CC, art. 658) – advogado (*AJ*, *61*:649), despachante, corretor – há presunção da onerosidade do contrato, e, se faltar retribuição prevista em lei ou acordo sobre o *quantum* devido, ela será determinada pelos usos do lugar, ou, na ausência destes, por arbitramento (CC, art. 658, parágrafo único), caso em que o juiz arbitrá-lo-á, levando em conta não só a qualidade, a natureza do serviço, a sua complexidade ou grau de dificuldade e duração, mas também o proveito obtido; *c*) *intuitu personae*, pois é celebrado em consideração à idoneidade técnica e moral, isto é, às qualidades pessoais do mandatário, predominando a mútua confiança dos contratantes; *d*) *preparatório*, já que habilita o representante a praticar atos especificados pelo mandante, por serem os contratos por ele pretendidos; *e*) *consensual*, visto que o simples acordo de vontades será suficiente para a sua formação. Apesar de o Código Civil, art. 653, 2ª alínea, determinar que a procuração é o instrumento do mandato, admite, no art. 656, que este pode ser expresso ou tácito, verbal ou escrito. Sua

363. W. Barros Monteiro, op. cit., p. 257; Código Civil, art. 432.

forma é livre, podendo ser feito verbalmente ou por instrumento público ou particular, embora em certos casos especiais se exija instrumento público. Mas, pelo parágrafo único do art. 655, a ser acrescentado pelo Projeto de Lei n. 699/2011, seria "da essência do ato a forma pública, quando a procuração visar a constituição, transferência, modificação ou renúncia de direitos reais sobre imóveis". Todavia, essa proposta, contida no Projeto de Lei n. 6.960/2002, substituído pelo Projeto de Lei n. 699/2011, não foi aceita pelo Parecer Vicente Arruda, que assim justificou sua rejeição: "Entendo que a intenção do NCC foi a de desburocratizar as relações privadas conferindo maior responsabilidade pessoal e maior agilidade nos negócios, quando permite que mesmo sendo a outorga do mandato feita por instrumento público, seu substabelecimento possa ser feito por instrumento particular. A inclusão do parágrafo único é totalmente desnecessária em face do art. 108 do NCC que diz que 'não dispondo a lei em contrário, a escritura pública é essencial à validade dos negócios jurídicos que visem à constituição, transferência, modificação ou renúncia de direitos reais sobre imóveis de valor superior a 30 vezes o maior salário mínimo vigente do País'". Se a transferência da propriedade imobiliária requer registro da escritura pública, a procuração também deverá ser feita por instrumento público.

2º) *Representatividade*, pois é imprescindível a ideia de representação, que estabelece um liame obrigacional entre representado e terceira pessoa, por meio do representante. O mandatário é representante por vontade do representado. Daí ser o mandato uma representação convencional ou voluntária, em que o representante recebe poderes para agir em nome do representado. Consequentemente, os atos do representante, mesmo contrariando as instruções recebidas (*RT, 499*:252), só vincularão o representado se praticados em seu nome dentro dos limites do instrumento, isto é, conforme os poderes constantes da procuração (*RT, 495*:232). Se porventura o representante efetivar negócios além dos poderes conferidos no mandato, tais atos negociais só estabelecerão um liame contratual em relação ao mandante se ele os ratificar (*RT, 492*:225, *458*:127, *515*:84). Os atos do representante praticados após a extinção do mandato são inidôneos para vincular o mandante (*RT, 173*:886)[364]. E o mandatário que exceder os poderes do mandato, ou proceder contra eles, ao assumir obrigações com terceiros, sem

364. Silvio Rodrigues, *Direito*, cit., p. 305; Gustavo Tepedino, A técnica da representação e os novos princípios contratuais, *Direito civil – direito patrimonial e direito existencial* – estudos em homenagem a Giselda Hironaka (coord. Tartuce e Castilho), São Paulo, Método, 2006, p. 65 a 80.

que haja ratificação do mandante, estará obrigado a responder, a qualquer tempo, perante eles, pelo excesso cometido (*RT, 445*:178), e reputar-se-á mero gestor de negócios (CC, art. 665).

É preciso não olvidar que a ideia de representação pode existir em outras situações jurídicas, em que aparecerão: *a*) representantes legais, se for a lei que lhes conferir mandato para administrar bens e interesses alheios. É o que ocorre com os pais, tutores e curadores, relativamente aos filhos menores, pupilos e curatelados (CC, arts. 1.634, V, 1.747, I, e 1.774); com o marido e a mulher, em relação à família (CC, art. 1.567); com os sindicatos, no que concerne aos seus associados, pois os representam, legalmente, perante autoridades administrativas e judiciárias (CLT, arts. 513 e 791; *AJ, 101*:484); com as associações de classe, no que se refere aos funcionários ou empregados de empresas industriais da União, dos Estados, dos Municípios e das autarquias (Lei n. 1.134/50); *b*) representantes judiciais, se nomeados pelo magistrado, como sucede com o inventariante, o oficial de justiça e o depositário judicial[365].

3º) *Revogabilidade* (CC, art. 682, I, 1ª parte), uma vez que qualquer dos contratantes poderá *ad nutum* pôr fim ao contrato, sem anuência do outro, sem qualquer justificativa, mediante simples manifestação volitiva unilateral: revogação por parte do mandante e renúncia por parte do mandatário. Isto é assim porque o mandato é contrato *intuitu personae*, baseado na mútua confiança; logo, só durará enquanto esta persistir. Todavia, o Código Civil, arts. 683, 684, 685 e 686, parágrafo único, apresenta exceções a esta sua característica, determinando sua irrevogabilidade quando: *a*) se tiver convencionado que o mandante não possa revogá-lo (*RT, 516*:191, *805*:301). Se o mandante vier a revogar mandato, que contém cláusula de irrevogabilidade, deverá, pelo inadimplemento da obrigação de não fazer, pagar ao mandatário as perdas e danos, além da remuneração que tiver sido ajustada (CC, art. 683: *RT, 150*:525 e *178*:168); *b*) for em causa própria a procuração dada, isto é, outorgada no interesse exclusivo do mandatário e não no do mandante, isentando, por isso, o mandatário da necessidade de prestação de contas (*RT, 577*:214, *502*:66, *515*:191), dando-lhe poderes ilimitados, equivalendo tal mandato à venda ou cessão (*RT, 237*:227, *323*:214; *RF, 157*:118, *102*:93; *AJ, 107*:325, *109*:449), e, além disso, permitindo ao mandatário acionar em seu próprio nome (*RT, 102*:110, *124*:542). É, portanto,

---

365. W. Barros Monteiro, op. cit., p. 245. *Vide* CPC, art. 890, I.

aquele que, por conter cláusula *in rem propriam* ou *in rem suam*, converte o mandatário em dono do negócio, dando-lhe poderes para administrá-lo como coisa própria, auferindo todas as vantagens ou benefícios dele resultantes, atuando em seu nome e por sua conta. É uma modalidade de cessão indireta de direitos, estipulada no interesse exclusivo do mandatário (CC, art. 684). Esse mandato importa em cessão de direito ou transferência de coisa móvel ou imóvel, objeto do mandato, observando-se as formalidades legais (CC, art. 685; *RT*, *679*:195, *692*:82; *RJ*, *138*:91). Se o mandante revogar mandato com cláusula "em causa própria", esse seu ato não produzirá qualquer efeito, uma vez que a procuração foi outorgada no interesse exclusivo do mandatário, que passa a atuar em seu nome e por sua conta. E se alguma das partes vier a falecer, o mandato não se extinguirá (*RT*, *502*:66, *515*:91, *237*:227, *323*:214, *102*:110 e 124: *RF*, *157*:118 e *102*:93; *AJ*, *107*:325 e *109*:449; *RJ*, *189*:84), sendo obrigação transmissível aos herdeiros; *c*) nos casos, em geral, em que for condição de um contrato bilateral (p. ex., contrato preliminar de compra e venda), ou que foi estipulada para atender a benefício ou a interesse exclusivo do mandatário (p. ex., mandato para vender veículo do mandante, para que este pague seu débito para com o mandatário), e o mandante mesmo assim vier a revogá-lo, este seu ato não produzirá qualquer efeito (*RT*, *516*:191; CC, art. 684), logo o mandatário continuará tendo permissão para praticar o ato para o qual foi nomeado; *d*) contiver poderes de cumprimento ou confirmação de negócios encetados, aos quais se ache vinculado, resguardando-se terceiros de boa-fé que confiaram naqueles atos negociais ao efetivá-los com o mandatário (CC, art. 686, parágrafo único).

Fora dessas hipóteses, o mandato é tipicamente revogável, podendo ocorrer resilição unilateral por qualquer um dos contraentes, revogação por parte do mandante e renúncia por parte do mandatário, devendo-se comunicar formalmente ao outro que se pretende pôr fim ao mandato[366].

---

366. Orlando Gomes, *Contratos*, cit., p. 435 e 436; Silvio Rodrigues, *Direito*, cit., p. 318-23; Mário Ferreira, *O mandato em causa própria no direito civil brasileiro*, São Paulo, 1933, p. 99; Bassil Dower, *Curso moderno de direito civil*, cit., p. 204; Serpa Lopes, *Curso*, cit., p. 297-304; Nattini, *La dottrina generale della procura e rappresentanza*, Milano, 1910, n. 155; Sagesse, *La rappresentanza nella teoria e nella pratica del diritto privato italiano*, Napoli, 1933, ns. 219 e 223 a 225; *RT*, *162*:774, *150*:525, *178*:168, *190*:206, *102*:669, *114*:204, *158*:682, *464*:255, *462*:191; *RF*, *89*:219, *90*:447, *122*:471, *86*:388, *16*:307, *38*:478. Sobre mandato em causa própria: Paulo Lôbo, *Direito civil – contratos*, cit., p. 420-21; *RT*, *515*:191.

i.2. Requisitos

O mandato exige, para a sua efetivação, a ocorrência de certos *requisitos*[367]:

1º) *Subjetivos*, pois por ser um contrato reclama o consenso das partes, exigindo para tanto capacidade não só do mandante como do mandatário. O *mandante* deverá ter capacidade para outorgar procuração, isto é, o instrumento comprobatório dos poderes conferidos ao mandatário, para o efeito de serem exercitados em face de terceiros. Por conseguinte, se for absolutamente incapaz não poderá celebrar mandato, nem mesmo por meio de representante-mandatário, visto que há a representação legal (*RT, 530*:204). Com efeito, reza o Código Civil, art. 654, *caput*, que "Todas as pessoas capazes são aptas para dar procuração mediante instrumento particular, que valerá desde que tenha a assinatura do outorgante". Logo, os relativamente incapazes, como, p. ex., os maiores de 16 e os menores de 18, só poderão outorgar mandato se assistidos pelo representante legal, impondo-se, porém, a procuração por meio de instrumento público (*RT, 438*:135, *495*:100), e para dar procuração *ad judicia* deverão recorrer ao oficial público (*RT, 791*:185, *543*:116, *613*:137, *500*:90, *451*:112, *489*:235). O analfabeto terá de se valer da forma pública, por não possuir firma, já que não pode assinar. Há, ainda, casos em que menores de 18 anos poderão outorgar procuração, pois a Consolidação das Leis do Trabalho, art. 792, permite que pleiteiem na Justiça Trabalhista sem assistência de pais ou de tutores; os arts. 34 e 50 do Código de Processo Penal autorizam que deem queixa-crime; o art. 50, § 3º, da Lei n. 6.015/73 (com alteração da Lei n. 9.053/95) permite que menores de idade, relativamente incapazes, requeiram, pessoalmente, o registro de seu nascimento.

O instrumento é de rigor, quando passado para a validade de um ato, contendo autorização de outrem exigida por lei, p. ex., por um dos cônjuges ao outro para a prática dos atos arrolados no Código Civil, art. 1.647, I a IV (CC, art. 220).

---

367. Serpa Lopes, *Curso*, cit., p. 255-67, 242 e 243; Cerruti Aicardi, op. cit., n. 317; Antônio Chaves, Mandato, cit., p. 190-2; W. Barros Monteiro, op. cit., p. 246, 247, 249-51, 258 e 259; Carvalho Santos, op. cit., v. 18, p. 121; Orlando Gomes, *Contratos*, cit., p. 425, 426 e 431-4; Clóvis Beviláqua, *Código Civil*, cit., v. 5, p. 32; Enneccerus, Kipp e Wolff, op. cit., v. 2, § 157; Silvio Rodrigues, *Direito*, cit., p. 305, 308 e 309; Aubry e Rau, op. cit., t. 6, § 411; Bassil Dower, *Curso moderno de direito civil*, cit., p. 191 e 193-5; Josserand, *Cours*, cit., v. 2, n. 1.408.

Poderão ser constituídos mandatários: *a*) o plenamente capaz e o emancipado; *b*) o menor entre 16 e 18 anos, não emancipado, mas o mandante não terá ação contra ele senão de conformidade com as regras gerais, aplicáveis às obrigações contraídas por menores (CC, art. 666). O mandante poderá nomeá-lo procurador, porém se perceber que fez má escolha, que se queixa da própria incúria, deverá, então, arcar com as consequências do seu ato, assumindo a responsabilidade de todos os atos praticados pelo representante, nos limites dos poderes outorgados, mas terceiro, que tratou com o representante, nada terá que ver com as consequências da má escolha, uma vez que o mandante responderá pela obrigação; só lhe interessará a regularidade dos poderes do mandatário[368]. Cumprir-lhe-á, então, tão somente, verificar a capacidade do mandante para outorgar mandato, se o ato praticado pelo mandatário não exorbitou dos poderes que lhe foram outorgados pelo mandante; *c*) a pessoa casada, mesmo sem outorga uxória ou marital (*RF*, *155*:190); *d*) o pródigo e o falido, porque a restrição que os atinge se limita à disposição de bens de seu patrimônio, não os impedindo de exercer tais atividades[369].

Por outro lado, serão incapazes para o exercício do mandato: *a*) os estrangeiros, que não poderão representar nas reuniões de assembleia geral os acionistas brasileiros (Dec.-Lei n. 2.063/40, art. 199); *b*) os funcionários públicos efetivos ou adidos em disponibilidade ou aposentados, que não poderão ser procuradores perante qualquer repartição administrativa, federal, estadual ou municipal (Dec. n. 99.999/91, que revogou o Dec. n. 24.112/34), mas poderão quanto ao mais ser mandatários. Mas o funcionário público da União poderá pleitear como procurador junto à repartição pública somente se se tratar de percepção de vencimentos e vantagens de parentes até o segundo grau (Lei n. 8.112/90, que revogou a Lei n. 1.711/52, art. 195). E a Lei do Estado de São Paulo n. 10.261/68, no art. 243, IX, apesar de não admitir que o funcionário seja constituído procurador de partes ou sirva de intermediário perante qualquer repartição pública, permite que o seja se se tratar de interesse de cônjuge ou de parente até o segundo grau.

2º) *Objetivos*, visto que o objeto do mandato deverá revestir-se dos mesmos requisitos do objeto de um negócio jurídico, isto é, deverá ser lícito, física e juridicamente possível. Em regra, poderão ser objeto de mandato

368. W. Barros Monteiro, op. cit., p. 258.

369. Caio M. S. Pereira, *Instituições*, cit., p. 354; Antônio Chaves, Mandato, cit., p. 190; *RT*, *519*:257.

todos os atos, patrimoniais ou não, não lhe prejudicando a natureza e seus efeitos o fato de serem praticados no interesse exclusivo do mandante, do mandatário ou de terceiro. Realmente, nada obsta a que atos extrapatrimoniais sejam praticados por meio de procuração, como o reconhecimento de filho, o casamento (CC, art. 1.542) etc. Todavia, proíbe-se a realização de certos atos por meio de mandatário, se forem personalíssimos ou se exigirem a intervenção pessoal do mandante, tais como: o exercício do voto; o depoimento pessoal; a feitura de testamento; o exercício do poder familiar ou de cargo público; a prestação de serviço militar; o recebimento de pecúlio no IPASE (Lei n. 1.863/53, art. 4º) ou de qualquer benefício devido pela lei de previdência social (Lei n. 3.807/60, art. 60, ora revogada; CLPS/84; Leis n. 8.212/91, 8.213/91, 8.440/92, 8.540/92, 8.619/93, 8.620/93, 8.647/93, 8.861/94, 8.870/94, 9.032/95, 9.063/95, 9.129/95, 9.429/96, 9.476/97, 9.506/97, 9.528/97, 9.639/98, 9.711/98, 9.733/98 e 9.876/99; Dec. n. 3.048/99), inclusive previdência rural (Dec. s/n. de 10-5-1991, que revogou o Dec. n. 53.154/63, art. 72); o empréstimo mediante consignação em folha (Lei n. 1.046/50, art. 22); a indenização devida por acidente de trabalho (CPar 66.499, *DJE*, 5 abr. 1954, p. 3, 1ª coluna; ac. do Tribunal de Alçada, Proc. ns. 13.156 e 13.763).

Dispensa-se a apresentação de mandato para tratar de negócios alheios: *a*) nos pedidos de certidão negativa (Dec. de São Paulo n. 10.323/39, art. 6º); *b*) para o registro e a averbação na circunscrição imobiliária (Lei n. 6.015/73, art. 217)[370].

3º) *Formais*, pois sendo um contrato consensual não exige forma especial para a sua validade ou para a sua prova. O Código Civil, art. 656, permite, como regra geral, que o mandato se realize sob a forma expressa ou tácita, verbal ou escrita. Daí ser livre a sua forma, salvo em casos excepcionais, previstos em lei, para os quais se exige sua manifestação por meio de poderes especiais e expressos, consignados em instrumento público ou particular. Deveras, o mandato, em termos gerais, só confere poderes de administração ordinária; assim sendo, para alienar (*RT*, *539*:63), transigir (*RT*, *511*:238), hipotecar (*RT*, *226*:170, *223*:242), dependerá a procuração de poderes especiais e expressos, por serem atos que exorbitam da administração ordinária (CC, art. 661, § 1º). Dependerá a procuração de

370. W. Barros Monteiro, op. cit., p. 246.

poderes especiais para levantar dinheiro (*RF, 92*:121), substabelecer, emitir nota promissória (*RT, 529*:121, *494*:117, *517*:219), prorrogar jurisdição, renunciar direito, representar testamenteiro (CC, art. 1.985), contrair matrimônio (CC, art. 1.542), transmitir dívidas, fazer doação (*RT, 472*:95, *495*:44), aceitar ou repudiar herança (*RT, 473*:180), fazer novação, dar fiança (*RT, 188*:812), reconhecer filho, pedir falência (*RT, 511*:211), emitir cheque (*RF, 83*:130), por serem atos de tamanha gravidade, que exorbitam da administração ordinária[371].

Será verbal o mandato quando alguém constituir mandatário oralmente, provando-se por qualquer meio, inclusive por testemunhas (CPC, art. 442), ante a ausência de documentação escrita que o comprove. A outorga de mandato deverá seguir a forma exigida por lei para o ato que será praticado pelo mandatário em nome do mandante. Será inadmissível o mandato verbal para os atos que exigirem celebração por escrito, por meio de instrumento público ou particular (CC, art. 657), tais como: prestar fiança (*RF, 87*:728), constituir servidão (*RT, 115*:179) e aceitar títulos cambiários (*RT, 126*:108; *RF, 101*:317).

No mandato escrito, a procuração servir-lhe-á de instrumento. A procuração consubstancia uma autorização representativa, isto é, uma declaração de vontade do mandante. A procuração por escrito público só será exigida em casos especiais, como nos dos relativamente incapazes, com assistência do responsável; do cego; do mandante que não possa ou não saiba escrever, pois o analfabeto não tem firma; logo, não poderá constituir procurador por instrumento particular (*RT, 168*:254, *162*:222, *120*:144; *RF, 97*:648). Fora desses casos, será lícito outorgar procuração mediante instrumento particular, que terá validade entre mandante e mandatário, observando-se os requisitos contidos no Código Civil, art. 654, § 1º (*RT, 546*:225). A procuração mediante instrumento particular – manuscrito, datilografado, xerocopiado (*RT, 681*:140), policopiado ou impresso – poderá ser feita por quem estiver na livre administração de seus bens, e só valerá se contiver a assinatura do outorgante (CC, art. 654, *in fine*). O Código Civil, no § 1º do art. 654, acrescenta que o instrumento particular deverá conter a indicação do lugar onde foi passado, o nome e qualificação do outorgante, a individuação de quem seja o outorgado e bem assim a data, o objetivo da outor-

371. Antônio Chaves, Mandato, cit., p. 192; *RT, 481*:177; Adolfo Berio, Atti d'amministrazione in Scialoja, *Dizionario pratico*, cit., v. 1, p. 350; Marcelo Terra, O mandato e sua forma, *RT, 640*:43.

ga, com a natureza, a designação e a extensão dos poderes conferidos (*RT*, *520*:213, *519*:252; *JB*, *147*:299). O reconhecimento da firma no instrumento particular será condição essencial à sua validade em relação a terceiros (CC, art. 654, § 2º; Lei n. 6.015/73, art. 158; *RT*, *791*:185, *640*:50, *492*:153), que poderão exigi-lo para comprovar sua autenticidade. Logo, será desnecessário seu registro no Cartório de Títulos e Documentos. A procuração por instrumento público não requer reconhecimento de firma, por fazer prova por si mesmo. Considerar-se-ão parte integrante do mandato os poderes impressos segundo a forma tabelioa e expressamente ratificados pelo mandante (*RT*, *79*:180, *111*:182).

Admite-se mandato por carta, em que esta figurará como prova do contrato, cuja aceitação resulta de execução[372], e por telegrama, desde que este seja autenticado ou legalizado na estação expedidora pela entrega do original do telegrama com a firma do expedidor devidamente reconhecida, devendo essa circunstância ser comunicada à estação receptora. O telegrama servirá de instrumento, criando a favor de quem o exibe uma presunção legal condicional[373]. Pelo Decreto-Lei n. 7.661/45 (revogado pela Lei n. 11.101/2005), art. 31, § 1º (sem correspondência na vigente Lei), e Decreto n. 83.858/79, que revogou o Decreto n. 29.151/51, art. 176, a procuração de credores em falência poderia ser transmitida por telegrama, telefonema ou radiograma e apesar de a novel lei falimentar não trazer disposição similar, nada obsta que seja feita por tais meios, desde que observados os requisitos do art. 654, § 1º, do Código Civil.

O Código Civil, art. 655, estatui que: "Ainda quando se outorgue mandato por instrumento público, pode substabelecer-se mediante instrumento particular". Para substabelecer não há qualquer forma rígida (*RT*, *601*:198, *517*:126, *171*:211, *178*:168; *RF*, *76*:646, *124*:198, *125*:514). O substabelecimento poderá ser feito por instrumento particular, mesmo que a procuração originária tenha sido feita por instrumento público, embora deva conter todos os elementos necessários para o contrato de mandato; mas, se se tratar de transferência de direito real sobre imóvel, o substabelecimento de procuração em causa própria deverá ser feito por meio de escritura pública (*RT*, *548*:104). "O mandato outorgado por instrumento público previsto no

372. Barbosa Lima Sobrinho, Das procurações, *Revista de Direito*, *47*:57.

373. Carvalho de Mendonça, *Contratos*, cit., t. 1, p. 219; Antônio Chaves, Mandato, cit., p. 191; Caio M. S. Pereira, *Instituições*, cit., p. 356; Orlando Gomes, *Contratos*, cit., p. 433.

art. 655 do CC somente admite substabelecimento por instrumento particular quando a forma pública for facultativa e não integrar a substância do ato" (Enunciado n. 182 do Conselho da Justiça Federal, aprovado na III Jornada de Direito Civil). Além disso, é preciso lembrar, como o faz Washington de Barros Monteiro, que, ante a ambiguidade do art. 655, tem-se entendido que, sendo o mandato contrato preparatório, não se confunde com o ato visado pelo mandante; assim, se este depender de escritura pública, o mandato poderá ser conferido por instrumento particular porque: *a*) o instrumento público é exigido apenas em casos expressamente previstos em lei (CC, art. 108); *b*) todas as pessoas maiores e capazes podem obrigar-se por instrumento particular, seja qual for o valor da obrigação (CC, art. 221); *c*) o mandato gera obrigações exclusivamente entre mandante e mandatário, nada tendo que ver com as relações jurídicas decorrentes do ato definitivo, almejadas pelo primeiro[374].

Se a procuração for *ad judicia*, o instrumento poderá ser datilografado ou impresso, bastando que seja assinado pelo outorgante, sem necessidade de firma reconhecida. A procuração poderá ser assinada digitalmente com base em certificado emitido por autoridade certificadora credenciada, na forma da lei específica (CPC, art. 105, § 1º).

i.3. Espécies

Poder-se-á classificar o mandato quanto[375]:

---

374. W. Barros Monteiro, op. cit., p. 250. A procuração dos comerciantes, seja de próprio punho ou só por eles assinada, teria a mesma validade que se fosse feita por tabeliães públicos (CCom, art. 21, ora revogado).

375. Relativamente às espécies de mandato, consulte: Andrioli, Mandato civile, in *Nuovo Digesto Italiano*, v. 8, p. 61-85; Orlando Gomes, *Contratos*, cit., p. 426, 427 e 433; Espínola, *Sistema*, cit., n. 167, p. 342; Serpa Lopes, *Curso*, cit., p. 243-55 e 304-10; W. Barros Monteiro, op. cit., p. 277-83 e 251-6; Bassil Dower, *Curso moderno de direito civil*, cit., p. 207 e 208; Josserand, *Cours*, cit., v. 2, n. 1.407; Caio M. S. Pereira, *Instituições*, cit., p. 357, 358 e 370-5; De Page, op. cit., t. 5, parte 2, n. 391; Antônio Chaves, Mandato, cit., p. 193-7; Silvio Rodrigues, *Direito*, cit., p. 311-3, 327 e 328; Sebastião José Roque, *Dos contratos civis-mercantis*, cit., p. 67-72; Affonso Dionysio Gama, *Das procurações*, São Paulo, Saraiva, 1936; Gillouard, *Du mandat*, 2. ed. O Código Civil de Quebec criou o instituto do mandato em caso de incapacidade (arts. 1.701 e s.), feito por escrito por pessoa física, que designa mandatário (pessoa física ou jurídica) para cuidar de sua pessoa e administrar seus bens em caso de enfermidade ou acidente que a prive de suas faculdades de agir, temporária ou permanentemente.

1º) *às relações entre mandante e mandatário*, hipótese em que se terá: *a*) *mandato oneroso*, se a atividade do mandatário for remunerada; e *b*) *mandato gratuito*, se não houver remuneração do procurador pelo mandante;

2º) *à pessoa do procurador*, caso em que surgirá: *a*) *mandato singular* ou *simples*, se o encargo for cometido a um procurador; e *b*) *mandato plural*, se vários forem os procuradores. Se eles não puderem agir separadamente, será *conjunto* ou simultâneo, caso em que não terá eficácia o ato praticado sem interferência de todos, salvo havendo ratificação que retroagirá à data do ato; se puderem, independentemente da ordem de nomeação, exercer os poderes outorgados, visto que não foram declarados conjuntos, nem houve designação de qualquer deles para a prática de certos atos, nem subordinação a atos sucessivos, será *solidário*; se a ação de cada mandatário estiver delimitada, devendo cada qual agir somente em seu setor, será *fracionário* ou distributivo, e, se um puder agir na falta do outro pela ordem de nomeação, será *substitutivo* ou *sucessivo*, pois os mandatários subordinados a atos sucessivos, isto é, posteriores, são substitutos dos precedentes (CC, art. 672; *RT*, *445*:202);

3º) *ao modo de manifestação da vontade*, quando se terá: *a*) *mandato expresso*, específico daqueles casos que exigem procuração contendo poderes especiais (CC, art. 661, § 1º), pois a manifestação desses poderes deverá revelar-se de modo inequívoco; e *b*) *mandato tácito*, se a aceitação do encargo se der por atos que a presumem (CC, art. 659); p. ex.: se houver começo de execução; se ocorrerem os casos do Código Civil, arts. 1.643, I e II, 1.652 e 1.324 (*RF*, *107*:505, *131*:146; *Bol. AASP*, *1.776*:101, *1.825*:535); se alguém for portador de nota promissória, quando então se presumirá que tem mandato para inserir a data e o local da emissão (Dec. n. 2.044, de 1908, art. 54, § 1º); se o indivíduo for produtor fonográfico, caso em que terá mandato tácito do artista para perceber do usuário os proventos pecuniários decorrentes da execução pública dos fonogramas e reparti-los com o artista (Dec. n. 61.123/67, art. 20, §§ 1º e 2º). Só é admissível para os casos em que não se exige mandato expresso (*AJ*, *91*:242; *RT*, *434*:212, *542*:174), podendo provar-se por todos os meios permitidos legalmente (*RF*, *83*:118);

4º) *à forma de sua celebração*, tendo-se: *a*) *mandato verbal*, se efetivado por via oral, sendo permitido apenas nos casos para os quais não se exige mandato escrito, podendo ser provado por meio de testemunhas ou por outros modos admitidos em direito; *b*) *mandato escrito*, se feito por instrumento público, nos casos expressos em lei, ou particular (CC, arts. 654 e 657;

RT, 546:225), como ocorre na constituição de servidão (*RT, 115*:179), na aceitação de títulos cambiais (*RT, 126*:108), na emissão de cheques (*RF, 88*:399), na outorga de fiança (*RF, 87*:728);

5º) *ao objeto*, caso em que se terá: *a*) *mandato civil*, se as obrigações do procurador não consistirem na prática ou na administração de interesses mercantis, sendo, em regra, gratuito, se não foi estipulada retribuição ou se não tiver por objeto atividade ou gestão que o mandatário exerça por ofício ou profissão lucrativa; e *b*) *mandato empresarial, comercial* ou *mercantil*, se o mandatário tiver de praticar atividades econômicas organizadas dirigidas à produção e circulação de bens e serviços, mesmo que o mandante ou o mandatário não sejam empresários[376], sendo normalmente oneroso;

6º) *à sua extensão* (CC, art. 660), quando se terá: *a*) *mandato geral*, se compreensivo de todos os negócios do mandante, como, p. ex., a procuração da mulher ao marido para administrar ou vender todos os bens ou a do pai a filho maior para dirigir e administrar seus interesses mercantis; e *b*) *mandato especial*, se relativo a um ou mais negócios determinados do mandante, discriminados na procuração;

7º) *ao conteúdo*, hipótese em que surgirá: *a*) *mandato em termos gerais* (CC, art. 661), se só conferir poderes de administração ordinária, como, p. ex., pagar imposto, fazer reparações, contratar e despedir empregados (*RF, 93*:514); e *b*) *mandato com poderes especiais*, se envolver atos de alienação ou disposição, exorbitando dos poderes de administração ordinária (CC, art. 661, §§ 1º e 2º; *RT, 624*:142), p. ex., aceitação de doação com encargo (*RT, 539*:63, *529*:121 e *511*:238), novação, remissão de dívida, emissão de cheque (*RF, 92*:121) ou nota promissória (*RT, 494*:117 e *529*:121), transação, imposição de ônus reais como hipoteca (*RT, 674*:128). Mas o poder outorgado para transigir não importará o de firmar compromisso. "Para os casos em que o parágrafo primeiro do art. 661 exige poderes especiais, a procuração deve conter a identificação do objeto" (Enunciado n. 183 do Conselho da Justiça Federal, aprovado na III Jornada de Direito Civil);

8º) *ao fim* para o qual o procurador contrai a obrigação, circunstância em que se terá: *a*) *mandato "ad negotia" ou extrajudicial*, se a ação do mandatário se der fora do âmbito judicial; e *b*) *mandato judicial* ou *"ad judicia"*, se destinado a obrigar o mandatário a agir em juízo em nome do constituinte. O mandato *ad judicia* é negócio jurídico com causa final, cuja destinação é

---

376. Carvalho de Mendonça, *Tratado de direito comercial*, v. 6, parte 2, n. 816 e 817.

dar poderes de representação em juízo, de uma pessoa a outra, referindo-se a um fato futuro ao qual tende. O mandato judicial obriga o mandatário (advogado) a agir, em juízo, em nome do mandante (constituinte – *RT*, *505*:102, *520*:213, *786*:306). Esse mandato é contrato *intuitu personae*, baseado na mútua confiança, durando enquanto esta persistir, tendo o advogado responsabilidade civil pelos danos que causar culposamente no exercício de sua profissão (Lei n. 8.906/94, arts. 32 e 34 com alterações da Res. n. 01/2020 do Conselho Federal da OAB; *RT*, *781*:355, *763*:353). Logo, admissível é a sua resilição unilateral; por isso, reger-se-á por normas especiais (CC, art. 692) e será sempre oneroso (CC, art. 658, 2ª parte). Deve ser feito por escrito e tem por objeto a defesa ou o patrocínio dos interesses de uma pessoa perante qualquer juízo ou tribunal; logo, o procurador deverá ser advogado regularmente inscrito na OAB, sob pena de nulidade (*RT*, *261*:695; Lei n. 8.906/94, arts. 3º e 4º, art. 18 alterado pela Resolução n. 1/2018 do Conselho Federal da OAB; CPC, arts. 103 a 105, § 1º, e 287; CPP, art. 266).

Dispensar-se-á o instrumento do mandato: *a*) ao defensor nomeado pela autoridade judiciária (CPP, art. 263, parágrafo único); *b*) ao advogado que postula na Justiça do Trabalho, se acompanhou as partes desde o início da causa, permitindo-se procuração por simples termo nos autos, reclamando-se apenas menção especial para os atos mais importantes, como recebimento da citação inicial, confissão, desistência, transação, quitação etc., mas o reclamante não mais poderá postular diretamente ao juiz, nem mesmo nos juizados especiais, pois a Lei n. 8.906/94, art. 1º, § 1º, apenas não inclui na atividade privativa de advocacia a impetração de *habeas corpus* em qualquer instância ou tribunal; *c*) aos procuradores dos Estados e Municípios, porque a lei confere mandato independentemente da outorga específica de poderes, havendo uma representação *ex officio* aos advogados que prestam assistência judiciária gratuita aos necessitados, por pertencerem aos quadros de entidades públicas (art. 16 da Lei n. 1.060/50, introduzido pela Lei n. 6.248/75), ressalvados os atos previstos no art. 105, § 1º, do Código de Processo Civil, e requerimento de abertura do inquérito por crime de ação privada, a proposição de ação penal privada ou o oferecimento de representação por crime de ação pública condicionada; e *d*) ao advogado constituído defensor do acusado, por ocasião do interrogatório, nos processos penais, mediante termo lançado nos autos.

Fora desses e dos casos em que ocorre representação legal, dever-se-á apresentar procuração, sob pena de os atos por ele praticados serem tidos como ineficazes ou sem valor jurídico (CPC, art. 104, § 2º; *RT*, *548*:204). Em caso de urgência, o advogado poderá apresentar-se sem procuração (*RT*, *548*:204), mas deverá exibi-la dentro de quinze dias, prorrogáveis até outros quinze, por despacho do juiz ou autoridade competente (Lei n. 8.906/94, art. 5º, § 1º; CPC, art. 104, § 2º). Os atos praticados *ad referendum* só terão validade se ratificados no prazo marcado (*RT, 101*:97; *RF, 92*:119; *RT, 518*:127; *606*:218).

O mandato judicial poderá ser conferido por instrumento público ou particular, sem necessidade de firma reconhecida, a pessoa que possa procurar em juízo (CPC, art. 105, e § 1º; *RT, 544*:109, *704*:154, *686*:139, *500*:90, *606*:151, *769*:239, *791*:185). Poderão ser procuradores em juízo todos os legalmente habilitados (Lei n. 8.906/94, arts. 1º, I, II e §§ 1º a 3º; CF/88, arts. 98, I, 5º, LXVIII; CPP, art. 654) que não forem:

a) menores de 18 anos, não emancipados ou não declarados maiores;

b) juízes em exercício (o Dec. n. 21.411/32, que foi revogado em 1991, desconsiderou esse item relativamente aos membros dos tribunais eleitorais nomeados pelo governo mas tão somente nas causas em que não tenham de intervir como juízes eleitorais);

c) escrivães ou outros funcionários judiciais, correndo o pleito nos juízos onde servirem, e não procurando eles em causa própria;

d) pessoas inibidas por sentença de procurar em juízo ou de exercer ofício público;

e) ascendentes, descendentes ou colateral até o terceiro grau do juiz da causa (CPP, arts. 252 e 267; CPC, art. 144, III e IV);

f) ascendentes ou descendentes da parte adversa, exceto em causa própria;

g) deputados e senadores, que desde a posse não poderão patrocinar causa contra pessoa jurídica de direito público (CF/88, art. 54, II, *c*);

h) vereadores, que desde a posse não poderão patrocinar causas contra o Distrito Federal ou contra a União (Lei n. 217/48, art. 7º, II, *d*);

i) indivíduos que se enquadrem nos impedimentos e incompatibilidades para procurar em juízo enumerados nos arts. 27, 28, 29 e 30 da Lei n. 8.906/94, alusiva à Ordem dos Advogados do Brasil (OAB);

j) membros do Ministério Público (CF/88, art. 128, § 5º, II, *b*).

Os estagiários apenas poderão praticar atos judiciais privativos de advocacia em conjunto com advogado e sob a responsabilidade deste (Leis n. 8.906/94, arts. 3º, § 2º, 9º, I e II, §§ 1º a 4º, 78 e 34, XXIX, e n. 11.788/2008, e CF, art. 134).

Todavia, será admissível outorgar mandato judicial a quem não possa exercê-lo diretamente, desde que haja substabelecimento para pessoa habilitada (*RF, 103*:326, *105*:64, *120*:166; *RT, 303*:500, *476*:169, *486*:145).

A procuração geral para o foro habilita o advogado a praticar todos os atos processuais (*RT, 520*:213, *471*:182; *RJE, 2*:374), salvo para receber citação inicial, confessar, reconhecer a procedência do pedido, transigir, desistir, renunciar ao direito sobre que se funda a ação, receber, dar quitação (*RT, 544*:169, *543*:184) firmar compromisso e assinar declaração de hipossuficiência econômica, que devem constar de cláusula específica (CPC, art. 105, e § 1º).

Será, ainda, necessária a outorga de poderes especiais para: oferecimento de queixa-crime (CPP, art. 44; Lei de Imprensa – tida como não recepcionada pela Carta Magna pela ADPF n. 1.307/2008 –, art. 48; *RF, 75*:187); renúncia ao direito de queixa (CPP, art. 50); aceitação do perdão (CPP, art. 55); exercício do direito de representação (CPP, art. 39); arguição da suspeição do juiz (CPP, art. 98) e de falsidade (CPP, art. 146); cancelamento do bem de família (*RF, 99*:100); requerimento de falência[377].

Entretanto, o advogado que tiver poderes para promover ação de despejo poderá notificar o inquilino (*RT, 289*:593, *291*:758; *RF, 129*:471); o que tiver poderes para a defesa poderá reconvir, e o que tiver poderes para a partilha tê-los-á para a escolha dos bens que comporão os quinhões[378].

---

377. W. Barros Monteiro, op. cit., p. 282. Súmula n. 111 do TJSP: "Prescinde de procuração com poderes especiais e específicos a arguição de suspeição nos processos de natureza cível, sendo exigível apenas naquelas de natureza criminal".

378. W. Barros Monteiro, op. cit., p. 282; Fátima N. Andrighi, Procuração "ad judicia" sem firma reconhecida, *Tribuna do Direito, 34*:16; Yussef Said Cahali, *Honorários advocatícios*, São Paulo, Revista dos Tribunais, 1997. Sobre mandato *ad judicia*: Pontes de Miranda, *Tratado de direito privado*, v. 44, § 4844; Giorgio Giorgi, *Teoría de las obligaciones en el derecho moderno*, Madrid, 1930, v. 4, n. 29; Clito Fornaciari, A revogação do mandato e os honorários *"ad exitum"*, *Tribuna do Direito*, fev. 1997, p. 22; De Plácido e Silva, *Tratado do mandato e prática das procurações*, 4. ed., v. 1, n. 310, p. 44; Ernesto Lippmann, A responsabilidade civil do advogado vista pelos tribunais, *RT, 787*:140; Gilberto Kerber, Honorários advocatícios: o que muda no novo Código de Processo Civil, *Revista Síntese – Direito Civil e Processual Civil, 97*:569 a 583; *RT, 155*:582, *134*:637, *436*:214. Súmulas 105 e 110 do STJ. *Vide*: Código de Ética e Disciplina da OAB (Resolução n. 2/2015 do Conselho Federal da OAB) e Regulamento Geral do Estatuto da Advocacia e da OAB (Lei n. 8.906/94, com as alterações das Resoluções n. 1, de 13 de junho de 2011 e n. 1/2019, do Conselho Federal da OAB) e da Resolução n. 4/2018 (modifica o art. 131 e acrescenta os arts.156-B e 156-C).
Lei n. 13.688/2018 institui o Diário Eletrônico da OAB e altera o Estatuto da OAB para dispor sobre a publicação de atos, notificações e decisões no Diário Eletrônico da OAB: O Provimeto n. 179/2018 do Conselho Federal da OAB institui e regulamenta o Registro Nacional de Violações de Prerrogativas, no âmbito da OAB. O Código de Processo Civil regula os honorários de sucumbência. Serão devidos honorários advocatícios, como obrigação alimentar, também na fase de recursos e cria tabelas para causas contra o governo. Veda pagamentos de honorários irrisórios. *Vide*: CPC, arts. 82 a 97. O STF tomou as seguintes decisões na ação direta de inconstitucionalidade

proposta pela Associação dos Magistrados Brasileiros para mudar o Estatuto da Advocacia: *a*) eliminação da necessidade de presença de advogado para os cidadãos recorrerem aos Juizados de Pequenas Causas, à Justiça do Trabalho e dos Juizados de Paz; *b*) exclusão de crime de desacato da imunidade conferida aos advogados no exercício da profissão, em juízo ou fora dele. A prerrogativa foi mantida em relação aos crimes de injúria e difamação; *c*) não obrigatoriedade da presença de um representante da OAB nas diligências urgentes de busca e apreensão, realizadas em escritório de advogados, e nas lavraturas de auto de prisão em flagrante de profissionais por motivo ligado ao exercício de suas atividades; *d*) eliminação do requisito de aprovação, pela OAB, de local de prisão especial dos advogados, por dificultar o recolhimento e constituir privilégio, não concedido às entidades que congregam os demais profissionais liberais; *e*) inadmissibilidade do controle, pela OAB, das salas especiais para uso dos advogados, nos tribunais, juizados, presídios e delegacias de polícia; *f*) não impedimento de exercer a profissão aos advogados que prestam serviços à Justiça Eleitoral. Manteve-se a incompatibilidade do exercício da advocacia com a atuação em órgãos do Poder Judiciário, Ministério Público, tribunais e conselhos de contas; e *g*) rejeição integral do dispositivo que permite aos dirigentes da OAB requisitar cópias de peças e autos e documentos a qualquer tribunal, magistrado, cartório e órgão da administração pública. Sobre mandato *ad judicia*: *RT*, *797*:291, *791*:185, *790*:193, *786*:306, *720*:139, *709*:87, *698*:225. Sobre honorários advocatícios: *JSTJ*, *2*:268, *4*:67 e 179, *7*:157 e 203, *5*:211 e 141, *6*:181, 235 e 299, *1*:293; *JB*, *156*:228; *RT*, *532*:273. Pela 3ª Turma do STJ (REsp 608.028) os honorários de sucumbência têm caráter alimentar e por isso merecem tratamento equivalente ao dos créditos trabalhistas no que diz respeito ao seu pagamento pela parte devedora. Pela Súmula 325 do STJ: "A remessa oficial devolve ao Tribunal o reexame de todas as parcelas da condenação suportadas pela Fazenda Pública, inclusive dos honorários de advogado". O STJ na Súmula 363 reconhece a competência da Justiça Comum para julgamento de demandas promovidas por profissionais liberais para cobrança de honorários em face dos respectivos clientes. Pela Súmula 66, de 3 de dezembro de 2012, da Advocacia-Geral da União: "O cálculo dos honorários de sucumbência deve levar em consideração o valor total da condenação, conforme fixado no título executado, sem exclusão dos valores pagos na via administrativa".

STJ, 4ª T., REsp 664.078: É devida a condenação em honorários advocatícios na exceção de pré-executividade quando ocorrer extinção, mesmo parcial, do processo executório. Pelo STJ, REsp 1.148.643, 3ª T., rel. Min. Nancy Andrighi, há impossibilidade de revisão do valor fixado para honorários advocatícios em execução.

Pelo Enunciado n. 426 do Conselho da Justiça Federal, aprovado na V Jornada de Direito Civil: "Os honorários advocatícios previstos no art. 389 do Código Civil não se confundem com as verbas de sucumbência, que, por força do art. 23 da Lei n. 8.906/1994, pertencem ao advogado".

Pelos Enunciados do Fórum Permanente de Processualistas Civis:

240: "São devidos honorários nas execuções fundadas em título executivo extrajudicial contra a Fazenda Pública, a serem arbitrados na forma do § 3º do art. 85" (numeração preservada no novo CPC).

241: "Os honorários de sucumbência recursal serão somados aos honorários pela sucumbência em primeiro grau, observados limites legais".

242: "Os honorários de sucumbência recursal são devidos em decisão unipessoal ou colegiada".

243: "No caso de provimento do recurso de apelação, o tribunal redistribuirá os honorários fixados em primeiro grau e arbitrará os honorários de sucumbência recursal".

Segundo os Enunciados da ENFAM, aprovados em 2015:

14: "Em caso de sucumbência recíproca, deverá ser considerada proveito econômico do

Como vimos é direito do mandatário *ad judicia* substabelecer os seus poderes representativos, pois, apesar de o mandato ser *intuitu personae*, ser-lhe-á lícito convocar auxiliares na realização de certos atos, fazendo-se substituir na execução do mandato por outro advogado de sua confiança. Pelo art. 26, *caput*, do Código de Ética e Disciplina da OAB, Res. n. 2/2015 do Conselho Federal da OAB: "O substabelecimento de mandato, com reserva de poderes, é ato pessoal do advogado da causa". Se for feito *com reserva de poderes*, o substabelecente outorgou poderes ao substabelecido sem perdê-los; os poderes passam a ser cumulativos, cada um os tem e qualquer dos dois poderá exercê-los. O mandatário declara, positivamente, que não abandonou a execução do mandato, continuando vinculado ao mandante, podendo praticar todos os atos por ele determinados. Há nesse substabelecimento o pressuposto de impedimento temporário para o exercício do mandato *ad litem*, ou seja, ocorre tão somente uma substituição acidental (*RSTF*, *40*:147). Em relação ao substabelecente, apesar do substabelecimento, sua é a responsabilidade, pois não houve desistência, apenas procurou um auxiliar de sua confiança. Tanto isso é verdade que o substabelecido com reserva de poderes deverá ajustar antecipadamente seus honorários com o substabelecente e não poderá cobrar honorários sem a intervenção daquele que lhe conferiu o substabelecimento (Código de Ética e Disciplina da OAB, art. 26, § 2º; *RT*, *138*:200). Se for *sem reserva de poderes*, ter-se-á transferência total e definitiva dos poderes por haver renúncia do mandato, mas subsistirá a responsabilidade do procurador se o cliente não for comunicado, pois o substabelecimento sem reserva de poderes exige o prévio e inequívoco conhecimento do cliente (art. 26, § 1º, do Código de Ética e Disciplina da OAB). Portanto, no substabelecimento sem reserva de poderes, há substituição integral do

---

réu, para fins do art. 85, § 2º, do CPC/2015, a diferença entre o que foi pleiteado pelo autor e o que foi concedido, inclusive no que se refere às condenações por danos morais".

15: "Nas execuções fiscais ou naquelas fundadas em título extrajudicial promovidas contra a Fazenda Pública, a fixação dos honorários deverá observar os parâmetros do art. 85, § 3º, do CPC/2015".

16: "Não é possível majorar os honorários na hipótese de interposição de recurso no mesmo grau de jurisdição (art. 85, § 11, do CPC/2015".

17: "Para apuração do 'valor atualizado da causa' a que se refere o art. 85, § 2º, do CPC/2015, deverão ser utilizados os índices previstos no programa de atualização financeira do CNJ a que faz referência o art. 509, § 3º".

18: "Na estabilização da tutela antecipada, o réu ficará isento do pagamento das custas e os honorários deverão ser fixados no percentual de 5% sobre o valor da causa (art. 304, *caput*, c/c o art. 701, *caput*, do CPC/2015)".

51: "A majoração de honorários advocatícios prevista no art. 827, § 2º, do CPC/2015 não é aplicável à impugnação ao cumprimento de sentença".

substabelecente pelo substabelecido, de modo que o procurador deixa de ser procurador e o substabelecido passa a ser o único procurador (*RT*, *176*:204).

O substabelecimento sem reserva de poderes, não havendo notificação do constituinte, não isentará o procurador de responder pelas obrigações do mandato (*RT*, *492*:172, *488*:224; *Ciência Jurídica*, *63*:154).

Se houver poderes para substabelecer no mandato comum *ad negotia*, o substabelecente só responderá pelos atos do substabelecido, que é um submandatário (CC, art. 667, § 2º), se agiu com *culpa* na escolha deste ou nas instruções dadas a ele. No mandato judicial o substabelecente só se livrará da responsabilidade se o mandante for notificado do substabelecimento (*AJ*, *97*:35).

O advogado que aceitar a procuração não poderá escusar-se sem motivo justo, sob pena de responder pelo dano resultante. Se houver razão plausível, deverá avisar em tempo o constituinte, a fim de que lhe nomeie sucessor. O advogado poderá, portanto, a qualquer tempo renunciar ao mandato, provando que cientificou o mandante a fim de que este nomeie substituto. O procurador que renunciar o mandato deverá continuar, durante os dez dias seguintes à notificação da renúncia, a representar o mandante, se isso for necessário para evitar-lhe prejuízo, salvo se for substituído antes do término desse prazo (CPC, art. 112, §§ 1º e 2º; Lei n. 8.906/94, art. 5º, § 3º; CPP, art. 265 e §§ 1º e 2º, e Lei n. 1.060/50, art. 15).

Pode haver *mandato "ad judicia" por empreitada*, se um escritório de advocacia ou um advogado constituir um contrato global, com seu cliente, que abrange toda atividade judicial, extrajudicial, administrativa e consultiva, que o obriga a praticar atos necessários ao bom desempenho e à execução das tarefas previstas negocialmente, para a obtenção de um dado resultado. Trata-se de um contrato que impõe a execução de uma obra, mediante remuneração. Empregamos aqui o termo obra, no seu amplo significado jurídico, como sendo o resultado produzido pela atividade advocatícia e pela realização de trabalho técnico ou científico-jurídico. No mandato por empreitada o objeto é uma obra, como resultado das atividades advocatícias contratadas e realizadas sem vínculo de subordinação. Logo, tem a natureza jurídica de prestação de serviços por empreitada, pois o profissional assumiu não só o dever de cuidar das causas até o seu termo, estabelecendo-se verba *ad exitum*, mas também de realizar uma série de atos, sempre na busca de um resultado, como elaboração de negócios, auxílio nas operações mercantis e financeiras, redação de pareceres etc. O mandato decorre do contrato de empreitada. A esse respeito, já se decidiu que, "na procuração, o mandato não é instrumento do contrato entre as partes, mas sim o complemento ou instrumento legal para a execução do contrato de locação de serviços" (*RF, 68*:811). Logo, o mandato *ad judicia* outorgado constitui mero modo de execução do contrato de prestação de serviços advocatícios por empreitada, pois sem ele este não poderia ser cumprido. Assim, se se incumbir o escritório, ou o advogado, de múltiplos e variados serviços advocatícios, para sua execução, seria imprescindível um mandato *ad judicia* por empreitada, contendo concomitantemente: *a*) uma obrigação de meio, representada pelo recurso às vias judiciais, em que o escritório deve lançar mão, com diligência e prudência, de tudo que for preciso para a consecução dos resultados almejados; e *b*) outra de resultado, consistente em atingir os vários objetivos, sendo, portanto, aleatória e condicional, visto que independe da vontade do obrigado o ganho da causa ou o sucesso no pleito judicial. Há uma integração entre mandato *ad judicia*, empreitada e prestação de serviço, pois todas as atividades desempenhadas pelo advogado, ou escritório, se engrenam para a obtenção de um escopo final: a consecução do resultado pretendido. O resultado em si mesmo é o objeto do contrato de prestação de serviço por empreitada, auxiliado por um mandato *ad judicia*, para quando for necessária a representação judicial do cliente, facilitando o cumprimento das inúmeras atribuições, judiciais e extrajudiciais, confiadas ao escritório ou ao advogado. Tal avença é peculiar em contratos feitos com advogados, que se incumbem da causa até o final ou da defesa de algum resultado. Pretende-se o resultado, mas a obra pode ser executada sem que aquele resultado seja favorável, razão pela qual não se pode dizer que o bom resultado seja o pressuposto necessário desse ato negocial. Por isso, a cláusula de honorários *ad exitum* contém, implicitamente, o direito do causídico contratado de atuar, processualmente, até o final da demanda, uma vez que assume todos os seus riscos na tentativa de conseguir o proveito que antevia ao aceitar o patrocínio da causa sem nada receber antecipadamente. O contrato de locação de serviços advocatícios por empreitada contém uma obrigação de resultado, visando uma obra a ser executada pelo preço estipulado, sem atenção ao tempo nela empregado.

Ilustrando graficamente tal classificação, temos:

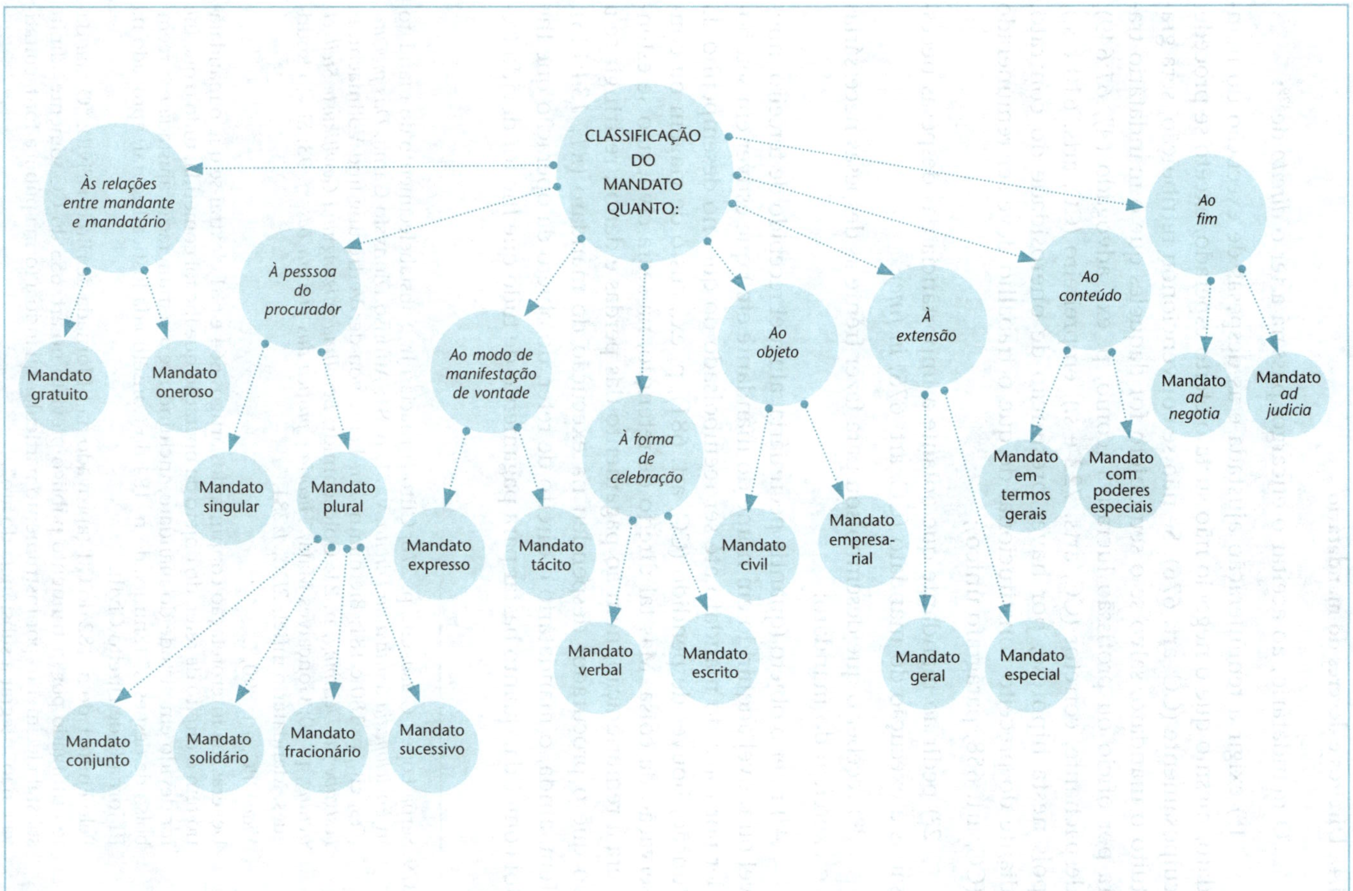
CLASSIFICAÇÃO DO MANDATO QUANTO:
Às relações entre mandante e mandatário
Mandato gratuito
Mandato oneroso
À pesssoa do procurador
Mandato singular
Mandato plural
Mandato conjunto
Mandato solidário
Mandato fracionário
Mandato sucessivo
Ao modo de manifestação de vontade
Mandato expresso
Mandato tácito
À forma de celebração
Mandato verbal
Mandato escrito
Ao objeto
Mandato civil
Mandato empresa-rial
À extensão
Mandato geral
Mandato especial
Ao conteúdo
Mandato em termos gerais
Mandato com poderes especiais
Ao fim
Mandato ad negotia
Mandato ad judicia

i.4. Direitos e deveres do mandatário

O mandatário, ao aceitar o encargo, passará a ter o *direito* de[379]:

1º) exigir a remuneração ajustada e as despesas de execução do mandato, mesmo que o negócio não surta o efeito esperado, exceto se proceder culposamente (CC, art. 676). Se não se convencionou retribuição, será gratuito o mandato, salvo se o seu objeto for daqueles que o mandatário trata por ofício ou profissão lucrativa (como, p. ex., advogado (*AJ*, *61*:649), despachante, corretor (CC, arts. 722 e s.), empreiteiro (CC, arts. 610 e s.), pois nesta hipótese, por haver presunção de onerosidade do contrato, diante do preceito constitucional de que o trabalho deve ser remunerado (CC, art. 658, parágrafo único);

2º) pedir ao mandante que adiante a importância das despesas necessárias à execução do mandato (CC, art. 675, *in fine*);

3º) receber o que desembolsou para fazer frente às despesas necessárias ao exercício do mandato;

4º) reter o objeto (quantia pecuniária, aluguel recebido de terceiro, imóvel ou móvel adquirido em nome do mandante etc.) que estiver em seu poder por força do mandato até ser reembolsado do que, no desempenho da função, houver despendido (CC, art. 681), p. ex., custo de viagem ou conservação da coisa. Mas tal direito de retenção, na seara civil, não se estenderá à remuneração, nem ao pagamento das perdas e danos; restringir-se-á ao que o procurador despendeu na execução do mandato (*RT*, *134*:145). Tem, ainda, o mandatário o direito de reter, do objeto da operação que lhe foi cometida, quanto bastar para pagamento de tudo que lhe for devido (re-

---

379. Serpa Lopes, *Curso*, cit., p. 276; Clito Fornaciari Jr., Substabelecimento do mandato, in *Enciclopédia Saraiva do Direito*, v. 71, p. 81; Affonso Dionysio Gama, *Das procurações*, cit., p. 180 e 181; Biermann, Zur Lehre von der Vertretung und Vollmacht, in *Festgabe fur Dernburg*, n. 21; Goldschmidt, *Bevollmächtigung und Gewillkurte Stellvertretung*, p. 50; Gonçalves Maia, *Theoria e prática das procurações*, n. 93; Silvio Rodrigues, Mandatário infiel, *RDC*, *1*:231.

Vide CPC, art. 890, I.

Deveras, da interpretação conjunta dos artigos 664 e 681, "extrai-se que o mandatário tem o direito de reter, do objeto da operação que lhe foi cometida, tudo o que lhe for devido em virtude do mandato, incluindo-se a remuneração ajustada e o reembolso de despesas" (Enunciado n. 184 do Conselho da Justiça Federal, aprovado na III Jornada de Direito Civil).

Pelo Enunciado n. 182 do CJF (aprovado na III Jornada de Direito Civil): "O mandato outorgado por instrumento público previsto no art. 655 do CC somente admite substabelecimento por instrumento particular quando a forma pública for facultativa e não integrar a substância do ato".

muneração, ressarcimento de perdas e danos, despesas para execução dos poderes conferidos etc.) em consequência do mandato (CC, art. 664);

5º) substabelecer os seus poderes representativos (*RF*, *111*:421; *RT*, *101*:244), pois apesar do mandato ser *intuitu personae*, competindo sua execução ao mandatário, ser-lhe-á sempre lícito convocar auxiliares na realização de certos atos, fazendo-se substituir na execução do mandato por outra pessoa, mesmo havendo proibição nesse sentido, sem poderes expressos e especiais outorgados pelo mandante (*RT*, *517*:126, *488*:224, *486*:145). O substabelecimento (CC, art. 667, §§ 1º a 4º) vem a ser o negócio jurídico unilateral, consistente na outorga de poderes recebidos pelo mandatário a um terceiro de sua confiança para que o substitua, total ou parcialmente, no exercício do mandato, que lhe foi outorgado pelo mandante, não havendo qualquer forma rígida para a sua realização, embora deva conter todos os elementos necessários para o contrato de mandato (CC, art. 654, § 1º). Entretanto, se se tratar de transferência de direitos reais sobre imóveis, o substabelecimento de procuração em causa própria deverá ser feito por meio de escritura pública (*RT*, *548*:104);

6º) obter do mandante a quitação dos seus encargos, ao prestar as contas;

7º) não prestar contas se mandato "em causa própria" for revogado, por ser tal revogação ineficaz, podendo, ainda, transferir para si, com observância das formalidades legais, os bens móveis ou imóveis, que constituem objeto do mandato (CC, art. 685).

Entretanto, a par desses direitos, terá o *dever* de[380]:

1º) dar execução ao mandato, agindo em nome do mandante de acordo com as instruções e os poderes dele recebidos e a natureza do negócio que deve efetivar;

2º) aplicar toda a sua diligência habitual na execução do mandato (CC, art. 667, 1ª alínea), ou seja, deverá prestar a mesma diligência que empregaria se o negócio lhe pertencesse (*RT*, *101*:626; *RF*, *87*:693);

---

380. Orlando Gomes, *Contratos*, cit., p. 427-30; Serpa Lopes, *Curso*, cit., p. 267-76; Caio M. S. Pereira, *Instituições*, cit., p. 358-62; De Page, op. cit., t. 5, parte 2, n. 407; W. Barros Monteiro, op. cit., p. 259-65; Valleur, *L'intuitu personae dans les contrats*, Paris, 1938, p. 303; Espínola, *Sistema*, cit., n. 164; Enneccerus, Kipp e Wolff, op. cit., v. 2, § 158; Larenz, op. cit., v. 2, § 52; Duranton, op. cit., n. 257; Bassil Dower, *Curso moderno de direito civil*, cit., p. 199 e 200; Silvio Rodrigues, *Direito*, cit., p. 310, 311 e 313-7; Clito Fornaciari Jr., op. cit., p. 81-4; Código Civil, arts. 866, 265, 665, 673, 675, 679 e 682.

Pelo Enunciado n. 65: "O mandatário do sócio residente ou domiciliado no exterior (art. 119 da Lei 6.404/1976) não é responsável pelas obrigações de seu mandante" (aprovado na II Jornada de Direito Comercial).

3º) manter o mandante informado de tudo o que se passa com os negócios, principalmente no que diz respeito às responsabilidades assumidas e às vantagens percebidas, sempre que solicitado a prestar tais informações;

4º) responder, se substabeleceu o mandato não obstante proibição do mandante, ao seu constituinte pelos prejuízos ocorridos sob a gerência do substituto, embora provenientes de caso fortuito, salvo provando que o caso teria sobrevindo, ainda que não tivesse havido substabelecimento (CC, art. 667, § 1º). A responsabilidade recai inteiramente sobre o mandatário, que se fez substituir sem considerar a proibição expressa que, nesse sentido, lhe impusera o mandante, salvo ratificação expressa, que retroagirá à data do ato (CC, art. 667, § 3º; *RT*, *784*:209). E se a procuração for omissa quanto ao substabelecimento, o procurador será responsável se o substabelecido proceder culposamente (CC, art. 667, § 4º; *RT*, *517*:126);

5º) indenizar qualquer prejuízo causado por culpa sua ou daquele a quem substabelecer, sem autorização, poderes que devia exercer pessoalmente (CC, art. 667, 2ª alínea). Mesmo se substabelecer poderes, sendo omisso o mandato a esse respeito, o mandatário terá responsabilidade por comportamento culposo seu ou de seu substituto (*RF*, *94*:81);

6º) responder somente por culpa *in eligendo*, se fez substabelecimento com autorização do mandante. Deveras, o Código Civil, art. 667, § 2º, prescreve: "Havendo poderes de substabelecer, só serão imputáveis ao mandatário os danos causados pelo substabelecido, se tiver agido com culpa na escolha deste ou nas instruções dadas a ele" (*RT*, *211*:196, *189*:710). Assim, só serão imputáveis ao mandatário os danos causados pelo substabelecido, se for p. ex. notoriamente incapaz ou insolvente, ou se ele não possuir qualidades técnicas para substituí-lo na execução do mandato. O mandatário substabelecente também responderá pelos prejuízos provocados pelo substabelecido se agiu culposamente, no que atina às instruções recebidas, dadas ao substabelecido, deixando de fornecer-lhe subsídios para o bom desempenho do substabelecimento;

7º) apresentar o instrumento do mandato às pessoas com quem tratar em nome do mandante, sob pena de responder a elas por qualquer ato exorbitante dos poderes recebidos. Assim, se terceiro, ciente dos poderes do mandatário, fizer com ele negócio que exorbite aqueles poderes, não terá qualquer ação nem contra o mandatário, a não ser que este lhe tenha prometido ratificação do mandante ou se tenha responsabilizado pessoalmente pelo contrato, nem contra o mandante, senão quando este houver ratificado o excesso do procurador (CC, arts. 673 c/c 667, § 3º e 662, parágrafo único;

AJ, 97:71; *RT, 455*:178). Isto é assim porque "a ratificação supre a falta de poderes, vale como mandato *ex post facto*, é uma espécie de mandato retroativo" (*RF, 143*:175; CC, art. 662 e parágrafo único);

8º) enviar ao mandante as somas recebidas em função do mandato ou depositá-las em nome do mandante, de acordo com as instruções dadas, sendo que, se empregá-las em proveito próprio, inclusive as recebidas para as despesas ordinárias, decorrentes do negócio, pagará juros, desde a data em que praticou o ato abusivo (CC, art. 670; *RT, 782*:229, *123*:656; *AJ, 73*:462; *RF, 92*:462, *102*:278);

9º) prestar contas de sua gerência ao mandante, transferindo-lhe as vantagens provenientes do mandato, por qualquer título que seja (CC, art. 668; CPC, arts. 550 a 553; *RT, 660*:119, *803*:272; *JB, 147*:123), visto que está incumbido de gerir negócio alheio (*RF, 97*:401). P. ex.: se vender algo por preço superior ao fixado pelo mandante, deverá entregar-lhe o excesso. A finalidade da prestação de contas é demonstrar a fiel execução do mandato. Só se eximirá dessa obrigação se o mandante o dispensar ou se for procurador em causa própria (*RT, 517*:108). A procuração em causa própria não é bem uma representação, mas um negócio indireto, que objetiva uma cessão de direito, devendo haver não só transferência do bem ao mandatário como também a quitação (*RT, 462*:191);

10) não compensar os prejuízos a que deu causa com os proveitos que, por outro lado, tenha granjeado ao seu constituinte (CC, art. 669). Tal ocorre porque a compensação requer a existência de dois créditos recíprocos, líquidos e exigíveis, e as vantagens não são créditos em favor do mandatário, mas do mandante, consequentemente nada haverá que possa ser compensado;

11) substituir, se houver mais de um mandatário, o que não puder assumir o encargo ou o renunciar, por haver presunção de que, existindo comandatários, todos nomeados no mesmo instrumento, são sucessivos, pois não foram expressamente declarados conjuntos ou solidários, nem especificamente designados para atos diferentes (CC, art. 672; *RT, 80*:373, *132*:681; *RF, 82*:651, *100*:488);

12) concluir, por lealdade, o negócio já começado, se houver perigo na demora, isto é, se da sua inação advier dano ao mandante ou aos seus herdeiros, embora ciente da morte (*RT, 489*:67), interdição ou mudança de estado do mandante (CC, art. 674), causas de extinção do mandato (CC, art. 682). A urgência da medida faz o mandato sobreviver à causa extintiva (*AJ, 97*:71);

13) representar o mandante, para evitar-lhe prejuízo, durante os dez dias seguintes à notificação de sua renúncia ao mandato judicial (CPC, art. 112, § 1º; Lei n. 8.906/94, art. 5º, § 3º);

14) entregar ao novo mandatário, em caso de renúncia, os bens do mandante que se encontravam em seu poder;

15) responsabilizar-se pessoalmente pelos atos negociais feitos em seu próprio nome, ainda que em conta do mandante (CC, art. 663, 2ª parte).

i.5. Direitos e obrigações do mandante

O mandante, por sua vez, terá o *direito* de[381]:

1º) revogar *ad nutum* o mandato (CC, art. 682, I), exceto nos casos do Código Civil, arts. 683, 684, 685 e 686, parágrafo único. Assim sendo, se o mandato contiver cláusula de irrevogabilidade, o mandante que o revogar pagará pelo inadimplemento da obrigação de não fazer perdas e danos (CC, art. 683), além da remuneração que houver sido ajustada (*RT, 150*:525 e *178*:168). E se tal cláusula for condição de um negócio bilateral ou se estipulada no interesse exclusivo do mandatário, a revogação do mandato não terá eficácia (CC, art. 684). Se o mandato foi conferido com a cláusula "em causa própria", sua revogação será ineficaz e, ainda, não se extinguirá pela morte de qualquer das partes, ficando o mandatário dispensado da prestação de contas (*RT, 577*:214), podendo transferir para si bens móveis ou imóveis, objeto do mandato, obedecidas as formalidades legais (CC, art. 685; *RT, 679*:195). A revogação do mandato, notificada apenas ao mandatário, não pode ser oposta a terceiros que, ignorando-a, de boa-fé com ele trataram, mas ficam salvas ao constituinte as ações, que, no caso, lhe possam caber contra o procurador. Se o mandato contiver poderes de cumprimento ou confirmação de negócios encetados ou iniciados pelo mandatário ou pelo mandante, aos quais se encontre vinculado, será irrevogável (CC, art. 686, parágrafo único), resguardando-se terceiros de boa-fé que confiaram naqueles atos negociais ao efetivá-los;

2º) tomar as seguintes atitudes, ao outorgar a procuração: *a*) proibir o substabelecimento do mandato; *b*) ser omisso a respeito de poder ou não o mandatário substabelecer; *c*) permitir o substabelecimento, nomeando determinadamente o substabelecido ou deixando sua escolha a critério do mandatário, permitindo que o substabelecimento se dê com ou sem reserva de poderes por parte do mandatário (*AJ, 101*:477; *RF, 138*:137, *157*:205);

---

381. Serpa Lopes, *Curso*, cit., p. 269, 270 e 274.

3º) ratificar ou não: *a*) o negócio realizado pelo mandatário, que excedeu os poderes outorgados. Enquanto não houver a ratificação, o mandatário será tido como gestor de negócio (CC, art. 665), na parte excedente, respondendo perante terceiros pela obrigação assumida e perante o próprio mandante pelos danos causados a ele. Se houver tal ratificação expressa ou tácita (CC, art. 662, parágrafo único), o excesso de poderes desaparecerá, e o mandante, que era alheio ao ato negocial excessivo, por ter sido praticado pelo mandatário fora dos limites da representação, a ele se incorporará, sanando o defeito inicial. Isto é assim porque a ratificação produz efeito *ex tunc* (CC, art. 662, parágrafo único, *in fine*, e 673, *in fine*; *RF*, *143*:175, *157*:204; *AJ*, *109*:446; *RT*, *458*:127). Com a ratificação, o mandante assumirá todos os efeitos positivos (vantagens) e negativos (débitos e reparação de danos) dos atos praticados pelo mandatário; e *b*) o ato praticado por quem não tenha mandato, sob pena de ser ineficaz em relação àquele em cujo nome foi praticado (CC, art. 662, *caput*). Tal ratificação deverá ser expressa ou resultar de ato inequívoco e retroagirá à data do ato (CC, art. 662, parágrafo único; *RT*, *485*:127, *515*:84);

4º) exigir que as somas recebidas pelo mandatário, em função do mandato, lhe sejam entregues ou depositadas em seu nome;

5º) reclamar a prestação de contas por parte do mandatário;

6º) exigir a responsabilidade do mandatário, no caso de proibição expressa, de omissão ou de autorização de substabelecimento do mandato, pelos prejuízos causados, conforme o Código Civil, art. 667, §§ 1º a 4º;

7º) mover contra o mandatário ação pelas perdas e danos resultantes da inobservância de suas instruções (CC, art. 679, *in fine*; *AJ*, *89*:455);

8º) solicitar que o procurador preste informações a respeito do estado em que se encontram os negócios;

9º) acionar o mandatário que comprou em nome próprio algo que deveria, por disposição expressa no mandato, adquirir para o mandante (CC, art. 671), com fundos ou crédito deste. Procura-se proteger o mandante contra atos de improbidade do mandatário que agir de má-fé, obrigando-o a entregar a coisa comprada.

O mandante terá a *obrigação* de[382]:

---

382. W. Barros Monteiro, op. cit., p. 265-9; Orlando Gomes, *Contratos*, cit., p. 427-30; Larenz, op. cit., v. 2, p. 353; Serpa Lopes, *Curso*, cit., p. 276-88; Caio M. S. Pereira, *Instituições*, cit., p. 362-5; Bassil Dower, *Curso moderno de direito civil*, cit., p. 201 e 202; Cerruti Aicardi, op. cit., n. 332; Espínola, *Sistema*, cit., n. 165; Silvio Rodrigues, *Direito*, cit., p. 317 e 318; Código Civil, arts. 149, 665, 673 e 283 a 285.

1º) remunerar os serviços do mandatário, quando assim ficar convencionado (CC, art. 676, 1ª alínea), ou quando o objeto do mandato for daqueles que o procurador trata por ofício ou profissão lucrativa. Se o negócio ou a lei se omitirem a respeito da remuneração, esta, então, determinar-se-á conforme os usos do lugar e não os havendo por meio de arbitramento; hipótese em que o magistrado deverá estabelecer o *quantum* remuneratório, com base na duração da tarefa, na vantagem auferida pelo mandante e na natureza e complexidade do serviço prestado pelo mandatário (CC, art. 658 e parágrafo único; *RT, 192*:639);

2º) adiantar as despesas necessárias à execução do mandato, quando o mandatário lho pedir (CC, art. 675, 2ª alínea); se recusar esses adiantamentos, o mandatário poderá renunciar ao mandato;

3º) reembolsar o mandatário não só de todas as despesas feitas na execução do mandato (CC, art. 676), bem como das quantias que ele porventura tenha adiantado para o cumprimento da obrigação, com a complementação dos juros compensatórios, incidentes sobre aquele *quantum* adiantado, que se vencem desde a data do desembolso (CC, art. 677), pois o patrimônio do procurador sofreu um desfalque patrimonial em benefício do mandante. E havendo atraso no pagamento da remuneração ajustada, o procurador fará jus aos juros moratórios. Se o mandatário procedeu culposamente, fazendo despesas excessivas sem autorização do mandante ou contrariando suas instruções, só será reembolsado na proporção do valor médio das coisas, não tendo, portanto, direito ao reembolso integral (*RF, 103*:464);

4º) ressarcir o mandatário das perdas *ab mandatum*, ou melhor, dos prejuízos que sofreu em consequência do mandato, sempre que não resultem de culpa sua ou excesso de poderes (CC, art. 678);

5º) honrar os compromissos em seu nome assumidos, satisfazendo todas as obrigações contraídas pelo mandatário na conformidade do mandato conferido (CC, art. 675, 1ª parte), sob pena de sofrer ação promovida por terceiros, com quem o seu procurador contratou;

6º) vincular-se com quem o seu procurador contratou, contrariando suas instruções, desde que não tenha excedido os limites do mandato (CC, art. 679; *RT, 449*:252); mas terá contra ele ação pelas perdas e danos resultantes da inobservância das recomendações (*AJ, 89*:455) relativas à execução do mandato;

7º) responsabilizar-se solidariamente ao mandatário, se o mandato foi outorgado por duas ou mais pessoas e para negócio comum, por todos os compromissos e efeitos do mandato, de maneira que o mandatário poderá reclamar de qualquer mandante o cumprimento dos deveres resultantes do mandato, como pagamento de remuneração, dos adiantamentos, dos juros e dos prejuízos. O mandante, que foi cobrado, terá direito regressivo, pelas quantias que pagar, contra os outros mandantes, recebendo de cada um a parte que lhes couber, reavendo o que desembolsou (CC, art. 680);

8º) responder extracontratualmente pelos prejuízos causados a terceiros com o exercício do mandato (CC, art. 932, III, e 933). Responderá objetivamente por atos culposos do procurador em cumprimento do mandato e dentro dos limites deste (*RF*, *138*:460), mas terá ação regressiva contra ele para reaver o que pagou ao lesado (CC, art. 934);

9º) pagar a remuneração do substabelecido se: *a*) o mandato continha poderes para substabelecer; *b*) tinha ciência do substabelecimento ou se o autorizou; *c*) os serviços prestados pelo substabelecido lhe foram proveitosos (*RT*, *104*:650, *164*:628; *RF*, *66*:545);

10) vincular-se a terceiro de boa-fé que contrata com alguém que tem aparência de ser o seu mandatário, embora não o seja na realidade, se o mandante, por conduta sua, permitir supor a existência de uma representação regular, como, p. ex., se assinou em branco o instrumento ou se revogou o mandato sem comunicá-lo a terceiro (*RF*, *72*:5), hipóteses em que se configuraria o mandato aparente[383]; ressalvar-se-á, porém, ação de ressarcimento contra o procurador que abusou;

11) responsabilizar-se pelo negócio estipulado, expressamente, em seu nome pelo mandatário (CC, art. 663, 1ª parte);

12) pagar perdas e danos se revogar mandato contendo cláusula de irrevogabilidade (CC, art. 683).

i.6. Modos terminativos do mandato

Extingue-se o mandato, conforme estatui o Código Civil, art. 682, pela[384]:

---

383. De Page, op. cit., n. 448; Sergio Solgia, *Apparenza giuridica e dichiarazioni alla generalità*, p. 109; Caio M. S. Pereira, *Instituições*, cit., p. 365; Jacques Léauté, Le mandat apparent dans ses rapports avec la théorie générale de l'apparence, *Revue Trimestrielle de Droit Civil*, p. 288, 1947.

384. A respeito das causas extintivas do mandato, *vide*: Caio M. S. Pereira, *Instituições*, cit., p. 365-8; Bassil Dower, *Curso moderno de direito civil*, cit., p. 203-7; Colin e Capitant,

1º) *Revogação "ad nutum" pelo mandante*, total ou parcial, expressa ou tácita, se cessar a confiança depositada no mandatário, ou se não tiver mais interesse no negócio. Será *expressa* se o mandante notificar, judicial ou extrajudicialmente, o procurador, informando-o de que o mandato foi revogado. Será *tácita* se o mandante assumir, pessoalmente, a direção do negócio ou nomear novo procurador para o mesmo negócio (CC, art. 682, I; *RF*, *146*:343; *RT*, *601*:198, *590*:153, *516*:138). Esclarece-nos Clóvis Beviláqua que a procuração geral para todos os negócios não tem o condão de revogar uma especial para certo ato, mesmo que anterior a ela, a não ser que expressamente lhe faça referência e a especial posterior apenas revogará a geral anterior no que for atinente ao seu objeto peculiar. Será total se revogar toda a procuração, e parcial se disser respeito a alguns poderes conferidos. Tal revogação produzirá efeitos *ex nunc*, respeitando os atos já praticados.

Se o mandato foi outorgado por vários mandantes, a revogação feita por um deles não se estenderá aos demais.

Se houver revogação, o mandante assumirá a direção do negócio ou confiá-lo-á a outro procurador. Para revogar o mandato, será necessário que o mandante comunique o fato ao procurador e a terceiros (*RT*, *240*:265, *188*:354, *399*:331; *RF*, *75*:125; CC, art. 687), para que este não mais proceda em seu nome, evitando, assim, a ocorrência de mandato aparente e de suas consequências. Se terceiro não notificado da revogação vier de boa-fé tratar com o procurador destituído, não será prejudicado por isso (*RT*, *511*:189), mas o mandante a ele vinculado terá ação contra o mandatário destituído que, sabendo da revogação do mandato, agiu culposamente, devendo, então, indenizar os prejuízos causados ao mandante.

Todavia, como vimos alhures, só poderá valer a revogação se não ocorrerem os casos do Código Civil, arts. 683, 684, 685 e 686, parágrafo único, atinentes à irrevogabilidade do mandato (*RT*, *516*:191).

---

op. cit., v. 2, p. 716 e 717; Nattini, *La dottrina generale della procura e rappresentanza*, Milano, 1910, n. 155; Sagesse, *La rappresentanza nella teoria e nella pratica del diritto privato italiano*, Napoli, 1933, n. 219 e 223 a 225; W. Barros Monteiro, op. cit., p. 269-77; De Page, op. cit., v. 5, ns. 467 e 459; Orlando Gomes, *Contratos*, cit., p. 430 e 431; Silvio Rodrigues, *Direito*, cit., p. 323-7; Larenz, op. cit., § 52; Carvalho Santos, op. cit., v. 18, p. 330, nota 2; Serpa Lopes, *Curso*, cit., p. 288-97; Clóvis Beviláqua, *Código Civil dos Estados Unidos do Brasil comentado*, Rio de Janeiro, 1919, v. 5, p. 67; *RT*, *31*:336, *345*:474, *143*:179, *516*:101, *548*:108, *794*:433; *844*:252; *RF*, *120*:166; *AJ*, *109*:449, *94*:81, *90*:72; Código Civil, arts. 674 e 689 a 691; Lei n. 11.101/2005, art. 120, §§ 1º e 2º; STF, Súmula 25.

Revogada a procuração, o mandatário deverá devolver ao mandante as coisas que lhe pertencerem e se encontrarem em seu poder (*RT*, *215*:161).

2º) *Renúncia expressa do mandatário* (CC, art. 682, I), mesmo sem motivo justificado (*RF*, *66*:259), desde que seja comunicada a tempo ao mandante, para que este providencie a sua substituição, sob pena do mandatário renunciante responder por perdas e danos, resultantes da inoportunidade ou da falta de tempo para a sua substituição, salvo se provar que não podia continuar no mandato sem prejuízo considerável e que não lhe era dado substabelecer (CC, art. 688). Se a renúncia causa dano ao outorgante, havendo poderes para substabelecimento, a inércia do procurador, na nomeação de um substituto, configurará culpa, acarretando-lhe a obrigação de indenizar prejuízo causado por sua negligência. A renúncia é uma manifestação de vontade receptícia, por isso deve dirigir-se a alguém que a receba. Logo, o mandatário pode renunciar ao mandato, comunicando, formalmente, o mandante que pretende pôr fim àquele contrato. É, portanto, um negócio jurídico unilateral receptício, em que a produção de seus efeitos está subordinada ao prévio conhecimento do mandante. Se o mandato for judicial, o advogado poderá, a qualquer tempo, a ele renunciar, notificando o mandante, a fim de que lhe nomeie sucessor, mas deverá continuar a representar o constituinte durante os dez dias subsequentes à notificação, para evitar-lhe prejuízo (CPC, art. 112, § 1º; EOAB, art. 5º, § 3º). A renúncia é, portanto, uma manifestação de vontade do mandatário, abdicando o mandato que lhe foi outorgado pelo mandante.

3º) *Morte de qualquer dos contraentes*, visto ser contrato *intuitu personae* (*RT*, *239*:237; CC, art. 682, II), salvo se conferido com a cláusula "em causa própria" (CC, art. 685, 1ª parte). Se falecer o mandante, o contrato só cessará quando o procurador tiver ciência do ocorrido, sendo válidos os negócios que praticar enquanto ignorar o fato (CC, art. 689; *RT*, *613*:142, *502*:66, *277*:251, *210*:184, *511*:189, *489*:67, *415*:369; *RF*, *180*:204, *182*:214). Entretanto, prevalecerão, apesar do óbito do mandante, a procuração em causa própria (*RT*, *502*:66; CC, art. 685, 2ª parte) e o mandato outorgado para dar escritura de venda de imóvel cujo preço já tenha sido recebido (*AJ*, *100*:149, *96*:59, *97*:71; *RF*, *134*:442). Se o mandatário estiver de má-fé, contratando com terceiro de boa-fé, o ato terá validade, mas o procurador deverá responder pelas perdas e danos perante os herdeiros de seu constituinte (CC, art. 686). A morte do advogado substabelecente não acarretará a cessação dos efeitos do substabelecimento (*RT*, *225*:338, *169*:127; *RF*, *77*:509). Se morrer o mandatário na pendência de negócio a ele cometido, os herdeiros, tendo conhecimento do mandato, deverão avisar o mandante e tomarão as providências para resguardar os interesses deste, como as circunstâncias exigirem (CC, art. 690), evitando prejuízos, limitando-se, porém, às medidas conservatórias, pois a continuação dos negócios pendentes ficará adstrita tão somente aos que não se possam demorar sem perigo econômico, regulando-se os seus serviços dentro dos limites de ação pelas mesmas normas a que o finado mandatário estava sujeito (CC, art. 691). A morte do mandatário extingue o mandato, mas não a obrigação de prestar contas, que se transmite a seus sucessores (*AJ*, *96*:59; *RF*, *142*:235). Havendo pluralidade de mandatários, o óbito de um não extingue o mandato, pois os sobreviventes poderão executá-lo, salvo se todos tiverem de agir em conjunto. E, se vários forem os mandantes, a extinção do mandato operar-se-á apenas relativamente ao *de cujus*.

4º) *Interdição de uma das partes por incapacidade superveniente* (CC, art. 682, II). Os atos praticados com terceiro de boa-fé pelo mandatário, após a interdição do mandante, não terão validade (*RT*, *199*:156). O mandato cessará no momento em que a sentença declaratória de interdição transitar em julgado.

5º) *Mudança de estado* (*RT*, *200*:227, *205*:150, *506*:187, *631*:162), que inabilite o mandante a conferir poderes, ou o mandatário a exercê-los (CC, art. 682, III); todavia, serão válidos os negócios praticados pelo contraente, que ignore a causa extintiva, com terceiro de boa-fé. P. ex.: se o mandante é solteiro e passou procuração para alienar um prédio, seu casamento extinguirá o mandato, porque a lei reclama outorga uxória para tal ato (*RF*, *149*:130). Todavia, não cessará o mandato em causa própria, se houver subsequente matrimônio do mandante, sendo válidos os atos praticados pelo mandatário (*RT*, *305*:974, *236*:453). A falência constitui mudança no estado da pessoa, atingindo mandato no que concerne a atos relacionados com o comércio, pois a Lei n. 11.101/2005, no art. 120, §§ 1º e 2º, reza: "O mandato conferido pelo devedor, antes da falência, para a realização de negócios, cessará seus efeitos com a decretação da falência, cabendo ao mandatário prestar contas de sua gestão. O mandato conferido para representação judicial do devedor continua em vigor até que seja expressamente revogado pelo administrador judicial. Para o falido cessa o mandato ou comissão que houver recebido antes da falência, salvo os que versem sobre matéria estranha à atividade empresarial".

6º) *Término do prazo* (CC, art. 682, IV), quando, então, se extinguirá *pleno iure* o mandato, se ele foi outorgado por prazo determinado, caso em que no próprio instrumento figurará a data de sua cessação – p. ex., até o dia 31 de dezembro de 2009. Com a expiração do termo previsto no mandato, ter-se-á a sua cessação.

7º) *Conclusão do negócio* (CC, art. 682, IV), se a procuração foi conferida para a realização de certo ato negocial, como, p. ex., receber salário de determinado mês, fazer hipoteca, vender certo imóvel etc. Praticado o ato, exaurir-se-á o mandato.

A estas causas poder-se-ão acrescentar[385]: a impossibilidade de execução do negócio objeto do mandato; o advento de condição resolutiva expressa; nulidade do mandato; e a resolução por inadimplemento contratual faltoso.

Todavia, urge lembrar, mais uma vez, que serão válidos, em relação aos contratantes de boa-fé, os atos com eles ajustados em nome do mandante pelo mandatário, enquanto este ignorar a morte daquele ou a extinção do mandato, por qualquer outra causa (CC, art. 689). Mas, se apesar de mandatário, não tiver conhecimento da ocorrência de qualquer causa extintiva arrolada no art. 682 do Código Civil, terceiros, que com ele estão contratando, sabem da extinção do mandato e, mesmo assim, celebram o ato negocial, tal negócio não vinculará o mandante, nem seus herdeiros, ante a má-fé e falta de lisura comportamental dos contratantes.

385. De Page, op. cit., n. 453; Serpa Lopes, *Curso*, cit., p. 289.

Quadro Sinótico

MANDATO

1. DEFINIÇÃO	• Mandato é o contrato pelo qual alguém (mandatário) recebe de outrem (mandante) poderes para, em seu nome, praticar atos ou administrar interesses (CC, 653).	
2. CARACTERES JURÍDICOS	• Contratualidade	• Por ser um contrato bilateral, gratuito ou oneroso, *intuitu personae*, preparatório, consensual.
	• Representatividade	• A ideia de representação lhe é essencial, estabelecendo um liame contratual entre representado e terceira pessoa, por meio do representante. O mandato é uma representação convencional.
	• Revogabilidade	• Comporta resilição unilateral por parte de qualquer dos contraentes: revogação por parte do mandante, salvo os casos do CC, arts. 683, 684, 685 e 686, parágrafo único, e renúncia por parte do mandatário.
3. REQUISITOS	• Subjetivos	• Devido à sua natureza contratual, reclama o consentimento das partes, exigindo, para tanto, capacidade não só do mandante como do mandatário (CC, arts. 651 e 666; CLT, art. 792; CPC, arts. 17 e 119; Lei n. 6.015/73, art. 50, § 2º; Dec.-Lei n. 2.063/40, art. 199; Dec. n. 99.999/91, que revogou o Dec. n. 24.112/34; Lei n. 8.112/90, que revogou a Lei n. 1.711/52, art. 195; Lei do Estado de São Paulo n. 10.261/68, art. 243, IX).
	• Objetivos	• O objetivo do mandato deverá ser lícito e possível, física e juridicamente, abrangendo atos patrimoniais ou extrapatrimoniais que não forem personalíssimos ou que não exigirem a intervenção pessoal do mandante (Lei n. 1.863/53, art. 4º; Lei n. 3.807/60, art. 60; Dec. n. 53.154/63, art. 72; Lei n. 1.046/50, art. 22).
	• Formais	• Forma livre, não exigindo forma especial para a sua validade ou para a sua prova, salvo casos excepcionais (CC, arts. 656, 661, § 1º, 657, 654, §§ 1º e 2º e 655; Lei n. 6.015/73, art. 158; CPC, art. 105, § 1º).

4. ESPÉCIES	• Quanto às relações entre mandante e mandatário	• Mandato gratuito. • Mandato oneroso.	
	• Quanto à pessoa do procurador	• Mandato singular. • Mandato plural (CC, art. 672).	• Mandato conjunto. • Mandato solidário. • Mandato fracionário. • Mandato substitutivo.
	• Quanto ao modo de manifestações da vontade	• Mandato expresso (CC, art. 661, § 1º). • Mandato tácito (CC, arts. 1.643, I e II, 1.652 e 1.324; Dec. n. 2.044, de 1908, art. 54, § 1º; Dec. n. 61.123/67, art. 20, §§ 1º e 2º).	
	• Quanto à forma de sua celebração	• Mandato verbal. • Mandato escrito (CC, arts. 654 e 657).	
	• Quanto ao objeto	• Mandato civil. • Mandato empresarial.	
	• Quanto à extensão (CC, art. 1.294)	• Mandato geral. • Mandato especial.	
	• Quanto ao conteúdo	• Mandato em termos gerais (CC, art. 661). • Mandato com poderes especiais (CC, art. 661, §§ 1º e 2º).	
	• Quanto ao fim colimado	• Mandato *ad negocia* ou extrajudicial. • Mandato *ad judicia* ou judicial (Lei n. 8.906/94; CPC, arts. 103 a 105, § 1º e 112, § 1º; CPP, arts. 39, 44, 50, 55, 98, 146, 266, 263, parágrafo único; CC, arts. 692 e 658, 2ª parte; CF, art. 54, II, *c*; Lei n. 217/48, art. 7º, II, *d*; CF, art. 128, II, *d*).	

5. DIREITOS DO MANDATÁRIO	• Exigir a remuneração (CC, arts. 676 e 658, parágrafo único), se oneroso o mandato. • Pedir o adiantamento da importância das despesas necessárias à execução do mandato (CC, art. 675, *in fine*). • Receber o que desembolsou para fazer frente às despesas necessárias ao exercício do mandato. • Reter o objeto que estiver em suas mãos por força do mandato até ser reembolsado do que despendeu no exercício do mandato (CC, art. 681). • Substabelecer os seus poderes representativos. • Obter do mandante a quitação de seus encargos, ao prestar contas. • Não prestar contas se mandato em causa própria foi revogado e transferir para si os bens que constituem objeto do mandato (CC, art. 685).
6. DEVERES DO MANDATÁRIO	• Dar execução ao mandato. • Aplicar toda a sua diligência habitual na execução do mandato (CC, art. 667, 1ª alínea). • Manter o mandante informado de tudo o que se passa com os negócios, sempre que solicitado a prestar tais informações. • Responder pelos danos ocorridos sob a gerência de seu substituto, em caso de substabelecimento, na forma do CC, art. 667, §§ 1º a 4º. • Apresentar o instrumento do mandato. • Enviar ao mandante as somas recebidas em função do mandato ou depositá-las em nome do mandante; se as empregar em proveito próprio, pagar juros desde o momento em que abusou (CC, art. 670). • Prestar contas de sua gerência (CC, art. 668; CPC, arts. 550 a 553). • Não compensar os prejuízos a que deu causa com os proveitos que granjeou ao mandante (CC, art. 669). • Substituir, no caso de haver mais de um mandatário, o que não puder assumir o encargo ou a ele renunciar (CC, art. 672). • Concluir negócio já começado, se houver perigo na demora, apesar de ciente de causa extintiva do mandato (CC, arts. 674 e 682). • Representar o mandante, para evitar-lhe prejuízo, durante os dez dias seguintes à notificação de sua renúncia ao mandato judicial (CPC, art. 112, § 1º; Lei n. 8.906/94, art. 5º, § 3º). • Entregar ao novo mandatário, em caso de renúncia, os bens do mandante que se encontravam em seu poder. • Responsabilizar-se pessoalmente por negócio feito em seu próprio nome, ainda que em conta do mandante (CC, art. 663, 2ª parte).
7. DIREITOS DO MANDANTE	• Revogar o mandato, salvo nos casos do CC, arts. 683, 684, 685 e 686, parágrafo único. • Autorizar ou não o substabelecimento, com ou sem reserva de poderes.

7. DIREITOS DO MANDANTE	• Ratificar, ou não, negócio realizado pelo mandatário, que excedeu os poderes outorgados (CC, art. 673, *in fine*) ou o ato praticado por quem não tenha mandato (CC, art. 662, *caput*). • Exigir a entrega das somas recebidas pelo mandatário em função do mandato. • Reclamar a prestação de contas do procurador. • Exigir a responsabilidade do mandatário pelos prejuízos causados durante o substabelecimento, conforme o CC, art. 667, §§ 1º a 4º. • Mover, contra o mandatário, ação pelas perdas e danos resultantes da inobservância das suas instruções (CC, art. 679, *in fine*). • Solicitar que o procurador preste informações sobre o estado em que se encontram os negócios. • Acionar o mandatário que comprou, em nome próprio, algo que deveria adquirir para o mandante (CC, art. 671).
8. OBRIGAÇÃO DO MANDANTE	• Remunerar os serviços do mandatário (CC, arts. 676, 1ª parte, 658, parágrafo único). • Adiantar as despesas necessárias à execução do mandato (CC, art. 675, *in fine*). • Reembolsar o mandatário das despesas feitas na execução do mandato (CC, art. 676) e das quantias que ele adiantou para o cumprimento da obrigação, com a complementação dos juros (CC, art. 677). • Ressarcir o mandatário dos prejuízos por ele sofridos em consequência do mandato, desde que não oriundos de culpa sua ou de excesso de poderes (CC, art. 678). • Honrar os compromissos em seu nome assumidos (CC, art. 675, 1ª alínea). • Vincular-se com quem seu procurador contratou, contrariando suas instruções, desde que não tenha excedido os poderes do mandato (CC, art. 679). • Responsabilizar-se solidariamente no caso do art. 680 do CC. • Responder extracontratualmente pelos prejuízos causados a terceiro com o exercício do mandato (CC, arts. 932, III, e 933). • Pagar a remuneração do substabelecido. • Vincular-se a terceiro de boa-fé no caso de mandato aparente. • Responsabilizar-se pelo negócio estipulado, expressamente, em seu nome pelo mandatário (CC, art. 663, 1ª parte). • Pagar perdas e danos se revogar mandato contendo cláusula de irrevogabilidade (CC, art. 683).
9. MODOS TERMINATIVOS DO MANDATO	• Revogação ou renúncia (CC, arts. 682, I, 683 a 686, parágrafo único, e 688; CPC, art. 112, § 1º). • Morte ou interdição de uma das partes (CC, arts. 682, II, 689, 685, 2ª parte, 686, 690 e 691). • Mudança de estado (CC, art. 682, III; Lei n. 11.101/2005, art. 120, §§ 1º e 2º). • Término do prazo ou conclusão do negócio (CC, art. 682, IV). • Impossibilidade da execução do negócio objeto do mandato. • Advento de condição resolutiva expressa. • Resolução por inadimplemento contratual faltoso.

J. Comissão

j.1. Noção

O contrato de comissão encontra-se regulado no Código Civil, que disciplina as obrigações e os contratos civis e mercantis, tendo por escopo a unificação do direito obrigacional, inclui a comissão, útil na seara cível e empresarial, nos arts. 693 a 709, seguindo a esteira do Código Civil italiano de 1942.

A *comissão* é o contrato pelo qual uma pessoa (comissário) adquire ou vende bens, em seu próprio nome e responsabilidade, mas por ordem e por conta de outrem (comitente), em troca de certa remuneração, obrigando-se para com terceiros com quem contrata (CC, art. 693).

O comissário contratará diretamente com terceiros em seu nome, ou no de sua firma, vinculando-se obrigacionalmente, respondendo por todas as obrigações assumidas; logo, as pessoas com quem contratar não poderão acionar o comitente, que também não poderá acioná-las, a não ser que o comissário tenha cedido seus direitos a qualquer das partes (ao comitente ou àqueles com que efetivou negócio). Se isso ocorrer, o cessionário sub-rogar-se-á nos direitos e deveres do comissário (cedente), podendo ser demandado (CC, art. 694).

O comissário, pessoa natural ou jurídica, deverá ser o empresário que, segundo as instruções recebidas do comitente, efetuará negócios em seu próprio nome, porém em favor e por conta do comitente. Apresenta-se, no dizer de alguns autores, sob a feição de mandato sem representação. Há, na verdade, uma representação indireta ou imperfeita, visto que o comissário não é representante direto do comitente. Produz efeitos análogos aos do mandato, distinguindo-se dele pela maneira de agir do representante. No mandato, o representante age em nome do representado, ao passo que, na comissão, o comissário deve negociar em nome próprio, porém em favor e por conta do comitente, cujas instruções deve seguir, apresentando, por isso, essa figura contratual as vantagens de: dispensar a exibição de documento formal que habilite o representante perante as pessoas com quem tratar; afastar o risco do excesso de poderes do representante; permitir o segredo das operações do representado, para evitar que os concorrentes conheçam a marcha de seus negócios; utilizar o crédito do comissário na praça onde se estabelece; facilitar as informações das remessas e da guarda das mercadorias em praças distantes.

Todavia, a comissão poderá converter-se, na lição de Orlando Gomes, em mandato pela ratificação do comitente, que assume o contrato realizado pelo comissário, passando a ter ação direta contra o terceiro que contratou com o comissário. Embora a comissão apresente semelhanças com o mandato, constitui um contrato de natureza diversa por lhe faltarem não só os caracteres essenciais do mandato, mas também porque o comissário, agindo em seu próprio nome, assume obrigações pessoais para com aqueles com quem contrata, e até mesmo a responsabilidade pela solvência das pessoas com quem efetua negócios (comissão *del credere*), o que não sucede com o mandatário. No Brasil, a comissão esteve em voga no mercado de café, nas operações de exportação, armazenagem ou venda interna, dadas as dificuldades de crédito com que sempre lutaram os fazendeiros de café. Ensina-nos Waldemar Ferreira que os próprios lavradores, enriquecidos na indústria cafeeira, uniram-se e organizaram sociedades mercantis, com sede na praça de Santos, formando as casas comissárias, que passaram a orientar a política mercantil do café no mercado interno e externo. Essa política perdurou até a interferência governamental no comércio cafeeiro, quando foi aos poucos perdendo o vigor e a importância. Para que ela pudesse exercer-se no mercado interno, os comissários de café investiram-se da função de intermediários entre os bancos e os lavradores, passando a dar a esses últimos os recursos de que precisavam, desde que eles se obrigassem a remeter-lhes as colheitas de suas safras. A necessidade de contabilizar tais operações colocou fazendeiros e comissários em estado de conta-corrente, alimentada, por parte destes, pelos chamados adiantamentos que faziam àqueles, e de certo modo, porém em menor escala, ainda fazem, e por parte daqueles, pelas remessas, ao cabo das safras, das partidas de café, que os comissários recebiam e preparavam para a venda ou para a exportação, creditando o *quantum* apurado nas contas-correntes dos remetentes. O mesmo se deu nos negócios de venda de automóveis, de caminhões para transportes de carga, de máquinas agrícolas, de aparelhos de uso doméstico, pois as companhias fabricantes ou importadoras serviram-se da comissão, ministrando aos seus revendedores, como comissários de vendas, os adiantamentos monetários imprescindíveis para o desenvolvimento de seus negócios e a consecução de seu escopo comercial.

Com o aparecimento de cooperativas agrícolas que passaram a exportar diretamente o café produzido por seus associados, e com a estruturação do crédito rural por meio de um sistema liderado pelo Banco do Brasil, a função dos comissários perdeu um pouco o seu sentido, restringindo-se à atividade de exportação, ligada às empresas multinacionais.

Hodiernamente, a comissão não tem, portanto, a mesma importância que teve no passado, devido às facilidades dos meios de transportes e comunicações, ao interesse das grandes empresas em manter agências, filiais etc., em outras praças, e à nova técnica que se vem desenvolvendo no setor de distribuição de produtos, com o surgimento de novos intermediários, como agentes autônomos, concessionários, representantes comerciais autônomos etc.[386].

j.2. Caracteres

A comissão tem características próprias, que firmam sua autonomia, tais como[387]:

1ª) natureza contratual, visto ser: *a*) bilateral, por criar deveres tanto para o comissário como para o comitente; *b*) onerosa, pois reclama do comitente uma contraprestação monetária pelos serviços prestados pelo comissário (CC, art. 701). Tal remuneração, que recebe igualmente a designação de comissão, deverá ser convencionada entre esse e o comitente em percentual sobre o valor do negócio ou em valor nominal; se não o for, será arbitrada segundo os usos correntes no lugar onde o contrato é executado. Se o comissário executar o negócio que lhe foi cometido, terá direito de receber a comissão integral. Se o comissário não puder concluí-lo porque veio a falecer, foi despedido ou por qualquer outro motivo de força maior, o comitente deverá pagar, conforme o caso, ao seu herdeiro ou a ele uma remu-

---

386. Fran Martins, *Contratos e obrigações comerciais*, 5. ed., Rio de Janeiro, Forense, 1977, p. 353-6; Orlando Gomes, *Contratos*, cit., p. 437-41; Caio M. S. Pereira, *Instituições*, cit., p. 343 e 344; Waldirio Bulgarelli, Comissão mercantil, in *Enciclopédia Saraiva do Direito*, v. 16, p. 208-21; Georges Ripert, *Traité élémentaire de droit commercial*, Paris, 1973, n. 2.351; Antônio Chaves, *Lições*, cit., v. 4, p. 326 e 327; Joaquín Garrigues, *Tratado de derecho mercantil*, Madrid, 1964, v. 1, t. 3, p. 457; Humberto Theodoro Júnior, Do contrato de comissão no novo Código Civil, *RT*, *814*:26-7; Matiello, *Código*, cit., p. 437-43; Sílvio Venosa, *Direito civil*, cit., v. II, p. 434; Waldemar Ferreira, Aspectos econômicos e financeiros do contrato de comissão mercantil, *RDM*, (2):287 e s., ano 3, 1953; Adalberto Simão Filho, *Comentários ao Código Civil* (coord. Camillo, Talavera, Fujita e Scavone Jr.), São Paulo, Revista dos Tribunais, 2006, p. 602-606. *Vide*: *JB*, *141*:51 e 113, *141*:148; *RT*, *722*:271, *713*:222, *699*:76; Código Civil italiano, arts. 1.731 e 1.736.

387. Orlando Gomes, *Contratos*, cit., p. 438; Fran Martins, op. cit., p. 356-8; Caio M. S. Pereira, *Instituições*, cit., p. 344; Silvio Luís Ferreira da Rocha, *Curso*, cit., v. 3, p. 407-16; Luiz Edson Fachin, O contrato de comissão: breve exame de aspectos relevantes, in *O novo Código Civil – estudos em homenagem a Miguel Reale*, São Paulo, LTr, 2003, p. 641 e s.

neração proporcional aos trabalhos realizados, considerando-se sua qualidade e o resultado alcançado. Se assim não fosse, ter-se-ia locupletamento indevido do comitente à custa do comissário (CC, arts. 884 a 886 e 702). Se o comissário for despedido sem justa causa, pelo Código Civil, art. 705, terá direito de ser remunerado pelos trabalhos prestados e de ser ressarcido pelas perdas e danos resultantes de sua dispensa. Se o comissário deu motivo à dispensa por ação ou omissão, terá, ainda, direito de ser remunerado pelos serviços úteis que prestou ao comitente, trazendo-lhe vantagens ou cumprindo o acordo feito. O comitente, por sua vez, terá o direito de exigir, a título de compensação, daquele indenização pelos prejuízos sofridos em razão daquela ação ou omissão do comissário que resultou na sua dispensa motivada (CC, art. 703); *c*) *intuitu personae*, por ter caráter pessoal, pois o comissário terá poderes para atender aos interesses do comitente, devido à confiança que este lhe tem; daí ser intransferível por ato *causa mortis* ou *inter vivos*; *d*) consensual, porque se forma pelo simples consenso do comissário e do comitente, não requerendo a lei nenhum modo especial para a sua formação, podendo esse tipo de contrato ser provado por todos os meios admitidos em direito. Contudo, para que o comissário possa agir no interesse do comitente, este deverá dar-lhe ordens e instruções (CC, art. 695) verbais ou escritas, pois, na falta destas, o comissário, não podendo pedi-las a tempo, procederá segundo os usos em casos similares;

2ª) intermediação, aliada à prestação de serviços;

3ª) comissário age em nome próprio, obrigando-se pessoalmente, apesar de seguir instruções do comitente (CC, art. 694);

4ª) comissário deverá ser, em regra, empresário, ainda que o comitente não o seja;

5ª) aplicação subsidiária das disposições atinentes ao mandato, no que couber, e, na omissão legal ou contratual, seus efeitos reger-se-ão pelos usos (CC, art. 709).

j.3. Comissão "del credere"

A comissão pode ser simples ou *del credere*. A comissão *del credere* vem a ser uma modalidade de comissão que se opera com a cláusula *del credere*, que é o pacto acessório inserido no contrato no momento de sua celebração, pelo qual o comissário assume a responsabilidade de responder pela solvência daquele com quem vier a contratar no interesse e por conta do comitente. Essa cláusula constituirá um estímulo à seleção dos negócios, evitando que o comissário efetive atos prejudiciais ao comitente.

Pela própria natureza do contrato de comissão, o comissário não responderá pela solvência das pessoas com quem negociar, cabendo, então, esse risco ao comitente (CC, art. 697). Entretanto, nada obsta a que o comissário, espontaneamente, resolva assumir a garantia da solvência dessas pessoas, mediante ajuste prévio entre ele e o comitente, firmado por ocasião da formação do contrato de comissão, recebendo uma remuneração mais elevada como compensação do risco pela solvabilidade de terceiro. A comissão *del credere* constitui o comissário garante solidário ao comitente. Essa cláusula deverá ser feita por escrito para que não haja dúvida da solidariedade entre terceiro e comissário perante o comitente. Qualquer deles poderá ser acionado pelo comitente prejudicado. Sem esse pacto acessório o comissário apenas responderia por ato culposo seu. Logo, havendo cláusula *del credere*, o comissário responderá solidariamente com as pessoas com quem houver tratado em nome do comitente. Prescreve, nesse sentido, o art. 698 do atual Código Civil: "Se do contrato de comissão constar a cláusula *del credere*, responderá o comissário solidariamente com as pessoas com que houver tratado em nome do comitente, caso em que, salvo estipulação em contrário, o comissário tem direito a remuneração mais elevada, para compensar o ônus assumido". O valor de tal remuneração deverá ser, em regra, arbitrado judicialmente. Pelo Enunciado n. 68: "No contrato de comissão com cláusula *del credere*, responderá solidariamente com o terceiro contratante o comissário que tiver cedido seus direitos ao comitente, nos termos da parte final do art. 694 do Código Civil" (aprovado na II Jornada de Direito Comercial). Tal enunciado "tem por objetivo conciliar os arts. 694 e 698 do Código Civil. A cláusula *del credere* afasta a irresponsabilidade presumida do comissário, prevista no art. 697 do Código Civil, tornando-o responsável perante o comitente do cumprimento da obrigação assumida e descumprida pelo terceiro. A princípio, não pode haver solidariedade entre o comissário e o terceiro que com ele contratou perante o comitente, porque o art. 694 do Código Civil dispõe que não haverá direito de ação do comitente em face das pessoas com quem o comissário contratar, mesmo que no interesse daquele. O *del credere* não pode vincular o terceiro ao contrato de comissão porque este dele não tem conhecimento e os efeitos não se estendem à compra e venda (princípio da relatividade dos contratos). Assim, o comissário somente se constituirá garante solidário ao terceiro por força do *del credere* se houver cedido seus direitos ao comitente, nos termos do que faculta a parte final do art. 694 do Código Civil".

Não havendo cláusula *del credere* (caso em que se configurará a comissão simples), perante o comitente só responderão por insolvência as pessoas com quem o comissário contratou, de forma que o comissário apenas responderá diretamente ante o comitente, pelos danos que culposamente lhe causou, segundo as normas da culpa contratual (CC, arts. 696, 2ª alínea, e 697, 2ª alínea)[388]. Constitui essa cláusula uma modalidade de seguro e de fiança, sujeitando-se a taxas especiais. Se o comissário falir, o comitente *del credere* terá direito privilegiado sobre a massa falida.

j.4. Direitos e obrigações do comissário

O *comissário* terá o *direito* de:

1º) exigir uma remuneração pelo cumprimento dos encargos que lhe foram cometidos. Essa remuneração, como dissemos alhures, será estipulada no contrato, e, na falta de convenção, regulada por arbitramento judicial na base do que for estabelecido pelos usos da praça em que se executar o contrato (CC, art. 701). Se o costume local inexistir, ou não contiver critérios suficientes para a fixação da quantia remuneratória, o magistrado deverá, pelo princípio da razoabilidade, então, averiguar o tipo do trabalho executado, o valor do contrato, a importância da operação de compra e venda, as dificuldades encontradas, as diligências do comissário no cumprimento das instruções recebidas, o tempo despendido, o resultado útil obtido etc.;

2º) pedir ao comitente os fundos necessários para realizar os negócios de que for incumbido;

3º) reembolsar-se não só das despesas que efetuou com a negociação, com os juros, desde a data do desembolso, feito para execução de ordens do comitente (Código Civil, art. 706), mas também dos prejuízos que vier a sofrer com o desempenho da comissão;

4º) reter bens e valores pertencentes ao comitente não só para reembolsar-se das despesas feitas com os encargos que lhe foram cometidos, quando o comitente não fornecer fundos suficientes para tal, mas também para servir de garantia ao pagamento de sua remuneração. O comissário, havendo concurso creditório, é credor privilegiado na falência ou na insolvência do comitente, pelas comissões a que tem direito ou reembolsos das despesas feitas com as negociações desempenhadas no interesse do comitente (CC, arts. 707 e 708);

---

388. Orlando Gomes, *Contratos*, cit., p. 446; Caio M. S. Pereira, *Instituições*, cit., p. 344 e 345; Ripert, op. cit., n. 2.370; Fran Martins, op. cit., p. 364-6; Van Ryn, *Principes de droit commercial*, v. 3, n. 1.812; Carvalho de Mendonça, *Tratado*, cit., v. 6, parte 2, ns. 922, 924 e 925.

5º) concluir contrato consigo mesmo, se a compra for de títulos ou mercadoria com preço de bolsa, pois, se o comissário age em nome próprio, nada obsta a que realize a operação como contraparte. Assim, em vez de vender o bem a terceiro, ele mesmo poderá adquiri-lo. Nessa hipótese, intervirá no contrato uma só pessoa, que manifestará duas vontades: a própria, como adquirente, e a que produzirá efeitos na esfera jurídica da pessoa por conta e por ordem de quem se efetiva a negociação, isto é, do comitente. Todavia, isso só será admitido se: o comitente o consentir, não havendo, no contrato de comissão, cláusula que proíba o comissário de contratar consigo mesmo; a mercadoria for das que têm preço corrente, não sujeito a oscilações; o comissário estiver sujeito a ordens imperativas do comitente, suficientes a impedir que se fixem arbitrariamente as condições contratuais. Em suma, será preciso que a situação se configure por traços que tornem indiferente, para o comitente, que o comissário efetive a negociação com terceiro ou consigo próprio.

Mas, por outro lado, assumirá *obrigações*:

1ª) *Em relação ao comitente*, pois deverá:

a) concluir o negócio em seu próprio nome, agindo no interesse do comitente (CC, art. 693) e, também, acatar a mutação do plano negocial, se dela for devidamente cientificado pelo comitente. O comissário age em seu nome, mas no interesse do comitente, por isso, deverá seguir as novas instruções, que regerão os negócios futuros e os pendentes (CC, art. 704);

b) cumprir o contrato, seguindo as ordens e instruções recebidas do comitente. Se porventura não as recebeu, não podendo pedi-las a tempo, deverá executar o contrato, agindo, com zelo, como se se tratasse de negócio próprio, de acordo com os usos em caso semelhante (CC, art. 695). Se se afastar das instruções do comitente ou se não seguir os usos comuns do comércio, deverá prestar contas e responderá por perdas e danos. Tal não ocorrerá se existirem causas que justifiquem o seu afastamento das instruções ou o excesso da comissão, tais como: em caso de vantagem proporcionada ou de resultado útil ao comitente; se a operação a ser realizada não admitir demora ou se de sua expedição puder resultar dano, desde que o comissário tenha obrado segundo o costume ou usos; se houver, ainda, presunção de boa-fé do comissário, que não teve intenção de exceder os limites da comissão (CC, art. 695 e parágrafo único). O comissário presumir-se-á autorizado para conceder dilação do prazo para pagamento, conforme o uso do lugar onde se realizar o negócio (CC, art. 699), sempre que não tiver instrução ou ordem em contrário do comitente, devendo comunicar-lhe o fato. Se recebeu orientação do comitente, deverá segui-la sob pena de responder pelos prejuízos. Se não a obteve, poderá ampliar o prazo para pagamento, de acordo com o costume do local da realização do negócio; assim, se na localidade for usual a concessão de quinze dias para pagamento daquele tipo de ato negocial, o comissário poderá prorrogar o prazo originalmente acordado, dando quitação a terceiro, transcorrido o prazo quinzenal concedido. Se houver instrução do comitente, proibindo prorrogação de prazo para pagamento, ou se esta não for conforme os usos locais, poderá o comitente exigir que o comissário pague de imediato o preço dos valores a que fez jus ou responda pelas consequências danosas da dilação concedida, procedendo-se de igual modo se o comissário não der ciência ao comitente dos prazos concedidos e de quem é seu beneficiário. Vencidos os prazos concedidos, o comissário deverá cobrar os débitos, e, se na cobrança se portar como omissão ou negligência culpável, responderá ao comitente por perdas e danos, pois no desempenho de suas tarefas o comissário tem o dever de evitar prejuízo ao comitente, proporcionando-lhe lucros. Por isso, responde, salvo motivo de força maior, por qualquer dano que, por ação ou omissão, causar ao comitente (CC, arts. 696, parágrafo único, 699 e 700). Com isso, garantido estará o bom êxito da comissão;

c) responsabilizar-se pela guarda e conservação dos bens do comitente, quer lhe tenham sido consignados, quer os tenha comprado. No desempenho de suas incumbências, o comissário, agindo como se o negócio fosse seu, deverá obrar com cuidado e diligência para evitar qualquer prejuízo ao comitente e para lhe proporcionar o lucro que razoavelmente se podia esperar do negócio. Se, entretanto, as mercadorias ou bens que estiverem sob sua guarda vierem a sofrer danos, deverá avisar o comitente oportunamente, sob pena de ter de responder pelas mercadorias nos termos precisos em que os conhecimentos, faturas ou cartas de remessa as designarem, sem que se lhe permita outra prova senão a de que praticou as diligências necessárias para a boa guarda e conservação das mercadorias (CC, art. 696). Tal responsabilidade subjetiva somente cessará se o dano provier de caso fortuito, de força maior ou de vício próprio da coisa;

d) responder, se empregar em operações diversas daquelas a que foram destinadas as importâncias que lhe entregar o comitente, não só pelos juros a datar do dia em que as recebeu, mas também pelos prejuízos resultantes do não cumprimento das instruções ou ordens do comitente (CC, art. 695), estando, ainda, se tais danos foram provocados culposamente, por ato omissivo ou comissivo, sujeito às ações de responsabilidade civil (CC, art. 696 e parágrafo único);

e) ressarcir os prejuízos que causar ao comitente por ter feito negociação a preço e condições mais onerosas que as correntes, ao tempo da transação, na praça em que ela se verificou, pois deve proporcionar-lhe lucro que razoavelmente se podia esperar do negócio (CC, art. 696);

f) indenizar os danos resultantes do não cumprimento de ordem do comitente (CC, art. 695);

g) prestar contas ao comitente do encargo recebido, visto que realiza negócios no interesse dele. Essa prestação de contas deverá estar de acordo com seus livros comerciais, já que contratou em seu próprio nome. Se não houver concordância entre as contas apresentadas e o que constar dos livros e assentos mercantis, terá lugar a ação criminal de furto;

h) pagar juros moratórios ao comitente pela demora ou atraso na entrega dos fundos que lhe pertencem (CC, art. 706), segundo a taxa estipulada convencionalmente ou determinada pelo critério legal previsto no art. 406 do Código Civil.

2ª) *Em relação aos terceiros*, uma vez que deverá:

a) responder pelas obrigações assumidas, por contratar em seu próprio nome, se bem que sob as ordens e por conta do comitente (CC, art. 693). Ficará, portanto, diretamente obrigado com as pessoas com quem contratar, que não terão ação contra o comitente, nem este contra elas, a não ser que o comissário tenha cedido seus direitos a qualquer delas (CC, art. 694). Entretanto, o comissário não responderá, convém repetir, pela insolvência dessas pessoas, cabendo ao comitente correr esse risco (CC, art. 697), exceto em caso de ato culposo seu, por ter ciência daquela insolvência ou da possibilidade de sua ocorrência, ou de comissão *del credere* (CC, art. 698);

b) responsabilizar-se pela perda ou extravio de dinheiro, metais preciosos de terceiros, que se encontrarem em seu poder, ainda que o dano provenha de caso fortuito ou de força maior, a não ser que consiga provar que empregou, na sua guarda, a diligência necessária[389].

j.5. Direitos e deveres do comitente

O *comitente* terá o *direito* de:

1º) opor todas as exceções que pode opor o comissário, porém jamais poderá alegar a incapacidade deste, mesmo quando a provar, para anular os efeitos das obrigações por ele assumidas;

2º) exigir que o comissário responda pelos prejuízos causados com sua dispensa motivada (CC, art. 703, *in fine*) e com o fato de não tê-lo avisado, ao receber as mercadorias ou bens, das avarias, diminuição ou mudança de

389. Quanto aos direitos e obrigações do comissário, consulte: Fran Martins, op. cit., p. 358-63; Caio M. S. Pereira, *Instituições*, cit., p. 345; Orlando Gomes, *Contratos*, cit., p. 441-4; Adalberto Simão Filho, *Comentários*, cit., p. 602-6.

Sobre crédito do comissário, havendo falência do comitente: Lei n. 11.101/2005, art. 83, IV, *c*, e V, *c*.

estado e pague pelos juros moratórios pela demora na entrega dos fundos que lhe pertencem (CC, art. 706, 2ª parte);

3º) reivindicar, em caso de falência do comissário, as mercadorias que estiverem em seu poder, e receber dos terceiros adquirentes os preços ainda não pagos das mercadorias vendidas pelo comissário;

4º) não responder, perante terceiros, pelas obrigações assumidas pelo comissário, pois este age em seu próprio nome, e pelo mesmo motivo esses terceiros não poderão acionar o comitente a respeito dos contratos realizados a seu mando (CC, art. 693);

5º) acionar terceiros, se houver sub-rogação nos direitos assumidos pelo comissário;

6º) alterar, salvo disposição em contrário, a qualquer tempo, as instruções dadas ao comissário, entendendo-se por elas regidos também os negócios pendentes (CC, art. 704) e os futuros.

O *comitente*, como sucede com o comissário, terá certos *deveres*, como os de:

1º) pagar ao comissário a remuneração a que ele tem direito pelo desempenho dos encargos que lhe foram cometidos (CC, art. 701), inclusive no caso de tê-lo dispensado motivada (CC, art. 703) ou imotivadamente (CC, art. 705);

2º) fornecer fundos suficientes para que o comissário possa levar a efeito as negociações de que foi incumbido;

3º) indenizar o comissário das despesas que foram feitas às suas expensas por adiantamento, pagando os respectivos juros (CC, art. 706);

4º) assumir os riscos oriundos da devolução de fundos em poder do comissário, exceto se o comissário se desviar das instruções emanadas do comitente ou fizer a devolução por meios diversos dos comumente usados no local da remessa[390];

5º) ressarcir o comissário despedido, sem justa causa, pelas perdas e danos, abrangendo no *quantum* indenizatório não só os gastos com a execução do serviço, mas também os lucros cessantes (CC, art. 705);

6º) pagar remuneração proporcional ao trabalho realizado em caso de força maior impeditiva da conclusão do negócio ou de morte do comissário (CC, art. 702); hipótese em que constituirá um crédito do espólio.

---

390. Sobre o assunto, *vide*: Van Ryn, op. cit., n. 1.814; Orlando Gomes, *Contratos*, cit., p. 444-6; Caio M. S. Pereira, *Instituições*, cit., p. 345; Fran Martins, op. cit., p. 363 e 364; Waldirio Bulgarelli, *Comissão mercantil*, cit., p. 219-21.

QUADRO SINÓTICO

COMISSÃO

1. NOÇÃO	• Comissão é o contrato pelo qual uma pessoa (comissário) adquire ou vende bens, em seu próprio nome e responsabilidade, mas por ordem e por conta de outrem (comitente), em troca de certa remuneração, obrigando-se para com terceiros com quem contrata.
2. CARACTERES	• Natureza contratual: É um contrato bilateral, oneroso, *intuitu personae* e consensual. • Intermediação, aliada à prestação de serviço. • Comissário age em nome próprio e deve ser empresário. • Aplicação das disposições atinentes ao mandato, no que couber, e, na omissão legal ou contratual, seus efeitos reger-se-ão pelos usos (CC, art. 709).
3. COMISSÃO "DEL CREDERE"	• É o contrato de comissão que contém pacto inserido no momento de sua celebração, pelo qual o comissário assume a responsabilidade de responder pela solvência daquele com quem vier a contratar no interesse e por conta do comitente (CC, art. 698).
4. DIREITOS DO COMISSÁRIO	• Exigir uma remuneração pelo cumprimento dos encargos que lhe foram cometidos (CC, art. 701). • Pedir ao comitente os fundos necessários para realizar o negócio de que foi incumbido. • Reembolsar-se não só das despesas efetuadas com a negociação, com juros (CC, art. 706), mas também dos prejuízos que vier a sofrer com o desempenho da comissão. • Reter bens e valores pertencentes ao comitente não só para reembolsar-se das despesas que fez, como também para garantir o pagamento de sua remuneração, sendo credor privilegiado na falência ou na insolvência do comitente, pelas comissões ou reembolsos (CC, arts. 707 e 708). • Concluir contrato consigo mesmo, se a compra for de títulos ou mercadoria com preço de bolsa.

5. OBRIGAÇÕES DO COMISSÁRIO	• Em relação ao comitente	• Concluir o negócio em seu próprio nome, agindo no interesse do comitente. • Cumprir o contrato, seguindo as ordens e instruções do comitente (CC, arts. 695, 699 e 700). • Responsabilizar-se pela guarda e conservação dos bens do comitente (CC, art. 696). • Responder pelos juros e pelos danos resultantes do não cumprimento das ordens do comitente, sujeitando-se às ações de responsabilidade civil, se os provocou culposamente. • Ressarcir os prejuízos que causar ao comitente por ter feito negociação a preço e condições mais onerosas que as correntes, na praça em que ela se verificou, pois deve proporcionar-lhe lucro razoável (CC, art. 696). • Indenizar os danos resultantes do não cumprimento de ordem do comitente (CC, art. 695). • Prestar contas ao comitente do encargo recebido. • Pagar juros moratórios pelo atraso na entrega de fundos ao comitente (CC, art. 706).
	• Em relação a terceiros	• Responder pelas obrigações assumidas (CC, art. 694) e pela solvência da pessoa com quem contratar, se a comissão for *del credere* (CC, art. 698). • Responsabilizar-se pela perda de dinheiro, metais preciosos de terceiros, que se encontrarem em seu poder.

<table>
<tr><td>6. DIREITOS DO COMITENTE</td><td>• Opor todas as exceções que pode opor o comissário.
• Exigir que o comissário responda pelos prejuízos sofridos, se este não o avisar, ao receber as mercadorias, das avarias, diminuição ou mudança de estado.
• Reivindicar, em caso de falência do comissário, as mercadorias que estiverem em seu poder, e receber dos terceiros adquirentes os preços ainda não pagos das mercadorias vendidas pelo comissário.
• Não responder, perante terceiros, pelas obrigações assumidas pelo comissário, pois este age em seu próprio nome, e pelo mesmo motivo esses terceiros não poderão acionar o comitente a respeito dos contratos realizados a seu mando (CC, art. 693).
• Acionar terceiros, se houver sub-rogação nos direitos assumidos pelo comissário.
• Alterar as instruções dadas ao comissário (CC, art. 704).</td></tr>
<tr><td>7. DEVERES DO COMITENTE</td><td>• Pagar ao comissário a remuneração a que ele tem direito (CC, arts. 701, 702, 703 e 705).
• Fornecer fundos suficientes para que o comissário possa levar a efeito as negociações que lhe foram cometidas.
• Indenizar o comissário das despesas que foram feitas às suas expensas por adiantamento, pagando os respectivos juros (CC, art. 706).
• Assumir os riscos oriundos da devolução de fundos em poder do comissário, exceto se este se desviar de suas instruções ou fizer a devolução por meios diversos dos comumente usados no local da remessa.
• Ressarcir o comissário despedido sem justa causa, pelas perdas e danos (CC, art. 705).
• Pagar remuneração proporcional ao trabalho realizado em caso de força maior impeditiva da conclusão do negócio ou de morte do comissário (CC, art. 702).</td></tr>
</table>

K. Agência e distribuição

k.1. Generalidades

A agência e distribuição são contratos muito comuns que, na seara comercial, eram regulados no direito brasileiro somente pela Lei n. 4.886/65, com as alterações da Lei n. 8.420/92. Sendo disciplinados pelo atual Código Civil, nos arts. 710 a 721, podem ser regidos pelas cláusulas estipuladas pelos contraentes e, supletivamente, pelas normas do mandato e da comissão e as constantes de lei especial (CC, art. 721). Essas modalidades contratuais ora apresentam-se aglutinadas, ora separadas. Por constituírem institutos bastante similares, nada obsta que sejam regidos pelos mesmos dispositivos normativos, aplicáveis tanto ao agente simples como ao agente distribuidor (CC, arts. 710, 713, 714, 715 e 721).

k.2. Contrato de agência ou representação comercial

k.2.1. Conceito e elementos caracterizadores

A *agência* ou *representação comercial* vem a ser o contrato pelo qual uma pessoa se obriga, mediante retribuição, a realizar certos negócios, em zona determinada, com caráter de habitualidade, em favor e por conta de outrem, sem subordinação hierárquica[391] (CC, art. 710, 1ª parte; Lei n. 4.886/65, com alteração da Lei n. 8.420/92, art. 1º). O agente atua livremente ao exer-

391. Caio M. S. Pereira, *Instituições*, cit., p. 345; Fran Martins, op. cit., p. 337; Ripert, op. cit., n. 2.339; M. H. Diniz, *Tratado teórico e prático dos contratos*, São Paulo, Saraiva, 1999, v. 3, p. 457 a 465; Silva Pacheco, *Tratado de direito empresarial – empresário: pessoa e patrimônio*, São Paulo, Saraiva, 1979, v. 1, p. 347; Ripert, *Traité élémentaire de droit commercial*, Paris, 1973, n. 2.339; Orlando Gomes, *Contratos*, cit., p. 447; José Augusto Delgado, Do contrato de agência e distribuição no Código Civil de 2002, in *O novo Código Civil – estudos em homenagem a Miguel Reale*, São Paulo, LTr, 2003, p. 657 e s.; Humberto Theodoro Júnior, Do contrato de agência e distribuição no novo Código Civil, *RT*, *812*:22; Matiello, *Código*, cit., p. 443-9; Ari Possidonio Beltran, Contratos de agência e de distribuição no novo Código Civil e a representação comercial, *Revista do Advogado*, *70*:11-17; *RT*, *273*:526, *628*:116, *520*:160, *642*:126, *629*:134, *582*:174, *481*:207; *EJSTJ*, *8*:130; *JB*, *156*:252, *141*:33, 57, 58 e 152; *RJTJSP*, *119*:240, *120*:230; *RSTJ*, *85*:253, *104*:163; e STJ, Súmula 184.

Esclarece Adalberto Simão Filho (*Comentários*, cit., p. 607) que o Código Civil, ao disciplinar, inteiramente, matéria estabelecida na lei de representação comercial (Lei n. 4.886/65), apresentou duas figuras distintas (agência e representação comercial) com direitos próximos e similares. A agência é mais ampla do que a representação comercial, que só se restringe à realização de negócios mercantis. E criou, ainda, a figura do agente distribuidor que tem sob sua disponibilidade a coisa a ser negociada com terceiro.

cer a atividade para a qual foi contratado, dentro de determinado limite territorial, sem ter o dever de seguir qualquer diretriz que não tenha sido acordada de modo expresso.

Essa modalidade contratual é originária do serviço prestado pelo mascate ou vendedor ambulante, que viajava no lombo de mulas, vendendo diretamente ao consumidor. Com o desenvolvimento dos transportes, o sistema de comercialização aperfeiçoou-se, e os empresários passaram a contar com colaboradores externos independentes, que se constituíram nos agentes comerciais, com a função de colocar no mercado os produtos da empresa representada, recebendo comissão expressa em percentual sobre o valor das mercadorias vendidas ou faturadas.

A pessoa que se obriga a agenciar propostas ou pedidos em favor de outra recebe a denominação de *agente* ou *representante comercial*, que deverá ser registrado no Conselho Federal e no Conselho Regional de Representantes Comerciais, e aquela em prol de quem os negócios são agenciados, a de *representado*[392]. A coisa, objeto de negócio, fica em poder do representado, devendo o agente pleiteá-la, assim que o negócio se concretizar. O agente não tem, portanto, a disponibilidade do bem a ser negociado.

Há na agência uma atividade de intermediação exercida profissionalmente pelo representante comercial, sem qualquer dependência hierárquica, mas de conformidade com instruções dadas pelo representado, tendo por finalidade recolher ou agenciar propostas para transmiti-las ao representado.

O contrato de representação comercial pertence ao gênero *contratos de intermediação*, do qual o mais peculiar é a corretagem, com o qual não se confunde, visto que enquanto a corretagem é uma atividade eventual em relação ao comitente, agindo o corretor no interesse das duas partes, o representante comercial age, permanente, profissional e habitualmente, em prol da empresa representada. Quem praticar ato isolado ou esporádico de representação comercial poderá ser considerado simples corretor de mercadorias, mas nunca representante comercial, não tendo, portanto, direito à proteção legal na cobrança de seu eventual crédito (*JB*, *141*:133).

---

392. Fran Martins, op. cit., p. 337; Luiz Olavo Batista, Contratos de agência e representação na prática internacional, *RDPúbl.*, v. 15, n. 62, p. 227-41; W. Bulgarelli, *Contratos mercantis*, São Paulo, Atlas, 1988, p. 470-5; Ricardo Nacim Saad, *Representação comercial*, São Paulo, Saraiva, 1993; Rubens Requião, *Do representante comercial*, Rio de Janeiro, Forense, 1993; Agência, *Enciclopédia Saraiva do Direito*, v. 5, p. 160-81; Sebastião José Roque, *Dos contratos civis-mercantis*, cit., p. 109-16; *Ciência Jurídica*, *25*:152. O agente tem também a função, conforme o caso, de promover a atividade do agenciado, mediante promoções comerciais, artísticas, desportivas, culturais etc. Consulte: Lei n. 4.886/65, arts. 27, 28, 31, 32, § 5º, 33, 34, 35, 36 e 38.

Caracterizam a agência ou representação comercial os seguintes *elementos*[393]:

1º) *Contratualidade*, pois reclama o acordo de vontades do representante e do representado. É um contrato: *a*) *bilateral*, por criar obrigações para ambos os contraentes; *b*) *oneroso*, porque o representante fará jus a uma remuneração pelos serviços prestados; *c*) *"intuitu personae"*, por ser personalíssimo, e, por isso, intransferível; *d*) *consensual*, por não se exigir forma especial para a sua celebração, podendo constituir-se oralmente ou por escrito. Todavia, a forma escrita é a mais comum, e a Lei n. 4.886/65, art. 27, com a redação dada pela Lei n. 8.420/92, a ela se refere, ao prescrever que, "do contrato de representação comercial, além dos elementos comuns e outros, a juízo dos interessados, constarão, obrigatoriamente: *a*) condições e requisitos gerais da representação; *b*) indicação genérica ou específica dos produtos ou artigos objeto da representação; *c*) prazo certo ou indeterminado da representação; *d*) indicação da zona ou zonas em que será exercida a representação; *e*) garantia ou não, parcial ou total, ou por certo prazo, da exclusividade de zona ou setor de zona; *f*) retribuição e época do pagamento, pelo exercício da representação, dependente da efetiva realização dos negócios, e recebimento, ou não, pelo representado, dos valores respectivos; *g*) os casos em que se justifique a restrição de zona concedida com exclusividade; *h*) obrigações e responsabilidades das partes contratantes; *i*) exercício exclusivo ou não da representação a favor do representado; *j*) indenização devida ao representante, pela rescisão do contrato fora dos casos previstos no art. 35[394], cujo montante não poderá ser inferior a 1/12 (um doze avo) do total da retribuição auferida durante o tempo em que exerceu a representação". A prova desse contrato será feita por todos os meios admitidos em direito (CC, art. 212).

---

393. Orlando Gomes, *Contratos*, cit., p. 448-54, 457 e 458; Caio M. S. Pereira, *Instituições*, cit., p. 346; Fran Martins, op. cit., p. 339-43; Baldi, *Il contratto di agenzia*, p. 259 e s.; Barbero, *Sistema istituzionale di diritto privato italiano*, v. 2; Mariza A. Marquez de Sousa, A exclusividade de zona nos contratos de representação comercial, *Tribuna do Direito*, *36*:24; Antonio Pinto Monteiro, *Contrato de agência*, 1993; Paulo Crahay, *Les contrats internationaux d'agence et de concession de vente*, 1991; Carlos L. Barata, *Anotações ao novo regime do contrato de agência*, 1994; Silvio Luís Ferreira da Rocha, *Curso*, cit., v. 3, p. 417 a 425.

394. A Lei n. 4.886/65 dispõe no art. 34 que: "A denúncia, por qualquer das partes, sem causa justificada, do contrato de representação, ajustado por tempo indeterminado e que haja vigorado por mais de seis meses, obriga o denunciante, salvo outra garantia prevista no contrato, à concessão de pré-aviso, com antecedência mínima de trinta dias, ou ao pagamento de importância igual a um terço das comissões auferidas pelo representante, nos três meses anteriores".

2º) *Obrigação do agente de promover a conclusão do contrato por conta do proponente.*

3º) *Profissionalidade do representante*, pois este deverá ter como profissão o agenciamento de negócios, por meio de propostas ou pedidos, encaminhadas aos representados, de pessoas que pretendam com eles comerciar.

Os representantes comerciais poderão ser pessoas naturais ou jurídicas, desde que não estejam falidas, ou, se o foram, desde que estejam reabilitadas, que não tenham sido condenadas por infração penal de natureza infamante e que não tenham tido seu registro comercial cancelado como penalidade (Lei n. 4.886/65, art. 4º). Os representantes comerciais, para poderem exercer sua profissão, gozando dos benefícios legais, deverão ser registrados nos Conselhos Regionais dos Representantes, órgãos que fiscalizarão sua atuação, podendo, até mesmo, impor-lhes penalidades (Lei n. 4.886/65, arts. 2º a 12, 18 e 19).

4º) *Independência de ação*, isto é, *autonomia na prestação de serviço*, não havendo vínculo de subordinação hierárquica entre representante e representado, visto que o representante não é empregado do representado. Todavia, haverá uma subordinação do representante às ordens do representado, pois deverá, no desempenho do que lhe foi cometido, agir com toda diligência, atendo-se às instruções recebidas do proponente (CC, art. 712), a quem deverá prestar contas de sua atividade; isso, porém, não configurará vínculo hierárquico ou de dependência, pois na execução de seu serviço o agente gozará de toda autonomia.

5º) *Habitualidade do serviço*, pois será imprescindível a prática habitual dos atos de agenciamento. Realmente, estatui o Código Civil, no art. 710, 1ª alínea, que o representante assumirá, em caráter não eventual, a obrigação de promover a realização de certos negócios.

6º) *Delimitação da zona onde deverá ser desenvolvida a atividade do representante* (CC, art. 710, *in fine*) em cláusula contratual, que poderá estipular que o representante poderá agenciar em todo o país, em certos Estados, em um só Estado ou em um Município etc.

7º) *Exclusividade recíproca da representação*, que constitui a regra no contrato de agência, pois pelo Código Civil, art. 711, o proponente não poderá constituir, salvo ajuste em contrário, ao mesmo tempo, mais de um agente, na mesma zona, com idêntica incumbência, nem tampouco poderá o agente assumir o encargo de nela tratar de negócio do mesmo gênero, à conta de outros proponentes. Logo, um representante não poderá agenciar duas ou mais empresas para um mesmo gênero de negócios, se o contrato não o permitir. No contrato de representação comercial, prevalece a seguinte norma: para toda a zona e todo o ramo de atividade, um só agente; e apenas um proponente para cada agente. Todavia, a exclusividade ou não exclusividade dependerá do que constar no contrato. Daí não ser a exclusividade seu elemento necessário, uma vez que a cláusula que a impõe poderá ser afastada. Estabelecida a cláusula de exclusividade, o inadimplemento do dever de respeitá-la em favor da outra parte será causa de rescisão contratual e de indenização de perdas e danos.

8º) *Retribuição do representante pelo agenciamento*, que poderá ser: *a*) *variável*, calculada na base de percentagem sobre o valor do negócio concluído, ou seja, condicionada à execução do contrato. Assim, se este se realizar, o representante receberá quantia que lhe corresponda. Salvo ajuste, o agente terá direito à remuneração correspondente aos negócios concluídos dentro de sua zona, ainda que sem a sua interferência (CC, art. 714), pleiteando-o do proponente, que, por sua vez, poderá exercer direito de regresso contra o agente, que quebrou a exclusividade daquele, reavendo o *quantum* desembolsado. A remuneração também lhe será devida quando o negócio deixar de se realizar por fato imputável ao proponente (CC, art. 716), p. ex., não acatando pedidos nem efetuando fornecimentos, pois o ato negocial foi concluído com seu esforço, em sua zona de atuação, apesar de ter sido, sem culpa sua, prejudicado. Se sua execução for parcial, reduzir-se-á a remuneração proporcionalmente ao serviço prestado. Assim, se ele não puder executar o trabalho por motivo de força maior, terá direito à remuneração correspondente ao serviço realizado, cabendo esse direito aos herdeiros em caso de morte do agente, visto ser crédito do espólio (CC, art. 719). Mesmo se for dispensado por justa causa, o agente terá direito a ser remunerado na proporção dos serviços úteis que efetivamente prestou ao proponente, dentro dos limites estabelecidos contratualmente, sem embargo de haver este perdas e danos pelos prejuízos sofridos (CC, art. 717) em razão da atividade executada culposamente por aquele. Veda-se, aqui, diante do princípio da boa-fé objetiva (CC, art. 422), o enriquecimento indevido (CC, arts. 884 a 886). Se a dispensa se der sem culpa do representante, ele terá direito à remuneração até então devida, e à relativa aos negócios pendentes, além das indenizações previstas em lei especial (Lei n. 4.886/65, art. 27 c/c 34) alusivas ao valor de sua atuação na execução contratual, trazendo vantagens como captação de clientela (CC, art. 718). Pelo Enunciado n. 82: "A indenização devida ao Representante, prevista no art. 27, alínea *j*, da Lei n. 4.886/1965, deve ser apurada com base nas comissões recebidas durante todo o período em que exerceu a representação, afastando-se os efeitos de eventual pagamento a menor, decorrente de prática ilegal ou irregular da

Representada reconhecida por decisão judicial ou arbitral transitada em julgado" (aprovado na III Jornada de Direito Comercial). Deveras, se o agente não praticou qualquer ato que dê azo à sua despedida, não poderá ser privado de sua remuneração ou de verba atinente a negócio que, apesar de ter sido por ele efetivado, não pôde ser concluído em razão de sua dispensa imotivada; *b*) *fixa*, se o agente perceber determinada remuneração para promover certo número de operações. Tal remuneração deverá ser ajustada pelos contraentes, e, se nada se estipular a respeito, fixar-se-á o seu montante segundo os usos dominantes na praça.

k.2.2. Consequências jurídicas

O contrato de agenciamento produz uma série de consequências jurídicas[395], tais como:

1ª) *Direitos do agente* de: *a*) exclusividade; *b*) remuneração (CC, arts. 714, 716, 717, 718 e 719); *c*) ver atendidos os seus pedidos para que possa exercer profissionalmente a sua atividade; *d*) liberdade de ação, se no contrato não estiver previsto o número de negócios que deve promover; porém, não poderá, obviamente, realizá-los em número que ultrapasse a capacidade produtiva do proponente. Poderá organizar sua atividade como lhe convier, empregando seu tempo como quiser; *e*) admitir, sob sua responsabilidade, subagentes, que trabalhem sob sua direção; *f*) ressarcir-se de prejuízos causados por inadimplemento do proponente, como, p. ex., se este, sem justa causa, cessar os fornecimentos, não mais atendendo às propostas ou reduzi-los de tal forma que se torne antieconômica a manutenção do contrato (CC, art. 715); *g*) exercer os poderes, similares aos decorrentes do mandato, que lhe foram conferidos pelo proponente para representá-lo na conclusão dos contratos oriundos de convenção com terceiros, para que melhor possa conduzir a negociação, ultimando os atos pretendidos (CC, art. 710, parágrafo único).

2ª) *Obrigações do representante* de: *a*) exercer, diligentemente, sua atividade e seguir, com fidelidade, as instruções recebidas do representado a respeito das condições de venda, fixação do preço das mercadorias e forma de pa-

395. Fran Martins, op. cit., p. 343-5; Orlando Gomes, *Contratos*, cit., p. 456 e 457; Caio M. S. Pereira, *Instituições*, cit., p. 346 e 347.

Vide Resolução n. 5/2019 do Conselho Regional dos Representantes Comerciais do Estado de São Paulo sobre envio, via postal, da cédula de identidade profissional do representante comercial.

gamento, sob pena de rescisão contratual com eventuais perdas e danos (CC, art. 712); *b*) conseguir negócios em favor do representado, mediante pedidos e propostas. Todavia, isto dependerá das condições do mercado, da qualidade das mercadorias colocadas à venda, de modo que o representante não poderá obrigar-se a enviar ao representado número certo de pedidos. Mas, se se tratar de mercadoria de fácil consumo e de excepcional qualidade, o contrato poderá conter cláusula que estipule um mínimo de produção por parte do representante; *c*) informar o representado das condições do mercado dentro de sua zona, perspectivas de vendas, situação da clientela, atuação dos concorrentes e andamento dos negócios a seu cargo; *d*) diligenciar para que os clientes recebam com regularidade as mercadorias compradas, pois será ele que, na qualidade de representante do proponente, receberá as reclamações concernentes ao inadimplemento contratual, total ou parcial, e as relativas aos vícios que porventura apresentarem as mercadorias recebidas; *e*) manter sigilo sobre as atividades da representação, podendo ser punido pelo Conselho Regional dos Representantes, se quebrar segredo profissional (Lei n. 4.886/65, art. 19, *d*); *f*) pagar todas as despesas, viagem, estada, transporte de mercadorias, encargos fiscais decorrentes do exercício de sua profissão, incluídas as de propaganda do produto, salvo estipulação expressa em contrário (CC, art. 713); *g*) prestar contas ao representado do produto de suas atividades ou dos documentos recebidos daquele (Lei n. 4.886/65, art. 19, *e*).

3ª) *Deveres do representado* de: *a*) pagar a remuneração dos serviços prestados pelo representante (CC, arts. 714, 716, 717, 718 e 719); *b*) não constituir, ao mesmo tempo, mais de um agente na mesma zona, com idêntica incumbência, salvo estipulação em contrário (CC, art. 711).

4ª) *Direitos do representado* de: *a*) reter o pagamento do representante nos casos em que o contrato for rescindido por culpa dele, para garantir a indenização dos danos sofridos com a rescisão; *b*) conferir poderes ao agente, para que este o represente na conclusão dos contratos (CC, art. 710, parágrafo único).

k.2.3. Extinção

O contrato de agência extinguir-se-á[396]:

396. Orlando Gomes, *Contratos*, cit., p. 458-60; Van Ryn, op. cit., n. 1.860; Fran Martins, op. cit., p. 345; Caio M. S. Pereira, *Instituições*, cit., p. 346.

1º) pelo *decurso do prazo* previsto para a sua duração;

2º) pela *resilição unilateral*, se não houver prazo estipulado para a sua duração, mas o agente estará adstrito a respeitar um prazo razoável para que o outro contraente tome as devidas providências, seja da parte do agente quanto à conclusão dos negócios encetados, seja da parte do representado para a cobertura da zona por outro agente. Isto é assim porque a resilição brusca poderá acarretar sérios danos. Logo, se o contrato for por tempo indeterminado, qualquer dos contraentes poderá resolvê-lo, a qualquer tempo, mediante aviso prévio, com antecedência de noventa dias, desde que da celebração do contrato até a data daquele aviso haja transcorrido prazo compatível com a natureza e o vulto do investimento exigido do agente. Com isso, respeitados estarão os princípios da boa-fé objetiva e da função social do contrato, evitando-se, ainda, a ocorrência de enriquecimento indevido de uma das partes. A resilição unilateral de contrato por tempo indeterminado, portanto, somente operar-se-á se: *a*) houver aviso prévio de noventa dias; *b*) desde a celebração do contrato até o dia em que se deu o aviso prévio decorreu prazo compatível com a natureza e o vulto de investimento exigido do agente, para evitar que a alta quantia seja investida, sem que haja tempo suficiente para a obtenção de seu retorno. Havendo divergência entre as partes, o órgão judicante deverá decidir sobre a razoabilidade do prazo da contratação transcorrido até a data em que se deu o aviso prévio e do valor devido pelo proponente ao agente até o momento da ruptura contratual (CC, art. 720 e parágrafo único). Se o contrato for por tempo determinado, só se poderá rescindi-lo antes do vencimento do prazo se um dos contraentes violar obrigação contraída. Se não houver inadimplemento contratual e uma das partes o resolver, esta sujeitar-se-á ao pagamento das perdas e danos;

3º) pela *resolução por inexecução do contrato* por uma das partes ou por fato imputável ao representado ou ao representante. São justos motivos para que o representado rescinda o contrato: *a*) redução da esfera de atividade do representante, em desacordo com as cláusulas contratuais; *b*) desídia do representante no cumprimento de seus deveres; *c*) prática de atos que importem descrédito comercial; *d*) quebra da exclusividade prevista no contrato; *e*) condenação por crime infamante. Constituem justa causa para que o representante resolva o contrato: *a*) fixação abusiva dos preços das mercadorias pelo representado em relação à zona do representante, ou a prática de atos com o intuito de lhe impossibilitar ação regular; *b*) remuneração fora da época devida; *c*) quebra da exclusividade prevista no contrato; *d*) redução da zona de atividade (Lei n. 4.886/65, art. 35; CC, art. 711);

4º) pelo *distrato*, isto é, se ambos os contraentes, por mútuo consenso, resolverem extinguir o contrato, seja ele por tempo determinado ou não;

5º) pela *força maior* ou *caso fortuito* (CC, art. 719), que impossibilitou a continuidade do serviço de agenciamento e gerou o direito à remuneração correspondente ao trabalho realizado, pois não pôde dar-lhe continuidade por fato alheio à sua vontade;

6º) pela *morte* (CC, art. 719) do agente, caso em que seus herdeiros perceberão a remuneração proporcional ao trabalho de agenciamento levado a efeito pelo *de cujus*, constituindo um crédito do espólio.

k.3. Contrato de distribuição

k.3.1. Generalidades

O contrato de distribuição surgiu com a denominação de concessão mercantil, sendo que sua tipicidade decorre do Código Civil (arts. 710, 713, 714, 715 e 721; *RSTJ*, *105*:275, *JTJRS*, *156*:305, *246*:116) e da Lei n. 6.729/79, com as alterações da Lei n. 8.132/90, que veio a regular a concessão comercial entre produtores e distribuidores de veículos automotores de via terrestre (art. 1º). A distribuição é uma espécie mais genérica de concessão mercantil. Seria a distribuição a concessão comercial *lato sensu*, diversa da concessão comercial *stricto sensu*. A distribuição, pela sua generalidade, admite a subdistribuição; assim, o distribuidor, autorizado pelo contrato de distribuição, poderá utilizar-se de rede própria de subdistribuidores para providenciar a colocação do produto no mercado consumidor, mas tal subdistribuição deverá sujeitar-se às normas ditadas pelo fabricante. A concessão, por ser mais específica, não comportará rede de subconcessionários para que o concessionário promova a colocação do produto no mercado consumidor. Isto é assim porque a relação entre concedente (produtor) e concessionário (distribuidor), semelhantemente à concessão de serviço público, possui caráter *intuitu personae*, visto que as condições pessoais do concessionário são essenciais ao contrato, de tal sorte que a concessão comercial ocorrerá sob condição de exclusividade, tanto de aprovisionamento, em benefício do concedente, quanto de área geográfica em prol do concessionário (art. 5º, I e II, § 1º, da Lei n. 6.729/79, com alteração da Lei n. 8.132/90). Na distribuição, a exclusividade de aprovisionamento e de área de vendas será ajustável livremente entre fabricante e distribuidores, como restrição. Se for estabelecida a exclusividade pelo fabricante, ela estender-se-á a toda a rede de distribuição indistintamente; se for imposta aos distribuidores a exclusividade de aprovisionamento, em benefício do fabricante, decorrerá àqueles o direito à área demarcada exclusiva[397].

397. Claudineu de Melo, *Contrato de distribuição*, São Paulo, Saraiva, 1987, p. 41-3. Pelo art. 2º,

É uma espécie de contrato de agência, mas dele se distingue, visto que, na distribuição, o fabricante vende o produto ao distribuidor, para posterior revenda, e na agência o fabricante vende o produto diretamente ao consumidor, por meio da intermediação do agente. Além disso, o agente age em nome e por conta da empresa agenciada, e, na distribuição, o distribuidor age por conta própria, adquirindo o produto do fabricante para revendê-lo no mercado consumidor.

Ensina-nos Orlando Gomes, com muita propriedade, que o exercício da profissão de agente confunde-se com a de distribuidor, que apenas se compromete a vender os produtos de determinada marca. O distribuidor negocia por conta própria, compra a mercadoria para revendê-la com exclusividade em certa zona, obrigando-se o fabricante, por sua vez, a não vendê-la a outro negociante na mesma zona. Caracteriza-se a distribuição pelo fato de o distribuidor ter à sua disposição a coisa a ser negociada, que será entregue àquele com quem efetuar o negócio (CC, art. 710, 2ª alínea) e de ter poderes de representação, semelhantes aos do mandato, na conclusão de negócio (CC, art. 710, parágrafo único), outorgados pelo fabricante dos produtos negociados.

---

§§ 1º e 2º, da Lei n. 6.729/79, com redação da Lei n. 8.132/90, consideram-se: I – produtor, a empresa industrial que realiza a fabricação ou montagem de veículos automotores; II – distribuidor, a empresa comercial pertencente à respectiva categoria econômica, que realiza a comercialização de veículos automotores, implementos e componentes novos, presta assistência técnica a esses produtos e exerce outras funções pertinentes à atividade; III – veículo automotor, de via terrestre, o automóvel, caminhão, ônibus, trator, motocicleta e similares; IV – implemento, a máquina ou petrecho que se acopla a veículo automotor, na interação de suas finalidades; V – componente, a peça ou o conjunto integrante do veículo automotor ou implemento de série; VI – máquina agrícola, a colheitadeira, a debulhadora, a trilhadeira e demais aparelhos similares destinados à agricultura, automotrizes ou acionados por trator ou outra fonte externa; VII – implemento agrícola, o arado, a grade, a roçadeira e demais petrechos destinados à agricultura; VIII – serviço autorizado, a empresa comercial que presta serviços de assistência a proprietários de veículos automotores, assim como a empresa que comercializa peças e componentes. § 1º Para os fins desta Lei: *a*) intitula-se também o produtor de concedente e o distribuidor de concessionário; *b*) entende-se por trator aquele destinado a uso agrícola, capaz também de servir a outros fins, excluídos os tratores de esteira, as motoniveladoras e as máquinas rodoviárias para outras destinações; *c*) caracterizar-se-ão as diversas classes de veículos automotores pelas categorias econômicas de produtores e distribuidores, e os produtos, diferenciados em cada marca, pelo produtor e sua rede de distribuição, em conjunto. § 2º Excetuam-se da presente Lei os implementos e máquinas agrícolas caracterizados neste artigo, incisos VI e VII, que não sejam fabricados por produtor definido no inciso I. "O contrato de distribuição previsto no art. 710 do Código Civil é uma modalidade de agência em que o agente atua como mediador ou mandatário do proponente e faz jus à remuneração devida por este, correspondente aos negócios concluídos em sua zona. No contrato de distribuição autêntico, o distribuidor comercializa diretamente o produto recebido do fabricante ou fornecedor, e seu lucro resulta das vendas que faz por sua conta e risco" (Enunciado n. 31 da I Jornada de Direito Comercial do Conselho da Justiça Federal).

O distribuidor recebe, salvo estipulação diversa, uma retribuição, correspondente aos serviços prestados e negócios concluídos dentro de sua zona de atuação, mesmo sem sua interferência (CC, art. 714), baseada no lucro obtido com a revenda do produto, que é de certo modo prefixado por força de tabelamento do preço e tem direito à indenização se o proponente, sem justa causa, cessar os fornecimentos, não mais atendendo às propostas ou vier a reduzi-los de modo a tornar antieconômica a continuação do contrato (CC, art. 715). O proponente apenas não terá o dever de reparar tal indenização se o dano advier de força maior, caso fortuito, superveniência de circunstância que venha a alterar a economia do país ou culpa exclusiva do distribuidor.

O agente também exerce o monopólio de vendas, mas é um representante comercial que percebe uma remuneração, vendendo por conta do representado[398].

No contrato de distribuição (Lei n. 6.729/79, com alterações da Lei n. 8.132/90; *EJSTJ*, *7*:104), uma pessoa assume a obrigação de revender, com exclusividade e por conta própria, mediante retribuição, mercadorias de certo fabricante, em zona determinada.

É contrato típico e misto por abranger a compra e venda dos produtos a serem distribuídos, a agência, o fornecimento de estoques de mercadorias, a prestação de serviço de assistência técnica, o uso de marca etc. (*RT*, *551*:46, *536*:172; *EJSTJ*, *7*:104). E tem os caracteres da bilateralidade, onerosidade, comutatividade, consensualidade, sendo, ainda, *intuitu personae*.

Trata-se de promessa de venda e revenda, pois o concedente é vendedor, e o concessionário, revendedor exclusivo, de tal sorte que na relação contratual dever-se-á fixar as condições da revenda, no que atina ao preço, à embalagem, à publicidade e propaganda, aos equipamentos técnicos para assistência etc.

Geralmente a venda de produtos fabricados é feita ao empresário, que revende a consumidores. Mas casos há, como na venda de automóveis, em que os produtos reclamam uma manutenção especial feita por pessoas ca-

---

398. Orlando Gomes, *Contratos*, cit., p. 454-6; Claudineu de Melo, *Contrato de distribuição*, Saraiva, 1987; M. H. Diniz, *Tratado teórico e prático dos contratos*, São Paulo, Saraiva, 1993, v. 3, p. 373 e s.; Rubens Requião, O contrato de concessão de venda com exclusividade, *RDM*, *7*:23; W. R. Faria, *Direito da concorrência e contrato de distribuição*, Porto Alegre, Sérgio A. Fabris, Editor, 1992; Demócrito R. Reinaldo Filho, Contrato de distribuição de bebidas – casos em que sua lição enseja indenização e critérios para fixação dos valores. *Revista Síntese – Direito empresarial*, *35*: 14-37. *Vide*: Lei n. 6.729/79, a respeito de concessão de veículos, com as alterações da Lei n. 8.132/90; Decreto n. 2.953/99, sobre distribuição, armazenamento e comércio de combustíveis; *JB*, *141*:136, *126*:250, *150*:333; *RT*, *830*:333, *640*:159, *600*:71, *641*:194, *587*:166; Súmula 9 do 2º TACSP.

pacitadas ou têm preço elevado, impossibilitando o empresário comum de adquiri-los em quantidade suficiente à procura. Daí a necessidade de instalar agências em grandes cidades, que possibilitem que o produto chegue às mãos do consumidor, com garantia de manutenção ou de assistência técnica ou mecânica. O contrato de distribuição possibilitaria a comercialização de produtos fabricados, mediante revenda ao mercado consumidor; assim, o concedente teria um posto de venda de seu produto e o concessionário assumiria o ônus dos investimentos imobiliários, mobiliários e comerciais, oriundos da instalação do posto de vendas, mas teria, por outro lado, a exclusividade da venda do produto, o que lhe traria vantagens decorrentes do renome da marca, da promoção de vendas e publicidade[399].

A distribuição de derivados de petróleo liga-se à indústria automobilística na linha de produção em série. Antes da instalação dessa indústria, os carros abasteciam-se à porta de mercearias, por meio de latas e funis. Com o tempo surgiram diante das casas de comércio bombas manuais para o abastecimento de automóveis. Só com aquela indústria é que vieram os postos de abastecimento ou serviços, com bombas automáticas. Com isso a distribuição ampliou-se, objetivando garantir o produto ao consumidor. A empresa de petróleo ou indústria petrolífera participa dessa atividade mercantil, controlando todas as fases das atividades petrolíferas, desde a pesquisa e exploração até a venda dos produtos. Enquanto o refino assegura o mercado para o petróleo bruto, a distribuição garante o abastecimento das regiões, mediante colocação direta dos derivados oriundos da refinaria. A distribuição de derivados de petróleo é atividade mercantil definida e regulamentada pelo Conselho Nacional de Petróleo (CNP), e as vendas são feitas por atacado, a grandes consumidores e a revendedores. Os primeiros fornecimentos de produtos de petróleo foram feitos pela Petrobras, que os distribuiu, em 1962, no Rio de Janeiro, a postos de revenda, criando, ainda, em 1965 as "Diretrizes para a Política Comercial de Distribuição", englobando princípios que possibilitariam à empresa atingir a rentabilidade capaz de tornar lucrativa tal atividade, e, para assegurar o apoio operacional, construíram-se bases de provimento em diversos pontos do país. Em 1968 criou-se a Superintendência de Distribuição (SUDIST). A Petrobras vem atuando na área de distribuição de derivados de petróleo, através da Petrobras Dis-

---

399. Cristiano Graeff Jr., O contrato de concessão comercial e a Lei n. 6.729/79, *Ajuris*, n. 20, 1980, p. 80; Claudineu de Melo, *Contrato de distribuição*, cit., p. 2; Teresa Puente Muñoz, *El contrato de concesión mercantil*, Madrid, 1976; Claude Champaud, La concession commerciale, *Revue Trimestrielle de Droit Commercial*, Paris, 1963, t. 16, p. 471; A. Rizzardo, *Contratos*, 1988, v. 3, p. 1329-41.

tribuidora SA – BR. A esta subsidiária competirá, em igualdade de condições com as demais companhias distribuidoras, abastecer o mercado nacional de derivados de petróleo. Essa participação da Petrobras no mercado de distribuição visa a comercialização de produtos de petróleo e a expansão da rede de postos em todo o território brasileiro[400].

Este contrato é mais comum no setor de bebidas, na comercialização de automóveis, caminhões, ônibus, tratores - com exceção de tratores de esteira e motoniveladoras –, motocicletas fabricados ou fornecidos pelo produtor. O concessionário obrigar-se-á, ao adquiri-los, a prestar assistência técnica não só na revisão mas também no atendimento, revendendo-os com exclusividade e usando gratuitamente a marca do concedente, como identificação (Lei n. 6.729, art. 3º).

Não serão suscetíveis de concessão as máquinas rodoviárias para outras destinações que não a agrícola e as máquinas agrícolas como colheitadeira, debulhadora e trilhadeira (art. 2º, § 2º, da Lei n. 6.729).

É assegurada ao concedente a contratação de nova concessão:

— se o mercado de veículos automotores novos da marca, na área delimitada, apresentar as condições justificadoras da contratação que tenham sido ajustadas entre o produtor e sua rede de distribuição; caso em que o concessionário instalado na área concorrerá com os demais interessados, em igualdade de condições;

— pela necessidade de prover vaga de concessão extinta.

A nova contratação não se poderá estabelecer em condições que de algum modo prejudiquem os concessionários da marca (art. 6º, I e II, §§ 1º e 2º, da Lei n. 6.729, com redação da Lei n. 8.132/90).

k.3.2. Conceito e requisitos

O contrato de distribuição é o acordo em que o fabricante, oferecendo vantagens especiais, compromete-se a vender, continuadamente, seus produtos ao distribuidor, para revenda em zona determinada[401].

---

400. *O petróleo e a Petrobras*, publicação do SERPUB, 1978, p. 66 e 67. Sobre distribuição, armazenamento e comércio de combustíveis, *vide* Decreto n. 2.953/99; Portaria n. 29/99 da ANP sobre atividade de distribuição de combustíveis líquidos derivados de petróleo, álcool combustível, biodiesel, mistura óleo diesel/biodiesel especificada ou autorizada pela ANP e outros combustíveis automotivos.

401. Conceito baseado em Claudineu de Melo, *Contrato de distribuição*, cit., p. 29.

Deste conceito poder-se-ão extrair os seguintes *requisitos*[402]:

a) *Subjetivos*, pois neste contrato ter-se-á de um lado o concedente ou produtor, e de outro o concessionário ou distribuidor (Lei n. 6.729/79, art. 2º, I e II, § 1º, *a*, com redação da Lei n. 8.132/90), que pode ser pessoa natural ou jurídica, obrigando-se a revender os produtos adquiridos e a prestar assistência técnica, em seu próprio nome e risco. Infere-se, ainda, que requer que uma das partes contratantes seja fabricante ou manipulador do produto, seja reembalando-o, seja alterando sua forma.

b) *Objetivos*, uma vez que o produto comercializado deverá ser produzido pelo fabricante (Lei n. 6.729/79, com redação da Lei n. 8.132/90, art. 2º, III a VIII, § 1º, *b* e *c*, e § 2º); logo, não haverá distribuição, nas hipóteses de mera subdistribuição. Assim sendo, o contrato de distribuição visa a colocação do produto no mercado consumidor, operando a transferência da mercadoria do patrimônio do fabricante para o do distribuidor, passando para o do consumidor. Sem revenda não haverá distribuição; o distribuidor poderá revender ao consumidor ou a outro empresário.

O contrato de distribuição requer que o produto adquirido pelo distribuidor seja destinado à revenda, logo o distribuidor não poderá adquiri-lo com o escopo de usá-lo no processo industrial, como matéria-prima ou componente da produção, pois nesta hipótese ter-se-ia contrato de fornecimento.

O distribuidor não precisará comprovar a revenda para adquirir o produto do fabricante, pois a mantença de estoque será imprescindível para o exercício de sua atividade mercantil, visto que o distribuidor dele precisará para bem atender sua clientela.

O contrato de distribuição requer, ainda, a delimitação da área geográfica de atuação do distribuidor, seja ela exclusiva ou não, para que a revenda se realize sempre dentro dela, a fim de que o distribuidor não seja perturbado por outro distribuidor concorrente, estabelecendo-se distâncias mínimas entre os estabelecimentos de distribuidores da mesma rede, fixadas segundo critérios de potencial de mercado (art. 5º da Lei n. 6.729/79).

A distribuição é compra e venda continuada, confundindo-se um pouco com o contrato de fornecimento. O fabricante exigirá, de sua rede de distribuidores, o dever de adquirir uma quota mínima mensal de seus pro-

---

402. Claudineu de Melo, *Contrato de distribuição*, cit., p. 30 a 39, 72 a 75, 93 e 94; Teresa Puente Muñoz, *El contrato de concesión mercantil*, cit., p. 191-200.

dutos, sob pena de rescisão contratual por inadimplemento. É livre o preço da venda do concessionário ao consumidor, relativamente aos bens e serviços objeto da concessão dela decorrentes. Os valores do frete, seguro e outros encargos variáveis de remessa da mercadoria ao concessionário e deste ao respectivo adquirente deverão ser discriminados, individualmente, nos documentos fiscais pertinentes. Cabe ao concedente fixar o preço de venda aos concessionários, preservando sua uniformidade e condições de pagamento para toda a rede de distribuição (Lei n. 6.729/79, art. 13, §§ 1º e 2º, com a redação dada pela Lei n. 8.132/90). Será imprescindível que se concedam ao distribuidor vantagens especiais, para que a comercialização do produto no mercado consumidor seja vantajosa, proporcionando lucro (Lei n. 1.521, de 26-12-1951, art. 2º, II).

c) *Formais*, já que, pelo art. 20 da Lei n. 6.729/79, o contrato de distribuição operar-se-á por escrito mediante adesão do distribuidor. Esse contrato deverá conter, relativamente ao vínculo entre fabricante e consumidor, os limites de risco e responsabilidade de cada contratante (fabricante e distribuidor) no tocante aos danos ao meio ambiente, indicando inclusive medidas preventivas, com esclarecimentos rotulares que envolvem a embalagem, e saneadoras de risco eventual de utilização do produto. O fabricante poderá estipular, se quiser, cláusula contratual em que o distribuidor deverá prestar assistência técnica ao consumidor, incumbindo-lhe, então, preparar tecnicamente o distribuidor, mediante cursos, estágios e seminários.

O contrato de distribuição deverá conter cláusulas que imponham ao distribuidor a assunção das garantias oferecidas ao cliente, que se refiram ao dever de constituir um depósito de mercadorias, que especifiquem a organização técnica e administrativa da empresa, que estabeleçam o regime das instalações de venda, exibição dos produtos, reparação, revisão e manutenção dos mesmos após a venda por meio de serviços técnicos estabelecidos pelo concessionário, que estipulem a participação do distribuidor na publicidade dos bens objeto da concessão e que prescrevam a forma de controle econômico, contábil e financeiro da empresa.

O prazo contratual será por tempo indeterminado, mas nada há que impeça que se o ajuste por prazo não inferior a cinco anos, que ao vencer tornar-se-á, automaticamente, indeterminado se nenhum dos contraentes manifestar a intenção de não o prorrogar, antes de cento e oitenta dias do seu termo final, mediante notificação escrita comprovada (art. 21 e parágrafo único da Lei n. 6.729/79). Se não houver prorrogação do prazo, pelo art. 23, haverá obrigação do concedente de readquirir o estoque de bens e componentes novos, em sua embalagem original, pelo preço de venda à rede de distribuição vigente na data de reaquisição, e de comprar os equipamentos, máquinas, ferramentas e instalações à concessão pelo preço de mercado correspondente ao estado em que se encontrarem e cuja aquisição o concedente determinara ou dela tivera ciência por escrito sem lhe fazer oposição imediata e documentada, excluídos desta obrigação os imóveis do concessionário. Mas se foi o concessionário quem teve a iniciativa de não prorrogar o contrato ficará desobrigado de qualquer indenização ao concedente (parágrafo único do art. 23 da Lei n. 6.729/1979).

Como o fabricante impõe as cláusulas contratuais deverá, na lição de Berlioz[403], considerar que contra ele serão interpretadas as cláusulas ilegíveis, ambíguas, lacunosas, imprecisas e inaceitáveis, porque o aderente não poderá ficar à mercê de dúvidas decorrentes de cláusulas que lhe foram impostas.

O fabricante deverá submeter todos os distribuidores, sem exceção, a normas estandardizadas, embora possa conceder bônus ao distribuidor que mais se destacar, sempre que isso não importar em vantagem comercial adicional ou diferenciada, em relação aos outros distribuidores.

O contrato de distribuição permanecerá sempre em aberto, permitindo o ingresso de novas partes, pois mediante o instrumento-padrão do contrato novos distribuidores serão admitidos a participar, e pelo distrato ou outro meio de resolução serão dele excluídos outros distribuidores.

Como os distribuidores apenas poderão fiscalizar a observância contratual se o conhecerem, exigir-se-á que o contrato de distribuição seja assentado no Registro de Títulos e Documentos, para ter validade e eficácia (Lei n. 6.015, art. 127, I), dentro de vinte dias da data da assinatura do instrumento. Por outro lado também será garantido a qualquer distribuidor o direito de obter do fabricante, a qualquer tempo, certidão de instrumento contratual assinado por outro membro da rede de distribuição.

k.3.3. Obrigações dos contratantes

O *concedente* (ou produtor) terá o dever de:

---

403. Georges Berlioz, *Le contrat d'adhésion*, Paris, LGDJ, 1976, p. 37. Pelo art. 28 da Lei n. 6.729/79, com redação da Lei n. 8.132/90, o concedente poderá contratar, com empresa reparadora de veículos ou vendedora de componentes, a prestação de serviços de assistência ou a comercialização daqueles, exceto a distribuição de veículos novos, dando-lhe a denominação de serviço autorizado.

a) não efetuar vendas diretas, salvo nos casos previstos legalmente, p. ex., art. 15 da Lei n. 6.729/79;

b) respeitar a exclusividade reservada do distribuidor, não podendo nomear um segundo na mesma zona; se o fizer deverá compelir o último a fechar o estabelecimento;

c) promover propaganda ou publicidade dos produtos a serem revendidos e dos serviços prestados pelo distribuidor;

d) não exigir o pagamento antes do faturamento, salvo ajuste diverso entre o concedente e a rede de distribuição, mas, se o pagamento da mercadoria se der antes da saída, o concedente deverá efetuar a entrega até o sexto dia subsequente ao referido pagamento (art. 11 da Lei n. 6.729/79);

e) cumprir o disposto no art. 24, I a IV, da Lei n. 6.729/1979, se rescindir o contrato de prazo indeterminado, e o art. 25, se o contrato for de prazo determinado.

O *distribuidor* por sua vez terá a obrigação de:

a) vender os produtos fornecidos pela indústria, mediante normas estabelecidas contratualmente, o que acarretará relativa subordinação do concessionário ao concedente;

b) submeter-se à fiscalização da concedente e à imposição, por ela, de normas relativas ao preço dos produtos, à assistência técnica a ser prestada, aos acessórios que deverão ser colocados à venda, à revisão que deverá preceder à entrega do produto, ao número de bens que deverão ser necessariamente vendidos;

c) ter uma reserva de estoque;

d) aparelhar adequadamente suas instalações, com oficinas de reparo, salas para escritório e atendimento de clientela, loja de vendas de peças e acessórios;

e) dirigir a publicidade dentro das diretrizes gerais;

f) facilitar a realização de inspeções técnicas por profissionais da concedente, para controlar o estoque para reposições, e verificar os métodos de trabalho do pessoal da distribuidora;

g) organizar cursos de aperfeiçoamento para aprimorar a técnica dos mecânicos ou dos demais funcionários;

h) ter uma oficina especializada e qualificada para reparos e reposição de peças;

i) dar garantia do produto à clientela, sub-rogando-se na obrigação do fabricante por prazo fixado para todos os concessionários;

j) pagar cinco por cento do valor total das mercadorias que adquiriu nos últimos quatro meses do contrato, se der causa à rescisão do contrato (art. 26 da Lei n. 6.729/79), dentro de sessenta dias da data da extinção da distribuição ou da concessão (art. 27);

k) arcar com as despesas decorrentes da execução do contrato de distribuição feitas, p. ex., com o transporte de mercadorias, encargos fiscais, propaganda do produto, viagem, estada, a não ser que haja convenção em contrário permitindo o reembolso (CC, art. 713).

k.3.4. Controle empresarial sobre a rede de distribuição

O controle do produtor sobre os circuitos do mercado se dá em razão de seu direito de propriedade industrial pela marca, que representa o potencial de vendas futuras a consumidores. O produtor controla a marca nas mãos da revendedora. Isso viabilizar-se-á pelo acordo entre fabricantes que delimitam geograficamente a zona do mercado, realizando mais eficientemente o controle das empresas de distribuição a eles ligadas e efetivando contratos de integração comparáveis aos de fornecimento, para que possam evitar encargos da filial ou sucursal e problemas com assalariados.

O contrato de distribuição pressupõe controlador, que é portanto o fabricante. Tal controle empresarial será exercido sobre toda a rede de distribuição pelo fabricante, manifestando-se:

— pela exclusividade de aprovisionamento, restringindo o direito do distribuidor de adquirir produtos de outros fabricantes, para revenda na área demarcada; logo os distribuidores dessa rede ficarão adstritos a uma fonte supridora dos produtos e ao produto contratual. O fabricante por sua vez, além de passar a ter empresas revendedoras de seus produtos, deverá ter a obrigação da concessão de zonas de vendas fechadas a esses distribuidores, como condição mínima necessária à sobrevivência destes. Rubens Requião sobre isso pondera: "A exclusividade atua tanto no sentido de favorecer o concessionário, pois se estabelece um relativo privilégio de venda a seu favor, como em benefício do concedente, uma vez que ela exclui a sua atividade em relação aos produtos concorrentes"[404]. A exclusividade de aprovi-

404. Rubens Requião, Contrato de concessão comercial com exclusividade de postos de revenda de gasolina, in *Poder econômico: exercício e abuso*, São Paulo, Revista dos Tribunais, 1985, p. 598.

sionamento terá por finalidade fazer com que os distribuidores concentrem todo seu esforço de venda no produto contratual, alheando-se do mercado, o que instaurará um "condomínio" negocial entre produtor e distribuidores, criando-se entre eles vínculos de coparticipação comercial. Os distribuidores revendem o produto fabricado pelo produtor, que, por sua vez, participará das negociações como responsável pela adequada utilização do produto pelo consumidor;

— pela adoção, pelos distribuidores, dos métodos e condutas organizativas do fabricante, o que gerará no mercado a impressão de tratar-se de um todo orgânico; assim, ante essa uniformidade, pouco importará ao consumidor do produto negociá-lo com este ou aquele distribuidor. Para tanto o fabricante procurará parceiros com lastro econômico compatível com o empreendimento, pois o distribuidor deverá contratar pessoal, instalar escritório, adquirir certos equipamentos. O fabricante, para obter homogeneidade, procurará treinar o pessoal, fornecer tecnologia, dados, informações e produtos a prazo. O fabricante poderá até mesmo planejar a montagem do negócio do distribuidor, fornecendo empréstimos, indicando a espécie e qualidade das instalações necessárias à distribuição, estabelecendo a política de vendas de pessoal, de estoques e compras, de contabilidade integrada; e

— pela interferência do fabricante na política comercial dos distribuidores, fornecendo dados mercadológicos, com base nos quais projetam as vendas anuais, planejando a exploração do mercado ao estabelecer, p. ex., não só a quota mínima de produtos a ser adquirida pelos distribuidores, periodicamente, para salvaguardar sua faixa de mercado, mas também o preço de seus produtos, transmitindo ao distribuidor o preço-consumidor, que deverá ser observado pelo distribuidor, pois sobre ele será concedido o desconto contratual. Isto decorre da necessidade de se manter a uniformidade do preço do produto, pois a oscilação ou discrepância entre distribuidores poderia criar perda de credibilidade e prestígio do produto. O distribuidor deverá, conforme as exigências do mercado, prestar assistência técnica ao consumidor. No caso de indústria automobilística a assistência técnica vem sendo prestada pelos concessionários, mas, se se tratar de produtos químicos, tal assistência será fornecida ao consumidor diretamente pelo fabricante, por exigir dos técnicos constante atualização. A assistência técnica constituirá um fator fortíssimo de venda[405].

---

405. W. Bulgarelli, *Contratos mercantis*, São Paulo, Atlas, 1988, p. 417; Claudineu de Melo, *Contrato de distribuição*, cit., p. 115-37.

k.3.5. Rescisão contratual

Extinguir-se-á o contrato de distribuição por[406]:

1º) vencimento do prazo contratual;

2º) denúncia justificada de uma parte à outra, se o contrato for celebrado por tempo indeterminado, devendo-se levar em conta que: "Se, porém, dada a natureza do contrato, uma das partes houver feito investimentos consideráveis para a sua execução, a denúncia unilateral só produzirá efeito depois de transcorrido prazo compatível com a natureza e vulto dos investimentos" (CC, art. 473, parágrafo único);

3º) inadimplemento contratual, mediante notificação rescisória, que não estará sujeita ao prazo compatível com a natureza e o vulto dos investimentos realizados pelo inadimplente;

4º) extinção do sistema de distribuição pela adoção de outro sistema de comercialização pelo fabricante;

5º) distrato;

6º) resilição unilateral do fabricante;

7º) força maior ou caso fortuito.

---

406. Claudineu de Melo, *Contrato de distribuição*, cit., p. 94-6. Sobre o tema: M. Helena Diniz, *Tratado teórico e prático dos contratos*, São Paulo, Saraiva, 1999, p. 435 a 443. *Vide*: art. 22 da Lei n. 6.729/79. A concessão para a revenda de peças e prestação de serviços firmada nos termos da Lei n. 6.729/79 está a ela sujeita no que for aplicável, principalmente quanto ao ressarcimento de prejuízos decorrentes de rescisão contratual (*EJSTJ*, *7*:104).

QUADRO SINÓTICO

AGÊNCIA E DISTRIBUIÇÃO

1. GENERALIDADES	• Agência e distribuição são contratos muito comuns na seara mercantil, regulados pelas Leis n. 4.886/65 e 6.729/79, com alteração da Lei n. 8.132/90, podendo ser regidos por cláusulas contratuais e supletivamente pelas normas do mandato e da comissão. O CC os prevê nos arts. 710 a 721.		
2. CONTRATO DE AGÊNCIA OU REPRESENTAÇÃO COMERCIAL	• Conceito	• Agência ou representação comercial é o contrato pelo qual uma pessoa se obriga, mediante retribuição, a realizar certos negócios, em zona determinada, com caráter de habitualidade, em favor e por conta de outrem, sem subordinação hierárquica (CC, art. 719, 1ª alínea).	
		• Contratualidade	• É um contrato bilateral, oneroso, *intuitu personae*, consensual (Lei n. 4.886/65, art. 27, com alteração da Lei n. 8.420/92; CC, art. 212).
	• Elementos caracterizadores	• Obrigação do agente de promover a conclusão do contrato por conta do pro-ponente. • Profissionalidade do representante (Lei n. 4.886/65, arts. 2º a 12, 18 e 19). • Autonomia na prestação de serviço. • Habitualidade do serviço. • Delimitação da zona onde deverá ser desenvolvida a atividade do agente. • Exclusividade recíproca da representação (CC, art. 711). • Retribuição do representante pelo agenciamento (CC, arts. 714, 716, 717, 718 e 719).	
	• Consequências jurídicas	• Direitos do agente	• Exclusividade. • Remuneração. • Ver atendidos os seus pedidos. • Liberdade de ação. • Admitir subagentes.

2. CONTRATO DE AGÊNCIA OU REPRESENTAÇÃO COMERCIAL	• Consequências jurídicas	• Direitos do agente	• Ressarcir-se de prejuízos causados por inadimplemento do proponente (CC, art. 715).
		• Obrigações do representante	• Exercer sua atividade conforme as instruções recebidas (CC, art. 712). • Conseguir negócios em favor do representado. • Informar o representado das condições do mercado, perspectivas de vendas, situação da clientela, atuação dos concorrentes e andamento dos negócios. • Diligenciar para que os clientes recebam com regularidade as mercadorias. • Manter sigilo sobre as atividades da representação (Lei n. 4.886/65, art. 19, *d*). • Pagar as despesas decorrentes do agenciamento (CC, art. 713). • Prestar contas de suas atividades (Lei n. 4.886/65, art. 19, *e*).
		• Deveres do representado	• Pagar a remuneração dos serviços prestados pelo representante (CC, arts. 714 e 716 a 719). • Respeitar a exclusividade prevista no contrato (CC, art. 711).
		• Direitos do representado	• Reter o pagamento do representante, nos casos em que o contrato for rescindido por culpa dele, para garantir a indenização dos danos que sofreu com a rescisão. • Conferir poderes ao agente para que este o represente na conclusão dos contratos (CC, art. 710, parágrafo único).

2. CONTRATO DE AGÊNCIA OU REPRESENTAÇÃO COMERCIAL	• Extinção	• Pelo decurso do prazo. • Pela resilição unilateral (CC, art. 720). • Pela resolução por inexecução contratual (Lei n. 4.886, art. 35). • Pelo distrato. • Pela força maior ou caso fortuito (CC, art. 719). • Pela morte do agente (CC, art. 719).
3. CONTRATO DE DISTRIBUIÇÃO OU DE CONCESSÃO COMERCIAL "LATO SENSU"	• Noção	• Contrato de distribuição é aquele em que uma pessoa assume a obrigação de revender, com exclusividade e por conta própria, mediante retribuição, mercadorias de certo fabricante, em zona determinada (CC, art. 710, 2ª alínea).
	• Generalidades	• O contrato de distribuição poder-se-á reger pelo Código Civil, arts. 710 a 721, pela Lei n. 6.729/79, com as alterações da Lei n. 8.132/90, sendo uma espécie genérica de concessão mercantil. É um contrato típico e misto por abranger a compra e venda dos produtos a serem distribuídos, a agência, o fornecimento de estoques de mercadorias, a prestação de serviço de assistência técnica e o uso de marca. A venda de produtos fabricados é feita ao comerciante, que revende a consumidores. Esse contrato é utilizado na comercialização de produtos derivados do petróleo, de bebidas, de automóveis, caminhões, ônibus, tratores, motocicletas. Não serão suscetíveis de distribuição ou de concessão as máquinas rodoviárias e agrícolas, a colheitadeira, a debulhadora e a trilhadeira.
	• Conceito	• Contrato de distribuição é o acordo em que o produtor, oferecendo vantagens especiais, compromete-se a vender, continuadamente, seus produtos, ao distribuidor, para revenda em determinada área geográfica.

3. CONTRATO DE DISTRIBUIÇÃO OU DE CONCESSÃO COMERCIAL "LATO SENSU"	• Requisitos	• Subjetivos	• Ter-se-á de um lado o concedente ou produtor, seja ele fabricante ou manipulador do produto, e de outro lado o distribuidor, que se obriga a revender os produtos e a prestar assistência técnica, em seu nome e risco.
		• Objetivos	• O produto comercializado, objeto da distribuição, deverá ser fabricado pelo fabricante e destinado à revenda na área delimitada, pelo preço fixado pelo produtor.
		• Formais	• Deverá ser feito por escrito, mediante adesão do distribuidor, pois o fabricante deverá submeter todos os distribuidores, sem exceção, a normas estandardizadas. O contrato de distribuição permanecerá sempre em aberto, permitindo o ingresso de novas partes, pois, mediante o instrumento-padrão do contrato, novos distribuidores serão admitidos. Exigir-se-á, ainda, que esse contrato seja assentado no Registro de Títulos e Documentos.
	• Obrigações do concedente ou produtor	• Não efetuar vendas diretas. • Respeitar a exclusividade reservada do distribuidor. • Promover propaganda dos produtos a serem revendidos pelo distribuidor. • Não exigir o pagamento antes do faturamento. • Cumprir, se rescindir o contrato, os arts. 24 e 25 da Lei n. 6.729/79.	
	• Deveres do distribuidor	• Vender os produtos fornecidos pelo concedente ou fabricante. • Submeter-se à fiscalização e às normas da concedente relativas ao preço, à assistência técnica, aos acessórios que serão colocados à venda, à revisão e ao número de bens que deverão ser vendidos. • Ter uma reserva de estoque. • Aparelhar suas instalações. • Dirigir a publicidade. • Facilitar a realização de inspeções técnicas por profissionais da concedente. • Organizar cursos de aperfeiçoamento para aprimorar a técnica de seus funcionários. • Ter uma oficina de reparos e reposição de peças. • Dar garantia do produto à clientela. • Pagar cinco por cento do valor total das mercadorias que adquiriu nos últimos quatro meses, se der causa à rescisão contratual. • Arcar com as despesas de execução do contrato (CC, art. 713).	

3. CONTRATO DE DISTRIBUIÇÃO OU DE CONCESSÃO COMERCIAL "LATO SENSU"	• Controle empresarial sobre a rede de distribuição	• Pela exclusividade de aprovisionamento, restringindo o direito do distribuidor de adquirir produtos de outro produtor, para a revenda na área demarcada. • Pela adoção, pelos distribuidores, dos métodos e condutas organizativas do fabricante. • Pela interferência do fabricante na política comercial dos distribuidores, fornecendo dados mercadológicos.
	• Caso de resolução do contrato	• Vencimento do prazo contratual. • Denúncia justificada de uma parte à outra. • Inadimplemento contratual. • Extinção do sistema de distribuição. • Distrato. • Resilição unilateral do fabricante. • Força maior ou caso fortuito.

L. Corretagem

l.1. Definição e características jurídicas

O contrato de mediação é, na verdade, aquele em que o mediador, com imparcialidade, por não estar vinculado àqueles que pretendem efetivar entre si contrato futuro, coloca-os em contato, aproximando-os, esclarecendo dúvidas que, porventura, tenham e prestando-lhes as devidas informações, tendo direito a uma remuneração, a título de indenização pelo resultado. É alheio ao contrato firmado por meio da atividade do mediador. Já na corretagem, o corretor não tem aquela imparcialidade, uma vez que exerce sua função, atendendo um dos futuros contratantes. Por isso já houve quem dissesse que não há contrato de mediação, mas tão somente atividade de mediador, que precede a conclusão do negócio, pois o prepara. A atividade do mediador é concausa da conclusão do negócio. A relação jurídica entre mediador e interessados apenas surge com a conclusão do contrato. Além disso, não há matrícula do mediador. O corretor é intermediário e não mediador. Apesar dessas diferenciações, como o Código Civil trata indistintamente os dois institutos, procuramos abordá-los sem efetuar tais distinções, embora nosso estudo esteja mais voltado à corretagem.

O contrato de corretagem ou de mediação, embora de larguíssimo uso entre nós, apenas foi disciplinado pelo Código Comercial (arts. 36 a 67 – ora revogados) no que se refere à profissão dos corretores, como agentes auxiliares do comércio, sendo que nosso Código Civil de 1916 nem mesmo o considerou. Para sanar essa falha, o Código Civil de 2002, nos arts. 722 a 729, procurou regulamentá-lo. Pelo Código Comercial os corretores eram considerados auxiliares do comércio, ante a acessoriedade de sua atividade de intermediação, que procura estimular o interesse das partes, levando-as a um acordo útil. Tal serviço, apesar de ser episódico, pela sua habitualidade, revestia-se de cunho profissional. O Código Comercial referia-se tão somente à atividade profissional dos corretores, incluindo as operações de corretagem nos atos de comércio, se voltadas para a conclusão de negócios mercantis. Os corretores emprestariam uma colaboração técnica à empresa, aproximando comerciantes. O Código Civil, por sua vez, objetiva disciplinar o contrato e não a profissão dos corretores, procurando abranger todas as modalidades de corretagem. O regime civil da corretagem baseia-se no princípio da autonomia da vontade, de modo que as relações entre comitente e corretor permitirão convenções contrárias às normas, que, em grande parte, têm caráter supletivo[407]. E, além disso, os preceitos sobre corretagem do atual Código Civil não excluem a aplicação de leis especiais (CC, art. 729).

O corretor terá a função de aproximar pessoas que pretendam contratar, aconselhando a conclusão do negócio, informando as condições de sua celebração, procurando conciliar os seus interesses[408]. Realizará, portanto, uma intermediação, colocando o contratante em contato com pessoas interessadas em celebrar algum ato negocial, obtendo informações ou conseguindo o que aquele necessita. Eis por que Vidari chega a afirmar que o corretor é o "instrumento material da convenção"; e Bolaffio que é "uma máquina humana para fazer contratar". Todavia, seria de bom alvitre lembrar que desde o período do direito romano o corretor ou mediador é considerado como o conciliador, que conduz os interessados a efetivarem um contrato, garantindo ao cliente o resultado do serviço da intermediação: a obtenção do acordo volitivo para a conclusão do negócio.

Trata-se de obrigação de fazer, que se desenvolve mediante esforços empregados para a convergência de interesses opostos ou mesmo coincidentes de outras pessoas. Não terá culpa se o acordo obtido malograr, fazendo jus à remuneração que lhe é devida. O Supremo Tribunal Federal decidiu a respeito que: "É inconfundível o contrato de mediação com aquele que visa proporcionar. Destarte, ainda que rescindido ou desfeito o último, razão inexiste para a devolução da percentagem recebida" (RE 83.974; RJ – 2ª Turma)[409].

---

407. Sobre mediação: Luigi Carraro, *La mediazione*, p. 123; Pontes de Miranda, *Tratado de direito privado*, São Paulo, Revista dos Tribunais, 1984, t. 43, p. 229-50; Giuseppe Valeri, *Manuale di diritto commerciale*, v. 2, p. 227; Azzolina, *La mediazione*, p. 51 e 57; Nicola Pugliesi, *Il contratto di mediazione*, p. 96 e s. Sobre corretagem: Antônio Chaves, Corretagem, in *Enciclopédia Saraiva do Direito*, v. 21, p. 1; Elcir Castello Branco, Corretor de seguros, in *Enciclopédia Saraiva do Direito*, v. 21, p. 35; Pedro Arruda França, *Contratos atípicos*, Rio de Janeiro, Forense, 1989, p. 145-7; Orlando Gomes, *Contratos*, p. 461; Arnoldo Wald, A remuneração do corretor, in *Digesto econômico*, 1981, n. 286, p. 35; *RT*, *247*:672; Moacyr de Oliveira, Contrato de corretagem, in *Enciclopédia Saraiva do Direito*, v. 19, p. 271; Fabrício Z. Matiello, *Código Civil comentado*, São Paulo, LTr, 2004, p. 452 e s.; Adalberto Simão Filho, *Comentários*, cit., p. 610-12. A corretagem passa a ser contrato típico e a atividade do corretor é liberal. O Código Civil abarca a corretagem concorrente e a exclusiva.

Vide Provimento do CSMSP n. 2.152/2014, que traça novas normas para corretores.

408. Orlando Gomes, *Contratos*, cit., p. 461; *RT*, *274*:672.

409. Caio M. S. Pereira, *Instituições*, cit., p. 339; Moacyr de Oliveira, op. cit., p. 270. *Vide*, ainda, *RDC*, *2*:165, ano 1, out./dez.; Antonio Carlos M. Coltro, Contrato de Mediação ou Corretagem, in *Contratos Nominados* (coord. Cahali), São Paulo, Saraiva, 1995, p. 47-80; Gustavo Tepedino, Questões controvertidas sobre o contrato de corretagem, *Temas atuais de direito civil*, Rio de Janeiro, Renovar, 1999, p. 113-35; Silvio Luís Ferreira da Rocha, *Curso*, cit., v. 3, p. 426-34; Sebastião de O. Castro Filho, Da corretagem ou mediação, in *O novo Código Civil – estudos em homenagem a Miguel Reale*, São Paulo, LTr, 2003, p. 711 e s.

Spencer Vampré, com muita perspicácia, pondera: "a comissão só é devida ao corretor, depois de concluídos os seus serviços, pelo acordo das partes, embora mais tarde não seja este efectivamente levado a efeito, ou haja arrependimento".

Assim sendo, o mediador terá direito a uma compensação condicional, que dependerá da execução da obrigação de resultado. Isto porque na mediação o serviço é prometido como meio para a consecução de certa utilidade; o proprietário do bem a ser vendido, ao contratar o corretor, não objetiva o serviço por ele prestado, mas o resultado útil, que é a obtenção da vontade do contratante para a conclusão do negócio. Logo, apenas quando se verifica tal utilidade é que o corretor terá direito à remuneração. O serviço do mediador somente traduzirá valor econômico quando resultar no acordo para a efetivação do contrato, que constitui a finalidade de seu trabalho.

O contrato de corretagem terá por finalidade pôr em acordo comprador e vendedor. Depois que isso é conseguido, em documento devidamente formalizado, fará o corretor jus à sua comissão. Tal atividade não é, portanto, de êxito contratual, mas de intermediação (*RT*, *528*:212).

A mediação consumar-se-á precisamente no momento em que aparecer o acordo de vontade entre os contratantes, mercê da aproximação levada a efeito pelo mediador, quando então estará terminada a sua função (*RT*, *513*:244).

O objeto do contrato de corretagem ou de mediação não é propriamente o serviço prestado pelo corretor, mas o resultado desse serviço. Daí ser uma obrigação de resultado e não de meio. A obrigação do corretor, sendo de resultado, somente produzirá efeitos em relação ao comitente (proprietário do bem ou cliente), no instante em que o acordo para o negócio se efetivar, em razão da intermediação realizada. Logo, infere-se daí que pouco importará a dedicação e o trabalho do corretor.

O corretor vende o resultado útil de seu trabalho, de modo que se seu labor tornar-se inútil não haverá que se falar em qualquer remuneração, pois receberá a comissão não em virtude do serviço prestado, mas em razão do resultado obtido. Daí as certeiras palavras de Bolaffio: "o mediador é um locador de trabalho, que vende o efeito útil de seu serviço"; e de Franchi: "o mediador loca a quem se vale dos seus serviços não o trabalho, mas o seu produto útil"[410].

---

410. Carnelutti, La prestazione del rischio nella mediazione, *Rivista de Diritto Commerciale*, *1*:19, 1911; Arnoldo Wald, A remuneração do corretor, in *Digesto econômico*, cit., p. 37-40.

Para a sua validade exigem-se os mesmos requisitos essenciais a todo contrato: capacidade do agente, tanto a genérica como a especial; licitude e possibilidade do objeto, sob pena de nulidade. Vedada está a corretagem ilícita, como a encetada para a venda de entorpecentes, a angariação de menores para casas de tolerância etc.

Urge lembrar que a *subcorretagem* será permitida se não houver proibição contratual. Caso em que o corretor poderá ser auxiliado por terceiro, assumindo, porém, a responsabilidade por seus atos e pelo pagamento de sua remuneração. O subcorretor só poderá reclamar a retribuição pelo serviço que prestou, do corretor, que o nomeou, considerando-se que, relativamente ao comitente, a subcorretagem é *res inter alios*, não podendo nem mesmo aumentar a remuneração ajustada, a ser paga pelo comitente ao corretor[411].

O *contrato de corretagem* ou *mediação* é a convenção pela qual uma pessoa, não ligada a outra em virtude de mandato, prestação de serviços ou por qualquer relação de dependência, imprescindível para que haja imparcialidade na intermediação, se obriga, mediante remuneração, a obter para outrem um ou mais negócios, conforme as instruções recebidas, ou a fornecer-lhe as informações necessárias para a celebração de contrato[412] (CC, art. 722).

"A comissão é devida, quando a parte simula o abandono da negociação, para fraudar o pagamento ao corretor, e depois a realiza. Não assim, porém, quando a parte abandona, realmente, o negócio, sem a referida intenção fraudulenta, e, mais tarde, em novas circunstâncias, e em condições novas, o realiza diretamente, ou por meio de outro corretor", observa Spencer Vampré (*Tratado elementar de direito comercial*, Rio de Janeiro, Briguiet, v. 1, § 74, p. 254 e 255). J. X. Carvalho de Mendonça (*Tratado de direito comercial*, v. 2, n. 377, p. 378 e 379) já entendia que: "*A corretagem somente é devida depois de concluído o serviço.* (...) Depois de concluído ou *realizado o negócio é que se pode dizer que o corretor tem prestado o resultado do seu trabalho.* Terminada está a missão do corretor logo que entre as partes se tira o vínculo jurídico sobre o negócio (...) *Se a parte abandona realmente o negócio* e depois com a superveniência de circunstâncias novas e em condições modificadas ele volta e o conclui, diretamente ou por meio de outro corretor, *o primeiro corretor procurado não tem direito à comissão*"; Francisco Campos, *Direito civil*, Rio de Janeiro, 1956, p. 99; Caio M. S. Pereira, *Instituições de direito civil*, Rio de Janeiro, Forense, 1978, p. 339; Moacyr de Oliveira, Contrato de corretagem, in *Enciclopédia Saraiva do Direito*, cit., p. 270. *Vide*, ainda, *RDC*, *2*:165, ano 1, out./dez.

411. Caio M. S. Pereira, *Instituições*, cit., p. 342; Matiello, *Código*, cit., p. 450.

412. Moacyr de Oliveira, op. cit., p. 269; Caio M. S. Pereira, *Instituições*, cit., p. 339; Umberto Ferrante, Mediazione, in *Enciclopedia Forense*, Milano, Vallardi, 1959, v. 4, p.

Esse contrato apresenta as seguintes *características jurídicas*[413]:

1ª) *bilateralidade*, por gerar obrigações ao corretor e ao comitente. O corretor deverá executar certo encargo, e o comitente, remunerá-lo;

2ª) *acessoriedade*, pois sua existência está ligada a um outro contrato, que deverá ser concluído;

3ª) *onerosidade*, porque há ônus, vantagens e benefícios patrimoniais recíprocos;

4ª) *aleatoriedade*, já que o direito do corretor e a obrigação do comitente dependerão da conclusão do negócio principal, isto é, de um evento futuro e incerto. A eventual obrigação do proprietário do bem a ser vendido de remunerar o corretor submeter-se-á a uma condição suspensiva, que consistirá na obtenção da vontade para realização do contrato pretendido, não tendo portanto o dever de se servir da mediação nem de utilizar a ocasião apresentada pelo corretor. Assim sendo, o corretor suportará o risco da não produção daquele resultado, que apenas parcialmente está em suas mãos; visto que sua realização dependerá de outras circunstâncias, dentre elas a declaração de vontade da pessoa que está obrigada a pagar-lhe a comissão[414]. A álea será, em regra, assumida nas operações de títulos e nas transações imobiliárias, em que o corretor poderá fazer esforços inúteis para conseguir certos negócios irrealizáveis. Todavia, poderá haver *comutatividade* ou equivalência das prestações em determinadas corretagens, feitas à base de negócios rotineiros, com efeitos mercantis, e nas praticadas por servidores públicos, como, p. ex., por corretores de navios;

5ª) *consensualidade*, por completar-se pelo simples consenso das partes, manifestado por qualquer forma, pois não há forma especial prevista em

---

476-83; Umberto Pippia, *Trattato di diritto commerciale*, v. I, n. 549, p. 447; Cesare Vivante, *Trattato di diritto commerciale*, Milano, Vallardi, 1934, v. 1, ns. 230 e 231, p. 244 e 245; Enneccerus, *Tratado de derecho civil – derecho de las obligaciones*, Barcelona, Bosch, 1935, v. 2, t. 3, p. 303.

413. Antônio Carvalho Neto, *Contrato de mediação*, São Paulo, Saraiva, 1956, p. 84; Caio M. S. Pereira, *Instituições*, cit., p. 340; Moacyr de Oliveira, op. cit., p. 271; Antônio Chaves, Corretagem, cit., p. 1 e 2 e 11-5; Orlando Gomes, *Contratos*, cit., p. 462 e 463; José da Silva Pacheco, Corretagem, *Revista de Direito Civil, Imobiliário, Agrário e Empresarial*, São Paulo, *13*(2), ano 1, 1977; Antônio Carlos Mathias Coltro, *Contrato de corretagem imobiliária*, São Paulo, Atlas, 2001; Contrato de mediação ou corretagem, in *Contratos nominados*, São Paulo, Saraiva, 1995; Giovanni Cribari, Um ângulo das relações contratuais: a mediação e corretagem, *Revista Trimestral de Jurisprudência dos Estados*, *30*:58; Daniel Ustárroz, O contrato de corretagem no Código Civil, *Revista Síntese – Direito Empresarial*, *44*: 9 a 28; *RF*, *105*:332, *101*:326, *98*:382, *96*:367; *RT*, *193*:227, *200*:540, *612*:85, *688*:142, *652*:157, *680*:202, *587*:255; *RSTJ*, *104*:163.

414. Karl Larenz, *Derecho de las obligaciones*, 1959, v. 2, p. 332.

lei para a sua celebração ou validade, podendo ser provado por todos os meios admissíveis em direito, inclusive por testemunhas (ac. un. do STF, de 29-10-1953, RE 24.243, *DJU*, 29 set. 1958, p. 3411; *RT*, *426*:192; *Ciência Jurídica*, *5*:98).

l.2. Espécies de corretores

Duas são as categorias de corretores, que poderão ser[415]:

1º) *Oficiais*, se gozarem das prerrogativas de fé pública inerente ao ofício disciplinado por lei. São aqueles que se investem do ofício público que lhes é peculiar.

Tais corretores oficiais exercerão, de conformidade com a lei, a função de mediadores, de tal sorte que algumas operações comerciais deverão ser levadas a efeito por seu intermédio, e serão investidos nos seus cargos por nomeação governamental, devendo prestar fiança para garantir o seu bom desempenho no exercício de suas funções, matricular-se na Junta Comercial com jurisdição na praça em que pretendem exercer sua profissão ou em outro órgão estatal competente, possuir livros especiais necessários às suas atividades.

Tais livros são os *cadernos manuais*, destinados a conter os assentos das operações em que serviram de intermediários, e o *protocolo*, no qual deverão ser transcritas, diariamente, sem emendas ou rasuras as operações constantes nos cadernos manuais.

Esses corretores poderão possuir prepostos, que os auxiliarão no desempenho de suas funções, substituindo-os em seus impedimentos, tendo preferência para serem nomeados corretores, ocorrendo vaga por morte, abandono de cargo ou destituição de algum corretor.

As juntas de corretores, compostas de um síndico, nomeado entre eles, e três adjuntos de síndicos, igualmente escolhidos entre os dessa profissão,

415. Conforme as lições de Antônio Chaves (Corretagem, cit., p. 2-11), que aqui reproduzimos. *Vide* ainda: Caio M. S. Pereira, *Instituições*, cit., p. 339 e 340; Antônio Carvalho Neto, op. cit., p. 103; Rezzara, *Dei mediatori e del contratto di mediazione*, Torino, Bocca, 1903; Orlando Gomes, *Contratos*, cit., p. 462, 466 e 467; Luigi Carraro, *La mediazione*, Padova, CEDAM, 1952; Fran Martins, Corretor, in *Enciclopédia Saraiva do Direito*, v. 21, p. 22-7; Antônio Carlos Mathias Coltro, *Contrato de corretagem imobiliária*, São Paulo, Atlas, 2001; *vide*: Lei Complementar n. 105/2001, sobre sigilo das operações de instituições financeiras, inclusive de corretoras de câmbio e de valores mobiliários; *RT*, *268*:335. Sobre corretores: *RJ*, *168*:93; *RT*, *630*:118 e *701*:203.

terão a função de superintendência das atividades dos corretores, podendo formular pareceres sobre o número destes, solucionar dúvidas e litígios que porventura surgirem, conceder licença até três meses, censurar atos reprováveis, organizar modelos contratuais, memorandos, notas de preços correntes, ordenar a guarda e conservação dos livros e arquivos, fiscalizar as funções de corretores desempenhadas por pessoas que não possuam título legal, fiscalizar os trabalhos da Bolsa, uniformizar os usos e praxes relativos à profissão, fornecer atestados de qualidade e de classificação de qualquer mercadoria (Dec. n. 20.881/31, art. 5º – ora revogado pelo Dec. s/n. de 25-4-1991).

Como se pode ver, os corretores oficiais, além de intermediários em transações, exercem ofício público; as certidões por eles passadas têm fé pública, e o exercício de suas atividades requer o preenchimento de certos requisitos especiais. Os corretores oficiais classificam-se em seis grupos, podendo ser:

a) de *fundos públicos* (Leis n. 2.146/53 e 5.601/70, ora revogada pelo art. 83 da Lei n. 9.069/95, que nada dispõe a respeito), se tiverem exclusividade sobre as seguintes operações feitas em pregão público; compra e venda referente a qualquer transferência de fundos públicos, nacionais ou estrangeiros; negociações de letras de câmbio; negociações de empréstimos por meio de obrigações; compra e venda de metais preciosos, amoldados ou em barras; negociações de títulos cotados ou suscetíveis de cotação na Bolsa.

Como a Lei n. 4.728/65 suprimiu a classe dos corretores de fundos públicos ao estabelecer, no art. 8º, que a intermediação nos negócios nas Bolsas de Valores deverá ser exercida pelas sociedades corretoras, veio estatuir no § 6º desse mesmo artigo que o Conselho Monetário Nacional assegurará aos atuais corretores de fundos públicos o direito de se registrarem no Banco Central, para intermediar a negociação nas Bolsas de Valores, sob a forma de firma individual, observados os mesmos requisitos estabelecidos para as sociedades corretoras, e sob a condição de extinção da firma, por morte do respectivo titular ou pela participação em sociedade corretora;

b) de *mercadorias*, se se encarregarem da compra e venda de qualquer gênero ou mercadoria, determinando o valor dos respectivos produtos (Dec. n. 806, de 26-7-1851, art. 27; Dec. n. 57.651/66 (art. 50), ora revogado pelo Dec. n. 1.800/96; Lei n. 8.934/94; Resolução n. 1.645/89 do Banco Central; Instrução da CVM n. 402/2004). Fixam as cotações oficiais por meio de operações na Bolsa. Competir-lhes-á não só intervir nas convenções, transações e operações comerciais, e, ainda, nas de mercadorias negociadas em Bolsas, como também classificar e avaliar mercadorias destinadas à emissão de *warrants* ou de bilhetes de mercadorias. Exercem essas atividades na praça onde efetuaram matrícula, que é o que os investe nas prerrogativas do cargo (Dec. n. 20.881/31 – revogado pelo Dec. s/n. de 25-4-1991). Nos negócios em que a lei exigir sua presença, não poderá o corretor delegar seus poderes a ninguém;

c) de *navios* (Decs. n. 19.009/29, art. 3º, 52.090/63 (aplicação suspensa pelo Dec. n. 52.870/63), arts. 3º e 17, 57.651/66, ora revogado pelo Decreto n. 1.800/96, art. 51, e 54.956/64, art. 4º, ora revogado pelo Dec. s/n. de 15-2-1991), se servirem de mediadores: na compra e venda de navios; nos fretamentos, na cotação dos seus preços e carregamentos; no agenciamento dos seguros de navios. Serão, ainda, os corretores de navios, intérpretes dos comandantes de navios perante as autoridades e as alfândegas e tradutores dos manifestos e documentos que os comandantes de navios estrangeiros tiverem de apresentar para serem despachados nas alfândegas. Poderão agenciar nas alfândegas e mesas de renda o que for concernente ao desembaraço e despacho das embarcações.

Esses corretores serão nomeados e destituídos pelo Presidente da República, ficando sob a jurisdição do Ministério da Fazenda, através da Diretoria de Rendas Aduaneiras, subordinando-se ao inspetor da alfândega, ao chefe da Estação Aduaneira ou ao administrador da mesa de rendas onde exerçam suas funções (art. 3º do Dec. n. 54.956/64).

Os corretores de navios poderão ter até três prepostos de sua indicação e de nomeação dos inspetores das alfândegas (Dec. n. 54.956/64, art. 7º, § 1º).

As atividades dos corretores de navio serão fiscalizadas pelas inspetorias das alfândegas, que, além de superintenderem as operações daqueles, deverão decidir dúvidas e contestações que surgirem nos serviços de mediação que forem prestados, censurar os mediadores, impondo-lhes sanções, mandar coligir dados estatísticos relativos às operações realizadas por meio de corretagem, enviando às repartições interessadas a relação nominal dos corretores (Dec. n. 19.009/29, art. 20 – ora revogado pelo Dec. s/n. de 25-4-1991);

d) de *operações de câmbio* (Circular n. 1.533/89 – revogada pela Circ. n. 3.280/2005 do Banco Central; Resolução BACEN n. 2.202/95) cujas atividades estavam regulamentadas pela Lei n. 5.601/70, ora revogada pelo art. 83 da Lei n. 9.069/95, que prescrevia: "Art. 1º Observados os limites e condições estabelecidos pelo Conselho Monetário Nacional (CMN), as operações de compra ou venda de câmbio somente poderão ser contratadas com a interveniência de firmas individuais ou sociedades corretoras devidamente autorizadas pelo Banco Central do Brasil. Art. 2º Excluem-se expressamente da obrigatoriedade de interveniência, a que se refere o artigo anterior, as transações de compra ou venda de câmbio, por parte da União, dos Estados, dos Municípios e do Distrito Federal, das sociedades de economia mista, das autarquias e das entidades paraestatais, excetuadas as operações de câmbio dos bancos oficiais com pessoas físicas ou jurídicas que não se enquadrem nas hipóteses referidas neste artigo". Rege a matéria a Lei n. 4.131/62, no art. 23, com a redação das Leis n. 9.069/95 e 13.017/2014, que assim dispõe:

"As operações cambiais no mercado de taxa livre serão efetuadas através de estabelecimentos autorizados a operar em câmbio, com a intervenção de corretor oficial quando previsto em lei ou regulamento, respondendo ambos pela identidade do cliente, assim como pela correta classificação das informações por este prestadas, segundo normas fixadas pela Superintendência da Moeda e do Crédito.

§ 1º As operações que não se enquadrem claramente nos itens específicos do Código de Classificação adotado pela SUMOC, ou sejam classificáveis em rubricas residuais, como 'Outros' e 'Diversos', só poderão ser realizadas através do Banco do Brasil S.A.

§ 2º Constitui infração imputável ao estabelecimento bancário, ao corretor e ao cliente, punível com multa de 50 (cinquenta) a 300% (trezentos por cento) do valor da operação para cada um dos infratores, a declaração de falsa identidade no formulário que, em número de vias e segundo o modelo determinado pelo Banco Central do Brasil, será exigido em cada operação, assinado pelo cliente e visado pelo estabelecimento bancário e pelo corretor que nela intervierem.

§ 3º Constitui infração, de responsabilidade exclusiva do cliente, punível com multa de 5 (cinco) a 100% (cem por cento) do valor da operação, a declaração de informações falsas no formulário a que se refere o § 2º.

§ 4º Constitui infração, imputável ao estabelecimento bancário e ao corretor que intervierem na operação, punível com multa equivalente de 5 (cinco) a 100% (cem por cento) do respectivo valor, para cada um dos infratores, a classificação incorreta, dentro das normas fixadas pelo Conselho da Superintendência da Moeda e do Crédito, das informações prestadas pelo cliente no formulário a que se refere o § 2º deste artigo.

§ 5º Em caso de reincidência, poderá o Conselho da Superintendência da Moeda e do Crédito cassar a autorização para operar em câmbio aos estabelecimentos bancários que negligenciarem o cumprimento do disposto no presente artigo e propor à autoridade competente igual medida em relação aos corretores.

§ 6º O texto do presente artigo constará obrigatoriamente do formulário a que se refere o § 2º.

§ 7º A utilização do formulário a que se refere o § 2º deste artigo não é obrigatória nas operações de compra e de venda de moeda estrangeira de até o equivalente a US$ 10.000,00 (dez mil dólares norte-americanos), sendo autorizado ao Poder Executivo aumentar esse valor por ato normativo".

As sociedades corretoras, para ser admitidas como membros de uma ou mais Bolsas de Valores para exercer intermediação na compra e venda de valores mobiliários, deverão ser constituídas com autorização do Banco Central, que ainda fiscalizará suas atividades, pois poderá examinar os seus livros e registros de contabilidade e outros papéis ligados à intermediação. O corretor de títulos mobiliários aconselhará investimentos, esclarecendo os percalços de uma aplicação, demonstrando os seus perigos, pois o risco recairá sobre o patrimônio do cliente;

e) de *seguros*, que são os intermediários, pessoas naturais ou jurídicas, legalmente autorizados a angariar e a promover contratos de seguros, admitidos pela legislação vigente, entre as sociedades de seguros e as pessoas naturais ou jurídicas, de direito público ou privado (Lei n. 4.594/64, art. 1º; Dec. n. 56.900/65; Dec. n. 56.903/65; Lei n. 7.944/89 (revogada pela Lei n. 12.249/2010); Circulares n. 492/2014, 510/2015 e 551/2017 da SUSEP). Para exercerem essa atividade profissional, dependerão de prévia obtenção do título de habilitação e registro na Superintendência de Seguros Privados (SUSEP), mediante documentação especificada no art. 102 do Decreto n. 60.459/67, que regulamentou o Decreto-Lei n. 73/66, atinente ao Sistema Nacional de Seguros Privados.

Advém de longa data o sistema de corretagem de seguro, que teve sua origem no Café de Eduardo Lloyd, em 1688, onde comerciantes e armadores se reuniam para efetivar contratos relativos às mercadorias despachadas para a África, Ásia e Novo Continente, surgindo daí os *brokers*, que tinham a função de procurar interessados em assegurar navegadores e consignatários dos riscos marítimos, subscrevendo-os como seguradores individuais (*underwriters*). Com isso tornou-se necessário o auxílio de um profissional, o *courtier*, que servisse de mandatário do ofertante do risco. Mas nos seguros de entidade pública e de sociedades controladas pelo governo ter-se-á sorteio, não havendo, portanto, intermediação (Dec. n. 60.459/67), por serem seguros diretos. Aproximam os contratantes do seguro, visto serem promotores do acordo de vontades, e ainda administram os seguros, controlando os prazos de vigência da cobertura e a correspondência dos capitais segurados. Terão direito a uma remuneração dos serviços acessórios de preparação de proposta e de levantamentos, *croquis* e documentação necessários ao conhecimento dos riscos, fornecimento de declaração ou informação durante a vigência ou no vencimento do contrato, para aperfeiçoamento deste ou ajustamento de prêmios, assistência aos segurados na vigência do contrato ou por ocasião de sinistro (Circular Susep n. 2/67 – revogada pela Circular n. 127/2000 –, item 13.2).

A orientação dada pelos corretores aos interessados constituirá o arcabouço à manifestação unilateral dos segurados, que será encaminhada ao segurador sob a forma de proposta escrita (Dec.-Lei n. 73/66, art. 9º).

Para que recebam a remuneração, os corretores deverão assinar a proposta juntamente com o segurado. Todas as alterações posteriores, decorrentes do encaminhamento da proposta, p. ex., reajuste de prêmio, darão aos corretores o direito à comissão, oriunda da respectiva cobrança. A comissão a ser paga aos corretores corresponderá à de tarifa. Tal percentual será o possível dentro do custo estimado para a colocação do seguro. Pela administração de seguro ser-lhes-á conferido um adicional, de 5% sobre a comissão tarifária. Apesar disso é praxe das seguradoras englobarem tudo em um só percentual, incluindo a administração.

Nessa assessoria os corretores verificarão a vontade do interessado, aparando suas arestas, dando informações indispensáveis ao conhecimento do risco e do contrato. Deverão isentar-se de malícia, ante o princípio de *uberrima fidei*, que rege os contratos de seguro (CC, art. 765).

Se o negócio não for concluído por falta de acordo entre as partes, a assistência ensejará o reembolso de despesas, não a comissão.

Nada obsta que os corretores de seguros tenham preposto, ou seja, um auxiliar que lhes faça as vezes e colabore na angariação de seguros, podendo receber parte da comissão. O preposto, por estar fazendo um prévio estágio profissional de dois anos para habilitação, será empregado da corretora e não da seguradora, devendo estar inscrito no Departamento Nacional de Seguros Privados. Os corretores terão responsabilidade pelos atos do preposto no desempenho profissional.

Por agirem como assessores técnicos ou administradores do seguro, os corretores responderão por culpa sua ou de seu preposto no desempenho profissional, desde que se comprove o prejuízo e o nexo da causalidade entre os atos de corretagem e a consequência danosa aos sujeitos do contrato de seguro.

Como integrante do Sistema Nacional de Seguros, o corretor terá o dever de escrituração do livro de registro, nele lançando as apólices e bilhetes de sua intermediação, arquivando-os e numerando-os em ordem crescente e ininterrupta.

Os corretores não poderão ser sócios, administradores, procuradores, despachantes ou empregados de empresas de seguro, porém nada impedirá que a corretora seja sócia de seguradora.

Exige-se habilitação dos corretores de seguros, que será obtida pela prática mínima de dois anos como prepostos ou como corretores (antes do advento da Lei n. 4.594/64) ou pela conclusão de curso regular de formação profissional, ministrado pelos sindicatos da categoria ou por sociedade educacional, mediante programa orientado pelo Instituto de Resseguros do Brasil (Circular Susep n. 35/68, ora revogada pela Circular Susep n. 321/2006). Satisfeito esse requisito, os candidatos encaminharão requerimentos à Superintendência de Seguros Privados, acompanhados dos devidos documentos, para que esta lhes outorgue o título de corretor habilitado. Para os corretores de seguros de vida bastará a inscrição, acompanhada dos documentos previstos na Circular Susep n. 24/68 (revogada pela Circular n. 177/2001), em sociedade seguradora, que opere nesse ramo, mediante as necessárias instruções para angariar seguros[416];

f) de *valores*, cujas atividades na Bolsa de Valores estão regidas pelas Leis n. 4.728/65, 6.385/76, 6.404/76, 7.913/89, 7.940/89, 8.178/91, 8.880/94, pelas Resoluções n. 39, de 20 de outubro de 1966 (revogada pela Res. n. 922/1984), 1.655/89, 1.656/89 (revogada pela Res. n. 2.690/2000), 1.657/89 e 2.044/94 (revogada pela Res. 2.597/99) do Banco Central do Brasil, pela Instrução n. 109/89 (revogada pela Instr. CVM n. 473/2008), n. 120/90 – revogada pela Instrução n. 283/98, n. 213/94, n. 214/94 (revogada pela Instr. CVM n. 283/98), n. 215/94 – revogada pela Instr. n. 302/1999, n. 217/94 (revogada pela Instr. CVM n. 503/2011), n. 220/94 (revogada pela Instr. n. 382/2003), n. 503/2011 e n. 505/2011 da CVM e pela Deliberação n. 170/94 da CVM. A Lei n. 4.728/65 requer que as sociedades que tenham por objeto qualquer atividade de intermediação na distribuição ou colocação no mercado de títulos ou valores mobiliários estejam previamente registradas no Banco Central (art. 12).

---

416. Elcir Castello Branco, Corretor de seguros, in *Enciclopédia Saraiva do Direito*, cit., p. 36-46; Enneccerus, Kipp e Wolff, *Tratado de derecho civil*, v. 2, t. 2, p. 317; Angelo Mario Cerne, *O seguro privado no Brasil*, 1973; Antigono Donati, *Los seguros privados*, 1960; *Ciência Jurídica*, 5:144. Sobre atividades dos corretores de seguros de ramos elementares e de seguros de vida: Resolução n. 249/2012 da SUSEP e Resolução CNSP n. 233/2011 sobre mercado de corretagem de seguros e resseguros.

A constituição e o funcionamento de sociedade corretora de títulos e valores mobiliários dependerão de autorização do Banco Central. Tal sociedade deverá ser constituída sob a forma de sociedade anônima ou limitada (Regulamento anexo à Res. n. 1.655/89 do Banco Central, art. 3º e parágrafo único).

A sociedade corretora somente pode ser admitida como membro da Bolsa de Valores se adquirir o respectivo título patrimonial. Nenhuma sociedade corretora pode adquirir mais de um título patrimonial de cada Bolsa de Valores. As sociedades corretoras têm iguais direitos e obrigações perante a Bolsa de Valores. A sociedade corretora, antes de iniciar suas operações, deve caucionar o seu título patrimonial em favor da Bolsa de Valores. Aprovada a sua admissão e cumprido o disposto no parágrafo anterior, a sociedade corretora entra em pleno gozo dos direitos de associada da Bolsa de Valores. Todavia, é preciso esclarecer que apenas ao representante da sociedade corretora será permitido operar nos pregões e sistemas da Bolsa de Valores. Esse representante, no pregão ou perante o público, deverá obter aprovação em exame de matérias concernentes a valores mobiliários e à respectiva legislação e regulamentação, o qual será promovido pela Bolsa de Valores em que deva atuar, sob supervisão da Comissão de Valores Mobiliários (Regulamento anexo à Res. n. 1.656/89 – revogado pela Res. n. 2.690/2000 – do Banco Central, arts. 25, §§ 1º a 4º, 31 e 32).

A sociedade corretora deverá ter por objeto social: operar em recinto ou em sistema mantido por Bolsa de Valores; subscrever, isoladamente ou em consórcio com outras sociedades autorizadas, emissões de títulos e valores mobiliários para revenda; intermediar oferta pública e distribuição de títulos e valores mobiliários no mercado; comprar e vender títulos e valores mobiliários por conta própria e de terceiros, observada regulamentação baixada pela Comissão de Valores Mobiliários e Banco Central do Brasil nas suas respectivas áreas de competência; encarregar-se da administração de carteiras e da custódia de títulos e valores mobiliários; incumbir-se da subscrição, da transferência e da autenticação de endossos, de desdobramento de cautelas, de recebimento e pagamento de resgates, juros e outros proventos de títulos e valores mobiliários; exercer funções de agente fiduciário; instituir, organizar e administrar fundos e clubes de investimento; constituir sociedade de investimento – capital estrangeiro –, e administrar a respectiva carteira de títulos e valores mobiliários; exercer as funções de agente emissor de certificados e manter serviços de ações escriturais; emitir certificados de depósito de ações e cédulas pignoratícias de debêntures: intermediar operações de câmbio; praticar não só operações no mercado de câmbio de taxas flutuantes, mas também operações de conta-margem, conforme regulamentação da Comissão de Valores Mobiliários; realizar operações compromissadas; praticar operações de compra e venda de metais preciosos, no mercado físico, por conta própria e de terceiros, nos termos da regulamentação baixada pelo Banco Central do Brasil; operar em Bolsas de Mercadorias e de Futuros por conta própria e de terceiros, observada regulamentação baixada pela Comissão de Valores Mobiliários e Banco Central do Brasil nas suas respectivas áreas de competência; prestar serviços de intermediação e de assessoria ou assistência técnica, em operações e atividades nos mercados financeiro e de capitais; exercer outras atividades expressamente autorizadas, em conjunto, pelo Banco Central do Brasil e pela Comissão de Valores Mobiliários (Regulamento anexo à Res. n. 1.655/89 do Banco Central, art. 2º).

A tabela de corretagem para operações com valores mobiliários em Bolsas de Valores deverá ser aprovada pela Comissão de Valores Mobiliários, após ouvir as Bolsas de Valores, respeitados os limites máximos eventualmente fixados pelo Conselho Monetário Nacional. Tal tabela será adotada por todas as instituições integrantes do sistema de distribuição de valores mobiliários, que não poderão cobrar dos comitentes corretagem ou qualquer outra comissão referente a negociações com valores mobiliários, durante o período de distribuição primária. Será permitida a negociação da taxa de corretagem sujeita a limites para mais ou para menos de até vinte e cinco por cento do valor estabelecido na tabela de corretagem. Será admitida, ainda, a ampliação do limite inferior do intervalo previsto neste artigo para até cinquenta por cento, quando se tratar de rateio entre sociedades corretoras e os demais integrantes do sistema de distribuição, desde que haja contrato registrado em Bolsa de Valores (Regulamento anexo à Res. n. 1.656/89 – revogado pela Res. n. 2.690/2000 – do Banco Central, arts. 37 a 39).

A sociedade corretora será responsável, nas operações realizadas em Bolsas de Valores, para com seus comitentes e para com outras sociedades corretoras com as quais tenha operado ou esteja operando: por sua liquidação; pela legitimidade dos títulos ou valores mobiliários entregues; pela autenticidade dos endossos em valores mobiliários e legitimidade de procuração ou documentos necessários para a transferência de valores mobiliários.

A sociedade corretora não poderá: realizar operações que caracterizem, sob qualquer forma, a concessão de financiamentos, empréstimos ou adiantamentos a seus clientes, inclusive através da cessão de direitos, ressalvadas as hipóteses de operação de conta-margem e as demais previstas na regulamentação em vigor; cobrar de seus comitentes corretagem ou qualquer outra comissão referente a negociações com determinado valor mobiliário durante seu período de distribuição primária; adquirir bens não destinados ao uso próprio, salvo os recebidos em liquidação de dívidas de difícil ou duvidosa solução, caso em que deverá vendê-los dentro do prazo de um ano, a contar do recebimento prorrogável até duas vezes, a critério do Banco Central; obter empréstimos ou financiamentos junto a instituições financeiras, exceto aqueles vinculados a: *a*) aquisições de bens para uso próprio; *b*) operações e compromissos envolvendo títulos de renda fixa, conforme regulamentação em vigor; *c*) operações de conta-margem de seus clientes, conforme regulamentação em vigor; *d*) garantias na subscrição ou aquisição de valores mobiliários objeto de distribuição pública; realizar operações envolvendo comitente final que não tenha identificação cadastral na Bolsa de Valores.

A sociedade corretora está obrigada a manter sigilo em suas operações e serviços prestados, devendo guardar segredo sobre os nomes e operações de seus comitentes, só os revelando mediante autorização desses dada por escrito. O nome e as operações do comitente devem ser informados, sempre que solicitado, à Comissão de Valores Mobiliários, às Bolsas de Valores e ao Banco Central do Brasil, observadas as respectivas esferas de competência, bem como nos demais casos previstos na legislação em vigor. Será facultado à sociedade corretora, no caso de inadimplência ou infringência às normas legais ou regulamentares praticada por seu comitente e independentemente de medidas judiciais ou extrajudiciais, revelar o seu nome ao Conselho de Administração da Bolsa de Valores respectiva, solicitando que, no interesse geral, seja ele anotado e afixado, no mínimo por uma semana, no quadro de avisos da Bolsa e comunicado a todas as demais sociedades corretoras e Bolsa de Valores. A sociedade corretora deverá manter sistema de conta corrente, não movimentável por cheque, para efeito de registro das operações por conta de seus clientes (Regulamento anexo à Res. n. 1.655/89 do Banco Central, arts. 11 a 14).

A sociedade corretora sujeitar-se-á à permanente fiscalização da Bolsa de Valores e, no âmbito das respectivas competências, às do Banco Central e da Comissão de Valores Mobiliários. O descumprimento das normas legais e regulamentares disciplinadoras das atividades da sociedade corretora sujeitará a infratora e seus administradores às sanções previstas no art. 44 da Lei n. 4.595, de 31 de dezembro de 1964, e no art. 11 da Lei n. 6.385, de 7 de dezembro de 1976 (Regulamento anexo à Res. n. 1.655/89 do Banco Central, arts. 18 e 19).

2º) *Livres*, se exercerem o ofício de intermediadores continuadamente, sem designação oficial. Há corretores livres de espetáculos públicos e diversões; de empréstimos de obras de arte; de automóveis; de pedras preciosas; de publicidade; de serviços de trabalhadores em geral ou especializados; de artistas; de esportistas profissionais; de conferencistas; de bens móveis e imóveis etc.

A Lei n. 6.530/78, regulamentada pelo Decreto n. 81.871/78, e alterada pelas Leis n. 10.795/2003 e n. 13.097/2015, disciplina a profissão de corretor de imóveis (*RT*, *804*:270, *803*:170, *783*:329, *785*:285, *688*:142, *635*:264; *Bol. AASP*,

1.910:88), possuidor de título de técnico em transações imobiliárias, obtido em curso especializado, e o funcionamento de seus órgãos de fiscalização (Resoluções Cofeci n. 5/78, 17/78, 126/81, 126-A/91, 146/82, 161/83, 199/85, 258/89, 315/91, 316/91, 325/92, 327/92, 334/92, 341/92, 358/93, 449/95, 452/95, 457/95, 458/95 (alterada pela Res. n. 1.404/2018), 459/95, 492/96 (alterada pela Res. n. 1.404/2018), 507/96 (alterada pela Res. n. 1.404/2018), 516/96, 574/98; 1.126/2009, 1.168/2010 (alterada pela Res. n. 1.331/2014), 1.239/2011, 1.256/2012 e 1.401/2017; Lei n. 9.613/98, art. 9º, parágrafo único, X, com a redação da Lei n. 12.683/2012, e Lei n. 9.649/98, arts. 58, §§ 1º a 9º, e 64).

A mediação imobiliária independe de mandato, constituindo-se apenas pelo acordo, que visa a obtenção da atuação do corretor como intermediário do titular do interesse, na busca da efetivação da transação negocial, mediante pagamento de uma remuneração. O corretor age em seu próprio nome, não contrata com terceiro, pois tão somente leva as partes interessadas a realizar o negócio imobiliário. Esse contrato de corretagem é bilateral, oneroso, consensual, acessório e, em geral, aleatório, pois o pagamento da mediação subordina-se a evento futuro e incerto.

O corretor de imóveis é o profissional possuidor de título de técnico em negócios imobiliários, obtido em curso especializado, e quite com seus deveres para com o Conselho Regional e o sindicato de classe. Impõem-se-lhe alguns requisitos essenciais, como comprovação do pleno gozo dos direitos profissionais, civis e políticos, inexistência de condenação penal etc. O corretor imobiliário prestará serviços de intermediação na compra e venda, na permuta, na locação, e de administração em geral, podendo figurar nas incorporações e loteamentos. Mas, para atuar como incorporador, precisará o corretor de imóveis receber mandato expresso do proprietário do terreno, ou de quem de direito (Lei n. 4.591, art. 31), devendo, então, cumprir os deveres estabelecidos nos arts. 667 e s. do Código Civil. A Lei n. 6.530, de 12 de maio de 1978, confere ao Conselho Federal a iniciativa da elaboração de contrato-padrão para serviço de corretagem imobiliária. Os emolumentos a que terá direito o corretor pelos seus serviços profissionais serão fixados pelo Conselho Federal. Há uma tabela de preços proposta pelos sindicatos e pelo Conselho Regional de Corretores de Imóveis (Resolução Cofeci n. 1.256/2012, arts. 2º e 3º) indicativa dos percentuais das comissões, que dependerão da localização e do tipo do imóvel. O direito à comissão, a forma de pagamento e hipóteses de perda foram assentados no Regulamento das Transações Imobiliárias.

O Conselho Federal de Corretores de Imóveis, no Código de Ética aprovado pela Resolução Cofeci n. 326, de 25 de junho de 1992, veda ao corretor de imóveis:

a) aceitar tarefas para as quais não esteja preparado ou que não se ajustem às disposições vigentes, ou, ainda, que possam prestar-se à fraude;

b) manter sociedade profissional fora das normas e preceitos estabelecidos em lei e em resoluções;

c) promover a intermediação com cobrança de *over price*;

d) locupletar-se, por qualquer forma, à custa do cliente;

e) receber comissões em desacordo com a tabela aprovada ou vantagens que não correspondam a serviços efetiva e licitamente prestados;

f) angariar, diretamente ou indiretamente, serviços de qualquer natureza, com prejuízo moral ou material, ou desprestígio para outro profissional ou para a classe;

g) desviar, por qualquer modo, cliente de outro corretor de imóveis;

h) deixar de atender às notificações para esclarecimento à fiscalização ou intimações para instrução de processos;

i) acumpliciar-se, por qualquer forma, com os que exercem ilegalmente atividades de transações imobiliárias;

j) praticar quaisquer atos de concorrência desleal aos colegas;

k) promover transações imobiliárias contra disposição literal da lei;

l) abandonar os negócios confiados a seus cuidados, sem motivo justo e prévia ciência do cliente;

m) solicitar ou receber do cliente qualquer favor em troca de concessões ilícitas;

n) deixar de cumprir, no prazo estabelecido, determinação emanada do órgão ou autoridade dos Conselhos, em matéria de competência destes;

o) aceitar incumbência de transação que esteja entregue a outro corretor de imóveis, sem dar-lhe prévio conhecimento, por escrito;

p) aceitar incumbência de transação sem contatar com o corretor de imóveis, com quem tenha de colaborar ou substituir;

q) anunciar capciosamente;

r) reter em suas mãos negócio, quando não tiver probabilidade de realizá-lo;

s) utilizar sua posição para obtenção de vantagens pessoais, quando no exercício do cargo ou função em órgão ou entidades de classe;

t) receber sinal dos negócios que lhe forem confiados caso não esteja expressamente autorizado para tanto.

No exercício de suas funções sofrerá sanções disciplinares dos órgãos fiscalizadores, respondendo civilmente pelos atos que praticar, culposamente, prejudicando os interesses patrimoniais do cliente (CC, art. 389).

A apuração e punição às normas disciplinadoras do exercício da profissão de corretor de imóveis serão exercidas, em grau de recurso, pelo Conselho Federal de Corretores de Imóveis (Cofeci), e em 1ª instância pelos Conselhos Regionais de Corretores de Imóveis (Creci), mediante processo disciplinar, que culminará na aplicação de advertência, de censura, de multa, de suspensão ou de cancelamento da inscrição, conforme a gravidade do ato praticado pelo corretor faltoso[417].

l.3. Direitos e obrigações dos corretores

Efetivado o contrato de corretagem, o corretor terá o *direito* de:

1º) *Receber uma remuneração*, normalmente em dinheiro, designada *comissão* (*BAASP, 2710*:1936-16; *RTJ, 66*:324, *72*:514-517, *90*:596, *90*:323, *90*:663 e 665; *EJSTJ, 10*:71; *Ciência Jurídica, 49*:176, *66*:131; *RT, 590*:101; *RJTJSP, 132*:93), que poderá ser: *a*) *fixa*, se seu *quantum* foi estipulado numa importância certa, seja qual for o sucesso obtido, independentemente do valor do negócio; *b*) *variável*, se conforme ao preço alcançado, sendo, então, proporcional ao valor da transação conseguida, respeitando-se, porém, o limite mínimo; *c*) *mista*, se se fixar uma percentagem certa até o desejado pelo comitente, estabelecendo-se que o que exceder esse limite seja do corretor, em sua totalidade, ou de ambos, em sociedade. Como se vê, até mesmo poderá haver um acordo estipulando a comissão com base em *over price*, caso em que o corretor será remunerado com o *quantum* excedente a determinado

---

417. Moacyr de Oliveira, Corretor de imóveis, in *Enciclopédia Saraiva do Direito*, v. 21, p. 31-3; Justino Adriano F. da Silva, Mediação e corretagem, in *Enciclopédia Saraiva do Direito*, v. 52, p. 124-9. Resolução COAF n. 26/2013, que revoga a Resolução n. 14/2006 sobre procedimentos a serem observados pelas pessoas jurídicas que exerçam atividades de promoção imobiliária ou compra e venda de imóveis. Os corretores de imóveis filiados à Bolsa de Valores Imobiliários (CVI) estão desenvolvendo um *pool* para enfrentar a crise no mercado, colocando cada ficha de imóvel cadastrado à disposição de 120 corretores filiados, possibilitando a sua oferta aos clientes desses corretores, o que aumentará a chance de ser vendido rapidamente. Consulte: M. Helena Diniz, *Tratado*, cit., v. 3, p. 370 a 379. Sobre corretor de imóveis: art. 6º, §§ 1º a 4º da Lei n. 6.530/78 com a redação da Lei n. 13.097/2015; Resolução n. 1.409/2018 do COFECI reinstitui o CARP (Cartão Anual de Regularidade Profissional) com efeito de cédula de identidade profissional *ad referendum*; Resolução n. 1.410/2018 do COFECI institui o Programa Nacional de Regularização e Conciliação Profissional.

Enunciado n. 192 do Fórum Permanente de Processualistas Civis: "Alienação por iniciativa particular realizada por corretor ou leiloeiro não credenciado perante o órgão judiciário não invalida o negócio jurídico, salvo se o executado comprovar prejuízo".

valor, estabelecido pelo alienante, de modo que a remuneração devida corresponderá ao que superar aquele valor. Alguns autores, como Antônio Carvalho Neto, admitem essa modalidade, mas a jurisprudência tem, contudo, entendido que não será legítimo pactuar ajuste que reconheça ao corretor o direito a tudo que exceder do preço pretendido pelo comitente (*RT*, *246*:161, *180*:647). Se a remuneração do corretor não estiver fixada em lei, nem for ajustada entre as partes, será arbitrada judicialmente segundo a natureza do negócio (podendo, p. ex., dizer respeito a um percentual conforme o valor do objeto) e os usos locais, considerando-se o tempo despendido, a qualidade do trabalho, o esforço empregado etc. (CC, art. 724 c/c o art. 596; *RT*, *136*:762). Só fará jus à remuneração, não podendo cobrar despesas feitas no desempenho da intermediação.

"O pagamento da comissão, no contrato de corretagem celebrado entre empresários, pode ser condicionado à celebração do negócio previsto no contrato ou à mediação útil ao cliente, conforme os entendimentos prévios entre as partes. Na ausência de ajuste ou previsão contratual, o cabimento da comissão deve ser analisado no caso concreto, à luz da boa-fé objetiva e da vedação ao enriquecimento sem causa, sendo devida se o negócio não vier a se concretizar por fato atribuível exclusivamente a uma das partes" (Enunciado n. 36 da I Jornada de Direito Comercial do Conselho da Justiça Federal).

O corretor terá direito à remuneração, se aproximou as partes e elas acordaram no negócio, mesmo que posteriormente se modifiquem as condições ou o negócio venha a ser rescindido ou desfeito (*RT*, *288*:799, *261*:265, *590*:101, *680*:202, *554*:184, *263*:508, *261*:280, *203*:494, *465*:180, *712*:220, *835*:367, *844*:377; *Ciência Jurídica*, *70*:122 e 353, *69*:107; *RSTJ*, *51*:191, *90*:109; *EJSTJ*, *12*:68; *RJTJSP*, *131*:99, *127*:41). A esse respeito reza o Código Civil, no art. 725, que: "A remuneração é devida ao corretor uma vez que tenha conseguido o resultado previsto no contrato de mediação, ou, ainda que este não se efetive em virtude de arrependimento das partes", ou, entendemos, de uma delas. Isto é assim porque o acordo já se efetivou, antes da desistência, com a intermediação do corretor, tendo ele, por tal razão, direito à comissão integral. Se assim é, se o negócio não se realizar por outra razão, p. ex., por falta de alguma documentação, por discordância quanto à maneira de efetuar o pagamento, por desentendimento do comitente com o eventual contratante, o corretor não fará jus à comissão, pois, apesar de ter aproximado as partes, não houve acordo entre elas. O corretor não receberá a remuneração, embora tenha agido com competência e diligência se não conseguir, por meio de sua intermediação, a conclusão do ato negocial. Se o intermediário não conseguir acertar, p. ex., a vontade do comprador à do vendedor, não levando a bom termo a mediação, e se a venda se realizar sem a sua interferência, não terá direito de reclamar qualquer remuneração. Adalberto Simão Filho observa, ainda, que, em caso de o arrependimento de uma das partes se dar em razão de melhor avaliação feita por uma das partes de alguns caracteres negociais, omitidos pelo corretor, a remuneração poderá não lhe ser paga.

Se, mesmo havendo contrato de corretagem, o negócio se iniciar e concluir diretamente entre as partes, o corretor não terá direito a nenhuma remuneração.

Porém, se se ajustar por escrito a corretagem com exclusividade, terá ele direito à remuneração integral, ainda que realizado o negócio sem a sua mediação, salvo se comprovada a sua inércia, ociosidade ou ausência de atividade laborativa, por revelar descaso, desinteresse e omissão culposa no exercício de sua função, e, além disso, justo não seria premiar a desídia ou negligência (CC, art. 726). A cláusula de exclusividade não atinge o negócio efetuado por meio de ato de quem não seja o corretor, pois apenas constitui uma garantia deste de percepção da retribuição ajustada, como se tivesse feito a intermediação. Trata-se da opção de venda, em que o comitente autoriza o corretor a vender certo bem, dentro de determinado prazo, comprometendo-se ao pagamento da comissão fixada. É um ajuste sobre um futuro contrato de compra e venda a ser celebrado.

Se, por não haver prazo determinado, o dono do negócio dispensar o corretor, e o negócio se realizar posteriormente, como fruto de sua mediação, a corretagem lhe será devida em razão de sua eficaz atividade, responsável pelo êxito do negócio. Se sua intermediação, devidamente comprovada, foi a causa do ato negocial, não há como retirar-lhe o direito à remuneração (*RT*, *219*:229). Igual solução se adotará se o negócio se realizar após a decorrência do prazo contratual, mas por efeito dos trabalhos do corretor (CC, art. 727).

Se a mediação for conjunta, todos os corretores que nela intervierem terão direito cada um à comissão, que lhes será paga, em partes iguais (CC, art. 728), se entraram diretamente em contato com os interessados (*RT*, *561*:223), salvo ajuste em contrário, estabelecendo percentagens conforme a participação de cada um. Porém, será preciso que cada um deles tenha servido de intermediário junto aos futuros contratantes. Em caso diverso, ter-se-á mera relação interna entre os corretores, a que se conservaram alheios os contraentes, de modo que o pagamento da remuneração será feito àquele que diretamente tratou com os interessados na conclusão do ato negocial. Observa Jones Figueirêdo Alves que o art. 728 "não distingue a atuação de cada um deles, os fatores concausais e o momento participativo da respectiva intermediação, podendo o mais das vezes o agir ter lugar em momentos distintos, para o efeito de se estabelecer o direito à remuneração. Em caso de ultimação do negócio por outro corretor, quando a iniciativa das gestões pertencera ao primeiro mediador, entre as mesmas partes opera-se o princípio da proporcionalização entre a participação deste e a comissão a lhe ser paga. Implica a figura da comissão parcial devida ao corretor que não concluiu o negócio, mas atuou como uma concausa eficiente para a sua conclusão exitosa".

Quem, usualmente, paga a remuneração é a pessoa que contratou o corretor; assim, na intermediação para efetivar uma compra e venda, em regra competirá ao vendedor o pagamento da comissão, ainda que raramente se aplique o princípio da divisão ou rateio.

2º) Intervir em convenções, transações e operações mercantis.

3º) Tratar, por si, por seus agentes e caixeiros, suas negociações e as de seus comitentes.

4º) Promover, para outrem, vendedores e compradores, desde que tal intervenção seja gratuita.

5º) Traduzir os manifestos e documentos que os mestres de embarcações estrangeiras tiverem de apresentar para despacho nas alfândegas, se for corretor de navios.

6º) Dar certidão, se corretor oficial, do que constar do seu protocolo e com referência a ele, relativamente aos negócios do seu ofício, por despacho de autoridade competente.

7º) Não ser responsabilizado pela conclusão ou execução do negócio; logo, se com sua ação facilitar negociações preliminares que posteriormente se frustrarem, nenhuma responsabilidade poderá ser-lhe imputada, exceto se não revelar o nome do outro contraente, hipótese em que se obrigará pessoalmente, sem, contudo, deixar de ser intermediário.

Terá, por outro lado, a *obrigação* de:

1º) Matricular-se no Tribunal do Comércio do seu domicílio, se for corretor oficial.

2º) Prestar fiança, se corretor oficial.

3º) Envidar esforços no sentido de encontrar o negócio a que visa o comitente.

4º) Executar a mediação com diligência e prudência (CC, art. 723), sem propiciar a realização de contratos nulos ou anuláveis.

5º) Informar, por *sponte propria,* o cliente sobre o andamento do negócio, esclarecendo não só sobre as condições, a segurança ou risco do ato negocial, mas também a respeito das alterações de valores e de outros fatores que possam influir nos resultados da incumbência (CC, art. 723, parágrafo único, com a redação da Lei n. 12.236/2010), sob pena de responder por perdas e danos (CC, arts. 723, parágrafo único, 402 a 404).

6º) Fazer assento exato e metódico de todas as operações em que intervier, tomando nota de cada uma que for concluída em um caderno manual paginado. Se os livros do corretor oficial forem achados sem as regularidades e formalidades exigidas por lei, ele deverá indenizar as partes dos prejuízos que daí lhes resultarem, além de ser multado na quantia correspondente à quarta parte da fiança e suspenso de três a seis meses, sendo punido, no caso de reincidência, com multa correspondente à metade da fiança, além de perder o ofício.

7º) Assistir à entrega das coisas vendidas por seu intermédio, se alguma das partes o exigir, sob pena de uma multa correspondente a 5% da fiança e de responder por perdas e danos. Se se tratar de negociação de letras ou de qualquer título de crédito endossável, ou de apólices da dívida pública, será obrigado não só a havê-los do cedente e a entregá-los ao tomador, mas também a receber e entregar o preço.

8º) Garantir a entrega material do título ao tomador e do valor ao cedente, responsabilizando-se pela veracidade da última firma de todos e quaisquer papéis de crédito negociados por sua intervenção e pela identidade das pessoas que intervierem nos contratos celebrados por seu intermédio.

9º) Guardar sigilo absoluto nas negociações de que se encarregar. Se quebrar segredo profissional, causando prejuízos, deverá ressarci-los, e poderá até mesmo ser condenado à perda do ofício e da metade da fiança prestada, provando-se dolo ou fraude.

10) Não usar de fraude, cavilação ou engano, sob pena de sofrer punição prevista normativamente.

11) Dar a cada uma das partes contraentes, ultimada a transação de que foi encarregado, cópia fiel do assento da mesma transação, por ele assinada, dentro do prazo de quarenta e oito horas úteis, sob pena de perder o direito à remuneração, e de indenizar as partes de todos os danos que dessa falta lhes resultar.

12) Não poder: *a*) negociar, direta ou indiretamente, sob seu nome ou no de outrem; contrair sociedade de qualquer denominação ou classe que seja e ter parte em navios ou na sua carga, sob pena de perder o ofício e de nulidade do contrato; *b*) encarregar-se de cobranças ou pagamentos por conta alheia, sob pena de perda do ofício; *c*) adquirir, para si ou para parente seu, coisa cuja venda lhe for incumbida ou a algum outro corretor, ainda mesmo que seja a pretexto do seu consumo particular, sob pena de suspen-

são ou de perda do ofício, conforme a gravidade do negócio, e de uma multa correspondente ao dobro do preço da coisa comprada. Excetua-se dessa disposição a aquisição de apólices da dívida pública e de ações de sociedades anônimas, das quais, todavia, não poderá ser diretor, administrador ou gerente, debaixo de qualquer título que seja[418].

l.4. Modos terminativos da mediação

São modos extintivos da corretagem[419]:

1º) conclusão do negócio, pois nesse instante termina a função do corretor; mas, se o negócio não se realizar porque uma das partes se arrependeu, haverá mediação, pois o corretor não é responsável pela consumação do negócio. Executado estará o contrato de corretagem se houve aproximação útil de pessoas por intermédio do corretor;

2º) expiração do prazo, se a corretagem foi estipulada por tempo determinado, sem que o corretor tenha encontrado comprador;

3º) distrato;

4º) impossibilidade de sua realização devido a força maior ou caso fortuito;

5º) nulidade do negócio;

6º) renúncia do corretor;

7º) revogação;

8º) morte do corretor e do comitente;

9º) incapacidade do corretor;

10) falência.

---

418. Relativamente aos direitos e deveres dos corretores, *vide*: Orlando Gomes, *Contratos*, cit., p. 463-5; Antônio Chaves, Corretagem, cit., p. 15-21; Caio M. S. Pereira, *Instituições*, cit., p. 340-2; Enneccerus, Kipp e Wolff, op. cit., v. 2, § 154; Ramella, *Teoria della mediazione in materia civile e commerciale*, Milano, 1904; Dusi, *Istituzioni di diritto civile*, v. 2, p. 146; Vivante, *Trattato di diritto commerciale*, 4. ed., Milano, Vallardi, v. 1, n. 240; Luigi Carraro, Mediazione e mediatore, in *Novissimo Digesto Italiano*, cit., v. 10, p. 476-83; Antônio Carlos M. Coltro, *Contrato de corretagem*, cit., p. 165-74; Gustavo Tepedino, *Temas de direito civil*, Rio de Janeiro, Renovar, 1999, p. 120-1; Jones Figueirêdo Alves, *Novo Código*, cit., p. 658; Adalberto Simão Filho, *Comentários*, cit., p. 611; *RT*, *203*:261, *187*:683, *191*:694, *267*:581, *262*:547, *252*:500, *238*:433, *233*:172, *224*:182, *176*:286, *261*:265.

419. Larenz, op. cit., § 50; Antônio Chaves, Corretagem, cit., p. 21; Orlando Gomes, *Contratos*, cit., p. 465 e 466; Caio M. S. Pereira, *Instituições*, cit., p. 343; Giselda Mª F. Novaes Hironaka, Contrato de mediação ou corretagem, *Estudos de Direito Civil*, Belo Horizonte, Del Rey, 2000, p. 145-50; Silvio Luís Ferreira da Rocha, *Curso*, cit., v. 3, p. 426 a 434.

Quadro Sinótico

CORRETAGEM

1. DEFINIÇÃO	• Corretagem ou mediação é o contrato pelo qual uma pessoa, sem qualquer relação de dependência, se obriga, mediante remuneração, a obter para outrem um ou mais negócios, conforme as instruções recebidas, ou a fornecer-lhe as informações necessárias para a celebração de contrato (CC, art. 722).	
2. CARACTERÍSTICAS JURÍDICAS	• Bilateralidade. • Acessoriedade. • Onerosidade. • Aleatoriedade ou comutatividade. • Consensualidade.	
3. ESPÉCIES DE CORRETORES	• Corretores oficiais	• De fundos públicos (Lei n. 2.146/53). • De mercadorias (Dec. n. 806, de 1851, art. 27; Dec. n. 20.881/31). • De navios. • De operações de câmbio (Lei n. 4.131/62, art. 23, com a redação da Lei n. 9.069/95). • De seguros (Lei n. 4.594/64, art. 1º; Dec.-Lei n. 73/66, regulamentado pelo Dec. n. 60.459/67, art. 102; Dec. n. 56.900/66 e Dec. n. 56.903/66). • De valores (Leis n. 4.728/65, 6.385/76, 6.404/76 e Res. n. 39/66 – revogada pela Res. n. 922/84 – do Banco Central do Brasil).
	• Corretores livres	• De espetáculos públicos e diversões. • De empréstimos de obras de arte. • De automóveis. • De pedras preciosas. • De publicidade.

3. ESPÉCIES DE CORRETORES	• Corretores livres	• De serviços. • De trabalhos em geral ou especializados. • De artistas. • De esportistas profissionais. • De conferencistas. • De bens móveis e imóveis (Lei n. 6.530/78, regulamentada pelo Dec. n. 81.871/78).
4. DIREITOS DOS CORRETORES	• Receber uma remuneração (CC, arts. 724 a 728). • Intervir em convenções, transações e operações mercantis. • Tratar, por si, por seus agentes e caixeiros, suas negociações e as de seus comitentes. • Promover, para outrem, vendedores e compradores, desde que tal intervenção seja gratuita. • Traduzir documentos de capitães de navios estrangeiros que devam ser apresentados para despacho nas alfândegas, se for corretor de navios. • Dar certidão, se corretor oficial, do que constar do seu protocolo. • Não ser responsabilizado pela execução do negócio.	
5. OBRIGAÇÕES DO CORRETOR	• Matricular-se no Tribunal do Comércio do seu domicílio, se for corretor oficial. • Prestar fiança, se corretor oficial. • Envidar esforços no sentido de encontrar o negócio a que visa o comitente. • Executar a mediação com diligência e prudência (CC, art. 723). • Informar o cliente de todas as condições do negócio, esclarecendo sobre sua segurança ou risco, sobre as alterações dos valores e de outros fatores que possam influir nos resultados da incumbência (CC, art. 723, parágrafo único). • Fazer assento exato de todas as operações em que intervier, sob pena de indenizar as partes dos prejuízos que acarretar pelas irregularidades em seus livros, além de ser multado na quantia correspondente à quarta parte da fiança e suspenso de três a seis meses, sendo, ainda, punido, em caso de reincidência, com multa correspondente à metade da fiança, além de perdas e danos.	

5. OBRIGAÇÕES DO CORRETOR	• Assistir à entrega das coisas vendidas por seu intermédio, se alguma das partes o exigir, sob pena de multa correspondente a 5% da fiança e de responder por perdas e danos. • Garantir a entrega material do título ao tomador e do valor ao cedente, respondendo pela veracidade da última firma de todos e quaisquer papéis de crédito negociados por sua intermediação, e pela identidade das pessoas que intervierem nos contratos celebrados por seu intermédio. • Guardar sigilo absoluto nas negociações de que se encarregar, pois se quebrá-lo, causando danos, deverá ressarci-los e poderá até mesmo ser condenado à perda do ofício e da metade da fiança prestada, provando-se dolo ou fraude. • Não usar de fraude, cavilação ou engano. • Dar a cada um dos contraentes, ultimada a transação, cópia fiel do assento dessa transação, dentro de quarenta e oito horas úteis, sob pena de perder a comissão e de indenizar as partes dos danos que dessa falta lhes resultar.
6. MODOS TERMINATIVOS DA MEDIAÇÃO	• Conclusão do negócio. • Expiração do prazo. • Distrato. • Impossibilidade de sua realização devido a força maior ou caso fortuito. • Nulidade do negócio. • Renúncia do corretor. • Revogação. • Morte do corretor e do comitente. • Incapacidade do corretor. • Falência.

M. Transporte

m.1. Conceito e caracteres jurídicos

O contrato de transporte, apesar de ser um dos negócios jurídicos mais usuais, não foi regulamentado pelo Código Civil de 1916, e muito escassamente o disciplinava o Código Comercial, referindo-se apenas nos arts. 99 a 118 aos condutores de gêneros e comissários de transporte. O novo Código Civil dele trata nos arts. 730 a 756, mas dispõe, no art. 731, que "o transporte exercido em virtude de autorização, permissão ou concessão, rege-se pelas normas regulamentares e pelo que for estabelecido naqueles atos, sem prejuízo do disposto neste Código", acrescentando no art. 732: "Aos contratos de transporte, em geral, são aplicáveis, quando couber, desde que não contrariem as disposições deste Código, os preceitos constantes da legislação especial e de tratados e convenções internacionais"[420]. "Diante do preceito constante no art. 732 do Código Civil, teleologicamente e em uma

---

420. Fran Martins, op. cit., p. 247-52. O transporte gratuito feito por cortesia refoge das normas legais sobre o contrato (CC, art. 736). O transporte coletivo, por ser modalidade de prestação indireta de serviço público por pessoa de direito privado, rege-se por atos administrativos e por normas disciplinadoras de suas condições, direitos, obrigações, tarifas etc., e subsidiariamente pelos arts. 730 a 756 do Código Civil. O novel Código Civil entende que a legislação especial e tratados e convenções internacionais têm *caráter subsidiário*, sendo aplicáveis, quando couber, desde que não contrariem as suas disposições. Ora, como poderia ocorrer isso: *a*) se tratados e convenções internacionais somente são aplicáveis a *fatos interjurisdicionais* e se no conflito entre norma de direito internacional e norma de direito interno ter-se-á, em regra, a superioridade do tratado sobre a norma interna, principalmente, se mais recente em data, ligando-a, porém, a um controle jurisdicional da constitucionalidade da lei, e se com a ratificação entra no direito interno como norma especial. Todavia, em outros países, reconhece-se a autoridade relativa do tratado, entendendo-se que a lei interna não pretendeu violar o tratado, exceto nos casos em que o fizer claramente, hipótese em que, excepcionalmente, a lei interna prevalecerá apenas se o fato for interjurisdicional (Tércio Sampaio Ferraz Jr., Antinomia, *Enciclopédia Saraiva do Direito*, v. 7, p. 17; Mª Helena Diniz, *Conflito de normas*, São Paulo, Saraiva, 2001, p. 47; Dehousse, La ratification des traités, in *Essai sur les rapports des traités et du droit interne*, p. 1981; Hayoit de Termicourt, Le conflit: traité – Loi interne, *Journal des Tribunaux*, p. 481-6, 1963); *b*) se havendo antinomia de segundo grau, ou seja, entre o critério da especialidade e o cronológico, ou melhor, entre norma anterior especial e norma posterior geral, vale, em regra, o metacritério *lex posterior generalis non derogat priori speciali*, segundo o qual a lei anterior especial prevalece sobre a geral posterior (Mª Helena Diniz, *Conflito de normas*, cit., p. 50; Tércio Sampaio Ferraz Jr., Antinomia, cit., p. 14; Bobbio, *Teoria dell'ordinamento*, p. 115-9; Gavazzi, *Delle antonomie*, Torino, Giappichelli, 1959, p. 80, 83 e 87). É preciso, portanto, que, a respeito, haja prudência objetiva do aplicador do direito.

visão constitucional de unidade do sistema, quando o contrato de transporte constituir uma relação de consumo, aplicam-se as normas do Código de Defesa do Consumidor que forem mais benéficas a este" (Enunciado n. 369 do CJF, aprovado na IV Jornada de Direito Civil).

O contrato de transporte é aquele em que uma pessoa ou empresa se obriga, mediante retribuição, a transportar, de um local para outro, pessoas ou coisas animadas ou inanimadas (CC, art. 730). A empresa de transporte, pessoa física ou jurídica, está apta à oferta e à prestação de serviços de deslocamento de pessoas e de mercadorias por via terrestre, aquaviária, ferroviária e aérea, mediante contratos celebrados com os respectivos usuários, revestindo-se para tanto de forma empresarial, quer em nome individual, quer em nome coletivo, e assumindo os riscos decorrentes desse empreendimento[421].

O contrato celebrar-se-á entre o *transportador* e a pessoa que vai ser transportada (*viajante* ou *passageiro*) ou a pessoa que entrega o objeto (*remetente* ou *expedidor*). O destinatário ou consignatário, a quem a mercadoria deverá ser expedida, não é contratante, embora eventualmente tenha alguns deveres e até mesmo direitos contra o transportador[422].

Apresenta os *caracteres jurídicos*[423] de:

1º) *Bilateralidade*, por originar obrigações tanto para o transportador como para o passageiro ou expedidor. O transportador deverá remover coisa ou pessoa de um lugar para outro, e o passageiro ou expedidor terá o dever de pagar o preço ajustado, que é a passagem ou o frete.

2º) *Onerosidade*, por haver vantagens para ambos os contraentes. Tal onerosidade lhe é essencial, pois o serviço de transporte é atividade econômica de fim lucrativo. Se porventura for gratuito, ter-se-á contrato, mas a responsabilidade do transportador obedecerá a norma diversa, entendendo-se que, havendo dano, a presunção de culpa será tão somente *juris tantum*.

---

421. Caio M. S. Pereira, *Instituições*, cit., p. 291; Fran Martins, op. cit., p. 247 e 252. *Vide*: Código Civil italiano, arts. 1.678, 1.699, 1.737 e 1.741. Com a nova redação dada ao art. 6º da CF pela EC n. 90/2015, o transporte passa a ser um direito social garantido constitucionalmente.

422. Caio M. S. Pereira, *Instituições*, cit., p. 291 e 292; Orlando Gomes, *Contratos*, cit., p. 371. Miguel Pupo Correia, Empresa de Transportes, in *Enciclopédia Saraiva do Direito*, v. 31, p. 345-52.

423. Orlando Gomes, *Contratos*, cit., p. 372 e 373; Caio M. S. Pereira, *Instituições*, cit., p. 292; Georges Ripert, op. cit., n. 2.415; Fran Martins, op. cit., p. 253-6; Rui Celso Reali Fragoso, O contrato de transporte, in *O novo Código Civil – estudos em homenagem a Miguel Reale*, São Paulo, LTr, 2003, p. 720 e s.

3º) *Comutatividade*, porque as prestações de ambas as partes contratantes já estão certas, não ficando na dependência de algum evento futuro e incerto. É um contrato por adesão, que se efetiva mediante condições uniformes e tarifas invariáveis. As empresas transportadoras estabelecem as cláusulas contratuais, que deverão ser aceitas ou rejeitadas em bloco pelos que pretendem contratar seus serviços.

4º) *Consensualidade*, visto que se aperfeiçoa pelo mútuo consentimento dos contraentes, admitindo qualquer meio de prova permitido em direito. No transporte de coisas, o meio hábil para provar o recebimento da mercadoria por parte do transportador será o *conhecimento de frete* (Dec. s/n. de 25-4-1991, que revogou o Dec. n. 19.473/30), e, no de pessoas, o *bilhete de passagem*, expedido pelo transportador, provará o pagamento do preço, dando ao passageiro o direito de exigir daquele a execução do contrato, isto é, sua remoção de um local para outro.

É preciso distinguir o contrato de transporte da condução de pessoas ou de coisas por mera amizade ou cortesia, sem caráter obrigatório, pois nesta hipótese o transportador terá responsabilidade extracontratual (CC, art. 736).

m.2. Espécies de transporte

O contrato de transporte abrange[424]:

---

424. Fran Martins, op. cit., p. 257; Orlando Gomes, *Contratos*, cit., p. 370-2; Caio M. S. Pereira, *Instituições*, cit., p. 292 e 295; Sebastião José Roque, *Dos contratos civis-mercantis*, cit., p. 85-100; Adaucto Fernandes, *O contrato no direito brasileiro*, 1945, v. 3, p. 464; Antônio Chaves, Responsabilidade dos transportadores por via aérea, *Responsabilidade civil – doutrina e jurisprudência*, São Paulo, Saraiva, 1984, p. 1-52; M. Helena Diniz, *Tratado*, cit., v. 4, p. 311-77; Artur R. Carbone e Luís Felipe Galante, Delineamentos jurídicos sobre os contratos de utilização de embarcações, *Revista de Direito Privado*, *4*:27-49; Silvio Luís Ferreira da Rocha, *Curso*, cit., v. 3, p. 435 a 448; STF, Súmula 161. Constituição Federal de 1988, arts. 21, XII, *c*, *d* e *e*, 178 e parágrafo único, com redação da EC n. 7/95; Emenda Constitucional n. 3/93, que altera o art. 155, II, da CF/88. *Vide* Decreto n. 99.072/90, que altera o Regulamento dos serviços públicos rodoviários de transporte coletivo de passageiros interestaduais e internacionais, ora revogado pelo art. 101 do Decreto n. 952, de 7-10-1993; Lei n. 8.630/93, sobre contrato coletivo de trabalho para o setor portuário. Instrução Normativa n. 44/94 (revogada pela IN n. 800/2007) da Secretaria da Receita Federal, sobre procedimentos de controle no regime especial de trânsito aduaneiro, por via marítima. *Vide* Lei n. 8.969/94 que altera a Lei n. 2.180/54 sobre Tribunal Marítimo; Instrução Normativa n. 10/96 do Ministério da Administração Federal e Reforma do Estado; Portaria DAC n. 464/DGAC de 15-7-1999 sobre funcionamento da Comissão da Fiscalização das Condições Gerais de Transporte e normas para apuração e julgamento de infrações tarifárias; Lei Complementar n. 102/2000, que altera a Lei Complementar n. 87/96 sobre ICMS e sobre prestação de serviços de transporte e de comunicação; Lei n. 10.233/2001 (com alteração da Lei n. 11.314/2006) sobre reestruturação

1º) Quanto ao objeto conduzido: *a*) o *transporte de pessoas*, em que o transportador se obriga a transportar pessoas portadoras de passagem, que se titula num *bilhete* extraído pelo transportador. A passagem é um título de legitimação; *b*) o *transporte de coisas* (Dec. s/n. de 25-4-1991, que revogou os Decs. n. 19.473/30 e 20.454/31), animadas ou inanimadas, contendo operações como o depósito de mercadorias a serem expedidas, relacionadas em documento denominado *conhecimento*, a carga e descarga. O expedidor deverá remunerar o transportador. Essa remuneração designa-se frete.

2º) Em atenção ao meio empregado: *a*) o *transporte terrestre*, que se subdivide, em função do veículo utilizado, em *ferroviário* (Decreto n. 2.681/12, Decs. n. 1.832/96 e 98.443/89; Lei n. 11.483/2007, art. 8º, IV, §§ 1º a 3º, 13, 16, 21, 31-A a 31-E; Carta Circular do BACEN n. 2.330/92 (ora revogada); Normas Complementares n. 1/99, 2/99 e 8/2000 do Ministério dos Transportes; Resolução n. 1/2002 da ANTT alterada pela Resolução n. 240/2003 da ANTT (ora revogada); Res. n. 3.695/2011); *rodoviário* (Decs. n. 92.353/86 (ora revogado pelo Dec. n. 952/93 – revogado pelo Decreto n. 2.521/98), 96.044/88 e 2.521/98; Instrução Normativa n. 84/91 do DRF; Dec. n. 952, de 7-10-1993, revogado pelo Decreto n. 2.521, de 1998; Resolução n. 26/2016, do Ministério dos Transportes, que aprova o Regimento Interno do DNIT; Resolução ANTT n. 3.665/2011, que atualiza o Regulamento para Transporte Rodoviário de Produtos Perigosos); ou, em função da extensão coberta, em *urbano, intermunicipal, interestadual, internacional*; *b*) o *transporte aquaviário, marítimo* ou *fluvial* (Dec.-Lei n. 116/67, regulamentado pelo Dec. n. 64.387/69; Dec.-Lei n. 2.404/87, com alteração do Dec.-Lei n. 2.414/88, das Leis n. 10.233/2001 (alterada pela MP n. 882/2019), 10.893/2004 e 11.434/2006, ambas com alteração da Lei n. 12.599/2012;

---

dos transportes aquaviário e terrestre e criação do Conselho Nacional de Integração de Políticas de Transporte, da Agência Nacional de Transportes Aquaviários e do Departamento Nacional de Infraestrutura de Transportes, com alterações de medida provisória; Resolução n. 85/2003 da ANTAQ, que aprova minuta de norma para Fiscalização da Prestação de Serviços de Transporte Aquaviário, de Apoio Marítimo, de Apoio Portuário e da Exploração da Infraestrutura Aquaviária e Portuária; Normas Complementares n. 1 e 2/2001 sobre procedimentos para uso do Sistema Eletrônico de Controle da Arrecadação do Adicional ao Frete para Renovação da Marinha Mercante; Lei n. 12.379/2011, que dispõe sobre o Sistema Nacional de Viação (SNV); Decreto n. 8.036/2013, que altera os Decretos n. 5.269/2004 (sobre o CDFMM) e 5543/2005 (regulamentador da Lei n. 10.893/2004 sobre AFRMM e FMM). É preciso lembrar que havendo avaria ou extravio de mercadoria na execução de contrato de transporte aéreo internacional, mesmo sem ocorrência de acidente, aplica-se a Convenção de Varsóvia – Convenção de Montreal – e não o Código de Defesa do Consumidor (2ª Câm. do 1º TACSP, EI 791.626-9/02-SP). Lei n. 9.430/1996 sobre dispensa da retenção de tributos federais na aquisição de passagem aérea por órgãos da administração pública federal.

Decs. n. 447/92 e 2.596/98, que alteram o Dec. n. 87.648/82 (revogado pelo Dec. n. 2.596/93); Dec. n. 878/93, que altera o Dec. n. 70.198/92; Leis n. 9.432/97 – art. 17; Lei n. 11.434/2006, arts. 4º a 6º –, 9.537/97 e 10.223/2001 – com alteração da Lei n. 11.314/2006 – e Dec. n. 2.596/98; Portaria n. 228/91 do Ministério da Infraestrutura; Portaria n. 8/92 da Diretoria de Portos e Costas; Portaria n. 444/99 do Ministério dos Transportes; Portaria n. 9/2000 da Diretoria de Portos e Costas, que aprova normas da autoridade marítima para embarcações empregadas na navegação de mar aberto; Resolução n. 206/99 da Agência Nacional de Vigilância Sanitária; Res. n. 3.585/2014 da ANTAQ aprova o Regimento Interno da Agência Nacional de Transportes Aquaviários – ANTAQ; Súmula 151 do STF; Súmula 5 do TRF da 1ª Região; Súmulas 50, 100 e 109 do STJ); *c*) o *transporte aéreo* (Dec.-Lei n. 32/66, modificado pelo Dec.-Lei n. 234/67 e revogado pela Lei n. 7.565/86; Dec. n. 60.615/67 e Dec. n. 83.399/79, revogados pelo Dec. s/n. de 10-5-1991; Lei n. 6.009/73; Lei n. 7.565/86, que no art. 324 revogou as Leis n. 6.298/75, 6.350/76 e 6.997/82 acima citadas; Portarias GC5 n. 676/2000; GM5 n. 956/89, 467/93 e 468/93 (revogada pela Portaria n. 101/2009); Portarias n. 254 e 256-SOP/94, sobre tarifas aeroportuárias; Portaria n. 1.035/99 (revogada pela Portaria Normativa n. 617/2002) do Ministério da Defesa; Portaria n. 18/GC2, de 14-1-2000; Dec. n. 446/92; Instrução Normativa n. 127/91 (revogada pela IN n. 248/2002) do DRF; Portarias n. 1.041 e 1.042-GM2, de 28-12-1992; n. 1.043-GM3, de 30-12-1992; n. 1.047-GM4, de 30-12-1992; Decs. legislativos n. 165/91 e 21/92; Dec. n. 1.152/94, sobre preferência dada pelos órgãos públicos federais às empresas brasileiras para transporte aéreo de seus servidores; Dec. n. 1.413/95, sobre documentos e procedimentos para despacho de aeronave em serviço internacional; Dec. n. 3.892/2001 (revogado pelo Dec. n. 5.355/2005), sobre aquisição de bilhetes de passagem aérea, com cartão de crédito corporativo, Resolução n. 237, de 5 de junho de 2012, da ANAC, aprova o Regulamento Brasileiro da Aviação Civil n. 61; Resolução ANAC n. 400/2016 sobre condições gerais de transporte aéreo; Resolução n. 1/2017 da CONAERO aprova Programa Nacional de Facilitação de Transporte Aéreo (Profal).

Pelo Enunciado n. 37 da I Jornada de Direito Comercial do Conselho da Justiça Federal, "aos contratos de transporte aéreo internacional celebrados por empresários aplicam-se as disposições da Convenção de Montreal e a regra da indenização tarifada nela prevista (art. 22 do Decreto n. 5.910/2006)". A Convenção Internacional de Montreal para unificação de certas normas relativas ao Transporte Aéreo Internacional de 1999, foi ratificada pelo Brasil, conforme o Decreto n. 5.910/2006, sucessora da Convenção de Varsóvia de 1929.

Procuraremos fixar apenas as normas gerais dessas modalidades, delineando as obrigações do transportador, do passageiro e do expedidor.

m.3. Transporte de coisas

m.3.1. Noção

Transporte de coisas ou *de mercadorias* é aquele em que o expedidor ou remetente entrega ao transportador determinado objeto para que, mediante pagamento de frete, seja remetido a outra pessoa (consignatário ou destinatário), em local diverso daquele em que a coisa (móvel ou semovente – IN n. 54/2013 do Ministério da Agricultura, Pecuária e Abastecimento) foi recebida.

As partes contratantes são apenas o transportador e o expedidor; o destinatário não é parte integrante da relação contratual, mas tão somente a pessoa a quem a mercadoria será enviada. Será de bom alvitre não olvidar que, às vezes, o próprio expedidor ou remetente poderá aparecer como destinatário, sem que se confundam as duas figuras. É o que sucede se, p. ex., alguém se muda de um lugar para outro e envia móveis para sua nova residência, convencionando que eles lhe sejam entregues no local do destino. Sua inclusão no contrato não se confundirá com sua posição de expedidor, uma vez que como destinatário terá apenas o direito de receber os objetos expedidos no prazo e nas condições ajustadas.

O primeiro ato de execução de contrato de transporte de coisa é a entrega do objeto ao transportador, seja nos armazéns do porto, seja na estação da ferrovia, seja no próprio veículo ou em depósito mantido para essa finalidade.

O comissário de transporte, que é um dos agentes auxiliares do comércio, encarregar-se-á de fazer transportar a mercadoria por meio de outra pessoa; logo, o remetente da mercadoria contratará o transporte com o comissário ou empresa de expedição, que cumprirá o contrato utilizando-se de serviços de um transportador. Mas, para que se processe o transporte de mercadoria, imprescindível será o manejo da carga[425], para colocá-la e arru-

425. Na manipulação da carga utilizar-se-á:

a) *Carga fracionária*, se se movimentar a mercadoria em unidades separadas, ou seja, volume por volume, manualmente ou por meio de instrumentos; o custo desta operação é alto, principalmente no transporte intermodal ou sucessivo, em que tais atos se repetirão mais vezes.

b) *"Pallet"* (paleta) ou rede pré-lingada (*pré-sling*), se a carga for agrupada em plataformas. O *pallet* consiste numa plataforma ou estrado de madeira onde, para fins de movimentação e arrumação, se colocam as mercadorias (Dec. n. 80.145/77, arts. 3º, I, e 36, II), fixando-as com fitas de poliéster ou *nylon*, ou outros meios, constituindo

má-la no veículo e para desembarcá-la. Tais atos no transporte aquaviário são designados como estiva e desestiva.

A mercadoria a ser transportada será, portanto, entregue ao condutor ou transportador, que emitirá como prova do recebimento da coisa um documento designado *conhecimento de frete* (CC, art. 744), contendo: nome comercial (firma ou denominação, conforme o tipo de sociedade) da empresa emissora do conhecimento, isto é, do transportador; número de ordem do conhecimento; data da emissão do conhecimento, indicando dia, mês e ano; nome e endereço do remetente e do destinatário, ambos por extenso, embora o destinatário possa ser o próprio remetente ou possa ser substituído pela cláusula ao portador, caso em que a mercadoria será entregue àquele que se apresentar com o conhecimento; lugar em que a mercadoria é recebida para ser transportada e lugar do destino; espécie, valor, marca, raça, e quantidade ou

---

uma unidade de carga. A *pré-sling* é uma rede especial feita de fios de poliéster, *nylon* ou similar, suficientemente resistente para proceder à unitização de mercadorias ensacadas, empacotadas ou acondicionadas, facilitando seu transporte (Dec. n. 80.145/77, art. 3º, II).

c) *Unificação*, se a mercadoria for acondicionada em pequenos ou médios recipientes para que se possa aproveitar racionalmente o espaço vertical, que será mal-utilizado se as unidades tiverem dimensões variadas.

d) *"Roll-on/roll-off"*, se o transporte de carga for feito por meio de veículos (caminhão, carreta, reboque e semirreboque), de modo que o carregamento e descarregamento será feito utilizando-se as rampas de acesso ao navio (Res. Sunamam n. 5.359/77; Lei n. 6.288/75, art. 2º, ora revogada pela Lei n. 9.611/98; Dec. n. 80.145/77, art. 2º).

Neste sistema de transporte haverá um abatimento de noventa por cento no frete (Portaria n. 997/77 do Ministério dos Transportes), por serem desnecessários os serviços de capatazia, de conferência de mercadoria, de consertadores de carga e de vigias portuários nas operações de embarque e desembarque no transporte marítimo nacional de cabotagem (Portaria n. 553/78 do Ministério dos Transportes).

e) *Container*, se a mercadoria for acondicionada ou reunida em grandes recipientes, contendo um ou vários volumes de carga, o que facilita a sua passagem de um para outro meio de transporte, seja ele marítimo, aeroviário ou terrestre. O Departamento de Rendas Aduaneiras definiu os *containers* como "invólucros especiais destinados a ser transportados por via férrea, rodoviária ou marítima, para o que possuem ganchos, anéis, suportes ou rodízios, destinados a facilitar sua carga, descarga e estiva a bordo do veículo ou navio transportador, permitindo realizar-se o transporte das mercadorias ao domicílio sem a manipulação intermediária" (Decisão n. 3.765/68).

Sobre tais modos de manipulação da carga: Höffmaster e Neidengard, *El transporte de cargas en recipientes*, Bogotá, 1971, p. 33; Fernando Mendonça, *Direitos dos transportes*, cit., p. 141-3; Márcio Lucas Graciano, *Transporte, integração e desenvolvimento*, Rio de Janeiro, 1971, p. 23. O Sistema Integrado de Comércio Exterior (Siscomex) procura padronizar as operações de comércio exterior, reduzir o tempo de liberação das mercadorias e agilizar as operações de seu embarque (Portaria n. 433/92). Sobre contrato de fretamento: Código Comercial, arts. 566, 567, 575 a 577 e 587.

peso da mercadoria, bem como as marcas ou sinais exteriores dos volumes de embalagem; importância do frete, com a declaração de que é pago ou a pagar, bem como a indicação do lugar e da forma de pagamento; assinatura da empresa emissora, isto é, do transportador, ou de seu representante, abaixo do contexto do conhecimento (Dec. n. 19.473/30 (ora revogado pelo Decreto s/n. de 25-4-1991), arts. 1º e 2º; Dec. n. 20.454/31 (ora revogado pelo Decreto s/n. de 25-4-1991); Lei n. 10.893/2004, arts. 7º, 8º e 15, com as alterações da Lei n. 12.599/2012; CC, art. 743).

O Regulamento dos Transportes Ferroviários (Dec. n. 1.832/96) rege atualmente o transporte por meio de trens, revogando o Dec. n. 90.959/85.

O Regulamento Geral dos Transportes (Dec. n. 90.959/85 – ora revogado pelo Dec. n. 1.832/96) reclamava mais alguns requisitos, prescrevendo no art. 31 que o conhecimento deveria conter: denominação da estação ou agência despachante e do lugar do embarque, quando este se efetuar fora do recinto daquela estação ou agência; indicação, quando necessária, da via de encaminhamento, espécie e número de animais despachados; declaração do valor venal da expedição; observação de "carga, descarga ou baldeação pela parte", quando essas operações devam ser executadas pelo remetente, destinatário ou preposto deste ou daquele; transcrição de qualquer declaração de garantia para a empresa, feita pelo expedidor nas condições do Regulamento.

O conhecimento de transporte de mercadoria está regulado pelos Decretos n. 1.832/96, art. 20, 19.473/30 e 20.454/31 (ora revogados), conservando-se, porém, para os transportes marítimos, os requisitos do art. 575 do Código Comercial. É, em regra, um título à ordem transferível por endosso, logo o último endossatário e detentor do título é considerado o titular da mercadoria nele constante; mas, se for nominativo com cláusula "não à ordem", será insuscetível de endosso.

Devido ao seu caráter probatório de entrega da mercadoria pelo remetente ao transportador, representa as mercadorias expedidas, que só poderão ser retiradas pelo destinatário mediante sua apresentação. Se houver perda do conhecimento negociável, para que possa haver entrega da mercadoria, qualquer interessado deverá avisar o transportador, no local do destino, do extravio do conhecimento, para que este retenha o objeto a fim de entregá-lo a quem de direito. Se o aviso for dado pelo remetente ou pelo destinatário, o transportador deverá, para salvaguardar sua responsabilidade e para acautelar os interesses de terceiros, dar aviso público, pela imprensa, por três vezes, somente entregando a coisa ao que a notificou, se não houver reclamação. Se alguém reclamar, a mercadoria não será entregue; realizar-se-á, então, um procedimento especial para averiguar quem é seu verdadeiro dono (Dec. n. 1.832/96, arts. 21, § 1º, 23, §§ 1º e 2º; Dec. n. 19.473/30, ora revogado), art. 9º). Se o conhecimento extraviado for não negociável, a entrega da mercadoria far-se-á sob recibo do destinatário, ou de quem legalmente o represente, mediante prova de identidade, podendo ser pedido o abono de firma comercial ou de pessoa reconhecidamente idônea. Do recibo constará obrigatoriamente cláusula de garantia para a empresa contra possível apresentação posterior do conhecimento e reclamação da carga, devendo observar-se que a entrega das mercadorias nessas condições torna o conhecimento sem nenhum valor para a empresa. Isto é assim porque o conhecimento é considerado um título de crédito, representativo das mercadorias nele mencionadas, sujeitando-se às normas de circulação desses títulos. É um título normalmente negociável, suscetível até mesmo de transferência por simples endosso.

A entrega, como se vê, deverá ser feita ao destinatário ou a pessoa a quem o conhecimento tiver sido endossado. Se dúvidas surgirem a respeito de quem deverá recebê-la, o transportador deverá, em certos casos, depositá-la em juízo, se não lhe for possível obter instruções do remetente. Se a demora puder ocasionar a deterioração da coisa, o transportador deverá vendê-la, depositando o saldo em juízo (CC, art. 755).

O transportador fará jus, pelo seu serviço, ao pagamento do frete[426],

---

426. Sobre frete e suas modalidades: Florisa V. D. da Fonseca, Frete, in *Enciclopédia Saraiva do Direito*, v. 38, p. 434-40. O frete poderá ser: *a*) *a vencer*, que é a tarifa cobrada no sistema "*time-charter*", em que as partes estipulam pagá-lo de forma diluída no tempo, p. ex., a cada três meses, mediante apresentação de fatura; *b*) *aberto*, cobrado para transporte de mercadorias de difícil manipulação por exigirem despesas nas operações de estiva e desestiva, como carvão, enxofre etc., que, em regra, são transportadas em *tramp vessels*, por serem utilizados navios que transportam mercadorias específicas ou cargas a granel; *c*) "*ad valorem*", se a mercadoria possuir alto valor comercial, p. ex., pedras preciosas, peças eletrônicas, podendo ser pago adiantadamente (*pre-paid*) ou no ato da entrega da carga ao consignatário (*payed on delivery*); *d*) *básico*, se o preço for estabelecido pelas conferências, sendo publicado periodicamente o valor das tarifas, cujo cálculo levará em conta o tipo da carga, os descontos de praxe etc.; *e*) *morto* (*dead freight*), se o frete combinado entre as partes no fretamento tiver de ser pago mesmo que a mercadoria não seja entregue para embarque pelo afretador no prazo estipulado; *f*) *de retorno* (*back freight*), concedido pelas conferências em caso de fretamento para transportar a mercadoria de volta a sua origem, se enviada, p. ex., para amostra; *g*) *pro rata*: se vários forem os consignatários, será dividido o frete pelo valor da mercadoria ou pela tonelagem transportada; *h*) *global* (*lump sum frei-*

cuja tarifa será fixada por volume, por metro cúbico, por peso etc.

Todavia, é preciso deixar bem claro que, como o contrato de transporte é consensual, o conhecimento não é de sua substância, sendo expedido apenas *ad probationem tantum*[427]. No contrato de transporte marítimo de coisas, p. ex., o instrumento do ato negocial será particular, pois apenas exigir-se-á a forma pública, para valer perante terceiro, hipótese em que será feito por meio de corretor de navio, ou na falta deste por tabelião público, na presença de duas testemunhas, devendo ser, ainda, lançado na capitania do porto.

m.3.2. Efeitos jurídicos

Devido à sua natureza bilateral, o contrato de transporte gerará[428]:

---

ght), se incluir todas as despesas de transporte, inclusive as de estiva e de desestiva; *i*) *vencido*, se decorrente do não pagamento do frete a vencer quando apresentado para cobrança, no prazo avençado; assim vencido e não pago servirá de título para cobrança judicial, incidindo em juros e outros ônus oriundos da dívida.

Será preciso lembrar que, no transporte marítimo de mercadorias, as companhias independentes (*tramps*) operarão *outsiders*, isto é, fora de conferência de fretes, porque os *tramps vessels* não prestam serviços regulares, por operarem por viagem ou por tempo determinado. As companhias de navegação regulares, associadas a conferências de fretes, cobrarão tarifas mais elevadas porque seus fretes serão calculados *liner terms*, abrangendo os gastos de carga da mercadoria, embora não incluam os ônus de cais e outros exigidos pelas autoridades portuárias. Os *tramps* são contratados no sistema *charter party*, sendo seus fretes calculados pela cláusula FIO (*free in and out*) ou FIOS (*free in and out stowed*), pela qual as despesas de carga e descarga correrão por conta do fretador. Se, porventura, houver demora na execução das operações, cobrar-se-á uma taxa denominada *sobreestadia*, equivalente ao custo diário da permanência do navio no porto.

427. Caio M. S. Pereira, *Instituições*, cit., p. 294; Fran Martins, op. cit., p. 259-74; Orlando Gomes, *Contratos*, cit., p. 373-5 e 377; Colin e Capitant, op. cit., v. 2, n. 722; Decreto n. 6.759/2009; Portarias n. 44/93 do IBAMA e n. 139/92 da Secretaria do Meio Ambiente da Presidência da República; Lei n. 6.288/75, revogada pela Lei n. 9.611/98. *Vide* IN n. 54/2013, do Ministério de Agricultura, Pecuária e Abastecimento sobre modelo de Passaporte para trânsito de cães e gatos.

428. Ripert, op. cit., n. 2.451; Orlando Gomes, *Contratos*, cit., p. 372 e 374-6; Caio M. S. Pereira, *Instituições*, cit., p. 293-5; Guy de Valon, *Les clauses de non responsabilité dans la navigation maritime et la navigation aérienne*, 1940; Loniewski, *Assurance et responsabilité en matière de transport*, 1926; Adriano Fiorentino, *Il contratto di passaggio marittimo*, 1940; Boulos, La responsabilité des transporteurs successifs de marchandises, *Rev. Fr. de Droit Aérien*, *1*:33, 1960; J. C. Sampaio de Lacerda, *Curso de direito privado de navegação*, p. 191; M. H. Diniz, *Tratado*, cit., v. 4, p. 317-32; Fran Martins, op. cit., p. 275-94; Bento de Faria, *Código Comercial anotado*, 2. ed., 1912, nota 108; Octanny Silveira da Mota, A cláusula de não indenizar e o contrato de transporte aéreo, *Revista de Direito Civil, Imobiliário, Agrário e Empresarial*, *5*:13 e s., ano 2, 1978; Claude Chai-

1º) *Obrigações do remetente ou expedidor de:*

a) *entregar a mercadoria que deverá ser transportada*, marcando a execução do contrato;

b) *pagar o frete* nos modos e nas condições avençadas (Dec. n. 1.832/96, art. 17), porque ele representa a contraprestação pelo serviço realizado pelo transportador. O frete será ajustado entre as partes, nos transportes livres. Nos transportes de estrada de ferro ou por qualquer outra empresa de viação, o transportador, em regra, fixa uma tabela de preços, aprovada por órgãos oficiais do Estado, firmando-se, então, o contrato por mera adesão do expedidor. O preço poderá ser pago antes da execução do transporte, caso em que se terá o *frete pago*, ou depois de executado o transporte, configurando-se o *frete a pagar*;

c) *acondicionar bem a mercadoria entregue para o transporte*, para que possa ser transportada sem perigo de perda ou deterioração. O revogado Regulamento Geral dos Transportes (Dec. n. 90.959/85, art. 37, §§ 3º a 5º) prescrevia no art. 37, *c*, que "as empresas poderão recusar despacho ao que se lhes apresentar mal acondicionado". Se sua objeção não fosse acatada pelo remetente, que insistisse na remessa, a mercadoria poderia ser transportada, desde que o expedidor ou preposto "formulasse e assinasse na nota de expedição, ou, se esta fosse dispensada, nas folhas de despacho, ou em documento à parte, declaração formal de que reconhece a falta ou o defeito do acondicionamento, isentando, assim, a referida empresa e quaisquer outras coparticipantes no transporte de responsabilidades consequentes" (Regulamento Geral dos Transportes – Dec. n. 51.813/63, art. 50, revogado pelo Dec.

---

ban, *Causes légales d'exonération du transporteur maritime dans le transport de marchandises*, Paris, LGDJ, 1965; Waldemar Ferreira, *Instituições de direito comercial*, v. 2, n. 978; Nelson Nery Jr. e Rosa M. A. Nery, *Novo Código Civil*, cit., p. 283, comentário ao art. 745; Paulo Henrique C. Pacheco e Rubens Walter Machado Filho, Não reconhecimento do roubo de cargas como caso fortuito e causa legal excludente de responsabilidade do transportador rodoviário, *Revista do IASP*, *12*:23-56; Deliberação n. 27/2001 do CONTRAN, sobre obrigatoriedade de utilização de dispositivo de segurança para prover melhores condições de visibilidade diurna e noturna em veículos de transporte de carga; Portaria n. 657/GC5 (revogada pela Portaria n. 219/2001), de 30-10-2000, sobre valores para a aplicação e cobrança das Tarifas Aeroportuárias de Armazenagem e de Capatazia, sobre cargas importadas e a serem exportadas; Lei n. 9.611/98, sobre Transporte Multimodal de Mercadorias; Ordem de Serviço n. 2/2001 da Inspetoria da Receita Federal de São Paulo, sobre endosso em conhecimento internacional de transporte por pessoa domiciliada no País; Circular n. 3.249/2004 (revogada pela Circular n. 3.280/2005) do BACEN relativa ao Regulamento sobre Frete Internacional; STF, Súmulas 151 e 314; STJ, Súmula 100.

n. 90.959/85 não mais vigente). Se do mau acondicionamento puderem resultar danos para outras mercadorias a serem expedidas, o transportador poderá recusar o seu recebimento e se isentar de responsabilidade. Se não a recusar, sua culpa pelo dano à mercadoria mal acondicionada estará caracterizada (*RT*, *715*:167, *796*:276; *JTACSP*, *159*:208). Deveras, pelo Código Civil, art. 746, o transportador poderá recusar a coisa cuja embalagem seja inadequada, bem como a que possa pôr em risco a saúde das pessoas ou danificar o veículo e outros bens (no mesmo sentido, o revogado Dec. n. 90.959/85, art. 37, *b*, e o vigente Dec. n. 1.832/96, art. 31, parágrafo único, *c*; Lei n. 11.442/2007, art. 1º e § 1º, com a redação da Lei n. 12.667/2012);

d) declarar, além de indicar nome e endereço e outros dados do destinatário, a natureza e o valor das mercadorias entregues em invólucros fechados, evitando que venha a confundir-se com outras, isto porque quando o remetente entrega os objetos ao transportador, este se responsabilizará pela perda total ou parcial, furto ou avaria que venham a sofrer durante o transporte, sendo que sua culpa será sempre presumida, exceto nos casos previstos em lei (CC, art. 743; Dec. n. 2.681/12, art. 1º). Essa providência também conferirá segurança ao remetente, relativamente à entrega das coisas e à indenização por sua perda ou extravio. Com o intuito de evitar fraude do remetente, a lei impõe-lhe o dever de declarar a natureza e o valor das mercadorias entregues em invólucros fechados, permitindo ao condutor que presumir fraude na declaração a verificação de sua exatidão, abrindo o pacote que contém os objetos. Todavia, tal verificação deverá ser feita na presença do remetente ou de pessoa por ele autorizada e de duas testemunhas. Se o conteúdo do invólucro estiver conforme o declarado, o expedidor reacondicionará a mercadoria por sua conta; em caso contrário, será compelido a pagar ao transportador importância correspondente ao dobro da diferença de fretes, estando, ainda, sujeito a multa, se se tratar de inflamáveis (Dec. n. 2.681/12, art. 5º; Regulamento dos Transportes Ferroviários, arts. 21, § 3º, 22, parágrafo único, 16 e 23, § 2º). O Código Civil, art. 744, parágrafo único, prescreve que "o transportador poderá exigir que o remetente lhe entregue, devidamente assinada, a relação discriminada das coisas a serem transportadas, em duas vias, uma das quais, por ele devidamente autenticada, ficará fazendo parte integrante do conhecimento". Com isso, o remetente não poderá reclamar coisa não constante daquele rol, nem o transportador poderá alegar que não recebeu para expedição bem que estiver naquela lista autenticada;

e) correr os riscos oriundos de vício próprio da coisa, de caso fortuito ou força maior; logo, o condutor isento estará dessa responsabilidade (Dec. n. 2.681/12, art. 1º, ns. 1, 2 e 3; Regulamento dos Transportes, arts. 31, parágrafo único, *a*, e 32, § 3º), mas deverá provar que os prejuízos provieram desses fatos, sem culpa sua. Se forem culpados pelos danos o remetente e o transportador, a responsabilidade será distribuída proporcionalmente entre ambos (Dec. n. 2.681/12, art. 2º; Regulamento dos Transportes, arts. 30 e 33, parágrafo único);

f) responder pelos prejuízos causados à mercadoria durante o transporte se: a fuga, lesão, doença ou morte de animais for consequência de risco que tal espécie de transporte faz naturalmente correr; a perda ou avaria resultar do fato de a mercadoria ter sido entregue mal acondicionada ou de vício não aparente ou de procedimento doloso no acondicionamento do produto; a perda, furto ou avaria for devida ao fato de ter sido transportada a carga em vagões abertos, em consequência de ajuste; o carregamento, a descarga ou a baldeação for feita pelo remetente ou pelo destinatário, ou respectivo preposto, sem assistência da empresa, salvo se ficar provada culpa dos agentes desta; a mercadoria for transportada em veículo especialmente fretado pelo expedidor, sob a sua custódia ou vigilância, sendo a perda, furto ou avaria consequência do risco que essa vigilância deveria ter evitado; a carga acondicionada em *container* ou vagão lacrado que chegou íntegro e com lacre inviolado; a diferença de peso verificada estiver dentro da tolerância prevista; a empresa tiver aceito a indicação condicional do peso feita pelo expedidor, na procedência; a perda, furto ou avaria verificar-se após a entrega da carga, sem reserva ou protesto do destinatário ou de seu preposto; existir no contexto dos documentos de despacho cláusula de garantia das empresas devidamente assinada pelo expedidor; o dano for anterior ao transporte; o volume, no destino, não apresentar indícios de violação ou avaria; o dano for consequência provada de culpa do remetente, ou destinatário, ou respectivos prepostos; a perda, furto ou avaria for de bagagem não despachada, conduzida pelo próprio passageiro, salvo se provar culpa ou dolo da parte dos empregados da empresa; o transporte for realizado em veículos não adequados, por solicitação do remetente constante da nota de expedição (Regulamento dos Transportes Ferroviários, arts. 31, parágrafo único, e 51);

g) expedir "delivery-order". Assim, p. ex., se as mercadorias forem embarcadas com um único conhecimento, e seu proprietário, após a partida de navio, pretender que sejam entregues a vários destinatários, deverá expedir uma ordem de entrega (*delivery-order*), para que o capitão possa cumprir o determinado, fracionando o conhecimento. O portador do conhecimento dirigirá uma carta ao comandante do navio, convidando-o a entregar à ordem de uma pessoa designada parte da mercadoria a que se refere o conhecimento. Outras vezes, o criador das *delivery-orders* dirigir-se-á ao agente ou consignatário do navio, avisando que a carga deverá ser repartida entre as pessoas indicadas.

2º) *Deveres ao transportador de*:

a) *receber, transportar e entregar as mercadorias no tempo e no lugar convencionados*, tomando todas as providências para que a coisa não se deteriore, sob pena de responder pela avaria sofrida. Não havendo estipulação do prazo para o transporte, dever-se-á efetivar a entrega no tempo em que comumente se faz tal percurso, considerando-se a natureza da mercadoria, a distância a ser percorrida etc. (CC, art. 749);

b) *transportar as mercadorias com diligência* (Dec. n. 15.673/22 (revogado pelo Dec. s/n. de 15-2-1991), art. 99; Regulamento dos Transportes, arts. 12, 13, 14, 15 e 24; CC, art. 749), ante o fato de sua obrigação ser de resultado, tomando todas as providências ou cautelas necessárias para que não se deteriorem, sob pena de responder por qualquer dano que vierem a sofrer enquanto estiverem sob seus cuidados, exceto se resultante de vício intrínseco da coisa, caso fortuito ou força maior;

c) *expedir o conhecimento do frete ou de carga*, ao receber a coisa, contendo todos os requisitos, exigidos legalmente, que a identifiquem;

d) *seguir o itinerário ajustado*, sob pena de responder por perdas e danos, exceto se o caminho for intransitável ou oferecer maiores riscos;

e) *aceitar a variação de consignação*, pois o remetente, até a entrega da coisa, poderá variar a consignação, ou seja, mudar a pessoa a quem a mercadoria deverá ser entregue, alterar o seu destino, fazendo-a entregar em local diverso do anteriormente combinado, pagando o preço ajustado, proporcionalmente, ao transporte executado, os acréscimos de despesas oriundos da contraordem e a indenização pelas perdas e danos (CC, art. 748).

O transportador deverá permitir, a quem de direito, o desembarque em trânsito da mercadoria, mediante apresentação do conhecimento de frete, salvo se se tratar de mercadoria sujeita a transporte com regulamentação especial ou de endossatário em penhor (Dec. n. 90.959/85 – ora revogado –, que revogou o Dec. n. 51.813/63, art. 106, com redação do Dec. n. 61.588/67). Se for caso de consignatário de mercadoria destinada a armazém-geral, servido por desvio ou ramal particular de ferrovia, a retirada em trânsito somente poderá ser feita mediante apresentação do conhecimento visado pela gerência do armazém a que se destinava.

O *right of stoppage in transitu*, portanto, consistirá em suspender a entrega da mercadoria ou o próprio destino da carga. O Código Comercial, no ora revogado art. 113, admitia a variação do destino da carga, mediante ordem do remetente ao transportador, desde que este a recebesse antes da entrega no local do destino, e o Decreto n. 19.473/30, art. 7º (ora revogado), estabeleceu que o remetente, consignatário, endossatário ou portador poderá, exibindo o conhecimento, exigir o desembarque e a entrega da mercadoria em trânsito, pagando o frete por inteiro e as despesas extraordinárias a que der causa, extinguindo-se, então, o contrato de transporte, recolhendo-se o respectivo conhecimento. Percebe-se que, se a variação do destino da carga exigir a variação do caminho, o condutor poderá pedir o ajuste de frete, e, se não houver acordo, só será obrigado a entregar a coisa no local de destino designado; que há possibilidade de suspensão do transporte de mercadoria em trânsito e sua imediata entrega entre a estação de procedência e a de destino ao remetente, consignatário, endossador ou portador do conhecimento. Com isso ficou aqui reconhecido o *right of stoppage in transitu* ao dono do conhecimento ou a seu mandatário. Assim nada obsta que, em caso de não pagamento do comprador, o vendedor possa parar a mercadoria em trânsito para apossar-se dela, em razão do direito de sequela, já que é o proprietário da mercadoria transportada. O condutor, notificado do fato, ficará, então, obrigado a entregá-la ao vendedor, que arcará com todas as despesas. Não se poderá negar ao vendedor esse direito; assim, se o preço da mercadoria transportada não for pago pelo comprador, caber-lhe-á reaver a posse da mercadoria vendida, se em trânsito, exibindo o conhecimento[429];

f) assumir a responsabilidade pelas perdas, extravios, furtos ou avarias nas mercadorias transportadas, exceto se oriundas de vício próprio, força maior ou caso fortuito (CC, art. 753, 2ª parte; Dec. n. 2.681/12, art. 1º; Dec. n. 952/93 (revogado pelo Decreto n. 2.521/98), arts. 32, XIII, 66, parágrafo único, e 69; Dec. n. 1.832/96, arts. 32, 14 e 15; Dec. n. 89.874/84, ora revogado pelo Dec. n. 99.471/90; *RF, 269*:292; *JB, 162*:191 e *104*:313; *RT, 718*:148; *RJE, 3*:27; *EJSTJ, 10*:99, 100 e 105; *RSTJ, 67*:407; *ADCOAS*, n. 91.105, 1983). De-

---

429. A Lei de Falências (Lei n. 11.101/2005, art. 119, I) admite o *right stoppage in transitu*. *Vide* sobre o assunto: W. Bulgarelli, *Contratos*, cit., p. 590; Thomas E. Kerr, *Commercial law*, 1939, p. 154; Smith, *A compendium of mercantile law*, v. 1, p. 750. *Vide*: Decreto n. 4.097/2002, que altera os arts. 7º e 19 dos Regulamentos para transportes rodoviário e ferroviário de produtos perigosos. Sobre transporte de produto perigoso: art. 1º, § 1º, da Lei n. 11.442/2007, com a redação da Lei n. 12.667/2012; Resolução n. 4.081/2013 da ANTT altera anexo da Resolução n. 420/2004, que aprova as Instruções Complementares ao Regulamento do Transporte Terrestre de Produtos Perigosos.

Lei n. 13.711/2018 (altera a Lei n. 13.103/2015) para dispor sobre isenção, em todo território nacional, da cobrança de pedágio sobre eixos suspensos de veículos de transporte de cargas que circularem vazios nas vias terrestres federais, estaduais, distritais e municipais.

verá pagar, em caso de perda ou furto (*RT*, *799*:241, *793*:255, *718*:148, *715*:275 e 167, *712*:295, *721*:298), indenização equivalente ao preço da mercadoria contido no conhecimento de frete, no tempo e no lugar em que devia ser entregue (Dec. n. 2.681/12, art. 6º). Se houver avaria, a indenização será proporcional à depreciação sofrida pelo objeto (Dec. n. 2.681/12, art. 6º). Mas o remetente e o transportador poderão fixar um limite máximo para o valor da indenização nos casos de perda ou avaria, desde que tal fixação corresponda a uma diminuição no valor da tarifa (Dec. n. 2.681/12, art. 12). Só se responsabilizará pelas mercadorias constantes do conhecimento pelos danos relativos à entrega da mercadoria fora do prazo avençado (Dec. n. 2.681/12, art. 7º) e pelo não cumprimento das formalidades fiscais. Sua responsabilidade civil objetiva, limitada ao valor constante do conhecimento, começará a partir do momento em que o transportador ou preposto receber as mercadorias, terminando com sua entrega ao destinatário ou seu depósito em juízo, se aquele não for encontrado, evitando, assim, a mora (Dec. n. 2.681/12, art. 3º; Dec. n. 15.673/22, art. 123 (revogado pelo Dec. s/n. de 15-2-1991); Regulamento dos Transportes, art. 30; CC, art. 750; CPC, arts. 707 a 711 sobre regulação de avaria grossa). Todavia, será preciso esclarecer que o limite da responsabilidade ao valor atribuído à carga pelo contratante só diz respeito à sua perda ou avaria. O transportador responderá pelas perdas e danos que remetente, destinatário ou terceiro vierem a sofrer com o transporte, em razão de atraso, desvio de itinerário etc., sem limitação ao valor contido no conhecimento de frete.

Se houver perda ou avaria de carga, durante o transporte aéreo, a responsabilidade do transportador limitar-se-á ao valor correspondente a três BTNs (hoje TR) por quilo (art. 262 da Lei n. 7.565/86). Haverá, contudo, para o transportador a possibilidade de isenção de responsabilidade se puder comprovar (Lei n. 7.565/86, art. 264): *a*) que o atraso na entrega da carga resultou de ordem expressa de autoridade aeronáutica do voo, ou por fato necessário, imprevisível e inevitável; *b*) que o dano decorreu de vício da mercadoria, de guerra ou de ato de autoridade pública referente à carga, ou, ainda, por defeito de embalagem da carga feita por uma pessoa ou seus prepostos.

Quando a carga chegar ao destino, o transportador avisará o destinatário para que a retire dentro de quinze dias, contados do aviso. Se o destinatário não for encontrado ou se não retirar a carga no prazo estabelecido, o transportador avisará o expedidor para que a retire no prazo de quinze dias, sob pena de considerá-la abandonada. Se após o decurso do prazo estipulado no último aviso a mercadoria não for retirada, o transportador a entregará ao depósito público por conta e risco do expedidor, ou ao leiloeiro, para proceder à venda em leilão público e depositar o produto líquido no Banco do Brasil S.A., à disposição do proprietário, deduzidas as despesas de frete, seguro e encargos de venda. E se a carga estiver sujeita a controle aduaneiro, o alijamento será comunicado à autoridade fazendária que jurisdicione o aeroporto do destino da carga (art. 243, §§ 1º a 3º, da Lei n. 7.565/86, e art. 46 da Portaria GM5 n. 957/89, revogada pela Portaria GC5 n. 676/2000, que perdeu vigência com a Res. ANAC n. 400/2016). Se o destinatário receber a carga sem protesto, presumir-se-á que foi entregue em bom estado; assim qualquer ação só será admitida se demonstrado dolo do transportador. Se a mercadoria entregue contiver avaria, o destinatário deverá apresentar protesto mediante ressalva lançada no documento de transporte ou mediante qualquer comunicação escrita, encaminhada ao transportador, dentro de sete dias contados do recebimento da carga. Se a mercadoria for entregue com atraso, o protesto deverá ser feito dentro de quinze dias, contados da data em que a carga foi colocada à disposição do destinatário (art. 244 e §§ 1º a 4º, da Lei n. 7.565/86). No caso de transportador sucessivo ou de transportador de fato, o protesto será encaminhado a todos os responsáveis, transportador contratual e transportador de fato. O dano ou avaria e o extravio de carga importada ou em trânsito aduaneiro serão apurados de acordo com a legislação específica (Res. ANAC n. 400/2016; Res. n. 3.694/2011 do ANTT, art. 11);

g) *não se eximir da responsabilidade de entregar as mercadorias que lhe foram confiadas*, mesmo que haja cláusula de não responsabilidade (Dec. n. 19.473/30, art. 1º (ora revogado) e Dec. n. 92.353/86 (art. 98 e parágrafos), ora revogado pelo Dec. n. 952/92; Res. n. 3.694/2011 da ANTT, art. 9º; *RT, 607*:121; *RJTJSP, 61*:163), que se reputará não escrita. Todavia, é permitida a cláusula de limitação da responsabilidade, podendo-se, então, inserir no contrato pacto que fixe o máximo da indenização e facilite a liquidação do dano. Pelo Decreto n. 92.353/86, art. 98 e parágrafos, a transportadora só será responsável por, no máximo, dois volumes transportados no bagageiro, por passageiro, até o limite da importância correspondente a quatro vezes o maior valor de referência vigente na data do transporte, e o passageiro que pretender indenização, por dano ou extravio de bagagem, em valor superior a esse, deverá, antes do início da viagem, contratar diretamente com seguradora a cobertura excedente;

h) *solicitar instruções ao remetente*, se o transporte não puder ser feito ou sofrer longa interrupção (CC, art. 753, *caput*), em razão, p. ex., de obstrução de rodovia causada por acidente, sob pena de responder pela sua perda ou deterioração, exceto se houver força maior;

i) informar o remetente, se vier a depositar a coisa em juízo ou vendê-la, no caso de perdurar sem culpa sua o motivo que impossibilite o seu transporte, não recebendo do remetente instruções que pedira a esse respeito (CC, art. 753, §§ 1º a 3º). Assim sendo, perdurando o impedimento, sem motivo imputável ao transportador e sem manifestação do remetente, poderá aquele depositar a coisa em juízo, ou vendê-la, obedecidos os preceitos legais e regulamentares ou os usos locais, depositando o valor em juízo ou em instituição financeira bancária. Se o referido impedimento for responsabilidade do transportador (p. ex., em razão de falta de manutenção do veículo), este poderá depositar a coisa por sua conta e risco, mas só poderá vendê-la se for perecível; caso em que efetuará o depósito do *quantum* obtido, em juízo, em nome do remetente. Nesta última hipótese, também deverá comunicar o remetente da efetivação do depósito ou da venda;

j) depositar a mercadoria em juízo ou vendê-la, no caso do art. 755 do Código Civil. Assim, se o transportador não souber, com certeza, a quem entregar a mercadoria, em razão, p. ex., de perda do documento de identificação do destinatário, de existência de homônimos, de extravio do conhecimento de frete, deverá efetuar o depósito em juízo, se for impossível obter quaisquer instruções do remetente. E se a demora puder acarretar deterioração da carga, consistente p. ex. de gêneros alimentícios perecíveis, deverá providenciar sua venda, depositando o saldo em juízo, deduzidas as despesas de armazenagem e frete;

k) responder pela guarda e conservação da coisa depositada em seu próprio armazém, arcando com as obrigações oriundas do depósito e respondendo pelos danos a ela causados, tendo direito a uma remuneração pela custódia, que poderá ser ajustada contratualmente ou se conformará aos usos adotados em cada sistema de transporte ferroviário, rodoviário, aéreo ou aquaviário (CC, art. 753, § 4º). A coisa depositada no armazém do transportador, em virtude do contrato de transporte, reger-se-á no que for cabível, pelas normas relativas ao depósito (CC, art. 751);

l) não conceder comissões superiores a cinco por cento às agências de carga, pela venda de fretes, nem fretes gratuitos acima de um e meio por cento da receita de suas linhas aéreas domésticas do ano anterior (arts. 67 e 69 da Portaria GM5 n. 957/89, revogada pela Portaria GC5 n. 676/2000, não mais vigente por força da Res. ANAC n. 400/2016);

m) avisar o destinatário, se assim for convencionado, do desembarque das mercadorias, e fazer a entrega em domicílio, havendo ajuste a esse respeito, constante do conhecimento de embarque (CC, art. 752). Logo, o transportador não tem a obrigação de avisar o destinatário, nem de entregar a mercadoria em domicílio, se não houver no conhecimento cláusula de aviso ou de entrega domiciliar. Se assim é, lembra Matiello que, em regra, é o destinatário que tem o dever de retirar a carga no local de desembarque, independentemente de aviso de sua chegada, sob pena de pagar o valor do depósito, despesas de conservação e de armazenagem, custos da notificação para a retirada da mercadoria etc.

3º) *Direitos ao remetente de*:

a) *desistir do transporte e pedir a coisa de volta ou variar a consignação*, antes da entrega da mercadoria ao destinatário (CC, art. 748), pagando, em ambos os casos, os acréscimos de despesa decorrentes da contraordem, mais as perdas e danos que houver;

b) *receber indenização por furto, perda ou avaria*, do transportador que aceitou a expedição ou de qualquer transportador intermediário, desde que se prove que o dano se verificou quando o objeto estava sob seus cuidados.

4º) *Direitos ao transportador de*:

a) *reter a mercadoria até receber o frete*, podendo até vendê-la para se pagar com o produto;

b) *ter privilégio especial, em caso de falência do remetente que não pagou o frete*, sobre as mercadorias transportadas (Lei n. 11.101/2005, art. 83, IV, *b*);

c) *reajustar o frete*, se houver variação de consignação que o obrigue a mudar de caminho;

d) *recorrer aos serviços de outros transportadores*, se não possuir meios próprios para fazer com que o objeto chegue a seu destino. Ter-se-á, então, *transporte cumulativo* (Dec. n. 2.681/12, arts. 13, 14 e 15), contendo vários transportadores e um único conhecimento de frete, não sendo necessário mencionar os vários transportadores que sucederem o contratante primitivo. O transporte cumulativo de coisas gera responsabilidade civil solidária, por ser difícil determinar dentre vários transportadores o faltoso, e não para aumentar a garantia do remetente ou do destinatário. Deveras, se as mercadorias se perderem durante o percurso, como saber o instante em que isso se deu, se houve vários transportadores? No transporte cumulativo, cada transportador se obriga a cumprir o contrato relativamente ao respectivo percurso, respondendo, solidariamente, com os demais pelos danos causados, durante o trajeto, às mercadorias. O dano, resultante de atrasos ou de interrupção da viagem, será determinado em razão da totalidade do percurso. E se houver substituição de algum dos transportadores no decorrer do percurso, a responsabilidade solidária estender-se-á ao substituto (CC, art. 733, §§ 1º e 2º). A obrigação de indenizar apenas atingirá os transportadores que estiverem executando o contrato, daí estar excluído o substituído e incluído o substituto. Todos responderão, perante o remetente, solidariamente pelo dano causado à carga, ressalvada a apuração final da responsabilidade entre eles, de modo que o ressarcimento recaia por inteiro, ou proporcionalmente, naquele ou naqueles em cujo percurso houver ocorrido o dano. Se a indenização for satisfeita por transportador que não teve culpa, caber-lhe-á direito regressivo contra o culpado (CC, art. 756);

e) receber, ante o princípio da boa-fé objetiva, indenização pelo prejuízo que vier a sofrer com informação falsa, contida no conhecimento feito pelo expedidor, que, escondendo tratar-se de inflamável, causou incêndio no veículo, por não ter havido o transportador tomado providência ou medida preventiva, utilizando, p. ex., *container* especial. O condutor deverá para tanto mover ação dentro do prazo de cento e vinte dias, a contar daquele ato informativo, sob pena de decadência (CC, art. 745). Entretanto, há quem ache, como Nelson Nery Jr. e Rosa M. A. Nery, que tal prazo seria prescricional, haja vista que a pretensão indenizatória é condenatória;

f) recusar mercadoria cujo transporte ou comercialização não sejam permitidos (p. ex., tóxicos, armas exclusivas das forças armadas, animais silvestres ou em extinção etc.) ou desacompanhada dos documentos (notas fiscais, autorização de órgão competente) exigidos por lei (CC, art. 747), e que seja perigosa ou não esteja embalada de modo conveniente (CC, art. 746). P. ex., se se pretender transportar gás, o transportador deverá constatar se apresenta condições de ser transportado com segurança, e se perceber que há risco de explosão, poderá negar-se a recebê-lo, uma vez que deverá entregá-lo incólume ao destinatário;

g) receber taxas adicionais pelas operações acessórias à realização do transporte como: carregamento, descarregamento, transbordo, armazenagem, pesagem, manobras (Dec. n. 1.832/96, art. 18).

5º) *Direitos ao consignatário ou destinatário de*:

a) fazer o protesto necessário junto ao transportador, ao receber a mercadoria com danos ou avarias, não havendo cláusula expressa de diminuição do valor da tarifa, para ser apurada a responsabilidade, sob pena de decadência. No caso de perda parcial ou de avaria não perceptível à primeira vista, o destinatário conserva a sua ação contra o transportador, desde que denuncie o dano em dez dias, a contar da entrega (Dec. n. 2.681/12, art. 10; CC, art. 754 e parágrafo único);

b) receber a mercadoria, entregando ao transportador o conhecimento endossado de carga (CC, art. 754, 1ª parte). Se perdeu o conhecimento com consignação nominal, não havendo reclamação para retenção da mercadoria, o destinatário poderá recebê-la, mediante assinatura de termo de responsabilidade, cabendo à empresa, se julgar conveniente, exigir fiador idôneo (Dec. n. 21.736/32 – revogado pelo Decreto s/n. 25-4-1991). Se não retirar a mercadoria no local do destino, ela será depositada e sujeita a pagamento de armazenagem (Regulamento dos Transportes, arts. 25, 27 e 28);

c) transferir a outrem o conhecimento por via de endosso, em branco ou em preto, respondendo pela sua legitimidade e pela existência da mercadoria nele mencionada (Dec. n. 19.473/30, arts. 3º e 7º, revogado pelo Dec. s/n. de 25-4-1991). Todavia, não poderá transferir por endosso o conhecimento de frete *não à ordem*; somente poderá fazê-lo por venda ou cessão;

d) pedir retificação de erros de peso e frete, verificados no lugar em que a mercadoria foi despachada, arcando com as despesas, com a pesagem e contagem, quando se apurar que a mercadoria entregue possui igual ou maior quantidade do que a constante do conhecimento;

e) acionar o transportador, manifestando contra ele algumas pretensões, como as de reclamar a entrega das mercadorias, exigir a verificação de seu estado e pedir a redução do preço, se cobrado acima da tarifa. Pode, ainda, acionar, como já dissemos acima, o transportador se receber mercadoria cuja perda parcial ou avaria não pode ser verificada, em razão de não ser perceptível à primeira vista, contanto que o faça no prazo decadencial de dez dias, contado da data da entrega (CC, art. 754, parágrafo único). Tem esse direito devido ao seu poder de disposição da mercadoria, que lhe foi transferida pelo remetente.

6º) *Deveres do consignatário de*:

a) entregar o conhecimento ao transportador, sem o que não poderá retirar a mercadoria (Dec. n. 1.832/96, art. 20; CC, art. 754, 1ª parte), a não ser nos casos de perda do conhecimento nominal ou do conhecimento à ordem, seguindo-se os procedimentos estipulados em leis especiais, e, uma vez recebida a carga, deverá conferi-la, apresentando, sob pena de decadência, tempestivamente, as devidas reclamações (CC, art. 754, 2ª parte);

b) pagar o frete, se assim estiver convencionado, sob pena de não retirar a mercadoria;

c) pagar taxa de armazenagem (CC, art. 753, § 4º, 2ª parte), se não retirar oportunamente a mercadoria, e, se se prolongar a sua inércia, o transportador poderá vender a mercadoria transportada.

7º) *Obrigações da agência de carga*. Deveras, será permitida a angariação de carga por intermédio de agência devidamente credenciada pelo Departamento de Aviação Civil. A agência de cargas tem as mesmas responsabilidades do transportador, no tocante à carga sob sua guarda e vigilância, não podendo, no entanto, prevalecer-se do limite de responsabilidade previsto no Código Brasileiro de Aeronáutica. A responsabilidade a cargo da agência compreende os seguintes períodos:

a) da entrega da carga pelo expedidor até o seu recebimento pelo transportador;

b) do recebimento da carga entregue pelo transportador até a sua entrega ao destinatário, no ponto de destino (Portaria GC5 n. 676/2000, revogada pela Res. ANAC n. 400/2016, art. 49, §§ 1º e 2º).

Ressalvados os casos de consolidação devidamente autorizados, será vedado arrolar em um só conhecimento cargas destinadas a mais de um destinatário. Permitir-se-á às agências devidamente credenciadas a consolidação da carga aérea, de acordo com os contratos que celebrarem com as empresas transportadoras e na conformidade das instruções baixadas pelo diretor-geral do Departamento de Aviação Civil. O agente consolidador ou desconsolidador será civilmente responsável perante o transportador e responde, da mesma forma que este, perante o expedidor e/ou destinatário da carga (Portaria GM5 n. 957/89, arts. 50 a 52, revogada pela Portaria n. GC5 n. 676/2000, revogada pela Res. ANAC n. 400/2016).

m.4. Transporte de pessoas

m.4.1. Definição

O *contrato de transporte de pessoas* é aquele em que o transportador se obriga a remover uma pessoa e sua bagagem de um local para outro, mediante remuneração (CC, arts. 734 a 742; *RT*, *815*:272, *814*:227, *804*:243, *795*:307, *790*:219, *787*:256, *785*:256, *784*:197, *782*:222 e 375, *780*:265, *773*:182).

O transporte feito clandestina ou gratuitamente, por amizade ou cortesia, não se subordina às normas do contrato de transporte (*RT*, *769*:237, *728*:259; *RF*, *310*:164) e gera responsabilidade civil subjetiva (CC, art. 927; STJ, Súmula 145; *RT*, *845*:327; *JTA*, *182*:180). Se o passageiro, conduzido gratuitamente, vier a sofrer uma lesão, só poderá acionar o transportador, provando sua negligência, imprudência ou imperícia, para haver reparação do dano. Mas, pelo Enunciado n. 559 do CJF (aprovado na VI Jornada de Direito Civil), no transporte aéreo nacional e internacional, a responsabilidade do transportador relativamente aos passageiros que viajarem por cortesia é objetiva. Mas é preciso lembrar que não será gratuito o que, feito sem remuneração, trouxer ao transportador vantagens indiretas (CC, art. 736, parágrafo único; *RF*, *101*:318). É o que se dá, p. ex., com hoteleiro que transporta gratuitamente seus hóspedes de seu hotel até o aeroporto ou a locais de turismo ou com o corretor de imóveis que leva, a título gracioso, clientes para verem terrenos, casas ou apartamentos, ou, ainda, com a agência de turismo, que coloca à disposição dos turistas, nos dias de estada numa localidade, gratuitamente, um ônibus para passeio, com o intuito de ampliar seus serviços, angariando mais clientes.

Conforme o meio em que é feito o transporte, o contrato poderá ser: *terrestre*, se em terra ou em pequeno percurso de água (Dec. n. 2.681/12, arts. 17 e s.; Dec. n. 2.521/98; Lei n. 11.250/92 do Município de São Paulo; Portaria n. 89/95 do gabinete do Ministério dos Transportes; Portaria n. 340/94 do Ministério dos Transportes, que aprova a Norma Complementar n. 3/94, sobre sistema de identificação de passageiro em transporte rodoviário interestadual e internacional; Portaria n. 179/2000 do Ministério dos Transportes, que aprova Norma Complementar n. 16/2000, sobre critérios, metodologia e planilha para o levantamento do custo da prestação dos serviços de transporte rodoviário interestadual e internacional de passageiros); *aquaviário*, que poderá ser *marítimo*, se feito em alto-mar, ou *hidroviário* ou *fluvial*, se realizado em rios e lagos navegáveis em longos percursos (CCom, arts. 629 a 632); e *aeronáutico* ou *aéreo*, se utilizar o espaço aéreo (Dec.-Lei n. 32/66, modificado pelo Dec.-Lei n. 234/67 e revogado pela Lei n. 7.565/86; Resolução ANAC n. 400/2016 do Comando da Aeronáutica, que aprovou as Condições Gerais de Transporte Aéreo; Leis n. 6.833/80, 6.997/82 e 7.565/86 (que revoga as duas leis anteriores) – Código Brasileiro de Aeronáutica; Decreto n. 1.413/95, sobre documentos e procedimentos para despacho de aeronave em serviço internacional; Portaria n. 831/SOP – Subdepartamento de Operações do Departamento de Aviação Civil, sobre sistemática de cobrança e de recolhimento dos valores relativos à tarifa aeroportuária de embarque, doméstica e internacional de passageiros das empresas de transporte aéreo regular e não regular; Portaria n. 306/GC5, de 25-3-2003, do Comando de Aeronáutica sobre cobrança das tarifas aeroportuárias de embarque, de pouso e permanência; Convenção de Montreal de 1999 sucessora da Convenção de Varsóvia de 1929, sobre transporte aéreo internacional; Protocolos de Haia, de Guadalajara de 1961, da Guatemala de 1971, de Montreal de 1999 e Lei n. 7.565/86; *RT*, *356*:46, *543*:108, *450*:65, *579*:262, *560*:209, *576*:243, *575*:152, *580*:139; *JB*, *166*:329).

Essas modalidades de transporte obedecerão a normas especiais por força de regulamentos a que se subordinam, mas apresentam traços gerais, que aqui procuraremos esboçar.

Nessa modalidade de contrato há dois contraentes: o *transportador*, que é a pessoa que se compromete a fazer o transporte, e o *passageiro*, que se propõe a ser transportado, pagando um certo preço. Ambos deverão ser capazes, em se tratando de viagens de longos percursos, e nelas os passageiros *menores* serão representados por seus pais; já nos transportes urbanos qualquer menor ou incapaz poderá fazer uso dos veículos, pagando o preço da passagem. Está, portanto, vedada a viagem de criança até 12 anos para fora da comarca onde reside, sem estar acompanhada dos pais ou responsável ou sem estar munida de expressa autorização judicial (art. 83 da Lei n. 8.069/90; Res. ANAC n. 400/2016, art. 16, § 3º). Essa autorização judicial será desnecessária: *a*) se a viagem for para comarca contígua à da residência da criança, desde que na mesma unidade da Federação ou na mesma região metropolitana; e *b*) se a criança estiver em companhia de ascendente ou colateral maior, até o terceiro grau, comprovado documentalmente o parentesco, ou de pessoa maior, expressamente autorizada pelo pai, mãe ou responsável (art. 83, § 1º). A pedido dos pais ou do responsável, o juiz poderá conceder autorização válida por dois anos (art. 83, § 2º). Se a viagem for ao exterior, a autorização será dispensada se a criança ou adolescente estiver acompanhado de ambos os pais ou responsável ou de um dos pais, autorizado pelo outro, mediante documento com firma reconhecida (art. 84, I e II; Res. n. 131/2011 do CNJ). Nenhum menor brasileiro poderá, sem prévia e expressa autorização judicial, sair do País em companhia de estrangeiro residente ou domiciliado no exterior (art. 85).

O passageiro adquire um *bilhete de passagem* (físico ou eletrônico), que poderá ser nominativo e dará direito a quem se apresentar com ele de ser transportado; é, portanto, um título de legitimação, que atesta a vontade do adquirente de ser transportado de um lugar para outro, e a do transportador de realizar o transporte (Res. ANAC n. 400/2016, art. 6º).

O bilhete de passagem constitui a prova do contrato de transporte. A falta, irregularidade ou perda do bilhete de passagem não prejudica a existência e eficácia do contrato, dentro do seu prazo de validade de um ano (Res. ANAC n. 400/2016, arts. 2º a 5º e 7º).

O bilhete de passagem aérea é pessoal, intransferível e só poderá ser emitido por transportador aéreo, seus prepostos, agentes gerais, e pelas agências de turismo devidamente credenciadas pelas empresas de transporte aéreo. O bilhete de passagem emitido por uma empresa de transporte será válido para utilização nas congêneres, de acordo com os convênios que celebrarem, e o adquirido pelo sistema de crediário ou por meio de conta corrente só poderá ser utilizado em transporte de outra empresa mediante prévia concordância da transportadora emitente. O bilhete adquirido por um desses sistemas só dará direito ao reembolso se o percurso não for utilizado no todo ou em parte, dentro do prazo de validade, com correção monetária, depois de quitado o débito do usuário para com o transportador emitente. Para reembolso de bilhete de passagem com prazo de validade expirado, a empresa emissora poderá, se quiser, adotar o critério de correção do valor a ser reembolsado (Res. ANAC n. 400/2016, arts. 5º, II, 12, § 1º, § 2º, II, 29 a 31). Se houver extravio de bilhete regularmente emitido, o transportador emitente deverá proceder à sua substituição nas mesmas bases e condições contratadas, respeitado o prazo de validade original. Ficará igualmente assegurado o direito de reembolso, caso o passageiro venha a desistir da viagem. Se o passageiro, cujo bilhete se extraviou, tiver reserva confirmada, a reemissão do bilhete deverá ser a tempo de este realizar tal viagem. O transportador tem o dever de identificar o passageiro que se apresentar para o embarque, logo o passageiro nenhuma responsabilidade terá se outra pessoa fizer uso indevido do bilhete extraviado (Res. ANAC n. 400/2016, art. 16).

O bilhete de passagem aérea indicará o nome do passageiro e do transportador, seus direitos e deveres, ponto de partida e de destino, preço e forma de pagamento da passagem, lugar e data da emissão, franquia de bagagem, limite de reparação de dano, classe tarifária (arts. 227 e 228 da Lei n. 7.565/86), e terá validade de um ano, a partir da data de sua emissão (Res. ANAC n. 400/2016, art. 7º).

O transportador poderá conceder passagens ou fretes gratuitos ou de cortesia até o limite de um e meio por cento da receita de suas linhas domésticas no ano anterior (art. 36 da Portaria n. 50/75 – revogada pela Portaria n. 957/89). O Decreto-Lei n. 29/66, com redação do Decreto-Lei n. 106/67 e da Lei n. 7.262/84, suprime a concessão de abatimentos de passagens e fretes no transporte aéreo, dispõe sobre a requisição de transporte e limita a concessão de passagem ou frete aéreo gratuito ou de cortesia.

Esse bilhete poderá referir-se, ainda, a várias classes, isto é, a tipos especiais de acomodação para o passageiro. Para cada classe haverá tarifas ou preços diferentes, atinentes ao conforto dos passageiros nos veículos e não ao transporte (Res. ANAC n. 400/2016, arts. 2º, parágrafo único, 4º, I, 6º, IV). Quando, p. ex., por motivo alheio ao passageiro, houver reacomodação em outro voo com mudança de classe de serviço inferior para superior, nenhuma diferença de preço será devida pelo passageiro, mas se a modificação for da classe de serviço superior para a inferior, o passageiro terá direito àquela diferença (Res. ANAC n. 400/2016, arts. 23, §§ 1º e 2º, e 28). Se houver modificação na classe de serviço, de inferior para superior, por solicitação do passageiro, o transportador poderá promover a substituição do bilhete de passagem, ajustando-o à tarifa vigente às variações cambiais ocorridas no período de sua validade. Poderá designar lugares para os passageiros, que só poderão usar assento determinado, marcado no próprio bilhete. Quando a acomodação do passageiro a bordo exigir mais de um assento, poderá o transportador cobrar passagem pelo número de poltronas bloqueadas. Todavia, o bilhete de passagem não será indispensável para a efetivação desse contrato.

O bilhete é usual em certos meios de transporte, como em trens, em ônibus para viagens de longo percurso, porém em outros é substituído pelo depósito de importâncias em lugares indicados, como, p. ex., em caixinhas metálicas, ou pelo pagamento feito diretamente ao representante do transportador, como o feito em ônibus ou em bondes.

A requisição e a compra de passagens aéreas, bem como o pagamento de fretes, domésticos ou internacionais, pelos órgãos e entidades da Administração Federal, suas subsidiárias e associadas e ainda as fundações sob supervisão ministerial, só poderão ser efetuadas diretamente nas empresas brasileiras transportadoras ou por intermédio de agências de turismo registradas na Empresa Brasileira de Turismo – Embratur (art. 39 da Portaria n. 50/75 (ora revogada pela Portaria n. 957/89); Decreto n. 8.822/2016; Portaria n. 117/2016 do Ministério do Turismo, que aprova o Regimento Interno da Embratur).

As agências de turismo desempenham atividades para incentivo e promoção do deslocamento temporário da pessoa física, individualmente ou em grupo, de sua habitual residência para outro local do seu país ou para o exterior, para fins recreativos, culturais, sociopolíticos, religiosos, industriais, comerciais ou econômicos.

As agências de turismo auxiliam no transporte de pessoas ao contratarem com o passageiro o transporte que será realizado por outras empresas, além de prestar serviços correlatos e de turismo (Dec. 84.934/80).

A agência de viagens terá a função de: vender excursões e passagens por conta própria ou de empresas de transporte; organizar, promover e executar viagens ou excursões individuais ou coletivas; prestar, mediante remuneração, serviços turísticos, inclusive de guia, intérprete, prestando informações a viajantes; prestar serviços especializados, mediante remuneração, relacionados com passeios, viagens, acomodações em hotéis.

As agências de viagens apresentam-se sob duas modalidades. Poderão ser:

a) agências de turismo, que prestam diretamente, no seu país, serviços aos clientes;

b) agências operadoras turísticas, que executam serviços de natureza turística para agências de viagens, no país ou no exterior (Dec. n. 73.845/74 – revogado pelo Dec. n. 87.348/82 –, art. 3º).

As agências de viagens deverão estar registradas na Embratur (Lei n. 8.181/91, que revogou o Dec.-Lei n. 55/66), que as fiscalizará no exercício de suas funções. Mas se se tratar de agências de turismo com frota própria deverão estar inscritas no Departamento Nacional de Estradas de Rodagem (DNER). Temos aqui as empresas transportadoras turísticas (Dec. n. 87.348/82, que revogou o Dec. n. 73.845/74, art. 4º, § 1º) que exploram serviços de transporte turístico, mesmo eventualmente. Não constituem serviço meramente auxiliar de transporte, mas de transportadora propriamente dita, sujeitas ao registro na Embratur e no DNER (Norma Complementar n. 19/79, art. 1º). Os veículos empregados na atividade turística deverão conter o emblema da Embratur e o número de registro do proprietário nesta empresa (Decs. n. 952/93, revogado pelo Dec. n. 2.521/98, e 68.961/71, arts. 67 e 93, § 2º, ora revogado pelo Dec. n. 90.958/85).

As agências de viagens só poderão emitir bilhetes de passagem recebidos em consignação, e deverão observar todos os requisitos do art. 1º da Portaria n. 50/75, revogada pela Portaria n. 957/89.

Não poderão confirmar reserva por outro meio que não seja a anotação no bilhete de passagem por elas emitido (art. 2º, § 1º, da Portaria n. 260/SPL/87 – revogada pela Portaria n. 957, de 19-12-1989).

A venda, direta ou indireta, de passagens aéreas mediante pagamento em prestações, por meio de crediário ou sistemas equivalentes, dependerá de plano previamente aprovado pelo Departamento de Aviação Civil. O esquema financeiro de vendas a crédito deverá ser justificado, em cada caso, com todos os elementos necessários à sua análise. Apenas depois de aprovado o respectivo plano e autorizada a sua implantação pelo Departamento de Aviação Civil poderá o transportador dar-lhe publicidade e execução. Nos serviços domésticos, a venda direta, pelo transportador ou agente de viagem, de passagens a crédito obedecerá às seguintes condições: *a*) entrada obrigatória de vinte por cento, por ocasião da assinatura do contrato; *b*) liquidação do saldo devedor em até dez prestações consecutivas, vencendo-se a primeira trinta dias após o pagamento da entrada; e *c*) o saldo devedor será acrescido dos juros fixados pelas autoridades competentes para operações dessa natureza. Nos serviços internacionais, a venda direta, pelo transportador ou agente de viagem, de passagens a crédito obedecerá às seguintes condições: *a*) entrada mínima de vinte por cento, por ocasião da assinatura do contrato; *b*) liquidação do saldo devedor em até vinte prestações mensais consecutivas, vencendo-se a primeira trinta dias após o pagamento da entrada; e *c*) o saldo devedor será acrescido dos juros fixados pelas autoridades competentes para operações dessa natureza.

O transportador deverá remeter ao Departamento de Aviação Civil, dentro do prazo de noventa dias, a demonstração das operações relativas às vendas de passagens para pagamento parcelado, efetuadas mensalmente, com os seguintes elementos informativos em relação a cada plano aprovado: *a*) montante exato das vendas do mês; *b*) valor da parte do pagamento à vista; e *c*) total a receber relativo ao mês.

A autorização do plano de vendas a crédito será cancelada quando se comprovar a inobservância do respectivo esquema ou que sua aplicação está sendo desvirtuada. Permitir-se-á a venda de passagens por meio de cartões de crédito e de cartões de viagem, ou sistema equivalente, tanto nos serviços domésticos quanto nos internacionais.

Na venda de passagens, o transportador não poderá conceder comissões superiores a nove por cento às agências de viagens, pela venda de passagens.

No caso de produção decorrente de fretamento da aeronave, a comissão concedida pelo transportador à agência de viagem será, no máximo, de cinco por cento sobre o valor do contrato respectivo.

O transportador poderá conceder passagens de cortesia, bem como a título de donativo, até o limite de um e meio por cento da receita de suas linhas domésticas do ano anterior, sem prejuízo da concessão de passagens gratuitas em conformidade com as resoluções de âmbito internacional aprovadas pelo governo brasileiro. Está vedada a concessão de passagem de cortesia em um sentido da viagem, com pagamento de passagem no outro sentido ou em percurso complementar. Sobre os bilhetes de cortesia poderá ser cobrada taxa de até vinte por cento, aplicável exclusivamente a funcionários de empresas aéreas e seus dependentes. O transportador poderá emitir bilhetes de passagem de serviço, de acordo com a regulamentação vigente. Entende-se como passagem de serviço o bilhete emitido para deslocamento de pessoal da própria empresa, da empresa contratada para a prestação de serviços, de empresas congêneres e de agências de viagens e de carga, limitadas para estas ao máximo de duas não cumulativas, por ano-calendário (Portaria GC5 n. 676/2000, que revogou a Portaria GM5 n. 957/89, arts. 63 a 70).

O controle dos passageiros em transporte rodoviário na ocasião do embarque será feito através do próprio bilhete de passagem ou da ficha individual de identificação. No ato da venda do bilhete de passagem, caso não haja espaço para a identificação do passageiro, será entregue para o preenchimento, junto com o respectivo bilhete, uma Ficha Individual de Identificação de Passageiros, obedecendo ao modelo aprovado pelo Departamento de Transportes Rodoviários – DTR. Nela serão inscritos os números do bilhete de passagem e da poltrona, o nome do passageiro, o número e o órgão expedidor do seu documento de identidade. O passageiro, ao apresentar-se para embarque, deverá portar, além do bilhete de passagem, a Ficha, devidamente preenchida, e o documento de identidade referido, sob pena de ser impedido de embarcar. Na hipótese de não possuir documento de identidade, admitir-se-á que viaje sob responsabilidade de outro passageiro, já regularmente identificado, situação que deverá ser indicada na Ficha do primeiro, mediante a seguinte observação: "Embarca sob responsabilidade do passageiro (nome do passageiro responsável)". Compete ao motorista do veículo ou a outro preposto da empresa, para tal fim designado, fazer a identificação do passageiro no momento do embarque, através do cotejo do seu documento de identidade com as informações constantes do bilhete de passagem ou da Ficha. Não estando preenchida a Ficha ou havendo divergência entre os dados nela inscritos e os constantes nos respectivos bilhetes de passagem e documento de identidade, o preposto da empresa deverá diligenciar no sentido de que seja sanada a falha e, caso não seja possível, ressalvado o uso da alternativa prevista no parágrafo único do art. 5º do Decreto n. 952/93, revogado pelo Dec. n. 2.521/98, impedir o embarque do passageiro. As passagens e as fichas dos passageiros regularmente embarcados deverão ser agrupadas por viagem, de forma a possibilitar, sempre que necessário, a elaboração de lista dos passageiros, permanecendo estas em poder da transportadora e à disposição do DTR nos vinte dias subsequentes ao término da viagem. Ocorrendo qualquer evento de natureza criminal no curso da viagem, o prazo passará a ser de sessenta dias. Tais exigências aplicar-se-ão aos passageiros embarcados nos pontos autorizados, devendo a empresa adotar as providências necessárias à verificação do documento de identidade, ao correto preenchimento do bilhete de passagem ou da Ficha e à sua guarda durante os prazos estabelecidos. Salvo exigência das autoridades locais de segurança pública, serão dispensados os requisitos acima apontados nas linhas interestaduais com características semiurbanas. Os passageiros dos serviços internacionais deverão, igualmente, ser identificados no momento do embarque, o que se fará mediante o confronto dos respectivos documentos de identidade com os dados constantes do cartão de entrada/saída exigido pelo órgão competente do Ministério da Justiça (Norma Complementar n. 3/94, aprovada pela Portaria n. 340/94 do Ministério dos Transportes, arts. 2º a 5º, 7º a 11).

O contrato de transporte de pessoas abrangerá a obrigação de transportar a bagagem do passageiro ou viajante no próprio compartimento em que ele viajar ou em depósitos apropriados dos veículos, mediante despacho, hipótese em que o transportador fornecerá *ticket* ou uma *nota de bagagem*, que servirá de documento para a sua retirada no local de destino. O transporte de bagagem é acessório do contrato de transporte de pessoa, de modo que o viajante, ao contratar o transporte, pagando o bilhete de passagem, adquirirá o direito de transportar consigo sua bagagem, e o condutor assumirá a obrigação de fazer esse transporte. O passageiro só pagará o transporte de sua bagagem se houver excesso de peso, de tamanho ou de volumes[430] (Res. ANAC n. 400/2016, arts. 13, 14, 15).

430. Fran Martins, op. cit., p. 295-302; Orlando Gomes, *Contratos*, cit., p. 377 e 378; Caio M. S. Pereira, *Instituições*, cit., p. 293; Humberto Theodoro Jr., Do transporte de pessoas no novo Código Civil, *RT*, *807*:12. Sobre transporte turístico: Lei n. 6.505/77 (revogada pela Lei n. 11.771/2008); Decreto n. 952/93 (revogado pelo Decreto n. 2.521/98). Sobre transporte de passageiros e suas bagagens por via ferroviária: Decretos n. 1.832/96, arts. 34 a 53, e 1.983/96, que instituiu o Programa de Modernização, Agilização, Aprimoramento e Segurança da Fiscalização do Tráfego Internacional e do Passaporte Brasileiro e aprovou o Regulamento de Documentos de Viagem. *Vide* Portaria n. 894/93 do Ministério dos Transportes. Res. n. 1.540/2018 do Conselho Federal de Contabilidade disciplina as concessões de diárias, de ajuda de custo, de indenização de transporte próprio e de aquisição de passagens (aéreas, rodoviárias, ferroviárias e hidroviárias) relativas a fiscais setoriais do Exame de Suficiência do Sistema CFC/CRCS. Sobre extravio de bagagem em transporte aéreo: *RJE*, *3*:3; Instrução Normativa n. 1.059/2010 da Receita Federal, que institui declarações que instruem o despacho aduaneiro de bens do viajante. Pela Portaria n. 676/GC5, de 13-11-2000, art. 4º, § 2º, será admitido o bilhete eletrônico (via Internet). Os franco-ouro Poincaré foram substituídos pelos Direitos Especiais de Saque, que, p. ex., em caso de morte ou lesão corporal, corresponderá a 8.300, segundo normas internacionais. Sobre transporte turístico: Lei n. 6.505/77 (revogada pela Lei n. 11.771/2008); Dec. n. 92.353/86, art. 54, I, ora revogado pelo Dec. n. 952/93. Sobre agências de turismo: Helita B. Custódio, Turismo, in *Enciclopédia Saraiva do Direito*, v. 75, p. 318-38; Carone, *Il turismo nell'economia internazionale*, Milano, Giuffrè, 1959, p. 5-6 e 22; Paulo Sérgio Feuz, *Direito do consumidor nos contratos de turismo*, São Paulo, Edipro, 2003. *Vide* Deliberação Normativa n. 372/97, regulamentando o funcionamento e operações do Fundo Geral de Turismo, criado pelo Decreto-Lei n. 1.191/71; Lei n. 8.181/91; Deliberações n. 5.203 e 5.204/94 do Instituto Brasileiro de Turismo; Deliberação Normativa n. 325/94; Delibera-

A bagagem despachada poderá sofrer restrições conforme normas relativas à segurança da aviação civil, p. ex., nas linhas domésticas, a franquia mínima de bagagem por passageiro adulto, sendo transporte aéreo, poderá ser de:

a) trinta quilos para a primeira classe, e vinte e três quilos para as demais classes, se a aeronave tiver acima de 31 assentos;

b) dezoito quilos para as aeronaves de 21 até 30 assentos;

c) dez quilos para as aeronaves de até vinte assentos; e vinte quilos para as aeronaves de maior capacidade;

d) dez quilos de bagagem de mão (Res. ANAC n. 400/2016, art. 14).

Nas linhas aéreas internacionais, o franquiamento de bagagem será feito pelo sistema de peso ou de peças, segundo o critério adotado na área e na conformidade da regulamentação a ser expedida pelo diretor-geral do Departamento de Aviação Civil. E nas domésticas em conexão com linhas internacionais, quando conjugados os bilhetes de passagem, prevalecerão o sistema e o correspondente limite de franquia de bagagem estabelecidos para as viagens internacionais.

A franquia de bagagem não pode ser usada para transporte de animais vivos. Os animais vivos poderão ser transportados em aeronaves não cargueiras, em compartimento destinado a carga e bagagem. O transporte de animais domésticos (cães e gatos) na cabine de passageiros poderá ser admitido, desde que estejam acondicionados em embalagem especial e não

---

ções Normativas da Embratur n. 305, 306, 307 e 310/92; Decreto n. 637/92, que aprovou o regulamento de documentos de viagem, revogado pelo Dec. n. 1.983/96, e Dec. n. 5.978/2006, que dá nova redação ao Regulamento de Documentos de Viagem; Decreto n. 1.983/96, que institui o programa de modernização, agilização, aprimoramento e segurança da fiscalização do tráfego internacional e do passaporte brasileiro e aprova o regulamento de documentos de viagem; Decreto Legislativo n. 86/92, que regula o acordo entre Brasil e Itália. Portaria n. 16/95 do Gabinete do Ministério da Fazenda, que dispõe sobre circulação de veículos comunitários do Mercosul, de uso particular, exclusivo de turistas. *Vide* Lei n. 9.076/95, que dá nova redação ao art. 12 da Lei n. 6.815/80, sobre prazo de visto de turista, agora até cinco anos. *Vide*: Lei n. 12.587/2012 que institui as diretrizes da Política Nacional de Mobilidade Urbana.

Convenção de Atenas Relativa ao Transporte de Passageiros e suas bagagens por via marítima de 2002 (não ratificada pelo Brasil) estabelece a responsabilidade do transportador por dano ao passageiro e, em alguns casos, até faz com que ele não seja responsabilizado e impõe limites àquela responsabilidade.

Pessoa portadora de deficiência: Lei n. 13.146/2015, arts. 46 a 56 (direito ao transporte e à mobilidade). Transporte rodoviário gratuito a idoso: Res. da ANTT n. 1.692/2006, com a redação da Res. n. 4.833/2015.

Vide Lei n. 9.096/95, art. 37, § 10, com redação da Lei n. 13.877/2019.

acarretem desconforto para os demais passageiros. O transporte de cão treinado para conduzir pessoa com deficiência auditiva ou cega, que dependa inteiramente dele, será permitido na cabine de passageiros, em adição à franquia de bagagem e livre pagamento. Será obrigatória a apresentação pelo passageiro, por ocasião do embarque, de atestado de sanidade do animal, fornecido pela Secretaria de Agricultura Estadual, posto do Departamento de Defesa Animal ou por médico veterinário (Res. ANAC n. 400/2016, art. 15, § 2º).

Nas linhas domésticas o excesso de bagagem sobre o limite de franquia será cobrado segundo o art. 40, *a* e *b*, da Portaria GC5 n. 676/2000, ou seja: meio por cento sobre a tarifa básica aplicável à etapa, por quilo em excesso, e um por cento sobre a tarifa básica aplicável à etapa, por quilo em excesso, para aeronaves de até vinte assentos. E, nas internacionais, a cobrança do excesso de bagagem obedecerá ao que prescrever.

Nas linhas domésticas, o passageiro poderá conduzir, com bagagem de mão, objetos de uso exclusivamente pessoal, livre de pagamento de tarifa ou de frete, desde que: *a*) o peso total não exceda a dez quilos e esteja de acordo com as dimensões e a quantidade de peças definidas no contrato de transporte, sendo que o transportador poderá restringir o peso e o conteúdo dessa bagagem por motivo de segurança ou de capacidade da aeronave (art. 14, §§ 1º e 2º).; *b*) esses objetos estejam devidamente acondicionados; e *c*) o volume possa ser acomodado na cabine de passageiros sem perturbar o conforto e a tranquilidade dos demais passageiros, nem colocar em risco a integridade física dos passageiros, dos tripulantes e da aeronave. Se a bagagem não se enquadrar nas normas estabelecidas pelo transportador, poderá ser recusada ou submetida a contrato de transporte de carga.

O transportador deverá adotar medidas para tornar eficazes as restrições ao transporte de bagagem de mão.

Nas linhas internacionais, a condução de bagagem de mão obedecerá ao que prescrever a legislação específica.

A bagagem, despachada ou de mão, não poderá conter: *a*) maletas e pastas de documentos equipadas com alarme; *b*) explosivos, inclusive cartuchos vazios, munições, material pirotécnico, armas de caça, armas portáteis; *c*) gases (inflamáveis, não inflamáveis e venenosos), tais como gás butano, oxigênio, propano, cilindros de oxigênio; *d*) líquidos usados como combustível para isqueiro ou aquecimento; *e*) sólidos inflamáveis, tais como fósforos e artigos de fácil ignição; *f*) substâncias de combustão espontânea; *g*) substâncias que em contato com a água emitem gases inflamáveis; *h*) material oxidante, tais como pó de cal, descorantes químicos e peróxidos; *i*) substâncias venenosas (tóxicas) e infecciosas, tais como arsênico, cianidas, inseticidas e desfolhantes; *j*) materiais radioativos; *k*) materiais corrosivos, tais como mercúrio, ácidos, alcalóides e baterias com líquido corrosivo; *l*) materiais magnetizados e artigos perigosos relacionados na regulamentação de Artigos Perigosos da IATA; e *m*) agentes biológicos – bactérias, vírus etc. E o proprietário da bagagem responderá pelos danos que vier a causar ao transportador aéreo ou a qualquer outra pessoa pela inobservância das proibições estabelecidas normativamente (Instrução Normativa n. 1.059/2010 da Secretaria da Receita Federal, sobre tratamento tributário relativo aos bens do viajante).

m.4.2. Obrigações e direitos do transportador

Uma vez celebrado o contrato de transporte de pessoas, o transportador passará a ter a obrigação de[431]:

1º) *Transportar o passageiro de um local para outro, no tempo e no modo convencionados*. No contrato de transporte deverá haver respeito aos horários e percursos estabelecidos, pois o viajante neles se baseia para controlar suas atividades e compromissos assumidos. Pelo Código Civil, art. 737, "o transportador está sujeito aos horários e itinerários previstos, sob pena

431. Orlando Gomes, *Contratos*, cit., p. 379; Fran Martins, op. cit., p. 302 e 303; José de Aguiar Dias, *Cláusula de não indenizar*, Rio de Janeiro, Forense, 1955, p. 30, 52 e 181; Octanny Silveira da Mota, *Da responsabilidade contratual do transportador aéreo*, São Paulo, Saraiva, 1966, p. 133 e 134; Caio M. S. Pereira, *Instituições*, cit., p. 294; Rosa M. B. B. de A. Nery, Transporte e incolumidade moral do passageiro, *Correio*, Uberlândia, 28 nov. 1996, p. 11; Carlos Roberto Gonçalves, *Direito civil brasileiro*, cit., v. 3, p. 455-7 e 467; Nelson Pinto Ferreira, Anotações sobre o transporte terrestre de passageiros como contrato nominado no Código Civil, *Atualidades Jurídicas*, *5*:241-56; Matiello, *Código*, cit., p. 456-62; *JB*, *161*:341; Súmula 161 do STF; Portaria DAC n. 706, de 22-7-2005, sobre a Assistência às Vítimas de Acidente Aeronáutico e Apoio a seus Familiares. Resolução do Conselho Nacional de Justiça n. 295/2019 dispõe sobre autorização de viagem nacional para crianças e adolescentes. "Se o transporte for gratuito, o passageiro lesado só será indenizado mediante comprovação da culpa do transportador, visto que só há presunção de culpa na responsabilidade contratual" (*ADCOAS*, 1985, n. 102.938, TARJ). Já se decidiu que empresa de ônibus deve indenizar por morte em assalto, afastando o caso fortuito, acatando a responsabilidade objetiva (2ª Câm. de Direito Privado do TJSP, Emb. Infringentes n. 20.781.4/6-01, Ribeirão Preto, j. 4-11-97 – no mesmo sentido: *RJSTF*, *97*:229, e *RSTJ*, *52*:208), ante a previsibilidade de ocorrência de assalto violento a ônibus de passageiros, demonstrada por estatísticas, e, além disso, a empresa é responsável pela segurança e saúde dos viajantes. Mas há quem ache que assalto e roubo, dada a violência, enquadram-se na acepção de caso fortuito (*RT*, *582*:208), não se detectando ação culposa de transportadora.

de responder por perdas e danos, salvo motivo de força maior". Assim, se houver atraso (*RT, 780*:265) ou desvio de percurso por força de tempestade, que provoca desmoronamento ou queda de pontes, o condutor estará liberado do pagamento da indenização por perdas e danos[432]. Inicia-se o transporte na estação de embarque ou no lugar em que o passageiro toma o veículo, e termina no local do destino ou do desembarque (*Ciência Jurídica, 25*:95). As empresas de transporte deverão assegurar prioridade nos embarques e desembarques de idosos, doentes, deficientes físicos, mulheres grávidas e passageiros acompanhados de crianças menores de 12 anos (Res. ANAC n. 400/2016, art. 16, § 3º), fornecendo, ainda, nas viagens de longo percurso, alimentação aos passageiros, o que vem aumentando o mercado de *catering* internacional, isto é, serviço prestado pela empresa aérea ou por organização independente, consistente no fornecimento de refeições, bebidas, cobertores, travesseiros, *nécessaires* e material de leitura para maior conforto dos passageiros.

2º) *Efetuar o transporte com cuidado, exatidão e presteza.*

3º) *Responder pelos danos patrimoniais e/ou morais causados ao viajante, oriundos de desastres não provocados por força maior ou caso fortuito ou por culpa do passageiro* (Dec. n. 2.681/12, art. 17; Decreto n. 5.910/2006, art. 17 n. 2, *RT, 429*:260, *453*:92, *582*:208, *643*:219; *RTJ, 96*:1.201), pagando uma indenização variável conforme a natureza ou a extensão do prejuízo. Essa obrigação de garantia advém do art. 734 do Código Civil. P. ex., no Rio de Janeiro, no dia 31 de dezembro de 1989, naufragou a embarcação *Bateau Mouche*, numa excursão marítima, causando a morte de várias pessoas, por culpa da transportadora, que admitiu excesso de passageiros, tendo, mesmo que não fosse comprovada sua culpabilidade, a responsabilidade objetiva de reparar o dano (CC, art. 734). Se o dano implicar ferimentos, deverá pagar os prejuízos que o passageiro tiver em decorrência deles, como o tratamento médico e os lucros cessantes durante o período do tratamento (Dec. n. 2.681/12, art. 20). Se houver lesão corporal ou deformidade que o invalide para o trabalho, deverá pagar, além das despesas com o tratamento mé-

---

432. Adrianna de Alencar Setubal Santos (*Comentários ao Código Civil* – coord. Camillo, Talavera, Fujita, Scavone Jr. – São Paulo, Revista dos Tribunais, 2006, p. 617) observa que o art. 737 é inaplicável no voo *charter*, por não haver indicação do horário no bilhete e principalmente porque nessa modalidade de voo não se pode, de antemão, estabelecer o itinerário, por falta de informação da ocorrência ou não, no percurso, de escalas.

dico, os lucros cessantes e uma pensão arbitrada pelo juiz (CC, arts. 949 e 950). Se houver morte, deverá pagar o sepultamento da vítima e uma indenização àqueles a quem o óbito do passageiro privou de alimentos, auxílio ou educação (CC, art. 948; Dec. n. 2.681/12, arts. 21 e 22). Mas já se decidiu que se o óbito se deu em razão de assalto, no interior do veículo, não responderá o transportador (*RT*, *732*:264), por ser fato alheio ao transporte em si, constituindo caso fortuito, ou seja, excludente de responsabilidade (STJ, REsp 586.663-RS, rel. Min. Barros Monteiro, j. 17-11-2005); há, entretanto, decisão de que, se viajante for atingido por bala de revólver enquanto aguardava o veículo no embarque, a transportadora deverá reparar o dano, pois tem responsabilidade pela sua incolumidade física, a partir do instante em que adquiriu o bilhete até sua chegada ao local de destino (*RT*, *795*:228). Mas se o óbito se der por fato alheio ao transporte, como bala perdida ou objetos atirados do lado de fora que quebram a janela, atingindo fatalmente passageiro, liberada estará a transportadora (*RT*, *781*:176, *643*:219, *642*:150). Deverá, ainda, indenizar, em todos os casos, a perda ou avaria de bagagens dos viajantes, mesmo que não despachadas (Dec. n. 2.681/12, art. 23; Res. ANAC n. 400/2016, arts. 32, §§ 1º a 5º, 33, §§ 1º a 6º e 34). O roubo praticado contra passageiro durante o percurso não se equipara a caso fortuito, e, se a empresa não comprovar culpa exclusiva da vítima ou de terceiro, deverá indenizar. O dever de responder pela incolumidade do viajante e de conduzi-lo são e salvo a seu destino não poderá ser afastado por estipulação que exonere o transportador de sua responsabilidade, que é objetiva por ter assumido obrigação de resultado, ou seja, de conduzir o passageiro são e salvo ao local do destino (*RT*, *728*:262). Será considerada nula qualquer cláusula excludente de responsabilidade (CC, art. 734; Súmula 161 do STF; *RTJ*, *125*:307). Todavia, pelo art. 738, parágrafo único, do Código Civil, se o dano sofrido pela pessoa transportada for atribuível à violação de normas e instruções regulamentares, o magistrado deverá reduzir equitativamente a indenização, à medida que a vítima houver concorrido para a ocorrência da lesão.

Pelo atual Código Brasileiro de Aeronáutica, o transportador terá responsabilidade contratual e objetiva por morte ou lesão de passageiro decorrente de acidente causado com a aeronave em voo ou na superfície, a bordo ou em operação de embarque ou desembarque, exceto se houve culpa da própria vítima ou se o dano se deu em decorrência do estado de saúde precário do passageiro. Se houve queda de avião em razão de sequestro, a transportadora pagará os prejuízos, mas tem ação regressiva contra autoridades aeroportuárias, por falta de segurança. Responderá também por atraso do transporte aéreo contratado, exceto se ocorrer motivo de força maior ou comprovada determinação da autoridade aeronáutica, que será responsabilizada (art. 256 e § 1º). A tarifa para a indenização a ser paga está estabelecida no art. 257, que se limita, havendo morte ou lesão corporal, em relação a cada tripulante e passageiro, ao valor correspondente, na data do pagamento, a três mil e quinhentas BTNs (hoje TR), e, se ocorrer atraso no transporte, a cento e cinquenta BTNs (hoje TR). Todavia nada impede que se ajuste contratualmente um limite superior, e, se porventura a fixação for em renda, o capital para sua constituição não poderá exceder o maior valor previsto neste art. 257. O art. 256, § 2º, inclui, ainda, outras pessoas sujeitas à indenização por dano causado por transporte aéreo, tais como os tripulantes, diretores e empregados que viajarem na aeronave sinistrada, sem quaisquer prejuízos de eventual indenização por acidente de trabalho. Há quem ache, contudo, que não mais se poderia falar em indenização tarifária ante o disposto no art. 732 do Código Civil, nos arts. 5º, V e X (dever de indenizar danos), 21, XII, *c*, e 37, § 6º, da Constituição Federal (exploração direta ou por autorização, concessão ou permissão de navegação aérea, responsabilidade objetiva extracontratual, por dano a terceiro, fundada no risco administrativo; empresas aéreas permissionárias) e no Código de Defesa do Consumidor. Parece-nos que: *a*) transportes aéreos exercidos por autorização, permissão ou concessão rege-se por normas regulamentares e pelo que foi estabelecido naqueles atos, sem prejuízo do disposto neste Código (CC, art. 731); *b*) transportes efetivados em relação de consumo reger-se-ão pelo Código de Defesa do Consumidor; *c*) transportes aéreos internacionais, pela Convenção de Montreal. Essa nossa conclusão se dá em razão dos fundamentos indicados na nota 415 e ante o fato de o art. 734 do Código Civil entender ser nula a cláusula excludente da responsabilidade e não a limitativa dessa responsabilidade. Além disso, em caso de conflito entre norma superior geral (CF, art. 5º, V e X) e entre norma inferior especial (p. ex., Código Brasileiro de Aeronáutica), que gera, segundo Bobbio, uma antinomia de segundo grau, ou seja, entre o critério hierárquico e o da especialidade, não será possível estabelecer um metacritério preferindo um ou outro, sem contrariar a adaptabilidade do direito, o que gera uma *lacuna de conflito*, que, pelos arts. 4º e 5º da Lei de Introdução às Normas do Direito Brasileiro, poderá conduzir à supremacia do critério da especialidade, a partir do mais alto princípio de justiça: *suum cuique tribuere*, baseado na interpretação de que "o que é igual deve ser tratado como igual e o que é diferente de maneira diferente", fazendo-se as diferenciações exigidas fática e valorativamente[433].

A responsabilidade contratual do transportador pelo acidente sofrido pelo passageiro não é ilidida por culpa de terceiro, cujo carro veio, por imperícia sua, colidir com o ônibus que dirigia, mas contra o qual tem ação regressiva para reaver o que desembolsou (Súmula 187 do STF; *RT*, *806*:209, *774*:276; CC, art. 735).

Pela Súmula 492 do STF: "A empresa locadora de veículos responde, civil e solidariamene com o locatário, pelos danos por este causados a terceiro, no uso do carro locado". Mesmo se diga de empresa de táxi, que entrega veículo a motorista, em regime de locação.

4º) *Responsabilizar-se pelos prejuízos (patrimoniais ou morais) acarretados aos passageiros em virtude de atraso dos transportes*, na saída ou na chegada, se esse atraso não for motivado por força maior (Dec. n. 2.681/12, art. 24; *BAASP*, *3018*:12; *RT*, *729*:224, *755*:177; *RSTJ*, *128*:271; CC, art. 737; Res. ANAC n. 400/2016, art. 20).

Se houver atraso da partida por mais de quatro horas, o transportador deverá providenciar reacomodação e o embarque do passageiro, em voo próprio que ofereça serviço equivalente para o mesmo destino, na primeira oportunidade, ou em voo próprio a ser realizado em data e horário da conveniência do passageiro, ou em voo de terceiro que ofereça serviço equivalente para o mesmo destino ou a execução do serviço por outra modalidade de transporte; ou restituirá de imediato, devendo a escolha ser do passageiro, o valor integral do bilhete de passagem não utilizado (art. 230 da Lei n. 7.565/86; Res. ANAC n. 400/2016, art. 21, I e parágrafo único; *RT*, *711*:107, *755*:177).

E deverá manter o passageiro informado, no máximo, a cada 30 minutos quanto à previsão do novo horário de partida do voo em caso de atraso (Res. ANAC n. 400/2016, art. 20, § 1º).

5º) *Indenizar o passageiro se, sem motivo de força maior, suspender ou interromper o tráfego ou não lhe oferecer lugar no veículo, causando-lhe graves prejuízos,*

433. A Resolução n. 37 da ANAC, de 7 de agosto de 2008, dispõe sobre a atualização dos limites de indenização de que trata o título VII do Código Brasileiro de Aeronáutica, estabelecendo o valor unitário da OTN em R$ 11,70 para efeito de conversão dos limites de indenização e adotando o Índice Nacional de Preços ao Consumidor Amplo (IPCA) como critério de atualização monetária de valor unitário da OTN.

desde que ele tenha adquirido bilhete para o transporte ser feito em determinada hora (Dec. n. 2.681/12, art. 25; *RT*, *640*:134; *JB*, *162*:185). Se o transporte sofrer interrupção ou atraso em aeroporto, o transportador deverá informar o passageiro, imediatamente, sobre o cancelamento do voo ou sobre a interrupção do serviço e o motivo pelos meios de comunicação disponíveis.

O cancelamento programado de voo realizado pelo transportador e seu motivo deverão ser informados ao passageiro com, no mínimo, 72 (setenta e duas) horas de antecedência do horário previsto da partida.

Quando solicitada pelo passageiro, a informação deverá ser prestada por escrito pelo transportador (Res. n. 141/2010 da ANAC, art. 7º).

Em caso de cancelamento de voo ou interrupção do serviço, o transportador deverá oferecer as seguintes alternativas ao passageiro: 1. a reacomodação: *a*) em voo próprio ou de terceiro que ofereça serviço equivalente para o mesmo destino, na primeira oportunidade; *b*) em voo próprio a ser realizado em data e horário de conveniência do passageiro; 2. o reembolso: *a*) integral, assegurado o retorno ao aeroporto de origem em caso de interrupção; *b*) do trecho não utilizado, se o deslocamento já realizado aproveitar ao passageiro; 3. a conclusão do serviço por outra modalidade de transporte, em caso de interrupção (Res. n. 141/2010 da ANAC, art. 8º; Res. ANAC n. 400/2016, art. 21, II e parágrafo único).

Além disso, será devida assistência na forma prevista no art. 14, exceto nos casos em que o passageiro optar por qualquer das alternativas contidas no art. 8º, I, *b*, e II, *b*.

Todas as despesas oriundas da interrupção da viagem ou de atraso, inclusive as de alimentação, hospedagem, correrão por conta do transportador, sem prejuízo da responsabilidade civil (Lei n. 7.565/86, art. 231 e parágrafo único), ou seja, do pagamento de cento e cinquenta BTNs (hoje TR).

Nos casos de atraso, cancelamento ou interrupção de voo, bem como de preterição de passageiro, o transportador deverá assegurar ao passageiro que comparecer para embarque o direito de receber assistência material (Res. ANAC n. 400/2016, arts. 26 e 27). Esta consiste em satisfazer as necessidades imediatas do passageiro, gratuitamente e de modo compatível com a estimativa do tempo de espera, contado a partir do horário de partida originalmente previsto, nos seguintes termos: *a*) superior a 1 (uma) hora: facilidades de comunicação, tais como ligação telefônica, acesso à internet ou outros; *b*) superior a 2 (duas) horas: alimentação adequada; *c*) superior a 4 (quatro) horas: acomodação em local adequado, translado de ida e volta e, quando necessário, em caso de pernoite, serviço de hospedagem. Isso vale também para quem estiver esperando dentro da aeronave. O transportador poderá deixar de oferecer serviço de hospedagem para o passageiro que residir na localidade do aeroporto de origem (Res. n. 141/2010 da ANAC, art. 14, §§ 1º e 2º) garantido o traslado de ida e volta (Res. ANAC n. 400/2016, art. 27, § 1º). Mas as despesas com a estada e o transporte de superfície nas escalas de pernoite normal correrão por conta do passageiro.

Na hipótese de passageiro portador de necessidade de assistência especial e de seus acompanhantes o serviço de hospedagem será fornecido independentemente da exigência de pernoite, salvo se puder ser substituído por acomodação em local que atenda suas necessidades e com concordância do passageiro ou acompanhante (Res. ANAC n. 400/2016, art. 27, § 2º).

O transportador poderá deixar de oferecer assistência material quando o passageiro optar pela reacomodação em voo próprio do transportador a ser realizado em data e horário de conveniência do passageiro ou pelo reembolso integral da passagem aérea (Res. ANAC n. 400/2016, art. 27, § 3º).

No caso de pouso forçado, persistirá a autoridade do comandante da aeronave até que as autoridades competentes assumam a responsabilidade pela aeronave, pessoas e coisas transportadas (Lei n. 7.565/86, art. 167, parágrafo único). Se a viagem for suspensa ou interrompida por força maior, no porto de partida, rescindir-se-á o contrato, sem qualquer indenização, mas, se o fato ocorrer em porto de escala ou arribada, pagar-se-á apenas o preço correspondente ao percurso feito (CCom, art. 631).

O passageiro terá direito ao reembolso do valor já pago do bilhete se o transportador vier a cancelar a viagem aérea (Lei n. 7.565/86, art. 229).

Se o transportador preterir por outro o passageiro que tinha reserva confirmada no voo, ou se houver excesso de passageiro (*overbooking*), deverá providenciar sua acomodação em outro voo, com diferença máxima de quatro horas, reembolso, execução de serviço por outra modalidade de transporte, devendo a escolha ser do passageiro, sem prejuízo das cominações pela inadimplência de contrato de transporte (Código do Consumidor, arts. 20 e 6º, VI; CC, art. 905 e parágrafo único; Lei n. 7.565/86, art. 229; Res. ANAC n. 400/2016, arts. 21, III, parágrafo único, 22 e 23; *RT*, *825*:212; *RJ*, *295*:113).

6º) *Cumprir o contrato, se o transporte for cumulativo, relativamente ao seu percurso, respondendo solidariamente pelos danos pessoais que nele se derem.* Cada transportador se obriga a cumprir o contrato relativamente ao respectivo percurso, respondendo solidariamente pelos danos nele causados a pessoas (CC, art. 733). O dano advindo de atraso ou de interrupção da viagem será determinado em razão da totalidade do percurso, não apenas uma ou outra etapa, visto que o contrato de transporte contém uma obrigação de resultado. Havendo substituição de algum dos transportadores no decorrer do percurso, a responsabilidade solidária estender-se-á ao substituto (CC, art. 733, §§ 1º e 2º).

Na hipótese de transporte aéreo sucessivo, em que não se tem um único contrato, mas vários, o passageiro ou seu sucessor terá ação contra o transportador que haja efetuado o transporte no curso do qual ocorrer o acidente ou o atraso, salvo se, por estipulação expressa, o primeiro transportador assumir a responsabilidade por todo o percurso do transporte contratado (art. 258 da Lei n. 7.565/86).

Se o transporte aéreo for contratado com um transportador e executado por outro, o passageiro ou sucessores poderão demandar tanto o transportador contratual como o transportador de fato, respondendo ambos solidariamente (art. 259 da Lei n. 7.565/86). Todavia, o dano resultante de atraso ou de interrupção da viagem será determinado em razão da totalidade do percurso. Haverá solidariedade em caso de substituição de algum dos transportadores; assim ocorrendo o dano, o interessado poderá demandar qualquer deles, que responderá pelo prejuízo como se fora o único transportador (CC, art. 733, §§ 1º e 2º). No transporte de coisas, há solidariedade para que o credor possa indicar o responsável pelo dano ocorrido.

7º) *Concluir o transporte contratado*, visto ter assumido obrigação de resultado, se a viagem se interromper por motivo alheio à sua vontade (caso fortuito, força maior) ou por fato imprevisível (p. ex., quebra de motor), em outro veículo, da mesma categoria, ou se o passageiro anuir, de outra diferente (uso de trem no lugar do ônibus), a sua custa, correndo também por sua conta as despesas de estada e alimentação do usuário, durante a espera do novo transporte (CC, art. 741). Entretanto, será permitida a interrupção da viagem em pontos intermediários sem qualquer acréscimo tarifário, desde que:

a) o passageiro manifeste antecipadamente seu interesse no início ou reinício da viagem;

b) os pontos de interrupção estejam cobertos pela tarifa;

c) não haja restrição de ordem legal ou tarifária.

8º) *Conduzir a bagagem*, tendo cuidados especiais na sua distribuição e acondicionamento no bagageiro, visando evitar dano ou extravio (*RJE, 3*:3; *RT, 835*:250, *829*:221, *823*:171; Res. ANAC n. 400/2016, arts. 32 a 34). Os agentes de fiscalização do DNER e os prepostos das empresas, quando houver indício justificador, poderão solicitar a abertura das bagagens, pelos passageiros, nos pontos de embarque. O transportador apenas será responsável por, no máximo, dois volumes transportados no bagageiro, por passageiro, até o limite da importância correspondente a quatro vezes o Maior Valor de Referência (MVR), vigente na data do transporte, indenizável, em caso de perda ou avaria, dentro do prazo de quinze dias, contado da reclamação (Dec. n. 2.521/98, que retirou a vigência do Dec. n. 952/93, que revogou o Dec. n. 92.353/86, arts. 95, 97 e 98). Convém lembrar que a responsabilidade do transportador por dano, perda ou avaria da bagagem despachada ou conservada em mãos do passageiro, ocorrida durante a execução do contrato de transporte aéreo, limitar-se-á ao valor de cento e cinquenta BTNs (hoje TR), por ocasião do pagamento (art. 260 da Lei n. 7.565, de 19-12-1986).

9º) *Contratar seguro* para garantir a eventual indenização de riscos futuros, em relação aos danos pessoais, materiais a passageiros e expedidor; aos tripulantes e viajantes gratuitos, equiparados, para este efeito, aos passageiros (art. 256, § 2º, da Lei n. 7.565/86); ao pessoal técnico a bordo e às pessoas e bens na superfície, nos serviços aéreos privados, e ao valor da aeronave. Assim, com o recebimento do seguro o transportador isentar-se-á de responsabilidade (art. 281, I a IV e parágrafo único). Os seguros obrigatórios que se vencerem após o início do voo considerar-se-ão prorrogados até o seu término (art. 284 da Lei n. 7.565/86).

10) *Não poderá lançar coisas*, de bordo de aeronave, sem prévia permissão de autoridade aeronáutica, salvo caso de emergência (art. 16, § 3º, da Lei n. 7.565/86).

Haverá responsabilidade pelo dano decorrente, do sobrevoo, do pouso de emergência, do lançamento de objetos (art. 16, § 4º, da Lei n. 7.565/86).

11) *Não realizar voos de acrobacia*, que possam constituir perigo para os ocupantes do aparelho, para o tráfego aéreo, para instalações ou pessoas na superfície (Lei n. 7.565/86, art. 17).

12) *Promover substituição do bilhete de passagem*, se o passageiro pedir alteração do itinerário original da viagem, ajustando a tarifa à que vigorar na ocasião desse novo bilhete.

13) *Não cobrar a diferença de preço* se houver mudança de classe de serviço inferior para superior.

Todavia terá o *direito* de:

1º) *Reter até 5% da importância* a ser restituída ao passageiro, a título de multa compensatória, se ele não embarcar ou desistir da viagem em razão do transtorno causado pela rescisão unilateral (CC, art. 740, § 3º).

2º) *Reter a bagagem e outros objetos pessoais do passageiro* para garantir-se do pagamento do valor da passagem que não tiver sido paga no início ou durante o percurso (CC, art. 742).

3º) *Exigir a declaração escrita do valor da bagagem* para fixar o limite máximo da indenização (CC, art. 734, parágrafo único), prevenindo controvérsias futuras, havendo perda ou extravio. Feita a declaração do valor, o viajante não poderá, ocorrendo o dano, pleitear indenização maior, a não ser que tenha havido algum vício de consentimento.

4º) *Restituir a diferença de preço* se houver mudança de classe de serviço superior para inferior.

5º) *Impedir o embarque* na aeronave de passageiro alcoolizado, sob ação de entorpecente ou substância que determine dependência psíquica, ou que não se encontre convenientemente trajado e calçado, e *fazer desembarcar* na primeira escala o passageiro que venha a tornar-se inoportuno ou inconveniente aos demais passageiros ou que recuse obediência aos avisos dados pela tripulação.

m.4.3. Direitos e deveres do passageiro

O passageiro terá o *direito* de:

1º) *Exigir o transporte*, uma vez apresentado o bilhete de passagem, pois não pode sofrer qualquer discriminação. Se estiver afetado por doença contagiosa ou em estado de enfermidade tal que possa incomodar os demais viajantes, só poderá viajar, nas estradas de ferro, em carros ou compartimentos separados (Regulamento Geral dos Transportes, arts. 286 e s.). Realmente, prescreve o Código Civil, art. 739, que "o transportador não pode recusar passageiro, salvo os casos previstos nos regulamentos, ou se as condições de higiene ou de saúde do interessado o justificarem". Se assim é, se o viajante estiver drogado ou afetado por enfermidade física ou mental ou por moléstia contagiosa, ou, ainda, apresentar sujeira corporal, exalando odor insuportável, que possa causar incômodo ou risco aos demais passageiros, o transportador poderá recusá-lo, se for impossível conduzi-lo em compartimento separado. Da mesma forma, sendo o transporte interestadual, permitida está a recusa de viajante incapaz sem estar munido da devida autorização para viajar.

2º) *Ser transportado, com cuidado, presteza e exatidão*, do lugar do início de sua viagem ao local da chegada e ter prioridade nos atendimentos se tiver idade igual ou superior a 65 anos, estiver adoentado, for deficiente físico ou mental (Resolução ANAC n. 280/2013), encontrar-se em estado de gravidez ou acompanhado de crianças.

3º) *Ocupar o lugar mencionado no seu bilhete, ou, se o bilhete não mencionar local certo, ocupar qualquer um do veículo*, já que o transportador não poderá vender bilhetes em número superior ao dos lugares existentes. Mas, em certos tipos de transportes coletivos, para facilitar o tráfego das pessoas, será permitido ao condutor transportar um número de pessoas superior ao dos assentos existentes. Se a acomodação do passageiro a bordo da aeronave, p. ex., exigir mais de um assento, poderá o transportador cobrar passagem pelo número de poltronas bloqueadas (art. 16 da Portaria n. 50/75 – revogada pela Portaria n. 957/89).

Deixar de transportar passageiro com bilhete marcado ou reserva confirmada configura preterição de embarque (Res. ANAC n. 400/2016, arts. 21, III, e 22; Res. n. 280/2013).

Quando solicitada pelo passageiro, a informação sobre o motivo da preterição deverá ser prestada por escrito pelo transportador (Res. ANAC n. 400/2016, art. 20, § 2º).

Sempre que antevir circunstâncias que gerem a preterição de embarque ou excesso de número de passageiros em relação à disponibilidade de assentos da aeronave, o transportador deverá procurar por passageiros que se voluntariem para embarcar em outro voo mediante o oferecimento de compensações, que deverão ser objeto de negociação entre o passageiro voluntário e o transportador (Res. ANAC n. 400/2016, art. 23).

Não haverá preterição caso haja passageiros que se voluntariem para ser reacomodados em outro voo mediante a aceitação de compensações. O transportador poderá solicitar ao passageiro a assinatura de termo específico reconhecendo a aceitação de compensações (Res. ANAC n. 400/2016, art. 23, §§ 1º e 2º).

Em caso de preterição de embarque, o transportador deverá oferecer as seguintes alternativas ao passageiro: 1. a reacomodação: *a*) em voo próprio ou de terceiro que ofereça serviço equivalente para o mesmo destino, na primeira oportunidade; *b*) em voo a ser realizado em data e horário de conveniência do passageiro; 2. o reembolso: *a*) integral, assegurado o retorno ao aeroporto de origem em caso de interrupção; *b*) do trecho não utilizado, se o deslocamento já realizado aproveitar ao passageiro; 3. a realização do serviço por outra modalidade de transporte (Res. ANAC n. 400/2016, art. 21).

Além disso, será devida a assistência de que trata o art. 26 da Res. ANAC n. 400/2016.

4º) *Rescindir o contrato antes de iniciar a viagem*, recebendo o valor da passagem, desde que feita a comunicação ao transportador em tempo (três horas antes da partida – Decreto n. 2.521/98, art. 69, em se tratando de transporte rodoviário) de ser renegociada (CC, art. 740).

5º) *Desistir do transporte, mesmo depois de iniciada a viagem*, hipótese em que terá direito à devolução do valor correspondente ao trecho não utilizado, desde que comprove que outra pessoa foi transportada em seu lugar no percurso faltante (CC, art. 740, § 1º). Ante o art. 732, há quem ache, como Nelson Pinto Ferreira, que na primeira parte do art. 740, § 1º, prevalece o Código Civil, mas quanto à parte final, que exige a prova de que outra pessoa tenha sido transportada, pode-se aplicar a inversão do ônus da prova do art. 6º, VIII, do Código de Defesa do Consumidor.

6º) *Receber a restituição do valor do bilhete não utilizado* se deixar de embarcar por desistência ou por atraso na partida, apenas se provar que outro passageiro foi transportado em seu lugar (CC, art. 740, § 2º).

7º) *Usufruir dos serviços* oferecidos pelo transportador. Assim, no contrato de transporte marítimo de passageiro terá direito à assistência médica, porém não aos medicamentos.

O passageiro de navio terá o direito ao uso e gozo da parte do navio em que se acomodar, à alimentação, à recreação, à indenização por acidente pessoal ou sofrido por sua bagagem ou por fato da tripulação, à prática de atos notariais pelo capitão como testamento, casamento, registros de nascimento, certidão de óbito etc.

8º) *Usar e exigir a franquia de bagagem* conforme disposto no art. 14 da Res. ANAC n. 400/2016.

A bagagem de mão estará livre do pagamento de tarifa e abrangerá: bolsa de mão, maleta, com peso máximo de 10 quilos; cobertor ou manta; abrigo (sobretudo ou casaco); guarda-chuva, bengala; máquina fotográfica, binóculo; material de leitura para viagem; alimentação infantil para consumo durante a viagem; cesta ou equivalente para transporte de criança; maca ou cadeira de rodas desmontáveis, se utilizada por passageiro incapacitado de locomover-se.

É vedada a franquia de bagagem, convém repetir, para o transporte de animais vivos, que só poderão ser transportados em aeronaves não cargueiras, em compartimentos destinados a carga e bagagem, mas poderá ser admitido o transporte de animais domésticos na cabine de passageiros, desde que devidamente acondicionados em embalagem especial e não causem perturbação ou desconforto aos demais passageiros (art. 33 e parágrafo único da Portaria n. 50/75 – revogada pela Portaria n. 957/89).

9º) *Acionar o transportador* por dano moral ou material que venha a sofrer, em razão do transporte.

O prazo prescricional para a ação de reparação a dano causado por transporte aéreo será de dois anos, contado da data da ocorrência do fato danoso ou da em que o avião deveria ter chegado ao destino (CBA, art. 317).

10) *Fazer reserva* que só será considerada confirmada quando no respectivo cupom de voo do bilhete de passagem estiverem devidamente anotados, pelo transportador ou por agente geral ou de viagem turística autorizado, o número, a data e a hora do voo, bem como a classe de serviço e a situação da reserva. As empresas de transporte, seus prepostos, agentes gerais e as agências de viagens não poderão confirmar reserva por outro meio que não seja a anotação no bilhete de passagem. O usuário poderá cancelar a reserva já confirmada, desde que o faça com quatro horas de antecedência, no mínimo, em relação à hora estabelecida para sua apresentação para embarque. Quando se tratar de grupo, ou parte dele, essa antecedência deverá ser de: *a*) setenta e duas horas para grupos de cinco a dez pessoas; e *b*) dez dias para grupos de mais de dez pessoas. Nas localidades que não disponham de setor de reservas, o cancelamento poderá ser feito no aeroporto até a hora estabelecida para apresentação do passageiro. Quando o usuário portador de bilhete com reserva confirmada deixar de embarcar no horário a que tem direito, em razão de preterição ou excesso de passageiros, deverá ser acomodado pela empresa em outro voo, próprio ou de congênere, no prazo máximo de quatro horas após a partida da aeronave. Se o usuário concordar em viajar em outro voo do mesmo dia ou do dia seguinte, a empresa transportadora deverá proporcionar-lhe facilidades de comunicação, hospedagem e alimentação em locais adequados, bem como transporte de e para o aeroporto, se for o caso. Se o usuário deixar de viajar em virtude de atraso na conexão, tais despesas serão de responsabilidade da empresa cuja aeronave deu causa à perda do embarque. A empresa que efetuou o transporte até a escala de conexão deverá providenciar a re-

validação do bilhete para o trecho seguinte, sem ônus para o usuário. Se as reservas entre dois voos de conexão foram confirmadas com intervalo insuficiente à efetivação da referida conexão, a empresa, que as efetuou, arcará com todos os ônus. A vaga decorrente do não comparecimento do usuário que não se tenha apresentado no local do embarque no horário previsto será preenchida por usuário constante da "Lista de Espera", de acordo com sua ordem de inscrição. As empresas manterão, por isso, no balcão do aeroporto uma "Lista de Espera" a ser preenchida quando o total de reservas confirmadas atingir o limite de assentos previsto para a aeronave. Todavia, as empresas de transporte e as agências de turismo não poderão organizar "Lista de Espera" fora dos aeroportos.

Mas, por outro lado, terá o *dever* de:

1º) *Pagar a importância determinada, relativa ao percurso* da viagem, de acordo com a tarifa preestabelecida.

2º) *Apresentar-se ao local de embarque, sendo a viagem com horário certo, antes da hora marcada para a partida*, pois não terá direito a ser reembolsado do preço do bilhete se, por não estar presente no local e no horário fixados, perder a condução, salvo se provar que outra pessoa foi transportada em seu lugar, devido a essa circunstância (CC, art. 740, § 2º; CCom, art. 629; Decreto n. 5.978/2006; Res. ANAC n. 400/2016, arts. 16 e 18, I e II).

O contrato de transporte aéreo que perder o seu valor pelo não comparecimento do passageiro ao embarque sem o cancelamento da respectiva reserva em tempo hábil poderá ser revalidado pela empresa transportadora (art. 5º da Portaria n. 50.375, com redação determinada pela Portaria GM5 n. 354, de 13-4-1977).

A vaga decorrente do não comparecimento do usuário que não se apresentou no local de embarque até trinta minutos antes da hora estabelecida para a partida da aeronave será, como já dissemos, preenchida por pessoa constante da "Lista de Espera" (art. 6º da Portaria SPL n. 260/87 – revogada pela Portaria n. 957/89).

3º) *Sujeitar-se às normas estabelecidas pelo condutor*, constantes do bilhete de passagem ou afixadas à vista dos usuários no local da venda do bilhete ou no interior do veículo, dadas nas estações de embarque pelo transportador (CC, art. 738, *caput*; Res. ANAC n. 400/2016, art. 18, II e III), pois, como já dissemos, se com seu comportamento antissocial vier a sofrer ou causar prejuízo, o juiz reduzirá equitativamente a indenização, na medida em que tiver concorrido para a ocorrência do dano (CC, art. 738, parágrafo único).

4º) *Não conduzir armas.*

5º) *Não debruçar-se fora das janelas, estando o veículo em movimento.*

6º) *Proceder de modo a não causar: a) perturbação ou incômodo ao motorista ou aos demais passageiros* (CC, art. 738, *caput*); *b) danos ao veículo; c) dificuldades na execução normal do serviço.* Assim, não poderá embarcar passageiro que se encontrar alcoolizado ou sob a ação de entorpecente, sem prescrição médica, ou que estiver indecente ou inconvenientemente trajado e sem calçado (arts. 45 e 46 da Portaria n. 50/75 – revogada pela Portaria n. 957/89).

O passageiro não poderá utilizar aparelho sonoro, eletrônico, que interfira na operação ou na segurança da aeronave ou que cause desconforto aos demais passageiros (art. 47 da Portaria n. 50/75 – revogada pela Portaria n. 957/89).

7º) *Não transportar consigo animal ou objeto que cause perigo ou incômodo aos viajantes* nem bagagem alheia ou que desconheça seu conteúdo.

8º) *Apresentar documento de identidade ou passaporte nos transportes de navio ou avião* (*RT*, *622*:79, *395*:170; *RJTJSP*, *8*:50; Dec. n. 1.983/96; Res. ANAC n. 400/2016, arts. 16, §§ 1º a 4º, 18, I; Decreto n. 5.978/2006, sobre o Regulamento de Documentos de Viagem, alterado pelo Decreto n. 8.374/2014).

9º) *Apresentar bilhete de viagem quando lhe for pedido, mesmo no curso da viagem.*

QUADRO SINÓTICO

TRANSPORTE

1. CONCEITO	• Contrato de transporte é aquele em que uma pessoa ou empresa se obriga, mediante retribuição, a transportar, de um local para outro, pessoas ou coisas animadas ou inanimadas (CC, art. 730).		
2. CARACTERES JURÍDICOS	• Bilateralidade. • Onerosidade. • Comutatividade. • Consensualidade.		
3. ESPÉCIES DE TRANSPORTE	• Quanto ao objeto conduzido	• Transporte de pessoas. • Transporte de coisas.	
	• Em atenção ao meio empregado	• Transporte terrestre. • Transporte marítimo ou fluvial. • Transporte aéreo.	
4. TRANSPORTE DE COISAS	• Noção	• Transporte de coisas é aquele em que o expedidor entrega ao transportador determinado objeto para que, mediante pagamento de frete, seja remetido a outra pessoa (consignatário ou destinatário), em local diverso daquele em que a coisa foi recebida (Dec. n. 19.473/30, arts. 1º, 2º e 9º (ora revogado pelo Dec. s/n. de 25-4-1991); Dec. n. 1.832/96; CC, arts. 743, 744 e 755).	
	• Efeitos jurídicos	• Obrigações do remetente	• Entregar a mercadoria que deverá ser transportada. • Pagar o frete. • Acondicionar bem a mercadoria a ser transportada (Dec. n. 1.832/96, art. 31, parágrafo único, *c*; CC, art. 746).

4. TRANSPORTE DE COISAS	• Efeitos jurídicos	• Obrigações do remetente	• Declarar a natureza e o valor das mercadorias entregues em invólucros fechados (Dec. n. 2.681/12, arts. 1º e 5º; Regulamento dos Transportes, arts. 21, § 3º, 22, parágrafo único, 16, 23, § 2º; CC, art. 744, parágrafo único). • Correr os riscos oriundos de vício próprio da coisa, de caso fortuito ou força maior (Dec. n. 2.681/12, arts. 1º, ns. 1, 2 e 3, e 2º; Regulamento dos Transportes, arts. 31, parágrafo único, *a*, 32, § 3º, 30, § 2º, e 33, parágrafo único). • Responder pelos prejuízos causados às mercadorias (Regulamento dos Transportes, arts. 31, parágrafo único, e 51). • Expedir *delivery-order*.
		• Deveres do transportador	• Receber, transportar e entregar a mercadoria no tempo e no lugar ajustados (CC, art. 749). • Transportar a mercadoria com diligência (Dec. n. 15.673/22, (revogado pelo Dec. s/n. de 15-2-1991), art. 99; Regulamento dos Transportes, arts. 12 a 15 e 24; CC, art. 749). • Expedir o conhecimento do frete. • Seguir o itinerário ajustado. • Aceitar a variação de consignação. • Assumir as responsabilidades pelas perdas, furtos ou avarias nas mercadorias transportadas, exceto se oriundas de vício próprio, força maior ou caso fortuito (Dec. n. 2.681/12, arts. 1º, 3º, 6º, 7º e 12; Dec. n. 15.673/22 (revogado pelo Dec. s/n. de 15-2-1991), art. 123; Regulamento dos Transportes, arts. 32, 14, 15 e 30; Dec. n. 952/93 (revogado pelo Dec. n. 2.521/98), arts. 32, XIII, 66, parágrafo único, e 69; CC, arts. 750 e 753, 2ª parte; CPC, arts. 707 a 711). • Não se eximir da responsabilidade de entregar a mercadoria (Dec. n. 19.473/30, art. 1º, ora revogado pelo Decreto s/n. de 25-4-1991). • Solicitar instruções ao remetente no caso do art. 753, *caput*, do CC. • Informar o remetente se vier a depositar a coisa em juízo ou vendê-la, se perdurar o motivo que impossibilite o seu transporte, não recebendo do remetente as instruções que pedira (CC, art. 753, §§ 1º a 3º).

4. TRANSPORTE DE COISAS	• Efeitos jurídicos	• Deveres do transportador	• Depositar a mercadoria em juízo ou vendê-la, no caso do art. 755 do CC. • Responder pela guarda e conservação da coisa depositada em seu armazém (CC, arts. 753, § 4º, e 751). • Não conceder comissões superiores a cinco por cento às agências de carga, pela venda de fretes, nem fretes gratuitos acima de um e meio por cento da receita de suas linhas aéreas domésticas do ano anterior. • Avisar o destinatário do desembarque da mercadoria e entregá-la em domicílio se houver cláusulas desse teor no conhecimento de embarque (CC, art. 752).
		• Direitos do remetente	• Variar a consignação (CC, art. 748). • Receber indenização por furto, perda ou avaria.
		• Direitos do transportador	• Reter a mercadoria até receber o frete. • Ter privilégio especial em caso de falência do remetente que não pagou o frete (Lei n. 11.101/2005, art. 83, IV, *b*). • Reajustar o frete. • Recorrer aos serviços de outros transportadores (Dec. n. 2.681/12, arts. 13 a 15; CC, arts. 756 e 733, §§ 1º e 2º). • Receber indenização pelo prejuízo que sofrer com informação falsa contida no conhecimento (CC, art. 745). • Recusar mercadoria cujo transporte não seja permitido ou desacompanhada dos documentos exigidos por lei (CC, art. 747). • Receber taxas adicionais (Dec. n. 1.832/96, art. 18).
		• Direitos do destinatário	• Fazer protesto se receber mercadoria danificada (Dec. n. 2.681/12, art. 10; CC, art. 754, parágrafo único). • Receber a mercadoria (CC, art. 754, 1ª parte; Regulamento dos Transportes, arts. 25, 27 e 28). • Transferir a outrem o conhecimento (Dec. n. 19.473/30, revogado pelo Dec. s/n. de 25-4-1991, arts. 3º e 7º). • Pedir retificação de erros de peso e frete. • Acionar o transportador em certos casos.

4. TRANSPORTE DE COISAS	• Efeitos jurídicos	• Deveres do destinatário	• Entregar o conhecimento ao transportador (CC, art. 754, 1ª parte; Regulamento dos Transportes, art. 20; Dec. n. 19.473/30, revogado pelo Dec. s/n. de 25-4-1991, art. 9º). • Pagar o frete, se assim estiver convencionado. • Pagar taxa de armazenagem (CC, art. 753, § 4º, 2ª parte).
		• Obrigações da agência de carga	• Portaria GC5 n. 676/2000, arts. 49 e 50.
5. TRANSPORTE DE PESSOAS	• Definição	• O contrato de transporte de pessoas é aquele em que o transportador se obriga a remover uma pessoa e sua bagagem de um local para outro, mediante remuneração (CC, arts. 734 a 742).	
	• Obrigações do transportador	• Concluir o transporte contratado, se ele se interromper por fato imprevisível (CC, art. 741). • Transportar o passageiro de um local para outro, no tempo e no modo convencionados (CC, art. 737). • Efetuar o transporte com cuidado, exatidão e presteza. • Responder pelos danos oriundos de desastre não provocado por força maior, caso fortuito ou culpa do viajante (Dec. n. 2.681/12, arts. 17, 20, 21, 22 e 23; arts. 66, 68, *a*, *b* e *c*; CC, arts. 948 a 950). • Responsabilizar-se pelos prejuízos resultantes em virtude de atraso do transporte (Dec. n. 2.681/12, art. 24; CC, art. 737; Res. ANAC n. 400/2016, arts. 20, 21, I e parágrafo único). • Indenizar o passageiro se lhe causar dano por suspender, interromper o tráfego ou por ter-lhe recusado lugar no veículo, apesar de ele ter adquirido o bilhete de passagem (Dec. n. 2.681/12, art. 25; Res. ANAC n. 400/2016, arts. 21, II e III e parágrafo único, 22, 23, 26 e 27). • Cumprir o contrato, se o transporte for cumulativo, relativamente ao seu percurso, respondendo solidariamente pelos danos pessoais que nele se derem (CC, art. 733). • Conduzir a bagagem (Res. ANAC n. 400/2016, arts. 32 a 34). • Não lançar coisas ou objetos do veículo. • Não efetuar voos de acrobacias. • Promover substituição de bilhete de passagem se houver alteração no itinerário. • Não cobrar diferença de preço se houver mudança de serviço inferior para superior.	

5. **TRANSPORTE DE PESSOAS**	• Direitos do transportador	• Reter a bagagem para garantir o pagamento do preço (CC, art. 742). • Reter a importância a ser restituída ao passageiro a título de multa compensatória, na hipótese do art. 740, § 3º, do Código Civil. • Exigir a declaração do valor da bagagem para fixar o limite da indenização (CC, art. 734, parágrafo único). • Restituir a diferença de preço se houver mudança de classe de serviço superior para inferior. • Impedir embarque de passageiro sob dependência de droga ou alcoolizado e fazer desembarcar passageiro de comportamento inconveniente (Portaria GC5 n. 676/2000, art. 62).
	• Direitos do passageiro	• Exigir o transporte (CC, art. 739). • Ser transportado com cuidado, presteza e exatidão. • Ocupar o lugar mencionado no seu bilhete, ou, se o bilhete não mencionar local certo, ocupar qualquer um do veículo. • Rescindir o contrato no caso do art. 740, § 1º, do Código Civil. • Desistir do transporte, mesmo depois de iniciada a viagem, com direito à devolução do valor correspondente ao trecho não utilizado, desde que comprove que outro foi transportado em seu lugar (CC, art. 740, § 1º). • Receber a restituição do valor do bilhete não utilizado se deixar de embarcar, e provar que outro foi transportado em seu lugar (CC, art. 740, § 2º). • Usufruir os serviços oferecidos pelo transportador. • Usar e exigir franquia de bagagem. • Acionar o transportador. • Fazer reserva.
	• Deveres do passageiro	• Pagar a importância determinada, relativa ao percurso da viagem. • Apresentar-se no local de embarque antes da hora marcada para a partida (CC, art. 740, § 2º). • Sujeitar-se às normas estabelecidas pelo condutor (CC, art. 738, parágrafo único). • Não conduzir armas. • Não debruçar-se fora das janelas, estando o veículo em movimento. • Proceder de modo a não causar: *a*) perturbação aos demais passageiros (CC, art. 738); *b*) danos ao veículo; *c*) dificuldades na execução normal do serviço. • Não transportar consigo animal ou objeto que cause perigo ou incômodo aos viajantes. • Apresentar documento de identidade nos transportes de navio ou avião. • Apresentar o bilhete de viagem sempre que lhe for pedido (Res. ANAC n. 400/2016, arts. 16, §§ 1º a 4º, e 18, I).

N. Seguro

n.1. Conceito e caracteres

O *contrato de seguro* é aquele pelo qual uma das partes (segurador) se obriga para com outra (segurado), mediante o pagamento de um prêmio, a garantir-lhe interesse legítimo relativo a pessoa ou a coisa e a indenizá-la de prejuízo decorrente de riscos futuros, previsto no contrato (CC, art. 757; *RSTJ*, *106*:225). O *segurador* é aquele que suporta o risco, assumido (*RF*, *87*:726) mediante o recebimento do prêmio; por isso deve ter capacidade financeira e estar seu funcionamento autorizado pelo Poder Público. A atividade do segurador é sujeita à fiscalização da SUSEP (Res. CNSP n. 346/2017 (arts. 32 a 36 alterados pela Res. n 347/2017), dispõe sobre o Regimento Interno da SUSEP e Circular SUSEP n. 435/2012 e Decreto n. 8.722/2016 sobre estrutura regimental e quadro demonstrative dos cargos em comissão e das funções de confiança da SUSEP) e exercida por companhias especializadas, isto é, por sociedades anônimas, mediante prévia autorização do governo federal (CC, art. 757, parágrafo único; Lei n. 8.177/91, art. 21; *BAASP*, *1.852*:74). A autorização para funcionamento será concedida por meio de portaria do Ministro do Desenvolvimento, da Indústria e do Comércio Exterior, mediante requerimento firmado pelos incorporadores, dirigido ao Conselho Nacional de Seguros Privados (Res. CNSP n. 14/91 – revogada pela Res. n. 111/2004; Dec. n. 4.986/2004) e apresentado por intermédio da Superintendência de Seguros Privados (SUSEP – Deliberação n. 138/2009), instruído com a prova da regularidade da constituição da sociedade, do depósito no Banco do Brasil da parte já realizada do capital e o exemplar do estatuto (CC, arts. 983, 984 e 985; Dec.-Lei n. 2.063/40, art. 1º; Dec. n. 60.459/67, art. 42, parágrafo único). Para os efeitos de constituição, organização e funcionamento das sociedades seguradoras, deverão ser obedecidas as condições gerais da legislação das sociedades anônimas e as estabelecidas pelo Conselho Nacional de Seguros Privados (CNSP) (Dec. n. 60.459, art. 48). "Os agentes autorizados do segurador presumem-se seus representantes para todos os atos relativos aos contratos que agenciarem" (CC, art. 775), pois atuam em nome e no interesse da empresa securitária. Tal presunção é *juris tantum*; provado que os agentes praticaram atos fora dos limites de suas atribuições, eles responsabilizar-se-ão perante o segurado pelos danos que lhe causaram.

E o *segurado* é o que tem interesse direto na conservação da coisa ou da pessoa, fornecendo uma contribuição periódica e moderada, isto é, o prêmio, em troca do risco que o segurador assumirá de, em caso de incêndio, abalroamento, naufrágio, furto, falência, acidente, morte, perda das faculdades humanas etc., indenizá-lo pelos danos sofridos[434]. P. ex.: se um me-

434. W. Barros Monteiro, op. cit., p. 333 e 334; Silvio Rodrigues, *Direito*, cit., p. 382; Clóvis Beviláqua, *Código Civil*, cit., v. 5, p. 183; Silvio Luís Ferreira da Rocha, *Curso*, cit., v. 3, p. 360 a 383; Orlando Gomes, *Contratos*, cit., p. 501; Sérgio Cavalieri Filho, A trilogia do seguro, *JSTJ*, *16*:53 a 62; Cesare Vivante, *Del contratto di assicurazione*, 1922, p. 24 e 25; Ernesto Tzirulnik, *Regulação de sinistro*, 2001; Pedro Alvim, *O contrato de seguro*, 1999; José Vasques, *Contrato de seguro*, 1999; Tulio Ascarelli, O conceito unitário do contrato de seguro, *RFDUSP*, *3*:388; Ernesto Tzirulnik, Flávio de Queiroz B. Cavalcanti e Ayrton Pimentel, *O contrato de seguro de acordo com o novo Código Civil brasileiro*, São Paulo, Revista dos Tribunais, 2003; Vera Helena de Mello Franco, A formação do contrato de seguro no direito brasileiro: a proposta e a apólice de seguro: confronto com o direito comparado, *RDM*, *31*:53; Matiello, *Código*, cit., p. 471-503; João Marcos B. Martins, *O contrato de seguro*, Rio de Janeiro, Forense Universitária, 2003; Nina K. Cassali, Os contratos de seguro sob a perspectiva econômica, *Revista Síntese – Direito Empresarial*, *50*:88-103. *Vide*: Circular n. 4/93 (revogada pela Circ. n. 255/2004), sobre cláusula de atualização com base em índice diário; Circular n. 517/2015 da SUSEP, sobre atos do Instituto Brasileiro de Atuária – IBA; Circular n. 90/99 (revogada pela Circ. n. 302/2005) da SUSEP, sobre estruturação mínima das Condições Gerais, Especiais e Particulares ou Específicas e das Notas Técnicas Atuárias dos Contratos de Seguros; Decreto n. 3.048/99; Portaria n. 458/92 do Ministério da Previdência Social; Leis n. 8.870/94, 8.647/93, 8.619/93, 8.620/93, 8.540/92, 8.444/92, 8.212/91, 8.213/91 (arts. 103 e 103-A, §§ 1º e 2º, com alteração da Lei n. 10.839/2004, arts. 38-A e 38-B com redação da Lei n. 13.134/2015), sobre INSS; Resolução n. 1/92; Circular n. 400/2010 da SUSEP e *RSTJ*, *107*:247, sobre seguro habitacional; Resoluções n. 153/2006 e 332/2015, da SUSEP, sobre Seguro Obrigatório de Danos Pessoais causados por Veículos Automotores de Via Terrestre (DPVAT); Deliberação n. 156/2013 da SUSEP, que disciplina o processo de consulta na SUSEP; Resolução SUSEP n. 88/2002 (revogada pela Res. n. 98/2002), sobre critérios para realização de investimentos pelas sociedades seguradoras (atualmente regulamentada a matéria pela Resolução n. 321/2015); Resolução n. 321/2015 da SUSEP, sobre normas para constituição de provisões técnicas para sociedades seguradoras; Lei n. 9.656/98, sobre planos e seguros privados de assistência à saúde; Lei n. 10.185/2001, sobre especialização das sociedades seguradoras em planos privados de assistência à saúde; Resoluções n. 6, 8, 13, 15, 16, 18 e 19/99 do CONSU; Circular n. 158/2001 da SUSEP, que revoga circulares sobre seguro-saúde; Resolução n. 338/2016, da SUSEP, que dispõe sobre seu Regimento Interno; Circular n. 447/2013, que dispõe sobre o seguro-garantia, divulga Condições Padronizadas; Resolução da SUSEP n. 103/2004, sobre normas de atualização e recálculo de valores relativos às operações de seguro, de previdência complementar aberta e de capitalização; Resolução da SUSEP n. 108/2004 (revogada pela Res. n. 186/2008), sobre processo administrativo sancionador no âmbito da SUSEP regulada atualmente pela Resolução n. 243/2011 da SUSEP; Circular da SUSEP n. 240/2004 (revogada pela Circ. n. 251/2004), sobre a aceitação da proposta e sobre início de vigência da cobertura, nos contratos de seguro; Circular da SUSEP n. 241/2004 (revogada pela Circ. n. 269/2004), sobre estruturação mínima das condições contratuais dos contratos de seguro de automóvel, com inclusão ou não, de forma conjugada, da cobertura de responsabilidade civil facultativa de veículos e/ou acidentes pessoais de passageiros; Resolução n. 223/2010 da SUSEP, sobre condições contratuais do seguro obrigatório de responsabilidade civil das empresas de transporte rodoviário interestadual e internacional de passageiros; Resolução n. 243/2011 da SUSEP, que trata das sanções administrativas nas atividades de seguro, cosseguro e resseguro; Resolução n. 244/2011 da SUSEP sobre operações de microsseguro; Decreto n. 4.986/2004, sobre Conselho Nacional de Seguros Privados; Resolução CNSP n. 297/2013, que disciplina

nor descer de um ônibus e for atropelado por um veículo, por culpa sua, seus sucessores terão direito a uma indenização por força do seguro obrigatório contra acidentes de trânsito. Os sucessores moverão ação contra a seguradora, porque o pagamento das indenizações fixadas nas apólices não dependerá de prova de culpa do causador do dano (*RT*, *433*:96). A única averiguação a ser feita será a da existência do dano, por força da teoria do risco, consagrada no Decreto-Lei n. 73/66, regulamentado pelo Decreto n. 61.867/67, com as alterações do Decreto-Lei n. 814/69, revogado pela Lei n. 6.194/74, que no art. 5º preceitua: "O pagamento das indenizações será efetuado mediante a simples prova do acidente e do dano decorrente e independentemente da existência da culpa, haja ou não resseguro, abolida qualquer franquia de responsabilidade do proprietário do veículo"[435].

A noção de seguro supõe a de risco, isto é, o fato de estar o sujeito exposto à eventualidade de um dano à sua pessoa, ou ao seu patrimônio, motivado pelo acaso. Com a verificação do evento a que está condicionada a execução do dever do segurador, ele pagará a indenização, se o dano atingir a pessoa ou os bens do segurado[436].

---

operações das seguradoras por meio de seus representantes de circular da SMSEP n. 477/2013, que dispõe sobre o seguro-garantia; Lei n. 12.837/2013, que altera a Lei n. 6.704/79 (regulamentada pelo Dec. n. 3.937/2001, alterado pelo Dec. n. 9.374/2018), art. 1º, §§ 1º e 2º, relativa ao seguro de crédito à exportação. Sobre seguro: Lei n. 13.000, de 18-6-2014, que altera a Lei n. 12.096, de 24-11-2009, que autoriza a concessão de subvenção econômica sob a modalidade de equalização de taxas de juros pela União, acrescenta o art. 1º-A à Lei n. 12.409, de 25-5-2011, que autoriza o Fundo de Compensação de Variações Salariais – FCVS, a assumir direitos e obrigações do Seguro Habitacional do Sistema Financeiro da Habitação – SH/SFH; Lei n. 13.169/2015, que altera Lei n. 7.689/88 para elevar alíquota da CSLL em relação às pessoas jurídicas de seguros privados; *RT*, *652*:100, *621*:136, *642*:155, *645*:179, *600*:50, *657*:99, *670*:195, *679*:121, *687*:198; *RTJ*, *55*:390; *RJTJRS*, *146*:342, *155*:213, *151*:582, *152*:599 e 638; *Bol. AASP*, *1.897*:46; *RSTJ*, *109*:231; *EJSTJ*, *24*:128; *Ciência Jurídica*, *55*:327, *30*:136 e 106, *25*:98 e 120, *35*:78. Seguro facultativo de automóvel: *RSTJ*, *105*:320; *RT*, *778*:270, *792*:279.

435. Bassil Dower, *Curso moderno de direito civil*, cit., p. 261 e 262.

436. Messineo, *Manuale di diritto civile e commerciale*, v. 3, p. 210; Orlando Gomes, *Contratos*, cit., p. 501. Ernesto Tzirulnik, O princípio indenitário no contrato de seguro, *RT*, *759*:96. *Vide*: Deliberação n. 7/97 da SUSEP – ora revogada pela Resolução n. 93/2004 –, sobre processo de aplicação das penalidades previstas nas Resoluções n. 14/95 e 5/97 (revogadas pela Res. n. 60/2001) do CNSP, com as modificações introduzidas pela Deliberação n. 11/97 da SUSEP; Resolução RDC n. 65/2001 (revogada pela Res. n. 136/2005), sobre sociedade seguradora especializada em saúde; Resolução n. 98/2002 (SUSEP) (revogada pela Resolução CNSP n. 98/2002) sobre investimentos das sociedades seguradoras, sociedades de capitalização e entidades abertas de previdência complementar; Resolução n. 54 (revogada pela Res. n. 90/2002), de 3 de setembro de 2001 (SUSEP), sobre o investimento de recursos livres do patrimônio líquido das sociedades seguradoras na concessão de assistência financeira, durante o período de di-

O contrato de seguro é o meio pelo qual a pessoa natural ou jurídica se protege contra os riscos que impendem sobre sua vida, ou sobre o objeto de seus negócios. Por outro lado, permite a formação de capitais pelo acúmulo dos prêmios pagos pelo segurado, representando uma forma de economia, uma garantia de execução das obrigações contraídas, um reforço do crédito público, pois as dívidas do segurado estarão garantidas pelo contrato de seguro[437].

O seguro é um direito resultante do mútuo consenso do segurado e do segurador, que estabelecem entre si direitos e obrigações. É, portanto, um direito que alguém adquire, mediante certo pagamento, de exigir da outra parte uma indenização, caso ocorra o risco assumido[438].

O seguro apresenta os seguintes *caracteres jurídicos*[439]:

---

ferimento, aos segurados dos planos de seguros de vida com cobertura por sobrevivência, de que trata a Resolução CNSP n. 105/2004 (revogada pela Resolução n. 124/2005); Circulares n. 198 e 199/2002 da SUSEP (revogadas pela Circ. n. 203/2002), sobre a forma de encaminhamento à SUSEP das condições contratuais e notas técnicas atuariais dos planos de seguros e dos seguros singulares, em que seja dispensada a aprovação prévia dos órgãos do Sistema Nacional de Seguros Privados – SNSP.

Pelo STJ, Súmula 616: "A indenização securitária é devida quando ausente a comunicação prévia do segurado acerca do atraso no pagamento do prêmio, por constituir requisito essencial para a suspensão ou resolução do contrato de seguro".

437. Serpa Lopes, *Curso*, cit., p. 363 e 364; Ramella, *Trattato dell'assicurazione privata e sociale*, 2. ed., Milano, 1937, 2 v.

438. Elcir Castello Branco, Contrato de seguro, in *Enciclopédia Saraiva do Direito*, v. 19, p. 488; Pedro Alvim, *O contrato de seguro*, Rio de Janeiro, Forense, 1999. Pelo art. 103 da Lei n. 8.213/91 (com a redação da Lei n. 10.839/2004), o prazo decadencial é de dez anos para todo e qualquer direito ou ação do segurado ou beneficiário da previdência social para a revisão do ato de concessão de benefício, a contar do dia primeiro do mês seguinte ao do recebimento da primeira prestação ou, quando for o caso, do dia em que tomar conhecimento da decisão indeferitória definitiva no âmbito administrativo.

439. Serpa Lopes, *Curso*, cit., p. 373-6; Bassil Dower, *Curso moderno de direito civil*, cit., p. 264 e 265; Caio M. S. Pereira, *Instituições*, cit., p. 421 e 422; Orlando Gomes, *Contratos*, cit., p. 502 e 512-6; Silvio Rodrigues, *Direito*, cit., p. 382, 387 e 388; W. Barros Monteiro, p. 333 e 334; Mazeaud e Mazeaud, *Traité*, cit., v. 3, ns. 1.228 e 1.526; Elcir Castello Branco, Contrato de seguro, cit., p. 483-7; Clóvis Beviláqua, *Código Civil*, cit., v. 5, p. 150; Larenz, op. cit., v. 1, p. 80; Nicola Gasperoni, *Le assicurazioni*, 1966, p. 28 e 29, n. 11; Messineo, *Doctrina*, cit., v. 1, p. 448; Gobbi, Osservazioni sulla relazione fra caratteri economici e caratteri giuridici dell'assicurazione, *Rivista dell'Assicurazioni*, p. 258, 1936; Roberto Senise Lisboa, *Manual*, cit., v. 3, p. 201-12; Eduardo Ribeiro de Oliveira, Contrato de seguro – alguns tópicos, in *O novo Código Civil – estudos em homenagem a Miguel Reale*, São Paulo, LTr, 2003, p. 729 e s.; João Marcos B. Martins, *O contrato de seguro*, Rio de Janeiro, Forense, 2003; Antonio Penteado Mendonça, Quem paga a indenização é o segurado, *Tribuna do Direito*, ago. 2004, p. 10; José Augusto Delgado, O contrato de seguro e o princípio da boa-fé, in *Novo Código Civil: questões controvertidas*, São Paulo, Método, 2004, v. 2, p. 123-44.

Pela Súmula 632 do STJ: "Nos contratos de seguro regidos pelo Código Civil, a correção monetária sobre a indenização securitária incide a partir da contratação até o efetivo pagamento".

1º) É um contrato de natureza *bilateral*, por gerar obrigações para o segurado e para o segurador, já que o segurador deverá pagar a indenização, se ocorrer o sinistro, e o segurado deverá continuar a pagar o prêmio, sob pena de o seguro caducar (*RT*, *488*:119; Dec.-Lei n. 73/66, art. 12, parágrafo único). O segurador tem direito de haver o prêmio do risco transcorrido, mesmo que este não se verifique (CC, art. 764). Trata-se do "mutualismo" sobre o qual se baseia a operação securitária, possibilitando a criação de um fundo específico, mediante a contribuição proporcional dos segurados (financiadores do mútuo), para cobrir o sinistro se ele ocorrer. Quem paga o sinistro é a seguradora, com os prêmios pagos pelos segurados. Por tal razão, o art. 764 requer a não devolução dos prêmios aos segurados, em caso da não ocorrência do sinistro. A seguradora é gestora do fundo, formado pelos mantenedores do mútuo (segurados); logo, na verdade quem paga a indenização é o próprio segurado. Todo segurado, ensina Antonio Penteado de Mendonça, "independentemente de sofrer ou não o sinistro, pelo simples fato de aderir ao mútuo, contratando uma apólice para protegê-lo dos riscos que o ameaçam, está automaticamente arcando com um pedaço dos prejuízos dos segurados que sofrem sinistros".

2º) É um contrato *oneroso*, pois traz prestações e contraprestações, uma vez que cada um dos contraentes visa obter vantagem patrimonial.

3º) É um contrato *aleatório*, por não haver equivalência entre as prestações; o segurado não poderá antever, de imediato, o que receberá em troca da sua prestação, pois o segurador assume um risco, elemento essencial desse contrato, devendo ressarcir o dano sofrido pelo segurado, se o evento incerto e previsto no contrato ocorrer. Daí a aleatoriedade desse contrato, pois tal acontecimento pode verificar-se ou não. Desse modo, a vantagem do segurador dependerá de não ocorrer o sinistro, hipótese em que receberá o prêmio sem nada reembolsar. Se advier o sinistro, deverá pagar uma indenização, que poderá ser muito maior do que o prêmio recebido. O ganho ou a perda dos contraentes dependerá de fatos futuros e incertos, previstos no contrato, que constituem o risco.

4º) É um contrato *formal*, visto ser obrigatória a forma escrita, já que não obriga antes de reduzido a escrito, considerando-se perfeito o contrato desde o momento em que o segurador remete a apólice ao segurado, ou faz nos livros o lançamento usual da operação (CC, arts. 758 e 759). A forma escrita é exigida para a substância do contrato.

5º) É um contrato de *execução sucessiva ou continuada*, destinando-se a subsistir durante um período de tempo, por menor que seja, pois visa proteger o bem ou a pessoa. Sua execução se realiza escalonadamente, sendo necessário que a obrigação do segurado seja satisfeita dentro dos termos convencionados, sob pena de rescindir-se por tratar-se de obrigação de trato sucessivo. Os efeitos passados serão mantidos, cessando-se os que decorrerem dali para a frente.

6º) É um contrato por *adesão*, formando-se com a aceitação pelo segurado, sem qualquer discussão, das cláusulas impostas ou previamente estabelecidas pelo segurador na apólice impressa, e as modificações especiais que se lhe introduzirem são ressalvas que o segurador insere por carimbo ou justaposição (*RT*, *395*:230, *461*:181, *603*:94). Isto porque o seguro, por ser indenizatório, não pode dar vantagens ao beneficiário, de modo que se locuplete às custas do segurador. Em vista disso, o segurado não poderá receber indenização que supere o valor do interesse ou objeto segurado no momento da conclusão do contrato, sob pena de perder o direito à garantia, além de ficar obrigado ao prêmio vencido (CC, arts. 778 e 766), com exceção de seguro sobre a vida (CC, art. 789), que, por ser bem inestimável, se permitirá convencionar livremente a fixação do valor e fazer mais de um seguro, com o mesmo ou diversos seguradores. Para atenuar os excessos, protegendo os mais fracos, o Estado passou a controlar esse contrato, exigindo uma padronização. Assim sendo, as operações de seguro passaram a ser reguladas pelo Conselho Nacional de Seguros Privados (CNSP), que estipula índices e condições técnicas sobre tarifas e fixa as características gerais do contrato de seguro (Dec.-Lei n. 73/66, art. 32, III e IV). Competirá à Superintendência de Seguros Privados (SUSEP) "fixar as condições de apólices, planos de operações e tarifas a serem utilizadas obrigatoriamente pelo mercado segurador nacional e aprovar condições de coberturas especiais" (Dec.-Lei n. 73/66, art. 36, *c* e *e*). A seguradora está submetida ao controle governamental, ao preestabelecer as condições a que o segurado adere. Como a policitação da seguradora já obedece a normas que lhe são traçadas, infere-se que há uma adesão bilateral (*RT*, *461*:181, *510*:239).

7º) É um contrato *de boa-fé* (CC, arts. 765, 766 e parágrafo único), pois o contrato de seguro, por exigir uma conclusão rápida, requer que o segurado tenha uma conduta sincera e leal em suas declarações a respeito do seu conteúdo, do objeto e dos riscos, sob pena de receber sanções se proceder com má-fé, em circunstâncias em que o segurador não pode fazer as diligências recomendáveis à sua aferição, como vistorias, inspeções ou exames médicos, fiando-se apenas nas afirmações do segurado, que por isso deverão ser verdadeiras e completas, não omitindo fatos que possam influir na aceitação do seguro. P. ex.: no seguro de vida, deverá indicar moléstia de que sofre (*RT*, *546*:175), pois se se provar que ocultou qualquer coisa perderá o direito ao valor do seguro e pagará o prêmio vencido (*RT*, *547*:188, *798*:304, *793*:345). Já se condenou Companhia Seguradora ao pagamento de seguro de vida de segurado que faleceu de arritmia cardíaca no mesmo dia que assinou o contrato, pois ficou comprovado que não tinha conhecimento de ser portador de hipertensão arterial sistêmica e miocardiopatia hipertensiva, e que a seguradora foi imprudente por ter aceito proposta sem exigir exame médico (STJ, 4ª T., REsp 576.088, rel. Min. Barros Monteiro. No mesmo sentido: *RT*, *786*:479).

Pelo Enunciado n. 585: "Impõe-se o pagamento de indenização do seguro mesmo diante de condutas, omissões ou declarações ambíguas do segurado que não guardem relação com o sinistro" (aprovado na VII Jornada de Direito Civil).

A boa-fé é exigida também do segurador; p. ex.: se ele, ao tempo do contrato, souber que o risco passou, e mesmo assim expedir a apólice, pagará em dobro o prêmio estipulado (CC, art. 773). Deve fornecer as informações solicitadas pelo segurado, sem nada ocultar, e procurar cumprir a avença, com probidade.

Todavia, a má-fé de ambos deverá ser comprovada, pois, se o segurador ignorava que o risco passara, nulo será o contrato, repondo-se a situação ao estado anterior, sem qualquer sanção.

Tanto o segurado como o segurador deverão agir com probidade e lealdade, guardando, na conclusão e na execução do contrato, a mais restrita boa-fé e veracidade.

Pretendendo melhorar a redação do art. 765, o Projeto de Lei n. 699/2011 dispõe: "O segurado e o segurador são obrigados a guardar, assim nas negociações preliminares e conclusão do contrato, como em sua execução e fase pós-contratual, os princípios da probidade e boa-fé, tanto a respeito do objeto como das circunstâncias e declarações a ele concernentes". Com isso resguardaria a responsabilidade pré-negocial, exigindo que as partes ajam com boa-fé, gerando confiança e evitando informações falsas ou insuficientes. O princípio da boa-fé objetiva alcançaria todo o *iter contractus*, dando azo à responsabilidade pré-contratual e à pós-execução negocial.

n.2. Requisitos

Os *requisitos* do contrato de seguro são[440]:

---

440. Quanto aos requisitos do contrato de seguro, *vide* as lições de: Caio M. S. Pereira, *Instituições*, cit., p. 423-5; Carvalho de Mendonça, *Contratos*, cit., v. 2, n. 299; Elcir Castello Branco, Contrato de seguro, cit., p. 490-501 e 505; Serpa Lopes, *Curso*, cit., p. 376-83; João Luís Alves, op. cit., v. 2, obs. ao art. 1.474 do CC de 1916; W. Barros Monteiro, op. cit., p. 335-9; Silvio Rodrigues, *Direito*, cit., p. 389-93; Orlando Gomes, *Contratos*, cit., p. 505 e 509-11; Matiello, *Có-*

1º) *Subjetivos*, pois:

a) só poderá contratar como segurador pessoa jurídica devidamente autorizada pelo governo federal para operar no ramo (CC, art. 757, parágrafo único; Dec.-Lei n. 2.063/40, art. 1º; Dec. n. 60.459/67, arts. 42, parágrafo único, e 48); e há, como vimos, presunção legal de que seus agentes são seus representantes, pois atuam em seu nome e em seu interesse (CC, art. 775);

b) para ser segurado será necessária a capacidade civil. Qualquer pessoa poderá fazer seguro de vida, e em qualquer valor, pessoalmente ou por meio de representante. Se o segurado contratar mediante procurador, este também se responsabilizará perante o segurador pelas inexatidões ou lacunas que possam influir no contrato. No seguro à conta de outrem, o segurador pode opor ao segurado quaisquer defesas que tenha contra o estipulante (pessoa natural ou jurídica), por descumprimento das normas e conclusão do contrato, ou de pagamento do prêmio (CC, art. 767). O estipulante, observa Adrianna de Alencar Setubal Santos, assume todas as obrigações relativas ao contrato de seguro, equiparando-se ao segurado, podendo também, conforme o tipo de seguro contratado, se obrigatório ou facultativo, ser considerado mandatário do segurado, agindo em nome e por conta deste;

c) nem todos poderão ser beneficiários; no seguro de coisas ou de prejuízos, será preciso provar o interesse em relação à coisa segurada. No seguro de vida, não se poderá, para proteção ao patrimônio da família e a legítima de herdeiro necessário, instituir beneficiário pessoa que for legalmente inibida de receber doação do segurado, em razão do que o consorte adúltero (não separado de fato) está proibido de instituir seguro de vida em benefício de seu cúmplice ou de sua concubina (CC, arts. 550 e 1.801, III). Mas como se tem entendido jurisprudencialmente seria permitida a instituição de companheira como beneficiária do segurado se ao tempo do contrato era separado judicialmente, ou já se encontrava separado de fato

digo, cit., p. 474; Bassil Dower, *Curso moderno de direito civil*, cit., p. 265-8; Jones Figueirêdo Alves, *Novo Código*, cit., p. 685; Judith Martins-Costa, *A boa-fé no direito privado – sistema e tópica no processo obrigacional*, São Paulo, Revista dos Tribunais, 1999; Adrianna de A. Setubal Santos, *Comentários*, cit., p. 630; Gustavo P. Mendes de Almeida, *A abertura do mercado brasileiro de resseguros e a oportunidade de negócios para empresas estrangeiras*: as peculiaridades de Porto Rico, Rio de Janeiro, CPES, 2016; Resolução BACEN n. 2.114/94 – atualmente matéria regida pela Resolução BACEN n. 4.444/2015; Circular n. 240/2004 (revogada pela Circ. n. 251/2004) da SUSEP, sobre aceitação da proposta e início de vigência da cobertura, nos contratos de seguro; MP n. 478/2009, sobre extinção da Apólice de Seguro Habitacional do SFH; *RT*, *439*:247, *505*:182, *501*:203; *RJE*, *2*:482. Sobre boa-fé no contrato de seguro: STJ, 4ª T., AgRg no AgIn 494.082, j. 16-11-2003, rel. Min. Fernando Gonçalves; STJ, 4ª T., EDiv 168.207-SP, j. 23-4-2002, rel. Min. Fernando Gonçalves; STJ, REsp 116.024-SC, j. 25-8-2003. Consulte: Circular SUSEP n. 587/2019 com alteração da Circular SUSEP n. 594/2019.

do seu cônjuge (*RT*, *586*:176, *419*:205, *467*:135, *486*:98, *551*:113 – no mesmo sentido o art. 793 do atual Código Civil, c/c CF, art. 226, § 6º, com a redação da EC n. 66/2010), que veio a consolidar essa ideia, atentando à realidade social e ao avanço da legislação previdenciária, admitindo que há deveres morais, cuja reparação não deve ser impedida. Também não poderá ser instituído beneficiário o que se encontrar incapacitado de suceder, ante os pressupostos dos arts. 1.814 e 1.818 do Código Civil. Se o beneficiário for o causador da morte do segurado, não receberá a soma estipulada porque não poderá fundar seu direito em crime que dolosamente cometeu e por se considerar não verificada a condição maliciosamente levada a efeito por aquele a quem aproveitará o seu implemento (CC, art. 129). O beneficiário é, portanto, a pessoa que o segurado designa para receber a indenização. Pode-se, como se vê, desde que não se viole lei, amparar *post mortem* pessoa a quem o segurado tem dever moral de dar assistência, não podendo transferir-lhe bens, respeitando a integridade do acervo hereditário e da legítima;

d) funda-se no consentimento de ambos os contraentes, que se opera por meio de uma proposta formulada pelo segurado, já preestabelecida pelo segurador. O futuro segurado, ao preencher o formulário apresentado, deverá, de boa-fé, esclarecer todas as circunstâncias ali indicadas. O segurador aceitará ou não, dentro de quinze dias, conforme as declarações do proponente (Dec.-Lei n. 2.063/40, art. 108);

e) não há, em regra, solidariedade do cossegurador perante o segurado, pois o cossegurador figura juntamente com o principal segurador na apólice, obrigando-se por uma parte da indenização, atuando como sujeito individualizado (*RT*, *308*:231); logo, o segurado deveria acionar cada um deles, em relação à apólice da qual participam. Pelo art. 761 do Código vigente, "quando o risco for assumido em cosseguro, a apólice indicará o segurador que administrará o contrato e representará os demais, para todos os efeitos". O cossegurador administrador somente terá, como observa Matiello, poderes de administração, tais como: encaminhamento administrativo do pagamento da indenização, na ocorrência do sinistro; recebimento e partilha do prêmio pago pelo segurado; renegociação com o segurado etc. Logo, não poderá promover defesa judicial em nome dos demais cosseguradores, nem ser acionado individualmente. O cossegurador-administrador apenas poderá ser acionado sozinho, se os outros cosseguradores forem solidariamente responsáveis perante o segurado, tendo ação regressiva contra os demais. O *cosseguro* é, portanto, a contratação plúrima de seguradoras com o objetivo de repartir um mesmo risco entre eles, emitindo-se uma só apólice, contendo condições válidas para todas; logo, as obrigações são subdivididas, mediante pagamento de prêmio proporcional ao encargo assumido por cada uma. Essa distribuição de riscos em parcelas de responsabilidades assumidas, observa Jones Figueirêdo Alves, constitui prática comum no mercado, em razão dos valores elevados de certos seguros, como o do *"World Trade Center"*, que congregou um grupo de grandes empresas seguradoras. Trata-se do seguro distribuído entre duas ou mais companhias seguradoras, que assumem cada qual uma parcela de risco, de acordo com as condições estipuladas na apólice emitida pela líder. A seguradora-líder indicada na apólice terá atuação na administração contratual, competindo-lhe receber e partilhar o prêmio, renegociar com segurado, ordenar o pagamento da indenização etc., e agirá como representante das demais empresas seguradoras. Em cosseguro permite-se emissão de uma só apólice, contendo condições válidas para todas as cosseguradoras;

f) não há vínculo entre o segurado e o órgão ressegurador. O resseguro é um seguro mediato, ou seja, uma obrigação assumida entre a seguradora e o órgão ressegurador. Mas o Instituto de Resseguros do Brasil deverá ser citado nas demandas em que o segurado tenha interesse, por medida processual, a fim de se evitarem protelações, em face do litisconsórcio necessário, que poderia invalidar o processo (Dec.-Lei n. 73/66, art. 64 (artigo revogado pela Lei Complementar n. 126/2007); Dec. n. 98.366/89 (revogado pelo Decreto s/n. de 25-4-1991); Lei n. 9.482/97; Lei Complementar n. 126/2007; e Resoluções n. 1/2000, 2/2000 e 33/2000 da SUSEP (revogadas pela Resolução n. 164/2007); *RSTJ*, *27*:421; *RTJ*, *122*:846).

2º) *Objetivos*, pois requer liceidade e possibilidade do objeto, que é o risco descrito na apólice, que poderá incidir em todo bem jurídico. Pelo art. 757 do Código Civil, seu objeto é garantir o interesse legítimo (jurídico ou econômico) do segurado, relativo a pessoa ou a coisa, contra riscos predeterminados. "Nos contratos de seguro por adesão, os riscos predeterminados indicados no art. 757, parte final, devem ser interpretados de acordo com os arts. 421, 422, 424, 759 e 799 do Código Civil e 1º, inc. III, da Constituição Federal" (Enunciado n. 370 do CJF, aprovado na IV Jornada de Direito Civil). O risco é o perigo a que está sujeito o objeto segurado, em consequência de um evento futuro, alheio à vontade das partes. Se for ilícito, nulo (*RSTJ*, *93*:305) será o contrato, como no caso, p. ex., de seguro de operações de contrabando, como o será o que pretender garantir risco oriundo de má-fé. Realmente, estatui o Código Civil, art. 762, que: "Nulo será o contrato para garantia de risco proveniente de ato doloso do segurado, do beneficiário, ou de representante de um ou de outro". Evitar-se-á, assim, o emprego de artifícios maliciosos para obtenção de vantagens securitárias, p. ex., destruição intencional da coisa segurada, sonegação de dados, ocultação de risco já ocorrido no momento da celebração do contrato etc. Além do mais, o valor do objeto deve ser determinado, visto que qualquer omissão nesse sentido pressupõe uma sonegação de dados que implicam o prêmio. A apólice deverá conter o valor do objeto segurado, que será a base para calcular a indenização a ser paga, se se concretizar o risco. Não poderá haver desproporcionalidade, porque senão se terá uma locupletação ilícita. Deveras, reza o Código Civil, no art. 778, que não se pode pretender no seguro de dano que a garantia ultrapasse o valor do interesse segurado no momento da conclusão do contrato, se houver declarações inverídicas do segurado, sob pena de perda do direito a garantia e de pagamento do prêmio vencido (CC, art. 766, *caput*); o segurador terá direito de cobrar a diferença do prêmio, mesmo após o sinistro, ou resolver o seguro, quando não houver má-fé do segurado, perdendo este o prêmio desembolsado (CC, art. 778 c/c o art. 766, parágrafo único).

O pagamento da seguradora deverá ser equivalente ao valor real do bem ou de sua reposição. Para os prédios, adota-se o valor da reposição (custo de sua reconstrução); para as máquinas, o valor de uma nova, computando-se a depreciação pelo desgaste; para as mercadorias, o valor de sua aquisição, constante de sua fatura; para as faculdades humanas, o valor que o segurado entender (CC, arts. 778 e 789).

Se se segurar uma coisa ou interesse por mais de uma vez contra o mesmo risco junto a outro segurador, salvo o caso de novo seguro que o segurado faz para acautelar o risco de insolvência e falência do segurador (Dec.-Lei n. 73/66, art. 26, alterado pela Lei n. 10.190/2001), dever-se-á comunicar tal intenção, previamente, por escrito ao primeiro, indicando a soma por que pretende segurar-se, comprovando obediência ao disposto no art. 778 (CC, art. 782). Se assim não fizer, o segundo seguro do bem já garantido pelo mesmo risco e no seu valor integral poderá ser rescindido, além de ficar o segurado obrigado ao prêmio vencido (CC, art. 766). Isso também ocorrerá com o resseguro da mesma coisa, exceto:

a) no seguro de pessoas, em que as partes poderão livremente fixar o valor respectivo e fazer mais de um seguro, com o mesmo ou diversos seguradores, sem prejuízo dos antecedentes (CC, art. 789; *RT*, *504*:237);

b) no seguro para acautelar risco de falência ou insolvência do segurador, como acima já se afirmou (Dec.-Lei n. 73/66, art. 26, com alteração da Lei n. 11.190/2001; Lei n. 11.101/2005, art. 2º, II).

Não haverá duplicidade de seguro, se o segundo não tiver a mesma finalidade do primeiro (*RT*, *436*:112).

O segurado deverá pagar o prêmio (*RT*, *499*:191, *488*:119, *520*:272), que é fixado pelas partes tendo em vista a duração do risco, as causas que possam efetivá-lo e o montante da indenização, devendo ser, portanto, líquido e certo. As partes fixam livremente a taxa do prêmio, pois vigora a esse respeito a liberdade contratual, mas os contraentes não poderão optar por valor que ultrapasse o do interesse segurado (CC, art. 778), salvo se se tratar de seguro de pessoa (CC, art. 789). Tal pagamento deve ser feito pela via bancária, por meio da qual se recolhem os impostos incidentes sobre o seguro. Algumas apólices já trazem a forma de pagamento, como os seguros coletivos de acidentes pessoais, de vida em grupo, e aeronáuticos. O prêmio poderá ser financiado (Dec.-Lei n. 73/66, art. 22) e pago parceladamente, pois permite-se (Circular SUSEP n. 239, de 22-12-2003) às seguradoras, mediante a cobrança de um adicional de fracionamento, dividir o pagamento do prêmio do seguro em até sete parcelas mensais, iguais e sucessivas, a primeira das quais será paga até a data-limite para pagamento, indicada na nota de seguros, vencendo-se as demais a cada trinta dias a partir daquela data.

Para que o risco seja segurável, será necessário que o evento seja futuro e incerto, independente da vontade dos interessados, sendo normal e periódico.

3º) *Formais*, pois o contrato de seguro exige instrumento escrito para ser obrigatório (CC, art. 759; *RT*, *511*:130, *526*:212, *493*:73), isto é, a apólice, que deverá conter, quando for o caso, o nome do segurado e o do beneficiário, as condições gerais e as vantagens garantidas pelo segurador, bem como consignar os riscos assumidos, o valor do objeto do seguro, o prêmio devido ou pago pelo segurado; o termo inicial e final de sua validade ou vigência; o começo e o fim dos riscos por ano, mês, dia e hora; a extensão dos riscos, pois, se os limitar ou particularizar, o segurador não responderá por outros; o limite da garantia e o prêmio devido; casos de caducidade, eliminação ou redução dos direitos do segurado ou do beneficiário; o quadro de garantia aprovado pelo Departamento Nacional de Seguros Privados e Capitalização.

A emissão da apólice (Circular SUSEP n. 491/2014) deverá ser precedida de proposta escrita com a declaração dos elementos essenciais (p. ex., bens, direitos, deveres, responsabilidades, valor do prêmio e o da indenização) do interesse a ser garantido e do risco futuro assumido (CC, arts. 759 e 760; Dec.-Lei n. 2.063/40, arts. 107 a 110), pois o segurador deve informar o segurado do teor do contrato ressaltando, claramente, as cláusulas limitativas, para que ele tenha compreensão de seu alcance. E, por outro lado, fornece ao segurador dados não só sobre o segurado, como também os relativos às suas necessidades e pretensões. Consagra-se o *princípio da dispersão dos riscos*, que, na lição de Frank L. Shih, caracteriza-se na forma de riscos excluídos na apólice, preconizando a responsabilidade da seguradora, excluídos aqueles eventos isolados que possam inviabilizar a performance do segurado contratado. Quando o risco for assumido em cosseguro, a apólice deverá indicar o segurador que administrará o contrato e representará os demais, para todos os seus efeitos (CC, art. 761). Convém lembrar que a recondução, ou prorrogação, tácita do contrato pelo mesmo prazo, mediante expressa cláusula contratual, não poderá operar mais de uma vez (CC, art. 774). Veda-se a reiterada sucessividade por ser necessário avaliar novamente o risco, visto que o objeto segurado pode ter sofrido, com o passar do tempo, alguma modificação.

As apólices podem ser, quanto à titularidade: *nominativas*, se mencionarem o nome do segurador, o do segurado e do seu representante, se o houver, ou o do terceiro em cujo nome se faz o seguro, sendo transmissível por cessão ou alienação (CC, art. 760); *à ordem*, transmissíveis por endosso em preto (CC, art. 785, § 2º), ou *ao portador*, transferíveis por tradição simples, outorgando-se ao detentor da apólice, e inadmissíveis em se tratando de seguro sobre a vida (*RF*, *131*:127) ou de pessoas (CC, art. 760, parágrafo único). Nada obsta à transmissibilidade das apólices, a menos que estas expressamente a proíbam, como, p. ex., naqueles casos em que o risco possui cunho personalíssimo, envolvendo a conduta do segurado em relação aos bens, como nos seguros de automóveis, roubo e crédito. Nas nominativas, a transferência operar-se-á pela cessão. A cessão poderá ser feita antes ou depois do sinistro, mas subsistirá a responsabilidade do cedente pelo pagamento do prêmio, pois o segurador não o exonerou, uma vez que não interveio no contrato de cessão. Pelo Código Civil, art. 785, §§ 1º e 2º: "Salvo disposição em contrário, admite-se a transferência do contrato a terceiro com a alienação ou cessão do interesse segurado. Se o instrumento contratual é nominativo, a transferência só produz efeitos em relação ao segurador mediante aviso escrito assinado pelo cedente e pelo cessionário. A apólice ou o bilhete à ordem só se transfere por endosso em preto, datado e assinado pelo endossante e pelo endossatário".

A apólice pode ser ainda: *específica*, se se ocupar de um certo risco apenas; *plúrima*, se disser respeito a vários riscos dentro de um mesmo contrato; *aberta*, se o risco se desenvolver ao longo de sua atividade, determinando a individualização e a especificação dos objetos segurados por meio de averbações realizadas dentro do período de sua vigência, como sucede no seguro de transporte. Na apólice aberta, o contrato aperfeiçoar-se-á com a emissão da apólice geral, que consigna as condições do seguro, havendo o depósito de um prêmio inicial para depois dar surgimento aos riscos sucessivos, que integram a apólice em cada averbação, o que acarreta, por sua vez, a obrigação de pagar o complemento respectivo do prêmio[441].

---

441. Elcir Castello Branco, Contrato de seguro, cit., p. 492; Frank L. Shih, Princípios de direito securitário, *Revista de Informação Legislativa, 156*/109-27, 2002.

Poderá ser ainda: *simples*, se o objeto do seguro é determinado precisamente, sem que haja possibilidade de substituí-lo, e *flutuante*, se estiver prevista a substituição da coisa segurada, fazendo-se o seguro por uma soma global, como se verifica em relação a mercadorias armazenadas[442].

A apólice precisará ser registrada nos respectivos livros e o segurado deverá pagar essa despesa. A falta de apólice poderá ser suprida pelos registros constantes da seguradora, mediante comprovação do pagamento do prêmio, de modo que, nesses casos, o segurado poderá pleitear a indenização, ou, antes disso, pedir a emissão de uma segunda via da apólice extraviada. A apólice terá duração de um a cinco anos, a qual se compreende entre o termo inicial e o termo final. Em regra, são anuais, havendo uma renovação automática.

As apólices de acidentes pessoais são plurianuais, podendo ser contratadas até por cinco anos. O seguro poderá ser contratado, ainda, por meio de *bilhete de seguro*, que é um instrumento simplificado.

O Código Civil de 2002, art. 758, ressalta o papel probatório da apólice ao prescrever que o seguro se prova com a exibição da apólice ou do bilhete, e, na falta deles, por documento (p. ex., depósito bancário, recibo emitido pela seguradora) comprobatório do pagamento do respectivo prêmio.

Endosso de cancelamento vem a ser a emissão do documento que põe termo ao contrato de seguro, pelo mútuo consenso das partes, antes do término do prazo contratual, por violação às suas normas.

n.3. Modalidades

n.3.1. Generalidades

Várias são as modalidades de seguros, diferenciando-se[443]:

---

442. Orlando Gomes, *Contratos*, cit., p. 505. *Vide* Circular n. 159/2001 da SUSEP (ora revogada pela Circular n. 176/2001), sobre os critérios de cobrança do custo de emissão de apólice, fatura e endosso. A Circular SUSEP n. 490/2014 altera a Circular SUSEP n. 440/2012.

443. Elcir Castello Branco, Contrato de seguro, cit., p. 501; Caio M. S. Pereira, *Instituições*, cit., p. 429-36; R. Limongi França, *Manual*, cit., v. 4, t. 2, p. 239; Orlando Gomes, *Contratos*, cit., p. 503, 504, 506, 507 e 520; Picard e Besson, *Traité général des assurances terrestres*, v. 2, ns. 47 e s.; Henri Perret, *Des ayants-droits à l'indemnité au cas d'accident mortel*, p. 59; Sérgio Cavalieri Filho, As declarações do proponente no seguro de vida

em grupo, *Estudos Jurídicos*, *6*:76-83; Antonio Penteado Mendonça, Ação direta do terceiro, *Tribuna do Direito*, dezembro 2003, p. 10; *RT*, *512*:266, *490*:232. Res. BACEN n. 4.449/2015 altera o Regulamento anexo à Res. n. 3.308/2005 sobre aplicação dos recursos das reservas, das provisões e dos fundos das sociedades seguradas. A Lei n. 10.823/2003 dispõe sobre a subvenção econômica ao prêmio do seguro rural e a Res. n. 40/2015 do CGSR define procedimentos de fiscalização das operações de subvenção ecônomica ao prêmio do seguro rural. O Decreto-Lei n. 2.284/86, arts. 25 a 31, instituiu o *seguro-desemprego* com a finalidade de prover assistência financeira temporária (3 a 5 meses no máximo – Leis ns. 8.900/94 e 13.134/2015) a trabalhador desempregado que não tenha renda própria, nem usufrua de qualquer benefício de Previdência Social, por dispensa sem justa causa ou por paralisação, total ou parcial, das atividades do empregador, desde que o empregado tenha contribuído para a Previdência Social, durante pelo menos 36 meses nos últimos 4 anos; tenha sido dispensado há mais de 30 dias e tenha comprovado ser assalariado junto a pessoa jurídica de direito público ou privado, durante os últimos 6 meses, mediante registro na Carteira de Trabalho e Previdência Social. O valor desse seguro a ser pago mensalmente correspondia a 50% do salário, para aqueles que percebiam até 3 salários mínimos mensais; e a 1,5 (um e meio) salário mínimo, para os que ganhavam acima de 3 salários mínimos. Benefício pago em 3 a 5 meses, a ser ampliado para 5 a 7 meses a quem foi demitido a partir de 1º de dezembro de 2008. As despesas com o seguro-desemprego correrão à conta do Fundo de Assistência ao Desempregado (Lei n. 6.181/74, art. 4º; Dec.-Lei n. 2.284/86, regulamentado pelo Dec. n. 92.608/86, que, por sua vez, foi revogado pelo Dec. s/n., de 10-5-1991), regido, atualmente, pela Constituição Federal de 1988, arts. 7º, II, e 239, § 4º, pelas Resoluções n. 30/92, 19/91 e 12/91, pela Lei n. 8.900/94, pela Lei n. 10.608/2002 e pela Lei n. 13.134/2015, que alteram os dispositivos da Lei n. 7.998/90, e pela Lei n. 10.208/2001, que acresce dispositivos à Lei n. 5.859/72, facilitando ao empregado doméstico o acesso ao FGTS e ao seguro-desemprego. A Resolução n. 314/2003 do CODEFAT disciplina a execução descentralizada das ações integradas de emprego ao Programa Seguro-Desemprego, no âmbito do Sistema Nacional de Emprego; Lei n. 10.779, de 25 de novembro de 2003, dispõe sobre a concessão do benefício de seguro-desemprego, durante o período defeso de atividade pesqueira para a preservação da espécie, ao pescador profissional que exerce a pesca de forma artesanal; Decreto n. 8.118/2013, que altera o Decreto n. 7.721/2012 sobre condicionamento do recebimento da assistência financeira do Programa de Seguro-Desemprego à comprovação de matrícula e frequência em curso de formação inicial e continuada ou de qualificação profissional, com carga horária mínima de 160 horas; Lei n. 7.998/90, art. 4º, com a redação da Lei n. 13.134/2015: seguro-desemprego é concedido ao trabalhador desempregado por um período máximo variável de 3 a 5 meses de forma contínua ou alternada, a cada período aquisitivo, cuja duração, a partir da terceira solicitação, será definida pelo CODEFAT, que expediu a Res. n. 754/2015 regulamentando os procedimentos a serem adotados quando do requerimento, habilitação e concessão do seguro-desemprego de empregado doméstico dispensado sem justa causa ou de forma indireta. *Vide* Wagner Balera, *O seguro-desemprego no direito brasileiro*, São Paulo, LTr, 1993. No que atina ao seguro agrícola: Constituição Federal de 1988, art. 187, V. Consulte o Decreto n. 3.048/99, que aprova o Regulamento da Previdência Social. *Vide* Circular n. 199/2000 da Caixa Econômica Federal, sobre procedimentos para movimentação dos recursos do seguro habitacional do SFH. A Circular n. 160/2001 da SUSEP dispõe sobre criação de código de ramos para as modalidades de seguros: pecuário, aquícola e de benfeitorias e produtos agropecuários (revogada pela Circular n. 518/2015). A Resolução n. 11/2006 do Comitê Gestor Interministerial do Seguro Rural altera o regulamento do Programa de Subvenção ao Prêmio do Seguro Rural. A Circular SUSEP n. 215/2002 dispõe sobre os critérios mínimos que deverão ser observados pelas sociedades seguradoras para a operação do seguro *stop loss*, que visa garantir a estabilidade operacional do segurado em face dos compromissos por ele assumidos perante os usuários, mediante a assunção da parte do risco que supre a franquia estabeleci-

1º) *Quanto às normas que os disciplinam*, em: *a*) *comerciais*, regidos pelo Código Comercial, que trata dos seguros marítimos de transporte e de casco; *b*) *civis*, disciplinados pelo Código Civil, atinentes aos seguros de dano e aos de pessoa (CC, arts. 778 a 802). Prescreve esse diploma, no seu art. 777, que "o disposto no presente capítulo aplica-se, no que couber, aos seguros regidos por leis próprias" (Lei n. 9.656/98; Resoluções do CONSU; Lei n. 6.194/74, com alterações da Lei n. 8.441/91; Dec.-Lei n. 73/66, regulamentado pelo Dec. n. 61.867/67, modificado pelo Dec.-Lei n. 814/69, pela Lei n. 10.190/2001 e pela Lei Complementar n. 126/2007).

2º) *Quanto ao número de pessoas*, em: *a*) *individuais*, se compreenderem um só segurado; e *b*) *coletivos ou em grupo*, se abrangerem várias pessoas (*RT*, *801*:249, *790*:347, *547*:188, *546*:76, *540*:207; *JB*, *147*:238; Súmula 101 do STJ; CC, art. 801, §§ 1º e 2º).

"No seguro em grupo de pessoas, exige-se o quórum qualificado de 3/4 do grupo, previsto no § 2º do art. 801 do Código Civil, apenas quando as modificações impuserem novos ônus aos participantes ou restringirem seus direitos na apólice em vigor" (Enunciado n. 375 do CJF, aprovado na IV Jornada de Direito Civil).

3º) *Quanto ao meio em que se desenrola o risco*, em: *a*) *terrestres* (*RJTJSP*, *41*:180); *b*) *marítimos* (*RJTJSP*, *41*:218); e *c*) *aéreos* (*RT*, *546*:73).

4º) *Quanto ao objeto que visam garantir*, em: *a*) *patrimoniais*, se se destinam a cobrir as perdas resultantes de obrigações; *b*) *reais*, se objetivarem os prejuízos sofridos por uma coisa; e *c*) *pessoais*, se disserem respeito às faculdades humanas, à saúde e à vida. Ou, ainda como prefere o novo Código Civil, em: *a*) *de dano* (arts. 778 a 788; Circular SUSEP n. 239/2003); ou *b*) *de pessoa* (arts. 789 a 802).

5º) *Quanto à prestação dos segurados*, em: *a*) *a prêmio*, se se referirem aos que obrigam o contratante a pagar uma parcela fixa convencional; *b*) *mútuos*, como os admitidos pelo Código Civil de 1916, quando as obrigações eram recolhidas em função dos riscos verificados, repartindo-se as consequências, *a posteriori*, entre os associados mutualistas. Os segurados contribuíam, em lugar do prêmio, com as cotas necessárias para fazer frente às despesas da administração e aos prejuízos verificados; daí a variabilidade de sua contribuição. Os seguros mútuos, como mais adiante verificaremos, eram cíveis, não sendo necessária a partici-

---

da contratualmente e a Circular n. 336/2007 da SUSEP dispõe sobre operacionalização das apólices de seguro de responsabilidade civil à base de reclamações (*claims made basis*), que constituem alternativa para contratação desse seguro em modalidades sujeitas a risco de latência prolongada ou a sinistros com manifestação tardia. *Vide* Lei n. 12.409/2011 sobre Seguro Habitacional do Sistema Financeiro de Habitação.

pação de uma empresa, visto que eram os próprios interessados que constituíam a sociedade seguradora, que não teria fim lucrativo, pois todos se cotizavam para atender aos encargos assumidos pela pessoa jurídica; e *c*) *mistos*, se determinarem uma paga fixa e outra de repique, em função do sinistro, a ser dividida entre os mutualistas, como admitia o Código Civil de 1916.

6º) *Quanto às obrigações do segurador*, em: *a*) *dos ramos elementares*, abrangendo seguros de danos para garantir perdas e danos ou responsabilidades oriundas dos riscos de fogo (Dec. n. 5.901/40 (revogado pelo Decreto s/n. de 25-4-1991); os revogados Decs.-Lei n. 3.172/41 e 522/69; Dec.-Lei n. 2.063/40, arts. 57 a 86; Resolução n. 11/94 – revogada pela Res. n. 103/2004 – do CNSP; Súmula 138 do STF), de transportes e outros acontecimentos danosos, sendo que a obrigação do segurador consiste numa indenização, se o sinistro se verificar. Pode abranger, ainda, o seguro de responsabilidade civil (CC, arts. 787 e 788, parágrafo único; Circular Susep n. 336/2007), que transfere ao segurador a obrigação de arcar com as consequências de danos causados a terceiros, pelos quais o segurado possa responder civilmente; uma das aplicações desse contrato é, p. ex., o seguro de fidelidade funcional, que pretende reparar prejuízo causado por funcionários ou empregados que lidam com dinheiro, como caixas, cobradores, tesoureiros etc. (*RT*, *537*:57; *RTJ*, *71*:590, *72*:632, *73*:978). O Código Civil vigente veio simplificar a execução do seguro de responsabilidade civil, dando-lhe maior eficácia, possibilitando ao segurado a exoneração, inclusive do ônus da defesa, p. ex. Deveras, pelo art. 787, §§ 1º e 4º, o segurador, no seguro de responsabilidade civil, garante o pagamento de perdas e danos devidos a terceiro pelo segurado. Para tanto o segurado, assim que souber das consequências de seu ato, suscetíveis de gerar a responsabilidade incluída na garantia, deverá comunicar o fato ao segurador. Não pode, ainda, pelo § 2º, o segurado, sob pena de perder o direito à garantia securitária e de ficar pessoalmente obrigado perante terceiro, sem direito ao reembolso, reconhecer sua responsabilidade, nem confessar a ação e muito menos transigir com o terceiro prejudicado, chegando a um acordo, ou pagar a indenização diretamente, sem que haja consentimento expresso do segurador. Pelo Enunciado 544 do CJF (aprovado na VI Jornada de Direito Civil): "O seguro de responsabilidade civil facultativo garante dois interesses, o do segurado contra os efeitos patrimoniais da imputação de responsabilidade e o da vítima à indenização, ambos destinatários da garantia, com pretensão própria e independente contra a seguradora". "Embora sejam defesos pelo § 2º do art. 787 do Código Civil, o reconhecimento da responsabilidade, a confissão da ação ou a transação não retiram ao segurado o direito à garantia, sendo apenas ineficazes perante a seguradora" (Enunciado n. 373 do CJF, aprovado na IV Jornada de Direito Civil). O CJF, no Enunciado 546 (aprovado na VI

Jornada de Direito Civil), concluiu que "o § 2º do art. 787 do Código Civil deve ser interpretado em consonância com o art. 422 do mesmo diploma legal, não obstando o direito à indenização e ao reembolso". Na interpretação dever-se-á levar em conta o princípio da boa-fé objetiva, vedando-se ao segurado a criação de obstáculo ao trâmite da ação judicial (p. ex., provocação de revelia; alegação de prática de atos não cometidos; conluio com o lesado/beneficiário para prejudicar a seguradora etc.). Se a ação for movida contra o segurado, este poderá dar ciência da lide ao segurador, mediante denunciação da lide (CPC, art. 125, II), notificação extrajudicial etc. Se houver insolvência da Companhia Seguradora, subsistirá a responsabilidade do segurado perante terceiro prejudicado pelo dano que causou. E acrescenta no art. 788 e parágrafo único que: "nos seguros de responsabilidade legalmente obrigatórios, a indenização por sinistro será paga pelo segurador diretamente ao terceiro prejudicado", independentemente de apuração da culpa, em razão de sua natureza social. E se for "demandado em ação direta pela vítima do dano, o segurador não poderá opor a exceção de contrato não cumprido pelo segurado, sem promover a citação deste para integrar o contraditório" nos seguros legalmente obrigatórios, elencados no Decreto-Lei n. 73/66, o Código Civil em vigor, portanto, permite a ação direta de terceiro (vítima do dano) contra o segurador (*vide*: Súmulas 9, 10 e 11 do TJSP); e *b*) *de pessoa ou de vida*, se garantirem o segurado contra riscos a que estão expostas sua existência, sua integridade física e sua saúde, não havendo uma reparação de dano ou indenização propriamente dita. Não são contratos de indenização, pois não se pretende eliminar as consequências patrimoniais de um sinistro, mas sim pagar certa soma ao beneficiário designado pelo segurado. São informados pelo objetivo previdenciário. Dentre estes, os mais importantes são: os seguros de vida *stricto sensu*, os quais logo mais analisaremos, e os seguros contra acidentes. Há duas espécies de seguros contra acidentes (embora boa parte da doutrina inclua o seguro de acidentes pessoais no seguro de ramos elementares): o seguro contra acidentes no trabalho (Lei n. 6.367/76, Decretos n. 569/92 e 3.048/99, Leis ns. 8.212/91, 8.213/91, 8.315/91, 8.444/92, 8.540/92, 8.619/93, 8.620/93, 8.647/93, 8.870/94, 9.032/95, 9.063/95, 9.129/95, 9.429/96, 9.476/97, 9.506/97, 9.528/97, 9.639/98, 9.732/98 e 9.876/99; CF/88, art. 7º, XXVIII; Portaria n. 458/92 do Ministério da Previdência Social), obrigatório a todo empregador, visando cobrir riscos de morte ou lesão provocados pelo exercício do trabalho, e o seguro contra acidentes pessoais (p. ex., seguro obrigatório de danos pessoais por veículos automotores de via terrestre – Lei n. 6.194/74, art. 5º; Lei n. 9.099/95, art. 3º, II; Lei n. 8.441/92; Dec. n. 1.017/93, ora revogado pelo Dec. n. 2.867/98; Circular n. 10/95 da Susep; Resolução Susep n. 332/2015), que tem por fim cobrir riscos de morte ou lesão oriundos de acidente ocorrido com o segurado, compreendendo o pagamento de determinada quantia aos beneficiários, se o segurado falecer, ou ao próprio acidentado, se sobreviver, garantindo-se-lhe assistência médica e hospitalar e o pagamento de uma diária durante todo o tratamento.

Dessas diversas espécies de seguro, estudaremos em profundidade apenas o seguro de dano e o de pessoa.

n.3.2. Seguro de dano

No seguro de dano sofrido pelo bem, a garantia prometida não pode ultrapassar o valor do interesse segurado no instante da conclusão do contrato (p. ex., no seguro de veículo, o valor do prêmio e o da indenização basear-se-ão no ano de sua fabricação, no seu estado de conservação, na sua quilometragem, no risco a que está exposto etc.), sob pena de perda do direito à garantia, além de ficar o segurado obrigado ao prêmio vencido. Se a inexatidão na declaração daquele *quantum* não resultou de má-fé do segurado, o segurador poderá rescindir o contrato ou cobrar, mesmo depois do sinistro, a diferença do prêmio (CC, arts. 778 c/c 766 e parágrafo único). A indenização não poderá ser superior ao valor do interesse segurado no momento do sinistro, e, em caso algum, ao limite máximo da garantia estipulado na apólice (*RT*, *730*:222), exceto se o segurador estiver em mora (*ex persona*) (CC, art. 781). Se o objeto for segurado por 10 mil reais pelo prazo de um ano, e veio a se perder depois de oito meses, o *quantum* indenizatório deverá ser correspondente ao valor mercadológico que ele teria no momento do sinistro. Se sofrer deterioração, pagar-se-á a importância resultante da soma dos danos sofridos, tendo por base o valor da garantia estabelecido na apólice, conforme a Tabela Fipe. Apenas será permitida a indenização excedente ao valor da coisa no instante do sinistro ou ao limite máximo fixado na apólice, se o segurador estiver em atraso no pagamento da verba indenizatória. O segurador moroso[444] deverá responder pelos juros moratórios, mesmo que venham a superar aquele limite. Se se fizer, salvo disposição em contrário, seguro de um interesse por menos do que valha, ter-se-á redução proporcional da indenização, no caso de sinistro parcial (CC, art. 783). Logo, somente havendo o silêncio das partes nesse sentido será aplicada a proporcionalidade indenizatória prevista no art. 783, que

444. Pelo STJ (4ª T., REsp 726.673, rel. Aldir Passarinho Junior) segurado inadimplente que tiver veículo furtado deverá receber a indenização, visto que atraso no pagamento da prestação do prêmio não importa em desfazimento automático do contrato, para o que se exige prévia constituição em mora do contratante pela seguradora, mediante interpelação.

confrontará o valor pelo qual se segurou a coisa e o que realmente tinha quando se efetivou o contrato. Por exemplo, se se segurou um automóvel que vale R$ 80.000,00 por R$ 40.000,00, ocorrido o acidente, que lhe causa dano de R$ 1.000,00, o segurador pagará R$ 500,00, pois a proporção entre o valor do veículo e o que lhe foi dado para fins securitários é de 50%, limite da responsabilidade do segurador pela indenização, na hipótese de haver sinistro parcial. Se o sinistro fosse total, a seguradora deveria pagar, integralmente, o montante indenizatório previsto (R$ 40.000,00), sem qualquer desvantagem para o segurado, pois, ao segurar a coisa por valor menor do que o real, sujeitou-se, contratualmente, a receber *quantum* indenizatório insuficiente para a cobertura do prejuízo sofrido.

Didática e graficamente, elucida-se:

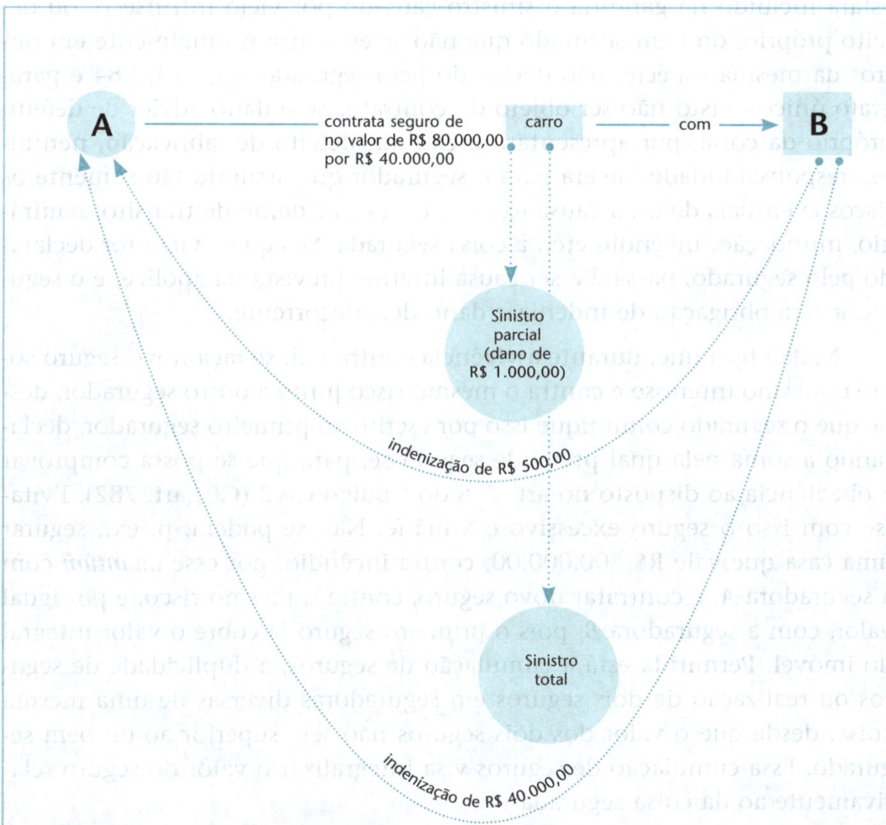

A vigência da garantia, na hipótese de seguro de coisas transportadas, inicia-se no momento em que são recebidas pelo transportador, cessando com sua entrega ao destinatário (CC, art. 780). Mesmo que tenha havido baldeação ou mudança de meio de transporte, se o sinistro ocorrer durante o transporte da coisa segurada, o segurador, por ter assumido a cobertura desse risco, pagará a indenização ao segurado, mas poderá fazer uso de seu direito de regresso contra o culpado para obter o reembolso do *quantum* despendido.

O risco do seguro deverá compreender todos os prejuízos advindos, inclusive os estragos ocasionados para evitar o sinistro, diminuir o dano ou salvar a coisa segurada (CC, art. 779). Assim, p. ex., em caso de incêndio, incluir-se-á na indenização a demolição de certas partes do prédio para evitar que o fogo se propague, as deteriorações de móveis do edifício ocasionadas com sua remoção do local do sinistro etc. (*RT*, *669*:104). Todavia, não estará incluído na garantia o sinistro causado por vício intrínseco, ou defeito próprio, do bem segurado que não se encontra normalmente em outros da mesma espécie, não declarado pelo segurado (CC, art. 784 e parágrafo único), visto não ser objeto do contrato. Se o dano advier de defeito próprio da coisa, por apresentar, p. ex., um defeito de fabricação, nenhuma responsabilidade haverá para o segurador que assumiu tão somente os riscos eventuais de uma causa externa (p. ex., acidente de trânsito, naufrágio, inundação, incêndio etc.) à coisa segurada. Se aquele vício for declarado pelo segurado, passará a ser causa interna, prevista na apólice, e o segurador terá obrigação de indenizar dano dele decorrente.

Nada obsta que, durante a vigência contratual, se faça novo seguro sobre o mesmo interesse e contra o mesmo risco junto a outro segurador, desde que o segurado comunique isso por escrito ao primeiro segurador, declarando a soma pela qual pretende segurar-se, para que se possa comprovar a obediência ao disposto no art. 778 do Código Civil (CC, art. 782). Evita-se com isso o seguro excessivo e a má-fé. Não se poderá, p. ex., segurar uma casa que vale R$ 500.000,00, contra incêndio, por esse *quantum* com a seguradora *A*, e contratar novo seguro, contra o mesmo risco, e por igual valor, com a seguradora *B*, pois o primeiro seguro já cobre o valor integral do imóvel. Permitida está a cumulação de seguros, a duplicidade de seguros ou realização de dois seguros em seguradoras diversas de uma mesma coisa, desde que o valor dos dois seguros não seja superior ao do bem segurado. Essa cumulação de seguros visa integralizar o valor do seguro relativamente ao da coisa segurada.

É admissível alienar ou ceder o interesse segurado, a não ser que haja disposição em contrário, e a seguradora, não podendo se opor à transferência do contrato de seguro, deverá pagar a terceiro a indenização. P. ex.: "A", ao vender seu veículo a "B", a ele também transfere o contrato de seguro, modificando a titularidade do interesse segurado. Se o instrumento do contrato for nominativo, tal transferência apenas produzirá efeito relativamente do segurador se houver aviso escrito assinado pelo cedente e cessionário; sem tal aviso, a translatividade do contrato produzirá efeito *inter partes*, não sendo oponível ao segurador, que continuará vinculado ao antigo segurado. A apólice ou o bilhete à ordem apenas poderá ser transferida por endosso em preto, datado e assinado pelo endossante e pelo endossatário, mencionando-se, portanto, o nome da pessoa a quem o título foi transferido (CC, art. 785, §§ 1º e 2º).

O segurador que, ocorrendo o sinistro, vier a pagar a indenização, sub-rogar-se-á nos limites do seu valor, nos direitos e ações que competirem ao segurado contra o autor do dano. Não haverá sub-rogação se o dano foi causado, salvo dolo, pelo cônjuge do segurado, seus descendentes ou ascendentes, consanguíneos ou afins. Evita-se que a sub-rogação venha a inutilizar a vantagem do seguro para o segurado, pois o dano, em razão da ação regressiva do segurador, iria recair sobre pessoa da família do segurado, salvo se esta agiu dolosamente. Será ineficaz ato do segurado que venha a diminuir ou extinguir, em prejuízo do segurador, os seus direitos de sub-rogação nos direitos e ações cabíveis ao segurado contra o autor da lesão (CC, art. 786, §§ 1º e 2º).

n.3.3. Seguro de pessoa

Nosso Código Civil permite que a pessoa humana seja objeto de seguro contra os riscos de morte, sobrevida após certo prazo, comprometimento de saúde, incapacidade, invalidez ou de acidentes (CC, arts. 794, 798 e 799; *JB*, *141*:244; *EJSTJ*, *5*:83 e 84, *7*:96, *2*:61; *RT*, *621*:136, *642*:155, *679*:121; *RJTJRS*, *146*:346; *Bol. AASP*, *1.608*:245).

O beneficiário não poderá reclamar que o segurador pague a quantia avençada se o segurado vier a falecer de morte voluntária nos primeiros dois anos de vigência inicial do contrato, como no caso, p. ex., de suicídio premeditado ou de duelo (*AJ*, *107*:51; *RT*, *790*:309, *442*:163). Realmente, o beneficiário não terá direito ao capital estipulado quando o segurado se suicidar nos primeiros dois anos de vigência inicial do contrato, ou da sua recondução, depois de suspenso, hipótese em que o segurador deverá devolver ao beneficiário o montante da reserva técnica já formada (CC, art. 798 c/c o art. 797, parágrafo único). "No contrato de seguro de vida, presume-se, de forma relativa, ser premeditado o suicídio cometido nos dois primeiros anos de vigência da cobertura, ressalvado ao beneficiário o ônus de demonstrar a ocorrência do chamado *suicídio involuntário*" (Enunciado n. 187 do Conselho da Justiça Federal, aprovado na III Jornada de Direito Civil). Pelo STJ, Súmula 610: "O suicídio não é coberto nos dois primeiros anos de vigência do contrato de seguro de vida, ressalvado o direito do beneficiário à devolução do montante da reserva técnica formada". P. ex., se o seguro for suspenso por falta de pagamento de certas parcelas do prêmio, restabelecendo-se se forem pagas, e o suicídio se der nos dois anos que se seguirem àquela recondução, o segurador não tem o dever de pagar ao beneficiário a indenização. Salvo os casos acima arrolados, nula será a cláusula contratual que excluir o pagamento do capital por suicídio do segurado (CC, art. 798, parágrafo único). Não se compreendem, nessa hipótese, os casos em que não houver intenção deliberada de se matar (*RT, 444*:127, *471*:189, *538*:235; *STJ, 44*:93; *RJ, 173*:21, *182*:57), como, p. ex., a prática de esportes arriscados, a recusa a uma cirurgia, a submissão a uma intervenção cirúrgica ou terapia de alto risco, o ato de heroísmo para salvar alguém, o suicídio inconsciente devido a insanidade mental (*RT, 524*:200, *520*:253, *464*:83, *435*:143; STJ, Súmula 61 – cancelada; STF, Súmula 105), o alistamento militar etc. Nesse mesmo teor de ideias, o art. 799 do Código Civil, que assim reza: "O segurador não pode eximir-se ao pagamento do seguro, ainda que da apólice conste a restrição, se a morte ou a incapacidade do segurado provier da utilização de meio de transporte mais arriscado, da prestação de serviço militar, da prática de esporte, ou de atos de humanidade em auxílio de outrem". Competirá à seguradora o ônus da prova de que houve premeditação no suicídio (*RT, 575*:150), durante os primeiros anos do contrato. Se o suicídio se der após dois anos da celebração do contrato de seguro, o beneficiário fará jus à indenização independentemente da prova da premeditação, ou não, do ato suicida. Se foi o beneficiário o assassino do segurado, não terá direito ao seguro.

O seguro de vida tem por fim garantir, mediante o prêmio anual que se ajustar, o pagamento de certa soma a determinada ou determinadas pessoas, por morte do segurado. No seguro de vida para o caso de morte será lícita a estipulação de um prazo de carência, durante o qual o segurado paga o prêmio, mas a seguradora não responderá pela ocorrência do sinistro; logo, se ele se der durante o lapso carencial, o segurador deverá restituir ao beneficiário o montante da reserva técnica (parcela do prêmio pago pelo segurado, imobilizado pelo segurador para garantir a obrigação por ele assumida) já formada (CC, art. 797, parágrafo único), evitando assim seu enriquecimento indevido. Somente depois do término daquele período, havendo o sinistro, o beneficiário poderá reclamar judicialmente o cumprimento da obrigação de indenizar por parte do segurador.

O beneficiário poderá ser o companheiro, se o segurado, por ocasião do contrato, estava separado de seu cônjuge extrajudicialmente, judicialmente ou de fato (CC, art. 793, c/c CF, art. 226, § 6º, com a redação da EC n. 66/2010; *RT*, *586*:176, *551*:113, *486*:98, *467*:135, *419*:205).

Se não houver indicação de beneficiário ou se não prevalecer a que foi feita, o capital segurado será pago metade ao cônjuge não separado de fato, extrajudicialmente ou judicialmente e o restante aos herdeiros do segurado, observando-se a ordem de vocação hereditária (CC, art. 792, c/c CF, art. 226, § 6º, com a redação da EC n. 66/2010). Na falta destes, será beneficiário quem provar que a morte do segurado o privou de meios necessários à subsistência (CC, art. 792, parágrafo único). Se a liquidação somente se operar por morte, o prêmio poderá ser ajustado por prazo limitado (seguro de vida inteira com prêmio temporário) ou por toda a vida do segurado (seguro de vida inteira) (CC, art. 796, *caput*) e, em qualquer hipótese, no seguro individual, o segurador não terá ação para cobrar o prêmio vencido, cuja falta de pagamento, nos prazos previstos, acarretará, conforme se estipular, a resolução contratual, com a restituição da reserva já formada, ou a redução do capital garantido proporcionalmente ao prêmio pago (CC, art. 796, parágrafo único).

O seguro de vida pode ser de duas modalidades: *a*) seguro de vida *stricto sensu*, se se segura a morte do segurado, para que a seguradora pague indenização ao beneficiário por ele indicado, que pode constituir-se por certo lapso temporal (seguro de vida inteira, com prêmio temporário) ou por toda a vida do segurado (seguro de vida inteira) (CC, art. 796, *caput*); *b*) seguro de sobrevivência (Circulares n. 338 e 339/2007 da Susep), se tiver sido concebido para o caso de o segurado ainda estiver vivo dentro da data preestabelecida, ultrapassando determinada idade ou após a ocorrência de um fato. Caso em que se subordina a uma condição suspensiva: a sobrevida do segurado a uma data-limite ou depois da ocorrência de um evento, que é o risco assumido pela seguradora. É lícito aos contraentes, durante a vigência do contrato, substituírem, de comum acordo, um plano por outro, feita a indenização de prêmios que a substituição exigir.

Washington de Barros Monteiro vislumbrava as seguintes espécies de seguro de vida: *a*) seguro de vida inteira, se o segurado se obrigar a pagar um prêmio fixo, enquanto vivo, para que o segurador pague indenização aos beneficiários, após sua morte; *b*) seguro de vida inteira com prêmios temporários, em que o segurado só paga o prêmio avençado durante certo número de anos, ficando depois remido; *c*) seguro de capital deferido, se o segurado tiver direito à soma do seguro se ainda estiver vivo ao fim de certo número de anos (CC de 1916, art. 1.476); *d*) seguro misto (*RT*, *516*:167), se houver uma combinação do seguro de vida inteira com o seguro de capital deferido; *e*) seguro sobre duas vidas, geralmente marido e mulher, em que a indenização é paga ao sobrevivente; *f*) seguro com participação nos lucros do segurador; *g*) seguro total[445].

No seguro de vida ou de pessoa (relativo à integridade física ou à saúde), o segurado poderá fazer quantos seguros quiser, com o mesmo ou com diversos seguradores, sendo livre para fixar o valor respectivo (CC, art. 789; *RT*, *505*:142, *504*:237), porém a apólice ou bilhete não poderá ser ao portador (CC, art. 760, parágrafo único), por ser importante a identidade do beneficiário (*RF*, *131*:127).

O seguro pode compreender a vida do próprio segurado ou a de outrem; todavia, nesta última hipótese, dever-se-á justificar o seu interesse ju-

---

445. W. Barros Monteiro, op. cit., p. 347; Matiello, *Código*, cit., p. 493-503. Sobre seguro de vida em grupo: Circular n. 17/92 (revogada pela Cir. n. 302/2005) da SUSEP; *Bol. AASP*, *1.898*:149; *RT*, *660*:209, *603*:114, *600*:200, *618*:95, *745*:297, *795*:255, *799*:279; *RJ*, *127*:88, *129*:105; *JTACSP*, *115*:52, *123*:194, *134*:144, *143*:168; *RJE*, *1*:400. Consulte: Sérgio Cavalieri Filho, As declarações do proponente no seguro de vida em grupo, *Estudos Jurídicos*, *6*:76-83; Jones Figueirêdo Alves, *Novo Código*, cit., p. 721 e 722; Orlando Gomes, *Contratos*, Rio de Janeiro, Forense, 1981, p. 438; Voltaire G. Marensi, O contrato de seguro e o suicídio no direito brasileiro e outras legislações, *RDC*, *26*:69; Napoleão Nunes Maia Filho, Seguro de acidente pessoal, suicídio e ato perigoso imotivado, *RDC*, *22*:114; Mário Moacyr Porto, Algumas notas sobre seguros de indenização e seguros pessoais, *RDC*, *36*:33. Eduardo Weiss, Suicídio involuntário ou não premeditado – o seguro de vida e obrigação da seguradora em indenizar, *Carta Forense*, p. 46-7 (abril 2007). Silvio Rodrigues (*Direito civil*, cit., v. 3, p. 343-5): "O seguro de vida tradicional, também chamado seguro de vida propriamente dito, é aquele em que, mediante um prêmio anual, se obriga o segurador ao pagamento de certa soma, por morte do segurado, a pessoa ou pessoas por este indicadas no contrato. Trata-se de negócio de previdência, em que o segurado, desejando assegurar a sobrevivência e o bem-estar de sua família ou de outras pessoas que lhes são caras, estipula que por ocasião de sua morte o segurador fornecerá, a seus beneficiários, uma soma em dinheiro desde logo fixada no contrato, pagando ele, segurado, a partir de então, um prêmio periódico, anual ou mensal. Tal prêmio, pago pelo segurado, pode ser devido durante toda a vida deste, ou por prazo determinado (...) seguro de vida *em caso de sobrevivência* é aquele em que se estipula que o benefício deve ser pago ao próprio segurado, ao fim de certo tempo. É o caso, por exemplo, do *seguro dotal*. O *seguro misto*, o mais comum, nos dias atuais, é o que concilia os dois primeiros. O segurador se compromete, mediante um prêmio fixo e anual devido pelo segurado, a pagar-lhe ao fim de certo prazo (vinte ou trinta anos), determinada importância. Em caso de morte do segurado antes do vencimento desse prazo, referida importância será paga a pessoas por ele designadas na apólice, sem que sejam devidos os prêmios ainda não pagos". *Vide*: Lei n. 17.418/67 da Argentina, art. 135, sobre suicídio voluntário.
Súmula 610 do STJ: "O suicídio não é coberto nos dois primeiros anos de vigência do contrato de seguro de vida, ressalvado o direito do beneficiário à devolução do montante da reserva técnica formada".

rídico, moral ou econômico (p. ex., gratidão, afetividade, conveniência profissional, amizade etc.), pela preservação da vida que segura, sob pena de falsidade do motivo alegado. Porém, será dispensada a justificação, se o terceiro, cuja vida se pretende segurar, for descendente, ascendente ou cônjuge (e, ainda, o companheiro, conforme o Projeto n. 699/2011) do proponente por haver presunção *juris tantum* daquele seu interesse para preservar a vida dessas pessoas, por estar com elas intimamente relacionado (CC, art. 790 e parágrafo único). "O companheiro deve ser considerado implicitamente incluído no rol das pessoas tratadas no art. 790, parágrafo único, por possuir interesse legítimo no seguro da pessoa do outro companheiro" (Enunciado n. 186 do Conselho da Justiça Federal, aprovado na III Jornada de Direito Civil). Todavia, como já mencionamos alhures, não se poderá instituir beneficiário pessoa que estiver legalmente inibida de receber doação do segurado (CC, art. 550 c/c o art. 793), como ocorre, p. ex., com o cúmplice do cônjuge adúltero não separado de fato (*RT*, *422*:335, *494*:97, *442*:161, *528*:218). Será válida a instituição de companheiro como beneficiário, se ao tempo da efetivação do contrato o segurado já estava, como vimos alhures, separado judicial ou extrajudicialmente ou de fato (CC, art. 793 c/c CF, art. 226, § 6º, com a redação da EC n. 66/2010).

Pelo Decreto-Lei n. 2.063/40, art. 109, "proíbe-se estipulação de qualquer contrato de seguro sobre a vida de menores de quatorze anos de idade".

"Se o segurado não renunciar à faculdade, ou se o seguro não tiver como causa declarada a garantia de alguma obrigação, é lícita a substituição do beneficiário, por ato entre vivos ou de última vontade. O segurador, que não for cientificado oportunamente da substituição, desobrigar-se-á pagando o capital segurado ao antigo beneficiário" (CC, art. 791 e parágrafo único). O novo beneficiário não poderá reclamar para si tal pagamento.

Por outras palavras, o seguro pode ser efetuado livremente, caso em que o segurado poderá substituir *ad nutum* o beneficiário, por ato *inter vivos* ou *mortis causa*, se não renunciar a tal faculdade ou se o seguro não tiver por causa declarada a garantia de uma obrigação. Mas, para tanto, o segurador precisará ser cientificado da substituição; se não o for, liberar-se-á se pagar o capital segurado ao antigo beneficiário (CC, art. 791, parágrafo único). Se o segurado não designar o beneficiário, ou se este não lhe sobreviver, a seguradora pagará, convém repetir, metade ao cônjuge, desde que não esteja separado extrajudicial ou judicialmente ou ainda de fato (*RT*, *807*:348) (*beneficiário subsidiário*), e metade aos herdeiros do segurado, obedecendo, obviamente, à ordem legal de vocação hereditária (CC, arts. 792, 1.829 e 1.852), e, na falta dessas pessoas, serão beneficiários subsidiários os que reclamarem o pagamento do seguro e provarem que a morte do segurado os privou de meios necessários para proverem a sua subsistência (p. ex., vítima de acidente provocado pelo segurado, que deve receber pensão – CC, art. 792, parágrafo único); logo a prova dessa dependência econômica é condição *sine qua non* para que haja direito ao *quantum* indenizatório a ser pago pela seguradora. Não havendo indicação de beneficiário, a jurisprudência (*RT, 771*:272; *JTJ-Lex, 261*: 261) vem admitindo o direito do companheiro de receber a indenização securitária (CC, art. 793). Fora desses casos, será beneficiária a União (Dec.-Lei n. 5.384/43, art. 1º, parágrafo único, que modificou parcialmente o art. 1.473 do CC de 1916; *RF, 105*:295)[446].

A soma estipulada como benefício no seguro de vida ou de acidentes pessoais para o caso de morte não se sujeitará às dívidas do segurado, nem se considerará herança (CC, art. 794), visto que reverterá em favor do beneficiário, não se integrará, portanto, ao espólio, nem mesmo poderá ser penhorada (CPC, art. 833, VI; *AJ, 77*:298), para todos os efeitos de direito.

Será considerada nula qualquer transação para pagamento reduzido do capital segurado (CC, art. 795), em se tratando de seguro de pessoa, evitando-

---

446. Sobre o seguro de vida, *vide*: Lefort, *Traité du contrat d'assurance sur la vie*, t. 2, n. 430; W. Barros Monteiro, op. cit., p. 346-50; Matiello, *Código*, cit., p. 493-503; Bassil Dower, *Curso moderno de direito civil*, cit., p. 272-5; Orlando Gomes, *Contratos*, cit., p. 507-9 e 518-21; Silvio Rodrigues, *Direito*, cit., p. 398-401; Serpa Lopes, *Curso*, cit., p. 401-11; Picard e Besson, op. cit., ns. 390 a 393 e 408; João Luís Alves, op. cit., v. 2, p. 504-5; Código de Processo Civil, arts. 784, VI, e 833, VI; *RT, 548*:202, *487*:181, *507*:231, *512*:215, *495*:221, *461*:180, *440*:152, *486*:71, *529*:71, *605*:217, *613*:127, *681*:90, *682*:102, *688*:165, *702*:108, *715*:170, *783*:323. Pelo Decreto-Lei n. 32/66 (revogado pela Lei n. 7.565/86), art. 127, nas apólices de seguro de vida ou de acidente, os interessados não poderão excluir os riscos resultantes do transporte em aeronaves. As sociedades seguradoras, autorizadas a operar no ramo de vida, poderão ser também autorizadas a operar planos de previdência privada, conforme dispõe o art. 7º, parágrafo único, da Lei n. 6.435/77 (revogada pela Lei complementar n. 109/2001). Resolução n. 49/2001 (revogada pela Res. n. 96/2002) da SUSEP, que estabelece normas de funcionamento e critérios para operação da cobertura por sobrevivência oferecida em planos de seguro do ramo *vida*; Resoluções n. 78 e 90/2002 da SUSEP; Resolução SUSEP n. 348/2017, que altera normas de funcionamento e critérios para operação da cobertura por sobrevivência oferecida em plano de seguro de pessoas. Matiello (*Código*, cit., p. 495) salienta que se o cônjuge estava separado de fato há mais de dois anos, perderá o direito à metade do capital segurado, por ser esta interpretação consentânea com as normas de direito de família e com as relativas ao direito sucessório do cônjuge sobrevivente.

Súmula 620 do STJ: "A embriaguez do segurado não exime a seguradora do pagamento da indenização prevista em contrato de seguro de vida".

Pelo Enunciado n. 84 (aprovado na III Jornada de Direito Comercial): "O seguro contra risco de morte ou perda de integridade física de pessoas que vise garantir o direito patrimonial de terceiro ou que tenha finalidade indenizatória submete-se às regras do seguro de dano, mas o valor remanescente, quando houver, será destinado ao segurado, ao beneficiário indicado ou aos sucessores".

-se que a indenização a que faz jus o beneficiário sofra alteração. Aplicando-se os princípios da boa-fé objetiva e da probidade, procura-se tutelar o segurado. Impossível será, além disso, substituir a vontade do falecido segurado.

O CJF, pelo Enunciado 542: "A recusa de renovação das apólices de seguro de vida pelas seguradoras em razão da idade do segurado é discriminatória e atenta contra a função social do contrato" e assim justifica seu posicionamento: "Nos seguros de vida, o avanço da idade do segurado representa agravamento do risco para a seguradora. Para se precaverem, as seguradoras costumam estipular aumento dos prêmios conforme a progressão da idade do segurado ou, simplesmente, comunicar-lhe, às vésperas do término de vigência de uma apólice, o desinteresse na renovação do contrato. Essa prática implica, em muitos casos, o alijamento do segurado idoso, que, para contratar com nova seguradora, poderá encontrar o mesmo óbice da idade ou enfrentar prêmios com valores inacessíveis.

A prática das seguradoras é abusiva, pois contraria o art. 4º do Estatuto do Idoso (Lei n. 10.741, de 1º-10-2003), que dispõe: 'Nenhum idoso será objeto de qualquer tipo de negligência, discriminação, violência, crueldade ou opressão, e todo atentado aos seus direitos, por ação ou omissão, será punido na forma da lei'. A prática também é atentatória à função social do contrato. A cobertura de riscos é da essência da atividade securitária, assim como o mecanismo distributivo. Os cálculos atuariais permitiriam às seguradoras diluir o risco agravado pela idade entre toda a massa de segurados, equalizando os prêmios em todas as faixas de idade, desde os mais jovens, sem sacrificar os mais idosos. A recusa discriminatória de renovação dos contratos de seguro representa abuso da liberdade de contratar das seguradoras e atenta contra a função social do contrato de seguro, devendo, como tal, ser coibida".

E, além disso, também aprovou, na VI Jornada de Direito Civil, o Enunciado 543: "Constitui abuso do direito a modificação acentuada das condições do seguro de vida e de saúde pela seguradora quando da renovação do contrato", tendo-se em vista que os contratos de seguro de vida e de saúde normalmente são convencionados por longo período de tempo, havendo renovação anual. Se, abrupta e inesperadamente, a seguradora condicionar tal renovação a uma repactuação excessivamente onerosa para o segurado, haverá desrespeito ao princípio da boa-fé objetiva e ao art. 187 do Código Civil. Não se proíbe o reajuste, mas apenas se exige que ele seja feito de forma suave e gradual (STJ, 3ª Turma, AgRg nos EDcl, Ag. 1140.960/RS, rel. Min. Nancy Andrighi, j. em 23-8-2011).

O contrato de seguro de pessoa (de vida e de acidentes pessoais) de que resulte morte ou incapacidade, pelo Código de Processo Civil, art. 784, VI, terá força de título executivo extrajudicial para a cobrança de soma estipulada em favor do segurado ou de seus herdeiros ou beneficiários.

O vigente Código Civil, no art. 801, §§ 1º e 2º, contempla o seguro de pessoas, estipulado por pessoa natural ou jurídica em proveito do grupo que a ele, de qualquer modo, se vincule, p. ex., por laços de parentesco ou liames empregatícios. O estipulante (pessoa natural ou jurídica) não é representante do segurador perante o grupo segurado, mas é o único responsável, para com o segurador, pelo cumprimento das obrigações contratuais assumidas por aquele grupo, inclusive pela arrecadação do prêmio a ser entregue ao segurador. Qualquer modificação feita, nesse seguro de grupo, na apólice em vigor dependerá do consenso expresso de três quartos do grupo segurado.

O seguro de pessoa não garante o reembolso de despesas hospitalares ou de tratamento médico, nem o custeio das despesas de luto e de funeral do segurado, que poderá ser objeto do seguro de dano (CC, art. 802). O segurador só assume os riscos previstos no ajuste securitário, liberando-se ao entregar o capital segurado, contratualmente fixado, a quem de direito, visto que tal quantia não tem por escopo a reparação de danos.

Por isso, em caso de seguro de pessoa, por garantir interesses insuscetíveis de avaliação pecuniária, não há sub-rogação do segurador nos direitos e ações do segurado ou beneficiário, contra o autor do sinistro, pois o ofendido (segurado ou seu sucessor, beneficiário ou não) continua legitimado para pleitear em juízo a indenização a que faz jus contra o lesante (CC, art. 800).

n.3.4. Seguro mútuo no Código Civil de 1916

O seguro mútuo (*mutual corporations*), que não foi previsto pelo atual Código Civil, era o contrato que requeria a existência de uma sociedade de seguros mútuos (Dec.-Lei n. 2.063/40, arts. 14 e s.; Dec.-Lei n. 3.908/41; Dec.-Lei n. 4.608/42 – revogado pelo Decreto-Lei n. 8.934/46 –; Dec.-Lei n. 4.609/42; Dec.-Lei n. 7.377/45), pois nesta modalidade eram os próprios segurados que atuavam, concomitantemente, como seguradores e segurados, de tal forma que a responsabilidade pelo risco era compartilhada por todos os segurados, respondendo cada um pelo dano sofrido por qualquer deles. Realmente, o Código Civil de 1916, art. 1.466, dispunha que "pode ajustar-se o seguro, pondo certo número de segurados em comum entre si o prejuízo, que a qualquer deles advenha, do risco por todos corrido. Em tal caso o conjunto dos segurados constitui a pessoa jurídica, a que pertencem as funções de segurador", desde que se registrassem seus estatutos e houvesse autorização do governo federal para o seu funcionamento (Dec.-Lei n. 2.063/40, art. 34), mediante aprovação dos estatutos sociais.

O seguro mútuo era o contrato pelo qual várias pessoas se uniam por meio de estatutos para dividir danos que cada uma poderia ter, em razão de certo sinistro.

No seguro mútuo, conforme prescrevia o art. 1.467 do Código Civil de 1916, em lugar do prêmio, os segurados contribuíam com as cotas necessárias para ocorrer às despesas da administração e aos prejuízos verificados. Sendo omissos os estatutos, presumir-se-ia que a taxa das cotas se determinaria segundo as contas do ano. Havia uma relação associativa entre os segurados, que punham em comum os danos sofridos por qualquer deles, oriundos de risco por todos assumido.

Pelo Código Civil de 1916, art. 1.468, era permitido também obrigar a prêmios fixos os segurados, ficando, porém, estes adstritos, se a importância daqueles não cobrisse a dos riscos verificados, a cotizarem-se pela diferença. Se, pelo contrário, a soma dos prêmios excedesse à dos riscos verificados, poderiam os associados repartir entre si o excesso em dividendo, se não preferissem criar um fundo de reserva.

Nítido era o caráter associativo desse tipo de seguro, pois "as entradas suplementares e os dividendos serão proporcionais às cotas de cada associado" (CC de 1916, art. 1.469), tal como ocorria com a sociedade, onde os lucros e perdas eram proporcionais às entradas (CC de 1916, art. 1.381), salvo disposição em contrário nos estatutos, e, além disso, "as quotas dos sócios serão fixadas conforme o valor dos respectivos seguros, podendo-se também levar em conta riscos diferentes, e estabelecê-los de duas ou mais categorias" (CC de 1916, art. 1.470). Logo, na sociedade de seguro mútuo era o valor do seguro que determinava o valor das cotas de cada associado, levando-se em consideração a existência de riscos diferentes, como, p. ex., a idade de cada associado ao entrar para a sociedade, se incidisse sobre a vida; o maior ou menor perigo do lugar em que se encontravam os efeitos segurados, se se tratasse de seguro de bens materiais[447].

Apenas os seguros-mútuos voltados à atividade agrícola, a acidente de trabalho e à saúde poderão ser explorados por cooperativas, por estarem submetidas ao regime de liquidação extrajudicial do Decreto-Lei n. 73/66.

---

447. A respeito do seguro mútuo, consulte: Serpa Lopes, *Curso*, cit., p. 398-401; Bassil Dower, *Curso moderno de direito civil*, cit., p. 271 e 272; W. Barros Monteiro, op. cit., p. 344-6; Carvalho Santos, op. cit., t. 19, p. 385 e 386; Silvio Rodrigues, *Direito*, cit., p. 397 e 398; Clóvis Beviláqua, *Código Civil*, cit., v. 5, p. 216; Caio M. S. Pereira, *Instituições*, cit., p. 434 e 435. "A disciplina dos seguros do Código Civil e as normas da previdência privada que impõem a contratação exclusivamente por meio de entidades legalmente autorizadas não impedem a formação de grupos restritos de ajuda mútua, caracterizados pela autogestão" (Enunciado n. 185 do Conselho da Justiça Federal, aprovado na III Jornada de Direito Civil).

n.4. Direitos e obrigações do segurado

O segurado terá o *direito* de:

1º) Receber não só a indenização, ou a quantia estipulada, até o limite da apólice, com a verificação do risco assumido pelo segurador, mas também a reparação do dano, equivalente a tudo aquilo que esteja dentro do risco previsto. Mas urge lembrar que não terá direito a tal indenização, ou seja, à cobertura prevista na apólice se estiver em mora no pagamento do prêmio, ocorrendo o sinistro antes de sua purgação (CC, art. 763). Marcos Jorge Catalan, ante o princípio da conservação do contrato, havendo a possibilidade de purgação da mora pelo devedor e resolução negocial pelo credor, entende que se deve admitir a *emendatio morae*, por ser o art. 763 exceção do contrato não cumprido e não autorização de resolução contratual, prescrevendo a recusa do segurador ao pagamento do valor contratado na apólice enquanto não receber o prêmio ajustado. Já para Venosa, enquanto não purgada a mora, ficará suspensa a exigibilidade do *quantum* devido pelo segurado, sendo necessária a interpelação formal para que o contrato se resolva.

2º) Reter os prêmios atrasados e fazer outro seguro pelo valor integral, se o segurador falir antes de passado o risco, mas pelo Decreto-Lei n. 2.063/40, pelo Decreto-Lei n. 73/66, art. 26, com redação da Lei n. 10.190, de 14 de fevereiro de 2001, e pelo Decreto n. 60.459/67, art. 68, as sociedades de seguro não poderão requerer concordata (hoje recuperação), nem são sujeitas a falência (Lei n. 11.101/2005, art. 2º, II), salvo, neste último caso, se, decretada a liquidação extrajudicial, o ativo não for suficiente para o pagamento de pelo menos a metade dos credores quirografários, ou quando houver fundado indício de ocorrência de crime falimentar. A dissolução compulsória do segurador produz liquidação em virtude de má situação financeira (Dec.-Lei n. 2.063/40, arts. 139, *c*, e 140; Dec. n. 60.459/67, arts. 68 e s.). A sociedade seguradora está sujeita apenas à intervenção e à liquidação extrajudicial. Portanto, poderá reter os prêmios atrasados em caso de insolvência ou liquidação da companhia seguradora, se não recebeu indenização pelo sinistro. Se o segurador quitou o sinistro, terá direito ao prêmio.

3º) Não ver aumentado o prêmio, embora hajam agravado os riscos assumidos pelo segurador, além do que era possível antever no contrato, em razão de fato alheio à sua vontade. P. ex.: se uma epidemia atinge a cidade, aumentando a mortalidade, e, consequentemente, o risco do segurador, este não terá direito a aumentar o prêmio; daí o caráter aleatório desse contrato.

"No contrato de seguro, o juiz deve proceder com equidade, atentando às circunstâncias reais, e não a probabilidades infundadas, quanto à agravação dos riscos" (Enunciado n. 374 do CJF, aprovado na IV Jornada de Direito Civil).

4º) Receber o reembolso de despesas feitas no interesse da seguradora para diminuir os prejuízos.

5º) Ser defendido pela seguradora nos casos de responsabilidade civil, cuja reparação esteja a cargo dela.

6º) Abandonar a coisa segurada, se entender que o capital segurado lhe é mais conveniente do que a sua recuperação ou indenização parcial.

7º) Exigir, se a redução do risco for considerável, a revisão do prêmio, adequando-o à nova situação, ou, se preferir, a resolução do contrato, apesar de, salvo disposição em contrário, a diminuição do risco no curso do contrato não acarretar a redução do prêmio estipulado, ante o princípio da irredutibilidade do *pretium periculi* (CC, art. 770). Se optar pela resolução do contrato, deixará de pagar os prêmios vincendos, sendo que o segurador, por sua vez, não deverá devolver os vencidos já pagos, pois até o instante do término do contrato faz jus àquelas prestações, visto que estava dando cobertura ao risco garantido. Com isso, procura-se obter o equilíbrio econômico do contrato e coibir o enriquecimento indevido.

Por outro lado, terá a *obrigação* de:

1º) Pagar o prêmio convencionado, no prazo estipulado (CC, art. 757, 1ª parte), ao segurador, como contraprestação do risco por este assumido. O fato de não se ter verificado o risco, em previsão do qual se fez o seguro, não exime o segurado do dever de pagar o prêmio que se estipulou. Apenas uma lei especial poderia prescrever que, em caso de não verificação do sinistro, o segurador perderia o direito à percepção do prêmio (CC, art. 764). Deve-se observar as disposições especiais do direito marítimo sobre o estorno, que são as do Código Comercial, arts. 642 e 684.

2º) Responder pelos juros moratórios, independentemente de interpelação do segurador, se se atrasar no pagamento do prêmio ou no de uma de suas prestações. Tais juros são os legais de 6%, a menos que a apólice ou os estatutos tenham estabelecido maior taxa. Deverão ser pagos dentro do prazo de tolerância concedido pelo segurador, sob pena de caducidade da apólice (Dec. n. 60.459/67, art. 6º), embora possa haver sua reabilitação, que terá força retroativa (*RT*, *608*:103; *RF*, *107*:53). "Não terá direito a indenização o segurado que estiver em mora no pagamento do prêmio, se ocorrer o sinistro antes de sua purgação" (CC, art. 763). Operar-se-á, tão somente, uma suspensão *pleno iure* da cobertura do risco no instante em que se der o atraso do pagamento do prêmio, independentemente de interpelação do segurado faltoso (mas há entendimento de que: "Para efeito de aplicação do art. 763 do Código Civil, a resolução do contrato depende de prévia interpelação" – Enunciado n. 376 do CJF, aprovado na IV Jornada de Direito Civil), voltando o contrato à normalidade assim que a situação regularizar-se, mediante a purgação da mora. O atraso no pagamento do prêmio não resolve, portanto, o contrato *ipso iure*; o segurador, havendo purgação da mora, deverá indenizar o sinistro, desde que ocorrido depois dela. "A mora do segurado, sendo de escassa importância, não autoriza a resolução do contrato, por atentar ao princípio da boa--fé objetiva" (Enunciado n. 371 do CJF, aprovado na IV Jornada de Direito Civil).

3º) Abster-se de tudo que possa aumentar ou agravar o risco, objeto do contrato, sob pena de perder o direito à garantia securitária (CC, art. 768); p. ex.: haverá exclusão de cobertura securitária se o segurado, após segurar sua residência, nela instala depósito de inflamáveis, ou se, após o contrato, remove mercadorias seguradas para local perigoso (*RF*, *133*:505; *RT*, *691*:91, *681*:90, *647*:119, *471*:189); se, tendo feito seguro de vida, vier a participar de assalto à mão armada, perdendo a vida (*RT*, *647*:119), ou a ingerir grande quantidade de álcool, vindo a falecer (*RT*, *805*:306), pois, nestas hipóteses, contribuiu intencionalmente para o agravamento do risco. Claro está que não incidirá nesse artigo o segurado que, após o contrato, vier a sofrer de moléstia grave, que lhe tire a vida.

O segurado não terá direito a indenização, se o risco se agravar por ato diverso do previsto, como no caso, p. ex., de o seguro ser contra acidentes e o segurado morrer em razão de homicídio doloso. Nessa hipótese, o magistrado deverá proceder com equidade, atentando nas circunstâncias reais, e não em probabilidades infundadas, quanto à agravação dos riscos.

4º) Comunicar ao segurador todo incidente, isto é, fato imprevisto, alheio à sua vontade, que possa agravar consideravelmente o risco coberto, para que ele possa tomar alguma providência, como rescindir o contrato, reclamar perante autoridade administrativa etc., sob pena de perder o direito ao seguro, demonstrado que silenciou de má-fé. P. ex.: se ao lado da casa segurada instalar-se um depósito de explosivos. O segurador, dentro de quinze dias da notícia da agravação do risco sem culpa do segurado, poderá dar-lhe ciência, por escrito, de sua decisão de rescindir o contrato, por ser-lhe inconveniente assumir aquele risco. A resolução somente terá eficácia trinta dias após aquela notificação extrajudicial, devendo, contudo, ser restituída ao segurado pelo segurador a diferença do prêmio (CC, art. 769, §§ 1º e 2º). P. ex., sendo o valor pago, a título de prêmio, 10 mil reais, faltando, ao tempo da resolução contratual, 10% do prazo contratual, o segurador deverá devolver mil reais ao segurado. Com a devolução proporcional do valor do prêmio pago pelo segurado, evitar-se-á o enriquecimento indevido do segurador.

5º) Levar, sob pena de perder o direito à indenização, ao conhecimento do segurador a ocorrência do sinistro, assim que souber da sua verificação, e tomar as providências necessárias para minorar-lhe as consequências (CC, art. 771; Dec.-Lei n. 73/66, art. 11, §§ 2º e 3º; *RT, 801*:329, *793*:397, *665*:158, *507*:232). Todavia, correrão por conta do segurador, até o limite fixado no contrato, as despesas de salvamento oriundas do sinistro (parágrafo único do art. 771 do CC).

6º) Demonstrar, por todos os meios de prova admitidos em direito, os prejuízos que sofreu com o sinistro.

7º) Ser leal, respondendo, por si ou por seu representante, com sinceridade e sem reticências as perguntas necessárias à avaliação do risco e ao cálculo do prêmio, sob pena de anulação por dolo (CC, art. 765), de perder o direito à garantia, o valor do seguro e de pagar o prêmio vencido (CC, art. 766; *RT, 781*:302). Anulado o contrato, se o segurado pagou integralmente o prêmio, não poderá pedir a devolução; se o pagou parcialmente, perderá as prestações já pagas e solverá as vencidas até o momento do desfazimento da garantia securitária. Todavia, já se decidiu que cabe à seguradora realizar exames médicos para conferir o estado de saúde do segurado antes de firmar contrato (4ª Turma do STJ, j. 18-5-2001), daí admitir-se que ela indenize segurado que omitiu sua doença ao assinar o contrato, agindo de má-fé, visto que a empresa alegara que não ressarcia despesas com tratamento de moléstia infectocontagiosa, logo, se vier a dispensar aqueles exames prévios, deverá assumir o risco (*RT, 734*:442, *702*:108, *567*:213, *546*:79, *540*:207). "Em caso de negativa de cobertura securitária por doença pré-existente, cabe à seguradora comprovar que o segurado tinha conhecimento inequívoco daquela" (Enunciado n. 372 do CJF, aprovado na IV Jornada de Direito Civil). Se a inexatidão (p. ex., afirmação de que cirurgia não é arriscada) ou omissão (p. ex., não alegação da existência de doença incurável) nas declarações não resultarem de má-fé do segurado, mas de erro ou ignorância, o segurador terá o direito de resolver o contrato ou de cobrar, mesmo depois do sinistro, a diferença do prêmio (CC, art. 766, parágrafo único), ou seja, como ensina Matiello, reclamar o prêmio que foi pago a menor, isto é, a diferença entre o valor acordado na apólice e o que deveria ser pago se as declarações tivessem sido exatas e se inexistentes as omissões. Isto porque há presunção de que, se a verdade fosse conhecida pelo segurador na efetivação do contrato, o prêmio seria maior; logo se ele optar pela continuidade contratual, o segurado deverá complementar o *quantum* correspondente ao prêmio.

8º) Abster-se de transacionar com a vítima, com o responsável pelos danos, sem o prévio consentimento da seguradora[448], nula será qualquer transação para pagamento reduzido do capital segurado (CC, art. 795).

n.5. Direitos e deveres do segurador

O segurador terá o *direito* de:

1º) Receber o prêmio a que o segurado se obrigou, durante a vigência do contrato.

2º) Isentar-se do pagamento da indenização se: *a*) provar dolo do segurado (*RT, 529*:71), como no caso, p. ex., de ele ter provocado o incêndio da coisa segurada; *b*) o segurado deu à coisa segurada valor superior ao real (CC, art. 778; *RSTJ, 105*:320) ou ele estava em mora no pagamento do prêmio, por ocasião do sinistro que se deu antes de sua purgação, mas já se decidiu que o atraso nem sempre deverá conduzir à perda do direito à indenização, devendo-se analisar cada caso atendendo-se ao princípio da fun-

448. Relativamente aos direitos e obrigações do segurado: W. Barros Monteiro, op. cit., p. 339-42; Serpa Lopes, *Curso*, cit., p. 384-8; Elcir Castello Branco, Contrato de seguro, cit., p. 501-3; Paul Sumien, *Traité des assurances terrestres*, 7. ed., Paris, 1957, n. 120, p. 74 e 75; Silvio Rodrigues, *Direito*, cit., p. 393-6; Caio M. S. Pereira, *Instituições*, cit., p. 425-9; Espínola, *Dos contratos nominados*, cit., n. 188; Bassil Dower, *Curso moderno de direito civil*, cit., p. 269 e 270; Súmulas do TFR, ns. 25, 94 e 124; Maria Odete Duque Bertasi, A mora do segurado e a perda do direito indenizatório no contrato de seguro, *Informativo IASP*, *62*:10 e 11; Marcos Jorge Catalan, Dos efeitos da mora no contrato de seguro: em busca da adequada exegese do art. 763 do Código Civil, *Direito civil – direito patrimonial – direito existencial*, cit., p. 379-94; Venosa, *Direito civil*: contratos em espécie, cit., p. 400. Súmula 101 do STJ – "A ação de indenização do segurado em grupo contra a seguradora prescreve em um ano". "Dificuldades enfrentadas, junto a seguradora, pelo proprietário de um automóvel acidentado podem gerar dano moral": STJ, REsp, 257.036, j. 2-10-2000. Prescreve-se em: um ano a pretensão do segurado contra o segurador, ou a deste contra aquele, contado o prazo: *a*) para o segurado, nos casos de seguro de responsabilidade civil, da data em que é citado para responder à ação de indenização proposta pelo terceiro prejudicado, ou da data que a este indeniza, com a anuência do segurador; *b*) quanto aos demais seguros, da ciência do fato gerador da pretensão (CC, art. 206, § 1º, II, *a* e *b*); três anos, a pretensão do beneficiário contra o segurador e a do terceiro prejudicado, no caso de seguro de responsabilidade civil obrigatório (CC, art. 206, IX).

ção social do contrato, ao da boa-fé objetiva e ao do equilíbrio contratual, como observa José Augusto Delgado (CC, art. 763; *RT*, *773*:254); *c*) existe no contrato algum vício capaz de lhe tirar a eficácia (CC, art. 766); *d*) a apólice caducou, por não terem sido pagos os prêmios conforme o estipulado. "Não se inclui na garantia o sinistro provocado por vício intrínseco da coisa segurada, não declarado pelo segurado. Entende-se por vício intrínseco o defeito próprio da coisa, que se não encontra normalmente em outras da mesma espécie" (CC, art. 784 e parágrafo único).

3º) Responder, exclusivamente, pelos riscos que assumiu. Deveras, reza o Código Civil, art. 776, que: "O segurador é obrigado a pagar em dinheiro o prejuízo resultante do risco assumido, salvo se convencionada a reposição da coisa". P. ex.: se o seguro diz respeito ao automóvel de propriedade do segurado, a seguradora não responderá, pecuniariamente, pelo prejuízo produzido em outro veículo.

4º) Opor, havendo seguro à conta de outrem, ao segurado-beneficiário todos os meios de defesa que tiver contra o estipulante, por inadimplemento das normas de conclusão do contrato ou de pagamento do prêmio (CC, art. 767).

5º) Sub-rogar-se, se pagar indenização, no direito respectivo contra o autor do sinistro, podendo reaver o que desembolsou (CC, art. 786; *AJ*, *100*:154; *RF*, *129*:174, *127*:444; *RT*, *136*:247, *155*:218, *163*:698, *168*:605, *189*:702; Súmulas 188 e 257 do STF). Para a ação regressiva da companhia seguradora contra o causador do dano, o termo inicial da prescrição é o da data do desembolso (Súmula 16 do 1º TACSP). Só não haverá tal reembolso se o segurador pagar voluntariamente e fora dos termos da apólice (*RF*, *130*:93, *109*:459). Tal sub-rogação, exceto em caso de dolo, não se dará se o dano foi causado por cônjuge, ascendente ou descendente do segurado (CC, art. 786, § 1º), e será ineficaz qualquer ato do segurado que venha a diminuir ou extinguir, em prejuízo do segurador, os direitos de reembolso e das ações cabíveis contra o autor da lesão, dentro dos limites do valor do seguro (CC, art. 786, § 2º). Além disso, o art. 800 veda, na hipótese de seguro de pessoa, a sub-rogação do segurador nos direitos e ações do segurado, ou do beneficiário, contra o causador do sinistro, pois o ofendido continua legitimado para pleitear o *quantum* indenizatório a que faz jus contra o lesante.

6º) Merecer a lealdade do segurado.

7º) Reajustar o prêmio para que este corresponda ao risco assumido (CC, art. 778).

8º) Comunicar ao segurado alterações havidas com o risco ou com a titularidade da apólice.

9º) Exonerar-se de suas responsabilidades no caso do art. 763.

Tem o *dever* de:

1º) Indenizar pecuniariamente o segurado quanto aos prejuízos resultantes do risco assumido, salvo se convencionada a reposição da coisa (CC, arts. 776 e 206, § 1º, II) afetada, substituindo-a por outra equivalente ou repondo-a no estado em que se encontrava antes do sinistro. A apólice determina a extensão da responsabilidade de pagar a indenização do segurador. Se se tratar de seguro pessoal, não se verificará a proporção do prejuízo sofrido, mas pagar-se-á o valor fixado na apólice. No seguro de danos ou no de coisas, a soma estabelecida na apólice apenas indica o limite máximo da responsabilidade do segurador, devendo-se averiguar se não houve causa eliminatória daquela responsabilidade e a extensão do prejuízo sofrido, mediante provas adequadas.

Se o objeto se perder totalmente, deverá pagar a soma fixada na apólice (*RF*, *142*:126).

Se a perda for parcial, a indenização corresponderá apenas aos prejuízos apurados (*RF*, *169*:181; *AJ*, *96*:61). O segurador responderá pelo valor do bem por ocasião do sinistro e não do contrato, arcando com as consequências da valorização (*RF*, *122*:107). A prova do dano competirá ao segurado, mas o segurador deverá provar a existência, ao tempo do sinistro, de mercadorias que se renovam e variam (*RT*, *133*:577). Essa indenização será, em regra, em dinheiro, mas nada impede que as partes disciplinem de outro modo seus interesses. P. ex.: nos seguros de prédio contra fogo, a seguradora poderá comprometer-se a reconstruí-lo. Nos seguros obrigatórios (Dec.-Lei n. 73/66), dever-se-ia pagar a indenização em dez dias, segundo o Decreto n. 60.459/67, art. 20, revogado pelo art. 40 do Decreto n. 61.867/67; em quinze dias nos demais seguros (CCom, art. 730), sendo que, no de responsabilidade civil, obrigatório para os proprietários de veículos automotores de via terrestre (Res. n. 332/2015 da SUSEP), dentro de cinco dias, sob pena de responder pelas consequências da mora. Portanto, deverá responder por todos os prejuízos resultantes do risco, como os estragos ocasionados para evitar o sinistro, minorar o dano ou salvar a coisa (CC, art. 779).

2º) Aceitar a cessão do seguro (CC, art. 785, §§ 1º e 2º) e pagar a terceiro, havendo transferência do contrato de seguro, a indenização, como acessório da propriedade ou de direito real sobre a coisa segurada. Essa transmissão operar-se-á de pleno direito quanto à coisa hipotecada ou penhorada, e, fora desses casos, quando a apólice não o vedar.

3º) Pulverizar o risco, sob forma de cosseguro e resseguro (Dec.-Lei n. 73/66, art. 4º; Circular n. 517/2015 da SUSEP; CC, art. 761).

4º) Não reter responsabilidades cujo valor ultrapasse seus limites técnicos (Dec.-Lei n. 73/66, art. 79).

5º) Constituir reservas técnicas, fundos especiais e provisões, para garantia das obrigações assumidas (Dec.-Lei n. 73/66, art. 84).

6º) Cumprir as obrigações provenientes da mora ou da desvalorização da moeda, pois a Lei n. 5.488/68 instituiu correção monetária nos casos de liquidação de sinistros cobertos por contrato de seguros (*RT*, *481*:236). Com efeito, nossos tribunais vêm condenando as seguradoras a saldar a indenização com atualização monetária, se se atrasarem (*mora ex persona*) no pagamento das indenizações ou se o recusarem sem razão plausível (*RTJ*, *66*:488, *75*:909; *JTA*, *109*:372). O art. 772 do Código Civil de 2002 dispõe que "a mora do segurador em pagar o sinistro obriga à atualização monetária da indenização devida segundo índices oficiais regularmente estabelecidos, sem prejuízo dos juros moratórios" incidentes.

7º) Restituir o prêmio recebido em dobro, se agir de má-fé, no caso do art. 773. Logo, se ao tempo da celebração do contrato, o segurador já sabia que o risco havia passado e mesmo assim expediu a apólice para receber o prêmio do segurado, deverá, diante de sua má-fé, devolver tal prêmio em dobro.

8º) Defender o seguro e tomar as medidas necessárias para eliminar ou diminuir os efeitos maiores do risco, desde que lhe tenha sido comunicado algum fato incidente pelo segurado.

9º) Tomar as providências necessárias assim que souber do sinistro[449], arcando, inclusive, até o limite fixado no contrato, com as despesas de salvamento (CC, art. 771, parágrafo único).

10) Pagar, diretamente, ao terceiro prejudicado a indenização por sinistro em caso de seguro de responsabilidade legalmente obrigatório (CC, art. 788; *RT*, *801*:236, *786*:300, *761*:255), como, p. ex., o seguro obrigatório de danos pessoais causados por veículos automotores de vias terrestres

449. A respeito dos direitos e deveres do segurador: Serpa Lopes, *Curso*, cit., p. 389-91; Caio M. S. Pereira, *Instituições*, cit., p. 425-9; W. Barros Monteiro, op. cit., p. 342-4; Sílvio Venosa, *Direito Civil*, cit., n. 3, p. 340; Elcir Castello Branco, Contrato de seguro, cit., p. 503, 504 e 484; Carvalho Santos, op. cit., t. 19, p. 357; Carlos Roberto Gonçalves, *Direito Ci-*

(DPVAT). Nesse sentido tem julgado o STJ: "A indenização decorrente do chamado seguro obrigatório de danos pessoais causados por veículos automotores de vias terrestres (DPVAT) devida à vítima por veículo identificado que esteja com a apólice de referido seguro vencida, pode ser cobrada de qualquer seguradora que opere no complexo" (STJ, 4ª Turma, REsp 200838-GO, rel. Asfor Rocha, *DJ*, 2-5-2000). Se o segurador for demandado em ação direta pela vítima do dano, não poderá opor a exceção de contrato não cumprido pelo segurado, sem promover a citação deste para integrar o contraditório (CC, art. 788, parágrafo único). O Projeto de Lei n. 699/2011 visa alterar esse artigo, propondo a seguinte redação: "Demandado em ação direta pela vítima do dano, o segurador não poderá opor a exceção de contrato não cumprido pelo segurado, cabendo a denunciação da lide para o direito de regresso" (essa

---

vil, cit., p. 490; Silvio Rodrigues, *Direito*, cit., p. 396; Bassil Dower, *Curso moderno de direito civil*, cit., p. 270 e 271; Colin e Capitant, op. cit., v. 2, n. 850; José Augusto Delgado, *Comentários ao novo Código Civil*, Forense, 2004, v. 11, t. 1, p. 177 e 180; Antonio Penteado Mendonça, A responsabilidade da seguradora, *Tribuna do Direito*, set. 2004, p. 10; Mário Moacyr Porto, Contrato de seguro, in *Enciclplédia Saraiva do Direito*, v. 19, p. 509-12; Napoleão Nunes Maia Filho, Exoneração de responsabilidade do segurador, *RDC*, *31*:14; Resolução n. 55/2001 da SUSEP, sobre margem de solvência das sociedades seguradoras (revogada pela Resolução n. 302/2013; Resolução n. 243, de 7 de dezembro de 2011, da SUSEP, que dispõe sobre sanções administrativas no âmbito das atividades de seguro, cosseguro, resseguro, retrocessão, capitalização, previdência complementar aberta, de corretagem e auditoria independente; disciplina o inquérito e o processo administrativo sancionador no âmbito da SUSEP e das entidades autorreguladoras do mercado de corretagem; Súmulas do STF 151 e 257; Código Civil, arts. 1.407, 1.408, 1.425, § 1º, 959, I; *JB*, *165*:240.

Interessante é o seguinte julgado: "Apelação. Indenizatória. Herdeira de segurado que teve seu pedido de resgate do prêmio indeferido por seguradora, apesar de comprovar sua condição de herdeira. Sentença de procedência. Recurso da seguradora pugnando pela reforma da sentença sob alegação de que a autora não comprovou que prestou o aviso de sinistro, de acordo com o que determina o artigo 771 do Código Civil de 2002. Alternativamente, requer a cassação da sentença para que seja prestado o aviso de sinistro para que haja a verificação do dever de indenizar. Desprovimento. O comando legal insculpido no artigo 771 do novo Código Civil é destinado ao segurado e não ao herdeiro beneficiário, daí sua inaplicabilidade no caso em tela. A falta de comunicação do sinistro à seguradora somente gera a isenção da responsabilidade desta, quando comprovado que, acaso houvesse ocorrido o comunicado em tempo hábil, teria ela condições de evitar a eclosão do evento ou de diminuir-lhe as consequências. Desimportante, no caso, a ausência de pedido administrativo para que fosse avaliado o direito da herdeira do segurado receber o prêmio, tendo em vista o princípio da inafastabilidade do Poder Judiciário (art. 5º, inc. XXXV, da CRFB/88). A apelada comprovou o falecimento de seu pai bem como sua condição de herdeira, fazendo jus, assim, ao recebimento do prêmio, na forma do artigo 792 do Código Civil/2002. Recurso conhecido e improvido" (TJRJ, Ap. Cív. 2007.001.04966, rel. Azevedo Pinto, j. 18-4-2007).

proposta, também contida no PL n. 6.960/2002, hoje substituído pelo PL n. 699/2011, foi rejeitada pelo Parecer Vicente Arruda). Com isso, percebe-se que, na verdade, não se tem *exceptio non adimpleti contractus*, pois a seguradora demandada tem apenas o direito de regresso contra o segurado moroso. Deveras, já se decidiu que: "Não pode a seguradora recusar-se a pagar a indenização proveniente de seguro obrigatório, alegando a falta de pagamento do prêmio pelo proprietário do veículo causador do acidente, pois a lei não faz essa exigência, e, além do mais, aquela não terá qualquer prejuízo, pois poderá ingressar com uma ação regressiva" (*RT*, *743*:300).

n.6. Extinção

O contrato de seguro extinguir-se-á[450]:

1º) pelo decurso do prazo estipulado, mas é permitida a recondução ou prorrogação tácita do contrato pelo mesmo prazo, mediante expressa cláusula contratual, que, contudo, não poderá operar mais de uma vez (CC, art. 774); sendo, portanto, vedada a reiterada sucessividade, ante a necessidade de nova avaliação de riscos ou a possibilidade de ter havido, com o passar do tempo, alguma mudança no objeto segurado;

2º) pelo distrato, se ambos os contraentes concordarem em dissolver os vínculos que os sujeitavam (Dec.-Lei n. 73/66, art. 13);

3º) pela resolução por inadimplemento de obrigação legal ou de cláusula contratual que, por ter efeito *ex nunc*, não afetará as situações já consumadas e os riscos verificados;

---

450. Elcir Castello Branco, Contrato de seguro, cit., p. 507 e 508; Orlando Gomes, *Contratos*, cit., p. 521; Serpa Lopes, *Curso*, cit., p. 396 e 397; Carvalho de Mendonça, *Contratos*, cit., v. 2, n. 318; *RT*, *431*:152. Veda-se a inscrição nas apólices de cláusulas que permitam rescisão unilateral dos contratos de seguro ou que subtraiam sua eficácia e validade além das situações previstas em lei (Dec. n. 59.195/66, art. 4º). Enunciado n. 585: "Impõe-se o pagamento de indenização do seguro mesmo diante de condutas, omissões ou declarações ambíguas do segurado que não guardem relação com o sinistro" (aprovado na VII Jornada de Direito Civil). Pelo Enunciado n. 580: "É de três anos, pelo art. 206, § 3º, V, do CC, o prazo prescricional para a pretensão indenizatória da seguradora contra o causador de dano ao segurado, pois a seguradora sub-roga-se em seus direitos" (aprovado na VII Jornada de Direito Civil).

Pela Súmula 229 do STJ, "o pedido do pagamento de indenização à seguradora suspende o prazo de prescrição até que o segurado tenha ciência da decisão".

4º) pela superveniência do risco, porque, então, o contrato deixará de ter objeto e a seguradora pagará o valor segurado. Mas se tal indenização for parcial, o contrato terá vigência apenas pelo saldo da indenização;

5º) pela cessação do risco, em seguro de vida, se o contrato se configurar sob a forma de seguro de sobrevivência;

6º) pela nulidade, que não é causa que extingue o contrato, mas apenas o torna ineficaz por força de lei, como ocorre nos arts. 762, 766 e 768 do Código Civil, e nos arts. 677 e 678 do Código Comercial.

QUADRO SINÓTICO

SEGURO

1. CONCEITO	• Contrato de seguro é aquele pelo qual uma das partes (segurador) se obriga para com a outra (segurado), mediante o pagamento de um prêmio, a indenizá-la de prejuízo decorrente de riscos futuros, previstos no contrato (CC, art. 757).		
2. CARACTERES JURÍDICOS	• É contrato bilateral, oneroso, aleatório, formal, de execução sucessiva, por adesão e de boa-fé.		
3. REQUISITOS	• Subjetivos	• Segurador deve ser pessoa jurídica, devidamente autorizada pelo governo federal para operar no ramo (Dec.-Lei n. 2.063/40, art. 1º; Dec. n. 60.459/67, arts. 42, parágrafo único, e 48; CC, art. 757, parágrafo único). • Segurado deverá ter capacidade civil. • Nem todos poderão ser beneficiários (CC, arts. 793, 550, 1.801, III, 1.814, e 1.818). • Consentimento de ambos os contraentes (Dec.-Lei n. 2.063/40, art. 108). • Não há em regra solidariedade do cossegurador perante o segurado (*RT*, *308*:231), mas pelo CC, art. 761, o segurador-administrador por ser acionado, por representar os demais, tendo ação regressiva contra eles. • Não há vínculo entre o segurado e o órgão ressegurador (Dec.-Lei n. 73/66, art. 64, revogado pela LC n. 126/2007).	
	• Objetivos	• Liceidade e possibilidade do objeto, que é o risco descrito na apólice (CC, arts. 757 e 762). • Valor do objeto deve ser determinado (CC, arts. 778, 789, 766, 782; Dec.-Lei n. 73/66, art. 22; Circular SUSEP n. 34/82 (revogada pela Circular n. 3/84).	
	• Formais	• CC, arts. 759, 760, parágrafo único, 761, 774, 785, §§ 1º e 2º; Dec.-Lei n. 2.063/40, arts. 107 a 110. O seguro é contrato formal, por exigir documento para ser obrigatório.	
4. MODALIDADES	• Classificação	• Quanto às normas que os disciplinam	• Seguro comercial. • Seguro civil: o de dano e o de pessoa (CC, arts. 778 a 802).

4. MODALIDADES	• Classificação	• Quanto ao número de pessoas	• Seguro individual. • Seguro coletivo (CC, art. 801, §§ 1º e 2º).	
		• Quanto ao meio em que se desenvolve o risco	• Seguro terrestre. • Seguro aquaviário (marítimo ou fluvial). • Seguro aéreo.	
		• Quanto ao objeto que visam garantir	• Seguro patrimonial. • Seguro real. • Seguro pessoal.	
		• Quanto à prestação dos segurados	• Seguro a prêmio. • Seguro mútuo. • Seguro misto.	
			• Seguro de ramos elementares.	
		• Quanto às obrigações do segurador	• Seguro de pessoa	• Seguro de vida *stricto sensu*.
				• Seguro contra acidentes: • Seguro contra acidente do trabalho. • Seguro contra acidentes pessoais.
	• Seguro de dano	CC, art. 778 c/c o art. 766 e parágrafo único, e arts. 781, 783, 780, 779, 784 e parágrafo único, 782, 785, §§ 1º e 2º.		
	• Seguro de pessoa	• Conceito	• Seguro de pessoa é o que garante, mediante o prêmio anual que se ajustar, o pagamento de certa soma a determinada pessoa, por morte, incapacidade ou acidente do segurado, podendo estipular-se igualmente o pagamento dessa soma ao próprio segurado, ou terceiro, se aquele sobreviver ao prazo de seu contrato (CC, arts. 794, 798, 799, 791, 796, 790, 793, 795, 802).	

4. MODALIDADES	• Seguro de pessoa	• Espécies	• Seguro de vida inteira com prêmio fixo. • Seguro de vida inteira com prêmios temporários. • Seguro de capital deferido. • Seguro misto. • Seguro sobre duas vidas. • Seguro com participação nos lucros do segurador. • Seguro dotal.
		• Disposições legais	• CC, arts. 789 a 802; CPC, arts. 784, VI, e 833, VI; Dec.-Lei n. 2.063/40, art. 109; Dec.-Lei n. 5.384/43, art. 1º, parágrafo único.
	• Seguro mútuo no Código Civil de 1916	• Conceito	• Seguro mútuo era o contrato pelo qual várias pessoas se uniam por meio de estatutos para dividir danos que cada um podia ter, em razão de certo sinistro.
		• Disposições legais	• Dec.-Lei n. 2.063/40, arts. 14 e s., e 34; Dec.-Lei n. 3.908/41; Dec.-Lei n. 4.608/42 (revogado pelo Dec.-Lei n. 8.934/46); Dec.-Lei n. 4.609/42; Dec.-Lei n. 7.377/45; CC de 1916, arts. 1.466, 1.467, 1.468, 1.469 e 1.470.
5. DIREITOS E OBRIGAÇÕES DO SEGURADO	• Direitos	• Receber a indenização e a reparação do dano, equivalente a tudo aquilo que esteja dentro do risco assumido (CC, art. 757). • Reter os prêmios atrasados e fazer outro seguro pelo valor integral, se o segurador estiver insolvente (Dec.-Lei n. 2.063/40, arts. 139, *c*, e 140; Dec.-Lei n. 73/66, art. 26; Dec. n. 60.459/67, art. 68). • Não ver aumentado o prêmio, embora hajam agravado os riscos assumidos pelo segurador em razão de fato alheio à sua vontade. • Receber reembolso de despesas feitas no interesse da seguradora para diminuir os prejuízos.	

5. DIREITOS E OBRIGAÇÕES DO SEGURADO	• Direitos	• Ser defendido pelo segurador nos casos de responsabilidade civil, cuja reparação esteja a cargo dele. • Abandonar a coisa segura, se entender que o capital segurado lhe é mais conveniente do que a sua recuperação ou indenização parcial. • Exigir revisão do prêmio ou resolução contratual, se a redução do risco for considerável (CC, art. 770).
	• Obrigações	• Pagar o prêmio convencionado (CC, arts. 757 e 764). • Responder pelos juros moratórios (CC, art. 763). • Abster-se de tudo que possa aumentar o risco objeto do contrato (CC, art. 768). • Comunicar ao segurador todo incidente que possa agravar o risco (CC, art. 769, §§ 1º e 2º). • Levar ao conhecimento do segurador a ocorrência do sinistro, assim que souber de sua verificação (CC, art. 771, parágrafo único). • Demonstrar os prejuízos que sofreu com o sinistro. • Ser leal, respondendo com sinceridade as perguntas necessárias à avaliação do risco e ao cálculo do prêmio (CC, arts. 765 e 766). • Abster-se de transacionar com a vítima, com o responsável pelos danos, sem o prévio consentimento do segurador (CC, art. 795).
6. DIREITOS E DEVERES DO SEGURADOR	• Direitos	• Receber o prêmio durante a vigência do contrato. • Isentar-se do pagamento da indenização, se provar dolo do segurado e a ocorrência das hipóteses do CC, arts. 763, 778, 766, 784 e parágrafo único. • Responder exclusivamente pelos riscos que assumiu (CC, art. 776). • Opor, havendo seguro à conta de outrem, ao segurado-beneficiário todos os meios de defesa que tiver contra o estipulante (CC, art. 767). • Sub-rogar-se, se pagar indenização, no direito respectivo contra o autor do sinistro, podendo reaver o que desembolsou (CC, art. 786, §§ 1º e 2º; *RF*, *129*:174, *127*:444; *RT*, *155*:218, *163*:698, *189*:702; Súmula 188 do STF). • Merecer a lealdade do segurado. • Reajustar o prêmio para que este corresponda ao risco assumido (CC, art. 778). • Comunicar ao segurado alterações havidas com o risco ou com a titularidade da apólice. • Exonerar-se de suas responsabilidades no caso do art. 763 do CC.

6. DIREITOS E DEVERES DO SEGURADOR	• Deveres	• Indenizar o segurado quanto aos prejuízos resultantes do risco assumido, conforme as circunstâncias e o valor da coisa segura (CC, arts. 776, 206, § 1º, II). • Aceitar a cessão do seguro e pagar a terceiro a indenização, como acessório da propriedade ou de direito real sobre a coisa segurada. • Pulverizar o risco sob forma de cosseguro e resseguro (Dec.-Lei n. 73/66, art. 4º). • Não reter responsabilidades cujo valor ultrapasse seus limites técnicos (Dec.-Lei n. 73/66, art. 79). • Constituir reservas técnicas, fundos especiais e provisões, para garantia das obrigações assumidas (Dec.-Lei n. 73/66, art. 84). • Cumprir as obrigações provenientes da mora ou da desvalorização da moeda (Lei n. 5.488/68; CC, art. 772). • Restituir em dobro o prêmio recebido, se não houve má-fé do segurado, no caso do art. 773 do CC. • Defender o seguro e tomar as medidas necessárias para eliminar ou diminuir os efeitos maiores do risco, desde que lhe tenha sido comunicado algum fato incidente pelo segurado. • Tomar as providências necessárias assim que souber do sinistro. • Pagar, diretamente, ao terceiro prejudicado a indenização por sinistro em caso de seguro de responsabilidade legalmente obrigatório (CC, art. 788).
7. EXTINÇÃO	• Decurso do prazo estipulado. • Distrato. • Resolução por inadimplemento de obrigação legal ou de cláusula contratual. • Superveniência do risco. • Cessação do risco, em seguro de vida, se o contrato se configurar sob a forma de seguro de sobrevivência. • Pela nulidade, que não é causa extintiva, mas que torna ineficaz o contrato por força de lei, como ocorre no CC, arts. 762, 766 e 768, e no CCom, arts. 677 e 678.	

O. CONSTITUIÇÃO DE RENDA

o.1. Noção geral

Na lição de Clóvis Beviláqua[451], *renda* vem a ser "a série de prestações em dinheiro ou em outros bens, que uma pessoa recebe de outra, a quem foi entregue para esse efeito certo capital". Logo, a *constituição de renda* seria o contrato pelo qual uma pessoa (instituidor ou censuísta) entrega certo capital, em dinheiro, bem móvel ou imóvel, a outra (rendeiro ou censuário), que se obriga a pagar-lhe, temporariamente, renda ou prestação periódica.

Nesse contrato, A transfere a B a propriedade de um capital, por não estar seguro de que vai apurar renda suficiente para a sua sobrevivência; B deverá, então, pagar uma renda, vitalícia ou não, ao próprio instituidor ou a terceiro, que será o beneficiário.

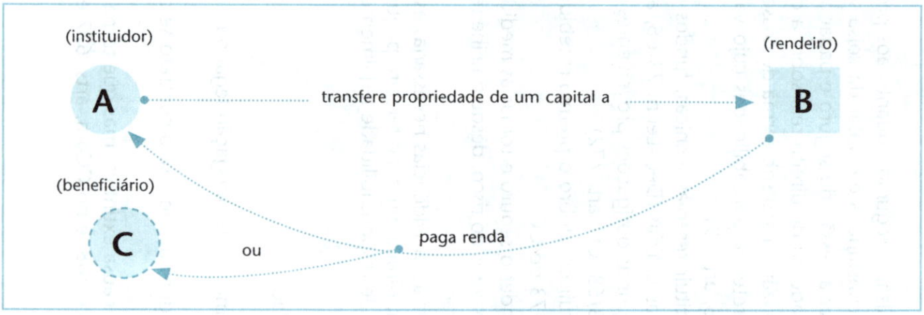

B se comprometerá, portanto, a efetuar uma série de prestações periódicas, em dinheiro ou em outros bens, durante prazo (CC, arts. 803 e 804) certo ou incerto. Será certo, quando o termo final for *dies certus*, e incerto, se relacionado a um fato certo, mas de ocorrência incerta, como é a hipótese do falecimento do beneficiário. Há uma troca de renda por um capital[452].

Percebe-se que esse contrato só se aperfeiçoará com a entrega do capital, dinheiro, bem móvel ou imóvel, que passará a integrar o patrimônio do rendeiro ou censuário, com o dever de pagar prestação periódica, estipulada em favor do instituidor ou de terceiro. Portanto, dois são os seus ti-

451. Clóvis Beviláqua, *Código Civil*, cit., t. 5, p. 173.

452. Orlando Gomes, *Contratos*, cit., p. 495 e 497; Silvio Rodrigues, *Direito*, cit., v. 3, p. 375; Serpa Lopes, *Curso*, cit., v. 4, p. 343; W. Barros Monteiro, op. cit., p. 328; Bassil Dower, *Curso moderno de direito civil*, cit., p. 255; *ADCOAS*, 1982, n. 87.838.

tulares: o *censuário* ou *rendeiro*, que recebe o capital com o encargo de pagar certa renda; é o devedor da renda e o adquirente do capital; e o *censuísta* ou *instituidor*, que entrega o capital e constitui renda em benefício próprio ou alheio; é o credor da renda[453].

o.2. Caracterização jurídica

A constituição de renda é instituto de difícil caracterização jurídica, podendo assumir aspectos diversos conforme o ângulo pelo qual seja examinada, pois[454]:

1º) É um *contrato* que pode ser:

a) *bilateral* ou *unilateral*; será bilateral se ambos os contraentes tiverem direitos e deveres, e unilateral, se só um deles tiver vantagens;

b) *oneroso* ou *gratuito*; será oneroso (CC, art. 804) se gerar benefícios para ambas as partes, caso em que será bilateral, pois haverá uma contraprestação: o instituidor transfere um capital (bens móveis ou imóveis) em troca de uma renda, que deverá ser paga pelo censuário a favor do credor ou de terceiros, podendo, ainda, o credor, ao contratar, exigir que o rendeiro lhe preste garantia real (penhor, hipoteca etc.), ou fidejussória (fiança, caução de títulos de crédito pessoal etc. – CC, art. 805); e gratuito, se se instituir renda por liberalidade, não importando em obrigações correspectivas; o instituidor entrega prestação períodica ao beneficiário, sem nada receber por isso (CC, art. 803);

c) *comutativo* ou *aleatório*; será comutativo se o devedor da renda, ao receber o capital, ficar obrigado a efetuar certo número de prestações por tempo fixo; e aleatório se, sendo oneroso, sua obrigação vier a ultrapassar a vida do devedor, obrigando seus herdeiros até as forças da herança (CC, art. 1.792), mas não a do credor, seja ele o contratante, seja o terceiro, caso em que poderá ser vantajoso ou não para um e outro contraente, uma vez que, sendo incerta a data da morte do rendeiro, ganhará a parte obrigada

---

453. M. Helena Diniz, *Curso*, cit., v. 4, p. 299.

454. Sobre os seus caracteres jurídicos, consulte: Caio M. S. Pereira, *Instituições*, cit., p. 438-40; Espínola, *Sistema*, cit., n. 193; Orlando Gomes, *Contratos*, cit., p. 496 e 497; Serpa Lopes, *Curso*, cit., p. 345, 346, 348 e 349; Colin e Capitant, op. cit., v. 2, ns. 917 e 921; Silvio Rodrigues, *Direito*, cit., p. 375, 377 e 378; Bassil Dower, *Curso moderno de direito civil*, cit., p. 256 e 257; W. Barros Monteiro, op. cit., p. 328 e 329; De Page, op. cit., v. 5, n. 325; Carvalho de Mendonça, *Contratos*, cit., v. 2, n. 345; Clóvis Beviláqua, *Código Civil*, cit., v. 5, p. 175.

a pagar a renda se for curto o período de vida, e perderá, se for longo (CC, art. 806). A aleatoriedade decorre da incerteza em relação à duração da vida do credor da renda;

d) *real*, porque para a sua configuração exige a lei a tradição efetiva do capital, cujo domínio pertencerá ao devedor da renda (CC, art. 809);

e) *temporário* (CC, art. 806); não sendo permitida a sua perpetuidade, deverá ser convencionado por tempo certo ou incerto, isto é, enquanto viver o instituidor ou o beneficiário, caso em que se terá renda vitalícia, que cessará com o falecimento do credor da renda, não se transmitindo a seus herdeiros;

f) *formal*, por se exigir forma especial para a sua celebração; se o capital for imóvel, será necessária a escritura pública, e, além disso, pela sua finalidade impõe-se que se perfaça também por instrumento público, quando se tratar de entrega de capital em dinheiro ou bem móvel (CC, art. 807).

2º) *O capital só poderá consistir em bens móveis, imóveis ou dinheiro* (CC, art. 804).

3º) *A renda apenas poderá ser instituída e mantida em favor de pessoa viva*, sob pena de nulidade. Realmente, reza o Código Civil, no art. 808, que "É nula a constituição de renda em favor de pessoa já falecida, ou que, nos trinta dias seguintes, vier a falecer de moléstia que já sofria, quando foi celebrado o contrato". Logo, doença superveniente não terá o condão de invalidar o contrato, mesmo que se dê o falecimento nesse período legal; o mesmo se diz de velhice ou gravidez que acarretem morte nos subsequentes trinta dias, por não serem tidos como moléstia. Se a renda tiver sido constituída em favor de várias pessoas, e uma delas vier a finar, no momento da celebração do ato negocial, ou dentro de trinta dias, de moléstia de que já era portador, o contrato terá validade relativamente aos demais, que poderão exigir as prestações devidas.

o.3. Modos constitutivos

A constituição de renda pode operar-se[455]:

1º) por *ato "inter vivos"*, isto é, por contrato a título oneroso ou gratuito. Será oneroso se uma das partes der o capital, para que a outra lhe pa-

455. Orlando Gomes, *Contratos*, cit., p. 498; M. Helena Diniz, *Curso*, cit., v. 4, p. 299; W. Barros Monteiro, op. cit., p. 328.

gue uma renda, e gratuito, se o instituidor celebrar contrato, obrigando-se a fornecer prestações periódicas com o intuito de fazer uma liberalidade em benefício do credor da renda, aproximando-se da doação;

2º) por *ato "causa mortis"*, ou seja, por testamento; p. ex.: quando houver um legado de uma pensão por prazo determinado, ficando certo bem de raiz, referido na disposição testamentária, afetado ao seu pagamento. Ou, por outras palavras, quando o testador lega a alguém um bem imóvel com o encargo de pagar, durante certo lapso de tempo, certa renda a determinada pessoa;

3º) por *sentença judicial*, proferida em ação de responsabilidade civil, que condene o réu a prestar alimentos ao ofendido ou a pessoa da família deste, como disciplinam os arts. 948, II, e 950 do Código Civil.

o.4. Efeitos

Uma vez celebrada a constituição de renda[456]:

1º) os bens dados em compensação da renda cairão, desde a tradição, no domínio da pessoa que por aquela se obrigou (CC, art. 809). O rendeiro adquire a propriedade do capital entregue pelo instituidor por meio de tradição (CC, art. 1.267), e, se se tratar de imóvel, pelo registro na circunscrição imobiliária (Lei n. 6.015/73, art. 167, I, n. 8, e CC, art. 1.245);

2º) o rendeiro deverá suportar os riscos da coisa; mesmo que o capital pereça, deverá pagar as prestações periódicas;

3º) o instituidor responsabilizar-se-á pela evicção (CC, art. 447);

4º) o rendeiro ou censuário que não cumprir a obrigação contratual poderá ser acionado pelo credor da renda, para que lhe pague as prestações atrasadas e para que lhe dê garantias das futuras, sob pena de rescisão do contrato (CC, art. 810), voltando as partes ao *statu quo ante*, sem restituição das rendas embolsadas anteriormente pelo credor e dos frutos auferidos pelo devedor. Essas garantias poderão ser, ainda, exigidas, se a situação econômica do rendeiro tornar duvidoso o adimplemento das prestações;

---

456. Caio M. S. Pereira, *Instituições*, cit., p. 440-2; W. Barros Monteiro, op. cit., p. 329-32; Orlando Gomes, *Contratos*, cit., p. 498; Clóvis Beviláqua, *Código Civil*, cit., v. 5, p. 176; Serpa Lopes, *Curso*, cit., p. 351-3; Silvio Rodrigues, *Direito*, cit., p. 379; Bassil Dower, *Curso moderno de direito civil*, cit., p. 257 e 258; Carvalho Santos, op. cit., v. 19, p. 192.

5º) o censuário deverá pagar pontualmente a renda;

6º) o credor poderá exigir o pagamento das prestações e terá direito à renda dia a dia, se a prestação não houver de ser paga adiantada, no começo de cada um dos períodos prefixados (CC, art. 811), como, p. ex., no caso de, sendo anual a renda, terem decorridos 150 dias. Para apurar a quantia devida, dividir-se-á a renda por 365 dias, multiplicando-se o resultado por 150. Mas, se a renda tiver de ser paga no início de cada um dos períodos prefixados, o beneficiário terá direito a toda ela, sem repetição de qualquer parcela, ainda que ocorra o seu falecimento antes do término do período estabelecido. O lapso periódico inicia-se a partir da data do contrato ou do dia estipulado; porém, se a renda tiver sido constituída por ato *mortis causa*, começará a correr com o óbito do testador (CC, art. 1.926). Se as prestações periódicas forem deixadas a título de alimentos, deverão ser pagas no começo de cada período, adiantadamente, sempre que o contrário não dispuser o testador (CC, art. 1.928, parágrafo único);

7º) a renda constituída em benefício de duas ou mais pessoas, sem determinação da parte de cada uma, dá a entender que seus direitos são iguais, e, salvo estipulação diversa, não haverá direito de acrescer entre elas, isto é, não adquirirão os sobrevivos direito à parte dos que falecerem (CC, art. 812). Para que se dê essa substituição, será necessário que os contraentes (instituidor e rendeiro) tenham estipulado que os sobreviventes adquirirão direito à parte dos que morrerem. Mas, se os beneficiários forem marido e mulher, o supérstite recolherá a parte do falecido, mesmo sem cláusula expressa (CC, art. 551, parágrafo único);

8º) a renda constituída por título gratuito poderá, por ato do instituidor, ficar isenta de todas as execuções pendentes e futuras, porque o instituidor nada tem que ver com os credores do favorecido. Essa isenção ou impenhorabilidade existirá de pleno direito em favor dos montepios e pensões alimentícias (CC, art. 813 e parágrafo único; CPC, art. 833, I). Se for constituída a renda a título oneroso, impossível será a isenção da penhora, logo, não terá validade qualquer cláusula contratual que libere a renda de execução por dívida presente ou futura do instituidor.

Outrora a renda vinculada a um imóvel constituía direito real, de acordo com o estabelecido nos arts. 749 a 754 do Código Civil de 1916. A renda convencional se diferenciava da real porque: *a*) na convencional, apenas o rendeiro e seus herdeiros respondiam pelo pagamento, ao passo que, na real, o adquirente do prédio, alienado pelo rendeiro, também respondia pelo pagamento; *b*) na convencional, a impontualidade do devedor autorizava o credor a cobrar-lhe as prestações e a garantir as futuras, e, na real, o próprio prédio podia ser excutido; *c*) na convencional não havia direito de resgate, que era próprio da real.

O Código Civil vigente não contempla a renda constituída sobre imóvel no rol dos direitos reais (art. 1.225).

o.5. Causas extintivas

Extinguir-se-á a constituição de renda[457]:

1º) pela expiração do prazo estipulado;

2º) pela morte do beneficiário, se a constituição de renda for vitalícia; mas, se o devedor falecer antes dele, sua obrigação transmitir-se-á a seus herdeiros até as forças da herança;

3º) pelo falecimento do devedor, se a renda foi constituída para a vida dele; se o credor morrer antes do devedor, seus herdeiros apenas terão direito à renda, até que se verifique o termo fixado;

4º) pela rescisão do contrato, no caso do art. 810 do Código Civil;

5º) pela declaração de ausência do credor;

6º) pela inoficiosidade, se a constituição de renda for a título gratuito (CC, arts. 549 e 1.846);

7º) pelo implemento de condição resolutiva;

8º) pelo perecimento ou destruição do imóvel a que a renda estiver vinculada, exceto se houver sub-rogação no valor do seguro pago;

9º) pela aquisição do imóvel vinculado pelo credor da renda, caso em que se operará a confusão ou consolidação, confundindo-se numa só pessoa as qualidades de credor e devedor;

10) pela caducidade, por motivo de morte do beneficiário antes da constituição ou nos trinta dias seguintes, devido a moléstia preexistente;

11) pela renúncia, se credor e devedor entenderem ser melhor para seus interesses pôr termo ao direito;

12) pela falência ou insolvência do devedor da renda;

13) pela execução judicial do prédio gravado;

14) pela compensação, pois o direito a certas prestações poderá extinguir-se se o devedor da renda invocá-la;

---

457. Serpa Lopes, *Curso*, cit., p. 353 e 354; Bassil Dower, *Curso moderno de direito civil*, cit., p. 258 e 259; Caio M. S. Pereira, *Instituições*, cit., p. 442 e 443; M. Helena Diniz, *Curso*, cit., v. 4, p. 301 e 302; De Page, op. cit., n. 344; Orlando Gomes, *Contratos*, cit., p. 498 e 499.

15) pela prescrição, deixando escoar prazo de três anos para mover ação atendendo à pretensão de receber prestações vencidas de rendas temporárias e vitalícias (CC, art. 206, § 3º, II).

Quadro Sinótico

CONSTITUIÇÃO DE RENDA

1. NOÇÃO GERAL	• A constituição de renda é o contrato pelo qual uma pessoa (instituidor ou censuísta) entrega certo capital, em dinheiro, bem móvel ou imóvel, a outra (rendeiro ou censuário), que se obriga a pagar-lhe, temporariamente, renda ou prestação periódica.
2. CARACTERIZAÇÃO JURÍDICA	• É um contrato que pode ser bilateral ou unilateral; oneroso ou gratuito; comutativo ou aleatório; real; formal; temporário. • O capital só poderá consistir em imóveis, móveis ou dinheiro (CC, art. 804). • A renda apenas poderá ser instituída em favor de pessoa viva (CC, art. 808).
3. MODOS CONSTITUTIVOS	• Ato *inter vivos*, a título oneroso ou gratuito. • Ato *causa mortis*. • Sentença judicial.
4. EFEITOS	• CC, arts. 809, 1.267, 1.245, 447, 810, 811, 1.926, 1.928, 812, 551, parágrafo único, 813, parágrafo único; CPC, art. 833, I.
5. CAUSAS EXTINTIVAS	• Expiração do prazo convencionado. • Morte do credor ou do devedor da renda, se vitalícia. • Rescisão contratual nos casos do CC, art. 810. • Declaração de ausência do credor. • Inoficiosidade (CC, arts. 549 e 1.846). • Implemento de condição resolutiva. • Destruição do imóvel. • Confusão ou consolidação. • Caducidade. • Renúncia. • Falência ou insolvência do devedor da renda. • Execução judicial do prédio gravado. • Compensação. • Prescrição (CC, art. 206, § 3º, II).

P. Jogo e aposta

p.1. Conceito de jogo e aposta

Jogo e aposta são contratos regulados pelos mesmos dispositivos legais do Código Civil (arts. 814 a 817), apesar de serem distintos. Realmente, ambos são contratos, por pressuporem a intervenção de duas ou mais pessoas, que se obrigam a pagar certa soma ou a entregar determinado bem, uma à outra, conforme o resultado incerto de um evento, consistente em atividade a ser exercida pelos contraentes ou por outros indivíduos, ou em fatos existentes ou por existir[458]. São contratos aleatórios, devido à incerteza, pois a prestação está sujeita a uma álea[459].

---

458. Orlando Gomes, *Contratos*, cit., p. 523; Valsecchi, Il giuoco e la scommessa, in Cicu e Messineo, op. cit.; Serpa Lopes, *Curso*, cit., p. 415; Márcio Martins Bonilha, Contratos de jogo e Aposta, in *Contratos nominados* (coord. Cahali), São Paulo, Saraiva, 1995, p. 309-46; Roberto Senise Lisboa, *Manual*, cit., v. 3, p. 219-21; Silvio Luís Ferreira da Rocha, *Curso*, cit., v. 3, p. 385 a 393.

459. De Page, op. cit., v. 5, p. 272 e 282; Baudry-Lacantinerie e Wahl, *Dei contratti aleatori*, n. 12 a 171; Carvalho de Mendonça, *Contratos*, cit., v. 2, n. 359; Funaioli, Il giuoco e la scommessa, in Vassali, *Trattato di diritto civile*, UTET, 1950, v. 9; Serpa Lopes, *Curso*, cit., p. 416; Caio M. S. Pereira, *Instituições*, cit., p. 446; Troplong, *Des contrats aléatoires*, n. 43; Lei das Contravenções Penais, arts. 50 a 58; Decreto-Lei n. 6.259/44; Resolução n. 17/2009 (revogada pela Res. n. 18/2009) do Conselho de Controle de Atividade Financeira (COAF), sobre loteria; Lei n. 12.869/2013, com alteração da lei n. 13.177/2015 (sobre regime de permissão lotérica); Leis n. 9.092/95, 9.615/98, arts. 6º, IV, 8º, 9º e 10 e o art. 56, VI, § 1º, com a redação da Lei n. 13.146/2015, e Dec. n. 2.574/98 (revogado pelo Dec. n. 5.000/2004), arts. 9º a 11, sobre loteria esportiva; Lei n. 6.717/79 e *RJM*, *31*:81, sobre loto; Circular n. 60/95 da Diretoria Comercial da Caixa Econômica Federal, sobre condições gerais de permissão e de fiscalização de permissões lotéricas – atualmente sobre a matéria Circular n. 209/2011; Circulares n. 614/2013 e n. 621/2013, da Caixa Econômica Federal, sobre Regulamentação de Permissões Lotéricas; Lei n. 12.869/2013, com alteração da Lei n. 13.177/2015 sobre regime de permissão lotérica; Lei n. 5.768/71, sobre distribuição de prêmio mediante sorteio; Decreto-Lei n. 204/67, quanto ao sorteio para financiamento de empreendimentos sociais, religiosos, educativos e filantrópicos; Instrução Normativa n. 309/2003 da Secretaria da Receita Federal sobre apreensão de máquinas eletrônicas programadas para exploração de jogos de azar importados do exterior; Circular n. 719/2016: Loto III; Quina e Loto V; Mega-Sena e Loto VIII; Lotomania, Loto IX, Loto XII e Dupla Sena; Circular n. 678/2015 da Vice-Presidência de Transferência da Caixa Econômica Federal sobre regulação das Loterias de Prognósticos Esportivos: Loto X; Loteca; Loto XI e Lotogol; Circulares n. 514/2010, 546/2011, 579/2012, 677/2015 e 709/2016 da Vice-Presidência de Transferência de Benefícios da Caixa Econômica Federal sobre regulação das loterias de números: Loto III; Quina; Loto V; Mega-Sena; Loto VIII; Lotomania; Loto IX; Dupla Sena; Loto XII; Lotofácil; Portaria n. 51/2008 (com alterações das Portarias n. 116/2015 e n. 24/2016 da SEAE) da Secretaria de Acompanhamento Econômico sobre a execução de alterações nas loterias de prognósticos numéricos (Quina, Dupla Sena e Mega-Sena) pela Caixa Econômica Federal; Portaria n. 41/2016 da Secretaria de Acompanhamento Econômico altera regulamento da modalidade lotérica de prognósticos numéricos de denomi-

São, contudo, bem diversos, pois *jogo* é o contrato em que duas ou mais pessoas prometem, entre si, pagar certa soma àquela que conseguir um resultado favorável de um acontecimento incerto, ao passo que *aposta* é a convenção em que duas ou mais pessoas de opiniões discordantes sobre qualquer assunto prometem, entre si, pagar certa quantia ou entregar determinado bem àquela cuja opinião prevalecer em virtude de um evento incerto[460]. No jogo há participação ativa dos contraentes, da qual dependerá o resultado, ou seja, o ganho ou a perda, enquanto na aposta o acontecimento dependerá de ato incerto de terceiro ou de fato independente da vontade dos contraentes, que robustecerá uma opinião. P. ex.: dois lutadores de boxe disputam uma partida; dois espectadores efetuam uma aposta, estabelecendo que ganhará determinada quantia o que previr quem será o vencedor da competição esportiva[461].

p.2. Espécies de jogo

A maioria dos autores entende que não há que se distinguir entre jogos lícitos ou ilícitos. Os jogos serão lícitos quando permitidos por lei, porém lícitos na seara penal, uma vez que sob o prisma obrigacional terão caráter ilícito, negando a lei civil qualquer ação para a cobrança de débitos de jogo (*RT*, *457*:126). Entretanto, nossos juízes e tribunais e uma parte da doutrina têm entendido ser indispensável a distinção entre jogos proibidos, tolerados e autorizados, pois estes últimos dão origem a negócios jurídicos inteiramente válidos. Portanto, os jogos podem ser[462]:

---

nação Dupla-Sena; Portaria n. 3/2012 da Secretaria de Acompanhamento Econômico do Ministério da Fazenda sobre loteria de prognósticos numéricos chamada Lotofácil sobre Timemania; Circular Caixa n. 519/2010. Sobre reajuste de preços de produtos lotéricos: Portaria n. 74/2015 da Secretaria de Acompanhamento Econômico do Ministério da Fazenda. Sobre atividade lotérica: STF, ADI 17373/2011. A Circular n. 745/2017 da Caixa Econômica Federal regulamenta as permissões lotéricas.

Vide: Decreto n. 9.155/2017, sobre a inclusão no Programa Nacional de Desestatização – PND do serviço público de Loteria Instantânea Exclusiva – LOTEX, instituído pela Lei n. 13.155/2015, e da Caixa Instantânea S.A. *Vide*: Resolução n. 16/2017 (com alteração da Res. n. 22/2017) do Conselho do Programa de Parcerias de Investimentos da Presidência da República (com alteração da Res. n. 22/2017), que dispõe sobre o processo de desestatização do serviço público de Loteria Instantânea Exclusiva (LOTEX). Consulte: Lei n. 13.756/2018 sobre destinação do produto da arrecadação das loterias.

460. Baudry-Lacantinerie e Wahl, op. cit., n. 12; Caio M. S. Pereira, *Instituições*, cit., p. 446; Funaioli, op. cit., n. 2, p. 19; W. Barros Monteiro, op. cit., p. 351; Silvio Rodrigues, *Direito*, cit., p. 404.

461. W. Barros Monteiro, op. cit., p. 351; Orlando Gomes, *Contratos*, cit., p. 524 e 525; Mazeaud e Mazeaud, *Leçons*, cit., v. 3, n. 1.613; Enneccerus, Kipp e Wolff, op. cit., v. 2, t. 2, p. 450.

462. Caio M. S. Pereira, *Instituições*, cit., p. 450-3; W. Barros Monteiro, op. cit., p. 352, 355 e 356; De Page, op. cit., ns. 307 e 308; Orlando Gomes, *Contratos*, cit., p. 525-31; Silvio

Rodrigues, *Direito*, cit., p. 405 e 408; Serpa Lopes, *Curso*, cit., p. 424-7 e 429; Clóvis Beviláqua, *Código Civil*, cit., v. 5, p. 231; M. Helena Diniz, *Curso*, cit., v. 2, p. 64-5; Ricci, *Corso tecnico-pratico di diritto civile*, v. 9, n. 170; Giorgi, *Teoria delle obbligazioni*, v. 3, n. 358; Celso R. Bastos, Dos jogos de bingo por máquinas no País, *Rev. de Direito Constitucional e Internacional*, *31*:74 e 89; *RT*, *390*:359, *395*:165, *520*:223. O bingo era permitido no Brasil (a Medida Provisória n. 168/2004, que o vedava e proibia jogos em máquinas eletrônicas "caça-níqueis", foi arquivada pelo Senado) e devia ser explorado, permanente ou eventualmente, por entidades de administração e de prática desportiva credenciadas pela União, junto ao INDESP (arts. 74 e 75, 84 a 93 do Decreto n. 2.574/98 (ora revogado pelo Decreto n. 5.000/2004) – os arts. 75 a 105 desse Decreto já haviam sido revogados pelo Dec. n. 3.659/2000), por preencherem os requisitos dos arts. 62 e 63 da Lei n. 9.615/98, desde que pagassem a taxa de autorização do bingo e angariassem recursos para o fomento do desporto (arts. 10, com a redação da Lei n. 11.118/2005, e 60 a 63 da Lei n. 9.615/98 – revogados pela Lei n. 9.981/2000) e prestassem contas semestralmente ao Poder Público da aplicação desses recursos (art. 70, parágrafo único, da Lei n. 9.615/98 – revogados pela Lei n. 9.981/2000). Sobre bingo consulte, ainda, Lei n. 9.981/2000, arts. 3º e 4º; *RT*, *652*:140; Decreto n. 981/93 (arts. 40 a 48), ora revogado pelo Decreto n. 2.574/98 que, com o Decreto n. 5.000/2004, perdeu a vigência; Parecer n. 78/94 da JUCESP, sobre arquivamento de contrato social em que a empresa visava a promoção de modalidade loteria bingo; Portarias n. 3/2000 e 37/2000 do INDESP, sobre suspensão de análise de pedidos novos de credenciamento e autorização para jogos de bingo permanente; Portarias n. 104/98, 118/98, 43/99, 45/99, 49/99, 40/2000 do INDESP; *RT*, *652*:140. A Comissão da Câmara aprovou Projeto de Lei que visa liberar bingos e caça-níqueis no Brasil. Sobre bingo eletrônico: art. 74 do Decreto n. 2.574/98 (ora revogado pelo Decreto n. 5.000/2004), alterado pelo Decreto n. 3.214/99 (também revogado pelo Decreto n. 5.000/2004), que proíbe os caça-níqueis eletrônicos, não mais sendo permitida a instalação de máquinas eletrônicas programadas para exploração de bingo, e Portaria n. 104/98 do INDESP. Sobre jogo e aposta: *RT*, *389*:142, *403*:166, *390*:359, *395*:165, *426*:253, *518*:216, *520*:223, *467*:217, *653*:119, *595*:158, *620*:94, *696*:199, *693*:211, *670*:94, *794*:381; *RJTJSP*, *127*:120; *Ciência Jurídica*, *56*:70, *61*:92. *Vide* Decreto n. 2.290/97, que regula o art. 5º, VIII, da Lei n. 8.313/91 e estabelece que 1% da arrecadação bruta dos concursos de prognósticos e loterias federais seja destinado ao Fundo Nacional de Cultura; Lei n. 11.186/2005 que revoga a MP n. 249/2005 sobre concurso de prognóstico destinado ao desenvolvimento da prática desportiva e a participação de entidades desportivas da modalidade futebol nesse concurso; Lei n. 11.345/2006 sobre instituição de concurso de prognóstico destinado ao desenvolvimento da prática desportiva, a participação de entidades desportivas da modalidade futebol nesse concurso e o parcelamento de débitos tributários e para com o FGTS e altera as Leis n. 8.212/91 e 10.522/2002; Circulares n. 112/97 e 197/2000 (revogada pela Circ. n. 209/2001) da Caixa Econômica Federal sobre loteria; Circular n. 342/2005 da Caixa Econômica Federal sobre permissões lotéricas; Circular n. 705, de 4 de janeiro de 2016 da Caixa Econômica Federal sobre regulação das loterias de números: Loto III – Quina / Loto V – Mega-Sena / Loto VIII – Lotomania / Loto IX – Dupla Sena / Loto XII – Lotofácil e Circular n. 707/2016 da Caixa Econômica Federal relativa à regulação da loteria de prognóstico específico sobre o resultado de sorteios de números e de entidades de prática desportiva: Loto XIII – Timemania. Sobre Timemania: Lei n. 11.345/2006, regulamentada pelo Decreto n. 6.187/2007, alterado pelo Decreto n. 6.912/2009; Portaria n. 1.024/2007, com alteração da Portaria n. 1.106/2009 da Procuradoria Geral da Fazenda Nacional; Portaria n. 2.965/2011 do Ministério da Saúde sobre transferência de recursos arrecadados por meio da Timemania destinados a entidades de saúde sem fins econômicos e às de reabilitação de portadores de deficiência física; Portaria n. 43/2009 da Secretaria de Acompanhamento Econômico autoriza a Caixa Econômica Federal a executar alterações na Loteria de Prognósticos Numéricos denominada Mega-Sena.

1º) *Proibidos ou ilícitos*, se o ganho ou a perda depender de sorte, como o jogo do bicho (Dec.-Lei n. 6.259/44, art. 58; STJ, Súmula 51), a aposta sobre corrida de cavalo fora do hipódromo, a roleta, o bacará, a víspora, o jogo de dados, o campista, a máquina *Fichet*, o *pif-paf*, o sete-e-meio (Dec.-Lei n. 9.215/46). Tais jogos de azar são incriminados no art. 50 do Decreto-Lei n. 3.688/41 (Lei das Contravenções Penais). Quem perder não terá o dever de pagar, e se pagar não poderá repetir o indébito. Os contratos realizados para facilitar o jogo proibido são nulos, como, p. ex., o mútuo para jogo. Logo, o mutuante não poderá exigir o reembolso do que emprestou ao jogador, e, se este não lhe pagar, não poderá ingressar em juízo para cobrá-lo. As dívidas de jogo resultam, portanto, não só de importância perdida no jogo, mas também de empréstimos feitos ao jogador, pois dispõe o Código Civil, art. 815: "Não se pode exigir reembolso do que se emprestou para jogo ou aposta, no ato de apostar ou jogar".

2º) *Tolerados*, se o resultado não depender exclusivamente da sorte, mas da habilidade dos jogadores, como o *bridge*, a canastra, o pôquer, o truco etc. Não constituem contravenções penais, porém a ordem jurídica não lhes regula os efeitos, por não passarem de diversão sem utilidade, constituindo vícios que merecem repressão; por isso, não poderá o credor exigir o pagamento de dívida resultante da perda, negando-se a *repetitio* ao perdedor que pagar (*RT*, *212*:186).

3º) *Autorizados ou lícitos*, se visarem a uma utilidade social, trazendo proveito a quem os pratica, incrementando a destreza, a força, a coragem ou a inteligência (como p. ex. o futebol, o golfe, o tênis, o boxe, o xadrez, o damas, o bilhar, as corridas automobilísticas, de bicicleta ou a pé); estimulando atividades econômicas de interesse geral, como, p. ex., a criação nacional de cavalos de raça, em se tratando de turfe ou trote, ou pelo benefício que deles aufere o Estado, empregando parte de seu resultado na realização de obras so-

---

Vide Lei n. 13.756/2018 sobre destinação do produto da arrecadação das loterias e sobre promoção comercial e a modalidade lotérica denominada apostas de quota fixa. STF, Súmula Vinculante n. 2: É inconstitucional a lei ou ato normativo estadual ou distrital que disponha sobre sistemas de consórcios e sorteios, inclusive bingos e loterias.

Precedentes: ADI 2.847/DF, rel. Min. Carlos Velloso, *DJ*, 26-11-2004; ADI 3.147/PI, rel. Min. Carlos Britto, *DJ*, 22-9-2006; ADI 2.996/SC, rel. Min. Sepúlveda Pertence, *DJ*, 29-9-2006; ADI 2.690/RN, rel. Min. Gilmar Mendes, *DJ*, 20-10-2006; ADI 3.183/MS, rel. Min. Joaquim Barbosa, *DJ*, 20-10-2006; ADI 3.277/PB, rel. Min. Sepúlveda Pertence, *DJ*, 25-5-2007.

Sobre aposta: Instrução Normativa do Ministério da Agricultura, Pecuária e Abastecimento n. 48/2008 relativa ao Regulamento do Plano Geral de Apostas em hipódromos.

ciais ou eventos desportivos, como no caso das loterias federais; ou angariando recursos para o fomento do desporto, como, p. ex., sucedia com o bingo (Leis n. 9.615/98, arts. 59 a 81, revogadas pela 9.981/2000, arts. 2º, 3º e 4º, e 10.264/2001, que alterou o art. 56 da Lei n. 9.615/98; Decreto n. 3.695/2000; Circular n. 210/2001 da CEF; e Portarias n. 104/98 e 118/98 do INDESP (sendo que com a extinção do INDESP pela MP n. 2.049-24/2000 há entendimento de que perderam efeito); Decreto n. 5.000/2004, proibido pela Medida Provisória n. 168/2004, ora arquivada pelo Senado – hoje há Projeto de Lei, aprovado pela Câmara, sobre liberação de bingos). Por estarem autorizados, quem os vencer terá, segundo alguns autores, dentre eles Orlando Gomes, ação para receber o crédito, pois os ajustes por ele celebrados terão amparo legal. O contrato de jogo autorizado tem seus efeitos regulados por lei especial, conferindo direito de crédito aos jogadores favorecidos pela sorte, de modo que a dívida poderá ser cobrada judicialmente. Em que pese tal opinião, outra corrente de juristas, representada por Silvio Rodrigues e Washington de Barros Monteiro, entende que, para efeitos civis, o fato de se tratar ou não de jogo permitido é irrelevante, pois, seja qual for a espécie de jogo, a lei lhe nega o principal efeito, isto é, a exigibilidade da perda sofrida pelo vencido.

Os concursos de prognósticos, chamados bolos esportivos, se relacionados com jogos socialmente úteis, são civilmente lícitos, porém as apostas sobre competições esportivas são contravenções penais.

Serão lícitos, por não serem considerados jogos, os sorteios para dirimir questões, judiciais ou extrajudiciais, ou dividir coisas comuns, que serão tidos como sistema de partilha ou processo de transação, conforme o caso (CC, art. 817). Ter-se-á partilha se os herdeiros desavindos, pretendendo o mesmo quinhão, confiam à sorte a decisão de seus desentendimentos. Haverá transação se as partes resolverem entregar à sorte a solução de suas pendências; p. ex.: se dois condôminos disputam a adjudicação do mesmo lote de terras, poderão recorrer ao sorteio para dirimir a divergência. Além do mais, o próprio direito, em várias situações, lança mão do sorteio, como, p. ex., no júri, para formar o conselho de sentença (CPP, art. 447); no julgamento dos feitos em segunda instância, para escolher o relator (CPC, art. 930); nos casos do Código Civil, arts. 858 e 859, § 3º.

p.3. Contratos diferenciais

As disposições dos arts. 814 e 815 do atual Código Civil não se aplicam aos contratos diferenciais, isto é, aos contratos sobre títulos de bolsa, mercadorias ou valores, negócios a termo em que se estipulem a liquidação exclusivamente pela diferença entre o preço ajustado e a cotação que eles tiverem no vencimento do ajuste (CC, art. 816). Será lícita a compra e venda quando a fixação do preço for deixada ao sabor da cotação, embora o contrato seja nulo se não tiver por objeto a entrega de bens ou valores (*RT*, *648*:76, *630*:118, *510*:146, *130*:130; *RF*, *97*:83). Nos contratos diferenciais há liquidação pelo pagamento da diferença entre o preço estipulado e a cotação do bem vendido no dia do vencimento, porque, neste caso, as partes estarão especulando sobre a cotação, convertendo a oscilação do mercado, que é um fenômeno econômico, em álea pura, em que arriscam. Se o preço subir, ganhará o comprador, pois o vendedor será obrigado a pagar a diferença. Se baixar, ganhará o vendedor, que fará jus à diferença. P. ex.: se um comprador de café ou de títulos para entrega daqui a seis meses não estiver interessado nessas mercadorias, mas na sua especulação em termos de alta ou baixa cotação, liquidando-se a relação jurídica pelo recebimento da diferença por aquela parte que perder na oscilação do mercado. Washington de Barros Monteiro nos dá o seguinte exemplo: suponha-se que, por intermédio de um corretor, duas pessoas entabulem o seguinte negócio: uma delas se obriga a entregar, em tal dia, tantos títulos da dívida pública, pelo valor de R$ 1.050,00 cada, sendo de R$ 1.000,00 o seu valor nominal, e a outra aceita a proposta. Chega o dia aprazado e nessa data os títulos negociados valem R$ 1.030,00, ou R$ 1.080,00. No primeiro caso, o vendedor irá adquirir na bolsa os títulos prometidos à razão de R$ 1.030,00, para transferi-los ao outro contraente por R$ 1.050,00, que é o preço convencionado, ganhando R$ 20,00 por título. No segundo caso, terá de adquiri-los no mercado por R$ 1.080,00, para entregá-los ao comprador por R$ 1.050,00, com perda de R$ 30,00 por título. Na primeira hipótese, ao ganho do vendedor corresponde uma perda do comprador, e, na segunda, ao ganho deste corresponde uma perda daquele. Não se terá uma operação comercial, mas um "jogo" de valores por haver sempre um risco e a possibilidade de ter, de um lado, alguém que perde e, de outro, quem aufere vantagem ou lucro; ter-se-á, na verdade, um negócio fictício, por inexistir vontade de alienar ou de adquirir os efeitos, pretendendo-se unicamente ganhar a diferença, de modo que, se o contratante, em razão da alta ou da baixa no mercado, não obtiver a diferença que ganhou, poderá recorrer aos tribunais para consegui-la[463], visto ser lícito aquele negócio, pois a praxe bolsista o converte em operação corrente, e seus efeitos decorrem de lei.

---

463. Caio M. S. Pereira, *Instituições*, cit., p. 450; Silvio Rodrigues, *Direito*, cit., p. 407; W. Barros Monteiro, op. cit., p. 354 e 355; Orlando Gomes, *Contratos*, cit., p. 531 e 532; Felice Tedeschi, *Dei contratti di borsa detti differenziali*, p. 6; Rodolfo Araújo, Contrato diferencial, *RF*, *112*:114; Messineo, Gli affari differenziali impropri, *Rivista di Diritto Commerciale*, *2*:677, 1930; Maria Helena Diniz, *Tratado teórico e prático dos contratos*, São Paulo, Saraiva, 2002, v. 1, p. 417 a 435. Sobre a Bolsa de Valores consulte: Resoluções n. 39/66 e 76/67, do BACEN – atualmente rege a matéria as Resoluções BACEN n. 1.655/89 e 1.120/86 e Leis n. 4.728/65, 6.385/76 e 6.604/76.

p.4. Consequências jurídicas do jogo e da aposta

Na seara do direito civil[464]:

1º) Todas as espécies de jogos, lícitos ou ilícitos, não obrigam a pagamento, de modo que ninguém poderá ser demandado por débito de jogo ou aposta (CC, art. 814), visto ser inexigível (*RT, 457*:126, *494*:197; *Ciência Jurídica, 61*:92). Os títulos emitidos para garantir pagamento de aposta não poderão ser cobrados (*RT, 168*:649, *244*:554, *520*:223). Nosso Código Civil não considera o jogo e a aposta como atos jurídicos exigíveis, por serem vícios moralmente condenáveis, economicamente desastrosos (CC, art. 166, II; *RTJ, 59*:482). Desse modo, ninguém poderá ser demandado por dívida de jogo ou aposta, porque a lei os considera atos ilícitos, por não desejar premiar a torpeza do que perde, protegendo-o, mas punir o jogador que ganha. Não criam, portanto, tais obrigações quaisquer direitos, tornando inexigíveis judicialmente os débitos delas originários (*RT, 494*:197).

Excepcionalmente, ante sua regulamentação legal, destinada a incrementar a criação de cavalos de raça, nossa lei (CC, art. 814, § 2º) e jurisprudência têm admitido que se possam exigir judicialmente prêmios obtidos em jogo no turfe (*RT, 488*:126; *RF, 109*:74; *AJ, 96*:101). Realmente, prescreve o art. 814, § 2º, do Código Civil: "O preceito contido neste artigo tem aplicação, ainda que se trate de jogo não proibido, só se excetuando os jogos e apostas legalmente permitidos". É preciso esclarecer ainda que nossos tribunais têm entendido que o art. 814, § 3º, do Código Civil não incide sobre a loteria esportiva (*RT, 506*:141): "Excetuam-se, igualmente, os prêmios oferecidos ou prometidos para o vencedor em competição de natureza esportiva, intelectual ou artística, desde que os interessados se submetam às prescrições legais e regulamentares", por não serem consideradas como dívida de jogo as obrigações delas decorrentes. Regulamentação de jogo carteado em clube não derroga as normas da lei civil (*RT, 540*:134).

---

464. Bonfante, Le obbligazioni naturali e il debito di giuoco, in *Scrittii varii*, cit., v. 3, p. 41-103; Enneccerus, Kipp e Wolff, op. cit., p. 453; W. Barros Monteiro, op. cit., p. 352-4; Rodriguez A. Bustamante, *La obligación natural*, Madrid, Reus, 1953, p. 45; Orlando Gomes, *Contratos*, cit., p. 528; Serpa Lopes, *Curso*, cit., p. 417 e 421-4; Bassil Dower, *Curso moderno de direito civil*, cit., p. 278-80; Valsecchi, op. cit., ns. 31 a 33; Silvio Rodrigues, *Direito*, cit., p. 405-7; Caio M. S. Pereira, *Instituições*, cit., p. 447-9; João Luís Alves, op. cit., p. 1060; M. Helena Diniz, *Curso*, cit., v. 2, p. 64-6, 245 e 246; Ligeropoulo, *Le problème de fraude à la loi*, p. 31, 38 e 60; Giorgi, op. cit., v. 3, n. 358. É proibida a venda a menores de bilhetes lotéricos e equivalentes (art. 81, VI, da Lei n. 8.069/90) e a sua entrada e permanência em estabelecimentos que explorem jogos e apostas (art. 80). Sobre jogo de videopôquer: *JB, 141*:268.

2º) Limita-se a eficácia do jogo e da aposta à impossibilidade de repetição. Assim, se dívida de jogo ou proveniente de aposta for paga voluntariamente, não mais se poderá recobrar o que se pagou (CC, art. 814). Ter-se-á a retenção, pelo credor, do que lhe foi pago pelo devedor, de modo que o devedor não poderá reaver o que pagou (*AJ*, *98*:367).

3º) Haverá direito à repetição se a dívida de jogo foi ganha com dolo, castigando-se, assim, o desonesto, e se o perdente for menor de idade ou interdito (CC, art. 814, *in fine*), pois nestas hipóteses o perdente não tem livre consentimento, por lhe faltar discernimento. Assim, somente poderá ser recobrada a quantia paga se obtida por dolo ou se o perdente for incapaz.

4º) Não se pode admitir contrato que envolva reconhecimento, novação ou fiança de dívida de jogo (CC, art. 814, § 1º; *RT*, *518*:216), sob pena de nulidade; daí a inadmissibilidade de sua cobrança judicial. Bastante controvertido é o problema de se saber se a obrigação natural é suscetível de novação. Os juristas franceses, dentre eles Larombière, Baudry-Lacantinerie e Barde, Demolombe e Planiol, admitem que tal obrigação pode ser objeto de novação. Entre nós, assim pensam, dentre outros, Serpa Lopes, que admite novação de obrigação natural, desde que ela não seja oriunda de uma causa ilícita; Silvio Rodrigues, para quem a obrigação natural é mais do que um simples dever moral, pois a própria lei tem como válido o seu pagamento, tanto que não admite repetição (CC, art. 882); sendo assim, as partes podem nová-la e a nova obrigação, extinguindo a anterior, é jurídica e exigível, e José Soriano de Souza Neto, que a entende admissível devido à possibilidade da prescrição ser renunciada (CC, art. 191), podendo-se ter, segundo ele, na novação de uma dívida prescrita, uma renúncia tácita à prescrição já consumada, aos quais nos filiamos.

Dentre os nossos civilistas, contestam a referida possibilidade: Washington de Barros Monteiro, porque as obrigações naturais são insuscetíveis de pagamento compulsório; Clóvis Beviláqua, para quem tais obrigações não constituem deveres jurídicos, mas morais, de maneira que, a seu ver, os interessados poderão obrigar-se civilmente, se quiserem, porém tal operação constitui criação de vínculo jurídico originário e não novação, e Carvalho de Mendonça, que também entende que essas obrigações não podem ser objeto de novação.

Esse tipo de obrigação também não comporta fiança, pois esta não pode existir sem uma obrigação civil válida.

5º) A nulidade de negócio jurídico realizado em função de jogo e de aposta não poderá ser oposta ao terceiro de boa-fé (CC, art. 814, § 1º, 2ª alínea), absolutamente alheio ao jogo e à aposta, isto é, que não tem qualquer interesse no resultado do jogo ou da aposta, desconhecendo até mesmo a origem da dívida (*RT*, *134*:151, *187*:673, *169*:694, *198*:222; *AJ*, *100*:143).

6º) Não se pode exigir reembolso do que se emprestou para jogo ou aposta, no ato de apostar ou jogar (CC, art. 815; *JB*, *141*:268), pois esse mútuo constitui incremento ao vício, podendo até representar a exploração de um estado de superexcitação em que se encontra o jogador (*RT*, *147*:690; *RF*, *97*:128). Se o empréstimo foi feito antes do jogo, para obter meios para fazê-lo, ou depois do jogo, para pagar o que nele se perdeu anteriormente, essa dívida poderá ser exigida judicialmente (*RT*, *125*:664, *274*:283; *RF*, *76*:475, *97*:128). Deveras, há quem ache que o empréstimo de jogo, feito para jogar, só terá validade se feito no curso do jogo, como, p. ex., no momento preciso de fazer a *parada*, de modo que "as dívidas contraídas para obter, antecipadamente, meios de jogar ou apostar, ou para pagar o que se ficou a dever em razão do jogo ou da aposta, não se consideram de jogo e são exigíveis". Entretanto, não nos parece acertada essa interpretação, pois o empréstimo antecipado para jogo, feito por um jogador a outro com o escopo de jogar, permitindo que se inicie o jogo ou que se continue a jogar, não pode ser acobertado pelo art. 815 do Código Civil, por se tratar de dívida de jogo a crédito, incidindo no art. 814 desse mesmo diploma legal. O empréstimo antecipado para jogar não é proibido legalmente, mas aquele que empresta ao seu parceiro e vai, em seguida, jogar com ele, esconde um jogo a crédito, cuja obrigação é inexigível, burlando a proibição do art. 814, não tendo outra finalidade senão a prática de uma fraude à lei, sob a dissimulação de um empréstimo. A fraude à lei consiste em efetuar um ato lícito, para encobrir o que é proibido por lei, ofendendo preceito de ordem pública.

7º) Dívida de jogo ou proveniente de aposta não poderá ser utilizada para compensação, visto que esta requer que as dívidas sejam vencidas (CC, art. 369), isto é, cobráveis, atualmente exigíveis, e a obrigação natural se caracteriza pela inexigibilidade da prestação.

8º) Nenhum ônus real poderá ser constituído para assegurar pagamento de débito oriundo de jogo ou de aposta.

9º) Não se admite reforço de dívida de jogo ou de aposta por meio de cláusula penal.

Quadro Sinótico

JOGO E APOSTA

<table>
<tr><td>1. CONCEITO DE JOGO</td><td colspan="2">• Jogo é o contrato em que duas ou mais pessoas prometem, entre si, pagar certa soma àquela que conseguir um resultado favorável de um acontecimento incerto.</td></tr>
<tr><td>2. DEFINIÇÃO DE APOSTA</td><td colspan="2">• Aposta é a convenção em que duas ou mais pessoas de opiniões discordantes sobre qualquer assunto prometem, entre si, pagar certa quantia ou entregar determinado bem àquela cuja opinião prevalecer em virtude de um evento incerto.</td></tr>
<tr><td rowspan="3">3. ESPÉCIES DE JOGO</td><td>• Proibidos ou ilícitos</td><td>• Se o ganho ou a perda depender de sorte. P. ex.: jogo do bicho, roleta, bacará, víspora, pif-paf, sete-e-meio, máquina Fichet (Dec.-Lei n. 9.215/46; Dec.-Lei n. 3.688/41, art. 50).</td></tr>
<tr><td>• Tolerados</td><td>• Se o resultado não depender exclusivamente da sorte, mas da habilidade do jogador. P. ex.: pôquer, bridge, canastra etc.</td></tr>
<tr><td>• Autorizados ou lícitos</td><td>• Se visarem uma utilidade social. P. ex.: futebol, turfe, boxe, xadrez, tênis, loterias etc.</td></tr>
<tr><td>4. CONTRATOS DIFERENCIAIS</td><td colspan="2">• Os contratos diferenciais, isto é, contratos sobre títulos de bolsa, mercadorias ou valores, em que se estipula a liquidação exclusivamente pela diferença entre o preço ajustado e a cotação que eles tiverem, no vencimento do ajuste (CC, art. 816), não se equiparam ao jogo, por serem negócios fictícios, lícitos, que geram efeitos previstos legalmente; logo a eles não se aplicam as disposições dos arts. 814 e 815.</td></tr>
<tr><td>5. CONSEQUÊNCIAS JURÍDICAS DO JOGO E DA APOSTA</td><td colspan="2">• Todas as espécies de jogo ou aposta não obrigam a pagamento (CC, art. 814), salvo casos excepcionais.
• A eficácia do jogo e da aposta está limitada à impossibilidade de repetição (CC, art. 814).
• O direito à repetição só surgirá se a dívida de jogo foi ganha com dolo, e se o perdente for menor de idade ou interdito (CC, art. 814, in fine).
• O contrato que envolver reconhecimento, novação ou fiança de dívida de jogo será, segundo alguns autores, passível de nulidade (CC, art. 814, § 1º).
• A nulidade de negócio jurídico realizado em função de jogo e de aposta não poderá ser oposta ao terceiro de boa-fé (CC, art. 814, § 1º).
• O reembolso do que se emprestou para jogo ou aposta, no ato de apostar ou jogar, não poderá ser exigido (CC, art. 815).
• A dívida de jogo ou proveniente de aposta não poderá ser utilizada para compensação.
• O pagamento de débito de jogo ou de aposta não pode ser garantido por nenhum ônus real.
• O reforço de dívida de jogo ou de aposta por meio de cláusula penal não será admitido.</td></tr>
</table>

Q. Fiança

q.1. Definição e principais características jurídicas

A garantia é o ajuste que visa dar ao credor uma segurança de pagamento, que poderá efetivar-se mediante a entrega de um bem móvel ou imóvel, pertencente ao próprio patrimônio do obrigado (penhor, hipoteca ou anticrese), para responder preferencialmente pelo resgate da dívida, caso em que se terá garantia real, ou, então, mediante promessa de terceiro, estranho à relação jurídica, de solver *pro debitore*, hipótese em que se configurará a garantia pessoal ou fidejussória, ou melhor, a fiança, que, além de garantir a boa vontade do devedor, completará a sua insuficiência patrimonial com o patrimônio do fiador (*RT*, *522*:133). Se o devedor não pagar o débito ou se seus haveres forem insuficientes para cumprir a obrigação assumida, o credor poderá voltar-se contra o fiador, reclamando o pagamento da dívida, para assim se cobrar[465].

A *fiança*, ou *caução fidejussória*, vem a ser a promessa, feita por uma ou mais pessoas, de garantir ou satisfazer a obrigação de um devedor, se este não a cumprir, assegurando ao credor o seu efetivo cumprimento (CC, art. 818). Portanto, haverá contrato de fiança sempre que alguém assumir, perante o credor, a obrigação de pagar a dívida, se o devedor não o fizer. É um negócio entabulado entre credor e fiador, prescindindo da presença do devedor, podendo até mesmo ser levado a efeito sem o seu consentimento ou contra sua vontade (CC, art. 820). O devedor não é parte na relação jurídica fidejussória que, em relação a ele, é *res inter alios*. O contrato de fiança será *intuitu personae* relativamente ao fiador, porque para a sua celebração será imprescindível a confiança que inspirar ao credor[466]. O fiador terá responsabilidade por débito alheio.

465. M. Pothier, Fiança no cível, *JB*, *59*:15 e s.; Antunes Varela, *Noções fundamentais de direito civil*, Coimbra, 1945, v. 1, p. 325-38; Lauro Laertes de Oliveira, *Da fiança*, São Paulo, 1986; Antônio Chaves, Fiança civil, in *Enciclopédia Saraiva do Direito*, v. 37, p. 78-80; Caio M. S. Pereira, *Instituições*, cit., p. 456; W. Barros Monteiro, op. cit., p. 357; Carvalho de Mendonça, *Contratos*, cit., v. 2, n. 375, p. 405; Serpa Lopes, *Curso*, cit., v. 4, p. 437; Silvio Rodrigues, Contrato de fiança, in *Enciclopédia Saraiva do Direito*, v. 19, p. 354; José Fernando L. Coelho, *Contrato de fiança e sua exoneração na locação*, Porto Alegre, Livr. do Advogado, 2002; *RT*, *564*:147, *562*:57, *561*:164, *565*:157, *573*:248, *593*:234, *719*:150, *721*:95 e 185, *743*:222, *799*:271 e 283; Súmula n. 214 do STJ; *RTJ*, *96*:465; *Bol. AASP*, *1.846*:7, *1.833*:8; *EJSTJ*, *6*:78, *1*:42, *9*:85.

466. Orlando Gomes, *Contratos*, cit., p. 534 e 536; *RT*, *500*:125.

A pessoa que assume a fiança receberá a denominação de fiador, e aquela a quem o fiador garante chamar-se-á afiançado.

A fiança convencional apresenta as seguintes *características jurídicas*[467]:

1ª) *Acessoriedade*, por ser contrato acessório, visto que não poderá existir sem um contrato principal, cujo adimplemento objetiva assegurar. Há dois contratos: o principal, entre credor e devedor, e o acessório, entre fiador e credor. Como o acessório segue o principal, a fiança seguirá o destino do principal; se este for nulo, nula ela será (CC, art. 824). Porém, a recíproca não será verdadeira, isto é, a nulidade da fiança não atingirá o contrato principal (*RT*, *480*:110). Se a obrigação principal extinguir-se, extinta estará a fiança.

A fiança não limitada em relação à obrigação principal compreenderá todos os acessórios da dívida principal, como, p. ex., juros do capital mutuado, acréscimos legais do aluguel mensal (*RT*, *780*:391), inclusive as custas, despesas judiciais, honorários advocatícios e periciais etc. a partir da citação do fiador (CC, art. 822; *RT*, *778*:314, *788*:311, *489*:240, *434*:242, *460*:165, *307*:626, *304*:590, *300*:437, *297*:286, *294*:395; *AJ*, *100*:233). Se for limitada, não poderá estender-se senão até a concorrência dos limites nela indicados (*RT*, *460*:164, *240*:386), pois o fiador poderá circunscrever sua responsabilidade, declarando que só responderá até certa quantia ou até certa data.

A fiança poderá ser de valor inferior (p. ex., assegurando débito de 200 mil até o limite de 80 mil reais) e mesmo ser contraída em condições menos onerosas (p. ex., pagamento no domicílio do fiador, enquanto o devedor deveria fazê-lo no do credor, em outra cidade) do que a obrigação principal, porém jamais poderá ser de valor superior (p. ex., garantindo o valor de um milhão de reais, sendo o débito de 700 mil) ou mais onerosa (p. ex., se estabelecida para possibilitar cumulação de prestações alternativas) do que o débito afiançado, porque o acessório não poderá exceder o principal.

---

467. Serpa Lopes, *Curso*, cit., p. 439-44; Silvio Rodrigues, Contrato de fiança, cit., p. 354 e 355; Espínola, *Dos contratos nominados*, cit., p. 404 e 405; De Page, op. cit., t. 5, parte 1, ns. 638, 838, 880 e 877; Bassil Dower, *Curso moderno de direito civil*, cit., p. 284 e 285; Carvalho de Mendonça, *Contratos*, cit., v. 2, n. 379; Caio M. S. Pereira, *Instituições*, cit., p. 456 e 457; Enneccerus, Kipp e Wolff, op. cit., v. 2, § 188; Orlando Gomes, *Contratos*, cit., p. 535 e 536; Dupeyroux, op. cit., ns. 81 e 272; W. Barros Monteiro, op. cit., p. 358; Antônio Chaves, Fiança civil, cit., p. 82 e 83; Champeaux, *Étude sur la notion juridique de l'acte à titre gratuit en droit civil français*, Strasbourg, 1931, p. 118; Sebastião José Roque, *Dos contratos civis-mercantis*, cit., p. 163-6; Silvio Luís Ferreira da Rocha, *Curso*, cit., v. 3, p. 394 a 406.

Se tal ocorrer, não se terá a anulação da fiança, mas reduzir-se-á tão somente o seu montante até o valor da obrigação afiançada, pois valerá apenas até o limite a obrigação afiançada (CC, art. 823).

2ª) *Unilateralidade*, pois apenas gera obrigações para o fiador, em relação ao credor, que só terá vantagem, não assumindo nenhum compromisso em relação ao fiador.

3ª) *Gratuidade*, que incidirá sobre o crédito concedido ao devedor, pois, em regra, o fiador não receberá uma remuneração, mas apenas procurará ajudar o afiançado, pessoa em quem confia e que, espera, cumprirá a obrigação assumida (*RT*, *603*:168, *663*:136, *558*:155). Por esta razão, ante o Código Civil, art. 114, deverá ser interpretada estritamente, não se podendo, por analogia, ampliar as obrigações do fiador (*RT*, *791*:402, *190*:901, *145*:286). A fiança dar-se-á por escrito, e não admitirá interpretação extensiva (CC, art. 819; *RT*, *489*:240, *663*:136, *715*:217), de modo que o fiador só responderá pelo que estiver expresso no instrumento da fiança (*RT*, *525*:162, *463*:134, *530*:157; Súmula 214 do STJ), e, se alguma dúvida houver, será ela solucionada em favor do fiador (*AJ*, *75*:39). Se a fiança for dada para uma parte do débito, não se estenderá ao restante; se outorgada para garantir aluguel, não resguardará obrigação oriunda de incêndio do prédio locado. Todavia, a gratuidade é da natureza da fiança e não de sua essência; logo, nada obsta a que o fiador reclame certa remuneração, o que é muito comum na fiança bancária, em que os bancos assinam termos de responsabilidade em favor de seus clientes, em troca de uma percentagem sobre o montante garantido. O mesmo ocorre com determinadas firmas especializadas em prestar fiança, mediante percentagem. Nesses casos está claro que a fiança será onerosa.

4ª) *Subsidiariedade*, pois, devido ao seu caráter acessório, o fiador só se obrigará se o devedor principal ou afiançado não cumprir a prestação devida, a menos que se tenha estipulado solidariedade. Nessa hipótese, assumirá a posição de codevedor, sem que isso desfigure a fiança.

q.2. Requisitos

Para que o contrato de fiança tenha validade jurídica, será necessária a observância dos seguintes *requisitos*[468]:

---

468. Caio M. S. Pereira, *Instituições*, cit., p. 458-60; Antônio Chaves, Fiança civil, cit., p. 83-90; W. Barros Monteiro, op. cit., p. 358-65; De Page, op. cit., v. 5, n. 855; Serpa Lopes,

1º) *Subjetivos*, pois para afiançar será imprescindível não só a capacidade genérica para praticar os atos da vida civil, isto é, a capacidade de administrar bens e aliená-los, mas também legitimação para afiançar; p. ex.: pessoa casada, exceto no regime de separação absoluta, não poderá prestar fiança (*RT*, *275*:289, *303*:668, *294*:396, *144*:351) sem a outorga do consorte (CC, art. 1.647, III; STJ, Súmula 332; *JB*, *59*:102, 143, 153 e 266; *JTACSP*, *25*:64 e 92; *RT*, *547*:149, *540*:204, *449*:238, *622*:151, *791*:272, *736*:267; *RTJ*, *38*:31, *80*:510); contudo tal anuência não faz dele fiador, logo estará excluído do polo passivo de uma execução, pois sua assinatura apenas aperfeiçoa a garantia, não fazendo dele garantidor (STJ, REsp 1.038.774, publ. 1º-2-2010, Rel. Nunes Maia Filho); certas pessoas, em razão de seu ofício (tesoureiros, leiloeiros – Dec. n. 21.981/32, art. 30 –, tutores, curadores, agentes fiscais), não poderão afiançar dívida daqueles que com eles se relacionam; o mesmo se diz de entidades públicas e dos devedores à Fazenda Pública Federal; autarquias não poderão ser fiadoras, exceto as instituições de previdência social na locação de casa ocupada pelos seus associados, como dispunha a já revogada Lei n. 3.807/60, art. 35, *c*; os menores, mesmo emancipados, ainda que autorizados pelo juiz, não poderão afiançar, porque a emancipação só lhes confere o direito de administrar seus negócios, e a fiança é uma obrigação por dívida alheia; os administradores de sociedades e companhias não poderão ser fiadores sem poderes expressos; as pessoas jurídicas somente poderão prestar fiança se seus estatutos ou regulamentos o permitirem (*RT*, *173*:860; *RF*, *147*:246); os analfabetos não poderão afiançar, desde que se não apresente procuração por instrumento público, outorgada por ele próprio (*AJ*, *69*:131; *RT*, *454*:147, *500*:125, *546*:143); os mandatários só po-

---

Curso, cit., p. 446-58; Clóvis Beviláqua, *Código Civil*, cit., v. 5, p. 236; Orlando Gomes, *Contratos*, cit., p. 536 e 537; Bassil Dower, *Curso moderno de direito civil*, cit., p. 285-7; Giorgio Bo, Fideiussione, in *Nuovo Digesto Italiano*, v. 5, p. 1108 e s.; Baudry-Lacantinerie e Wahl, *Della fideiussione*, n. 912 a 1.198; Silvio Rodrigues, Contrato de fiança, cit., p. 355 e 356; *RTJ*, *74*:387, *56*:743, *55*:385; *AJ*, *108*:137, *117*:178, *114*:582; *RF*, *150*:306, *157*:259, *102*:490, *185*:187; *RT*, *449*:238, *291*:737, *273*:522, *258*:421, *207*:191, *286*:590, *533*:163, *502*:153, *532*:161, *527*:229, *530*:133, *461*:148, *479*:204, *485*:135, *473*:129, *799*:387, *803*:266; Decretos-Lei n. 3.010/41, sobre fiança bancária, para indenização de acidente de trabalho, 1.308/39, sobre fiança de aluguel de casa feita com Institutos e Caixas de Aposentadorias e Pensões; Decreto n. 27.307/49, art. 62, *g*, revogado pelo Decreto s/n. de 5-9-1991; Decretos n. 8.738/42 (revogado pelo Dec. n. 99.999/91), sobre fiança do funcionário público, e 19.009/29 (revogado pelo Decreto s/n. de 25-4-1991), quanto ao corretor de navio. Para apurar a idoneidade do fiador, em se tratando de pessoa jurídica, deve ser exibida *certidão negativa de ações* dos distribuidores do fórum da Comarca onde as mesmas tenham sua sede. E, se se tratar de pessoa física, além de *certidão negativa de protestos*, deve ser exibida *certidão atualizada* de que os bens oferecidos, como garantia da fidúcia, estejam registrados em seu nome e isentos de qualquer ônus.

derão afiançar se no mandato houver referência expressa à possibilidade de subscrever fiança (CC, art. 661, § 1º; *RT, 188*:812); além disso, será necessário o consentimento do credor e do fiador, pois o do devedor é dispensado pelo Código Civil, art. 820. Isto é assim porque a fiança é contrato entre credor e fiador, para assegurar a solvência do devedor. Claro está que o credor não admitirá qualquer pessoa como fiador, mas terá a liberdade de recusá-lo se não for: *a*) pessoa idônea, tanto moral como financeiramente; assim sendo, indivíduo rixoso, demandista habitual, ou que não possui bens suficientes poderá ser rejeitado; *b*) residente no município onde tenha de prestar a fiança, pois será mais fácil e menos oneroso avisá-lo do inadimplemento do devedor garantido, se domiciliado no município (CC, art. 825). E pelo Código Civil, art. 826, se o fiador se tornar insolvente ou incapaz, o credor poderá exigir que seja substituído. Se o contrato de fiança tem por escopo a satisfação da obrigação assumida pelo afiançado, este, em caso de insolvência ou incapacidade superveniente, do fiador, deverá providenciar sua substituição, restabelecendo a garantia.

2º) *Objetivos*, pois:

a) a fiança poderá ser dada a qualquer tipo de obrigação, seja ela de dar, de fazer ou de não fazer, pois por ser contrato acessório dependerá da existência de um contrato principal, ao qual deverá vincular-se, como elemento de garantia;

b) a fiança dependerá da validade e da exigibilidade da obrigação principal. Deveras, reza o Código Civil, no art. 824, *caput*, que: "As obrigações nulas não são suscetíveis de fiança, exceto se a nulidade resultar apenas de incapacidade pessoal do devedor", presumindo-se, nesta hipótese, que foi dada com o intuito de resguardar o credor do risco de não vir a receber do incapaz. Todavia, tal exceção não abrange mútuo, em que a incapacidade pessoal resulta de menoridade, a nulidade do débito determinará a da fiança (CC, art. 824, parágrafo único); com isso procura-se desestimular o empréstimo de dinheiro a menor. Pelo art. 588 do Código Civil, o mútuo feito a menor, sem autorização de seu representante legal, não poderá ser reavido nem do mutuário, nem de seus fiadores, mas será válida a fiança, se o mútuo feito a menor foi autorizado pelos seus pais ou tutor. Não poderão ser garantidas por fiança as obrigações naturais, por serem inexigíveis;

c) a fiança poderá assegurar obrigação atual ou futura, mas, quanto a esta última, a fiança somente vigorará como acessória no instante em que ela surgir ou se firmar. A fiança, portanto, só entrará em vigor depois da existência da obrigação principal, de tal sorte que, se a obrigação futura não chegar a existir, resolver-se-á a fiança (*RT, 453*:232). Realmente, reforça esta ideia o disposto no Código Civil, art. 821: "As dívidas futuras podem ser objeto de fiança; mas o fiador, neste caso, não será demandado senão depois que se fizer certa e líquida a obrigação do principal devedor". Isto porque a fiança, devido à sua acessoriedade, não poderá ser mais extensa do que a obrigação principal, quer no seu objeto, quer em seus acidentes de modo e tempo (*AJ*, *98*:97, *108*:267; *RF*, *67*:722);

d) a fiança não poderá ultrapassar o valor do débito principal, nem ser mais onerosa do que ele, sob pena de ser reduzida ao nível da dívida afiançada (CC, art. 823).

A fiança podia ter por objeto outra fiança, caso em que se tinha *subfiança*, que era o contrato pelo qual alguém afiançava a obrigação do fiador. O fiador do fiador era designado como abonador (CC de 1916, art. 1.482), o qual, por garantir a solvência do fiador, só respondia se houvesse inadimplemento do fiador principal. Havia, então, uma responsabilidade fidejussória de segundo grau, pois o abonador somente respondia subsidiariamente pela solvência do fiador. O atual Código Civil não faz referência à subfiança, mas alguns autores a admitem como contrato atípico.

3º) *Formais*, uma vez que pelo Código Civil, art. 819, exige-se que a fiança se dê por escrito. Impõe-se-lhe a forma escrita *ad solemnitatem*, podendo constar de instrumento público ou particular (*RF*, *90*:785; *RT*, *305*:971, *476*:157, *471*:212, *463*:220, *620*:195, *717*:273). Não se reclama que o contrato de fiança se realize em documento à parte, podendo ser celebrado no instrumento do contrato principal, como frequentemente se dá no de locação. Nem comporta interpretação extensiva, logo o fiador só responderá pelo que estiver expresso no instrumento de fiança (*RT*, *799*:283, *715*:21, *663*:136, *489*:240). Pela Súmula 214 do STJ, "o fiador na locação não responde por obrigações resultantes de aditamento ao qual não anuiu".

q.3. Modalidades

A fiança poderá ser[469]:

1º) *Em relação ao seu objeto*:

---

469. Serpa Lopes, *Curso*, cit., p. 458 e 459; W. Barros Monteiro, op. cit., p. 360; Caio M. S. Pereira, *Instituições*, cit., p. 456; Antônio Chaves, Fiança civil, cit., p. 83; Silvio Rodrigues, Contrato de fiança, cit., p. 354. Sobre fiança criminal: CPP, arts. 321 e s., com as alterações da Lei n. 12.403/2011. A fiança bancária é um tipo de fiança convencional, formalizada por instituição financeira (Sílvio Venosa, *Direito civil*, cit., v. 3, p. 423).
Sobre fiança bancária: CPC, art. 848, parágrafo único.

a) *civil*, se o devedor afiançado não for empresário ou se a obrigação garantida não tiver natureza mercantil, como, p. ex., a outorga a respeito de locação de imóveis (*AJ*, *109*:165). Devido ao seu caráter subsidiário, exclui a solidariedade, se não se pactuou em contrário. O fiador terá direito, a menos que haja renunciado, de invocar o benefício de excussão ou o de ordem (*RT*, *546*:142);

b) *comercial*, se o devedor afiançado for empresário ou a obrigação afiançada tiver uma causa ou natureza mercantil, ou quando vier a assegurar negócio oriundo de atividade empresarial, embora o fiador não seja empresário. O fiador não gozava do benefício de excussão ou do de ordem, mas, com a unificação das obrigações privadas, a fiança mercantil reger-se-á pelas normas do vigente Códex, alusivas à fiança civil.

2º) *Quanto à sua forma*:

a) *convencional* ou contratual, se decorrer espontaneamente da vontade do devedor ou do credor, mesmo sem a anuência do devedor afiançado. Desta nos ocuparemos neste estudo;

b) *legal*, se oriunda de lei, como ocorre nas disposições constantes dos arts. 1.745, parágrafo único, 1.280, 1.305, parágrafo único, 260, II, e 495 do Código Civil; art. 121 do Código de Águas etc.;

c) *judicial*, se proveniente de exigência do processo, ou de imposição judicial, tanto na seara cível como na criminal, *ex officio* ou por solicitação das partes, como nos casos do art. 559 do Código de Processo Civil; do art. 64 (*caput*, com a redação da Lei n. 12.112/2009) e parágrafos da Lei n. 8.245/91; do art. 16, II, da Lei n. 6.830/80; dos arts. 408 (com a redação dada pela Lei n. 11.680/2008) e 660, § 3º, do Código de Processo Penal etc. É a prestada em autos de processos judiciais (*RSTJ*, *62*:334, *71*:188, *67*:500 e *93*:164; *RT*, *720*:258, *758*:181, *759*:188). E pode ser ordenada pelo juiz, no curso do processo, como se dá na execução provisória (CPC, art. 520, IV).

q.4. Efeitos

De um modo geral, dada a acessoriedade e a gratuidade da fiança, seus efeitos são restritos quanto ao tempo, ao objeto e às pessoas, não podendo ir além do valor da dívida garantida, nem lhe exceder em onerosidade. Mas, por envolver a pessoa do fiador, do credor e do afiançado, dever-se-ão examinar os efeitos jurídicos[470] por ela produzidos:

---

470. Sobre os efeitos da fiança, *vide* as lições de: Antônio Chaves, Fiança civil, cit., p. 90-9; De Page, op. cit., n. 933; Serpa Lopes, *Curso*, cit., p. 459-73; Silvio Rodrigues, Contrato de fiança, cit., p. 356-8; Bassil Dower, *Curso moderno de direito civil*, cit., p. 287-90;

1º) *Nas relações entre credor e fiador*, pois:

a) o credor não poderá escolher entre o devedor e o fiador, exigindo o pagamento de qualquer deles, porque a fiança só produzirá efeitos a partir do momento em que o devedor afiançado deixar de realizar a prestação. Logo, o credor deverá dirigir-se contra o devedor principal, e somente se este não puder cumprir a obrigação assumida é que poderá procurar o fiador, em seu domicílio, para receber a prestação, tal como estipulado no contrato principal, exceto se se convencionaram condições menos onerosas;

b) o credor só poderá exigir a fiança no termo fixado para a obrigação principal;

c) o fiador poderá oferecer exceções à ação do credor. Pelo art. 82 da Lei n. 8.245/91, que acrescentou o inc. VII ao art. 3º da Lei n. 8.009/90, o fiador, na locação, não mais poderá alegar impenhorabilidade do único imóvel destinado à sua moradia. Todavia, com a EC n. 26/2000, que modificou o art. 6º da CF/88, hoje com a redação da EC n. 64/2010, ao incluir a moradia no rol dos direitos sociais, parte da jurisprudência passou a entender inconstitucional a exceção legal prevista na Lei n. 8.009/90, art. 3º, VII (REsp 352.940-SP, STF, rel. Min. Carlos Veloso, publicado no *DJU*, em 13-5-2005), acatando-se ante a lacuna de conflito (norma superior geral – CF e norma inferior especial – Lei n. 8.009/90), aplicando-se, para evitar injustiça, em busca do critério do *justum*, os arts. 4º e 5º da Lei de Introdução às Normas

---

Caio M. S. Pereira, *Instituições*, cit., p. 462-5; Orlando Gomes, *Contratos*, cit., p. 538 e 539; Larenz, op. cit., p. 451; Baudry-Lacantinerie e Wahl, op. cit., n. 1.014, 1.015, 1.089 e 1.113; Carvalho Santos, op. cit., t. 12, p. 305 e 306; Colin e Capitant, op. cit., v. 2, n. 977; W. Barros Monteiro, op. cit., p. 365-9; Jones Figueirêdo Alves, *Novo Código*, cit., p. 753; Heloísa B. Pimenta, Fiança nos contratos de locação e o novo Código Civil, *Jornal do Advogado* – OAB-SP, agosto 2003, p. 19; Alex Sandro Ribeiro, Exoneração do fiador e direito intertemporal, *Jornal Síntese*, *90*:10; Jones Figueirêdo Alves e Mário Luiz Delgado, *Código*, cit., p. 360-1; Gabriel S. Longo, A inconstitucionalidade da penhora do bem de família do fiador para satisfação de crédito locatício, *A outra face*, cit., p. 194-207; Ricardo dos Santos Castilho, A impenhorabilidade do bem de família do fiador no contrato de locação: inconstitucionalidade do art. 3º, VII, da Lei n. 8.009/90, *A outra face*, cit., p. 208-26; *RT*, *524*:241, *460*:165, *449*:263, *451*:168, *452*:113, *434*:274, *487*:226, *474*:119, *535*:188, *505*:221, *492*:142, *510*:222, *530*:229, *525*:231, *544*:165, *546*:220, *548*:168; Código Civil, arts. 283, 1.792, 1.997; Código de Processo Civil, arts. 130, 794, § 2º; STJ, Súmula 214: "O fiador na locação não responde por obrigações resultantes de aditamento ao qual não anuiu".

A *subfiança*, prevista no art. 1.482 do Código Civil de 1916, pela qual se teria abonador (fiador do fiador), estaria, no entender de Flávio Augusto Monteiro de Barros, no novel Código Civil inserida no art. 425, como contrato atípico; o mesmo se diga da *retrofiança*, pela qual o fiador exige do devedor outro fiador, contra o qual poderá exercer direito de regresso (*Manual de direito civil*, São Paulo, Método, 2005, v. 2, p. 378-80).

do Direito Brasileiro, tutelando assim o princípio do respeito à dignidade humana (CF, art. 1º, III). Mas, no dia 8 de fevereiro de 2006, em sessão plenária, o Tribunal acabou consagrando a tese que permite penhora do único imóvel residencial do fiador, para a garantia da execução, de débito locatício, acatando o voto do relator – Min. Cézar Peluso (RE n. 407.688) –, segundo o qual o cidadão tem liberdade de escolher se deve ou não afiançar um contrato de aluguel, assumindo, por sua vontade, os riscos daí decorrentes, e, além disso, o direito à moradia não se exerce apenas em imóvel próprio, mas também sobre imóvel alugado cujo contrato teria suas garantias enfraquecidas, caso prevalecesse a tese contrária. Nesse sentido a Súmula 8 do TJSP: "É penhorável o único imóvel do fiador em contrato locatício, nos termos do art. 3º, VII, da Lei n. 8.009, de 29-3-1990, mesmo após o advento da EC n. 26/2000" (hoje EC n. 64/2010). Por outro lado, há entendimento de que o art. 3º, VII, da Lei n. 8.009/90 afronta o direito à moradia (CF, art. 6º, com a redação da EC n. 64/2010), hipótese em que se terá uma antinomia real de segundo grau (conflito entre o critério da especialidade – art. 3º, VII, da Lei n. 8.009/90 – e o hierárquico – art. 6º da CF) gerando uma lacuna de colisão, conducente a uma interpretação corretiva pelo Poder Judiciário que deverá, com base nos arts. 4º e 5º da LINDB, aplicar o critério do *justum* em cada caso concreto. Poderá oferecer todas as exceções que lhe forem pessoais, como a nulidade absoluta ou relativa da fiança, em razão de sua incapacidade ou de vício de consentimento. Haverá possibilidade de opor as exceções próprias ao devedor principal, desde que ligadas ao crédito afiançado, exceto em contrato de mútuo em que a incapacidade pessoal do devedor é devida à sua menoridade (CC, arts. 824, parágrafo único, e 588), tais como: nulidade da dívida principal, compensação havida entre credor e devedor etc. O fiador não poderá opor ao credor as exceções resultantes de suas relações com o devedor afiançado ou do que com ele convencionou, mas poderá invocar as decorrentes da própria relação acessória da fiança, como o benefício de excussão ou o de ordem, que só será afastado: se houver pactuado fiança com cláusula de solidariedade, gerando responsabilidade comum pelo débito (*RT*, *204*:497); se o fiador o renunciou expressamente, mas tal renúncia será nula se a cláusula de renúncia antecipada ao benefício de ordem estiver inserida em contrato por adesão (Enunciado n. 364 do CJF, aprovado na IV Jornada de Direito Civil); se o devedor for insolvente ou falido (*RT*, *760*:300), visto que instaurado o concurso de credores ou decretada a falência, não terá ele bens livres para solver a dívida (CC, art. 828, I a III), ou se o fiador se tornou herdeiro do devedor principal, hipótese em que se terá confusão de duas posições: a de herdeiro e devedor principal e a de fiador.

O *benefício de ordem* é o direito assegurado ao fiador de exigir do credor que acione, em primeiro lugar, o devedor principal, isto é, que os bens do devedor principal sejam excutidos antes dos seus (*RT*, *457*:202, *538*:232, *760*:300, *765*:274; *RJ*, *184*:79). Realmente, o Código Civil, art. 827, estatui que: "O fiador demandado pelo pagamento da dívida tem direito a exigir, até a contestação da lide, que sejam primeiro executados os bens do devedor", acrescentando, no parágrafo único, que: "O fiador que alegar o benefício de ordem, a que se refere este artigo, deve nomear bens do devedor, sitos no mesmo município, livres e desembargados, quantos bastem para solver o débito" (*RF*, *94*:63). Infere-se daí que a invocação desse benefício (exceção dilatória) deverá ser manifestada expressamente pelo fiador, pois não opera *pleno iure*; a arguição desse benefício deverá ser oferecida tempestivamente, até a contestação da lide (*RF*, *66*:316), exceto se se arguir nulidade ou inexistência da fiança; o fiador deverá nomear bens do devedor, situados no mesmo município, livres e desembargados, quantos bastem para solver a dívida;

d) a pluralidade de fiadores dará origem a três situações: – *responsabilidade solidária dos cofiadores entre si*, pois prescreve o Código Civil, no art. 829, que "a fiança conjuntamente prestada a um só débito por mais de uma pessoa importa o compromisso de solidariedade entre elas". Se houver mais de um fiador, cada um responderá solidariamente pela dívida do afiançado, se este não tiver meios para solver a prestação a que se obrigara; p. ex.:

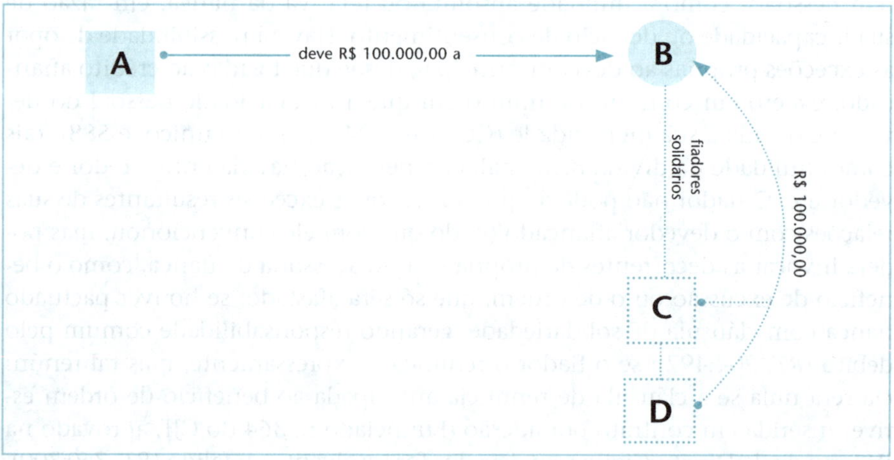

— *benefício de divisão*, uma vez que o Código Civil, no art. 829, *in fine*, ao prescrever a solidariedade entre cofiadores, ressalva: "se declaradamente não se reservarem o benefício de divisão", pressupondo pluralidade de fiadores. O benefício da divisão só existirá se houver estipulação. E, uma vez convencionado o benefício da divisão, cada fiador só responderá *pro rata* pela parte que, em proporção, lhe couber no pagamento. P. ex., se a dívida for de 90 mil, sendo dois os fiadores, que estipularam tal benefício, o credor só poderá exigir 45 mil de cada um, havendo inadimplemento do devedor (CC, art. 829, parágrafo único);

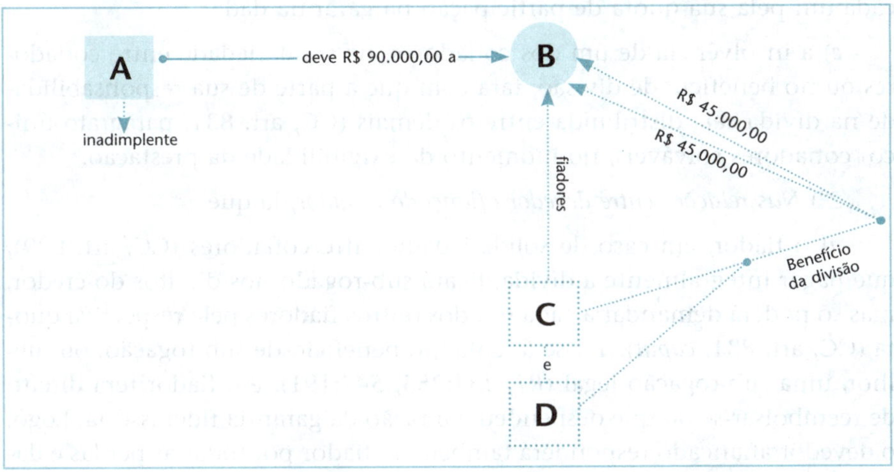

— *limitação da responsabilidade de cada um dos fiadores*, em razão de pacto pelo qual a responsabilidade de cada fiador deixará de ser fixada em proporção aos demais, ficando limitada a um certo *quantum*, conforme dispõe o art. 830 do Código Civil: "Cada fiador pode fixar no contrato a parte da dívida que toma sob sua responsabilidade, caso em que não será por mais obrigado". P. ex.:

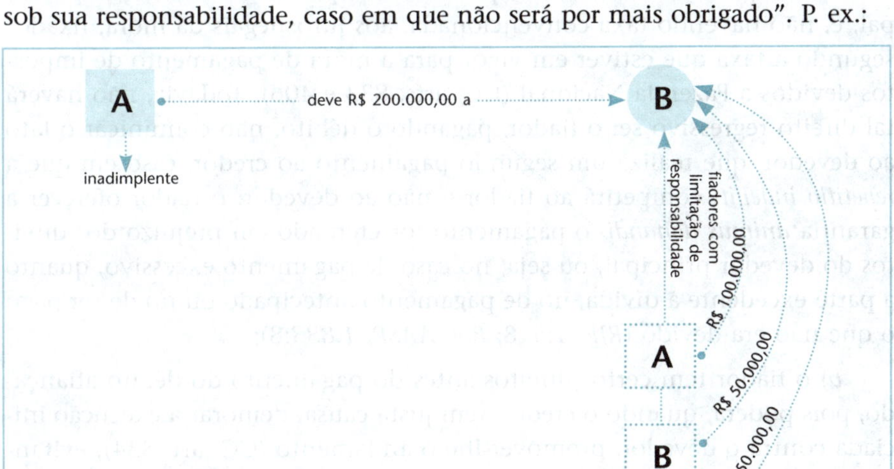

— se o débito for de 200 mil reais, estipulando-se que os fiadores *A*, *B* e *C* responderão, respectivamente, pelo montante de 100 mil, 50 mil e 50 mil, o credor, não tendo o devedor efetuado o pagamento, só poderá demandar cada um pela sua quota de participação na garantia dada;

e) a insolvência de um dos cofiadores, na solidariedade entre cofiadores ou no benefício de divisão, fará com que a parte de sua responsabilidade na dívida seja distribuída entre os demais (CC, art. 831, parágrafo único) cofiadores solváveis, no momento da exigibilidade da prestação.

2º) *Nas relações entre devedor afiançado e fiador*, já que:

a) o fiador, em caso de solidariedade entre cofiadores (CC, art. 829), que pagar integralmente a dívida, ficará sub-rogado nos direitos do credor, mas só poderá demandar a cada um dos outros fiadores pela respectiva quota (CC, art. 831, *caput*). Ter-se-á, então, o benefício de sub-rogação, ou melhor, uma sub-rogação legal (*RT*, *131*:253, *541*:191), e o fiador terá direito de reembolsar-se do que despendeu em razão da garantia fidejussória. Logo, o devedor afiançado responderá também ao fiador por todas as perdas e danos que este vier a pagar e pelos que sofrer em razão da fiança (CC, art. 832). O fiador poderá dele recobrar tudo o que despendeu para solver o débito em razão da fiança (capital, juros, cláusula penal, despesas processuais, perdas e danos, certidões, transporte, estada etc.). Além disso, o fiador terá direito aos juros do desembolso pela taxa estipulada na obrigação principal, e, não havendo taxa convencionada, aos juros legais da mora, fixados segundo a taxa que estiver em vigor para a mora de pagamento de impostos devidos à Fazenda Nacional (CC, arts. 833 e 406). Todavia, não haverá tal direito regressivo se: o fiador, pagando o débito, não comunicar o fato ao devedor, que realiza um segundo pagamento ao credor, caso em que a *repetitio indebiti* competirá ao fiador e não ao devedor; o fiador oferecer a garantia *animus donandi*; o pagamento for efetuado em prejuízo dos direitos do devedor principal, ou seja, no caso de pagamento excessivo, quanto à parte excedente à dívida, no de pagamento antecipado ou no de ser pago o que não era devido (*RJE*, *1*:518; *Bol. AASP*, *1.833*:8);

b) o fiador tem certos direitos antes do pagamento do débito afiançado, pois poderá, quando o credor, sem justa causa, demorar a execução iniciada contra o devedor, promover-lhe o andamento (CC, art. 834), evitando assim o prolongamento de sua responsabilidade pelas consequências da demora no resultado da demanda;

c) a obrigação do fiador falecido passará aos seus herdeiros, mas a responsabilidade da fiança se limitará ao tempo decorrido até a sua morte, e não poderá ultrapassar as forças da herança (CC, arts. 836 c/c o 1.792 e 1.821; *RT*, *778*:319, *532*:159, *503*:166, *527*:219, *463*:138). O fiador, ou herdeiro seu, só responderá pela dívida do falecido afiançado, assumida antes do óbito. A morte do afiançado não extinguirá a fiança, pois os herdeiros serão os seus continuadores (*RT*, *279*:862, *282*:566, *284*:312, *290*:421, *292*:178, *298*:493, *299*:766, *301*:659; *RF*, *90*:427); mas cessa a obrigação de fiador, a partir do óbito, logo só responderá pela dívida do falecido afiançado anteriormente assumida;

d) o fiador poderá exonerar-se da obrigação a todo tempo, se a fiança tiver duração ilimitada, mas ficará obrigado por todos os efeitos da fiança, durante sessenta dias após a notificação judicial ou extrajudicial do credor de sua intenção de não mais garantir o débito do afiançado (CC, art. 835; *RF*, *67*:342; *Bol. AASP*, *1.846*:7; *RT*, *274*:695, *287*:554, *295*:256, *723*:412). Pelo TJSP, Súmula 7: "Nos contratos de locação, responde o fiador pelas suas obrigações mesmo após a prorrogação do contrato por prazo indeterminado, se não se exonerou na forma da lei". Mas se a fiança for por prazo determinado, só se desligará dela com o vencimento daquele lapso temporal. Já se decidiu que: "Respondendo o fiador pelas obrigações pactuadas até a desocupação do imóvel locado, é válida a cláusula mediante a qual ele renuncia ao direito de exonerar-se da fiança, ainda que a locação se tenha prorrogado por prazo indeterminado" (*RT*, *737*:188). Sendo imóvel locado urbano, a fiança que garante a locação rege-se pelo art. 39 da Lei n. 8.245/91 (com a redação da Lei n. 12.112/2009) (CC, art. 2.036). Não se lhe aplicará o art. 835 do Código Civil, logo, o fiador do inquilino permanecerá responsável pelos aluguéis e acessórios da locação até a efetiva devolução das chaves do imóvel urbano locado, ainda que prorrogada a locação por prazo indeterminado. Todavia, há quem ache que, se não houver prazo certo para a entrega das chaves, a fiança será por tempo indeterminado; logo, o fiador poderá valer-se do art. 835 do Código Civil, pois o prazo de sessenta dias, após a notificação do locador, obrigando o fiador a todos os efeitos da fiança, é suficiente para que o inquilino atenda à exigência de novo fiador, pedida pelo locador (Lei n. 8.245/91, art. 40, IV) e, além disso, "fiador não responde por obrigações resultantes de aditamento ao qual não anuiu" (Súmula 14 do STJ). Pelo CJF, Enunciado 547 (aprovado na VI Jornada de Direito Civil): "Na hipótese de alteração da obrigação principal sem o consentimento do fiador, a exoneração deste é automática, não se aplicando o disposto no art. 835 do Código Civil quanto à necessidade de permanecer obrigado pelo prazo de 60 (sessenta) dias após a notificação ao credor, ou de 120 (cento e vinte) dias no caso de fiança locatícia". Assim, se houver, p. ex., novação ou aditamento à obrigação original, após a notificação do fiador, este liberar-se-á, imediatamente. Entretanto, urge lembrar que pelo art. 40, X, da Lei n. 8.245/91, acrescentado pela Lei n. 12.112/2009, o locador poderá exigir novo fiador, havendo prorrogação da locação por prazo indeterminado, uma vez notificado o locador pelo fiador de sua intenção de desoneração, ficando obrigado por todos os efeitos da fiança, durante cento e vinte dias após aquela notificação;

e) O fiador tem o direito de ser comunicado por escrito em caso de sub-rogação da locação residencial pelo ex-cônjuge ou ex-convivente do locador, havendo separação de fato, separação judicial, divórcio ou dissolução de união estável. O fiador poderá exonerar-se de suas responsabilidades no prazo de trinta dias contados do recebimento da comunicação feita pelo sub-rogado, ficando responsável pelos efeitos da fiança durante cento e vinte dias após a notificação ao locador (Lei n. 8.245/91, art. 12, §§ 1º e 2º, com a redação da Lei n. 12.112/2009).

f) a interrupção de prescrição produzida contra o devedor prejudicará o fiador (CC, art. 204, § 3º).

q.5. Extinção

Operar-se-á a *extinção da fiança*[471]:

1º) *Por causas terminativas comuns às obrigações em geral*, tais como: pela extinção da dívida principal por ela assegurada; pelo pagamento direto, pois, uma vez pago o credor, cessará a garantia fidejussória, ou pelo pagamento indireto, como se dá na confusão, quando se reúnem na mesma pessoa as qualidades de devedor e de fiador; pela compensação; pela transação entre credor e devedor, que exonerará o fiador (CC, art. 844, § 1º); pela novação, sem a anuência do fiador, com o devedor principal (CC, art. 366; *RT*, *525*:162, *466*:122, *456*:132, *480*:132, *548*:168).

2º) *Por modos extintivos próprios à natureza da fiança*, tais como:

a) pela expiração do prazo determinado para a sua vigência, ou, não o havendo, quando assim convier ao fiador (CC, art. 835; *RT*, *482*:162, *528*:203, *451*:194, *504*:183, *490*:221, *496*:144, *703*:122, *704*:140, *723*:412);

---

471. Silvio Rodrigues, Contrato de fiança, cit., p. 358-60; W. Barros Monteiro, op. cit., p. 369-71; Antônio Chaves, Fiança civil, cit., p. 100-3; Bassil Dower, *Curso moderno dedireito civil*, cit., p. 290-3; De Page, op. cit., n. 887; Orlando Gomes, *Contratos*, cit., p. 539 e 540; Serpa Lopes, *Curso*, cit., p. 474-8; Baudry-Lacantinerie e Wahl, op. cit., ns. 1.174 e 1.175; João Luís Alves, op. cit., v. 2, p. 539; Caio M. S. Pereira, *Instituições*, cit., p. 465-7; *RT*, *527*:219, *434*:235, *500*:234, *521*:184, *474*:128, *463*:220, *462*:164, *545*:163, *545*:161, *490*:115; *RF*, *70*:106; Código Civil, arts. 339, 340, 356, 359, 844, § 1º, e 835. *Vide*: Lei n. 11.101/2005, art. 49, § 1º.

b) pela existência de exceções pessoais ou extintivas da obrigação, excludentes da responsabilidade, suscetíveis de serem arguidas pelo fiador, desde que não provenham simplesmente de incapacidade pessoal, salvo no caso do mútuo feito a pessoa menor (CC, art. 837). Dentre as exceções pessoais, poderão ser lembradas as dos arts. 204, § 3º, 366, 371, 376, 844, § 1º, e 824, do Código Civil (*AJ*, *108*:615). São exceções extintivas da obrigação: pagamento, prescrição, nulidade da obrigação principal etc.;

c) pela ocorrência das situações previstas no art. 838, I a III, do Código Civil. Por este dispositivo legal, o fiador, ainda que solidário com o principal devedor, ficará desobrigado: se, sem consentimento seu, o credor conceder moratória ao devedor, porque essa concessão poderá ter como consequência a diminuição das condições financeiras do devedor, cujos haveres já poderão ser insuficientes para suportar o direito regressivo do fiador. O fiador não se desobriga perante o credor, se este com anuência sua conceder moratória ao devedor (*RTJ*, *114*:299; *RT*, *673*:162); logo, apenas o pacto entre credor e devedor, à revelia do fiador, extinguirá a fiança, por poder agravar sua situação. A moratória vem a ser a outorga de novo prazo pelo credor, após o vencimento da obrigação (*AJ*, *104*:242, *103*:72; *RF*, *152*:222; *RT*, *255*:464, *236*:411, *206*:529, *185*:764, *519*:259, *527*:150, *515*:198, *722*:199, *672*:188, *809*:279); se, por fato do credor, for impossível a sub-rogação nos seus direitos e preferências. P. ex.: se o credor, além da fiança, tiver penhor ou hipoteca prestada pelo devedor e renunciar ao direito real, extinguir-se-á a fiança, porque o fiador não mais poderá contar com a hipoteca ou com o penhor, já que, se ele resgatar o débito, não mais lhe serão transferidos os direitos decorrentes do penhor ou da hipoteca, com os quais podia contar; se o credor, em pagamento da dívida, aceitar amigavelmente do devedor objeto diverso do que este era obrigado a lhe dar, ainda que depois venha a perdê-lo por evicção. A dação em pagamento constitui um verdadeiro pagamento, apesar de ser indireto, extinguindo a obrigação principal, e, consequentemente, a acessória. Esta última não se revigorará se a coisa dada em pagamento for evicta, embora a dívida se reabilite. Com a evicção a obrigação primitiva se restabelece, mas isso não provoca o reaparecimento da fiança. Tal ocorre porque o credor, apesar de ter o direito de exigir do fiador o pagamento do débito garantido, não poderá agravar a sua situação;

d) pelo retardamento do credor na execução, resultando na insolvência do devedor; se invocado o benefício de ordem do Código Civil, art. 827, parágrafo único, terá o condão de exonerar o fiador que o invocou, provando-se que os bens por ele indicados eram, ao tempo da penhora, suficientes para solver a dívida afiançada (CC, art. 839).

Quadro Sinótico

FIANÇA

1. DEFINIÇÃO	• Fiança ou caução fidejussória é a promessa, feita por uma ou mais pessoas, de satisfazer a obrigação de um devedor, se este não a cumprir, assegurando ao credor o seu efetivo cumprimento (CC, art. 818).	
2. CARACTERÍSTICAS JURÍDICAS	• Acessoriedade (CC, arts. 822 a 824). • Unilateralidade. • Gratuidade. • Subsidiariedade.	
3. REQUISITOS	• Subjetivos	• Capacidade genérica para praticar os atos da vida civil. • Legitimação para afiançar. • Consentimento do credor e do fiador (CC, arts. 820, 825 e 826).
	• Objetivos	• A fiança poderá ser dada a qualquer tipo de obrigação. • A fiança dependerá da validade e da exigibilidade da obrigação principal (CC, art. 824, parágrafo único). • A fiança poderá assegurar obrigação atual ou futura (CC, art. 821). • A fiança não poderá ultrapassar o valor do débito principal, nem ser mais onerosa do que ele (CC, art. 823).
	• Formais	• Reclama forma escrita, podendo constar de instrumento público ou particular (CC, art. 819).
4. MODALIDADES	• Em relação ao seu objeto	• Fiança civil. • Fiança mercantil.
	• Quanto à sua forma	• Fiança convencional. • Fiança legal (CC, arts. 1.280, 1.305, parágrafo único, 260, II, 495; Código de Águas, art. 121). • Fiança judicial (CPC, art. 559).

5. EFEITOS	• Nas relações entre credor e fiador	• O credor não poderá escolher entre devedor e fiador para exigir o pagamento, porque a fiança só produzirá efeitos se o devedor afiançado deixar de realizar a prestação. • O credor só poderá exigir a fiança no termo fixado para a obrigação principal. • O fiador poderá oferecer exceções à ação do credor (CC, arts. 824, parágrafo único, 827, parágrafo único, 828, I a III). • A pluralidade de fiadores reger-se-á pelo CC, arts. 829, parágrafo único, e 830. • A insolvência de um dos cofiadores, na solidariedade ou no benefício de ordem, fará com que a parte de sua responsabilidade na dívida seja distribuída entre os demais (CC, art. 831, parágrafo único).
	• Nas relações entre devedor afiançado e fiador	• O fiador, que pagar integralmente a dívida, ficará sub-rogado nos direitos do credor (CC, arts. 831, 832 e 833). • O fiador terá certos direitos antes do pagamento do débito afiançado, como os decorrentes do art. 834 do CC. • A obrigação do fiador passará aos seus herdeiros, mas a responsabilidade da fiança se limitará ao tempo decorrido até a morte do fiador e não poderá ultrapassar as forças da herança (CC, art. 836). • O fiador poderá exonerar-se da obrigação a todo tempo, se a fiança tiver duração ilimitada, mas ficará obrigado por todos os efeitos da fiança, durante sessenta dias após a notificação do credor (CC, art. 835). • O fiador deverá ser comunicado da sub-rogação ocorrida nos casos do art. 12 da Lei n. 8.245/91, podendo exonerar-se dentro de trinta dias, mas ficará responsável pelos efeitos da fiança durante cento e vinte dias (Lei n. 8.245/91, art. 12, §§ 1º e 2º, com a redação da Lei n. 12.112/2009). • A interrupção de prescrição produzida contra o devedor prejudicará o fiador (CC, art. 204, § 3º).
6. EXTINÇÃO	• Por causas terminativas comuns às obrigações em geral	• Extinção da dívida principal por ela assegurada; pagamento direto ou indireto.

6. EXTINÇÃO	• Por modos extintivos próprios à natureza da fiança	• Expiração do prazo determinado para a sua vigência, ou, não o havendo, quando assim convier ao fiador (CC, art. 835). • Existência de exceções pessoais ou extintivas da obrigação (CC, art. 837). • Ocorrência das situações previstas no CC, art. 838, I a III. • Retardamento do credor na execução, resultando na insolvência do devedor (CC, art. 839).

R. Transação

r.1. Histórico

No direito romano a transação destinava-se a extinguir uma obrigação, por ser uma convenção em que alguém renunciava a um direito em litígio, recebendo, porém, uma retribuição. Deveras, Ulpiano assim entendia: "Qui transigit, quasi de re dubia et lite incerta neque finita transigit: qui vero paciscitur, donationis causa rem certam indubitatem liberalitate remittit"[472]. Infere-se daí que no período romano o requisito da existência de concessões recíprocas constituía pressuposto essencial, verdadeira condição jurídica, da transação. Já no Código Justiniano encontrava-se o princípio vigente segundo o qual "de modo algum se verifica transação, sem que nada se dê, se retenha ou se prometa". Daí não haver transação sem concessões mútuas ou recíprocas, por se tratar de avença em que se dá ou deixa uma coisa por outra.

No mesmo sentido se orientaram os mestres de nosso direito previgente e a jurisprudência anterior ao Código Civil, que confirmavam a exigência da mutualidade de concessões para que se configurasse a transação. Realmente o Tribunal de São Paulo, resolvendo, antes do Código Civil, uma pendência em que se discutia a existência de transação, concluiu da seguinte forma: "A transação é um contrato em que as partes, concedendo e renunciando pretensões, previnem e melhor asseguram o exercício de seus direitos, sendo, portanto, parte essencial desse contrato, a reciprocidade de concessões" (ac. de 12 jul. 1904, *São Paulo Judiciário, 8*:290, apud E. Guimarães, *Brasil acórdãos,* 1935, v. 12, p. 124-5).

Finalmente, nosso Código Civil, mantendo essa tradição doutrinária e jurisprudencial, exigiu, no art. 840, o caráter de onerosidade na transação[473], e a contempla no Título IV, alusivo às modalidades de contrato, em razão de sua nítida natureza contratual, visto que cria, modifica ou extingue relação jurídica diversa da que tiver originado, deixando de ser mera modalidade extintiva da obrigação. Todavia apenas por uma questão técnico-jurídica a mantivemos também no v. 2 deste *Curso,* no item relativo ao pagamento indireto, visto que tem por finalidade precípua a extinção obrigacional.

---

472. Ulpiano, D., Liv. II, Tít. XV, frag. 1.

473. Hermano de Sá, Não se entende transação sem ônus para as partes, *Atualidades Forenses, 31*:7-8, 1980; Sílvio A. B. Meira, *Instituições de direito romano,* 2. ed., São Paulo, Max Limonad, n. 226, p. 361.

r.2. Definição e elementos constitutivos

A *transação* é um negócio jurídico bilateral, pelo qual as partes interessadas, fazendo-se concessões mútuas, previnem ou extinguem obrigações litigiosas ou duvidosas[474]. É o que dispõe o Código Civil, art. 840: "É lícito aos interessados prevenirem ou terminarem o litígio mediante concessões mútuas".

A transação seria uma composição amigável entre os interessados sobre seus direitos, em que cada qual abre mão de parte de suas pretensões, fazendo cessar as discórdias. As partes preferem resolver a questão sem recorrer ao Judiciário, por ser ele fonte de incidentes desagradáveis e onerosos, dado que a sabedoria popular proclama: "É preferível um mau acordo a uma boa briga judicial". Com o intuito de evitar os riscos da demanda ou as delongas da lide, os interessados na resolução de um litígio desistem, reciprocamente, de alguns benefícios ou vantagens. Seria, portanto, uma solução contratual da lide, pois as partes são levadas a transigir pelo *timor litis,* pelo desejo de evitar um processo cujo resultado eventual será sempre duvidoso[475].

---

474. Serpa Lopes, op. cit., p. 291; Silvio Rodrigues, op. cit., p. 279; Planiol, op. cit., v. 2, n. 2.285; Humberto Theodoro Jr., A obrigação de indenizar e a transação, *Livro de Estudos Jurídicos,* n. 9, Rio de Janeiro, 1994; Carlos Alberto Dabus Maluf, *A transação no direito civil,* São Paulo, Saraiva, 1985; Santoro-Passarelli, *La transazione,* Napoli, 1975; Ballesteros, *La transacción,* Madrid, 1964; Antonio Butera, *Delle transazioni,* Torino, 1933; Carresi, *La transazione,* Torino, 1966; Boyer, *La notion de transaction,* 1947; Clóvis Beviláqua, *Código Civil,* cit., v. 4, obs. ao art. 1.025 do CC de 1916, p. 179; Carvalho de Mendonça, op. cit., v. 1, n. 371, p. 645; Coelho da Rocha, op. cit., t. 2, p. 272; Arnoldo Wald, Da extinção da obrigação de ressarcir os danos no caso de transação com um dos responsáveis, *RDC, 28*:175; Ronaldo Nunes Orsini, Extinção das obrigações por transação, *EJ, 65*:39; Francisco Antonio de Oliveira, Transação, in *Estudos em homenagem a Sydney Sanches,* São Paulo, Fiuza, APM, 2003, p. 145 a 168. CPC, arts. 90, 122, 485, III, 515, II, 535, VI, 619, II, e 924; CTN, art. 171. Sendo a transação negócio jurídico que envolve a relação de direito material em litígio, é desnecessária a intervenção do advogado da parte, suspendendo-se o processo para o cumprimento do acordo (1º TACSP, AgI 406.376-1, *JB, 152*:223). *Vide*: *JB, 161*:332; *EJSTJ, 9*:108, *4*:73-4; *RT, 576*:143, *570*:236, *600*:46, *648*:179, *662*:147, *664*:123, *666*:135, *745*:328, *778*:314; *JTACSP, 40*:199; *RJTJSP, 104*:324, *133*:185, *131*:128 e 301, *91*:305; *RSTJ, 97*:198, *90*:91; *RJ, 188*:98, *169*:102, *161*:45.

475. Bassil Dower, op. cit., p. 262. No mesmo teor de ideias: Troplong, *Des transactions,* n. 2; Silvio Rodrigues, op. cit., p. 280; Serpa Lopes, op. cit., p. 291; Norberto Gorostiaga, *La causa de las obligaciones,* Buenos Aires, 1944, p. 133. CPC, art. 90, §§ 2º e 3º, trata da responsabilidade de despesas, havendo transação. Se as partes nada acordarem a respeito, as despesas serão pagas em partes iguais. Se a transação se der antes

Desta definição será possível extraírem-se os *elementos constitutivos* da transação, que são[476]:

1º) *Acordo de vontade entre os interessados*, pois, por ser um negócio jurídico bilateral em que as partes abrem mão de seus interesses, será imprescindível a manifestação volitiva dos transatores; logo, não poderá haver transação em virtude de lei. Daí a exigência de capacidade das partes não dizer respeito somente à capacidade genérica para a vida civil, mas também à legitimação para alienar, ou seja, à capacidade de disposição, por ser necessário que o transator a tenha, visto que a transação constitui um modo especial de extinção de dívidas, envolvendo renúncia de direitos. Não têm capacidade para transigir os absoluta ou relativamente incapazes, salvo se representados ou assistidos por seus representantes legais, devidamente autorizados pelo juiz e com intervenção do Ministério Público – CPC, art. 178, II). Apenas a pessoa maior e capaz poderá transigir, sendo que para o idoso se exige intervenção do Defensor Público (Lei n. 10.741/2003 – com alteração da Lei n. 11.737/2008 –, arts. 13 e 75). Entretanto, por importar renúncia de direitos, a lei proíbe a transação: *a*) ao tutor e ao curador, referentemente aos negócios do tutelado e do curatelado (CC, arts. 1.748, III, e 1.774), a não ser que a transação seja do interesse deles e desde que haja autorização judicial expressa, decidindo a conveniência da transação; *b*) aos pais, quanto aos bens e direitos de seus filhos menores, salvo mediante prévia autorização do juiz (*RT, 146*:266, *236*:117); *c*) ao mandatário sem poderes especiais e expressos (CC, art. 661, § 1º; CPC, art. 105, § 1º); *d*) aos procuradores fiscais e judiciais das pessoas jurídicas de direito público interno; *e*) ao representante do Ministério Público; *f*) à pessoa casada, exceto no regime de separação absoluta (CC, art. 1.647), sem o consentimento do outro consorte, desde que a transação seja relativa a imóveis (*RT, 112*:639); *g*)

---

da sentença, as partes ficam dispensadas do pagamento de custas processuais remanescentes, se houver.

476. Relativamente aos elementos constitutivos da transação, *vide* Caio M. S. Pereira, op. cit., p. 220-2; Bassil Dower, op. cit., p. 262-3; Serpa Lopes, op. cit., p. 292-7 e 303-4; Lafaille, op. cit., n. 477; Trabucchi, op. cit., n. 361; Silvio Rodrigues, op. cit., p. 284-6; Carvalho de Mendonça, op. cit., v. 1, n. 372; Larenz, op. cit., v. 1, p. 136; Aubry e Rau, op. cit., v. 4, § 418, p. 191-2; W. Barros Monteiro, op. cit., p. 308-11; Colmo, op. cit., n. 813; Hermano de Sá, op. cit., p. 8; Baudry-Lacantinerie e Wahl, *Dei contratti aleatori, del mandato, della fideiussione e della transacione,* t. 24, ns. 1.202 e 1.205; Ruggiero e Maroi, op. cit., v. 2, § 177; Capitant, *De la cause des obligations,* 3. ed., n. 105, p. 228; De Page, op. cit., v. 5, n. 484; Louis Boyer, *La notion de transaction,* Paris, 1947, p. 19 e 28; Planiol, op. cit., v. 2, n. 2.285; Enneccerus, Kipp e Wolff, op. cit., § 195; Roger Merlé, *Essai de contribution à la théorie générale de l'acte déclaratif,* p. 183-4; João Luís Alves, op. cit., v. 2, p. 118.

ao sócio que não tenha a administração da sociedade (CC, arts. 1.010 a 1.021); *h*) ao inventariante, no caso do art. 619, II, do Código de Processo Civil; *i*) ao administrador judicial, sobre obrigações e direitos da massa falida, salvo autorização judicial e audiência do comitê e do devedor no prazo comum de dois dias (Lei n. 11.101/2005, art. 22, § 3º).

2º) *Impendência ou existência de litígio ou de dúvida sobre os direitos das partes, suscetíveis de serem desfeitos,* já que o Código Civil, art. 840, refere-se à prevenção ou extinção de um litígio ou de uma *res dubia* entre os interessados, e é por meio da transação que se afastam essas incertezas sobre um direito ou relação jurídica preexistente. Só poderá haver transação quando os direitos sobre que versa forem litigiosos ou duvidosos. Se os direitos não forem litigiosos ou duvidosos, ter-se-á reconhecimento ou renúncia, conforme se admitam as pretensões contrárias (*RT, 201*:163) ou se desista das próprias, pois a transação perderá sua finalidade, e o acordo dos interessados poderá configurar uma doação ou uma remissão de dívidas. Pressupõe, portanto, a transação um litígio ou uma dúvida possível de se dar ou já existente, por ser um remédio a que as partes recorrem para prevenir ou terminar controvérsias. A obrigação oriunda da transação é sempre motivada por um litígio, logo não pode prevalecer se aquele já se encerrou.

3º) *Intenção de pôr termo à "res dubia" ou litigiosa,* visto que a vontade de eliminar incerteza aparece como elemento essencial da transação, com o escopo de poupar a lentidão de um processo e de evitar riscos na solução da lide, bem como discussão polêmica inconveniente, de resultado imprevisível.

4º) *Reciprocidade de concessões,* pois será necessário que ambos os transigentes concedam alguma coisa ou abram mão de alguns direitos em troca da segurança oferecida pela transação. Daí o caráter oneroso desse instituto, já que cada parte procura tirar uma vantagem do acordo, sem que as concessões mútuas devam implicar equivalência ou proporcionalidade das prestações ou correspondência das vantagens e sacrifícios (*RT, 423*:221). A transação está longe de constituir um reconhecimento recíproco dos direitos litigiosos, por supor abandono mútuo de uma parte daqueles direitos, não sendo necessário que essas concessões recíprocas representem o equivalente exato umas das outras. Silvio Rodrigues pondera: "Impõe-se que cada uma das partes abra mão do direito que acredita ter, pois caso contrário poderia ocorrer uma liberalidade, mas não transação, em que há um sacrifício de cada um dos transatores em troca da segurança de uma situação pacífica. Não é necessário que o sacrifício das partes seja equivalente". O STF já decidiu: "A validade da transação não depende da equivalência das prestações, da correspondência dos sacrifícios ou da igualdade das concessões, isto é, não implica proporcionalidade do dano, retirado ou prometido" (*RTJ*, *59*:923. No mesmo sentido: *RT*, *423*:221). A reciprocidade de ônus e vantagens constitui o elemento caracterizador da transação, uma vez que sem ele a transação será mera liberalidade (*RT*, *100*:156, *109*:699). Não se terá transação se uma das partes receber só vantagens e a outra apenas sacrifícios, mas renúncia, ratificação ou reconhecimento do direito do outro, doação, remissão de dívida, conforme o caso, de forma que tudo conceder sem nada receber não é transigir.

5º) *Prevenção ou extinção de um litígio ou de uma dúvida,* por visar a transformação de um estado jurídico inseguro e incerto em outro seguro e certo. Portanto, com a transação, que conjura iminente litígio, põe-se fim à pendência em andamento e arreda-se controvérsia ou dúvida sobre certa pretensão, surgindo uma situação definida, pela consumação da prevenção ou pela extinção do litígio ou da incerteza. Não se admite, ainda, transação condicional, que não ponha termo à controvérsia. Se não atender a tal finalidade, será ato constitutivo de direito ou um pagamento (*RT*, *446*:268).

r.3. Caracteres

A transação apresenta os seguintes caracteres[477]:

1º) É *indivisível,* pois a indivisibilidade é essencial à transação, que constitui negócio jurídico com todos os elementos característicos da relação negocial, uma vez que, pelo Código Civil, art. 848, "Sendo nula qualquer das cláusulas da transação, nula será esta" (*RT*, *460*:180, *486*:140). Contudo, acrescenta o parágrafo único desse dispositivo legal que: "Quando a transação versar sobre diversos direitos contestados, independentes entre si, o fato de não prevalecer em relação a um não prejudicará os demais". Isto é, se a transação disser respeito a vários negócios autônomos, não relacionados entre si, não perderá sua validade, se um deles for nulo, quanto aos demais ajustes, que prevalecerão, por não lesar nenhum dos interessados (*RT*, *446*:283).

2º) É de *interpretação restrita* (*RT*, *488*:210, *743*:299), ante o disposto no Código Civil, art. 843, 1ª parte. Por envolver uma renúncia de direitos e por ter a finalidade de extinguir obrigações, deve ser sempre interpretada restritivamen-

477. Serpa Lopes, op. cit., p. 297-9; Colmo, op. cit., ns. 815 e 816; Bassil Dower, op. cit., p. 264-6; Larenz, op. cit., p. 137; Aubry e Rau, op. cit., v. 4, § 421, p. 202; Caio M. S. Pereira, op. cit., p. 222-3; Carvalho de Mendonça, op. cit., n. 377; Silvio Rodrigues, op. cit., p. 282-4; Baudry-Lacantinerie e Wahl, op. cit., n. 1.286; Clóvis Beviláqua, *Código Civil,* cit., v. 4, p. 214; Lafaille, op. cit., v. 1, n. 475; Ramón Silva Alonso, *Derecho de las obligaciones*, cit., p. 371-3.

te, não comportando aplicação analógica, nem extensão da vontade liberatória além dos termos em que se manifestou, restringindo-se tão somente às questões expressamente especificadas no instrumento.

3º) É *negócio jurídico declaratório,* pois não visa transmitir nada, mas declarar ou reconhecer direitos (CC, art. 843, 2ª parte), tornando certa e segura uma situação jurídica preexistente, que era controvertida e incerta.

r.4. Modalidades e formas de transação

A transação poderá ser[478]:

1º) *Judicial,* se se realizar no curso de um processo, recaindo sobre direitos contestados em juízo, hipótese em que, pelo Código Civil, art. 842, 2ª parte, deverá ser feita (CPC, arts. 359 e 924, III; Lei n. 9.099/95, arts. 72 e 74; *RT, 328*:236, *679*:170, *800*:309, *772*:312; *JB, 84*:313; *RSTJ, 89*:305): *a*) por termo nos autos, assinado pelos transigentes e homologado pelo juiz. Imprescindível será, após parecer favorável do representante do Ministério Público, tal homologação judicial, ainda que verse sobre matéria não posta em juízo (*RT, 484*:216, *477*:245, *466*:132, *418*:343, *413*:193), porque ela completa o ato, tornando-o perfeito e acabado, permitindo a produção de efeitos jurídicos (CPC, art. 515, II) e encerrando o processo (*RT, 418*:343), ao positivar a desistência do direito que assistia às partes de obter do órgão judicante uma decisão sobre o mérito da questão. Por isso, concluída e homo-

---

478. A respeito das modalidades e forma da transação, *vide* Silvio Rodrigues, op. cit., p. 286-7; Caio M. S. Pereira, op. cit., p. 224-5; Serpa Lopes, op. cit., ns. 241, 250, 254 e 312; Bassil Dower, op. cit., p. 260-2; W. Barros Monteiro, op. cit., p. 309-12; Alberto dos Reis, *Comentários ao Código de Processo Civil,* v. 3, p. 534; Lacerda de Almeida, *Dos efeitos,* cit., p. 298; Pontes de Miranda, *Tratado,* cit., v. 25, p. 117, 132-8, 141, 163, 164, 170 e 172; Lacantinerie e Wahl, *Dei contratti aleatori del mandato, della fideiussione e della transazione,* t. 24, n. 1.201; Josserand, *Cours de droit civil positif français,* Paris, Sirey, 1933, v. 2, p. 787; Savatier, *Cours de droit civil,* Paris, LGDJ, 1949, t. 2, p. 451; Rogério Lauria Tucci, Transação, *RT, 477*:47; Hector Lafaille, *Derecho civil – tratado de las obligaciones,* Buenos Aires, Ediar, 1947, p. 399 e 403; Kipp e Wolff, *Tratado de derecho civil – derecho de obligaciones,* Barcelona, Bosch, 1935, v. 2, t. 2, p. 497; Jean Chevalier, *L'effet déclaratif de la transaction et du partage,* Paris, 1932; Desserteaux, *Essai d'une théorie générale de l'effet déclaratif,* Dijon, 1908; M. Helena Diniz, Eficácia jurídica da transação judicial homologada e a "exceptio litis per transactionem finitae", *Revista APMP, 30*:64-7; Miguel Reale, A transação no direito brasileiro, in *Questões de direito,* 1981, p. 343. A homologação judicial pode ocorrer, posteriormente, a qualquer momento (*RT, 473*:78, *497*:122, *550*:110, *580*:187). *Vide* ainda: *RT, 798*:277, *411*:161, *528*:152, *541*:181, *473*:78. A Lei n. 8.197/91, com alteração do Decreto n. 1.630/95, regia a transação nas causas de interesse da União, suas autarquias, fundações e empresas públicas federais, tendo sido revogada pela Lei n. 9.469/97, que passou a disciplinar a questão.

logada a transação, nenhum dos transatores poderá alegar que concedeu mais do que devia ou menos do que lhe tocava. É uma solução contratual da lide, com efeito de *semplice accertamento*, como diz Carnelutti, ou seja, mera eficácia declarativa. O acordo firmado em juízo pelos litigantes, homologado judicialmente, é, concomitantemente, contratual e processual. A transação judicial tem conteúdo de direito material, por estabelecer nova situação jurídica entre os transatores, e só é processual o seu efeito de pôr termo ao processo. Com o trânsito em julgado da decisão homologatória acaba a litispendência e quaisquer efeitos do que foi objeto da transação. A sentença homologatória nada resolve; o negócio jurídico da transação é que lhe faz o fundo. A homologação apenas dá à transação o efeito extintivo da relação jurídico-processual. Tanto isso é verdade que, se houver rescisão da sentença homologatória, o processo continua, mas a transação não perde o efeito, pois o direito material a considera perfeita e válida. A homologação apenas irradia a eficácia processual. A transação judicial homologada produz efeito de coisa julgada, extinguindo a controvérsia e definindo os direitos. Tem razão Huc ao reduzir o valor da transação ao efeito da coisa julgada como exceção. Trata-se da *exceptio litis per transactionem finitae*, equivalente à *exceptio rei judicatae*. Assim como a autoridade de um julgamento consiste na incontestabilidade da matéria por ele definida, não mais podendo ser contestada em juízo pelas mesmas partes, a transação também, ensina-nos Serpa Lopes, põe fim ao litígio, impedindo que ele renasça por meio de uma exceção idêntica à da *res judicata*; *b*) por escritura pública. Os transigentes juntarão aos autos a escritura pública (*RT, 239*:194, *276*:517; *RF, 173*:206), e, em seguida, ter-se-á homologação judicial, sem a qual não cessará a instância por haver demanda (CPC, art. 487, III, *b*; *RT, 798*:277, *724*:362, *466*:132, *428*:273, *446*:83, *418*:343, *453*:146). Alguns autores, ante o disposto no art. 842, entendem, contudo, que a sentença homologatória apenas será necessária se a transação se der por termo nos autos. Portanto, tal transação substitui a decisão que o juiz proferiria se a causa chegasse ao fim (*RT, 473*:78).

2º) *Extrajudicial*, se levada a efeito ante uma demanda ou litígio iminente, evitado, preventivamente, mediante convenção dos interessados que, fazendo concessões recíprocas, resolvem as controvérsias, por meio de escritura pública, se a lei reclamar essa forma (CC, arts. 108 e 842), ou particular, nas hipóteses em que a admitir (CC, arts. 842, 1ª parte, e 104, III), desde que contenha todos os elementos necessários para a delimitação da vontade dos transigentes e do conteúdo negocial. Não há necessidade de se homologar, por via judicial, tal transação, por ter sido feita, com função preventiva, antes de haver litígio ou demanda, justamente com a finalidade de evitá-los (*RT, 790*:356). Não tem força de coisa julgada e produz efeitos de um negócio jurídico.

r.5. Objeto

Nem todas as relações jurídicas poderão ser objeto de transação, pois, pelo Código Civil, art. 841, só é permitida em relação a *direitos patrimoniais de caráter privado* (*RT*, *792*:289, *692*:131), suscetíveis de circulabilidade. Daí a ilicitude e a inadmissibilidade de transação atinente a assuntos relativos aos direitos da personalidade; a bens fora do comércio; ao estado e capacidade das pessoas (*RTJE*, *2*:80); à legitimidade ou dissolução do casamento; à guarda dos filhos; ao poder familiar; à investigação de paternidade (*AJ*, *108*:274; *RF*, *110*:68, *136*:130); a alimentos, por serem irrenunciáveis, embora se possa transigir acerca do *quantum* (*RT*, *449*:107); às ações penais, pois, pelo Código Civil, art. 846, "A transação concernente a obrigações resultantes de delito não extingue a ação penal pública". Assim, se há uma obrigação decorrente de um delito, a vítima e o agente causador do dano podem transigir no âmbito das relações privadas (*RT* *806*:557, *805*:531), mas essa transação não livra o agente das consequências penais, pois o Estado, além de não participar da avença, tem interesse em punir o criminoso. Também não se admite transação relativa ao crédito do acidentado ou de seus beneficiários pelas indenizações oriundas de acidentes do trabalho[479].

r.6. Natureza jurídica

A transação é um instituto jurídico *sui generis*, por consistir uma modalidade especial de negócio jurídico bilateral, que se aproxima do contrato (*RT*, *277*:266; *RF*, *117*:407), na sua constituição, e do pagamento, nos seus efeitos, por ser causa extintiva de obrigações[480], possuindo dupla natureza jurídica: a de negócio jurídico bilateral e a de pagamento indireto. É um *negócio jurídico bilateral declaratório*, uma vez que, tão somente, reconhece ou declara direito, tornando certa uma situação jurídica controvertida e eliminando a incerteza que atinge um direito. A finalidade da transação é transformar em incontestável no futuro o que hoje é litigioso ou incerto[481].

---

479. W. Barros Monteiro, op. cit., p. 312-3; Silvio Rodrigues, op. cit., p. 287-8; Caio M. S. Pereira, op. cit., p. 225; Bassil Dower, op. cit., p. 260; Serpa Lopes, op. cit., p. 305-6. *Vide* Lei n. 9.469/97. Sobre transação, relativa a alimentos em que idoso é credor: art. 13 da Lei n. 10.741/2003, com a redação da Lei n. 11.737/2008.

480. Caio M. S. Pereira, op. cit., p. 220-1 e 223.

481. Sobre a questão da natureza jurídica da transação, *vide* Aubry e Rau, op. cit., § 418; Coelho da Rocha, op. cit., v. 2, n. 744; Afonso Fraga, *Da transação ante o Código Civil brasileiro*, p. 19; Silvio Rodrigues, op. cit., p. 280-1; Clóvis Beviláqua, *Código Civil*, cit., v. 4, p. 180; Carnelutti, *Lezioni di diritto processuale civile*, v. 1, n. 46; Miguel Reale, A transação no direito brasileiro, *Questões de direito*, 1981, p. 343; Pontes de Miranda, *Tratado*, cit., t. 25, p. 170, 163 e 164.

r.7. Nulidade

São inteiramente aplicáveis à transação não só as normas relativas ao regime das nulidades dos negócios jurídicos em geral (*RT, 492*:141), mas também as concernentes aos motivos especiais de nulidade do acordo dos transatores.

O Código Civil, art. 850, ao estatuir que "é nula a transação a respeito do litígio decidido por sentença passada em julgado, se dela não tinha ciência algum dos transatores, ou quando, por título ulteriormente descoberto, se verificar que nenhum deles tinha direito sobre o objeto da transação", estabelece duas causas de *nulidade absoluta* da transação: *a*) *litígio já decidido por sentença passada em julgado, sem o conhecimento dos transatores*. Assim sendo, se o que demandar a nulidade houver tido ciência de que havia uma sentença transitada em julgado, não terá *legitimatio ad causam* para demandar a nulidade da transação. Trata-se de causa de nulidade absoluta, posto que, havendo litígio encerrado por sentença passada em julgado, ignorada pelos transacionistas, não havia sobre que transigir, pois uma das finalidades da transação é a incerteza dos direitos ou a prevenção ou cessação da demanda. Portanto, se esta já estava terminada pela coisa julgada, a transação ficou sem objeto. P. ex.: se depois de ganha uma causa falecer o vencedor, e seu herdeiro, desconhecendo o fato, transigir com o vencido, tal transação será nula; *b*) *descoberta de título ulterior* que indique ausência de direito sobre o objeto da transação em relação a qualquer dos transatores. Ocorrendo qualquer dessas circunstâncias, apenas os próprios transatores são partes legítimas para ajuizar a anulatória (*RT, 648*:178).

Além do mais, é preciso lembrar o art. 848 do Código Civil, concernente à nulidade da transação, em face da sua natureza indivisível. A indivisibilidade da transação acarreta, sendo nula qualquer de suas cláusulas, a nulidade da própria transação. Inadmissível será a nulidade parcial, salvo quando a transação versar sobre diversos direitos contestados independentes entre si, pois o fato de não prevalecer em relação a um não prejudicará os demais (*RT, 239*:194), ficando, não obstante, válida relativamente a eles (CC, art. 848, parágrafo único).

O art. 849 do Código Civil aponta os casos de *nulidade relativa* ou anulabilidade, ao prescrever que a transação só se anula por dolo, coação ou erro essencial quanto à pessoa ou coisa controversa, aplicando-se as mesmas normas estabelecidas para a hipótese de anulabilidade por erro, dolo, coação ou violência dos negócios jurídicos em geral[482]. "A transação não se

482. Relativamente ao regime das nulidades na transação, *vide* De Page, op. cit., t. 5, 2ª

anula por erro de direito a respeito das questões que foram objeto de controvérsia entre as partes" (CC, art. 849, parágrafo único). No mesmo sentido o Código Civil italiano, art. 1.969, que assim dispõe: "*La transazione non può essere annullata per errore di diritto relativo alle questioni che sono state oggetto di controversia tra le parti*". A transação não poderá ser anulada por erro de direito *caput controversum*, resultante da não aplicação da lei por desconhecimento ou interpretação equivocada e relativo à questão que foi objeto de controvérsia entre as partes. Apenas é anulável transação oriunda de erro de fato *caput non controversum,* ou seja, de vício de negócio na indicação a que se refere a declaração de vontade. P. ex., discussão entre os transigentes sobre a questão da propriedade de uma obra de arte que depois descobrem ser falsa (*RT*, *254*:268).

r.8. Efeitos

Sendo a transação uma modalidade especial de negócio jurídico bilateral, produz os seguintes efeitos jurídicos: *a*) aplicabilidade dos arts. 476 e 477 do Código Civil e das disposições legais relativas à condição, à mora e às perdas e danos oriundos de descumprimento da obrigação avençada; *b*) admissibilidade da pena convencional (CC, art. 847), pois as partes que transigirem estão obrigadas a cumprir a obrigação que assumiram; daí a possibilidade de se pactuar cláusula penal para reforçar a observância do que foi objeto da transação e que será paga por aquele que a infringir.

Como é meio indireto de extinção da obrigação, produz os seguintes efeitos extintivos: *a*) desvinculação do obrigado mediante acordo liberatório; *b*) equiparação à coisa julgada; a transação judicial homologada produz entre as partes o efeito de coisa julgada (*RT, 404*:143, *486*:63, *411*:160, *453*:112). Trata-se da *exceptio litis per transactionem finitae,* equivalente à *exceptio rei judicatae*; *c*) identidade de pessoas, isto é, a transação só vincula os que transigiram (*RF, 106*:377). Estatui o art. 844 do Código Civil que: "A transação não aproveita, nem prejudica senão aos que nela intervierem, ainda que diga respeito a coisa indivisível". Se feita, p. ex., por um dos herdeiros, não afetará aos demais, pois o transigente não pode arrebatar aos demais as ações que lhes competiam. Todavia, há hipóteses legais em que a

---

parte, n. 513 e 515; Clóvis Beviláqua, *Código Civil,* cit., v. 4, obs. ao art. 1.036; Caio M. S. Pereira, op. cit., p. 226; Silvio Rodrigues, op. cit., p. 285; Serpa Lopes, op. cit., p. 315-8; W. Barros Monteiro, op. cit., p. 313-5; *RT, 460*:108.

transação repercute sobre pessoas que dela não participaram. Assim: se for concluída entre o credor e o devedor principal, desobrigará o fiador (CC, art. 844, § 1º), pois a extinção da obrigação principal acarreta a da acessória; mas, se a transação for parcial, não alterando a obrigação em alguns pontos relativos à fiança, não exonerará o fiador quanto àqueles aspectos; se houver transação entre um dos credores solidários e o devedor, extinguir-se-á a obrigação deste para com os outros credores (CC, art. 844, § 2º), por ser uma das consequências da solidariedade ativa a exoneração do devedor que paga a qualquer dos credores; se pactuada entre um dos devedores solidários e seu credor, extinguir-se-á o débito em relação aos codevedores (CC, art. 844, § 3º; *RT*, *763*:294), por ser princípio assente na solidariedade passiva a liberação de todos os coobrigados pelo pagamento efetuado por um deles, e no seu efeito liberatório a transação equivale ao pagamento. Pelo Enunciado n. 442 do Conselho da Justiça Federal (aprovado na V Jornada de Direito Civil): "A transação, sem a participação do advogado credor dos honorários, é ineficaz quanto aos honorários de sucumbência definidos no julgado"; *d*) responsabilidade pela evicção, pois prescreve o Código Civil, art. 845, que: "Dada a evicção da coisa renunciada por um dos transigentes, ou por ele transferida à outra parte, não revive a obrigação extinta pela transação; mas ao evicto cabe o direito de reclamar perdas e danos", já que sem indenização o evicto teria somente prejuízos e a outra parte apenas benefícios, e é imprescindível na transação que os transatores, como vimos alhures, façam concessões recíprocas; *e*) prevenção e extinção de controvérsias; *f*) possibilidade de exercício de direito novo sobre a coisa transigida; portanto, se, depois de concluída a transação, um dos transigentes vier a adquirir novo direito sobre a coisa renunciada ou transferida, não estará inibido de exercê-lo (CC, art. 845, parágrafo único), visto que a transação não implica renúncia a qualquer direito futuro, mas somente ao que o litígio ou dúvida objetivava, e, além disso, trata-se de direito independente do que deu causa à transação.

É mister salientar, ainda, que a transação produz efeitos declaratórios, por apenas declarar e reconhecer direitos existentes, não operando qualquer transmissão ou constituição de direitos (CC, art. 843)[483].

---

483. Sobre a questão dos efeitos da transação, *vide* Serpa Lopes, op. cit., p. 307-15; Caio M. S. Pereira, op. cit., p. 227-30; Colin e Capitant, op. cit., v. 2, n. 960; Aubry e Rau, op. cit., § 421, nota 18; Colmo, op. cit., ns. 831 e 832; Silvio Rodrigues, op. cit., p. 289-91; Bassil Dower, op. cit., p. 266-8; De Page, op. cit., n. 511; W. Barros Monteiro, op. cit., p. 314-5.

QUADRO SINÓTICO

TRANSAÇÃO

1. HISTÓRICO	• No direito romano a transação destinava-se a extinguir uma obrigação, por ser uma convenção em que alguém renunciava a um direito em litígio, recebendo, porém, uma retribuição. Desse modo, o requisito essencial da transação era a existência de concessões recíprocas, e nesse mesmo sentido seguiram as legislações contemporâneas.	
2. DEFINIÇÃO	• A transação é um negócio jurídico bilateral, pelo qual as partes interessadas, fazendo-se concessões mútuas, previnem ou extinguem obrigações litigiosas ou duvidosas (CC, art. 840).	
3. ELEMENTOS CONSTITUTIVOS	• Acordo de vontade entre os interessados; daí exigir capacidade genérica para a vida civil e capacidade de disposição. • Impendência ou existência de litígio ou dúvida. • Intenção de pôr termo à *res dubia* ou litigiosa. • Reciprocidade de concessões. • Prevenção ou extinção de um litígio ou de uma dúvida.	
4. CARACTERES	• É indivisível (CC, art. 848, parágrafo único). • É de interpretação restrita (CC, art. 843, 1ª parte). • É negócio jurídico declaratório (CC, art. 843, 2ª parte).	
5. MODALIDADES E FORMAS	• Judicial	• Se se realizar no curso de um processo, recaindo sobre direitos contestados em juízo, devendo observar-se o disposto no CC, art. 842, 2ª parte.
	• Extrajudicial	• Se levada a efeito ante uma demanda ou litígio iminente, evitado, preventivamente, mediante convenção dos interessados, que fazem concessões mútuas, por meio de escritura pública, se a lei reclamar essa forma, ou particular, nas hipóteses em que a admitir (CC, art. 842, 1ª parte).
6. OBJETO	• Só podem ser objeto de transação os direitos patrimoniais de caráter privado, suscetíveis de circulabilidade (CC, arts. 841 e 846).	

7. NATUREZA JURÍDICA	• Trata-se de modalidade especial de negócio jurídico bilateral, que se aproxima do contrato, na sua constituição, e do pagamento, nos seus efeitos, por ser meio extintivo de obrigações.	
8. NULIDADE	• Nulidade absoluta (CC, arts. 850 e 848). • Nulidade relativa (CC, art. 849 e parágrafo único).	
9. EFEITOS	• Efeitos da transação como negócio jurídico bilateral	• *a*) Aplicabilidade do CC, art. 476, que a alcançará, e das disposições legais relativas à condição, à mora e às perdas e danos. • *b*) Admissibilidade da pena convencional (CC, art. 847).
	• Efeitos extintivos	• Desvinculação do obrigado mediante acordo liberatório. • Equiparação à coisa julgada, se homologada em juízo (CC, art. 849, 1ª parte). • Identidade de pessoas, por vincular apenas os transigentes (CC, art. 844, §§ 1º, 2º e 3º). • Responsabilidade pela evicção (CC, art. 845). • Prevenção e extinção de controvérsias. • Possibilidade de exercício de direito novo sobre a coisa renunciada, mesmo depois de concluída a transação (CC, art. 845, parágrafo único).
	• Efeito declaratório	• A transação apenas declara e reconhece direitos existentes (CC, art. 843).

S. Compromisso

s.1. Notícia histórica

Nos primórdios do direito romano o compromisso era um pacto pelo qual os interessados se obrigavam a confiar o julgamento da lide a um terceiro, que era o árbitro. Entretanto, a decisão arbitral (*arbitrium* ou *laudum*) não tinha força obrigatória entre as partes, de forma que o lesado não possuía meios para exigir a execução forçada do pactuado. As partes estabeleciam, então, no pacto, uma sanção (pagar certa soma em dinheiro ou entregar um objeto), a ser aplicada em caso de inadimplemento obrigacional[484].

Na era de Justiniano a estipulação dessa pena tornou-se desnecessária, pois a decisão do árbitro passou a ser obrigatória para as partes, desde que a tivessem assinado ou não tivessem dela recorrido no prazo de dez dias[485].

Era, pois, uma forma de justiça privada, em que a execução do direito se realizava sem a intervenção das autoridades públicas, visto que se confiava a simples indivíduos a missão de solucionar as controvérsias surgidas em torno da existência ou da extensão de uma obrigação[486], caráter que se mantém em todas as legislações atuais.

s.2. Conceito e natureza jurídica

Na transação os próprios interessados resolvem suas controvérsias, mediante concessões mútuas. Pode ocorrer que por qualquer razão não estejam habilitados a solucionar, pessoalmente, as questões litigiosas ou duvidosas que surgirem em suas relações obrigacionais, remetendo, por isso, a terceiros, de comum acordo, a solução de suas pendências judiciais ou extrajudiciais. Trata-se do juízo arbitral[487].

---

484. Bonfante, *Istituzioni di diritto romano,* 4. ed., Milano, Vallardi, 1907, p. 448; Ulpiano, D., Liv. 4, Tít. 8, Lei 11, § 2.

485. Édouard Cuq, *Manuel des institutions juridiques des romains,* 2. ed., Paris, Libr. Plon/LGDJ, 1928, p. 515; Justiniano, Cód., Liv. 2, Tít. 56, Lei 4, § 6º, Lei 5, e Nov., 82, Cap. 11; Egídio Codovilla, *Del compromesso e del giudizio arbitrale,* 2. ed., Torino, UTET, 1915, p. 1; Álvaro Villaça Azevedo, Compromisso, in *Enciclopédia Saraiva do Direito,* v. 16, p. 446-7; Alfredo Buzaid, Juízo arbitral, *RF, 181*:453.

486. Demogue, *Les notions fondamentales du droit privé,* p. 600.

487. W. Barros Monteiro, op. cit., p. 316; Carlos Alberto Carmona, A arbitragem no Brasil no terceiro ano de vigência da Lei n. 9.307/96, in *Direito em questão – aspectos obrigacionais,* coord. Wilson José Gonçalves, Campo Grande, UCDB, 2000, p. 45-68; Nilton Cesar Antunes da Costa, Noções gerais sobre arbitragem no Brasil, in *Direito em questão,* cit., p. 69-

Compromisso vem a ser o acordo bilateral, em que as partes interessadas submetem suas controvérsias jurídicas à decisão de árbitros, comprometendo-se a acatá-la, subtraindo a demanda da jurisdição da justiça comum[488].

Quem tem dúvidas sobre seus direitos normalmente as remete ao Poder Judiciário, a quem compete a distribuição da justiça, com o intuito de restaurar coativamente um direito violado. Todavia, a Lei n. 9.307/96, arts. 1º (com redação da Lei n. 13.129/2015) e 9º e o Código de Processo Civil, art. 42, permitem que pessoas capazes de contratar possam, em qualquer tempo, por meio de compromisso escrito, socorrer-se de árbitros que lhes resolvam as pendências judiciais ou extrajudiciais, desde que relativas a direitos patrimoniais disponíveis. Substitui-se, assim, o juízo comum pelo arbitral, confiando-se a solução da lide ou dos conflitos de interesses a pessoas não pertencentes ao Judiciário, mas competentes na matéria da controvérsia e merecedoras da confiança das partes. O juízo arbitral, além de proporcionar decisão rápida, é menos formal e dispendioso do que a justiça comum (custas, honorários, taxas etc.) e mais discreto, pois não tem publicidade, consistente, no mínimo, na notícia da existência do feito. Essas são as razões que militam em favor da adoção dessa medida[489].

O compromisso é matéria de direito substantivo, por preceder ao juízo arbitral. Primeiro o compromisso, depois a decisão do árbitro. O compromisso pode existir sem juízo arbitral, porém este não poderá existir sem a formação daquele. A Lei n. 9.307/96, com alterações da Lei n. 13.129/2015, rege o compromisso e o CPC/2015 disciplinam o funcionamento do juízo arbitral[490] (CC, art. 853).

98; Francisco José Cahali, Arbitragem e o Projeto de Código de Processo Civil, in *O novo processo civil* (org. José Anchieta da Silva), Colégio presidentes do IAB – São Paulo: Lex, 2012, p. 275 a 292; Luiz A. Scavone Junior, A arbitragem no Projeto de Código Civil, *O novo*, cit., p. 441 a 474; Erik F. Gramstrup, Sobre alguns aspectos da cláusula compromissória, in *Temas controvertidos de processo civil*, Rio de Janeiro, Forense, 2001, p. 30 a 46; Ana Carolina Beneti, Breve análise dos reflexos do novo CPC na arbitragem brasileira, *Contencioso empresarial na vigência do novo CPC* (coord. Carlos David A. Braga e outros), Rio de Janeiro, Lumen Juris, 2017, p. 113 a 134; Luiz Fernando do Vale de Almeida Guilherme, *Manual dos MESCS – meios extrajudiciais de solução de conflitos*, São Paulo, Manole, 2016.

488. *Vide* Antônio Luís da Câmara Leal, *Manual elementar de direito civil*, v. 2, p. 287; Bassil Dower, op. cit., p. 273; Caio M. S. Pereira, op. cit., p. 234; Carvalho de Mendonça, op. cit., v. 1, n. 387, p. 682; Álvaro Villaça Azevedo, Compromisso, cit., p. 447; Luiz Olavo Batista, Cláusula compromissória e compromisso, *RDPúbl.*, v. 17, n. 70, p. 293-9, 1984. *Vide*: Súmula 485 do STJ.

489. Silvio Rodrigues, op. cit., p. 293; Bassil Dower, op. cit., p. 273-4; Hamilton de Moraes e Barros, *Comentários ao Código de Processo Civil*, Rio de Janeiro, Forense, v. 9, p. 374. *Vide* Código Civil, art. 661, § 2º.

Vide Lei n.13.867/2019 (altera o Dec.-Lei n. 3.365/41) que possibilita opção pela mediação ou por via arbitral para a definição dos valores de indenização nas desapropriações por utilidade pública.

490. W. Barros Monteiro, op. cit., p. 318; Alfredo Buzaid, op. cit., p. 454; Carvalho de Men-

Semelhantemente à transação, vislumbramos no compromisso uma *natureza jurídica "sui generis"*, contendo um misto de contrato e de pagamento, por isso dele também tratamos no v. 2 deste *Curso*, no item relativo a pagamento indireto. Nítida é sua natureza contratual, visto que advém do acordo de vontades das partes interessadas, que escolhem árbitros, vinculando-se a acatar a solução dada por eles; logo, cria obrigações para cada um dos participantes, exigindo capacidade das partes, forma própria e objeto lícito. Firmando o compromisso, com a aprovação e aceitação de todos, as partes contratantes terão o dever de acatar a decisão arbitral, cumprindo-a nos termos do próprio compromisso, e os árbitros assumirão a obrigação de proferir o laudo decisório dentro dos poderes conferidos. É também um pagamento, pois, ao dirimir questões controvertidas, extingue relações obrigacionais[491].

s.3. Espécies

Conforme a Lei n. 9.307/96, com as alterações da Lei n. 13.129/2015, e o Código Civil, art. 851, o compromisso arbitral pode ser[492]:

---

donça, op. cit., v. 1, n. 386; Silvio Rodrigues, op. cit., p. 294; Serpa Lopes, op. cit., p. 318-9. Consulte Decreto s/n. de 9 de novembro de 2006 que instituiu, no âmbito do Ministério de Justiça, Grupo de Trabalho Interministerial para propor ato normativo a fim de disciplinar a atuação dos árbitros, órgãos arbitrais institucionais e entidades especializadas em arbitragem, previstos na Lei n. 9.307/96. Sobre arbitragem: Lei Complementar n. 123/2006, art. 75. *Vide*: *RT*, *759*:125.

491. Consulte Caio M. S. Pereira, op. cit., p. 235 e 237; W. Barros Monteiro, op. cit., p. 318; Carvalho de Mendonça, op. cit., v. 1, p. 669; Silvio Rodrigues, op. cit., p. 295; Espínola, op. cit., p. 271; Lacerda de Almeida, *Dos efeitos*, cit., p. 313; João Franzen de Lima, op. cit., v. 1, p. 288; Ruggiero e Maroi, op. cit., v. 2, § 177.

492. *Vide* Silvio Rodrigues, op. cit., p. 298; Álvaro Villaça Azevedo, Compromisso, cit., p. 448; Serpa Lopes, op. cit., p. 322; Caio M. S. Pereira, op. cit., p. 236; W. Barros Monteiro, op. cit., p. 321; José Frederico Marques, *Instituições de direito processual civil*, v. 5, n. 1.333. O CPC/73, nos arts. 1.072 a 1.102 (revogados pela Lei n. 9.307/96), referia-se ao juízo arbitral, o atual trata assunto nos arts. 2º, § 1º, 42 e 1.015, III. *Vide* Enunciado n. 7 do TJSP: "A sentença que homologa laudo arbitral é irrecorrível". Consulte: *RT*, *759*:226, *778*:193, *789*:153 e *803*:262. "O adquirente de cotas ou ações adere ao contrato social ou estatuto no que se refere à cláusula compromissória (cláusula de arbitragem) nele existente; assim, estará vinculado à previsão da opção da jurisdição arbitral, independentemente de assinatura e/ou manifestação específica a esse respeito" (Enunciado n. 16 da I Jornada de Direito Comercial do Conselho da Justiça Federal).

Enunciados do Fórum Permanente de Processualistas Civis:

27: "Não compete ao juízo estatal revisar o mérito da medida ou decisão arbitral cuja efetivação se requer por meio de carta arbitral (CPC, art. 260, § 3º)".

86: "O art. 976 não se aplica à homologação de sentença arbitral estrangeira, que se sujeita aos tratados em vigor no País e à legislação aplicável na forma do § 3º do art.

1º) *Judicial,* referindo-se à controvérsia já ajuizada perante a justiça ordinária, celebrando-se, então, por termo nos autos, perante o juízo ou tribunal por onde correr a demanda. Tal termo será assinado pelas próprias partes ou por mandatário com poderes especiais (CC, arts. 851 e 661, § 2º; CPC, art. 105, § 1º; Lei n. 9.307/96, art. 9º, § 1º). Feito o compromisso, cessarão as funções do juiz togado, pois os árbitros decidirão.

Pelos arts. 22-A e 22-B da Lei n. 9.307/96, acrescentados pela Lei n. 13.129/2015, antes de instituída a arbitragem as partes poderão recorrer ao Judiciário para concessão da tutela provisória de urgência de natureza cautelar. Tal tutela perderá sua eficácia se o interessado não requerer dentro de 30 dias a arbitragem. Se instituída for a arbitragem, os árbitros deverão manter, modificar ou revogar aquela medida cautelar. Se a arbitragem já tiver sido instituída, a tutela cautelar deverá ser requerida diretamente aos árbitros.

2º) *Extrajudicial,* se ainda não existir demanda ajuizada. Não havendo causa ajuizada, celebrar-se-á o compromisso por escritura pública ou particular, assinada pelas partes e duas testemunhas (CC, art. 851; Lei n. 9.307/96, art. 9º, § 2º)[493].

Instituído, judicial ou extrajudicialmente, o juízo arbitral, segue o procedimento previsto nos arts. 19 a 30 da Lei n. 9.307/96, alterados pela Lei n. 13.129/2015.

Proferida a sentença arbitral, findar-se-á a arbitragem e sua cópia deverá ser entregue diretamente às partes, mediante recibo, ou a elas enviada por via postal ou por outro meio qualquer de comunicação, desde que se comprove seu recebimento. No prazo de cinco dias a contar do recebimento da notificação ou da ciência pessoal da sentença arbitral, salvo se outro prazo for acordado entre as partes, a parte interessada, mediante comunicação, po-

---

972" (arts. 964 e 960, § 3º do novo CPC, respectivamente). Assim temos: "na aplicação do art. 964, considerar-se-á o disposto no § 3º do art. 960 do CPC/2015".

203: "Não se admite ação rescisória de sentença arbitral".

493. "Nada impede que, mesmo não existindo ação em juízo, possa o termo de compromisso dos árbitros firmar-se perante juiz togado; se o juízo arbitral pode processar-se fora dele, nenhuma nulidade advém do fato de correr em juízo desde que as partes nisso livremente convieram" (*RT, 121*:201). Pela Lei n. 8.078/90, art. 51, VII, será nula de pleno direito a cláusula relativa ao fornecimento de produto e serviço determinante de utilização compulsória de arbitragem.

Enunciado n. 75: "Havendo convenção de arbitragem, caso uma das partes tenha a falência decretada: (i) eventual procedimento arbitral já em curso não se suspende e novo procedimento arbitral pode ser iniciado, aplicando-se, em ambos os casos, a regra do art. 6º, § 1º, da Lei n. 11.101/2005; e (ii) o administrador judicial não pode recusar a eficácia da cláusula compromissória, dada a autonomia desta em relação ao contrato" (aprovado na II Jornada de Direito Comercial).

derá solicitar ao árbitro ou ao tribunal arbitral a correção de qualquer erro material ou o esclarecimento de dúvidas. E o árbitro ou tribunal arbitral deverá: decidir, no prazo de 10 dias ou no prazo avençado pelas partes, aditar a sentença arbitral e notificar as partes na forma do art. 29 (arts. 29 e 30, parágrafo único, da Lei n. 9.307/96, com redação dada pela Lei n. 13.129/2015). A sentença arbitral produz entre as partes e seus sucessores os mesmos efeitos da sentença prolatada pelo órgão do Poder Judiciário e, sendo condenatória, constitui título executivo (art. 31 da Lei n. 9.307/96), não sendo, portanto, necessária a homologação judicial para que tenha eficácia executiva. O árbitro é juiz de fato e de direito, logo sua sentença não ficará sujeita a recurso nem à homologação pelo Poder Judiciário (art. 18 da Lei n. 9.307/96).

Mas, sentença arbitral estrangeira, para ser reconhecida ou executada no Brasil, está sujeita unicamente à homologação do STJ (art. 35 da Lei n. 9.307/96, com a redação da Lei n. 13.129/2015). E a Instrução Normativa STJ n. 11/2019 regulamenta a disponibilização em meio eletrônico de carta de sentença para cumprimento de decisão estrangeira homologada.

s.4. Pressupostos subjetivos e objetivos

Ante a natureza contratual do compromisso, imprescindível será, para a sua existência e validade, a presença de pressupostos subjetivos, atinentes às partes que se comprometem e ao árbitro, e objetivos, concernentes ao seu objeto e conteúdo[494].

Os *pressupostos subjetivos* são[495]:

1º) *Capacidade de se comprometer*, abrangendo, além da capacidade em geral para os atos da vida civil, a possibilidade dos contratantes de dispor dos direitos em controvérsia e de ser parte em juízo, por envolver a submissão da controvérsia aos árbitros.

2º) *Capacidade para ser árbitro*, pois só pode ser árbitro quem tiver a confiança das partes, excetuando-se: *a*) os incapazes (Lei n. 9.307/96, art. 1º); *b*) os analfabetos; e *c*) os legalmente impedidos de servir como juiz (CPC, art. 144), ou os suspeitos de parcialidade (CPC, art. 145; Lei n. 9.307/96, art. 14). As pessoas jurídicas não poderão ser árbitros ante as mutações que podem sofrer seus órgãos direcionais, incompatíveis com a confiança pessoal que as partes neles depositam. As partes devem nomear um ou mais árbitros sem-

494. Serpa Lopes, op. cit., p. 322.

495. Carvalho de Mendonça, op. cit., n. 388; Serpa Lopes, op. cit., p. 322-3 e 325-6; W. Barros Monteiro, op. cit., p. 321; E. Redenti, Compromesso, in *Nuovo Digesto Italiano*, ns. 10 e 22; Rosenberg, *Tratado de derecho procesal civil*, v. 2, p. 603; Caio M. S. Pereira, op. cit., p. 238.

pre em número ímpar, para evitar um possível empate, que dificultaria um acordo sobre a questão controvertida, e podem, ainda, indicar também seus suplentes (Lei n. 9.307/96, art. 13, § 1º). Se nomearem árbitros em número par, estes estão autorizados a nomear mais um, porque seu objetivo é solucionar o litígio, e, sem indicação do desempatador, não se obterá solução alguma para a controvérsia. Não havendo acordo, as partes requerem ao Judiciário competente para julgar a causa a nomeação de árbitro (art. 13, § 2º, da Lei n. 9.307/96). "As partes, de comum acordo, poderão afastar a aplicação de dispositivo do regulamento do órgão arbitral institucional ou entidade especializada que limite a escolha do árbitro único, coárbitro ou presidente do tribunal à respectiva lista de árbitros, autorizado o controle da escolha pelos órgãos competentes da instituição, sendo que, nos casos de impasse e arbitragem multiparte, deverá ser observado o que dispuser o regulamento aplicável" (art. 13, § 4º, da Lei n. 9.307/96, com a redação da Lei n. 13.129/2015).

São *pressupostos objetivos*[496]:

1º) Em relação ao *objeto* do compromisso, que não poderá compreender todas as questões controvertidas, mas tão somente aquelas que pelo juiz comum são passíveis de decisão, com eficácia *inter partes,* desde que não versem sobre assuntos da seara penal, de estado civil, ou melhor, desde que relativas a direito patrimonial disponível de caráter privado (Lei n. 9.307/96, art. 1º). Reforçando esse dispositivo, o Código Civil, em seu art. 852, estatui que não se admitirá compromisso "para solução de questões de estado, de direito pessoal de família e de outras que não tenham caráter estritamente patrimonial".

2º) Atinente ao *conteúdo* do compromisso que, pela Lei n. 9.307/96, art. 10, deverá conter, sob pena de nulidade: *a*) nomes, sobrenomes, domicílio, profissão e estado civil das pessoas que instituírem o juízo arbitral e dos árbitros, bem como os dos substitutos nomeados para os suprir, no caso de falta ou impedimento; ou se for o caso a identificação da entidade à qual as partes delegaram a indicação de árbitros; *b*) as especificações e valor do objeto do litígio, isto é, da controvérsia, que os árbitros deverão solucionar, podendo até a estes formular quesitos para serem respondidos, atribuindo às respostas as consequências que quiserem[497]; *c*) local em que será proferida a sentença arbitral. E poderá, se as partes preferirem, conter (Lei n. 9.307/96, art. 11, I a VI): *a*) o prazo em que deve ser dada a decisão arbitral; *b*) indicação do local ou locais onde se desenvolverá a arbitragem; *c*) autorização para que o árbitro ou árbitros julguem por equidade; *d*) indicação da lei nacional ou das normas corporativas aplicáveis à arbitragem; *e*) a fixação dos

496. Serpa Lopes, op. cit., p. 326.

497. Álvaro Villaça Azevedo, Compromisso, cit., p. 448.

honorários dos árbitros e a proporção em que serão pagos, além da declaração de responsabilidade pelo pagamento dos honorários dos peritos e das despesas processuais. A falta de qualquer um desses requisitos não tornará nulo o compromisso por não serem obrigatórios como os do art. 10.

s.5. Compromisso e institutos afins

É mister distinguir o *compromisso* da *cláusula compromissória*. A cláusula compromissória ou *pactum de compromittendo* é um pacto adjeto dotado de autonomia (arts. 8º da Lei n. 9.307/96 e 853 do CC; *RT*, *777*:189) relativamente aos contratos civis ou mercantis, principalmente os de sociedade, ou em negócios jurídicos unilaterais, em que se estabelece que, na eventualidade de uma divergência entre os interessados na execução do negócio, estes deverão lançar mão do juízo arbitral. É avençada no momento do nascimento do negócio principal, como medida preventiva dos interessados, com a intenção de evitar desentendimento futuro. Pode estar nele inserida ou estipulada em documento apartado que a ela se refira. É, pois, contrato preliminar (*RT*, *472*:127, *434*:159) e não impede que as partes pleiteiem seus direitos de efetuar o compromisso na justiça comum (art. 6º, parágrafo único, da Lei n. 9.307/96), havendo recusa em firmá-lo; logo não tem nenhum efeito vinculativo (*RT*, *112*:584, *145*:633, *334*:194, *361*:139, *470*:150; *RF*, *67*:727, *214*:146; *AJ*, *101*:494), correspondendo a simples promessa, dependente de novo acordo dos interessados, já que nele as partes tão somente prometem efetuar um contrato definitivo de compromisso, se surgirem desentendimentos a serem resolvidos. Deveras, existindo tal cláusula e havendo resistência quanto à instituição da arbitragem, poderá o interessado requerer a citação da outra parte para comparecer em juízo para lavrar o compromisso arbitral, designando o juiz audiência especial para tal fim. A sentença que julgar procedente tal pedido valerá como compromisso arbitral (art. 7º, §§ 1º a 7º, da Lei n. 9.307/96). Os arts. 854 e 855 do Código Civil admitem o uso dessa cláusula, em que as partes, prevendo divergências futuras, remetem sua solução a árbitros por elas indicados, que serão chamados a dirimir eventuais dúvidas que surgirem, salientando que, mesmo existindo tal cláusula no contrato, nada obsta que o interessado submeta a questão controvertida à apreciação da justiça ordinária, caso o réu não excepcione. Já o compromisso é um contrato em que as partes se obrigam a remeter a controvérsia surgida entre elas ao julgamento de árbitros. Pressupõe, portanto, contrato perfeito e acabado, sem que as partes tenham previsto o modo pelo qual solucionarão as discórdias futuras. O compromisso é, portanto, específico para a solução de certa pendência, mediante árbitros regularmente escolhidos (*RT*, *112*:530, *145*:634; *RF*, *98*:112, *143*:351)[498].

---

498. Sobre compromisso e cláusula compromissória, *vide* Caio M. S. Pereira, op. cit.,

O *compromisso* muito se aproxima da *transação*, pois, como vimos em páginas anteriores, ambos participam da natureza contratual, sendo também meios indiretos de extinção de relações obrigacionais, com a função comum de pôr termo a um litígio, dúvida ou desavença. Daí esses institutos se regerem pelos mesmos princípios: *a*) são indivisíveis (CC, art. 848); *b*) interpretam-se restritivamente (CC, art. 843, 1ª parte); *c*) são meramente declaratórios e não constitutivos de direito (CC, art. 843, 2ª parte); *d*) aproveitam e prejudicam apenas aos que transigem ou se comprometem (CC, art. 844); *e*) não extinguem a ação penal pública (CC, art. 846); *f*) terão por objeto exclusivamente questões patrimoniais (CC, arts. 841 e 852, 2ª parte). Apesar dessa grande afinidade, há uma diferença essencial entre esses dois institutos, pois pela transação os interessados previnem ou fazem cessar a controvérsia, ao passo que pelo compromisso apenas a retiram da apreciação da justiça ordinária, submetendo-a ao juízo arbitral[499].

---

p. 239-40; Álvaro Villaça Azevedo, Compromisso, cit., p. 452; W. Barros Monteiro, op. cit., p. 319; Redenti, op. cit., n. 60; Bassil Dower, op. cit., p. 272; Silvio Rodrigues, op. cit., n. 135, p. 296-8; Álvaro Mendes Pimentel, *Da cláusula compromissória,* p. 16; Serpa Lopes, op. cit., p. 321; Alfredo Farhi, *La cláusula compromisoria,* Buenos Aires, 1945, p. 15; Wilson Gianulo, A nova arbitragem no Brasil, *Revista Literária de Direito, 14*:20-2; Waldemar Mariz de Oliveira Jr., *Do juízo arbitral: participação e processo,* São Paulo, Revista dos Tribunais, 1988; Antonio Carlos R. do Amaral, O art. 18 da Lei de Arbitragem e a Constituição Federal, *Revista Literária de Direito, 14*:28-9; Marisa A. Marques de Sousa, A nova Lei da Arbitragem, *Tribuna do Direito,* n. 44, p. 12; Cássio M. C. Penteado Junior, Resolução definitiva de conflitos, *Tribuna do Direito,* n. 43, p. 31; Edgar A. de Jesus, *Arbitragem – questionamentos e perspectivas,* São Paulo, Juarez de Oliveira, 2003; Luiz Antunes Caetano, *Arbitragem e mediação,* São Paulo, Atlas, 2002; Erik F. Gramstrup, Sobre alguns aspectos da cláusula compromissória, in *Temas controvertidos de processo civil* (coord. Niemeyer e Conrado), Rio de Janeiro, Forense, 2001, p. 29 a 46; Athos Gusmão Carneiro, Arbitragem. Cláusula compromissória. Cognição e *imperium*. Medidas cautelares e antecipatórias. *Civil law* e *Common law*. Incompetência da justiça estatal, *Revista Brasileira de Arbitragem, 3*:42 a 59. *BAASP, 2.798*:11: "Ação de anulação de ato judicial. Acordo. Cláusula compromissória. Ausência de nulidade por dolo, fraude, coação, simulação. Não há vício de consentimento se a parte está representada em juízo por advogado com poderes especiais que adere a termo de transação, com homologação judicial durante audiência. Não havendo qualquer vício capaz de macular a celebração de cláusula compromissória de arbitragem, é de se valorar o querer das partes e determinar, prefacialmente, a instauração do juízo arbitral".

499. A respeito da relação entre compromisso e transação, *vide* Silvio Rodrigues, op. cit., p. 302-3; Clóvis Beviláqua, *Código Civil,* cit., v. 4, p. 164; Bassil Dower, op. cit., p. 279; W. Barros Monteiro, op. cit., p. 322; Serpa Lopes, op. cit., p. 321; Ruggiero e Maroi, op. cit., v. 2, § 117; Caio M. S. Pereira, op. cit., p. 234.

s.6. Efeitos do compromisso

Produz o compromisso efeitos[500]:

1º) Relativamente aos *compromitentes,* tais como: *a*) exclusão da intervenção do juiz estatal para solucionar o litígio surgido entre eles; *b*) submissão dos compromitentes à sentença arbitral, que apenas têm o direito de recorrer para o tribunal no caso de nulidade da sentença arbitral (art. 33, §§ 1º a 4º, da Lei n. 9.307/96, com a redação da Lei n. 13.129/2015) ou extinção do compromisso.

A demanda para a declaração de nulidade da sentença arbitral, parcial ou final, seguirá as normas do procedimento comum e deverá ser proposta no prazo de até 90 dias após o recebimento da notificação da respectiva sentença, parcial ou final, ou da decisão do pedido de esclarecimentos. A sentença que julgar procedente o pedido declarará a nulidade da sentença arbitral, se nula for aquela sentença; emanada de quem não podia ser árbitro; não contiver os requisitos legais (relatórios, fundamentos da decisão, dispositivo legal, data e local em que foi proferida, e determinará, se for o caso, que o árbitro ou o tribunal profira nova sentença arbitral (art. 33, §§ 1º e 2º, da Lei n. 9.307/96, com a redação da Lei n. 13.129/2015).

"A decretação da nulidade de sentença arbitral também poderá ser requerida na impugnação ao cumprimento da sentença, nos termos dos arts. 525 e seguintes do CPC, se houver execução judicial" (Lei n. 9.307/96, art. 33, § 3º, c/c com a Lei n. 13.105/2015-CPC).

Pelo § 4º do art. 33 da Lei de Arbitragem, a parte interessada poderá ingressar em juízo para requerer a prolação de sentença arbitral complementar, se o árbitro não decidir todos os pedidos submetidos à arbitragem.

---

500. Serpa Lopes, op. cit., p. 327-8 e 331; Tânia Lobo Muniz, *Arbitragem no Brasil e a Lei n. 9.307/96,* Curitiba, Juruá, 2000; Leon Frejda Szklorowsky, Arbitragem por equidade ou de direito, *Prática Jurídica, 30*:62-3; T. A. Kroetz, *Arbitragem: conceito e pressupostos de validade,* São Paulo, Revista dos Tribunais, 1998; Joel D. Figueira Jr., *Arbitragem, jurisdição e execução,* São Paulo, Revista dos Tribunais, 1998; Luiz F. do V. de A. Guilherme, *Arbitragem,* São Paulo, Quartier Latin, 2003; Beat W. Rechsteiner, *Arbitragem privada internacional no Brasil,* São Paulo, Revista dos Tribunais, 2001; Edgar A. de Jesus, *Arbitragem – questionamentos e perspectivas,* São Paulo, Juarez de Oliveira, 2003; Eduardo S. da Silva, *Arbitragem e direito de empresa,* São Paulo, Revista dos Tribunais, 2003; Giovane E. Nanni, Honorários pela atuação como árbitro e exercício da advocacia. Possibilidade de recebimento pela sociedade de advogados. *Letrado* – IASP, *105*: 46-49; Kleyton F. da Costa e Silva, Execução judicial de contratos com cláusula arbitral, *Revista Síntese – Direito Civil e Processual Civil,* 120:41-57, 2019. *Vide* Decreto n. 4.311/2002, que promulgou convenção sobre reconhecimento e a execução de sentença arbitral estrangeira, e Decreto n. 4.719/2003, que promulgou o acordo sobre arbitragem comercial internacional do Mercosul.

2º) Entre *as partes* e *o árbitro*: *a*) investidura do árbitro após a sua aceitação; *b*) substituição do árbitro se houver falta, recusa ou impedimento (arts. 14, § 2º, 15 e 16 da Lei n. 9.307/96). Em todas essas hipóteses será convocado o substituto, se houver. Não havendo substituto, aplicam-se as normas do órgão arbitral institucional ou entidade especializada, se as partes as tiverem invocado na convenção de arbitragem. Se esta nada dispuser e não chegando as partes a um acordo, o juiz nomeia árbitro único para solucionar o litígio, a menos que as partes tenham declarado expressamente, na convenção de arbitragem, não aceitar substituto (art. 16, §§ 1º e 2º, da Lei n. 9.307/96); *c*) indicação de um terceiro desempatador, no caso de empate (art. 13, § 2º, da Lei n. 9.307/96); *d*) percepção pelo árbitro dos honorários ajustados pelo desempenho de sua função. À falta de acordo ou de disposição especial no compromisso, o árbitro, depois de apresentado o laudo, poderá requerer ao juiz que seria competente para julgar a causa que lhe fixe o valor dos honorários por sentença, valendo esta como título executivo (art. 11, parágrafo único, da Lei n. 9.307/96); *e*) responsabilidade por perdas e danos do árbitro que, no prazo, não proferir o laudo, acarretando a extinção do compromisso, ou que, depois de aceitar o encargo, a ele renunciar injustificadamente; *f*) aplicação da norma estabelecida no Código de Processo Civil, art. 143, sobre deveres e responsabilidades dos juízes, aos árbitros que o merecerem.

s.7. Nulidade do laudo arbitral

Pelo art. 32, I (com redação da Lei n. 13.129/2015) a VIII, da Lei n. 9.307/96, nulo será o laudo arbitral[501]:

1º) se nula a convenção de arbitragem;

2º) se proferido fora dos limites do compromisso, ou em desacordo com o seu objeto, ou seja, se os árbitros ultrapassarem os poderes conferidos no compromisso;

3º) se não julgar toda a controvérsia submetida ao juízo;

4º) se emanou de quem não podia ser nomeado árbitro;

5º) se comprovado que foi proferido por prevaricação, concussão ou corrupção passiva;

501. Consulte: Marcos Vinicius T. da C. Fernandes, Anulação da sentença arbitral, *Carta Forense*, fev. 2013, p. 312.

6º) se desrespeitados, no procedimento, os princípios do contraditório, da igualdade das partes, da imparcialidade do árbitro e de seu livre convencimento;

7º) se não contiver os requisitos essenciais exigidos pelo art. 26 da Lei n. 9.307/96, a saber: o relatório, contendo nomes das partes e resumo do litígio; os fundamentos da decisão, mencionando-se expressamente se esta foi dada por equidade; o dispositivo em que os árbitros resolveram as questões que lhes foram submetidas, prazo para cumprimento da decisão; o dia, mês, ano e lugar em que foi prolatado;

8º) se proferido fora do prazo.

A demanda para a declaração de nulidade da sentença arbitral, parcial ou final, seguirá as normas do procedimento comum e deverá ser proposta no prazo de até 90 dias após o recebimento da notificação da respectiva sentença, parcial ou final, ou da decisão do pedido de esclarecimentos. A sentença que julga procedente o pedido declarará a nulidade da sentença arbitral, nos casos do art. 32, acima arrolados, e determinará, se for o caso, que o árbitro ou tribunal profira nova sentença arbitral. A declaração de nulidade daquela decisão também poderá ser arguida mediante impugnação, conforme o art. 525 do CPC/2015, se houver execução judicial. A parte interessada poderá ingressar em juízo para requerer a prolação de sentença arbitral complementar, se o árbitro não decidir todos os pedidos submetidos à arbitragem.

s.8. Extinção do compromisso

Extinguir-se-á o compromisso (Lei n. 9.307/96, art. 12, I a III):

1º) escusando-se qualquer dos árbitros antes de aceitar a nomeação, desde que as partes tenham declarado, expressamente, não aceitar substituto;

2º) falecendo ou ficando impossibilitado de dar o seu voto algum dos árbitros, sem que tenha substituto aceito pelas partes;

3º) tendo expirado o prazo para apresentação da sentença arbitral, desde que a parte interessada tenha notificado o árbitro ou o presidente do tribunal arbitral, concedendo-lhe o prazo de dez dias para a prolação e apresentação do laudo.

Quadro Sinótico

COMPROMISSO

1. NOTÍCIA HISTÓRICA	• No direito romano era o compromisso uma forma de justiça privada, em que a execução do direito era feita sem a intervenção da autoridade pública, pois confiava-se a simples indivíduos a missão de solucionar controvérsias surgidas em torno de uma obrigação, caráter que se mantém em todas as legislações contemporâneas.	
2. CONCEITO	• Compromisso é um acordo bilateral, em que as partes interessadas submetem suas controvérsias jurídicas à decisão de árbitros, comprometendo-se a acatá-la, subtraindo a demanda da jurisdição da justiça comum (Lei n. 9.307/96 com alterações da Lei n. 13.129/2015).	
3. NATUREZA JURÍDICA	• É o compromisso um misto de contrato e pagamento.	
4. ESPÉCIES	• Judicial	• Se se referir à controvérsia já ajuizada perante a justiça ordinária, celebrando-se por termo nos autos, perante o juízo ou tribunal por onde correr a demanda (CC, arts. 851 e 661, § 2º; CPC, art. 105, § 1º; Lei n. 9.307/96, arts. 9º, § 1º, 22-A e 22-B).
	• Extrajudicial	• Se não houver causa ajuizada, celebrar-se-á o compromisso por escritura pública ou particular, assinada pelas partes e por duas testemunhas (Lei n. 9.307/96, art. 9º, § 2º).
5. PRESSUPOSTOS	• Subjetivos	• Capacidade de se comprometer. • Capacidade para ser árbitro (Lei n. 9.307/96, arts. 13 e 14).
	• Objetivos	• Em relação ao objeto do compromisso (Lei n. 9.307/96, art. 1º). • Atinentes ao conteúdo do compromisso (Lei n. 9.307/96, arts. 10 e 11).
6. COMPROMISSO E INSTITUTOS AFINS	• Compromisso e cláusula compromissória	• *Cláusula compromissória* é um pacto contido num negócio jurídico, estabelecendo que, na eventualidade de uma divergência, os interessados deverão lançar mão do juízo arbitral. É um contrato preliminar, ou uma medida preventiva, em que as partes simplesmente prometem efetuar um contrato de compromisso se surgir desentendimento a ser resolvido. *Compromisso* é um contrato em que as partes se comprometem a submeter certa pendência à decisão de árbitros regularmente louvados.

6. COMPROMISSO E INSTITUTOS AFINS	• Compromisso e transação	• Ambos os institutos têm: a natureza jurídica mista, sendo, ao mesmo tempo, contrato e pagamento; a função comum de pôr termo a um litígio ou dúvida; os mesmos princípios. Na *transação* os interessados previnem ou fazem cessar a controvérsia, enquanto no *compromisso* apenas a retiram da apreciação da justiça ordinária, submetendo-a ao juízo arbitral.
7. EFEITOS DO COMPROMISSO	• Em relação aos compromitentes	• Exclusão da intervenção do juiz estatal na solução do litígio. • Submissão dos compromitentes à sentença arbitral.
	• Entre as partes e o árbitro	• Lei n. 9.307/96, arts. 14, § 2º, 15, 16 e §§ 1º e 2º, 11, parágrafo único; CPC, art. 143.
8. NULIDADE DO LAUDO ARBITRAL	• Lei n. 9.307/96, art. 32, I (com a redação da Lei n. 13.129/2015) a VIII.	
9. EXTINÇÃO DO COMPROMISSO	• Lei n. 9.307/96, art. 12, I a III.	

T. Sociedade

t.1. Conceito e caracteres jurídicos

O contrato de sociedade é a convenção por via da qual duas ou mais pessoas (naturais ou jurídicas) se obrigam a conjugar seus esforços ou recursos ou a contribuir com bens ou serviços para a consecução de fim comum, ou seja, para o exercício de uma atividade econômica e a partilha, entre si, dos resultados (CC, art. 981).

Nesse contrato há uma congregação de vontades paralelas ou convergentes, ou seja, dirigidas no mesmo sentido, para a obtenção de um objetivo comum, ao passo que nos demais contratos os interesses das partes colidem, por serem antagônicos, de maneira que a convenção surgirá exatamente para compor as divergências[502]. O interesse dos sócios é idêntico; por isso todos, com capitais ou atividades, se unem para lograr uma finalidade econômica restrita à realização de um ou mais negócios determinados (CC, art. 981, parágrafo único) e partilhar, entre si, os resultados. Portanto, o contrato de sociedade é o meio pelo qual os sócios, contribuindo com bens ou serviços, atingem o resultado almejado. Por haver uma confraternização de interesses dos sócios para alcançar certo fim, todos os lucros lhes deverão ser atribuídos, não se excluindo o quinhão social de qualquer deles da comparticipação nos prejuízos; assim, proibida estará qualquer cláusula contratual que beneficie um dos sócios, isentando-o, p. ex., dos riscos do empreendimento, repartindo os lucros apenas com ele, excluindo-o do pagamento das despesas ou da comparticipação dos prejuízos etc. (CC, art. 981, *in fine*; *RT*, *227*:261), visto que devem partilhar os resultados da atividade econômica, sejam eles positivos ou negativos[503]. Por isso, na sociedade simples

---

502. M. Helena Diniz, *Tratado teórico e prático dos contratos*, São Paulo, Saraiva, 1993, cap. 34; *Curso*, cit., v. 8, p. 111 a 611; Caio M. S. Pereira, *Instituições*, cit., p. 390; Betti, *Teoría general*, cit., p. 225-8; Orlando Gomes, *Contratos*, cit., p. 477; Roberto Senise Lisboa, *Manual*, cit., v. 3, p. 168-70; Marcos Paulo de Almeida Salles, Novos lineamentos em sociedades, *Revista do IASP*, *12*:91-108. O CC, art. 2.037, que assim dispõe: "salvo disposição em contrário, aplicam-se aos empresários e sociedades empresárias as disposições de lei, não revogadas por este Código, referentes a comerciantes, ou a sociedades comerciais, bem como a atividades mercantis". *Vide* ainda: STF, Súmulas 329, 380 e 476; *RT*, *502*:193; *RTJ*, *115*:919. "Não se aplica o Código de Defesa do Consumidor aos contratos celebrados entre empresários em que um dos contratantes tenha por objetivo suprir-se de insumos para sua atividade de produção, comércio ou prestação de serviços" (Enunciado n. 20 da I Jornada de Direito Comercial do Conselho da Justiça Federal).

503. Silvio Rodrigues, Contrato de sociedade, in *Enciclopédia Saraiva do Direito*, v. 19, p. 513 e 514; Aubry e Rau, op. cit., v. 4, § 377; W. Barros Monteiro, op. cit., p. 305 e 306; Lei n. 8.906/94, arts. 15 a 17, e Provimento n. 112/2006, do Conselho Federal da OAB, sobre registro de sociedade de advogados; Lei n. 7.565/86, art. 97, e Dec.-Lei n. 205/67, sobre aeroclubes; Dec.-Lei n. 70/66, sobre associação de poupança e emprés-

"é nula a estipulação contratual que exclua qualquer sócio de participar dos lucros e das perdas" (CC, art. 1.008). Todavia, pelo art. 1.007, sendo sociedade simples, aquele que só contribuir com serviços somente participará dos lucros na proporção da média do valor das quotas. Isto é assim porque ele entra apenas com o próprio trabalho. Pode ocorrer que esse contrato dê origem a uma pessoa jurídica, que passará a ser um sujeito de direito, com existência distinta da dos seus membros (CC, art. 45); para tanto, não bastará a inscrição de seu ato constitutivo no Registro de Títulos e Documentos, mas sim no Registro Civil das Pessoas Jurídicas do local onde estiver sua sede (a de sua administração ou a do estabelecimento onde se realizam as atividades sociais – Enunciado n. 215 do Conselho da Justiça Federal, aprovado na III Jornada de Direito Civil), se se tratar de sociedade simples (CC, art. 998), ou no Registro Público das Empresas Mercantis a cargo das Juntas Comerciais, se sociedade empresária (Lei n. 6.015/73, arts. 114 a 119; CPC, arts. 835, IX e X, e 866, § 2º; Lei n. 8.934/94 com alteração da MP n. 861/2018; e CC, arts. 985 e 1.150; *RT, 136*:692; *AJ, 59*:493). Todavia, será preciso ressaltar que o contrato de sociedade poderá existir sem que dele resulte um órgão com personalidade jurídica, diversa da de seus componentes. Deveras, como pontifica Silvio Rodrigues[504], dois pescadores poderão combinar que, em dia determinado, tudo o que pescarem será comum, ou dois negociantes, que dividirão as despesas e os lucros verificados em determinado período, sem que desses acordos surja uma entidade que possa ser tida como pessoa jurídica. Ter-se-á, nesses casos, um contrato de sociedade, em que os contraentes, voluntária e declaradamente, conjugam seus esforços, ou seus recursos, para atingir um proveito comum.

O contrato de sociedade é[505]: *a*) *plurilateral*, pois em regra duas ou mais pessoas se obrigam reciprocamente, associando-se para a realização de um

timo; Dec.-Lei n. 73/66, sobre sociedade de seguro; Lei n. 5.764/71, sobre sociedades cooperativas, e Decreto n. 59.428/66, sobre cooperativa de colonização; *RT, 537*:107.

504. Silvio Rodrigues, Contrato de sociedade, cit., p. 513. *Vide* ainda: Brunetti, *Trattato del diritto delle società*, 2. ed., Giuffrè, 1948, v. 1, n. 55; Manara, *Delle società*, UTET, 1902, v. 2, ns. 331 e s.; Houpin e Bosvieux, *Traité général des sociétés civiles et commerciales*, 5. ed., Paris, 1919, v. 1, n. 35; Julius Binder, *Das Problem der juristischen Persönlichkeit*, Leipzig, 1907; René Clémens, *Personnalité morale et personnalité juridique*, Paris, 1935; Cooper Royer, *Traité des sociétés*, 1939; Scalfi, *L'idea di persona giuridica e le formazioni sociali titolari di rapporti nel diritto privato*, Milano, Giuffrè, 1968. *Vide*: Lei Complementar n. 123/2006, sobre Estatuto da Microempresa e da Empresa de Pequeno Porte.

505. Orlando Gomes, *Contratos*, cit., p. 479; Serpa Lopes, *Curso*, cit., v. 4, p. 487-97; Tullio Ascarelli, *Studi in tema di contratti*; contratto plurilatterale, Milano, Giuffrè, 1952, p. 108 e s.; Josserand, *Cours*, cit., v. 2, n. 30; Carvalho de Mendonça, *Contratos*, cit., v. 2, n. 261; Ferrara, Indole giuridica della società civile, *Rivista di Diritto Commerciale, 1*:517, 1909; Antunes Varela, *Noções fundamentais de direito civil*, Coimbra, 1945, p. 426-35; Marcos Paulo de Almeida Salles, Novos lineamentos em sociedade, *Revista do IASP, 12*:91-108.

benefício comum, podendo dar abertura a novas adesões. Admitida está a sociedade unipessoal, apenas nos casos legais; *b*) *oneroso*, porque os sócios contraem obrigações recíprocas e adquirem direitos; *c*) *consensual*, por bastar o consentimento das partes para a sua formação, embora, p. ex., para formação da sociedade simples se exija contrato escrito, particular ou público (CC, art. 997); *d*) *comutativo*, pois qualifica-se, em regra, como comutativo, sendo que o valor das prestações será fixado definitivamente, possibilitando perceber, desde logo, as vantagens e os ônus que poderão advir para cada sócio. Ao considerar que, nesse contrato, os sócios estarão, dependendo do acaso, sujeitos a sofrer prejuízos que deverão ser rateados proporcionalmente entre si, poder-se-ia alegar que também participam da natureza aleatória, porém essa probabilidade de dano não caracteriza uma álea contratual, isto é, que esteja ínsita na prestação, mas tão somente um acontecimento inesperado, que desvia o ato negocial dos cálculos previstos.

t.2. Elementos

Os elementos imprescindíveis para a configuração do contrato social são[506]:

1º) *existência de duas ou mais pessoas*, com exceção dos casos da Lei n. 6.404/76, arts. 206, I, *d* e 251, e do Código Civil, art. 980-A, §§ 1º a 7º, acrescentado pela Lei n. 12.441/2011 e pela Lei n. 13.874/2019;

2º) *contribuição de cada sócio para o capital social e o fundo social* com bens ou com prestação de serviços. Realmente, o Código Civil prescreve, no art. 981, que: "Celebram contrato de sociedade as pessoas que reciprocamente se obrigam a contribuir, com bens ou serviços, para o exercício de atividade econômica e a partilha, entre si, dos resultados". Todo sócio poderá entrar com bens móveis ou imóveis, dinheiro, títulos de crédito, direitos patrimoniais, uso e gozo de bens e prestação de serviços. Se se tratar de sociedade em comum, pertencerão ao patrimônio especial todos os bens e dívidas sociais, do qual os sócios são titulares em comum (CC, art. 988);

3º) *obtenção do fim comum pela cooperação dos sócios*, por constituir a razão determinante desse contrato, pois o contrato de sociedade é um negócio jurídico que tem por escopo alcançar um objetivo, patrimonial ou não, per-

---

506. Serpa Lopes, *Curso*, cit., p. 497-501; W. Barros Monteiro, op. cit., p. 299, 307 e 308; Hamel, Affectio societatis, *Revue Trimestrielle de Droit Civil*, p. 761 e 775, 1925; Orlando Gomes, *Contratos*, cit., p. 480; Manara, op. cit., v. 1, n. 52; Caio M. S. Pereira, *Instituições*, cit., p. 394 e 395; Cunha Gonçalves, *Tratado*, cit., v. 6, n. 911; Dekkers, *Précis de droit civil belge*, t. 2, p. 672; Enneccerus, Kipp e Wolff, op. cit., v. 2, § 172; Luigi Rodino, Società civile, in *Nuovo Digesto Italiano*.

seguido por todos os sócios, que poderá visar o proveito de terceiros, como, p. ex., a proteção de um orfanato; porém, se se beneficiar um só dos sócios, não se terá sociedade, mas sim doação. Todos os sócios cooperam para atingir certo fim, pondo em comum recursos ou serviços a que se obrigaram;

4º) *participação nos lucros e nos prejuízos* (CC, art. 997, VII), se se tratar de sociedade destinada a fins lucrativos. Se o contrato não declarar a parte cabível a cada sócio nos lucros e perdas, entender-se-á proporcionada, quanto aos sócios de sociedade simples, p. ex., à quota com que entraram (CC, art. 1.007). Quanto ao sócio de sociedade simples, guardar-se-á o disposto no art. 1.007 do Código Civil, isto é, exceto se houver estipulação em contrário, participará dos lucros e das perdas, na proporção das respectivas quotas, mas aquele, cuja contribuição consiste em serviços, somente participará dos lucros na proporção da média do valor das quotas. Pelo Enunciado n. 475 do Conselho da Justiça Federal, aprovado na V Jornada de Direito Civil: "Considerando ser da essência do contrato de sociedade a partilha do risco entre os sócios, não desfigura a sociedade simples o fato de o respectivo contrato social prever distribuição de lucros, rateio de despesas e concurso de auxiliares";

5º) *"affectio societatis"*, ou seja, intenção de cooperar como sócio ou de submeter-se ao regime societário, contribuindo, com bens ou serviços, ou colaborando ativamente para atingir a finalidade social. É, portanto, um vínculo de colaboração, em que o trabalho de um aproveitará a todos. Trata-se da *comunhão* (moderno sentido da *affectio societatis*), uma vez que dela nasce a sociedade, que exerce atividade com o desígnio de obter vantagem patrimonial (mediata ou imediata). A *comunhão*, ou reunião, de pessoas com *intuitu personae* ou *intuitu pecuniae*, é o elemento para a configuração do contrato social.

t.3. Requisitos

O contrato de sociedade reclama, para a sua constituição, o preenchimento de *requisitos*[507]:

---

507. Caio M. S. Pereira, *Instituições*, cit., p. 392-4; W. Barros Monteiro, op. cit., p. 303-5; Bassil Dower, *Curso moderno de direito civil*, cit., p. 232 e 233; Silvio Rodrigues, Contrato de sociedade, cit., p. 514; Orlando Gomes, *Contratos*, cit., p. 481; Carvalho de Mendonça, *Contratos*, cit., v. 2, n. 270; Clóvis Beviláqua, *Código Civil*, cit., v. 5, p. 113; Manara, op. cit., v. 2, ns. 517 a 522; Serpa Lopes, *Curso*, cit., p. 503-24; Bulhões de Carvalho, op. cit., v. 2, n. 438; Josserand, *Cours*, cit., t. 2, n. 1.332; Jean Raynal, *Étude sur les conventions immorales*, Paris, Ed. A. Rousseau, 1900, p. 87; Houpin e Bosvieux, op. cit., v. 1, n. 103; Lacerda de Almeida, *Das pessoas jurídicas*, Rio de Janeiro, 1905, p. 215 e s.; J. J. Amézaga, *De las nulidades en general*, Montevideo, 1909, ns. 148 e 149; Perreau, *Technique de la jurisprudence en droit privé*, Paris, 1923, v. 1, p. 174 e s.; Aubry e Rau, op. cit., t. 6, § 378; Dalloz, *Code Civil annoté*, Paris, 1953, p. 419; Capitant, *De la cause des obligations*, 3. ed., 1927, ns. 114 e s.; Arthur Rios, Sociedades Ci-

1º) *Subjetivos*: porque cria direitos e impõe obrigações, exige que os contratantes tenham a capacidade genérica para praticar os atos da vida civil. "A capacidade para contratar a constituição da sociedade submete-se à lei vigente no momento do registro" (Enunciado n. 396 do CJF, aprovado na IV Jornada de Direito Civil). Necessita, por isso, que os absoluta ou relativamente incapazes sejam representados ou assistidos por seus representantes legais, sob pena de nulidade ou anulabilidade do contrato. Todavia, o incapaz não poderá, em regra, participar de sociedade empresária (CC, art. 972), mas a jurisprudência tem admitido sua participação (*RTJ*, *70*:608; Instrução Normativa do DNRC (hoje DREI) n. 29/91, arts. 16 e 17). Reza o Código Civil, art. 974, que: "Poderá o incapaz, por meio de representante ou devidamente assistido, continuar a empresa antes exercida por ele enquanto capaz, por seus pais ou pelo autor de herança". Será necessária, para tanto, autorização judicial, após exame das circunstâncias e dos riscos da empresa, bem como da conveniência em continuá-la, podendo tal autorização ser revogada pelo juiz, ouvidos os pais, tutores ou representantes legais do menor ou do interdito, sem prejuízo dos direitos adquiridos por terceiros. Nem ficarão sujeitos ao resultado da empresa os bens que o incapaz já possuía, ao tempo da sucessão ou da interdição, desde que estranhos ao acervo daquela, devendo tais fatos constar do alvará que concedeu aquela autorização (CC, art. 974, §§ 1º a 3º). Essa autorização, ou sua revogação, ou prova da emancipação do menor deverá ser inscrita ou averbada no Registro Público das Empresas Mercantis (CC, art. 976). O Registro Público de Empresas Mercantis a cargo das Juntas Comerciais deverá registrar contrato ou alteração contratual de sociedade que envolva sócio incapaz desde que este não exerça a administração da sociedade e seja assistido ou representado por representante legal, sendo necessária, ainda, a integralização total do capital social (CC, art. 974, § 3º, acrescentado pela Lei n. 12.399/2011). É preciso não olvidar que pelo Enunciado n. 467 do Conselho da Justiça Federal (aprovado na V Jornada de Direito Civil): "A exigência de integralização do capital social prevista no art. 974, § 3º, não se aplica à participação de incapazes em sociedades anônimas e em sociedades com sócios de responsabilidade ilimitada nas quais a integralização do capital social não influa na proteção do incapaz". Logo, na sociedade, o incapaz, herdeiro de

---

vis: inoperância e ineficácia dos registros nas Juntas Comerciais, *3º RTD*, *82*:328-9. *Vide* Instrução Normativa n. 107/2008 do Departamento Nacional de Registro do Comércio sobre Empresas Mercantis e dos Agentes Auxiliares do Comércio.

Pelo Enunciado n.1 da Jornada Paulista de Direito Comercial: "A Junta Comercial não pode examinar o mérito do documento apresentado para registro, mas exclusivamente o atendimento às formalidades legais".

Sobre CNPJ, IN da SRFB n. 1.634/2016.

Sobre assembleias de sociedades anônimas, sociedades limitadas e cooperativas: *vide* Lei n. 14.030/2020.

sócio, poderá suceder o *de cujus* naquela qualidade, se o magistrado não determinar a dissolução do vínculo social em relação a ele. Esse tipo de contrato reclama, ainda, habilitação para dispor de bens, visto que requer deslocamento patrimonial para compor a quota social. O consentimento dos contraentes é essencial, devendo ser livre de qualquer vício que o contamine, como erro, dolo, coação etc., sob pena de anulabilidade do contrato de sociedade. Pelo art. 977 do Código Civil veda-se sociedade entre cônjuges se o regime matrimonial for o de comunhão universal de bens (art. 1.667) ou o de separação obrigatória de bens (art. 1.641). Ante o disposto nos arts. 2.031 e 2.039 do Código Civil surge o problema: Como ficam as sociedades entre marido e mulher e entre estes e terceiros, já existentes antes do atual Código, se o regime de bens for um dos acima mencionados? Seria necessário alterar o estatuto social, mudando um dos sócios (CC, art. 2.031), ante a impossibilidade de modificar o regime de casamento (CC, art. 2.039)? Ou seria possível alterar o regime matrimonial, em razão da lacuna axiológica instaurada pelo art. 2.039, aplicando-se o princípio da mutabilidade justificada do regime? Tentando solucionar o impasse, o Parecer Jurídico DNRC (hoje DREI)/COJUR n. 125/2003 entendeu que "em respeito ao ato jurídico perfeito essa proibição não atinge as sociedades entre cônjuges já constituídas quando da entrada em vigor do Código, alcançando, tão somente, as que viessem a ser constituídas posteriormente. Desse modo, não há necessidade de se promover alteração do quadro societário ou mesmo da modificação do regime de casamento dos sócios-cônjuges, em tal hipótese".

O Projeto de Lei n. 699/2011, por sua vez, propõe a seguinte redação ao art. 977, pretendendo trazer solução aos problemas acima levantados: "Faculta-se aos cônjuges contratar sociedade, entre si ou com terceiros".

O CJF, a esse respeito, entendeu, na IV Jornada de Direito Civil: *a*) no Enunciado n. 394: "Ainda que não promovida a adequação do contrato social no prazo previsto no art. 2.031 do Código Civil, as sociedades não perdem a personalidade jurídica adquirida antes de seu advento"; e *b*) no Enunciado n. 395: "A sociedade registrada antes da vigência do Código Civil não está obrigada a adaptar seu nome às novas disposições".

2º) *Objetivos*: é necessário que seu objeto seja lícito e possível, isto é, deve haver liceidade e possibilidade dos fins comuns almejados pelos sócios, sob pena de nulidade. A Constituição Federal de 1988, art. 5º, XVII, assegura a liberdade de associação para fins lícitos, mas em certos casos exige-se a prévia autorização governamental (CC, art. 1.123), como, p. ex., para sociedades de montepio e caixas econômicas; para sociedades estrangeiras (Dec.-Lei n. 4.657/42, art. 11, § 1º); para bancos e casas bancárias (Dec. n. 14.728/21, art. 4º); para sociedades de seguros (Dec.-Lei n. 2.063/40, art. 1º; Dec. n. 60.459/67, arts. 42, parágrafo único, e 48) etc. Para a associação sindical não mais se exige autorização estatal (CF/88, art. 8º, I a VIII e parágrafo único).

3º) *Formais*: embora não requeira forma especial para a sua constituição, por ser contrato consensual, que pode ser feito oralmente ou por escrito (CC, art. 992), a forma escrita é, indiretamente, de grande importância, pois a personalidade jurídica surgirá com o registro desse contrato (CC, arts. 45, 985, 998, §§ 1º e 2º, e 1.150; Lei n. 6.015/73, arts. 114 e 126; Leis n. 8.934/94 e 9.042/95). Se a sociedade for simples, tal assento deverá dar-se no Registro Civil das Pessoas Jurídicas, e se empresária, no Registro Público de Empresas Mercantis (CC, art. 1.150). O instrumento de sua constituição poderá ser público ou particular (CC, art. 997). Esse contrato social, além das cláusulas estipuladas pelas partes, deverá mencionar: *a*) nome, nacionalidade, estado civil, profissão e residência dos sócios, se pessoas físicas, e a firma ou a denominação, nacionalidade e sede dos sócios, se jurídicas; *b*) denominação, objeto, sede e prazo da sociedade; *c*) capital da sociedade, expresso em moeda corrente, podendo compreender qualquer espécie de bens, suscetíveis de avaliação pecuniária; *d*) a quota de cada sócio no capital social, e o modo de realizá-la; *e*) as prestações a que se obriga o sócio cuja contribuição consista em serviços; *f*) as pessoas naturais incumbidas da administração da sociedade e seus poderes e atribuições; *g*) a participação de cada sócio nos lucros e nas perdas; *h*) responsabilidade subsidiária, ou não, dos sócios pelas obrigações sociais. Qualquer pacto separado, em sentido contrário ao disposto no instrumento do contrato social, é ineficaz relativamente a terceiros (CC, art. 997, parágrafo único). Será público se: *a*) a sociedade objetivar bem imóvel (CC, art. 108); *b*) se tratar de sociedade anônima, que não foi constituída em assembleia geral (Lei n. 6.404/76, art. 88; CC, art. 1.089); *c*) se cuidar de sociedade formada entre corretor de Bolsa e seus auxiliares (Dec.-Lei n. 1.344/39, art. 32, § 1º). "Nas sociedades, o registro observa a natureza da atividade (empresarial ou não – art. 966); as demais questões seguem as normas pertinentes ao tipo societário adotado (art. 983). São exceções as sociedades por ações e as cooperativas (art. 982, parágrafo único)" (Enunciado n. 382 do CJF, aprovado na IV Jornada de Direito Civil). "A falta de registro do contrato social (irregularidade originária – art. 998) ou de alteração contratual versando sobre matéria referida no art. 997 (irregularidade superveniente – art. 999, parágrafo único) conduzem à aplicação das regras da sociedade em comum (art. 986)" (Enunciado n. 383 do CJF, aprovado na IV Jornada de Direito Civil). Se não houver contrato escrito, ter-se-á sociedade irregular ou de fato, e, não havendo registro, ter-se-á sociedade não personificada (CC, art. 986; *RT*, *673*:72; *RJTJSP*, *130*:276, *109*:220). Além do mais, pelo Código Civil, arts. 981, 987 e 997, nas questões entre os sócios, a sociedade só se provará por escrito, de modo que um sócio não poderá demandar contra outro, sem exibir documento escrito de constituição da sociedade (*RF, 141*:299, *112*:450; *RT, 673*:72, *190*:303, *152*:714, *160*:154; *AJ, 74*:289). Mas os estranhos poderão provar sua existência por qualquer modo admitido em direito (*RT, 239*:219, *173*:746, *190*:303, *177*:379, *130*:644; *AJ, 101*:107; *RF, 139*:224).

t.4. Espécies

Poder-se-ão classificar as sociedades[508]:

---

508. Orlando Gomes, *Contratos*, cit., p. 482 e 483; W. Barros Monteiro, op. cit., p. 300-4; Bassil Dower, *Curso moderno de direito civil*, cit., p. 226-32; Serpa Lopes, *Curso*, cit., p. 524-7; De Page, op. cit., v. 5, p. 7; Caio M. S. Pereira, *Instituições*, cit., p. 395-8; Clóvis Beviláqua, *Código Civil*, cit., v. 5, p. 115; Vivante, *Tratado de derecho mercantil*, Madrid, Reus, 1932; Alexandre Antonio Bruno da Silva, O regime dos contratos comerciais plurilaterais do Código Civil de 2002, *Revista Opinião Jurídica, 1*:50-7; Waldo Fazzio Junior, *Sociedades limitadas*, São Paulo, Atlas, 2003; Manoel de Queiroz Pereira Calças, *Sociedade limitada no novo Código Civil*, São Paulo, Atlas, 2003; Joaquim Garrigues, *Problemas atuais das sociedades anônimas*, Porto Alegre, Sérgio A. Fabris, Editor, 1982; Soprano, *Trattato teorico-pratico delle società commerciale*, 1934, 2 v.; Paulo Salvador Frontini, Sociedade comercial ou civil entre cônjuges: inexistência, validade, nulidade, anulabilidade ou desconsideração desse negócio jurídico?, *Revista de Direito Mercantil, Industrial, Econômico e Financeiro*, São Paulo, *43*:37-46; Nelson Abrão, *Sociedade por quotas de responsabilidade limitada*, São Paulo, Revista dos Tribunais, 1998; Silvio Rodrigues, *Contrato de sociedade*, cit., p. 514 e 515; Oswaldo Chade e Alexandre S. Chade, Sociedades por quotas de responsabilidade limitada: formas e instrumentos heterodoxos de composição de poderes, funções e interesses, *Revista do Instituto dos Advogados de São Paulo*, número especial, p. 43-52; Marlon Tomazete, *Direito societário*, São Paulo, Juarez de Oliveira, 2008; Adalberto Simão Filho, *A nova sociedade limitada*, Barueri, Manole, 2003. Pelo art. 293, I, § 5º, do Código Penal, com a redação da Lei n. 11.035/2004, equipara-se à atividade comercial qualquer forma de comércio irregular ou clandestino, inclusive o exercido em vias, praças ou outros logradouros públicos e em residências. Sobre Sociedade Imobiliária, *vide* Lei n. 4.728/65, art. 62, e Instrução Normativa n. 107/2008 do DNRC, sobre a autenticação de instrumentos de escrituração das empresas mercantis e dos agentes auxiliares do comércio. A Instrução Normativa n. 15/2013, do DREI, dispõe sobre a formação do nome empresarial e sua proteção. *Vide* Lei n. 10.194/2001 sobre instituição de sociedades de crédito ao microempreendedor. A Instrução Normativa n. 10/2013 do DREI aprova os Manuais de Registro de Empresário Individual, Sociedade Limitada, Empresa Individual de Responsabilidade Limitada – EIRELI, Cooperativa e Sociedade Anônima. O Código Comercial de 1850 distingue: *sociedade regular*, com contrato social registrado, tendo eficácia para os sócios e terceiros, e *sociedade irregular*, aquela que por falta de registro não tem validade entre sócios contra terceiros, sendo mera comunhão de bens e interesses, submetendo-se ao regime comum. O atual Código Civil, por sua vez, fala em sociedade personificada (arts. 997 a 1.141) e não personificada (arts. 986 a 996). O diploma civil vigente não contempla a sociedade de capital e indústria, mas a ela se refere nos arts. 1.006, 1.007 e 997, V. A sociedade de advogados é *simples*, mas se a sociedade de advogados passar a exercer atividade econômica organizada para a circulação de bens ou de serviços, passará a ser sociedade *empresária*. P. ex., um grande escritório, com inúmeros advogados, onde o cliente não procura o advogado *A* ou *B*, mas o escritório *C*, que seria uma empresa, onde a prestação de serviços advocatícios seria um de seus elementos (Fiuza, *Novo Código Civil comentado*, 2. ed., São

1º) *Quanto ao fim a que se propõem*, caso em que serão, se personificadas: *simples* e *empresárias*. "Eventuais classificações conferidas pela lei tributária às sociedades não influem para sua caracterização como empresárias ou simples, especialmente no que se refere ao registro dos atos constitutivos e à submissão ou não aos dispositivos da Lei n. 11.101/2005" (Enunciado n. 476 do CJE, aprovado na V Jornada de Direito Civil). Nas *sociedades empresárias*, há capital e fim lucrativo, que são essenciais à sua constituição, por exercerem atividade própria de empresário sujeito a registro (CC, art. 982); como estão sujeitas à falência (*RT*, *465*:97, *391*:188), terão direito à recuperação judicial ou extrajudicial, e, além disso, poderão utilizar-se da Lei n. 8.245/91, podendo ter seu contrato de locação renovado compulsoriamente (*RT*, *489*:210, *468*:224, *450*:252, *391*:188, *465*:97, *497*:49, *472*:206, *440*:117, *495*:230, *492*:163). Constituem-se segundo os tipos regulados nos arts. 1.039 e 1.092 do Código Civil. Podem ser sociedades:

a) em comandita simples, se houver duas categorias de sócios: os comanditados, pessoas físicas que respondem solidária e ilimitadamente por todas as obrigações sociais, e os comanditários, que só se obrigam pelos fundos com que entraram para a sociedade, ou melhor, pelo valor de sua quota (CC, arts. 1.045 a 1.051);

b) em nome coletivo, se todos os sócios (pessoas físicas) responderem solidária e ilimitadamente pelas obrigações sociais (CC, art. 1.039);

c) limitada, se a responsabilidade de cada sócio pelas obrigações sociais é restrita ao valor de sua quota, mas todos respondem solidariamente pela integralização do capital social (Dec. n. 3.708/19; CC, arts. 1.052 a 1.087, sendo que os arts. 1.063, 1.076 e 1.085 foram alterados pela Lei n. 13.792/2019; *RT*, *422*:246, *457*:141, *418*:207, *429*:168, *463*:140, *491*:106,

---

Paulo, Saraiva, 2004, p. 904). "A sociedade de natureza simples não tem seu objeto restrito às atividades intelectuais" (Enunciado n. 196 do Conselho da Justiça Federal, aprovado na III Jornada de Direito Civil). "A natureza de sociedade simples da cooperativa, por força legal, não a impede de ser sócia de qualquer tipo societário, tampouco de praticar ato de empresa" (Enunciado n. 207 do Conselho da Justiça Federal, aprovado na III Jornada de Direito Civil).

Conjugando os arts. 981, 983, 997, 1.006, 1.007 e 1.094, o Enunciado n. 206 do Conselho da Justiça Federal, aprovado na III Jornada de Direito Civil, entende que "a contribuição do sócio exclusivamente em prestação de serviço é permitida nas sociedades cooperativas (art. 1.094, I) e nas sociedades simples propriamente ditas (art. 983, 2ª parte)".

"Quando se tratar de sócio de serviço, não poderá haver penhora das verbas descritas no art. 1.026, se de caráter alimentar" (Enunciado n. 389 do CJF, aprovado na IV Jornada de Direito Civil).

Sobre recuperação judicial e extrajudicial e falência de sociedade empresária: Lei n. 11.101/2005.

472:137, *444*:194). "A sociedade limitada pode adquirir suas próprias quotas, observadas as condições estabelecidas na Lei das Sociedades por Ações" (Enunciado n. 391 do CJF, aprovado na IV Jornada de Direito Civil);

d) por ações ou sociedades anônimas, ou, ainda, companhias, se o capital social for integralmente dividido em ações, sendo que os sócios ou acionistas somente responderão pelo valor nominal das ações que subscreveram ou adquiriram (Leis n. 6.404/76 – com alterações da Lei n. 13.818/2019 –, 9.457/97, 10.303/2001, 11.638/2007 e 11.941/2009; CC, arts. 982, parágrafo único, 1.088 e 1.089);

e) em comandita por ações, se seu capital estiver dividido em ações, regendo-se pelas normas relativas à sociedade anônima (CC, arts. 1.090 a 1.092).

Nas *sociedades simples*, o capital e o fim lucrativo não constituem elementos essenciais (*RT*, *488*:85), por não se entregarem à atividade empresarial (*RT*, *391*:216, *395*:205, *462*:81; Súmula 276 do STJ – ora cancelada no julgamento de AR 3.761-PR, sessão de 12-11-2008). Essas sociedades poderão revestir as formas estabelecidas nos arts. 1.039 a 1.092 (*RT*, *434*:122, *128*:485; CC, art. 983), com exceção da comandita por ações e da anônima, pois, qualquer que seja o seu objeto, a sociedade anônima será sempre empresária e reger-se-á pelas leis e usos do comércio (Lei n. 6.404/76, art. 2º, § 1º, e CC, arts. 982, parágrafo único, 1.088 e 1.089). "O art. 983 do Código Civil permite que a sociedade simples opte por um dos tipos empresariais dos arts. 1.039 a 1.092 do Código Civil. Adotada a forma de sociedade anônima ou de comandita por ações, porém, ela será considerada empresária" (Enunciado n. 477 do Conselho da Justiça Federal, aprovado na V Jornada de Direito Civil). Portanto, as sociedades simples não têm formas predeterminadas. Elas (CC, arts. 997 a 1.038) poderão ser sociedades de fins econômicos, se houver um capital formado com as colaborações dos sócios e o objetivo de obter lucro, que deve ser repartido entre eles, sendo alcançado pelo exercício de certas profissões ou pela prestação de serviços técnicos, hipótese em que assumem uma das formas das sociedades empresárias, como, p. ex., sociedade de advogados, sociedade imobiliária, sociedade cooperativa (CC, arts. 982, parágrafo único, 1.093 a 1.096; Decreto n. 4.562/2002, com a alteração do Decreto n. 4.855/2003) etc. Deveras, nada obsta a que profissionais liberais possam organizar-se sob a forma de sociedade simples, convencionando a responsabilidade limitada dos sócios por dívidas da sociedade, a despeito da responsabilidade ilimitada por atos praticados no exercício da profissão (Enunciado n. 474 do Conselho da Justiça Federal, aprovado na V Jornada de Direito Civil).

"Na sociedade simples pura (art. 983, parte final, do CC/2002), a responsabilidade dos sócios depende de previsão contratual. Em caso de omissão, será ilimitada e subsidiária, conforme o disposto nos arts. 1.023 e 1.024 do CC/2002" (Enunciado n. 479 do Conselho da Justiça Federal, aprovado na V Jornada de Direito Civil).

As associações delas distinguem-se por terem fins não econômicos, como a satisfação de interesses religiosos, culturais, políticos, científicos, artísticos, recreativos (*RT, 489*:210), beneficentes etc. Visto que não têm intuito especulativo, não podem adotar uma das formas empresárias (CC, arts. 53 e 44, I, IV, V, §§ 1º a 3º).

As *sociedades não personificadas* são as que não têm seus atos constitutivos inscritos, regendo-se pelos arts. 986 a 990 do Código Civil e, apenas subsidiariamente, pelas normas disciplinadoras das sociedades simples (CC, arts. 997 a 1.038). Os sócios, nas suas relações entre si ou com terceiros, apenas poderão comprovar a existência dessas sociedades por escrito, mas terceiros poderão prová-las por qualquer meio probatório admitido em direito (CC, arts. 987 e 212). Os bens e os débitos sociais constituem patrimônio especial, do qual os sócios são titulares em comum (CC, art. 988). Os bens sociais responderão pelos atos de gestão praticados por qualquer dos sócios, a não ser que haja pacto expresso de limitação de poderes, que apenas terá eficácia em relação a terceiro, que o conheça ou deva conhecer. Pelo art. 990, todos os sócios terão responsabilidade solidária e ilimitada pelas obrigações sociais, excluído aquele que tratou pela sociedade do benefício de ordem, previsto no art. 1.024, que assim dispõe: "Os bens particulares dos sócios não podem ser executados por dívidas da sociedade, senão depois de executados os bens sociais". Sua personificação é um fenômeno ulterior, do qual a sua existência é pressuposto, por ser fonte geradora de sujeito de direito, titular de um patrimônio especial, composto de partes separadas dos bens dos sócios, desligando-se da titularidade destes para transformar-se em patrimônio autônomo, que é um complexo de relações jurídico-societárias entre sócios e entre estes e terceiros, produzidas pela atividade socioeconômica. Consequentemente, no período que anteceder a personificação ter-se-á não uma sociedade de fato, mas sim uma sociedade personificada, levando-se em consideração a titularidade dos sócios, ainda não desligada do patrimônio especial. Tal sociedade em comum reger-se-á por normas específicas e pelas aplicáveis à sociedade simples. Além desta, sociedade em comum, é considerada não personificada a sociedade em conta de participação (CC, arts. 991 a 996), que tem substrato econômico destinado ao exercício de uma atividade constitutiva do objeto social, que é exercida, unicamente, pelo sócio ostensivo, em seu nome individual e sob sua própria e exclusiva responsabilidade, participando os demais dos resultados correspondentes. Somente o sócio ostensivo obriga-se perante terceiro. Os sócios participantes só se obrigam perante o ostensivo, e, se tomarem parte nas relações deste com terceiros, responderão solidariamente com este pelas obrigações em que intervier (CC, art. 993, parágrafo único). Logo, as relações societárias permanecem num círculo fechado, isolando-se do mundo exterior, ao qual só tem acesso o sócio ostensivo. Essa sociedade pode ser constituída sem qualquer formalidade, podendo ser provada por todos os meios de direito. O contrato social só produz efeito entre os sócios e, se for registrado, tal assento não conferirá personalidade à sociedade.

2º) *Quanto à extensão dos bens com os quais concorrem os sócios*, as sociedades simples poderão ser:

a) *universais*, se abrangerem todos os bens presentes, ou todos os futuros, quer uns e outros na sua totalidade, quer somente os seus frutos e rendimentos. Se se referirem a todos os bens presentes (*societas omnium bonorum*), compreenderão os pertencentes aos sócios no instante de sua formação e os rendimentos que vierem a produzir. Se disserem respeito a todos os bens presentes e futuros, haverá uma completa interpenetração de todos os interesses dos sócios, comunicando-se não só os bens (CC, art. 1.667), mas também todos os débitos e obrigações; é o que ocorrerá, p. ex., na comunhão universal entre consortes, durante a vigência da sociedade conjugal. Se alusivas a todos os bens futuros, não possuirão nenhum capital em sua formação, de modo que seu patrimônio comum se formará aos poucos, à medida que os sócios forem adquirindo bens por ato *inter vivos* ou *causa mortis* (CC, arts. 1.658, 1.660, I a V). Se atinentes aos frutos e rendimentos de bens comuns, comunicar-se-ão tão somente os bens adquiridos pelos sócios com sua atividade, isto é, os frutos produzidos, permanecendo particulares os bens que eles possuíam por ocasião da constituição da sociedade, ou adquiridos em substituição (CC, art. 1.660, V). É a forma mais comum, de maneira que a lei presume ter sido a adotada se os nubentes não tiverem estipulado outra. Realmente, prescreve o Código Civil, art. 1.640: "Não havendo convenção, ou sendo ela nula ou ineficaz, vigorará, quanto aos bens entre os cônjuges, o regime da comunhão parcial";

b) *particulares*, se compreenderem apenas os bens ou serviços especialmente declarados no contrato (CC, art. 981), ou se forem constituídas especialmente para executar em comum certa empresa, explorar certa indústria ou exercer certa profissão (Lei n. 8.906/94, art. 15, e Regulamento Geral da OAB de 16-11-1994, art. 37).

3º) *Quanto à nacionalidade*, poderão ser:

a) *nacionais*, se organizadas de conformidade com a lei brasileira, tendo no Brasil a sede de sua administração (CC, arts. 1.126 a 1.133);

b) *estrangeiras*, aquelas que qualquer que seja seu objeto não poderão, sem autorização do Poder Executivo (Decreto n. 9.787/2019), funcionar no Brasil, ainda que por estabelecimentos subordinados, podendo, todavia, ressalvados os casos expressos em lei, ser acionistas de sociedade anônima brasileira (CC, arts. 1.134 a 1.141; IN do DREI n. 7/2013; LINDB, art. 11, § 1º). Tais exigências se fazem por serem constituídas conforme normas estrangeiras e por estarem sediadas no exterior.

t.5. Efeitos jurídicos

O contrato de sociedade, uma vez formado, dará origem a[509]:

1º) *Relações entre os sócios atinentes à cooperação para conseguir o objetivo social*, pois cada um terá:

a) *o dever de cooperação*, que começará a partir do instante em que o contrato se constitui, exceto se outra coisa não vier estipulada, extinguindo-se quando, liquidada a sociedade, estiverem satisfeitas e extintas as responsabilidades sociais (CC, arts. 981 e 1.001; *RT*, *536*:155). Todos os sócios deverão colaborar para promover o fim comum; se a sociedade dissolver-se, ficarão responsáveis até satisfazerem todas as obrigações sociais. Desse modo, enquanto não se liquidar a sociedade, com o pagamento de todos os débitos e o rateio do acervo social, subsistirá a responsabilidade dos sócios;

---

509. Quanto aos efeitos jurídicos decorrentes do contrato de sociedade simples, *vide*: Serpa Lopes, *Curso*, cit., p. 527-40; Mário Luiz Delgado, A responsabilidade civil do administrador não sócio, segundo o novo Código Civil, in *Novo Código Civil – questões controvertidas*, São Paulo, Método, 2004, v. 2, p. 303-17; Caio M. S. Pereira, *Instituições*, cit., p. 399-402; W. Barros Monteiro, op. cit., p. 308-14; Clóvis Beviláqua, *Código Civil*, cit., v. 5, n. 100 e 101; Silvio Rodrigues, Contrato de sociedade, cit., p. 515-9; Orlando Gomes, *Contratos*, cit., p. 483-5; Carvalho Santos, op. cit., t. 19, p. 69 e s.; Larenz, op. cit., § 56; Cunha Gonçalves, *Tratado*, cit., t. 7, p. 273; Bassil Dower, *Curso moderno de direito civil*, cit., p. 234-8; Espínola, *Sistema*, cit., § 177; Planiol, Ripert e Boulanger, *Traité*, cit., v. 2, n. 3.080; Enneccerus, Kipp e Wolff, op. cit., v. 2, §§ 173 e 175; Maria Clara Maudonnet, Responsabilidades do administrador, *Tribuna do Direito*, janeiro, 2004, p. 8; Luiz R. R. Russo, *Como alterar contratos sociais*, São Paulo, Atlas, 2004; Amador Paes de Almeida, *Execução dos bens dos sócios*, São Paulo, Saraiva, 2007; Instrução Normativa n. 88/01 do DNRC dispõe sobre arquivamento dos atos de transformação, incorporação, fusão e cisão de sociedades mercantis (ora revogada pela Instrução Normativa DREI n. 10/2013); CC, art. 206, §§ 1º, IV e V, e 3º, VII, *a*, *b*, *c*; *RT*, *491*:211, *489*:264, *474*:154; *Bol. AASP*, *1906*:217; STJ, REsp n. 117.359, rel. Min. Nancy Andrighi: "I. A possibilidade das dívidas particulares contraídas pelo sócio serem saldadas com a penhora das cotas sociais a este pertencentes, não tem o condão de transformar a própria sociedade em devedora.

II. A pessoa jurídica tem existência distinta dos seus membros, de forma que, resguardadas hipóteses excepcionais não verificadas no caso, um não responde pelas dívidas contraídas pelo outro, sendo, portanto, devida a expedição da Certidão Negativa de Débito em nome da sociedade". Sobre responsabilidade do administrador da sociedade falida: art. 82 da Lei n. 11.101/2005.

b) *o dever de contribuir para a formação do patrimônio social*, entregando a quota ou prestando serviço a que se obrigou por força do contrato. Se deixar de fazê-lo nos 30 dias seguintes ao da notificação pela sociedade, responderá perante esta pelo dano emergente da mora. Verificada a mora, poderá a maioria absoluta do capital representado pelas quotas (Enunciado n. 216 – 1ª parte – do Conselho da Justiça Federal, aprovado na III Jornada de Direito Civil: CC, art. 999) dos demais sócios preferir, em lugar da indenização correspondente ao dano e aos juros moratórios (CC, arts. 394 a 401), a exclusão do sócio remisso, ou reduzir-lhe a quota ao montante já realizado, aplicando-se, em ambas as hipóteses, o disposto no § 1º do art. 1.031 do CC, ou seja, redução do capital social, salvo se os demais sócios suprirem o valor da quota. Se sua contribuição consistir em serviços não poderá, salvo convenção em contrário, empregar-se em atividade estranha à sociedade, sob pena de ser privado de seus lucros e dela excluído (CC, arts. 1.004 e parágrafo único e 1.006);

c) *o dever de responder pela evicção* perante os consócios, se, a título de quota social transmitir domínio, posse ou uso de objeto infungível, que venha a ser evicto (CC, art. 1.005). Verificada a evicção, o sócio deverá ressarcir o prejuízo causado à sociedade, se esta ignorava que a coisa era alheia ou litigiosa;

d) *o dever de indenizar a sociedade de todos os prejuízos* (CC, art. 1.017) que esta sofrer por culpa dele, sem que lhe assista o direito de compensá-los com os proveitos que lhe houver granjeado, pois estes não lhe pertencem, mas sim ao patrimônio social. Responde, inclusive, pela solvência do devedor, sócio que transferir crédito (CC, art. 1.005, *in fine*).

2º) *Relações recíprocas entre os sócios*, que são regidas pelas normas contratuais ou estatutárias, mas, no seu silêncio, prevalecerão as normas contidas no Código Civil. Assim, p. ex., em caso de sociedade simples, quanto:

a) *à composição da quota social*, que constituirá patrimônio especial, pertencendo aos sócios, exceto declaração em sentido contrário (CC, art. 988);

b) *aos poderes de administração* (CC, arts. 1.010 a 1.021), pois o sócio preposto à administração poderá exigir da sociedade, além do que por conta dela despender, a importância das obrigações em boa-fé contraídas na gerência dos negócios sociais e o valor dos prejuízos que ela lhe causar. Os estatutos sociais costumam indicar qual o sócio encarregado de administrar a sociedade, excluindo os demais da administração, que não poderão interferir na gerência ou representar a sociedade, embora possam se informar dos negócios sociais, tendo acesso aos livros e conhecendo o estado do patrimônio comum (*RT*, *484*:106). Se faltar estipulação a esse respeito, cada sócio separadamente terá o direito de administrar, e válido será o que fizer, ainda em relação aos associados que não consentiram, podendo, porém, qualquer destes impugnar o ato pretendido por outro, cabendo a decisão aos sócios, por maioria de votos, contados segundo o valor das quotas. E o administrador responde perante a sociedade por perdas e danos se realizar atos que sabia ou devia saber que estavam em desacordo com a maioria (CC, art. 1.013, §§ 1º e 2º). O administrador, nomeado por instrumento em separado, deverá averbá-lo à margem de inscrição da sociedade, sob pena de responder pessoal e solidariamente com a sociedade pelos atos praticados antes daquela averbação (CC, art. 1.012). Ele é obrigado a prestar aos sócios contas justificadas de sua administração e apresentar-lhes o inventário, anualmente, bem como o balanço patrimonial e o resultado econômico (CC, art. 1.020);

c) à utilização dos bens sociais, pois o administrador ou cada sócio poderá servir-se das coisas pertencentes à sociedade, desde que lhes dê o seu destino, não as utilizando contra o interesse social em proveito próprio ou de terceiros (CC, art. 1.017), sob pena de restituí-los à sociedade ou de pagar o equivalente, com todos os lucros resultantes, e, se houver prejuízo, por ele responderá. Por isso, o sócio pode, a qualquer tempo, salvo estipulação que determine época própria, examinar livros, documentos e o estado da caixa e da carteira da sociedade (CC, art. 1.021);

d) à posição do sócio ante as obrigações sociais ativas e passivas, já que os sócios têm o dever de contribuir para as despesas necessárias à conservação dos bens sociais. O sócio que não tiver a administração da sociedade não poderá obrigar os bens sociais, e o que estiver investido em tal administração poderá obrigar os bens sociais, pois representa a sociedade, desde que não os aplique em proveito próprio ou de terceiro, salvo se houver consentimento escrito dos sócios (CC, art. 1.017). "Os bens particulares dos sócios não podem ser executados por dívidas da sociedade, senão depois de executados os bens sociais" (CC, art. 1.024);

e) à distribuição de lucros ilícitos ou fictícios (inexistentes, criados por cálculos contábeis, que aumentam as receitas e diminuem as despesas), pois acarretará responsabilidade solidária dos administradores que a realizarem e dos sócios que os receberem, conhecendo ou devendo ter conhecimento de sua ilegalidade (CC, art. 1.009);

f) à substituição de sócio, pois não poderá este ser substituído no exercício de suas funções, sem a expressa anuência dos demais sócios exarada em modificação do contrato social (CC, art. 1.002);

g) *à cessão total ou parcial da quota*, por requerer modificação do contrato social com o consenso dos outros sócios, para irradiar efeitos não só nas relações entre sócios como também na sociedade. E até dois anos depois da averbação daquela modificação contratual, o cedente terá responsabilidade solidária com o cessionário, perante a sociedade e terceiros, pelas obrigações que tinha como sócio (CC, art. 1.003 e parágrafo único);

h) *à vedação ao administrador de fazer-se substituir no exercício de suas funções*, sendo-lhe, porém, permitido, nos limites de seus poderes, constituir mandatários da sociedade, especificados no instrumento os atos e operações que poderão praticar (CC, art. 1.018).

3º) *Relações da sociedade e dos sócios em face de terceiros*, pois:

a) se as obrigações forem contraídas conjuntamente por todos os sócios, ou por algum deles no exercício do mandato social, serão consideradas dívidas da sociedade. Pelo art. 1.022 do Código Civil: "A sociedade adquire direitos, assume obrigações e procede judicialmente, por meio de administradores com poderes especiais, ou, não os havendo, por intermédio de qualquer administrador";

b) se o cabedal social não cobrir os débitos da sociedade, pelo saldo responderão os sócios, na proporção em que houverem de participar nas perdas sociais, salvo cláusula de responsabilidade solidária, porque os credores da sociedade são credores dos sócios (CC, art. 1.023). O Código de Processo Civil, no art. 795, § 1º, estatui que "os bens particulares dos sócios não respondem pelas dívidas da sociedade senão nos casos previstos em lei; o sócio réu quando responsável pelo pagamento da dívida, tem direito a exigir que sejam primeiro excutidos os bens da sociedade". Acrescenta, no § 2º, que "incumbe ao sócio, que alegar o benefício do § 1º, nomear bens da sociedade, situados na mesma comarca, livres e desembargados, quantos bastem para pagar o débito". Todavia, pelo art. 790, II, desse diploma legal, ficam sujeitos à execução os bens do sócio, nos termos da lei;

c) se um dos sócios, acionado por credor particular, for insolvente, aquele poderá fazer recair a execução sobre que a este couber nos lucros da sociedade, ou na parte que lhe tocar em liquidação (CC, art. 1.026). "O disposto no art. 1.026 do Código Civil não exclui a possibilidade de o credor fazer recair a execução sobre os direitos patrimoniais da quota de participação que o devedor possui no capital da sociedade" (Enunciado n. 388 do CJF, aprovado na IV Jornada de Direito Civil). Se a sociedade não estiver dissolvida, o credor poderá requerer a liquidação da quota do devedor, cujo valor será depositado em dinheiro, no juízo da execução, até noventa dias após aquela liquidação (CC, art. 1.026, parágrafo único). "Na apuração dos haveres do sócio, por consequência da liquidação de suas quotas na sociedade para pagamento ao seu credor (art. 1.026, parágrafo único), não devem ser consideradas eventuais disposições contratuais restritivas à determinação de seu valor" (Enunciado n. 386 do CJF, aprovado na IV Jornada de Direito Civil);

d) se um sócio for admitido em sociedade já constituída, ele não se eximirá dos débitos sociais anteriores à sua admissão (CC, art. 1.025);

e) os sócios não são solidariamente obrigados pelas dívidas sociais, nem os atos de um, não autorizado, obrigam os outros, salvo redundando em proveito da sociedade (*RT*, *418*:366) ou havendo cláusula de responsabilidade solidária;

f) os herdeiros do cônjuge do sócio, ou o ex-cônjuge do que se divorciou ou separou extrajudicial ou judicialmente, não poderão exigir desde logo a parte que lhes couber na quota social; mas tão somente concorrer à divisão periódica dos lucros, até que se liquide a sociedade (CC, art. 1.027, c/c CF, art. 226, § 6º, com a redação da EC n. 66/2010);

g) os administradores respondem solidariamente perante a sociedade e terceiros prejudicados, pelos prejuízos que culposamente causarem no desempenho de suas funções (CC, art. 1.016).

4º) *Direitos dos sócios*, como os de:

a) *participar nos lucros* produzidos pela sociedade, sendo nula a cláusula que exclua qualquer deles (CC, arts. 1.007 e 1.008). O contrato, em regra, já declara a parte que cada sócio terá nos lucros e nas perdas, mas, se nada estipular, entender-se-á proporcionada, quanto aos sócios de capital, à soma com que entraram, mas aqueles cuja contribuição consista em serviços só terão direito de participar nos lucros da sociedade, na proporção da média do valor das quotas (CC, art. 1.007, *in fine*);

b) *colaborar*, pois os sócios poderão exigir de qualquer dentre eles a sua colaboração (CC, arts. 1.004 e parágrafo único e 1.006) e reclamar o direito de colaborar no *funcionamento da sociedade*;

c) *reembolsar-se das despesas* necessárias à conservação dos bens sociais que fez sozinho, pois o sócio administrador deverá agir com cuidado e a diligência que todo homem ativo e probo costuma empregar na administração de seus próprios negócios (CC, art. 1.011). Os sócios terão, ainda, direito à indenização das perdas e danos que sofrerem em operação contrária aos negócios sociais (CC, art. 1.010, § 3º);

d) *servir-se dos bens sociais*, contanto que lhes deem o seu destino e possibilitem aos outros aproveitá-los nos limites do seu direito, não podendo usá-los em proveito próprio ou de terceiros, mesmo que seja o administrador, não havendo, para tanto, consenso escrito dos sócios (CC, art. 1.017);

e) *administrar a sociedade*; em regra, é o contrato que indica os sócios que deverão investir-se desse poder, porém nada obsta a que haja a atribuição da administração a estranhos, com a aprovação dos sócios em sua unanimidade, enquanto o capital não estiver integralizado, e de 2/3 (no mínimo), após a integralização (CC, arts. 1.061 e 1.019, parágrafo único; *Bol. AASP*, *1.804*:299). O sócio investido na administração por texto expresso no contrato poderá praticar, no silêncio do contrato, todos os atos que não excederem os limites normais dela, desde que proceda sem dolo, não constituindo, porém, objeto social, a oneração ou a venda de imóveis, que depende da decisão da maioria dos sócios (CC, art. 1.015). Poderá movimentar somas devidas à sociedade, movendo ação contra os devedores, pagar os débitos sociais, receber ou dar quitação, admitir empregado, fazer locações de imóveis necessárias à sociedade etc. Se, p. ex., alienar bens, destituído de poderes para tanto, este ato será anulado, e o comprador terá direito de exigir perdas e danos contra o sócio que exorbitou seu mandato, e não contra a sociedade, porque esta não se obrigou (CC, art. 1.011, § 2º; *RT*, *417*:134, *536*:155). O excesso por parte dos administradores apenas poderá ser oposto a terceiros se ocorrer pelo menos uma das seguintes hipóteses: *a*) se a limitação de poderes estiver inscrita ou averbada no registro próprio da sociedade; *b*) se se provar que era conhecida do terceiro; e *c*) se se tratar de operação alheia aos negócios da sociedade (CC, art. 1.015, parágrafo único, I a III). Tais poderes de sócio investido na administração por cláusula expressa do contrato social serão irrevogáveis, salvo justa causa reconhecida judicialmente, a pedido de qualquer sócio (CC, art. 1.019), como, p. ex., comportamento contrário aos interesses da sociedade, moléstia grave prolongada, interdição, infração aos deveres legais e contratuais etc. Se o poder de administração for conferido depois do contrato a sócio por ato separado, ou a quem não seja sócio, será revogável a qualquer tempo (CC, art. 1.019, parágrafo único) como o de simples mandato. Se o administrador nomeado não tiver a qualidade de sócio, seu poder poderá ser revogado a qualquer tempo, mesmo se investido na administração por cláusula contratual. A destituição do administrador, sócio ou não, só poderá ser, em regra, determinada por deliberação da maioria dos sócios, porque ele representa a sociedade.

Se, por lei ou pelo contrato social, competir aos sócios a decisão sobre os negócios societários, as deliberações deverão ser por maioria de votos, contados conforme o valor das quotas de cada um. Para que se forme a maioria absoluta serão necessários votos correspondentes a mais de metade do capital e, havendo empate, prevalecerá a decisão sufragada por maior número de sócios; se persistir aquela situação, decidirá o juiz. E responderá por perdas e danos o sócio que, tendo em alguma operação interesse contrário ao da sociedade, participar de deliberação que a aprove graças a seu voto (CC, art. 1.010, §§ 1º a 3º).

Nos atos de competência conjunta de vários administradores tornar-se-á necessário o concurso de todos, exceto em casos de urgência, em que a omissão e a demora da providência possa acarretar dano grave ou irreparável (CC, art. 1.014);

f) associar um estranho ao seu quinhão social, sem o concurso dos outros, porque formará com ele uma subsociedade, que nada terá que ver com os demais sócios; porém, não poderá, sem a aquiescência dos demais, associá-lo à sociedade (CC, arts. 999 e 997, parágrafo único) de pessoas, alienando sua parte, ante a relevância do *intuitu personae*, pois se a sociedade for de capital – sociedade anônima, p. ex. – não haverá qualquer restrição ao sócio, que poderá alienar sua quota de capital a quem lhe aprouver, por não se considerar a pessoa do associado (*RT*, *547*:160);

g) votar nas assembleias gerais, onde, salvo estipulação em contrário, sempre se deliberará por maioria de votos;

h) retirar-se da sociedade, mediante aviso com sessenta dias de antecedência, se não houver determinação de tempo de duração da sociedade (CC, art. 1.029). Se a sociedade tiver prazo determinado para a sua duração, nenhum sócio poderá retirar-se dela antes do termo convencionado, exceto se provar judicialmente justa causa (CC, art. 1.029, *in fine*)[510].

Graficamente temos:

---

510. "Em regra, é livre a retirada de sócio nas sociedades limitadas e anônimas fechadas, por prazo indeterminado, desde que tenham integralizado a respectiva parcela do capital, operando-se a denúncia (arts. 473 e 1.029)" (Enunciado n. 480 do CJF, aprovado na V Jornada de Direito Civil, que revogou o Enunciado n. 390).

"O exercício do direito de retirada, na sociedade limitada de tempo indeterminado, independe de justa causa. A data-base da apuração de haveres é a do dia do desligamento da sociedade, que ocorre com o recebimento de simples notificação ou outro meio eficiente de comunicação da manifestação da vontade" (Enunciado n. 24 da Jornada Paulista de Direito Comercial).

Vide: CGJ, Comunicado CG n. 564/2016 que estabelece novas normas para identificação dos pedidos incidentais de desconsideração da personalidade jurídica; CLT, arts. 855-A, 855-B, 855-C, 855-D, 855-E, com redação da Lei n. 13.467/2017.

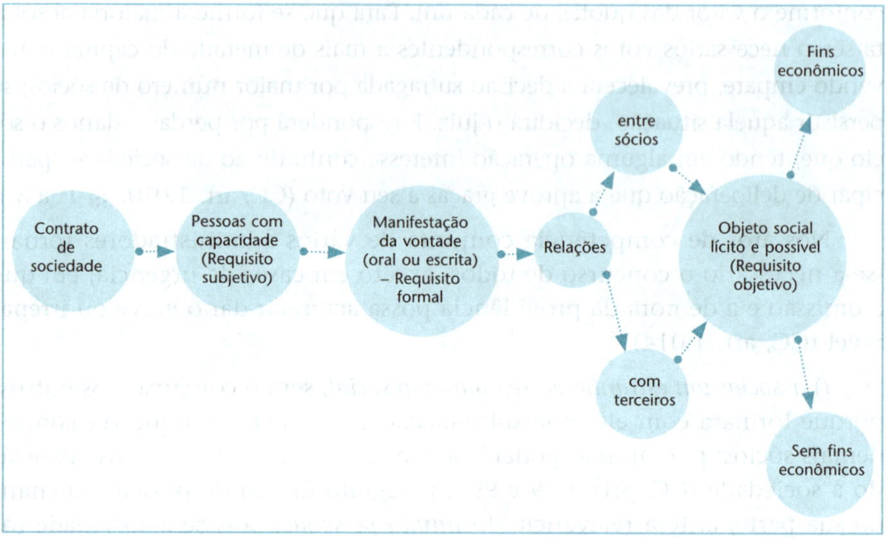

t.6. Dissolução

Dissolver-se-á a sociedade simples[511]:

1º) pelo implemento da condição a que foi subordinada a sua durabilidade. Se os efeitos do contrato se subordinarem a uma condição resolutiva, verificada esta, extinguir-se-á a sociedade;

---

511. Caio M. S. Pereira, *Instituições*, cit., p. 402-3; Orlando Gomes, *Contratos*, cit., p. 485 e 486; Larenz, op. cit., § 56; W. Barros Monteiro, op. cit., p. 314-7; Bassil Dower, *Curso moderno de direito civil*, cit., p. 238-42; Silvio Rodrigues, Contrato de sociedade, cit., p. 519-22; Serpa Lopes, *Curso*, cit., p. 540-52; Bernard Caillaud, *L'exclusion d'un associé dans les sociétés*, Paris, 1966; Duarte Garcia, Caselli Guimarães e Terra, Empresa de um só sócio, *Breve Relato*, n. *51*:4; Alberto G. Rocha Azevedo, *Dissociação da sociedade mercantil*, 1975; *Ciência Jurídica*, *28*:269, *42*:142 e 133, *37*:125, *28*:136; *RT*, *468*:207, *454*:199, *459*:123, *451*:151, *477*:137, *547*:174, *546*:112; STF, Súmula 265; Decreto-Lei n. 41/66 (dissolução de sociedade civil para fins assistenciais). Pelo art. 1.046, § 3º, do CPC, os processos mencionados no art. 1.218 da Lei n. 5.869/73, cujo procedimento ainda não tenha sido incorporado por lei, submetem-se ao procedimento comum. Se assim é, a liquidação total da sociedade deve observar o procedimento comum, sendo que a forma de apuração de haveres seguirá o disposto no CPC, arts. 604 a 609. A dissolução parcial segue os trâmites dos arts. 599 a 609 do CPC. Decretos-Lei n. 9.085/46, art. 6º, 205/67, arts. 7º e 9º, 368/68; Lei n. 4.740/65, arts. 45 e s.; Lei de Falências, arts. 6º, 51, § 2º, 64, 70 a 72, 75, 77, 81, 82 e § 1º, 94, 96, II, 99, V, 101, 115, 117, 123, 129 a 138, 157, 158, III, 159, § 3º, 160, 168 a 178, 181, I, 182, parágrafo único; Lei n. 8.036/90 (FGTS), art. 15. Na dissolução há rompimento da *affectio societatis*, mas a pessoa jurídica sobrevive para atender às necessidades da liquidação do ativo e passivo social e à partilha do remanescente entre os sócios.

2º) pelo vencimento do prazo estabelecido no contrato (CC, art. 1.033, I), porém nada impede que os sócios o prorroguem por tempo indeterminado, se, vencido o prazo e sem oposição deles, a sociedade não entrar em liquidação. A sociedade pode dissolver-se por deliberação dos sócios, por maioria absoluta, na sociedade de prazo indeterminado (CC, art. 1.033, III);

3º) pela extinção do capital social, sem possibilidade de recuperação, ou seu desfalque em quantidade tamanha que a impossibilite de continuar (CC, art. 1.035), porque a sociedade precisa de um patrimônio para realizar suas finalidades. Se faltarem os meios materiais, não poderá cumprir os fins sociais; logo, dissolver-se-á;

4º) pela consecução do fim social (CC, art. 1.034, II), pois atingiu seu objetivo, não tendo mais razão de ser, por falta de objeto;

5º) pela verificação da inexequibilidade do objetivo comum (CC, art. 1.034, II), desde que seja definitiva e não transitória, impossibilitando alcançar o fim colimado (*RT*, *166*:331, *211*:275; *RJTJSP*, *132*:245, *113*:290; *RJ*, *180*:103);

6º) pela falência de um dos sócios (CC, art. 1.030, parágrafo único; Lei n. 11.101/2005, art. 123). Todavia, os sócios poderão estipular no contrato que, em caso de falência de um deles, a sociedade continue com os demais, apurando-se os haveres do falido, intervindo o administrador judicial nomeado pelo magistrado;

7º) pela incapacidade superveniente de um dos sócios, se a sociedade tiver apenas dois (*RT*, *498*:184; CC, art. 1.030, c/c o art. 1.033). Se o sócio for declarado interdito ou ausente, a sociedade dissolver-se-á, não podendo continuar com o representante legal do incapaz, por ser substancial a pessoa do sócio. Desse modo, se a sociedade for de capital ou anônima, a sociedade perdura, por não ser *intuitu personae*;

8º) pela morte de um dos sócios, liquidar-se-á sua quota, exceto: se o contrato dispuser de modo diverso; se os sócios remanescentes optarem pela dissolução da sociedade ou se, por acordo com os herdeiros, regular-se a substituição do sócio falecido (CC, art. 1.028, I a III). Ter-se-á resolução da sociedade apenas em relação ao sócio falecido. Pelo Enunciado n. 25 da Jornada Paulista de Direito Comercial: "Prescreve em 10 anos a pretensão à apuração de haveres de sócio falecido". "Diante da possibilidade de o contrato social permitir o ingresso na sociedade do sucessor de sócio falecido, ou de os sócios acordarem com os herdeiros a substituição de sócio falecido, sem liquidação da quota em ambos os casos, é lícita a participação de menor em sociedade limitada, estando o capital integralizado, em virtude da inexistência de vedação no Código Civil" (Enunciado n. 221 do Conselho da Justiça Federal, aprovado na III Jornada de Direito Civil). Mas extinguir-se-á, obviamente, a sociedade com a morte de um dos sócios, se constituída de apenas dois (CC, art. 1.033, IV), uma vez que o agrupamento de pessoas é elemento essencial de sua formação (*RT*, *420*:194, *473*:131, *490*:79, *498*:184, *544*:282, *677*:123). Mas pelo art. 1.033, parágrafo único (com a redação da Lei n. 12.441/2011), não se aplicará o inciso IV do art. 1.033 se o sócio remanescente requerer no Registro Público de Empresas Mercantis a transformação do registro da sociedade para empresário individual ou para empresa individual de responsabilidade limitada (IN do DNRC (hoje DREI) n. 117/2011 e 118/2011 – ora revogada pela IN do DREI n. 10/2013). Mas, "a 'transformação de registro' prevista no art. 968, § 3º, e no art. 1.033, parágrafo único, do Código Civil não se confunde com a figura da transformação de pessoa jurídica" (Enunciado n. 464 do Conselho da Justiça Federal – aprovado na V Jornada de Direito Civil). Deveras, urge não olvidar, ainda, que pelo art. 980-A, §§ 1º a 6º, acrescentado pela Lei n. 12.441/2011, há possibilidade de *empresa individual de responsabilidade limitada* formada por uma só pessoa titular da totalidade do capital social integralizada não inferior a 100 vezes o maior salário mínimo vigente no país ou resultante de concentração de quotas de outra modalidade societária. Essa nova figura jurídica, ao separar o capital social da empresa, veio resguardar o empresário dos riscos da atividade empresarial, dando segurança aos credores, visto que aquele capital responderá limitadamente; diferentemente do empresário individual que responderia ilimitadamente por aquela atividade. Porém, se vários forem os sócios, será lícita a estipulação de que a sociedade continue com os herdeiros do falecido ou apenas com os sócios sobrevivos (*RF*, *136*:436), sendo que nesta última hipótese os herdeiros do falecido terão direito à partilha do que houver, quando ele faleceu, mas não participarão nos lucros e perdas ulteriores, que não forem consequência direta dos atos anteriores ao óbito (CPC, art. 620, § 1º, I e II). Se o contrato estipular que a sociedade continue com o herdeiro do sócio falecido, cumprir-se-á a estipulação (*RT*, *483*:99), sempre que for possível. O herdeiro responde pelas obrigações sociais anteriores até dois anos da averbação da resolução da sociedade em relação ao sócio falecido (CC, art. 1.032);

9º) pela renúncia ou retirada de qualquer sócio, se a sociedade possuir mais de dois sócios (*RT*, *437*:152). Pelo art. 1.029 e parágrafo único do CC, qualquer sócio pode retirar-se da sociedade; se de prazo indeterminado, mediante notificação aos demais com antecedência mínima de sessenta dias; se de prazo determinado, provando judicialmente justa causa. Nos trinta dias subsequentes àquela notificação, poderão os demais sócios optar pela dissolução da sociedade. A renúncia só dissolverá a sociedade se feita de boa-fé, em tempo oportuno, e notificada aos sócios, e o renunciante responderá pelas obrigações sociais até a data em que se desligar da sociedade (*RT*, *685*:87, *190*:839, *192*:669). Os sócios terão todo o direito de excluir judicialmente o sócio de má-fé, por falta grave, ou o que se tornou incapaz ou falido (CC, art. 1.030). Deverão pagar ao renunciante a sua quota (CC, art. 1.031) e a vantagem esperada (*RT*, *453*:202, *464*:222, *475*:121, *536*:126, *479*:114, *433*:165, *439*:191). O sócio renunciante ou excluído continuará responsável pelos débitos e obrigações sociais anteriores, até dois anos após averbada a resolução da sociedade, e pelas posteriores, e em igual prazo, enquanto não requerer aquela averbação (CC, art. 1.032);

10) pelo distrato ou consenso unânime dos associados (CC, art. 1.033, II), deliberando sua cessação, desde que o façam obedecendo à mesma forma do contrato (CC, art. 472);

11) pela nulidade ou anulabilidade do contrato de sociedade, devido à inobservância dos requisitos necessários à sua formação, como, p. ex., ilicitude de suas atividades, por serem subversivas (*AJ*, *78*:417; CC, art. 1.034, I);

12) pela cassação ou extinção da autorização governamental, se esta for necessária para seu funcionamento (CC, art. 1.033, V);

13) pela falta de pluralidade de sócios, não reconstituída no prazo de cento e oitenta dias (CC, art. 1.033, IV); não configurada qualquer hipótese prevista no parágrafo único do art. 1.033 do Código Civil, com a alteração da Lei n. 12.441//2011.

"O contrato pode prever outras causas de dissolução, a serem verificadas judicialmente quando contestadas" (CC, art. 1.035).

A sociedade poderá ser dissolvida judicialmente, a requerimento de qualquer dos sócios (CC, art. 1.034, I e II), por ação direta, ou mediante denúncia de qualquer do povo ou do órgão do Ministério Público (CC, art. 1.037; Dec.-Lei n. 9.085/46; Dec.-Lei n. 8/66)[512].

---

512. W. Barros Monteiro, op. cit., p. 317; M. Helena Diniz, Sucessão comercial por falecimento de um dos sócios em sociedade por quotas de responsabilidade limitada, *Estudos Jurídicos*, *6*:252-62; Contratos modificativos, *Revista de Direito Civil, Imobiliário, Agrário e Empresarial*, *61*:7-14; Louis Frederiq, *Traité de Droit Commercial Belge*, 1950, t. V, p. 980; Priscila M. P. C. da Fonseca, *Dissolução parcial, retirada e exclusão de sócio*, São Paulo, Atlas, 2002; Carlos Thompson Flores, Sociedade comercial. Exclusão de

t.7. Liquidação

Com a dissolução da sociedade, de *pleno iure* ou judicial, surge a *liquidação* (CC, arts. 1.036 e parágrafo único, 1.038, § 2º, e 1.102 a 1.112), que se destina a apurar o patrimônio social, tanto no seu ativo como no seu passivo, protraindo-se até que o saldo líquido seja dividido entre os sócios. Se houver rescisão da sociedade em relação apenas a um dos sócios por morte, retirada ou exclusão, estabelecer-se-á a forma de liquidação de sua quota, se a sociedade não se dissolver. Percebe-se daí que a dissolução da sociedade não aniquila, de imediato, seus efeitos.

Durante a liquidação a sociedade sobrevive, só desaparecendo com a partilha dos bens sociais, observando-se as regras da partilha entre herdeiros (CC, arts. 2.013 e s.). Realmente, mesmo depois de dissolvida a sociedade, haverá responsabilidade social para com terceiros, pelos débitos contraídos (*RTJ, 85*:945; *JTACRS, 35*:287). Ocorrida a dissolução, os administradores deverão providenciar, imediatamente, a investidura do liquidante, restringindo a própria gestão aos negócios inadiáveis, vedadas novas operações, pelas quais responderão solidária e ilimitadamente (CC, art. 1.036). Se a dissolução se deu pela extinção de autorização para funcionamento, o Ministério Público promoverá a liquidação judicial da sociedade, se os administradores não o tiverem feito nos trinta dias seguintes à perda da autorização, ou se o sócio não houver exercido a faculdade assegurada no parágrafo único do art. 1.036 (CC, art. 1.037, *caput*). Se o Ministério Público não a promover dentro de quinze dias subsequentes ao recebimento da comunicação, a autoridade competente para conceder a autorização nomeará interventor com poderes para requerer a medida e administrar a sociedade até que seja nomeado o liquidante (CC, art. 1.037, parágrafo único).

É imprescindível a nomeação de liquidante que, se não estiver designado

---

sócio. Justo motivo (parecer), *Revista da Escola da Magistratura do TRF – 4.ª Região*, n. 11, 2019, p. 13 a 30. "A opção entre fazer a execução recair sobre o que ao sócio couber no lucro da sociedade, ou na parte que lhe tocar em dissolução, orienta-se pelos princípios da menor onerosidade e da função social da empresa" (Enunciado n. 387 do CJF, aprovado na IV Jornada de Direito Civil).

Vide Bol. AASP, 1.833:18 sobre alteração de contrato social por deliberação da maioria de sócios, sem assinatura do sócio dissidente. A empresa em débito salarial com seus empregados não pode ser dissolvida (Dec.-Lei n. 368/68, art. 1º, III). "A unanimidade exigida para a modificação do contrato social somente alcança as matérias referidas no art. 997, prevalecendo, nos demais casos de deliberação dos sócios, a maioria absoluta, se outra mais qualificada não for prevista no contrato" (Enunciado n. 385 do CJF, aprovado na IV Jornada de Direito Civil).

no contrato social, será eleito por deliberação dos sócios, podendo a escolha recair em pessoa alheia à sociedade (CC, art. 1.038). O liquidante pode ser destituído a qualquer tempo se eleito por decisão dos sócios ou por via judicial a requerimento de sócio, ocorrendo justa causa (CC, art. 1.038, § 1º, I e II).

O liquidante terá o dever de (CC, art. 1.103, I a IX): *a*) averbar e publicar ata, sentença ou instrumento de dissolução da sociedade; *b*) arrecadar bens, livros e documentos da sociedade; *c*) proceder, por ter função similar à do administrador judicial, nos quinze dias seguintes ao da sua investidura e com a assistência, sempre que possível dos administradores, à elaboração do inventário e do balanço geral do ativo e do passivo; *d*) ultimar os negócios da sociedade, realizar o ativo, pagar o passivo e partilhar o remanescente entre os sócios ou acionistas; *e*) exigir dos quotistas, quando insuficiente o ativo à solução do passivo, a integralização de suas quotas e, se for o caso, as quantias necessárias, nos limites da responsabilidade de cada um e proporcionalmente à respectiva participação nas perdas, repartindo-se, entre os sócios solventes e na mesma proporção, o devido pelo insolvente; *f*) convocar assembleia dos quotistas, a cada seis meses, para apresentar relatório e balanço do estado da liquidação, prestando conta dos atos praticados durante o semestre, ou sempre que necessário; *g*) confessar a falência da sociedade e pedir sua recuperação, de acordo com as formalidades prescritas para o tipo de sociedade liquidanda; *h*) apresentar, finda a liquidação, aos sócios o relatório e as contas finais; *i*) averbar a ata da reunião ou da assembleia, ou o instrumento firmado pelos sócios, que considerar encerrada a liquidação.

Em todos os atos, documentos ou publicações, o liquidante empregará firma ou denominação social sempre seguida da cláusula "em liquidação" e de sua assinatura individual, com a declaração da sociedade liquidanda (CC, art. 1.103, parágrafo único).

As obrigações e a responsabilidade do liquidante reger-se-ão pelos preceitos peculiares aos dos administradores da sociedade liquidanda (CC, art. 1.104).

Caberá ao liquidante representar a sociedade e praticar atos necessários à sua liquidação, inclusive alienar bens, transigir, receber e dar quitação, mas só poderá gravar de ônus reais os bens sociais e empréstimos se estiver autorizado pelo contrato social ou pelo voto da maioria dos sócios, exceto se aqueles atos forem indispensáveis ao pagamento de obrigações inadiáveis. Nem mesmo poderá prosseguir na atividade social, ainda que para facilitar a liquidação, se não tiver o beneplácito do estatuto social e da maioria dos sócios (CC, art. 1.105).

A liquidação, tornando líquido o patrimônio social, reduzindo a dinheiro os haveres sociais, possibilitará não só que se concluam os negócios pendentes, mas também que se paguem proporcionalmente as dívidas sociais, sem distinção entre vencidas e vincendas, mas, em relação a estas, com desconto. Se o ativo for superior ao passivo, o liquidante, sob sua responsabilidade pessoal, poderá pagar integralmente os débitos vencidos (CC, art. 1.106, parágrafo único). Partilha-se o remanescente entre os sócios e convoca-se a assembleia dos sócios para prestação final de contas (CC, art. 1.108)[513]. E se, porventura, no decorrer do processo de liquidação averiguar-se que o ativo da sociedade é insuficiente para saldar todos os débitos sociais, o liquidante tem o dever de requerer judicialmente a falência da sociedade (CC, art. 1.103, VII) e, com isso, como bem assevera Ricardo Fiuza, o procedimento voluntário da liquidação transmuda-se em processo falimentar regido pela Lei n. 11.101/2005 (arts. 5º a 46, 75 a 160).

Com a aprovação das contas, encerra-se a liquidação, operando-se a extinção da sociedade com a averbação da ata da assembleia em registro próprio (CC, art. 1.109).

Encerrada a liquidação o credor insatisfeito apenas poderá exigir dos sócios, individualmente, o pagamento do seu crédito, até o limite da soma por eles recebida em partilha, ou propor contra o liquidante ação de perdas e danos (CC, art. 1.110).

Se a liquidação for judicial, observa-se o disposto na lei processual (CC, art. 1.111; CPC, arts. 1.046, § 3º, e 599 a 609), e no curso dela o magistrado convocará, se for necessário, assembleia para deliberar sobre os interesses da liquidação, e a presidirá resolvendo as questões levantadas, e a cópia autenticada dessa reunião será apensada ao processo judicial (CC, art. 1.112). A liquidação judicial, havendo falência da sociedade empresária, disciplinar-se-á pela Lei n. 11.101/2005 (arts. 139 a 153).

---

513. Serpa Lopes, *Curso*, cit., p. 541 e 552-6; Orlando Gomes, *Contratos*, cit., p. 487; Rocco, Sulla liquidazione della società commerciale, in *Studi di diritto commerciale*, Roma, 1933, v. 1, p. 201; Caio M. S. Pereira, *Instituições*, cit., p. 404; Bassil Dower, *Curso moderno de direito civil*, cit., p. 242; Silvio Rodrigues, Contrato de sociedade, cit., p. 522; Houpin e Bosvieux, op. cit., t. 1, n. 227; W. Barros Monteiro, op. cit., p. 317 e 318; Rui Portanova, Penhorabilidade dos bens de sócios de sociedades irregularmente dissolvidas, *Ajuris, 29*:127-31; *RT, 437*:152; Lei n. 6.024/74; Consolidação das Leis da Previdência Social, aprovada pelo Decreto n. 89.312/84, e, hoje, regida pelo Decreto n. 3.048/99. *Vide*, ainda, art. 206, § 1º, IV, do Código Civil. Aqui apenas tecemos considerações a respeito da sociedade simples, deixando a análise das consequências jurídicas decorrentes das sociedades empresárias, por serem atinentes ao direito empresarial, para o v. 8 deste *Curso*.

Quadro Sinótico

SOCIEDADE

1. CONCEITO	• O contrato de sociedade é a convenção por via da qual duas ou mais pessoas se obrigam a conjugar seus esforços ou recursos para a consecução de um fim comum (CC, art. 981).	
2. CARACTERES	• Plurilateralidade, com exceção dos casos legais. • Onerosidade. • Comutatividade. • Consensualidade.	
3. ELEMENTOS	• Existência de duas ou mais pessoas, salvo as hipóteses do art. 1.033, parágrafo único do CC. • Contribuição de cada sócio para o capital social e o fundo social (CC, arts. 981 e 988). • Obtenção do fim comum pela cooperação dos sócios. • Participação nos lucros e nos prejuízos (CC, arts. 997, VII, e 1.007). • *Affectio societatis*, ou melhor, comunhão.	
4. REQUISITOS	• Subjetivos	• Capacidade genérica para praticar os atos da vida civil (CC, arts. 972, 974 e 976). • Habilitação para dispor de bens. • Consentimento dos contraentes.
	• Objetivos	• Liceidade e possibilidade dos fins comuns (CC, art. 1.123).
	• Formais	• Forma livre, embora em regra se use a forma escrita (CC, arts. 45, 985, 997, 992, 998, §§ 1º e 2º, 1.150, 1.089, 987; Lei n. 6.404/76, art. 88; Dec.-Lei n. 1.344/39, art. 32, § 1º).

5. ESPÉCIES	• Quanto ao fim a que se propõe	• Sociedade empresária	• Sociedade em comandita simples. • Sociedade em nome coletivo. • Sociedade limitada. • Sociedade anônima. • Sociedade em comandita por ações.
		• Sociedade simples	• CC, arts. 982, parágrafo único, 1.093 a 1.096.
	• Quanto à extensão com que concorrem os sócios de sociedade civil	• Sociedade universal (CC, arts. 1.667, 1.658, 1.660, I a V, 1.640). • Sociedade particular (CC, art. 981).	
	• Quanto à nacionalidade	• Sociedade nacional (CC, arts. 1.126 a 1.133). • Sociedade estrangeira (CC, arts. 1.134 a 1.141).	
6. EFEITOS JURÍDICOS	• Relações entre os sócios atinentes à cooperação para conseguir o objetivo social	• Dever de cooperação (CC, arts. 981 e 1.001). • Dever de contribuir para o fundo social (CC, arts. 1.004 e parágrafo único e 1.006). • Dever de responder pela evicção (CC, art. 1.005). • Dever de indenizar a sociedade de todos os prejuízos a que culposamente der causa (CC, art. 1.017).	
	• Relações recíprocas entre os sócios quanto	• À composição da quota social (CC, art. 988). • Aos poderes de administração (CC, arts. 1.010 a 1.021). • À utilização dos bens sociais (CC, arts. 1.017 e 1.021). • À posição do sócio ante as obrigações sociais ativas e passivas (CC, arts. 1.017 e 1.204). • À distribuição de lucros ilícitos ou fictícios (CC, art. 1.009). • À substituição de sócio (CC, art. 1.002) e de administrador (CC, art. 1.018). • À cessão total ou parcial da quota (CC, art. 1.003 e parágrafo único).	

6. EFEITOS JURÍDICOS	• Relações da sociedade e dos sócios em face de terceiros	• CC, arts. 1.022, 1.023, 1.025, 1.026 e parágrafo único, 1.027, 1.016; CPC, arts. 795, §§ 1º e 2º, 790, II.
	• Direitos dos sócios de	• Participar nos lucros (CC, arts. 1.007 e 1.008). • Colaborar no funcionamento da sociedade (CC, arts. 1.004 e parágrafo único e 1.006). • Reembolsar-se das despesas (CC, arts. 1.010, § 3º, e 1.011). • Servir-se dos bens sociais (CC, art. 1.017). • Administrar a sociedade (CC, arts. 1.061, 1.019, parágrafo único, 1.015 e parágrafo único, 1.011, § 2º, 1.019, parágrafo único, 1.010, §§ 1º a 3º, e 1.014). • Associar um estranho ao seu quinhão social (CC, arts. 999 e 997, parágrafo único). • Votar nas assembleias gerais. • Retirar-se da sociedade (CC, art. 1.029).
7. DISSOLUÇÃO	• Implemento de condição resolutiva. • Vencimento do prazo estabelecido no contrato (CC, art. 1.033, I e III). • Extinção do capital social (CC, art. 1.035). • Consecução do fim social (CC, art. 1.034, II). • Verificação de inexequibilidade do objetivo comum (CC, art. 1.034, II). • Falência (CC, art. 1.030, parágrafo único). • Incapacidade superveniente (CC, arts. 1.030 e 1.033). • Morte (CC, arts. 1.028, I a III, e 1.032), exceto as hipóteses do art. 1.033, parágrafo único. • Renúncia ou retirada de sócio (CC, arts. 1.029 e parágrafo único, 1.031 e 1.032). • Distrato (CC, arts. 1.033, II, e 472). • Nulidade ou anulabilidade do contrato (*AJ*, *78*:417; CC, art. 1.034, I). • Cassação de autorização governamental (CC, art. 1.033, V). • Falta de pluralidade de sócio (CC, art. 1.033, IV), salvo os casos legais (CC, art. 1.033, parágrafo único).	
8. LIQUIDAÇÃO	• É a apuração do patrimônio social, tanto no ativo como no passivo, protraindo-se até que o saldo líquido seja dividido entre os sócios (CC, arts. 1.036 e parágrafo único, 1.037, 1.038, §§ 1º e 2º, 1.102 a 1.112; CPC, arts. 1.046, § 3º, 599 a 609).	

4. Outras figuras contratuais admitidas em direito

A. Generalidades

Neste item procuraremos estudar certos contratos não previstos pelo Código Civil de 1916, dos quais uns estão regulados em outros diplomas legais e outros se apresentam como inominados, sem regulamentação jurídica. É o que sucede com: a fidúcia, o contrato estimatório, a comissão, a agência e distribuição, a corretagem, o contrato de capitalização, o contrato de transporte, a incorporação imobiliária e os contratos bancários. Ante a grande importância dessas figuras contratuais, o Código Civil vigente introduziu, na parte das obrigações, a matéria empresarial alusiva às obrigações e aos contratos, procurando dar unidade ao direito privado, embora limitada apenas à seara das obrigações.

B. Fidúcia

A fidúcia é uma modalidade contratual própria dos países de *common law*, não regulada pelo nosso direito, pois até mesmo o atual Código Civil a omitiu, prevendo apenas a propriedade fiduciária nos arts. 1.361 a 1.368, e no art. 1.368-A (acrescentado pela Lei n. 10.931/2004) esclarece que as demais espécies de propriedade fiduciária ou de titularidade fiduciária submetem-se à disciplina específica das respectivas leis especiais, somente se aplicando as disposições deste Código naquilo que não for incompatível com a legislação especial. Com isso é plenamente admitida na seara jurídica, pela doutrina e jurisprudência (*RT*, *169*:191, *184*:635, *187*:534, *188*:163, *208*:644).

No direito romano já se conhecia o negócio fiduciário sob as figuras da *fiducia cum amico* e da *fiducia cum creditore*. A *fiducia cum amico* era tão somente um contrato de confiança e não de garantia, em que o fiduciante alienava seus bens a um amigo, com a condição de lhe serem restituídos quando cessassem as circunstâncias aleatórias, como o risco de perecer na guerra, uma viagem, perdas em razão de acontecimentos políticos etc. A *fiducia cum creditore* já continha caráter assecuratório ou de garantia, pois o devedor vendia seus bens ao credor sob a condição de recuperá-los se, dentro de certo prazo, efetuasse o pagamento do débito. Percebe-se que nestas duas espécies de fidúcia havia uma transferência da coisa ou do direito para determinado fim, com a obrigação do adquirente de restituí-lo ao alienante depois de cumprido o objetivo que se pretendia, tendo o fiduciante a *actio fiduciae contraria* para fazer valer o seu direito. Esses institutos tiveram grande aplicação na era clássica, mas com Justiniano foram abolidos e, consequentemente, não foram adotados pelos códigos filiados ao sistema romano, inclusive pelo nosso.

A fidúcia ou *trust* é, na lição de Caio Mário da Silva Pereira, o contrato pelo qual uma das partes, recebendo da outra bens móveis ou imóveis, assume o encargo de administrá-los em proveito do instituidor ou de terceiro, tendo a sua livre administração, embora sem prejuízo do beneficiário.

O negócio fiduciário seria muito utilizado no caso de uma pessoa pretender assegurar o futuro de outra sem lhe transferir de pronto o patrimônio, ou no de resguardar-se dos riscos a que se expõe nos seus próprios negócios. Entrega ela a outro contraente bens que lhe pertencem, com o encargo de, vitalícia ou temporariamente, administrá-los em proveito do beneficiário, que poderá ser ela própria ou terceiro, proporcionando-lhe uma renda. Como se vê, prestaria melhores serviços do que a constituição de renda, o fideicomisso ou a doação com cláusula de usufruto a terceiro.

Reunindo as duas figuras num só conceito, poder-se-ia dizer que o *negócio fiduciário* seria o ato pelo qual se realizaria a transmissão de uma coisa ou de um direito ao fiduciário para garantir ou resguardar certos direitos, estabelecendo-se a obrigação de o adquirente efetuar sua devolução ao alienante, uma vez atendido aquele fim. São figuras negociais fiduciárias: *a*) *a venda e compra com fins de garantia*, em que as partes aceitam uma garantia, sem que haja dação em pagamento. Quanto à transferência da propriedade, não extingue ela a dívida, apenas garante seu pagamento, para que, após esse fato, haja retrocessão da coisa fiduciada ao fiduciante. O adquirente fiduciário investe-se na propriedade da coisa, como garantia do seu crédito; *b*) *a venda com fins de administração*, que ocorre quando o proprietário de uma coisa, não tendo condições de administrá-la, transfere a titularidade de direitos sobre esse bem para uma pessoa, que vai administrá-lo até realizar a finalidade proposta, restituindo depois a coisa fiduciada; *c*) *a venda para recomposição de patrimônio*, em que o proprietário de um patrimônio onerado o transfere para pessoa capaz de livrá-lo do ônus, para depois de alcançado esse objetivo recobrar esse patrimônio livre e desimpedido; e *d*) *a venda e compra com reserva de domínio*, p. ex., em que o devedor, dono de um carro, o transfere ao credor, que o adquire com reserva de domínio. O credor fica com a propriedade fiduciária do automóvel, que continua a ser utilizado pelo devedor.

A Lei n. 4.728/65, com a modificação dada pelo Decreto-Lei n. 911/69, introduziu em nossa sistemática jurídica a *alienação fiduciária em garantia*, voltando sua atenção para a *fiducia cum creditore* dos romanos, que será estudada no volume 4 deste *Curso*, no capítulo atinente às garantias reais. Essa Lei do Mercado de Capitais adotou esse instituto jurídico para atender aos reclamos da política de crédito e do emprego de capitais em títulos e valores mobiliários, procurando racionalizar as sociedades de investimentos, mobilizando, portanto, os recursos de capital disponíveis, aplicando-os com segurança, com o escopo precípuo de tornar mais vantajosas as operações de crédito e de financiar a aquisição de certos bens de consumo. A alienação fiduciária em garantia consiste na transferência, feita pelo devedor ao credor, da propriedade resolúvel e da posse indireta de um bem, mesmo enfitêutico (art. 22, §§ 1º e 2º, da Lei n. 9.514/97, com a alteração da Lei n. 11.481/2007) como garantia do seu débito, resolvendo-se o direito do adquirente com o adimplemento da obrigação, ou melhor, com o pagamento da dívida garantida (Lei n. 4.728/65, arts. 66 e 68, com a redação dada pelo Dec.-Lei n. 911/69, ora revogados pela Lei n. 10.931/2004, e com os acréscimos feitos pela Lei n. 10.931/2004).

Apresentaremos aqui, apenas como uma sugestão, as linhas básicas da *fiducia cum amico* que, embora não seja um contrato nominado, tem tido sua validade reconhecida pela doutrina e pela jurisprudência. No negócio fiduciário há dois momentos: *a*) o real e ostensivo, que consiste na transmissão de bens ao fiduciário em caráter de venda aparente, e *b*) o pessoal e secreto, formulado na ressalva dada ao fiduciante, contendo o dever de retransferir o bem adquirido dentro do prazo e sob a condição convencionada. O fiduciante entregará certa coisa, presente ou futura, ao fiduciário, mediante instrumento escrito, que reúne o aspecto real e o pessoal. Se se tratar do bem imóvel, a escritura pública será imprescindível, e do seu registro constará a inscrição das limitações opostas ao poder de alienar ou gravar. Com o registro da fidúcia, a propriedade do imóvel transferido ao fiduciário será resolúvel.

O fiduciário, pessoa física ou jurídica da confiança do instituidor, deverá administrar a coisa em proveito do beneficiário, pagando pontualmente os rendimentos e sub-rogando em outros os bens que alienar no interesse da administração. O fiduciário terá direito a uma remuneração, que poderá ser estipulada em cláusula contratual, e, na falta desta, por arbitramento judicial.

Extinguir-se-á a fidúcia: *a*) pelo decurso do prazo, se não for vitalícia; *b*) pela revogação; *c*) pela renúncia ou morte do beneficiário, sem sucessor indicado pelo instituidor; *d*) pelo distrato; *e*) pela destituição judicial do fiduciário que não cumprir suas obrigações. Com a cessação da fidúcia, ter-se-á a reversão dos bens ao patrimônio do instituidor ou a sua transmissão ao beneficiário ou a terceiro, conforme o que estiver determinado no contrato. Se nada estiver estipulado, os bens reverterão *pleno iure* ao acervo patrimonial do instituidor[514].

514. Caio M. S. Pereira, *Instituições*, cit., p. 381-7; Fidúcia e negócio fiduciário, in *Enciclopédia Saraiva do Direito*, v. 37, p. 198-201; M. Helena Diniz, *Curso*, cit., v. 4, p. 374 e s.; Walter Van Gerven, La forme juridique d'un investment trust en Belgique, en France et aux Pays-Bas, *Revue Internationale de Droit Comparé*, p. 527, 1960; Wortley, Le trust et ses applications modernes en droit anglais, *Revue Internationale de Droit Comparé*, p. 699, 1962; Nicolò Lipari, *Il negozio fiduciario*, n. 19; Pontes de Miranda, *Tratado de direito privado*, cit., v. 3, § 274; Otto de Souza Lima, *Negócio fiduciário*, p. 170; Bonfante, *Istituzioni di diritto romano*, § 157, p. 442; Christian de Wulf, *The trust and corresponding institutions in the civil law*, p. 28; Alfredo Buzaid, Alienação fiduciária em garantia, in *Enciclopédia Saraiva do Direito*, v. 6, p. 76; Orlando Gomes, *Alienação fiduciária em garantia*, 4. ed., São Paulo, Revista dos Tribunais, 1975, p. 20; José Carlos Moreira Alves, *Da alienação fiduciária em garantia*, Rio de Janeiro, Forense, 1979; Álvaro Villaça Azevedo, Negócio fiduciário, *Revista Trimestral de Direito Privado*, *1*:25-81, 1970; Sebastião José Roque, *Dos contratos civis-mercantis*, cit., p. 173-6; Romano, R. T., A fidúcia e os negócios em garantia, *Revista Síntese – Direito civil e processual civil*, *116*:9-46; Cunha de Souza, Fidúcia e evolução da sociedade capitalista, *Revista Síntese – Direito civil e procesual civil*, *116*:97-60; Valença, O negócio jurídico fiduciário com função de garantia e sua repercussão na economia, *Revista Síntese – Direito civil e processual civil*, *116*:61-82. Sobre alienação fiduciária em garantia: *vide* v. 4 deste *Curso* e Lei n. 10.931/2004, que alterou o Dec.-Lei n. 911/69; a Lei n. 4.728/65, sobre cessão fiduciária de direitos creditórios decorrente de contrato de alienação de imóvel; Lei n. 10.931/2004, art. 51; a Carta Circular do BACEN n. 3.428/2010, que define tipo de custódia no SELIC para títulos públicos federais, objeto de cessão fiduciária, ora revogada pela Carta Circular do BACEN n. 3.655/2014.

Sobre letra de crédito imobiliário lastreada por créditos imobiliários garantidos por alienação fiduciária de coisa imóvel, conferindo aos seus tomadores direito de crédito pelo valor nominal, juros e, se for o caso, atualização monetária: Lei n. 10.931/2004, arts. 12 a 17.

Quadro Sinótico

FIDÚCIA

1. BREVE NOTÍCIA HISTÓRICA	• No direito romano havia a *fiducia cum amico* e a *fiducia cum creditore.* • A Lei n. 4.728/65, com as modificações estabelecidas pelo Dec.-Lei n. 911/69 e pela Lei n. 10.931/2004, introduziu em nosso direito a alienação fiduciária em garantia, voltando sua atenção para a *fiducia cum creditore.* • A *fiducia cum amico* tem sido admitida pela doutrina e pela jurisprudência.
2. CONCEITO	• Fidúcia é, segundo Caio M. S. Pereira, o contrato pelo qual uma das partes, recebendo da outra bens móveis ou imóveis, assume o encargo de administrá-los em proveito do instituidor ou de terceiro, tendo a sua livre administração, embora sem prejuízo do beneficiário.
3. MOMENTOS	• Real e ostensivo. • Pessoal e secreto.
4. EXTINÇÃO	• Pelo decurso do prazo. • Pela revogação. • Pela renúncia ou morte do beneficiário. • Pelo distrato. • Pela destituição judicial do fiduciário.
5. CONSEQUÊNCIAS DE SUA CESSAÇÃO	• Reversão dos bens ao patrimônio do instituidor ou sua transmissão ao beneficiário ou a terceiro, conforme o que estiver estipulado no ato constitutivo. • Reversão dos bens, *pleno iure,* ao acervo patrimonial do instituidor, se nada tiver sido estipulado.

C. Incorporação imobiliária

c.1. Noção geral

A incorporação imobiliária é instituto jurídico muito ligado ao direito civil e relacionado com a aglutinação de interesses visando à edificação de imóveis em regime condominial, embora a incorporação de edifício seja uma atividade mercantil por natureza, e o incorporador constitua uma empresa comercial imobiliária. Está regulado esse contrato pela Lei n. 4.591/64, com as alterações estabelecidas pelas Leis n. 4.864/65 e 10.931/2004.

A incorporação imobiliária é um negócio jurídico que tem o intuito de promover e realizar a construção, para alienação total ou parcial, de edificações compostas de unidades autônomas. Logo, como nos ensina A. B. Cotrim Neto, é o contrato pelo qual alguém se compromete a vender, ou vende, fração ideal de terreno com vinculação a unidade autônoma de edificação por construir sob regime condominial, na forma de projeto de construção que a autoridade administrativa aprovará, e de memorial que o descreva, e será arquivado no Registro de Imóveis (Lei n. 4.591/64, arts. 28, 32, § 2º, com a redação da Lei n. 10.931/2004, § 13, com a redação da Lei n. 12.424/2011, e 35, § 4º; Lei n. 6.015/73; Lei n. 10.931/2004, com alterações da Lei n. 12.024/2009; Lei n. 11.977/2009, com a redação da Lei n. 12.424/2011, art. 42, I a III, §§ 1º a 3º).

Economicamente, a incorporação é um empreendimento que visa obter, pela venda antecipada dos apartamentos, o capital necessário para a construção do prédio.

É um contrato que abrange as obrigações de dar e fazer, operando seus efeitos em etapas sucessivas, até a conclusão do edifício e a transferência definitiva das unidades autônomas aos seus proprietários, e do condomínio do terreno e das áreas de utilização comum aos condôminos. Esse ajuste, que é celebrado no período que antecede a construção, vale, para os tomadores de apartamentos, como compromisso preliminar de aquisição futura, e, para o incorporador, como promessa de construção e venda dos apartamentos, com o correspondente condomínio no terreno e nas áreas de utilização comum.

É um negócio movido, geralmente, por empresa de incorporação, que vende obra a executar, e, quando isso se verifica, a avença se faz por preço global, compreensivo de quota de terreno e construção, na forma do art. 41 da Lei n. 4.591/64.

O incorporador, pessoa natural ou jurídica, comerciante ou não, compromete-se a construir o edifício e a entregar, a cada adquirente, a sua respectiva unidade, dentro de certo prazo e de determinadas condições (Lei n. 4.591/64, art. 29 – parcialmente vetado). Isto porque, como o incorporador faz uma venda antecipada, a operação se realiza sob a forma de promessa de venda.

De acordo com o art. 31 da Lei n. 4.591/64, só poderá ser incorporador: o proprietário do terreno; o promitente-comprador; o cessionário deste ou o promitente-cessionário, desde que ele esteja autorizado a demolir a construção existente e a construir o edifício, e inexista, no título à aquisição do terreno, que deve ser irretratável e estar devidamente registrado, cláusula impeditiva de alienação das frações ideais a serem atribuídas às unidades autônomas; e o construtor ou corretor de imóvel, se estiver no exercício regular de sua profissão e investido, pelo proprietário do terreno, promitente-comprador, promitente-cessionário dos direitos à sua aquisição, ou o promitente-permutante, de mandato por instrumento público que contenha menção expressa ao § 4º do art. 35 da Lei n. 4.591/64, para concluir negócios relativos às frações ideais do terreno.

O incorporador não precisará ser o construtor, visto que poderá cumprir sua obrigação de construir por meio de terceiros, sob o regime de empreitada ou administração. Isto é assim porque sua obrigação é, na realidade, de promover a construção e não de construir.

A outra parte contratante poderá ser pessoa física ou jurídica que pretenda adquirir, em edificação sob regime de condomínio especial, uma ou várias unidades autônomas, antes ou durante a construção do edifício. Se a aquisição se der após a conclusão do edifício, não se terá incorporação, que só se configura enquanto a obra está em construção ou apenas projetada.

O contrato de incorporação imobiliária é o *titulus adquirendi* da propriedade do imóvel, que, para constituir um direito real oponível a terceiro, requer seu registro na circunscrição imobiliária competente (Lei n. 4.591/64, art. 32 e parágrafos, com a alteração feita pelo art. 10 da Lei n. 4.864/65; Lei n. 6.015/73, art. 237-A, §§ 1º e 2º, acrescentados pela Lei n. 11.977/2009, art. 48).

Assentada a incorporação no Registro de Imóveis, o incorporador poderá iniciar os negócios relativos às unidades autônomas do futuro edifício. Não poderá ele, antes desse assento, promover a publicidade do empreendimento, sob pena de sujeitar o órgão de publicidade a multa equivalente ao dobro do valor do anúncio, já que de todo anúncio deverá constar o número do registro da incorporação (Lei n. 4.591/64, art. 64), exceto se se tratar de anúncio classificado de jornal, visto que o lançamento da incorporação é, em verdade, uma oferta ao público. Será contravenção penal qualquer negociação envolvendo fração ideal do terreno antes do registro da incorporação (Lei n. 4.591/64, arts. 32 e 66, I).

O incorporador poderá reservar-se o direito de não efetivar a incorporação, juntando, à documentação apresentada ao Registro de Imóveis para inscrever a incorporação, declaração de prazo de carência, que poderá ser de até cento e oitenta dias (Lei n. 4.591/64, arts. 33 e 34, § 2º). O incorporador, dentro desse prazo de carência, poderá desistir do empreendimento, restituindo as quantias recebidas daqueles que reservaram as unidades autônomas, sob pena de sujeitar-se à cobrança por via executiva, com correção monetária, juros e honorários advocatícios. Tal desistência do empreendimento no período de carência, autorizada legalmente, constitui, tecnicamente, retratação da proposta.

Se o incorporador quiser, a incorporação poderá submeter-se ao regime da afetação, pelo qual o condomínio de lotes (Enunciado n. 625 da VIII Jornada de Direito Civil), o terreno, as acessões, os bens e os direitos relativos a esse contrato ficarão separados do patrimônio do incorporador, constituindo um *patrimônio de afetação* (Lei n. 10.931/2004) destinado à consecução da incorporação e à entrega das unidades imobiliárias aos respectivos adquirentes, cuja anuência é dispensável no *termo de afetação* (Enunciado n. 324 do CJF, aprovado na IV Jornada de Direito Civil). Logo, o patrimônio de afetação só responderá por dívidas e obrigações ligadas à incorporação, e os bens e direitos que o compõem somente poderão ser objeto de garantia real em operação de crédito cujo produto se destine à edificação e à entrega das unidades imobiliárias aos seus adquirentes. Os recursos financeiros integrantes do patrimônio de afetação deverão ser empregados para pagamento ou reembolso das despesas inerentes à incorporação. O reembolso do preço de aquisição do terreno somente poderá ser feito quando da alienação das unidades autônomas, na proporção das respectivas frações ideais, considerando-se tão somente os valores efetivamente recebidos pela alienação. Excluem-se do patrimônio de afetação: *a*) os recursos financeiros que excederem a importância necessária à conclusão da obra, considerando-se os valores a receber até sua conclusão e, bem assim, os recursos necessários à quitação de financiamento para a construção, se houver; e *b*) o valor referente ao preço de alienação da fração ideal de terreno de cada unidade vendida, no caso de incorporação em que a construção seja contratada sob o regime por empreitada ou por administração. No caso de conjuntos de edificações, poderão ser constituídos patrimônios de afetação separados, tantos quantos forem os: *a*) subconjuntos de casas para as quais esteja prevista a mesma data de conclusão; e *b*) edifícios de dois ou mais pavimentos. Tal constituição de patrimônios de afetação separados deverá estar declarada no memorial de incorporação (art. 31-A, §§ 1º a 10, da Lei n. 4.591/64, acrescentados pela Lei n. 10.931/2004).

Considera-se constituído o patrimônio de afetação mediante averbação, a qualquer tempo, no Registro de Imóveis, de termo firmado pelo incorporador e, quando for o caso, também pelos titulares de direitos reais de aquisição sobre o terreno. A averbação não será obstada pela existência de ônus reais que tenham sido constituídos sobre o imóvel objeto da incorporação para garantia do pagamento do preço de sua aquisição ou do cumprimento de obrigação de construir o empreendimento (art. 31-B e parágrafo único da Lei n. 4.591/64, acrescentado pela Lei n. 10.931/2004).

"É possível a averbação do termo de afetação de incorporação imobiliária (Lei n. 4.591/64, art. 31-B) a qualquer tempo, na matrícula do terreno, mesmo antes do registro do respectivo Memorial de Incorporação no Registro de Imóveis" (Enunciado n. 324 do Conselho da Justiça Federal, aprovado na IV Jornada de Direito Civil).

O patrimônio de afetação extinguir-se-á pela: *a*) averbação da construção, registro dos títulos de domínio ou de direito de aquisição em nome dos respectivos adquirentes e, quando for o caso, extinção das obrigações do incorporador perante a instituição financiadora do empreendimento; *b*) revogação em razão de denúncia da incorporação, depois de restituídas aos adquirentes as quantias por eles pagas, ou de outras hipóteses previstas em lei; e *c*) liquidação deliberada pela assembleia geral (art. 31-E da Lei n. 4.591/64, acrescentado pela Lei n. 10.931/2004).

Percebe-se do exposto que o incorporador, além de planejar o empreendimento, deverá dar-lhe forma legal por meio do assento da incorporação no registro imobiliário competente[515].

---

515. A. B. Cotrim Neto, Do contrato de incorporação do condomínio como negócio jurídico nominado, *Revista de Direito Civil, Imobiliário, Agrário e Empresarial, 1*:101-10, ano 1, 1977, e Incorporação imobiliária-I, in *Enciclopédia Saraiva do Direito*, v. 43, p. 336-46; M. Helena Diniz, *Curso*, cit., v. 4, p. 150; Caio M. S. Pereira, *Condomínio e incorporações*, 2. ed., Rio de Janeiro, Forense, 1969, p. 195, 243 e 245; Orlando Gomes, *Contratos*, cit., p. 547-9 e 552-7; Álvaro Villaça Azevedo, Contratos inominados ou atípicos, v. 20, p. 153 e 154; Pontes de Miranda, *Tratado de direito predial*, cit., v. 2, p. 79 e 100; Carlos Maximiliano, *Condomínio: terras, apartamentos e andares perante o direito*, 4. ed., Rio de Janeiro, Freitas Bastos, 1956, p. 135; Hely Lopes Meirelles, *Direito de construir*, 2. ed., São Paulo, Revista dos Tribunais, p. 264 e 265; Antonio Visco, *Le case in condominio*, 7. ed., Milano, Giuffrè, p. 5; Waldemar Leandro, *Condomínio imobiliário*, São Paulo, Ed. Universitária de Direito, 1973, p. 97; R. Limongi França, *Manual*, cit., São Paulo, Revista dos Tribunais, 1971, v. 3, p. 188 e 189; J. Nascimento Franco, Incorporação imobiliária-II, in *Enciclopédia Saraiva do Direito*, v. 43, p. 348 e 349, e Incorporação imobiliária (Contribuição do oficial do Registro), in *Enciclopédia Saraiva do Direito*, v. 43, p. 357-61; Pierre Walet, *Les sociétés de construction*, Paris, Sirey, 1966, p. 258-60; Frédéric Aéby, *La propriété des appartements*, 2. ed., p. 96 e 97; Everaldo A. Cambler, *Incorporação imobiliária*, São Paulo, Revista dos Tribunais, 1993; *Responsabilidade civil na incorporação imobiliária*, São Paulo, Revista dos Tribunais, 1998; Irineu A. Pedrotti e William A. Pedrotti, *Condomínio e incorporações*, São Paulo, Juarez de Oliveira, 2001; Melhim N. Chalhub, *Da incorporação imobiliária*, Rio de Janeiro, Renovar, 2002; Rodrigo A. Toscano de Brito, *Incorporação imobiliária à luz do Código de Defesa do Consumidor*, São Paulo, Saraiva, 2002; *RT, 375*:24, *593*:123, *597*:80;

c.2. Objeto

O contrato de incorporação imobiliária tem por objeto a operação jurídica de venda de unidade autônoma de edifício em construção, em regime de condomínio especial, por pessoa habilitada a promover aquela construção e a transferir o domínio da sala, apartamento, loja etc., que se obrigou a construir, mediante o pagamento, efetuado pelo outro contratante, da prestação pecuniária representativa do preço. O contrato de incorporação abrangerá os seguintes ajustes:

a) admissibilidade de alienação, mesmo potencial, da fração ideal do terreno, que constitui condição para a aquisição de unidade autônoma como propriedade isolada, visto ser inadmissível a propriedade da unidade sem haver condomínio no terreno;

b) possibilidade de o incorporador promover a construção do edifício diretamente, ou por empreitada ou administração (Lei n. 4.591/64, arts. 7º, 48 – vetado parcialmente, 50, 51 e 55 a 62). Conforme prescreve o art. 8º da Lei n. 4.591/64, a incorporação imobiliária poderá abranger a construção e alienação de: um conjunto de casas térreas ou assobradadas situadas em terreno comum, do qual se destacam a parte ocupada pela edificação e a que for reservada para jardim e quintal, bem assim a fração ideal do todo do terreno e das partes comuns, que corresponderá às casas; um conjunto de edi-

---

JB, *152*:180, *79*:369 e 348; *EJSTJ*, *14*:67, *23*:125 e 126; *RSTJ*, *102*:288; STJ, Súmula n. 308. A empresa incorporadora ficará obrigada a devolver ao consumidor que desistir do contrato as prestações já pagas (Lei n. 8.078/90, art. 53). *Vide* Lei n. 10.931, de 2-8-2004, com as alterações da Lei n. 12.024/2009, que dispõe sobre o patrimônio de afetação de incorporações imobiliárias, instituindo o regime especial de tributação, em caráter opcional e irretratável, enquanto perdurarem direitos de crédito ou obrigações do incorporador junto aos adquirentes dos imóveis que compõem a incorporação e, ainda, altera a Lei n. 4.591/64. *Vide* sobre patrimônio de afetação: Lei n. 11.101/2005, art. 119, IX. A Lei n. 12.767/2012 altera o art. 4º, § 7º, da Lei n. 10.931/2004 considerando como projeto de incorporação de imóveis de interesse social os destinados à construção de unidades residenciais de valor de até R$ 100.000,00 no âmbito do PMCMV.

Proposições legislativas:

O Conselho da Justiça Federal apresenta propostas legislativas, aprovadas na IV Jornada de Direito Civil e consignadas nos Enunciados: *a*) n. 326 – "Propõe-se alteração do art. 31-A da Lei n. 4.591/64, que passaria a ter a seguinte redação: Art. 31-A. O terreno e as acessões objeto de incorporação imobiliária, bem como os demais bens, direitos a ela vinculados, manter-se-ão apartados do patrimônio do incorporador e constituirão patrimônio de afetação, destinado à consecução da incorporação correspondente e à entrega das unidades imobiliárias aos respectivos adquirentes"; *b*) n. 327 – "Suprima-se o art. 9º da Lei n. 10.931/2004"; e *c*) n. 328 – "Propõe-se a supressão do inciso V do art. 1.334 do Código Civil".

fícios de dois ou mais pavimentos, contendo cada um deles unidades autônomas, hipótese em que são discriminadas a parte do terreno ocupada pelo edifício e a que for reservada para utilização exclusiva correspondente às unidades que nele se localizam, e, ainda, a fração ideal do todo do terreno e das partes comuns correspondente a cada uma das unidades autônomas; um só edifício de unidades autônomas em terreno distribuído, em partes ideais, a essas unidades;

c) necessidade de constituição do condomínio, por não haver incorporação sem regime condominial, mencionado expressamente no contrato[516].

A Lei n. 4.591, de 16 de dezembro de 1964, é alterada pela Lei n. 13.786/2018 e passa a vigorar acrescida do seguinte: "Art. 35-A. Os contratos de compra e venda, promessa de venda, cessão ou promessa de cessão de unidades autônomas integrantes de incorporação imobiliária serão iniciados por quadro-resumo, que deverá conter:

I – o preço total a ser pago pelo imóvel;

II – o valor da parcela do preço a ser tratada como entrada, a sua forma de pagamento, com destaque para o valor pago à vista, e os seus percentuais sobre o valor total do contrato;

III – o valor referente à corretagem, suas condições de pagamento e a identificação precisa de seu beneficiário;

IV – a forma de pagamento do preço, com indicação clara dos valores e vencimentos das parcelas;

V – os índices de correção monetária aplicáveis ao contrato e, quando houver pluralidade de índices, o período de aplicação de cada um;

VI – as consequências do desfazimento do contrato, seja por meio de distrato, seja por meio de resolução contratual motivada por inadimplemento de obrigação do adquirente ou do incorporador, com destaque negritado para as penalidades aplicáveis e para os prazos para devolução de valores ao adquirente;

VII – as taxas de juros eventualmente aplicadas, se mensais ou anuais, se nominais ou efetivas, o seu período de incidência e o sistema de amortização;

VIII – as informações acerca da possibilidade do exercício, por parte do

516. Orlando Gomes, *Contratos*, cit., p. 549-52; J. Nascimento Franco, Incorporação imobiliária-II, cit., p. 347, 348 e 351.

adquirente do imóvel, do direito de arrependimento previsto no art. 49 da Lei n. 8.078, de 11 de setembro de 1990 (Código de Defesa do Consumidor), em todos os contratos firmados em estandes de vendas e fora da sede do incorporador ou do estabelecimento comercial;

IX – o prazo para quitação das obrigações pelo adquirente após a obtenção do auto de conclusão da obra pelo incorporador;

X – as informações acerca dos ônus que recaiam sobre o imóvel, em especial quando o vinculem como garantia real do financiamento destinado à construção do investimento;

XI – o número do registro do memorial de incorporação, a matrícula do imóvel e a identificação do cartório de registro de imóveis competente;

XII – o termo final para obtenção do auto de conclusão da obra (habite-se) e os efeitos contratuais da intempestividade prevista no art. 43-A desta Lei.

§ 1º Identificada a ausência de quaisquer das informações previstas no *caput* deste artigo, será concedido prazo de 30 (trinta) dias para aditamento do contrato e saneamento da omissão, findo o qual, essa omissão, se não sanada, caracterizará justa causa para rescisão contratual por parte do adquirente.

§ 2º A efetivação das consequências do desfazimento do contrato, referidas no inciso VI do *caput* deste artigo, dependerá de anuência prévia e específica do adquirente a seu respeito, mediante assinatura junto a essas cláusulas, que deverão ser redigidas conforme o disposto no § 4º do art. 54 da Lei n. 8.078, de 11 de setembro de 1990 (Código de Defesa do Consumidor)".

Por isso, o contrato de incorporação imobiliária deverá conter cláusulas atinentes:

a) ao preço que as partes atribuem ao terreno e à construção (Lei n. 4.591/64, art. 41);

b) aos efeitos da mora no pagamento da parcela relativa ao terreno e sua extensão ao contrato de construção e vice-versa (Lei n. 4.591/64, art. 41, §§ 1º e 2º);

c) aos casos de rescisão contratual relativa à parte ideal do terreno, já que a pessoa em cujo favor se operar a resolução se sub-rogará nos direitos e obrigações atribuídos ao inadimplente em relação à construção (Lei n. 4.591/64, art. 43);

d) à obrigação de informar os adquirentes sobre o estado da construção, por meio de comunicação escrita, no mínimo de seis em seis meses (Lei n. 4.591/64, art. 43, I).

c.3. Consequências jurídicas

Da incorporação imobiliária resultarão[517]:

1º) *Obrigações legais do incorporador*, com o intuito de preservar de sua malícia os adquirentes de unidades autônomas de um edifício. São elas:

a) inscrever a incorporação no registro imobiliário (Lei n. 4.591/64, art. 32);

b) consignar nos documentos preliminares de ajuste o prazo de carência (Lei n. 4.591/64, art. 34, § 3º);

c) confirmar as vendas nos sessenta dias seguintes ao termo final do prazo de carência. Se não houver tal prazo, contar-se-á a partir da data de qualquer documento de ajuste preliminar (Lei n. 4.591/64, art. 35, § 1º);

d) concluir o contrato de incorporação indicando, em seu instrumento, o número do registro de incorporação; o nome dos responsáveis pelo custeio da construção (Lei n. 4.591/64, art. 35, § 6º); a existência de ônus real ou fiscal (Lei n. 4.591/64, art. 37), ou, ainda, de ocupação do imóvel (Lei n. 4.591/64, art. 38); o modo de pagamento do preço da construção e o custo da fração ideal do terreno (Lei n. 4.591/64, arts. 39, 40 e 41);

e) dar andamento regular às obras, e, se contratou a entrega da unidade a prazo e preço certos, terá o dever de: informar os adquirentes, por escrito, no mínimo de seis em seis meses, do estado da obra; responder civilmente pela execução da incorporação, indenizando os adquirentes dos danos que sofrerem

---

517. Orlando Gomes, *Contratos*, cit., p. 557-63; M. Helena Diniz, *Curso*, cit., v. 4, p. 390; Yussef Said Cahali, Compromisso de compra e venda, in *Enciclopédia Saraiva do Direito*, v. 16, p. 453 e s. Sobre possibilidade de contrato de seguro para garantir o ressarcimento do adquirente das quantias pagas, havendo inadimplemento do incorporador quanto à entrega da obra: Lei n. 9.514/97, art. 5º, § 3º. Sobre os *efeitos da decretação da falência ou da insolvência civil do incorporador*, art. 31-F, §§ 1º a 20, da Lei n. 4.591/64, acrescentado pela Lei n. 10.931/2004. Sobre recuperação judicial: Lei n. 11.101/2005. Consulte: Instrução Normativa n. 689, de 13 de novembro de 2006, da SRF, que dispõe sobre o regime especial de tributação aplicável às incorporações imobiliárias.

O STJ, 4ª T., REsp 617.077 decidiu que atraso ou não entrega de apartamento, adquirido na planta, pode ensejar indenização por dano moral.

A alienação ou oneração de unidades autônomas integrantes de incorporação imobiliária, parcelamento do solo ou condomínio edilício devidamente registrada na matrícula, não poderá ser objeto de evicção (Lei n. 13.097/2015, art. 55).

por não ter concluído a edificação ou por ter retardado injustificadamente a conclusão da obra, cabendo-lhe, porém, ação regressiva contra o construtor, se este for o culpado; responder subsidiariamente com seus bens, se vier a falir, pois os candidatos à aquisição de unidades serão credores privilegiados pelas quantias que lhe pagaram; não alterar o projeto, exceto se houver permissão unânime dos interessados ou exigência legal; não modificar as condições de pagamento, nem reajustar o preço das unidades, mesmo que haja elevação dos preços dos materiais e da mão de obra, salvo se tiver sido expressamente estipulada a possibilidade de reajustamento (Lei n. 4.591/64, art. 43, I a VII). Se vier, sem justa causa, a paralisar as obras por mais de trinta dias, ou a retardar excessivamente o seu andamento, o juiz poderá notificá-lo para que, no prazo mínimo de trinta dias, as reinicie ou torne a dar-lhes o andamento normal. Se desatender a notificação, poderá ser destituído pela maioria absoluta dos votos dos adquirentes, sem prejuízo da responsabilidade civil ou penal que couber, sujeito à cobrança executiva das importâncias comprovadamente devidas, permitindo-se aos interessados prosseguir as obras (Lei n. 4.591/64, art. 43, VI);

f) providenciar a averbação da construção e a elaboração do instrumento de condomínio, uma vez concluída a obra (Lei n. 4.591/64, art. 44 e parágrafos);

g) zelar pelo patrimônio de afetação, promovendo todos os atos necessários à boa administração e à preservação do patrimônio de afetação, inclusive mediante adoção de medidas judiciais; mantendo apartados os bens e direitos objeto de cada incorporação; diligenciando a captação dos recursos necessários à incorporação e aplicando-os na forma prevista na lei, cuidando de preservar os recursos necessários à conclusão da obra; entregando à Comissão de Representantes, no mínimo a cada três meses, demonstrativo do estado da obra e de sua correspondência com o prazo pactuado ou com os recursos financeiros que integrem o patrimônio de afetação recebidos no período, firmados por profissionais habilitados, ressalvadas eventuais modificações sugeridas pelo incorporador e aprovadas pela Comissão de Representantes; mantendo e movimentando os recursos financeiros do patrimônio de afetação em conta de depósito aberta especificamente para tal fim; entregando à Comissão de Representantes balancetes coincidentes com o trimestre civil, relativos a cada patrimônio de afetação; assegurando à pessoa natural ou jurídica nomeada para fiscalizar tal patrimônio o livre acesso à obra, bem como aos livros, contratos, movimentação da conta de depósito exclusiva e quaisquer outros documentos relativos ao patrimônio de afetação; e mantendo escrituração contábil completa, ainda que esteja desobrigado pela legislação tributária (art. 31-D, I a VIII, da Lei n. 4.591/64, acrescido pela Lei n. 10.931/2004);

h) responder pelos prejuízos que causar ao patrimônio de afetação (Lei n. 4.591/64, art. 31-A, § 2º, acrescentado pela Lei n. 10.931/2004).

2º) *Obrigações contratuais do incorporador* de:

a) transferir, como vendedor ou procurador do dono do terreno, a fração ideal alienada;

b) firmar a escritura definitiva de venda da fração ideal do terreno, transmitindo o domínio, se já o havia prometido para venda ou permuta. A fim de assegurar o adimplemento do contrato por parte do adquirente, o incorporador só se comprometerá a outorgar a escritura definitiva da venda da fração ideal do terreno, quando houver o integral pagamento do preço da construção, coincidente a última prestação com a conclusão, por ser rara a imediata venda definitiva dessa fração. Se o incorporador se recusar a cumprir tal dever, o comprador poderá recorrer à adjudicação compulsória (Dec.-Lei n. 58/37; Lei n. 649/49, art. 1º; Lei n. 6.766/79, art. 25). Realmente o compromissário-comprador tem direito real sobre o imóvel comprado, se a promessa de venda estiver inscrita no registro imobiliário (Dec.-Lei n. 58/37, arts. 4º, parágrafo único, e 5º), podendo reclamar outorga de escritura definitiva e direito à adjudicação compulsória desde que adimplente, havendo recusa por parte do compromitente-vendedor;

c) promover a construção do edifício dividido em unidades autônomas, estabelecendo o plano da obra e, eventualmente, as condições da construção. O próprio incorporador poderá ser o construtor do prédio, caso em que inserirá no contrato de incorporação o de construção com o comprador. Mas nada obsta a que celebre contrato de construção sob regime da empreitada ou administração com engenheiro ou empresa de engenharia, caso em que responderá solidariamente com o empreiteiro pela solidez e segurança do edifício, pelo prazo de cinco anos, a contar da conclusão da obra;

d) entregar aos adquirentes, devidamente averbadas, as unidades que compraram. A propriedade só se transferirá com a averbação do contrato à margem do registro da incorporação. Assim sendo, se não houver tal registro, o adquirente poderá rescindir o contrato, ante a impossibilidade de transmissão da propriedade ou de constituição do direito real, devido à omissão do incorporador.

Pelo art. 43-A da Lei n. 4.591/64 acrescentado pela Lei n. 13.786/2018: "A entrega do imóvel em até 180 (cento e oitenta) dias corridos da data estipulada contratualmente como data prevista para conclusão do empreendimento, desde que expressamente pactuado, de forma clara e destacada, não dará causa à resolução do contrato por parte do adquirente nem ensejará o pagamento de qualquer penalidade pelo incorporador. Se a entrega do imóvel ultrapassar tal prazo, desde que o adquirente não tenha dado causa ao atraso, poderá ser promovida por este a resolução do contrato, sem prejuízo da devolução da integralidade de todos os valores pagos e da multa estabelecida, em até 60 (sessenta) dias corridos contados da resolução, corrigidos nos termos do § 8º do art. 67-A, ou seja, com base no índice contratualmente estabelecido para a correção monetária das parcelas do preço do imóvel. Na hipótese de a entrega do imóvel estender-se por prazo superior ao previsto, e não se tratar de resolução do contrato, será devida ao adquirente adimplente, por ocasião da entrega da unidade, indenização de 1% (um por cento) do valor efetivamente pago à incorporadora, para cada mês de atraso, *pro rata die*, corrigido monetariamente conforme índice estipulado em contrato. A multa, referente a mora no cumprimento da obrigação, em hipótese alguma poderá ser cumulada com a multa relativa à inexecução total da obrigação".

3º) *Sanções ao incorporador*, se praticar:

a) crime contra a economia popular, por promover incorporação fazendo, em proposta, contratos, prospectos ou comunicação ao público ou aos interessados, afirmação falsa sobre a constituição do condomínio, sobre a alienação das frações ideais do terreno ou sobre a construção das edificações. Nessa hipótese, será punido com reclusão de um a quatro anos e multa de cinco a cinquenta vezes o maior salário mínimo legal vigente no país (Lei n. 4.591/64, art. 65), devido à sua má-fé e por infringir o dever de ser leal e sincero nas afirmações constantes da oferta ao público ou do próprio contrato de incorporação. Incorrerão, também, na mesma pena o corretor, o construtor, os diretores ou gerentes de empresa coletiva, incorporadora ou construtora, que fizerem afirmações falsas a respeito da incorporação;

b) contravenções penais relativas à economia popular, puníveis na forma do art. 10 da Lei n. 1.521/51, tais como: negociar frações ideais de terreno sem previamente satisfazer às exigências legais; omitir, em qualquer documento de ajuste, as indicações a que se referem os arts. 37 e 38 da Lei n. 4.591/64; deixar, sem justa causa, no prazo do art. 35 da Lei n. 4.591/64 e ressalvada a hipótese de seus §§ 2º e 3º, de promover à celebração do contrato relativo à fração ideal de terreno, do contrato de construção ou da convenção de condomínio; omitir, no contrato, a indicação a que se refere o § 5º do art. 55 da Lei n. 4.591/64; paralisar a obra por mais de trinta dias, ou retardar-lhe excessivamente o andamento, sem motivo justo. Em todos esses casos receberá a pena de multa de cinco a vinte vezes o maior salário mínimo legal vigente no país. No caso de contratos relativos a incorporações de que não participe o incorporador, responderão solidariamente pelas mesmas faltas o construtor, o corretor, o proprietário ou o titular de direitos aquisitivos do terreno, desde que figurem no contrato, com direito regressivo sobre o incorporador, se as faltas cometidas lhe forem imputáveis (Lei n. 4.591/64, art. 66, parágrafo único).

c.4. Extinção

Resolver-se-á o contrato de incorporação imobiliária[518]:

---

518. Orlando Gomes, *Contratos*, cit., p. 563 e 564. *Vide*: *RT*, *793*:399. A Lei n. 13.786/2018 acrescenta à Lei n. 4.591/64 o art. 67-A que assim reza:

"Art. 67-A. Em caso de desfazimento do contrato celebrado exclusivamente com o incorporador, mediante distrato ou resolução por inadimplemento absoluto de obrigação do adquirente, este fará jus à restituição das quantias que houver pago diretamente ao incorporador, atualizadas com base no índice contratualmente estabelecido para a correção monetária das parcelas do preço do imóvel, delas deduzidas, cumulativamente:

I – a integralidade da comissão de corretagem;

II – a pena convencional, que não poderá exceder a 25% (vinte e cinco por cento) da quantia paga.

§ 1º Para exigir a pena convencional, não é necessário que o incorporador alegue prejuízo.

§ 2º Em função do período em que teve disponibilizada a unidade imobiliária, responde ainda o adquirente, em caso de resolução ou de distrato, sem prejuízo do disposto no *caput* e no § 1º deste artigo, pelos seguintes valores:

I – quantias correspondentes aos impostos reais incidentes sobre o imóvel;

II – cotas de condomínio e contribuições devidas a associações de moradores;

III – valor correspondente à fruição do imóvel, equivalente à 0,5% (cinco décimos por cento) sobre o valor atualizado do contrato, *pro rata die*;

IV – demais encargos incidentes sobre o imóvel e despesas previstas no contrato.

§ 3º Os débitos do adquirente correspondentes às deduções de que trata o § 2º deste artigo poderão ser pagos mediante compensação com a quantia a ser restituída.

§ 4º Os descontos e as retenções de que trata este artigo, após o desfazimento do contrato, estão limitados aos valores efetivamente pagos pelo adquirente, salvo em relação às quantias relativas à fruição do imóvel.

§ 5º Quando a incorporação estiver submetida ao regime do patrimônio de afetação, de que tratam os arts. 31-A a 31-F desta Lei, o incorporador restituirá os valores pagos pelo adquirente, deduzidos os valores descritos neste artigo e atualizados com base no

1º) por inadimplemento de obrigação essencial por um dos contraentes, pois, devido a seu caráter sinalagmático, lhe é inerente a condição resolutiva, expressa ou tácita;

2º) por atraso no pagamento das prestações em que se desdobra o pre-

---

índice contratualmente estabelecido para a correção monetária das parcelas do preço do imóvel, no prazo máximo de 30 (trinta) dias após o habite-se ou documento equivalente expedido pelo órgão público municipal competente, admitindo-se, nessa hipótese, que a pena referida no inciso II do *caput* deste artigo seja estabelecida até o limite de 50% (cinquenta por cento) da quantia paga.

§ 6º Caso a incorporação não esteja submetida ao regime do patrimônio de afetação de que trata a Lei n. 10.931, de 2 de agosto de 2004, e após as deduções a que se referem os parágrafos anteriores, se houver remanescente a ser ressarcido ao adquirente, o pagamento será realizado em parcela única, após o prazo de 180 (cento e oitenta) dias, contado da data do desfazimento do contrato.

§ 7º Caso ocorra a revenda da unidade antes de transcorrido o prazo a que se referem os §§ 5º ou 6º deste artigo, o valor remanescente devido ao adquirente será pago em até 30 (trinta) dias da revenda.

§ 8º O valor remanescente a ser pago ao adquirente nos termos do § 7º deste artigo deve ser atualizado com base no índice contratualmente estabelecido para a correção monetária das parcelas do preço do imóvel.

§ 9º Não incidirá a cláusula penal contratualmente prevista na hipótese de o adquirente que der causa ao desfazimento do contrato encontrar comprador substituto que o sub-rogue nos direitos e obrigações originalmente assumidos, desde que haja a devida anuência do incorporador e a aprovação dos cadastros e da capacidade financeira e econômica do comprador substituto.

§ 10. Os contratos firmados em estandes de vendas e fora da sede do incorporador permitem ao adquirente o exercício do direito de arrependimento, durante o prazo improrrogável de 7 (sete) dias, com a devolução de todos os valores eventualmente antecipados, inclusive a comissão de corretagem.

§ 11. Caberá ao adquirente demonstrar o exercício tempestivo do direito de arrependimento por meio de carta registrada, com aviso de recebimento, considerada a data da postagem como data inicial da contagem do prazo a que se refere o § 10 deste artigo.

§ 12. Transcorrido o prazo de 7 (sete) dias a que se refere o § 10 deste artigo sem que tenha sido exercido o direito de arrependimento, será observada a irretratabilidade do contrato de incorporação imobiliária, conforme disposto no § 2º do art. 32 da Lei n. 4.591, de 16 de dezembro de 1964.

§ 13. Poderão as partes, em comum acordo, por meio de instrumento específico de distrato, definir condições diferenciadas das previstas nesta Lei.

§ 14. Nas hipóteses de leilão de imóvel objeto de contrato de compra e venda com pagamento parcelado, com ou sem garantia real, de promessa de compra e venda ou de cessão e de compra e venda com pacto adjeto de alienação fiduciária em garantia, realizado o leilão no contexto de execução judicial ou de procedimento extrajudicial de execução ou de resolução, a restituição far-se-á de acordo com os critérios estabelecidos na respectiva lei especial ou com as normas aplicáveis à execução em geral".

Vide Lei n. 6.766/79, arts. 32-A, I a V, §§ 1º a 3º, 34 e 35, com a redação da Lei n. 13.786/2018.

ço ajustado, pois esse fato poderá prejudicar o andamento da construção do prédio (Lei n. 4.591/64, art. 63 e parágrafos);

3º) por impossibilidade de sua execução em razão de força maior ou caso fortuito;

4º) por distrato;

5º) por execução do contrato.

Quadro Sinótico

INCORPORAÇÃO IMOBILIÁRIA

1. CONCEITO	• Segundo A. B. Cotrim Neto, a incorporação imobiliária é o contrato pelo qual alguém se compromete a vender, ou vende, fração ideal de terreno com vinculação a unidade autônoma de edificação por construir sob regime condominial, na forma de projeto de construção que a autoridade administrativa aprovará, e de memorial que o descreva, e será arquivado no Registro de Imóveis (Lei n. 4.591/64, arts. 28, parágrafo único, 32, § 2º, 33, 35, § 4º, 29, 31 – com os acréscimos da Lei n. 10.931/2004 –, 64, e 66, I).	
2. OBJETO	• Tem por objeto a operação jurídica de venda de unidade autônoma de edifício em construção, em regime de condomínio especial, por pessoa habilitada a promover aquela construção e a transferir o domínio da unidade autônoma, que se obrigou a construir, mediante o pagamento, efetuado pelo outro contratante, de prestação pecuniária representativa do preço (Lei n. 4.591/64, arts. 7º, 8º, 48, 50, 51, 55 a 62, 41 e 43).	
3. CONSEQUÊNCIAS JURÍDICAS	• Obrigações legais do incorporador	• Lei n. 4.591/64, arts. 31-A, § 2º, 31-D, I a VIII, 32, 34, § 3º, 35, §§ 1º e 6º, 37, 38, 39, 40, 41, 43, I a VI, 44 e parágrafos.
	• Obrigações contratuais do incorporador	• Transferir, como vendedor ou procurador do dono do terreno, a fração ideal alienada. • Firmar a escritura definitiva de venda da fração ideal do terreno. • Promover a construção do prédio dividido em unidades autônomas, estabelecendo o plano da obra e as condições de construção. • Entregar aos adquirentes, devidamente averbadas, as unidades que compraram.
	• Sanções ao incorporador	• Lei n. 4.591/64, arts. 65 e 66, parágrafo único.
4. EXTINÇÃO	• Por inadimplemento da obrigação contratual por qualquer um dos contraentes. • Por atraso do pagamento das prestações em que se desdobra o preço ajustado (Lei n. 4.591/64, art. 63 e parágrafos). • Por impossibilidade de execução contratual em razão de força maior ou caso fortuito. • Por distrato. • Por execução do contrato.	

D. Edição

d.1. Conceito e caracteres jurídicos

Na lição de Pierre-Alain Tâche[519], a edição vem a ser um contrato pelo qual o autor de uma obra literária, científica ou artística, ou o titular desse direito de autor se compromete a transferi-lo a um editor, que se obriga a reproduzi-la num número determinado de exemplares e a difundi-la entre o público, tudo à sua custa.

São sujeitos do contrato de edição: de um lado, o autor ou os autores da obra; o cessionário; o herdeiro ou os herdeiros que, após o falecimento do autor, se investiram na titularidade do seu direito patrimonial, e o usuário de uma obra caída em domínio público, e, de outro lado, o editor, desde que exerça profissionalmente a função de reproduzir obras mecanicamente em escala industrial, e seja idôneo, como empresário, para obrigar-se pela sua reprodução e divulgação. O contrato de edição tem, portanto, duplo objetivo: a reprodução da obra intelectual e a sua difusão[520].

---

519. Pierre-Alain Tâche, *Le contrat d'édition de l'oeuvre littéraire*; contribution à l'étude de la révision de la législation suisse en matière d'édition, Lausanne, Dupraz, 1970, p. 200; Marcos Alberto Sant'Anna Bitelli, Direito de autor e a nova mídia, *Revista de Direito Privado*, n. 95-109; Carlos Fernando Mathias de Souza, Repercussões civis da revolução tecnológica – informática jurídica, direito informático e direito do autor, *Revista Brasil de Direito Comparado*, *19*:68-94.

520. Fábio Maria de Mattia, Contrato de edição, in *Enciclopédia Saraiva do Direito*, v. 19, p. 296 e 297; Eduardo José Vieira Manso, Contratos de direitos autorais, *RT*, *467*:24-40; Os direitos autorais na nova Constituição, *RT*, *635*:161-7; Luiz Fernando G. Pellegrini, *Direito autoral do artista plástico*, São Paulo, Oliveira Mendes, 1998; Silvio Darré Jr., Direito autoral: proteção à obra do advogado, *Tribuna do Direito*, *27*:10; Lei n. 9.045/95 sobre reprodução de obras em braille foi revogada pela Lei n. 9.610/98, que trata do assunto no art. 46, I, *d*; STJ, Súmula 63.

Decreto n. 8.469/2015, com a alteração do Decreto n. 9.081/2017, regulamenta as Leis n. 9.610/98 e n. 12.853/2013, modificada pelo Decreto n. 9.081/2017, para dispor sobre gestão coletiva de direitos autorais.

IN do Ministério da Cultura n. 3/2015 sobre procedimentos de habilitação, organização do cadastro, supervisão e aplicação de sanções para a atividade de cobrança de direitos autorais por associações de gestão coletiva e pelo ente arrecadador de que trata a Lei n. 9.610/98.

Decreto n. 9.574/2018 consolida atos normativos editados pelo Poder Executivo Federal que dispõem sobre gestão coletiva de direitos autorais e fonogramas de que trata a Lei n. 9.610/98.

IN do Ministério da Cultura n. 4/2015 aprova Regulamento de Mediação e Arbitragem em direitos autorais no âmbito do Ministério da Cultura.

Nesse mesmo teor de ideias, o art. 53 da Lei n. 9.610/98, que prescreve: "Mediante contrato de edição, o editor, obrigando-se a reproduzir e a divulgar a obra literária, artística ou científica, fica autorizado, em caráter de exclusividade, a publicá-la e a explorá-la pelo prazo e nas condições pactuadas com o autor".

O contrato de edição tem por escopo a publicação da obra, isto é, sua impressão por qualquer processo técnico (tipografia, linotipia, litografia, fotocópia, xerox, *offset* etc.), divulgação perante o público, e comercialização, devendo, por isso, indicar a exclusividade da transferência do direito de utilização econômica da obra intelectual, ficando os riscos a cargo do editor, embora o autor conserve um direito moral inalienável e irrenunciável sobre a obra, fazendo jus ao pagamento de seus direitos autorais[521]. Há uma cessão do direito de reproduzir e de publicar a obra criada, celebrada *intuitu personae*, por não poderem os contraentes transferi-lo a terceiros sem autorização da outra parte, sob pena de rescisão contratual.

O autor, ao conceder ao editor o direito exclusivo de reproduzir e de divulgar sua obra por meio do contrato de edição, está lançando mão do instrumento mais adequado e seguro para regular a exploração econômica da obra literária, artística ou científica[522].

Esse contrato apresenta os seguintes *caracteres*[523]:

a) *bilateralidade*, pois com o acordo de vontades de ambos os contraentes surgem obrigações correlatas – a de entregar a obra, para o autor, e a de reproduzi-la e divulgá-la, para o editor;

b) *onerosidade*, por haver vantagens para o autor e para o editor, sendo que este se obriga a pagar ao autor certa quantia por edição ou sob a forma

---

521. Fábio Maria de Mattia, op. cit., p. 296 e 297; Ignacio de Casso y Romero, Contrato de edición, in *Diccionario de derecho privado*, Barcelona, Labor, 1967, v. 1, p. 180; Edoardo Piola Caselli, *Trattato del diritto di autore e del contratto di edizione*, 2. ed., Napoli-Torino, Marghieri/UTET, 1927, p. 768 e 769; Roberto Senise Lisboa, *Manual*, cit., v. 3, p. 188-200; Plínio Cabral, *A Nova Lei de Direitos Autorais*, 1998; João Wellington e Jaury N. de Oliveira, *A Nova Lei brasileira de Direitos Autorais*, 1999; *RT*, *526*:131, *520*:112, *508*:259, *477*:110, *487*:98, *511*:114, *515*:117, *451*:106, *485*:93, *516*:104, *471*:67, *468*:73, *452*:71, *453*:89, *458*:87. Para Marcos Gomes da S. Bruno e Renato M. S. Opice Blum (Internet e os direitos autorais, *Tribuna do Direito*, maio 2001, p. 16) há proteção legal a qualquer tipo de criação intelectual veiculada em Internet, principalmente na edição de cópias, ensejando indenizações por dano moral e material (Lei n. 9.610/98, arts. 7º, XIII, 24, 29, 103).

522. Bassil Dower, *Curso moderno de direito civil*, cit., p. 215.

523. Orlando Gomes, *Contratos*, cit., p. 491; Bassil Dower, *Curso moderno de direito civil*, cit., p. 216 e 217; W. Barros Monteiro, op. cit., p. 292.

de percentagem sobre o preço dos exemplares vendidos. Todavia, nada impede que o autor ceda seus direitos sem qualquer remuneração, hipótese em que o contrato de edição será gratuito, havendo vantagem somente para o editor;

c) *consensualidade*, visto que a simples manifestação de vontade das partes será suficiente para a sua formação;

d) *temporariedade*, já que o autor transfere ao editor uma exclusividade temporária na reprodução e difusão de sua obra, fixando o tempo de sua vigência por um certo número de edições. Se o contrato for omisso a esse respeito, entender-se-á que versará apenas sobre uma edição, se não houver cláusula expressa em contrário (Lei n. 9.610/98, art. 56). É esta característica que o distingue da cessão de direito do autor, que transmite ilimitada e definitivamente o direito cedido, sem transferir, contudo, os direitos morais.

d.2. Efeitos jurídicos

O contrato de edição acarreta inúmeros *efeitos jurídicos*[524], tais como:

---

524. Sobre os efeitos jurídicos resultantes do contrato de edição, *vide*: Caio M. S. Pereira, *Instituições*, cit., p. 412-4; Fábio Maria de Mattia, op. cit., p. 298-302, e *O autor e o editor na obra gráfica*; direitos e deveres, São Paulo, Saraiva, 1975, p. 95 e s.; Serpa Lopes, *Curso*, cit., v. 4, p. 203-5; Bassil Dower, *Curso moderno de direito civil*, cit., p. 217-21; Orlando Gomes, *Contratos*, cit., p. 492; Gérard Gavin, *Le droit moral de l'auteur*, Paris, Dalloz, 1960, p. 282; Renault, *Droit d'auteur et contrat d'adaptation*, Bruxelles, 1955; Stolfi, *Il diritto di autore*, 3. ed., Milano, 1932, 2 v.; Savatier, *Le droit de l'art et des lettres*, Paris, 1953; Eliane Y. Abrão, *Direitos do autor e direitos conexos*, Ed. Brasil, 2002; Eduardo Pimenta, *A jurisdição voluntária nos direitos autorais*, São Paulo, Freitas Bastos, 2002; Artur Marques da Silva Filho, Noção e importância das limitações dos direitos do autor, in *Estudos de direito do autor, direito da personalidade, direito do consumidor e danos morais* (coord. Eduardo C. B. Bittar e Silmara J. Chinelato), Rio de Janeiro, Forense Universitária, 2002, p. 25 a 41; Regina Sahm, O direito moral de autor e o fundamento do direito à intimidade, *Estudos de direito do autor*, cit., p. 41 a 51; Manuella Santos, *Direito autoral na era digital*, São Paulo, Saraiva, 2009; *RTJ*, *109*:475; *RT*, *798*:251, *788*:403, *767*:215. *Vide:* Decreto n. 5.244/2004, sobre Conselho Nacional de Combate à Pirataria e Delitos contra a Propriedade Intelectual, e Lei n. 12.853/2013, que altera a Lei n. 9.610/98, arts. 5º, 68, 97, 98, 99 e 100, e acrescenta arts. 98-A, 98-B, 98-C, 99-A, 99-B, 100-A, 100-B e 109-A e revoga seu art. 94 para dispor sobre gestão coletiva de direitos autorais, no que atina às condições de cobrança, arrecadação e distribuição de direitos autorais. STJ, Súmula 574: "Para a configuração do delito de violação do direito autoral e a comprovação de sua materialidade, é suficiente a perícia realizada por amostragem do produto apreendido, nos aspectos externos do material, e é desnecessária a identificação dos titulares dos direitos autorais violados ou daqueles que os representem".

Enunciado n. 115: "As limitações de direitos autorais estabelecidas nos arts. 46, 47 e 48 da Lei de Direitos Autorais devem ser interpretadas extensivamente, em conformidade com os direitos fundamentais e a função social da propriedade estabelecida no art. 5º, XXIII, da CF/88" (aprovado na III Jornada de Direito Comercial).

1º) *Direitos do autor* de:

a) publicar sua obra (CF, art. 5º, XXVII), determinando época, condições e limites nos quais essa publicação terá lugar. Assim, aquele que imprimir obra intelectual sem sua permissão perderá para o autor os exemplares que se apreenderem e pagar-lhe-á o restante da edição ao preço por que foi vendido ou avaliado; entretanto, se não se souber o número de exemplares que constituem a edição fraudulenta, pagará o transgressor o valor de três mil exemplares (Lei n. 9.610/98, art. 103, parágrafo único). E, além disso, o Código Penal, com a alteração efetuada pela Lei n. 10.695/2003, impõe sanções para proteção da obra intelectual, fonograma e videofonograma, no art. 184, §§ 1º a 4º;

b) ter reconhecida a sua autoria (Lei n. 9.610/98, art. 24, I e II), garantindo a paternidade da obra intelectual. Realmente, o art. 108 da Lei n. 9.610/98 estatui que quem, na utilização, por qualquer modalidade, de obra intelectual, deixar de indicar ou de anunciar, como tal, o nome, pseudônimo ou sinal convencional do autor e do intérprete, além de responder por danos morais, está obrigado a divulgar-lhe a identidade. O Código Penal, no art. 185 (ora revogado pela Lei n. 10.695/2003), previa o crime de usurpação de nome ou pseudônimo alheio;

c) exigir respeito à obra, na defesa do inédito, reclamando que a reprodução não deforme o original; logo, o editor não poderá fazer abreviações, adições ou modificações na obra sem sua permissão, pois o direito de correção é exclusivo do autor (Lei n. 9.610/98, art. 24, IV e V). Tem direito à intangibilidade da obra, de forma que só ele poderá fazer, nas edições sucessivas de suas obras, as emendas e alterações que bem lhe parecer; contudo, o editor pode opor-se às alterações que prejudicarem seus interesses, ofenderem sua reputação ou aumentarem sua responsabilidade (Lei n. 9.610/98, art. 66);

d) arrepender-se, isto é, de retirar a obra de circulação ou de suspender qualquer forma de utilização já autorizada, quando a circulação ou utilização implicarem afronta à sua reputação ou imagem (Lei n. 9.610/98, art. 24, VI);

e) entregar a obra para ser editada quando lhe convier, não havendo prazo certo;

f) notificar o editor, com direito a outra edição, a reeditar a obra em certo prazo, se esgotada a última edição não o fez, sob pena de perder esse direito e de responder pelos danos (Lei n. 9.610/98, art. 65);

g) examinar a escrituração na parte que lhe corresponde (Lei n. 9.610/98, art. 59);

h) exigir mensalmente a prestação de contas do editor, se sua retribuição ficar dependendo do êxito da venda, salvo se prazo diferente houver sido convencionado (Lei n. 9.610/98, art. 61);

i) receber remuneração quer por quantia única, quer pelo pagamento de porcentagem sobre o preço de venda e cada exemplar. Se no contrato não houver estipulação do preço de retribuição, este será arbitrado com base nos usos e costumes (Lei n. 9.610/98, art. 57).

2º) *Obrigações do autor*, tais como:

a) transferir o direito de editar a obra com exclusividade, garantindo ao editor não só a existência do direito de reprodução e divulgação, mas também o seu exercício pacífico;

b) entregar o original e tudo o que for necessário para que o editor possa exercer o direito que lhe foi transmitido. "Se os originais forem entregues em desacordo com o ajustado, e o editor não os recusar nos trinta dias seguintes ao do recebimento, ter-se-ão por aceitas as alterações introduzidas pelo autor" (Lei n. 9.610/98, art. 58);

c) não dispor de sua obra enquanto não se esgotarem as edições a que tiver direito o editor (Lei n. 9.610/98, art. 63).

3º) *Direitos do editor*, como os de:

a) fazer-se reconhecer por todos como o empreendedor da publicação da obra. Tem direito à paternidade do livro, isto é, do meio de difusão da obra intelectual;

b) proteger-se contra a concorrência ilícita no que se refere à forma do livro por ele idealizada, isto é, contra outro editor que publique obra sob o próprio signo editorial, com idênticos caracteres quanto à tipografia, frontispício, papel, formato do livro, paginação, encadernação etc.;

c) traduzir a obra, se no contrato de edição houver cláusula em que o autor lhe transfere os direitos de tradução ou lhe dá a função de intermediário entre o autor e o editor estrangeiro para publicar a obra traduzida (Lei n. 9.610/98, art. 29, IV);

d) fixar o preço de venda, sem, todavia, poder elevá-lo a ponto que embarace a circulação da obra (Lei n. 9.610/98, art. 60);

e) exigir que se retire de circulação edição da mesma obra feita por outrem, durante a vigência do contrato de edição (Lei n. 9.610/98, art. 63, § 1º), por ter exclusividade na sua publicação e divulgação;

f) opor-se às alterações que prejudicarem seus interesses, ofenderem a reputação ou aumentarem a responsabilidade (Lei n. 9.610/98, art. 66, parágrafo único);

g) encarregar outra pessoa de atualizá-la, se o autor se negar a fazer em novas edições as atualizações necessárias em virtude da natureza da obra, mencionando o fato na edição (Lei n. 9.610/98, art. 67);

h) considerar resolvido o contrato, se o autor falecer antes de concluí-la ou não puder terminá-la, ainda que já tenha sido entregue parte considerável da obra, a menos que, sendo ela autônoma, se dispuser a editá-la mediante pagamento de retribuição proporcional, ou se, consentindo os herdeiros, mandar terminá-la por outrem, indicando esse fato na edição. Entretanto, será vedada a publicação, se o autor manifestou a vontade de só publicá-la por inteiro, ou se assim o decidirem seus herdeiros (Lei n. 9.610/98, art. 55, I a III e parágrafo único);

i) fixar o número de exemplares de cada edição; no silêncio do contrato, considerar-se-á que cada edição se constitui de três mil exemplares (Lei n. 9.610/98, art. 56, parágrafo único). Estipular, ainda, os exemplares a serem dados ao autor.

4º) *Deveres do editor*, tais como:

a) reproduzir e divulgar a obra, uma vez efetivado o contrato de edição;

b) permitir ao autor o exame da escrituração na parte que lhe corresponde (Lei n. 9.610/98, art. 59);

c) manter o autor informado sobre o estado da edição (Lei n. 9.610/98, art. 61);

d) informar ao autor e controlar a quantidade dos exemplares de cada edição, mantendo registro que permita a fiscalização pelo autor do aproveitamento econômico da exploração (Lei n. 9.610/98, art. 30, § 2º);

e) prestar contas mensalmente, se a retribuição do autor depender do êxito da venda (Lei n. 9.610/98, art. 61);

f) não fazer abreviações, adições ou modificações na obra, sem permissão do autor (Lei n. 9.610/98, art. 24, IV);

g) tirar as edições estipuladas, ou, na falta de ajuste, apenas uma, pois a reimpressão por parte do editor sem a autorização do autor é considerada clandestina, sujeitando-o a perdas e danos (*RT*, *508*:259). Deverá publicar a obra assim que se esgotar a última edição, se tiver direito a isso, sob pena de sofrer intimação judicial para fazê-lo dentro de certo prazo, de perder aquele direito e de responder por danos (Lei n. 9.610/98, art. 65);

h) pagar a remuneração ajustada ao autor;

i) permitir a reprodução de obras por ele editadas sem qualquer remuneração, desde que haja anuência dos autores, por Imprensa Braille ou Centros de Produção de Braille, credenciados pelo Ministério da Educação e do Desporto e pelo Ministério da Cultura, e o material se destine, sem fins lucrativos, à leitura de pessoas cegas (Lei n. 9.610/98, art. 46, I, *d*).

d.3. Extinção

Extinguir-se-á o contrato de edição[525]:

1º) pelo decurso do prazo de dois anos, após a sua celebração, salvo prazo diverso estipulado em convenção, sem que o editor publique a obra (Lei n. 9.610/98, art. 62);

2º) pelo esgotamento da edição, se não houver permissão para nova tiragem. Se o editor quiser reeditar a obra, deverá obter a anuência do autor, em novo contrato;

3º) pela morte ou incapacidade superveniente do autor antes de concluir a obra, por ser tal contrato *intuitu personae*, a menos que, sendo a obra autônoma, e havendo entrega de parte considerável dela, o editor se disponha a editá-la, mediante pagamento de retribuição proporcional, ou se, consentindo os herdeiros, mandar terminá-la por outrem, indicando esse fato na edição (Lei n. 9.610/98, art. 55). Se esses modos terminativos ocorrerem após a conclusão e a entrega da obra, não haverá cessação do contrato. Como a morte e a incapacidade do autor terminam o contrato *ex nunc*, substituirão, portanto, os atos executados antes do seu falecimento ou de sua incapacidade;

4º) pela destruição da obra em razão de força maior ou de caso fortuito, depois de sua entrega, devido à falta de objeto, a não ser que o autor tenha cópia. Se a obra for destruída após a sua reprodução, mas ainda não colocada à venda, tal evento não influirá na eficácia contratual, uma vez que o editor terá o direito de fazer nova tiragem à sua custa;

5º) pela apreensão da obra pelos poderes públicos, nos casos e formas previstos em lei;

6º) pela falência do editor, se, notificado o administrador judicial para que se manifeste a respeito do cumprimento do contrato, inclinar-se pela negativa, expressa ou implicitamente (Lei de Falências, art. 117).

525. Serpa Lopes, *Curso*, cit., v. 4, p. 205 e 206; Caio M. S. Pereira, *Instituições*, cit., p. 414 e 415; De Page, op. cit., n. 764; Orlando Gomes, *Contratos*, cit., p. 493; Espínola, *Sistema*, cit., n. 173, nota 20.

Quadro Sinótico

EDIÇÃO

1. CONCEITO	• Segundo Pierre-Alain Tâche, a edição é um contrato pelo qual o autor de uma obra literária, artística ou científica, ou o titular desse direito de autor se compromete a transferi-lo a um editor, que se obriga a reproduzi-la num número determinado de exemplares e a difundi-la entre o público, tudo à sua custa.	
2. CARACTERES	• Bilateralidade. • Onerosidade. • Consensualidade. • Temporariedade (Lei n. 9.610/98, art. 56).	
3. EFEITOS JURÍDICOS	• Direitos do autor	• Publicar a obra (CF, art. 5º, XXVII; Lei n. 9.610/98, art. 103, parágrafo único; CP, art. 184, §§ 1º a 4º, com a alteração dada pela Lei n. 10.695/2003). • Ter reconhecida a autoria da obra (Lei n. 9.610/98, arts. 24, I e II, 108). • Exigir respeito à obra (Lei n. 9.610/98, art. 24, IV e V). • Arrepender-se, isto é, poder retirar a obra de circulação (Lei n. 9.610/98, art. 24, IV). • Entregar a obra para ser editada quando lhe convier, se não houver prazo certo. • Intimar o editor no caso do art. 65 da Lei n. 9.610/98. • Examinar a escrituração na parte que lhe corresponde (Lei n. 9.610/98, art. 59). • Exigir mensalmente a prestação de contas do editor, no caso do art. 61 da Lei n. 9.610/98. • Receber a remuneração ajustada (Lei n. 9.610/98, art. 57).
	• Obrigações do autor	• Transferir o direito de editar a obra com exclusividade, garantindo ao editor seu exercício pacífico. • Entregar o original e tudo o que for necessário para que o editor possa cumprir sua função (Lei n. 9.610/98, art. 58). • Não dispor de sua obra enquanto não se esgotarem as edições a que tiver direito o editor (Lei n. 9.610/98, art. 63).
	• Direitos do editor	• Fazer-se reconhecer por todos como o empreendedor da publicação da obra. • Proteger-se contra a concorrência ilícita. • Traduzir a obra, se no contrato de edição houver cláusula a respeito. • Fixar o preço de venda (Lei n. 9.610/98, art. 60). • Exigir que se retire de circulação edição da mesma obra feita por outrem, durante

3. EFEITOS JURÍDICOS	• Direitos do editor	a vigência do contrato de edição (Lei n. 9.610/98, art. 63, § 1º). • Opor-se às alterações que lhe forem prejudiciais (Lei n. 9.610/98, art. 66, parágrafo único). • Encarregar outra pessoa de atualizar a obra, no caso do art. 67 da Lei n. 9.610/98. • Considerar resolvido o contrato em caso de óbito ou incapacidade do autor antes de concluir a obra (Lei n. 9.610/98, art. 55, I a III e parágrafo único). • Fixar o número de exemplares de cada edição (Lei n. 9.610/98, art. 56, parágrafo único).
	• Deveres do editor	• Reproduzir e divulgar a obra. • Permitir ao autor o exame da escrituração na parte que lhe corresponde (Lei n. 9.610/98, art. 59). • Manter o autor informado sobre o estado da edição (Lei n. 9.610/98, art. 61). • Informar ao autor e controlar a quantidade dos exemplares (Lei n. 9.610/98, art. 30, § 2º). • Prestar contas mensalmente no caso do art. 61 da Lei n. 9.610/98. • Não alterar a obra sem permissão do autor (Lei n. 9.610/98, art. 24, IV). • Tirar as edições estipuladas (Lei n. 9.610/98, art. 65). • Pagar a remuneração ajustada ao autor. • Autorizar reprodução de obras em braille (Lei n. 9.610/98, art. 46, I, *d*).
4. EXTINÇÃO	• Decurso do prazo de dois anos, após a sua celebração, sem que o editor publique a obra (Lei n. 9.610/98, art. 62). • Esgotamento da edição. • Morte ou incapacidade superveniente do autor antes de concluir a obra (Lei n. 9.610/98, art. 55). • Destruição da obra por caso fortuito ou força maior, depois de sua entrega e se não houver cópia. • Apreensão da obra pelos poderes públicos. • Falência do editor (Lei de Falências, art. 117).	

E. Representação e execução

e.1. Definição

O autor de obra intelectual tem o direito de publicá-la mediante dois processos: *a*) por *reprodução* (Lei n. 9.610/98, arts. 29, I, 30, 46, I a V, VIII, e 53 e s.), em que a obra é fixada num suporte físico (gráfico, fonográfico, fotográfico etc.) e multiplicada mecanicamente em grande número de exemplares, sendo divulgada pela venda de cada unidade; e *b*) por *apresentação pública*, quando a obra é representada dramaticamente, executada, exibida, projetada em fita cinematográfica, transmitida por radiodifusão etc., e é neste terreno que se situa o contrato de representação e execução, de conteúdo complexo por se referir não só ao desempenho pessoal, mas também à atuação por meios mecânicos e eletrônicos dos diferentes gêneros de produção intelectual, suscetíveis de comunicação audiovisual e regulados pelos arts. 29, VIII, *a* e *b*, 46, VI, 68 a 76 da Lei n. 9.610/98, que visa proteger interesses dos autores, intérpretes, executantes e empresários[526].

A representação e execução é o contrato entre o autor de uma obra intelectual e um empresário, pelo qual este último, mediante uma remuneração a ser paga ao primeiro, recebe autorização para explorar comercialmente a obra, apresentando-a em espetáculo ou audição pública[527].

É por meio desse contrato que o autor divulga sua obra literária, musical ou artística, mediante exibição cênica, radiofônica ou televisada, autorizando um empresário a exibi-la, desde que este lhe pague uma remuneração. Contudo, se a representação ou execução de obra intelectual se der em recinto fechado, sem cobrança de entrada, não haverá necessidade de prévia licença do autor[528]. Deveras, é o que prescreve o art. 68 da Lei n.

526. Walter Moraes, Contrato de representação e execução, in *Enciclopédia Saraiva do Direito*, v. 19, p. 460 e 461; Milton Fernandes, *Pressupostos do direito autoral de execução pública*, Belo Horizonte, 1967, p. 56; Clóvis Beviláqua, *Código Civil*, cit., v. 5, p. 105; *RSTJ*, *110*:237. A representação dramática, que abrange película cinematográfica, radiofonização da peça e exibição em vídeo, assegura os direitos autorais, garantindo o artista que divulga a obra, exibindo-se ao vivo, ou por gravação, videoteipe etc.

527. Walter Moraes, op. cit., p. 461; Antônio Chaves, *Lições*, cit., v. 3, p. 311 e 312; Silvio Rodrigues, *Direito*, cit., v. 3, p. 347 e 348; Dias Ferreira, *Código Civil português anotado*, v. 2, p. 414 e 415; STF, Súmula 386.

528. Bassil Dower, *Curso moderno de direito civil*, cit., p. 222; Decretos n. 4.790/24 e 5.492/28 (ora revogados pelo Decreto n. 61.123/67); Decreto n. 1.023/62 (ora revogado pelo Decreto n. 61.123/67); Lei n. 1.565/52, regulamentada pelo Decreto n. 50.631/61;

9.610/98: "Sem prévia e expressa autorização do autor ou titular, não poderão ser utilizadas obras teatrais, composições musicais ou literomusicais e fonogramas, em representações e execuções públicas". Esclarece no § 1º que: "Considera-se representação pública a utilização de obras teatrais no gênero drama, tragédia, comédia, ópera, opereta, balé, pantomimas e assemelhadas, musicadas ou não, mediante a participação de artistas, remunerados ou não, em locais de frequência coletiva ou pela radiodifusão, transmissão e exibição cinematográfica". Acrescenta no § 2º que: "Considera-se execução pública a utilização de composições musicais ou literomusicais, mediante a participação de artistas, remunerados ou não, ou a utilização de fonogramas e obras audiovisuais, em locais de frequência coletiva, por quaisquer processos, inclusive a radiodifusão ou transmissão por qualquer modalidade, e a exibição cinematográfica". E no § 3º reza: "Consideram-se locais de frequência coletiva os teatros, cinemas, salões de baile ou concertos, boates, bares, clubes ou associações de qualquer natureza, lojas, estabelecimentos comerciais e industriais, estádios, circos, feiras, restaurantes, hotéis, motéis, clínicas, hospitais, órgãos públicos da administração direta ou indireta, fundacionais e estatais, meios de transporte de passageiros terrestre, marítimo, fluvial ou aéreo, ou onde quer que se representem, executem ou transmitam obras literárias, artísticas ou científicas".

e.2. Elementos característicos

Os elementos caracterizadores do contrato de representação e execução são[529]:

1º) natureza contratual, visto ser contrato bilateral, oneroso e comutativo;

2º) exigência de autorização prévia do autor de obra intelectual, devido ao princípio da exclusividade do direito do autor no que concerne à utilização da obra, para apresentá-la publicamente por meio de desempenho artístico ao vivo ou de fixações fonomecânicas, magnéticas, eletrônicas, visuais ou audiovisuais;

Leis n. 4.641/65 e 4.944/66 (ora revogada pela Lei n. 9.610/98); Lei n. 12.853/2013, que altera a Lei n. 9.610/98 no que diz respeito às condições de cobrança, arrecadação e distribuição dos direitos autorais. Decreto n. 39.423/56 (ora revogado pelo Decreto s/n. de 5-9-1991); Lei n. 101/47 (ora revogada pela Lei n. 6.533/78); Decreto-Lei n. 980/69; Lei n. 6.533/78, que regulamenta a profissão de artista e técnico de espetáculo e diversão; Lei n. 12.198/2010 sobre o exercício da profissão artística do repentista; *RSTJ*, *104*:350, *107*:200; *EJSTJ*, *25*:154, *24*:125 e 126.

529. Walter Moraes, Contrato, cit., p. 462 e 463, e *Artistas, intérpretes e executantes*, São Paulo, Revista dos Tribunais, 1976, p. 272 e s.

3º) audição pública;

4º) responsabilidade do empresário teatral, musical, coreográfico, de rádio, de televisão etc., pela execução ou representação, pois recebendo a licença do autor passará a ter o direito de promover a apresentação pública, atuando como agente de divulgação da obra, devendo, ainda, imediatamente, após a execução pública ou transmissão, entregar ao escritório central relação completa de obras e fonogramas utilizados, indicando os nomes dos seus autores, artistas e produtores (Lei n. 9.610/98, art. 68, § 6º);

5º) licença para representar ou executar obra em espetáculo, que é dada frequentemente por contrato escrito;

6º) aprovação do espetáculo ou de transmissão, que só se dará se o empresário apresentar o programa, acompanhado não só da autorização do autor, intérprete ou executante e do produtor de fonogramas, como também do recibo de recolhimento em agência bancária ou postal, ou ainda documento equivalente em forma autorizada pelo Conselho Nacional de Direito Autoral, a favor do Escritório Central de Arrecadação e Distribuição, do valor dos direitos autorais das obras programadas (Lei n. 9.610/98, art. 68, § 4º). O § 5º desse mesmo artigo permite, quando a remuneração depender da frequência do público, ao empresário, por meio de convênio com o escritório central, o pagamento do preço após a realização da execução pública;

7º) existência de um contrato de representação e execução entre empresário e artistas executantes, paralelo ao do autor, pois para a aprovação de um espetáculo ou para a sua transmissão exige-se a autorização do intérprete ou executante. Pelo art. 68, § 7º, "as empresas cinematográficas e de radiodifusão manterão à imediata disposição dos interessados, cópia autêntica dos contratos, ajustes ou acordos, individuais ou coletivos, autorizando e disciplinando a remuneração por execução pública das obras musicais e fonogramas contidas em seus programas ou obras audiovisuais";

8º) autorização para execução ou representação em estabelecimentos de diversão pública diversificada, que pode ser dada pelo autor por intermédio de sociedade, contra o pagamento dos direitos. Entretanto, tal licença será concedida para todo o repertório de uma sociedade e o pagamento periódico do estabelecimento cobrirá todos os direitos autorais licenciados, que serão depois repartidos entre os autores. O preço será convencionado pela sociedade, e o repertório constituirá o conteúdo da prestação dos autores associados. Se tudo já estiver estabelecido unilateralmente, perfazer-se-á o contrato por adesão;

9º) impenhorabilidade da parte do produto dos espetáculos reservada ao autor e aos artistas (Lei n. 9.610/98, art. 76).

e.3. Consequências jurídicas

O contrato de representação e execução acarretará as seguintes consequências jurídicas[530]:

1ª) *Direitos do autor da obra intelectual* de:

a) apresentar publicamente sua obra, autorizando sua representação ou execução. A execução ou representação pública não autorizada pelo autor constitui violação do direito (CP, art. 184), podendo o autor mover ação para suspender ou interromper o espetáculo, sem prejuízo da multa diária pelo descumprimento e das demais indenizações cabíveis (Lei n. 9.610/98, art. 105). Poderá, ainda, o autor lesado por execução pública desautorizada, conforme o art. 109 da Lei n. 9.610/98, requerer à autoridade judicial a aplicação de multa de vinte vezes o valor que deveria ser originariamente pago;

b) fazer indicar ou anunciar seu nome;

c) requerer a suspensão do espetáculo à autoridade judicial, se houver infração aos seus direitos (Lei n. 9.610/98, art. 105);

d) notificar os artistas e o empresário contra alterações, supressões e acréscimos no texto da obra;

e) receber uma remuneração do empresário; daí ser impenhorável a parte do produto dos espetáculos a ele reservada (Lei n. 9.610/98, art. 76). Os litígios relacionados à falta de pagamento poderão ser resolvidos por meio de mediação ou arbitragem por meio de mediação ou arbitragem, sem prejuízo de sua apreciação pelo Poder Judiciário e pelos órgãos do Sistema Brasileiro de Defesa da Concorrência;

f) opor-se à representação ou execução mal ensaiada (Lei n. 9.610/98, art. 70, 1ª alínea);

g) fiscalizar o espetáculo, por si ou por delegado seu, tendo, para isso, livre acesso, durante as representações ou execuções, ao local onde se realizam (Lei n. 9.610/98, art. 70, 2ª alínea);

h) notificar o empresário para fixar o prazo para a representação ou execução, segundo os usos locais, salvo prévia estipulação em contrário (Lei n. 9.610/98, art. 69);

---

530. Serpa Lopes, *Curso*, cit., v. 4, p. 207 e 208; Walter Moraes, Contrato, cit., v. 19, p. 463 e 464; Orlando Gomes, *Contratos*, cit., p. 494; Antonio Carlos Morato, O direito de autor na obra musical, *Revista do IASP*, *12*:123-46. Sobre os direitos de artistas intérpretes ou executantes: arts. 90 a 92 da Lei n. 9.610/98. Sobre representação dramática: *RT*, *689*:156. Sobre execução musical: *RT*, *802*:300, *799*:221, *784*:208, *745*:245, *696*:251; Súmula n. 261 do STJ; Súmula n. 386 do STF.

i) fixar prazo, ao autorizar tradução ou adaptação de obra sua, para utilização em representação pública (Lei n. 9.610/98, art. 74).

2ª) *Deveres do autor*, tais como:

a) entregar a obra ao empresário para execução ou representação pública ou facultar-lha pela licença nos termos do convencionado;

b) não alterar a obra sem o consentimento do empresário que a faz representar (Lei n. 9.610/98, art. 71).

3ª) *Direitos do empresário*, tais como:

a) levar a obra intelectual em cena, explorando-a comercialmente;

b) ter garantia legal contra qualquer alteração substancial que o autor introduza na peça a ser representada ou executada (Lei n. 9.610/98, art. 71).

4ª) *Obrigações do empresário*, tais como:

a) cumprir o prazo fixado para a apresentação pública da obra;

b) não entregar a estranhos o manuscrito da obra, sem licença do autor (Lei n. 9.610/98, art. 72);

c) não substituir os principais intérpretes e diretores musicais escolhidos pelo produtor e pelo autor, sem que este consinta, salvo se abandonarem a empresa (Lei n. 9.610/98, art. 73);

d) responder solidariamente pela violação dos direitos do autor, juntamente com os proprietários do estabelecimento onde se verificou a infração (Lei n. 9.610/98, art. 110);

e) pagar ao autor a remuneração correspondente aos seus direitos autorais;

f) respeitar a obra representada ou executada, sem alterá-la, a menos que o autor tenha anuído.

Quadro Sinótico

REPRESENTAÇÃO E EXECUÇÃO

1. DEFINIÇÃO	• Representação e execução é o contrato entre o autor de uma obra intelectual e empresário, pelo qual este último, mediante uma remuneração a ser paga ao primeiro, recebe autorização para explorar comercialmente a obra, apresentando-a em espetáculo ou audição pública (Lei n. 9.610/98, arts. 29, VIII, *a* e *b*, 46, VI, 68 a 76).
2. ELEMENTOS CARACTERÍSTICOS	• Natureza contratual. • Exigência de prévia autorização do autor. • Audição pública. • Responsabilidade do empresário. • Licença para representar ou executar obra intelectual, dada por meio de contrato escrito ou de sociedade. • Aprovação do espetáculo ou da transmissão, que reclama a observância do art. 68, §§ 4º e 5º, da Lei n. 9.610/98. • Existência de contrato de representação e execução entre empresário e artistas executantes (Lei n. 9.610/98, art. 68, § 7º). • Impenhorabilidade da parte do produto dos espetáculos reservada ao autor e aos artistas (Lei n. 9.610/98, art. 76).

3. **CONSEQUÊNCIAS JURÍDICAS**	• Direitos do autor	• Apresentar publicamente sua obra, autorizando sua representação e execução (CP, art. 184; Lei n. 9.610/98, arts. 105 e 109). • Fazer indicar ou anunciar seu nome. • Requerer a suspensão do espetáculo por infração aos seus direitos (Lei n. 9.610/98, art. 105). • Notificar artistas e empresários contra alterações no texto da obra. • Receber uma remuneração. • Opor-se à representação ou execução mal ensaiada (Lei n. 9.610/98, art. 70, 1ª alínea). • Fiscalizar o espetáculo (Lei n. 9.610/98, art. 70, 2ª alínea). • Intimar o empresário para fixar o prazo para a representação e a execução, segundo os usos locais, se este não foi fixado (Lei n. 9.610/98, art. 69). • Fixar, ao autorizar tradução ou adaptação, prazo para sua utilização em representação pública (Lei n. 9.610/98, art. 74).
	• Deveres do autor	• Entregar a obra para execução e representação. • Não alterar a obra sem anuência do empresário (Lei n. 9.610/98, art. 71).
	• Direitos do empresário	• Levar a obra intelectual em cena, explorando-a comercialmente. • Ter garantia legal contra qualquer alteração substancial (Lei n. 9.610/98, art. 71).
	• Obrigações do empresário	• Cumprir o prazo fixado para a apresentação pública da obra. • Não entregar a estranhos o manuscrito da obra, sem licença do autor (Lei n. 9.610/98, art. 72). • Não substituir os principais intérpretes e diretores musicais, sem consentimento do autor (Lei n. 9.610/98, art. 73). • Responder solidariamente pela violação dos direitos do autor, juntamente com o dono do estabelecimento onde se deu a infração (Lei n. 9.610/98, art. 110). • Pagar ao autor a remuneração correspondente aos seus direitos autorais. • Respeitar a obra representada ou executada, sem alterá-la, exceto se o autor anuir.

F. Parceria rural

f.1. Definição e características

A parceria rural sofreu uma reformulação no direito brasileiro, pois as normas do Código Civil de 1916 que a regulavam tornaram-se insuficientes para resolver os vários problemas suscitados na atual fase da vida nacional. O Estatuto da Terra (Lei n. 4.504/64), regulamentado pelo Decreto n. 59.566/66, passou a reger esse contrato, visando à "elevação do nível econômico e social do rurícola e de sua família, seu progresso e maior produtividade decorrente de racional atividade agrária, com um suporte legal que garanta a estabilidade do empreendedor rural sem terra"[531].

A parceria rural é o contrato agrário pelo qual uma pessoa cede a outra, por tempo determinado ou não, o uso específico de prédio rústico de parte ou partes dele, incluindo, ou não, benfeitorias, outros bens e/ou facilidades, para que nele exerça atividade de exploração agrícola, pecuária, agroindustrial, extrativa vegetal e/ou mista, ou lhe entrega animais para cria, recria, invernagem, engorda ou extração de matérias-primas de origem animal, partilhando, isolada ou cumulativamente, os riscos, frutos, produtos ou lucros havidos, nas proporções estipuladas, observados os limites percentuais de lei (Dec. n. 59.566/66, art. 4º; Lei n. 4.504/64, art. 96, § 1º, com redação da Lei n. 11.443/2007)[532]. Apresenta as seguintes *características*[533]:

---

531. Fernando Pereira Sodero, *Direito agrário e reforma agrária*, São Paulo, Legislação Brasileira, 1968, p. 106; *RT*, *554*:222 e 223; *EJSTJ*, *10*:89, *4*:52 e 66, *8*:103.

532. Caio M. S. Pereira, *Instituições*, cit., p. 404; Fernando Pereira Sodero, Contrato de parceria rural, in *Enciclopédia Saraiva do Direito*, v. 19, p. 448; Bassil Dower, *Curso moderno de direito civil*, cit., p. 244 e 245; Hernán Alzate Avendaño, *El contrato de aparcería*, Bogotá, 1974; Paulo Torminn, *Institutos básicos do direito agrário*, São Paulo, 1977; Fernando Brebbia, *Contratos agrarios*, Buenos Aires, Depalma, 1971; Vivanco, *Teoría de derecho agrario*, La Plata, Libreria Jurídica, 1967, t. 2; Oswaldo e Silvia Opitz, *Os contratos agrários no Estatuto da Terra*, Rio de Janeiro, Forense, 1977; Roberto Senise Lisboa, *Manual*, cit., v. 3, p. 164-6; João Sidnei D. Machado, *A parceria agrícola no direito brasileiro*, Porto Alegre, Sérgio A. Fabris, Editor, 2004; Carlos Frederico Marés, *A função social da terra*, Porto Alegre, Sérgio A. Fabris, Editor, 2003. O disposto no art. 96 da Lei n. 4.504/64 não se aplica a contrato de parceria agroindustrial de aves e suínos, que é regulado por lei específica (§ 5º do art. 96, com a redação da Lei n. 11.443/2007).

533. Bassil Dower, *Curso moderno de direito civil*, cit., p. 244-9; Fernando Pereira Sodero, Contrato, cit., p. 448 e 449; Telga de Araújo, Parceria, in *Enciclopédia Saraiva do Direito*, v. 57, p. 85, e Contrato agrário, in *Enciclopédia Saraiva do Direito*, v. 19, p. 178; Marcos Afonso Borges, Ações cabíveis entre as partes nos contratos agrários e respectivos procedimentos, *Revista de Direito Civil, Imobiliário, Agrário e Empresarial*, *1*:130-1; J. Motta Maia, Parceria agrícola, in *Enciclopédia Saraiva do Direito*, v. 57, p. 95; Caio M. S. Pereira, *Instituições*, cit., p. 405; W. Barros Monteiro, op. cit., p. 320; Oswaldo e Silvia Opitz, *Os contratos*, cit., p. 178 e 179; José Paulo Gutierrez (coord.), *Direito em questão – aspectos agrários*, UCDB, 2000. *Vide* Leis n. 8.022/90, 8.023/90, 8.540/92 e 8.929/94,

1ª) *Presença do parceiro-outorgante e do parceiro-outorgado.* O parceiro-outorgante é o cedente, proprietário ou não, que entrega os bens (imóvel ou animais), e o parceiro-outorgado é a pessoa ou o conjunto familiar, representado pelo seu chefe, que os recebe para os fins próprios das várias espécies de parceria (Dec. n. 59.566/66, art. 4º, parágrafo único). Se o chefe da família falecer, não se terá a extinção do contrato, pois uma outra pessoa, devidamente qualificada, pertencente à família do finado parceiro-outorgado, prosseguirá na sua execução (Dec. n. 59.566/66, art. 26, parágrafo único).

2ª) *Natureza contratual*, sendo um contrato:

a) *bilateral* (*RF*, *99*:121), por decorrer do acordo de duas ou mais vontades, criando obrigações recíprocas;

---

esta última que institui a cédula do produto rural; Circulares do BACEN n. 2.555/95 (revogada pela Circular n. 3.081/2002) e 2.564/95 (revogada pela Resolução n. 2.770/2000); Carta-Circular n. 2.492/94 (revogada pela Res. 2.183/95) do Banco Central e Decreto n. 1.041/94 (arts. 64 a 77), ora revogado pelo Decreto n. 3.000/99; Resolução n. 2.164/95 (revogada pela Res. n. 2.746/2000) do Banco Central; Resolução n. 2.631/99 (revogada pela Res. n. 2.670/99), sobre negociação de dívida no crédito rural; Lei n. 10.646/2003 (revogada pela Lei n. 10.696/2003), que altera as Leis n. 10.464/2002, 10.177/2001 e 10.437/2002; Lei n. 10.648/2003, que modifica o art. 5º da Lei n. 8.427/92, sobre concessão de subvenção econômica nas operações de crédito rural; Lei n. 9.973/2000, sobre sistema de armazenagem dos produtos agropecuários; Norma de Execução n. 18/2001 (revogada pela Norma de Execução n. 38/2004) do INCRA, sobre procedimento para seleção de candidato a assentamento em áreas de Reforma Agrária. E, em relação ao Programa Nacional de Fortalecimento da Agricultura Familiar, a Resolução n. 3.559/2008 do BACEN decide que fica vedada a concessão de crédito relacionado com a produção de fumo, em regime de parceria ou integração com indústrias fumageiras, ao amparo de recursos equalizados pelo Tesouro Nacional (art. 1º, I). Decreto n. 3.992/2001 (revogado pelo Dec. n. 4.854/2003), sobre Conselho Nacional de Desenvolvimento Rural Sustentável (CNDRS). Sobre contratos de financiamento do Programa de Fortalecimento da Agricultura Familiar (PRONAF – Dec. n. 3.991/2001) e projetos de estruturação dos assentados e colonos nos programas oficiais de assentamento, colonização e reforma agrária aprovados pelo INCRA, consulte: Lei n. 10.186/2001. *Vide*, ainda, a Lei n. 10.696/2003 sobre repactuação e alongamento de dívidas oriundas de operações de crédito rural.

Sobre crédito rural: Resoluções n. 4.226/2013, 4.228/2013, 4.233/2013, 4.248/2013 e 4.260/2013 do BACEN; Lei n. 11.775/2008 e Lei n. 11.718/2008, que dá nova redação ao art. 48 da Lei n. 8.171/91; Decreto n. 7.978, de 2-4-2013, autoriza a concessão de bônus de adimplência para operações de crédito rural contratadas no âmbito do Programa Nacional de Fortalecimento da Agricultura Familiar – Pronaf, nos municípios da área de abrangência da Superintendência de Desenvolvimento do Nordeste – Sudene; Decreto n. 8.929/2016, com alteração do Dec. n. 9.098/2017; Resolução n. 4.435, de 27 de agosto de 2015 do BACEN ajusta as normas para contratação de operações de crédito rural; Carta Circular BACEN n. 3.836/2017 altera Documento 6 do Manual de Crédito Rural (MCR).

Há preferência ao crédito do trabalhador agrícola até mesmo em competição com a Fazenda, porque aquele criou a riqueza. *Vide*: Súmula n. 272 do STJ.

A Lei n. 11.718/2008 criou o contrato de trabalhador rural por pequeno prazo.

b) *oneroso*, porque um dos contraentes permite que o outro se ocupe de imóvel rural ou utilize animais por certo tempo, mediante distribuição convencional dos frutos, produtos e lucros produzidos. Cria vantagens para ambos, mediante contraprestação. Pelo art. 96, §§ 2º a 4º, da Lei n. 4.504/64, com a redação da Lei n. 11.443/2007: "As partes contratantes poderão estabelecer a prefixação, em quantidade ou volume, do montante da participação do proprietário, desde que, ao final do contrato, seja realizado o ajustamento do percentual pertencente ao proprietário, de acordo com a produção. Eventual adiantamento do montante prefixado não descaracteriza o contrato de parceria. Os contratos que prevejam o pagamento do trabalhador, parte em dinheiro e parte em percentual na lavoura cultivada ou em gado tratado, são considerados simples locação de serviço, regulada pela legislação trabalhista, sempre que a direção dos trabalhos seja de inteira e exclusiva responsabilidade do proprietário, locatário do serviço a quem cabe todo o risco, assegurando-se ao locador, pelo menos, a percepção do salário mínimo no cômputo das 2 (duas) parcelas".

c) *consensual*, por não exigir forma especial para a sua celebração, podendo ser provado por qualquer meio admitido em direito (*RT*, *139*:238, *188*:322). Mas para que possa valer contra terceiros, deverá ser transcrito no Registro de Títulos e Documentos (Lei n. 6.015/73, art. 127, V);

d) *aleatório*, já que a prestação dependerá de risco futuro e incerto, não se podendo antecipar seu montante;

e) *"intuitu personae"*, porque estabelece um vínculo de natureza personalíssima;

f) *temporário*, pois esse contrato poderá ser celebrado por tempo determinado ou indeterminado (Dec. n. 59.566/66, art. 11), podendo ser feito por qualquer prazo. O art. 96, I, da Lei n. 4.504/64 prescreve que "o prazo dos contratos de parceria, desde que não convencionados pelas partes, será no mínimo de três anos, assegurado ao parceiro o direito à conclusão da colheita pendente...". Já o art. 13 do Decreto n. 59.566/66 fixa o prazo para a exploração pecuária de pequeno e médio portes (três anos), e de grande porte para cria, recria, engorda ou extração de matéria-prima de origem animal (cinco anos). Celebrado o contrato de parceria pecuária sem estipulação de prazo para a sua duração, presumir-se-á que é de três anos (*RT*, *525*:218, *444*:164, *509*:194, *516*:144, *506*:180, *518*:218, *514*:168, *485*:135, *481*:118).

3ª) *Partilha de riscos* nas variações de preço dos frutos obtidos na exploração do empreendimento rural e no caso fortuito e na força maior, pois, havendo perda parcial, repartir-se-ão os prejuízos havidos, na proporção estabelecida para cada contratante. Ambos os contraentes sofrerão o risco do empreendimento, pois os frutos, produtos e lucros são repartidos de acordo com a participação, estabelecida a porcentagem em lei (Lei n. 4.504/64, art. 96, VI, § 1º, I a III, com a redação da Lei n. 11.443/2007). Se resultar perda total do objeto do contrato, este rescindir-se-á, não respondendo qualquer dos contratantes por perdas e danos (Dec. n. 59.566/66, art. 36; *RT*, *514*:174).

4ª) *Participação do parceiro-outorgante nos frutos, produtos ou lucros havidos*, porém sua quota não poderá ser superior a (Lei n. 4.504/64, art. 96, com alteração da Lei n. 11.443/2007): *a*) 20%, quando concorrer apenas com a terra nua; *b*) 25%, quando concorrer com a terra preparada; *c*) 30% quando concorrer com a terra preparada e moradia; *d*) 40%, se concorrer com o conjunto básico de benfeitorias, constituído especialmente de casa de moradia, galpões, banheiro para gado, cercas, valas ou currais, conforme o caso; *e*) 50%, caso concorra com a terra preparada, e o conjunto básico de benfeitorias acima enumeradas, e mais o fornecimento de máquinas e implementos agrícolas, para atender aos tratos culturais, bem como as sementes e animais de tração, e, no caso de parceria pecuária, com animais de cria em proporção superior a 50% do número total de cabeças objeto da parceria; *f*) 75%, nas zonas de pecuária ultraextensiva, em que forem os animais de cria em proporção superior a 25% do rebanho onde se adotem a meação do leite e comissão mínima de 5% por animal vendido (*RT*, *534*:224, *519*:255, *499*:22, *478*:202, *519*:255, *497*:127).

Acrescenta o Decreto n. 59.566/66, no § 3º do art. 35, que "não valerão as avenças de participação que contrariarem os percentuais fixados neste artigo, podendo o parceiro prejudicado reclamar em juízo contra isso e efetuar a consignação judicial da cota que, ajustada aos limites permitidos neste artigo, for devida ao outro parceiro, correndo por conta deste todos os riscos, despesas, custas e honorários advocatícios".

Além do mais, o parceiro-outorgante poderá cobrar do parceiro-outorgado, pelo seu preço de custo, o valor dos fertilizantes e inseticidas fornecidos, na porcentagem que corresponder à participação deste em qualquer das modalidades previstas nas alíneas *a* e *f* (Lei n. 4.504/64, art. 96, VIII, com a redação da Lei n. 11.443/2007). Fora dos casos previstos, a cota adicional do parceiro-outorgante será fixada com base em percentagem máxima de 10% do valor das benfeitorias ou dos bens colocados à disposição do parceiro-outorgado (Estatuto da Terra, art. 96, IX; Dec. n. 59.566/66, art. 35, § 1º).

Se houver retribuição ou pagamento de aluguel, ter-se-á *arrendamento rural*, que é o contrato agrário pelo qual uma pessoa cede a outra, por prazo determinado ou não, o uso e gozo de imóvel rural, parte ou partes dele, incluindo ou não outros bens, benfeitorias ou facilidades, com o objetivo de nele ser exercida atividade de exploração agrícola, pecuária, agroindustrial, extrativa ou mista, mediante certa retribuição ou aluguel, observados os limites percentuais do Estatuto da Terra (Dec. n. 59.566/66, art. 3º; Lei n. 9.099/95, art. 3º, II). Deverão constar do contrato de arredamento (Lei n. 4.504/64, art. 95, XI, *a* a *e*, com a redação da Lei n. 11.443/2007): limites da remuneração e formas de pagamento em dinheiro ou no seu equivalente em produtos; prazos mínimos de arrendamento e limites de vigência para os vários tipos de atividades agrícolas; bases para as renovações convencionadas; formas de extinção ou rescisão; direito e modos de indenização ajustados quanto às benfeitorias realizadas. O arrendamento rural é disciplinado pelos arts. 95 e seguintes da Lei n. 4.504/64, com as modificações introduzidas pelos arts. 13 e 15 da Lei n. 4.947/66, art. 1º da Lei n. 11.443/2007 e arts. 1º e seguintes do Decreto n. 59.566/66. O arrendamento caracteriza-se pelo pagamento de uma renda anual ao proprietário ou a quem lhe faça as vezes, por parte do arrendatário (*JB*, *161*:127, *167*:143, *162*:166, *150*:96 e 62; *Ciência Jurídica*, *11*:59, *5*:142, *15*:70). Tal renda ou remuneração será ajustada pelos contraentes, não podendo, qualquer que seja a forma de pagamento estipulada, ser superior a 15% do valor cadastral do imóvel, incluídas as benfeitorias que entrarem na composição do contrato, salvo se o arrendamento for parcial e recair apenas em glebas selecionadas para fins de exploração intensiva de alta rentabilidade, caso em que a remuneração poderá ir até o limite máximo de 30% do valor cadastral (Lei n. 4.504/64, art. 95, XII, com redação da Lei n. 11.443/2007; *RT*, *548*:207). O Decreto n. 3.993/2001 (arts. 1º a 9º) regulamenta o art. 95-A da Lei n. 4.504/64, que instituiu o Programa de Arrendamento Rural para a Agricultura Familiar, com o objetivo de proporcionar o atendimento complementar de acesso à terra por parte dos agricultores e trabalhadores rurais, mediante a sistematização da oferta de negócios agropecuários para a realização de parcerias e arrendamentos rurais.

Para a implementação dos objetivos do Programa, os agricultores e trabalhadores rurais poderão constituir entidades societárias por cotas em forma consorcial ou condominial, com a denominação de "consórcio" ou "condomínio", nos termos do art. 14 da Lei n. 4.504, de 30 de novembro de 1964. O condomínio agrário consiste no agrupamento de pessoas físicas ou jurídicas constituído em sociedade por cotas, mediante fundo patrimonial preexistente, com o objetivo de produzir bens, comprar e vender, prestar serviços, que envolvam atividades agropecuárias, extrativistas vegetal, silviculturais, artesanais, pesqueiras e agroindustriais, cuja duração é por tempo indeterminado. O fundo patrimonial do condomínio agrário poderá ser integralizado com bens móveis, imóveis ou moeda corrente, como dispuser o seu estatuto.

O consórcio é o agrupamento de pessoas naturais ou jurídicas constituído em sociedade por quotas, com o objetivo de produzir, prestar serviços, comprar e vender, quando envolver atividades agropecuárias, extrativistas vegetal, silviculturais, artesanais, pesqueiras e agroindustriais, cuja duração é por tempo indeterminado. E a bolsa de arrendamento seria o local no qual são estabelecidos os contatos de oferta e procura de terras, máquinas, equipamentos agrícolas e animais, para parcerias e arrendamentos, e onde se presta assessoria para a organização e contratação desses negócios.

O estatuto social do consórcio ou condomínio estabelecerá a forma de adesão, de remuneração e de distribuição dos resultados. O arrendamento rural objeto do Programa poderá incidir sobre a terra nua, bem como sobre as benfeitorias úteis e necessárias à exploração do imóvel arrendado, além daquelas indispensáveis à habitação dos arrendatários. Os imóveis susceptíveis de arrendamento ou parceria deverão apresentar potencialidade de exploração sustentável de seus recursos naturais e infraestrutura produtiva capaz de, com baixo nível de investimento adicional, dar o suporte socioeconômico às famílias demandantes. A utilização de áreas protegidas relativas à conservação dos recursos naturais e à preservação e proteção do meio ambiente deve ser realizada em consonância com os preceitos legais. As áreas deverão estar livres de invasões, litígios e penhoras ou quaisquer outros ônus ou impedimentos legais que possam inviabilizar a celebração do contrato. O arrendatário ao amparo do Programa deverá, individualmente ou como membro de um consórcio ou condomínio, enquadrar-se nas normas da agricultura familiar, ficando vedado arrendar área superior ao limite de área de quatro módulos fiscais da região, ou manter, simultaneamente, mais de um contrato de arrendamento de terra, para se beneficiar dos créditos e outros instrumentos da espécie. Poderão participar do Programa, como arrendatários, grupos organizados de:

a) trabalhadores rurais não proprietários de estabelecimento rural, que comprovadamente possuam experiência na atividade agropecuária;

b) famílias que vivem em condições de subemprego, residentes nas periferias das cidades, que comprovem experiência na atividade agropecuária;

c) agricultores proprietários de imóveis cuja área seja, comprovadamente, insuficiente para gerar renda capaz de lhes propiciar o próprio sustento e de sua família;

d) filhos maiores de pequenos proprietários rurais que desejam iniciar seu próprio empreendimento rural.

Os imóveis arrendados que integrarem o Programa de Arrendamento Rural não serão objeto de desapropriação para fins de Reforma Agrária, enquanto se mantiverem arrendados (art. 95-A, parágrafo único, da Lei n. 4.504/64, com redação de medida provisória, e art. 7º do Dec. n. 3.993/2001, que o regulamenta).

f.2. Requisitos

O contrato de parceria rural reclama a observância de certos requisitos[534]:

1º) *Subjetivos*, pois requer capacidade para contratar e consentimento livre e espontâneo, isto é, escoimado de qualquer vício, de ambas as partes, seja ele expresso, se manifestado oralmente ou mediante o competente instrumento jurídico, ou tácito, se oriundo de atos que autorizem o seu reconhecimento. Exige, além disso, que o parceiro-outorgante tenha titularidade suficiente para conceder ao outro o imóvel, isto é, não será preciso que ele seja proprietário, bastando que possua o direito de conceder o uso e gozo da coisa a terceiro. Logo, poderão ser parceiros-outorgantes: o proprietário, o usufrutuário, o administrador e o credor anticrético.

2º) *Objetivos*, por exigir que seu objeto – o uso ou a posse temporária da terra e de animais (bovinos, equinos, suínos, ovinos e caprinos) pelo parceiro-outorgado, conforme sua destinação – seja lícito, possível, determinável e suscetível de apreciação econômica. Realmente, se o contrato de parceria visa, p. ex., a utilização do solo como fator de produção, será inaceitável a sua celebração, se tiver por objeto imóvel rural improdutivo, sem valor econômico.

3º) *Formais*, pois, sendo contrato consensual, sua forma é livre; poderá ser, então, celebrado por escrito ou verbalmente (Dec. n. 59.566/66, art. 11; *JB, 165*:192), mas a forma escrita será conveniente apenas *ad probationem*. Se for feito por escrito, deverá obedecer a uma forma rígida, contendo: *a*) lugar e data da assinatura do contrato; *b*) nome completo e endereço dos contraentes; *c*) características do parceiro-outorgante (espécie, capital registrado e data da constituição, se pessoa jurídica, e tipo e número de registro de do-

---

534. Telga de Araújo, Contrato agrário, cit., v. 19, p. 171, 172 e 176; Bassil Dower, *Curso moderno de direito civil*, cit., p. 244 e 246; Serpa Lopes, *Curso*, cit., p. 561-4; Clóvis Beviláqua, *Código Civil*, cit., v. 5, ns. 215, 254 e 247; Leis n. 9.138/95 e 9.848/99 e Resolução n. 2.238/96 do BACEN sobre crédito rural. *Vide* ainda: Decreto n. 3.991/2001, sobre Programa Nacional de Fortalecimento de Agricultura Familiar (PRONAF); Lei n. 8.171/91, art. 48, §§ 1º e 2º, sobre crédito rural destinado a agricultor familiar; Decreto n. 3.992/2001 (revogado pelo Dec. n. 4.854/2003), sobre o Conselho Nacional de Desenvolvimento Rural Sustentável (CNDRS). Sobre política agrícola: Lei n. 10.990, de 13-12-2004, que altera o art. 25 da Lei n. 8.171/91.

cumento de identidade, nacionalidade e estado, se pessoa física) e sua qualidade (proprietário, usufrutuário, usuário e possuidor); *d*) característica do parceiro-outorgado (pessoa natural ou conjunto familiar); *e*) objeto do contrato, tipo de atividade e destinação do imóvel ou dos bens; *f*) identificação do imóvel e número do seu registro no cadastro de Imóveis Rurais do Instituto Nacional de Colonização e Reforma Agrária – INCRA (constante do Recibo de Entrega de Declaração, do Certificado de Cadastro e do Recibo do Imposto Territorial Rural); *g*) descrição da gleba (localização no imóvel, limites e confrontações, e áreas em hectares e instalações), dos equipamentos especiais, dos veículos, máquinas, implementos e animais de trabalho, e, ainda, dos demais bens e das facilidades com que concorre o parceiro-outorgante; *h*) prazo de duração, condições de partilha dos frutos, produtos ou lucros havidos, com expressa menção dos modos, formas e épocas dessa partilha; *i*) cláusulas obrigatórias, tais como (Lei n. 4.947/66, art. 13): proibição de renúncia dos direitos ou vantagens estabelecidas em leis ou regulamentos por parte do parceiro-outorgado; observância de normas de conservação dos recursos naturais; fixação, em quantia certa, do preço da parceria a ser paga em frutos, produtos ou lucros; bases para as renovações convencionadas; causas de extinção e rescisão; direito e formas de indenização quanto às benfeitorias realizadas, com anuência do parceiro-outorgante, e quanto aos danos substanciais causados pelo parceiro-outorgado por práticas predatórias na área de exploração ou nas benfeitorias, instalações e equipamentos especiais, veículos, máquinas, implementos ou ferramentas a ele cedidos; observância de normas visando à proteção social e econômica do parceiro-outorgado (como: 1) concordância do parceiro-outorgante à solicitação de crédito rural feita pelo parceiro-outorgado; 2) cumprimento das proibições de prestação de serviço gratuito pelo parceiro-outorgado; exclusividade da venda dos frutos ou produtos ao parceiro-outorgante; obrigatoriedade do beneficiamento da produção em estabelecimento determinado pelo parceiro-outorgante; obrigatoriedade de aquisição de gêneros e utilidades em armazéns ou barracões determinados pelo parceiro-outorgante; aceitação, pelo parceiro-outorgado, do pagamento de sua parte em ordens, vales, borós, ou qualquer outra forma regional substitutiva da moeda; 3) direito e oportunidade de dispor dos frutos e produtos na forma estabelecida pelo art. 96, V, *f*, do Estatuto da Terra); *j*) foro do contrato; *k*) assinatura dos contratantes ou de pessoa a seu rogo e de quatro testemunhas idôneas, se analfabetos ou não puderem assinar (Dec. n. 59.566/66, art. 12).

No setor rural, ante o analfabetismo de grande parte da população, predomina a forma verbal, hipótese em que se presumirão obrigatórias as cláusulas enumeradas no art. 13 da Lei n. 4.947/66, restabelecidas no art. 13 do Decreto n. 59.566/66.

Os contratos agrários, como já apontamos em linhas anteriores, poderão ser provados por testemunhas, qualquer que seja o seu valor e sua forma (ET, art. 92, § 8º; Dec. n. 59.566/66, art. 14). E, embora sejam contratos sem forma especial, será necessário instrumento devidamente registrado para os parceiros fazerem valer seus direitos em relação a terceiros.

f.3. Espécies

Em nosso direito há várias *espécies* de parceria rural, quais sejam[535]:

1ª) *Parceria agrícola*, se o objeto do contrato agrário for o uso temporário de imóvel rural, com a finalidade de nele ser exercida atividade de exploração e produção vegetal (Dec. n. 59.566/66, art. 5º, I; CPC, art. 1.063; Lei dos Juizados Especiais, art. 3º, II), repartindo-se os frutos resultantes dessa exploração entre os contraentes. Apenas há produção vegetal e repartição do produto vegetal. Essa atividade de produção visa obter gêneros vegetais consumidos pelo homem, não incluindo a formação de pastagens e forrageiras, plantios de árvores para o corte e beneficiamento de madeiras, e a exploração de plantas nativas. Uma pessoa cede, portanto, a outra prédio rústico para ser cultivado de acordo com as condições do solo. O parceiro-outorgado terá de explorar a terra conforme a destinação prevista no contrato. Assim, se o contrato prevê o cultivo de arroz, o parceiro-outorgado não poderá adotar outra forma de exploração agrícola (*RT*, *786*:324, *654*:138 e 140, *601*:154 e 169, *503*:221, *154*:227, *289*:628, *431*:150, *259*:62; *RJTJSP*, *3*:143; *RJTJRS*, *6*:212).

---

535. Lima Stefanini, Parceria agrícola, in *Enciclopédia Saraiva do Direito*, v. 57, p. 88; Telga de Araújo, Parceria agrícola, cit., v. 57, p. 90; J. Motta Maia, Parceria agrícola, cit., v. 57, p. 92; Telga de Araújo, Parceria pecuária no Estatuto da Terra, in *Enciclopédia Saraiva do Direito*, v. 57, p. 111; Parceria extrativa, in *Enciclopédia Saraiva do Direito*, v. 57, p. 102; Parceria agroindustrial, in *Enciclopédia Saraiva do Direito*, v. 57, p. 101, e Parceria mista, in *Enciclopédia Saraiva do Direito*, v. 57, p. 110; Rafael Augusto de Mendonça Lima, Parceria agroindustrial, in *Enciclopédia Saraiva do Direito*, v. 57, p. 100 e 101, e *Direito agrário*, Rio de Janeiro, Freitas Bastos, 1977, p. 138 e s.; Bassil Dower, *Curso moderno de direito civil*, cit., p. 247. Sobre parceria pecuária *vide* Lei n. 4.714/65, que regula o uso de marca de fogo no gado bovino; Lei n. 4.716/65, que dispõe sobre registros genealógicos de animais domésticos; e Lei n. 4.504/64, arts. 96 e s.; Resolução BACEN n. 2.103/94 (revogada pela Res. n. 3.224/2004) sobre regulamento do PROAGRO. O art. 96, parágrafo único, do Estatuto da Terra, trata da falsa parceria ou prestação de serviço rural.

2ª) *Parceria pecuária*, se o contrato agrário tiver por objeto a cessão de animais para cria, recria, invernagem e engorda, mediante partilha proporcional dos riscos e dos frutos ou lucros havidos (Dec. n. 59.566/66, arts. 4º, 5º, II; *RT*, *482*:198; *EJSTJ*, *24*:154).

3ª) *Parceria agroindustrial*, se o contrato agrário objetivar cessão de uso do imóvel rural ou de maquinaria e implementos, tendo por finalidade a produção agrícola, pecuária ou florestal, ou a exploração de bens vitais e sua transformação para a venda, partilhando-se entre os contraentes os riscos do empreendimento e os lucros na proporção estabelecida no contrato, dentro dos limites e condições legais (Dec. n. 59.566/66, art. 5º, III). Na parceria agroindustrial exerce-se atividade de transformação de produto agrícola, pecuário ou florestal. Transformam-se os produtos cultivados em novos produtos. Sua finalidade seria a produção agrícola, pecuária ou florestal ou a exploração de bens vitais e sua transformação para venda. Há uma cessão de uso do imóvel rural ou de maquinaria e implementos, para neles produzir ou deles explorar os bens vitais, com o único escopo de transformar o produto obtido ou o bem para a venda. Vende-se a matéria-prima transformada.

4ª) *Parceria extrativa*, se o objeto do contrato agrário for a cessão do uso do imóvel ou de animais de qualquer espécie, com o objetivo de ser exercida atividade extrativa de produto agrícola, animal ou florestal (Dec. n. 59.566/66, art. 5º, IV). Na atividade extrativa extraem-se certos produtos da natureza, sem lhes alterar os caracteres ou a substância; p. ex.: cultivo de seringueiras para extração do látex; cultivo de árvores para colheita de seus frutos; criação de gado para extração de leite etc. Pode ser, portanto, vegetal ou animal.

5ª) *Parceria mista*, se o objeto da cessão abranger mais de uma das modalidades de parceria. É o contrato agrário em que a cessão integral ou parcial do imóvel rural tem por objeto atividade que abranja mais de uma das modalidades de parceria definidas na lei: agrícola, pecuária, agroindustrial, e extrativa animal ou vegetal (Dec. n. 59.566/66, art. 5º, V). Na mista cede-se o uso da propriedade rural para, p. ex., nela se exercer atividade de produção vegetal, repartindo-a *in natura* e a transformando para venda (parceria agrícola e agroindustrial).

f.4. Consequências jurídicas

Elaborado o contrato de parceria, surge uma série de direitos e deveres para o parceiro-outorgante e para o parceiro-outorgado, pois[536]:

---

536. Osiris Rocha, Parceria, in *Enciclopédia Saraiva do Direito*, v. 57, p. 86; Bassil Dower,

1º) os parceiros poderão, a qualquer tempo, se assim deliberarem, transformar o contrato de parceria em arrendamento;

2º) o parceiro-outorgado terá direito de preferência para novo contrato (ET, art. 96, II; *RT*, *544*:238) com o parceiro-outorgante;

3º) o parceiro-outorgante poderá exigir a partilha dos frutos e lucros havidos. O art. 93 do Estatuto da Terra proíbe a venda exclusiva ao outorgante dos frutos ou da colheita, salvo na hipótese em que o último tiver financiado o primeiro, quando, então, lhe será lícito exigir do outorgado a parcela dos frutos correspondentes ao valor do financiamento. O proprietário poderá, portanto, exigir a venda da colheita até o limite do financiamento concedido, observados os níveis de preços do mercado local. E, além disso, nenhum dos contraentes poderá dispor dos frutos ou produtos havidos antes de efetuada a partilha, devendo o parceiro-outorgado avisar o parceiro-outorgante, com certa antecedência, da data em que iniciará a colheita ou a repartição dos produtos pecuários;

4º) o parceiro-outorgante deverá entregar o imóvel rústico e os animais (objeto do contrato) na data estabelecida ou conforme os usos locais, assegurando ao parceiro-outorgado o uso desses bens durante o contrato (Dec. n. 59.566/66, art. 40, I e II);

5º) o parceiro-outorgante deverá assegurar ao parceiro-outorgado residência higiênica e área suficiente para horta e criação de animais de pequeno porte (ET, art. 96, IV; Dec. n. 59.566/66, art. 48, § 1º);

Curso moderno de direito civil, cit., p. 250; Marcos Afonso Borges, op. cit., p. 130 e 131; Telga de Araújo, Parceria agrícola, cit., v. 57, p. 90; Parceria pecuária, cit., v. 57, p. 114, e Contrato agrário, in *Enciclopédia Saraiva do Direito*, v. 19, p. 178, 181, 182, 183, 185 e 187-9. Todos os direitos e deveres do parceiro-outorgante e do parceiro-outorgado são os mesmos do arrendador e do arrendatário (Dec. n. 59.566/66, art. 48; Estatuto da Terra, art. 96, VII). Pela Constituição Federal de 1988, art. 195, § 8º, o parceiro e arrendatários rurais, bem como seus cônjuges, que exerçam suas atividades em regime de economia familiar, sem empregados permanentes, contribuirão para a seguridade social mediante a aplicação de uma alíquota sobre o resultado da comercialização da produção e farão jus aos benefícios legais. É vedado o contrato de "vaca papel", contrato que acoberta pagamento de taxa de juros acima da permitida por lei, simulando parceria com devolução em dobro de cabeças de gado em caso de mora e com obrigação de pagar as crias ou os frutos da produção normal do rebanho. Assim, vencido o prazo, o devedor não entrega as reses estipuladas, mas dinheiro e altos juros. Desvirtua o art. 1º do Decreto n. 22.626/33 e os arts. 4º e 5º do Decreto n. 59.566/66 (STJ, REsp 19.631-9, rel. Cesar Asfor Rocha). *Vide* Decreto n. 3.048/99.

6º) o parceiro-outorgante que romper a parceria antes do seu término, sem justa causa, deverá compor os danos causados ao parceiro-outorgado (*RT*, *518*:218);

7º) o parceiro-outorgante poderá alienar o imóvel rural ou instituir ônus real sobre ele (Lei n. 4.504/64, art. 92, § 5º; *RT*, *506*:178), hipótese em que o adquirente ou o beneficiário ficará sub-rogado nos direitos e obrigações do alienante ou do instituidor do ônus;

8º) o parceiro-tratador deverá criar e tratar os animais como se fossem seus, assumindo a responsabilidade da assistência médico-veterinária, mas o parceiro-outorgante deverá assegurar as despesas com o tratamento e criação de animais, não havendo acordo em contrário (ET, art. 96, III; Dec. n. 59.566/66, art. 48, § 2º);

9º) o parceiro-outorgante deverá fazer todas as obras e reparos necessários à conservação do imóvel e à continuidade do seu uso (Dec. n. 59.566/66, art. 40, III);

10) o parceiro-outorgante deverá pagar taxas, impostos e qualquer contribuição que incida sobre o imóvel rural cedido, se outra coisa não se convencionou (Dec. n. 59.566/66, art. 40, IV);

11) o parceiro-outorgado não poderá dispor dos animais objeto da parceria, a não ser que haja disposição em contrário;

12) o parceiro-outorgado, findo o contrato, deverá restituir os animais de cria, de corte ou de trabalho em igual número, espécie, qualidade e quantidade (ET, art. 95, IX), e devolver o imóvel como o recebeu, com seus acessórios, salvo as deteriorações naturais ao uso regular (Dec. n. 59.566/66, art. 41, V);

13) o parceiro-agrícola, ao cultivar a terra, deverá atender aos requisitos estabelecidos no art. 38 do Decreto n. 59.566/66, para que se considere adequada a forma de exploração da terra, ou seja: *a*) *eficiente*, quando a área utilizada nas várias explorações atingir porcentagem superior a 50% de sua área agricultável; *b*) *direta* e *pessoal*, nos termos do art. 8º do Decreto n. 59.566/66; *c*) *correta*, quando usar técnicas conservacionistas e empregar, no mínimo, tecnologia corrente na região e as formas de exploração social estabelecidas como mínimas para cada região;

14) o parceiro-outorgado deverá partilhar os frutos e lucros conforme se ajustou (Dec. n. 59.566/66, art. 41, I);

15) o parceiro-outorgado deverá usar o imóvel rural como se convencionou, tratando-o como se fosse seu, não podendo mudar sua destinação contratual (Dec. n. 59.566/66, art. 41, II);

16) o parceiro-outorgado deverá levar ao conhecimento do proprietário qualquer ameaça, turbação ou esbulho contra a sua posse (Dec. n. 59.566/66, art. 41, III);

17) o parceiro-outorgado poderá realizar benfeitorias nos imóveis rurais objeto do contrato agrário (Dec. n. 59.566/66, arts. 24 e 41, IV; Lei n. 4.504/64, art. 95, VIII, com redação da Lei n. 11.443/2007), e terá direito, terminado o contrato, à indenização das necessárias e úteis, podendo retê-las até receber a importância a elas relativa (*RT*, *472*:192). Só será indenizado das voluptuárias se as tiver feito com expressa autorização do parceiro-outorgante;

18) o parceiro-outorgado será despejado (Dec. n. 59.566/66, art. 32): *a*) ao término do prazo contratual ou de sua renovação; *b*) se ceder ou emprestar o imóvel rural, no todo ou em parte, sem o prévio e expresso consentimento do outorgante; *c*) se não proceder à partilha no prazo convencionado; *d*) se causar dano às colheitas ou à gleba cedida por dolo ou culpa; *e*) se mudar a destinação do imóvel rural; *f*) se abandonar total ou parcialmente o cultivo; *g*) se não observar as normas obrigatórias do art. 13 do Decreto n. 59.566/66; *h*) se houver retomada; *i*) se cometer infração grave de obrigação legal ou contratual. A ação de despejo obedecerá ao rito estabelecido pelo Código de Processo Civil, art. 1.063, ou seja, o da LJE, art. 3º, II, qualquer que seja o valor do contrato agrário visto que o revogado CPC, no art. 275, II, *a*, requeria, para tanto, rito sumário. A ação de despejo é, portanto, a ação própria para compelir o parceiro-outorgado a desocupar o imóvel, mas se ele insistir em continuar no imóvel cabível será a ação de reintegração de posse;

19) o parceiro-outorgado que sai, findo o contrato, deverá permitir ao que entra a prática de atos necessários à realização dos trabalhos preparatórios para o ano seguinte. E o que entra deverá permitir ao que sai todos os meios indispensáveis à realização dos trabalhos preparatórios para a ultimação da colheita, de acordo com os usos e costumes do lugar.

Tais direitos e deveres do parceiro-outorgante e do parceiro-outorgado são os mesmos do arrendador e do arrendatário (Dec. n. 59.566/66, art. 48).

f.5. Extinção

Segundo o Decreto n. 59.566/66, arts. 26 e 27, extinguir-se-á a parceria[537]:

537. Telga de Araújo, Parceria pecuária, cit., v. 57, p. 115, e Contrato agrário, cit., v. 19, p. 184 e 185; Bassil Dower, *Curso moderno de direito civil*, cit., p. 252 e 253; M. Helena Diniz, *Tratado*, cit., v. 2, p. 495-521.

1º) pelo término do prazo contratual e do de sua renovação;

2º) pela retomada;

3º) pela aquisição do imóvel por parte do parceiro-outorgado, pois nesse caso passará a ocupar, além da posição de parceiro-outorgado, a de parceiro-outorgante;

4º) pelo distrato ou rescisão do contrato, isto é, se ambas as partes desfizerem o contrato de comum acordo;

5º) pela extinção do direito do parceiro-outorgante; p. ex.: se ele vier a perder o usufruto, o contrato agrário cessará;

6º) pela impossibilidade de execução do contrato devido a força maior (Dec. n. 59.566/66, art. 27);

7º) pela sentença judicial irrecorrível que o anula;

8º) pela perda do imóvel rural, por avalanche, inundação, erosão que retire a fertilidade da terra etc.;

9º) pela desapropriação, total ou parcial, do imóvel rural; se a desapropriação for parcial, o parceiro-outorgado poderá optar pela redução proporcional da renda ou pela rescisão contratual (Dec. n. 59.566/66, art. 30);

10) pela resolução, pelo inadimplemento das obrigações contratuais, devendo o culpado indenizar perdas e danos (Dec. n. 59.566/66, art. 27);

11) pela morte do parceiro-outorgado, se pessoa natural.

A morte do parceiro-outorgante não extingue o contrato, que passará aos herdeiros; depois de partilhado o imóvel, um ou todos os condôminos poderão retomá-lo, em parte ou em sua totalidade, notificando o parceiro-outorgado seis meses antes do vencimento do contrato. O falecimento do parceiro-outorgado também não extingue o contrato, desde que aquele seja um conjunto familiar (Dec. n. 59.566/66, arts. 4º, parágrafo único, 12, IV), pois nesse caso outra pessoa devidamente qualificada prosseguirá na execução do contrato (Dec. n. 59.566/66, art. 26, parágrafo único).

QUADRO SINÓTICO

PARCERIA RURAL

1. DEFINIÇÃO	• Parceria rural é o contrato agrário pelo qual uma pessoa cede a outra, por tempo determinado ou não, o uso específico de prédio rústico de parte ou partes dele, incluindo, ou não, benfeitorias, outros bens e/ou facilidades, para que nele exerça atividade de exploração agrícola, pecuária, agroindustrial, extrativa vegetal e/ou mista, ou lhe entrega animais para cria, recria, invernagem, engorda ou extração de matérias-primas de origem animal, partilhando, isolada ou cumulativamente, os riscos, frutos, produtos ou lucros havidos, nas proporções estipuladas, observados os limites percentuais de lei (Dec. n. 59.566/66, art. 4º; Lei n. 4.504/64, art. 96, § 1º, com a redação da Lei n. 11.443/2007).	
2. CARACTERÍSTICAS	• Presença do parceiro-outorgante e do parceiro-outorgado (Dec. n. 59.566/66, arts. 4º, parágrafo único, 26, parágrafo único). • Natureza contratual: contrato bilateral, oneroso, consensual, aleatório, *intuitu personae*, temporário. • Partilha de riscos (Dec. n. 59.566/66, art. 36). • Participação do parceiro-outorgante nos frutos, produtos ou lucros havidos (Lei n. 4.504/64, art. 96, com alteração da Lei n. 11.443/2007).	
3. REQUISITOS	• Subjetivos	• Capacidade para contratar. • Consentimento livre e espontâneo. • Titularidade suficiente do parceiro-outorgante para conceder imóvel.
	• Objetivos	• Objeto lícito, possível, determinável e suscetível de apreciação econômica.
	• Formais	• Forma livre. • Forma escrita (Dec. n. 59.566/66, arts. 11, 12, 13 e 14; ET, art. 92, § 8º).
4. ESPÉCIES	• Parceria agrícola (Dec. n. 59.566/66, art. 5º, I). • Parceria pecuária (Dec. n. 59.566/66, arts. 4º e 5º, II). • Parceria agroindustrial (Dec. n. 59.566/66, art. 5º, III). • Parceria extrativa vegetal ou animal (Dec. n. 59.566/66, art. 5º, IV). • Parceria mista (Dec. n. 59.566/66, art. 5º, V).	

5. CONSEQUÊNCIAS JURÍDICAS	• Parceiros poderão, a qualquer tempo, transformar o contrato de parceria em arrendamento. • Parceiro-outorgado terá direito de preferência para novo contrato (ET, art. 96, II). • Parceiro-outorgante poderá exigir partilha dos frutos, produtos e lucros havidos (ET, art. 93). • Parceiro-outorgante deverá entregar os bens e assegurar o seu uso (Dec. n. 59.566/66, art. 40, I e II). • Parceiro-outorgante deverá assegurar ao parceiro-outorgado residência higiênica e área suficiente para horta e criação de animais de pequeno porte (Dec. n. 59.566/66, art. 48, § 1º). • Parceiro-outorgante que romper o contrato antes do término, sem justa causa, deverá compor os prejuízos causados ao parceiro-outorgado (*RT*, *518*:218). • Parceiro-outorgante poderá alienar o imóvel rural ou instituir ônus real sobre ele, mas o adquirente ou beneficiário sub-rogar-se-á nos direitos e obrigações do alienante ou do instituidor do ônus (Lei n. 4.504/64, art. 92, § 5º). • Parceiro-outorgado deverá tratar dos animais como se fossem seus (ET, art. 96, III; Dec. n. 59.566/66, art. 48, § 2º). • Parceiro-outorgante deverá fazer obras e reparos necessários à conservação do imóvel e à continuidade de seu uso (Dec. n. 59.566/66, art. 40, III). • Parceiro-outorgante deverá pagar tributos que incidam sobre o imóvel (Dec. n. 59.566/66, art. 40, IV). • Parceiro-outorgado não poderá dispor dos animais. • Parceiro-outorgado deverá restituir os bens, findo o contrato (ET, art. 95, IX; Dec. n. 59.566/66, art. 41, V). • Parceiro-agrícola deverá atender aos requisitos do art. 38 do Dec. n. 59.566/66. • Parceiro-outorgado deverá partilhar os frutos e lucros (Dec. n. 59.566/66, art. 41, I). • Parceiro-outorgado deverá usar o imóvel como se convencionou, tratando-o como se fosse seu (Dec. n. 59.566/66, art. 41, II). • Parceiro-outorgado deverá levar ao conhecimento do proprietário qualquer ameaça, turbação ou esbulho contra a sua posse (Dec. n. 59.566/66, art. 41, III). • Parceiro-outorgado poderá realizar benfeitorias necessárias e úteis, e terá direito a receber indenização, podendo retê-las até obter tal pagamento (Dec. n. 59.566/66, arts. 24 e 41, IV; Lei n. 4.504/64, art. 95, VIII, com redação da Lei n. 11.443/2007). • Parceiro-outorgado só poderá ser despejado nos casos arrolados no art. 32 do Dec. n. 59.566/66. • Parceiro-outorgado que sai, findo o contrato, deverá permitir ao que entra a prática de atos necessários à realização de trabalhos preparatórios. E o que entra deverá permitir ao que sai os meios indispensáveis à realização dos trabalhos preparatórios para a ultimação da colheita.

6. EXTINÇÃO (DEC. N. 59.566/66, ARTS. 26 E 27)	• Término do prazo contratual. • Retomada. • Aquisição do imóvel pelo parceiro-outorgado. • Distrato. • Extinção do direito do parceiro-outorgante. • Impossibilidade de execução do contrato por força maior. • Sentença judicial irrecorrível que o anula. • Perda do imóvel rural. • Desapropriação. • Resolução por inadimplemento das obrigações contratuais. • Morte do parceiro-outorgado, se pessoa natural.

G. Contrato de capitalização

O contrato de capitalização consiste no ajuste pelo qual uma das partes (aderente) se compromete a entregar, durante certo tempo, uma prestação pecuniária mensal à outra (companhia capitalizadora), que, por sua vez, se obriga a pagar, no vencimento do contrato ou antes dele, se der o número do contrato em um dos sorteios periódicos, o total das prestações realizadas, acrescido de juros. Por esse contrato, um dos contraentes pagará ao outro contribuições periódicas para receber, em determinado prazo, certo capital acumulado, acrescido de juros, cujo pagamento poderá ser antecipado mediante sorteio (Dec.-Lei n. 261/67; Lei n. 8.177/91, art. 29; Circulares n. 284/2005 (revogada pela Circular n. 509/2015), 23/91 (revogada pela Circ. n. 3/96), 7/97 (revogada pela Circ. 220/2002), 130/2000 (revogada pela Circ. n. 365/2008), 376/2008 (alterada pela Circular n. 506/2014) e n. 460/2012 (com modificação da Circular n. 504/2014) da SUSEP; CF/88, art. 21, VIII).

Percebe-se que o aderente ou prestamista receberá um título, emitido pela sociedade de capitalização, contendo as cláusulas do contrato e as condições de operação, submetido a sorteios periódicos, passando a fazer jus ao recebimento antecipado do capital inscrito, se for o premiado ou o beneficiado pelo sorteio realizado pela companhia capitalizadora, que deverá ser sociedade anônima nacional, constituída mediante prévia autorização do governo federal. A sorte só intervém para determinar a época do pagamento antecipado de um lucro já adquirido.

Capitalizar é, portanto, colocar à renda as somas destinadas a se transformarem em somas superiores às entregues[538].

538. Sobre essa modalidade contratual, consulte: Serpa Lopes, *Curso*, cit., v. 4, p. 430-6; Caio M. S. Pereira, *Instituições*, cit., p. 436; W. Barros Monteiro, op. cit., p. 332; Weber, *Traité des sociétés de capitalisation*, 2. ed., 1931; Orlando Gomes, *Contratos*, cit., p. 521 e 522; Martin, *Le contrat de capitalisation*, Paris, 1923; Messineo, *Manuale*, cit., v. 3, § 162; Sumien, op. cit., ns. 273 a 281; Picard e Besson, *Les assurances terrestres en droit français*, Paris, 1950, n. 396, p. 573 e 574; Circular n. 7/91 (revogada pela Circ. n. 255/2004) da SUSEP; Lei n. 7.689/88, art. 3º, com redação da Lei n. 13.169/2015; Lei n. 7.944/89 (revogada pela Lei n. 12.249/90); Resolução n. 4.221, de 23 de maio de 2013 (revogada pela Resolução n. 4.444/2015), do BACEN, altera os Anexos I e II da Resolução n. 3.308, de 31 de agosto de 2005, que disciplina a aplicação dos recursos das reservas, das provisões e dos fundos das sociedades seguradoras, das sociedades de capitalização e das entidades abertas de previdência complementar, bem como a aceitação dos ativos correspondentes como garantidores dos respectivos recursos, na forma da legislação e da regulamentação em vigor; Circular SUSEP dispõe sobre o recadastramento dos corretores de seguros, capitalização e previdência complementar aberta, pessoas físicas ou jurídicas.

QUADRO SINÓTICO

CONTRATO DE CAPITALIZAÇÃO	• O contrato de capitalização consiste no ajuste pelo qual uma das partes (aderente ou prestamista) se compromete a entregar, durante certo tempo, uma prestação pecuniária mensal à outra (companhia capitalizadora), que, por sua vez, se obriga a pagar, no vencimento do contrato ou antes dele, se der o número do contrato em um dos sorteios periódicos, o total das prestações realizadas, acrescido de juros.

H. CONTRATOS BANCÁRIOS

h.1. Generalidades

O banco ou instituição financeira – empresa que tem por fim realizar a mobilização do crédito, mediante o recebimento, em depósito, de capitais de terceiros, e o empréstimo de importância, em seu próprio nome, aos que necessitam de capital – domina a vida quotidiana; não há classe social que a ele não se dirija, recolhendo suas economias ou levantando capitais. Para poder atingir sua finalidade, o banco realiza várias operações, dinamizando o crédito, tornando-se ora devedor da pessoa com quem transaciona, ora credor. Assim, se recolher capital, passará a ser devedor dos clientes, realizando, então, operação passiva, como o são, p. ex., o depósito e o redesconto. Na operação passiva, ao receber de seu cliente numerário pelo qual se responsabilizará, o banco ficará sendo seu devedor, pois embora adquira propriedade desse numerário, por ser bem fungível, será obrigado a restituir outro do mesmo valor, qualidade e quantidade. Se aplicar suas disponibilidades concedendo crédito, praticará operação ativa, como empréstimo, descontos, antecipação, abertura de crédito, cartas de crédito, conta-corrente, financiamento. Essas operações são praticadas pelo banco na qualidade de credor, pois empregará não apenas o seu capital como o numerário recebido de terceiro, que passa ao seu domínio por ser bem fungível. Ao aplicar esse numerário, o banco cobrará uma taxa de juros.

Além dessas operações típicas, há as acessórias, que são realizadas pelo banco para a prestação de serviços que pode executar com maior segurança do que o particular, facilitando a vida da clientela, como a custódia de valores e o aluguel de cofres.

Todas essas operações bancárias poderão ser consideradas como contratos, por haver acordo entre as partes, criando obrigações.

Os *contratos bancários* são negócios jurídicos em que uma das partes é uma empresa autorizada a exercer atividades próprias de bancos. Assim, esses contratos, apesar de específicos do comércio bancário, poderão ser praticados por comerciantes não banqueiros. Se efetivados sem a participação de um banco, entrarão nos seus esquemas típicos, porém só serão operações bancárias se uma das partes for um banco[539].

h.2. Depósito bancário

h.2.1. Definição

O *depósito bancário* é a operação bancária em que uma pessoa natural ou jurídica entrega determinada importância em dinheiro, com curso legal no país, a um banco, que se obrigará a guardá-la e a restituí-la quando for exigida, no prazo e nas condições ajustadas.

Podem fazer depósito os absolutamente incapazes, se representados pelos pais, tutores ou curadores, que movimentam suas contas, os relativamente incapazes, se assistidos pelo representante legal. O falido não pode

---

539. Fran Martins, op. cit., p. 497-531; Caio M. S. Pereira, *Instituições*, cit., p. 470 e 471; Orlando Gomes, *Contratos*, cit., p. 392-4; Aramy Dornelles da Luz, *Negócios jurídicos bancários*, São Paulo, Revista dos Tribunais, 1996; Nelson Abrão, *Direito bancário*, São Paulo, Saraiva, 2001; Sebastião José Roque, *Dos contratos civis-mercantis*, cit., p. 49-58; Van Ryn, op. cit., v. 3, n. 1.996; Trabucchi, op. cit., p. 774; Louis François e Norbert Henry, *Traité des opérations de change-bourse-banque*, p. 249; Sérgio Cavalieri Francisco, Responsabilidade civil das instituições bancárias por danos a correntistas e a terceiros, *JSTJ*, *16*:63-72; Silvio Luís Ferreira da Rocha, *Curso*, cit., v. 3, p. 478-87; Rui Portanova, *Limitação dos juros nos contratos bancários*, Porto Alegre, Livr. do Advogado, 2002; Gabriele Tusa, Contratos bancários, *Direito civil – direito patrimonial – direito existencial*, cit., p. 297-326; Alberto Perez, A teoria da imprevisão e os contratos bancários, *Revista Síntese – Direito Civil e Processual Civil*, 125:18-20. STF, Súmulas 28 e 596. *Vide* Lei n. 8.078/90, arts. 3º, § 2º, e 52. O Decreto n. 2.123/97 revoga o Decreto n. 97.593/89 sobre concessão para reorganização das instituições financeiras estrangeiras em funcionamento no país. *Vide*: Lei Complementar n. 105/2001, que trata da questão do sigilo das operações de instituições financeiras, ou seja, dos bancos de qualquer espécie; Instrução Normativa n. 49/2001 da Secretaria da Receita Federal, que institui documentos fiscais para controle de operações com ouro, ativo financeiro ou instrumento cambial por instituições financeiras. O Código de Defesa do Consumidor é aplicável ao serviço de natureza bancária (art. 3º, § 2º), mas não abrange empréstimo, desconto, abertura de crédito e outras operações bancárias, visto que a moeda não é suscetível de consumo, por destinar-se à circulação. Pela Lei n. 13.654/2018, as instituições que disponibilizarem caixas eletrônicos a instalar equipamentos que inutilizem cédulas de moeda corrente depositadas no interior das máquinas em caso de arrombamento, movimento brusco ou alta temperatura. *Vide* Arnoldo Wald, O direito do consumidor e suas repercussões em relação às instituições financeiras, *RT*, *666*:7-17. Consulte: *RT*, *750*:287; *Boletim AASP*, *2245*:2089, *2247*:498, *2255*:524, *2313*:697, *2307*:681, *2332*:759, *2300*:659, *2343*:790, *2337*:775 e 776, *2318*:2676. O STF (ADIn 2.591) entendeu que as instituições financeiras e bancárias se submetem ao CDC. *Vide* Súmulas 328, 379 e 381 do STJ.

fazê-lo porque seus bens estão fora de sua administração, até sua reabilitação judicial ou que cesse o estado de quebra. A pessoa jurídica só poderá fazê-lo se seu estatuto social estiver devidamente registrado.

Realmente, pelo contrato do depósito bancário, o banco recebe quantia em dinheiro ou valores monetários e se obriga a restituir ao depositante valor equivalente.

O banco adquirirá a propriedade dessa soma em dinheiro, podendo utilizá-la; às vezes, porém, deverá pagar juros, pois o cliente, na verdade, lhe está emprestando essa quantia depositada nas taxas correspondentes às espécies de contas, e em obediência às normas prescritas pelos órgãos competentes. Se houver litígio ou sendo penhorado o depósito, o banco suspenderá a devolução até a decisão judicial.

O depósito será escriturado em conta individual do depositante, e o banco deverá prestar-lhe informações a todo tempo, não podendo dá-las a terceiros, salvo exceções legais (a autoridades judiciais e fiscais, p. ex.). O depositante poderá acrescer outros depósitos à importância inicialmente depositada, que aumentarão seu saldo credor perante o banco, e cada vez que retirar uma quantia far-se-á uma dedução no seu saldo. Para controle das retiradas de numerário, o banco fornecerá ao depositante cadernetas de depósito, onde se verificará o estado da sua conta e se comprovarão as quantias que o depositante entrega ao banco. Se se tratar de contas de grande movimento, o banco fornecerá mensalmente um extrato de conta corrente. Na verdade, aquelas cadernetas estão em desuso devido à introdução dos computadores, adotando-se, atualmente, o recibo de depósito. O depositante movimentará sua conta por meio de cheque emitido contra o banco.

Se o depositante falecer, seus herdeiros poderão efetuar o levantamento, segundo o que lhes couber em partilha, exceto se o inventariante tiver autorização expressa para fazê-lo[540].

Na falta de estatuto próprio, rege-se pelas normas de mútuo e pelas aplicáveis ao depósito.

---

540. De Page, op. cit., v. 5, n. 268; Fran Martins, op. cit., p. 527; Van Ryn, op. cit., v. 3, n. 2.052; Orlando Gomes, *Contratos*, cit., p. 394-6; Hamel, *Banques et opérations de banque*, v. 2, n. 754; Caio M. S. Pereira, *Instituições*, cit., p. 472, 473 e 474; Ripert, op. cit., n. 2.133; Sérgio Carlos Covello, Depósito bancário, in *Enciclopédia Saraiva do Direito*, v. 23, p. 390-4. *Vide* Circulares do Banco Central n. 2.167/92 (revogada pela Res. n. 2.216/92), 2.252/92 (revogada pela Res. n. 2.183/95), 3.093/2002, Resolução n. 3.844/2010 e Circulares n. 2.572/95, 2.573/95 (revogada pela Circular n. 2.573/95) e 3.412/2008 (revogada pela Circ. n. 3.427/2008), e CPC, art. 854.

h.2.2. Espécies

Os depósitos bancários poderão ser[541]:

1º) *à vista*, se o depositante puder levantá-lo, total ou parcialmente, a seu bel-prazer. Poderá ser levantado a qualquer tempo, salvo se estiver bloqueado para certo fim ou penhorado;

2º) *de aviso prévio*, se o depositante puder reclamá-lo, subordinado a uma prévia comunicação do saque. Nesse caso, as retiradas sujeitar-se-ão a um aviso prévio, de modo que o depositante só poderá retirar as importâncias se der esse aviso;

3º) *a prazo fixo*, se o depositante não puder efetuar a retirada senão a termo certo (três meses, seis meses, um ano), antes do qual o banco poderá recusar-lhe o saque. A conta, durante certo prazo, não poderá ser movimentada;

---

541. Orlando Gomes, *Contratos*, cit., p. 395 e 396; Fran Martins, op. cit., p. 528 e 529; Caio M. S. Pereira, *Instituições*, cit., p. 472-4; Ruggiero e Maroi, op. cit., § 172; Escarra, *Principes de droit commercial*, v. 4, ns. 413 e s.; Sérgio Carlos Covello, Depósito bancário, in *Enciclopédia Saraiva do Direito*, v. 23, p. 390-4. Sobre depósito, *vide* Decreto-Lei n. 2.284/86, que no art. 14 acrescentou ao art. 4º da Lei n. 4.595/64 o inc. XXXII e alterou a redação do art. 1º, III, dessa Lei. Pelo Decreto-Lei n. 2.290/86, art. 15, o art. 4º do Decreto-Lei n. 1.454/76 passou a ser assim redigido: "O Banco Central do Brasil estabelecerá os períodos mínimos a serem observados pelas instituições autorizadas no recebimento de depósito a prazo fixo e na emissão de letras de câmbio de aceite dessas". *Vide:* Resoluções n. 3.844/2010 e 1.662/89 (revogada pela Res. n. 2.927/2002) do Banco Central relativas a depósitos em moedas estrangeiras, Circular n. 3.030/2001 (revogada pela Circ. n. 3.290/2005) do BACEN, sobre a identificação e o registro de operações de depósitos em cheque e de liquidação de cheques depositados em outra instituição financeira, Resolução n. 1.647/89, sobre depósitos interfinanceiros (revogada pela Resolução n. 3.399/2006), Resoluções n. 2.078/94 (revogada pela Resolução n. 2.701/96) e 2.817/2001 (revogada pela Resolução n. 3.597/2012) do Banco Central, sobre abertura e movimentação de contas de depósitos, inclusive por meio eletrônico, Circular n. 2.426/94 (revogada pela Circ. n. 2.515/94) do Banco Central, sobre depósito de poupança rural, Circulares n. 2.476/94 (revogada pela Circular n. 2.701/96) e 2.617/95 (revogada pela Circular n. 3.597/2012) do Banco Central, sobre prestação de informações relativas aos depósitos a prazo de reaplicação automática. Sobre depósito de poupança: Resolução BACEN n. 3.347/2006, revogada pela Res. n. 3.932/2010; Ato Declaratório Executivo do SRF n. 9/2006; CPC, art. 833, X. Sobre caderneta de poupança: *Bol. AASP, 1.832*:5; *RT, 804*:256 e *784*:173; Resolução BACEN n. 4.537/2016, alterada pela Resolução BACEN n. 4.550/2017, sobre direcionamento de recursos captados em depósitos de poupança pelas entidades integrantes do Sistema Brasileiro de Poupança e Empréstimo (SBPE).

A Resolução n. 4.551/2017 revoga Circular n. 37/1966, relativa às condições para manutenção, em instituições financeiras privadas, de contas de depósito de titularidade de entidades e repartições públicas federais e de sociedades de economia mista não bancárias de controle da União.

Súmula n. 566 do STJ: "Nos contratos bancários posteriores ao início da vigência da Resolução – CMN n. 3.518/2007, em 30-4-2008, pode ser cobrada a tarifa de cadastro no início do relacionamento entre o consumidor e a instituição financeira".

4º) *populares*, se destinados a estimular a poupança, nos quais o juro abonado é mais alto. Esse tipo de depósito possui certas garantias em caso de liquidação do banco, dando-lhe a lei o privilégio geral previsto no art. 102, III, da Lei de Falências;

5º) *limitados*, se estiverem sujeitos a um limite maior do que os primeiros, porém contido sob um teto;

6º) *sem limite*, se tiverem caráter ilimitado;

7º) *em conta conjunta* (*RT*, *770*:261), se efetuados em nome de dois ou mais titulares, com a cláusula de que poderão ser levantados por qualquer deles, no todo ou em parte, independentemente, se prevista a solidariedade. Haverá uma solidariedade ativa entre os titulares, em que cada um poderá efetuar retiradas, cujos montantes são lançados a débito da mesma conta, sendo, portanto, oponíveis aos demais titulares. Nada impede, todavia, que se convencione a movimentação conjunta da conta, caso em que o cheque deverá ser assinado por todos os titulares. O depósito conjunto pode ser levantado, total ou parcialmente, por qualquer dos titulares da conta, salvo convenção diversa;

8º) *regulares, de títulos da dívida pública, ações etc.*, ligados a atividades específicas, constituindo: *a*) *depósito em administração*, se o banco se obrigar a uma prestação de serviço de recebimento de juros ou dividendos, resgate de títulos sorteados etc.; *b*) *depósito fechado*, se se entregar pacote cerrado, obrigando-se o banco a custodiá-lo sem devassar-lhe o conteúdo; *c*) *depósito em garantia* da solução de débitos;

9º) *vinculados*, se se condicionar a sua movimentação a determinados fatos, servindo, com isso, de garantia a outras operações a serem realizadas pelo banco.

h.3. Redesconto

O banco costuma fazer operações de desconto de títulos de crédito, isto é, operações em que os portadores de letras de câmbio, notas promissórias, *warrants* etc., lhe transmitem a propriedade desses títulos, recebendo as quantias neles mencionadas, descontados os juros e as comissões legais. Nessa operação ativa o banco figura como credor. Mas, para poder utilizar-se mais rapidamente do capital empregado no desconto de títulos, o banco poderá redescontá-los em outros estabelecimentos bancários, tornando--se, assim, devedor daqueles em que faz o redesconto, pela garantia que dá aos títulos redescontados. Obtém mais disponibilidades para suas operações comuns com a realização do capital empregado no desconto de títulos de terceiros.

Redesconto é a operação pela qual um banco, que desconta título (operação ativa), poderá descontá-lo em outro banco (operação passiva).

O redesconto é, em regra, concedido por bancos maiores aos menores, empregando suas disponibilidades em negócios seguros, sem a fragmentação do risco em pequenas operações junto ao público; com isso, os bancos favorecidos poderão empregar o dinheiro com maior rapidez, criando moeda escritural mais produtiva e volumosa.

O Banco do Brasil manteve uma Carteira de Redesconto que funcionou com certa autonomia, possuindo contabilidade própria, podendo redescontar títulos apresentados até mesmo pelo próprio Banco do Brasil. Essa Carteira de Redesconto, pelo art. 2º do Decreto-Lei n. 6.634/44, tinha privatividade para realizar o redesconto no país, porém o Decreto-Lei n. 8.494/45 retirou-lhe essa característica, permitindo que outros bancos fizessem aquela operação, dando à Carteira do Banco do Brasil poder para fixar o limite do redesconto, que não podia ser superior ao capital e às reservas do banco interessado. Pela Lei n. 4.595/64, a Carteira de Redesconto do Banco do Brasil foi extinta, incorporando-se os seus bens, direitos e deveres ao Banco Central (art. 56)[542].

h.4. Empréstimo

O *empréstimo* é a operação pela qual o banco entrega a terceiro uma certa soma de dinheiro para lhe ser devolvida dentro de determinado prazo, cobrando, para tanto, juros. Esse contrato baseia-se no crédito, ou melhor, na confiança que tem o banco na solvabilidade do seu cliente. Em regra, o empréstimo é concedido mediante a emissão de um título de crédito do mutuário, geralmente nota promissória, que servirá de título de garantia e meio de prova da operação. Todavia, o título deverá ser emitido pelo próprio mutuário, pois, se o for por terceiro, ter-se-á desconto, que é outra operação bancária[543].

---

542. Caio M. S. Pereira, *Instituições*, cit., p. 481; Fran Martins, op. cit., p. 529 e 530. *Vide*: Circulares n. 2.965/2000 (revogada pela Circ. n. 3.105/2002), 3.105/2002 e 3.153/2002 do BACEN. A Circular n. 3.409/2008 do BACEN dispõe sobre operações de redesconto em moeda nacional, previstas na Resolução n. 3.622/2008. A Lei n. 11.882/2008 trata das operações de redesconto pelo BACEN. Requer regulamentação própria para que não se converta em instrumento inflacionário.

543. Fran Martins, op. cit., p. 531. A Constituição Federal de 1988, art. 164, § 1º, proíbe ao Banco Central a concessão, direta ou indireta, de empréstimos ao Tesouro Nacional e a qualquer órgão ou entidade que não seja instituição financeira (*vide* CF/88, art. 47

h.5. Desconto

O *desconto bancário* é o contrato pelo qual uma pessoa recebe do banco determinada importância (juros), transferindo-lhe um título de crédito ainda não vencido de emissão própria ou de terceiro, responsabilizando-se pela sua solvabilidade.

Pelo desconto recebe-se o prêmio devido pelo pagamento antecipado de um título de crédito ainda não exigível.

O descontante transfere ao banco a propriedade dos títulos de crédito (cheques, letras de câmbio, notas promissórias, duplicatas, *warrants*, debêntures, conhecimentos de transporte) de que é proprietário. O banco, por sua vez, adianta-lhe uma quantia líquida, isto é, o valor correspondente ao título, deduzida a importância dos juros, comissões e despesas.

O banco passará a ser o titular do crédito, podendo proceder contra o devedor principal, habilitar-se em concurso creditório ou comparecer na falência. Mas o descontante permanecerá vinculado ao banco até que o débito se liquide, sendo chamado a solvê-lo na falta de resgate do título descontado, pois estará sujeito a ação de regresso do banco. Desse modo, se terceiro não resgatar o título no momento oportuno, quem o descontou ficará obrigado a restituir ao banco a importância dele recebida por antecipação.

Trata-se da aplicação de uma taxa limitada e determinada, entregando-se o líquido ao cliente como empréstimo e sob garantia do título. P. ex.: *A*

---

das Disp. Transit.; Munir Karam, Da correção monetária nos débitos bancários, *Jurisprudência Brasileira, 147*:17-22; Lei n. 7.843/89). *Vide*: Circular n. 2.372/93 (revogada pela Res. n. 2.458/97) do Banco Central, sobre sistema brasileiro de poupança e empréstimo; Resoluções n. 2.147/95 (revogada pela Resolução n. 2.927/2002) e 3.844/2010 do BACEN; Resolução n. 2.836/2001 do BACEN, sobre cessão de créditos oriundos de operações de empréstimo; Resolução n. 2.770/2000 (revogada pela Res. n. 3.844/2010) do BACEN, que altera normas sobre operações de empréstimo entre residentes ou domiciliados no País e residentes ou domiciliados no exterior; Carta Circular n. 2.933/2000 (revogada pela Circ. n. 3.027/2001) do Departamento de Capitais Estrangeiros, sobre procedimentos para registro de operações de empréstimo externo e para contratação de câmbio, e Circulares n. 2.546/95 (revogada pela Circular n. 2.661/96), 2.547/95 (revogada pela Circ. n. 2.559/95) e 3.003/2000 (revogada pela Circ. n. 3.027/2001) do BACEN; STF, Súmulas 121 e 596; *RTJ, 92*:134; *RSTJ, 13*:352; *JB, 70*:189, 243 e 247. O mútuo bancário rege-se por normas do BACEN e subsidiariamente pelas do Código Civil. Pela 2ª Seção do STJ (REsp 602.068) é permitida a capitalização mensal de juros em contrato de mútuo bancário celebrado a partir de 31 de março de 2000. *Vide* arts. 15 e 15-A da Lei n. 11.322/2006, com a redação da Lei n. 11.434/2006.

Súmula do STJ n. 603 (cancelada): "É vedado ao banco mutuante reter, em qualquer extensão, os salários, vencimentos e/ou proventos de correntistas para adimplir o mútuo (comum) contraído, ainda que haja cláusula contratual autorizativa, excluído o empréstimo garantido por margem salarial consignável, com desconto em folha de pagamento, que possui regramento legal específico e admite a retenção de percentual".

possui título de crédito oriundo da venda de mercadorias, vencível noventa dias depois de sua emissão; endossa-o, então, ao banco *B*, para receber, de imediato, o valor por ele representado, deduzida a soma correspondente aos juros e demais despesas da operação. Assim sendo, para *A*, que se serviu do desconto bancário, será como se tivesse vendido aquelas mercadorias à vista, porque realiza imediatamente crédito a prazo, não precisando esperar o vencimento do débito para o embolso. O banco *B* lhe antecipará a quantia, cobrando juros e comissões sobre o montante da dívida contraída. Esses juros e comissões representarão o preço da operação[544].

h.6. Antecipação

Antecipação é a operação bancária pela qual alguém recebe do banco certa importância, dando garantia real para o pagamento da quantia adiantada. Essa garantia poderá consistir em mercadorias ou títulos representativos delas, como conhecimentos de depósito ou de transporte, *warrants* e títulos de crédito cotados na Bolsa. É operação bem diversa do desconto, porque neste há transferência da propriedade de títulos de terceiros para os bancos, enquanto na antecipação os títulos depositados servem tão somente de garantia[545].

h.7. Abertura de crédito

A *abertura de crédito bancário* é o contrato pelo qual o banco (creditador) obriga-se a colocar à disposição do cliente (creditado) ou de terceiro, por prazo certo ou indeterminado, sob cláusulas convencionadas, uma importância até um limite estipulado, facultando-se a sua utilização no todo ou parceladamente, porém a quantia deverá ser restituída, nos termos ajustados, acrescida de juros e comissões, ao se extinguir o contrato.

Haverá, portanto, por ser uma operação bancária, um ajuste em que o banco convenciona com o cliente a disponibilidade do numerário, em favor do próprio cliente ou de terceiro por ele indicado, podendo o crédito, neste último caso, ser confirmado pelo banco se a soma creditada comportar saque

---

544. Orlando Gomes, *Contratos*, cit., p. 401-4; Caio M. S. Pereira, *Instituições*, cit., p. 480 e 481; Fran Martins, op. cit., p. 532; Ripert, op. cit., n. 2.203; Van Ryn, op. cit., ns. 2.075 e 2.079. Contém permissão de regresso contra os obrigados no título pelo banco que os adquire.

545. Fran Martins, op. cit., p. 532.

mediante a apresentação de documentos comprovantes de operação comercial realizada entre o cliente e o terceiro. Nessa hipótese, ter-se-á *crédito documentado*, muito comum no comércio exportador e importador. Caracteriza-se essa modalidade de contrato pelo fato de convencionar o banco com o creditado a abertura de crédito em favor de terceiro, que será o beneficiário do contrato. Essa espécie de crédito liga-se a uma operação de compra feita pelo creditado com o beneficiário. O banco fornecerá o capital para pagar a compra, pagando ao beneficiário, que é o vendedor, e recebendo deste os documentos relativos ao embarque das mercadorias adquiridas pelo creditado. Tal numerário poderá ser retirado global ou parceladamente. O banco acatará os saques e acolherá as ordens do creditado. Isto é assim porque a utilização do numerário ocorrerá mediante saques na conta, que criarão para o creditado novas obrigações, como a de pagamento de juros sobre o saldo devedor e a de restituição das quantias utilizadas. O crédito permanecerá aberto durante certo prazo, determinado ou indeterminado.

Não há prévia entrega de dinheiro, pois o banco não transfere a quantia que empresta, mas somente a põe à disposição de cliente ou de terceiro, que, como não a retira imediatamente, a mantém no banco, a título de depósito, utilizando-a como lhe convém.

Este contrato poderá ser simples ou vir conjugado com a conta-corrente. Logo, a *abertura de crédito* poderá ser *simples* ou *em conta-corrente*. Será simples, se o creditado puder utilizar o crédito sem, contudo, ter a possibilidade de reduzir parcialmente, com entradas, o montante do débito. A disponibilidade reduzir-se-á na medida do uso, se não sacar de uma só vez a soma colocada à sua disposição. Será conjugada à conta-corrente, se o creditado tiver direito de efetuar o reembolso, utilizando novamente o crédito reintegrado. P. ex.: suponha-se que o banco abra um crédito de R$ 500.000,00; se o cliente utilizar R$ 250.000,00 e efetuar, alguns dias depois, depósito no valor da quantia sacada, a disponibilidade voltará a ser a que fora originariamente assegurada. O creditado poderá fazer reembolsos parciais para renovar o crédito posto à sua disposição. Portanto, restaurar-se-á a disponibilidade, no todo ou em parte.

A abertura de crédito poderá ser, ainda, *a descoberto* ou *garantida*. Será a descoberto se o banco, pela confiança que lhe inspira o cliente, a conceder baseado no crédito pessoal do devedor, considerando suficiente, como garantia, o seu patrimônio. Será garantida se o banco exigir penhor, hipoteca, retenção de valores, caução, fiador ou avalista.

Ainda constitui uma modalidade de abertura de crédito o *crédito de firma*, em que o banco se obriga a aceitar letras de câmbio, a avalizar títulos ou a afiançá-los, dando-lhes maior garantia, cobrando, para isso, uma comissão.

O crédito permanecerá aberto durante todo o tempo ajustado e poderá ser revogado se houver fato que indique redução do patrimônio do creditado, como, p. ex., protesto cambial, ação em juízo, falta de substituição ou reforço de garantia etc. Se for por tempo indeterminado, o banco só poderá rescindir o contrato mediante aviso prévio, e seu término pode ser efeito de interpelação judicial (CPC, arts. 726 a 729).

O banco debitará ao creditado todas as despesas e os juros avençados, que são a remuneração pelo uso do capital retirado, e lhe cobrará uma comissão a título de imobilização de capital, incidente sobre o limite do crédito aberto. A comissão será cobrada mesmo que o cliente não utilize o crédito aberto, porque é devida ao banco pelo fato de ter ele separado do seu giro uma certa quantia, que poderá ou não ser levantada pelo cliente, mas que permanecerá, durante todo o contrato, à sua disposição[546].

Aberto o crédito, se o creditador não cumprir o contratado, o creditado terá direito às perdas e danos.

h.8. Cartas de crédito

As *cartas de crédito* são ordens escritas dadas por um banco a outro, localizado em praça diversa, para que este faça a abertura de crédito a uma ou mais pessoas determinadas, pondo-lhes certa quantia à disposição, que poderá ser retirada total ou parcialmente, num prazo especificado.

O contrato firmar-se-á entre o banco creditador, ou seja, o que emite a carta, e a pessoa creditada, pois o banco que recebe a carta apenas colo-

546. Caio M. S. Pereira, *Instituições*, cit., p. 476-80; Fran Martins, op. cit., p. 532-4; Orlando Gomes, *Contratos*, cit., p. 397-401; Van Ryn, op. cit., n. 2.123; De Page, op. cit., v. 7, n. 507; Hamel, *Banques*, cit., v. 2, n. 1.105; Georges Marais, *Du crédit documentaire*, p. 5 e s.; Ferri, Apertura di credito, in *Enciclopedia del Diritto*; P. R. Tavares Paes, Contrato de abertura de crédito, in *Enciclopédia Saraiva do Direito*, v. 19, p. 207-9; Wagner Barreira, Abertura de crédito, in *Enciclopédia Saraiva do Direito*, v. 1, p. 347-68; Carvalho de Mendonça, *Tratado de direito comercial brasileiro*, Rio de Janeiro, Freitas Bastos, 1960, v. 6, p. 341-2; *Revista de Direito*, *110*:290; *Ciência Jurídica*, *42*:137; *EJSTJ*, *25*:119 e 120, *24*:124; *RT*, *795*:339, *788*:263, *763*:166, *750*:293, *744*:327 e 385, *743*:280; STJ, Súmulas 233, 247 e 565. Pela Súmula n. 565 do STJ: "A pactuação das tarifas de abertura de crédito (TAC) e de emissão de carnê (TEC), ou outra denominação para o mesmo fato gerador, é válida apenas nos contratos bancários anteriores ao início da vigência da Resolução – CMN n. 3.518/2007, em 30-4-2008".

cará à disposição do beneficiário o numerário de que ele necessitar, dentro do limite e do prazo fixados. Tal quantia será debitada não ao beneficiário da carta de crédito, mas ao banco que a expedir. O beneficiário poderá utilizar-se ou não da importância colocada à sua disposição, e os juros só serão pagos pelas importâncias utilizadas.

Muito usados, na atualidade, são os *traveller's checks*, que se aproximam das cartas de crédito, embora tenham natureza diferente. Realmente, as cartas de crédito se baseiam numa abertura de crédito e os *traveller's checks* nada mais são do que ordens de pagamento das importâncias neles consignadas, e que já foram entregues ao fornecedor dos *traveller's checks* no momento de sua aquisição[547].

Para utilizar os *traveller's checks*, a pessoa adquirirá cheques em um banco, assinando-os em presença de um funcionário, ficando nos cheques, que têm valor certo, lugar para outra assinatura. De posse desses cheques, a pessoa poderá descontá-los em bancos de outras praças, identificando-se com a aposição da segunda assinatura, que deverá conferir com a primeira.

h.9. Conta corrente

h.9.1. Conceito

O *contrato de conta corrente bancária* é aquele em que duas pessoas estipulam a obrigação, para ambas as partes ou para uma delas, de inscrever, em contas especiais de débito e crédito, os valores monetários correspondentes às suas remessas, sem que uma credora ou devedora da outra se julgue, senão no instante do encerramento de cada conta.

Seria, portanto, um contrato em que duas pessoas (correntistas) convencionam fazer remessas recíprocas de valores (bens, títulos ou dinheiro), anotando os créditos daí resultantes em uma conta para posterior verificação do saldo exigível, mediante balanço[548]. As remessas entre os correntis-

---

547. Esta é a lição de Fran Martins, op. cit., p. 534-6. Instrução Normativa n. 7, de 31 de agosto de 1995, do Ministério do Planejamento e Orçamento, que regula a Resolução do Conselho Curador do FGTS n. 184 (revogada pela Resolução n. 248/96), que aprovou o Programa de Financiamento individual à moradia através de carta de crédito.

548. Fran Martins, Contrato de conta corrente, in *Enciclopédia Saraiva do Direito*, v. 19, p. 260; P. R. Tavares Paes, Abertura de conta corrente, in *Enciclopédia Saraiva do Direito*, v. 1, p. 343-7. *Vide* Lei n. 4.595/64; e *RF*, *84*:85; Sebastião José Roque, *Dos contratos civis-mercantis*, cit., p. 177-82. Res. BACEN n. 4.480/2016: contas bancárias podem ser abertas ou fechadas pelos clientes de instituição financeira diretamente pela Internet.

tas, cujos valores são anotados na conta, unificam-se, tornando-se parte integrante da massa de créditos e débitos.

As remessas serão anotadas na conta, tornando-se inexigíveis até ser fechada. Logo, os valores inscritos na conta corrente perderão sua individualidade ou exigibilidade autônoma. O banco apenas poderá reclamar o saldo da conta no seu vencimento, pois durante certo tempo os correntistas não podem considerar-se credores ou devedores do outro. Por isso não se poderá exercer, sobre eles, qualquer meio executivo ou preventivo.

O objeto do contrato são os lançamentos e não as remessas. Cada um dos correntistas terá os seus próprios lançamentos; daí ser a conta feita pelos dois contraentes.

Substituir-se-á o crédito exigível por um lançamento. Uma vez feitas as remessas, o crédito resultante não será exigível porque terá de ser levado à conta e balanceado com os débitos em contrapartida. Assim sendo, nenhum contratante poderá reclamar do outro qualquer crédito isoladamente, porém o saldo que a conta apresentar no final ou no termo avençado, ou quando se encerrar, devido a qualquer causa determinante do vencimento antecipado das obrigações[549].

h.9.2. Características

Segundo Carvalho de Mendonça[550], o contrato de conta corrente apresenta características próprias que lhe dão autonomia, pois:

1º) supõe uma série de operações sucessivas e recíprocas entre as partes que não se liquidarão de imediato, mas serão anotadas nas contas, como partidas de débito e de crédito. No vencimento do prazo convencionado, ou no fim de um ano, se não houver período estabelecido, somar-se-ão as partidas de débito e as de crédito, verificando-se o saldo. Esse será o resultado da diferença entre os débitos e os créditos;

---

549. Caio M. S. Pereira, *Instituições*, cit., p. 475; Fran Martins, Contrato, cit., p. 260; Escarra, op. cit., v. 6, n. 487; Rives-Lange, *Le compte courant en droit français*, Paris, Sirey, 1969; Orlando Gomes, *Contratos*, cit., p. 404; Greco, Conti-correnti e giroconti bancari, *Rivista di Diritto Commerciale*, parte 1, 1937, p. 289; Giannini, *I contratti di conto corrente*, Firenze, 1895, p. 59; *RJE*, *3*:12 e 15. *Vide*: Súmula 259 do STJ; *RT*, *770*:352. Consulte: Lei n. 11.101/2005, art. 121; CPC, art. 842.

550. Carvalho de Mendonça, *Tratado*, cit., v. 6, parte 2, n. 983, apud Fran Martins, Contrato, cit., p. 263 e 264.

2º) só permitirá que nela entrem créditos resultantes das operações a ela destinadas. Havendo remessa, por parte de um correntista, para outro fim que não alimentar a conta, não deverá tal remessa aí figurar;

3º) os correntistas não poderão, durante a vigência do contrato, julgar-se credor ou devedor, pois essa averiguação só se obterá no momento do encerramento da conta. As remessas constituirão uma massa homogênea, cujo resultado só será conhecido pelas partes ao fazer-se o balanço para a verificação final;

4º) as remessas de cada correntista, perdendo sua individualidade, unificar-se-ão na massa de débitos e de créditos, não podendo dar causa a ação particular sobre eles, nem ser objeto de execução.

Assim sendo, enquanto perdurar o contrato de conta corrente, haverá indivisibilidade e unidade das remessas, que constituirão, portanto, uma massa homogênea de créditos e de débitos. Logo, somente o saldo apurado no encerramento da conta será exigível por parte daquele que aparecer como credor. A apuração desse saldo será feita pelo balanço das somas das parcelas de débito e de crédito anotadas na conta.

h.9.3. Efeitos

O contrato de conta corrente, uma vez celebrado[551]:

1º) *tornará a massa de débitos e de créditos, que alimentam a conta, um todo indivisível.* A indivisibilidade da conta é da essência do contrato. A remessa tem por característica principal a sua irrevogabilidade, de modo que, lançado o crédito resultante da remessa na conta corrente, ele perderá sua qualidade e seus efeitos, deixando de ser exigível por parte do remetente. O crédito resultante da remessa, alimentando a conta como uma parcela desta, integrar-se-á num todo, que adquire uma vida própria, caracterizando-se pela indivisibilidade. Assim sendo, apenas na verificação final da conta o saldo apresentado tornar-se-á exigível pelo credor;

2º) *impossibilitará o correntista de retirar da conta uma das remessas*, pois ao ser o crédito integrado na conta assume o caráter de parcela desta, devendo assim manter-se até a verificação final. Se o correntista pudesse dispor livremente das remessas feitas, a conta corrente não teria nenhum sentido,

---

551. Fran Martins, Contrato, cit., p. 264-6; Morando, *Il contratto di conto corrente*, p. 84; Orlando Gomes, *Contratos*, cit., p. 405.

constituindo cada remessa um simples depósito de valor em poder de terceiro, que poderia ser movimentado conforme os interesses particulares do seu proprietário. O remetente perde a disponibilidade do crédito, desde que ele se integra na conta, não mais podendo movimentá-lo, pois ele passa a constituir uma parcela que será levada em conta no balanço final que apresentará o saldo exigível. Os saldos devedores em conta-corrente se considerarão dívida ilíquida antes de reconhecidos, ainda que tacitamente, pelo devedor;

3º) *impedirá que as remessas produzam compensação*, de modo que, durante a vigência do contrato, não haverá confrontação da remessa de um correntista com a de outro, para anulação dos créditos equivalentes;

4º) *afastará a possibilidade de as remessas operarem novação*; logo, não se poderão substituir as obrigações antigas pelas novas, toda vez que um crédito for lançado na conta;

5º) *fará com que os créditos remetidos passem a produzir juros desde a sua anotação na conta*, mesmo que eles não tenham sido convencionados (Dec. n. 22.626/33). Os juros computados à vista da individualidade de cada partida deverão ser inscritos na conta corrente nas épocas convencionadas, ou, em falta de estipulação, segundo os usos. Todavia, as partes poderão convencionar o não vencimento de juros. Essa fluência de juros justifica-se pelo fato de passarem à disposição do recipiente os valores que lhe são enviados pelo remetente. Tendo a disponibilidade desses valores, cujos créditos estão anotados na conta a favor do remetente, será justo que os juros corram, pois o recipiente poderá utilizar tais somas como e quando quiser; os juros serão calculados apenas em relação ao principal, havendo proibição legal de contar juros sobre juros, mediante depósitos e retiradas;

6º) *permitirá, não havendo estipulação em contrário, a qualquer dos titulares, se vários forem os que contrataram a conta corrente, movimentá-la, independentemente da anuência dos demais, e todos serão credores e devedores solidários pelo saldo.*

h.9.4. Encerramento da conta

O *encerramento da conta corrente* é a verificação do saldo, mediante o balanço das parcelas de crédito e de débito. Tal encerramento só será definitivo se coincidir com a extinção do contrato. Mas poderá haver balanço para verificação do saldo, que passará a integrar nova fase da conta como a primeira partida, substituindo todas as outras anteriormente feitas. O balanço periódico apenas tem por fim fazer com que os correntistas verifiquem o estado da conta, para que façam as reclamações, se houver, sobre a anotação das partidas. Esse encerramento não definitivo, mediante balanços periódicos ou parciais que não extinguem o contrato, costuma ser estipulado pelas partes. Se não houver tal estipulação, far-se-ão balanços anuais[552]. Qualquer das partes na conta corrente poderá reservar-se o direito de encerrá-la mediante simples comunicação à outra. Se vários forem os titulares da conta corrente, qualquer deles poderá renunciá-la mediante aviso com prazo não menor de quinze dias, hipótese em que continuará solidariamente responsável pelo saldo até a data em que a outra parte tiver ciência da renúncia, operando esta a sua liberação para o futuro. Ocorrendo a renúncia da conta corrente por algum dos cotitulares solidários, deverá ser lícito à outra parte encerrá-la, tornando-se desde logo exigível o saldo respectivo.

h.9.5. Extinção do contrato

Extinguir-se-á o contrato de conta corrente[553]:

1º) pelo vencimento do prazo fixado;

2º) pelo distrato;

3º) pela resilição unilateral da vontade de um dos correntistas, se o contrato for por tempo indeterminado, mediante simples comunicação à outra parte ou por meio de aviso prévio;

4º) pela falência de um dos correntistas, porém o banco terá o direito de se habilitar no recebimento do saldo;

5º) pela morte ou incapacidade de um dos contraentes.

Havendo um desses modos terminativos do contrato, proceder-se-á ao encerramento final da conta, mediante balanço dos créditos e dos débitos para a apuração do saldo exigível.

h.10. Financiamento

O *financiamento* ou adiantamento é a operação bancária pela qual o banco antecipa numerário sobre créditos que o cliente (pessoa física ou jurídica) possa ter, com o escopo de emprestar-lhe certa soma, proporcionando-lhe recursos necessários para realizar certo negócio ou empreendimen-

552. Fran Martins, Contrato, cit., p. 266 e 267.

553. Fran Martins, Contrato, cit., p. 267; Orlando Gomes, *Contratos*, cit., p. 406.

to, reservando-se o direito de receber de devedores do financiado os créditos em seu nome ou na condição de seu representante, e sem prejuízo das ações que contra ele conserva até a liquidação final. Se os devedores não pagarem, o banco se voltará contra o financiado. O banco financiador cobrará do financiado uma taxa a título de execução do mandato, que não se confunde com o juro incidente sobre as somas adiantadas, nem com a comissão, pela disponibilidade na abertura de crédito[554].

Os mercados financeiros e de capitais são regidos pelo CMN e Banco Central (Lei n. 4.728/65, art. 66, alterada pelo Dec.-Lei n. 911/69 e revogado pela Lei n. 10.931/2004, e Dec.-Lei n. 58/37, arts. 18 a 21).

h.11. Contrato de custódia e guarda de valores

A custódia de títulos de valor e a guarda de valores realizar-se-ão por meio de contrato de depósito e de aluguel de cofre, entre o cliente e o banco, pelo fato de este último oferecer maior segurança na guarda de certos objetos e documentos, principalmente títulos ao portador.

O contrato de depósito, que tem cláusulas preestabelecidas pelo banco, aperfeiçoar-se-á com a entrega, pelo cliente, dos valores que permanecerão em custódia, individuando-se os títulos, fornecendo, então, o banco ao depositante relação documentada com seu número e valor, pela qual se prova o seu recebimento. Se forem ao portador, converter-se-ão em títulos nominativos. O banco ficará como depositário, devendo devolver tais títulos assim que forem reclamados pelo depositante.

---

554. Caio M. S. Pereira, *Instituições*, cit., p. 482; Orlando Gomes, *Contratos*, cit., p. 407. *Vide* Decreto-Lei n. 2.284/86, art. 10, §§ 1º e 2º. Sobre correção monetária, *vide*: Leis n. 5.741/71 e 9.012/95; Resoluções n. 3.568/2008, 1.485/88 (revogada pela Res. n. 1.537/88), 2.166/95 (revogada pela Res. n. 2.640/99), 2.167/95 (revogada pela Res. n. 2.266/96), 2.168/95 (revogada pela Res. n. 3.706/2009) e Circular n. 2.485/94 (revogada pela Circ. n. 2.714/96) do BACEN.

Vide Lei n. 9.514/97, sobre Sistema de Financiamento Imobiliário, Lei n. 10.177/2001, sobre operações com recursos dos Fundos Constitucionais de Financiamento do Norte, do Nordeste e do Centro-Oeste, e Resolução n. 2.836/2001 do BACEN, sobre cessão de créditos oriundos de operações de financiamento. O financiamento está ligado ao desconto e à abertura de crédito e à conta corrente. *Vide* Lei n. 10.820/2003, sobre autorização para desconto de prestações em folha de pagamento dos valores referentes a financiamentos concedidos a empregados (regidos pela CLT) por instituições financeiras.

No aluguel de cofre, o banco coloca à disposição do cliente escaninhos de cofre de sua casa-forte, para que ele deposite títulos, objetos de valor etc., formando-se o contrato com a entrega da chave do cofre ao cliente. Nessa hipótese, o banco ignorará o conteúdo do escaninho alugado. O cliente não terá livre acesso à casa-forte para abrir o cofre, pois a sua abertura subordinar-se-á a duas chaves, uma das quais ficará em poder do banco. O banco não responderá pelos objetos guardados mas pela integridade e inviolabilidade do cofre, ou seja, sua responsabilidade cingir-se-á à guarda e vigilância do cofre, cessando se for destruído por força maior[555].

h.12. Cédula de crédito bancário

A cédula de crédito bancário (Lei n. 10.931/2004, arts. 26 a 45) é título de crédito emitido, por pessoa natural ou jurídica, em favor de instituição financeira ou de entidade a esta equiparada, representando promessa de pagamento em dinheiro, decorrente de operações de crédito, de qualquer modalidade. "A cédula de crédito bancário é título de crédito dotado de força executiva, mesmo quando representativa de dívida oriunda de contrato de abertura de crédito bancário em conta corrente, não sendo a ela aplicável a orientação da Súmula 233 do STJ" (Enunciado n. 41 da I Jornada de Direito Comercial do Conselho da Justiça Federal).

A instituição credora deve integrar o Sistema Financeiro Nacional, sendo admitida a emissão da cédula de crédito bancário em favor de instituição domiciliada no exterior, desde que a obrigação esteja sujeita exclusivamente à lei e ao foro brasileiros.

A cédula de crédito bancário em favor de instituição domiciliada no exterior poderá ser emitida em moeda estrangeira.

555. Orlando Gomes, *Contratos*, cit., p. 410 e 411; Messineo, *Manuale*, cit., v. 3, p. 207. TJRJ, *ADCOAS*, 1980, n. 70.282. Sobre caderneta de poupança *vide*: Resoluções n. 1.303/87 (revogada pela Resolução n. 2.551/98) e 1.338/87 (revogada pela Resolução n. 1.742/90) do BCB; Decreto-Lei n. 2.284/86, art. 12; e Lei n. 8.177/91, art. 21, e *Bol. AASP, 1.832*:5. A respeito de responsabilidade do banco por subtração de valores guardados em cofres-fortes: *Ciência Jurídica, 56*:129; *RJTJSP, 125*:216, *122*:377. Sobre *contrato de câmbio*: *Bol. AASP, 1.840*:37; Resolução n. 1.964/92 (revogada pela Res. n. 3.266/2005) e Circulares n. 2.231/92 (revogada pela Circ. n. 3.280/2005), 2.499/94 (revogada pela Circ. n. 3.081/2002), 2.539/95 (revogada pela Circ. n. 3.280/2005), 2.549/95 (revogada pela Circ. 2.566/95), 2.553/95 (revogada pela Circ. n. 3.280/2005), 2.566/95 (revogada pela Circ. n. 2.787/97), 2.567/95 (revogada pela Circ. n. 3.280/2005), 2.590/95 (revogada pela Circ. 3.280/2005); STJ, Súmula 133; Lei n. 4.131/62, com alterações da Lei n. 4.390/64; e Decreto n. 6.306/2007.

A cédula de crédito bancário poderá ser emitida com ou sem garantia, real ou fidejussória, cedularmente constituída.

A garantia da cédula de crédito bancário poderá ser fidejussória ou real, neste último caso constituída por bem patrimonial de qualquer espécie, disponível e alienável, móvel ou imóvel, material ou imaterial, presente ou futuro, fungível ou infungível, consumível ou não, cuja titularidade pertença ao próprio emitente ou a terceiro garantidor da obrigação principal. O penhor de direitos constitui-se pela mera notificação ao devedor do direito apenhado. A constituição da garantia poderá ser feita na própria cédula de crédito bancário ou em documento separado, neste caso fazendo-se, na cédula, menção a tal circunstância. O bem constitutivo da garantia deverá ser descrito e individualizado de modo que permita sua fácil identificação. A descrição e individualização do bem constitutivo da garantia poderá ser substituída pela remissão a documento ou certidão expedida por entidade competente, que integrará a cédula de crédito bancário para todos os fins. A garantia da obrigação abrangerá, além do bem principal constitutivo da garantia, todos os seus acessórios, benfeitorias de qualquer espécie, valorizações a qualquer título, frutos e qualquer bem vinculado ao bem principal por acessão física, intelectual, industrial ou natural. O credor poderá averbar, no órgão competente para o registro do bem constitutivo da garantia, a existência de qualquer outro bem por ela abrangido. Até a efetiva liquidação da obrigação garantida, os bens abrangidos pela garantia não poderão, sem prévia autorização, escrita do credor, ser alterados, retirados, deslocados ou destruídos, nem poderão ter sua destinação modificada, exceto quando a garantia for constituída por semoventes ou por veículos, automotores ou não, e a remoção ou o deslocamento desses bens for inerente à atividade do emitente da cédula de crédito bancário, ou do terceiro prestador da garantia.

Os bens constitutivos de garantia pignoratícia ou objeto de alienação fiduciária poderão, a critério do credor, permanecer sob a posse direta do emitente ou do terceiro prestador da garantia, nos termos da cláusula de constituto possessório, caso em que as partes deverão especificar o local em que o bem será guardado e conservado até a efetiva liquidação da obrigação garantida. O emitente e, se for o caso, o terceiro prestador da garantia responderão solidariamente pela guarda e conservação do bem constitutivo da garantia. Quando a garantia for prestada por pessoa jurídica, esta indicará representantes para responder. O credor poderá exigir que o bem constitutivo da garantia seja coberto por seguro até a efetiva liquidação da obrigação garantida, em que o credor será indicado como exclusivo beneficiário da apólice securitária e estará autorizado a receber a indenização para liquidar ou amortizar a obrigação garantida. Se o bem constitutivo da garantia for desapropriado, ou se for danificado ou perecer por fato imputável a terceiro, o credor sub-rogar-se-á no direito à indenização devida pelo expropriante ou pelo terceiro causador do dano, até o montante necessário para liquidar ou amortizar a obrigação garantida. Facultar-se-á ao credor exigir substituição da garantia, ou o seu reforço, renunciando ao direito à percepção do valor relativo à indenização securitária ou expropriatória. O credor poderá exigir a substituição ou o reforço da garantia, em caso de perda, deterioração ou diminuição de seu valor. O credor notificará por escrito o emitente e, se for o caso, o terceiro garantidor, para que substituam ou reforcem a garantia no prazo de quinze dias, sob pena de vencimento antecipado da dívida garantida.

A cédula de crédito bancário, regida pela Lei n. 10.931/2004, é título executivo extrajudicial (TJSP, Súmula 14) e representa dívida em dinheiro, certa, líquida e exigível, seja pela soma nela indicada, seja pelo saldo devedor demonstrado em planilha de cálculo, ou nos extratos da conta corrente.

Na cédula de crédito bancário poderão ser pactuados:

a) os juros sobre a dívida, capitalizados ou não, os critérios de sua incidência e, se for o caso, a periodicidade de sua capitalização, bem como as despesas e os demais encargos decorrentes da obrigação;

b) os critérios de atualização monetária ou de variação cambial como permitido em lei;

c) os casos de ocorrência de mora e de incidência das multas e penalidades contratuais, bem como as hipóteses de vencimento antecipado da dívida;

d) os critérios de apuração e de ressarcimento, pelo emitente ou por terceiro garantidor, das despesas de cobrança da dívida e dos honorários advocatícios, judiciais ou extrajudiciais, visto que os honorários advocatícios extrajudiciais não poderão superar o limite de dez por cento do valor total devido;

e) quando for o caso, a modalidade de garantia da dívida, sua extensão e as hipóteses de substituição de tal garantia;

f) as obrigações a serem cumpridas pelo credor;

g) a obrigação do credor de emitir extratos da conta corrente ou planilhas de cálculo da dívida, ou de seu saldo devedor, de acordo com os critérios estabelecidos na própria cédula de crédito bancário;

h) outras condições de concessão do crédito, suas garantias ou liquidação, obrigações adicionais do emitente ou do terceiro garantidor da obrigação.

Sempre que necessário, a apuração do valor exato da obrigação, ou de seu saldo devedor, representado pela cédula de crédito bancário, será feita pelo credor por meio de planilha de cálculo ou dos extratos da conta corrente, ou de ambos, documentos esses que integrarão a cédula, observado que:

a) os cálculos realizados deverão evidenciar, de modo claro, preciso e de fácil entendimento e compreensão, o valor principal da dívida, seus encargos e despesas contratuais devidos, a parcela de juros e os critérios de sua incidência, a parcela de atualização monetária ou cambial, a parcela correspondente a multas e demais penalidades contratuais, as despesas de cobrança e de honorários advocatícios devidos até a data do cálculo e, por fim, o valor total da dívida; e

b) a cédula de crédito bancário representativa de dívida oriunda de contrato de abertura de crédito bancário em conta corrente será emitida pelo valor total do crédito posto à disposição do emitente, competindo ao credor discriminar nos extratos da conta corrente ou nas planilhas de cálculo, que serão anexados à Cédula, as parcelas utilizadas do crédito aberto, os aumentos do limite do crédito inicialmente concedido, as eventuais amortizações da dívida e a incidência dos encargos nos vários períodos de utilização do crédito aberto.

O credor que, em ação judicial, cobrar o valor do crédito exequendo em desacordo com o expresso na Cédula de Crédito Bancário, fica obrigado a pagar ao devedor o dobro do cobrado a maior, que poderá ser compensado na própria ação, sem prejuízo da responsabilidade por perdas e danos.

A cédula de crédito bancário deve conter os seguintes requisitos essenciais:

a) a denominação "cédula de crédito bancário";

b) a promessa do emitente de pagar a dívida em dinheiro, certa, líquida e exigível, no seu vencimento ou, no caso de dívida oriunda de contrato de abertura de crédito bancário, a promessa do emitente de pagar a dívida em dinheiro, certa, líquida e exigível, correspondente ao crédito utilizado;

c) a data e o lugar do pagamento da dívida e, no caso de pagamento parcelado, as datas e os valores de cada prestação, ou os critérios para essa determinação;

d) o nome da instituição credora, podendo conter cláusula à ordem;

e) a data e o lugar de sua emissão; e

f) a assinatura do emitente e, se for o caso, do terceiro garantidor da obrigação, ou de seus respectivos mandatários.

A cédula de crédito bancário será transferível mediante endosso em preto, ao qual se aplicarão, no que couberem, as normas do direito cambiário, caso em que o endossatário, mesmo não sendo instituição financeira ou entidade a ela equiparada, poderá exercer todos os direitos por ela conferidos, inclusive cobrar os juros e demais encargos na forma pactuada na cédula. Será emitida por escrito, em tantas vias quantas forem as partes que nela intervierem, assinadas pelo emitente e pelo terceiro garantidor, se houver, ou por seus respectivos mandatários, devendo cada parte receber uma via. E somente a via do credor será negociável, devendo constar nas demais vias a expressão "não negociável".

A cédula de crédito bancário pode ser aditada, retificada e ratificada mediante documento escrito, datado, com os requisitos previstos nos itens *a* a *f* supramencionados, passando esse documento a integrar a cédula para todos os fins.

Nas operações de crédito rotativo, o limite de crédito concedido será recomposto, automaticamente e durante o prazo de vigência da cédula de crédito bancário, sempre que o devedor, não estando em mora ou inadimplente, amortizar ou liquidar a dívida. A cédula de crédito bancário poderá ser protestada por indicação, desde que o credor apresente declaração de posse da sua única via negociável, inclusive no caso de protesto parcial.

A validade e eficácia da Cédula de Crédito Bancário não dependem de registro, mas as garantias reais, por ela constituídas, ficam sujeitas, para valer contra terceiros, aos registros ou averbações previstos na legislação aplicável.

As instituições financeiras, nas condições estabelecidas pelo Conselho Monetário Nacional, podem emitir título representativo das cédulas de crédito bancário por elas mantidas em depósito, do qual constarão:

a) o local e a data da emissão;

b) o nome e a qualificação do depositante das cédulas de crédito bancário;

c) a denominação "Certificado de Cédulas de Crédito Bancário";

d) a especificação das cédulas depositadas, o nome dos seus emitentes, e o valor, o lugar e a data do pagamento do crédito por elas incorporado;

e) o nome da instituição emitente;

f) a declaração de que a instituição financeira, na qualidade e com as responsabilidades de depositária e mandatária do titular do certificado, promoverá a cobrança das cédulas de crédito bancário, e de que as cédulas depositadas, assim como o produto da cobrança do seu principal e encargos, somente serão entregues ao titular do certificado, contra apresentação deste;

g) o lugar da entrega do objeto do depósito; e

h) a remuneração devida à instituição financeira pelo depósito das cédulas objeto da emissão do certificado, se convencionada.

A instituição financeira responde pela origem e autenticidade das cédulas de crédito bancário depositadas.

Emitido o certificado, as Cédulas de Crédito Bancário e as importâncias recebidas pela instituição financeira a título de pagamento do principal e de encargos não poderão ser objeto de penhora, arresto, sequestro, busca e apreensão, ou qualquer outro embaraço que impeça a sua entrega ao titular do certificado, mas este poderá ser objeto de penhora, ou de qualquer medida cautelar por obrigação do seu titular. Aquele certificado poderá ser transferido mediante endosso ou termo de transferência, se emitido sob a forma escritural, devendo, em qualquer caso, a transferência ser datada e assinada pelo seu titular ou mandatário com poderes especiais e averbada junto à instituição financeira emitente, no prazo máximo de dois dias.

Quadro Sinótico

CONTRATOS BANCÁRIOS

<table>
<tr><td>1. CONCEITO</td><td colspan="4">• Contratos bancários são negócios jurídicos em que uma das partes é uma empresa autorizada a exercer atividades próprias de bancos.</td></tr>
<tr><td rowspan="6">2. MODALIDADES</td><td rowspan="4">• Depósito bancário</td><td>• Definição</td><td colspan="2">• Depósito bancário é a operação bancária em que uma pessoa, natural ou jurídica, entrega determinada importância em dinheiro, com curso legal no país, a um banco, que se obrigará a guardá-la e a restituí-la quando for exigida, no prazo e nas condições ajustadas.</td></tr>
<tr><td rowspan="3">• Espécies</td><td colspan="2">• Depósito à vista.
• Depósito de aviso prévio.
• Depósito a prazo fixo.
• Depósito popular.
• Depósito limitado.
• Depósito sem limite.
• Depósito em conta conjunta.</td></tr>
<tr><td>• Depósito regular de títulos da dívida pública e ações</td><td>• Depósito em administração.
• Depósito fechado.
• Depósito em garantia.</td></tr>
<tr><td colspan="2">• Depósito vinculado.</td></tr>
<tr><td>• Redesconto</td><td colspan="3">• Redesconto é a operação pela qual um banco que desconta título (operação ativa) poderá descontá-lo em outro banco (operação passiva).</td></tr>
<tr><td>• Empréstimo</td><td colspan="3">• Empréstimo é a operação pela qual o banco entrega a terceiro uma certa soma de dinheiro para lhe ser devolvida dentro de determinado prazo, cobrando, para tanto, juros.</td></tr>
</table>

2. MODALIDADES	• Desconto		• Desconto bancário é o contrato pelo qual uma pessoa recebe do banco determinada importância (juros), transferindo-lhe um título de crédito ainda não vencido, de emissão própria ou de terceiro, responsabilizando-se pela sua solvabilidade.
	• Antecipação		• Antecipação é a operação bancária pela qual alguém recebe do banco certa importância, dando garantia real para o pagamento da quantia adiantada.
	• Abertura de crédito		• É o contrato pelo qual o banco (creditador) obriga-se a colocar à disposição do cliente (creditado) ou de terceiro, por prazo certo ou indeterminado, sob cláusulas convencionadas, uma importância até um limite estipulado, facultando-se a sua utilização no todo ou parceladamente, porém a quantia deverá ser restituída, nos termos ajustados, acrescida de juros e comissões, ao se extinguir o contrato.
	• Carta de crédito		• É a ordem escrita dada por um banco a outro, localizado em praça diversa, para que este faça a abertura de crédito a uma ou mais pessoas determinadas, pondo-lhes certa quantia à disposição, que poderá ser retirada, total ou parcialmente, num prazo especificado.
	• Conta corrente	• Conceito	• Contrato de conta corrente é aquele em que duas pessoas estipulam a obrigação, para ambas as partes ou para uma delas, de inscrever, em contas especiais de débito e crédito, os valores monetários correspondentes às suas remessas.
		• Características	• Supõe uma série de operações sucessivas e recíprocas entre as partes, que não se liquidarão de imediato, mas serão anotadas nas contas, como partidas de débito e de crédito. • Só permitirá que nela entrem créditos resultantes das operações a ela destinadas. • Os correntistas não poderão, durante a vigência do contrato, julgar-se credor ou devedor, pois essa averiguação só se obterá no momento do encerramento da conta.

2. MODALIDADES	• Conta corrente	• Características	• As remessas de cada correntista, perdendo sua individualidade, unificar-se-ão na massa de débitos e de créditos, não podendo dar causa a ação particular sobre ele, nem ser objeto de execução.
		• Efeitos	• Torna a massa de débitos e de créditos, que alimentam a conta, um todo indivisível. • Impossibilita o correntista de retirar da conta uma das remessas. • Impede que as remessas produzam compensação. • Afasta a possibilidade de as remessas operarem novação. • Faz com que os créditos remetidos passem a produzir juros desde a sua anotação na conta. • Permite que, havendo vários titulares, qualquer deles movimente a conta corrente, independentemente da anuência dos demais, pois todos serão credores e devedores solidários pelo saldo.
		• Encerramento da conta	• É a verificação do saldo, mediante o balanço das parcelas de crédito e de débito.
		• Extinção do contrato	• Pelo vencimento do prazo fixado. • Pelo distrato. • Pela resilição unilateral. • Pela falência, morte ou incapacidade de um dos contraentes.
	• Financiamento	• É a operação bancária pela qual o banco antecipa numerário sobre créditos que o cliente possa ter, com o escopo de emprestar-lhe certa soma, proporcionando-lhe recursos necessários para realizar certo negócio ou empreendimento, reservando-se o direito de receber de devedores do financiado os créditos em seu nome ou na condição de seu representante, sem prejuízo das ações que contra ele conserva até a liquidação final.	

2. MODALIDADES	• Contrato de custódia e guarda de valores	• O contrato de custódia e a guarda de valores realizar-se-ão por meio de depósito e de aluguel de cofre. O contrato de depósito se aperfeiçoa quando o cliente entrega ao banco valores para custódia, individuando-se os títulos, fornecendo o banco ao depositante relação documentada com seu número e valor, e ficando como depositário, devendo restituir os títulos quando forem reclamados. • No aluguel de cofre, o banco aluga ao cliente escaninhos de cofre de sua casa-forte, para que ele coloque documentos ou objetos valiosos, porém o banco só se responsabilizará pela guarda e vigilância do cofre, cessando tal responsabilidade se for destruído por força maior.
	• Cédula de crédito bancário	• Título de crédito emitido por pessoa natural ou jurídica, em favor de instituição financeira representando promessa de pagamento em dinheiro, decorrente de operação de crédito.

5. Novas técnicas contratuais

A. Considerações gerais

O desenvolvimento da economia do Brasil veio introduzir, na prática do comércio e da indústria, novas técnicas contratuais que não se coadunam aos tipos previstos no Código Civil e no Código Comercial, tais como: o arrendamento mercantil ou *leasing*, o *know-how*, a franquia ou *franchising*, o *engineering*, e a faturização ou *factoring*.

B. Arrendamento mercantil ou "leasing"

b.1. Conceito e elementos jurídicos

Embora os doutrinadores entendam ser o *leasing*[556] originário de contratos internacionais da política de empréstimos e financiamento dos EUA em favor dos aliados contra o Eixo, decorrente do *Lend Lease Act*/41, assim não entendemos, visto tratar-se de ato político e não mercantil.

Nasceu a ideia do *leasing* (do verbo *to lease*, alugar), quando Boothe, após a Segunda Guerra Mundial, contratou o fornecimento de alimentos com o exército norte-americano e, ao verificar que o volume excedia sua

556. Orlando Gomes, *Contratos*, cit., p. 565 e 566; Caio M. S. Pereira, A nova tipologia contratual no direito civil brasileiro, *Revista de Direito Comparado Luso-Brasileiro*, *1*:107-32, 1982; P. R. Tavares Paes, *Leasing*, São Paulo, Revista dos Tribunais, 1994; Ronaldo Alves de Andrade, Contrato de *leasing*, in *Direito empresarial contemporâneo*, São Paulo, Juarez de Oliveira, 2000, p. 227-58; Irineu A. Pedrotti, *Arrendamento mercantil ("leasing") e alienação fiduciária*, São Paulo, Juarez de Oliveira, 2000; Silvio Neves Baptista, *"Leasing": noções e aspectos tributários*, Recife, Gráfica, 1976; Washington Luiz da Trindade, *"Leasing": negócio jurídico fiduciário*, Salvador, 1974; Helena M. Bezerra Ramos, Questões sobre o "leasing", *Revista da Magistratura Mato-grossense*, Amamjus, *11*:28-31.

capacidade operacional, firmou um contrato com um banco para que este comprasse os equipamentos que lhe eram necessários. Ante o grande sucesso dessa operação surgiram a *U. S. Leasing Company* e a *Boothe Leasing Corporation*, às quais se seguiram outras.

No Brasil, a prática do *leasing* ocorreu, em 1967, com a empresa *Rent-a-Maq*, desenvolvendo-se a partir de 1970. Para disciplinar extralegalmente sua atividade, criou-se a Associação Brasileira de Empresas de *Leasing* (ABEL), e a Lei n. 6.099/74 (alterada pela Lei n. 7.132/83), com o escopo de dispor sobre o tratamento tributário, designou-o *arrendamento mercantil*; com isso o *leasing* passou a ser um contrato típico. Ante o fato de o *leasing* envolver, direta ou indiretamente, uma operação de crédito, o Banco Central do Brasil controla-o (Res. n. 2.309/96 e Circ. 2.706/96 (revogada pela Circ. 3.360/2007), segundo normas baixadas pelo Conselho Monetário Nacional, aplicando, quando for o caso, a Lei n. 4.595/64, e a legislação posterior atinente ao sistema financeiro nacional.

O *financial leasing* norte-americano, *crédit-bail* dos franceses, *operating-lase* ou *hire-purchase* dos ingleses, *locazione finanziaria* dos italianos, traduzido por arrendamento mercantil, ou *leasing* financeiro ou tradicional é o contrato pelo qual uma pessoa jurídica ou física (art. 12 da Res. n. 2.309/96), pretendendo utilizar determinado equipamento, comercial ou industrial, ou um certo imóvel, consegue que uma instituição financeira o adquira, arrendando-o ao interessado por tempo determinado, possibilitando-se ao arrendatário, findo tal prazo, optar entre a devolução do bem, a renovação do arrendamento, ou a aquisição do bem arrendado mediante um preço conforme o valor (VR) residual previamente fixado no contrato, isto é, o que fica após a dedução das prestações até então pagas (Lei n. 6.099/74, arts. 1º, 2º, § 1º, 6º, 7º, 8º, 9º, § 2º, 10, 16 e 23, alterada pela Lei n. 7.132/83; Res. n. 1.649/89 (revogada pela Res. 2.099/94), 2.309/96 e 2.659/99, 3.175/2004 e 3.516/2007, alterada pela Res. n. 4.320/2014 do BACEN; Circulares n. 2.153/92, 2.325/92 e 2.442/94 (revogadas respectivamente pelas Resoluções n. 2.358/93, 2.183/95 e 2.461/97) do Banco Central; Lei n. 8.213/91, art. 115, VI, *a* e *b*). Pode ser celebrado por instrumento particular com efeitos de escritura pública (art. 38 da Lei n. 9.514/97, com a redação da Lei n. 11.076/2004).

Pode ser mobiliário ou imobiliário, podendo abranger inclusive aeronaves e navios (art. 11 da Res. n. 2.309/96). O *"leasing" mobiliário* refere-se a qualquer objeto móvel, de valor apreciável (máquinas, aparelhos especializados), fabricado ou vendido por empresa que não seja a arrendadora e que deverá ser por esta adquirido para atender o seu cliente que o escolhera. No *"leasing" imobiliário* a empresa, em regra, não adquire prédio construído, mas prefere comprar terreno e custear a construção do imóvel, segundo instruções do cliente, para depois arrendá-lo. Por ser muito dispendioso, tal arrendamento é feito por vinte ou trinta anos. Casos há em que o arrendatário é dono do terreno e a empresa de *leasing* cuida apenas da construção, hipótese para a qual a lei francesa criou procedimento especial, dando o proprietário o terreno em enfiteuse à sociedade de *leasing* que, uma vez construído o prédio, passará a ter a sua propriedade. Terminado o arrendamento, cessar-se-á a enfiteuse, e o proprietário do terreno adquirirá o seu domínio, passando a ser proprietário, por acessão, do imóvel nele construído. No Brasil não se poderá adotar tal procedimento, dada a perpetuidade da enfiteuse (CC de 1916, art. 679, em vigor por força do art. 2.038 do CC de 2002), enquanto na França a enfiteuse pode ser temporária.

O *"leasing" imobiliário* poderá ser usado, em nosso país, pela instituição financeira, ou melhor, pela Caixa Econômica Federal, trazendo grande vantagem ao arrendatário, que ficará dispensado da imobilização de capital na aquisição ou construção de imóvel (Res. n. 1.863/91 (revogada pela Res. n. 1.969/92) do Banco Central; Lei n. 9.514/97, arts. 5º, § 2º, 36 e 37, e Lei n. 10.931/2004, art. 46). As instituições financeiras captadoras de depósitos à vista e que operem crédito imobiliário estão autorizadas a promover *Arrendamento Imobiliário Especial com Opção de Compra* dos imóveis que tenham arrematado, adjudicado ou recebido em dação em pagamento por força de financiamentos habitacionais por elas concedidos. Entende-se por Arrendamento Imobiliário Especial com Opção de Compra a operação em que o arrendatário se compromete a pagar ao arrendador, mensalmente e por prazo determinado, contraprestações pela ocupação do imóvel com direito ao exercício de opção de compra no final do prazo contratado. Esse arrendamento poderá ser contratado com o ex-proprietário, com o ocupante a qualquer título ou com terceiros, com base no valor de mercado do bem, atestado em laudo de avaliação passado por profissional habilitado no Conselho Regional de Engenharia e Arquitetura – CREA, com atribuição para avaliação imobiliária. Os contratos de Arrendamento Imobiliário Especial com Opção de Compra deverão conter, necessariamente, cláusulas dispondo sobre o seguinte: *a*) descrição do imóvel arrendado com todas as características que permitam a sua perfeita identificação; *b*) prazos do arrendamento especial e do exercício da opção de compra; *c*) direito de opção de compra, o preço de compra ou o critério para a fixação desse valor; *d*) valor da prestação mensal do arrendamento, bem assim critérios e periodicidade para sua atualização; *e*) valor das despesas e dos encargos adicionais incidentes; *f*) direito da arrendadora, por si ou por prepostos formalmente autorizados, de proceder vistorias periódicas no imóvel arrendado, bem como de exigir do arrendatário, no prazo que lhe for fixado, a adoção de providências destinadas à preservação da integridade do bem; *g*) obrigações e responsabilidades do arrendatário e as sanções decorrentes do descumprimento do contrato de arrendamento; *h*) hipóteses de rescisão contratual; *i*) previsão de não devolução dos valores pagos nos casos de rescisão contratual ou de desistência do arrendatário. Tais contratos, incluindo os de dação em pagamento de imóveis destinados ao arrendamento, serão formalizados por instrumento particular com força de escritura pública. Pela Lei n. 10.188/2001, art. 8º (com alteração das Leis n. 10.859/2004 e 11.474/2007), o contrato de aquisição de imóveis pelo arrendador, as cessões de posse e as promessas de cessão, bem como o contrato de transferência do direito de propriedade ou do domínio útil ao arrendatário, serão celebrados por instrumento particular com força de escritura pública e registrados em Cartório de Registro de Imóveis competente. A falta de pagamento de três parcelas mensais constitui o arrendatário em mora de pleno direito, configurando o esbulho possessório que autoriza o arrendador a promover a reintegração de posse.

O contrato de compra e venda referente ao imóvel objeto de arrendamento residencial que vier a ser alienado na forma do inciso II do § 7º do art. 2º da Lei n. 10.188/2001, ainda que o pagamento integral seja feito à vista, contemplará cláusula impeditiva de o adquirente, no prazo de 24 (vinte e quatro) meses, vender, prometer vender ou ceder seus direitos sobre o imóvel alienado. Tal prazo poderá, excepcionalmente, ser reduzido conforme critério a ser definido pelo Ministério das Cidades, nos casos de arrendamento com período superior à metade do prazo final regulamentado. Nos imóveis alienados na forma do inciso II do § 7º do art. 2º da Lei n. 10.188/2001, com a redação da Lei n. 11.474/2007, será admitida a utilização dos recursos depositados em conta vinculada do FGTS, em condições a serem definidas pelo Conselho Curador do FGTS (Lei n. 10.188/2001, com redação da Lei n. 11.474/2007, art. 8º, §§ 1º e 2º).

Segundo o art. 10-A da Lei n. 10.188/2001, acrescentado pela Lei n. 11.474/2007, os valores apurados com a alienação dos imóveis serão utilizados para amortizar os saldos devedores dos empréstimos tomados perante o FGTS, na forma do inciso II do *caput* do art. 3º da mencionada lei, nas condições a serem estabelecidas pelo Conselho Curador do FGTS.

Aplicam-se ao Arrendamento Imobiliário Especial com Opção de Compra, no que couber, as disposições referentes ao arrendamento mercantil e ao *Programa de Arrendamento Residencial* (Lei n. 10.150/2000, arts. 38 a 41; Decreto n. 5.435/2005, que define os limites do inciso II e o § 5º do art. 3º da Lei n. 10.188/2001; Res. n. 2.789/2000 do BACEN; Portaria n. 493/2007 da Secretaria Especial do Desenvolvimento Urbano da Presidência da República; Portaria Interministerial n. 109/2004, que define os limites dos incisos I e II do parágrafo único do art. 1º do Decreto n. 4.918/2003 (revogado pelo Dec. n. 5.435/2005), que regulamenta o Programa de Arrendamento Residencial; Portarias n. 93/2010 e 368/2010 do Ministério das Cidades sobre aquisição e alienação de imóveis sem prévio arrendamento no Programa de Arrendamento Residencial; Lei n. 11.977/2009, com as alterações da Lei n. 12.424/2011, nos arts. 18 e 79, § 3º, e nos arts. 35-A e 73-A, com alterações da Lei n. 12.693/2012, sobre arrendamento residencial no PMCMV). Urge lembrar que foi instituído, por Medida Provisória de 1999 (Instrução Normativa n. 3/99 – revogada pela IN n. 10/2001 – da Secretaria de Estado de Desenvolvimento Urbano), o Programa de Arrendamento Residencial com opção de compra, hoje regido pela Lei n. 10.188/2001, com as alterações das Leis n. 10.859/2004 e 11.474/2007, do Decreto n. 5.435/2005, da Portaria n. 493/2007, com alteração da Portaria n. 258/2008, do Ministério das Cidades, para atender, exclusivamente, à necessidade de moradia da população de baixa renda sob a forma de arrendamento residencial com opção de compra. Para a operacionalização desse Programa, cuja gestão cabe ao Ministério das Cidades, a CEF fica autorizada a criar um fundo financeiro, que ficará sob sua gestão e se subordinará à fiscalização do BACEN. E a alienação dos imóveis pertencentes ao patrimônio desse fundo deverá operar-se diretamente, por meio da CEP, constituindo o instrumento de alienação documento hábil para cancelamento, perante o Cartório de Registro de Imóveis, das averbações pertinentes às restrições legais dos §§ 3º e 4º do art. 2º da Lei n. 10.188/2001, observando-se o decurso do prazo contratual do Arrendamento Residencial ou, a critério do gestor do Fundo, o processo de desimobilização do fundo financeiro (art. 2º, § 7º, da Lei n. 10.188/2001, com a redação da Lei n. 11.474/2007; Lei n. 11.977/2009, arts. 1º, III, e 17). Os bens e direitos integrantes do patrimônio desse fundo, em especial os imóveis mantidos sob a propriedade fiduciária da CEF, bem como seus frutos e rendimentos, não se comunicarão com o patrimônio desta, observando-se quanto a tais bens e direitos, as seguintes restrições:

a) não integram o ativo da CEF;

b) não respondem direta ou indiretamente por qualquer obrigação da CEF;

c) não compõem a lista de bens e direitos da CEF, para efeito de liquidação judicial ou extrajudicial;

d) não podem ser dados em garantia de débito de operação da CEF;

e) não são passíveis de execução por quaisquer credores da CEF, por mais privilegiados que possam ser;

f) não podem ser constituídos quaisquer ônus reais sobre os imóveis.

O contrato de arrendamento residencial, que visa o arrendamento com opção de compra de bem imóvel adquirido para esse fim específico, deverá conter: prazo contratual; valor da contraprestação e critério de atualização; opção de compra e preço para tal opção, ou critério para sua fixação. O contrato de aquisição de imóveis pelo arrendador, bem como o de transferência do direito de propriedade do arrendatário, serão celebrados por instrumento particular com força de escritura pública e registrados no Cartório de Registro Imobiliário competente. Se houver inadimplemento no arrendamento, findo o prazo da notificação ou interpelação, sem pagamento dos encargos em atraso, configurado estará o esbulho, e, com isso, o arrendador poderá propor ação de reintegração de posse[557].

Infere-se que no *arrendamento mercantil* apresentam-se os seguintes *elementos jurídicos*, essenciais à sua caracterização:

1º) três empresas são necessárias à operação: a que vende as máquinas (fabricante), a que as compra, pagando o preço (*leasing broker* ou *leasing banker*), e a que obtém, sem ter comprado (arrendatário), os referidos bens de produção;

---

557. Pela Súmula n. 564 do STJ: "No caso de reintegração de posse em arrendamento mercantil financeiro, quando a soma da importância antecipada a título de valor residual garantido (VRC) com o valor da venda do bem ultrapassar o total do VRG previsto contratualmente, o arrendatário terá direito de receber a respectiva diferença, cabendo, porém, se estipulado no contrato, o prévio desconto de outras despesas ou encargos pactuados".

A Resolução n. 502/2006 do Conselho Curador do FGTS autoriza contratação de operação de crédito a favor do Fundo de Arrendamento Residencial (FAR); Portaria n. 337, de 29 de junho de 2006, da Secretaria Nacional de Habitação, que dispõe sobre a alocação dos recursos do Fundo de Arrendamento Residencial – FAR a serem utilizados na aquisição de imóveis para atendimento aos objetivos do Programa de Arrendamento Residencial – PAR. O Programa Minha Casa, Minha Vida (PMCMV) compreende (Lei n. 11.977/2009, art. 1º, III) a autorização para a União transferir recursos ao Fundo de Arrendamento Residencial (FAR) (Lei n. 11.977/2009, art. 2º, II, com a redação da Lei n. 12.693/2012, Lei n. 10.188/2001, arts. 2º-A, § 2º, e 3º-A, com a alteração da Lei n. 12.693/2012) e ao Fundo de Desenvolvimento Social (FDS). A Portaria n. 465/2011 do Ministério das Cidades traça diretrizes gerais para aquisição e alienação de imóveis por meio da transferência de recursos ao Fundo de Arrendamento Residencial (FAR), no âmbito do PNHU integrante do PMCMV.

Sobre Letra de Arrendamento Mercantil: Lei n. 11.882/2008.

2º) uma empresa ou o arrendatário indica à outra (instituição financeira – arts. 1º e 13, § 2º, da Res. n. 2.309/96) os bens que ela deverá adquirir, com todas as suas especificações técnicas, estipulando preço e nome do fornecedor, e dando outros esclarecimentos, como condições de reembolso do arrendador, montante de prestações, prazo de vigência do contrato de *leasing* etc. (Lei n. 6.099/74, art. 5º);

3º) a instituição financeira compra equipamentos e máquinas para arrendá-los a longo prazo à empresa que pediu a aquisição. O contrato de compra e venda será celebrado entre arrendador e vendedor, sem qualquer participação do arrendatário;

4º) há a concessão do uso desses bens ou equipamentos durante certo prazo (Res. n. 2.309/96, art. 8º, I e II), não muito longo, em geral dois a cinco anos, ou até mesmo noventa dias, em caso de *leasing* operacional, mediante o pagamento de uma renda, superior ao valor do uso, porque ela poderá ser parcela do preço pelo qual serão comprados tais bens. Se, na vigência do contrato, o arrendatário quiser pôr fim ao *leasing*, devolvendo o bem ao arrendador, este poderá exigir o pagamento integral das prestações convencionadas;

5º) o arrendatário, findo o prazo do arrendamento, tem a tríplice opção de: *a*) adquirir os bens, no todo ou em parte, por preço menor do que o de sua aquisição primitiva convencionado no próprio contrato, levando-se em conta os pagamentos feitos a título de aluguel; *b*) devolvê-los ao arrendador; ou *c*) prorrogar o contrato, mediante o pagamento de renda muito menor do que a do primeiro arrendamento, porque neste as prestações foram fixadas tendo em vista o valor de utilização do bem em estado de novo.

Fácil é perceber as muitas vantagens que o *leasing* oferece.

Deveras, pelo arrendamento mercantil, o cliente receberá financiamento integral para adquirir equipamentos, sem fazer qualquer investimento próprio, pagando o valor das máquinas com o produto do trabalho delas.

Proporciona-se ao empresário o acesso aos bens necessários ao funcionamento da empresa sem que ele tenha de comprá-los. A empresa se equipará sem investir.

No *leasing* haverá: disponibilidade de capital circulante pela sua não imobilização pelo empresário; custo menor dos equipamentos; financiamento total do valor do bem arrendado; possibilidade da compra do bem, descontando-se do preço as prestações pagas a título de locação.

Segundo Arnoldo Wald, é muito recomendado quando, p. ex.: *a*) uma nova empresa, com grande desenvolvimento tecnológico que lhe dê boa rentabilidade, não tem capital suficiente para desenvolver sua atividade ou prefere não utilizar para esse fim o seu capital de giro; *b*) uma empresa deve equipar-se de modo especial para atender a um contrato de grandes dimensões, cujo lucro cobrirá o encargo das prestações locativas; *c*) a empresa ou determinada filial já utilizou todo o seu orçamento anual de investimento e tem necessidade de completar seu programa de equipamento; *d*) uma pequena ou média empresa pretende substituir material corrente, tendo dificuldade em atender às exigências da administração para a concessão de financiamento pelos órgãos especializados; *e*) uma empresa se vê diante da necessidade de se expandir, de se mudar ou de se descentralizar, abrindo novos campos de atividade em curto prazo, sem ter fundos próprios ou crédito bancário para atender à situação criada.

Além disso, o arrendamento mercantil apresenta vantagens na seara tributária. Se uma empresa comprar equipamentos a prazo, a quantia paga mensalmente não poderá ser deduzida da renda bruta para apuração do lucro tributável pelo imposto de renda. Todavia, o *quantum* pago como aluguel poderá ser lançado como despesa, o que diminuirá o lucro, e, por via de consequência, levará ao pagamento de menor imposto de renda. A Lei n. 6.099/74 veio regular essa matéria, traçando contornos para que possa haver benefícios de ordem fiscal resultantes do *leasing*. As disposições dessa lei vieram a ser regulamentadas pela Resolução n. 351/75 do Banco Central, já revogada; logo, atualmente, essa regulamentação é feita pelas Resoluções n. 2.659/99, 2.309/96 e 1.649/89 (revogada pela Resolução n. 2.099/94), e pelas Circulares n. 2.153/92 (revogada pela Circ. n. 2.358/93) e 2.442/94 (revogada pela Circ. n. 2.461/97). E, no que concerne aos recursos oriundos do exterior, a matéria foi tratada pelo Comunicado n. 322/76 da Gerência de Câmbio do Banco Central. A Portaria n. 376-E do Ministério da Fazenda, ao definir os contornos para apurar o lucro tributável, sintetizando as normas acima mencionadas, estabeleceu dispositivos normativos mais diretamente ligados ao imposto de renda devido por quem fizer uso do *leasing*.

Por outro lado, apresenta algumas desvantagens, que não incidem sobre os empresários, mas sobre o consumidor, tais como: obtenção de financiamentos a juros menores; utilização do autofinanciamento (como o aumento do capital) para adquirir equipamentos; diminuição do crédito pela ausência de maiores garantias a serem oferecidas aos estabelecimentos bancários.

O *leasing* é técnica contratual que só deverá ser praticada em países que dispuserem de capitais de sobra, como, p. ex., os EUA, e não naqueles em que há falta de recursos financeiros, onde os juros e demais custos são muito altos, constituindo-se, indubitavelmente, em um fator inflacionário[558].

558. Arnoldo Wald, "Leasing"-I, in *Enciclopédia Saraiva do Direito*, v. 48, p. 131-6, e Aspectos tributários do "leasing", *Revista Brasileira do Mercado de Capitais*, v. 3, 1975; Fran Martins, *Contratos*, cit., p. 545-9 e 554-8; Hémard, Nouvelles techniques contractuelles, *Travaux de la Faculté de Droit de Montpellier*; Floriano Lima de Toledo, *Manual de direito comercial*, São Paulo, Livr. Duas Cidades, 1982, p. 263-5; Orlando Gomes, *Contratos*, cit., p. 569-72; Waldirio Bulgarelli, "Leasing"-II, in *Enciclopédia Saraiva do Direito*, v. 48, p. 136-9 e 141-3; Roberto Ruozi, *Il leasing*, Milano, Giuffrè, 1971, p. 23; Fábio Konder Comparato, Contrato de "leasing", *RT*, *389*:7, e in *Enciclopédia Saraiva do Direito*, v. 19, p. 385-93; Richard Vancil, *Financial executive's handbook*, 1970; *Leasing of industrial equipment*, New York, 1963; De Nova, *Il contratto di leasing*, Milano, Giuffrè, 1985; Arnaldo Rizzardo, *"Leasing" – arrendamento mercantil no direito brasileiro*, São Paulo, Revista dos Tribunais, 1998; Serge Rolin, *Le leasing, nouvelle technique de financement*, Belgique, Marabout Service, 1970; Roland Walter, *Qu'est-ce que le leasing?*, Paris, 1973; Giorgio Fossati, *Il leasing*, Milano, 1973; J. Pailluseau, *Contrat de leasing*, Montpellier, 1970; Rodolfo de Camargo Mancuso, *Apontamentos sobre o contrato de "leasing"*, Revista dos Tribunais, 1978; *Leasing*, São Paulo, Revista dos Tribunais, 1999; El Moktar Bey, *De la symbiotique dans le leasing et le crédit bail mobiliers*, Paris, Dalloz, 1979; Adriano Blatt, *"Leasing" – uma abordagem prática*, Rio de Janeiro, 1998; Auloy-Calais, *Le contrat de leasing*, Paris, 1970; Planiol, Ripert e Boulanger, *Traité*, cit., t. 2, n. 2.826 e s.; Caio M. S. Pereira, op. cit., p. 121 e s.; Justino Magno Araújo e Renato S. Sartorelli, *Leasing (arrendamento mercantil) e sua interpretação jurisprudencial*, São Paulo, Saraiva, 1999; Sebastião José Roque, *Dos contratos civis-mercantis*, cit., p. 23-30; Neide A. F. Resende, *O "leasing" financeiro no Código de Defesa do Consumidor*, São Paulo, Saraiva, 2001; Irineu A. Pedrotti, *Arrendamento mercantil ("leasing") e alienação fiduciária*, São Paulo, Juarez de Oliveira, 2000. Bernardi, Os contratos de *dry lease* e *wet lease*, *Revista Brasileira de Direito Aeronáutico e Espacial*, n. 87, Rio de Janeiro, 2004. *Vide*, ainda, *RT*, *836*: 182, *834*:251, *833*:257, *806:*152, 802:266, *799*:279, *793*:307, *790*:388, *785*:301, *784*:322, *760*:288, *762*:309, *574*:218, *758*:261 e 272, *744*:366, *781*:286, *778*:302, *764*:272, *745*:232, *468*:154, *512*:265, *507*:178, *601*:190, *602*:227, *604*:115, *605*:140, *614*:120, *625*:93, *629*:147, *641*:212, *640*:121, *653*:117, *614*:49, *678*:180, *659*:101; *EJSTJ*, *13*:74, *14*:55 e 85, *21*:163, *24*:156 e 157; *RSTJ*, *105*:243, *80*:145, 181, 196 e 199; *RJTJSP*, *131*:97; *JTACSP*, *76*:173; *Ciência Jurídica*, *42*:64; *RJE*, *1*:497 e 301, *2*:483. Sobre *leasing* para aquisição de semoventes: *Bol. AASP*, *1.844*:129, *1.827*:5, *2.992*:11; *JB*, *147*:230, *152*:104 e 148, *161*:133, 144 e 255; *RJE*, *2*:483; *RF*, *250*:47; *JSTJ*, *8*:337, *9*:280, *11*:227, *12*:179. Pelo art. 46 da Lei n. 10.931/2004, no arrendamento mercantil de imóveis, é admitida a estipulação de cláusula de reajuste, com periodicidade mensal, por índices de preços setoriais ou gerais ou pelo índice de remuneração básica dos depósitos de poupança. Arrendamento mercantil e eleição de foro: *RT*, *780*:292; CDC e *leasing*: *RT*, *778*:301, *780*:317. Prestação de *leasing* indexada em dólar: *RT*, *781*:335. Não há necessidade de registro do contrato de *leasing* para que a empresa *lessee* responda por dano resultante de acidente com veículo arrendado (*EJSTJ*, *11*:91). *Vide* Leis n. 6.099/74 e 7.843/89, art. 3º; Circular n. 2.442/94 (revogada pela Res. n. 2.461/97); Resolução n. 2.142/95 (revogada pela Res. n. 2.276/96) do Banco Central e Súmula 138 do STJ. *Vide* Circular n. 2.686/96 do BACEN (revogada pela Resolução n. 2.551/98), sobre renegociação de operações de arrendamento mercantil; Resolução n. 2.412/97 (revogada pela Circular n. 3.280/2005) do Banco Central, sobre operações de cessão de crédito, oriundo de arrendamento mercantil para pessoa não integrante do Sistema Financeiro Nacional; Resolução n. 2.659/99,

b.2. Modalidades

Várias são as modalidades de arrendamento mercantil. Poder-se-ão ter[559]:

---

sobre previsão de multa de mora em contratos de arrendamento mercantil; Resolução BACEN n. 2.721/2000 (revogada pela Resolução n. 2.770/2000), sobre repasse de recursos externos de sociedade de arrendamento mercantil; Instrução Normativa n. 121 – INSS/DC (revogada pela Instrução Normativa n. 28/2008), sobre procedimentos quanto à consignação/retenção de descontos para pagamentos de empréstimos, financiamentos ou arrendamento mercantil pelo beneficiário na renda dos benefícios. Lei n. 11.882/2008 (arts. 2º a 4º) autoriza a emissão pelas sociedades de arrendamento mercantil da Letra de arrendamento mercantil (LAM), título de crédito representativo de promessa de pagamento em dinheiro. Tal emissão deverá dar-se sob a forma escritural, mediante assento em sistema de registros e de liquidação financeira de ativos autorizados pelo BACEN; Circular BACEN n. 3.616/2012 e Res. do BACEN n. 4.088/2012, com alteração da Res. n. 4.399/2015, dispõem sobre condições de registro e de liquidação financeira de ativos, das informações a respeito das garantias constituídas sobre veículos automotores em operações de crédito, bem como das informações sobre a propriedade de veículos automotores objeto de operações de arrendamento mercantil; Carta-Circular n. 3.596, de 29 de abril de 2013, do BACEN, divulga instrução para registro, em sistema de registro e de liquidação financeira de ativos, de informações a respeito das garantias constituídas relativas a veículos automotores em operações de crédito, bem como relativas à propriedade de veículos automotores objeto de operações de arrendamento mercantil; Lei n. 12.873/2013, que altera a Lei n. 12.096/2009, art. 1º, I, *a*, alusivo à aquisição, produção e arrendamento mercantil de bens de capital, incluídos componentes e serviços tecnológicos relacionados; Lei n. 12.973/2014, arts. 44 a 47 e 53, parágrafo único; Norma Brasileira de Contabilidade do Conselho Federal de Contabilidade ITG n. 3 (R1), de 11-12-2013, que altera a ITG n. 3 sobre aspectos complementares das operações de arrendamento mercantil. "É devida devolução simples, e não em dobro, do valor residual garantido (VRG) em caso de reintegração de posse do bem objeto de arrendamento mercantil celebrado entre empresários" (Enunciado n. 38 da I Jornada de Direito Comercial do Conselho da Justiça Federal).

Aplica-se o art. 2º, § 2º, do Dec.-Lei n. 911/69, com a redação da Lei n. 13.043/2014, às operações de arrendamento mercantil previstas na forma da Lei n. 6.099/74 (art. 2º, § 4º, do Dec.-Lei n. 911/69, com a alteração da Lei n. 13.043/2014).

Resolução BACEN n. 4.693/2018 sobre condições e limites para realização de crédito com partes relacionadas por sociedades de arrendamento mercantil. *Vide* Lei n. 9.613/98, art. 9.º, parágrafo único, V, com a redação dada pela LC n. 167/2019.

559. Arnoldo Wald, Considerações sobre o "lease back", in *Digesto Econômico*, 1982, n. 296, p. 139 a 144; Parleani, Le contrat de lease back, *Revue Trimestrielle de Droit Comparé*, 1973, n. 4, p. 728; Coillot, *Initiation au leasing ou crédit-bail*, Paris, 2. ed., p. 200; Antônio da Silva Cabral, *"Leasing"*; noções, tipos e aspectos, São Paulo, 1975, v. 1, p. 29-31; Waldirio Bulgarelli, "Leasing"-II, cit., p. 139 e 140; Orlando Gomes, *Contratos*, cit., p. 572 e 573; Fran Martins, *Contratos*, cit., p. 550-4; Richard Vancil, *Leasing of industrial equipment*, New York, McGraw Hill, 1963, p. 8-9, 125 e s.; El Moktar Bey, *Leasing et crédit-bail mobiliers*, Dalloz, 1970, p. 172; J. Wilson de Queiroz, *Teoria e prática do "leasing"*, Imprensa Universitária do Ceará, 1974, p. 25; Fábio Konder Comparato, op. cit., v. 19, p. 387 e 388; Walters, *Qu'est-ce que le leasing?*, Paris, Dunod, 1973, p. 60 e 61; Sílvio de S. Venosa, *Direito civil*, cit., p. 618. Urge lembrar que há quem vislumbre no *leasing* uma relação de consumo, por ser a instituição financeira uma fornecedora em face dos destinatários finais com o direito individual homogêneo

1º) *"Leasing" financeiro*, que é o mais comum de todos, pelo qual o arrendador adquire de terceiro certos bens de produção (máquinas, equipamentos) com o intuito de entregá-los a uma empresa, para que, por prazo determinado, os utilize, mediante o pagamento de prestações pecuniárias periódicas, com o direito de optar entre a aquisição de sua propriedade, a devolução dos bens arrendados ao arrendador e a renovação do contrato (Res. n. 2.309/96, arts. 5º, I a III, e 7º, I a XII, com alteração da Res. n. 2.659/96). O *"leasing" financeiro* é a verdadeira operação de *leasing* e é sobre ele que aqui tratamos. Devido à obrigatoriedade desse contrato, todas as prestações deverão ser pagas, mesmo que o arrendatário queira pôr fim ao contrato, devolvendo o bem ao arrendador antes do término do prazo contratual.

2º) *"Leasing" operacional* comumente equiparado ao *"renting"* permitido pela Lei n. 7.132/83. Por rigorismo técnico distinguimos *leasing* operacional do *renting*. O *"leasing" operacional* é realizado com bens adquiridos pelo locador junto a terceiro, sendo dispensável a intervenção da instituição financeira, que poderá efetivá-lo se autorizada pelo Conselho Monetário Nacional (Res. n. 2.309/96, arts. 6º e 8º, II). O mesmo material, mantido em estoque pelo locador, pode ser alugado várias vezes a locatários diversos. O locador compromete-se a prestar serviços de manutenção do bem locado. E esse contrato pode ser rescindido pelo locatário a qualquer tempo. Ter-se-á *renting* se se tratar de arrendamento feito diretamente com o fabricante, dispensando-se o intermediário, por dizer respeito a produtos de grande aceitação no mercado, embora tendam a se tornar obsoletos em pouco tempo, como, p. ex., certos artigos eletrônicos, eletrodomésticos, equipamentos técnicos. É contrato a que se liga a cláusula de assistência técnica aos bens alugados, não sendo necessário o pacto de reserva do direito de opção para a compra dos bens. O *renting* começa a se desenvolver, no Brasil, prin-

---

à adequada prestação do serviço de financiamento com boa-fé e equilíbrio. Código de Defesa do Consumidor incide sobre contrato de *leasing*: STJ, 3ª T., REsp 235.200, j. 20-11-2000. Resolução n. 2.659/99 sobre previsão de multa de mora em contrato de arrendamento mercantil. Sobre depreciação de bens, objeto de arrendamento mercantil: Portaria n. 113/88 do Ministro de Estado da Fazenda. Sobre a correção monetária: Lei n. 7.843/89, art. 3º, §§ 1º e 2º. *Vide* Resolução n. 2.836/2001 do BACEN sobre normas relativas à cessão de créditos oriundos de operações de arrendamento mercantil; Lei Complementar n. 105/2001, sobre sigilo de operações de instituições financeiras, alcançando as sociedades de arrendamento mercantil (arts. 1º, 2º e 8º); Circular BACEN n. 3.213/2003 sobre procedimento para o registro contábil de operações de cessão de crédito e de arrendamento mercantil; Lei n. 11.649/2008 sobre procedimento na operação de arrendamento mercantil de veículo automotivo; Carta-Circular BACEN n. 3.596/2013 sobre instrução para registro de informação relativa à propriedade de veículo objeto de *leasing*. *Vide* art. 46 da Lei n. 10.931/2004.

Sobre condições para refinanciamento de parcelas de operações destinadas à aquisição e arrendamento mercantil de caminhões, carretas, cavalos mecânicos, reboques, tanques, carrocerias para caminhões etc.: Lei n. 12.096/2009, art. 1º-A, e Res. BACEN n. 4.409/2015.

cipalmente no que se refere a material de escritório (máquinas de escrever, de calcular, copiadoras etc.) e automóveis. O *renting* é uma locação a curto prazo, em que o locador se obriga a dar assistência técnica e transporte, além do ônus do seguro. E o locatário terá o dever de efetuar as reparações do material unicamente por intermédio do locador. Em suma, no *renting*, a empresa, proprietária de certos bens, os dá em arrendamento à pessoa jurídica, mediante o pagamento de aluguel, incumbindo-se, entretanto, o arrendador de prestar assistência ao arrendatário durante a vigência do contrato. Tal contrato poderá ser rescindido a qualquer tempo pelo arrendatário, desde que haja aviso prévio.

3º) *"Lease-back" ou "leasing" de retorno*, que ocorrerá se uma empresa, proprietária de certo bem (móvel ou imóvel), o vender ou o der em dação em pagamento a outra que, ao adquiri-lo, imediatamente o arrenda à vendedora. O próprio arrendatário efetua a venda de bens ou de equipamentos, mudando seu título jurídico relativamente a eles, passando de proprietário a arrendatário (Lei n. 6.099/74, arts. 9º e 12; Resolução n. 2.309/96, art. 13 e parágrafos), que deverá pagar aluguel. A empresa, com grande possibilidade de expansão, mas que não conta com recursos líquidos próprios, nem pode obter financiamento bancário em montante elevado, vende, então, seus bens de capital imobilizados (prédio, máquinas, instalações) a uma instituição financeira, para recebê-los de volta a título de locação, mediante pagamento de aluguel compreensivo de custos e lucros, dando, portanto, à operação o caráter de *full pay out lease*, incluindo a opção de compra.

O *"lease-back"* permite transformar imobilizações em fundos disponíveis (liberação de capital de giro), pois possibilitará assim à arrendatária liberar o capital investido no equipamento alienado à arrendadora (*RF*, *250*:52, 67 e 423; *Bol. AASP*, *1.812*:7; *JB*, *161*:122). Consistirá numa fórmula hábil para socorrer empresa em dificuldades financeiras por ter feito muitas imobilizações, transformando os imóveis em fundos para capital de giro, sem que haja perda da utilização dos bens, dando, no porvir, possibilidade de readquiri-los, no momento oportuno, pagando preço estipulado, pois findo o prazo do contrato, o arrendatário terá direito de opção para readquirir o bem pelo seu valor residual predeterminado ou pelo valor de mercado no momento de seu exercício (*RF*, *250*:423).

4º) *"Self-leasing"*, se consistir em operação entre empresas ligadas ou coligadas. Poderá assumir duas formas: uma em que as empresas vinculadas terão as posições de arrendador, arrendatário e vendedor, e outra em que o arrendador é o fabricante e cede o bem em arrendamento (*lessor manufacture*). Este tipo de *leasing* foi excluído pela Lei n. 6.099/74, art. 2º, e Resolução n. 2.309/96, art. 28, III.

5º) *"Dummy corporation"*, que se liga ao *trust* e à sociedade de palha, inserindo-se numa sociedade entre investidores e arrendatários. Tal sociedade emite debêntures para obter numerário para a aquisição de bens, que serão arrendados ao arrendatário. Os investidores serão representados por um *trustee*, que dirigirá a sociedade e receberá os aluguéis sobre o bem arrendado.

6º) *"Lease purchase"*, na lição de Sílvio de Salvo Venosa, é o utilizado na atividade ferroviária ou aeroviária. Há emissão, pelo *trustee*, de certificados, similares a debêntures, para aquisição de numerários para obter o bem a ser arrendado. A locatária passará a ser proprietária do bem apenas quando resgatar todos os certificados.

7º) *Dry lease* que, como ensina Bernardi, é o contrato celebrado entre duas companhias aéreas, que têm por fim a locação de aeronave, tendo a locatária o dever de controlá-la operacionalmente, cuidar de sua manutenção e providenciar sua tripulação. Para tanto será preciso que ambas as companhias pertençam a países que sejam signatários de tratado nesse sentido.

b.3. Obrigações do arrendador e do arrendatário

O *leasing* financeiro gera deveres.

O *arrendador* terá o dever de:

1º) adquirir de outrem os bens para serem dados em arrendamento;

2º) entregar ao arrendatário, para seu uso e gozo, os bens por ele indicados (*JB, 161*:133);

3º) vender os bens arrendados, se o arrendatário optar pela compra e pagar o preço residual; às vezes, tal valor residual estabelecido é inferior ao mercadológico. As partes fixam, em cláusula contratual, o valor residual garantido (VRG), que o bem terá no final do arrendamento. Esse valor não se confunde com o valor real do bem após o seu uso, que pode ser maior ou menor do que o VRG;

4º) receber as coisas de volta, se não houver compra final ou renovação contratual;

5º) renovar o contrato, se o arrendatário assim o desejar, mediante a fixação de novo valor para as prestações. Na renovação de contrato de arrendamento mercantil, a arrendadora deverá considerar, para efeito de depreciação, o valor contábil do bem objeto da renovação (Parecer Normativo n. 8/92).

Por outro lado, o *arrendatário* terá a obrigação de:

1º) pagar os aluguéis conforme se ajustou;

2º) manter os bens arrendados em bom estado de conservação;

3º) responder pelos prejuízos que causar a tais bens;

4º) restituir esses bens, findo o contrato, se não quiser comprá-los no uso de seu direito de opção;

5º) suportar os riscos e os encargos dos bens arrendados;

6º) pagar ao arrendador todas as prestações que completariam o cumprimento integral da obrigação, se rescindir o contrato antes de seu vencimento[560].

b.4. Modos terminativos do contrato

O contrato de *leasing* cessará[561]:

1º) pelo advento do termo final;

---

560. Fran Martins, *Contratos*, cit., p. 558 e 559; Orlando Gomes, *Contratos*, cit., p. 573; Larenz, op. cit., p. 356 e s.; Sílvio Venosa, *Direito civil*, cit., v. 3, p. 618. No *leasing*, por haver arrendamento e não depósito, não há prisão civil do devedor. Já houve decisão de que: "a antecipação do VRG é sinal claro de descaracterização do *leasing* por implicar no desaparecimento da figura da promessa unilateral de venda da respectiva opção, porque imposta a obrigação de compra desde o início da execução do contrato ao arrendatário. Antes de se descaracterizar a natureza contratual do arrendamento mercantil, está se reconhecendo a abusividade da cláusula que prevê o pagamento antecipado do VRG – integrado e incorporado ao valor mensal das prestações – sem que seja exigido, simultaneamente, o cumprimento da obrigação pelo arrendante, havendo desequilíbrio contratual, porque uma das partes é mais onerada sem a devida contraprestação, e sem a necessária correlação entre obrigação e direito" (STJ, Rec. Esp. 237.230-RS, j. em 19-12-2000, *DJ*, 12-3-2001). Foi cancelada a Súmula 263 do STJ: "A cobrança antecipada do valor residual (VRG) descaracteriza o contrato de arrendamento mercantil, transformando-o em compra e venda a prestação". Pela Súmula 369 do STJ: "No contrato de arrendamento mercantil (*leasing*), ainda que haja cláusula resolutiva expressa, é necessária a notificação prévia do arrendatário para constituí-lo em mora". *RTJ*, *125*:894 – "Arrendamento mercantil – *leasing* – responsabilidade da arrendadora. A arrendadora não é responsável pelos danos causados pelo arrendatário. Não se confundem o contrato de arrendamento mercantil (Lei n. 6.099/74) e a locação, não se aplicando àquele a Súmula 492 do STF". Consulte: Lei n. 10.820/2003, arts. 1º e 2º, § 2º, I, que dispõe sobre autorização para desconto de prestações em folha de pagamento dos valores alusivos a operações de arrendamento mercantil concedidos por instituições financeiras. O art. 6º dessa lei sofreu alteração da Lei n. 10.953/2004.

Súmula 74 do TJSP: "Diverso o período da mora, sem identidade na causa de pedir, não se justifica distribuição por dependência (art. 253, inciso II, do CPC) da nova ação de reintegração de posse de veículo objeto de arrendamento mercantil, em relação à ação possessória anterior, extinta sem exame de mérito". O dispositivo referido corresponde ao CPC/73. O equivalente no CPC/2015 é o art. 286, inciso II.

561. Orlando Gomes, *Contratos*, cit., p. 574; Fran Martins, *Contratos*, cit., p. 559; Ronaldo Alves de Andrade, Contrato de *leasing*, cit., p. 246.

2º) pelo distrato;

3º) pela resilição unilateral, devido à inexecução culposa de uma das partes;

4º) pela força maior ou caso fortuito, impossibilitando a uma das partes o cumprimento da obrigação, mas o arrendatário, apesar de estar liberado da multa ou indenização, terá responsabilidade pelo pagamento das prestações até o final do contrato, porém não está obrigado a exercer a opção de compra. Para evitar os efeitos da força maior e do caso fortuito, o art. 7º, IX, *b*, da Resolução n. 2.309/96 impõe a obrigatoriedade da inclusão no contrato de cláusula prescrevendo ao arrendatário o dever de efetuar um seguro.

Urge não olvidar que o art. 117 da Lei n. 11.101/2005 é aplicável ao arrendamento mercantil e que, em se tratando de credor titular da posição de arrendador mercantil, seu crédito não se submeterá aos efeitos da recuperação judicial e prevalecerão as condições contratuais (art. 49, § 3º, da Lei n. 11.101/2005). E, pelo art. 199, § 1º, com alteração da Lei n. 11.196/2005, da Lei n. 11.101/2005: "Na recuperação judicial e na falência das sociedades do art. 187 da Lei n. 7.565/86, ficará suspenso o exercício de direitos derivados de contratos de arrendamento mercantil de aeronaves ou de suas partes".

Quadro Sinótico

ARRENDAMENTO MERCANTIL OU "LEASING"

1. CONCEITO	• *Leasing* é o contrato pelo qual uma pessoa jurídica, pretendendo utilizar determinado equipamento, comercial ou industrial, ou certo imóvel, consegue que uma instituição financeira o adquira, arrendando-o ao interessado, por tempo determinado, possibilitando ao arrendatário, findo tal prazo, optar entre a devolução do bem, a renovação do arrendamento, ou a aquisição do bem arrendado mediante um preço residual fixado no contrato, isto é, o que fica após a dedução das prestações até então pagas (Lei n. 6.099/74, arts. 1º, 2º, § 1º, 6º, 7º, 8º, 9º, § 2º, 10, 16 e 23, alterada pela Lei n. 7.132/83; Res. n. 2.309/96 do BACEN).
2. ELEMENTOS JURÍDICOS	• Necessidade de três empresas: a que vende as máquinas, a que as compra, e a que as obtém sem as ter comprado. • Indicação à instituição financeira dos bens que ela deverá adquirir. • Aquisição desses bens pela instituição financeira, para arrendá-los a longo prazo à empresa que pediu tal aquisição. • Concessão do uso desses bens ou equipamentos, mediante o pagamento de uma renda. • Tríplice opção do arrendatário, findo o prazo do *leasing*, de: adquirir os bens por preço menor do que o de sua aquisição primitiva, devolvê-los ao arrendador ou prorrogar o contrato.
3. MODALIDADES	• *Leasing* financeiro. • *Renting*. • *Leasing* operacional. • *Lease-back* ou *leasing* de retorno (Lei n. 6.099/74, arts. 9º e 12). • *Self-leasing*. • *Dummy corporation*. • *Lease purchase*. • *Dry lease*.

4. OBRIGAÇÕES DO ARRENDADOR	• Adquirir de outrem os bens a serem arrendados. • Entregar ao arrendatário, para seu uso e gozo, os bens por ele indicados. • Vender os bens arrendados, se o arrendatário optar pela compra e pagar o preço residual. • Receber as coisas de volta, se não houver compra final ou renovação contratual. • Renovar o contrato, se o arrendatário assim o desejar.
5. DEVERES DO ARRENDATÁRIO	• Pagar os aluguéis conforme se ajustou. • Manter os bens arrendados em bom estado de conservação. • Responder pelos prejuízos que causar a esses bens. • Restituir os bens arrendados, findo o contrato, se não quiser comprá-los. • Suportar os riscos e os encargos dos bens arrendados. • Pagar ao arrendador todas as prestações que completariam o cumprimento integral da obrigação, se rescindir o contrato antes do seu vencimento.
6. MODOS TERMINATIVOS DO CONTRATO	• Advento do termo final. • Distrato. • Resilição unilateral. • Força maior e caso fortuito. • Sobre falência e recuperação (Lei n. 11.101/2005, arts. 49, § 3º, 117 e 199, § 1º).

C. "Know-how" ou contrato de importação de tecnologia

c.1. Noção geral

O contrato de *know-how* é aquele em que uma pessoa, natural ou jurídica, se obriga a transmitir ao outro contraente, para que este os aproveite, os conhecimentos que tem de processo especial de fabricação, de fórmulas secretas, de técnicas ou de práticas originais, durante certo tempo, mediante o pagamento de determinada quantia chamada *royalty*, estipulada livremente pelos contraentes.

Tal pagamento poderá ser feito de uma só vez, ou com uma entrada inicial e percentagens sobre vendas, ou somente com percentagens sobre vendas, ou, então, pelo pagamento de importâncias fixas, feito parceladamente. Todavia, nada obsta a que se transfira o *know-how* a título gratuito, quando o concedente tem outro interesse que não auferir lucro.

O *know-how* poderá, ainda, ser permutado por outro, em regra de valor equivalente.

Denota-se que o *know-how* consiste em certos conhecimentos, técnicas ou processos de fabricação de um produto, secretos e originais, que alguém tem, idôneos para melhorar um produto, tornando-o mais rentável para o seu possuidor. O *know-how* – "como conhecimentos, técnicas ou experiências desenvolvidos no exercício de atividade secreta e suscetíveis de aplicação prática, traduzidos em fórmulas ou procedimentos especiais, descobertos por pessoa física ou jurídica" – constitui um bem imaterial protegido juridicamente (Lei n. 4.131/62, modificada pela Lei n. 4.390/64, regulamentada pelo Dec. n. 55.762/65; Lei n. 5.988/73, ora revogada pela Lei n. 9.610/98; Dec.-Lei n. 1.418/75; Dec.-Lei n. 2.433/88, que revogou o Dec.-Lei n. 1.446/76, e que, por sua vez, sofreu revogação pelo Dec. n. 3.000/99; Dec. n. 1.041/94, que revogou o Dec. n. 85.450/80, art. 233, § 3º, também revogado pelo Dec. n. 3.000/99; Leis n. 9.279/96, art. 211; n. 10.168/2000, alterada pela Lei n. 10.332/2001, ambas regulamentadas pelo Dec. n. 4.195/2002.

O contrato de *know-how* é a transferência, por tempo determinado, desses conhecimentos, técnicas, ou processos, secretos e originais, a outra pessoa, que os empregará, mas não os poderá divulgar, pois tal transferência se operará mediante cláusulas especiais, sendo que uma delas impõe ao que recebe o *know-how* a obrigação de guardar segredo, sob pena de receber uma sanção pela sua divulgação.

O *know-how* é protegível no campo da concorrência desleal, como segredo que deverá ser preservado, no interesse de seu titular e do próprio desenvolvimento dos negócios. Logo, a violação a essa obrigação será punida como crime contra a organização da propriedade intelectual. O adquirente terá, ainda, o dever de manter a qualidade dos produtos em que foi utilizado o *know-how*[562].

---

562. Carlos Alberto Bittar, "Know-how"-I, in *Enciclopédia Saraiva do Direito*, v. 47, p. 496-505; Fran Martins, *Contratos*, cit., p. 597-600, 601-3 e 605-7; Hector Masnatta, *Los contratos de transmisión de tecnología*, Buenos Aires, Astrea, 1971; Paul Démin, *Le contrat de know-how*, Bruxelles, Émile Bruylant, 1969, p. 13, 17, 22 e 23; Newton Silveira, "Know-how"-II, in *Enciclopédia Saraiva do Direito*, v. 47, p. 506-8; Orlando Gomes, *Contratos*, cit., p. 574 e 575; François Magnin, *Know-how et propriété industrielle*, Paris, Libr. Techniques, 1974; Sebastião José Roque, *Dos contratos civis-mercantis*, cit., p. 31-8; Akira Chinen, *"Know how" e propriedade industrial*, São Paulo, Ed. Juarez de Oliveira, 1997; M. Helena Diniz, *Tratado*, cit., v. 4, p. 5 a 29. *Vide* Lei n. 10.196/2001, que alterou os arts. 43, VII, e 229 da Lei n. 9.279/96.

c.2. **Transferência de "know-how"**

O Estado moderno tem grande preocupação de utilizar esses processos, técnicas e experiências secretas e originais no seu desenvolvimento, procurando absorvê-los de países desenvolvidos por meio de contratos de transferência de *know-how*, o mesmo ocorrendo com certas empresas.

O contrato de transferência de tecnologia visa transmitir, de um contratante a outro, conhecimentos secretos ou de difícil acesso relativos a um produto ou processo industrial. Assim, na transmissão de *know-how* poderão ser celebrados:

a) *tratados* entre Estados, obedecendo-se às cláusulas e condições a que se chegar nas negociações, prevalecendo os costumes e normas admitidas a respeito em resoluções internacionais, incluindo-se a preservação do segredo;

b) *contratos*, envolvendo o titular do *know-how* (pessoa física ou jurídica) e o Estado ou empresa interessada, feitos por prazo determinado, ou por cessão definitiva, e regidos por cláusulas especiais. Se o *know-how* for transferido temporariamente, tal transferência será feita por *licença de utilização*, caso em que o recebedor do *know-how* poderá usá-lo por certo prazo. Vencido o prazo de concessão, o licenciado deverá abster-se de usá-lo, apesar de já o haver aprendido. Se for transferido em caráter definitivo, sê-lo-á por *cessão de direitos*, hipótese em que o detentor do *know-how* será o cedente, e aquele que o recebe, o cessionário, que não o poderá ceder a terceiros, a não ser que haja anuência do cedente. Sua comunicação poderá ser ainda: *pura e simples*, se o *know-how* for transferido isoladamente, isto é, apenas no que se refere ao modo de proceder, ou seja, como se faz certo produto segundo método original do *know-how*, e *conjugada com outros direitos ou com materiais necessários*; logo, poderão, com o *know-how*, se transmitidos outros direitos, como o de exploração da patente ou de marcas sobre as quais se aplica o *know-how*; o de fornecimento de matérias de tecnologia industrial para a produção de bens de consumo, ou de elementos para a fabricação de unidades industriais, máquinas e equipamentos etc.; o de cooperação técnico-industrial; o de prestação de serviços técnicos especializados (Resolução n. 20/91 do INPI; Ato Normativo n. 120/93 do INPI, que revogou a Instrução Normativa n. 1/91 do INPI, substituído pelo Ato Normativo n. 135/97, e a Res. n. 22/91). Nestas últimas hipóteses, configurar-se-á o *"know-how" misto ou combinado*, com prestações múltiplas. Os contratos deverão ser averbados no Instituto Nacional de Propriedade Industrial[563] (Lei n. 9.279/96, art. 211 e parágrafo único).

c.3. Extinção

Poderá extinguir-se o contrato de *know-how*[564]:

1º) pelo vencimento do prazo de sua duração;

2º) pelo distrato;

3º) pela violação de cláusula contratual;

4º) pela modificação essencial no seu objeto, como, p. ex., se o *know-how* perder o seu valor;

5º) pela mudança da pessoa que recebe o *know-how*, visto tratar-se de contrato *intuitu personae*.

Em qualquer desses casos extintivos do contrato, o beneficiário deverá continuar a manter segredo sobre o *know-how* e não mais utilizá-lo, restituindo todos os documentos que lhe foram fornecidos.

---

563. Fran Martins, *Contratos*, cit., p. 604 e 605; Carlos Alberto Bittar, op. cit., p. 501, 505 e 506; Magnin, op. cit., p. 260 e s.; Newton Silveira, op. cit., p. 507; Antônio Chaves, Contrato de importação de tecnologia ("Know-how"), in *Enciclopédia Saraiva do Direito*, v. 19, p. 369-80. *Vide RT*, *608*:213.

564. Fran Martins, *Contratos*, cit., p. 608.

QUADRO SINÓTICO

"KNOW-HOW"

1. NOÇÃO	• Contrato de *know-how* é aquele em que uma pessoa, natural ou jurídica, se obriga a transmitir a outro contraente, para que este os aproveite, os conhecimentos que tem de processo especial de fabricação, de fórmulas secretas, de técnicas ou de práticas originais, durante certo tempo, mediante o pagamento de determinada quantia, chamada *royalty*, estipulada livremente pelos contraentes. Todavia, nada impede que se transfira o *know-how* a título gratuito ou que ele seja permutado por outro de valor equivalente.	
2. TRANSFERÊNCIA DE "KNOW-HOW"	• Tratado	
	• Contrato	• Licença de utilização, se concedida a transferência temporariamente. • Cessão de direitos, se o *know-how* for transferido definitivamente. • Puro e simples, se foi transmitido isoladamente. • Conjugado com outros direitos ou com materiais necessários, caso em que se configurará o *know-how* misto ou combinado.
3. EXTINÇÃO	• Pelo vencimento do prazo de sua duração. • Pelo distrato. • Pela violação de cláusula contratual. • Pela modificação essencial no seu objeto. • Pela mudança da pessoa que recebe o *know-how*.	

D. Franquia ou "franchising"

d.1. Definição e características

Franquia ou *franchising* é o contrato pelo qual uma das partes (franqueador ou *franchisor*) concede, por certo tempo, à outra (franqueado ou *franchisee*) o direito de usar marca, transmitindo tecnologia (p. ex., General Motors, Coca-Cola), de comercializar marca, desenvolvendo rede de lojas (p. ex., lojas Benetton, O Boticário etc.), serviços (p. ex., o de hotelaria – Hilton, Holiday Inn, Sheraton; o de ensino – Follow Me, CCAA, Yázigi; o de restaurante e lanchonete – McDonald's, Pizza Hut, Casa do Pão de Queijo, Amor aos Pedaços, Café do Ponto etc.) ou produto que lhe pertence, com assistência técnica permanente, recebendo, em troca, certa remuneração. Trata-se de um sistema de parceria empresarial em que o franqueador autoriza, por meio de contrato, ao franqueado o direito de usar marcas e outros objetos de propriedade intelectual, sempre associados ao direito de produção ou distribuição exclusiva ou não exclusiva de produtos ou serviços e, eventualmente, também ao direito de uso de métodos e sistemas de implantação e administração de negócio ou sistema operacional desenvolvido ou detido pelo franqueador, mediante remuneração direta ou indireta, sem que se caracterize relação de consumo ou vínculo empregatício, ainda que durante o período de treinamento (Lei n. 13.966/2019, art. 1º).

Para fins daquela autorização, o franqueador deve ser titular ou requerente de direitos sobre as marcas e outros objetos de propriedade intelectual negociados no âmbito do contrato de franquia ou estar expressamente autorizado pelo titular. A franquia pode ser adotada por empresa privada, empresa estatal ou entidade sem fins lucrativos, independentemente do segmento em que desenvolva as atividades (art. 1º, §§ 1º e 2º).

Logo, para que se caracterize o contrato de franquia, serão necessárias:

1º) Presença de duas pessoas: franqueador (*franchisor*) ou concedente, que deve ser uma "empresa comercial" com poderes para dispor de marca, de serviço ou de produto, permitindo sua comercialização por outrem; franqueado (*franchisee*), que é uma empresa individual ou coletiva com a finalidade de distribuir produtos no mercado. Tanto o franqueador como o franqueado deverão ser empresários.

2º) Exploração de uma marca ou produto, com assistência técnica do franqueador. O campo dessa assistência técnica ao franqueado é muito amplo, e sempre será fixado no contrato. Poderá consistir, p. ex.: *a*) na mera assistência técnica em relação ao bom funcionamento de aparelhos, se os objetos comercializados forem marcas especiais de rádios, televisores, condicionadores de ar, máquinas, refrigeradores, motores etc.; *b*) na colaboração em publicidade para maior venda dos produtos; *c*) no auxílio financeiro, mediante o fornecimento de certas garantias; *d*) na mera assistência contábil, relativa à adoção de determinada espécie de escrituração a ser observada pelo franqueado. Com isso haverá uma certa ligação entre franqueador e franqueado, com o escopo de facilitar as vendas dos produtos. O franqueador pode planejar a própria montagem do negócio do franqueado (local e instalações) e fornecer, ainda, um esquema completo de organização empresarial, desde o organograma de pessoal até a contabilidade, e estoques, com apoio em sistema integrado de estoque e compra.

3º) Independência do franqueado, pois não há qualquer vínculo de subordinação ou empregatício entre ele e o franqueador. Não há relação trabalhista entre franqueador e empregados da franqueada, nem relação comercial entre franqueador e franqueado. Desse modo, a empresa franqueada não será uma sucursal do franqueador, pois ela terá autonomia jurídica e financeira. Será autônoma no sentido de ser uma pessoa distinta da do franqueador, tendo responsabilidade pelos atos que praticar. Entretanto, como vimos, íntima é a relação entre franqueado e franqueador, porque este último impõe certas obrigações que deverão ser cumpridas pelo franqueado, tolhendo sua ação. Há até mesmo certos contratos em que o franqueado só poderá praticar atos com o expresso consentimento do franqueador. Todavia, esse controle do franqueador beneficia o franqueado. Não há relação de consumo entre franqueado e franqueador, este somente supervisiona a franqueada para averiguar se sua conduta atende aos termos do padrão na franquia.

4º) Rede de distribuição de produtos em condições pouco onerosas para o franqueador, porque se ele tivesse de distribuir seus produtos normalmente, sem efetivar esse contrato, teria de fazer despesas enormes, como, p. ex., abrir sucursais, assumindo encargos que iriam pesar em sua economia. Com o contrato de franquia poupa-se de abrir filiais.

5º) Exclusividade do franqueado, em certo território, para vender os produtos.

6º) Onerosidade do contrato, visto que, em regra, o franqueado deverá pagar ao franqueador não só uma taxa de filiação pela concessão da franquia, mas também importâncias suplementares, consistentes numa caução em dinheiro para garantir o futuro fornecimento das mercadorias e, conforme o caso, num porcentual sobre os produtos vendidos, que diminuirão os lucros do franqueado e representarão a remuneração do franqueador pela concessão de suas marcas na comercialização dos produtos.

7º) Obrigação do franqueado de manter a reputação dos produtos que distribui[565].

8º) Providências relativas ao seu registro pelo INPI (Lei n. 9.279/96, art. 211 e parágrafo único; Portaria n. 149/2013 do Ministério do Desenvolvimento, Indústria e Comércio Exterior, art. 1º, I).

d.2. Cláusulas contratuais

Para implantar a franquia, o franqueador deverá fornecer ao interessado uma *Circular de Oferta de Franquia*, contendo todos os requisitos exigidos pela Lei n. 13.966/2019 (art. 2º, §§ 1º e 2º).

A Carta de Franquia deverá conter: histórico do negócio franqueado; qualificação do franqueador e das empresas a que se liga; balanços financeiros do

565. Orlando Gomes, *Contratos*, cit., p. 575; Jorge Lobo, *Contrato de franchising*, Rio de Janeiro, Forense, 1994; Carlos Alberto Bittar, "Franchising", in *Enciclopédia Saraiva do Direito*, v. 38, p. 283; Fran Martins, *Contratos*, cit., p. 584-91; J. Bucell, *Le contrat de franchising*, Montpellier, DES, 1970; Harry Kursch, *The franchise boom*, 3. ed., New York, Prentice-Hall, 1969, p. 98, 94, 384 e s.; Glória C. Almeida Cruz, *Franchising*, Rio de Janeiro, Forense, 1993; Jorge Pereira Andrade, *Contratos de franquia e "leasing"*, São Paulo, Atlas, 1993; Sebastião José Roque, *Dos contratos civis-mercantis*, cit., p. 211-21; Luiz Gastão Paes de Barros Leães, Denúncia de contrato de franquia por tempo indeterminado, *RT*, *719*:83-96; Walter Douglas Stuber e Maria Cecília Semionato, *Franchising* e licenciamento, *Cadernos de Direito Constitucional e Ciência Política*, *16*:292-5; Ana Cláudia Redecker, *Franquia empresarial*, Porto Alegre, Sérgio A. Fabris, Editor, 2002; Marcelo C. Proença Fernandes, *O contrato de franquia empresarial*, Porto Alegre, Sérgio A. Fabris, Editor, 2003; Adriana M. Theodoro de Mello, *Franquia empresarial – responsabilidade civil na extinção do contrato*, Rio de Janeiro, Forense, 2001; Williane G. P. Ibiapina e Miguel P. de Vasconcelos, A responsabilidade do franqueador perante débitos trabalhistas adquiridos pela empresa franqueada. *Revista Síntese – Direito Empresarial*, *35*:155-175; Dyanndra L. C. Destri, Considerações importantes para se assinar um contrato de franquia, *Revista Síntese – Direito Empresarial*, *53*: 193-197. *Vide*: *RT*, *818*:155; *RJ*, *270*:81; *JTJRS*, *101*:339.

franqueador relativos aos dois últimos exercícios; indicação de ações judiciais em que sejam parte o franqueador, empresas controladas, subfranqueador, titular da marca; descrição da franquia, do negócio e das atividades que serão desempenhadas pelo franqueado; perfil do franqueador (experiência anterior, escolaridade etc.); requisitos relativos ao envolvimento direto do franqueado na operação e na administração do negócio; especificações quanto ao total de investimento necessário para o negócio; valor da taxa inicial de filiação ou taxa de franquia; valor estimado das instalações, dos equipamentos e do estoque e suas condições de pagamento; informações sobre taxas periódicas, aluguel de equipamento, ponto comercial, taxa de publicidade, seguro mínimo; relação dos franqueados, subfranqueados ou subfranqueador da rede e dos que dela se desligaram nos últimos 24 meses; informações sobre a política de atuação territorial (exclusividade do franqueado, possibilidade de vendas, prestação de serviço fora do território, ou de exportações; regras de concorrência territorial entre as unidades próprias e as franqueadas); informações quanto à obrigação do franqueado de adquirir bens, serviços ou insumos necessários apenas de fornecedores indicados e aprovados pelo franqueador; indicação do que é oferecido ao franqueado pelo franqueador (suporte, supervisão de rede, serviços, incorporação de inovações tecnológicas, treinamento do franqueado e de seus funcionários, manuais de franquia, auxílio na análise e escolha do ponto, leiaute, e padrões das instalações); situação do franqueado após o término do contrato em relação ao *know how*; implantação de atividade concorrente à da franquia; modelo do contrato-padrão e do pré-contrato; indicação de regras de transferência ou sucessão; indicação dos casos em que se aplicarão penas, multas ou indenização e seus valores; informações sobre a existência de cotas mínimas de compra pelo franqueado junto ao franqueador, ou a terceiros por este designados e sobre possibilidade e condições para recusa dos produtos e serviços exigidos pelo franqueador; indicação de existência de conselho ou associação de franqueados, com as atribuições, os poderes e os mecanismos de representação perante o franqueador, detalhamento das competências para gestão e fiscalização da aplicação dos recursos de fundos; indicação de regras de limitação de concorrência entre franqueador e franqueados e entre franqueados; especificação do prazo contratual e das condições de renovação; local, dia e hora do recebimento da documentação proposta.

Esta carta deve ser entregue ao candidato a franqueado no mínimo de 10 dias da assinatura do contrato ou do pagamento de alguma taxa, sob pena de invalidação e de exigir a devolução de quantia já paga ou de *royalties* corrigidos monetariamente (art. 2º, §§ 1º e 2º).

A franquia reger-se-á pela Lei n. 13.966/2019 e por normas estipuladas em cláusulas contratuais de tipos variados, de acordo com a natureza, a importância dos produtos e os interesses das partes, como, p. ex., as referentes à proibição ao franqueado de vender produtos não indicados pelo franqueador ou de vender a crédito; à realização de um mínimo de vendas dos produtos franqueados; ao pagamento de certa importância pela franquia; ao direito do franqueador de inspecionar os livros do franqueado; à participação do franqueado nas despesas de publicidade; à aprovação, pelo franqueador, de anúncios feitos pelo franqueado; à submissão dos balanços financeiros periódicos do franqueado ao franqueador; ao depósito, pelo franqueado, de tudo o que apurar em suas vendas num banco indicado pelo franqueador; à obrigação do franqueado de manter um serviço especial de contabilidade, realizado por empresas indicadas pelo franqueador; ao uso obrigatório, pelos empregados do franqueado, de uniformes aprovados pelo franqueador etc. Não há, em regra, um contrato *standard* para a franquia. Todavia, muitas dessas cláusulas já estão consubstanciadas em cláusulas-padrão impressas, em função da prática dos negócios. Há cláusulas que são imprescindíveis para caracterizar a franquia, como as atinentes ao prazo do contrato, que varia de um a cinco anos; à delimitação do território, para que se saiba onde o franqueado poderá atuar com exclusividade; à determinação da localização, ou seja, do local onde se estabelecerá o franqueado; às taxas de franquia, devidas pela exploração e pelo uso das marcas do franqueador, inclusive as suas insígnias e sinais de propaganda; às cotas de vendas; ao direito de o franqueado vender a franquia; ao preço das mercadorias franqueadas, que em regra é fixado pelo franqueador, dando um abatimento ao franqueado, o que constituirá o lucro deste nas vendas realizadas, de modo que, se o franqueado quiser alterar o preço, deverá ser autorizado pelo franqueador; ao cancelamento do contrato, esclarecendo os motivos que poderão extingui-lo[566].

566. Sobre contrato de franquia internacional: Lei n. 13.966/ 2019, art. 7º, §§ 1º a 3º. Há a possibilidade de solução de litígios oriundos da franquia por meio de arbitragem. Carlos Alberto Bittar, "Franchising", cit., p. 283-4; Fran Martins, *Contratos*, cit., p. 591-5; Teston e Melle Baroudy, *Nouvelles techniques contractuelles*, Montpellier, Libr. Techniques, 1970, p. 61 e s.; Kursch, op. cit., p. 93; Glória C. Almeida Cruz, *Franchising*, Rio de Janeiro, Forense, 1993; Adalberto Simão Filho, *Franchising – aspectos jurí-*

Se o franqueador sublocar ao franqueado o ponto comercial onde se acha instalada a franquia, qualquer das partes terá legitimidade para propor a renovação do contrato de locação do imóvel, proibida a exclusão de qualquer uma delas do contrato de locação e de sublocação por ocasião da sua renovação ou prorrogação, exceto nos casos de inadimplência dos respectivos contratos ou do contrato de franquia. O valor do aluguel pago na sublocação pode ser superior ao que o franqueador paga ao proprietário do imóvel na locação originária do ponto, desde que isso esteja disposto na circular e o valor não pode gerar onerosidade excessiva ao franqueado (art. 3º, parágrafo único).

Desde que não haja onerosidade o franqueador poderá cobrar a sobretaxa do aluguel e os *royalties*.

d.3. Causas extintivas

Extinguir-se-á o contrato de franquia[567]:

1º) pela expiração do prazo convencionado entre as partes;

2º) pelo distrato;

3º) pela resilição unilateral, em razão de inadimplemento de obrigação contratual por qualquer dos contraentes. A extinção será requerida pelo prejudicado, provando-se a infração do contrato. Poderá, ainda, resilir-se o contrato por ato que prejudique indiretamente o prestígio do produto; logo, o franqueador poderá pôr fim ao contrato se o franqueado é ébrio contumaz ou pratica atos escandalosos etc.;

4º) pela existência de cláusulas que deem lugar à sua extinção por ato unilateral, mesmo sem justa causa. Assim, se por qualquer motivo o franqueado não mais tiver interesse em continuar o *franchising*, comunicará ao franqueador sua intenção de desfazer o negócio, sem ter necessidade de justificar porque assim o faz;

5º) pela anulabilidade.

---

dicos e contratuais, São Paulo, Atlas, 1994; Atahualpa Fernandez Neto, *Notas sobre a natureza jurídica do contrato de franchising*, trabalho apresentado em 1990, em Coimbra, no Curso de Mestrado; Luiz Felizardo Barroso, *Franchising – modificações à lei vigente: estratégia e gestão*, Rio de Janeiro, Forense, 2003. *Vide*: Lei n. 11.668/2008 (alterada pela Lei n. 12.400/2011) sobre contrato de franquia postal.

567. Fran Martins, *Contratos*, cit., p. 595-6; Kursch, op. cit., p. 106. Sobre o tema: M. Helena Diniz, *Tratado*, cit., v. 2, p. 47-58.

Quadro Sinótico

FRANQUIA OU "FRANCHISING"

1. DEFINIÇÃO	• Franquia é o contrato pelo qual uma das partes (franqueador) concede, por certo tempo, à outra (franqueado) o direito de comercializar marca, serviço ou produto que lhe pertence, com assistência técnica permanente, recebendo, em troca, certa remuneração.
2. CARACTERÍSTICAS	• Presença do franqueador e do franqueado, que deverão ser empresários. • Exploração de marca ou produto, com assistência técnica do franqueador. • Independência do franqueado. • Rede de distribuição de produtos em condições pouco onerosas para o franqueador. • Exclusividade do franqueador, em certo território, para vender os produtos. • Onerosidade do contrato. • Obrigação do franqueado de manter a reputação dos produtos que distribui. • Providências quanto ao seu registro pelo INPI.
3. CLÁUSULAS CONTRATUAIS	• A franquia reger-se-á pela Lei n. 13.966/2019 e por cláusulas contratuais de tipos variados, de acordo com a natureza, a importância dos produtos e o interesse das partes.
4. EXTINÇÃO	• Expiração do prazo convencionado. • Distrato. • Resilição unilateral. • Cláusula que permita sua extinção por ato unilateral, mesmo sem justa causa. • Anulação.

E. "Engineering"

Pelo *engineering* visa-se obter uma indústria construída e instalada.

Engineering é o contrato pelo qual um dos contraentes (empresa de engenharia) se obriga não só a apresentar projeto para a instalação de indústria, mas também a dirigir a construção dessa indústria e pô-la em funcionamento, entregando-a ao outro (pessoa ou sociedade interessada), que, por sua vez, se compromete a colocar todos os materiais e máquinas à disposição da empresa de engenharia e a lhe pagar os honorários convencionados, reembolsando, ainda, as despesas feitas.

Dever-se-ão considerar no contrato de *engineering*: 1º) o *consulting engineering*, que compreende a programação e elaboração de estudos de caráter técnico-econômico para a realização de um projeto industrial ou para a reorganização, modernização ou ampliação de uma empresa, investigação de mercado etc.; 2º) o *commercial engineering*, que abrange, além da fase de estudo, uma fase de execução, ou seja, a construção e a entrega de uma instalação industrial em funcionamento; trata-se dos chamados contratos de *turn key* ou *clé en main* (chave na mão). É um contrato de compra e venda de equipamento industrial já instalado, acionado, testado e agilizado na produção, pois o vendedor deverá, além de entregar o referido equipamento vendido, fornecer a tecnologia de sua utilização, treinar o pessoal do contratador e prestar assistência técnica. Exemplo desse contrato foi o efetivado entre a *Renault* e a empresa estatal romena *Industrialimport*. A *Renault* vendeu a maquinaria, instalando-a na indústria, fazendo-a funcionar e testando a produção. A entrega do equipamento industrial só se aperfeiçoou quando o comprador pôde produzir veículos.

Aplicar-se-lhe-ão as normas disciplinadoras de figuras afins, desde que não regulado no direito positivo (legislação aplicável: Dec. n. 66.717/70, revogado pelo Dec. s/n. de 14-5-1991; Dec. n. 66.894/70 (revogado pelo Decreto s/n. de 15-2-1991) e textos complementares[568]).

Quadro Sinótico

"ENGINEERING"

1. CONCEITO	• *Engineering* é o contrato pelo qual um dos contraentes (empresa de engenharia) se obriga não só a apresentar projeto para a instalação de indústria, mas também a dirigir a construção dessa indústria e pô-la em funcionamento, entregando-a ao outro (pessoa ou sociedade interessada), que, por sua vez, se compromete a colocar todos os materiais e máquinas à disposição da empresa de engenharia e a lhe pagar os honorários convencionados, reembolsando, ainda, as despesas feitas.
2. TIPOS	• *Consulting engineering.* • *Commercial engineering.*

568. Orlando Gomes, *Contratos*, cit., p. 576 e 577; Newton Silveira, op. cit., p. 508 e 509; Carlos Alberto Bittar, "Engineering", in *Enciclopédia Saraiva do Direito*, v. 32, p. 197 e 198; Sebastião José Roque, *Dos contratos civis-mercantis*, cit., p. 47, 101-8; Clóvis V. do Couto e Silva, Contrato de 'engineering', *RT*, *685*:29. O *engineering* tem papel de destaque no *project finance*. *Vide* Winter, *Project finance*, 1995.

F. Faturização ou "factoring"

f.1. Conceituação e caracterização jurídica

O contrato de faturização de fomento mercantil ou *factoring* é aquele em que um empresário (faturizado) cede a outro (faturizador), no todo ou em parte, os créditos provenientes de suas vendas mercantis a terceiro, mediante o pagamento de uma remuneração, consistente no desconto sobre os respectivos valores, ou seja, conforme o montante de tais créditos. É um contrato que se liga à emissão e transferência de faturas. Daí dizer Waldirio Bulgarelli que a operação de *factoring* seria a "venda do faturamento de uma empresa à outra, que se incumbe de cobrá-lo, recebendo em pagamento uma comissão".

Infere-se daí que, para a sua caracterização jurídica, serão precisos os seguintes elementos:

1º) Presença de elementos pessoais, ou seja, do faturizador (*factor*), do faturizado (fornecedor ou vendedor) e do comprador do vendedor (cliente ou devedor). O contrato celebrar-se-á entre faturizador e faturizado, ambos empresários, sejam pessoas físicas ou jurídicas, embora, em regra, o faturizador seja pessoa jurídica, geralmente, instituição financeira, devido aos encargos que assume ao receber o crédito. A atividade de *factoring* consiste em comprar ativos financeiros (créditos) e em prestar consultoria administrativa a pessoas jurídicas. O comprador será necessário tão somente porque serão os créditos que o vendedor tem contra ele que serão cedidos ao faturizador. O comprador poderá ser pessoa física ou jurídica, empresário ou não.

2º) Ocorrência de venda a prazo. Determinado empresário vende a prazo, transferindo esse crédito a um terceiro, que se incumbirá de sua cobrança. Bastará que o crédito seja certo quanto à sua existência, lícito quanto à sua origem e regular quanto às suas formalidades. Assim sendo, havendo uma cessão de crédito, o comprador será dela notificado, devendo efetuar o pagamento em mãos do faturizador. Se o faturizado vier a receber o pagamento da venda, o fará como mandatário do faturizador, devendo, então, remeter-lhe o produto. A operação de faturização poderá comportar um financiamento, se os créditos cedidos forem liquidados no momento da cessão (*conventional factoring*) e não apenas nas épocas dos vencimentos respectivos (*maturity factoring*).

3º) Transferência, por meio de cessão ou endosso, para o faturizador, das contas do faturizado relativas a seus clientes. As contas serão remetidas ao faturizador mediante um *bordereau*, acompanhado de cópias das faturas emitidas pelo vendedor e demais documentos, porventura existentes, versando sobre elas, inclusive títulos de crédito que, nesse caso, deverão ser endossados ao faturizador. Com tal remessa, cessarão os encargos do faturizado quanto à cobrança dos créditos, que passará a ser feita pelo faturizador. Dessa forma, o faturizado deverá notificar o devedor dessa cessão, para que ele pague o débito ao faturizador. Percebe-se que no *factoring*, uma vez cedidos os créditos, o faturizador assume a posição jurídica do cedente perante o cedido.

4º) Exclusividade, pois ao faturizado não será permitido manter contratos dessa espécie com outros faturizadores.

5º) Onerosidade, já que o faturizado deverá pagar ao faturizador uma remuneração quando receber as contas ou na forma ajustada. A remuneração da empresa faturizadora é dúplice, pois receberá uma comissão fixa sobre o montante global dos créditos transferidos e mais juros sobre as quantias financiadas.

Como no direito brasileiro não há lei específica que regule o *factoring*, ele se regerá pelas normas da cessão de crédito (*RT*, *851*:304) e comissão[569].

---

569. Fran Martins, *Contratos*, cit., p. 569-71, 573, 574, 576 e 577; Floriano Lima de Toledo, op. cit., p. 266 e 267; Jean Gerbier, *Le factoring*, Paris, Dunod, 1970, p. 5; Fábio Konder Comparato, Contrato de "factoring", in *Enciclopédia Saraiva do Direito*, v. 19, p. 344, 345 e 347; Carlos Alberto Bittar, "Factoring", in *Enciclopédia Saraiva do Direito*, v. 36, p. 48 e 49; M. Revers, *Le factoring: nouvelle méthode de crédit?*, Paris, Dunod, 1969, p. 1-105; William Clyde Phelps, The role of factoring, in *Modern business finances*, Baltimore, 1956; Louis E. Sussfeld, *Le factoring*, Paris, PUF, 1968, p. 10; Sergio Terzani, *Aspetti economici e finanziari dell'attività di factoring*; Pisa, Colombo Cursi, 1969; Orlando Gomes, *Contratos*, cit., p. 577 e 578; Arnaldo Rizzardo, *Factoring*, São Paulo, Revista dos Tribunais, 1997; Sebastião José Roque, *Dos contratos civis-mercantis*, cit., p. 15-22; M. Helena Diniz, *Tratado*, cit., v. 2, p. 71-82; Waldirio Bulgarelli, *Contratos mercantis*, São Paulo, 12. ed., p. 541; Luiz Lemos Leite, *"Factoring" no Brasil*, São Paulo, Atlas, 2011; Alexandre F. das Neves, O contrato do fomento mercantil no Projeto de Lei n. 1.572/2011, *Letrado – IASP 102*:32; Nelson Juliano S. Martins (A função social do fomento mercantil, *Fomento Mercantil*, *57* (nov. 2005, p. 13) observa que as empresas de *factoring* ou de fomento mercantil exercem poder empresarial e, para o adequado cumprimento de sua função social, devem observar: 1) "*Os interesses internos* dizem respeito às pessoas que contribuem para o funcionamento da empresa, seus sócios, trabalhadores e clientes. 2) *Os interesses externos* relacionam-se com as expectativas da comunidade em que a empresa atua. 3) *Os deveres negativos* impostos às empresas de fomento mercantil no exercício de sua função social estão relacionados com restrições à liberdade e podem ser assim discriminados: (a) proibição da prática ou da superação dos limites impostos pelo seu fim econômico ou social, boa-fé, bons costumes; na contratação e execução do negócio envolvendo *factoring* devem ser observados os princípios da probidade, lealdade, boa-fé, diligência, ética e respeito (Código Civil, arts. 187, 421, 422 e 1.011); (b) observância severa dos preceitos jurídicos que proíbem a realização de operações privativas de instituições financeiras e abuso das necessidades da empresa-cliente com a obtenção de vantagens excessivas, sob as penas da Lei n. 7.492 de 16/6/1986, art. 16 e Lei n. 1.521 de 26/12/1951, art. 4º; (c) atenção às origens dos

Por ser contrato atípico, não contém elementos obrigatórios, que não possam ser modificados pelas partes.

f.2. Vantagens

O *factoring* apresenta-se como uma técnica financeira e de gestão comercial. Resolução n. 2.144/95 do CMN. Tríplice é seu objeto: garantia, gestão de créditos e financiamento. Por isso a operação de faturização oferece uma série de vantagens às empresas.

No que tange à *garantia* prestada pelo *factor*, ela consistirá na liquidação dos créditos cedidos pelo menos no vencimento, podendo, ainda, haver antecipação no *conventional factoring*.

---

títulos apresentados para negociação para que não se configure infração à Lei n. 9.613 de 3/3/1998, que dispõe sobre crimes de lavagem de bens, direitos e valores. 4) *Os deveres positivos* decorrem da postura ativa que às empresas de fomento mercantil cumpre adotar. Em sintonia com as regras da Constituição, art. 170 e seus incisos, enunciam-se as seguintes ideias: (a) fortalecimento dos princípios da livre iniciativa, da propriedade privada, da livre concorrência e do tratamento favorecido às empresas de pequeno porte; o fomento mercantil atua em apoio a setor vital da economia, as pequenas, médias e microempresas; as empresas-clientes encontram na atividade *factoring* maiores facilidades burocráticas em comparação com os serviços dos bancos e obtêm inegáveis vantagens ao transformar suas vendas a prazo em vendas à vista, além de incrementar suas produções e baratear seus custos com a aquisição de insumos a preços mais atrativos; suporte técnico de consultoria mercadológica que torna as empresas-clientes mais eficientes em mercado cada vez mais competitivo; (b) cumprimento de importante desempenho a partir da vigência da Lei n. 11.101 de 9/2/2005, que regula a recuperação judicial, extrajudicial e a falência do empresário e da sociedade empresária; as empresas de fomento mercantil podem contribuir na elaboração do plano de recuperação judicial, pois conhecem os problemas e dificuldades das empresas-clientes, e auxiliar no custeio de insumos para a produção com aquisição direta de matéria-prima". As sociedades de fomento mercantil filiadas à ANFAC poderão contar com a parceria da PETRA (*Personal Trader* Corretora de Títulos e Valores Mobiliários). O Banco Central, pela Circular n. 703/82, proibiu as operações de *factoring*, considerando-as tipicamente financeiras. Tal Circular foi revogada pela Circular n. 1.359/88, ratificada pela Circular n. 2.044/91 (revogada pela Circ. n. 2.197/92) do BACEN. *Vide* Resolução BACEN n. 2.828/2001, alterada pela Res. BACEN n. 4.468/2016, sobre constituição e funcionamento de agências de fomento.

A Resolução n. 21/2012, do Conselho de Controle de Atividades Financeiras (COAF) dispõe sobre os procedimentos a serem observados pelas empresas de fomento mercantil para prevenir e combater crimes de lavagem de dinheiro e financiamento do terrorismo.

O art. 15, III, da Lei n. 9.249/95 define *factoring* para fins fiscais.

Pelo Enunciado n. 18 da Jornada Paulista de Direito Comercial: "Sociedade exploradora do ramo de faturização exerce atividade empresarial e se submete ao regime da Lei n. 11.101/2005".

Vide: LC n. 123/2006, art. 17, I, com a redação da LC n. 167/2019.

Como técnica de *gestão comercial*, haverá na faturização a interferência do faturizador nas operações do faturizado, selecionando seus clientes, fornecendo-lhe informações sobre o comércio em geral, prestando-lhe serviços que diminuirão seus encargos comuns. Haverá uma simplificação dos serviços administrativos e contábeis do faturizado, com uma correspondente redução de custos. O *factoring* suprimirá todo o serviço de faturamento e emissão dos títulos correspondentes, de cobrança e de contencioso do faturizado, que passará a ter apenas uma única preocupação: a venda. Todas essas incumbências ficarão por conta do faturizador.

Como *técnica financeira*, representará um financiamento da empresa faturizada, na medida em que o faturizador adquire seus créditos, pagando-os ao faturizado, e assume o risco com a cobrança e o não pagamento das contas, sem ter direito de regresso contra aquele. Isto é, em caso de falta de pagamento, deverá arcar sozinho com os prejuízos.

Todas essas vantagens permitirão ao empresário concentrar-se, com mais eficácia, na organização da produção e da comercialização, potencializando, assim, a capacidade de expansão de sua empresa, pequena ou média, com limitadas possibilidades de autofinanciamento e de clientela numerosa[570].

---

570. Fábio Konder Comparato, Contrato de "factoring", cit., p. 347 e 348; Fran Martins, *Contratos*, cit., p. 572 e 573; René Rodière e Rives-Lange, *Droit bancaire*, Paris, Dalloz, 1973, n. 335; Floriano Lima de Toledo, op. cit., p. 266 e 267. As empresas de *factoring* devem filiar-se à ANFAC (Associação Nacional de Empresas de Fomento Comercial *Factoring*), com sede no Rio de Janeiro, na Av. Rio Branco, 45. As empresas de fomento mercantil, nos termos da Lei n. 9.249, de 26/12/1995, art. 15, § 1º, inc. III, alínea "d", desenvolvem atividades de prestação de serviços e do ramo mercantil, a saber: (a) prestação cumulativa e contínua de serviços de assessoria: i) creditícia; ii) mercadológica; iii) de gestão de crédito; iv) de seleção de riscos; v) de administração de contas a pagar e a receber e (b) compra de direitos creditórios resultantes de: i) vendas mercantis a prazo ou; ii) de prestação de serviços. A empresa de faturização poderá ser uma S/A ou Sociedade limitada. *Vide*: Portaria conjunta 4/93 da SRF e da Secretaria de Política Comercial e Circular n. 79/91 da ANFAC; Resoluções n. 2.118/94 (revogada pela Resolução n. 2.551/98) e 2.144/95 do BACEN; Leis n. 4.595/64, arts. 43 a 45, 5.474/68, 7.492/86 e 8.981/95, art. 28, § 1º, *c*, 4, que foi revogado pela Lei n. 9.249/95. O Projeto de Lei n. 230/95 (ora arquivado) tinha por escopo incluir proposta para criação de um órgão fiscalizador da atividade de fomento e uniformizar as normas da faturização. Sobre *factoring* de exportação: Resolução CMN n. 1.762/90 (arts. 12 e 13), revogada pela Resolução n. 1.962/92 e Circular BC n. 1.846/90 (art. 1º, § 1º). Há Projeto de Lei n. 3.615/2000, em tramitação na Câmara, que visa regulamentar o *factoring* de exportação, e o Projeto de Lei n. 13/2007, que dispõe sobre operações de fomento mercantil. *Vide* Lei Complementar n. 105/2001 sobre sigilo das operações de instituições financeiras, inclusive das empresas de *factoring*. *Vide* art. 57, §§ 1º e 2º, do PLC n. 237/2012, que visa melhorar acesso ao crédito para viabilizar capital de giro das microempresas e empresas de pequeno porte, proibindo recusa de efetuar pagamento de título para empresa de fomento mercantil.

f.3. Modalidades

A faturização poderá assumir várias modalidades[571], apresentando-se como:

1º) *faturização interna*, se as operações se realizarem dentro do mesmo país ou, neste, dentro de uma região;

2º) *faturização externa*, se se relacionar com operações realizadas fora do país, como as de importação e exportação;

3º) *faturização no vencimento* (*maturity factoring*), se as faturas representativas dos créditos do faturizado forem remetidas ao faturizador, sendo por ele liquidadas no seu vencimento. Não haverá qualquer adiantamento do valor dos créditos cedidos;

4º) *faturização tradicional* ou convencional (*conventional factoring*), se as faturas cedidas forem liquidadas pelo faturizador antes do vencimento.

f.4. Efeitos jurídicos

O *factoring* produzirá os seguintes efeitos jurídicos[572]:

---

571. Fran Martins, *Contratos*, cit., p. 574 e 575; Fábio Konder Comparato, Contrato de "factoring", cit., p. 345 e 349. O *factoring* pode ser *pro soluto* ou *pro solvendo*; neste último a responsabilidade é subsidiária, estabelecida entre a empresa-cliente (vendedora) e o seu cliente (comprador sacado-devedor). Se o fomento mercantil é uma venda e compra de créditos mercantis, nada impede que a empresa-cliente responda pela solvência do devedor, desde que haja cláusula contratual nesse sentido, mas o endossatário tem direito de regresso. Nada há que proíba o exercício do direito regressivo, que invalide a licitude da cláusula de garantia de solvência do devedor (sacado) ou de opção de compra nas operações de fomento mercantil. O contrato pode estabelecer que o fiador seja solidário, garantindo o seu valor até o limite estipulado. O fiador não garante o título, mas a obrigação do contratante de recomprá-lo, em caso de vício oculto ou insolvência do devedor (sacado). Sobre isso, *vide*: Contrato de fomento mercantil – notas sindicais, *Informativo Anfac*, *35*:8 e 9.

572. Fábio Konder Comparato, Contrato de "factoring", cit., p. 345 e 346; Fran Martins, *Contratos*, cit., p. 577-81. Em alguns países (Espanha e Itália, p. ex.) há possibilidade de se inserir no contrato de *factoring* a cláusula de regresso. E há quem ache que pelos arts. 296 e 425 do vigente Código Civil brasileiro não estaria tal cláusula vedada. Jorge Luís Costa Beber, Legalidade da cláusula de regresso, *Fomento Mercantil*, *59*:18-21. *Vide RSTJ*, *184*:376, *109*:161; *RT*, *851*:304, *822*:356, *802*:344, *795*:219, *792*:275, *774*:263, *767*:357, *762*:256, *738*:423, *718*:156, *691*:176; *JTARGS*, *84*:252, *87*:329, *88*:261, *99*:283; *RJ*, *250*:109 e 110, *334*:139; *JTA*, *167*:115; *TJRS*, *185*:285. Quanto à prestação de serviços, a sociedade de fomento mercantil é credora de uma comissão por serviço prestado. Havendo alienação de títulos, a empresa-cliente é credora de um valor relativo ao montante do crédito negociado, deduzindo-se o diferencial da venda.

Resolução n. 21/2012 do Conselho de Controle de Atividades Financeiras (COAF) sobre procedimentos a serem observados pelas empresas de fomento comercial ou mercantil – *factoring*.

1º) Cessão de crédito, a título oneroso, feita pelo faturizado ao faturizador, que trará por consequência: *a*) notificação da cessão ao comprador, para que pague seu débito ao faturizador; *b*) direito de o faturizador agir em nome próprio, na cobrança das dívidas; *c*) dever de o faturizador assumir o risco sobre o recebimento das contas; *d*) direito de ação do faturizador contra o faturizado se o débito cedido contiver vício que o invalide, como, p. ex., no caso de a fatura não se referir a uma venda efetiva.

2º) Sub-rogação do faturizador nos direitos do faturizado, passando a ser o credor do comprador, tendo, por isso, o direito de ação contra o comprador inadimplente. Se o comprador falir ou pleitear recuperação judicial ou extrajudicial, o faturizador poderá habilitar-se nos processos respectivos para defender seus direitos.

3º) Relações entre o comprador e o faturizado, pois se o comprador foi notificado da cessão deverá efetuar o pagamento ao cessionário (faturizador). Se não tiver tido ciência da cessão, deverá pagar ao vendedor.

4º) Obrigações do faturizador de: *a*) pagar ao faturizado as importâncias relativas às faturas que lhe foram apresentadas; *b*) assumir o risco de não pagamento dessas faturas pelo devedor sem ter, contudo, direito de cobrar do faturizado, em regresso, o valor do prejuízo havido com tal inadimplemento. Sem embargo disso, o STJ (REsp 330.014/SP e 43.914/RS) já decidiu pelo direito de regresso da empresa de *factoring*, desde que o não pagamento do crédito tenha ocorrido por ato de má-fé do faturizado, acatando o princípio da boa-fé objetiva, pelo qual ninguém pode beneficiar-se de sua própria malícia ou torpeza; *c*) prestar assistência ao faturizado, fornecendo-lhe informações sobre o comércio em geral e sobre cada cliente em particular.

5º) Direitos do faturizador de: *a*) selecionar os créditos, recusando a aprovação, total ou parcial, das contas que lhe foram remetidas; *b*) cobrar as faturas pagas; *c*) deduzir a sua remuneração das importâncias creditadas ao faturizado, conforme o que se ajustou no contrato; *d*) examinar os livros e papéis do faturizado atinentes às suas transações com certos clientes.

Pelo STJ (4ª T., REsp 489.658, rel. Min. Borges Monteiro), as empresas de *factoring* não podem cobrar mais do que 12% de juros ao ano.

6º) Deveres do faturizado de: *a*) pagar ao faturizador as comissões devidas pela faturização, no momento em que o faturizador liquidar as faturas, mediante lançamento de débito na conta do faturizado; *b*) submeter ao faturizador as contas dos clientes para que ele selecione as que desejar aprovar, evitando, assim, que apenas contas de difícil recebimento sejam oferecidas ao faturizador; *c*) remeter as contas ao faturizador no modo convencionado, relacionando-as num *bordereau*, acompanhado de cópias das faturas e de outros documentos necessários ao esclarecimento das operações; *d*) prestar informações e dar toda assistência ao faturizador, em relação aos clientes ou ao recebimento das dívidas.

7º) Direitos do faturizado de: *a*) receber o pagamento das faturas, conforme se combinou no contrato; *b*) transferir ao faturizador as faturas não aprovadas, para que ele as cobre, hipótese em que agirá como seu mandatário; *c*) ser informado e assistido pelo faturizador.

8º) Obrigação do comprador de pagar ao cessionário, se notificado da transferência do crédito para o faturizador.

9º) Direito do comprador de opor ao cessionário ou ao cedente as exceções que lhe competirem, no momento em que tiver conhecimento da cessão (CC, art. 294).

f.5. Extinção

São causas extintivas do *factoring*[573]:

1ª) decorrência do prazo previsto para a sua duração;

2ª) distrato;

3ª) mudança de estado de um dos contratantes, por ser contrato *intuitu personae*;

4ª) resilição unilateral, desde que precedida de aviso prévio;

5ª) não cumprimento de obrigações contratuais;

6ª) morte de uma das partes, se ela for empresário individual.

Mesmo extinto o contrato, dever-se-ão liquidar as operações iniciadas.

573. Fran Martins, *Contratos*, cit., p. 581.

G. "Hedging"

O *hedging* não é propriamente um contrato com caracteres típicos, pois consiste numa modalidade de operação aleatória de bolsa, tendo por escopo a comercialização de mercadorias a termo. É uma modalidade negocial a termo nas bolsas de mercadorias (*commodities future market*), com liquidação pela diferença.

Segundo o art. 816 do Código Civil, os contratos sobre títulos de bolsa de mercadorias ou valores, em que se estipule a liquidação exclusivamente pela diferença entre o preço ajustado e a cotação que eles tiverem no vencimento do ajuste, não se regem pelos arts. 814 e 815, logo não se equiparam ao jogo e, consequentemente, não incidem na proibição legal. E, ante as praxes bolsistas tais negócios passaram a ser lícitos, convertendo-se em operações correntes.

O *hedging* incide, portanto, na comercialização de *commodities*, principalmente de gêneros alimentícios duráveis, como café, cereais, e de ouro, sob a fiscalização do Banco Central. Pode ser estendido aos empréstimos externos, caso em que se terá o *"hedging" de juros*. O produtor celebra contrato de venda futura, obrigando-se pela entrega, e o comprador, pelo pagamento da quantia certa, mas entre a data do fechamento e a liquidação, em regra, pode ocorrer diferença de cotação. Com o intuito de acobertar as oscilações do mercado, os interessados ajustam operações casadas, iguais e em sentido contrário no mercado à vista e no a termo, para se defenderem contra a variação das cotações.

As liquidações operam-se, geralmente, pela diferença e não pela entrega da própria mercadoria.

A interdependência factual de contratos equivalentes tem por objetivo primordial reduzir os riscos do mercado bolsista.

Não há, portanto, no *hedging* uma figura contratual típica; cada operação tem sua autonomia negocial, de modo que a interdependência é que constitui o *hedging*[574].

---

574. Caio M. S. Pereira, op. cit., p. 129 e 130; Maria Helena Diniz, *Tratado teórico e prático dos contratos*, São Paulo, Saraiva, 1995, v. 1, p. 372 e s.; *RSTJ*, *107*:141. *Vide* Circular BACEN n. 3.295/2005, que altera o cap. 7 do título 2 do Regulamento do Mercado de Câmbio e Capitais Internacionais que dispõe sobre operações de proteção (*hedge*).

Quadro Sinótico

FATURIZAÇÃO OU "FACTORING" E "HEDGING"

1. CONCEITUAÇÃO	• *Factoring* é o contrato em que um comerciante (faturizado) cede a outro (faturizador), no todo ou em parte, os créditos de suas vendas mercantis a terceiro, mediante o pagamento de uma remuneração, consistente no desconto sobre os respectivos valores, ou seja, conforme o montante de tais créditos.
2. CARACTERES JURÍDICOS	• Presença do faturizador, do faturizado e do comprador. • Ocorrência de venda a prazo. • Transferência, para o faturizador, das contas do faturizado relativas a seus clientes. • Exclusividade. • Onerosidade.
3. VANTAGENS	• Garantia prestada pelo *factor*, que consistirá na liquidação dos créditos cedidos, no seu vencimento ou antes dele. • Gestão comercial do faturizador, que simplificará os serviços administrativos e contábeis do faturizado, com uma correspondente redução de custos. • Financiamento da empresa faturizada, na medida em que o faturizador adquire seus créditos, pagando-os ao faturizado, e assume o risco com a cobrança e o não pagamento das contas, sem ter direito de regresso contra aquele.
4. MODALIDADES	• Faturização interna. • Faturização externa. • Faturização no vencimento (*maturity factoring*). • Faturização tradicional (*conventional factoring*).
5. EFEITOS JURÍDICOS	• Cessão de crédito, a título oneroso, feita pelo faturizado ao faturizador. • Sub-rogação do faturizador nos direitos do faturizado, passando a ser credor do comprador. • Relações entre o comprador e o faturizado.

5. EFEITOS JURÍDICOS	• Obrigações do faturizador	• Pagar ao faturizado as importâncias relativas às faturas que lhe foram apresentadas. • Assumir o risco do não pagamento dessas faturas pelo devedor. • Prestar assistência ao faturizador, fornecendo-lhe informações sobre o comércio e sobre cada cliente.
	• Direitos do faturizador	• Selecionar os créditos. • Cobrar as faturas pagas. • Deduzir a sua remuneração das importâncias creditadas ao faturizado. • Examinar livros e papéis do faturizado.
	• Deveres do faturizado	• Pagar ao faturizador as comissões devidas pela faturização. • Submeter ao faturizador as contas dos clientes. • Remeter as contas ao faturizador, relacionando-as num *bordereau.* • Prestar informações e dar toda assistência ao faturizador, em relação aos clientes e ao recebimento das dívidas.
	• Direitos do faturizado	• Receber o pagamento das faturas. • Transferir ao faturizador as faturas não aprovadas. • Ser informado e assistido pelo faturizador.
	• Obrigação do comprador de pagar ao cessionário, se notificado da transferência do crédito. • Direito do comprador de opor ao cessionário ou ao cedente as exceções que lhe competirem, no momento em que tiver conhecimento da cessão (CC, art. 1.072).	
6. EXTINÇÃO	• Decorrência do prazo previsto para a sua duração. • Distrato. • Mudança de estado de um dos contraentes. • Resilição unilateral. • Inadimplemento de obrigações contratuais. • Morte de uma das partes, se ela for empresário individual.	
7. NOÇÃO DE "HEDGING"	• É uma modalidade de operação de bolsa de mercadoria, com caráter aleatório, tendo por fim a comercialização de mercadorias a termo, com liquidação pela diferença e não pela entrega das próprias mercadorias.	

H. Contratos eletrônicos

h.1. Contratos eletrônicos e seus problemas jurídicos

Com o advento da informática, no alvorecer do novo milênio, surgem os contratos eletrônicos. Deveras com a expansão da Internet e com a *World Wide Web* (www) deu-se o aumento ao acesso à rede de computadores e com isso surgem as contratações virtuais e o comércio eletrônico (*e-commerce*) realizado em estabelecimento virtual[575].

Bastante usuais são os convites para contratar bens e serviços feitos ao grande público por meio de *web page*, pois o usuário da Internet[576] que tiver interesse relativamente àqueles convites, ao manifestar sua vontade de assumir compromisso, passará a ser proponente, e o vendedor que aceitar a mensagem eletrônica será o aceitante. A mensagem por *e-mail* pode conter também uma oferta para contratar, pois dela o seu destinatário terá ciência quando consultar sua caixa postal eletrônica ou abrir a correspondência nela depositada. Se a aceitar, enviará por *e-mail* uma resposta ao ofertante. Como se vê é possível contratar por *e-mail*, uma vez que o destinatário, ao tomar ciência da oferta, poderá aceitá-la, enviando resposta favorável ao policitante. O servidor da Internet oferece bens e serviços (*home shopping*) por intermédio das páginas *Web*, apresentando vídeo-catálogo, convidando o usuário a contratar, fornecendo seus dados (nome, endereço eletrônico etc.). Se o usuário quiser efetivar o negócio, ao manifestar sua vontade, passará a ser o proponente, e o alienante, que aceitar sua mensagem eletrônica, será o aceitante.

---

575. Consulte: Fábio Ulhoa Coelho, O contrato eletrônico: conceito e prova, *Tribuna do Direito, 82*:8; A Internet e o comércio eletrônico, *Tribuna do Direito*, de setembro de 1999, p. 8; Liliana Minardi Paesani, *Direito e internet*, São Paulo, Atlas, 2003; Novas modalidades contratuais: contratos por *e-mail* e *web* na Internet, in *O direito civil no século XXI* (coord. M. H. Diniz e Roberto S. Lisboa), São Paulo, Saraiva, 2003, p. 356 e s.; Marco Aurélio Greco e Ives Gandra da Silva Martins, *Direito e internet*, São Paulo, Revista dos Tribunais, 2001; Maria Eugenia R. Finkelstein, *Aspectos jurídicos do comércio eletrônico*, ed. IOB-Thomson, 2004; Anderson Schreiber, Contratos eletrônicos no direito brasileiro – formação dos contratos eletrônicos e direito de arrependimento, *Revista Síntese – Direito Empresarial, 55*:9-31.

576. *Internet*, pela alínea *a* do item 3 da Norma 004/95, aprovada pela Portaria n. 148/95 do Ministério do Estado das Comunicações, é "o nome genérico que designa o conjunto de redes, os meios de transmissão e comutação roteadores, equipamentos e protocolos necessários à comunicação entre computadores, bem como o *software* e os dados contidos nestes computadores". Sobre *software*: *RT*, *797*:386, *788*:403, *706*:151. José Antonio B. Fernandes, Aspectos legais dos sistemas de comunicação digital, *O Federal*, 2003, p. 42-3.

Milhares são os navegadores que estão utilizando a Internet para efetivar compras *on-line* e para fechar os mais diversos negócios jurídicos contratuais.

As contratações eletrônicas, ante a falta de norma específica que as regulamente, constituem um grande desafio para a ciência jurídica, diante das questões polêmicas de difícil solução que engendram, tais como: Quais os aspectos jurídicos relevantes na elaboração contratual via Internet? Qual a validade de uma oferta numa *page web*? Quais os efeitos jurídicos e qual a eficácia probante dos contratos eletrônicos? Como garantir a segurança nos negócios realizados virtualmente? Quando e onde se tem por concluído esse tipo de contrato? Como provar a veracidade e a fidedignidade da mensagem ou contrato eletrônico ou até mesmo a ausência de fraudes? Como se poderia ter certeza de que se está contratando com a pessoa certa, que se encontra no outro lado da comunicação eletrônica? Em que medida a criptografia serviria de base para a certificação digital? Como proteger o consumidor da Internet e aprimorar a relação de consumo no fornecimento virtual de produtos ou serviços? Como resolver problemas tributários, p. ex., se se adquirir pela Internet objeto virtual, surge a questão de sua natureza, isto é, se é produto ou serviço, pois se for produto haverá incidência de tributo estadual sobre circulação de mercadorias (ICMS) e se for serviço, do municipal sobre serviços de qualquer natureza (ISS)? Como aplicar as normas existentes ao mundo virtual, enquanto não advier a edição de lei específica? Bastaria para a solução de tantos problemas o emprego da Lei-Modelo para Comércio Eletrônico, uma espécie de Código Eletrônico Internacional elaborado pela UNCITRAL pelos países que aderiram aos avanços cibernéticos?

Essa problemática gerada pelo comércio eletrônico e pelos contratos via Internet tem grande relevância no mundo jurídico pela sua enorme complexidade e pelo fato de não estar estruturada normativa, jurisprudencial e doutrinariamente.

As relações jurídicas contratuais virtuais constituem uma realidade que não se pode ignorar.

h.2. Conceito e momento de sua formação

O contrato virtual opera-se entre o titular do estabelecimento virtual e o internauta, mediante transmissão eletrônica de dados.

É usual no escambo; na cessão de uso; nas operações de valores mobiliários; nas aplicações financeiras por meio do *homebanking*; na confecção de *homepage*; na criação de *banners*; na compra de *softwares*, automóveis, livros, flores, imóveis etc.; no *leasing*; na empreitada; na locação de coisa ou de serviço etc., barateando custos dos serviços e dos produtos virtuais ou não, proporcionando comodidade na efetivação dos negócios e diminuindo a arrecadação de imposto sobre vendas; reduzindo custos administrativos; encurtando o processo de distribuição e intermediação e dando maior celeridade nas negociações etc.[577].

Para Semy Glanz[578], o "contrato eletrônico é o celebrado por meio de programas de computador ou aparelhos com tais programas. Dispensam assinatura ou exigem assinatura codificada ou, ainda, senha. A segurança de tais contratos vem sendo desenvolvida por processos de codificação secreta, chamados de criptologia...", e aperfeiçoados para combater os *hackers* (especialistas em informática que podem invadir computadores alheios ou impedir invasões de outros) e os *crackers* (os que atuam com a *intentio* de lesar outrem ou de tirar vantagem para si da informação obtida)[579].

O contrato eletrônico é uma modalidade de negócio à distância ou entre ausentes, efetivando-se via Internet por meio de instrumento eletrônico, no qual está consignado o consenso das partes contratantes[580].

---

577. Consulte: Ricardo Luis Lorenzetti, Informática, Cyberlaw, E-Commerce, in *Direito & Internet – aspectos jurídicos relevantes*, São Paulo, Edipro, 2000, p. 425; Erica B. Barbagalo, *Contratos eletrônicos*, São Paulo, Saraiva, 2001; Floriano de Azevedo Marques Neto, Contratos eletrônicos, *Revista IASP*, *9*:123-33; Ivette Senise Ferreira e Luiz Olavo Baptista (coord.), *Novas fronteiras do direito na era digital*, São Paulo, Saraiva, 2002; Patrícia Peck, *Direito digital*, São Paulo, Saraiva, 2002; Rafael Illescas Ortiz, *Derecho de la contratación eletrónica*, Madrid, Civitas, 2001. Interessante é o trabalho de José Luiz Modaneze Junior, A formação do contrato eletrônico no tabelionato de notas, *Revista de Direito Notarial*. São Paulo, Quartier Latin, 2015, v. 6, p. 167 a 204.

578. Semy Glanz, Internet e contrato eletrônico, *RT*, *757*:72.

579. Newton De Lucca, Títulos e contratos eletrônicos: o advento da informática e seu impacto no mundo jurídico, in *Direito & Internet*, cit., p. 48 e 49; *Aspectos jurídicos de contratação informática e telemática*, São Paulo, Saraiva, 2003. Nos EUA, no dia 16-12-2003, foi aprovado a *Can-Spam Act (Controlling the Assault of Non-Solicited Pornography and Marketing Act)*, para combater o *spam*, que causa problemas aos provedores da Internet, provocando danos ao reduzirem a velocidade das comunicações. O *CanSpam Act* impõe sanções aos *spammers*, mas trará problemas, visto que adotou o critério do *opt-out*, pelo qual pode-se enviar mensagens eletrônicas para qualquer pessoa, até ser informado que esta não quer recebê-las, e não o do *opt-in*, que exige que o remetente requeira permissão do destinatário antes de enviar a mensagem (Demócrito Reinaldo Filho, O *Can-Spam Act* em vigor e a lei federal dos EUA que combate o *Spam*, *Jornal Síntese*, *89*:9-10.

580. José Rogério Cruz e Tucci, Eficácia probatória dos contratos celebrados pela *Internet*, in *Direito & Internet*, cit., p. 275; Jorge José Lawand (*Teoria geral dos contratos eletrônicos*, São Paulo, Juarez de Oliveira, 2003, p. 87) define contrato eletrônico como negócio jurídico concretizado através da transmissão de mensagens eletrônicas pela Internet, entre duas ou mais pessoas, a fim de adquirir, modificar ou extinguir relações ju-

Não vislumbramos no nosso Código Civil qualquer vedação legal à formação do contrato via eletrônica, salvo nas hipóteses legais em que se requer forma solene para a validade e eficácia negocial.

As ofertas nas *homepages* (em *sites*) constituem modalidade de oferta ao público (CC, art. 429) e seguem as normas dos arts. 427 e 428 do Código Civil, e uma vez demonstrada a proposta e a aceitação, p. ex., pela remessa do número de cartão de crédito ao policitante, o negócio virtual terá existência, validade e eficácia.

Os contratos via Internet estipulados mediante *e-mails* trazem em seu bojo a questão do momento de sua recepção: seria aquele em que o provedor do contratante recebe o arquivo ou em que o provedor descarrega a mensagem no computador do contratado?

A melhor solução seria considerar a mensagem como recebida no momento em que o provedor envia o arquivo para seu usuário.

Na seara dos contratos internacionais, diante dos meios eletrônicos de telecomunicação, Maristela Basso[581] propõe a eliminação da distinção *contratos entre presentes* e *contratos entre ausentes*, considerando que, na formação daqueles contratos, se deveria classificá-los em:

A) *contratos de formação instantânea por comunicação indireta através de telemática*, em que entre oferta e aceitação há apenas um tempo real, ou melhor, um lapso temporal necessário para que a oferta seja aceita, sem que haja qualquer ato como contraproposta ou qualquer negociação. A aceitação é imediata, operando-se por meio do correio eletrônico ou de computadores interligados. O tempo real se altera, associando-se à noção de tempo de propagação do sinal eletrônico que conduz a informação quase que tão imediatamente quanto o habitual diálogo telefônico, desde que a resposta do aceitante seja imediata à oferta. P. ex., se uma exportadora brasileira receber um *e-mail* de uma importadora suíça, solicitando a remessa de três mil toneladas do cereal "x", que deverão ser embarcadas FOB/Rio e pagas por conta de um crédito documentário emitido pelo Banco do Brasil a preço "y" na Bolsa, na data do embarque; se o representante da exportadora, que se encontrava no terminal receptor, responder de imediato, o contrato se formará sem intervalo, salvo o

---

rídicas de natureza patrimonial. Pela Lei n. 12.865/2013, o pagamento eletrônico pode ser feito pelo celular ou pela internet no SPB (Sistema de Pagamentos Brasileiro).

581. Maristela Basso, *Contratos internacionais do comércio*, 1998, p. 80, 103, 110, 111, 186 e 189; Renato M. S. Opice Blum e Marcos Gomes da S. Bruno, O novo Código e o direito eletrônico, in *Novo Código Civil: questões controvertidas*, São Paulo, Método, 2003, p. 205-18; Anderson Schreiber, Contratos eletrônicos no direito brasileiro – formação dos contratos eletrônicos e direito de arrependimento, *Revista Síntese – Direito Empresarial*, 55:9-31.

tempo de propagação do sinal condutor das mensagens. Como, na hipótese de convites para contratar efetivados por meio da *page web*, a Convenção de Viena de 1980 consagrou a teoria da recepção na caixa postal, instalada no fornecedor de acesso da Internet pelo proponente da aceitação da proposta, mesmo que não conheça o seu conteúdo (art. 18.2), a aceitação da oferta, dada por telemática, surtirá efeitos no momento em que chegar ao proponente e traz como presunção *juris tantum* a autenticidade, possibilitando, ainda, a retransmissão do documento eletrônico.

"Nos contratos internacionais eletrônicos feitos por comunicação indireta, o juízo competente será o do país de destino da mercadoria, e este, no local da aceitação, além da oitiva das testemunhas que acompanharam a negociação, pode-se valer da assistência e da perícia de um técnico de informática, para auferir a autenticidade do documento transmitido"[582];

B) *contratos de formação "ex intervallo" realizados por comunicação indireta através de telemática*, se houver um tempo considerável entre a oferta e a aceitação, por não ser esta imediata, já que o oblato resolve pensar sobre o negócio que lhe foi proposto via Internet. A aceitação se dá via correio eletrônico. P. ex., se uma empresa nacional oferecer por *e-mail* a uma empresa francesa "x" sacas de café, a mensagem pode ser enviada fora do horário comercial – caso em que será lida apenas posteriormente – e até mesmo chegar dentro do referido horário, mas, por provocar reflexão, pode haver a necessidade de se verificar se há ou não interesse naquela aquisição. A recepção da resposta será o momento determinante da formação contratual (Convenção de Viena, arts. 18.2 e 24). Se tal negociação se der no foro competente, será o do lugar da recepção (Convenção de Viena de 1980, art. 11);

C) *contratos de formação "ex intervallo temporis"*, por abrangerem oferta, negociação e aceitação, visto existir um tempo para reflexão em que as partes trocam propostas, pois suas decisões requerem negociações intermitentes. São contratos de formação progressiva, em que entre oferta e aceitação há necessidade de estudos sobre cláusulas relativas ao preço, de análise mercadológica, de verificação de orçamentos, de realização de projetos, de consulta a advogados etc. São concluídos mediante um processo em

582. Hilário de Oliveira, *Comércio internacional e os negócios jurídicos subjacentes*, dissertação de mestrado apresentada na PUCSP em 2000, p. 59 ; Luiz Fernando Martins Castro, O comércio eletrônico e a aplicação das normas de defesa do consumidor, *Revista da Faculdade de Direito da FAAP*, *1*:141-56. *Vide* Lei n. 10.962/2004, art. 2º, III, acrescentado pela Lei n. 13.543/2017.

que a manifestação da vontade vai-se construindo aos poucos, mesmo porque terceiros podem ser envolvidos, como seguradoras, técnicos, administradoras, banqueiros, transportadores, advogados etc. O oblato poderá, antes de apresentar a contraoferta, até mesmo efetuar apólice de seguro. Como se vê, requer prolongada negociação. Recorrem a novas técnicas pré-contratuais oriundas da prática de comércio, tais como: *a*) *cartas de intenção* ou *acordos preliminares*, que são documentos preparatórios do contrato definitivo, em que os contratantes fixam acordos parciais, pontos já negociados sobre elementos essenciais e fins do contrato, repartição de despesas da negociação, como diárias e viagens dos negociadores, prazo para negociação, proibição de negociar com terceiro sobre o objeto contratado, cláusula para entrada em vigor etc. Pela nova *lex* mercatória, produz consequências jurídicas, podendo até mesmo haver órgão arbitral para decidir sobre sua relevância jurídica, visto que, por conter uma promessa de contrato bilateral, obriga as partes a contratar, ante o princípio da boa-fé, da manutenção de sigilo quanto aos fatos que foram revelados mutuamente, se visarem transferência de tecnologia, dever de prevenir um ao outro quanto aos vícios do objeto contratual e de guardar bens e papéis trocados durante as negociações. No regime de *common law*, a solução tem sido buscada na *equity*, ante o pouco destaque que a doutrina vem dando à matéria, devido ao fato de o princípio da liberdade de negociação e o do livre jogo da concorrência serem essenciais para a economia do mercado, que requer negociações sem compromisso; mas não se podem olvidar os efeitos jurídicos gerados pelas tratativas e os danos oriundos de sua interrupção. Além disso, as cartas de intenção podem conter recurso à arbitragem ou ao juiz nacional de que o prejudicado pode socorrer-se para obter uma quantia indenizatória. Após o contrato efetivado, a jurisprudência arbitral internacional tem entendido que tais cartas terão eficácia apenas como instrumento de auxílio na interpretação da vontade das partes, pois o acordo faz nascer o contrato; *b*) *cartas de conforto*, muito comuns nas negociações sobre mútuo ou financiamento com bancos, agentes financeiros e seguradoras. São firmadas por uma empresa firmatária (sociedade controladora) em favor de um banco ou agente financeiro, com o escopo de este último conceder um financiamento a uma sociedade controlada pela primeira (firmatária). Geram responsabilidade civil havendo dolo ou má-fé. A empresa firmatária poderá ter responsabilidade pelos danos, se o banco puder provar que a sociedade controladora não honrou seus compromissos porque a firmatária não se esforçou para mantê-la em condições financeiras de cumpri-los, reembolsando-a, nem usou de sua influência para isso. É, portanto, bastante similar à promessa de fato de terceiro; *c*) *acordos de segredo*, que podem ser objeto de cartas de intenção com a *intentio* de preservar segredos que possam dar dividendos a uma das partes no decorrer da negociação. Consistem na obrigação de não divulgar certas informações e conhecimentos confidenciais, sendo contratos autônomos, usuais nas tratativas de contrato de comunicação de conhecimento tecnológico (*know how*); *d*) *condições gerais de venda*, isto é, regulamentações detalhadas a respeito das particularidades negociais como preço, entrega de bens, prazo, pagamento, elaboradas pela Comissão Econômica para a Europa da ONU, facilitando o comércio; *e*) *contratos-tipo*, que são fórmulas de contrato padronizadas, com vários pontos comuns, diferindo-se quanto às particularidades de ramo do comércio, ou melhor, da atividade empresarial, adaptando-se às necessidades de cada classe de mercadoria; *f*) *garantias contratuais de origem costumeira convencional ou bancária* prestadas por um banco no interesse e mediante pedido de uma das partes (garantido) em favor da contraparte, chamada beneficiário. P. ex., o comprador da mercadoria "x" (garantido) solicita a garantia ou a abertura do crédito a um Banco (garantidor), que, então, abre o crédito e fornece a garantia, em caso de inadimplemento, ao vendedor (beneficiário) da referida garantia. Se o pagamento desta tiver de ser feito na praça do beneficiário, não possuindo o banco garantidor agência naquele país, deverá envolver outro banco, o que exigirá uma contragarantia. São comuns na compra e venda internacional e na prestação de serviços, p. ex., as *garantias de oferta*, concedidas quando se apresenta uma oferta; garantem sua seriedade pelo valor de 5% da oferta, representando o compromisso de não revogá-la antes da aceitação do beneficiário ou da conclusão do contrato, se a oferta for aceita; as *garantias de boa execução*, para assegurar ao beneficiário a correta execução da obrigação contratual quanto à qualidade dos bens ou do serviço, tendo 10% do valor do contrato definitivo; as *garantias de pagamento antecipado*, oferecidas quando se pagar antecipadamente execução de obra ou prestação de serviço, para assegurar devolução do que se antecipou se os trabalhos não forem cumpridos; as *garantias de manutenção*, oferecidas pelo ordenante, que se obriga a fornecer serviços de manutenção, estando completados os trabalhos. O instrumento jurídico que as consagra é o crédito documentado, que é um acerto pelo qual o banco (emitente) efetua, sob instrução do cliente (emissor da ordem), o pagamento a terceiro (beneficiário); *g*) *contratos preliminares* ou *promessas de contratar*, que são compromissos assumidos pelas partes ou por uma delas de celebrar contrato futuro. Geram obrigação de fazer, logo o juiz arbitral ou nacional poderá requerer a execução específica do contrato com o ressarcimento dos prejuízos.

Os contratos eletrônicos de formação *"ex intervallo temporis"* podem ser feitos por comunicação indireta por meio de telemática (correio eletrônico), e por envolverem viagens internacionais, custos de projetos, pesquisas, honorários advocatícios etc., acarretam responsabilidade civil do negociador em caso de ruptura e requerem critérios para avaliar o dano.

No comércio eletrônico internacional não há como aplicar o *locus regit actum*, por ser difícil a determinação do lugar da constituição do contrato feito via Internet, uma vez que a manifestação da vontade se opera mediante registro em meio virtual. Daí a norma do art. 9º, § 2º, da Lei de Introdução às Normas do Direito Brasileiro prescrever que a obrigação contratual se reputará constituída no local em que residir o proponente, pouco importando o momento e o lugar da sua celebração, regendo-se pelas leis do país em que se situar o estabelecimento eletrônico[583].

No âmbito da Internet, em razão da inexistência de normas reguladoras das relações jurídico-contratuais do ciberespaço, dificilmente certos conflitos poderão ser resolvidos mediante a aplicação das normas de direito internacional privado. Há necessidade de: *a*) se editarem normas que venham a proteger não só a autenticidade dos documentos informáticos, mas também a segurança e privacidade dos que operam na área negocial eletrônica em nível internacional; *b*) se estabelecerem novas convenções internacionais e um colegiado supranacional para apreciar questões atinentes ao ciberespaço.

h.3. Seus requisitos de validade e sua eficácia probante

O contrato eletrônico terá de preencher certos requisitos legais para ter validade e eficácia, ou seja, para irradiar efeitos jurídicos[584]. Tais requisitos exigidos pelo Código Civil são:

---

583. Paulo Henrique dos Santos Lucon, Competência no comércio e no ato ilícito eletrônico, in *Direito & Internet*, cit., p. 353. Consulte, ainda, M. Helena Diniz, *Lei de Introdução ao Código Civil Brasileiro Interpretada*, São Paulo, Saraiva, 2000, p. 267-8.

584. Consulte: Newton De Lucca, Contratos pela Internet e via computador – requisitos de celebração, validade e eficácia: legislação aplicável. Contratos e operações bancárias, *Revista do TRF*, 3ª Região, *33*:20 a 37, 1998; Paulo Roberto Gaiger Ferreira, Documento eletrônico e sua validade em face do novo Código Civil, in *Questões de direito civil e o novo código*, São Paulo, Imprensa Oficial, 2004, p. 216-45; Sérgio Iglesias Nunes de Souza, Responsabilidade civil e a inteligência artificial nos contratos eletrônicos na sociedade de informação, *RT*, *877*:27-40. *Vide*: Decreto n. 7.962, de 15 de março de 2013, que regulamenta a Lei n. 8.078, de 11 de setembro de 1990, para dispor sobre a contratação no comércio eletrônico.

Vide Lei n. 12.965/2014, com as alterações da Lei n. 13.709/2018 e da Lei n. 13.853/2019.

A) *Subjetivos*, pois exigem manifestação da vontade de duas ou mais pessoas capazes civilmente para a efetivação do ato negocial, desde que não apresente vícios de consentimento e sociais[585].

A manifestação da vontade é dada de forma eletrônica, ou seja, pelo clicar no botão "concluir" ou "confirmar".

É preciso esclarecer que os agentes intervenientes, como, p. ex., a provedora de acesso, não podem ser tidos como contratantes, visto que têm por incumbência a organização dos meios físicos e logísticos, a fim de possibilitar a comunicação entre o computador do usuário e a rede mundial de computadores[586]. E muito menos será contratante a administradora de cartão de crédito que, mediante taxa de proteção permanente, cria o *e-card* (cartão virtual), com limite baixo, enviando via Internet, diariamente, o extrato ao cliente, que recebe *e-mail* (*eletronic mail*) sempre que realiza uma compra[587].

Surge nos negócios eletrônicos feitos por meios digitais o problema da identificação da parte contratante que por via Internet manifestou a vontade representada, pois um dos requisitos para a validade do documento eletrônico é a autenticidade. Diante da ausência da presença física dos contratantes, de representação da manifestação da vontade em suporte físico (papel) por estar registrada em suporte magnético ou em código binário e de assinatura autográfica do emissor do documento informático, surge a questão da segurança dessa forma de contratação, do controle da identidade daquele que efetiva contrato virtual, pois a mera digitação de seu nome ao término da declaração eletrônica não equivale àquela assinatura, e da garantia da integridade e confidencialidade dos dados transmitidos digitalmente[588].

---

585. Compete aos pais o controle do uso da Internet pelos filhos menores, impedindo a realização de negócios por eles, mediante aquisição de objetos com a utilização de cartão magnético.

586. Newton De Lucca, Títulos e contratos eletrônicos – o advento da informática e seu impacto no mundo jurídico, in *Direito & Internet*, cit., p. 59.

587. Arthur José Concerino, Internet e segurança são compatíveis?, in *Direito & Internet*, cit., p. 134 e s. O *e-mail* (correspondência eletrônica) permite uma rápida comunicação entre as pessoas, possibilitando o envio de mensagens através de programa instalado em computador interligado a uma rede de telecomunicações. *Vide* Projeto de Lei n. 7.093/2002, sobre correspondência eletrônica comercial.

IN n. 4/2014 do Instituto Nacional de Tecnologia da Informação aprova a versão 4.0 do Manual de Condutas Técnicas n. 01, volumes I e II, referente à homologação de cartões criptográficos no âmbito da ICP-Brasil.

588. Regis Magalhães Soares de Queiroz, Assinatura digital e o tabelião virtual, in *Direito & Internet*, cit., p. 384 e 392; Fabiano Menke, *Assinatura eletrônica no direito brasileiro*. São Paulo, Revista dos Tribunais, 2005.

Realmente, o usuário, ao acessar o estabelecimento virtual, pode ser menor e até mesmo passar por outra pessoa, dando nome ou apresentando número de cartão de crédito que não é seu. Temos, portanto, nos contratos perpetrados na *Web*, insegurança quanto à identidade do contratante.

Como solucionar esta questão?

Há técnicas de autenticação das comunicações eletrônicas, como[589]: *a*) código secreto, senha ou número de identificação pessoal. Trata-se da combinação num cartão magnético de dígitos conhecidos somente pelo seu titular ou usuário credenciado junto ao provedor. Mas o uso de senhas registradas ou das dos provedores ou *cliques* em ícones determinados não garantem a identidade do agente; *b*) leitura por caixa eletrônica da impressão digital da pessoa; *c*) reconhecimento de caracteres físicos a longa distância como marca da pele do polegar, sangue, rosto, voz, cabelos etc.; *d*) fixação da imagem da íris ou do fundo dos olhos do internauta, cadastrando-o no sistema e transformando-a em códigos. A LG Electronics vem promovendo o *IrisAccess*, aparelho que, por meio de um sensor, possibilita a leitura da íris do usuário, desde que este aproxime seus olhos do leitor, que efetuará a focalização automática, comparando-a com o padrão armazenado, e liberará o acesso[590], permitindo o seu reconhecimento e identificação. Esse método é mais seguro que o da impressão digital; *e*) esteganografia; *f*) transmissão de fotografia; *g*) criptografia assimétrica, pela qual o contratante se identifica por duas senhas, códigos ou chaves, uma de acesso geral, por ser de conhecimento público, e outra particular, mantida em sigilo pelo usuário. Na criptografia assimétrica, partindo-se de complexos métodos matemáticos, criam-se duas chaves: a *privada*, para uso exclusivo do proprietário do sistema, e a *pública*, distribuída àqueles com quem o proprietário deve manter comunicação segura e identificada. O titular cifra a mensagem com a chave privada, que será decifrada pela chave pública do destinatário. Se alguém, ten-

---

589. Newton De Lucca, Títulos e contratos eletrônicos..., in *Direito & Internet*, cit., p. 60; Francesco Parisi, *Il contratto concluso mediante computer*, Padova, CEDAM, 1987, p. 65; Regis Magalhães Soares de Queiroz, Assinatura digital..., in *Direito & Internet*, cit., p. 377, 379, 392 e 397; Miguel Angel Moreno Navarrete, *Contratos eletrónicos*, Madrid, 1999, p. 103. Não há assinatura de testemunhas, mas isso não retira do contrato a característica de título executivo, uma vez que esse requisito teve de ser adaptado para o ambiente virtual.

590. *Revista do CD-Rom*, ano 5, n. 58, p. 9.

do chave pública de outrem, quiser enviar-lhe mensagem cifrada, poderá fazê-lo, valendo-se da chave pública daquele, criptografando-a com sua chave privada. O destinatário, então, decifrá-la-á, utilizando a chave pública do remetente, pois somente esta captará as mensagens cifradas pela chave privada correspondente. Assim se pode garantir a privacidade da comunicação, que somente poderá ser decifrada pela chave privada. Realmente, quem envia uma mensagem cria com a chave pública do receptor um criptograma que a oculta, de modo que só poderá ser decodificada com a chave privada do receptor. Criptografia é um conjunto de técnicas matemáticas, que, mediante uso de algoritmos, possibilita a codificação da mensagem, resguardando a privacidade e a segurança do contrato eletrônico. Essa codificação do texto com chave confidencial e algoritmos torna-a incompreensível a quem não tiver a chave para decodificar o texto transmitido. Seu único inconveniente é o custo de implantação do sistema e seu lento funcionamento.

Exige-se, ainda, para que se tenha a validade de um contrato via *modem* – que não se exterioriza em papel, nem tem a assinatura autógrafa do contratante –, a sua *integridade*, isto é, a certeza de que não houve adulteração do documento no seu envio pelo emitente ao receptor. Como o *e-mail* é um conjunto de *bits*[591], que podem ser adulterados e interceptados durante seu passeio pelo ciberespaço, possibilitando apropriação de documentos por eles encaminhados, trazendo, portanto, insegurança nas relações jurídicas, não pode ser considerado como meio probatório[592]. Logo, a única solução seria o uso da *assinatura digital*, baseada na criptografia assimétrica[593], em que o programa codificador utiliza chave privada somente conhecida pelo seu titular e a pública para descriptografar. Assim se poderia proteger a informação de interceptações, mantendo uma comunicação segura. Por tal razão, a *Uniform Electronic Transac-*

591. *Bits* são dígitos de um número binário, que pode ser 0 ou 1, correspondendo à menor unidade de informação possível dentro de um computador.

592. Amaro Moraes e Silva Neto, O *e-mail* como prova no direito brasileiro, *Revista Saraiva Dataletter*, *21*:6-7.

593. Ricardo Theil (Assinatura digital, *Fomento Mercantil*, *60*:5) ensina que a assinatura digital é composta de uma função matemática (*hash*) ou resumo, que gera um algoritmo único resultante do conteúdo de cada documento (mensagem, contrato, declaração etc.). O *hash* é codificado com a chave privada pertencente à pessoa que assina o documento. O resultado disso é a geração de um arquivo eletrônico que representa a assinatura digital desse documento. A criptografia também pode ser utilizada para conferir assinatura eletrônica, cifrando-se o documento com as chaves pública e privada.

tion Act dos EUA concedeu à assinatura digital o mesmo valor legal da assinatura em papel.

A assinatura digital constitui-se por signos ou chaves pertencentes ao autor, sendo a transformação de uma mensagem feita pelo emprego de sistema de cifragem assimétrica, de modo que o possuidor da mensagem a inicia e a chave pública do assinante determina de forma confiável se tal transformação se fez empregando a chave privada correspondente à chave pública do assinante e se a mensagem foi alterada desde o momento em que se deu aquela transformação[594].

Assim sendo, para tornar possível a *identificação* da parte e a *integridade* do documento eletrônico, a assinatura digital, desenvolvida a partir da tecnologia da criptografia assimétrica, veio individuar o autor do documento; para tanto o uso e o controle da chave privada devem ser de exclusividade do proprietário, permitindo a individualização da autoria da assinatura; afirmar a autoria do conteúdo documental pela pessoa nela individualizada, logo a autenticidade da chave privada deve ser passível de verificação, ligando o documento ao seu autor; e, finalmente, garantir a autenticidade do documento, pois a assinatura deve relacionar-se ao documento, impossibilitando a adulteração do seu conteúdo[595].

Ter-se-á *autenticação digital* quando a identidade do proprietário das chaves for verificada previamente por uma terceira entidade de confiança das partes, que publicou as chaves públicas certificadas em diretórios seguros e que certificará a ligação entre a chave pública e a pessoa que a emi-

---

594. Ricardo Luis Lorenzetti, Informática, cyberlaw, e-commerce, in *Direito & Internet*, cit., p. 425; Bernardo P. Carlino, *Firma digital y derecho societário electrónico*, Buenos Aires, 1998. Sobre assinatura digital, é interessante o estudo de Jorge José Lawand, *Aspectos jurídicos da assinatura digital*, São Paulo, Ed. Juarez de Oliveira, 2010; Decreto presidencial italiano n. 513/99; Diretiva da União Europeia 1999/93/EC, de 13-12-99; Lei colombiana n. 527/99; Real Decreto-Lei espanhol n. 14/99; Resolução n. 76/2010 da ICP-Brasil, que aprova a versão 2.0 do documento Visão geral sobre assinaturas digitais da ICP-Brasil (Doc-ICP-15). Sobre procedimentos a serem seguidos nos processos de homologação de *softwares* de assinatura digital no âmbito do ICP-Brasil: Instrução Normativa n. 11/2010 do Instituto Nacional de Tecnologia da Informação. Instrução Normativa n. 3/2011 do Instituto Nacional de Tecnologia da Informação (ITI) trata da análise e depósito de código-fonte nos processos de homologação de sistemas de equipamentos de certificação digital no âmbito da ICP-Brasil; Instrução Normativa n. 4/2011 do IPI dispõe sobre procedimentos técnicos a serem observados nos processos de homologação de sistemas e equipamentos de certificação digital no âmbito da ICP-Brasil; Resolução n. 85/2011 do CG-ICP-Brasil estabelece condição transitória para o requisito de obrigatoriedade de homologação ICP-Brasil para equipamentos de certificação digital.

595. Regis Magalhães Soares de Queiroz, Assinatura digital..., in *Direito & Internet*, cit., p. 398 e 399.

tiu, bem como a sua validade. Ensina-nos Regis Magalhães Soares de Queiroz que "a autenticação é provada por um certificado, formado por um conjunto de dados que vinculam a assinatura e a sua respectiva chave pública a uma determinada pessoa, identificada como proprietária das chaves, com base em registros, que devem ser mantidos pela autoridade certificadora em local seguro e a salvo de adulteração"[596].

Apenas depois de seu reconhecimento pela autenticação feita por senha (*password*), cartão (*smartcard*), impressão digital, desenho da íris ou assinatura e certificado digital é que se libera a informação[597].

B) *Objetivos*, pois requerem, como qualquer outra modalidade de contrato, a licitude, a suscetibilidade de determinação e a possibilidade física ou jurídica do objeto e conteúdo econômico.

C) *Formais*, pois exigem o uso de computador na sua formação, ficando registrados no seu disco rígido, podendo, por isso, ser transferidos sem perda de conteúdo para disquetes, CD-ROMs, *homepages* e disco rígido de outro computador, e, às vezes, a coisa, p. ex., o programa, é entregue através do próprio computador para ser baixado por um dos contratantes em forma de *download*.

Como, então, se poderia provar esse contrato, para exigir sua efetivação ou adimplemento?

Fácil é notar que a negociação eletrônica se formaliza num documento informático, descrito como uma sequência de *bits*, representativos de um fato e registrados num programa de computador[598], servindo de base para sua comprovação[599], por ser disponível, acessível e inteligível, apesar de estar representado em suporte magnético e de requerer o uso de computador equipado com programas suscetíveis de efetuar a sua leitura[600].

---

596. Regis Magalhães Soares de Queiroz, Assinatura digital..., in *Direito & Internet*, cit., p. 401 e 402; Francisco Eduardo Loureiro, Novo Código Civil: contratos e certificação digital, in *Questões de direito civil e o novo Código Civil*, cit., p. 361-71.

597. Arthur José Concerino, Internet e segurança são compatíveis?, in *Direito & Internet*, cit., p. 134.

598. O Decreto italiano n. 513/97 define o documento informático como a representação informática de atos, fatos e dados juridicamente relevantes. *Vide*: Lei n. 11.419/2006, sobre informatização do processo judicial; CPC, arts. 105, § 1º, 205, § 2º, 209, § 1º, 263, 246, V, 270, 425, V e VI, §§ 1º e 2º, 438, §§ 1º e 2º, 460, §§ 1º a 3º, 367, § 4º, 943.

599. Carlo Scarzana di S. Ippolito, *Documento informatico, firma digitale e crittografia. Rilievi giuridico-penali. Profilo giuridico del commercio via Internet*, Milano, Giuffrè, 1999, p. 133 e s., apud José Rogério Cruz e Tucci, Eficácia probatória dos contratos celebrados pela Internet, in *Direito & Internet*, cit., p. 277.

600. Regis Magalhães Soares de Queiroz, Assinatura digital..., in *Direito & Internet*, cit., p. 381.

O meio probatório na Internet é um suporte eletrônico, por ser uma comunicação de dados (CF/88, art. 5º, XII); poderia, por tal razão, o produto decorrente de computador ser considerado como um documento eletrônico ou informático[601], mas indiretamente representativo por requerer, como já dissemos, para sua leitura o uso de um objeto como disquete ou CD-ROM, ao passo que o escrito em papel seria diretamente representativo. É uma espécie de prova documental atípica (CPC, art. 425, § 1º), em que, usualmente, não se apõe assinatura autógrafa (CPC, arts. 369 e 410, III).

Há presunção *juris tantum* da validade do documento digitalmente assinado e do fato de que os sinais foram transmitidos por pessoas autorizadas, encarregadas na empresa do sistema informativo e mediante meios idôneos para reproduzir com confiabilidade o conteúdo da mensagem. Havendo qualquer falha na transmissão, outra mensagem deverá ser enviada.

Se se contestarem a autenticidade da assinatura digital e a integridade do documento, quem tirar proveito do conteúdo documental deverá provar, valendo-se de todos os meios admitidos por lei, a autenticidade da assinatura das chaves e a segurança do sistema criptográfico empregado. Para tanto, poderá fazer uso não só do depoimento da autoridade certificadora, pois o certificado digital por ela emitido teria validade e garantiria a autenticidade e a segurança da assinatura digital, possibilitando a eficácia dos negócios jurídicos eletrônicos, mas também da verificação de sua rotina de trabalho, dos registros eletrônicos arquivados, da tecnologia utilizada etc.[602].

---

601. Graziosi, Premesse ad una teoria probatoria del documento informatico, *Rivista Trimestrale di Diritto e Procedura Civile*, Milano, ano LII, n. 2, 1998, p. 487; Maria Elvira Borges Calazans, Contratos via Internet: mecanismos de prova, *Atualidades Jurídicas*, *4*: 205-24. Instrução Normativa do Instituto Nacional de Tecnologia da Informação n. 3/2012 aprova versão 5.0 do Documento Requisitos das Políticas de Assinatura digital na ICP-Brasil (Doc-ICP-15.03); Resolução CGIC-Brasil n. 99/2013, que amplia prazo de validade de certificados das hierarquias da ICP-Brasil que implementam algoritmos de Curvas Elípticas; n. 100/2013 CGICP-Brasil, que altera a Res. n. 96/2012, que aprova Regulamento para Homolagação de Sistemas e Equipamentos de Certificação Digital; n. 101/2013, que autoriza procedimento específico para atendimento à emissão de certificados digitais para assinar digitalmente os documentos de viagem brasileiros. Resolução n. 110/2015 do CGICP-Brasil aprova a versão 2.0 do Documento Diretrizes para sincronização de frequência e de tempo na Insfraestrutura de Chaves Públicas Brasileira – ICP-Brasil (Doc. – ICP – 07).

602. Regis Magalhães Soares de Queiroz, Assinatura digital..., in *Direito & Internet*, cit., p. 383; Renato M. S. Opice Blum, A certificação digital e o direito, *Tribuna do Direito*, maio 2002, p. 21.

Instrução Normativa n. 6/2015 do CGICP-Brasil aprova a versão 3.0 do Documento Perfil de uso geral para assinaturas digitais na ICP-Brasil (Doc. ICP – 15.02).

A eficácia probante do contrato eletrônico pode ser atestada pelo prudente arbítrio judicial, mediante recurso dos meios probatórios admitidos juridicamente e, em especial, do assessoramento de um técnico em informática, ou seja, da prova pericial para averiguar a autenticidade e integridade do documento informático, demonstrando que o estabelecimento virtual está organizado de maneira a conferir os maiores graus de segurança quanto à identificação das partes e inalterabilidade do registro[603].

Para evitar problemas de ordem probatória, visa-se a criação de cartórios para reconhecimento de documentações virtuais.

A autoridade certificadora garante a autenticidade, por ser portadora da fé pública. O Instituto Nacional de Tecnologia da Informação (ITI) desempenha atividades de fiscalização e é a autoridade certificadora raiz da ICP-Brasil.

Inst. Normativa n. 4/2015 do Instituto Nacional de Tecnologia da Informação aprova a versão 1.1 do Documento Procedimentos para Identificação do Requerente e Comunicação de Irregularidades no Processo de Emissão de um Certificado Digital ICP-Brasil (Doc – ICP – 05.02)

Sobre identificação biométrica na ICP-Brasil: Res. n. 114/2015 do CGICP-Brasil.

603. Consulte: José Rogério Cruz e Tucci, Eficácia probatória..., in *Direito & Internet*, cit., p. 277 e 280; *Valor probante do suporte informático – Temas polêmicos de processo civil*, São Paulo, Saraiva, 1990. *Vide* art. 3º do Decreto n. 3.996/2001, alterado pelo Decreto n. 4.414/2002, que regulamenta o uso da certificação digital nos órgãos públicos. Os documentos eletrônicos certificados digitalmente no âmbito da ICP-Brasil têm validade e a garantia de integridade. *Vide* Projeto de Lei n. 4.906/2001, sobre valor probante do documento eletrônico e da assinatura digital, certificação digital e normas para transações de comércio eletrônico; Projeto de Lei n. 6.965/2002, que visa conferir valor jurídico à digitalização de documentos; Instrução Normativa n. 1/2005, do Instituto Nacional de Tecnologia de Informação sobre Controle de Versões das Políticas de Segurança, das Políticas de Certificados e das Declarações de Práticas de Certificação das Autoridades Certificadoras no âmbito da ICP-Brasil; Instrução Normativa n. 1, de 13 de fevereiro de 2006, do Instituto Nacional de Tecnologia da Informação, que aprova procedimentos administrativos a serem observados nos processos de homologação de sistemas e equipamentos de certificação digital no âmbito da ICP-Brasil; Resolução da ICP-Brasil n. 82/2010, que aprova a versão 1.0 do documento Manual de uso da marca da ICP-Brasil e a gestão de conteúdo do sítio da infraestrutura de chaves públicas brasileira. Res. n. 107/2015 do CGICP-Brasil, alterada pela Res. n. 113/2015 do CGICP-Brasil, aprova a versão 3.8 do Documento Requisitos Mínimos para as Declarações de Práticas de Certificação das Autoridades Certificadoras da ICP-Brasil (Doc – ICP – 05).

Admissibilidade do documento eletrônico como prova: CC, art. 225; CPC, arts. 369, 425, V e VI, §§ 1º e 2º. *Vide*: Convenção da ONU de 2005, art. 9.2; CC francês, art. 1.316-1; Decreto-Lei português n. 7/2004, art. 26.1. Pelo Enunciado n. 297 do CJF, aprovado na IV Jornada de Direito Civil, “o documento eletrônico tem valor probante, desde que seja apto a conservar a integridade de seu conteúdo e idôneo a apontar sua autoria, independentemente da tecnologia empregada”.

h.4. Compra e venda de ações mobiliárias via Internet

A Bolsa de Valores, por possibilitar investimentos assecuratórios de maior rentabilidade, tem atraído muitos investidores no mercado de ações via Internet, mediante o sistema eletrônico *homebroker*, que possibilita a compra e venda de ações por meio de rede e é realizado por corretoras de valores virtuais cadastradas e interligadas ao sistema da Bovespa (Bolsa de Valores de São Paulo). Para poder investir em ações via Internet, o investidor precisa ser cliente de uma corretora cadastrada pela Bovespa, prestadora de serviço de *homebroker*, abrindo um cadastro para entrar no *site* da referida empresa e, assim, ter acesso às informações sobre o mercado financeiro e às cotações e transações que estão ocorrendo na Bovespa em tempo real. Mas, para que possa investir na Bolsa, utilizando o sistema *homebroker*, será necessário que efetue um depósito em nome da corretora, pois será com esse crédito que comprará ações e as venderá em qualquer terminal que dê acesso à Internet, dando ordens por meio da Internet, usando senha e pagando taxa de corretagem que varia de 0,5% a 2%. Há um sinalagma entre comitente-comprador, vendedor e corretora de valores, com *site* de negociações patenteado, para que os valores mobiliários possam ser cotados em Bolsa virtual.

As negociações de valores mobiliários via Internet oferecem vantagens como: agilidade no cadastramento e no trâmite de documentos; consulta pelo investidor de posições financeiras e de custódia; acompanhamento de sua carteira de ações; acesso às cotações; envio de ordens imediatas, ou programadas, de compra e venda de ações; recebimento da confirmação de ordens executadas e resumo financeiro etc.

Todavia, não há legislação específica ou regulamentação pela CVM do Brasil de negociação mobiliária eletrônica, nem da atividade corretora *homebroker*, nem do uso de assinaturas digitais. As leis que regem o mercado de capitais têm sido, satisfatoriamente, aplicadas às compras e vendas de ações via Internet, e a Bolsa de Valores de São Paulo (Bovespa), em razão de seu poder de autorregulação, vem disciplinando as atividades do *homebroker* e a do pregão virtual, ou seja, do sistema de negociação eletrônica no período *after-market* (Res. n. 260/99), que se dá fora do horário regular, qual seja, das 10:00 às 17:00 h, funcionando das 17:50 às 18:00 h (pré-abertura) e das 18:00 às 22:00 h, quando ocorrem as negociações. Somente as ações já transacionadas no pregão regular do dia poderão ser negociadas no período *after-market*. Nesse período as operações são dirigidas por ordens que podem ser enviadas na modalidade simples (compra ou venda), negócios diretos (corretoras), ou por outros tipos de ordens como "ordem a mercado", "execute ou cancele" (*www.bovespa.com.br*). As operações são automaticamente fechadas por meio do sistema eletrônico de negociação da Bovespa, o Mega Bolsa, observando-se os parâmetros de negociação estabelecidos para o período. O Mega Bolsa sinaliza ao mercado a tendência do Índice da Bovespa, conforme os preços praticados no período *after-market*.

A manipulação de mercado, convém lembrar, foi regulada pela Instrução CVM n. 8/79, que abrangeria o *spoofing* (manipulação operada no mercado virtual), quando, p. ex., uma pessoa se faz passar por membro influente de uma companhia aberta.

Urge a edição de normas que regulamentem negociações virtuais de valores mobiliários[604].

h.5. Disciplina legal de seu conteúdo

O conteúdo do contrato eletrônico em nada difere do de um contrato comum, produzindo os mesmos efeitos. Assim, p. ex., na empreitada virtual, em caso de encomenda de confecção de *site*, se o tele-empreiteiro, ao realizar o trabalho técnico, se afastar ou não seguir as instruções do contratante, sofrerá as consequências previstas no Código Civil. Quem usar *site* para divulgar produtos ou serviços deve acatar o Código de Defesa do Consumidor, prestar informações corretas, claras e objetivas, apontando possíveis riscos à saúde ou à segurança, indicando preço, qualidade, quantidade etc., para que o consumidor internauta possa avaliar sua aquisição e, ainda, garantir que manterá os dados do cliente em sigilo e que haverá segurança nas operações virtuais efetuadas (CDC, arts. 18, 20, 30, 31, 33 e 47). O estabelecimento virtual tem os mesmos deveres do fornecedor perante o consumidor. E, se houver contrato de consumo eletrônico internacional, este reger-se-á por força do art. 9º, § 2º, da Lei de Introdução às Normas do Direito Brasileiro, pela lei do país em que residir o proponente. Mas se a relação de consumo se der entre países do Mercosul, a lei aplicável é a do destino dos bens (item A.4 da Ata n. 2/93 da X Reunião do Grupo Mercado Comum do Mercosul). Rege-se pela lei disciplinadora da matéria nele regulada e afasta-se do negócio jurídico contratual tradicional somente pelo modo de sua formação e da manifestação do consentimento, que lhe traz, como vimos alhures, dificuldades probatórias[605].

604. Sobre o assunto, *vide* as lições de Ilene Patrícia de Noronha (Aspectos jurídicos da negociação de valores mobiliários via Internet, in *Direito & Internet*, cit., p. 177 a 205) e de Denise Campos de Toledo (Aplicações via Internet, *Suplemento feminino* do jornal *O Estado de S. Paulo*, 22-10-2000, p. F-5), que aqui resumimos. *Vide*: Parecer de orientação da CVM n. 32/2005 sobre uso da Internet em ofertas de valores mobiliários e na intermediação de operações.

605. José Rogério Cruz e Tucci, Eficácia probatória dos contratos celebrados pela Internet, in *Direito & Internet*, cit., p. 275. *Vide*, ainda: Angela Bittencourt Brasil, Contratos vir-

h.6. A questão da privacidade, do sigilo e da segurança da relação virtual geradora de negócio jurídico eletrônico

A contratação virtual traz em seu bojo a possibilidade de aquisição de produtos e serviços com dados interceptados, de fraudes em leilões via *Web*[606], de ações de estelionatários ou golpistas cibernéticos.

A ação dos *hackers* ou de estelionatários cibernéticos faz com que muitos tenham receio de ingressar no mundo do *e-commerce* ou das negociações virtuais. Assim, para a segurança do internauta, além de um *software* antivírus, será preciso: *a*) o emprego da criptografia assimétrica ou ciência da decodificação, que visa garantir o sigilo das comunicações virtuais mediante a aplicação de um padrão secreto de substituição dos caracteres, de modo que a mensagem se torne ininteligível para quem desconhecer o padrão criptográfico ou algoritmo utilizado para a cifragem da mensagem. Para que tal criptografia seja tida como segura, precisará ter como diretrizes: a identificação/autenticação, verificando a identidade do remetente da mensagem, garantindo que ele é, realmente, quem diz ser, e a integridade do conteúdo da mensagem; o impedimento de rejeição, impossibilitando que o remetente negue o envio da mensagem, e a privacidade, ocultando o conteúdo da mensagem de todos que não sejam seus destinatários. E, além disso, a certificação pela autoridade certificadora é necessária para vincular as chaves ao autor da mensagem; *b*) o re-

---

tuais, *Justiça e Poder*, *19*:20 a 23; Contrato virtual de empreitada, *3º RTD*, *162*:664; Stuber e Franco, A Internet sob a ótica jurídica, *RT*, *749*:60; Fábio Ulhoa Coelho, O comércio eletrônico e os direitos do consumidor, *Tribuna do Direito*, julho de 2000, p. 32; Liliana M. Paesani, *Direito de informática*, São Paulo, 2002; *Direito e internet*, São Paulo, Atlas, 2000.

606. Já se soube de casos ocorridos no *site* de leilões virtuais, criado por dois ícones da *Web* e do arremate a martelo, a norte-americana Amazon.com e a Sotheby's, de Londres (*sothebys.amazon.com*), como o do arremate de obra sobre descoberta da Guiana, em que o internauta recebeu um fac-símile encadernado, mas recém-editado, quando deveria ter em suas mãos o original; o do lance vencedor de U$ 88,00 pela biografia de Otto Von Bismarck, em que o arrematante recebeu fatura em libras esterlinas, cerca de 40% mais cara; o da venda *on line* de autógrafos de pessoas famosas sem esclarecer que eram reproduções; o da cobrança de preços diferentes pelo mesmo produto, conforme o perfil econômico do usuário, constante do cadastro eletrônico. Por isso a Câmara Federal de Comércio do governo norte-americano (FTC) está organizando *workshops* e preparou uma cartilha como alerta para os desavisados compradores e fornecedores virtuais (*www.ftc.gov/bcp/online/pubs/online/auctions/htm*). Sobre isso consulte: Ibsen Costa Manso, A Internet, congestionada por golpes e fraudes, *O Estado de S. Paulo*, 22-10-2000, p. C-6; Ivan L. Bertevello (Inviolabilidade dos *e-mails, Folha do Acadêmico*, agosto de 2002, p. 7) observa que o sigilo da correspondência eletrônica está garantido constitucionalmente, por estar ligado à privacidade, à intimidade e à honra dos usuários que compartilham informações. *Vide* Código Civil, art. 21.

curso a um bom *firewall*, combinação de *software* e *hardware* que identifica usuários não autorizados, impedindo seu ingresso na rede privada, e o desvio de dados, evitando, assim, ataques externos que visem penetrar na rede e, ainda, impossibilitando que conexões internas acessem a Internet sem autorização; *c*) o uso de *smartcards*, cartões munidos de *chip* com memória e de funções inteligentes para combater fraudes, e do SSL (*secure socket layer*), atuando como uma porta de entrada e saída do computador[607].

O centro provedor de informação (servidor *Web*) de empresa que oferece negócios na rede mundial de computadores deve controlar o acesso, dando certeza da identidade do consumidor, e garantir não só a integridade da informação transmitida, assegurando a invulnerabilidade dos dados intercambiados, mas também a confidencialidade, fazendo com que apenas os contratantes possam dispor das informações atinentes ao ato negocial virtualmente celebrado. Deve-se proteger, portanto, a pessoa no que atina aos dados informatizados constantes nos arquivos do computador, porque podem revelar seus hábitos de consumo ou preferências, evitando que seja incomodada com a má utilização e divulgação de seus dados, que podem identificá-la e, até mesmo, prejudicá-la[608].

607. Regis Magalhães Soares de Queiroz, Assinatura digital..., in *Direito & Internet*, cit., p. 389 e 391; Ethevaldo Siqueira, A revolução dos *smart cards*, *O Estado de S. Paulo*, 30-4-2000, p. B-11; Arthur José Concerino, Internet e segurança..., in *Direito & Internet*, cit., p. 151; Marcus Gonçalves, *Segurança na Internet*, Axcel Books, 1997, p. 7; Adalberto Simão Filho, Dano ao consumidor por invasão do *site* ou da rede: inaplicabilidade das excludentes de caso fortuito ou força maior, in *Direito & Internet*, cit., p. 104, 108, 112 e 114; Sonia A. do Amaral Vieira, *Inviolabilidade da vida privada e da intimidade pelos meios eletrônicos*, São Paulo, Ed. Juarez de Oliveira, 2002; Geraldo F. de Aguino Junior, Responsabilidade civil nos contratos eletrônicos, *Revista de Direito Civil Contemporâneo*, n. 3:167 a 184. A certificação digital da OAB, com sistema de chaves públicas, está sendo gradualmente implementada. A Serasa é credenciada pelo Governo Federal (Instituto Nacional de Informação) para emitir certificado digital ao Sistema de Pagamento Brasileiro, garantindo a confiabilidade e a qualidade dos negócios virtuais; para tanto fez investimentos e expandiu seus serviços pela Internet, efetuou estudos de tecnologia de certificação digital e desenvolveu *know-how*. O IDS (*Intrusion Detection System*) é um programa ou conjunto de programas cuja função é detectar atividades incorretas, maliciosas ou anômalas. *Vide* Resolução da ICP-Brasil n. 26/2003 que alterou os critérios e procedimentos para credenciamento das entidades integrantes da ICP-Brasil e os requisitos mínimos para as políticas de certificado na ICP-Brasil e para as declarações de práticas de certificação das autoridades certificadoras da ICP-Brasil.

608. José Ruiz, Protección de la información en Internet: control de acceso e integridad – soluciones globales Internet (*www.esegi.es*); Têmis Lemberger, A informática e a proteção à intimidade, *Rev. de dir. constitucional e internacional*, n. 33, p. 110 a 124. Instrução Normativa n. 8/2015 do CGICP-Brasil suplementa procedimentos para identificação biométrica na ICP-Brasil.

No contrato eletrônico qualquer dano moral ou patrimonial acarretado ao usuário do serviço disponível pelo servidor deverá ser reparado, inclusive por todos que interferiram na cadeia de consumo, como *site*, bancos, provedores etc., que responderão solidariamente, de sorte que o consumidor poderá exigir de qualquer deles a indenização[609].

A Lei n. 12.965/2014 (Marco Civil da Internet e/ou a "Constituição da Internet") estabelece princípios, garantias, direitos e deveres para o uso da internet no Brasil, determina a neutralidade de rede e mantém previsões sobre guarda de dados e registros de conexão dos usuários. Como exemplo, os provedores são obrigados a guardar o registro dos usuários por, pelo menos, um ano.

Na lei (art. 7º), alguns direitos são assegurados aos usuários, dentre os quais a inviolabilidade da intimidade e da vida privada, sua proteção e indenização pelo dano material ou moral decorrente de sua violação. O texto garante a inviolabilidade e o sigilo do fluxo de comunicações dos usuários pela internet, exceto em casos de ordem judicial.

Outro ponto importante de direito aos usuários é a não suspensão da conexão à internet, salvo por débito diretamente decorrente de sua utilização. Também fica garantido aos cidadãos que não serão fornecidos dados pessoais a terceiros, inclusive registros de conexão e de acesso a aplicação de internet, salvo mediante consentimento.

As informações contratuais deverão ser claras e completas, com detalhamento sobre o regime de proteção aos registros de conexão e aos registros de acesso a aplicações de internet, bem como sobre práticas de gerenciamento da rede que possam afetar sua qualidade. Além disso, os adminis-

---

609. Fábio Henrique Podestá, Direito à intimidade em ambiente da Internet, in *Direito & Internet*, cit., p. 165 e 166; Sonia Aguiar do Amaral Vieira, *Inviolabilidade da vida privada e da intimidade pelos meios eletrônicos*, São Paulo, Ed. Juarez de Oliveira, 2002; Antonio de Loureiro Gil, *Fraudes informatizadas*, São Paulo, Atlas, 1999. *Vide: BAASP, 2672*:1819-11. *Vide*: *BAASP*, *2889*: 7-8 (Lei Federal cria o Marco Civil da Internet).

PL n. 2.126/2011 visa estabelecer princípios, garantias, direitos e deveres para o uso da Internet, zelando pela privacidade e pela liberdade de expressão.

Pelo CJF, Enunciado 554 (aprovado na VI Jornada de Direito Civil), "independe de indicação do local específico da informação a ordem judicial para que o provedor de hospedagem bloqueie determinado conteúdo ofensivo na internet".

Sobre tipificação criminal de *delitos informáticos vide*: Leis n. 12.735/2012 e 12.737/2012, que alteram o Código Penal (que fica acrescido dos arts. 154-A e 154-B e sofre alteração nos arts. 266 e 298) e o Código Penal Militar.

Vide Lei n. 13.709/2018, (com alteração da Lei n. 13.853/2019), art. 2º, I, IV e VII, sobre proteção de dados pessoais e criação da Autoridade Nacional de Proteção de Dados.

tradores de sistema não poderão fornecer a terceiros dados pessoais dos usuários, inclusive conexões, e de acesso a aplicações de internet, salvo mediante consentimento livre, expresso e informado ou nas hipóteses previstas em lei.

O art. 8º reforça que a garantia do direito à privacidade e à liberdade de expressão nas comunicações é condição para o pleno exercício do direito de acesso à internet.

No art. 9º, a lei dispõe sobre a neutralidade da rede, estabelecendo que o responsável pela transmissão, comutação ou roteamento tem o dever de tratar de forma isonômica quaisquer pacotes de dados, sem distinção por conteúdo, origem e destino, serviço, terminal ou aplicação. Ao promover a conexão à internet, seja ela paga ou gratuita, é vedado às empresas bloquear, monitorar, filtrar ou analisar o conteúdo dos pacotes de dados.

O Marco Civil da Internet não deixa dúvidas a respeito do sigilo a ser observado pelos provedores em relação aos registros de conexão e de acesso a aplicações de internet, dados pessoais e conteúdo de comunicações privadas dos usuários. Segundo o art. 10, tudo deve atender à preservação da intimidade, da vida privada, da honra e da imagem das partes direta ou indiretamente envolvidas. O provedor responsável pela guarda somente será obrigado a disponibilizar os registros mediante ordem judicial.

Os provedores de conexão e de aplicações de internet deverão prestar, na forma da regulamentação, informações que permitam a verificação quanto ao cumprimento da legislação brasileira referente à coleta, à guarda, ao armazenamento ou ao tratamento de dados, bem como quanto ao respeito à privacidade e ao sigilo de comunicações.

Na provisão de conexão à internet, o art. 13 determina que cabe ao administrador de sistema o dever de manter os registros de conexão, sob sigilo, em ambiente controlado e de segurança, pelo prazo de um ano, nos termos do regulamento. A responsabilidade pela manutenção dos registros de conexão não poderá ser transferida a terceiros. Além disso, a autoridade policial ou administrativa ou o Ministério Público poderão requerer cautelarmente que os registros de conexão sejam guardados por prazo superior a um ano.

A nova lei também traz esclarecimentos acerca de possíveis danos decorrentes de conteúdo gerado por terceiros. Nesse caso, o art. 18 estabelece que o provedor de conexão à internet não será responsabilizado civilmente.

Com o intuito de assegurar a liberdade de expressão e impedir a censura, o provedor de aplicações de internet somente poderá ser responsabilizado civilmente por danos decorrentes de conteúdo gerado por terceiros se, após ordem judicial específica, não tomar as providências para, no âmbito e nos limites técnicos do seu serviço e dentro do prazo assinalado, tornar indisponível o conteúdo apontado como infringente, ressalvadas as disposições legais em contrário (art. 19). O § 1º do mesmo artigo diz que "a ordem judicial deverá conter, sob pena de nulidade, identificação clara e específica do conteúdo apontado como infringente, que permita a localização inequívoca do material. Já o § 2º dispõe que aplicação das infrações a direitos de autor ou a direitos conexos depende de previsão legal específica, que deverá respeitar a liberdade de expressão e demais garantias previstas no art. 5º da Constituição Federal. É importante ressaltar que, até a entrada em vigor da lei específica, a responsabilidade do provedor por danos decorrentes de conteúdo gerado por terceiros, quando se tratar de infração a direitos de autor ou a direitos conexos, continuará a ser disciplinada pela legislação autoral vigente (art. 3º).

As causas que tratarem sobre ressarcimento por danos decorrentes de conteúdo disponibilizado na internet relacionados à honra, à reputação ou a direitos de personalidade, bem como sobre a indisponibilização desse conteúdo por provedores, poderão ser apresentadas perante os juizados especiais.

QUADRO SINÓTICO

CONTRATOS ELETRÔNICOS

1. PROBLEMAS JURÍDICOS	• Diante do fácil acesso à rede de computadores, surgem as contratações virtuais e o comércio eletrônico, pois usuais são os convites ou ofertas feitos por meio de *Web page*, tornando possível contratar por *e-mail* para adquirir produtos e serviços, efetivando compras *on-line*. Com isso, surgem algumas questões polêmicas como: Qual a validade de uma oferta numa *Web page*? Qual a eficácia probante do contrato eletrônico? Como garantir a segurança no negócio realizado virtualmente?
2. CONCEITO	• São aqueles que se operam entre o titular do estabelecimento virtual e o internauta, mediante transmissão eletrônica de dados.
3. MOMENTO DE SUA FORMAÇÃO	• *a*) Seria aquele em que o provedor envia o arquivo para seu usuário. • *b*) Na seara internacional: no *contrato de formação instantânea por comunicação indireta através de telemática*, a aceitação é imediata, operando-se por meio de correio eletrônico ou de computadores interligados, surtindo efeito no instante em que chegar ao proponente; no *contrato de formação* ex intervallo *realizado por comunicação indireta através de telemática*, a recepção da resposta será o momento determinante da formação contratual; no *contrato de formação* ex intervallo temporis *feito por comunicação indireta por meio de telemática*, com a expedição da aceitação, conclui-se o negócio. No contrato eletrônico internacional não há como aplicar a *locus regit actum*, daí prevalecer o comando do art. 9º, § 2º, da Lei de Introdução às Normas do Direito Brasileiro.
4. REQUISITOS DE VALIDADE	• *a*) *Subjetivos*: manifestação de vontade de duas ou mais pessoas capazes civilmente para praticar atos na vida civil; ausência de vícios de consentimento e sociais; identificação do contratante, pois é preciso que o documento eletrônico seja: *autêntico*. As técnicas de autenticação eletrônica mais usuais são: código secreto, leitura por caixa eletrônica da impressão digital; reconhecimento de caracteres físicos; fixação da imagem da íris; transmissão de fotografia; criptografia assimétrica; e *íntegro*, para se ter certeza de que não foi adulterado no seu envio pelo emitente ao receptor, sendo, para tanto, imprescindível a *assinatura digital*, desenvolvida a partir da tecnologia da criptografia assimétrica, e a *autenticação digital*, provada por um certificado. • *b*) *Objetivos*: licitude; suscetibilidade de determinação; possibilidade física ou jurídica do objeto e conteúdo econômico. • *c*) *Formais*: uso de computador na sua formação e formalização num documento informático, base para a comprovação negocial.

5. EFICÁCIA PROBANTE	• Há presunção *juris tantum* de validade do documento digitalmente assinado. Quem tirar proveito do conteúdo documental deverá provar, por todos os meios admitidos por lei, a autenticidade da assinatura digital. Pode-se fazer uso do depoimento da autoridade certificadora, que emitiu o certificado digital; da verificação dos registros eletrônicos etc. A eficácia probante do contrato eletrônico pode ser atestada por todos os meios probatórios e, principalmente, pela prova pericial, onde haja assessoramento de um técnico em informática. Daí a necessidade de se criarem cartórios para reconhecimento de documentos virtuais.
6. COMPRA E VENDA DE AÇÕES MOBILIÁRIAS VIA INTERNET	• Dá-se por meio do sistema eletrônico *homebroker*, realizado por corretoras de valores virtuais cadastradas e interligadas ao sistema da Bovespa e também pelo sistema de negociação eletrônica no período *after-market*. As operações são automaticamente fechadas por meio da Mega Bolsa, que sinaliza ao mercado a tendência do Índice da Bovespa.
7. CONTEÚDO	• Em nada difere do de um contrato comum, produzindo os mesmos efeitos, inclusive na área das relações de consumo.
8. QUESTÃO DA PRIVACIDADE, SIGILO E SEGURANÇA DA RELAÇÃO VIRTUAL GERADORA DE NEGÓCIO JURÍDICO ELETRÔNICO	• Para a segurança dos internautas contra interceptação de dados, fraudes em leilões via *Web*, ação de *hackers* ou de estelionatários cibernéticos, além de um *software* antivírus, será preciso: o emprego da criptografia assimétrica; o recurso a um bom *firewall* e o uso de *smartcards* e do *secure socket layer* (SSL).

CAPÍTULO III
Teoria das Obrigações Extracontratuais

1. Finalidade da doutrina das obrigações extracontratuais

As obrigações jurídicas, que vinculam duas ou mais pessoas determinando uma série de efeitos jurídicos, são originárias de contrato. Todavia, isso nem sempre ocorre, pois há outras figuras obrigacionais que não decorrem de acordo de vontades, ou melhor, de contrato. Essas relações obrigacionais nascem de fontes acontratuais. Ater-nos-emos, portanto, neste capítulo, ao estudo das espécies obrigacionais que vivem e morrem fora do âmbito contratual. O objetivo da doutrina das obrigações extracontratuais será submeter a essa categoria todos os liames obrigacionais alheios ao contrato, nascidos da declaração unilateral de vontade ou do ato ilícito, regidos pelo nosso Código Civil nos arts. 854 a 954[1].

Quadro Sinótico

FINALIDADE DA DOUTRINA DAS OBRIGAÇÕES EXTRACONTRATUAIS

OBJETIVO	• A doutrina das obrigações extracontratuais visa estudar relações obrigacionais nascidas de fontes acontratuais, ou seja, da declaração unilateral de vontade ou do ato ilícito, regidas pelo Código Civil nos arts. 854 a 954.

1. Serpa Lopes, *Curso de direito civil*, 2. ed., Freitas Bastos, 1962, v. 5, p. 11, 14 e 15; Betti, *Teoria generale delle obbligazioni*, Milano, Giuffrè, 1954, v. 3, p. 2.

2. Obrigações por declaração unilateral de vontade

A. A declaração unilateral de vontade como fonte de obrigações

O Código Civil dedica um dos títulos do Livro das Obrigações às relações obrigacionais oriundas de declaração unilateral de vontade, incluindo as provenientes dos títulos de crédito (arts. 887 a 926), a promessa de recompensa (arts. 854 a 860), a gestão de negócios (arts. 861 a 875), o pagamento indevido (arts. 876 a 883) e o enriquecimento sem causa (arts. 884 a 886).

A declaração unilateral de vontade é uma das fontes das obrigações resultantes da vontade de uma só pessoa, formando-se a partir do instante em que o agente se manifesta com intenção de se obrigar, independentemente da existência ou não de uma relação creditória, que poderá surgir posteriormente. Todavia, não haverá liberdade para se estabelecerem obrigações, que só se constituirão em casos restritos, legalmente preordenados, como, p. ex., nos casos dos títulos ao portador e da promessa de recompensa. Logo, as obrigações nascem da declaração unilateral da vontade manifestada em circunstâncias tidas pela lei como idôneas para determinar sua imediata constituição e exigibilidade, desde que o declarante a emita com intenção de obrigar-se, e desde que chegue ao conhecimento da pessoa a quem se dirige, e seja esta determinada ou pelo menos determinável[2].

---

2. Antunes Varela, *Direito das obrigações*, Rio de Janeiro, Forense, 1977, p. 162 e 163; R. Worms, *De la volonté unilatérale considérée comme source d'obligation*, Paris, 1861; Serpa Lopes, op. cit., v. 5, p. 124-34; Caio M. S. Pereira, *Instituições de direito civil*, 4. ed., Rio de

Quadro Sinótico

A DECLARAÇÃO UNILATERAL DE VONTADE COMO FONTE DE OBRIGAÇÃO	• A declaração unilateral de vontade é uma das fontes das obrigações resultantes da vontade de uma só pessoa, formando-se no instante em que o agente se manifesta com intenção de se obrigar, independentemente da existência ou não de uma relação creditória, que poderá surgir posteriormente. Não haverá liberdade para se estabelecerem obrigações, que só se constituirão nos casos preordenados em lei: títulos de crédito (CC, arts. 887 a 926), a promessa de recompensa (CC, arts. 854 a 860), a gestão de negócios (CC, arts. 861 a 875), o pagamento indevido (CC, arts. 876 a 883) e o enriquecimento sem causa (CC, arts. 884 a 886).

B. Promessa de recompensa

b.1. Noção e requisitos

A *promessa de recompensa* é a declaração de vontade, feita mediante anúncio público, pela qual alguém se obriga a gratificar quem se encontrar em certa situação ou praticar determinado ato, independentemente do con-

Janeiro, Forense, 1978, v. 3, p. 484; Boffi Boggero, *La declaración unilateral de voluntad*, Buenos Aires, 1942, p. 100; De Ruggiero, *Istituzioni di diritto civile*, 6. ed., v. 3, p. 73; Orlando Gomes, *Obrigações*, 4. ed., Rio de Janeiro, Forense, 1976, p. 288-91; Paul Lerebours-Pigeonnière, La contribution essentielle de Raymond Saleilles à la théorie générale de l'obligation et à la théorie de la déclaration de volonté, in *Oeuvre juridique de Raymond Saleilles*, Paris, 1914, p. 404, 409 e 424; Silvio Rodrigues, *Direito civil*, 3. ed., Max Limonad, v. 3, n. 184; Jacques Prévost, *Le rôle de la volonté dans la formation de l'obligation civile*, Paris, 1939, p.134 e 135; Jean Chabas, *De la déclaration de volonté en droit civil français*, Paris, 1931; W. Barros Monteiro, *Curso de direito civil*, 17. ed., São Paulo, Saraiva, 1982, v. 5; Saleilles, *Théorie générale de l'obligation*, 3. ed., Paris, 1914, n. 249 e 268, *De la déclaration de volonté*, Paris, 1901; Mazeaud e Mazeaud, *Leçons de droit civil*, Paris, 1956, n. 370; A. Rieg, Le rôle de la volonté dans la formation de l'acte juridique d'après les doctrines allemandes du XXe siècle, in *Archives de Philosophie du Droit*, Sirey, 1957, p. 125 e s.; Puig Peña, *Tratado de derecho civil español*, Madrid, 1951, v. 4, p. 134; Lalaguna, La voluntad unilateral como fuente de obligaciones, *Revista de Derecho Privado*, 1975, p. 801 e s.; Newton De Lucca, *Comentários ao novo Código Civil* (coord. Sálvio de F. Teixeira), Rio de Janeiro, Forense, 2003, v. 12.

sentimento do eventual credor[3]. A promessa de recompensa obriga quem emite a declaração de vontade desde o instante em que ela se torna pública, independentemente de qualquer aceitação, visto que se dirige a pessoa ausente ou indeterminada (*RF*, *123*:38), isto é, anônima, que se determinará no momento em que se preencherem as condições de exigibilidade da prestação (*RT*, *443*:302). A pessoa que reunir a condição proposta poderá exigir o cumprimento da obrigação; assim sendo, quem oferecer, publicamente, recompensa estará obrigado a pagá-la[4]. Realmente, nosso Código Civil, no art. 854, estatui: "Aquele que, por anúncios públicos, se comprometer a recompensar, ou gratificar, a quem preencha certa condição, ou desempenhe certo serviço, contrai obrigação de cumprir o prometido". P. ex.: a promessa de recompensa pelo achado de um objeto ou animal perdido; pela captura ou entrega de um criminoso; pelo triunfo numa competição; pela notícia do paradeiro de pessoa desaparecida; pelo melhor aproveitamento numa escola; pela melhor obra exibida numa exposição[5]. A recompensa pode consistir na entrega de dinheiro, troféu, medalha ou na realização de certa obrigação de fazer (tratamento médico gratuito, viagens turísticas) ou não fazer (ato de deixar de cobrar débito pendente, por parte do promitente a quem preencher certa condição imposta). A promessa será obrigatória a partir do momento em que se tornar pública; todavia, pode-

---

3. Antunes Varela, op. cit., p. 164; Serpa Lopes, op. cit., p. 166; Silvio Rodrigues, op. cit., p. 428; Falgui-Massida, Promessa unilaterale, *Rivista di Diritto Civile*, v. 2, 1964; Paulo Luiz Netto Lôbo, *Direito das obrigações*, Brasília, 1999, p. 108-11; Newton De Lucca, *Comentários*, cit., p. 7 a 33. A promessa de recompensa foi contemplada como declaração unilateral da vontade para evitar que ficasse excluída sob a alegação de envolver pacto meramente potestativo. O *convite a contratar* auxilia na identificação da promessa de recompensa, visto ter por fim provocar propostas por parte do público, por meio de catálogo, enviado por um fornecedor ao seu representando, contendo informação sobre algum produto.

4. A. Montel, *Annuario di Diritto Comparato*, v. 6, parte 1, p. 558, apud W. Barros Monteiro, op. cit., p. 382; Caio M. S. Pereira, op. cit., p. 485; Roca Sastre, *Estudios de derecho privado*, Madrid, t. 1, p. 208, 209 e 210.

   "RESPONSABILIDADE CIVIL – Dano material – Declaratória – Sorteio de veículo na 'Bolada de Prêmios', pelo telefone 0900, realizado em programa de televisão – Demonstração da não efetivação do sorteio – Ausência – Promessa de recompensa que vincula o promitente – Autora que faz jus ao recebimento do prêmio – Recurso improvido" (TJSP, Ap. Cív. 286.193-4/1-00, São Paulo, 5ª Câmara de Direito Privado, rel. A. C. Mathias Coltro, 5-4-2006, v. u., voto n. 12.089).

5. W. Barros Monteiro, op. cit., p. 383; Antunes Varela, op. cit., p. 164; Lei n. 5.768/71; Decreto-Lei n. 64/66 (revogado pelo Decreto-Lei n. 418/69), e 7.930/45, revogado pelo Decreto-Lei n. 8.425/45 e revigorado pelo Decreto-Lei n. 8.953/46; Súmulas 15 e 16 do STF.

rá ser ilidida por uma declaração contrária de vontade, desde que o promitente ressalve o direito de revogá-la. Fixado um prazo, haverá presunção de que o anunciante renunciou ao direito de retirá-la até o seu escoamento[6].

Infere-se daí que são seus *requisitos*[7]:

1º) capacidade do policitante, ou seja, da pessoa que emite a declaração de vontade. As qualidades pessoais do executor do serviço somente serão consideradas se os anúncios a elas se referirem (como nos concursos de beleza);

2º) licitude e possibilidade do objeto, isto é, do serviço pedido ou das condições estipuladas;

3º) publicidade, pois sua divulgação deverá ser feita pela imprensa, pela televisão, pelo rádio, pela afixação de cartazes, pela internet, pela distribuição de folhetos e até mesmo verbalmente num auditório. Entretanto, poderá ser tácita se houver um conjunto de circunstâncias que indiquem a possibilidade de obtenção de um prêmio, se se realizar certo serviço ou ato inequivocamente caracterizado por elementos notórios, como, p. ex., o pau de sebo; a argola colocada ao lado de um carrossel, para ser tirada por um de seus ocupantes enquanto durar o rodopio, com o prêmio de uma outra volta gratuita. Como se vê, embora o policitante possa escolher o meio de publicidade que mais lhe convier, essa publicidade não poderá ser dispensada, pois, se a promessa é feita a credor incerto, deverá ser levada ao conhecimento público, para que os interessados que preencham as condições ou prestem o serviço pedido possam assumir a qualidade de credor, adquirindo, então, o direito de exigir a recompensa prometida.

b.2. Efeitos

Da promessa de recompensa decorrem os seguintes efeitos[8]:

---

6. Caio M. S. Pereira, op. cit., p. 485.
7. Caio M. S. Pereira, op. cit., p. 485; Larenz, op. cit., v. 2, § 51; W. Barros Monteiro, op. cit., p. 383; Serpa Lopes, op. cit., p. 171-3; Orlando Gomes, op. cit., p. 296 e 297; Bassil Dower, op. cit., p. 303 e 304; Pontes de Miranda, *Tratado de direito privado*, v. 31, p. 312; Antunes Varela, op. cit., p. 164.
8. Serpa Lopes, op. cit., p. 174-8; Caio M. S. Pereira, op. cit., p. 485; W. Barros Monteiro, op. cit., p. 383-6; Orlando Gomes, op. cit., p. 297 e 298; Larenz, op. cit., v. 2, § 51;

1º) vinculação do policitante no instante em que realiza promessa de recompensa mediante oferta ao público;

2º) direito do credor a receber o prêmio se comprovar a realização do serviço ou a satisfação da condição exigida. Pagar-se-á gratificação a quem preencher as condições impostas na promessa, pois a pessoa que fizer o serviço ou satisfizer a condição poderá exigir a recompensa estipulada (CC, art. 855); se for incapaz, a quitação será dada pelo seu representante legal. Se não se tiver fixado a quantia ou o objeto da recompensa, havendo desacordo, o juiz a arbitrará, de acordo com o serviço prestado, o tempo despendido, o esforço empregado, o grau de dificuldade e as despesas da outra parte. Se o promitente não cumprir sua obrigação, responderá por perdas e danos (*RF*, *153*:257);

3º) revogabilidade da promessa pelo policitante, antes de prestado o serviço, ou preenchida a condição, contanto que o faça com a mesma publicidade. Se, porém, houver assinado prazo à execução da tarefa, entender-se-á que renunciou o arbítrio de retirar, durante ele, a oferta (CC, art. 856). Com a revogação da promessa de recompensa, que torna ineficaz a vinculação unilateral, o policitante isentar-se-á de qualquer responsabilidade, não podendo vir a sofrer as pretensões de indenização por parte de pessoas que porventura hajam efetuado despesas ou trabalhos, tendo em vista a conquista do prêmio. Mas se o candidato de boa-fé veio a efetivar despesas para executar a tarefa ou a condição anunciada, terá direito ao reembolso (CC, art. 856, parágrafo único) para evitar enriquecimento indevido (CC, arts. 884 a 886) e para atender aos reclamos da equidade e da justiça. Não desaparecerá a obrigatoriedade da promessa se o promitente falecer ou se tornar incapaz. Se aos seus herdeiros ou ao seu representante não mais interessar a efetividade da promessa, deverão revogá-la pelo mesmo meio de propaganda utilizado para o seu conhecimento;

4º) possibilidade de concorrerem ao prêmio dois ou mais credores. Havendo pluralidade de credores: *a*) a recompensa, pela teoria da prioridade, caberá ao primeiro que executou o ato contemplado na promessa (CC, art. 857); *b*) se a execução for simultânea, cada executor, aplicando-se a doutrina da divisibilidade, receberá quinhão igual na recompensa (CC, art. 858, 1ª parte); *c*) se a recompensa não for divisível – um automóvel, p. ex. –,

---

Bassil Dower, op. cit., p. 304 e 305; Antunes Varela, op. cit., p. 165 e 166; Enneccerus, Kipp e Wolff, op. cit., v. 2, § 156, p. 314; Silvio Rodrigues, op. cit., p. 432-5; Cunha Gonçalves, *Tratado de direito civil*, v. 4, p. 255; Clóvis Beviláqua, op. cit., v. 5, p. 276.

conferir-se-á por sorteio (CC, art. 858, 2ª parte). A sorte decidirá a quem caberá a coisa dada em recompensa, não se justificando a venda do objeto para repartir o produto entre os credores, mas quem obtiver a coisa no sorteio terá o ônus de dar ao outro o valor de seu quinhão (CC, art. 858, *in fine*), p. ex., 10 mil reais, se aquele veículo for avaliado por 20 mil.

b.3. Promessa de recompensa mediante concurso

A promessa de recompensa poderá ser condicionada à realização de uma competição entre os interessados na prestação da obrigação, efetivando-se mediante concurso (literário, artístico, científico, esportivo etc.), ou seja, certame em que o promitente oferece um prêmio a quem, dentre várias pessoas, apresentar o melhor resultado. Várias pessoas se propõem a realizar uma tarefa, em busca de um prêmio que somente será conferido ao melhor. P. ex.: oferta de viagem a Paris ao artista que apresentar o melhor quadro a ser exibido em futura exposição; prêmio oferecido ao autor do melhor livro sobre certo assunto; recompensa a arquiteto que apresentar o melhor projeto etc. Percebe-se que para o concorrente há certa aleatoriedade no ato, visto que de seu esforço tanto poderá resultar a vitória e o prêmio, como a derrota e até o desprestígio[9].

No concurso público a promessa será irrevogável, porque o promitente deverá, compulsoriamente, fixar prazo de vigência, dentro do qual não se poderá desdizer (CC, art. 859, *caput*). Como nesses concursos em que se pretende obter obras literárias, científicas ou artísticas, exige-se muito esforço por parte dos concorrentes, como estudo, pesquisa, tempo, dinheiro, não é justo que o promitente retire, arbitrariamente, a promessa. Por esta razão a lei impõe a fixação de prazo, de modo que, enquanto ele não escoar, a promessa será irrevogável.

Ao participar do concurso, os concorrentes tomarão conhecimento das condições a que deverão submeter-se, como a de concordarem com o *veredictum*, isto é, de se submeterem ao pronunciamento da pessoa ou das

9. Silvio Rodrigues, op. cit., p. 431 e 435. Competirá à autoridade judiciária disciplinar, através de portaria, ou autorizar, mediante alvará, a participação de menor em certames de beleza (art. 149, II, *b*, da Lei n. 8.069/90). Para estimular a venda de produtos e serviços, as empresas fazem uso de concurso promocional (Lei n. 5.768/71), desde que previamente autorizado pelo governo, tendo como instrumentos vales-brindes do tipo "achou, ganhou"; coleção de número *x* de embalagens; sorteio em programas televisivos (Fábio Ulhoa Coelho, *Curso de direito civil*, São Paulo, Saraiva, 2004, v. 2, p. 235). Trata-se de uma promessa de recompensa regida pelo Código Civil. *Vide* Súmulas 15 e 16 do STF; *RT*, *769*:39.

pessoas designadas para julgar o mérito dos trabalhos apresentados ou as qualidades exibidas pelos concorrentes. Se o órgão decisório for plúrimo, acolher-se-á a decisão deliberada pela maioria. Realmente, pelo Código Civil, art. 859, §§ 1º e 2º, a decisão da pessoa nomeada, nos anúncios, como juiz, obrigará aos interessados, sendo que, na falta de pessoa designada para julgar o mérito dos trabalhos que se apresentarem, entender-se-á que o promitente se reservou essa função. Qualquer que seja a pessoa encarregada de decidir, as suas decisões serão vinculativas para os concorrentes.

Se os trabalhos tiverem mérito igual, dar-se-á a recompensa ao que primeiro a executou, mas, se a execução for simultânea, partilhar-se-á entre eles igualmente a recompensa, se ela for divisível, ou proceder-se-á ao sorteio, se indivisível (CC, art. 859, § 3º), conforme os arts. 857 e 858 do Código Civil, cabendo ao que com ela for contemplado o dever de dar ao outro o valor de sua parte ou quinhão.

A comissão julgadora ou o juiz poderá negar o prêmio a qualquer dos concorrentes, alegando que nenhuma das obras apresentadas merece ganhá-lo, desde que haja cláusula no edital que ressalte tal possibilidade.

Pelo Código Civil, art. 860, "as obras premiadas, nos concursos de que trata o artigo antecedente, só ficarão pertencendo ao promitente, se assim for estipulado na publicação da promessa". Dessa forma, sendo omissa a propaganda, as obras continuarão a pertencer ao seu autor intelectual[10], que é o concorrente, haja vista que não há uma presunção legal de alienação daquelas obras.

Quadro Sinótico

PROMESSA DE RECOMPENSA

1. NOÇÃO	• Promessa de recompensa é a declaração de vontade, feita mediante anúncio público, pela qual alguém se obriga a gratificar quem se encontrar em certa situação ou praticar determinado ato, independentemente do consentimento do eventual credor.

10. W. Barros Monteiro, op. cit., p. 386 e 387; Silvio Rodrigues, op. cit., p. 436; Caio M. S. Pereira, op. cit., p. 485 e 486; Antunes Varela, op. cit., p. 167; Bassil Dower, op. cit., p. 305 e 306; Orlando Gomes, op. cit., p. 298 e 299; Serpa Lopes, op. cit., p. 178-81.

2. REQUISITOS	• Capacidade do policitante. • Licitude e possibilidade do objeto. • Publicidade.
3.EFEITOS	• Vinculação do policitante no instante em que faz a promessa. • Direito do credor a receber o prêmio se comprovar a realização do serviço ou a satisfação da condição exigida (CC, art. 855). • Revogabilidade da promessa, conforme o disposto no CC, art. 856. • Possibilidade de concorrerem ao prêmio dois ou mais credores, caso em que se observará o CC, arts. 857 e 858.
4. PROMESSA DE RECOMPENSA MEDIANTE CONCURSO	• A promessa de recompensa poderá ser condicionada à realização de uma competição entre os interessados na prestação da obrigação, hipótese em que se regerá pelo CC, arts. 859, §§ 1º, 2º e 3º, e 860.

C. Gestão de negócios

c.1. Noção

A *gestão de negócios* (*negotiorum gestio*) é a intervenção, não autorizada, de uma pessoa (gestor de negócio – *negotiorum gestor*) na direção dos negócios de uma outra (dono do negócio – *dominus negotii*), feita segundo o interesse, a vontade presumível e por conta desta última. Como prefere Clóvis Beviláqua, é a administração oficiosa de interesses alheios feita sem procuração[11].

11. Antunes Varela, *Direito*, cit., p. 168; Bassil Dower, *Curso moderno de direito civil*, cit., p. 209; Vittorio Neppi, *La rappresentanza nel diritto privato moderno*, CEDAM, 1930, p. 250 e s.; Bout, *La gestion d'affaires en droit français contemporain*, 1972; Pierre Maruitte, *La notion juridique de gestion d'affaires*, Paris, 1931; Vaz Serra, *Gestão de negócios*, 1957; Pacchioni, *Della gestione degli affari*, 2. ed., 1915; Josserand, *Cours*, cit., v. 2, n. 1.439; Coelho da Rocha, op. cit., v. 2, § 800; De Page, op. cit., v. 2, parte 1, n. 1.069; Picard, La gestion d'affaires dans la jurisprudence contemporaine, *Revue Trimestrielle de Droit Civil*, 1922, p. 28 e s.; Clóvis Beviláqua, *Código Civil*, cit., v. 5, p. 80; Newton De Lucca, *Comentários*, cit., p. 34 a 74. *Vide RJ*, *164*:170.

O gestor trata de interesse alheio segundo a vontade presumível de seu dono, ficando responsável perante este e as pessoas com quem tratar (CC, art. 861). Aquele que age sem mandato fica diretamente responsável perante o dono do negócio e terceiros com que contratou (*RT*, *499*:121). Realmente, em certos casos há necessidade de tomar providências em lugar do titular do direito, para prevenir graves prejuízos, como no caso, p. ex., de este estar afastado de seu domicílio por viagem, doença etc., e, portanto, impossibilitado de praticar atos urgentes para defender, conservar ou adquirir bens, para cumprir determinadas obrigações ou exercer seus direitos. Surge, então, um parente ou um amigo que, por altruísmo ou solidariedade moral, espontaneamente tomará as devidas providências exigidas pela situação, como se fosse seu representante, sem, contudo, estar munido de qualquer procuração, assumindo o papel de gestor de negócio; este intervém, sem estar autorizado, em esfera jurídica alheia, como provavelmente o próprio dono o teria feito (*RT*, *510*:12). É o que ocorre na situação de um vizinho que vê arrebentados os encanamentos da casa contígua, que corre o risco de ficar inundada. Ausente o proprietário, o vizinho poderá interferir para remediar o mal, efetuando gastos indispensáveis ao conserto do encanamento[12].

Não tem, como se vê, natureza contratual, por faltar o prévio acordo de vontades entre o gestor e o dono do negócio, embora Clóvis Beviláqua a tenha qualificado como mandato presumido, baseado na ideia de que o gestor procura fazer aquilo de que o dono do negócio o encarregaria, se tivesse conhecimento da necessidade de tomar a providência reclamada pelas circunstâncias[13]. Apesar de não ser um contrato, foi tratada no Código Civil de 1916 como tal, não só pelo paralelismo com as situações jurídicas contratuais, mas também porque a posterior ratificação do dono do negócio a equiparava ao mandato (CC de 1916, art. 1.343, correspondente ao art. 873 do CC atual)[14]: *rati enim habitio mandato comparatur*[15]. Já o Código Civil de 2002

---

12. Antunes Varela, *Direito*, cit., p. 169; Larenz, op. cit., p. 361; Serpa Lopes, *Curso*, cit., v. 5, p. 21; Silvio Rodrigues, Contrato de gestão de negócios, in *Enciclopédia Saraiva do Direito*, v. 19, p. 362.
13. Espínola, *Sistema*, cit., n. 168; Silvio Rodrigues, Contrato, cit., p. 363; Clóvis Beviláqua, *Código Civil*, cit., v. 5, p. 80-1.
14. Caio M. S. Pereira, *Instituições*, cit., p. 375.
15. Digesto, Liv. 46, Tít. 3, fr. 12, § 4. A gestão de negócio é um quase contrato, por ser negócio unilateral. Não pode haver intervenção oficiosa contra a vontade manifesta do dono do negócio, gerando responsabilidade civil por perdas e danos, visto que não constitui *negotiorum gestio*, por configurar ato ilícito. Aquela intervenção do gestor em negócio alheio apenas pela aprovação do dono do negócio converter-se-á em situação similar ao mandato.

inclui, acertadamente, a gestão de negócios entre os negócios unilaterais, por não ter o caráter de contrato, pois não advém de um acordo de vontades, mas de intervenção oficiosa do gestor em negócio alheio, havendo um movimento volitivo unitário, isolado, por parte do gestor de negócios.

A gestão de negócios poderá ser provada por qualquer modo (*RT*, *186*:821, *150*:698).

c.2. Pressupostos

Para que se configure a gestão de negócios, será necessário[16]:

1º) *Ausência de qualquer convenção ou obrigação legal entre as partes a respeito do negócio gerido*, porque a gestão de negócios reclama uma intervenção voluntária, isto é, que o gestor interfira em situação jurídica alheia espontaneamente. Se estiver munido de procuração, ter-se-á mandato. Imprescindível, portanto, a falta de autorização representativa e o desconhecimento do dono do negócio, que deve ignorar a gestão.

2º) *Inexistência de proibição ou oposição por parte do dono do negócio*, ante o fato da gestão de negócios constituir, pelo Código Civil, art. 861, o exercício de um ato pelo gestor segundo o interesse e a vontade presumível de seu dono. Deve haver, em regra, vontade presumida do dono do negócio, mas excepcionalmente ter-se-á gestão de negócios, mesmo havendo oposição do *dominus negotii*. Com efeito, estatui o Código Civil, no art. 862, que: "Se a gestão foi iniciada contra a vontade manifesta ou presumível do interessado, responderá o gestor até pelos casos fortuitos, não provando que teriam sobrevindo, ainda quando se houvesse abstido".

3º) *Vontade do gestor de gerir negócio alheio*, quer se trate de um ou de vários assuntos, comportando-se como tal com o firme propósito de obrigar o *dominus*, não tendo, portanto, intenção de fazer pura liberalidade. Se o negócio for de interesse do gestor e não do dono do negócio, ter-se-á ad-

---

16. No que concerne aos pressupostos da gestão, consulte: Larenz, op. cit., v. 2, § 53, p. 367; De Page, op. cit., t. 2, parte 1, n. 1.077; Serpa Lopes, *Curso*, cit., v. 5, p. 34-46; Espínola, *Sistema*, cit., n. 168; Orlando Gomes, *Contratos*, cit., p. 469 e 470; Bassil Dower, *Curso moderno de direito civil*, cit., p. 210 e 211; Antunes Varela, *Direito*, cit., p. 170-4; Larombière, op. cit., t. 7, n. 18 a 20; Caio M. S. Pereira, *Instituições*, cit., p. 376; Carvalho de Mendonça, *Contratos*, cit., v. 1, p. 321; Carvalho Santos, op. cit., t. 18, p. 409-11; W. Barros Monteiro, op. cit., p. 284 e 285; Maruitte, op. cit., n. 83, p. 267; *AJ*, *88*:154.

ministração de negócio próprio. Pode ocorrer que os negócios nos quais o gestor interveio não sejam inteiramente alheios, mas conexos aos seus, de tal sorte que não possam ser geridos separadamente; haver-se-á, então, o gestor por sócio daquele cujos interesses agenciar de envolta com os seus. Prevalecerão, desta feita, as normas inerentes ao contrato de sociedade, e, neste caso, aquele em cujo benefício interveio o gestor só será obrigado na razão das vantagens que lograr (CC, art. 875, parágrafo único). Se houver dano e nenhum proveito, o gestor suportará os encargos.

4º) *Caráter necessário da gestão*, pois a legitimação da intervenção de alguém em negócio alheio exige que ela tenha sido determinada por uma necessidade e não por mera utilidade. Nosso Código Civil, ao prescrever no art. 869 que, "se o negócio for utilmente administrado, cumprirá ao dono as obrigações contraídas em seu nome, reembolsando ao gestor as despesas necessárias ou úteis que houver feito, com os juros legais, desde o desembolso, respondendo ainda pelos prejuízos que este houver sofrido por causa da gestão", refere-se à utilidade da intervenção do gestor, que foi provocada por uma necessidade patente. O gestor deverá exercer uma atividade com intenção de ser útil ao dono do negócio, agindo em proveito e no interesse dele, procurando fazer precisamente o que ele faria se não estivesse ausente.

5º) *Licitude e fungibilidade do objeto de negócios*, pois além de ser lícito deverá ser fungível, ou seja, deverá tratar-se de negócio suscetível de ser realizado por terceiro, uma vez que a gestão de negócios não se coaduna com atos personalíssimos, que só podem ser praticados pelo dono do negócio.

6º) *Ação do gestor limitada a atos de natureza patrimonial*, pois os de natureza extrapatrimonial requerem a outorga de poderes. Os atos do gestor, em regra, são de mera administração, embora possam, às vezes, ser de disposição. A atividade do gestor concretizar-se-á, p. ex., na realização de certos atos jurídicos, como empreitada, compra e venda, pagamentos, ou de simples atos materiais, como colheita de cereais, reparação de muro, abertura de vala etc.

c.3. Consequências jurídicas

A gestão de negócio acarretará[17]:

17. Sobre suas consequências jurídicas, *vide* as lições de: Espínola, *Sistema*, cit., n. 171; Serpa Lopes, *Curso*, cit., p. 46-59; Pacchioni, *Della gestione*, cit., p. 143; Bassil Dower, *Cur-*

1º) *Obrigações do gestor perante o "dominus negotii"*, tais como:

a) administrar o negócio alheio de acordo com o interesse e a vontade presumível de seu dono (CC, art. 861);

b) comunicar ao dono, assim que puder, a gestão que assumiu, aguardando-lhe a resposta, se da espera não resultar perigo (CC, art. 864). Se a gestão não puder aguardar tal resposta para o bom êxito da execução iniciada, o gestor poderá continuá-la, mesmo porque ficará pessoalmente obrigado pelos atos praticados. Aquela comunicação tem por objetivo diminuir a responsabilidade do gestor pelos eventuais danos ao interessado ou a terceiro;

c) velar pelo negócio, enquanto o dono nada providenciar, até a sua conclusão, esperando, se aquele falecer durante a gestão, as instruções dos herdeiros, sem se descuidar, entretanto, das medidas que o caso reclame (CC, art. 865). Tem o dever de continuar a gestão até o fim, prosseguindo na intervenção, uma vez que a iniciou livre e espontaneamente, criando expectativas para o *dominus* ou para terceiros, de modo que a cessação de sua gerência poderia acarretar danos irreparáveis. P. ex.: se comprou matéria-prima para assegurar um fornecimento a que o dono do negócio se tinha comprometido antes de adoecer, deverá continuar na gestão até que a encomenda seja satisfeita;

d) aplicar toda a sua diligência habitual na administração do negócio, agindo com prudência e probidade, ressarcindo o dono de todo prejuízo resultante de qualquer culpa na gestão (CC, art. 866), respondendo, inclusive, pelas perdas e danos (CC, arts. 402 a 405);

e) responder pelas faltas do substituto, se se fizer substituir, ainda que seja pessoa idônea, sem prejuízo da ação que a ele, ou ao dono do negócio, contra ela possa caber (CC, art. 867);

f) vincular-se solidariamente, se houver pluralidade de gestores (CC, art. 867, parágrafo único); com isso dar-se-á ao dono do negócio maior garantia, pois poderá acionar qualquer deles para obter o *quantum* indenizatório pelo prejuízo sofrido. O gestor demandado poderá, por sua vez, reembolsar-se, exercendo direito de regresso contra os demais;

---

so moderno de direito civil, cit., p. 211-4; Caio M. S. Pereira, *Instituições*, cit., p. 377-80; Antunes Varela, *Direito*, cit., p. 174-9; Enneccerus, Kipp e Wolff, op. cit., v. 2, § 169; Orlando Gomes, *Contratos*, cit., p. 470-5; Silvio Rodrigues, Contrato, cit., p. 365-7; W. Barros Monteiro, op. cit., p. 286-90; Matiello, *Código*, cit., p. 539-47.

g) responder até pelo caso fortuito, se a gestão for iniciada contra a vontade manifesta ou presumível do interessado, se não provar que teriam sobrevindo, ainda quando se houvesse abstido (CC, art. 862), ou se fizer operações arriscadas, ainda que o dono costumasse fazê-las, ou se preterir interesse deste em proveito de interesses seus (CC, art. 868, *caput*);

h) prestar contas de sua gestão após a ratificação do negócio pelo gerido, restituindo não só tudo o que veio ter às suas mãos por efeito de sua gerência, bem como qualquer proveito retirado da gestão, ressarcindo, ainda, os danos que eventualmente houver causado pelo não cumprimento de seus deveres (*RF*, *71*:108).

2º) *Direitos do gestor* de:

a) reembolsar-se das despesas feitas na administração da coisa alheia;

b) reaver a importância que pagou, mesmo se não houver ratificação, com as despesas de enterro (valores gastos com cerimônia fúnebre, velório, avisos, luto, caixão etc.), efetuadas conforme os usos locais e a condição do falecido, da pessoa que teria obrigação de alimentar o *de cujus*, salvo se se provar que o gestor fez tais despesas com o simples intento de bem fazer, pois caridade ou benemerência não exige pagamento de reembolso do despendido (CC, art. 872, parágrafo único; *AJ*, *107*:154; *RT*, *255*:191, *242*:575, *121*:161);

c) obter a restituição do que despendeu com alimentos devidos a uma pessoa, na ausência (impedimento, estada em local ignorado etc.) do obrigado a prestá-los, mesmo que este não ratifique o ato (CC, arts. 871, 1.694 e 305). A intervenção de terceiro alheio à obrigação alimentar dar-se-á como uma substituição voluntária do devedor dos alimentos, daí a garantia legal de reembolso, mesmo que não haja ratificação posterior, pois o *solvens* não teve a pretensão de efetuar liberalidade à custa própria, mas suprir a falta do devedor. Isto é assim porque há presunção *iuris et de iure* na gestão útil ao cumprimento do dever de solidariedade social e no de prestar alimentos, dispensando-se a ratificação.

3º) *Deveres do dono do negócio para com o gestor*, tais como:

a) reembolsar o gestor não só das despesas necessárias ou úteis que houver feito, com os juros legais (CC, art. 406), desde o desembolso, se o negócio foi bem administrado por evitar depreciação no seu patrimônio, mesmo que não tenha proporcionado lucro, e se ratificou o negócio por ele realizado e contraído em seu nome, mas também dos prejuízos que teve com a gestão (CC, art. 869, 2ª alínea). A utilidade ou necessidade das despesas será apreciada não pelo resultado obtido, mas segundo as circunstâncias da ocasião em que se fizeram (CC, art. 869, § 1º; *RT*, *240*:233), vigorando esse princípio ainda quando o gestor, em erro quanto ao dono do negócio, der a outra pessoa as contas da gestão (CC, art. 869, § 2º);

b) indenizar o gestor pelas despesas, com os juros legais, desde o desembolso, se a gestão se propôs a acudir prejuízo iminente (*gestão necessária*) ou redundou em proveito ou em vantagens do dono do negócio ou da coisa ante as atividades executadas (*gestão proveito*); tal indenização, porém, nunca excederá, em importância, as vantagens obtidas com a gestão (CC, art. 870), para que não se locuplete o *dominus* à custa alheia (CC, arts. 884 a 886);

c) pagar apenas as vantagens que obtiver com a gestão, se o seu negócio for conexo com o do gestor, que então será considerado como seu sócio (CC, art. 875);

d) indenizar o gestor das despesas (gasto com transporte, estada, pagamento de taxas etc.) e dos prejuízos que sofreu por motivo da gestão (CC, art. 869, *in fine*), evitando que haja locupletamento indevido (CC, arts. 884 a 886);

e) substituir o gestor nas posições jurídicas por ele assumidas perante terceiros.

4º) *Direitos do "dominus negotii"*, tais como:

a) exigir que o gestor restitua as coisas ao estado anterior ou o indenize da diferença, se for impossível a restituição ao *statu quo ante*, se por acaso os prejuízos da gestão iniciada contra a sua vontade excederem o seu proveito (CC, art. 863);

b) ratificar ou desaprovar a gestão, após tomar conhecimento dela. A ratificação é uma declaração unilateral de vontade, em que o dono do negócio torna seu um negócio jurídico que outra pessoa efetivou em seu nome[18]. É por meio dela que o *dominus negotii* poderá tornar seu ato praticado pelo gestor em seu interesse, transformando um ato de excesso de poder num ato legítimo[19]. Tal ratificação retroagirá ao dia do começo da gestão, produzindo, então, todos os efeitos do mandato (CC, arts. 873 e 662); logo, o gestor será investido na qualidade de mandatário e poderá deman-

18. Barassi, *Teoria della ratifica del contratto annullabile*, Milano, 1898, n. 98, p. 193.
19. Serpa Lopes, *Curso*, cit., v. 5, p. 55.

dar o dono do negócio por todas as obrigações próprias a um mandante, ao mesmo tempo que perante ele responderá como um mandatário[20].

O *dominus* só poderá recusar a ratificação se demonstrar que a gestão foi contrária a seus interesses (CC, art. 874, 1ª alínea), caso em que o gestor não só responderá até pelos casos fortuitos, se não provar que teriam sobrevindo, ainda quando se houvesse abstido (CC, art. 862), mas também pelos prejuízos da gestão que excederem o seu proveito, devendo restituir as coisas ao estado anterior ou indenizar a diferença (CC, art. 863). Se o gestor atuou no firme propósito de evitar prejuízos iminentes, trazendo proveito ao dono do negócio ou da coisa (CC, arts. 869 e 870), o *dominus* não poderá desaprovar a gestão (CC, art. 874, 2ª alínea). Ao receber a comunicação do gestor, o *dominus* poderá: desaprovar a gestão; aprová-la total ou parcialmente; nesta última hipótese admitirá, p. ex., a parte já realizada, desaprovando a gestão para o futuro; constituir procurador, que assumirá o negócio, extinguindo-se a gestão, ou assumir pessoalmente o negócio, cessando a gestão[21].

5º) *Obrigações do gestor e do dono do negócio com terceiros*, pois: *a*) o gestor ficará pessoalmente responsável por tudo quanto houver contratado com terceiro (CC, art. 861, *in fine*), em seu próprio nome; *b*) o *dominus negotii* deverá assumir, perante terceiro, as obrigações contraídas pelo gestor em seu nome, até o limite do enriquecimento obtido, desde que o negócio tenha sido utilmente administrado (CC, art. 869, 1ª alínea). Se os prejuízos da gestão forem maiores do que o seu proveito, o dono do negócio não estará obrigado para com terceiros, mesmo que o gestor tenha atuado em nome dele.

20. Serpa Lopes, *Curso*, cit., v. 5, p. 58.
21. W. Barros Monteiro, op. cit., p. 286.

Quadro Sinótico

GESTÃO DE NEGÓCIOS

1. NOÇÃO	• Gestão de negócios é a intervenção não autorizada de uma pessoa (gestor de negócio) na direção dos negócios de uma outra (dono do negócio), feita segundo o interesse, a vontade presumível e por conta desta última (CC, art. 861).	
2. PRESSUPOSTOS	• Ausência de qualquer convenção ou obrigação legal entre as partes a respeito do negócio gerido. • Inexistência de proibição ou oposição por parte do dono do negócio (CC, arts. 861 e 862). • Vontade do gestor de gerir negócio alheio (CC, art. 875, parágrafo único). • Caráter necessário da gestão. • Licitude e fungibilidade do objeto da gestão de negócios. • Ação do gestor limitada a atos de natureza patrimonial.	
3. CONSEQUÊNCIAS JURÍDICAS	• Obrigações do gestor perante o *dominus negotii*	• Administrar o negócio alheio de acordo com o interesse e a vontade presumível de seu dono (CC, art. 861). • Comunicar a gestão ao dono do negócio (CC, art. 864). • Continuar o negócio até a sua conclusão ou até receber instruções dos herdeiros do *dominus* (CC, art. 865). • Aplicar toda a sua diligência habitual na administração do negócio, ressarcindo os prejuízos que causar culposamente (CC, art. 866). • Responder pelas faltas do substituto, se se fizer substituir (CC, art. 867). • Vincular-se solidariamente, se houver pluralidade de gestores (CC, art. 867, parágrafo único). • Responder por caso fortuito nas hipóteses do CC, arts. 862 e 868, *caput*. • Prestar contas de sua gestão e devolver tudo o que tiver caído em suas mãos por efeito da sua gerência.

3. CONSEQUÊNCIAS JURÍDICAS	• Direitos do gestor	• Reembolsar-se das despesas feitas na administração da coisa alheia. • Reaver a importância que pagou com despesas funerárias, no caso do CC, art. 872, parágrafo único. • Obter restituição do que despendeu com alimentos na hipótese do CC, arts. 871, 1.694 e 305.
	• Deveres do dono do negócio para com o gestor	• Reembolsar o gestor das despesas necessárias e úteis que houver feito (CC, art. 869, 2ª alínea, §§ 1º e 2º). • Indenizar o gestor pelas despesas, com os juros legais, se a gestão acudiu prejuízo iminente ou redundou em proveito do *dominus* ou da coisa (CC, art. 870). • Pagar apenas as vantagens que tiver com a gestão, se seu negócio for conexo com o do gestor (CC, art. 875). • Indenizar o gestor dos prejuízos que sofreu por causa da gestão (CC, art. 869, *in fine*). • Substituir o gestor nas posições jurídicas por ele assumidas perante terceiros.
	• Direitos do *dominus negotii*	• Exigir que o gestor restitua as coisas ao estado anterior ou o indenize da diferença, se os prejuízos da gestão iniciada contra a sua vontade excederem o seu proveito (CC, art. 863). • Ratificar (CC, art. 873) ou desaprovar a gestão (CC, art. 874).
	• Obrigações do gestor e do dono do negócio perante terceiro	• O gestor ficará responsável por tudo que contratou com terceiro em seu nome (CC, art. 861, *in fine*). • O *dominus* deverá assumir, perante terceiros, as obrigações contraídas pelo gestor em seu nome, desde que o negócio tenha sido utilmente administrado (CC, art. 869, 1ª alínea).

D. Pagamento indevido e enriquecimento sem causa

d.1. Conceito e espécies de pagamento indevido

O pagamento indevido constitui um caso típico de obrigação de restituir fundada no princípio do *enriquecimento sem causa,* segundo o qual ninguém pode enriquecer à custa alheia, sem causa que o justifique[22]. Ninguém pode aumentar seu patrimônio à custa do patrimônio de outrem. A restituição será devida não só quando não tenha havido causa que justifique o enriquecimento, mas também se esta deixou de existir (CC, art. 885). Tal se daria, como observa Matiello, se norma que permitia cobrança feita pelo banco, a cliente de certos valores pelos encargos assumidos, fosse revogada. Os valores cobrados antes de sua revogação não deverão ser devolvidos, mas os exigidos após a supressão de sua vigência, por serem indevidos, requerem sua devolução. O *prius* é a carência de causa e o *posterius,* a ilicitude. Assim, todo aquele que recebeu o que lhe não era devido ficará obrigado a restituir (CC, art. 876, 1ª parte; CTN, arts. 165 a 169; STF, Súmulas 71 e 546), feita a atualização dos valores monetários, conforme os índices oficiais (CC, art. 884), para se obter o reequilíbrio patrimonial (*RTDCiv, 1*:203). Esse dever de restituir o que se adquiriu sem causa é uma necessidade jurídica, moral e social. Assim, se não se puder devolver a coisa, a sua restituição far-se-á pelo seu valor na época em que foi exigida (CC, art. 884, parágrafo único). Se alguém vier a enriquecer indevidamente, não precisará devolver o bem, se não o puder, pois a lei concede ao lesado outros meios para que se possa reparar o dano sofrido por ele.

---

22. Agostinho Alvim, op. cit., n. 19 e s., p. 14 e s.; Espínola, *Garantia e extinção das obrigações,* Rio de Janeiro, 1951, p. 80; Antunes Varela, *Direito das obrigações,* Rio de Janeiro, Forense, 1977, p. 180; Jean Renard, L'action d'enrichissement sans cause dans le droit français moderne, *Revue Trimestrielle de Droit Civil,* p. 243 e s., 1920; Ruggiero e Maroi, op. cit., v. 2, § 183; Jorge Americano, *Ensaio sobre o enriquecimento sem causa,* São Paulo, 1932; Rouast, L'enrichissement sans cause, *Revue Trimestrielle de Droit Civil,* p. 35, 1922; Trabucchi, op. cit., n. 302; François Goré, *Enrichissement au dépens d'autrui,* Paris, 1949; Jacinto Fernandes Rodrigues Bastos, *Das obrigações em geral, segundo o Código Civil de 1966,* Lisboa, 1972, v. 2, p. 13; Carlos Alberto Dabus Maluf, Pagamento indevido e enriquecimento sem causa, *Revista da FDUSP, 93*:115, 1998; Pressupostos do pagamento indevido, *RF, 257*:379; Newton De Lucca, *Comentários,* cit., p. 42 a 116; Fernando Noronha, Enriquecimento sem causa, *Revista de Direito Civil e Empresarial, 56*:51-78; Cledi de Fátima M. Moscon, *O enriquecimento sem causa e o Código Civil brasileiro,* Porto Alegre, Síntese, 2003; Giovanni Ettore Nanni, *Enriquecimento sem causa,* São Paulo, Saraiva, 2004; Matiello, *Código,* cit., p. 552-54.

O *pagamento indevido* é uma das formas de enriquecimento ilícito, por decorrer de uma prestação feita por alguém com o intuito de extinguir uma obrigação erroneamente pressuposta, gerando ao *accipiens,* por imposição legal, o dever de restituir, uma vez estabelecido que a relação obrigacional não existia, tinha cessado de existir ou que o devedor não era o *solvens* ou o *accipiens* não era o credor. O pagamento indevido é o feito, espontaneamente, por erro, como o efetuado pelo *solvens,* convencido de que deve pagar, ou o levado a efeito por quem não é devedor, mas pensa sê-lo, ou a quem se supõe credor[23].

---

23. Conceito baseado em Clóvis Beviláqua, *Código Civil,* cit., v. 4, p. 120; Saleilles, *Théorie générale de l'obligation,* § 342; Windscheid, *Diritto delle Pandette,* §§ 421 a 426; Orlando Gomes, op. cit., p. 303. *Vide RJTJSP, 123*:38 e *130*:112. "A expressão *se enriquecer a custa de outrem* do art. 884 do novo Código Civil não significa, necessariamente, que deverá haver empobrecimento" (Enunciado n. 35, aprovado na Jornada de Direito Civil, promovida, em setembro de 2002, pelo Centro de Estudos Judiciários do Conselho da Justiça Federal).

"Direito civil e processual civil. Negócios jurídicos relacionados à aquisição de imóvel. Resolução do primeiro pacto em razão do descumprimento da segunda avença, com a respectiva retomada do imóvel condicionada à restituição de 50% dos valores pagos. Ação declaratória incidental. Desnecessidade. Julgamento diverso do pedido. Não ocorrência. Vedação ao enriquecimento sem causa. Sucumbência mantida. Legitimidade passiva. Revolvimento do delineamento fático do processo. Ausência do cotejo analítico. Se não paira incerteza objetiva e atual a respeito da existência, inexistência ou modo de existir de uma determinada relação jurídica, não há razão para propositura de ação declaratória incidental, notadamente quando o Tribunal Estadual entendeu pelo inequívoco vínculo jurídico que une as mesmas partes a avenças intimamente interligadas, e declarou expressamente a existência e os contornos do negócio jurídico sobre o qual pretende a parte assentar a dúvida. Não há julgamento diverso do pedido, tampouco desrespeito ao princípio da vinculação do juiz aos fatos da petição inicial, quando da causa de pedir – descumprimento do segundo contrato intrinsecamente vinculado a pacto anterior –, decorre o pedido – resolução do primeiro negócio jurídico, com a consequente retomada do imóvel e indenização por perdas e danos – , que restou acolhido, em parte, pelo i. Juízo e confirmado pelo Tribunal de origem, apenas decotado, no acórdão impugnado, a condenação ao pagamento de danos morais, condicionada a retomada do imóvel à restituição de 50% dos valores pagos. Ao condicionar a retomada do imóvel à restituição de 50% dos valores pagos, o Tribunal Estadual decidiu rigorosamente atento ao vedado enriquecimento sem causa das partes. Dessa forma, a pretensão dos recorrentes de que haja restituição da totalidade dos valores pagos, mesmo sob o noticiado longo período em que usufruíram do imóvel, esta sim, atenta contra a regra prevista no art. 884 do CC/02. A ausência de prequestionamento inviabiliza a abertura do debate no recurso especial. Não se abre a via do recurso especial quando, para a solução da controvérsia, for necessário o reexame das circunstâncias fáticas e das provas apresentadas no processo. O dissídio jurisprudencial deve ser comprovado mediante o cotejo analítico entre acórdãos que versem sobre situações fáticas similares" (STJ, REsp 704.994/PB, rel. Min. Nancy Andrighi, Terceira Turma, j. 10-10-2006, *DJ*, 30-10-2006, p. 297).

Inferem-se daí duas *espécies* de pagamento indevido. Deveras, ter-se-á um *pagamento objetivamente indevido* quando o sujeito paga uma dívida inexistente, por não haver qualquer vínculo obrigacional, ou um débito existente, mas que já foi extinto. Desse modo, há uma prestação errônea do *solvens* com a intenção de solver uma obrigação (CC, art. 877), por ignorar a inexistência da dívida. Se a pessoa cumpre uma prestação, sabendo que não havia débito, pretendeu fazer uma liberalidade; não merece, pois, a tutela legal de propor ação para repetir o indevido, concedida tão somente a quem por erro fizer tal pagamento. Haverá *pagamento subjetivamente indevido* de um débito existente se ele for feito por quem erroneamente se julgava ser o devedor. A dívida existe, mas foi paga por quem, não sendo devedor, julgava sê-lo. Há um vínculo obrigacional, porém relativo a terceiro, e não ao *solvens*. É o caso, p. ex., do gerente que paga débito da empresa, por supor infundadamente que se tratava de dívida própria. Igualmente, ter-se-á indébito subjetivo se o pagamento é feito a pessoa diversa do verdadeiro credor. P. ex.: se "A", credor de "B", transmite por cessão seu crédito a "C", sem notificar "B" (CC, art. 290), "B", ignorando a cessão, paga o débito a "A". Assim, o enriquecimento de "A" à custa de "C" terá de ser corrigido pela obrigação de restituir. Portanto, para que se caracterize o indébito subjetivo será necessário que não exista dívida nas relações entre o *solvens* e o *accipiens* e que haja desconhecimento da situação real, isto é, ocorrência de erro por parte do *solvens*. Em todas essas hipóteses o *solvens*, sob o fundamento da ausência de causa para o pagamento, terá direito de repetição[24].

d.2. Requisitos necessários à sua caracterização

Para que haja pagamento indevido e, consequentemente, o direito do *solvens* de propor ação de *in rem verso*, é preciso que ocorram os seguintes requisitos[25]:

---

24. Ruggiero e Maroi, op. cit., § 183; Antunes Varela, op. cit., p. 181-2 e 185-6; Rafaelli, *Istituzioni di diritto civile*, Milano, 1953, § 541; Caio M. S. Pereira, op. cit., p. 256-7; R. Limongi França, Pagamento indevido, in *Enciclopédia Saraiva do Direito*, v. 56, p. 472; Von Tuhr, op. cit., v. 2, p. 303 e s.

25. A respeito dos requisitos necessários para que se tenha repetição do indébito, *vide* Mazeaud e Mazeaud, *Leçons de droit civil*, Paris, t. 2, n. 655 e 698; Larenz, op. cit., § 62; W. Barros Monteiro, op. cit., p. 267-8; Silvio Rodrigues, op. cit., p. 190-4; Barassi, op. cit., v. 2, n. 194 e 195; Aubry e Rau, op. cit., v. 6, § 578, p. 246; Caio M. S. Pereira,

1º) Enriquecimento patrimonial do *accipiens* à custa de outrem, ou seja, aumento no seu patrimônio, abrangendo também acréscimos e majoração supervenientes. Tal aumento no ativo patrimonial é dado pela diferença entre a situação econômica em que o *accipiens* se encontra (situação real) e aquela em que estaria, se não houvesse o pagamento indevido (situação hipotética). Dessa forma, terá a titularidade do direito à restituição a pessoa à custa de quem o *accipiens* se enriqueceu. P. ex.: naquele caso, apontado alhures, em que o devedor, não notificado da cessão de crédito, paga o débito ao cedente, é o cessionário quem terá o direito à restituição, por ser às suas expensas que o devedor fica liberado da obrigação e o cedente recebe o que não lhe era devido.

2º) Empobrecimento do *solvens,* pois como consequência de seu ato ter-se-á uma diminuição em seu patrimônio, visto que haverá um deslocamento, para o ativo patrimonial alheio, de algo que lhe pertencia.

3º) Relação de imediatidade, ou seja, o enriquecimento de um deve decorrer diretamente da diminuição patrimonial do outro. A vantagem patrimonial de um deverá corresponder à perda do outro, credor do direito à restituição. O empobrecimento do *solvens* deve concorrer simultaneamente com o enriquecimento do *accipiens,* para que se caracterize o indébito. Tanto o empobrecimento como o enriquecimento deverão resultar de uma mesma circunstância.

4º) Ausência de culpa do empobrecido, que voluntariamente paga a prestação indevida por erro de fato ou de direito (*RT, 302*:561) ou por desconhecer a situação real, estando convencido de que devia, quando, na realidade, nada havia a pagar. O ônus da prova do erro do pagamento competirá ao *solvens* (CC, art. 877; *RT, 418*:219, *445*:247). Se o *solvens* efetuar o pagamento em razão de sentença judicial, não terá direito à repetição, mesmo que se trate de *quantum* indevido; poderá, contudo, intentar a rescisória do julgado. Se porventura o pagamento foi involuntário, porque houve

op. cit., p. 253-4 e 257-8; Planiol e Ripert, op. cit., v. 7, n. 752 e 763; Goré, op. cit., n. 72, 183 e 286; Antunes Varela, op. cit., p. 194-202; Orlando Gomes, op. cit., p. 305-6; Mônica Y. Bierwagen, *Princípios e regras de interpretação dos contratos no novo Código Civil*, São Paulo, Saraiva, 2003, p. 61 a 68; Caramuru Afonso Francisco, O enriquecimento sem causa nos contratos, in *Contornos atuais de teoria dos contratos* (coord. Carlos Alberto Bittar), São Paulo, Revista dos Tribunais, 1993, p. 82-3. *Vide*: *RT, 708*:117, *795*:204.

coação do *solvens*, por parte do *accipiens* ou de terceiro, não há por que negar o direito à repetição, uma vez que o *solvens* foi forçado a pagar o que não devia.

5º) Falta de causa jurídica justificativa do pagamento efetuado pelo *solvens*, como, p. ex., inexistência de vínculo jurídico decorrente de lei ou de contrato. Realmente, se alguém enriquece à custa de outrem em razão de contrato ou de lei, não terá o menor cabimento a propositura de ação de *in rem verso*. Vigora em nosso direito, portanto, o princípio de que somente o enriquecimento sem causa jurídica que ocasione diminuição patrimonial de outrem acarreta obrigação de restituir a quem foi lesado com o pagamento.

6º) Subsidiariedade da ação de *in rem verso*, ou seja, inexistência de outro meio jurídico pelo qual o empobrecido possa corrigir a situação de enriquecimento sem causa (CC, art. 886), ressarcindo-se do prejuízo sofrido. Embora em nosso direito anterior não houvesse nenhuma disposição a respeito, a doutrina e a jurisprudência (*RT, 30*:428)[26] entendiam que a ação de repetição não deverá ser proposta, se outra ação puder socorrer o lesado com o pagamento indevido. Esclarecedora a respeito é a lição de Silvio Rodrigues[27]: "A ação de 'in rem verso' deve ser repelida quando uma outra ação poderia ter sido proposta e não o foi, tendo prescrito a prerrogativa do autor; deve, igualmente, ser rejeitada quando o demandante a ela recorre para fugir à obrigação de provar, por escrito, o contrato em que funda sua dívida, ou quando o prejudicado lança mão de tal processo para obter uma prestação, ou um serviço, ou qualquer outro resultado que a lei ou o

---

26. Em sentido contrário: *RT, 127*:538, *288*:377, *440*:164, *441*:134, *442*:265, *443*:214, *446*:265, *468*:223, *474*:198, *475*:197; Nalva C. B. Campello, *O requisito da subsidiariedade do enriquecimento sem causa: um minimalismo principiológico*, dissertação de mestrado defendida na PUCSP em 2008.

27. Silvio Rodrigues, op. cit., p. 194. Neste mesmo teor de ideias: Drakidis, La subsidiarité, caractère spécifique et international de l'action d'enrichissement sans cause, *Revue Trimestrielle de Droit Civil*, p. 577 e s., 1961; Planiol e Ripert, op. cit., n. 763; Mazeaud e Mazeaud, op. cit., v. 2, n. 698; Fenghi, Sulla sussidiarità dell'azione d'arricchimento senza causa, *Rivista di Diritto Commerciale, 2*:121 e s., 1962; Aubry e Rau, op. cit., v. 6, § 578, p. 246. "O art. 886 do novo Código Civil não exclui o direito à restituição do que foi objeto de enriquecimento sem causa nos casos em que os meios alternativos conferidos ao lesado encontram obstáculos de fato" (Enunciado n. 36, aprovado na Jornada de Direito Civil, promovida, em setembro de 2002, pelo Centro de Estudos Judiciários do Conselho da Justiça Federal).

contrato excluíram. Trata-se de impedir que a ação de 'in rem verso' transtorne toda a ordem jurídica, o que ocorreria se, p. ex., fosse deferida ao credor para cobrar a dívida prescrita, ou ao contratante para pedir a devolução das arras de arrependimento perdidas".

O Código Civil, por sua vez, no art. 886 adota a tese da natureza subsidiária da restituição fundada no enriquecimento sem causa, ao dispor: "Não caberá a restituição por enriquecimento, se a lei conferir ao lesado outros meios para se ressarcir do prejuízo sofrido". Consequentemente, o interessado apenas poderá valer-se da ação do enriquecimento ilícito, a de *in rem verso*, quando não tiver outro meio para a tutela jurídica de seu interesse. Se, p. ex., puder pleitear a invalidade negocial, ou a indenização por perdas e danos ou pelo equivalente pecuniário, não poderá pedir a restituição do indébito.

Presentes todos esses requisitos, autorizado estará o lesado a obter o restabelecimento de seu patrimônio, até o montante do lucro havido pelo enriquecido sem causa jurídica, reclamando a repetição do indébito por meio da ação de *in rem verso*[28], e o prazo prescricional para a pretensão de ressarcimento de enriquecimento sem causa é de três anos (CC, art. 206, § 3º, IV).

d.3. Repetição do pagamento

Toda pessoa que receber o que lhe não era devido ficará obrigada a restituir. A mesma obrigação incumbirá à que receber dívida condicional antes de cumprida a condição (CC, arts. 876 e 125), pois ninguém pode locupletar-se, sem causa jurídica, com o alheio. Se alguém pagar débito condicional antes do implemento da condição suspensiva, terá

28. Silvio Rodrigues, op. cit., p. 194; Cláudio Fortunato Michelon Jr., *Direito restitutório*, São Paulo, Revista dos Tribunais, 2006. Há quem entenda, como Bassil Dower (op. cit., p. 193-4), que, para que se tenha devolução plena do que se pagou em dinheiro, a restituição deverá vir acompanhada de correção monetária, a fim de evitar prejuízo ocasionado pela redução do poder aquisitivo da moeda. Deveras, a restituição de um pagamento indevido, sem correção monetária, faz persistir o enriquecimento ilícito de um lado e o empobrecimento de outro. Eis por que a jurisprudência (*RT, 419*:240, *438*:157) tem entendido que "na ação de repetição do indébito proposta contra a Fazenda do Estado, objetivando a restituição, é devida a correção monetária", embora tenha assentado (*RT, 484*:111) que "na repetição do indébito fiscal não se aplica a correção monetária". Sobre o assunto, consulte ainda *RF, 229*:177; *RT, 434*:225, *446*:91, *450*:246, *628*:246, *64*:94, *806*:370.

direito à repetição, pois o evento futuro e incerto, a que se subordina o negócio jurídico, poderá deixar de ocorrer, ficando, então, sem causa o pagamento. Assim, inexistirá vínculo obrigacional, visto que, se a condição não se realiza, não se terá a aquisição de qualquer direito. Dessa maneira, se o *solvens* pagar antes da realização da condição, ter-se-á a presunção *juris et de jure* de que pagou por erro; logo, ficará na mesma posição do que paga por erro, e o *accipiens,* consequentemente, passará a ter o dever de restituir[29].

Entretanto, não se pode dizer que o mesmo ocorrerá se o pagamento, que tiver por objeto extinguir uma obrigação a termo, se efetuar antes que este seja atingido, porque, nessa hipótese, há dívida existente, cuja exigibilidade está na dependência de um prazo, de forma que lícito será ao devedor renunciar a ele, sem que possa alegar que o credor enriqueceu indevidamente[30].

E se o pagamento indevido consistiu no desempenho de obrigação de fazer ou para eximir-se de obrigação de não fazer decorrente de contrato ou de decisão judicial (CPC, arts. 814 a 823), o que recebeu a prestação deverá indenizar o que a cumpriu, na medida do lucro obtido (CC, art. 881). Todo trabalho alheio (atividade, perícia etc.), ou a abstenção de um ato (não edificação de prédio com mais de três andares), que concorrer para o aumento do acervo patrimonial de alguém, deverá sofrer abatimento do lucro auferido, incorporando a diferença, naquele patrimônio. Se não houve tal lucro não se terá indenização, visto que o enriquecimento indevido não se deu.

Se alguém pagar imposto ilegal ou inconstitucional, recolhido ao erário, em virtude de notificação fiscal, terá direito à repetição, porque tal dívida fiscal inexiste (Lei n. 5.172/66, arts. 165 a 169; *AJ*, *49*:162, *93*:367; *RT*, *94*:524, *106*:701, *422*:354, *484*:111, *484*:232; *RF*, *70*:297, *78*:529)[31].

Pela Lei n. 8.078/90, art. 42, parágrafo único, o consumidor cobrado em quantia indevida terá também direito à repetição do indébito, por va-

29. Caio M. S. Pereira, op. cit., p. 258-9; W. Barros Monteiro, op. cit., p. 269; Bassil Dower, op. cit., p. 193.
30. Enneccerus, Kipp e Wolff, op. cit., v. 2, p. 607; Caio M. S. Pereira, op. cit., p. 259.
31. W. Barros Monteiro, op. cit., p. 270; Caio M. S. Pereira, op. cit., p. 259; Von Tuhr, op. cit., p. 308; Coelho da Rocha, op. cit., § 157.

lor igual ao dobro do que pagou em excesso acrescido de correção monetária e juros legais, exceto se houver engano justificável.

Os *efeitos* da restituição do pagamento sofrem uma variação conforme o *animus* do *accipiens* e a natureza da prestação. Assim, se o *accipiens* estiver de *boa-fé,* quando receber o que não lhe era devido, equiparar-se-á ao possuidor de boa-fé; logo, deverá restituir o que recebeu indevidamente, mas terá o direito de conservar os frutos percebidos e de receber indenização pelas benfeitorias necessárias e úteis que tenha feito. Poderá também levantar as voluptuárias, desde que não haja detrimento da coisa, e reter as necessárias e úteis, enquanto aquela indenização não lhe for paga, e ainda não responderá pela perda da coisa ou por suas deteriorações, se por elas não foi culpado. Se estiver de *má-fé,* ao receber algo que saiba não lhe ser devido, deverá restituir tudo quanto recebeu, acrescido do que normalmente poderia ter recebido. Por outras palavras, deverá devolver, além da coisa, os frutos percebidos e os percipiendos; não terá direito à indenização das benfeitorias úteis, nem a levantar as voluptuárias, e responderá pelo perecimento e pelas deteriorações, ainda que ocasionados por força maior ou caso fortuito, salvo se provar que o fato ocorreria, mesmo que não tivesse havido o pagamento indevido. Todavia, será ressarcido pelas benfeitorias necessárias, sem, contudo, ter direito de retê-las (CC, art. 878)[32].

Se o objeto do pagamento indevido for um imóvel, dever-se-ão observar as seguintes regras[33]:

1ª) Se aquele que recebeu indevidamente um imóvel o tiver alienado de boa-fé, por título oneroso, responderá somente pelo preço recebido, mas se obrou de má-fé, além do valor do imóvel, responderá por perdas e danos (CC, art. 879, *caput*).

2ª) Se o imóvel foi alienado gratuitamente, ou se, alienando-se por título oneroso, o terceiro adquirente agiu de má-fé, caberá ao que pagou por erro o direito de reivindicar o bem junto ao adquirente (CC, art. 879, parágrafo único). Em outros termos, aquele que pagou por erro terá direito de reivindicar o bem imóvel: *a*) se o bem ainda estiver em poder do *accipiens*; *b*) se este o alienou a título gratuito; ou *c*) se o alienou onerosamente, havendo má-fé do terceiro adquirente.

---

32. *Vide* Antunes Varela, op. cit., p. 183-4; W. Barros Monteiro, op. cit., p. 270; Silvio Rodrigues, op. cit., p. 200.

33. R. Limongi França, Pagamento indevido, cit., p. 472; Clóvis Beviláqua, *Código Civil,* cit., v. 4, p. 128; W. Barros Monteiro, op. cit., p. 271.

d.4. Exclusão da restituição do indébito

É preciso lembrar que há certas situações excepcionais em que o pagamento indevido não confere direito à restituição. É o que ocorre quando:

1º) O *accipiens,* que recebe de quem não é o devedor pagamento de prestação como parte de dívida verdadeira, inutilizou o título, deixou prescrever a pretensão ou abriu mão das garantias que asseguravam seu direito (CC, art. 880, 1ª parte). A lei protege contra o *solvens* aquele que receber de boa-fé pagamento de um débito verdadeiro de quem se supõe devedor, pois não há razão para que conserve o título ou as garantias do crédito. Porém, como seria injusto deixar o *solvens,* que pagou por erro, sem proteção, o art. 880, 2ª parte, lhe ressalva o direito de propor ação regressiva contra o verdadeiro devedor e seu fiador, para ressarcir-se dos prejuízos que sofreu.

2º) O pagamento se destinou a solver dívida prescrita ou obrigação natural ou judicialmente inexigível (CC, art. 882). Se o pagamento visou, p. ex., solver obrigação natural, o *solvens* não terá direito à repetição. Isto é assim porque essa obrigação é inexigível, ficando o devedor livre para cumpri-la ou não, de modo que, se a realizar, o pagamento feito ao credor é válido e não poderá ser repetido, visto que não há enriquecimento indevido do *accipiens,* nem diminuição patrimonial injusta do *solvens.* Se a lei proíbe o direito à restituição por pagamento de dívida prescrita (CC, art. 882; *RT, 108*:372), de débito de jogo (CC, art. 814; *RT, 477*:224) e de juros de empréstimo de dinheiro ou de coisas fungíveis, mesmo não convencionados (CC, art. 591; *RT, 135*:105), há causa jurídica (*RJTJSP, 132*:289); logo, não houve indébito e a ação de *in rem verso* será incabível.

3º) O *solvens* pagou certa importância com o intuito de obter fim ilícito ou imoral (CC, art. 883). Se o pagamento teve uma finalidade proibida por lei ou contrária aos bons costumes, o *solvens* não poderá reclamar, judicialmente, a repetição do que pagou indevidamente, ante o princípio de que ninguém pode ser ouvido alegando a sua própria torpeza[34]. E o que se deu reverterá em favor de estabelecimento local (o situado no foro em que o ato foi praticado) de beneficência, a critério do órgão judicante (CC, art. 883, parágrafo único).

---

34. Sobre os casos em que o pagamento indevido não confere direito à repetição, consulte Caio M. S. Pereira, op. cit., p. 261-3; Savatier, *Théorie des obligations,* Paris, 1967, n. 235 e 300; Silvio Rodrigues, op. cit., p. 204-7; Ruggiero e Maroi, op. cit., § 184; Bassil Dower, op. cit., p. 196-7; Rotondi, *Istituzioni di diritto privato,* 8. ed., 1965, p. 174; Orozimbo Nonato, op. cit., 2. parte, v. 2, p. 227; W. Barros Monteiro, op. cit., p. 271-2; R. Limongi França, Pagamento indevido, cit., p. 473; Clóvis Beviláqua, *Código Civil,* cit., v. 4, p. 105.

Quadro Sinótico

PAGAMENTO INDEVIDO	• Conceito	• Pagamento indevido é uma das formas de enriquecimento ilícito, por decorrer de uma prestação feita por alguém com o intuito de extinguir uma obrigação erroneamente pressuposta, gerando ao *accipiens*, por imposição legal, o dever de restituir, uma vez estabelecido que a relação obrigacional não existia, tinha cessado de existir ou que o devedor não era o *solvens* ou o *accipiens* não era o credor.	
	• Espécies	• Indébito objetivo	• Se o *solvens* paga dívida inexistente, ou existente mas que já foi extinta.
		• Indébito subjetivo	• Se há uma dívida que é paga por quem não é devedor ou a quem não é credor.
	• Requisitos	• Enriquecimento patrimonial do *accipiens* à custa de outrem. • Empobrecimento do *solvens*. • Relação de imediatidade. • Ausência de culpa do empobrecido. • Falta de causa jurídica justificativa. • Subsidiariedade da ação de *in rem verso*.	
	• Repetição do pagamento	• Casos	• Se alguém receber não só o que não lhe era devido, mas também dívida condicional antes de cumprida a condição (CC, art. 876). • Se houver pagamento de imposto ilegal ou inconstitucional (Lei n. 5.172/66, arts. 165 a 169; *AJ*, *49*:162, *93*:367; *RT*, *94*:524, *106*:701, *422*:354; *RF*, *70*:297, *78*:529).

PAGAMENTO INDEVIDO	• Repetição do pagamento	• Efeitos da restituição conforme o *animus* do *accipiens* e a natureza da prestação	• CC, arts. 878 e 879, parágrafo único.
		• Exclusão da restituição do indébito	• Quando o *accipiens,* que recebe de quem não é o devedor o pagamento por conta de dívida verdadeira, inutilizou o título, deixou prescrever a ação ou abriu mão das garantias de seu crédito (CC, art. 880). • Quando o pagamento se destinava a solver obrigação natural (CC, art. 882). • Quando o pagamento teve por escopo obter fim ilícito ou imoral (CC, art. 883).

E. Títulos de crédito

e.1. Conceito, requisitos e efeitos

Os títulos de crédito constituem obrigações por declaração unilateral de vontade e consistem, nas palavras de Caio Mário da Silva Pereira, na manifestação unilateral da vontade do agente, materializada em um instrumento, pela qual ele se obriga a uma prestação determinada, independentemente de qualquer ato de aceitação emanado de outro agente. Ou, como nos ensina Cesare Vivante, o "título de crédito é o documento necessário para se exercer o direito literal e autônomo nele mencionado"[35]. Nessa de-

35. Caio M. S. Pereira, op. cit., p. 486; Floriano Lima de Toledo, *Manual de direito comercial*, Livr. Duas Cidades, 1982, p. 221-3; Fábio Ulhoa Coelho, *Curso de Direito Comercial*, São Paulo, Saraiva, v. 1, p. 363-468; Wille Duarte Costa, Títulos de crédito e o Novo Código Civil, *Revista da Faculdade de Direito Milton Campos*, *8*:105 a 121; *Títulos de crédito*, Belo Horizonte, Del Rey, 2003; Mauro Delphim de Moraes, O título de crédito: o endosso, o aval e o novo Código Civil, *Revista do IASP*, *12*:308-22; Amador Paes de Almeida, *Teoria e prática dos títulos de crédito*, São Paulo, Saraiva, 2008; Newton De Lucca, *Comentários ao novo Código Civil* (coord. Sálvio de F. Teixeira), Rio de Janeiro, Forense, 2003, v. 12, p. 117 a 317; Gladston Mamade, *Títulos de crédito*, São Paulo, Atlas, 2003; Waldírio Bulgarelli, *Títulos de crédito*, São Paulo, Atlas, 2001; Hilário de Oliveira, *Títulos de crédito*, São Paulo, Pillares, 2006; Luciane F. Timmers, *Títulos de crédito – desafios interpretativos de Lei Uniforme de Genebra no Brasil*, Porto Alegre, Livr. do Advogado, 2003; Mauro Rodrigues Penteado, *Títulos de crédito*, Ed. Walmar, 2004; Cláudio M. Freire, Protesto de títulos, *Tribuna do Direito*, maio de 2004, p. 12-3; Wilges Bruscato, *Títulos de crédito*, São Paulo, Juarez de Oliveira, 2001; Matiello, *Código*, cit., p. 555-65; Adalberto Simão Filho, *Comentários*, cit., p. 712-30; Eder Pozzer e Milene A. dos S. Pozzer, Título de Crédito Eletrônico e desenvolvimento empresarial, *Revista Síntese de Direito Empresarial*, *26*:96-109; Silvia L. C. Fittipaldi, Considerações sobre teoria geral dos títulos de crédito e os arranjos de pagamento, *Revista de Direito Empresarial*, n. *8*: 135-54; Douglas G. de A. Guilherme, Títulos de crédito: o princípio da autonomia e a defesa do avalista, *Revista Síntese – Direito Empresarial*, *43*:77 a 92; *RJE*, *3*:5 e 8; Súmula 258 do STJ: "A nota promissória vinculada a contrato de abertura de crédito não goza de autonomia em razão da iliquidez do título que a originou". Antes da prescrição, o título de crédito é documento dispositivo, ou seja, indispensável à eficácia e cessibilidade do direito nele representado. Depois da prescrição da pretensão à sua execução, passa a ser documento meramente probatório da emissão da declaração volitiva. Pelo art. 206, § 3º, VIII, do Código Civil, prescreve em três anos a pretensão para haver o pagamento de título de crédito, a contar do vencimento, ressalvadas as disposições de lei especial. Logo, esse artigo só se aplica a título de crédito inominado (atípico) ou não disciplinado por lei especial. Os nominados têm lapso prescricional previsto em legislação especial. São títulos de crédito típicos, p. ex.: letra de crédito imobiliário, cédula de crédito bancário, letras e cédulas hipotecárias, conhecimento de transporte, conhecimento de depósito e *warrant*, cédula de crédito industrial, cédula de crédito à exportação, cédula rural, letra de câmbio, cheque, nota promissória, duplicata etc. É mister esclarecer que o título de crédito não se confunde com a obrigação que vincula credor ou devedor, por ser, tão somente, o documento representativo

do liame obrigacional assumido. Credor e devedor, quando assinam o título de crédito, emitem declaração cartular. O título de crédito colocado em circulação desliga-se da relação jurídica originária. Se a obrigação creditícia estiver documentada no título de crédito e não no contrato, as relações jurídicas submeter-se-ão ao direito cambiário. É a lição de Fábio Ulhoa Coelho (O novo Código Civil e os critérios temporais para Banco de Dados, *Tribuna do Direito*, abril 2003, p. 23-4). Em razão da distinção entre declaração fundamental e a cartular ação de conhecimento, de natureza não executiva dentro do prazo de prescrição ordinária de dez anos (CC, art. 205). O Código de Defesa do Consumidor (art. 43, § 1º) não contém prazo prescricional, mas um limite temporal da subsistência das informações negativas constantes no banco de dados dos consumidores. Consequentemente subsiste o direito do banco de dados de manter o registro de créditos pelo prazo de cinco anos (CDC, art. 43, § 1º).

A prescrição do art. 206, § 3º, VIII do Código Civil é, como vimos, alusiva à ação cambiária peculiar aos títulos de crédito atípicos, e o prazo é extintivo do interesse de agir *in executivis*, sem que haja necessidade de um prévio processo de conhecimento. O título de crédito, ocorrida a prescrição, não mais terá força executiva. Todavia, o crédito nele representado pode ser exigido em ação ordinária de cobrança do débito ou em ação monitória (CPC, arts. 700 a 702; STJ, 4ª Turma, REsp 166.594-MG, rel. Min. Aldir Passarinho Jr., j. 17-8-2000; STJ, 3ª Turma, REsp 337.639-MG, rel. Min. Menezes Direito, j. 18-6-2002). Portanto, admitida está a comprovação do crédito vindicado em ação monitória, p. ex., por emissão de cheque, cuja prescrição impede sua cobrança pela via executiva. Perdendo a força executiva pela prescrição da pretensão cambial, o título de crédito poderá servir de prova escrita sem eficácia de título executivo, em sede de ação de cobrança de débito ou monitória, que prescreve em dez anos (CC, art. 205). Portanto, a prescrição da pretensão da execução do título não atingirá o direito ao recebimento do crédito por meio de ação ordinária. Pelo TJSP, Súmula 17: "A prescrição ou perda de eficácia executiva do título não impede sua remessa a protesto, enquanto disponível a cobrança por outros meios". "O prazo prescricional de 6 (seis) meses para o exercício da pretensão à execução do cheque pelo respectivo portador é contado do encerramento do prazo de apresentação, tenha ou não sido apresentado ao sacado dentro do referido prazo. No caso de cheque pós-datado apresentado antes da data de emissão ao sacado ou da data pactuada com o emitente, o termo inicial é contado da data da primeira apresentação" (Enunciado n. 40 da I Jornada de Direito Comercial do Conselho da Justiça Federal). Observa Fábio Ulhoa Coelho que, em relação aos títulos de crédito: *a*) o Código Civil é aplicável quando houver omissão de lei específica (CC, art. 903) e quando as partes criarem títulos inominados, que prescrevem dentro do prazo de três anos, previsto no seu artigo 206, § 3º, VIII; *b*) o Código de Defesa do Consumidor (art. 43, § 1º) contém norma definindo o limite temporal de cinco anos para manutenção, em cadastro, de registro negativo sobre consumidores, e impede a manutenção de débito prescrito, ou seja, aquele que o fornecedor não pode mais cobrar judicialmente, seja por via de execução, seja por meio de ação de conhecimento. Logo, o Código Civil não disciplina os bancos de dados e cadastros de informações sobre consumidores; *c*) a Lei Uniforme de Genebra (arts. 70 e 77) rege nota promissória e letra de câmbio e sua pretensão executória em até três anos, preservando, no art. 15 do anexo II da Convenção de Genebra, a ação ordinária de *in rem verso*, que se sujeita ao prazo comum (CC, art. 205), computado a partir do instante em que estiver prescrita a ação cambial executiva. O STJ (REsp 472.203) define prazo de cinco anos para dívida em banco de dados nos cadastros de restrição de crédito como o SERASA. Contado cinco anos da data da negativação do nome do devedor, não poderão ser fornecidas sobre ele quaisquer informações que possam impedir ou dificultar novo acesso ao crédito junto aos bancos, empresas e fornecedores. Pelo TJSP, Súmula 18: "Exi-

finição, abrangidos estão os três princípios do direito cambiário: cartularidade, literalidade e autonomia. Trata-se de documento necessário para o exercício do direito literal e autônomo nele contido ou materializado. Para que se possa exercer tal direito dever-se-á apresentar a cártula. Daí a *cartularidade* do título. Como ensina Matiello: a *literalidade* do direito previsto na cártula exprime seu conteúdo exato, logo só comporta o dever jurídico nela inserido. Sua *autonomia* conduz ao fato de que seu possuidor de boa-fé dispõe de direito próprio em relação à obrigação emergente do título que não pode ser alterada ou suprimida por relações geradas entre os possuidores antecedentes e o devedor primitivo. Não se liga a qualquer obrigação, que possa haver em cada elo formado, desde a emissão do título até o pagamento. Logo, como diz Adalberto Simão Filho, a autonomia é o princípio pelo qual as obrigações contraídas em uma cártula são independentes umas das outras; se assim é, o vício de uma não comprometerá as demais. É um documento comprobatório de uma relação entre credor e devedor e representativo de uma obrigação creditícia, facilitando a cobrança judicial do crédito, visto ser título executivo extrajudicial (CPC, art. 784, I). Todavia, somente produzirá efeitos se for definido por lei especial e quando preencher os requisitos da lei (CC, art. 887), pois apenas a exibição da cártula, ou seja, do documento no qual os atos cambiários, que constituem o crédito, foram lançados, gera a pretensão ao direito nele consignado.

É preciso não olvidar que, havendo omissão de qualquer requisito legal, retirando a validade do título de crédito, não se terá a invalidade do ato negocial subjacente, que lhe deu origem (CC, art. 888); logo o credor poderá cobrar o débito pela via ordinária. P. ex., pagamento do preço de uma compra e venda feito por meio de cheque não subscrito pelo emitente. Tal cheque não valerá como título de crédito mas a compra e venda subsistirá. Ter-se-á a conversão da eficácia do documento. O escrito que não contiver todos os requisitos essenciais do título de crédito não poderá produzir efeitos do referido título, embora possa ter eficácia probatória da obrigação civil ou comercial, que o originou. Assim, se o título foi posto em circulação, desvincular-se-á do negócio jurídico que o ensejou, de forma que o credor poderá fazer valer seu direito de cobrar o débito pelas vias ordiná-

gida ou não a indicação da causa subjacente, prescreve em 5 anos o crédito ostentado em cheque de força executiva extinta (CC, art. 206, § 5º, I)".

Súmula n. 531 do STJ: "Em ação monitória fundada em cheque prescrito ajuizada contra o emitente, é dispensável a menção ao negócio jurídico subjacente à emissão da cártula".

rias; inclusive há, na lição de Adalberto Simão Filho, possibilidade de receber o valor constante no título pela via monitória, se o vício não disser respeito à manifestação da vontade do assuntor da obrigação. Essa norma é aplicável aos títulos de crédito nominados, ou seja, à letra de câmbio, tendo importância especial no que tange aos títulos inominados, porque as novas formas que poderão assumir sujeitar-se-ão a dúvidas.

O título de crédito deve conter a data da sua emissão, a indicação precisa dos direitos por ele conferidos e a assinatura do emitente, que pode ser o devedor (cheque – *RT*, *796*:278, *787*:422, *762*:288 e nota promissória – *RT*, *796*:327, *791*:182, *789*:390) ou o credor (letra de câmbio e duplicata – *RT*, *805*:206, *793*:367, *787*:268; *BAASP*, *2699*:5739). Se não contiver indicação de vencimento, será à vista, contra apresentação. Se o local da emissão e do pagamento não estiver nele indicado, será o do domicílio do emitente. Assim é porque apenas produzirão efeitos jurídicos os atos nele lançados. O teor do título é que indicará o conteúdo e a extensão do direito nele exarado. Ninguém pode pleitear mais direitos nem exigir mais obrigações do que o mencionado no documento, diante do princípio da literalidade.

Nada obsta a que o título seja emitido por meio de caracteres criados em computador ou meio técnico equivalente e que constem da escrituração do emitente (CC, art. 889, §§ 1º a 3º). Passa a ser admitida juridicamente a emissão de títulos de crédito com base em dados do computador, extraindo-se, por exemplo, elementos para cobrança, dispensando-se a assinatura hológrafa e aceitando-se a digital, desde que aqueles dados constem da escrituração da empresa, atendendo, assim, à moderna técnica de administração, muito comum nas operações bancárias, e ao fenômeno da "descartularização", ou desmaterialização do título de crédito, frequente no campo de utilização das duplicatas, e já reconhecido pelo art. 34 da Lei n. 6.404/76. Pelo Enunciado n. 462 do Conselho da Justiça Federal (aprovado na V Jornada de Direito Civil): "Os títulos de crédito podem ser emitidos, aceitos, endossados ou avalizados eletronicamente, mediante assinatura com certificação digital, respeitadas as exceções previstas em lei". Deveras, algumas empresas, no desconto e na cobrança de duplicata, estão se limitando à emissão de nota fiscal-fatura (Lei n. 5.474/68, art. 1º, c/c art. 19, § 7º, da Convenção de Genebra de 1970) por computador, cujos caracteres são transmitidos, pelo sistema *on line* ou por meio de disquetes, à instituição bancária, tendo por escopo remeter o aviso de cobrança ou a guia de compensação bancária ao sacado. E se este não vier a pagar, será preciso emitir, *a posteriori*, o título para protesto (Lei n. 5.474/68, arts. 13 e 15, II, c/c CPC, art. 784,

I). Pelo Enunciado n. 461 do Conselho da Justiça Federal (aprovado na V Jornada de Direito Civil): "As duplicatas eletrônicas podem ser protestadas por indicação e constituirão título executivo extrajudicial mediante a exibição pelo credor do instrumento de protesto, acompanhado do comprovante de entrega das mercadorias ou de prestação dos serviços". A duplicata e letra de câmbio, observa Ricardo Fiuza, poderão ser representadas por *slips*, boletos bancários ou outros documentos criados por meios eletrônicos, que contenham os requisitos básicos representativos da obrigação de pagar quantia líquida e certa em data determinada a credor devidamente legitimado.

Se estiver incompleto ao tempo da emissão (p. ex., sem indicação do valor do débito ou da data do vencimento da obrigação), deverá ser preenchido de conformidade com os ajustes realizados no contrato celebrado entre credor e devedor. Se os que deles participaram vierem a descumpri-los, não há motivo de oposição feita pelo devedor ao terceiro portador ou endossatário (responsável por completar os requisitos do título, de conformidade com o ajuste efetivado), das razões que caberia manifestar ao credor para preenchimento do título em desacordo com o estipulado pelas partes no contrato. Protege-se terceiro de boa-fé, pois contra ele não se poderão opor defesas ou arguições relativas àqueles ajustes conducentes ao preenchimento do título incompleto. Só poderá fazer isso aquele terceiro que tenha agido de má-fé ao adquirir o título (CC, art. 891, parágrafo único). Observa Newton De Lucca que, pelo art. 10 da Lei Uniforme: "Se uma letra incompleta no momento de ser passada tiver sido completada contrariamente aos acordos realizados, não pode a inobservância desses acordos ser motivo de oposição ao portador, salvo se este tiver adquirido a letra de má-fé, ou, adquirindo-a, tenha cometido uma falta grave". A tal respeito a Súmula 387 do STF prescreve: "A cambial emitida ou aceita com omissões, ou em branco, pode ser completada pelo credor de boa-fé antes da cobrança ou do protesto". Logo, o portador do título de crédito em branco recebeu mandato implícito para preenchê-lo de acordo com os ajustes que fez com o signatário do documento. Havendo qualquer abuso no preenchimento, possível será a oposição entre o signatário e o tomador, sendo que, em relação a este último, haverá presunção de veracidade das cláusulas mencionadas no título. Já em relação ao terceiro, portador de boa-fé, essa exceção será inoponível, a não ser que se demonstre algum defeito formal do título.

Esses requisitos são mínimos para todos os títulos de crédito, inclusive os inominados, criados pela prática, pois os nominados reger-se-ão por leis especiais (CC, art. 903). Todos os documentos emitidos com tais requisitos são títulos de crédito, sujeitos, na hipótese de título ao portador, à autorização legal (CC, art. 907). Não comportam cláusula de estipulação de juros, salvo se lei especial a admitir, nem proibição de endosso, nem qualquer restrição de direitos e obrigações, nem excludente de responsabilidade pelo pagamento ou por despesa, nem mesmo dispensa de observância de termos e formalidades prescritas (CC, art. 890), em virtude do fato de não ser contrato, mas mera obrigação de pagar certa quantia pecuniária. Tais cláusulas serão tidas, portanto, como não escritas apenas para efeito cartular, visto que não é contrato, mas obrigação de pagar certa quantia pecuniária. O título de crédito não deixará de ter validade e eficácia, mesmo que uma de suas cláusulas seja considerada não escrita. Irradiará efeito no que for exigível. Até mesmo o aval parcial é vedado (CC, art. 897, parágrafo único).

Quem, sem ter poderes, ou excedendo os que tiver, vier a lançar sua assinatura em título de crédito em nome do mandante, na qualidade de mandatário ou de representante de outrem, ficará pessoalmente obrigado pelo pagamento do débito perante o portador legitimado que se apresentar como credor. E, se pagar o título, terá os mesmos direitos que teria o suposto mandante ou representado, sem que este assuma o dever de reembolsar mandatário, que agiu sem ter poderes para tanto (CC, art. 892).

Como a circulação do crédito é importante para a atividade econômica, seu principal instrumento é o título de crédito. Se a negociabilidade é um atributo seu, o título de crédito é suscetível de transferência ou cessão por endosso ou simples tradição, se for ao portador, e esta ocorrendo, implicará a de todos os direitos, inclusive os acessórios, que lhe forem inerentes (CC, art. 893), daí a necessidade e suficiência do próprio título para fazer valer o direito nele contido. O cedente do crédito (endossante) transfere ao cessionário (endossatário) todos os direitos inerentes à obrigação cambial. Inadmissível será o endosso parcial, pois parte das prerrogativas cartulares transferir-se-iam de um sujeito a outro. Ter-se-á uma sub-rogação total de direitos, a que o devedor não pode se opor, porque a cessão é direito do credor. O cessionário não pode ter melhor direito do que tinha o cedente, ficando, por isso, sujeito a todas as exceções que o devedor a este último poderia opor (CC, arts. 906, 915 e 916).

Há inoponibilidade das exceções aos terceiros de boa-fé. O executado somente poderá alegar defesa alheia à sua relação direta com o exequente, a não ser que prove sua má-fé (Lei Uniforme, art. 17).

Na mesma linha, o art. 894 reza: "O portador de título representativo de mercadoria tem o direito de transferi-lo, de conformidade com as normas que regulam a sua circulação, ou de receber aquela independentemente de quaisquer formalidades, além da entrega do título devidamente quitado". O portador de título representativo de mercadoria, emitido em razão de operação de transporte (conhecimento de transporte) ou de depósito de bens (conhecimento de depósito), pode transferi-lo, mediante a entrega do título ao *solvens*, desde que observe as normas disciplinadoras de sua circulação. O portador de conhecimento de transporte, ou de conhecimento de depósito, poderá cedê-lo, com a observância das normas atinentes à sua circulação e terá direito de retirar a mercadoria, com a simples apresentação do título quitado ao transportador ou armazém-geral. Percebe-se que, no conhecimento de transporte ou de depósito, *warrant* etc., o exercício de tal direito está condicionado ao pagamento das despesas e das armazenagens, p. ex., ao pagamento do frete se se tratar de conhecimento de transporte com frete a pagar (Decreto n. 1.102/1903, arts. 18, 21 e 22). O art. 901 dispõe que "fica validamente desonerado o devedor que paga título de crédito ao legítimo portador, no vencimento, sem oposição, salvo se agiu de má-fé", acrescentando, no parágrafo único, que "pagando, pode o devedor exigir do credor, além da entrega do título, quitação regular".

Enquanto o título de crédito estiver em circulação até a data do vencimento ou da retirada da mercadoria no contrato de transporte ou de depósito, apenas ele poderá ser dado em garantia ou ser objeto de medidas judiciais (penhora, arresto, sequestro, embargo, p. ex.), não o podendo, em separado, os direitos ou mercadorias que representa (CC, art. 895), consagrando-se, assim, o princípio da autonomia do título de crédito.

"O título de crédito não pode ser reivindicado do portador que o adquiriu de boa-fé e na conformidade das normas que disciplinam a sua circulação" (CC, art. 896), visto que passou a ser o seu legítimo titular. Trata-se de aplicação do princípio da boa-fé objetiva e o da autonomia cartular. Assim, quem de boa-fé adquirir título de possuidor ilegítimo, terá direito autônomo, diverso do do transmitente. Logo, não se poderá opor-lhe a falta de titularidade daquele que lhe transferiu o título. Ensina-nos Adalberto Simão Filho que o portador de boa-fé é legitimado para o exercício dos direitos decorrentes do título de crédito, observando-se os princípios da autonomia, literalidade, cartularidade, independência e abstração.

O pagamento de título de crédito, que contenha obrigação de pagar certa soma, poderá ser garantido por aval (CC, art. 897); logo, não caberá aval nos demais títulos. O aval é uma garantia cambiária que tem por escopo assegurar pagamento de letra de câmbio ou nota promissória, da mesma forma que o garantiria o coobrigado cambial, se válida fosse sua obrigação, à qual a do avalista não se subordina por nenhum vínculo, formal ou material, de acessoriedade[36].

O aval seria uma declaração cambial escrita na própria cártula, pela qual seu subscritor, estranho ou não à relação cambiária, assume em favor do devedor obrigação solidária para garantir pagamento de dívida pecuniária, resguardando-a de vícios que possam inquinar sua substância. O credor poderá optar, se o título não for pago no vencimento, pela cobrança executiva do débito contra o devedor, ou diretamente contra o avalista. A responsabilidade do avalista somente poderá ser reclamada se exigível for o direito oriundo do próprio título de crédito[37]. Veda-se o aval parcial (CC, art. 897, parágrafo único), pois o avalista se obriga pelo valor total do débito consignado, evitando-se dúvida sobre a extensão da garantia dada. Mas a Lei Uniforme de Genebra sobre letra de câmbio e nota promissória (Decreto n. 57.663/65, art. 30), a Lei n. 5.474/68 sobre duplicata, e a Lei n. 7.357/85 relativa a cheques admitem o aval parcial, ou seja, de parte do débito. Logo, como *lex posterior generalis non derogat priori speciali*, diz Ricardo Fiuza, apenas no âmbito das normas internacionais e de leis especiais se pode admitir o aval parcial, que só deverá ser proibido em títulos de crédito em que não se estipule, expressamente, tal possibilidade. Adalberto Simão Filho entende que a vedação do aval parcial não atinge títulos de crédito típicos que possuam, em seu regime jurídico estabelecido por lei, a possibilidade de ser exarados com o aval parcial, como é o caso da letra de câmbio e da nota promissória. "É admitido o aval parcial para os títulos de crédito regulados em lei especial" (Enunciado n. 39 da I Jornada de Direito Comercial do Conselho da Justiça Federal).

O aval antecipado subordina-se à existência futura do ato cambial avalizado, e o aval posterior ao vencimento é o que tem efeitos cambiais.

Avalista é o que avaliza título de crédito em favor de alguém, garantindo, pessoalmente, o título cambial, visto que se equiparará àquele cujo nome

36. João Eunápio Borges, *Do aval*, Rio de Janeiro, Forense, 1960; Maria Odete D. Bertasi, O avalista e o título de crédito prescrito, *Informativo IASP*, *51*:5; Ricardo Fiuza, *Novo Código Civil comentado*: São Paulo, Saraiva, 2002, p. 791 a 817; *JTACSP*, *158*:223, *155*:43 e 125; *RT*, *767*:429; STF, Súmulas 189 e 600. Pelo Enunciado n. 463 do Conselho da Justiça Federal (aprovado na V Jornada de Direito Civil): "A prescrição da pretensão executória não atinge o próprio direito material ou crédito, que podem ser exercidos ou cobrados por outra via processual admitida pelo ordenamento jurídico".

37. Maria Odete D. Bertasi, *Informativo IASP*, *51*:5.

indicar e, não havendo indicação, ao emitente ou devedor final (*RT*, *553*:248). *Avalizado* é aquele que foi beneficiado ou favorecido pelo aval prestado por outrem.

Como coobrigado solidário, o avalista, tendo pago o título, terá ação regressiva contra o seu avalizado e demais coobrigados anteriores (o endossante solidário e o emitente), que apuseram sua assinatura no título de crédito, para reaver o que desembolsou; mas não contra outros endossantes que não se vincularam ao pagamento nem contra demais avalistas (CC, art. 899, § 1º).

Seguindo a esteira da Convenção de Genebra, o aval deverá ser dado no verso ou no anverso do título, bastando para sua validade, quando dado no anverso ao lado do nome e da assinatura do devedor principal, a simples assinatura do avalista (CC, art. 898 e § 1º), para que este assuma conjuntamente com o devedor a obrigação de pagar. Se dado no verso, deverá nele constar alguma expressão indicativa da garantia cambiária, como: "em aval", "por aval", "avalizamos", "em garantia", "bom para aval" etc. Mas há doutrina admitindo tão somente a simples assinatura, no verso da cambial, como aval.

O avalista equipara-se àquele cujo nome indicar; na falta de indicação, ao emitente ou devedor final (CC, art. 899; *RT*, *553*:248).

Subsiste a responsabilidade do avalista, mesmo que a obrigação daquele a quem se equipara seja declarada nula (p. ex., por incapacidade do obrigado), exceto se tal nulidade decorrer de vício de forma (CC, art. 899, § 2º), que, por ser próprio do título, dele retirará a natureza cambial. Acolhidos estão os princípios da autonomia substancial do aval e o da acessoriedade formal deste.

É vedado, convém ressaltar, o aval parcial (CC, art. 897, parágrafo único), evitando quaisquer dúvidas sobre a extensão da garantia dada, mas permanece no Decreto n. 57.663/65 (art. 30) e na Lei do Cheque (art. 29), por serem normas especiais. E se considera não escrito o aval cancelado (CC, art. 898, § 2º), por inutilização de assinatura do avalista ou declaração expressa deste. O cancelamento do aval apenas alcançará à garantia, não afetando o conteúdo da obrigação contida na cártula, logo o credor só poderá cobrá-la do devedor.

O *aval antecipado* é o que se impõe antes que a obrigação principal se efetive, mas, se for aposto depois do vencimento do título, produz os mesmos efeitos, como se tivesse sido anteriormente dado. Logo, a eficácia do aval é idêntica, seja ele outorgado antes ou depois do vencimento. *Aval posterior ao vencimento*, ou *aval póstumo*, é o aposto no título depois da data de seu vencimento. É o dado já estando a dívida vencida e não paga pelo devedor principal; logo o avalista poderá ser acionado pelo credor para efetivar aquele pagamento. Com isso, atende-se à função circulatória do título de crédito.

Diante da impossibilidade de protesto nos títulos, o qual constituiria prova do não pagamento, o aval posterior ao vencimento produz os mesmos efeitos do anteriormente dado (CC, art. 900), logo, se vencida a dívida e não paga pelo devedor principal, o avalista poderá ser acionado pelo credor para efetivar aquele pagamento. Logo, a eficácia do aval é idêntica, seja ele outorgado antes ou depois do vencimento da obrigação.

O devedor que pagar título de crédito, no seu vencimento, ao legítimo portador, sem oposição do credor, liberado estará juridicamente e extinta estará a obrigação cambial; poderá exigir, além da entrega do título, quitação regular, declarando o recebimento do pagamento. Se, contudo, aquele devedor tiver agido de má-fé, pagando a portador do título sabendo que não tem direito ao pagamento, a exoneração prevista no art. 901 não se operará; logo, persistirá a obrigação de efetivar o pagamento ao seu verdadeiro titular. Devedor de boa-fé, convém repetir, que pagar título, no vencimento, ao legítimo portador, exonerado estará da obrigação, se o verdadeiro credor não apresentar oposição, e fará jus à quitação regular e à entrega do título (CC, art. 901).

O credor não tem obrigação nenhuma de receber o pagamento antes do vencimento do título de crédito. Quem o pagar, antes do seu vencimento, terá responsabilidade pela validade do pagamento feito (CC, art. 902). Mas, estando o título vencido, o credor não pode recusar seu pagamento, mesmo que seja parcial, sob pena de incorrer em mora (CC, art. 902, § 1º). Se, porventura, ocorrer pagamento parcial, não se operará a tradição do título, mas o devedor terá direito a uma quitação em separado e a uma outra firmada no próprio título, indicando o *quantum* pago (CC, art. 902, § 2º).

Pelo Enunciado n. 69: "Prescrita a pretensão do credor à execução de título de crédito, o endossante e o avalista, do obrigado principal ou de coobrigado, não respondem pelo pagamento da obrigação, salvo em caso de locupletamento indevido" (aprovado na II Jornada de Direito Comercial – art. 48 do Decreto n. 2.044/1908 e art. 61 da Lei n. 7.357/85).

Esse enunciado "baseia-se na pacífica jurisprudência do Superior Tribunal de Justiça, no sentido de que, salvo quando demonstrado seu locupletamento ilícito, o endossante e o avalista, inclusive de obrigado principal, são partes ilegítimas para responder por dívida inscrita em título de crédito prescrito, na medida em que o instituto da prescrição extingue a autonomia das relações jurídicas cambiais firmadas, devendo o beneficiário do título demonstrar como causa de pedir na ação própria o locupletamento indevido, seja do emitente ou endossante, seja do avalista". Nesse sentido: AgRg no REsp 1.069.635-MG, Rel. Min. Marco Buzzi, 4ª Turma, j. em 19-8-2014, *DJE* 1-9-

2014; e REsp 457.556-SP, Rel. Min. Nancy Andrighi, 3ª Turma, j. em 11-11-2002, *DJ* 16-12-2002, p. 331.

As normas do Código Civil alusivas aos títulos de crédito (nominativo, à ordem e ao portador) referem-se aos títulos-valor, que incorporam o direito de participação nas vantagens por eles atribuídas, disciplinando letras de câmbio, notas promissórias, cheques, duplicatas, debêntures, conhecimentos de depósito, *warrants* e conhecimentos de transporte. Não alcançam as demais modalidades de títulos de crédito, como letras imobiliárias, letras hipotecárias, nota de crédito rural etc., remetendo sua disciplina às leis próprias (CC, art. 903)[38].

e.2. Espécies

Os títulos de crédito poderão ser[39]:

1º) *Nominativos*, se contiverem uma declaração receptícia de vontade dirigida a pessoa identificada, sendo a prestação por esta exigível; logo, o credor da obrigação será a pessoa em cujo favor se emite a declaração, sendo que esta poderá investir outra pessoa na sua titularidade por meio das normas atinentes à cessão de crédito, exceto se houver cláusula proibitiva (CC, arts. 921 a 926).

2º) *À ordem*, se o *reus credendi* for nomeado, mas com possibilidade de efetuar-se sua transferência mediante mera aposição de assinatura no verso ou anverso do título (CC, arts. 910 a 920). O endosso é, portanto, o ato pelo qual se trans-

---

38. Pelo Enunciado n. 71: "A prescrição trienal da pretensão à execução, em face do emitente e seu avalista, de nota promissória à vista não apresentada a pagamento no prazo legal ou fixado no título, conta-se a partir do término do referido prazo" (aprovado na II Jornada de Direito Comercial. *Vide* arts. 34, 70, 77 e 78 do Decreto n. 57.663/66 – Lei Uniforme de Genebra). Pelo Enunciado n. 52 da I Jornada de Direito Civil do Conselho da Justiça Federal, por força do art. 903 do Código Civil, as disposições relativas aos títulos de crédito não se aplicam aos já existentes. O Enunciado n. 464 da V Jornada de Direito Civil faz revisão do Enunciado n. 52: "As disposições relativas aos títulos de crédito do Código Civil aplicam-se àqueles regulados por leis especiais, no caso de omissão ou lacuna".

39. Caio M. S. Pereira, op. cit., p. 486-8 e 491-7; Floriano Lima de Toledo, op. cit., p. 223-50; Gualtieri e Winizky, *Títulos circulatórios*, n. 63 e 67; Ascarelli, *Teoria geral dos títulos de crédito*, São Paulo, Saraiva, 1943; Messineo, *I titoli di credito*, 2. ed., CEDAM, 1934, 2 v. Sobre a classificação nominativos à ordem e não à ordem: Fábio Ulhoa Coelho, *Curso de direito comercial*, São Paulo, Saraiva, 2002, v. 1, p. 383; *RT*, *787*:422. Consulte: Marcelo T. Reis e Leonardo C. Martins, A natureza jurídica do boleto bancário no direito cambiário brasileiro, *Revista Síntese – Direito Empresarial*, *37*:103-26. Prazo prescricional para executar título de crédito inominado é o de três anos, contado do vencimento (CC, art. 206, § 3º, VIII). *Vide* considerações feitas a respeito na nota 35. Convém lembrar que a aquisição de título à ordem por meio de endosso não tem efeito de cessão civil (CC, art. 919).

fere a propriedade ou a posse de um título de crédito, sendo obrigatória a indicação do número do endossante, pessoa física ou pessoa jurídica, no imposto de renda (CPF ou CNPJ). Pode-se mencionar a pessoa favorecida (endosso em preto), isto é, o endossatário, a pessoa a quem se transfere o título, ou, então, não a mencionar, caso em que se terá o endosso em branco, consistindo na simples assinatura do endossante, transformando-se o título nominativo em título ao portador. É o caso, p. ex., do título cambial, que poderá revestir a forma de uma ordem de pagamento (letra de câmbio – *ADCOAS*, n. 90.191, 1983) ou de uma promessa de pagamento (nota promissória – *ADCOAS*, n. 89.553, 1983; *RT*, *514*:200) (Dec. n. 57.663/66). A duplicata (*RT*, *708*:111; Lei n. 9.492/1997, com as alterações da Lei n. 13.775/2018; Lei n. 13.775/2018, arts. 2º a 7º) também é um título à ordem, que consiste num instrumento emitido e entregue pelo vendedor ao comprador, nas vendas mercantis a prazo. Pode ser, ainda, emitida na prestação de serviço. O cheque (*ADCOAS*, ns. 90.189 e 90.190, 1983) é uma ordem de pagamento emitida a favor de terceiro ou do próprio subscritor, por quem tenha provisão de fundos em poder do sacado, sendo também um título à vista. Mas já se decidiu que: "A prática comercial de emissão de cheque com data futura de apresentação, popularmente conhecido como cheque 'pré-datado', não desnatura a sua qualidade cambiariforme, representando garantia de dívida com a consequência de ampliar o prazo de apresentação" (STJ, REsp 223.486; Súmula 370 do STJ). Há títulos de crédito que representam determinada mercadoria, como o conhecimento de transporte, de depósito e o *warrant*, emitido pelas companhias de armazéns-gerais como representativo da mercadoria depositada.

O pagamento de título de crédito que contenha obrigação de pagar soma determinada pode ser garantido por aval (CC, art. 897), estabelecendo-se uma garantia fidejussória.

3º) *Ao portador*, se traduzirem a obrigação de prestar dirigindo-se a um credor anônimo (CC, arts. 904 a 909). Daí a exigibilidade da prestação por qualquer pessoa que os detenha (CC, art. 905), exceto na hipótese de desapossamento injusto, em que o devedor será judicialmente intimado a que não pague o capital ou seu interesse (CC, art. 909).

e.3. Títulos ao portador

e.3.1. Definição e traços característicos

O título ao portador é o documento pelo qual seu emitente se obriga a uma prestação a quem lho apresentar como seu detentor[40], por não conter

40. Enneccerus, Kipp e Wolff, *Derecho de obligaciones*, t. 2, § 204, p. 531; Clóvis Beviláqua, *Código Civil comentado*, v. 5, p. 622; Silvio Rodrigues, op. cit., p. 425; Decreto n. 142-B, de 1893; Decretos-Leis n. 1.344/39, 1.392/39, 5.475/43, 8.274/45; Lei n. 2.977/56, art.

nome do credor da prestação, salvo a hipótese de lei especial, como a Lei n. 8.021/90, que, vedando pagamento ou resgate de qualquer título ou aplicação bem como rendimentos ou ganhos a beneficiário não identificado, extingue títulos ao portador, inclusive nas ações de sociedades anônimas para garantir a identificação de contribuintes na esfera fiscal, permitidos estão títulos ao portador, que por ela não são alcançados. Constituem títulos ao portador: *a*) títulos da dívida pública (Dec.-Lei n. 3.545/41 e Lei n. 891/49); *b*) ações ao portador de sociedades anônimas, que, atualmente, pela Lei n. 8.021/90, que alterou a redação da Lei n. 6.404/76, art. 20, só podem ser nominativas; *c*) cheque ao portador até valor inferior a cem reais (Lei n. 9.069/95); *d*) debêntures, isto é, obrigações ao portador, emitidas pelas companhias ou empresas concessionárias de serviços públicos de água, saneamento e energia elétrica; *e*) bilhetes de loteria (Dec.-Lei n. 6.259/44 e Dec.-Lei n. 204/67, art. 6º; *RT*, *542*:201), de rifa (*JB*, *166*:325; *RT*, *389*:142, *403*:166, *390*:359) ou de tômbola, desde que autorizados; *f*) pules do *jockey club*; *g*) entradas de teatro ou cinema, passagens de trem, bondes e ônibus; *h*) títulos de capitalização; *i*) vales postais ao portador; *j*) cupões para sorteio de mercadorias, distribuídos gratuitamente pelas casas comerciais; *k*) títulos de renda, emitidos de acordo com o Decreto-Lei n. 3.033/41; *l*) letras do tesouro (Dec.-Lei n. 4.790/42; CF, art. 164, § 2º; e LC n. 101/2000); *m*) letras imobiliárias (Lei n. 4.380/64, art. 47 – revogado pela Lei n. 13.137/2015)[41]; e *n*) apólices ou bilhetes de seguro (CC, art. 760 e parágrafo único).

O título ao portador apresenta os seguintes *traços característicos*[42]:

9º; Resolução n. 39/66 do BCB (revogada pela Resolução BACEN n. 922/84); Decreto-Lei n. 286/67. Emissão de nota promissória é inadmissível em compra e venda mercantil: *RT*, *667*:110. Emissão de nota promissória para garantia de contrato: *RT*, *664*:94. Sobre letra de câmbio e nota promissória, *vide* Decreto n. 57.663/66; *ADCOAS*, n. 83.074, 1982. A Lei n. 9.065/95 (sobre Plano Real) veda emissão, pagamento e compensação de cheque no valor superior a R$ 100,00 sem identificação de beneficiário.

41. W. Barros Monteiro, op. cit., p. 376. Sobre cheque *vide* Súmula 554 do STF. “Constituindo contravenção penal – art. 51 e seus parágrafos do Dec.-Lei n. 3.688/41 – a promoção de rifa sem obediência à legislação especial, o participante de boa-fé tem direito, comprovada por qualquer modo a premiação de seu bilhete, a receber o objeto prometido, com perdas e danos, ou o promovente da mesma rifa a entregar o prêmio à Fazenda Nacional, sujeito às penalidades previstas naquela legislação” (TJRJ, *ADCOAS*, n. 86.256, 1982). Fabio Ulhoa Coelho (*Curso de direito comercial*, São Paulo, Saraiva, 1998, v. 1, p. 402) entende que a Lei n. 8.021/90 não se aplica à letra de câmbio, nota promissória e duplicata. A Lei n. 8.021/90 (arts. 1º e 2º, II) destina-se a títulos de crédito impróprios de investimento e além disso o Decreto n. 57.663/66 rege letra de câmbio e nota promissória; por tal razão, restringir a circulabilidade das cambiais e títulos próprios não se coaduna com tal decreto.

42. Serpa Lopes, op. cit., p. 139; Larenz, *Derecho de obligaciones*, Madrid, 1959, v. 2, § 60; Pontes de Miranda, Títulos ao portador, in *Manual do Código Civil de Paulo de Lacerda*, v. 16,

1º) exigência de um documento em que se encontre lançada a promessa do emitente de realizar certa prestação, devidamente firmado por ele;

2º) necessidade de indeterminação do credor, que será quem possuir o documento legítima ou ilegitimamente;

3º) possibilidade (por não haver designação de beneficiário) de ser transmitido por simples tradição ou entrega manual (CC, art. 904), independentemente de anuência do devedor, por ser-lhe indiferente a transmissão do direito de crédito, já que se obrigou para com a pessoa que detenha o título e o apresente, reclamando a prestação devida. Circulará toda vez que passar de uma pessoa para outra, surgindo, então, novo credor, que poderá reclamar o pagamento do devedor;

4º) exigibilidade da prestação devida, pois o detentor de um título ao portador, por ser possuidor, poderá, mediante simples apresentação, reclamá-la do subscritor ou emissor (CC, art. 905). Há presunção de que está autorizado a dispor do título. Tal presunção cessará apenas quando houver legítima oposição judicial de terceiro, devidamente fundada. Se não se tiver essa oposição, o detentor do título será seu legítimo portador, e, pagando-o, o subscritor exonerar-se-á do liame obrigacional;

5º) exoneração do subscritor, ou emissor, pagando a qualquer detentor, esteja ou não autorizado a dispor do título, pois a prestação será devida ainda que o título tenha entrado em circulação contra a vontade do emitente (CC, art. 905, parágrafo único; *RF, 108*:304). Isto é assim porque o subscritor, ou emissor, não terá o direito de verificar a legitimidade do portador (*RT, 546*:73), pois seu dever é pagar a quem lhe apresentar o título;

6º) necessidade de autorização para a sua emissão, já que o Código Civil, no art. 907, prescreve que "é nulo o título ao portador emitido sem autorização de lei especial". Com exceção de títulos emitidos pelo Tesouro dos Estados e dos Municípios, somente lei federal poderá criar título ao portador (CF, arts. 21, VIII, 163 e 164). Não há liberdade de emissão de títulos ao portador; reputar-se-ão nulos, se emitidos, p. ex., para pagamento de determinada soma em dinheiro, sem autorização legal. O vale, utilizado no comércio para comprovar algum suprimento urgente, retirado em dinheiro, adiantamento, ou empréstimo rápido, não está incluído na proibição do art. 907, não precisando de autorização legal para a sua emissão (*RT, 137*:293,

---

parte 1, p. 128 e 150; W. Barros Monteiro, op. cit., p. 376-8; Orlando Gomes, op. cit., p. 292; Caio M. S. Pereira, op. cit., p. 489; João Luís Alves, *Código Civil anotado*, v. 2, p. 550; Bassil Dower, *Curso moderno de direito civil*, São Paulo, Nelpa, v. 3, p. 299 e 300.

287:824; *RF*, *104*:56; *112*:165; *AJ*, *105*:463, *116*:419). O Código Penal, no art. 292, trata do crime de emissão de título ao portador sem permissão legal.

e.3.2. Efeitos jurídicos

O título ao portador acarreta efeitos jurídicos, tais como[43]:

1º) Subsistência da obrigação do emissor, ainda que o título tenha entrado em circulação contra a sua vontade (CC, art. 905, parágrafo único), pois o título, por si só, já encerra a obrigação do subscritor ou emissor. O subscritor não terá legitimidade para investigar a causa aquisitiva do portador de boa-fé. O detentor, ao receber o título, não terá o dever de averiguar se ele foi colocado legitimamente em circulação, o que entravaria a função circulatória do título (*RT*, *152*:192).

2º) Impossibilidade de o devedor (subscritor ou emissor) opor ao portador outra defesa além da que assentar em nulidade interna ou externa de sua obrigação, ou da fundada em direito pessoal (CC, art. 906). Dessa maneira, o devedor poderá opor três defesas ao portador: *a*) nulidade interna, a obrigação contida na cártula, como, p. ex., em razão de incapacidade do subscritor, de prescrição do título etc. Porém o erro, o dolo, a coação, a que

---

43. W. Barros Monteiro, op. cit., p. 378-81; Serpa Lopes, op. cit., p. 150-8; Bassil Dower, op. cit., p. 300-2; Silvio Rodrigues, op. cit., p. 426-8; Larenz, op. cit., v. 2, p. 486; Folleville, *Traité de la possession des meubles et des titres au porteur*, Paris, 1875; Carvalho de Mendonça, *A vontade unilateral nos direitos de crédito*, Rio de Janeiro, Freitas Bastos, 1940; Pontes de Miranda, op. cit., n. 82; Inglês de Sousa, *Títulos ao portador*, Rio de Janeiro, 1898; Orlando Gomes, op. cit., p. 294-6; Ravà, *Il titolo di credito*, Milano, Giuffrè, 1936; Sílvio de S. Venosa, O protesto de documentos de dívida do novo Código Civil, *Boletim CDT*, *14*:61-2; Matiello, *Código*, cit., p. 567-8; *RT*, *484*:121, *443*:241, *547*:192, *543*:133, *534*:219, *527*:222, *649*:83; Decreto n. 2.044, de 1908, art. 51; Lei n. 891/49; Código Civil, arts. 1.233, 1.268, 371 e 905. "Não podendo ser imputado ao estabelecimento de crédito emitente o extravio do título ao portador, nem a demora no processo da ação anulatória, não pode dele ser exigida renda correspondente a reinvestimento ou reaplicação não autorizada. Ciente que ficou sendo da ação, da qual participou, deve, porém, o emitente a renda correspondente ao depósito judicial do valor do título, que devia ter providenciado" (TJRJ, *ADCOAS*, n. 90.058, 1983).

Não há mais procedimento especial para ação de anulação ou substituição de títulos ao portador; logo, para tanto, seguir-se-á o procedimento comum.

Pelo Enunciado n. 70: "O prazo estabelecido no art. 21, § 1º, da Lei n. 9.492/97, para o protesto por falta de aceite é aplicável apenas na falta de disposição diversa contida em lei especial referente a determinado título de crédito (por exemplo, duplicatas). Aplica-se, portanto, a disposição contida no art. 44, 2ª alínea, da Lei Uniforme de Genebra, ao protesto por falta de aceite de letra de câmbio" (aprovado na II Jornada de Direito Comercial). *Vide*: art. 44, 2ª alínea, do Decreto n. 57.663/66 (Lei Uniforme de Genebra); arts. 13, §§ 1º e 4º e 25 da Lei n. 5.474/68; art. 21, § 1º, da Lei n. 9.492/97.

o portador seja alheio, não poderão ser arguidos contra ele, sob pena de paralisar a livre circulação do título; *b*) nulidade externa da obrigação, como na hipótese de falsificação do documento ou da assinatura do emissor; *c*) direito pessoal do emitente contra o portador, como má-fé do portador (furto do título, estelionato), compensação etc.

3º) Obrigação do subscritor de cumprir a prestação somente se o título lhe for apresentado (CC, art. 905). Assim sendo, o subscritor poderá repelir a cobrança feita por quem se apresentar sem o título. Apenas nos casos de perda e extravio, devidamente justificados, o subscritor poderá pagá-lo, à vista da decisão judicial (CC, art. 909). Havendo furto, roubo, apropriação indébita, ou mesmo perda do título, seu dono deverá pedir intervenção judicial, observando o procedimento comum do Código de Processo Civil, arts. 318 a 512. Logo, poderá requerer a substituição do título por outro e a suspensão dos efeitos cambiais do título perdido, por meio de ação judicial, com o escopo de impedir que aquele que o detém injustamente venha a receber o pagamento. Deverá fazer isso imediatamente e notificar o devedor, liminarmente, da ação interposta, uma vez que, se não o fizer e se o título for apresentado ao emissor pelo possuidor ilegítimo, a este não poderá ser recusado o pagamento (*RTJ, 95*:787; AC 89.987, TJGB; *Juriscível, 94*:219; *RT, 174*:189 e *121*:249; *RF, 122*:181). Com efeito, dispõe o Código Civil, no art. 909, que: "O proprietário, que perder ou extraviar título, ou for injustamente desapossado dele, poderá obter novo título em juízo, bem como impedir sejam pagos a outrem capital e rendimentos". Porém, sem a prova do injusto desapossamento, o judiciário não poderá declarar caduco título ao portador (*RF, 100*:451, *137*:82, *159*:182). E acrescenta o parágrafo único do art. 909 do Código Civil: "O pagamento, feito antes de ter ciência da ação referida neste artigo, exonera o devedor, salvo se se provar que ele tinha conhecimento do fato".

4º) Obtenção, em juízo, de novos títulos ao portador, injustamente desapossados (p. ex., extorsão, estelionato, apropriação indébita), extraviados ou furtados (CC, art. 909), não abrangendo, segundo alguns julgados, a hipótese de apropriação indébita (*RT, 174*:189; *RF, 122*:181) ou de sua aquisição em Bolsa (*RT, 121*:249).

5º) Presunção de propriedade do título por parte daquele cujo nome estiver nele inscrito, que, então, poderá impedir o pagamento de capital e rendimento a outrem, e, ainda, reivindicá-lo de quem quer que injustamente o detenha (CC, art. 909, 1ª alínea).

6º) Possibilidade de o possuidor de título danificado ou dilacerado, porém identificável em seu conteúdo, obter do emitente, ou subscritor, não só a sua substituição por outro de igual teor, mas também, sua restituição e o pagamento das despesas (CC, art. 908) com tal substituição, mediante confecção de novo (p. ex., transporte do emitente, custo). E se o título anterior, substituído pelo novo, estiver garantido por aval, o avalista deverá subscrever também o título, que veio a substituir aquele. Título que sofrer dilaceração, mas cujo conteúdo econômico puder ser identificado, apesar de danificado instrumentalmente, continuará tendo a qualidade creditória, e por isso, ao ser substituído por um novo, deverá ser devolvido ao seu subscritor pelo credor, que por ser responsável pela conservação da cártula efetuará o pagamento das despesas feitas com aquela substituição. Somente se não se puder identificar seu conteúdo, como não haverá meio para refazê-lo, o título dilacerado, então, tornar-se-á inapto; logo, o seu portador, crédito algum terá em relação ao seu subscritor.

e.4. Títulos à ordem

e.4.1. Noção

O título à ordem identifica o titular do crédito e é transferível a terceiro por endosso, que é ato típico da circulação cambiária[44] pelo qual se transfere a posse ou propriedade de um título de crédito à ordem, sendo obrigatória a indicação do número do endossante (CPF ou CNPJ). É o emitido em favor da pessoa indicada ou daquela a quem esta ordenar[45], diferenciando-se do título nominativo, que também contém o nome do credor, pelo simples fato de dispensar o registro de sua transferência em livro do emitente. O título de crédi-

44. Fábio Ulhoa Coelho, *Curso de direito comercial*, São Paulo, Saraiva, 2000, v. 1, p. 377.

45. Gastão A. Macedo, *Curso de direito comercial*, São Paulo, Freitas Bastos, 1966, p. 114.

Vide Lei n. 13.775/2018 sobre emissão de duplicata sob a forma escritural e que altera a Lei n. 9.492/97, arts. 8º, § 2º, 41-A, I a V, §§ 1º e 2º.

Na jurisprudência:

"Direito empresarial. Duplicata sem causa. Endosso-mandato. Protesto indevido. Ação anulatória. Legitimidade passiva da instituição financeira. 1. A instituição financeira endossatária de duplicata sem causa responde perante o sacado no caso de protesto indevido, mesmo nas hipóteses de endosso-mandato, possuindo legitimidade passiva para a ação de anulação do título e cancelamento do protesto. 2. Agravo regimental desprovido" (*Bol. AASP 2.854*:12).

"Indenização. Duplicata. Recebimento por endosso-mandato. Comunicação reiterada de saque indevido ao endossatário. Protesto. Responsabilidade por ato próprio. Súmula 476, STJ. Dano moral configurado. Montante adequado. Manutenção do percentual dos honorários. Improvimento dos recursos" (TJSP, 22ª Câmara de Direito Privado, Ap. 0009148-68.1992.8.26.0114, Campinas-SP, rel. Des. Matheus Fontes, j. 14-11-2013, *Bol. AASP 2.928:9*).

to será à ordem se o *reus credendi* for nomeado, isto é, se for nominativo, contendo indicação do credor favorecido, mas com possibilidade de efetuar-se sua transferência mediante mera aposição de assinatura do endossante no verso ou anverso do título. O endossante pode designar a pessoa favorecida ou o endossatário (endosso em preto), bastando, para que o endosso, dado no verso, seja válido, a sua simples assinatura. Mas nada obsta a que não se indique a pessoa a quem se transfere o título (endosso em branco), podendo este (o endossatário) colocar seu nome ou transferir o título, por simples tradição, que passará, então, a circular como título ao portador.

e.4.2. Consequências jurídicas

Do título à ordem decorrem as seguintes consequências jurídicas:

1ª) Transferência do título a terceiro por endosso, lançado pelo endossante no verso ou anverso do próprio título (CC, art. 910), bastando, ao designar a pessoa favorecida (endosso em preto), para sua validade, quando dado no verso, a simples assinatura do endossante (CC, art. 910, § 1º). Completa-se a transferência por endosso com a tradição ou entrega do título ao endossatário. Sem tal *traditio*, a titularidade do crédito continua a ser do endossante, pois o endosso não surtirá algum efeito (CC, art. 910, § 2º). Somente com a tradição os direitos contidos no título serão atribuídos ao endossatário. Se o endosso for efetuado e depois vier a ser cancelado, total ou parcialmente, mediante traços passados sobre ele, é tido como não escrito (CC, art. 910, § 3º), não tendo o condão de transferir o título. Com isso acata-se o disposto no art. 912, parágrafo único.

Pela Súmula 475 do STJ: "Responde pelos danos decorrentes de protesto indevido o endossatário que recebe por endosso translativo título de crédito contendo vício formal extrínseco ou intrínseco, ficando ressalvado seu direito de regresso contra os endossantes ou avalistas".

2ª) Legitimidade da posse do portador do título à ordem com série regular e ininterrupta de endossos "em preto", ainda que o último seja "em branco", sem designação do favorecido (CC, art. 911), ou melhor, mesmo que haja outorga de mandato ao endossatário para que o preencha como lhe aprazar (*blanc seing*) ou mantenha o título como o receber, ficando o endossador como um garante da aceitação e do pagamento do título.

3ª) Obrigatoriedade de verificação, por parte do que pagar o título, da regularidade da série de endossos para não pagar a quem não é o credor, mas não da autenticidade das assinaturas; logo, não terá responsabilidade pela falsidade, exceto se o interessado vier a comprovar que agiu de má-fé (CC, art. 911, parágrafo único).

4ª) Nulidade de endosso parcial, por ser indivisível o título de crédito, considerando-se, ainda, não escrita no endosso qualquer condição a que o subordine o endossante, por exemplo, quanto à solvência do crédito, ou à limitação do exercício de direitos contidos no título (CC, art. 912 e parágrafo único), visto que só pode ser puro e simples.

5ª) Admissibilidade jurídica não só da mudança, pelo endossatário, de endosso em branco para em preto, mediante menção expressa do nome da pessoa em favor da qual se opera a transferência da propriedade do título. O endossatário, para tanto, deverá colocar, no ponto da cártula onde estiver localizada a inscrição de transferência, o seu próprio nome ou o de terceiro que pretende indicar como titular do crédito. O endossatário poderá endossar novamente o título, em branco ou em preto. Pode haver, ainda, através da cessão de crédito, transferência do título sem que haja novo endosso (CC, art. 913).

6ª) Irresponsabilidade do endossante pelo cumprimento da prestação constante do título, exceto se houver cláusula expressa em contrário, constante do endosso (CC, art. 914). Em regra, há desvinculação automática do endossante ao pagamento.

7ª) Permissão ao endossante de vincular-se, a seu critério, mediante cláusula expressa, ao pagamento da prestação ou obrigação cambial constante no título, ficando, juntamente com o devedor principal, como devedor solidário. Se o portador do título tiver devedores solidários, sendo um deles o próprio endossante, vinculado ao pagamento por cláusula expressa, poderá exigir a prestação de qualquer deles. Se o endossante vier a pagar o título, terá ação regressiva contra os coobrigados anteriores, dentre eles o emitente para obter reembolso de pagamento feito (CC, art. 914, §§ 1º e 2º). Apenas excepcionalmente, quando houver endossante vinculado ao pagamento por cláusula expressa, o portador tem devedores solidários; logo, aquele endossante, ao pagar, poderá exercer ação de regresso contra o emitente.

8ª) Oposição pelo devedor, além das exceções fundadas nas relações pessoais que tiver com o portador (p. ex., transação, pagamento, novação, compensação, apossamento injusto), das relativas à forma do título (p. ex., ausência de requisito para sua emissão) e ao seu conteúdo literal, à falsidade da própria assinatura, a defeito de capacidade (falta de discernimento) ou de representação (p. ex., nulidade de mandato) no momento da subscrição, e à falta de requisito necessário ao exercício da ação (CC, art. 915) como, p. ex., o valor líquido e certo que deveria constar do título. Quanto às exceções que se fundarem em suas relações com os portadores precedentes, o devedor apenas poderá opô-las ao portador se este, ao adquirir o título, tiver agido de má-fé (CC, art. 916), tendo consciência de que iria prejudicá-lo. Trata-se da *exceptio dolis generalis*.

9ª) Exercício dos direitos inerentes ao título, salvo restrição expressamente estatuída pelo endossatário, havendo cláusula constitutiva de mandato, lançada no endosso. O endosso-mandato (endosso-procuração, endosso para cobrança ou endosso impróprio) dá-se quando o credor endossa título em favor de terceiro, para que este o represente perante o devedor, cobrando a dívida. Tal endosso transfere, portanto, a posse e não a propriedade do título cambial. No caso de endosso-mandato: *a*) o endossatário só poderá endossar novamente o título na qualidade de procurador, com os mesmos poderes que recebeu; *b*) a morte ou incapacidade superveniente do endossante-mandante não acarretará a ineficácia do endosso-mandato, logo, o endossatário-mandatário continuará exercendo os poderes que lhe foram outorgados; *c*) o devedor poderá opor ao endossatário-mandatário tão somente as exceções que tiver contra o endossante-mandante (CC, art. 917, §§ 1º a 3º; *RT*, *736*:163, *562*:214). Pela Súmula 476 do STJ: "O endossatário de título de crédito por endosso-mandato só responde por danos decorrentes de protesto indevido se extrapolar os poderes de mandatário".

10) Possibilidade de endosso-penhor, endosso de valor em garantia pignoratícia, ou endosso-pignoratício, que contém a cláusula "valor em penhor" e por meio do qual o endossante transfere tão somente a posse do título cambial ao endossatário, que assume o dever de não deixar perecer o direito nele contido. Tal transferência é, como ensina Mauro Grinberg, feita apenas para garantia de uma outra obrigação do endossante para com o endossatário, obrigação que, se não cumprida, operará, então, a transformação da posse daquele título de crédito endossado em propriedade. Para Pietro Perlingieri, o endosso pignoratício é uma declaração negocial cartular pela qual o endossante constitui um penhor sobre o título em favor do endossatário. O endosso-penhor ou endosso de valor em garantia: *a*) confere ao endossatário, em razão de cláusula constitutiva de penhor lançada no endosso, o exercício dos direitos inerentes ao título, principalmente, os de receber o pagamento do crédito; *b*) permite ao endossatário, por ficar vinculado ao títu-

lo, endossar novamente o título na qualidade de procurador; *c*) impede o devedor de opor ao endossatário as exceções que tinha contra o endossante, salvo se aquele tiver agido de má-fé (CC, art. 918, §§ 1º e 2º).

11) Aquisição, ou melhor, a transferência de título à ordem, por meio diverso do endosso ou em documento à parte, produzirá efeitos de cessão civil (CC, art. 919), não tendo consequências cambiais, pois o título perderá seu caráter executivo.

12) Produção dos mesmos efeitos pelo endosso, seja ele anterior ou posterior ao vencimento do título (CC, art. 920). Mas, se o endosso for feito após o protesto por falta de pagamento ou depois do vencimento do prazo para a realização do protesto, terá efeito de cessão de crédito, perdendo não só seu caráter cambial como também as consequências cambiárias (Dec. n. 57.663/65, art. 20 – revogado pelo Decreto s/n. de 15-2-1991).

e.5. Títulos nominativos

e.5.1. Definição

O título de crédito é nominativo se contiver uma declaração receptícia de vontade dirigida a pessoa identificada, sendo a prestação por esta exigível; logo, o credor da obrigação será a pessoa em cujo favor se emite a declaração, a qual poderá investir outra na sua titularidade por meio das normas atinentes à cessão de crédito, exceto se houver cláusula proibitiva.

O título nominativo é o emitido em favor de pessoa cujo nome conste no registro do emitente (CC, art. 921); logo, apenas circularia, transferindo-se a outrem mediante termo, em registro em livro próprio do emitente, assinado pelo proprietário e pelo adquirente, embora possa também ser transferido por endosso, que contenha o nome do endossatário, hipótese em que apenas terá eficácia perante o emitente, feita a averbação em seu registro em livro próprio (CC, arts. 922 e 923, § 1º, primeira parte).

Assim sendo, são nominativos os títulos se neles constarem o nome da pessoa com direito à prestação neles consignada ou nos registros especiais do emissor. A obrigação do emitente poderá ser avalizada, embora não possa sê-lo a do endossante, visto que este não é o devedor nem responde pelo pagamento. O único devedor é o emitente, pois, satisfazendo este a prestação, extinguir-se-á o título. Mas ficará desonerado de responsabilidade o emitente que, de boa-fé, fizer a transferência do título por termo ou por endosso (CC, art. 925).

e.5.2. Efeitos jurídicos

Havendo título nominativo ocorrerão as seguintes situações:

1º) A transferência dar-se-á: *a*) mediante termo, em registro do emitente, assinado pelo proprietário e pelo adquirente (CC, art. 922); *b*) por endosso em preto, isto é, que contenha nome do endossatário, que apenas produzirá efeito perante o emitente, uma vez feita a competente averbação em seu registro, podendo o emitente exigir do endossatário a comprovação da autenticidade da assinatura do endossante (CC, art. 923 e § 1º). Além disso, o endossatário, legitimado por série regular e ininterrupta de endossos, terá o direito de obter a averbação no registro do emitente, desde que se comprove a autenticidade das assinaturas de todos os endossantes (CC, art. 923, § 2º). No título nominativo não somente o nome do beneficiário consta no registro do emitente, como também nele deverão ser averbados os nomes dos sucessivos endossatários.

2º) Obtenção de novo título pelo adquirente, em seu nome, se o título original contiver o nome do primitivo proprietário. Essa emissão de novo título deverá constar no registro do emitente (CC, art. 923, § 3º).

3º) Possibilidade, ressalvada proibição legal, de transformação do título nominativo em à ordem ou ao portador, a pedido e à custa do proprietário (CC, art. 924), que arcará, inclusive, com as despesas administrativas. Proceder-se-á a baixa do registro e, com isso, o título circulará livremente mediante endosso "em preto" ou "em branco".

4º) Produção de efeito de qualquer negócio ou medida judicial, que tenha por objeto o título, perante o emitente ou terceiros, desde que haja averbação no seu registro (CC, art. 926).

5º) Maior segurança das relações cambiárias, à medida que o título nominativo circula, pois, em regra, os sucessivos endossantes tornam-se devedores solidários, visto que o emitente de boa-fé, que fizer transferência por meio de registro ou de endosso, observando os ditames legais, se exime da responsabilidade quanto à forma pela qual se deu a circulação do título por ordem de seu proprietário (CC, art. 925).

QUADRO SINÓTICO

TÍTULOS DE CRÉDITO

1. CONCEITO	• Segundo Caio Mário da Silva Pereira, títulos de crédito consistem na manifestação unilateral da vontade do agente, materializada em um instrumento, pela qual ele se obriga a uma prestação determinada, independentemente de qualquer ato de aceitação emanado de outro agente (CC, arts. 887 a 903).	
2. ESPÉCIES	• Títulos nominativos. • Títulos à ordem. • Títulos ao portador.	
3. TÍTULOS AO PORTADOR	• Definição	• Título ao portador é o documento pelo qual seu emitente se obriga a uma prestação a quem lho apresentar como seu detentor.
	• Traços característicos	• Exigência de um documento em que se encontre lançada a promessa do emitente de realizar certa prestação, devidamente firmado por ele. • Necessidade de indeterminação do credor. • Possibilidade de ser transmitido por simples tradição manual, independentemente de anuência do devedor (CC, art. 904). • Exigibilidade da prestação devida, pois o detentor poderá, mediante simples apresentação, reclamá-la do emissor (CC, art. 905). • Exoneração do subscritor, pagando a qualquer detentor (CC, art. 905, parágrafo único). • Necessidade de autorização legal para a sua emissão (CC, art. 907).
	• Efeitos jurídicos	• Subsistência da obrigação do emissor, mesmo que o título circule contra a sua vontade (CC, art. 905, parágrafo único). • Impossibilidade de o devedor opor outra defesa além da que assentar em nulidade interna ou externa da obrigação, ou da fundada em direito pessoal (CC, art. 906). • Obrigação do subscritor de cumprir a prestação somente se o título lhe for apresentado (CC, art. 905), ou nos casos do CC, art. 909, parágrafo único).

3. TÍTULOS AO PORTADOR	• Efeitos jurídicos	• Obtenção em juízo de novos títulos ao portador, injustamente desapossados, extraviados ou furtados (CC, art. 909). • Presunção de propriedade do título por parte daquele cujo nome estiver nele inscrito, que poderá reivindicá-lo de quem injustamente o detiver (CC, art. 909, 1ª alínea). • Possibilidade de o possuidor de título dilacerado, mas identificável, obter do emitente sua substituição (CC, art. 908).
4. TÍTULOS À ORDEM	• Noção	• É o que identifica o titular do crédito e é transferível por endosso.
	• Consequências jurídicas	• Transferência por endosso lançado no verso ou anverso do próprio título (CC, art. 910). • Legitimidade da posse do seu portador (CC, art. 911). • Obrigatoriedade da verificação da regularidade da série de endossos (CC, art. 911, parágrafo único). • Nulidade de endosso parcial e ineficácia de condição que o subordine (CC, art. 912 e parágrafo único). • Admissibilidade da mudança de endosso em branco para em preto, de novo endosso do título ou de sua transferência sem novo endosso (CC, art. 913). • Desvinculação do endossante ao pagamento, salvo cláusula expressa em contrário (CC, art. 914). • Vinculação, mediante cláusula expressa, do endossante ao pagamento como devedor solidário, tendo ação de regresso contra os coobrigados anteriores (CC, art. 914, §§ 1º e 2º). • Oposição pelo devedor de determinadas exceções (CC, arts. 915 e 916). • Possibilidade de endosso-mandato (CC, art. 917, §§ 1º a 3º) e de endosso-penhor (CC, art. 918, §§ 1º e 2º). • Aquisição de título à ordem, por meio diverso de endosso, que terá os mesmos efeitos da cessão civil (CC, art. 919). • Produção dos mesmos efeitos, seja o endosso anterior ou posterior ao vencimento do título (CC, art. 920).

5. TÍTULOS NOMINATIVOS	• Definição	• É o emitido em favor de pessoa cujo nome conste em registro do emitente (CC, art. 921).
	• Efeitos jurídicos	• Transferência mediante termo ou por endosso (CC, arts. 922 e 923 e §§ 1º e 2º). • Obtenção de novo título pelo adquirente, em seu nome, se o original contiver o nome do primitivo proprietário (CC, art. 923, § 3º). • Possibilidade de transformação do título nominativo em à ordem ou ao portador (CC, art. 924). • Produção de efeito de qualquer negócio ou medida judicial, que tenha por objeto o título, apenas perante o emitente, desde que haja averbação no seu registro (CC, art. 926). • Maior segurança nas relações cambiárias (CC, art. 925).

3. Obrigações por atos ilícitos

A. Ato ilícito como fonte obrigacional

O ato ilícito (CC, arts. 186 e 187) é o praticado em desacordo com a ordem jurídica, violando direito subjetivo individual. Causa dano a outrem, criando o dever de reparar tal prejuízo (CC, art. 927). Deveras, dispõe o Código Civil, no art. 927, que "aquele que, por ato ilícito (arts. 186 e 187), causar dano a outrem, fica obrigado a repará-lo"[46]. Os bens do responsável pela ofensa do direito de outrem sujeitar-se-ão à reparação do prejuízo causado, e se aquela violação tiver mais de um autor, todos terão responsabilidade solidária pela reparação; logo, o lesado poderá exigir de qualquer dos coautores a indenização a que faz jus (CC, art. 942). E, além disso, o direito de o lesado exigir a reparação, bem como o dever de prestá-la são transmissíveis aos seus herdeiros, que por eles responderão até os limites das forças da herança (CC, art. 943 c/c art. 1.792).

Se ocorrer perda ou deterioração de bem alheio, ou lesão a pessoa, com o escopo de remover perigo iminente (CC, art. 188, II) provocado por culpa de terceiro, contra este terá o autor do dano ação de regresso para haver o *quantum* com que ressarciu o lesado (CC, art. 930). Haverá também ação regressiva contra aquele em defesa de quem se causou o dano (CC, arts. 930, parágrafo único, e 188, I).

São elementos indispensáveis à configuração do ato ilícito:

46. E, pelo PL n. 699/2011, ao acrescentar parágrafo ao art. 927, estendem-se os princípios de responsabilidade às relações de família, visto que nelas existem várias situações em que os deveres de família são violados com desrespeito aos direitos da personalidade dos envolvidos naquelas relações, acarretando, como diz Regina Beatriz Tavares da Silva, graves danos e ferindo o respeito à dignidade da pessoa humana.

1º) *fato lesivo voluntário*, ou imputável, causado pelo agente por ação ou omissão voluntária (dolo), negligência, imprudência ou imperícia (culpa), que viole um direito subjetivo individual. É necessário, portanto, que o infrator tenha conhecimento da ilicitude de seu ato, agindo com dolo, se intencionalmente procura prejudicar outrem, ou culpa, se, consciente dos prejuízos que advêm de seu ato, assume o risco de provocar o dano, sem qualquer deliberação de violar um dever;

2º) *ocorrência de um dano*, pois, para que haja pagamento da indenização pleiteada, além da prova ou do dolo do agente, é necessário comprovar a ocorrência de um dano patrimonial ou moral (*RT*, *436*:97, *433*:88, *368*:181, *458*:20, *434*:101; *Bol. AASP*, *1.865*:109; *RTJ*, *39*:38, *41*:844; *RF*, *221*:200), fundados não na índole dos direitos subjetivos afetados, mas nos efeitos da lesão jurídica e no interesse, que é pressuposto daqueles direitos. O dano patrimonial compreende o dano emergente e o lucro cessante, ou seja, a efetiva diminuição no patrimônio da vítima e o que ela deixou de ganhar (*RT*, *490*:94, *507*:201, *509*:69). O dano é a lesão (diminuição ou destruição) que, devido a um certo evento, sofre uma pessoa, contra a sua vontade, em qualquer bem ou interesse jurídico, patrimonial ou não. Não haverá responsabilidade civil sem a existência de um dano a um bem jurídico, sendo necessária a prova real e concreta dessa lesão. P. ex.: se houver um abalroamento de veículos, a vítima deverá provar a culpa do agente e apresentar as notas fiscais idôneas do conserto, não havendo necessidade de vistoria prévia (*RT*, *508*:90, *481*:88, *425*:188). Admite-se que o dono do veículo abalroado promova desde logo os reparos e venha posteriormente cobrar os gastos feitos, provando-os por meio de orçamentos prévios (*RT*, *478*:92). Se se provar que o autor não teve condições para consertar seu veículo, obrigando-se a vender o seu instrumento de trabalho, impor-se-á, à custa do réu, causador do fato, a condenação em lucros cessantes (*RT*, *470*:241). Improcede, portanto, pedido de perdas e danos quando não provado o prejuízo em decorrência do ato ilícito (*RT*, *457*:189);

3º) *nexo de causalidade entre o dano e o comportamento do agente*, visto que a responsabilidade civil não poderá existir sem a relação de causalidade entre o dano e a conduta ilícita do agente (*RT*, *224*:155, *466*:68, *477*:247, *463*:244). Não haverá esse nexo se o evento se der: *a*) por culpa exclusiva da vítima, mas, se houver culpa concorrente da vítima (*RT*, *477*:111, *481*:211, *480*:88; *AJ*, *107*:604), a indenização será devida por metade (*RT*, *226*:181) ou diminuída proporcionalmente (*RT*, *231*:513), em razão da culpa bilateral da vítima e do agente; *b*) por força maior ou caso fortuito (CC, art. 393), cessando, então, a responsabilidade, porque esses fatos eliminam a culpabilidade, ante a sua inevitabilidade (*RT*, *479*:73, *469*:84, *477*:104).

A obrigação de indenizar (CC, art. 927, 2ª alínea) é a consequência jurídica do ato ilícito (CC, arts. 927 a 954). O Código Civil, ao prever as hipóteses de responsabilidade civil por atos ilícitos, consagrou a teoria objetiva em vários momentos, como nos arts. 927, parágrafo único, 929, 930, 933 e 938, substituindo a culpa pela ideia do risco-proveito (*RT*, *433*:96). Há responsabilidade objetiva quando a atividade desenvolvida pelo autor do dano implicar, por sua natureza, risco aos direitos de outrem (fabricação de explosivos, distribuição de gasolina etc.). O mesmo se diz dos casos: *a*) previstos no Código Brasileiro de Aeronáutica (Lei n. 7.565, de 19-12-1986) (*RF*, *154*:158; *RT*, *520*:140); *b*) do hoteleiro, pelo furto de valores praticado por empregados contra hóspedes (CC, art. 649, parágrafo único; *RT*, *222*:537); *c*) do banco, que paga cheque falsificado (*RT*, *481*:130, *169*:614, *514*:120, *508*:223, *185*:319, *547*:190, *193*:830; Súmula 28 do STF). Quando a responsabilidade é determinada sem culpa, o ato não pode ser considerado ilícito. Apesar dos progressos dessa teoria, a necessidade de culpa para haver responsabilidade, preconizada pela teoria subjetiva, continua a ser a regra geral, exigindo, por parte da vítima, a prova da culpa do agente, dos prejuízos sofridos e a existência da relação de causalidade entre o comportamento do agente e o dano causado.

É de ordem pública o princípio que obriga o autor do ato ilícito a se responsabilizar pelo prejuízo que causou, indenizando-o. Os bens do responsável pelo ato ilícito ficarão, como já foi dito, sujeitos à reparação do prejuízo causado, e, se a ofensa tiver mais de um autor, todos responderão solidariamente pela reparação, por meio de seus bens, de tal maneira que ao titular da ação de indenização caberá opção entre acionar apenas um ou todos ao mesmo tempo (*RT*, *432*:88; *AJ*, *107*:101; CC, art. 942 e parágrafo único). Não obstante, admitem-se casos em que há responsabilidade objetiva por ato de terceiro, sendo que essa responsabilidade indireta se caracteriza mesmo se não houver prova da concorrência de culpa do responsável e do agente para o evento danoso. P. ex.: a culpa do patrão, por ato de seu empregado (*RT*, *468*:204, *480*:767), pouco importando se o escolheu mal (*culpa in eligendo*) ou se não o vigiou de modo devido (*culpa in vigilando*) (CC, arts. 932, III, e 933). Para que a vítima do dano causado pelo empregado possa incluir o empregador na lide, não terá de provar a culpa do agente direto do dano nem a concorrência de culpa do patrão, que o escolheu mal ou não o vigiou. A jurisprudência (*RT*, *238*:26; Súmula 341 do STF) já havia entendido que bastava a presunção de culpa do patrão, no prejuízo causado por ato de seu empregado, para que ele fosse responsabilizado pela indenização à vítima.

O ato ilícito cria, portanto, para o autor a obrigação de reparar danos por ele causados a terceiro. Essa obrigação recebe a denominação de responsabilidade civil. Portanto, a responsabilidade civil é a obrigação de reparar dano causado a outrem por fato de que é autor direto ou indireto. A responsabilidade civil é, portanto, a aplicação de medidas que obriguem uma pessoa a reparar dano moral ou patrimonial causado a terceiros, em razão de ato por ela mesma praticado, por pessoa por quem ela responde, por alguma coisa a ela pertencente ou por simples imposição legal. Tal reparação deve abranger perdas e danos, atualização monetária e juros (CC, art. 398), custas processuais e honorários advocatícios (CPC, art. 85, § 9º).

A responsabilidade civil poderá ser: *a*) contratual, se provier da falta de cumprimento de obrigações contratuais ou da mora no adimplemento de qualquer relação obrigacional resultante de ato negocial; *b*) extracontratual, se se fundar num ilícito extracontratual, isto é, na violação de um dever genérico de abstenção ou de um dever jurídico geral, como os correspondentes aos direitos reais e aos direitos de personalidade. Nosso Código Civil cuida da responsabilidade contratual nos arts. 389 a 416, e regula a extracontratual nos arts. 186, 188, I e II, e 927 a 954, da qual trataremos neste item[47].

---

47. Neagu, *Contribution à l'étude de la faute subjective dans la responsabilité civile*, Paris, 1927; Savatier, *Traité de la responsabilité civile*, 2. ed., 1951, v. 1, p. 1; M. Helena Diniz, *Curso de direito civil brasileiro*, São Paulo, Saraiva, 1982, v. 1, p. 268-72; Yussef Said Cahali, Culpa (Direito civil), in *Enciclopédia Saraiva do Direito*, v. 22, p. 24; Silvio Rodrigues, op. cit., v. 1, p. 343-9; Bassil Dower, op. cit., p. 309-310; Orlando Gomes, op. cit., p. 309-38; W. Barros Monteiro, op. cit., p. 391-9; Antunes Varela, op. cit., p. 206-33; Lomonaco, *Istituzioni di diritto civile italiano*, v. 5, p. 179; Wilson Melo da Silva, *O dano moral e sua reparação*, 2. ed., Rio de Janeiro, Forense, 1966; Artur Oscar de Oliveira Deda, Dano moral, in *Enciclopédia Saraiva do Direito*, v. 22, p. 279-92; Alcino de Paula Salazar, *Reparação do dano moral*, Rio de Janeiro, 1943. Sobre a culpa aquiliana ou extracontratual, *vide*: *RT*, *372*:323, *440*:74, *438*:109, *440*:95. Relativamente à questão da responsabilidade civil, consulte ainda: Sourdat, *Traité de la responsabilité civile*, 6. ed., t. 1, n. 1; Brun, *Rapports et domaines des responsabilités contractuelle et délictuelle*, Sirey, 1931; Serpa Lopes, op. cit., p. 186-272; Caio M. S. Pereira, op. cit., p. 500-2; Marty, La rélation de cause et effet comme condition de la responsabilité civile, *Revue Trimestrielle de Droit Civil*, p. 685 e s., 1939; Pirson e De Ville, *Traité de la responsabilité civile extracontractuelle*, Bruxelles, Émile Bruylant, 1935, t. 1, p. 5; Cammarota, *Responsabilidad extracontractual*, Buenos Aires, Depalma, 1947, 2 v.; Henri Lalou, *Traité pratique de la responsabilité civile*, 5. ed., Paris, 1955; Mazeaud e Tunc, *Traité de la responsabilité civile*, 5. ed., Ed. Montchrétien, 1957, 3 v.; Peirano Facio, *Responsabilidad extracontractual*, Montevideo, 1954; Starck, *Essai d'une théorie de la responsabilité civile, considerée en sa double fonction de garantie et de peine privée*, 2. ed., Paris, 1947; Marton, *Les fondements de la responsabilité civile*, Sirey, 1937, 2 v.; Paul Esmein, Le fondement de la responsabilité contractuelle rapproché de la responsabilité délictuelle, *Revue Trimestrielle de Droit Civil*, p. 627 e s., 1933; Paulo Luiz Netto Lôbo, *Direito das obrigações*, cit., p. 127-88; Ghersi, *Teoría general de la reparación de daños*, Buenos Aires, Astrea, 1997; Giselda M. F. Novaes Hironaka, Tendências atuais de responsabilidade civil – marcos teóricos para

B. Responsabilidade complexa

b.1. Noção

A *responsabilidade simples* ou por fato próprio é a que decorre de um fato pessoal do causador do dano, resultando, portanto, de uma ação direta de uma pessoa, ligada à violação ao direito ou ao prejuízo ao patrimônio por um ato culposo ou doloso.

A *responsabilidade complexa*, por sua vez, apenas indiretamente poderá ser vinculada ao responsável, em desconformidade com o princípio geral de que o homem só é responsável pelos prejuízos causados diretamente por ele e por seu fato pessoal, representando uma exceção ao princípio geral da responsabilidade; por isso, só poderá ser encarada dentro dos termos previstos em lei. Compreende duas modalidades: 1ª) a responsabilidade por fato alheio; 2ª) a responsabilidade pelo fato das coisas[48].

b.2. Responsabilidade por fato de outrem

Outrora, na responsabilidade por fato de outrem havia uma presunção legal de culpa de determinadas pessoas se outras praticassem atos danosos. Baseava-se, portanto, na culpa presumida. Desse modo, a culpa

---

o direito do século XXI, *Revista Brasileira de Direito Comparado, 19*:189-206; *Responsabilidade pressuposta*, tese de livre-docência apresentada na USP, 2002; Luiz Roldão de F. Gomes, Tendências atuais da responsabilidade civil, *Revista Brasileira de Direito Comparado, 19*:95-102; Rui Stocco, A responsabilidade civil, in *O novo Código Civil – estudos em homenagem a Miguel Reale*, São Paulo, LTr, 2003, p. 780 e s. "Os princípios da responsabilidade civil aplicam-se às relações familiares" (§ 2º a ser acrescentado ao art. 927 pelo Projeto de Lei n. 699/2011), pois violação aos deveres de família; ofensa aos direitos da personalidade dos cônjuges, companheiros e prole; sevícias; injúria grave; contaminação por doença venérea; abandono moral e material; negação à prestação de alimentos; recusa ao débito conjugal e ao reconhecimento da paternidade etc. acarretarão dano moral e patrimonial suscetível de reparação (Regina Beatriz Tavares da Silva, *Reparação na separação e no divórcio*, São Paulo, Saraiva, 1999, p. 76-9, 153, 163 a 165); Mário Moacyr Porto, Responsabilidade civil entre marido e mulher, in *Responsabilidade civil: doutrina e jurisprudência* (coord. Cahali), São Paulo, Saraiva, 1984, p. 203 e s.; *RJTJSP, 235*:47; *RT, 765*:191; *RJ, 232*:71. *Vide*: CC, art. 206, § 3º, V.

Pelo Enunciado n. 377 do CJF (aprovado na IV Jornada de Direito Civil): "O art. 7º, inc. XXVIII, da Constituição Federal não é impedimento para a aplicação do disposto no art. 927, parágrafo único, do Código Civil quando se tratar de atividade de risco".

48. Serpa Lopes, op. cit., p. 256, 257 e 267; Lefebvre, *La responsabilité civile du fait d'autrui et du fait des choses*, Paris, 1941.

do autor do prejuízo acarretava a da pessoa sob cuja direção se encontrasse, pois ela tinha de exercer o dever de vigilância constantemente em relação às pessoas que estivessem sob sua direção, de tal sorte que haveria uma responsabilidade por infração dos deveres de vigilância. Nosso Código Civil (arts. 932 e 933) instaura a responsabilidade civil objetiva por fato de outrem.

Os casos dessa responsabilidade estão arrolados no Código Civil, art. 932, que responsabiliza pela reparação civil:

1º) *Os pais, pelos filhos menores que estiverem sob sua autoridade e em sua companhia.* Quem exerce o poder familiar responderá pelos atos do filho menor que estiver em seu poder e companhia, pois, se estiver em companhia de outrem (p. ex., internado em colégio), a responsabilidade cabe àquele a quem incumbe o dever de vigilância. Os pais não escaparão da responsabilidade mesmo se comprovarem ausência de culpa. Isso porque não mais se trata de presunção *juris et de jure*, insuscetível de ser afastada se o pai demonstrar que sua conduta foi incensurável quanto à vigilância e educação do menor (*RT*, *490*:89). A lei consagra a responsabilidade civil objetiva dos pais (CC, arts. 932, I, e 933). Assim sendo, a jurisprudência tem entendido que estarão sujeitos a reparar o prejuízo: *a*) se permitirem ao filho menor sair de automóvel, sem carta de habilitação, de modo que, em caso de acidente de trânsito, o prejudicado poderá acioná-lo para receber a indenização (*RT*, *492*:117, *234*:223, *245*:413, *279*:280; *RF*, *165*:252); *b*) se não exercerem a devida vigilância em torno do filho menor, possibilitando que ele pratique crime sexual, p. ex., violência sexual mediante fraude, estupro etc.; pois poderão ser compelidos a indenizar a vítima; *c*) se não velarem pelo menor, possibilitando que ele pratique algum delito, como furto, lesão corporal (*RT*, *492*:68) etc. Todavia, pelo Código Civil, art. 928 e parágrafo único, o incapaz responde pelos prejuízos que causar, se a pessoa por ele responsável não tiver obrigação de o fazer (p. ex., por não ser o genitor-guardião) ou não dispuser de meios suficientes. Tal indenização, que deverá ser equitativa, não terá lugar se privar do necessário o incapaz ou as pessoas que dele dependem. Limita, assim, a lei a responsabilidade patrimonial do lesante, pois primeiro responderá o responsável com seus bens e os do incapaz apenas subsidiariamente para garantir, em certa medida, a reparação do dano causado. Haverá mitigação da indenização e até mesmo sua exclusão quando privar o incapaz dos meios necessários à sua subsistência. Trata-se da aplicação do princípio da responsabilidade subsidiária e mitigada. Com isso haverá risco de dano sem ressarcimento, pelo que se entendeu ser mais razoável que os pais se responsabilizassem solidariamente com os lesantes: seus filhos (CC, art. 942, parágrafo único). Pode haver também, além da solidariedade ante pai e filho, cumulação da responsabilidade paterna com a de terceiros, p. ex., lesão corporal causada por menor a outrem com arma emprestada. Responderão, solidariamente, o menor, seus pais e terceiro que emprestou a arma (*RJTJRS, 90*:285). Pelo Projeto de Lei n. 699/2011, o art. 928, *caput*, passará a ter a seguinte redação: "O incapaz responde pelos prejuízos que causar, observado o disposto no art. 932 e no parágrafo único do art. 942". Entretanto, ao se indenizar o prejuízo causado dever-se-á levar em conta os recursos financeiros tanto dos genitores como dos filhos (lesantes), não privando estes últimos de meios para sua subsistência (CC, art. 928, parágrafo único).

2º) *O tutor e o curador pelos atos praticados pelos pupilos e curatelados* (CC, art. 932, II). Assim, se o tutelado ou curatelado praticar ato danoso, o tutor, ou curador, poderá ser demandado pelo ofendido que pretenda receber a reparação, mesmo se provar ausência de culpa (CC, art. 933), mas se não dispuser de recursos suficientes para tanto, o incapaz responderá subsidiária e mitigadamente se a indenização não o privar dos meios necessários à sua sobrevivência (CC, art. 928 e parágrafo único). A responsabilidade do tutor e do curador decorre de um múnus público, daí ser objetiva e solidária (CC, art. 942, parágrafo único).

3º) *O empregador ou comitente, por seus empregados, serviçais e prepostos, no exercício do trabalho que lhes competir ou por ocasião dele* (CC, art. 932, III). Tal responsabilidade é extensiva aos empresários e às pessoas jurídicas que exercerem exploração industrial independentemente de culpa pelos danos causados pelos produtos postos em circulação (CC, art. 931) ou, acrescenta o PL n. 699/2011, pelos serviços prestados. Com isso procura a lei fazer com que o patrão vigie, instrua e faça uma seleção de seus empregados, pois mesmo que não haja culpa de sua parte, responderá, solidária e objetivamente, pelos atos lesivos por eles praticados (CC, arts. 933 e 942, parágrafo único). Haverá responsabilidade do patrão ou comitente se: *a*) houver um prejuízo causado a terceiro por fato do preposto; *b*) o preposto agiu no exercício de suas funções (*RT, 494*:201); *c*) houver culpa do preposto. Os empregados, serviçais ou prepostos são pessoas que trabalham sob a direção do patrão. A relação entre comitente e preposto assenta-se numa comissão, ou seja, no serviço realizado por conta e sob a direção de outrem. Já se decidiu que (Súmula 341 do STF) "é presumida a culpa do patrão ou comitente pelo ato culposo do empregado ou preposto"; logo, o ofendido não mais deverá comprovar a culpa concorrente do patrão, porém apenas demonstrar a existência do dano e que este foi causado por culpa do preposto. Provado o dano e o ato lesivo do empregado, haverá responsabilidade do patrão, desde que o empregado se encontrasse a serviço, no exercício do trabalho, ou por ocasião dele (*RT*, *533*:106, *510*:68, *536*:117, *465*:158, *486*:74, *495*:101, *508*:90, *542*:232, *544*:233, *612*:87, *667*:107, *728*:340; *EJSTJ*, *24*:127; *JB*, *166*:179). Assim, o patrão só se isentará de responsabilidade se tiver a seu favor alguma das escusas legais (*RT*, *512*:229). Não há mais que se falar em culpa presumida e sim em responsabilidade civil objetiva. Melhor seria que respondesse pelo risco de sua atividade (CC, art. 927, parágrafo único). Pelo Código de Defesa do Consumidor, sendo a relação de consumo, haverá responsabilidade objetiva do fornecedor de produtos e serviços.

4º) *Os donos de hotéis, hospedarias, casas ou estabelecimentos, onde se albergue por dinheiro, mesmo para fins de educação, pelos seus hóspedes, moradores e educandos, não mais por presunção* juris tantum *de culpa* in vigilando *e* in eligendo (*RT*, *472*:84; *591*:173; *JTJSP*, *160*:42), tendo responsabilidade objetiva e solidária (CC, arts. 932, IV, 933 e 942, parágrafo único).

5º) *Os que gratuitamente houverem participado nos produtos do crime, até à concorrente quantia*, de forma que, aqueles que embora não tenham participado do delito receberam o seu produto, deverão restituí-lo (CC, arts. 932, V, 933 e 942, parágrafo único), para evitar enriquecimento indevido; cabível será a ação *in rem verso*.

Como se vê, o fato de terceiro não exclui a responsabilidade, mas aquele que ressarcir o dano causado por outrem, se este não for seu descendente, absoluta ou relativamente incapaz, poderá reaver o que pagou (CC, art. 934; *RT*, *523*:101, *666*:200). O direito regressivo só deixará de existir quando o causador do prejuízo for um descendente, resguardando-se, assim, um princípio de solidariedade moral pertinente à família[49].

---

49. Orlando Gomes, op. cit., p. 350-62; Serpa Lopes, op. cit., p. 272-85; Bassil Dower, op. cit., p. 310-5; Sourdat, *Traité général de la responsabilité*, 6. ed., Paris, 1911, v. 2, p. 4 e 72; W. Barros Monteiro, op. cit., p. 399-402; Zingher, *De la responsabilité civile du commettant*, Paris, 1923, p. 14 e 18; Antunes Varela, op. cit., p. 233-6; Carvalho Santos, *Código Civil brasileiro interpretado*, t. 20, p. 289; Caio M. S. Pereira, op. cit., p. 502-4; Pontes de Miranda, *Tratado*, cit., 1966, t. 53, p. 136; M. Helena Diniz, *Curso de direito civil brasileiro*, São Paulo, Saraiva, 1984, v. 7, p. 342-51; Responsabilidade civil do empregador por ato lesivo de empregado na Lei n. 10.406/2002, *Revista do Advogado*, *70*: 65-71; STF, Súmula 492; Código Civil, arts. 649, parágrafo único, e 650; Estatuto da Criança e do Adolescente, arts. 149, II, *b*,

b.3. Responsabilidade pelo fato das coisas

A responsabilidade pelo fato das coisas é aquela resultante de dano ocasionado pela coisa, em razão de um defeito próprio, sem que para tal prejuízo tenha concorrido diretamente a conduta humana.

A responsabilidade pelo fato das coisas se constitui em quatro modalidades, abrangendo:

1ª) *Responsabilidade pelos animais*, pois o Código Civil, art. 936, dispõe que o dono ou detentor de animal deverá ressarcir o dano por este causado a pessoas, coisas ou plantações (*RT*, *295*:428; *RF*, *192*:294; *JB*, *162*:13; CC, art. 1.297, § 3º), se não provar que: *a*) houve culpa ou imprudência do ofendido (*RT*, *257*:485) que, mesmo sabendo tratar-se de animal perigoso, dele se aproximou sem as necessárias cautelas, como, p. ex., no caso de a pessoa ter açulado o cão que a mordeu; *b*) o fato resultou de caso fortuito ou força maior (*RT*, *406*:138). Há, portanto, inversão do *onus probandi*.

Percebe-se que a responsabilidade do dono ou detentor de animal funda-se na ideia de culpa *in custodiendo* presumida, devendo, para dela se eximir, provar qualquer das circunstâncias arroladas no art. 936 (*RT*, *780*:270, *715*:178, *446*:101, *535*:111, *526*:60, *495*:217, *465*:77, *458*:199, *444*:81, *526*:79, *523*:96, *518*:228, *508*:193, *493*:54, *464*:92, *462*:256). Daí ser uma presunção *juris tantum*, ilidível pela prova da culpa da vítima e da ocorrência de força maior ou caso fortuito. Além da responsabilidade civil, há a penal, pois a Lei das Contravenções Penais considera como contravenção a omissão de cautela na guarda ou condução de animais (art. 31).

2ª) *Responsabilidade pela ruína de um edifício*, já que o Código Civil, art. 937, prescreve que o dono do edifício ou construção responderá pelos danos resultantes de sua ruína, se esta provier de falta de reparos, cuja necessidade fosse manifesta (*RT*, *483*:178, *474*:74, *521*:267 e *724*:326). P. ex.: se uma telha de uma casa se desprender e vier a atingir seriamente uma pessoa que passa pela rua, o proprietário terá o dever de reparar o dano, ante sua omissão de reparar o prédio. Sem se eximir do dever de indenizar, o dono do edifício terá ação regressiva contra o construtor, se o defeito for de construção, p. ex., queda de argamassa (*RT*, *412*:160) ou resultar de falha técnica, ou contra o locatário, se o contrato lhe tiver transferido o de-

---

e 60 a 69; Decreto-Lei n. 32/66, art. 97, parágrafo único (revogado pela Lei n. 7.565/86); Código de Mineração, art. 27; Decreto Legislativo n. 2.681/2012; Decreto n. 59.193/66, art. 11, § 1º (revogado pelo Decreto n. 73.845/74); Código de Processo Penal, art. 64; Código Penal, art. 91, II.

ver de reparar o prédio. Constitui contravenção penal (Dec.-Lei n. 3.688/41, art. 30) omitir providência reclamada pelo estado ruinoso da construção. Se a pessoa lesada ou o dono da coisa, em caso de deterioração ou destruição de coisa alheia, ou de lesão a pessoa, a fim de remover perigo iminente, não forem culpados do perigo, assistir-lhes-á direito à indenização do prejuízo que sofreram (CC, art. 929). A jurisprudência, ainda, deverá averiguar os casos de atividade perigosa na área de construção civil que cause dano a outrem, engendrando, por força do art. 927, parágrafo único, do Código Civil, responsabilidade civil objetiva. E se aquele perigo se der por culpa de terceiro, contra este terá o autor do dano ação regressiva para haver a importância que tiver ressarcido ao lesado (CC, art. 930).

3ª) *Responsabilidade pelos danos oriundos de coisas que caírem de um prédio ou dele forem lançadas em lugar indevido.* Realmente, o Código Civil, art. 938, estatui que aquele que habitar um prédio, ou parte dele, responderá pelo dano proveniente das coisas sólidas (*dejectis*) ou líquidas (*effusis*) que dele caírem ou forem lançadas em lugar indevido (*RT*, *528*:62, *507*:84, *506*:256; *RF*, *143*:350; *JB*, *166*:285), fundando-se na obrigação geral, a que todos estão sujeitos, de não colocar em risco a segurança da coletividade. O condomínio responderá pela queda de objetos, quando não se puder identificar de qual apartamento caíram (*RT*, *530*:212, *714*:153; *JTACSP*, *87*:138; *RJTJSP*, *116*:259, *89*:173). A responsabilidade é objetiva. Bastará a prova da relação de causalidade entre a queda de uma coisa e o dano por ela experimentado, para que haja responsabilidade civil do condomínio (*RT*, *714*:153) ou do morador do prédio (*RT*, *528*:62; *RJTJSP*, *124*:165) de onde o objeto caiu.

Pelo art. 37 do Decreto-Lei n. 3.688/41, o arremesso ou derramamento em via pública, ou em lugar de uso comum, ou de uso alheio, de coisa que possa ofender, sujar ou molestar alguém constituirá contravenção penal. Ficará seu autor sujeito a multa; na mesma pena incorrerá quem, sem as devidas cautelas, colocar ou deixar suspenso objeto que, caindo em via pública ou em local de uso comum ou de uso alheio, possa ofender, sujar ou molestar alguém. A responsabilidade do ocupante da casa não alcançará prejuízos provocados por força maior ou caso fortuito, como queda de objeto provocada por ventania, tromba-d'água etc.[50].

---

50. André Besson, *La notion de garde dans la responsabilité du fait des choses*, Dijon, 1927; Caio M. S. Pereira, op. cit., p. 508 e 509; Serpa Lopes, op. cit., p. 296-310; Bassil Dower,

4ª) *Responsabilidade objetiva, salvo casos previstos em lei especial, dos empresários individuais e empresas pelos danos causados pelos produtos colocados em circulação* (CC, art. 931) à vida, à integridade física, à saúde de terceiro. Se a atividade exercida por eles configurar relação de consumo, reger-se-á pelo Código de Defesa do Consumidor. Mas, pelo Enunciado n. 378 do CJF (aprovado na IV Jornada de Direito Civil), aplica-se o art. 931 do Código Civil, haja ou não relação de consumo.

C. Responsabilidade do demandante por dívida não vencida ou já solvida

Quanto à responsabilidade do demandante por *dívida não vencida*, reza o art. 939 do Código Civil que: "O credor que demandar o devedor antes de vencida a dívida, fora dos casos em que a lei o permita, ficará obrigado a esperar o tempo que faltava para o vencimento, a descontar os juros correspondentes, embora estipulados, e a pagar as custas em dobro". Ter-se-á aqui questão do excesso de pedido, em que o autor, movendo ação de cobrança de dívida, pede mais do que aquilo a que faz jus. Por isso, o demandante de má-fé deverá esperar o tempo que falta para o vencimento, descontar os juros correspondentes e pagar as custas em dobro. Se agiu de boa-fé, deverá pagar tão somente as custas vencidas na ação de cobrança, de que decairá, por ser intempestiva. Tal não ocorrerá se se tratar de hipóteses em que se tem o vencimento antecipado das obrigações (CC, arts. 1.425 e 333; Lei de Falências, art. 25; Lei n. 6.024/74, art. 18, *b*).

A responsabilidade de quem demandar por *dívida já solvida*, no todo ou em parte, sem ressalvar as quantias recebidas, ou pedir mais do que for devido, reger-se-á pelo art. 940 do Código Civil. Por esta disposição legal, o demandante de má-fé (*RT*, *467*:198, *520*:213, *406*:146, *481*:78; *RJTJSP*, *41*:43; *RF*, *87*:177, *140*:560, *183*:95; *EJSTJ*, *11*:211, *15*:220 e 221; *Ciência Jurídica*, *57*:96, *64*:67; *Bol. AASP*, *1.923*:349, *1.953*:169; STF, Súmula 159) ficará obrigado a pagar ao devedor, no primeiro caso, o dobro do que houver

---

op. cit., p. 319-21; Cozzi, *La responsabilità civile per danni di cose*, CEDAM, 1935; Orlando Gomes, op. cit., p. 362-4 e 374-7; Antunes Varela, op. cit., p. 236-9; W. Barros Monteiro, op. cit., p. 406-9; Goldman, *De la détermination du gardien responsable du fait des choses inanimées*, Sirey, 1947; Pierre Harven, De la responsabilité du fait des choses, *Premier Congrès International de l'Association Henri Capitant*, Québec-Montréal, 1931, p. 584-5; Código Civil, arts. 1.297, § 1º, e 1.280; Código Penal, art. 256; CPC, art. 1.063; LJE (art. 3º, II).

cobrado, e, no segundo, o equivalente do que dele exigir, salvo se houver prescrição. Deveras, se, em caso de relação de consumo, se cobrar quantia indevida, o consumidor terá direito à repetição do indébito, por valor igual ao dobro do que pagou em excesso, acrescido de correção monetária e juros legais, salvo hipótese de engano justificável (Lei n. 8.078/90, art. 42, parágrafo único).

Esse artigo estabelece uma sanção civil de direito material ou substantivo, e não de direito formal ou adjetivo contra demandantes abusivos. Trata da responsabilidade civil do demandante por dívida já solvida, punindo o ato ilícito da cobrança indébita. Essa responsabilidade civil constitui uma sanção civil, por decorrer de infração de norma de direito privado, cujo objetivo é o interesse particular e, em sua natureza, é compensatória, por abranger reparação de dano, sendo uma forma de liquidação do prejuízo decorrente de cobrança indevida. Por isso tem dupla função: garantir o direito do lesado à segurança, protegendo-o contra exigências descabidas, e servir de meio de reparar o dano, exonerando o lesado do ônus de provar a ocorrência da lesão. O Código de Processo Civil, arts. 79 a 81, alude à responsabilidade das partes litigantes por dolo processual, impondo indenização na seara do direito adjetivo. Refere-se ao dano processual e sua composição. Assim sendo, não há que se falar em absorção do art. 940 do Código Civil pelos arts. 79 a 81 do Código de Processo Civil. Há uma relação de complementação entre esses artigos, pois eles não se excluem, mas se completam, pois fixam a forma de reparação por perdas e danos. Ensina-nos Carlos Roberto Gonçalves que a pena do art. 940 do Código Civil deve ser pedida em ação autônoma ou na reconvenção (*RJTJSP*, *106*:136), mas a condenação do litigante de má-fé por perdas e danos (CPC, arts. 79 a 81) pode dar-se na própria ação em que se verificou (*RTJ*, *110*:1127), embora haja julgado admitindo sua imposição *ex officio* pelo órgão judicante (*RT*, *507*:201; *JTACSP*, *90*:333, *108*:406), e deve ser arbitrada em porcentagem sobre o valor da causa ou da condenação.

O suporte fático da cobrança a que se refere o art. 940 do Código Civil é a *dívida*. É preciso assinalar que se deve repelir toda e qualquer interpretação extensiva dessa norma por conter pena rigorosa. Além disso, sob o prisma lógico não será considerado como bom critério interpretativo aquele que implicasse inculcar, em desfavor de uma parte, ônus excessivos, extraindo do art. 940 do Código Civil vantagens desmesuradas para uma das partes, lançando encargos demasiados às costas da outra. Ao interpretar o art. 940 do Código Civil, dada a suma gravidade da pena nele prevista, deve-se buscar o seu sentido e alcance pondo-o em conexão com as normas, fatos e valores que compõem o direito, levando em conta o precedente e o subsequente comportamento dos litigantes. É imprescindível que se entendam os termos do art. 940 de modo que realizem equânime temperamento dos interesses em jogo. Ante o rigor da penalidade imposta por esse dispositivo legal, deve-se interpretá-lo restritivamente, limitando sua incidência, impedindo a produção de seus efeitos indesejáveis ou injustos.

O art. 940 do Código Civil trata do excesso de pedido, ou seja, do caso de *re plus petitur*, com o escopo de impedir que se cobre, pela segunda vez, dívida já paga (*Rev. de Direito*, *59*:593), e só será aplicável mediante prova irrefragável e inconcussa de má-fé do credor (*RT*, *407*:132, *581*:159, *585*:99), devido à gravidade da penalidade que impõe. O Enunciado n. 32 do Centro de Estudos e Debates do extinto 2º TACSP prescrevia: "A penalidade por litigância de má-fé pode ser imposta pelo juiz, de ofício, respeitado o limite de 20% do valor atualizado da causa, mas a indenização dos prejuízos, excedente desse limite, depende de pedido expresso da parte, submete-se ao princípio do contraditório e é liquidável por arbitramento" (CPC/73, art. 18, §§ 1º e 2º – atual art. 81, §§ 1º e 3º). Nossos tribunais não aplicaram, com frequência, o art. 1.531 do Código Civil de 1916, correspondente ao art. 940 do Código Civil vigente, porque, pelo rigor de sua pena, podia acarretar injustiças, levando, em certos casos, o réu à miséria. E, pela redação do art. 81 do Código de Processo Civil de 2015, o juiz ou tribunal, de ofício ou a requerimento, condenará o litigante de má-fé a pagar multa, que deverá ser superior a 1% e inferior a 10% do valor corrigido da causa e a indenizar a parte contrária dos prejuízos sofridos mais honorários advocatícios e todas as despesas que efetuou.

Entretanto, não se aplicarão as penas dos arts. 939 e 940 quando o autor desistir da ação antes de contestada a lide, salvo ao réu o direito de haver indenização por algum prejuízo que prove ter sofrido (CC, art. 941). Conforme o Código de Processo Civil, art. 485, § 4º, oferecida a contestação, o autor não poderá, sem o consentimento do réu, desistir da ação[51].

---

51. W. Barros Monteiro, op. cit., p. 409 e 410; Bassil Dower, op. cit., p. 321 e 322; Caio M. S. Pereira, op. cit., p. 509 e 510; Starck, *Essai d'une théorie générale de la responsabilité civile considerée en sa double fonction de garantie et de peine privée*, Paris, 1947; Pontes de Miranda, *Tratado de direito privado*, 3. ed., t. 54, p. 51; *Manual de direito civil brasileiro*, v. 16, p. 487; José de Aguiar Dias, *Da responsabilidade civil*, 1979, v. 2, p. 97; Clito Fornaciari, O advogado e a litigância de má-fé, *Petição inicial*, *4*:9; M. H. Diniz, *Curso de direito civil*, cit., v. 7, p. 7, 8, 51 e 185, Análise hermenêutica do art. 1.531 do Código Civil [de 1916] e dos arts. 16 a 18 do Código de Processo Civil, *Jurisprudência*

D. Efeito no cível da decisão prolatada no crime

Preceitua o nosso Código Civil, no art. 935, que "A responsabilidade civil é independente da criminal, não se podendo questionar mais sobre a existência do fato, ou sobre quem seja o seu autor, quando estas questões se acharem decididas no juízo criminal".

Com isso, estabelece a independência da responsabilidade civil em relação à criminal, ante a diversidade dos campos de ação da lei civil e da lei penal. A civil procura proteger interesses de ordem privada; a penal, combater o crime, que constitui violação da ordem social. Logo: *a*) o indivíduo poderá ser penalmente irresponsável, como no caso, p. ex., de ser doente mental (CP, art. 26), e, no entanto, ser obrigado à reparação civil do prejuízo que causou; *b*) a pessoa poderá ser civilmente responsável, sem ter de prestar contas de seu ato criminalmente, como no caso, p. ex., de violar contratos, de animal que lhe pertença causar danos etc.

Todavia, se o ilícito praticado pelo agente for considerado uma infração penal, a sentença prolatada no crime fará caso julgado no cível, não mais sendo possível qualquer discussão a respeito da existência do fato, ou sobre quem seja o seu autor (CC, art. 935, 2ª alínea; CP, art. 91, I; CPP, art. 63), visto que estas questões já foram decididas no crime. Logo, enquanto o juízo criminal não tiver formado convicção sobre tais questões, os processos correrão independentemente, e as duas responsabilidades (civil e penal) poderão ser, de fato, independentemente investigadas.

No nosso direito dever-se-ão observar as seguintes regras:

a) se a sentença criminal negar a existência do fato ou a sua autoria, a justiça civil não mais poderá voltar ao assunto numa ação de reparação de dano;

b) a sentença penal que reconhecer excludente de punibilidade, como estado de necessidade, legítima defesa, exercício regular de um direito, faz coisa julgada no cível (CPP, art. 65);

Brasileira, *147*:13-15; João Batista Lopes, O juiz e a litigância de má-fé, *Revista da Escola Paulista de Magistratura*, n. 1, p. 52-8, 1996; Francisco Cesar Pinheiro Rodrigues, Indenização na litigância de má-fé, *RT*, *594*:9; Carlos Roberto Gonçalves, *Comentários ao Código Civil*, São Paulo, Saraiva, 2003, v. 11, p. 514; Ana Lúcia I. Meirelles de Oliveira, *Litigância de má-fé*, São Paulo, Revista dos Tribunais, 2000; Código Civil, art. 304; Código de Processo Civil, arts. 80 e 81); Código de Processo Penal, art. 65; CLT, arts. 793-A, 793-B, 793-C, 793-D (com redação da Lei n. 13.467/2017); *ADCOAS*, n. 91.085, 1983; *RJE*, *3*:5; *Lex*, *150*:96; *Ciência Jurídica*, *64*:67; *JSTJ*, *3*:286 e 101, *4*:267, *6*:259, *7*:182 e 223; *BAASP*, *2.732*:2002-07.

c) se o réu for absolvido no crime, porque sua culpa não foi reconhecida, nada obsta a que, no cível, seja condenado a reparar o dano, porque sua culpa, apesar de levíssima, induzirá responsabilidade civil. Daí estatuir o Código de Processo Penal, art. 66, que: "Não obstante a sentença absolutória no juízo criminal, a ação civil poderá ser proposta quando não tiver sido, categoricamente, reconhecida a inexistência material do fato". Dessa forma, não faz coisa julgada no cível a sentença do crime que não se pronunciou sobre a existência do delito ou sobre quem seja seu autor, absolvendo o réu por falta de provas;

d) a sentença de pronúncia, impronúncia ou despronúncia, proferida no juízo criminal, não impedirá que se discuta a responsabilidade civil, devido à sua provisoriedade; o mesmo ocorrerá com o despacho que arquiva inquérito policial e com o decreto que concede anistia ou perdão judicial;

e) a decisão que julgar extinta a punibilidade e a sentença absolutória que decidir que o fato imputado não constitui crime não impedirão a propositura da ação civil (CPP, art. 67);

f) a decisão, proferida no cível, atinente às questões de estado ou dominiais faz coisa julgada para o crime. Assim, num processo criminal por bigamia, a sentença dependerá da decisão que venha a declarar nulo o segundo matrimônio. O mesmo se dará nas questões alusivas à propriedade[52].

E. Liquidação das obrigações resultantes de ato ilícito

O credor tem direito de receber o que lhe é devido; daí a importância de saber se a obrigação é líquida ou ilíquida, pois se for líquida poderá haver penhora dos bens do devedor, o que será impossível se ilíquida.

A obrigação será líquida se certa quanto à sua existência e determinada quanto ao seu objeto. Deverá especificar, expressamente, a qualidade, quantidade e natureza do objeto devido; por isso, não dependerá de qualquer providência para que seja cumprida. A indenização medir-se-á pela ex-

52. Esta é a lição de W. Barros Monteiro, op. cit., p. 402-6. *Vide* ainda: Bassil Dower, op. cit., p. 316-8; Valticos, *L'autorité de la chose jugée au criminel sur le civil*, Sirey, 1953, p. 339 e s.; José Frederico Marques, *Elementos de direito processual penal*, v. 3, n. 650; Serpa Lopes, op. cit., p. 407-12; *RT*, *519*:130, *506*:106, *524*:118, *513*:120, *515*:74, *509*:231, *534*:188, *495*:87, *464*:104, *462*:83, *482*:190, *463*:198, *456*:208, *466*:67; STF, Súmula 568 (superada – *RTJ*, *127*:588).

tensão do prejuízo causado (CC, art. 944). "O art. 944, *caput*, do Código Civil não afasta a possibilidade de se reconhecer a função punitiva ou pedagógica da responsabilidade civil" (Enunciado n. 379 do CJF, aprovado na IV Jornada de Direito Civil). Pelo Enunciado n. 629 (aprovado na VIII Jornada de Direito Civil): "A indenização não inclui os prejuízos agravados, nem os que poderiam ser evitados ou reduzidos mediante esforço razoável da vítima. Os custos da mitigação devem ser considerados no cálculo da indenização". Se houver excessiva desproporção entre a gravidade da culpa e o dano, poderá o órgão judicante promover a redução equitativa do montante indenizatório (CC, art. 944, parágrafo único). "A reparação do dano moral deve constituir-se em compensação ao lesado e adequado desestímulo ao lesante" (§ 2º a ser acrescentado pelo Projeto de Lei n. 699/2011 ao art. 944 do CC). Com isso será incluído critério para quantificar o dano moral, oriundo de ofensa a direito da personalidade, uma vez que a extensão do dano é um critério voltado à reparabilidade de prejuízo material, abrangendo o dano emergente e o lucro cessante. A reparação pecuniária do dano moral deverá proporcionar ao lesado uma satisfação compensatória e desestimular a prática de atos ofensivos, inibindo conduta antissocial (*RT, 742*:320; *JTJ, 199*:59). Culpa exclusiva da vítima não dá origem ao dever de indenizar. E, assim, se a vítima concorreu, culposamente, para a ocorrência do evento danoso, a indenização fixar-se-á levando-se em conta a gravidade de sua culpa em relação à do lesante (CC, art. 945). Haverá neste caso concorrência de responsabilidade. Se, para o dano, concorreram, culposamente, lesante e lesado, tal fato não pode ser deixado de lado ao se fixar a indenização, de sorte que, ao montante global do dano sofrido, se abaterá a quota-parte que, para o órgão judicante, for imputável à culpa da vítima (*RT, 609*:112, *599*:260, *588*:188). Contudo, segundo o Enunciado n. 630 (aprovado na VIII Jornada de Direito Civil): "Culpas não se compensam. Para os efeitos do art. 945 do Código Civil, cabe observar os seguintes critérios: (i) há diminuição do *quantum* da reparação do dano causado quando, ao lado da conduta do lesante, verifica-se ação ou omissão do próprio lesado da qual resulta o dano, ou o seu agravamento, desde que (ii) reportadas ambas as condutas a um mesmo fato, ou ao mesmo fundamento de imputação, conquanto possam ser simultâneas ou sucessivas, devendo-se considerar o percentual causal do agir de cada um". Logo, se a quantia indenizatória a que tem direito o lesado não puder ser expressa por um algarismo, ou cifra, necessitando de prévia apuração do valor das perdas e danos, na forma determinada pela lei processual, será ilíquida, por ser incerto ou indeterminado o montante da prestação, não havendo na lei ou no contrato disposição fixando a indenização devida pelo inadimplente (CC, art. 946)[53]. Tal apuração será realizada por um processo chamado liquidação de sentença (por arbitramento ou por procedimento comum), que fixará o seu valor em moeda corrente, a ser pago ao credor, se o devedor não puder cumprir a prestação na espécie ajustada (CC, art. 947; CPC, arts. 509, I e II, 510, 511 e 512, 809, §§ 1º e 2º), nem restaurar o *statu quo ante* (redação a ser dada ao art. 947 pelo Projeto de Lei n. 699/2011). Deveras, reza o art. 809, § 1º, do Código de Processo Civil que, "não constando do título o valor da coisa, ou sendo impossível a sua avaliação, o exequente apresentará estimativa, sujeitando-a ao arbitramento judicial". Serão apurados em liquidação o valor da coisa e os prejuízos.

Todavia, há casos em que a própria lei se encarrega de determinar o montante, como o faz, p. ex., o art. 953, parágrafo único, do Código Civil. Em certas hipóteses recorrer-se-á ao arbitramento judicial, realizado no curso da execução, para apuração do montante devido pelo obrigado (CPC, arts. 509, I, e 510).

O devedor constituir-se-á, de pleno direito, em mora, se não cumprir no seu termo obrigação de indenizar com vencimento certo e ainda que se não alegue prejuízo (CC, arts. 397 e 407). Se a obrigação não tiver prazo determinado, o devedor somente será constituído em mora pela interpelação, notificação ou protesto. Tais juros moratórios serão contados, nas obrigações ilíquidas, desde a citação inicial, mas sobre o capital que for determinado pela sentença, pelo arbitramento, ou pelo acordo das partes (*AJ*, *99*:157).

As obrigações resultantes de atos ilícitos são ilíquidas; daí a necessidade de liquidação do dano causado estimando-se, de acordo com os dados apurados, qual a soma correspondente ou qual o meio de restaurar a situação inerente ao *statu quo ante*. Com isso procurar-se-á possibilitar a efetiva reparação do prejuízo sofrido pela vítima. Dever-se-á reconstituir o bem lesado para que a vítima possa encontrar-se numa situação como se o dano não tivesse ocorrido – p. ex., um muro criminosamente derrubado deverá ser recomposto materialmente, *in natura*. Contudo, em regra, isso será impossível, ou por onerosidade excessiva para o devedor ou pela insuscetibilidade de sua efetiva realização, como no caso, p. ex., de o prejuízo ser corporal, provocando aleijão; não se poderá, nessas circunstâncias, ter uma li-

---

53. *Vide* Súmula 344 do STJ.

Pelo Enunciado n. 631 (aprovado na VIII Jornada de Direito Civil): "Como instrumento de gestão de riscos na prática negocial paritária, é lícita a estipulação de cláusula que exclui a reparação por perdas e danos decorrentes do inadimplemento (cláusula excludente do dever de indenizar) e de cláusula que fixa valor máximo de indenização (cláusula limitativa do dever de indenizar)".

quidação *in natura*, hipótese em que se deverá procurar um equivalente pecuniário, acrescendo-se o lucro cessante (CC, art. 947). Logo, o magistrado deverá apreciar o dano integral produzido pelo fato prejudicial (*damnum emergens*) e o *lucrum cessans*, ou seja, o valor representativo de todas as vantagens que o ofendido deixou de auferir em razão do evento danoso, adicionando-se, ainda, os juros moratórios (*RF*, *150*:173; *AJ*, *107*:640; *RT*, *157*:724, *181*:223, *329*:268; *JB*, *162*:159); sem olvidar, ainda, da possibilidade de ocorrência da *perda de uma chance*. Como se vê, do ponto de vista do conteúdo da reparação do dano, a sua liquidação poderá efetivar-se *in natura* ou mediante indenização em dinheiro; "o lesado pode exigir que a indenização, sob a forma de pensionamento, seja arbitrada e paga de uma só vez, salvo impossibilidade econômica do devedor, caso em que o juiz poderá fixar outra forma de pagamento, atendendo à condição financeira do ofensor e aos benefícios resultantes do pagamento antecipado" (Enunciado n. 381 do CJF, aprovado na IV Jornada de Direito Civil).

Se houve *homicídio* (*JB*, *134*:72 e 80), isto é, morte de uma pessoa física, resultante de ato de outrem, doloso ou culposo, ou de fato que o responsável deveria ter evitado, como no caso de falecimento ocasionado por animal, a indenização consistirá:

1º) no pagamento das despesas com o tratamento da vítima (*RJTJSP*, *59*:196), com o seu funeral, incluindo aquisição de jazigo e remoção do corpo (*RJTJSP*, *64*:100, *59*:110 e 196; *RTJ*, *65*:554; *JTACSP*, *59*:100; *RT*, *554*:149, *513*:102) e com o luto da família (vestes lúgubres, despesas com sufrágio da alma etc.) (CC, art. 948, I; *RT*, *673*:153; *RSTJ*, *95*:315). Fácil é denotar quão incompleta é essa indenização porque: *a*) não inclui os lucros cessantes; *b*) há situações em que não se terá despesa com tratamento médico, como no caso, p. ex., de a vítima falecer imediatamente; com o funeral, se o cadáver desaparecer, p. ex., tragado pelo mar; ou com o luto da família, se esta o dispensar;

2º) na prestação de alimentos às pessoas a quem o defunto os devia, levando-se em conta a duração provável da vida da vítima que, pela jurisprudência, seria de sessenta e cinco anos, admitida a sobrevida de mais cinco, se fosse pessoa saudável (CC, art. 948, II; CPC, art. 533) (*RT*, *527*:64, *525*:114, *516*:106, *507*:119, *492*:203, *434*:101, *468*:78, *478*:65, *477*:111, *352*:115, *515*:120, *479*:64, *526*:225, *537*:52, *532*:112, *520*:277, *500*:189, *509*:75, *529*:79, *643*:178, *646*:124, *729*:268, *730*:374; *RJTJSP*, *135*:145, *136*:182; STF, Súmulas 490 e 493). Defeituosa é também essa disposição legal, pois haverá hipóteses em que o falecido não devia alimentos – p. ex., se ele era menor e ainda não contribuía para a subsistência da família. Mas a esse respeito a Súmula 491 do STF estatui: "É indenizável o acidente que cause morte de filho menor, ainda que não exerça trabalho remunerado"

(*RT*, *462*:99, *495*:60, *492*:203, *491*:63, *483*:167, *479*:218, *468*:78, *463*:73, *438*:117);

3º) nos honorários advocatícios, concedidos pelo Código de Processo Civil, art. 85.

A indenização devida pelo autor do homicídio (doloso ou culposo) será em qualquer caso reduzida se para o evento tiver também concorrido culpa da vítima (CC, art. 945).

Além disso a Constituição Federal de 1988, art. 245, dispõe que lei ordinária deverá regulamentar as hipóteses e condições em que o Poder Público, sem prejuízo da responsabilidade civil do autor do ilícito, dará assistência aos herdeiros e dependentes carentes de pessoas vitimadas por crime doloso.

Na hipótese de *lesão corporal* ou outra ofensa à saúde, o ofensor deverá indenizar o ofendido das despesas do tratamento e dos lucros cessantes até o fim da convalescença, além de lhe pagar algum outro prejuízo que o ofendido prove haver sofrido (CC, art. 949), sem excluir outras reparações (acrescenta o Projeto de Lei n. 699/2011), pois o dano moral dispensa sua comprovação, visto que é presumido, emergindo da própria violação ao direito da personalidade de integridade física. Todavia, no que concernia ao pagamento da multa no grau médio da pena criminal correspondente à que se referia o art. 1.538 do Código Civil de 1916, esse preceito era inaplicável, porque a lei penal deixou de cominar pena pecuniária para os delitos de lesão corporal, estipulando apenas pena privativa de liberdade; por isso, louvável é a redação do art. 949 do Código Civil vigente eliminando a pena de multa. A soma da indenização era, outrora, duplicada, se do ferimento resultasse aleijão ou deformidade (CC de 1916, art. 1.538, § 1º), isto é, dano estético, fazendo com que o ofendido causasse impressão desagradável (*RT*, *485*:62, *513*:266). E, se o ofendido, aleijado ou deformado, fosse mulher solteira ou viúva, ainda capaz de casar, a indenização consistiria em dotá-la, segundo as posses do ofensor, as circunstâncias do ofendido e a gravidade do defeito (CC de 1916, art. 1.538, § 2º; *RT*, *474*:92, *520*:108, *730*:252, *733*:375). O dote representava o pagamento de uma indenização para compensar com dinheiro a deformidade que a enfeiou, diminuindo sua possibilidade de se casar. Como o dano estético pode ser, em certos casos, corrigido *in natura*, por meio de cirurgia plástica, esta se incluirá na reparação do dano e na sua liquidação nos termos do art. 949, que não mais prevê a hipótese de duplicação de pena por aleijão e de dote se a vítima deformada for mulher. Prescreve o Código Civil, art. 950: "Se da ofensa resultar defeito pelo qual o ofendido não possa exercer o seu ofício ou profissão, ou se lhe diminua a capacidade de trabalho, a indenização, além das despesas do tratamento e lucros cessantes até ao fim da convalescença, incluirá pensão correspondente à importância do trabalho para que se inabilitou, ou da depreciação que ele sofreu". P. ex.: se se tratar de uma bailarina que sofreu mutilação, não mais podendo dançar, fará jus ao pagamento de uma pensão vitalícia, que a compense do ocorrido (*RT*, *479*:82, *493*:110, *544*:110). Mas, se o lesado preferir, poderá exigir que a indenização seja arbitrada e paga de uma só vez (CC, art. 950, § 1º). Mas como essa pensão pode ser vitalícia e não pelo tempo provável de vida da vítima, o magistrado poderá encontrar certa dificuldade na estipulação do *quantum* a ser pago de uma só vez.

Acrescentará o Projeto de Lei n. 699/2011 não só o § 2º ao art. 950 do Código Civil, no seguinte teor: "São também reparáveis os danos morais resultantes da ofensa que acarreta defeito físico permanente ou durável, mesmo que não causem incapacitação ou depreciação laborativa", como também o § 3º que, assim, prescreverá: "Na reparação dos danos morais deve ser considerado o agravamento de suas consequências se o defeito físico, além de permanente ou durável, for aparente". Com isso, reforçará a indenização por dano estético, que não impossibilite nem diminua a capacidade de trabalho do lesado.

Reza também o art. 951 do Código Civil que: "O disposto nos arts. 948, 949 e 950 aplica-se ainda no caso de indenização devida por aquele que, no exercício de atividade profissional, por negligência, imprudência ou imperícia, causar a morte do paciente, agravar-lhe o mal, causar-lhe lesão, ou inabilitá-lo para o trabalho", consagrando, assim, a responsabilidade civil subjetiva do profissional de saúde nas obrigações de meio por ele assumidas (*RT*, *785*:237).

Há, portanto, *responsabilidade civil por erro profissional*. O erro profissional poderá constituir ilícito civil; daí o Código Civil, como vimos, no art. 951, fazer menção à responsabilidade de médicos, cirurgiões, farmacêuticos, parteiras e dentistas, obrigando-os a satisfazer o dano, sempre que da imprudência, negligência ou imperícia, em atos profissionais, resultar morte, agravação do mal, inabilitação para o trabalho, lesão corporal ou ferimento (*RT*, *231*:285, *494*:245, *545*:73, *546*:200; *RF*, *130*:149, *160*:262). Washington de Barros Monteiro nos ensina que: *a*) não se considerará erro profissional o que resultar da incerteza ou hesitação da arte médica, sendo ainda objeto de controvérsias científicas; *b*) o exercício da medicina é livre, de forma que o médico poderá se negar a atender chamado de um doente, não sendo assim obrigado a dar conta de sua recusa, a não ser à sua consciência; *c*) o médico não poderá forçar o cliente ao tratamento preconizado, devendo obter prévia autorização dele para aplicá-lo; em se tratando de operação, a necessidade é ainda mais rigorosa, salvo premência do caso, quando não houver tempo para obtê-la; *d*) os juízes e tribunais não poderão examinar, nos pleitos que se travarem, o acerto de uma terapêutica ou a oportunidade de uma intervenção cirúrgica, por serem questões de ordem técnica. Urge lembrar que pelo Enunciado n. 460 do Conselho da Justiça Federal (aprovado na V Jornada de Direito Civil): "A responsabilidade subjetiva do profissional da área da saúde, nos termos do art. 951 do Código Civil e do art. 14, § 4º, do Código de Defesa do Consumidor, não afasta a sua responsabilidade objetiva pelo fato da coisa da qual tem a guarda, em caso de uso de aparelhos ou instrumentos que, por eventual disfunção, venham a causar danos a pacientes, sem prejuízo do direito regressivo do profissional em relação ao fornecedor do aparelho e sem prejuízo da ação direta do paciente, na condição de consumidor, contra tal fornecedor".

Quanto à responsabilidade do farmacêutico, dever-se-á considerar o disposto nos arts. 932, III, 933 e 942, parágrafo único, do Código Civil, que impõem a responsabilidade civil objetiva e solidária do farmacêutico pelos erros e enganos do seu preposto, tendo, contudo, ação regressiva contra o causador do dano, para reaver o que pagou ao lesado (CC, art. 934).

Também deverão ressarcir prejuízos causados, culposamente, no exercício de sua profissão os arquitetos e construtores (CC, art. 618); os advogados – p. ex., se perderem o prazo para contestação ou recurso; os tabeliães e outros serventuários da justiça – p. ex., se reconhecerem como verdadeira firma falsa.

Quando o dano resultar de um *ato praticado em estado de necessidade ou legítima defesa*, aplicar-se-ão os arts. 929 e 930 e parágrafo único do Código Civil.

Se houver *usurpação* ou *esbulho do alheio*, a indenização consistirá em se restituir a coisa, mais o valor das suas deteriorações e o devido a título de lucros cessantes, ou, faltando ela, em se reembolsar o seu equivalente ao prejudicado (CC, art. 952). Além da restituição *in natura*, dever-se-á pagar perdas e danos, salvo se se comprovar boa-fé do usurpador ou esbulhador, caso em que se deverá apenas restituir a coisa, móvel ou imóvel, acrescida do valor das deteriorações (*RT, 443*:283). Para se restituir o equivalente, quando não mais existir a própria coisa, estimar-se-á ela pelo seu preço ordinário e pelo de afeição, contanto que este não se avantaje àquele (CC, art. 952, parágrafo único).

Em caso de *injúria*, isto é, ofensa irrogada à dignidade ou ao decoro de outrem (CP, art. 140), ou *calúnia*, ou seja, falsa imputação feita a alguém de fato definido como crime pela lei (CP, art. 138), a indenização consistirá na reparação do dano que delas resultar ao ofendido (CC, art. 953), visto que atenta contra a honra da pessoa. E, se este não puder provar prejuízo moral ou material, caberá ao juiz fixar, equitativamente, o valor da indenização, de conformidade com as circunstâncias do caso: degradação infamante, atentado à reputação, ao bom nome; situação vexatória etc. (CC, arts. 953, parágrafo único, e 186; CF, art. 5º, V; Projeto de Lei n. 699/2011, art. 953; Súmula 37 do STJ). O mesmo se diz da *difamação*, ou melhor, da imputação feita a alguém de fato ofensivo à sua reputação (CP, art. 139). Tais crimes poderão ser praticados verbalmente ou por escrito e também pela imprensa (Lei n. 5.250/67, arts. 49 e s. (considerada não recepcionada pela Carta Magna – STF, ADPF n. 1.307/2009); *RT*, *786*:286, *778*:373, *779*:377; *RSTJ*, *111*:166, *110*:225, *116*:282; *JTJ*, *204*:84, *196*:229, *190*:213; *RTJ*, *76*:6; *RJTJSP*, *32*:141, *27*:173). Se não se tratar de calúnia, injúria ou difamação vinculada pela imprensa, a pena corresponderá ao disposto nos arts. 138, 139 e 140 do Código Penal.

A Lei n. 4.117/62, no art. 81 (revogado pelo Decreto-Lei n. 236/67), estatuía ainda que, independentemente da ação penal, o ofendido pela calúnia, difamação ou injúria, cometida por meio de radiodifusão, podia demandar, no juízo cível, a reparação do dano moral, respondendo por este, solidariamente, o ofensor, a concessionária ou permissionária, quando culpada por ação ou omissão, e quem quer que, favorecido pelo crime, houvesse de qualquer modo contribuído para ele. E o art. 84 desse mesmo diploma legal prescrevia que, na estimação do dano moral, o juiz levava em conta a posição social ou política do ofendido, a situação econômica do ofensor, a intensidade do ânimo de ofender, a gravidade e repercussão da ofensa (*RT*, *546*:59). Por terem sido tais artigos revogados pelo Decreto-Lei n. 236/67, que nada dispôs sobre o assunto, a Lei n. 5.250/67 (tida como não recepcionada pela Carta Magna – STF, ADPF n. 1.307/2009), arts. 49 a 57, por força do art. 1º do referido Decreto-Lei, com alteração da Lei n. 9.472/97, rege a responsabilidade civil por dano moral provocado por aquele meio de comunicação.

Nos *delitos contra a honra da mulher*, possibilitava-se outrora que ela exigisse do ofensor um dote correspondente à sua própria condição e estado (*RF*, *271*:195, *175*:290, *131*:451, *135*:75; *RT*, *175*:290, *435*:72, *437*:100, *444*:105, *541*:88, *542*:75), se ele não quisesse ou não pudesse reparar o mal pelo casamento (CC de 1916, art. 214, *caput*, e 1.548, I a IV): *a*) se, virgem e menor, fosse deflorada (*RT*, *181*:309, *185*:788, *264*:289, *144*:211; *AJ*, *120*:152); *b*) se, mulher honesta, fosse violentada, ou aterrada por ameaças, tratava-se de estupro (CP, art. 213); *c*) se fosse seduzida com promessas de casamento; *d*) se fosse raptada (CP, arts. 219 e 222 – revogados pela Lei n. 11.106/2005). Acrescentava o Código Civil de 1916, no art. 1.549, que nos demais crimes de violência sexual, ou ultraje ao pudor, como lenocínio, estupro contra mulher desonesta, posse sexual mediante fraude, arbitrava-se judicialmente a indenização. Tal indenização, em regra, só compreendia os danos realmente sofridos, excluindo o ressarcimento de dano moral. P. ex.: se a mulher viesse a perder o emprego em razão desse fato, recebia uma indenização que devia garantir-lhe a mesma vantagem econômica que ela anteriormente recebia, embora nada obstasse que, conforme o caso, fosse indenizada por dano moral. Tal caso estaria, hoje, incluído no art. 949 do Código Civil. O Código Civil vigente, no art. 1.520 (similar ao art. 214, *caput*, do Código de 1916), permite, excepcionalmente, o casamento de quem ainda não alcançou a idade núbil para evitar imposição ou cumprimento de pena criminal ou em caso de gravidez; mas, ante a revogação dos arts. 217, 219 a 222 do Código Penal pela Lei n. 11.106/2005, deverá ser assim interpretado: a lei considerará válido casamento contraído por menor que ainda não atingiu a idade nupcial, antecipando essa idade para coibir a desonra, permitindo, mediante expedição de alvará judicial, o matrimônio para evitar a imposição de medidas previstas no Estatuto da Criança e do Adolescente ou o cumprimento de pena criminal (antes do advento da Lei n. 12.015/2009) no caso de crime contra os costumes de ação penal privada (CP, art. 107, V), p. ex., posse sexual mediante fraude (CP, art. 215), assédio sexual (CP, art. 216-A) ou se do relacionamento amoroso resultou gravidez da mulher. Isso ocorria ante a possibilidade de extinção da punibilidade pela renúncia do direito de queixa ou pelo perdão do ofendido (CP, art. 107, V). Tal casamento deveria ser livremente consentido por ambos os contraentes, não sendo necessária a anuência do representante legal e, se já houvesse instauração de processo criminal, extinguir-se-ia a punibilidade. Atualmente, com a Lei n. 12.015/2009, os crimes contra a dignidade sexual procedem por meio de ação pública condicionada à representação (CP, art. 225), consequentemente não mais se poderá aplicar o art. 107, V, do Código Penal e, com isso, o casamento não é mais causa de extinção de punibilidade criminal. Logo, nos casos acima arrolados e nas demais hipóteses criminais contra a dignidade sexual elencadas no Código Penal, se a vítima for menor de 18 anos (CP, art. 225, parágrafo único), como a ação penal é pública e incondicionada (CP, art. 225, parágrafo único), a parte final do art. 1.520 do Código Civil deixará de fazer sentido, pois o casamento não evitará imposição ou cumprimento da pena criminal, visto que a Lei n. 11.106/2005 revogou também o art. 107, VII e VIII, do Código Penal[54]. Os atentados contra a honra da mulher geram, nos dias atuais, responsabilidade civil por dano mo-

---

54. Maria Helena Diniz, *Código Civil anotado*, São Paulo, Saraiva, 2006, p. 1221; Gustavo F. Barbosa Garcia, Reflexos do direito penal no direito de família: Lei n. 11.106/2005 – anulação e permissão para o casamento, *Revista Brasileira de Direito de Família, 34*:65-71; Francisco das Chagas Araújo Lima, O suprimento de idade para matrimônio frente à modificação penal, *Revista Direito e Liberdade*, ed. especial da ESMARN, *3*:287-98.

ral e patrimonial. Convém ressaltar que a responsabilidade civil por dano moral está consagrada constitucionalmente, bem como o dano patrimonial (Súmula 37 do STJ).

Se houver *ofensa à liberdade pessoal*, a indenização consistirá no pagamento das perdas e danos que sobrevierem ao ofendido, e se este não puder provar o prejuízo, tem aplicação o disposto no parágrafo único do art. 954. O art. 954, I a III, do nosso Código Civil considera como ofensivos à liberdade pessoal: *a*) o cárcere privado (CP, art. 148); b) a prisão por queixa ou denúncia falsa e de má-fé (CP, art. 339); c) a prisão ilegal (CF, art. 5º, LXV), hipótese em que a autoridade que a ordenou seria obrigada a ressarcir o dano, conforme dispunha o art. 1.552 do Código Civil de 1916, mas pela Constituição Federal, art. 37, § 6º, a pessoa jurídica de direito público é que será, objetivamente, a responsável direta pelo dano causado por prisão ilegal, tendo, porém, ação regressiva contra a autoridade, a fim de reembolsar-se do que despendeu com o pagamento da indenização (*RF*, *133*:401)[55].

Nos casos não previstos neste capítulo, a indenização fixar-se-á por arbitramento judicial, tendo em vista o laudo pericial (CPC, arts. 509, I, e 510. O juiz não estará adstrito ao laudo, pois ele poderá alterá-lo, em suas conclusões, na sentença judicial[56].

---

55. O PL n. 699/2011 visa alterar parágrafo único ao art. 954, para o seguinte teor: "consideram-se, dentre outros atos, ofensivos à liberdade pessoal", para indicar seu caráter exemplificativo e não taxativo.

56. Orlando Gomes, op. cit., p. 380-90; W. Barros Monteiro, op. cit., p. 411-24; Serpa Lopes, op. cit., p. 385-407; Bassil Dower, *Curso moderno de direito civil*, cit., p. 323-31, e *Curso moderno de direito processual civil*, v. 3, cap. 10; Carvalho Santos, op. cit., v. 21, p. 78 e 354; Caio M. S. Pereira, op. cit., p. 511-4; De Cupis, *Il danno*, Milano, Giuffrè, 1946, p. 351 e s.; Larenz, op. cit., v. 2, p. 572-4; Stanilas Gozdawa-Godlewski, *L'incidence des variations de prix sur le montant des dommages-intérêts sur le droit commun de la responsabilité civile*, Sirey, 1955; Mazeaud e Tunc, op. cit., v. 3, n. 2.402; Enrico Giusiana, *Il concetto di danno giuridico*, Milano, 1944, n. 41; André Toulemnon, *Le préjudice corporel et moral*, Sirey, 1955, p. 29; Alfredo Orgaz, *El daño resarcible*, Buenos Aires, 1952, p. 163-5; Spota, La lesión a las condiciones estéticas de la víctima de uno acto ilícito, *La Ley*, *26*:654; M. Helena Diniz, *Curso*, cit., v. 7. *Vide*: *RF*, *87*:442, *112*:461; Súmula 562 do STJ; *RTJ*, *85*:202, *65*:554, *69*:180, *110*:342, *108*:142; *RT*, *788*:282, *769*:237, *791*:248, *583*:153, *588*:117; *RJTJSP*, *59*:110, *78*:200, *73*:111, *105*:67; e Lei n. 8.072/90. Direito de acrescer em caso de indenização por morte ou acidente pessoal: *RJTJSP*, *68*:194, *67*:195, *61*:99 (em contrário: *Lex*, *106*:60). Consulte: Lei n. 11.340/2006, que cria mecanismos para coibir violência doméstica e familiar contra a mulher, ou seja, qualquer ação ou omissão que lhe cause morte, lesão, sofrimento físico, sexual ou psicológico e dano moral ou patrimonial, e dispõe sobre criação dos Juizados de Violência Doméstica e Familiar contra a mulher.

STJ, Súmula 326: "Na ação de indenização por dano moral, a condenação em montante inferior ao postulado na inicial não implica sucumbência recíproca".

QUADRO SINÓTICO

OBRIGAÇÕES POR ATOS ILÍCITOS

1. ATO ILÍCITO COMO FONTE OBRIGACIONAL	• O ato ilícito é o praticado em desacordo com a ordem jurídica, violando direito subjetivo individual. • Causa dano a outrem, criando o dever de reparar tal prejuízo (CC, art. 927). Para a sua configuração serão necessários os seguintes elementos: fato lesivo voluntário, ocorrência de dano, e nexo de causalidade entre o dano e o comportamento do agente. O autor do ato ilícito responsabilizar-se-á pelo prejuízo que causou, indenizando-o. Porém há casos em que ocorrerá indenização por ato de terceiro e pelo fato das coisas.		
2. RESPONSABILIDADE SIMPLES	• A responsabilidade simples ou por fato próprio é a decorrente de um fato pessoal do causador do dano.		
3. RESPONSABILIDADE COMPLEXA	• Noção	• A responsabilidade complexa é a que apenas indiretamente poderá ser vinculada ao responsável, em desconformidade com o princípio de que o homem só é responsável pelos prejuízos que causar diretamente e com seu fato pessoal.	
	• Modalidades	• Responsabilidade por fato de outrem	• CC, arts. 928, 931, 932, 933, 934 e 942 e parágrafo único.
		• Responsabilidade pelo fato das coisas	• Responsabilidade pelos animais (CC, art. 936; Dec.-Lei n. 3.688/41, art. 31). • Responsabilidade pela ruína de um edifício (CC, art. 937; Dec.-Lei n. 3.688/41, art. 30). • Responsabilidade pelos danos oriundos de coisas que caírem de um prédio ou dele forem lançadas em lugar indevido (CC, art. 938; Dec.-Lei n. 3.688/41, art. 37). • Responsabilidade de empresários individuais e empresas pelos danos causados pelos produtos colocados em circulação independentemente de culpa (CC, art. 931).

4. RESPONSABILIDADE DO DEMANDANTE POR DÍVIDA NÃO VENCIDA OU JÁ SOLVIDA	• CC, arts. 939, 940, 941, 1.425 e 333; CPC, art. 485, § 4º. • Lei de Falências, art. 25. • Lei n. 6.024/74, art. 18, *b*.		
5. EFEITO NO CÍVEL DA DECISÃO PROLATADA NO CRIME	• CC, art. 935. • CP, art. 91, I. • CPP, arts. 63, 65, 66 e 67.		
6. LIQUIDAÇÃO DA OBRIGAÇÃO RESULTANTE DE ATO ILÍCITO	• Liquidez ou iliquidez das obrigações		• CC, arts. 944, 947, 953, parágrafo único; CPC, art. 809 e parágrafos.
	• Indenizações	• Por homicídio	• CC, art. 948, I e II; CPC, arts. 85 e 533; Súmula 491 do STF.
		• Por lesão corporal e ofensa à saúde	• CC, arts. 949 e 950.
		• Por dano resultante de ato praticado em estado de necessidade ou legítima defesa	• CC, arts. 929 e 930, parágrafo único.
		• Por usurpação ou esbulho do alheio	• CC, art. 952 e parágrafo único.
		• Por erro profissional	• CC, arts. 951 e 618.
		• Por injúria, calúnia ou difamação	• CC, art. 953; CP, arts. 138, 139 e 140, com as alterações da Lei n. 12.015/2009; Lei n. 5.250/67 (tida como não recepcionada constitucionalmente pelo STF, ADPF n. 1.307/2009), arts. 49 e s.; Lei n. 4.117/62 (revogados pelo Decreto-Lei n. 236/67), arts. 81 e 84.
		• Por ofensa à liberdade pessoal	• CC, art. 954, I a III. • CF, art. 107, parágrafo único.

Bibliografia

AÉBY, Frédéric. *La propriété des appartements*. 2. ed.

AGUIAR DIAS, José. *Cláusula de não indenizar*. 2. ed. Rio de Janeiro, 1955.

ALMEIDA, Amador Paes de. *Execução dos bens dos sócios*. São Paulo, Saraiva, 2007.

ALMEIDA PAIVA. *Aspectos do contrato de empreitada*. Rio de Janeiro, Forense, 1955.

ALVES, João Luís. *Código Civil anotado*. São Paulo, 1935. v. 2 e 3.

ALVIM, Agostinho. *Da compra e venda e da troca*. Rio de Janeiro, Forense, 1961.

AMARAL SANTOS, Moacyr. *Primeiras linhas de direito processual civil*. São Paulo, Saraiva. v. 2.

AMÉZAGA, J. J. *De las nulidades en general*. Montevideo, 1909.

ANDRADE, Manuel. *Teoria geral da relação jurídica*. Coimbra, 1960. v. 2.

ANDRIOLI. Locazioni di cose. In: SCIALOJA. *Dizionario pratico del diritto privato*. v. 3.

______. Mandato civile. In: *Nuovo Digesto Italiano*. v. 8.

ANTUNES VARELA. *Direito das obrigações*. Rio de Janeiro, Forense, 1977.

______. Doação. In: *Enciclopédia Saraiva do Direito*. São Paulo, Saraiva, 1977. v. 29.

ARAÚJO, Rodolfo. Contrato diferencial. *RF*, *112*:114.

ARAÚJO, Telga de. *Direito agrário*. Rio de Janeiro, Freitas Bastos, 1977.

______. Parceria agroindustrial. In: *Enciclopédia Saraiva do Direito*. São Paulo, Saraiva, 1977. v. 57.

______. Parceria. In: *Enciclopédia Saraiva do Direito*. São Paulo, Saraiva, 1977. v. 57.

______. Contrato agrário. In: *Enciclopédia Saraiva do Direito*. São Paulo, Saraiva, 1977. v. 19.

______. Parceria agrícola. In: *Enciclopédia Saraiva do Direito*. São Paulo, Saraiva, 1977. v. 57.

______. Parceria pecuária no Estatuto da Terra. In: *Enciclopédia Saraiva do Direito*. São Paulo, Saraiva, 1977. v. 57.

______. Parceria extrativa. In: *Enciclopédia Saraiva do Direito*. São Paulo, Saraiva, 1977. v. 57.

ASCARELLI, Tullio. *Contrato misto, negócio indireto, "negotium mixtum cum donatione"*. Lisboa, 1954.

______. *Studi in tema di contratti*; contratto plurilatterale. Milano, Giuffrè, 1952.

AUBRY e RAU. *Cours de droit civil français*. 5. ed. v. 5 e 6.

AULOIS-CALAIS. *Le contrat de leasing*. Paris, 1970.

AVENDAÑO, Hernán A. *El contrato de aparcería*. Bogotá, 1974.

AZEVEDO, Noé de. A cláusula "rebus sic stantibus". *RF, 99*:301.

AZULAY, Fortunato. *A teoria do contrato de compra e venda com reserva de domínio*. Rio de Janeiro, 1945.

BALDI. *Il contratto di agenzia*.

BANDEIRA DE MELLO, Celso Antônio. *Elementos de direito administrativo*. Revista dos Tribunais, 1980.

BARASSI. *Teoria della ratifica del contratto annullabile*. Milano, 1898.

______. *La teoria generale delle obbligazioni*. Milano, 1948. v. 2.

BARBERO. *Sistema istituzionale di diritto privato italiano*. v. 2.

BARBOSA LIMA SOBRINHO. Das procurações. *Revista de Direito, 47*:57.

BARREIRA, Wagner. Venda "ad corpus". In: *Enciclopédia Saraiva do Direito*. São Paulo, Saraiva, 1977. v. 76.

______. Abertura de crédito. In: *Enciclopédia Saraiva do Direito*. São Paulo, Saraiva, 1977. v. 1.

BARROS MONTEIRO, Washington de. *Curso de direito civil*. 17. ed. São Paulo, Saraiva. v. 5.

BARROSO, Lucas A. Do contrato com pessoa a declarar. *A realização do direito civil*, Curitiba, Juruá, 2011.

BAUDRY-LACANTINERIE e COLIN. *Traité théorique et pratique de droit civil.* v. 9.

BAUDRY-LACANTINERIE e SAIGNAT. *Traité théorique et pratique de droit civil.* 2. ed. Paris, 1900. v. 17.

BAUDRY-LACANTINERIE e WAHL. *Dei contratti aleatori.*

______. *Della fideiussione.*

BERIO, Adolfo. Atti d'amministrazione. In: SCIALOJA. *Dizionario pratico del diritto privato.* v. 1.

BESSON, André. *La notion de garde dans la responsabilité du fait des choses.* Dijon, 1927.

BETTI. *Teoría general del negocio jurídico.* Madrid. v. 1.

______. *Interpretazione della legge e degli atti giuridici.* Milano, 1949.

______. *Teoria generale delle obbligazioni.* Milano, 1953. t. 1.

BEVILÁQUA, Clóvis. *Direito das obrigações.* 9. ed.

______. *Teoria geral do direito civil.* 4. ed. 1972.

______. *Código Civil comentado.* 7. ed. 1946. v. 4.

______. *Soluções práticas de direito.* Rio de Janeiro, Freitas Bastos, 1930. v. 3.

______. Direito de retenção. *Revista Jurídica, 28*:84.

BITTAR, Carlos Alberto. "Know-how"-I. In: *Enciclopédia Saraiva do Direito.* São Paulo, Saraiva, 1977. v. 47.

______. "Franchising". In: *Enciclopédia Saraiva do Direito.* São Paulo, Saraiva, 1977. v. 38.

______. "Engineering". In: *Enciclopédia Saraiva do Direito.* São Paulo, Saraiva, 1977. v. 32.

______. "Factoring". In: *Enciclopédia Saraiva do Direito.* São Paulo, Saraiva, 1977. v. 36.

BOFFI BOGGERO. *La declaración unilateral de voluntad.* Buenos Aires, 1942.

BONAZZOLA, Julio Cesar. *Fuentes de las obligaciones.* Buenos Aires, 1955.

BONFANTE. Le obbligazioni naturali e il debito di giuoco. In: *Scritti varii.* Torino, 1926. v. 3.

______. *Istituzioni di diritto romano.*

BONFANTE e SRAFFA. Il contratto con sè medesimo. *Rivista di Diritto Commerciale, 1*:369 e s., 1930.

BONNECASE, Julien. *Traité théorique et pratique de droit civil.* Paris, Sirey, 1926. t. 3.

BORGES, Marcos A. Ações cabíveis entre as partes nos contratos agrários e respectivos procedimentos. *Revista de Direito Civil, Imobiliário, Agrário e Empresarial, 1*:130 e s.

BOSELLI, Alea. In: *Novissimo Digesto Italiano.* 1957. v. 1, t. 1.

BOUT. *La gestion d'affaires en droit français contemporain.* 1972.

BRACCO, Berto. *Il deposito a risparmio.* CEDAM, 1939.

BREBBIA, Fernando. *Contratos agrarios.* Buenos Aires: Depalma, 1971.

BRENNO FISCHER. *Dos contratos por correspondência.* Rio de Janeiro, Konfino, 1937.

BRUGEILLES. Essai sur la nature juridique de l'entreprise. *Revue Trimestrielle de Droit Civil,* 1912.

BRUN. *Rapports et domaines des responsabilités contractuelle et délictuelle.* Sirey, 1931.

BRUNETTI. *Trattato del diritto delle società.* 2. ed. Milano, Giuffrè, 1948. v. 1.

BUCELL. *Le contrat de franchising.* Montpellier, DES, 1970.

BULGARELLI, Waldirio. "Leasing"-II. In: *Enciclopédia Saraiva do Direito.* São Paulo, Saraiva, 1977. v. 48.

______. Venda com reserva de domínio. In: *Enciclopédia Saraiva do Direito.* São Paulo, Saraiva, 1977. v. 76.

______. Venda a contento. In: *Enciclopédia Saraiva do Direito.* São Paulo, Saraiva, 1977. v. 76.

______. Venda à vista de amostras. In: *Enciclopédia Saraiva do Direito.* São Paulo, Saraiva, 1977. v. 76.

______. Comissão mercantil. In: *Enciclopédia Saraiva do Direito.* São Paulo, Saraiva, 1977. v. 16.

BULHÕES CARVALHO. *Incapacidade civil e restrições de direito.* 3. ed. Rio de Janeiro, Borsoi, 1957. v. 2.

BUZAID, Alfredo. Alienação fiduciária em garantia. In: *Enciclopédia Saraiva do Direito.* São Paulo, Saraiva, 1977. v. 6.

CAHALI, Yussef Said. Culpa (Direito civil). In: *Enciclopédia Saraiva do Direito.* São Paulo, Saraiva, 1977. v. 22.

______. Compromisso de compra e venda. In: *Enciclopédia Saraiva do Direito*. São Paulo, Saraiva, 1977. v. 16.

CALLATAY, Édouard de. *Études sur l'interprétation des conventions*.

CAMARGO MANCUSO, Rodolfo. Apontamentos sobre o contrato de "leasing". *RT*, 1978.

CAMMAROTA. *Responsabilidad extracontractual*. Buenos Aires, Depalma, 1947. 2 v.

CAMPISTA FILHO, David. Contrato de adesão. *RT, 119*:480-3.

CAPITANT. *De la cause des obligations*. 3. ed. 1927.

CAPORALI, Dante. Contratti con sè medesimo. In: SCIALOJA. *Dizionario pratico del diritto privato*. v. 2.

CARAVELLI. *Teoria della compensazione e diritto di ritenzione*. Milano, Vallardi, 1940.

CARESSI. Il comodato, il mutuo. In: VASSALI. *Trattato di diritto civile*. v. 2, t. 8.

CARNEIRO MAIA, Paulo. "Rebus sic stantibus". In: *Enciclopédia Saraiva do Direito*. São Paulo, Saraiva, 1977. v. 63.

______. Comodato. In: *Enciclopédia Saraiva do Direito*. São Paulo, Saraiva, 1977. v. 16.

______. *Da cláusula "rebus sic stantibus"*. São Paulo, 1959.

CARRARA. *La formazione dei contratti*.

CARRARO, Luigi. *La mediazione*. Padova, CEDAM, 1952.

______. Mediazione e mediatore. In: *Novissimo Digesto Italiano*. Torino, UTET, 1964. v. 10.

CARVALHO DE MENDONÇA. *Doutrina e prática das obrigações*. v. 2.

______. *Contratos no direito civil brasileiro*. Rio de Janeiro, 1911. v. 1 e 2.

______. *Tratado de direito comercial*. v. 6.

______. *A vontade unilateral nos direitos de crédito*. Rio de Janeiro, Freitas Bastos, 1940.

CARVALHO NETO, Antônio. *Contrato de mediação*. São Paulo, Saraiva, 1956.

CARVALHO SANTOS. *Código Civil brasileiro interpretado*. v. 15, 16, 17 e 18.

CASSIN. *De l'exception tirée de l'inexécution dans les rapports synallagmatiques*. Paris, 1914.

______. *Exception non adimpleti contractus*. Paris, Sirey, 1914.

CASSO Y ROMERO, Ignacio. Contrato de edición. In: *Dicionario de derecho privado*. Barcelona, Labor, 1967. v. 1.

CASTELLO BRANCO, Elcir. Aceitação de proposta de contrato. In: *Enciclopédia Saraiva do Direito*. São Paulo, Saraiva, 1977. v. 4.

______. Contrato aleatório. In: *Enciclopédia Saraiva do Direito*. São Paulo, Saraiva, 1977. v. 19.

______. Empreitada. In: *Enciclopédia Saraiva do Direito*. São Paulo, Saraiva, 1977. v. 31.

______. Contrato de seguro. In: *Enciclopédia Saraiva do Direito*. São Paulo, Saraiva, 1977. v. 19.

CAVALCANTI, Paulo. *O contrato consigo mesmo*. Recife, 1956.

CERRUTI AICARDI. *Contratos civiles*.

CESARINO JR. Locação de serviço. In: *Enciclopédia Saraiva do Direito*. São Paulo, Saraiva, 1977. v. 50.

CHABAS, Jean. *De la déclaration de volonté*. Paris, 1931.

CHAIBAN, Claude. *Causes légales d'exonération du transporteur maritime dans le transport de marchandises*. Paris, LGDJ, 1965.

CHAMPEAUX. *Étude sur la notion juridique de l'acte à titre gratuit en droit civil français*. Strasbourg, 1931.

CHAUVEAU e CHÉNEAUX. *Traité théorique et pratique de droit civil de Baudry*. v. 3.

CHAVES, Antônio. *Lições de direito civil*. São Paulo, 1977. v. 4.

______. Fiança civil. In: *Enciclopédia Saraiva do Direito*. São Paulo, Saraiva, 1977. v. 37.

______. *Responsabilidade pré-contratual*. São Paulo, 1959.

______. Mandato. In: *Enciclopédia Saraiva do Direito*. São Paulo, Saraiva, 1977. v. 51.

______. Corretagem. In: *Enciclopédia Saraiva do Direito*. São Paulo, Saraiva, 1977. v. 21.

______. Contrato de incorporação de tecnologia. In: *Enciclopédia Saraiva do Direito*. São Paulo, Saraiva, 1977. v. 19.

CHIRONI. *Istituzioni di diritto civile italiano*. v. 1.

COELHO DA ROCHA. *Instituições de direito civil.* v. 2.

COGLIOLO. La validità del patto retenti dominii nella vendita. In: *Scritti varii di diritto privato.* 4. ed. Torino, 1914.

COHEN. *Des contrats par correspondance.* 1921.

COLIN e CAPITANT. *Cours élémentaire de droit civil français.* Paris, 1924. v. 3.

CONSTANTINESCO. *La résolution des contrats synallagmatiques en droit allemand.* Paris, 1940.

COSTA SENA. *Da empreitada no direito civil.* Rio de Janeiro, 1935.

COTRIM NETO, A. B. Do contrato de incorporação de condomínio como negócio jurídico nominado. *Revista de Direito Civil, Imobiliário, Agrário e Empresarial,* ano 1, *1*:101, 1974.

______. Incorporação imobiliária-I. In: *Enciclopédia Saraiva do Direito.* São Paulo, Saraiva, 1977. v. 43.

COVIELLO. Contratto preliminare. In: *Enciclopedia Giuridica Italiana.* v. 3.

COZZI. *La responsabilità civile per danni de cose.* Padova, CEDAM, 1935.

CUNHA CAMPOS, Ronaldo. Considerações sobre a reserva de usufruto em doação universal. *Revista do Curso de Direito da Universidade Federal de Uberlândia, 9*:153-67, 1980.

CUNHA GONÇALVES. *Tratado de direito civil.* v. 4. t. 2. v. 8.

______. *Compra e venda no direito comercial brasileiro.* 2. ed. 1950.

D'ABRANCHES FERRÃO. *Das doações segundo o Código Civil português.* Coimbra, 1911. v.1.

DAIBERT, Jefferson. *Interpretação da nova Lei do Inquilinato.* Rio de Janeiro, Forense, 1979.

DALLOZ. *Code Civile annoté.* Paris, 1953.

DANZ. *A interpretação dos negócios jurídicos.* Trad. Fernando de Miranda. 1942.

D'AVANZO. Diritto di ritenzione. In: *Nuovo Digesto Italiano.* v. 1.

DE CUPIS. *Il danno.* Milano, Giuffrè, 1946.

DE FRANCISCI. *Il trasferimento delle proprietà.* Padova, 1924.

DEGNI. *Compra-vendita.* 1930.

DEKKERS. *Précis de droit civil belge.* t. 2.

DEMIN, Paul. *Le contrat de know-how.* Bruxelles, Émile Bruylant, 1969.

DEMOGUE. *Obligations*. v. 7.

______. *Traité des obligations en général*. v. 2.

______. *Notions fondamentales de droit privé*.

DEMOLOMBE. *Cours de droit civil*. v. 24 e 20.

______. *Traité des donations entre-vifs et des testaments*. 4. ed. Paris, 1873. t. 3.

DE PAGE, Henri. *Traité élémentaire de droit civil belge*. t. 1, 2 e 5.

DÉREUX. Nature juridique de contrat d'adhésion. *Revue Trimestrielle de Droit Civil*, 1910.

DERRUPPÉ. *La nature juridique du droit du preneur à bail et la distinction des droits réels et des droits de créance*. Paris, 1952.

DE RUGGIERO. *Istituzioni di diritto civile*. 6. ed. v. 3.

DEVOTO. *L'obbligazione a esecuzione continuata*. Padova, CEDAM, 1943.

DIAS FERREIRA. *Código Civil português anotado*. v. 2.

DIJOL, Marcel. *La justice dans les contrats*. Paris, 1918.

DINIZ, Maria Helena. *As lacunas no direito*. São Paulo, Revista dos Tribunais, 1981.

______. Venda aleatória. In: *Enciclopédia Saraiva do Direito*. São Paulo, Saraiva, 1977. v. 76.

DONNINI, Rogério; ZANIN JÚNIOR, Hernani. Leilões judiciais e extrajudiciais: a responsabilidade civil do leiloeiro. *Revista da Academia Paulista de Direito*, 6:15-28.

DOWER, Nelson G. Bassil. *Curso moderno de direito civil*. São Paulo, Nelpa, 1976. v. 1 e 3.

______. *Curso moderno de direito processual civil*. v. 3.

DUPEYROUX, Jean-Jacques. *Contribution à la théorie générale de l'acte à titre gratuit*. Paris, 1955.

DURAND. La contrainte légale dans la formation du rapport contractuel. *Revue Trimestrielle de Droit Civil*, n. 10, 1944.

DURANTON. *Cours de droit civil français*. 4. ed. Bruxelles, 1841. t. 10.

DUSI. *Istituzioni di diritto civile*. t. 2.

EL MOKTAR BEY. *Leasing et crédit-bail mobiliers*. Dalloz, 1970.

ENIÁMIN, Virgile. *Essais sur les données économiques dans l'obligation civile*.

ENNECCERUS, KIPP e WOLFF. *Tratado de derecho civil.* v. 2. t. 1.

ESCARRA. *Principes de droit commercial.* v. 4 e 6.

ESMEIN, Paul. Le fondement de la responsabilité contractuelle rapproché de la responsabilité délictuelle. *Revue Trimestrielle de Droit Civil,* 1933.

ESPÍNOLA. *Sistema de direito civil brasileiro.* 4. ed. Rio de Janeiro, Francisco Alves, 1961. v. 2 e 3.

______. *Dos contratos nominados no direito civil brasileiro.*

ESTOPPEY. *Les contrats entre absents.* Laval, 1926.

FALQUI-MASSIDA. Promessa unilaterale. *Rivista di Diritto Civile,* v. 2, 1964.

FARIA, A. Bento de. *Código Comercial anotado.* 2. ed. 1912.

FERNANDES, Milton. *Pressupostos do direito autoral de execução pública.* Belo Horizonte, 1967.

FERRANTE, Umberto. Mediazione. In: *Enciclopedia Forense.* Milano, Vallardi, 1959. v. 4.

FERRARA. Indole giuridica della società civile. *Rivista di Diritto Commerciale, 1*:517, 1909.

FERRARA, Massimo. *La vendita con riserva di proprietà.* Napoli, 1934.

FERREIRA, Mário. *O mandato em causa própria no direito civil brasileiro.* São Paulo, 1933.

FERREIRA, Waldemar. Aspectos econômicos e financeiros do contrato de comissão mercantil. *RDM,* (2):287 e s., ano 3, 1953.

______. *Instituições de direito comercial.* v. 2.

FERREIRA ALVES. *Manual do Código Civil.* v. 19.

FERRI. Apertura di credito. In: *Enciclopedia del Diritto.*

FERRUCIO PERGOLESI. Locazione di opere. In: SCIALOJA. *Dizionario pratico del diritto privato.* v. 3.

FLEURY COLOMBAN. *L'excès de pouvoir contractuel.* Lyon, 1936.

FOLLEVILLE. *Traité de la possession des meubles et des titres au porteur.* Paris, 1875.

FORNACIARI JR., Clito. Substabelecimento do mandato. In: *Enciclopédia Saraiva do Direito.* São Paulo, Saraiva, 1977. v. 51.

FOSSATI, Giorgio. *Il leasing.* Milano, 1973.

FUBINI. Nature juridique de la responsabilité du vendeur pour les vices cachés. *Revue Trimestrielle de Droit Civil,* 1903.

____. *El contrato de arrendamento de cosas.*

FULGÊNCIO, Tito. Obrigações. In: *Manual do Código Civil de Paulo de Lacerda.*

FUNAIOLI. Il giuoco e la scommessa. In: VASSALI. *Trattato di diritto civile.* Torino, UTET, 1950. v. 9.

FUZIER-HERMAN. *Code Civil annoté.* v. 5.

GABBA. *Questioni di diritto civile.* v. 2.

_______. *Questioni di diritto ereditario e diritto delle obbligazioni.* Torino, Fratelli Bocca, 1898. v. 2.

GALVÃO TELLES, Inocêncio. *Manual dos contratos em geral.* 3. ed. Lisboa, 1965.

GARCEZ NETO, Martinho. Contratos – classificação. In: *Repertório Enciclopédico do Direito Brasileiro.* Rio de Janeiro, Borsoi. v. 12.

GARRIGUES, Joaquín. *Tratado de derecho mercantil.* Madrid, 1964. v. 1, t. 3.

GASCA. *Compra-vendita.* 2. ed. Torino, 1914. v. 2.

GASPERONI, Nicola. *Le assicurazioni.* 1966.

GAUDEMET. *Théorie générale des obligations.*

GAVIN, Gérard. *Le droit moral de l'auteur.* Paris, Dalloz, 1960.

GENNARO. *I contratti misti.* 1934.

GERBIER, Jean. *Le factoring.* Paris, Dunod, 1970.

GHIRON. *Codice Civile*; libro delle obbligazioni. v. 1.

GIANNINI. *I contratti di conto corrente.* Firenze, 1895.

GIFFARDI. *Précis de droit romain.* 3. ed. 1951.

GIORDANO, Alessandro. *I contratti per adesione.*

GIORGI, Giorgio. *Teoria delle obbligazioni.* v. 2.

GIRARD. *Traité élémentaire de droit romain.* 3. ed. Paris, 1901.

GIRAULT. *Traité des contrats par correspondance.* Paris, 1890.

GIUSIANA, Enrico. *Il concetto di danno giuridico.* Milano, 1944.

GOBBI. Osservazioni sulla relazione fra caratteri economici e caratteri giuridici dell'assicurazione. *Rivista dell'Assicurazione,* 1936.

GOLDMAN. *De la détermination du gardien responsable du fait des choses inanimées*. Paris, Sirey, 1947.

GOMES, Orlando. *Contratos*. 7. ed. Rio de Janeiro, Forense, 1979.

______. *Introdução ao direito civil*. 3. ed. Rio de Janeiro, Forense, 1971.

______. *Contrato de adesão*. São Paulo, Revista dos Tribunais, 1972.

______. *Alienação fiduciária em garantia*. 4. ed. São Paulo, Revista dos Tribunais, 1975.

GONDIM, Regina. *Natureza jurídica da solidariedade*. Rio de Janeiro, 1958.

GORLA, Gino. *Del rischio e pericolo nelle obbligazioni*. Padova, CEDAM, 1934.

GOROSTIAGA. *La causa en las obligaciones*. Buenos Aires, 1944.

GOZDAWA-GODLEWSKI, Stanilas. *L'incidence des variations de prix sur le montant des dommages-intérêts sur le droit commun de la responsabilité civile*. Sirey, 1955.

GRECO. Conti correnti e giroconti bancari. *Rivista di Diritto Commerciale*, 1937.

GUALTIERI e WINIZKY. *Títulos circulatórios*.

GUILHERME, Luiz F. do V. de A. *Função social do contrato e contrato social*. São Paulo, Saraiva, 2013.

GUILLOUARD. *De la vente et l'échéance*. 3. ed. 1902. v. 1.

GUIMARÃES, Aureliano. *Compra e venda civil*. São Paulo, 1927.

HAMEL. L'affectio societatis. *Revue Trimestrielle de Droit Civil*, 1925.

______. *Banques et opérations de banque*. v. 2.

HARVEN, Pierre. De la responsabilité du fait des choses. *Premier Congrès International de l'Association Henri Capitant*. Québec-Montréal, 1939.

HÉMARD. Nouvelles techniques contractuelles. *Travaux de la Faculté de Droit de Montpellier*.

HENRY, Louis François e Norbert. *Traité des opérations de change-bourse-banque*.

HOUIN. Les incapacités. *Revue Trimestrielle de Droit Civil*, 1947.

HOUPIN e BOSVIEUX. *Traité générale des sociétés civiles et commerciales*. 5. ed. Paris, 1919. v. 1.

HUC. *Cession et transmission des créances*. Paris, 1801.

IBIAPINA, Williane G. P.; VASCONCELOS, Miguel P. de. A responsabilidade do franqueador perante débitos trabalhistas adquiridos pela empresa franqueada. *Revista Síntese – Direito Empresarial, 35*:155-175.

IHERING. *Oeuvres choisies.* Trad. Meulenaere. Paris, 1893. v. 2.

JOSSERAND. *Le contrat dirigé.* Paris, Dalloz, 1933.

______. *Les mobiles dans les actes juridiques du droit privé.*

______. O desenvolvimento moderno do conceito contratual. *RF, 72*:528.

______. *Cours de droit civil positif français.* v. 2 e 3.

KELSEN. *Teoria pura do direito.* Coimbra, Arménio Amado Ed., 1962. v. 2.

KONDER COMPARATO, Fábio. Contrato de "leasing". *RT, 389*:7.

______. Contrato de "leasing". In: *Enciclopédia Saraiva do Direito.* São Paulo, Saraiva, 1977. v. 19.

______. Contrato de "factoring". In: *Enciclopédia Saraiva do Direito.* São Paulo, Saraiva, 1977. v. 19.

KUMMEROW, Gert. *Algunos problemas fundamentales del contrato por adhesión en el derecho privado.* Universidad Central de Venezuela, Faculdad de Derecho, Sección de Publicación, 1956. v. 16.

KURSCH, Harry. *The franchise boom.* 3. ed. New York, Prentice-Hall, 1969.

LACERDA DE ALMEIDA. *Das pessoas jurídicas.* Rio de Janeiro, 1905.

______. *Obrigações.* 2. ed. Rio de Janeiro, 1916.

______. *Sucessões.* Rio de Janeiro.

LALAGUNA. La voluntad unilateral como fuente de obligaciones. *Revista de Derecho Privado,* 1975.

LALOU, Henri. *Traité pratique de la responsabilité civile.* 5. ed. Paris, 1955.

LARENZ. *Derecho de las obligaciones.* Madrid, 1958. v. 2.

LAROMBIÈRE. *Théorie et pratique des obligations.* v. 2. t. 7.

LAURENT. *Principes de droit civil.* t. 15.

LAURIA TUCCI e VILLAÇA AZEVEDO. *Tratado da locação predial urbana.* São Paulo, Saraiva, 1980. v. 1.

LEANDRO, Waldemar. *Condomínio imobiliário.* São Paulo, Ed. Universitária de Direito, 1973.

LÉAUTE. Le mandat apparent dans ses rapports avec la théorie générale de l'apparence. *Revue Trimestrielle de Droit Civil,* 1947.

LEFEBVRE. *La responsabilité civile du fait d'autrui et du fait des choses.* Paris, 1941.

LEHMANN, Heinrich. *Tratado de derecho civil.* Madrid, 1956. v. 1.

LEITE, Luiz Lemos. *"Factoring" no Brasil,* São Paulo, Atlas, 2011.

LEREBOURS-PIGEONNIÈRE. La contribution essentielle de Raymond Saleilles à la théorie générale de l'obligation et à la théorie de la déclaration de volonté. In: *Oeuvre juridique de Raymond Saleilles.* Paris, 1914.

LIMA, Albino. Arras. *RF, 165*:461-70.

LIMA STEFANINI. Parceria agrícola. In: *Enciclopédia Saraiva do Direito.* São Paulo, Saraiva, 1977. v. 57.

LIMONGI FRANÇA, R. Contrato. In: *Enciclopédia Saraiva do Direito.* São Paulo, Saraiva, 1977. v. 19.

______. *Manual de direito civil.* São Paulo, Revista dos Tribunais, 1971. v. 3 e 4.

______. Contrato de doação. In: *Enciclopédia Saraiva do Direito.* São Paulo, Saraiva, 1977. v. 19.

______. Contrato de execução de serviços e de execução de obra. In: *Enciclopédia Saraiva do Direito.* São Paulo, Saraiva, 1977. v. 19.

______. Contrato de empréstimo. In: *Enciclopédia Saraiva do Direito.* São Paulo, Saraiva, 1977. v. 19.

LINS, Jair. A cláusula "rebus sic stantibus". *RF, 11*:512.

LIPARI, Nicolò. *Il negozio fiduciario.*

LOMONACO. *Istituzioni di diritto civile italiano.* v. 6.

LOPES MEIRELLES, Hely. *Direito de construir.* 2. ed. São Paulo, Revista dos Tribunais.

LORIZIO, Ulrico. *Il contratto di appalto.* Padova, CEDAM, 1939.

MADRAY. *De la représentation.* Paris, 1931.

MAGNIN, François. *Know-how et propriété industrielle.* Paris, Libr. Techniques, 1974.

MANARA. *Delle società.* Torino, UTET, 1902. v. 2.

MARAIS, Georges. *Du crédit documentaire.*

MARQUES, José Frederico. *Elementos de direito processual penal.* v. 3.

MARTIN. *Le contrat de capitalisation.* Paris, 1923.

MARTINS, Fran. *Contratos e obrigações comerciais.* 5. ed. Rio de Janeiro, Forense, 1977.

_____. Contrato de conta corrente. In: *Enciclopédia Saraiva do Direito*. São Paulo, Saraiva, 1977. v. 19.

MARTON. *Les fondements de la responsabilité civile*. Sirey, 1937. 2 v.

MARTY. La relation de cause et effet comme condition de la responsabilité civile. *Revue Trimestrielle de Droit Civil*, 1939.

MARUITTE, Pierre. *La notion juridique de gestion d'affaires*. Paris, 1931.

MASNATTA, Hector. *Los contratos de transmisión de tecnología*. Buenos Aires, Astrea, 1971.

MATTIA, Fábio Maria de. Contrato de edição. In: *Enciclopédia Saraiva do Direito*. São Paulo, Saraiva, 1977. v. 19.

_____. *O autor e o editor na obra gráfica*; direitos e deveres. São Paulo, Saraiva, 1975.

MAXIMILIANO, Carlos. *Condomínio, terras, apartamentos e andares perante o direito*. 4. ed. Rio de Janeiro, Freitas Bastos, 1956.

MAZEAUD e MAZEAUD. *Leçons de droit civil*. Paris, 1956.

_____. *Traité de la responsabilité civile*. 4. ed. v. 2.

MAZEAUD e TUNC. *Traité de la responsabilité civile*. 5. ed. Paris, Montchrétien, 1957. 3 v.

MEDEIROS DA FONSECA, Arnoldo. *Caso fortuito e teoria da imprevisão*. 3. ed. Rio de Janeiro, Forense, 1958.

_____. *Teoria geral do direito de retenção*.

_____. *Direito de retenção*. Rio de Janeiro, Forense, 1944.

MELO DA SILVA, Wilson. Considerações em torno das declarações de vontade. *Revista da Faculdade de Direito*, Belo Horizonte, 1951.

_____. *O dano moral e sua reparação*. 2. ed. Rio de Janeiro, Forense, 1966.

MESSINEO. *Doctrina general del contrato*. Trad. Fontanarossa, Sentis Melendo e Volterra. Buenos Aires, 1952. v. 1.

_____. Gli affari differenziali impropri. *Rivista di Diritto Commerciale*, v. 2, 1930.

_____. *Manuale di diritto civile e commerciale*. v. 3.

MEYMAL. La déclaration de volonté. *Revue Trimestrielle de Droit Civil*, 1902.

MIRANDA CARVALHO, E. V. *Contrato de empreitada*. Rio de Janeiro, Freitas Bastos, 1953.

MOLITOR. *Obligations*. v. 1.

MONTEL. *Annuario di diritto comparato*. v. 6.

MORAES, Walter. Contrato de representação e execução. In: *Enciclopédia Saraiva do Direito*. São Paulo, Saraiva, 1977. v. 19.

______. *Artistas, intérpretes e executantes*. São Paulo, Revista dos Tribunais, 1976.

MORAES LEME, Lino. *Da eficácia jurídica do silêncio*. São Paulo, 1933.

MORANDIÈRE, Julliot de la. La notion d'ordre public en droit privé. In: *Cours de droit civil approfondi*. Paris, 1950.

MORANDO. *Il contratto di conto corrente*.

MOREIRA ALVES, José Carlos. *Da alienação fiduciária em garantia*. Rio de Janeiro, Forense, 1979.

MOSCATO, Giuseppe. *Le obbligazioni naturali*. Torino, 1897.

MOSCO. *Onerosità e gratuità*. 1942.

MOTA PINTO, Carlos Alberto. *Cessão da posição contratual*. Coimbra, 1970.

MOTTA MAIA, J. Parceria agrícola. In: *Enciclopédia Saraiva do Direito*. São Paulo, Saraiva, 1977. v. 57.

MOURLON. *Répétitions écrites*. v. 3.

NANNI, Giovane E. Honorários pela atuação como árbitro e exercício da advocacia. Possibilidade de recebimento pela sociedade de advogados. *Letrado* – IASP, *105*:46-49.

NASCIMENTO FRANCO, J. Incorporação imobiliária-II. In: *Enciclopédia Saraiva do Direito*. São Paulo, Saraiva, 1977. v. 43.

______. Incorporação imobiliária (Contribuição do oficial do Registro). In: *Enciclopédia Saraiva do Direito*. São Paulo, Saraiva, 1977. v. 43.

NATTINI. *La dottrina generale della procura e rappresentanza*. Milano, 1910.

NEAGU. *Contribution à l'étude de la faute subjective dans la responsabilité civile*. Paris, 1927.

NEPPI, Vittorio. *La rappresentanza nel diritto privato moderno*. Padova, CEDAM, 1930.

NIBOYET. La révision des contrats par le juge. In: *Travaux de la Semaine Internationale de Droit*. 1937. v. 2.

NIESS, Lucy T. D. Contrato de adesão. In: *Enciclopédia Saraiva do Direito*. São Paulo, Saraiva, 1977. v. 19.

NUSDEO, Fábio. Sublocação. In: *Enciclopédia Saraiva do Direito*. São Paulo, Saraiva, 1977. v. 71.

OLIVEIRA, Anísio José. *A cláusula "rebus sic stantibus" através dos tempos*. Belo Horizonte, 1968.

OLIVEIRA, Moacyr de. Contrato de corretagem. In: *Enciclopédia Saraiva do Direito*. São Paulo, Saraiva, 1977. v. 19.

OLIVEIRA ANDRADE, Darcy Bessone. *Aspectos da evolução da teoria dos contratos*. São Paulo, 1949.

______. *Da compra e venda*. Belo Horizonte, 1960.

OLIVEIRA DEDA, Artur Oscar de. Dano moral. In: *Enciclopédia Saraiva do Direito*. São Paulo, Saraiva, 1977. v. 22.

OLIVEIRA FARIA, Anacleto de. Locação. In: *Enciclopédia Saraiva do Direito*. São Paulo, Saraiva, 1977. v. 50.

______. Locação de imóveis. In: *Enciclopédia Saraiva do Direito*. São Paulo, Saraiva, 1977. v. 50.

OPITZ, Oswaldo e Silvia. *Locação predial urbana*. São Paulo, Saraiva, 1979.

______. *Os contratos agrários no Estatuto da Terra*. Rio de Janeiro, Forense, 1977.

OPPO. *Profili dell'interpretazione oggettiva del negozio giuridico*. Bologna, 1943.

ORGAZ, Alfredo. *El daño resarcible*. Buenos Aires, 1952.

OSTI, Giuseppe. Obbligazione. In: *Nuovo Digesto Italiano*.

______. La cosiddetta clausola rebus sic stantibus nel suo sviluppo storico. *Rivista di Diritto Civile*, 1922. v. 4.

OTHON SIDOU, J. M. *A cláusula "rebus sic stantibus" no direito brasileiro*. Rio de Janeiro, Freitas Bastos, 1962.

PACCHIONI. *Contratti a favore di terzi*. 3. ed. Padova.

______. *Della gestione degli affari*. 2. ed. 1915.

PACIFICI-MAZZONI. *Istituzioni di diritto civile italiano*. v. 4.

______. *Il Codice Civile italiano commentato*; trattato delle locazioni. v. 4.

PAILLUSEAU, J. *Contrat de leasing*. Montpellier, 1970.

PAPAZOL. *Du rôle de l'offre et de l'acceptation dans la formation des contrats consensuels*. Paris, 1907.

PEIRANO FACIO. *Responsabilidad extracontractual*. Montevideo, 1954.

PELICANO, Helcias. Como serão tributados os lucros imobiliários. *Folha de S. Paulo*, 25 jul. 1982.

PEREIRA SODERO. *Direito agrário e reforma agrária*. São Paulo, Legislação Brasileira, 1968.

PERREAU. *Technique de la jurisprudence en droit privé*. Paris, 1923. v. 1.

PERRET. *Des ayant-droits à l'indemnité au cas d'accident mortel*.

PHELPS, William Clyde. The role of factoring. In: *Modern business finances*. Baltimore, 1956.

PICARD. La gestion d'affaires dans la jurisprudence contemporaine. *Revue Trimestrielle de Droit Civil*, 1922.

PICARD e BESSON. *Traité générale des assurances terrestres*. v. 2.

______. *Les assurances terrestres en droit français*. Paris, 1950.

PILLET. *Traité pratique de droit international privé*. v. 2.

PIOLA CASELLI. *Trattato del diritto di autore e del contratto di edizione*. 2. ed. Napoli-Torino, Ed. Marghieri/UTET, 1927.

PIRAINO LETO, Angelo. *Contratti atipici e innominati*. Torino, UTET, 1974.

PIRES DE LIMA e ANTUNES VARELA. *Código Civil anotado*. v. 2.

PIRSON e DE VILLE. *Traité de la responsabilité civile extracontractuelle*. Bruxelles, Émile Bruylant, 1935. t. 1.

PLANIOL, RIPERT e BOULANGER. *Traité élémentaire de droit civil*. 4. ed. Paris, LGDJ, 1907. v. 2 e 10.

PLANIOL, RIPERT e ESMEIN. *Traité pratique de droit civil français*. 2. ed. 1952. t. 6.

PLANIOL et al. *Traité pratique de droit civil*. 2. ed. Paris, 1956. t. 10.

PONTES DE MIRANDA. *Tratado de direito privado*. Rio de Janeiro, Borsoi, 1955. t. 3, 6, 24 e 39.

______. *Tratado de direito predial*. Rio de Janeiro, Konfino, 1956. v. 2 e 4.

______. *Comentários ao Código de Processo Civil*. v. 4.

POPESCO RAMNICEANO. *De la représentation dans les actes juridiques en droit comparé.* Paris, 1927.

PORTO, Mário Moacyr. Contrato de seguro. In: *Enciclopédia Saraiva do Direito.* São Paulo, Saraiva, 1977. v. 19.

POTHIER. Oeuvres choisies. In: *Traité des obligations.* v. 2.

______. *Traité du contrat de vente.*

PRÉVOST, Jacques. *Le rôle de la volonté dans la formation de l'obligation civile.* Paris, 1939.

PUIG PEÑA. *Tratado de derecho civil español.* Madrid, 1951. v. 4.

QUEIROZ, G. Wilson. *Teoria e prática do "leasing".* Imprensa Universitária do Ceará, 1974.

RAMELLA. *La vendita nel moderno diritto.* Milano, 1920. 2 v.

______. *Trattato delle assicurazioni privata e sociale.* 2. ed. Milano, 1937. 2 v.

______. *Teoria della mediazione in materia civile e commerciale.* Milano, 1904.

RAMOS e SILVA RAMOS JR. Ensaio sobre a teoria geral do direito de retenção. *Revista de Direito,* v. 26, 1912.

RAVÀ, Tito. *Il titolo di credito.* Milano, Giuffrè, 1936.

RAYNAL, Jean. *Étude sur les conventions immorales.* Paris, Ed. A. Rousseau, 1900.

REBOUÇAS, Rodrigo F. Ensaio sobre os artigos 317 e 478 do Código Civil: uma situação de antinomia real? *Letrado* – IASP, *106*:62-3.

REINALDO FILHO, Demócrito R. Contrato de distribuição de bebidas – casos em que sua resilição enseja indenização e critérios para fixação dos valores. *Revista Síntese – Direito Empresarial, 35*:14-37.

RENAULT. *Droit d'auteur et contrat d'adaptation.* Bruxelles, 1955.

RESTIFFE NETO, Paulo. Denunciação da lide, evicção à luz do novo Código de Processo Civil. *O Estado de S. Paulo,* 13 jan. 1974.

REVERS. *Le factoring: nouvelle méthode de crédit?* Paris, Dunod, 1969.

REZENDE FILHO, Gabriel de. *Curso de direito processual civil.* v. 1.

REZZARA. *Dei mediatori e del contratto di mediazione.* Torino, Bocca, 1903.

RIBEIRO DA CUNHA. *Da formação dos contratos no Código Civil brasileiro.* Fortaleza, 1955.

RICCI. *Corso teorico-pratico di diritto civile.* v. 4.

RIEG, Alfred. Contrat type et contrat d'adhésion. In: *Congrès International de Droit Comparé*, 8º Pedascar, 1970.

RIPERT, Georges. *Traité élémentaire de droit commercial*. Paris, 1973.

RIVES-LANGE. *Le compte courant en droit français*. Paris, Sirey, 1969.

ROCA SASTRE. *Estudios de derecho privado*. Madrid. t. 1.

ROCCO. Sulla liquidazione della società commerciale. In: *Studi di diritto commerciale*. Roma, 1933. v. 1.

ROCHA, Osiris. Parceria. In: *Enciclopédia Saraiva do Direito*. São Paulo, Saraiva, 1977. v. 57.

RODIÈRE e RIVES-LANGE. *Droit bancaire*. Paris, Dalloz, 1973.

RODINO, Luigi. Società civile. In: *Nuovo Digesto Italiano*.

RODRIGUES, Silvio. *Direito civil*. 3. ed. São Paulo, Max Limonad. v. 3.

______. Contrato de sociedade. In: *Enciclopédia Saraiva do Direito*. São Paulo, Saraiva, 1977. v. 19.

______. Contrato de fiança. In: *Enciclopédia Saraiva do Direito*. São Paulo, Saraiva, 1977. v. 19.

______. Arras. In: *Enciclopédia Saraiva do Direito*. São Paulo, Saraiva, 1977. v. 8.

______. Quitação. In: *Enciclopédia Saraiva do Direito*. São Paulo, Saraiva, 1977. v. 63.

______. Contrato de locação. In: *Enciclopédia Saraiva do Direito*. São Paulo, Saraiva, 1977. v. 19.

______. Contrato de comodato. In: *Enciclopédia Saraiva do Direito*. São Paulo, Saraiva, 1977. v. 19.

______. Contrato de mútuo. In: *Enciclopédia Saraiva do Direito*. São Paulo, Saraiva, 1977. v. 19.

______. Contrato de gestão de negócio. In: *Enciclopédia Saraiva do Direito*. São Paulo, Saraiva, 1977. v. 19.

RODRIGUEZ A. BUSTAMANTE. *La obligación natural*. Madrid, Ed. Reus, 1953.

ROMANO, Salvatore. *La revoca degli atti giuridici privati*. Padova, CEDAM, 1936.

RUBINO, Domenico. *La compra-vendita*.

______. *L'appalto*. 2. ed. Torino, 1951.

RUGGIERO e MAROI. *Istituzioni di diritto privato*. 8. ed. Milano, 1895. v. 2.

RUOGI, Roberto. *Il leasing*. Milano, Giuffrè, 1971.

SABINO JR., Vicente. *A locação no direito brasileiro*.

SAGESSE. *La rappresentanza nella teoria e nella pratica del diritto privato italiano*. Napoli, 1933.

SALAZAR, Alcino de P. *Reparação do dano moral*. Rio de Janeiro, 1943.

SALEILLES. Essai sur la responsabilité précontractuelle. *Revue Trimestrielle de Droit Civil*, 1902.

______. *De la déclaration de volonté*. Paris, 1929.

SALIS, Lino. *La compra-vendita di cosa futura*. Padova, CEDAM, 1935.

SALVAT. *Tratado de derecho civil argentino*; fuentes de las obligaciones. 2. ed. Buenos Aires, 1950.

SANTORO-PASSARELLI. Atto giuridico. In: *Enciclopedia del Diritto*. v. 4.

SARFATTI. *Considerazioni sulla compra-vendita nel diritto comparato*. Torino, 1936.

SAVATIER. *Le droit de l'art et des lettres*. Paris, 1953.

______. Le pretendu principe de l'effet relatif des contrats. *Revue Trimestrielle de Droit Civil*, 1934.

______. *Cours de droit civil français*. t. 3.

______. *Les métamorphoses du droit civil d'aujourd'hui*. 2. ed. Paris, 1952.

SAVIDIS. *Le nouveau Code Civil de la Grèce*. Athènes, 1941.

SCHNEIDER e FICK. *Commentaire du Code Fédéral des Obligations*. Neuchâtel, 1915. v. 1.

SCIALOJA, Vittorio. Contratti in generale. In: *Dizionario pratico del diritto privato*. v. 2.

SCOGNAMIGLIO, Renato. Contratti in generale. In: *Enciclopedia del Diritto*.

______. Collegamento negoziale. In: *Enciclopedia del Diritto*.

SENIN. La clausola "solve et repete" nei contratti privati. *Rivista di Diritto Civile*, 1936.

SERPA LOPES. *Curso de direito civil*. 4. ed. Freitas Bastos, 1964. v. 3, 4 e 5; id. *O silêncio como manifestação da vontade nas obrigações*. 2. ed. Rio de Janeiro, 1944.

SILVA, Justino A. F. Venda "ad mensuram". In: *Enciclopédia Saraiva do Direito*. v. 76.

______. Venda "ad corpus". In: *Enciclopédia Saraiva do Direito*. São Paulo, Saraiva, 1977. v. 76.

SILVA CABRAL, Antônio. *"Leasing": noções, tipos e aspectos*. São Paulo, 1975. v. 1.

SILVA PACHECO, José da. *Comentários à nova Lei do Inquilinato*. Revista dos Tribunais, 1980.

______. Corretagem. *Revista de Direito Civil, Imobiliário, Agrário e Empresarial*, São Paulo, *13*(2), ano 1, 1977.

SILVA PEREIRA, Caio M. *Instituições de direito civil*. Rio de Janeiro, Forense, 1978. v. 3.

______. *Condomínio e incorporação*. 2. ed. Rio de Janeiro, Forense, 1969.

______. Cláusula "rebus sic stantibus". *RF*, *92*:792.

______. Fidúcia e negócio fiduciário. In: *Enciclopédia Saraiva do Direito*. São Paulo, Saraiva, 1977. v. 37.

______. A nova tipologia contratual no direito civil brasileiro. *Revista de Direito Comparado Luso-Brasileiro*, 1982, v. 1.

SILVEIRA, Newton. "Know-how"-I. In: *Enciclopédia Saraiva do Direito*. São Paulo, Saraiva, 1977. v. 47.

SILVEIRA DA MOTA, Octanny. A cláusula de não indenizar e o contrato de transporte aéreo. *Revista de Direito Civil, Imobiliário, Agrário e Empresarial*, v. 5, ano 2, 1978.

______. *Da responsabilidade contratual do transporte aéreo*. São Paulo, Saraiva, 1966.

SIMÃO, Régis E. Inquilinato: ainda existe a denúncia vazia. *Revista do Curso de Direito da Universidade Federal de Uberlândia*, 1981, v. 10.

SOLGIA, Sergio. *Apparenza giuridica e dichiarazioni alla generalità*.

SORIANO, Abgar. *Da compra e venda com reserva de domínio*. Recife, 1934.

SOURDAT. *Traité de la responsabilité civile*. 6. ed. Paris, 1911. v. 1 e 2.

SOUSA, Inglês de. *Títulos ao portador*. Rio de Janeiro, 1898.

SOUZA, Sebastião de. *Da compra e venda*. 2. ed. Rio de Janeiro, Forense, 1956.

SOUZA LIMA, Otto de. *Teoria dos vícios redibitórios*. São Paulo, 1965.

______. *Negócio fiduciário*.

SPOTA. *Tratado de locación de obra*. 2. ed. v. 1.

______. La lesión a las condiciones estéticas de la víctima de uno acto ilícito. *La Ley*, t. 26.

STARCK. *Essai d'une théorie de la responsabilité civile considérée en sa double fonction de garantie et de peine privée*. 2. ed. Paris, 1947.

STOLFI, Nicola e Francesco. *Il nuovo Codice Civile*. Libro 4. t. 1.

______. *Il diritto di autore*. 3. ed. Milano, 1932. 2 v.

SUMIEN. *Traité des assurances terrestres*. 7. ed. Paris, 1957.

SUSSFELD, Louis E. *Le factoring*. Paris, PUF, 1968.

TABET, Andrea. La locazione-conduzione. In: CICU, Antonio e MESSINEO, Francesco. *Trattato di diritto civile e commerciale*. Milano, 1972. v. 25.

TÂCHE, Pierre-Alain. *Le contrat d'édition de l'oeuvre littéraire*; contribution à l'étude de la révision de la législation suisse en matière d'édition. Lausanne, Dupraz, 1970.

TAMBURRINO. *I vincoli unilaterali nella formazione del contratto*.

TARTUFARI-SOPRANO. *Della vendita e riporto*. 6. ed. Torino, 1936.

TEDESCHI, Felice. *Dei contratti di borsa detti differenziali*.

TERZANI, Sergio. *Aspetti economici e finanziari dell'attività de factoring*. Pisa, Colombo Cursi, 1969.

TESTOW e MELLE BAROUDY. *Nouvelles techniques contractuelles*. Montpellier, Techniques, 1970.

TOLEDO, Floriano Lima de. *Manual de direito comercial*. São Paulo, Livr. Duas Cidades, 1982.

TORMINN, Paulo. *Institutos básicos do direito agrário*. São Paulo, 1977.

TOULEMNON, André. *Le préjudice corporel et moral*. Sirey, 1955.

TRABUCCHI. *Istituzioni di diritto civile*.

TROPLONG. *Droit civil expliqué*; des donations entre-vifs et des testaments. Paris, 1955. v. 2.

______. *Des contrats aléatoires*.

VALÉRY, Jules. *Des contrats par correspondance*. Paris, Ed. Thorin et Fils, 1895.

VALLADÃO, Haroldo. Direito de retenção na concordata preventiva. *Rev. de Crit. Jud.*, v. 1.

VALLEUR. *L'intuitu personae dans les contrats*. Paris, 1938.

VALLIMARESCO. Des actes juridiques avec soi-même. *Revue Trimestrielle de Droit Civil*, 1926.

VALSECCHI. Il giuoco e la scommessa. In: CICU e MESSINEO. *Trattato di diritto civile e commerciale*. Milano, Giuffrè, 1954.

VALTICOS. *L'autorité de la chose jugée au criminal sur le civil*. Sirey, 1953.

VANCIL, Rochard. *Financial executive's handbook*. 1970.

_____. *Leasing of industrial equipment*. New York, McGraw-Hill, 1963.

VAN GERVEN. La forme juridique d'un investment trust en Bélgique, en France et aux Pays-Bas. *Revue Internationale de Droit Comparé*, 1960.

VAN RYN. *Principes de droit commercial*. v. 3.

VENZI. *Manuale di diritto civile italiano*.

VERDIER. *Les droits éventuels*. Paris, 1955.

VILLAÇA AZEVEDO, Álvaro. Contrato bilateral. In: *Enciclopédia Saraiva do Direito*. São Paulo, Saraiva, 1977. v. 19.

_____. Contratos inominados ou atípicos. In: *Enciclopédia Saraiva do Direito*. São Paulo, Saraiva, 1977. v. 20.

_____. Negócio fiduciário. *Revista Trimestral de Direito Privado*, 1970, v. 1.

VISCO, Antonio. *Le case in condominio*. 7. ed. Milano, Giuffrè.

VISSCHER. *Le pacte de préférence*. Paris, 1938.

VIVANCO. *Teoría de derecho agrario*. La Plata, Ed. Libr. Jurídica, 1967. t. 2.

VIVANTE. *Trattato di diritto commerciale*. 4. ed. Milano, Vallardi. v. 1 e 4.

_____. *Del contratto di assicurazione*. 1922.

VON TUHR. *Tratado de las obligaciones*. t. 1.

_____. *Partie générale du Code Fédéral des Obligations*. 1933. v. 1.

WALD, Arnoldo. *Curso de direito civil brasileiro*; obrigações e contratos. 3. ed. São Paulo, Sugestões Literárias, 1972.

_____. Mútuo e juros mercantis. In: *Enciclopédia Saraiva do Direito*. São Paulo, Saraiva, 1977. v. 53.

_____. "Leasing"-I. In: *Enciclopédia Saraiva do Direito*. São Paulo, Saraiva, 1977. v. 48.

______. Aspectos tributários do "leasing". *Revista Brasileira de Mercado de Capitais*, 1975, v. 3.

WALET, Pierre. *Les sociétés de construction*. Paris, Sirey, 1966.

WALINE, Marcel. *L'individualisme et le droit*.

WALTERS. *Qu'est-ce que le leasing?* Paris, Dunod, 1973.

WEBER. *Traité des sociétés de capitalisation*. 2. ed. 1931.

WINDSCHEID. *Pandette*. v. 2.

WORMS. *De la volonté unilatérale considérée comme source d'obligation*. Paris, 1861.

WORTLEY. Le trust et ses applications modernes en droit anglais. *Revue International de Droit Comparé*, 1962.

WULF, Christin. *The trust and corresponding institutions in the civil law*.

WURTH. *Des principes de droit qui régissent les lettres missives et les télégrammes*. 1882.

ZINGHER. *De la responsabilité civile du commettant*. Paris, 1923.